Liane Pluto, Nicola Gragert,
Eric van Santen, Mike Seckinger

Kinder- und Jugendhilfe im Wandel

Eine empirische Strukturanalyse

Verlag Deutsches Jugendinstitut, München 2007

Das Deutsche Jugendinstitut e.V. (DJI) ist ein zentrales sozialwissenschaftliches Forschungsinstitut auf Bundesebene mit den Abteilungen „Kinder und Kinderbetreuung", „Jugend und Jugendhilfe", „Familie und Familienpolitik", „Zentrum für Dauerbeobachtung und Methoden", dem Forschungsschwerpunkt „Übergänge in Arbeit" sowie den Forschungsgruppen „Gender und Lebensplanung" und „Migration, Integration und interethnisches Zusammenleben". Es führt sowohl eigene Forschungsvorhaben als auch Auftragsforschungsprojekte durch. Die Finanzierung erfolgt überwiegend aus Mitteln des Bundesministeriums für Familie, Senioren, Frauen und Jugend und im Rahmen von Projektförderung aus Mitteln des Bundesministeriums für Bildung und Forschung. Weitere Zuwendungen erhält das DJI von den Bundesländern und Institutionen der Wissenschaftsförderung.

Aufgabe des Projektes »Jugendhilfe und sozialer Wandel – Leistungen und Strukturen« (Homepage: www.dji.de/jhsw) ist es, mittels eigener, in regelmäßigen Zeitabständen sich wiederholender empirischer Erhebungen, die überregional, bundesweit sowie praxisfeld- und trägerübergreifend durchgeführt werden, Entwicklungen in der Kinder- und Jugendhilfe zu beschreiben, zu analysieren und sie hinsichtlich ihrer fachlichen Bedeutung zu bewerten.

Alleinauslieferung: VS Verlag für Sozialwissenschaften, Wiesbaden

Umschlagentwurf: Anja Rohde, Hamburg
Gesamtherstellung: Grafik + Druck GmbH, München

ISBN 978-3-87966-416-0

Dank

Die Realisierung unseres Projekts sowie die Erstellung dieses Buches ist von vielen Seiten unterstützt und gefördert worden.

Herzlich bedanken wir uns bei allen Leiterinnen und Leitern sowie Mitarbeiterinnen und Mitarbeitern der teilnehmenden Jugendämter und freien Träger, ohne deren Geduld und Engagement unsere Studie nicht möglich gewesen wäre.

Unser Dank gebührt auch den zuständigen Referenten im Bundesministerium für Familie, Senioren, Frauen und Jugend sowie im Deutschen Städtetag, im Deutschen Landkreistag und beim Deutschen Städte- und Gemeindebund für die hilfreiche Unterstützung unserer Untersuchung.

Allen Mitarbeiterinnen und Mitarbeitern des Deutschen Jugendinstituts, die uns bei den entsprechenden Arbeiten kollegial und produktiv unterstützt haben, insbesondere Monika Gandlgruber und Dr. Christian Lüders, danken wir. Wir bedanken uns zudem bei den Mitgliedern des Projektbeirats für die hilfreichen und anregenden Diskussionen.

Schließlich richtet sich unser Dank an Prof. Dr. Michael Winkler für die Begutachtung des Manuskriptes.

München, Februar 2007 Die AutorInnen

Inhalt

1	**Institutionen im Wandel – Wandel der Institutionen**	13
2	**Forschungsansatz und Methoden**	31
2.1	Gegenstand der Untersuchung	31
2.2	Methodische Anlage	34
2.3	Jugendamtserhebung	38
2.4	Erhebungen bei freien Trägern der Kinder- und Jugendhilfe	41
2.4.1	Geschäftsstellen nicht-öffentlicher Träger	42
2.4.2	Jugendringe	43
2.5	Befragung (teil)stationärer Einrichtungen der Hilfen zur Erziehung	46
2.6	Betrachtung im Zeitvergleich	47
3	**Organisationsstruktur**	49
3.1	Die Organisationsstruktur der Jugendämter	50
3.1.1	Organisatorische Zuordnung der Aufgaben der Kinder- und Jugendhilfe	53
3.1.2	Privatisierungstendenzen	56
3.1.3	Soziale Dienste und Allgemeine Soziale Dienste	58
3.1.4	Dezentralisierung	62
3.2	Organisationsmerkmale von Geschäftsstellen freier Träger	67
3.3	Organisationsmerkmale von Kreis- und Stadtjugendringen	70
3.4	Organisationsmerkmale bei Einrichtungen (teil)stationärer Hilfen zur Erziehung	73
3.5	Variantenreiche Einheit	76
4	**Auswirkungen problematischer Lebenslagen von Kindern, Jugendlichen und ihren Familien auf die Institutionen der Kinder- und Jugendhilfe**	77
4.1	Auswirkungen einzelner Problemlagen auf die Arbeit in der Kinder- und Jugendhilfe	79
4.2	Reaktionen auf Problemlagen	90
4.3	Fazit	93

5	**Angebote, Leistungen und Inanspruchnahme**	95
5.1	Kindertagesbetreuung	95
5.1.1	Kindertagesbetreuung in Einrichtungen	97
5.1.2	Kindertagespflege	114
5.1.3	Tagesbetreuung von behinderten Kindern	125
5.1.4	Fazit	128
5.2	Offene Jugendarbeit	130
5.2.1	Angebote der offenen Jugendarbeit	131
5.2.2	Trägerstruktur der Jugendzentren	138
5.2.3	Einschätzung der Freizeitinfrastruktur	140
5.2.4	Fazit	143
5.3	Jugendsozialarbeit	145
5.3.1	Schulsozialarbeit	148
5.3.2	Sozialpädagogisch begleitete Ausbildungs- und Beschäftigungsmaßnahmen	150
5.3.3	Mobile Jugendarbeit	153
5.3.4	Fazit: Ausweitung der Angebote der Jugendsozialarbeit	154
5.4	Gesetzlicher Jugendschutz aus der Perspektive der Jugendämter	155
5.4.1	Stellenanteile für die Aufgaben zur Erfüllung des Jugendschutzes	156
5.4.2	Weitere Indikatoren für den Stellenwert des Jugendschutzes in den Jugendämtern	160
5.4.3	Gesetzlicher Jugendschutz als kooperative Aufgabe	162
5.4.4	Zwei Beispiele für die Aufgabenwahrnehmung im Rahmen des gesetzlichen Jugendschutzes durch Jugendämter	166
5.4.5	Fazit: Der gesetzliche Jugendschutz – eine randständige Aufgabe in der Kinder- und Jugendhilfe?	168
5.5	Institutionelle Beratung	169
5.5.1	Beratungsangebote in den Jugendamtsbezirken	175
5.5.2	Entwicklung der Trägerstruktur	180
5.5.3	Inanspruchnahme	183
5.5.4	Fazit	185
5.6	Förderung der Erziehung in der Familie	187
5.6.1	Eltern- und Familienbildungsstätten	189
5.6.2	Gemeinsame Wohnformen für Mütter/Väter und Kinder	191
5.6.3	Familien- und Mütterzentren	193
5.6.4	Fazit	195

5.7 Ambulante und teilstationäre Hilfen zur Erziehung 196
5.7.1 Tagesgruppe 201
5.7.2 Sozialpädagogische Familienhilfe 205
5.7.3 Erziehungsbeistandschaft und Betreuungshilfe 209
5.7.4 Soziale Gruppenarbeit 213
5.7.5 Intensive Sozialpädagogische Einzelbetreuung 216
5.7.6 Kurzzeittherapeutische Maßnahmen für Familien 218
5.7.7 Fazit 219
5.8 Stationäre erzieherische Hilfen 223
5.8.1 Vollzeit-, Bereitschafts- und Kurzzeitpflege 226
5.8.2 Institutionelle Formen der Fremdunterbringung 236
5.8.3 Mädchen- und Frauenhäuser 244
5.8.4 Vorläufige Maßnahmen zum Schutz von Kindern und Jugendlichen 245
5.8.5 Fazit 251
5.9 Die Praxis flexibler Hilfen zur Erziehung 254
5.9.1 Verbreitung flexibler Hilfen 255
5.9.2 Rechtliche Verortung 257
5.9.3 Kennzeichen flexibler Hilfen aus Sicht der Jugendämter 259
5.9.4 Fazit 263
5.10 Hilfen bei (drohender) seelischer Behinderung, § 35 a KJHG 264
5.11 Mitwirkung in Verfahren nach dem Jugendgerichtsgesetz 270
5.11.1 Die Jugendhilfe im Strafverfahren 271
5.11.2 Ambulante Maßnahmen nach dem Jugendgerichtsgesetz 272
5.11.3 Fazit 278

6 Trägerpluralität 279
6.1 Trägerpluralität in einzelnen Handlungsfeldern 282
6.1.1 Generelle Tendenzen 282
6.1.2 Kindertagesbetreuung 286
6.1.3 Verändertes Spektrum? 289
6.2 Anzahl der geförderten Träger 290
6.3 Entwicklung der Mitgliedsstrukturen von Jugendringen 296
6.4 Privat-gewerbliche Träger und ihre Rolle in der Kinder- und Jugendhilfe 297
6.5 Fazit: Die Trägerlandschaft verändert sich 302

7	**Regionale und institutionelle Disparitäten**	304
7.1	Entwicklung der Inanspruchnahmequoten auf Kreisebene	309
7.2	Disparitäten in der Höhe der Inanspruchnahme	312
7.3	Muster der Gewährungspraxis	316
7.4	Fazit	317
8	**Der Kinder- und Jugendhilfeausschuss als modernes Steuerungsgremium?**	319
8.1	Zusammensetzung des Kinder- und Jugendhilfeausschusses	322
8.2	Qualifizierung der Mitglieder	326
8.3	Tagungshäufigkeit	329
8.4	Unterausschüsse	330
8.5	Berichterstattung über den Kinder- und Jugendhilfeausschuss	331
8.6	Einschätzung des Kinder- und Jugendhilfeausschusses durch die Jugendamtsleitungen	332
8.7	Fazit	340
9	**Jugendhilfeplanung**	342
9.1	Verbreitung der Jugendhilfeplanung	342
9.2	Jugendhilfeplanung in einem konkreten Arbeitsfeld – das Beispiel der Kindertagesbetreuung	345
9.3	Jugendhilfeplanung und zielgruppenspezifische Aussagen	359
9.4	Sozialräumliche Jugendhilfeplanung	361
9.5	Kooperative Jugendhilfeplanung – das Beispiel der Jugendarbeit	362
9.6	Beteiligung von Adressaten im Rahmen der Jugendhilfeplanung	366
9.7	Externe Beratung bei der Jugendhilfeplanung	372
9.8	Einschätzung der Jugendämter zu Problemen bei der Jugendhilfeplanung	373
9.9	Fazit: Neue Herausforderungen für die Jugendhilfeplanung	374

10	**Evaluation als Element der Qualitätsentwicklung in der Kinder- und Jugendhilfe**	376
10.1	Verbreitung von Evaluation	378
10.2	Formen der Evaluation	382
10.3	Evaluation als Bestandteil von Qualitätsentwicklungsvereinbarungen	386
10.4	Einbezug von Adressaten in die Evaluation	387
10.5	Fazit	389
11	**Hilfeplanung zwischen Routine und Anspruch**	391
11.1	Verfahrensregelungen beim Hilfeplan: Federführung – beteiligte Personen – amtsinterne Abstimmung	392
11.2	Bedingungen und Voraussetzung für die Hilfeplanerstellung: (Vor-)Gespräche – Informationen – Übersetzungshilfen	402
11.3	Beginn und Verlauf der Hilfe: Auswahl einer Hilfe – Wartezeit versus Organisationszeit – Festlegung der Hilfedauer	407
11.4	Einschätzungen zum Hilfeplan	411
11.5	Fazit	414
12	**Partizipation**	416
12.1	Förderung der Beteiligung von Adressaten	418
12.2	Unterstützung der Fachkräfte mit Blick auf die Umsetzung von Partizipation	426
12.3	Fazit: Ein zentrales Paradigma mit Umsetzungsschwierigkeiten	427
13	**Demografische Veränderung als Herausforderung**	430
13.1	Von demografischen Veränderungen betroffene Arbeitsbereiche der Kinder- und Jugendhilfe	432
13.2	Reaktionen im Hinblick auf eine Veränderung der Nachfrage von Betreuungsplätzen für 3- bis 6-jährige Kinder	436
13.3	Auswirkungen der demografischen Veränderungen auf die stationären Hilfen zur Erziehung	442
13.4	Folgen demografischer Veränderungen aus der Perspektive von freien und privat-gewerblichen Trägern	444
13.5	Fazit: Flexibilität ist gefordert	450

14	**Kinder und Jugendliche mit Migrationshintergrund in der Kinder- und Jugendhilfe**	452
14.1	Die Ausgangslage	452
14.2	Die Reaktion der Jugendämter	455
14.3	Kinder und Jugendliche mit Migrationshintergrund in den Handlungsfeldern der Kinder- und Jugendhilfe	460
14.4	Umgang mit MigrantInnen in der pädagogischen Praxis von HZE-Einrichtungen	473
14.5	Spezielle Angebote für Kinder und Jugendliche mit Migrationshintergrund	477
14.6	Fazit	480
15	**Geschlechtersensible Kinder- und Jugendhilfe?**	482
15.1	Geschlechterverteilung bei den Fachkräften in der Kinder- und Jugendhilfe	484
15.2	Fortbildungen zur Strategie des Gender Mainstreaming	486
15.3	Unterschiedliche Inanspruchnahme der Hilfen zur Erziehung von Jungen und Mädchen	487
15.4	Geschlechtsspezifische Aussagen in der Jugendhilfeplanung	490
15.5	Fazit: Die Strategie des Gender Mainstreaming – es fehlt an der Umsetzung	493
16	**Jugendhilfehaushalte zwischen Mangel und Überfluss?**	494
16.1	Trendumkehr	495
16.2	Finanzierung einzelner Handlungsfelder	497
16.2.1	Ausgaben für die Kindertagesbetreuung	497
16.2.2	Ausgaben für Hilfen zur Erziehung	498
16.2.3	Ausgaben für Jugendarbeit	498
16.2.4	Ausgaben für Jugendsozialarbeit	500
16.2.5	Zwischenfazit: Kürzungen werden spürbar	501
16.3	Haushalte für Querschnittsaufgaben	502
16.4	Qualitative Veränderungen	504
16.5	Budgets im Jugendamt	507
16.6	Entgelte – inzwischen ein bewährtes Instrument?	510
16.7	Fazit: Mangel oder Überfluss?	514

17 Personal in der Kinder- und Jugendhilfe 516
17.1 Personal in der Verwaltung des Jugendamtes 518
17.2 Personalsituation in kommunalen Einrichtungen und bei Einrichtungen in freier Trägerschaft 528
17.3 Personalsituation bei Jugendringen 536
17.4 Jugendamtsleitungen 542
17.5 Fazit 546

18 Fort- und Weiterbildung in der Kinder- und Jugendhilfe 548
18.1 Personal in Fortbildungen 549
18.2 Ressourcen für Fort- und Weiterbildungen 552
18.2.1 Finanzmittel 553
18.2.2 Freistellungsmöglichkeiten 556
18.2.3 Kostenbeteiligung durch das Personal selbst 557
18.3 Themen der Fortbildungen 559
18.3.1 Jugendamt 560
18.3.2 Einrichtungen stationärer Hilfen zur Erziehung 573
18.3.3 Jugendringe 578
18.3.4 Fazit zu den Fortbildungsthemen 581
18.4 Erfahrungen mit Fortbildungen 582
18.5 Fortbildung – ein zu wenig genutztes Instrument der Organisationsentwicklung 584
18.6 Exkurs: Supervision 584

19 Kooperationen in der Kinder- und Jugendhilfe 593
19.1 Behörden und Institutionen als Kooperationspartner 595
19.1.1 Behörden und Institutionen als Kooperationspartner von Jugendämtern 595
19.1.2 Behörden und Institutionen als Kooperationspartner von Jugendringen 601
19.1.3 Behörden und Institutionen als Kooperationspartner von (teil)stationären Einrichtungen der erzieherischen Hilfen 603
19.2 Kooperationsformen bzw. Kooperationsanlässe mit Behörden und Institutionen außerhalb der Kinder- und Jugendhilfe 605
19.2.1 Jugendämter 605
19.2.2 Einrichtungen der Hilfen zur Erziehung 608
19.3 Bewertung der Kooperation mit Institutionen und Behörden außerhalb der Kinder- und Jugendhilfe 610
19.3.1 Bewertungen von Kooperationserfahrungen aus der Perspektive von Jugendämtern 610

19.3.2 Bewertungen von Kooperationserfahrungen aus der Perspektive von Einrichtungen 613
19.4 Die wichtigsten Kooperationspartner für das Jugendamt 615
19.5 Arbeitsgemeinschaften nach § 78 KJHG 619
19.5.1 Arbeitsgemeinschaften nach § 78 KJHG aus der Perspektive der Jugendämter 620
19.5.2 Arbeitsgemeinschaften nach § 78 KJHG aus der Perspektive der Jugendringe 623
19.6 Partner bei der Jugendhilfeplanung 625
19.7 Fazit: Kooperation – ein etabliertes Verfahren in der Kinder- und Jugendhilfe 628

20 Literatur 631

21 Tabellenanhang 653

22 Glossar 664

23 Abkürzungsverzeichnis 667

24 Tabellen- und Abbildungsverzeichnis 669

1 Institutionen im Wandel – Wandel der Institutionen

In diesem einleitenden Kapitel werden zentrale Ergebnisse des Projekts »Jugendhilfe und sozialer Wandel – Leistungen und Strukturen«, das vom Bundesministerium für Familie, Senioren, Frauen und Jugend finanziell gefördert wird, in den Kontext aktueller fachlicher und gesellschaftlicher Entwicklungen gestellt. Vor dem Hintergrund von weit über 1000 Einzelergebnissen sollen generelle Trends und Herausforderungen für die Kinder- und Jugendhilfe sowie für die politischen Entscheidungsträger in diesem Feld sichtbar gemacht werden.

Das Projekt »Jugendhilfe und sozialer Wandel« dokumentiert und analysiert auf der Basis umfangreicher und inzwischen bereits zum vierten Mal wiederholter Erhebungen bei freien und öffentlichen Trägern der Kinder- und Jugendhilfe auf örtlicher Ebene Handlungsmöglichkeiten und Strukturen der Kinder- und Jugendhilfe. Es versucht darüber hinaus, die Kinder- und Jugendhilfe vor dem Hintergrund gesellschaftlicher Entwicklungs- und Veränderungsprozesse zu beschreiben. Die Adressaten selbst sind nur im Rahmen der qualitativen Studie zu Beteiligungsmöglichkeiten in den stationären Hilfen zur Erziehung unmittelbar an der Erhebung beteiligt.[1] Diese Konzentration auf die institutionelle Seite provoziert ganz selbstverständlich die Frage, ob man anhand von Institutionenbefragungen tatsächlich etwas über soziale Veränderungen in einer Gesellschaft aussagen kann – wie es der Projekttitel verspricht –, denn normalerweise rücken Studien zu sozialen Veränderungsprozessen Individuen und ihre Beziehungen zur Umwelt in den Fokus. Nach unserer Auffassung kann auch eine Befragung bei den Institutionen der Kinder- und Jugendhilfe sozialen Wandel beschreiben, da Struktur und Ausformung eines Hilfesystems Ausdruck der sozialen Verhältnisse in einer Gesellschaft sind und die Veränderung des Systems somit sozialen Wandel ausdrückt. Zudem ist es die Aufgabe des Hilfesystems, auf gesellschaftliche Veränderungen zu reagieren bzw. seine Hilfeleistungen den sich wandelnden Bedürfnissen der Adressaten anzupassen.

Die im Folgenden skizzierten übergreifenden Entwicklungen zeigen deutlich, wie ausgeprägt der Zusammenhang zwischen einem

---

[1] Die methodische Anlage wird im Kapitel 2 ausführlich dargestellt.

sich verändernden Hilfesystem und gesellschaftlichen Veränderungen ist. Wie für plurale Gesellschaften nicht anders zu erwarten, werden auch sich scheinbar oder tatsächlich widersprechende Entwicklungen erkennbar. Dieser Aspekt werden wir am Ende des Kapitels noch einmal aufgreifen.

Öffentliche Träger gehen, privat-gewerbliche kommen

Die Entwicklung der Trägerstruktur zeigt in nahezu allen Arbeitsfeldern eine einheitliche Tendenz: Die Angebote und Dienste in öffentlicher Trägerschaft werden zunehmend seltener (vgl. Kap. 5). In dem Arbeitsfeld der ambulanten Hilfen zur Erziehung erfolgt dieser Rückzug sogar in einer Phase der Diversifizierung des Angebots und bei steigender Inanspruchnahme. Das Aufgabenverständnis der Jugendämter hat sich ganz offensichtlich geändert. Sie ziehen sich auf den Bereich der Verwaltung, der Planung und der Steuerung zurück. Diese Jugendämter verzichten damit auf eigene Erfahrungen bei der Umsetzung von Planungs- und Steuerungsideen. Ob für die Politik des Rückzugs der Jugendämter immer und überall der Gedanke der Subsidiarität leitend ist, kann zumindest angezweifelt werden. Hier vollzieht sich eine Entwicklung, an deren Ende die Qualität des Jugendamtes als Fachbehörde zur Debatte stehen kann. Das Jugendamt verliert mit seinem Verzicht, selbst als Anbieter zu agieren, immer stärker den Bezug zur Alltagspraxis sozialer Dienstleistungen. Es kann sich künftig nicht mehr auf eigene Erfahrungen berufen und verringert dadurch auch seine Fähigkeit zur fachlichen Kommunikation und Kooperation mit den anderen Trägern der Kinder- und Jugendhilfe. Die Verbesserung der nach wie vor schwierigen Stellung der Kinder- und Jugendhilfe im lokalen Politikfeld erfordert überdies eine hohe Identifikation des Jugendamtes mit seinem Gegenstand. Sähen die Jugendämter ihre Aufgabe nur noch darin, die Rahmenbedingungen der Leistungserbringung zu gestalten, Mittel zu verteilen und Controllingaufgaben wahrzunehmen, würde ihre Identifikation voraussichtlich abnehmen und damit ein lokaler Bedeutungsverlust der Kinder- und Jugendhilfe eintreten.

Die Anzahl der Träger, die in einem Jugendamtsbezirk tätig sind, steigt trotz oder auch gerade wegen dieses Rückzugs des öffentlichen Trägers aus den einzelnen Handlungsfeldern an. Man kann also eine wachsende Pluralität in vielen Angebotsbereichen beobachten (vgl. Kap. 6). Diese zunehmende Pluralität ist jedoch nicht auf eine Stärkung freier Träger oder Bürgerschaftlichen Engagements zurückzuführen, sondern erklärt sich zu einem Großteil durch die zunehmende Bedeutung der privat-gewerblichen Träger. Der Rückzug der öffentlichen Träger ist auch vor dem Hintergrund zu sehen, dass sich mehr und mehr ein Markt sozialer Dienstleistungen für privat-gewerbliche Träger öffnet, was wiederum eine Folge des gesteigerten Effizienzdruckes auf dem sozialen Sektor darstellt. Die erst in den letzten Jahren intensiver betriebene Öffnung hin zu privat-gewerblichen Trägern ist ein Ausdruck der Affinität zum Konzept des »schlanken Staats«. Denn in der fast völligen Aufgabe des Kriteriums der Gemeinnützigkeit spiegelt sich auch die Hoffnung wider, dass Dienstleistungsorganisationen betriebswirtschaftlich besser und mit weniger staatlichem Regulierungsaufwand Jugendhilfeleistungen erbringen können als Wertegemeinschaften, wie sie die freien Träger darstell(t)en. Die Umgestaltung zum schlanken Staat, der sich weitgehend auf die Festlegung von »Spielregeln«, also die Gestaltung des Rahmens zurückzieht, ist eng verbunden mit einem Wandel der Erwartungen der Bürger an die Leistungsfähigkeit und die Aufgaben staatlicher Stellen.

Im Rahmen dieses Umwandlungsprozesses geraten die Jugendämter zunehmend in einen Rollenkonflikt: Einerseits erfüllen sie durch die gesetzlichen Änderungen immer mehr die Rolle einer Art »Wettbewerbsregulierungsbehörde der Kinder- und Jugendhilfe« und müssen mit den Trägern Entgelt-, Leistungs- und Qualitätsentwicklungsvereinbarungen abschließen sowie bei der Gewährung der Hilfen auch Kostengesichtspunkte berücksichtigen. Andererseits sind sie zum Teil selbst noch Anbieter sozialer Dienstleistungen. Das Spannungsverhältnis, das daraus resultieren kann, sollte nicht durch eine Verlagerung einer der beiden Aufgaben auf andere Akteure gelöst werden.

Von privater zu öffentlicher Verantwortung

Eine fast gegenläufige Entwicklung zu dem Rückzug öffentlicher Träger als Anbieter von Jugendhilfeleistungen ist in folgender Veränderung zu sehen: Leistungen und Aufgaben verlassen den privaten Raum und geraten in öffentliche (Mit-)Verantwortung. Betreuungs- und Hilfeleistungen werden verstärkt von öffentlichen Institutionen und weniger von Familien oder privaten Netzwerken erbracht, wobei insgesamt nach wie vor jedoch gilt, dass Hilfe und Unterstützung weitgehend im privaten Umfeld geleistet werden (vgl. z.B. für Kinderbetreuung Bien/Rauschenbach/Riedel 2006). Die Verlagerung hin zu einer größeren öffentlichen Verantwortung zeigt sich zum Beispiel empirisch an der starken Zunahme der Inanspruchnahme von Beratungsleistungen, anderen Formen ambulanter Hilfe der Erziehung, dem Ausbau der Kindertagesbetreuung für unter 3-jährige Kinder, dem Ausbau der Ganztagsschulen und dem Ruf nach einem Ausbau früher präventiver Hilfen. Es ist kein Zufall, dass gerade bei den Angeboten, die dem Bereich der Betreuung und Bildung zuzuordnen sind, die größte Verschiebung zu registrieren ist. Diese Angebote reagieren sowohl auf veränderte Familienstrukturen (Alleinerziehende, Scheidungsfamilien), die Mobilitätsanforderungen des Arbeitsmarkts (Großeltern sind räumlich nicht verfügbar), die Tatsache, dass für viele Familien ein Einkommen nicht mehr ausreicht, und schließlich auf veränderte Lebensentwürfe von Frauen, in denen die Erwerbstätigkeit neben der Erziehung von Kindern eine immer prominentere Stellung einnimmt. Diese sozialen Veränderungen sind so ausgeprägt und wirkmächtig, dass sie trotz der bereits beschriebenen Tendenz zum schlanken Staat, der es anstrebt eher weniger Aufgaben an sich zu binden, zu einer Verschiebung von ehemals ausschließlich oder doch überwiegend der Privatsphäre zugeordneten Aufgaben in den Bereich der öffentlichen Verantwortung führen.

Diese Entwicklung fordert die Kinder- und Jugendhilfe auf verschiedene Art und Weise heraus. Sie impliziert Fragen nach der Finanzierung von Leistungen, die sich oftmals zwischen verschiedenen gesellschaftlichen Bereichen einordnen lassen (z.B. Schule, Gesundheitssystem, Kinder- und Jugendhilfe) und berührt auch die ordnungspolitische Frage, welche staatliche Ebene solche Entwicklungen eigentlich forcieren darf. Weitere ordnungspolitische Herausforderungen zeigen sich in dem Verhältnis der drei staatlichen Ebenen zueinander, der Bundes-, Landes- und kommunalen Ebene. Bei den Diskussionen zum Ausbau der Betreuung für die unter 3-jährigen Kinder wird dies besonders deutlich. Niemand stellt die Notwendigkeit des Ausbaus ernsthaft in Frage, aber dadurch, dass die Bundesebene die Initiative ergriffen hat, obwohl sie sich direkt an der Finanzierung des Ausbaus aufgrund der Zuständigkeitsverteilung nicht beteiligen darf, kam es zu sehr kontroversen Diskussionen über den Umfang des notwendigen Ausbaus. Der Ausbau erfordert nicht nur einen höheren Einsatz finanzieller Mittel, sondern oftmals auch konzeptionelle Neuorientierungen in den Kindertagesstätten sowie eine verbindliche und ausreichende Qualifizierung für Tagespflegepersonen. Zumindest Letztere ist bislang noch unterentwickelt.

Die Entwicklung von der privaten zur öffentlichen Verantwortung bei bestimmten Aufgaben erfordert zudem Umorganisationen sowie Neujustierungen der vorhanden Leistungen: Übernimmt die

Schule Aufgaben der Kinder- und Jugendhilfe? Welche Funktion hat das Angebot Hort in Kombination mit Ganztagsschulen? Wie gelangt man zu einer angemessenen Betreuungsbedarfsplanung, wenn zwei verschiedenen Systeme dabei Aufgaben übernehmen? Welchen Zuschnitt erhält das Hilfeangebot »Tagesgruppe«? Wie gelingt es, auch in Zukunft mit allen Familienmitgliedern gleichzeitig zu arbeiten (z.B. im Rahmen systemisch orientierter Unterstützungen), wenn auch die Kinder immer mehr Zeit in Institutionen verbringen?

Die Ergebnisse zu den Kooperationsbeziehungen zwischen der Kinder- und Jugendhilfe und den anderen gesellschaftlichen Bereichen (vgl. Kap. 19) zeigen, dass in den meisten Fällen zwar eine Kooperationsbeziehung zu den anderen Systemen vorhanden ist, die Qualität dieser Beziehungen gerade zu medizinischem System und Schulsystem aber nicht als besonders gut eingeschätzt wird. Die Verzahnung verschiedener gesellschaftlicher Teilsysteme, die als eine Folge der Verschiebung von privater zu öffentlicher Verantwortung immer notwendiger wird, bedarf also noch der Überwindung einiger Hürden. Bis jetzt haben sich erst unzureichend systemübergreifende Handlungsroutinen entwickelt.

Die Entwicklung und der Ausbau früher Hilfen setzen nicht nur eine funktionierende Kooperation verschiedener gesellschaftlicher Teilbereiche voraus, sondern erfordern auch eine Auseinandersetzung mit der Frage nach den Risikofaktoren für die Gefährdung des Kindeswohls. Weil keine Risikofaktoren mit absolut prädiktiver Qualität vorhanden sind, bewegen sich die frühen Hilfen immer in dem für die soziale Arbeit typischen Spannungsfeld zwischen Hilfe und Kontrolle. Das Verhältnis von öffentlicher zu privater Verantwortung steht hier deshalb in einer besonderen Weise auf dem Prüfstand.

Andererseits zeigt die aktuelle Entwicklung in einigen Regionen Ostdeutschlands, wo rechtsextreme Gruppen die offensichtlich nicht abgedeckten Bedürfnisse der Bevölkerung nach Infrastrukturangeboten befriedigen, dass auch Tendenzen einer Verantwortungsverschiebung vom öffentlichen in den privaten Bereich auszumachen sind. Die Vernachlässigung und Reduzierung der öffentlichen sozialen Infrastruktur bei gleichzeitigem Fehlen einer kommerziellen Infrastruktur entspricht offensichtlich nicht den Bedürfnislagen dortiger Bevölkerungsgruppen. Die Infrastruktur, die dort von Dritten außerhalb des Kinder- und Jugendhilfesystems aufgebaut wird, unterliegt nicht mehr der Konsensbildung der öffentlichen und freien Kinder- und Jugendhilfe. Sie erfüllt aber Bedürfnisse, die von der Öffentlichkeit nicht bedient werden. Sensibel zu sein für Bedürfnisse der Adressaten ist aber eine genuine Aufgabe der Kinder- und

Jugendhilfe. Nimmt sie diese nicht wahr, verliert sie auch die Möglichkeit, auf die Gestaltung der Angebote Einfluss zu nehmen und das Engagement, das hinter dieser Entwicklung steckt, zu kanalisieren.

Gesetze wirken

Gesetzesinitiativen und Gesetzesänderungen greifen häufig soziale Veränderungen auf und verstärken diese. In der Kinder- und Jugendhilfe könnte man die Einführung des KJHG und den damit vollzogenen Wechsel hin zu einem Leistungsgesetz oder aktuell die gesetzlichen Regelungen zu einem Ausbau der Kindertagesbetreuung für 0- bis 3-jährige Kinder als Beispiele nennen. In einer Institutionenbefragung wie der unseren interessiert dabei insbesondere, welche Wirkungen solche gesetzlichen Veränderungen entfalten. Werden sie von den für die Umsetzung zuständigen Organisationen aktiv aufgegriffen und mit Leben gefüllt, oder aber gibt es eine Beschränkung auf eine rein formale Umsetzung, die das Handeln der Institutionen nicht wirklich beeinflusst. Für solch komplexe Vorgänge wie die Veränderung von institutionellem Handeln reichen eindimensionale Erklärungen (z.B. sozialer Wandel) nicht aus, zumal es gerade in pluralen Gesellschaften auch sich widersprechende Entwicklungen gibt. Trotzdem wird hier nur der Frage nachgegangen, inwieweit sich Veränderungen von Strukturen und Angeboten der Kinder- und Jugendhilfe mit sozialen Veränderungen, die sich auch in gesetzlichen Regelungen widerspiegeln, in Verbindung bringen lassen. Oder anders formuliert: Wirken Gesetze tatsächlich als Verstärker sozialen Wandels auf Institutionen?

Diese Frage ist in der Kinder- und Jugendhilfe auch deshalb von besonderem Interesse, weil die komplexen Strukturen keine einfache Übersetzung von gesetzlichen Normen in konkrete sozialarbeiterische Praxis zulassen. Die Kinder- und Jugendhilfe ist noch[2] durch bundeseinheitliche Regelungen bestimmt, auch wenn die Verantwortung für die konkrete Ausgestaltung auf der kommunalen Ebene liegt. Es finden auf vielen Ebenen Vermittlungs- und Übersetzungsprozesse statt, doch führen solche Konstruktionen zu Konflikten zwischen den verschiedenen staatlichen Ebenen. Trotzdem sind sol-

[2] In Anbetracht der Ergebnisse der Föderalismusreform lässt sich im Moment nicht absehen, ob und wenn ja wann sich daran etwas ändern wird. Zumindest in Teilbereichen ist dies jetzt möglich geworden (vgl. Schmid/Wiesner 2006a; Schmid/Wiesner 2006b).

che Aufgabenteilungen zwischen den verschiedenen staatlichen Ebenen durchaus im Sinne des Bürgers, weil sie überall in Deutschland vergleichbare Standards anstreben und die bedarfsangemessene Übersetzung in Angebote und Dienste der Ebene vor Ort überlassen.

Ein weiterer Grund dafür, genauer zu untersuchen, ob die mit den Gesetzen verbundenen Steuerungsabsichten tatsächlich realisiert werden können, ist in der relativen Unbestimmtheit von etlichen Regelungen zu sehen. Diese Unbestimmtheit wiederum ist aufgrund des zu regelnden Gegenstandes (z.B. ausreichende Angebote an Jugendarbeit, die Pflicht, erzieherische Hilfe in Menge und Form bedarfsgerecht vorzuhalten) und der Zuständigkeitsverteilung auf den unterschiedlichen staatlichen Ebenen nicht zu vermeiden. Hinzu kommt, dass die Angebote der Kinder- und Jugendhilfe zu einem wesentlichen Anteil von freien Trägern vorgehalten und gestaltet werden. Diese sind aber durch gesetzliche Regelungen weniger stark auf eine ganz bestimmte Vorgehensweise zu verpflichten. Die Komplexität wird zudem erhöht durch eine Zunahme marktwirtschaftlicher Elemente in der Kinder- und Jugendhilfe, die einer anderen Logik folgen als die bisherigen Steuerungsinstrumente. Vor diesem Hintergrund wurden im Rahmen der Studie viele Einzeldaten gesammelt, die einen Hinweis darauf geben können, welche Anregungsfunktion gesetzliche Regelungen für die Weiterentwicklung der Praxis tatsächlich haben. In der längsschnittlichen Betrachtung über die inzwischen vier Erhebungswellen wird deutlich, dass eine ganze Reihe von Entwicklungen mit den gesetzlichen Veränderungen einhergingen. Dies kann man nicht als Beleg dafür nehmen, dass allein der Gesetzgeber zur fachlichen Weiterentwicklung der Kinder- und Jugendhilfe beiträgt. Vielmehr sind Gesetze auch Ausdruck der aktuellen Fachdebatte, die sich zum Zeitpunkt des Gesetzgebungsprozesses jedoch noch nicht umfassend in einer veränderten Praxis niedergeschlagen hat. Dadurch, dass fachliche Erkenntnisse in Gesetzesform gegossen werden, erhalten sie mehr Verbindlichkeit und dienen fortan als Referenzpunkt für die Bewertung der Strukturen, Angebote und Leistungen. Die inzwischen bundesweit ausgebauten Angebote ambulanter Hilfen zur Erziehung (vgl. Kap. 5.7) sind ein Beispiel dafür, wie die Idee eines Leistungsgesetzes aufgegriffen und umgesetzt wurde. Die Zukunft wird zeigen, ob wir uns im Moment an einer Schwelle befinden, an der es einen Schwenk vom Fördern hin zum Fordern gibt, oder ob die bisherige Ausrichtung beibehalten wird. Sowohl die empirisch beobachtbare Entwicklung der letzten Jahre (Ausbau ambulanter Hilfen zur Förderung der Erziehung) als auch die sich am Horizont andeutende Veränderungen (mehr Fordern als Fördern) spiegeln gesellschaftliche Veränderungen wider, die sich auch in gesetzlichen Normen ausdrücken: einerseits die Betonung der ambulanten Hilfen durch die Regelungen der §§ 27ff. KJHG und andererseits die mit dem KICK verschärften Regeln zur Kostenbeteiligung von Eltern.

Am Beispiel der Jugendhilfeplanung lässt sich auch die steuerende Wirkung gesetzlicher Vorschriften beschreiben. Jugendhilfeplanung hat eine gewisse Attraktivität für die Jugendämter, weil sie ein Instrument der Legitimierung hinsichtlich der örtlichen Angebotsentwicklung darstellt. Die Legitimierung ist notwendig geworden, weil die in früheren Jahrzehnten eingesetzte Strategie, auf persönliche und soziale Problemlagen bzw. Unterstützungssituationen mit einem Ausbau des Sozialstaats zu reagieren, an gesellschaftlicher Akzeptanz verloren hat. Insofern erstaunt es nicht, dass inzwischen fast alle Jugendämter über Jugendhilfepläne verfügen und somit formal die Vorgaben des § 80 KJHG erfüllen. Allerdings endet die Planung bei vielen Jugendämtern mit der quantitativen Bedarfsplanung für die Kindertagesbetreuung (vgl. Kap. 9); Aspekte wie geschlechtersensible Angebote oder die Entwicklung interkultureller Kompetenzen in der Kinder- und Jugendhilfe werden vielfach ebenso ausgeblendet wie ein aktiver Einbezug der tatsächlichen und der potenziellen NutzerInnen von Angeboten in die Planung. Obwohl im Gesetz nicht nur eine quantitative Planung vorgesehen ist, kommen diese Aspekte zu kurz. Sie werden auch weder von freien und privat-gewerblichen Trägern noch von den Adressaten selbst oder anderen eingefordert.

Die inzwischen flächendeckende Verbreitung von Entgelten (vgl. Kap. 16) und die sehr viel zögerlichere Hinwendung zu Qualitätsentwicklungsvereinbarungen zeigen ebenfalls, wie wichtig allgemeine gesellschaftliche Entwicklungen für die Umsetzung von gesetzlichen Vorschriften sind. Die Entgelte greifen die zunehmend stärker verbreitete Hoffnung auf, durch die Einführung von Marktmechanismen würden sich auch Hilfesysteme günstiger und bedarfsgerechter entwickeln. Das über Jahrzehnte etablierte System der staatlichen Kostenkontrolle (Selbstkostendeckungsprinzip), das an inhaltliche Kriterien geknüpft war, wurde abgelöst. Die Qualitätsentwicklungsvereinbarungen hingegen, die noch ein wenig an der Idee festhalten, dass an Hilfe und Unterstützung inhaltliche Maßstäbe anzulegen sind, haben in der Umsetzung nur eine geringere Relevanz erlangt. Vielleicht weil diese Idee der Hoffnung entgegensteht, durch mehr Markt zu weniger Ausgaben zu kommen.

Die Umsetzung zentraler Vorgaben im Hilfeplanverfahren nach § 36 KJHG sind in der längsschnittlichen Betrachtung ein schönes

Beispiel, wie in Gesetzen formulierte Anforderungen dazu beitragen, die Praxis zu verändern, ohne sie aber in ihrer konkreten Ausgestaltung einzuengen. Bis die große Mehrzahl der Jugendämter für sich angemessene Formen der Umsetzung des § 36 KJHG gefunden hat, sind etliche Jahre vergangen. Dies hat sicherlich mit dem in der gesetzlich Regelung vollzogenen Paradigmenwechsel hin zu einer aushandlungsorientierten Hilfeplanentscheidung zu tun. Diese Aufwertung der Adressaten im Prozess der Hilfegestaltung ist aus unterschiedlichen Gründen sowohl für die Institution Jugendamt als auch für die einzelnen Fachkräfte nicht immer leicht zu akzeptieren.

Ein anderes Beispiel dafür, dass durch gesetzliche Bestimmungen fachliche Standards weiterentwickelt werden, ist das Thema Beteiligung von Adressaten (vgl. Kap. 12). Das im KJHG zum Ausdruck kommende Partizipationsverständnis ist auch Ausdruck einer sozialen Utopie, die in dieser Form heute nicht mehr vertreten wird (vgl. z.B. die geringe Aushandlungsorientierung bei Hilfeplänen im SGB II oder im SGB XII). Trotzdem sind die Institutionen und Einrichtungen der Kinder- und Jugendhilfe aufgefordert, sich an diesem weitgehenden Verständnis von Beteiligung zu orientieren.

Weniger die formale Erfüllung der gesetzlichen Verpflichtungen, die eigentlich als selbstverständlich anzusehen ist, sondern die intensive fachliche Auseinandersetzung mit den einzelnen Regelungen und das Bemühen, den Vorgaben gerecht zu werden, verweisen auf die Wirkung gesetzlicher Regelungen.

Ost-West-Differenz schrumpft

Ein Schwerpunkt des Projekts besteht von Anfang an in der Beschreibung und Analyse des Kinder- und Jugendhilfesystems in Ostdeutschland. Besondere Aufmerksamkeit galt dabei insbesondere in den früheren Projektphasen der Frage, wie es gelingt, innerhalb kurzer Zeit ein funktionsfähiges und von vielen verschiedenen Akteuren getragenes Jugendhilfesystem aufzubauen und zu stabilisieren. In allen bisherigen Erhebungsphasen hat sich gezeigt, dass es typische Unterschiede zwischen Ost und West gibt. Dies gilt für die Trägerstruktur (vgl. Kap. 6), die im Osten jahrelang sehr viel stärker vom öffentlichen Träger und von verbandlich ungebundenen freien Trägern dominiert war, für die Angebotsstruktur (vgl. Kap. 5), die mal besser (z.B. Angebote der Kindertagesbetreuung), mal schlechter (dezentrale Formen stationärer erzieherischer Hilfen) ausgebaut war und/oder ist, oder für die Arbeitsbedingungen, die im Osten sehr viel stärker durch die Förderrichtlinien verschiedener Arbeitsmarktförderinstrumente beeinflusst waren als von den inhaltlichen Notwendigkeiten, die sich aus der Arbeit ergeben. Noch immer erweist sich die Unterscheidung nach Ost–West als eine, die häufig zu statistisch signifikanten Einzelergebnissen führt. Trotzdem ist in den letzten Jahren eine Angleichung der Kinder- und Jugendhilfe in Ost und West zu beobachten. Diese Angleichung lässt sich nicht eindimensional als Ergebnis des Aufholens im Osten verstehen, sondern ist Ausdruck der Entwicklungen in Ost und West. Sie ist Ergebnis der Anpassung an die mit der Einführung des KJHG auch für den Westen veränderte Gesetzeslage und eine Reaktion auf allgemeine Entwicklungen wie die Unterfinanzierung kommunaler Haushalte, die Folgen demografischer Veränderungen und anderem mehr. Inzwischen haben sich zum Beispiel die Einschätzungen der Jugendämter, welche sozialen Problemlagen Herausforderungen für die Arbeit des Jugendamts darstellen, angeglichen (vgl. Kap. 4). Dies kann sowohl darauf hindeuten, dass die Problemlagen ähnlicher geworden sind und es somit zumindest bei Problemen zu einer Angleichung von Lebensbedingungen gekommen ist, oder aber, dass inzwischen ausreichend Routinen entwickelt wurden, um auf die spezifischen Bedingungen reagieren zu können. Der Alltag für die Kinder, Jugendlichen und Familien würde sich also zwischen Ost und West nach wie vor unterscheiden, aber die Jugendämter fühlten sich den jeweils spezifischen Aufgaben gut gewachsen. Gesellschaftliche Probleme dagegen, die von Jugendämtern allein nicht gelöst werden können (z.B. Jugendarbeitslosigkeit), stellen im Osten wie im Westen die Jugendämter vor große Herausforderungen.

Hinsichtlich der Anwendung von Verfahren, die in der Kinder- und Jugendhilfe häufig auch bereits Teil des Hilfeprozesses bzw. der Aushandlung zwischen den freien und öffentlichen Trägern sind, zeigen sich in Ostdeutschland andere Praktiken. Verfahren werden innerhalb eines Bundeslandes einheitlicher angewandt und eine enge Orientierung an den Gesetzestexten ist ausgeprägter (vgl. Kap. 8 und Kap. 11).

Die Angebotsstruktur wird zwischen Ost und West ebenfalls ähnlicher. Ob es bestimmte Hilfen in einem Jugendamtsbezirk gibt, ist inzwischen weniger davon abhängig, ob der Landkreis, die kreisfreie Stadt in Ost- oder Westdeutschland liegt. Es scheinen vielmehr andere Faktoren eine Rolle zu spielen, die bisher empirisch noch nicht eindeutig zu erfassen sind. Denn die regionalen Disparitäten sind trotz der Angleichung zwischen Ost und West nicht geringer geworden (vgl. Kap. 7).

Ein weiteres Beispiel für eine Angleichung zwischen Ost und West ist in der Abnahme des Anteils von Frauen zu sehen, die ein

Jugendamt leiten. Entgegen dem erklärten Ziel von Gender Mainstreaming und Gleichstellung wird für Frauen der Zugang zu Leitungspositionen offensichtlich wieder schwieriger (vgl. Kap. 17). Eine Angleichung in die andere Richtung wäre hier sicherlich wünschenswerter.

Diese zu konstatierende Angleichung zwischen Ost und West ist Ausdruck einer zunehmenden Entideologisierung. Am Beispiel der Kindertagesbetreuung wird dies besonders deutlich.

Ausgaben und Aufgabenerfüllung auf dem Prüfstand

Die Sparwelle hat die Kinder- und Jugendhilfe vor Ort endgültig erreicht. Und der Druck, auch in Zukunft trotz zum Teil anwachsender Aufgaben zu sparen, hält – wie unsere Daten zeigen – an (vgl. Kap. 16). Gleichzeitig werden die Grenzen des Einsparenkönnens immer deutlicher. Zunehmend werden Fälle des Versagens oder Nicht-Eingreifens im Falle von Kindeswohlgefährdung in der Öffentlichkeit skandalisiert. Dahinter verbirgt sich die Anforderung, die Kinder- und Jugendhilfe soll nachweisbar gut und zu niedrigen Kosten verfügbar sein. Der Komplexität der Aufgaben der Kinder- und Jugendhilfe wird in solchen Debatten jedoch keine oder nur eine zu geringe Aufmerksamkeit geschenkt.

Vermeintliche Sparpotenziale werden realisiert. Ein beliebtes Handlungsfeld hierfür ist die Jugendarbeit, da noch immer viele Budgetverantwortliche die unzutreffende Meinung vertreten, hierbei handle es sich um eine rein freiwillige, im Zweifel auch völlig zur Disposition stehende Infrastruktur.[3] Die vereinfachende Formel »weniger Jugendliche, weniger Infrastruktur« scheint besonders auf die Jugendarbeit angewendet zu werden. Aber sie stimmt dort genauso wenig wie in anderen Handlungsfeldern der Kinder- und Jugendhilfe. Über die Auswirkungen einer solchen Politik wird aktuell, also nachdem bereits seit einiger Zeit konsequent gespart wird, im Zusammenhang mit dem Erstarken extremistischer Gruppen im Osten diskutiert. Solche Gruppen sind besonders dort anzutreffen, wo es an kommerzieller und öffentlicher Infrastruktur fehlt. Aber auch in Regionen, wo es (noch) keinen eindeutigen Rückgang der Anzahl der Kinder und Jugendlichen gibt, hat die Jugendarbeit es schwer, ihre Ressourcen zu sichern. Nach wie vor

---

[3] Wabnitz (2005) weist darauf hin, dass es auch hinsichtlich der Jugendarbeit die rechtliche Verpflichtung gibt, ein ausreichendes Angebot vorzuhalten.

kann die Infrastruktur der Jugendarbeit nicht überall als gesichert gelten (vgl. Kap. 5.2).

Ein Beispiel dafür, wie versucht wurde, durch eine Veränderung bestehender Finanzierungsinstrumente die Effizienz der Leistungen der Kinder- und Jugendhilfe zu erhöhen, ist die Einführung der §§ 78 a ff. KJHG. Hierdurch soll Wettbewerb etabliert werden, um so zu Kosteneinsparungen zu gelangen. Im Prinzip ist nichts dagegen zu sagen, jedoch müssten dann auch die Instrumente zur Anwendung kommen, die ein Dumping auf Kosten der Qualität verhindern sollen (z. B. entsprechend ausformulierte Qualitätsentwicklungsvereinbarungen, Pflicht zur Tarifbindung bei Übertragung von Einrichtungen an freie oder privat-gewerbliche Träger). Aber es gibt immer noch viele Jugendamtsbezirke, in denen zwischen öffentlichen und freien Trägern keine Qualitätsentwicklungsvereinbarungen abgeschlossen wurden, also genau diese Instrumente nicht zum Einsatz kommen.

Es steigt der Druck, Ausgaben für die Kinder- und Jugendhilfe rechtfertigen zu müssen und ihren Nutzen nachzuweisen. Eine Strategie der Jugendämter, hierauf zu reagieren, ist zum Beispiel die Durchführung von Evaluationen. In der Mehrzahl der Jugendamtsbezirke werden einzelne Angebote evaluiert (vgl. Kap. 10).

Ein weiteres empirisches Indiz für den vorhandenen Druck, die Leistungseffizienz zu erhöhen, ist die Tatsache, dass Kostengesichtspunkte für Entscheidungen im Hilfeplanverfahren an Bedeutung gewonnen haben (vgl. Kap. 11). Gleichzeitig – und dies steht in einem gewissen Widerspruch zum Versuch, die unmittelbaren Kosten als ein zentrales Entscheidungskriterium zu etablieren – kann man aber auch eine unzureichende Nutzung des Hilfeplanverfahrens als Controllinginstrument feststellen. Die Zeiträume zwischen den Hilfeplanüberprüfungen sind häufig lang oder es gibt überhaupt keine Festlegung von Überprüfungsintervallen. Die oftmals angewandte Formel »Überprüfung nach Bedarf« schwächt nicht nur die im Hilfeplanverfahren institutionalisierten Beteiligungsmöglichkeiten der Adressaten, sondern führt auch zu einer Verantwortungsdiffusion, die zu einem unnötig langen Fortdauern der Hilfe führen kann. Die Aktivitäten am Anfang einer Hilfe stehen überdies in einem starken Kontrast zu den Aktivitäten bei Beendigung einer Hilfe: Bei Beginn wird viel unternommen, um die Notwendigkeit einer Hilfe festzustellen, aber es wird wenig investiert, um Hilfen wieder zu beenden. Hilfen werden so zum »Selbstläufer«, auf die das Jugendamt zu wenig Einfluss hat bzw. nimmt.

In der hier nur skizzierten, in vielen Einzelergebnissen aber sehr gut dokumentierten Entwicklung kommt eine veränderte Vorstellung von sozialstaatlichen Aufgaben zum Ausdruck: Es geht nicht mehr darum für möglichst viele möglichst gute Startbedingungen ins Leben, in die Schule, in die Erwachsenenwelt zu schaffen, sondern nur noch darum ein gewisses Mindestniveau an Teilhabe und Entwicklungschancen abzusichern.

Beteiligung ja, aber wie?

Die UN-Kinderrechtskonvention hat die Perspektive gestärkt, dass Kinder in Politik und Praxis als eigenständige, fähige und kompetente Personen zu sehen sind. Die Kinder- und Jugendhilfe stellt sich auch deshalb nicht mehr die grundsätzliche Frage, ob sie ihre Adressaten beteiligen soll, sondern hadert »nur noch« mit der Antwort, wo und vor allem wie dies zu geschehen hat. Einigermaßen eindeutig ist die Frage für das Hilfeplanverfahren geklärt. Das inzwischen in vielen Regionen relativ feingliedrig definierte Verfahren mit eindeutigen, zeitlich aufeinander folgenden Abläufen erleichtert es, Beteiligungsregeln aufzustellen und deren formale Einhaltung bei der Umsetzung zu kontrollieren. Unsicherheiten finden sich in der Praxis, wenn die Adressaten im Hilfeplanverfahren andere Vorstellung von Involviertsein entwickeln als die Fachkräfte (vgl. Kap. 11 und 12). Und in der wieder aufflackernden Debatte darüber, dass die öffentliche Kinder- und Jugendhilfe eine Kontrollfunktion hat, wird zumindest für einen Teil der Adressaten das Mitwirkungsrecht in Frage gestellt.

Bei den eher überindividuellen Verfahren zur Steuerung in der Kinder- und Jugendhilfe (Jugendhilfeplanung, Qualitätssicherung sowie Evaluation) ist eine Beteiligung von Adressaten weniger selbstverständlich als bei der individuellen Hilfeplanung. So unverkennbar die Notwendigkeit zur Beteiligung auch bei Fragen der Steuerung des Ganzen ist, so wenig wird sie tatsächlich praktiziert – es soll schließlich auf (Hilfe-)Bedürfnisse der Adressaten reagiert werden, und Hilfe und Angebote werden für die Adressaten erbracht und diese müssen auch an adressatenbezogenen Bewertungsmaßstäben gemessen werden. Hier spiegelt sich in der Kinder- und Jugendhilfe wider, was sich auf allen Ebenen gesellschaftlicher Meinungsbildung wiederfinden lässt. Der öffentliche Diskurs über die beste Lösung für ein Problem wird zugunsten eines Entscheidungsortes, der von ExpertInnen dominiert ist, zurückgedrängt – im Rahmen der Jugendhilfeplanung wäre es beispielsweise ein Austausch über Prioritätensetzungen in Zeiten einer strukturellen Unterfinanzierung der Aufgaben der Kinder- und Jugendhilfe. Bei der Suche nach einer Balance zwischen Expertise und rein politischer Entscheidungsfindung verlieren die Adressaten an Bedeutung.

Wie schwer es ist, aus der prinzipiellen und – trotz aller Widersprüchlichkeit – auf allen Ebenen anzutreffenden Beteiligungsorientierung in der Kinder- und Jugendhilfe konkretes Handeln werden zu lassen, zeigt sich auch an den vielen Unsicherheiten im pädagogischen Alltagshandeln der Fachkräfte. Fachkräfte versuchen zu begründen, warum in bestimmten Situationen Adressaten nicht beteiligt werden können. So werden in Praxisbeschreibungen häufig die Widersprüchlichkeiten im pädagogischen Prozess der Hilfeerbringung betont, um so Gründe zu finden, die Beteiligungsrechte der Adressaten einzuschränken. Dies dürfte auch einer der Gründe sein, warum neben den Hilfeplanverfahren institutionalisierte Beteiligungsformen für Adressaten bislang nur eine geringe Verbreitung gefunden haben und auch die Aktivitäten, im Rahmen derer die Adressaten auf ihre Rechte hingewiesen (z. B. durch muttersprachliche und einfach geschriebene Informationsbroschüren) oder bei deren Verwirklichung unterstützt werden, relativ selten sind.

Es wäre unfair, alleine den Fachkräften die mangelnde Umsetzung von Beteiligungspflichten der Institutionen der Kinder- und Jugendhilfe vorzuhalten. Denn sie müssen diesen hohen Anspruch nicht nur gegen unzureichende Rahmenbedingungen durchsetzen, sondern sich auch vor einer gegenüber der sozialen Arbeit zunehmend kritischen und eher an technokratischen, oft auch an simplifizierenden Lösungen orientierten Öffentlichkeit rechtfertigen. In einem Umfeld, das dazu tendiert, Sicherheit bzw. scheinbare Sicherheit zum Maßstab zu machen, auch für Erziehungsprozesse, die immer mit Unsicherheit behaftet sind, wird es zunehmend schwieriger, Partizipation als fachliches Paradigma ernstzunehmen und umzusetzen. Denn mit Partizipation sind auch die Abgabe von Verantwortung und damit auch ein Steuerungsverlust und Unsicherheit verbunden.

Insgesamt lässt sich hinsichtlich des Aspektes der Beteiligung von Adressaten eine »Ungleichzeitigkeit« der Entwicklung feststellen: Der Anspruch, Kinder und Jugendliche möglichst an allen sie betreffenden Entscheidungen unmittelbar zu beteiligen, ist weit verbreitet, jedoch fehlt es mancherorts noch an Akzeptanz für diesen Anspruch und vor allem an einer Umsetzung in der Praxis.

Gleichzeitigkeit von Öffnungs- und Abgrenzungsprozessen

Die Kinder- und Jugendhilfe zeichnet sich dadurch aus, dass sie eine Querschnittspolitik verfolgt, die aktiv eine Öffnung hin zu anderen gesellschaftlichen Teilsystemen und deren Einbindung in die Kinder- und Jugendhilfe betreibt. Die Konstruktion des Kinder- und Jugendhilfeausschusses ist das institutionalisierte Beispiel hierfür: Der öffentliche Träger der Kinder- und Jugendhilfe ist nicht allein verantwortlich für die Bewältigung der Herausforderungen in der Kinder- und Jugendhilfe, sondern diese anderen gesellschaftlichen Kräfte sind an der Ausgestaltung der Kinder- und Jugendhilfe beteiligt. Ebenfalls als Öffnung kann heute das Verhältnis zwischen Anbieter von Jugendhilfeleistungen und Adressaten gesehen werden: Nur in Ausnahmefällen wird Eltern vollständig die Verantwortung für ihre Kinder entzogen. In der Regel bleiben sie Partner im Erziehungsprozess und tragen weiterhin Verantwortung für ihre Kinder. Die Stärkung der Adressatenrechte mit der Einführung des KJHG symbolisiert eine weitere Öffnung der Kinder- und Jugendhilfe hin zur Gesellschaft. Die Kinder- und Jugendhilfe versteht sich also weniger als ein expertendominiertes abgeschlossenes Subsystem sondern als Ort gemeinsamer Entscheidungsfindungen. Mit großem Interesse wird deshalb in der Kinder- und Jugendhilfe die Governance-Debatte rezipiert, weil sie das weiter fortführt, was bisher in Ansätzen erreicht wurde: Die Verantwortlichkeit für die politischen Steuerung im Großen und Kleinen soll auf eine breitere Basis gestellt werden. Politikgestaltung nicht nur für, sondern mit den Bürgern.

Diese Prozesse der weiteren Öffnung der Kinder- und Jugendhilfe in Richtung Zivilgesellschaft implizieren Unsicherheiten und eine Steigerung der Komplexität: Je mehr Menschen an der Steuerung nicht nur der Kinder- und Jugendhilfe in ihrer Gesamtheit, sondern auch bei der Gestaltung einzelner Angebote und Dienste sowie individueller Hilfeverläufe beteiligt sind, desto unkalkulierbarer wird der Ausgang dieser Prozesse. An dieser Stelle setzt eine Gegenbewegung an, die in der Kinder- und Jugendhilfe zu beobachten ist. Sie stellt sich nicht explizit gegen eine Öffnung der Kinder- und Jugendhilfe, sondern versucht die Vielfalt der Uneindeutigkeiten und der Komplexität zu reduzieren. Denn das Bedürfnis nach öffentlicher Kontrolle steigt, es breitet sich eine »gesellschaftlicher Ungeduld« aus. Es gibt keine Zeit und keine Ressourcen mehr zu verlieren. Kinder sind zu einem knappen Gut geworden. Deshalb sollen möglichst nur noch solche Interventionen begonnen und Angebote bereit gehalten werden, die nachweislich auch einen ökonomischen Nutzen haben. Ist dieser nicht belegt, läuft die jeweilige Maßnahme Gefahr, prinzipiell in Frage gestellt zu werden. Auch das große Interesse an Verfahren der Feststellung von Wirkungen (vgl. Kap. 10) ist vor dem Hintergrund des Bedürfnisses nach vermehrten Steuerungs- und Kontrollmöglichkeiten sowie dem Streben nach

Eindeutigkeit zu sehen. Die intensiven Debatten um Diagnoseverfahren im Rahmen der Hilfeplanerstellung sind ebenfalls in diesen Zusammenhang zu stellen. Scheinbar objektive und intersubjektiv reproduzierbare Diagnoseergebnisse sollen Sicherheit über die auszuwählenden Hilfestrategien geben. Die im Gesetz vorgesehenen Aushandlungsprozesse, an denen viele unterschiedliche Personen beteiligt sind und die von Ergebnisoffenheit gekennzeichnet sind, erscheinen geradezu als das Gegenmodell, das zudem unter dem Verdacht steht, uneffizient zu sein. Man sucht nach Eindeutigkeiten in einem Feld, wo es diese nicht immer geben kann. Die Bestimmung des Nutzens und der Effektivität von Hilfen ist nämlich immer an mehrere Perspektiven gebunden: Der Kostenträger, die Leistungserbringer, die Hilfeempfänger und ihr soziales Umfeld haben jeweils ihre eigene Sichtweise sowie eigene Bewertungskriterien und diese sind nur bedingt identisch. Scheinbar eindeutige Analysen sind deshalb nahezu immer auch mit einem Ausblenden von Teilen der Realität verbunden. Die Frage wie weit solche »Einengungen« gehen dürfen, ist mehr als die rein methodische Fragestellung, wie viel Komplexität sich generell beschreiben und darstellen lässt. Vielmehr sind damit inhaltliche Prioritätensetzungen verbunden, die sich auch im Spannungsfeld zwischen einer zivilgesellschaftlichen Öffnung bzw. dem Anspruch, Querschnittspolitik zu machen einerseits und der Abgrenzung gegenüber anderen Teilsystemen und einer Einigelung andererseits verorten lassen.

In einem ähnlichen Kontext kann auch die Entwicklung des Stellenwertes des Kinder- und Jugendhilfeausschusses (vgl. Kap. 8) gestellt werden. Er ist ein Symbol für die Öffnung der Kinder- und Jugendhilfe. Aber die mancherorts vorhandenen Tendenzen sind nicht zu übersehen, die Bedeutung dieser Institution zu schmälern. Auch hier geht es um ein Zurückdrängen von gesellschaftlichen Kräften, die die Steuerung der Kinder- und Jugendhilfe mitbestimmen wollen. Dort, wo der Kinder- und Jugendhilfeausschuss funktioniert, zeigen sich die Potenziale, die diese Institution haben kann. Gerade durch seine Öffnungsfunktion hin zu anderen gesellschaftlichen Bereichen kann er eine breitere Unterstützung und Lobby für die Belange der Kinder, Jugendlichen und Familien in den Jugendamtsbezirken ermöglichen und so die Handlungsspielräume für eine gute Kinder- und Jugendhilfepolitik erweitern.

Sozialer Wandel – mehr widersprüchliche Entwicklungen auch in der Kinder- und Jugendhilfe

Die Thesen zu Entwicklungen und Herausforderungen in der Kinder- und Jugendhilfe, basierend auf längsschnittlich erhobenen Daten, zeigen in aller Deutlichkeit, wie der soziale Wandel auch innerhalb der Kinder- und Jugendhilfe zu sich widersprechenden oder zumindest doch in einem deutlichen Spannungsfeld zueinander stehenden Entwicklungen führt.

Die Idee eines schlanken Staates, der möglichst vieler Aufgaben entbunden sein soll, spiegelt sich im Rückzug des öffentlichen Trägers als Anbieter wider. Dass diese Veränderung auch sehr problematische Entwicklungen beschleunigen kann, zeigt sich beispielsweise an den infrastrukturellen Lücken in Ostdeutschland, die zunehmend von extremistischen Gruppierungen für ihre Zwecke genutzt werden. Während der öffentliche Träger einerseits aufgefordert wird, sich zurückzuziehen, wird gleichzeitig von ihm erwartet, mehr Verantwortung für das Aufwachsen von Kindern zu übernehmen (Kindertagesbetreuung, ganztägige Betreuung an Schulen, Stärkung des Wächteramts).

Es ist insgesamt in allen Bereichen, nicht nur in der Kinder- und Jugendhilfe, eine zunehmende Ungeduld hinsichtlich der Zeit zu spüren, die für eine Entscheidungsfindung aufgewandt wird. Verstärkt wird dies noch dadurch, dass auf die wachsende Komplexität moderner Gesellschaften augenscheinlich mit dem Wunsch nach einfachen Lösungen reagiert wird. Die etwas schwerfälligeren und mehrere Schleifen notwendig machenden Aushandlungsprozesse der Kinder- und Jugendhilfe werden in diesem Zusammenhang als unproduktiv und zu wenig komplexitätsreduzierend kritisiert. Mehr Expertise soll zu kürzeren Entscheidungszeiten führen und Handlungssicherheit schaffen, dies jedoch geht zu Lasten eines Arbeitsprinzips, das darauf ausgerichtet ist, möglichst viele der involvierten Akteure einzubinden. Würde dieses Prinzip zugunsten einfacher Lösungen aufgegeben, dann würden sich mit großer Wahrscheinlichkeit Zugangsbarrieren für bestimmte Bevölkerungsgruppen erhöhen und erfolgreiche Kooperationen mit anderen Institutionen unwahrscheinlicher werden.

Auch die alte Frage, wo positioniert sich soziale Arbeit im Spannungsfeld von Hilfe und Kontrolle, wird unter den sich wandelnden Bedingungen neu gestellt. Die schwindende Integrationskraft sozialstaatlicher Angebote, die auch durch die Veränderung des Verständnisses von Sozialstaat mitgeprägt werden, führt zu einem wachsenden Vertrauensverlust in die sozialutopische Vorstellung, dass durch

Förderung und Ermächtigung der Subjekte zu einem Leben in Gemeinschaft (so wie es auch im § 1 KJHG zum Ausdruck kommt) nicht hinnehmbare Verhaltensweisen nachhaltig positiv beeinflusst werden können. Hieraus resultiert ein wachsendes Kontrollbedürfnis, denn wer nicht daran glaubt, positiv beeinflussen zu können, der muss verstärkt versuchen, durch Kontrolle Einfluss zu nehmen, um nicht endgültig aller Steuerungsmöglichkeiten beraubt zu sein. Die Idee des schlanken Staates, der sich eigentlich auf die Sicherung idealer Bedingungen für die wirtschaftliche Betätigung beschränken soll, führt zu verstärkten staatlichen Aktivitäten, weil die geringere Involviertheit mit einem Zuwachs an Kontrolle ausgeglichen wird. Die wieder modern gewordene Hinwendung zu einer stärkeren Eingriffsorientierung in der Kinder- und Jugendhilfe kann in diesen Zusammenhang gestellt werden.

2 Forschungsansatz und Methoden

2.1 Gegenstand der Untersuchung

Gegenstand der Gesamtuntersuchung ist die örtliche Kinder- und Jugendhilfe in Deutschland. Die Kinder- und Jugendhilfe wird gestaltet und getragen vom öffentlichen Träger, freien Trägern und privatgewerblichen Trägern. Demzufolge ist es für eine Analyse der regionalen Kinder- und Jugendhilfe notwendig, die unterschiedlichen Akteure vor Ort zu befragen. Nur eine solche Zusammenschau ermöglicht eine umfassende Beschreibung des gesamten Feldes der Kinder- und Jugendhilfe. Die örtlichen öffentlichen Träger stehen aufgrund ihrer Gesamtverantwortung, die sie für alle Bereiche der Kinder- und Jugendhilfe tragen, im Mittelpunkt dieses Berichtes. Die Ergebnisse der Erhebungen bei Jugendringen, (teil)stationären Einrichtungen der Hilfen zur Erziehung sowie der Geschäftsstellen freier Träger auf der örtlichen Ebene vervollständigen jeweils das Bild.

In allen Befragungen mussten aus forschungspragmatischen Gründen (Fragebogenumfang, Auswertungskapazitäten, Begrenzung der Komplexität) thematische Schwerpunkte gesetzt werden. Aufgrund dieser Schwerpunktsetzung, aber auch aufgrund der unterschiedlichen Aufgaben der verschiedenen Akteure, variiert das Themenspektrum bei den einzelnen Erhebungen.

Jugendhilfe als Untersuchungsgegenstand

Die föderale Struktur der Bundesrepublik Deutschland und das Recht zur kommunalen Selbstorganisation führen hinsichtlich der Erledigung verschiedener Aufgaben zu einer großen Vielfalt von Organisationsformen. Selbst für Aufgaben, für die es bundesgesetzliche Organisationsvorgaben, wie im KJHG (§§ 69, 70) gibt, trifft dies zu. Diese Organisationsvielfalt tangiert Aspekte des Feldzugangs, weil sie die Frage aufwirft, welche Organisation bzw. Organisationen aufseiten der öffentlichen Kinder- und Jugendhilfe befragt werden muss bzw. müssen, um empirische Daten über die Gestaltung der Aufgabenwahrnehmung auf kommunaler Ebene zu generieren. Es gibt einerseits Gebietskörperschaften, die wirklich alle Aufgaben des KJHG in einer Organisationseinheit zusammengefasst haben und diese zusätzlich mit Aufgaben betrauen, die einen gewissen Bezug zur Kinder- und Jugendhilfe haben. Andererseits gibt es Jugendämter[4], bei denen einzelne Aufgabenbereiche ausgegliedert sind, wie beispielsweise die Bezirkssozialarbeit in einen eigenständigen Allgemeinen Sozialen Dienst (ASD) oder der Zuständigkeit für Kindertagesstätten bei dem örtlichen Schulaufwandsträger (vgl. Kap. 3). Unter Umständen muss man also für eine Erhebung zur Situation der Kinder- und Jugendhilfe in einem Jugendamtsbezirk (die Analyseeinheit) auf mehrere Auskunftsstellen zurückgreifen (mehrere Erhebungseinheiten mit jeweils eigenem Fragebogen), weil die Aufgaben auf mehrere Organisationseinheiten mit klar voneinander abgegrenzten Zuständigkeiten verteilt sind. Im Rahmen dieser Erhebung wurde das Problem dadurch gelöst, dass sich die befragten Jugendämter bei den anderen kommunalen Stellen um die Daten bemüht haben. Dies wiederum hat in einigen Fällen zu einer erheblichen Verlängerung der für das Ausfüllen der Fragebögen eingeplanten Zeitspanne geführt.

Grundgesamtheit

Ein wesentliches Kennzeichen der Kinder- und Jugendhilfe in der Bundesrepublik ist, dass die Verantwortlichkeit für Aufgaben nach dem Kinder- und Jugendhilfegesetz im Zuständigkeitsbereich der Kommunen liegt. Die kommunale Ebene der Kreise, kreisfreien Städte und kreisangehörigen Gemeinden mit ihren Jugendbehörden ist der Ausgangspunkt, an dem unsere Erhebung und Analyse ansetzt. Allerdings ist es nicht ganz einfach, die Grundgesamtheit zu bestimmen, da die Einrichtungszählung der Kinder- und Jugendhilfestatistik keine exakten Anhaltspunkte liefert[5] und sich zudem die Grundgesamtheit immer wieder ändert. Die Anzahl der Jugendämter ist nicht konstant. Kreisgebietsreformen oder die Gründung von Jugendämtern in kreisangehörigen Gemeinden (hier als »regionalisierte Jugendämter« bezeichnet), so wie dies in acht von dreizehn Flächenländern möglich ist (vgl. Seckinger/van Santen/Pluto 2000), können zu einer Veränderung der Anzahl der Jugendamtsbezirke führen. Die größte Anzahl regionalisierter Jugendämter befindet sich

[4] Diese Terminologie wird hier und im Weiteren benutzt um die Organisationseinheit(en) der örtlichen Kinder- und Jugendhilfeträger zu bezeichnen, die Aufgaben nach dem KJHG wahrnehmen.

[5] So werden beispielsweise in Hamburg in der amtlichen Statistik 41 Jugendämter ausgewiesen, obwohl es dort lediglich sieben Jugendämter gibt.

in Nordrhein-Westfalen. Zum 31. Dezember 2003 betrug die Gesamtzahl der Jugendamtsbezirke 613 (vgl. Tab. 2.1). Die Anzahl der Jugendämter ist vom 31.12.2001 bis zum 31.12.2003 um acht gestiegen. Seit Anfang 2004 stieg in Nordrhein-Westfalen die Anzahl der Jugendämter durch Neugründungen weiter an.

Tabelle 2.1 zeigt Flächenumfang und Bevölkerungszahl für die unterschiedlichen Jugendamtstypen (Kreisjugendämter, Jugendämter kreisfreier Städte, regionalisierte Jugendämter und Bezirksjugendämter). Jugendamtsbezirke mit einer großen flächenmäßigen Ausdehnung stellen die Verantwortlichen vor die nicht immer leicht zu lösende Aufgabe, die Erreichbarkeit von Jugendhilfeangeboten für die Adressaten sicherzustellen (vgl. Kap. 3). Die Flächen der Jugendamtsbezirke variieren im Jahr 2003 zwischen 498 ha und 305.808 ha. Jugendamtsbezirke in kreisfreien Städten, Stadtbezirken und in kreisangehörigen Gemeinden (regionalisierte Jugendämter) weisen ähnlich große Flächen auf, während die Fläche, für die Kreisjugendämter zuständig sind, im Durchschnitt etwa um das 10-Fache größer ist.

Tab. 2.1: Fläche und Bevölkerung in den Jugendamtsbezirken (Stand 31.12.2003)

	kfr. Stadt	KJA	RJA	BzJA
Anzahl	115	321	150	19
Bevölkerung				
Durchschnitt	187.971	147.406	53.361	267.530
Median	117.606	130.838	46.574	267.000
Minimum	35.752	34.844	19.749	113.046
Maximum	1.267.813	522.544	149.108	401.047
Fläche in ha				
Durchschnitt	12.910	102.106	8.512	5.091
Median	10.677	89.259	7.607	4.493
Minimum	3.560	10.646	2.050	498
Maximum	40.515	305.808	30.294	16.842

Kfr. Stadt = Jugendamt kreisfreier Stadt, KJA = Kreisjugendamt, RJA = regionalisiertes Jugendamt, BzJA = Bezirksjugendamt (Berlin und Hamburg); Quelle: Gemeindeverzeichnis GV100; Deutsches Jugendinstitut

Die Anzahl der EinwohnerInnen innerhalb eines Jugendamtsbezirks hat nicht nur Auswirkungen auf die Quantität der Nachfrage nach Jugendhilfeleistungen, sondern beeinflusst zum Beispiel auch die Möglichkeiten zur Bildung von Sozialräumen (vgl. Pluto/van Santen 2001). Ein Jugendamtsbezirk mit lediglich 20.000 EinwohnerInnen wird für die Bildung von Sozialräumen kaum die nötigen personellen Ressourcen aufbringen können. Die sehr unterschiedliche Anzahl von EinwohnerInnen in einem Jugendamtsbezirk ist zudem bei der Betrachtung der Personalausstattung (vgl. Kap. 17) oder auch dem Finanzvolumen, das einem Jugendamt zur Verfügung steht (vgl. Kap. 16), von Bedeutung.

Gemessen an der Bevölkerung ergeben sich zwischen den einzelnen Jugendamtsbezirken ebenfalls erhebliche Unterschiede: Der kleinste Jugendamtsbezirk ist 2003 für knapp 20.000 und der bevölkerungsreichste Jugendamtsbezirk für knapp 1,3 Millionen Menschen zuständig, wobei bei letzterem inzwischen (2006) die Zahl 1,3 Mio. überschritten wurde.

Der Jugendamtstyp allein (Jugendamt kreisfreier Stadt, Kreisjugendamt, regionalisiertes Jugendamt, in Berlin und Hamburg: Bezirksjugendamt) lässt noch keine generalisierbaren Rückschlüsse auf die etwaige Größe des Jugendamtsbezirkes zu. So ist zum Beispiel die Einwohnerzahl im jeweils kleinsten Jugendamt einer kreisfreien Stadt und eines Kreises nahezu identisch, die durchschnittliche Anzahl der EinwohnerInnen in regionalisierten Jugendämtern dagegen weitaus geringer als bei den anderen Typen. Gleichzeitig wohnen im bevölkerungsstärksten regionalisierten Jugendamtsbezirk in etwa so viele Personen wie im Durchschnitt der Kreisjugendsamtsbezirke. Im Median ist die Anzahl der EinwohnerInnen bei Jugendamtsbezirken in Landkreisen höher als in Jugendamtsbezirken kreisfreier Städte.

2.2 Methodische Anlage

Die Dauerbeobachtung »Jugendhilfe und sozialer Wandel – Leistungen und Strukturen« kann sich inzwischen auf Daten aus vier bundesweiten Erhebungswellen bei freien und öffentlichen Trägern sowie auf verschiedene Handlungsfelder der Kinder- und Jugendhilfe beziehen. Ziel ist es, anhand empirischer Daten die Situation der Kinder- und Jugendhilfe zu beschreiben, diese vor dem Hintergrund fachlicher, rechtlicher und gesellschaftlicher Ansprüche zu interpretieren, Entwicklungen auf empirisch gesicherter Basis darzustellen und Herausforderungen für die nächsten Jahre zu benennen. Auf der Basis von Befragungen öffentlicher und freier Träger können verschiedene Bereiche der Kinder- und Jugendhilfe systematisch erfasst und miteinander ergänzend oder kontrastierend in Beziehung gesetzt werden: konkrete Angebote der Jugendhilfe ebenso wie die Ausstattung mit Personal und finanziellen Ressourcen, Aspekte der Steuerung der Kinder- und Jugendhilfe sowie Kooperation. Der Vorteil solcher Daten, wie sie hier vorgestellt werden, besteht vor allem darin, dass sie einen Eindruck über die

Gesamtsituation in der Bundesrepublik vermitteln, allgemeine Trends erkennen lassen und gleichzeitig regionale Disparitäten aufzeigen können. Fülle und Komplexität der Daten führen unvermeidlich aber auch zu einer Beschränkung der Detailtiefe. Vertiefende Einzelstudien, etwa zu Nutzen und Effektivität bisheriger Fortbildungen und Weiterqualifizierungen aus MitarbeiterInnensicht oder Antworten auf die Frage, wie Jugendliche Jugendarbeit erleben oder auch die Frage, was passiert in flexiblen Hilfen wirklich, wären eine gute Ergänzung zu unserem Untersuchungsdesign. Um den anlagebedingten Nachteil, nicht immer eine befriedigende Detailtiefe zu erreichen, etwas auszugleichen, werden die Ergebnisse in Bezug zu den Ergebnissen anderer Erhebungen gesetzt.

Die beschriebenen Zielsetzungen erfordern die Anwendung differenzierter Erhebungsinstrumente. Abbildung 2.1 (S. 36) zeigt das Untersuchungsdesign der bisherigen Erhebungsphasen.

Die bereits im Rahmen der bisherigen Projektphasen entwickelten Fragebogenkonzeptionen wurden aufgegriffen und an einigen Stellen vor dem Erfahrungshintergrund der vorangegangenen Projektphasen im Sinne einer Reliabilitäts- und Validitätserhöhung verändert. Die in diesem Zusammenhang vorgenommenen Modifikationen und Ergänzungen wurden, wie bereits die Instrumentenentwicklung in den vorangegangenen Phasen, mit PraxisvertreterInnen der Kinder- und Jugendhilfe und KollegInnen aus der Wissenschaft sowie bei dem Instrument der Jugendamtserhebung mit VertreterInnen des Deutschen Städtetages, des Deutschen Landkreistages sowie des Deutschen Städte- und Gemeindebunds abgestimmt. Die so veränderten Erhebungsinstrumente wurden in Voruntersuchungen getestet.

Tabelle 2.2 (S. 37) zeigt eine Übersicht über die Erhebungen, die die Basis für die hier vorgelegten Ergebnisse und die vorangegangenen Ergebnisdarstellungen sind. Alle Ergebnisse beziehen sich auf das jeweilige Jahr der Erhebung. Sollte es aus methodischen Gründen notwendig gewesen sein, Daten zu einem bestimmten Stichtag abzufragen, etwa Personal- und Fallzahlen, so wird in der Ergebnisdarstellung explizit darauf hingewiesen.

Abb. 2.1: Untersuchungsdesign der Erhebungsphasen

	Phase I	Phase II	Phase III	Phase IV
Öffentliche Jugendhilfe	standardisierte Fragebogenerhebung 1. bei allen **Jugendämtern** in Ostdeutschland 2. bei ausgewählten **Jugendämtern** in Westdeutschland	standardisierte Fragebogenerhebung bei ausgewählten **Jugendämtern** in der Bundesrepublik	Fragebogenerhebung 1. Fortführung der Stichprobe aus Phase I & II 2. Vollerhebung zu Fragen der organisatorischen Einbettung von JH-Aufgaben	Fragebogenerhebung 1. Fortführung der Stichprobe aus Phase I, II & III 2. Fragen zur organisatorischen Einbettung von JH-Aufgaben
		qualitative Studie *Kooperationsbeziehungen in der Jugendhilfe*	*qualitative Studie* *Strukturen, Verfahren und Partizipationsmöglichkeiten*	
Freie Jugendhilfe	standardisierte Fragebogenerhebung bei **freien Trägern** der Jugendhilfe sowie **Kinder- und Jugendheimen** in Ostdeutschland	standardisierte Fragebogenerhebung bei **freien Trägern** der Jugendhilfe in der Bundesrepublik (Kreisebene von WV, JV, JR sowie regionale Träger)	Fragebogenerhebung bei **ausgewählten** **- HZE-Einrichtungen freier Träger** **- regionalen Geschäftsstellen freier Träger** **- Jugendverbänden** **Vollerhebung bei Jugendringen**	Fragebogenerhebung bei **ausgewählten** **- HZE-Einrichtungen freier Träger** **- regionalen Geschäftsstellen freier Träger** **- Jugendringen** Internetbefragung bei Jugendringen
Adressaten	repräsentative **Jugendbefragung** in Ostdeutschland		Befragung von Adressaten im Rahmen der qualitativen Studie	Befragung von Adressaten im Rahmen der qualitativen Studie Auswertungen Familiensurvey. Jugendsurvey und Kinderpanel: Inanspruchnahme sozialstaatlicher Leistungen
	1990	1995	1998	2002 – 2006

Tab. 2.2: Übersicht über die der Dauerbeobachtung Jugendhilfe und sozialer Wandel zugrunde liegenden Erhebungen

I. Phase	Erhebung bei ostdeutschen Jugendämtern 1992 Vollerhebung bei ostdeutschen Jugendämtern 1992 Erhebung bei westdeutschen Jugendämtern 1993 Repräsentative Jugendbefragung in Ostdeutschland 1993 Erhebung bei ostdeutschen Wohlfahrtsverbänden 1993 Erhebung bei ostdeutschen Jugendverbänden 1993 Erhebung bei ostdeutschen Vereinen und Initiativen 1993 Erhebung bei ostdeutschen Kinderheimen 1993
II. Phase	Erhebung bei Jugendämtern 1996 Erhebung bei Wohlfahrtsverbänden 1996 Erhebung bei Jugendverbänden 1996 Erhebung bei Vereinen und Initiativen 1996 Erhebung bei Jugendringen 1996
III. Phase	Vollerhebung bei Jugendämtern 2000 Erhebung bei Jugendämtern 2000 Vollerhebung bei Jugendringen 2001 Erhebung bei Jugendverbänden 2001 Erhebung bei Geschäftsstellen freier Träger der Kinder- und Jugendhilfe 2001 Erhebung bei Einrichtungen im Bereich der erzieherischen Hilfen in der Kinder- und Jugendhilfe 2001 darüber hinaus Sekundäranalyse von Daten aus: der DJI Regionaldatenbank der amtlichen Kinder- und Jugendhilfestatistik der Pro-Mix-Datenbank dem DJI Jugendsurvey Shell-Studien
IV. Phase	Erhebung bei Jugendämtern 2004 Vollerhebung bei Jugendringen 2005 (50 % postalisch; 50 % online) Erhebung bei Geschäftsstellen freier Träger der Kinder- und Jugendhilfe 2004 Erhebung bei Einrichtungen im Bereich der erzieherischen Hilfen in der Kinder- und Jugendhilfe 2004
darüber hinaus	Sekundäranalyse von Daten aus: der DJI Regionaldatenbank der amtlichen Kinder- und Jugendhilfestatistik dem DJI Kinderpanel dem DJI Jugendsurvey der DJI Erhebung Ausbaustand TAG der DJI Betreuungsstudie Mikrozensus SOEP

2.3 Jugendamtserhebung

Die öffentlichen Träger der Kinder- und Jugendhilfe wurden in einem analog zu dem in den vorherigen Projektphasen verwendeten Quotenverfahren ausgewählt.[6] Die Stichprobe muss folgende Kriterien erfüllen:

- Sie muss die Möglichkeiten der längsschnittlichen Auswertung der Befragung sicherstellen.
- Es muss bezüglich der einzelnen Gruppen von Jugendämtern, also Jugendämtern in Städten und Landkreisen, in Ost und West, jeweils eine genügend große Anzahl vorhanden sein, um statistische Vergleiche zwischen diesen Gruppen zu ermöglichen.
- Die Stichprobe sollte sich hinsichtlich wichtiger Parameter nicht wesentlich von der Grundgesamtheit unterscheiden.

Die Erfüllung des letztgenannten Kriteriums zu überprüfen, ist schwierig, da es dafür kaum Daten gibt, auf die man sich beziehen könnte. Immer dort wo es sinnvoll erscheint, werden die eigenen Daten mit denen der amtlichen Statistik in Beziehung gesetzt. So besteht zumindest für einzelne Themenbereiche die Möglichkeit, zu zeigen, dass es keine systematischen Verzerrungen durch die der Auswertung zugrunde gelegten Stichprobe gibt. Es wurden bezugnehmend auf eine Absprache mit dem Deutschen Städtetag, dem Deutschen Landkreistag und dem Deutschen Städte- und Gemeindebund – ausgenommen die Stadtstaaten und das Saarland – aus jedem Bundesland die Jugendämter der größten und der kleinsten (bezogen auf die Bevölkerungszahl) kreisfreien Städte in die Stichprobe aufgenommen. Die Gesamtanzahl der aufgenommenen Städte variiert je nach der Anzahl kreisfreier Städte im jeweiligen Bundesland. Insgesamt wurden 45 Städte für die Stichprobe ausgewählt Des Weiteren wurden die Jugendämter der größten sowie der kleinsten Landkreise (wiederum bezogen auf die Bevölkerungszahl) der einzelnen Bundesländer befragt. Die Anzahl der ausgewählten Landkreise variiert ebenso wie die der Städte aufgrund der Gesamtzahl

[6] In der ersten Projektphase 1992/93 wurde ein zweistufiges Verfahren angewendet. In einem ersten Schritt wurden anhand eines Kurzfragebogens zentrale Daten bei allen 215 zum damaligen Zeitpunkt in den neuen Bundesländern (außerhalb Ost-Berlins) bestehenden Jugendämtern erhoben. Die Rücklaufquote lag bei 88,4 %. In einem zweiten Schritt wurden in den neuen Bundesländern 35 und in den alten Bundesländern 49 Jugendämter für eine detaillierte Befragung ausgewählt (Rücklaufquote: West 94 %, Ost 100 %).

von Landkreisen in diesen Bundesländern. Die Mindestzahl der ausgewählten Jugendamtsbezirke pro Flächenland – mit Ausnahme des Saarlandes – ist mit zwei kreisfreien Städten und fünf Landkreisen gesetzt. Im Saarland wurde nur der kleinste und der größte Jugendamtsbezirk ausgewählt. Leichte Abweichungen von dem Prinzip, die größten und kleinsten Jugendamtsbezirke für die Studie herauszuziehen, ergeben sich aus in vorherigen Befragungswellen vorgenommenen Nachbesetzungen. Diese waren notwendig geworden, weil einzelne ausgewählte Jugendämter nicht an der Studie mitwirken wollten. Es wurden auch 27 kreisangehörige Gemeinden mit einem eigenen Jugendamt und drei Bezirksjugendämter aus Berlin und zwei aus Hamburg in die Stichprobe aufgenommen. Insgesamt wurde die Stichprobe gegenüber der dritten Erhebungswelle um 49 Jugendämter erweitert. Die Bruttostichprobe aus Kreis- und Stadtjugendämtern sowie Jugendämtern kreisangehöriger Gemeinden enthielt damit insgesamt 160 Jugendämter. Dies entspricht zum Erhebungszeitpunkt 26 % der Gesamtzahl der Jugendämter in der Bundesrepublik Deutschland.

Tab. 2.3: Verteilungsmerkmale bei der Jugendamtsbefragung

	Angestrebt	Realisiert
Stadtjugendamt	31 %	32 %
Kreisjugendamt	52 %	56 %
Regionalisiertes Jugendamt[1]	17 %	12 %
Ost	22 %	35 %
West	78 %	65 %

[1] Jugendamt bei einer kreisangehörigen Gemeinde

Die Erhebung bei den Jugendämtern erfolgte postalisch. Neben finanziellen Vorteilen trägt diese Form der Datenerhebung dem zum Teil erheblichen Rechercheaufwand seitens der Befragten am ehesten Rechnung. Der Fragebogen richtet sich an die JugendamtsleiterInnen als denjenigen, die den Gesamtüberblick über das Amt haben und in ihrer Leitungsfunktion die Entwicklung eines Amtes lenken. Bei Fragen, die eine bewertende Einschätzung vom Befragten erwarten, kann davon ausgegangen werden, dass eine Einschätzung durch die Jugendamtsleitung die Perspektive des Amtes repräsentiert und handlungsleitend für die MitarbeiterInnen ist.

Inhaltliche Gegenstände der Untersuchung sind: Auswirkungen problematischer Lebensverhältnisse auf die Arbeit der Jugendämter, das Leistungsspektrum der Kinder- und Jugendhilfe, Verfahren der

Steuerung, der Umgang mit ausgewählten Querschnittsthemen sowie die Ressourcen, die der Kinder- und Jugendhilfe zur Verfügung stehen.

Mit Blick auf das Antwortverhalten stellt sich bei einer Institutionenbefragung, wie der hier vorliegenden, die Frage, inwieweit die befragten Personen dazu tendieren, ihre Antworten formal an den gesetzlichen Bestimmungen und aktuellen, fachlichen Diskussionen auszurichten oder die tatsächliche Situation im Jugendamtsbezirk beschreiben. Nach der Erfahrung mit vier Erhebungswellen sprechen zwei Argumente dafür, dass die Jugendämter in der Regel eine realistische Einschätzung der Situation im Jugendamtsbezirk abgeben: Zum einen führt die kommunale Verankerung der Jugendhilfe zu einer großen Heterogenität der vorrangig behandelten Aufgaben und der Jugendhilfepraxis vor Ort. Die besondere Aufmerksamkeit der JugendamtsleiterInnen liegt somit auf ausgewählten Bereichen des Aufgabenspektrums, während anderen Bereichen eine weniger große Bedeutung zukommt. Aufgrund der heterogenen Ausgestaltung der Jugendhilfe nimmt kein Aufgabenbereich eine so zentrale Position ein, dass eine interessengeleitete Darstellung der Situation vor Ort die Gesamtergebnisse wesentlich verfälschen würde. Zum anderen gibt es bezogen auf die Jugendhilfe ein so breites Spektrum zu bewältigender Aufgaben, dass es nahezu unmöglich ist, alle Bereiche gleichzeitig mit der entsprechenden Energie zu bearbeiten. Auch deshalb ist es naheliegend, dass Tendenzen, lediglich mit Verweis auf die gesetzlichen Rahmenbedingungen zu antworten, nicht sehr stark ausgeprägt sind.

Durchgeführt wurde die Befragung der öffentlichen Träger der Jugendhilfe zwischen November 2003 und August 2004. Dieser lange Zeitraum muss vor dem Hintergrund der besonderen Bedingungen einer Institutionenbefragung dieses Umfangs und dieser Komplexität gesehen werden (vgl. Mamier u.a. 2002) und kann daher nicht als unüblich lang andauernd betrachtet werden. Die Rücklaufquote der Jugendämter von 62 % stellt für eine postalische Befragung von Institutionen eine noch zufriedenstellende Quote dar (vgl. z.B. Reuband 1999). Der Auswertung liegen insgesamt die Antworten von 55 Kreis-, 32 Stadtjugendämtern sowie von zwölf Jugendämtern kreisangehöriger Gemeinden zugrunde.

2.4 Erhebungen bei freien Trägern der Kinder- und Jugendhilfe

Parallel zur Untersuchung öffentlicher Träger wurden zwei standardisierte Befragungen von freien Trägern der Kinder- und Jugendhilfe, die auf Kreisebene tätig sind, durchgeführt (Geschäftsstellen von nicht-öffentlichen Trägern, Jugendringe). Für die Befragungen wurden in erster Linie diejenigen Träger und Einrichtungen ausgewählt, die in demselben Kreis tätig sind, wie die von uns befragten Jugendämter. Erst wenn die Adressenrecherche keinen Erfolg zeitigte oder die Anzahl der Adressen nicht ausreichte, wurden Träger aus anderen Kreisen hinzugenommen.

Um eine befriedigenden Rücklaufquote erreichen zu können, wurden, wie bereits in der dritten Welle, einige Maßnahmen während der Feldphase ergriffen:

Erinnerungsschreiben

Einige Zeit nach Ablauf der etwa vierwöchigen Frist, die für die Beantwortung der Fragebögen vorgegeben war, wurden die Träger erneut angeschrieben und um ihre Teilnahme an der Erhebung gebeten. In dem Schreiben wurde auch ein neuer Abgabetermin genannt und das Angebot unterbreitet, einen neuen Fragebogen zuzusenden, falls der erste nicht mehr vorhanden sein sollte. Diese Prozedur wurde bei Nichteinhaltung des im ersten Erinnerungsschreiben genannten Rücksendetermins noch einmal wiederholt. Die Erfahrungen dieser Erinnerungsaktion bestätigen zum einen die Spezifika einer Institutionenbefragung und zum anderen den Nutzen dieser Aktion. So waren nicht nur viele Träger und Einrichtungen erst nach den Erinnerungsschreiben dazu bereit teilzunehmen, sondern es wurde auch oftmals erst nach der erneuten Kontaktaufnahme deutlich, dass Träger nicht (mehr) im Bereich der Kinder- und Jugendhilfe tätig waren, was eine Möglichkeit zur Bereinigung der Bruttostichprobe darstellte.[7] Wie Tabelle 2.4 zeigt, betrug der Anteil an fehlgeleiteten Fragebögen bei den Geschäftsstellen nicht-öffentlicher Träger knapp 11 % bei den Jugendringen 17,9 %. Die besonders hohe Quote fehlgeleiteter Fragebögen bei

---

[7] Dies gilt auch für die Fälle, in denen uns die Post erst beim Erinnerungsschreiben mitteilte, dass die Sendung wegen falscher Adresse oder Umzugs nicht (mehr) zustellbar ist.

Jugendringen ist bereits ein Indikator für die weniger stabilen Strukturen bei rein ehrenamtlichen Jugendringen (verantwortliche Personen wechseln häufiger, Privatadresse anstelle von Geschäftsadresse).

In anderen Organisationen erfüllten die Erinnerungsschreiben ihren Zweck, weil die Fragebögen zwischenzeitlich verloren gegangen waren oder die Erinnerungsschreiben nun an andere als die zuerst angeschriebenen Personen gerieten und diese Interesse zeigten, an der Befragung teilzunehmen. Zudem konnte die Ernsthaftigkeit des Anliegens noch einmal deutlich gemacht werden.

Rückporto

Dem Anschreiben mit dem Fragebogen wurde schließlich ein Freiumschlag (Gebühr bezahlt Empfänger) beigelegt, welcher die Schwelle zur Teilnahme weiter herabsenken sollte und den Befragten, denen das Deutsche Jugendinstitut unbekannt war, signalisierte, dass die Erhebung kein Privatvergnügen einzelner Forscher darstellt, sondern in einem größeren Forschungszusammenhang verortet ist. Die Maßnahmen halfen, eine zufriedenstellende Rücklaufquote zu erreichen (vgl. Tab. 2.4).

2.4.1 Geschäftsstellen nicht-öffentlicher Träger

Die Kinder- und Jugendhilfe lässt sich in ihren komplexen Strukturen nur angemessen beschreiben, wenn die Multiperspektivität der Akteure schon bei der Datenerhebung berücksichtigt wird. Deshalb haben wir auch Geschäftsstellen freier und privat-gewerblicher Träger auf Kreisebene befragt. Ähnlich wie bei Jugendämtern ist bei den Geschäftsstellen nicht-öffentlicher Träger das Angebotsspektrum, das dort gemanagt und verantwortet wird, relativ breit. Im Unterschied zu den Jugendämtern beschränkt es sich jedoch nicht unbedingt auf die Kinder- und Jugendhilfe, sondern bedient auch Aufgaben aus anderen Sozialgesetzbüchern. Je nach innerer Strukturierung eines Trägers sind die Geschäftsstellen nicht unbedingt für dieselbe Region zuständig wie das jeweilige Jugendamt. Die Geschäftsstellen des Caritasverbandes und der Diakonie etwa orientieren sich an den innerkirchlichen Einheiten (Diözese bzw. Dekanat), die in der Regel mehrere Jugendamtsbezirke umfassen. Bei anderen Trägerorganisationen finden sich ebenfalls regionale Zuständigkeiten, die sich mit den Zuständigkeitsbereichen mehrerer Jugendämter überschneiden (vgl. Kap. 3). Insofern sind dem Bestreben Grenzen gesetzt, die Ergebnisse der Jugendamtsbefragung mit denen der Trägerbefragung auf regionaler Ebene aufeinander zu beziehen.

Die Träger wurden bezüglich ihrer Organisationsstruktur, ihrer Finanzausstattung, flexibler Hilfen, Personalsituation, Qualitätsentwicklung, Kooperation, Folgen demografischer Veränderungen für die Kinder- und Jugendhilfe befragt. Zusätzlich wurden sie gebeten, eine Kopie einer aktuellen Leistungs-, Entgelt- und Qualitätsentwicklungsvereinbarung mit dem ausgefüllten Fragebogen zurückzusenden. 27 % der Träger, die uns geantwortet haben, kamen dieser Bitte nach. Die Vereinbarungen wurden codiert und ausgewertet.

Die Befragung wurde von Januar bis November 2004 durchgeführt. Es wurden insgesamt 861 Geschäftsstellen von nicht-öffentlichen Trägern angeschrieben. Bei jedem zehnten verschickten Fragebogen stellte sich heraus, dass entweder die Adresse falsch, der Träger nicht (mehr) im Feld der Kinder- und Jugendhilfe tätig war oder inzwischen seine Tätigkeit ganz eingestellt hat. Die Auswertung beruht auf 312 Fragebögen, wovon 35 % aus Ost- und 65 % aus Westdeutschland stammen.

2.4.2 Jugendringe

Die Befragung der Jugendringe wurde unter methodischen Gesichtspunkten auch dazu genutzt, das Instrument der Online-Erhebung im Rahmen einer Institutionenbefragung zu erproben. Die Befragung wurde deshalb bei einem Teil der Jugendringe in Form einer standardisierten postalischen Erhebung und bei einem anderen Teil als Online-Erhebung durchgeführt. Bei der Online-Erhebung wurde per E-Mail ein Link verschickt, der durch Anklicken direkt zu dem Online-Befragungsinstrument führte. In einer vorab versendeten E-Mail wurde auf die anstehende Befragung aufmerksam gemacht und das gesamte Online-Erhebungsinstrument als PDF-Datei mitgeschickt. Bei der Entwicklung und dem Design des Fragebogens wurde auf ein im DJI entwickeltes Tool, DJI-Census, zurückgegriffen. Online-Erhebungen haben in den letzten Jahren als Erhebungsmethode deutlich an Bedeutung gewonnen (vgl. z. B. www.dgof.de). Im Unterschied zu Erhebungen bei Einzelpersonen wurden damit jedoch bislang in der Kinder- und Jugendhilfe im Bereich der Institutionenforschung noch keine Erfahrungen gesammelt. Für die Jugendringe wurde angenommen, dass sie eine gute Online-Präsenz und -Erreichbarkeit haben und die Online-Kommunikation eine breite Akzeptanz finden könnte. Diese beiden Bedingungen wiesen die Jugendringe als ideale Zielgruppe für einen kontrollierten Vergleich der postalischen und der Online-Erhebungsmethode aus.

Tab. 2.4: Rücklauf der verschiedenen Erhebungen

Erhebung	Verschickt	Bereinigtes Brutto	Fehlgeleitet in %	Rücklauf	Rücklauf in %
Jugendamt	160	160	0,0 %	99	61,9 %
Träger	861	773	10,2 %	312	40,4 %
Jugendringe insgesamt	537	441	17,9 %	215	48,8 %
davon postalisch	284	236	16,9 %	133	56,4 %
davon online	253	205	19,0 %	82	40,0 %
(teil)stationäre Einrichtungen der Hilfen zur Erziehung	1.049	942	10,2 %	402	42,7 %

Quelle: DJI-Jugendhilfe und sozialer Wandel

In der Online-Erhebung wurde ein Teil der Fragen (etwa 20 %[8]) aus dem postalischen Erhebungsinstrument verwendet. Die Fragen wurden nicht verändert. Die parallele Durchführung dieser zwei Erhebungen mit unterschiedlichem Vorgehen diente dem systematischen Vergleich dieser beiden Erhebungsmethoden und bietet die Möglichkeit, Vor- und Nachteile dieser beiden Erhebungsmethoden gezielt gegenüberzustellen. Ein Vergleich der verschiedenen Erhebungsformen wird in diesem Bericht jedoch nicht im Detail thematisiert. Da sich in der Auswertung weder beim Rücklauf noch beim Antwortverhalten der Jugendringe eindeutige Unterschiede hinsichtlich der Erhebungsform zeigten, werden die Ergebnisse ohne Differenzierung nach Erhebungsform dargestellt. Als Ergebnis des Methodenexperiments kann zusammengefasst festgehalten werden, dass bei den ausgewählten Fragen, die in beide Instrumente aufgenommen worden waren, keine systematischen, durch die Erhebungsform bedingten Verzerrungen festgestellt werden konnten.

In den Bundesländern Niedersachsen und Baden-Württemberg gibt es neben den Kreis- und Stadtjugendringen in einer nicht unerheblichen Größenordnung auch Ortsjugendringe. Ortsjugendringe sind auf der Ebene kreisangehöriger Gemeinden tätig. Folglich kann es in einem Jugendamtsbezirk, der sich auf einen Landkreis bezieht, mehrere Ortsjugendringe und einen Kreisjugendring geben. Die

8 Die Anzahl der Variablen in der postalischen Erhebung lag bei 632 und die der Online-Erhebung bei 125. Die Anzahl der Variablen kann nicht gleichgesetzt werden mit der Anzahl der Fragen. So waren im Online-Erhebungsinstrument zum Beispiel 35 Fragen enthalten. Diese Differenz erklärt sich durch die Möglichkeit von Mehrfachantworten und Erläuterungen sowie durch Itembatterien.

Ortsjugendringe wurden nicht systematisch befragt sowie bei dieser Auswertung ausgeschlossen, weil sie sich hinsichtlich ihrer Aufgaben und ihrer Funktion von Kreis- und Stadtjugendringen unterscheiden. Dies sagt jedoch nichts über ihre Bedeutung für die regionale Jugendhilfeszene aus.

Die Feldphase der postalischen Befragung dauerte von April bis November 2004, die der Online-Befragung von Juli bis November 2004. Die lange Feldphase sowohl der postalischen als auch der Online-Befragung hängt mit den unterschiedlichen Urlaubsperioden der Bundesländer und dem Experimentiercharakter der Online-Erhebung zusammen. Bei beiden Erhebungsformen wurden Erinnerungsschreiben (2) bzw. -mails (3) in relativ großen Zeitabständen versandt.

Die Entscheidung, welcher Jugendring postalisch und welcher online befragt werden sollte, wurde nach folgender Systematik getroffen: Jugendringe in Jugendamtsbezirken, in denen im Rahmen des Projektes auch Jugendämter befragt wurden, bekamen das postalische Erhebungsinstrument zugeschickt. Alle anderen Jugendringe, von denen eine E-Mail-Adresse zu ermitteln war, wurden Online befragt. Die Jugendringe schließlich, die weder zu einem der untersuchten Jugendamtsbezirke gehörten noch über eine E-Mail-Adresse verfügten, wurden ebenfalls postalisch befragt. So wurden letztlich alle Jugendringe, die auf der Ebene eines Jugendamtsbezirks tätig sind, in die Befragung einbezogen. Allerdings kann nur für die Fragen, die (auch) in der Online-Erhebung enthalten waren, von einer Vollerhebung gesprochen werden.

Insgesamt wurden 236 Fragebögen per Post und 205 E-Mails mit Link zum Online-Erhebungsinstrument verschickt. Die eingegangenen 133 beantworteten Fragebögen entsprechen einem Rücklauf von 56 % bei allen Jugendringen auf Kreisebene und der Ebene kreisfreier Städte (vgl. Tab. 2.4). 82 von 205 Jugendringen haben den Online-Fragebogen so weit ausgefüllt, dass er in der Auswertung berücksichtigt wurde. Dies entspricht einer Rücklaufquote von 40 %.

Verzerrungen gibt es in der Erhebung mit Sicherheit in die Richtung, dass Jugendringe mit hauptamtlichem Personal etwas überrepräsentiert sind. Es ist davon auszugehen, dass Jugendringe mit hauptamtlichem Personal über mehr Ressourcen verfügen, einen Fragebogen auszufüllen. Dieser Unschärfe muss man sich bei der Betrachtung der unterschiedlichen Ergebnisse bewusst sein, damit es nicht zu Fehlinterpretationen kommt.

2.5 Befragung (teil)stationärer Einrichtungen der Hilfen zur Erziehung

In dieser Erhebung wurden (teil)stationäre Einrichtungen der Hilfen zur Erziehung in sowohl freier, privat-gewerblicher als auch öffentliche Trägerschaft einbezogen. Zu diesem Bereich der Jugendhilfe gibt es bislang wenig trägerübergreifende und bundesweite Daten.

Folgende Themenbereiche wurden im Fragebogen behandelt: Organisationsstruktur, Personalsituation, Fort- und Weiterbildung, Finanzen, Kooperation und Vernetzung, Hilfeplanverfahren, Qualitätsentwicklung, Evaluation, demografische Veränderungen, Elternarbeit sowie pädagogische Ausrichtung des Angebots. Aus den Rückmeldungen einzelner Einrichtungen lässt sich schlussfolgern, dass die Motivation, sich an der Befragung zu beteiligen, durch den Fragenkomplex, der sich auf die pädagogische Ausrichtung des Angebots bezieht, gegenüber früherer Erhebungen angestiegen ist, da dieser näher am Alltag der Einrichtungen liegt.

Die Adressen der Einrichtungen, die von uns angeschrieben wurden, stammen aus den Heimverzeichnissen der einzelnen Bundesländer und, sofern diese nicht vorlagen oder uns nicht zugänglich waren, aus Informationen der Jugendämter, die wir baten, eine Adressenliste der Einrichtungen in ihrem Kreis zusammenzustellen. Ausgehend von einer Gesamtstichprobengröße von etwa 1.000 zu befragenden Einrichtungen wurde diese Zahl proportional auf die Bundesländer verteilt. Als maßgebende Zahl für diese Verteilung wurde der Anteil der Einrichtungen der erzieherischen Hilfen in den einzelnen Bundesländern an der Gesamtzahl der Einrichtungen der erzieherischen Hilfen in Deutschland, wie sie sich aus der amtlichen Kinder- und Jugendhilfestatistik ergibt, verwendet. In erster Linie, aber nicht ausschließlich, wurden die Einrichtungen ausgewählt, die in den Jugendamtsbezirken aktiv sind, in denen wir auch die Jugendämter befragt haben. Sind die befragten Einrichtungen in den Jugendamtsbezirken der befragten Jugendämter aktiv, stellt dies eine wichtige Information für die Bewertung und fachliche Einordnung von (Einzel-)Ergebnissen dar. War in einem Bundesland die Anzahl der Einrichtungen in den Bezirken der untersuchten Jugendämter geringer als die geplante Anzahl der zu befragenden Einrichtungen in den jeweiligen Bundesländern, wurde aus den übrigen Einrichtungen eine Zufallsauswahl getroffen. Überstieg bereits die Anzahl der Einrichtungen in den ausgewählten Jugendamtsbezirken die Anzahl der vorgesehenen Stichprobengröße, wurde aus den Einrichtungen in den ausgewählten Jugendamtsbezirken eine Zufallsauswahl getroffen.

Mehrfach wurden Pretests in unterschiedlichen Entwicklungsstadien des Fragebogens vorgenommen. Die Feldphase der postalischen Befragung nahm insgesamt einen Zeitraum von rund sechs Monaten ein und dauerte von April bis September 2004.

Von den insgesamt 1.049 verschickten Fragebögen kamen ca. 10 % entweder als unzustellbar zurück oder die Adressaten waren nach eigenen Angaben nicht (mehr) den Einrichtungen der erzieherischen Hilfen zuzurechnen. Vor dem Hintergrund, dass die Adressen zum überwiegenden Teil von den Behörden stammten, die die Betriebserlaubnisse vergeben, ist dies bemerkenswert. Andererseits könnte dies auch ein Hinweis auf eine erhebliche Entwicklungsdynamik hinsichtlich Neugründungen und Betriebsschließungen von Einrichtungen sein, zumal auch bei der letzten Erhebung die Post bereits bei 9 % der Einrichtungen fehlgeleitet wurde oder die Einrichtungen sich nicht (mehr) den erzieherischen Hilfen zuordneten.

Der Umfang der um diese Fälle bereinigten Stichprobe betrug somit 942 Einrichtungen. Insgesamt wurden 402 Fragebögen zurückgeschickt, was einen Rücklauf von befriedigenden 43 % impliziert. Damit hat sich die Rücklaufquote gegenüber der letzten Erhebung um neun Prozentpunkte verbessert.

Bei der Kontrolle der Daten kam man in sieben Fällen zu dem Fazit, dass es sich hier nicht um Einrichtungen der Hilfe zur Erziehung nach §§ 27 ff. KJHG handelt. Diese Fälle wurden von der Analyse ausgeschlossen, sodass den Analysen nun letzendlich eine Fallzahl von insgesamt 395 Einrichtungen der erzieherischen Hilfen zugrunde liegt.

2.6 Betrachtung im Zeitvergleich

Eine der Besonderheiten der vorliegenden Studie besteht darin, dass sie Teil einer Dauerbeobachtung der Kinder- und Jugendhilfe ist. Die Ergebnisse der jetzigen Befragung können mit denen der vorangegangenen Erhebungen in zum Teil denselben Regionen und bei zum Teil denselben Trägern in Beziehung gesetzt werden. Ein Vergleich regionaler Entwicklungen wird somit möglich und auch die Dynamik einzelner Veränderungen in den Jugendamtsbezirken wird erst erkennbar, wenn sie über Jahre hinweg beschrieben werden kann. Zu einigen Aspekten liegen Daten vor, die einen Vergleich über einen Zeitraum von zwölf Jahren ermöglichen.

Der Zeitvergleich zwischen den verschiedenen Erhebungszeitpunkten ist auf zwei Arten durchführbar. Zum einen ist es anhand der verschiedenen Erhebungen zu unterschiedlichen Zeitpunkten (vgl. Tab. 2.2) möglich, einen Quervergleich zu gleichen Fragestellungen durchzuführen. Hierdurch werden unterschiedliche Entwicklungen bei spezifischen Gruppen, zum Beispiel Jugendämtern in Ost- und Westdeutschland, Jugendringen mit und ohne hauptamtlichem Personal, aufgrund der größeren Fallzahl besonders deutlich erkennbar. Zum anderen ist es möglich, eine Panelanalyse durchzuführen. Das heißt, die Antworten, die ein und dieselbe Institution zu verschiedenen Zeitpunkten gegeben hat, werden miteinander verglichen. Durch einen Panelvergleich kann abgesichert werden, dass es sich bei den beobachteten Entwicklungen nicht nur um einen Stichprobeneffekt handelt, also die Veränderung nur durch eine andere Zusammensetzung der Stichprobe zustande kommt. Hierdurch wird es noch besser möglich, die fachlichen Auswirkungen bestimmter Trends, etwa des Wachsens der regionale Disparitäten, zu verdeutlichen. So mag beispielsweise eine einmalige Finanzlücke in einem Handlungsfeld verschmerzbar sein, aber steht über mehrere Jahre hinweg im selben Handlungsfeld zu wenig Geld zur Verfügung, dann ist das ein deutlicher Hinweis darauf, dass das Jugendamt hier seinen Auftrag nicht angemessen erfüllen kann. Dieser Sachverhalt, wie er ausführlicher in Kapitel 16 beschrieben ist, wird aber erst durch einen Panelvergleich erkennbar. So wird die Information über den Anteil der Jugendämter, die finanzielle Kürzungen in einzelnen Aufgabenbereichen hinnehmen mussten, im Panelvergleich qualifiziert durch die Aussagemöglichkeit, ob es immer dieselben Jugendämter sind, deren Etat gekürzt wurde.

Wie bei allen Panelstudien besteht auch bei Institutionenbefragungen eine Schwierigkeit darin, das Panel zu erhalten. Einzelne Institutionen antworten nicht mehr, andere haben aufgehört zu existieren oder sind nicht mehr im gleichen Arbeitsfeld tätig. Deshalb werden im Rahmen des Projektes »Jugendhilfe und sozialer Wandel« die Stichproben regelmäßig wieder aufgefüllt. Dies führt zwar langfristig zu einem Verlust des Panels, zumindest über den gesamten Untersuchungszeitraum betrachtet, eröffnet dafür aber die Möglichkeit, nach der nächsten Erhebung wieder mehr Einzelfälle miteinander vergleichen zu können, denn die neu in die Stichprobe aufgenommenen Institutionen werden dann Teil des Panels.

3 Organisationsstruktur

An der Gestaltung der Kinder- und Jugendhilfe sind vor Ort viele verschiedene Akteure beteiligt. Die Kinder- und Jugendhilfe besteht aus einem komplexen Trägergefüge aus öffentlichen, freien, privat-gewerblichen Trägern, Jugendverbänden, Vereinen usw. Die Gesamtverantwortung für die Erfüllung der Aufgaben der Kinder- und Jugendhilfe liegt nach dem KJHG (§§ 69 ff., § 79, § 86) beim örtlichen öffentlichen Träger. Die jeweilige Gebietskörperschaft (kreisfreie Stadt, Landkreis und regionalisiertes Jugendamt[9]) muss unter Beachtung einiger weniger bundeseinheitlicher Regelungen (z. B. Zweigliedrigkeit) diese Anforderung bezogen auf die regionalen Bedingungen umsetzen. Die unterschiedlichen regionalen Traditionen, Gegebenheiten und Lebensbedingungen sowie das kommunale Selbstverwaltungsrecht führen dazu, dass sich in jedem der zur Zeit bestehenden 624 Jugendamtsbezirke eine eigene Jugendhilfelandschaft entwickelt hat.

Um einen Überblick zu erhalten, welche Organisationsstrukturen in den Jugendamtsbezirken existieren, werden gestützt auf die Befragung der Jugendämter, der Geschäftsstellen freier Träger, der Jugendringe und der Einrichtungen (teil)stationärer Hilfen ausgewählte Daten zu den jeweiligen Organisationsstrukturen dargestellt. Die größte Aufmerksamkeit wird dabei den Jugendämtern gewidmet (Abschnitt 3.1), die als Hauptverantwortliche durch ihre Struktur in erheblichem Maß dazu beitragen, wie die Aufgaben der Kinder- und Jugendhilfe erfüllt werden können.

Im Abschnitt 3.2 wird unter Bezugnahme auf die Erhebung bei Geschäftsstellen nicht-öffentlicher Träger das Trägerspektrum der Kinder- und Jugendhilfe thematisiert.

Die Jugendringe als Zusammenschlüsse von Jugendverbänden und Jugendorganisationen vor Ort sind zentrale Verhandlungspartner für die Jugendämter im Bereich der Jugendarbeit. Im Bereich der Interessenvertretung von Kindern und Jugendlichen sowie der Organisationen der Jugendarbeit hat sich in mehrerlei Hinsicht eine große Vielfalt an unterschiedlichen Organisationen gebildet. Im Abschnitt 3.3 werden ausgewählte Daten hierzu dargestellt, an denen auch

---

[9] Regionalisierte Jugendämter (RJA) sind kreisangehörige Gemeinden mit einem eigenen Jugendamt, die es vorwiegend in Nordrhein-Westfalen und Hessen (Sonderstatusstädte) gibt (vgl. Seckinger/van Santen/Pluto 2000).

deutlich wird, wie eng Funktionen und Strukturen zusammenhängen. Weitere Informationen über die Jugendhilfelandschaft liefert schließlich die Erhebung bei Einrichtungen (teil)stationärer Hilfen (Abschnitt 3.4).

3.1 Die Organisationsstruktur der Jugendämter

Im letzten Jahrzehnt waren organisatorische Veränderungen der öffentlichen Kinder- und Jugendhilfe motiviert und geprägt von der Diskussion über die sogenannte neue Steuerung und die Verwaltungsmodernisierung (vgl. z. B. Sachverständigenkommission Elfter Kinder- und Jugendbericht 2002; Mamier u. a. 2002). Zu den zentralen Zielen, die damit verbunden waren, zählte eine stärkere Wettbewerbs- und Kundenorientierung, eine Steuerung der Verwaltung über Angebote und Leistungen und nicht über eine reine Input-Steuerung sowie der Aufbau einer dezentralen Organisations- und Führungsstruktur. Zugleich wurde die Diskussion um die Flexibilisierung der bundesgesetzlichen Vorgaben für die organisatorische Verortung von Jugendhilfeaufgaben neu eröffnet. Die kommunale Jugendhilfeverwaltung mit ihren bundesgesetzlichen Vorgaben erschien den Kritikern nicht ausreichend flexibel, um den Erfordernissen einer modernen kommunalen Verwaltung gerecht werden zu können.

Nach zehn Jahren intensiver Diskussion und vielfältiger Experimente ist in der Kinder- und Jugendhilfe die Euphorie der Verwaltungsmodernisierung zwar abgeebbt, die mit der Diskussion verbundenen Ziele sind dennoch aktuell, der Umbauprozess ist noch in Gang. Zusätzliche Veränderungsimpulse ergeben sich derzeit dadurch, dass in vielen Bundesländern radikale Umbrüche in den Kommunalhaushalten anstehen. Erstens dürfte die Umstellung von dem kameralistischen System auf das System der doppelten Buchführung zukünftig auch Auswirkungen auf die Organisationsstrukturen haben. Zweitens verändert der in den letzten Jahren noch einmal erheblich verstärkte Einsparungsdruck auf die Kommunen die ursprünglichen Ziele.

Die Kinder- und Jugendhilfe, bestehend aus der Kerninstitution »Jugendamt« und dem Jugendhilfeausschuss, kann auf eine lange Tradition und Selbstverständlichkeit verweisen. Die einheitliche Bündelung von Aufgaben, die die Unterstützung von Familien in der Kindererziehung betreffen, hat bis heute dazu geführt, dass sich in der Regel eine umfassende Fachlichkeit und notwendige Spezialisierung zugunsten der Erfüllung dieser Aufgaben herausbilden konnte. Diese Selbstverständlichkeit der Strukturen, die durch das KJHG getragen wird (§ 69 KJHG), bekommt immer wieder Risse, weil politische Bestrebungen dahin gehen, die bundeseinheitlichen Vorgaben für die Einheit der Kinder- und Jugendhilfe aufzubrechen. Die Interessen sind dabei, wie auch bei den Diskussionen um die Verwaltungsneustrukturierung, zum großen Teil fiskalpolitisch geleitet mit dem Ziel, kostengünstiger zu werden und soziale Standards abzusenken. Die rechtlichen Vorgaben hinsichtlich der Zuständigkeit für Aufgaben der Kinder- und Jugendhilfe sollen überprüft und möglichst weitgehend auf die kommunale Ebene verlagert werden. Ein vorläufig letzter Anlass für Gesetzesänderungen, die in diese Richtung zielten und somit organisatorische Konsequenzen für die Jugendämter haben könnten, war die Diskussion über den Föderalismus in Deutschland. Die Kinder- und Jugendhilfe stand dabei nicht im Rampenlicht, aber von kommunaler Seite und den Ländern wurde in diesem Zusammenhang immer wieder der Einfluss des Bundes kritisch hinterfragt. Die Begründung in diesem Kontext war, dass man mit den bundeseinheitlichen Vorgaben der regionalen Vielfalt nicht gerecht werden könne, obwohl es in der aktuellen Gesetzgebung ausreichend Möglichkeiten gibt, die Jugendhilfestrukturen an die regionalen Gegebenheiten anzupassen (vgl. Deutsches Jugendinstitut 2004). Der Entwurf für das kommunale Entlastungsgesetz (KEG) verfolgte die gleiche Stoßrichtung (BT-Drucksache 15/4532). Und auch im Fall des inzwischen beschlossenen KICK (»Kinder- und Jugendhilfeweiterentwicklungsgesetz«, BT-Drucksachen 15/3676, 15/3986, 15/4045) – ein weiteres aktuelles Beispiel für fortwährende Anpassungen der gesetzlichen Grundlagen an die gesellschaftliche Realität – wird die Reform des Kinder- und Jugendhilfegesetzes mit dem »Bedarf nach besserer Steuerung, Verwaltungsvereinfachungen und mehr Wirtschaftlichkeit der Leistungen der Kinder- und Jugendhilfe« begründet.

Auswirkungen auf die organisatorische Gestaltung der Jugendämter hat auch die Frage der Verfasstheit des Sozialstaates. So haben Veränderungen, die in anderen Teilbereichen des sozialen Systems vorgenommen werden, beispielsweise die Zusammenlegung von Sozialhilfe und Arbeitlosenhilfe, Auswirkungen auf die Kinder- und Jugendhilfe und verlangen nach Strategien, auf diese Entwicklungen zu reagieren. Die Kinder- und Jugendhilfe selbst steht somit hinsichtlich ihrer Verankerung im System des Sozialstaates und hinsichtlich der entsprechenden Zuständigkeiten immer wieder auf dem Prüfstand.

Über die bereits thematisierten Aspekte hinaus stellt sich aus fachlicher Sicht auch die Frage, ob eine stärkere sozialräumliche

Ausrichtung zu organisatorischen Veränderungen führt. Spätestens seit dem Achten Kinder- und Jugendbericht ist die Sozialraum- und Gemeinwesenorientierung ein fachlich verankertes Prinzip der Kinder- und Jugendhilfe, das sich auch an verschiedenen Stellen im Kinder- und Jugendhilfegesetz wiederfindet (§ 27, §§ 11–16, § 80 KJHG). Das heißt, es besteht die fortwährende Aufgabe, dieses Prinzip in die fachliche Arbeit zu integrieren. Stichworte hierbei sind Ressourcenorientierung, Partizipation, Vernetzung und Kooperation in einem Sozialraum. Das Prinzip hebt darauf ab, dass soziale Arbeit nicht ihren Ansprüchen gerecht werden kann, wenn sie sich nicht an den Bedürfnissen der Adressaten in ihrem jeweiligen Lebensumfeld ausrichtet. Dies wiederum kann nur gelingen, wenn die soziale Arbeit in Methode und Angebot alltagsnah strukturiert und organisiert ist. Gleichzeitig besteht dabei die Aufgabe, die Strukturen der Kinder- und Jugendhilfe den Anforderungen der Sozialraumorientierung gemäß zu gestalten.

Mitunter wird die Diskussion um die Sozialraumorientierung auf die Frage sozialräumlicher Finanzierungsmodelle reduziert. So entsteht der Eindruck, dass die Argumentation dazu dient, die allerorten anstehenden Einsparungen mit diesem Mittel erreichen zu wollen. Begrifflich meinen Sozialraumbudgets, dass kalkulierte Etats mit einem bestimmten Leistungsauftrag in die Verantwortung von einem oder mehreren Trägern in einer räumlichen Einheit einer Kommune gegeben werden (vgl. Hinte/Groppe/Litges 2002; SPI im SOS-Kinderdorf 2001).

Die Institutionen der Kinder- und Jugendhilfe stehen somit immer wieder vor der Frage, welche Organisationsstrukturen nötig sind, um die Vorgaben des KJHG erfüllen zu können. Dass die Kinder- und Jugendhilfe ihre Organisationsstrukturen – aus ganz unterschiedlichen Gründen – verändert, zeigen verschiedene Jugendamtserhebungen über die Jahre hinweg (vgl. die Ergebnisse in den unterschiedlichen Jugendamtserhebungen in Mamier u.a. 2002).

Weitere Anlässe für organisatorische Veränderungen sind neben den genannten auch Kreisgebietsreformen, wie sie aktuell in Mecklenburg-Vorpommern beschlossen oder in Sachsen-Anhalt geplant sind, durch die die Anzahl der bestehenden Kreise erheblich verringert wird. Für die Kinder- und Jugendhilfe stellt sich im Zusammenhang mit solchen Veränderungsprozessen, die zu einer Abnahme der Anzahl der Jugendämter und damit einer Vergrößerung der Jugendamtsbezirke führen, die Frage, wie die Erreichbarkeit von Jugendhilfeangeboten weiterhin gewährleistet und gegebenfalls optimiert werden kann.

Auch vor dem Hintergrund, dass die Kinder- und Jugendhilfe in den letzten Jahrzehnten eher gewachsen als geschrumpft ist (Ausbau Kindertagesbetreuung, Ausbau ambulanter Angebote, Zusammenarbeit mit Schule), sind strukturelle Anpassungen der Organisationsstrukturen notwendig. Darüber hinaus führen alle Veränderungen im Kontext und innerhalb der Kinder- und Jugendhilfe dazu, dass sich die Kinder- und Jugendhilfe neuen Kooperationspartnern zuwendet (vgl. Bissinger u. a. 2002).

Vor diesem Hintergrund wendet sich der folgende Abschnitt den Organisationsstrukturen der Jugendämter und der Frage zu, ob sich gegenüber der Vollerhebung des DJI bei allen Jugendämtern zu der kommunalpolitischen Verortung der Kinder- und Jugendhilfe im Jahr 2000 Veränderungen ergeben haben, und welche Hinweise es darauf gibt, dass die Jugendämter die sozialräumliche Perspektive in ihre Organisationsstruktur integrieren. Dazu wird auf die Daten der Vollerhebung 2000 und der aktuellen Jugendamtsbefragung zurückgegriffen.

3.1.1 Organisatorische Zuordnung der Aufgaben der Kinder- und Jugendhilfe

Eine zentrale Frage für die Erreichbarkeit von Angeboten der Kinder- und Jugendhilfe stellt die nach außen eindeutige Identifizierbarkeit der Kinder- und Jugendhilfe dar. Die im Jahr 2000 bei allen Jugendämtern durchgeführte Vollerhebung zur Einbettung von Jugendhilfeaufgaben in die Kommunalverwaltung konnte entgegen der vielfach geäußerten Befürchtungen, dass sich die Jugendämter in Auflösung befinden, zeigen, dass Jugendhilfeaufgaben immer noch vorwiegend in einer Organisationseinheit wahrgenommen werden. Nur 4 % der Kommunen nahmen nach dieser Vollerhebung ihre Aufgaben in verschiedenen Organisationseinheiten wahr (vgl. Mamier u. a. 2002; Pluto 2005). Seither – so zeigen die aktuellen Daten – haben sich bezogen auf die einheitliche Aufgabenwahrnehmung keine wesentlichen Veränderungen ergeben. In der 2004 durchgeführten Jugendamtserhebung wird von 85 % der Jugendamtsleitungen angegeben, dass im Jugendamtsbezirk Jugendhilfeaufgaben einem Amt/Fachbereich zugeordnet sind. In 13 % wird die Einschätzung getroffen, dass Jugendhilfeaufgaben überwiegend in einem Amt wahrgenommen werden und von 2 % der Jugendamtsbezirke wird der Aussage zugestimmt, dass Jugendhilfeaufgaben nicht in einer vorwiegend für Jugendhilfeaufgaben zuständigen Einheit angesiedelt sind. Das zeigt, dass die befürchteten Zersplitterungen auch nach weiteren Jahren der Organisationsveränderungen nicht eingetreten sind. Die Jugendämter, die angeben, dass bei ihnen Jugendhilfeaufgaben auf mehrere Organisationseinheiten verteilt sind, sind Landkreisjugendämter und sehen sich möglicherweise zu dieser Einschätzung motiviert, weil bestimmte Aufgaben an die kreisangehörigen Gemeinden delegiert sind. Folgt man dieser Erklärung, hätte man allerdings einen höheren Anteil an Jugendämtern erwarten können, die angeben, dass mehrere Stellen für die Erfüllung der Aufgaben des KJHG verantwortlich sind. Letztlich wird jedoch das Ergebnis gestützt, dass ein Zerfall von einheitlichen, für die Jugendhilfe zuständigen Organisationseinheiten nicht zu beobachten ist.

Diese eindeutige Tendenz bedeutet jedoch nicht, dass überhaupt keine Aufgaben der Kinder- und Jugendhilfe in anderen Bereichen der Kommunalverwaltung wahrgenommen werden. So geben 23 % der Jugendämter an, dass Jugendhilfeaufgaben auch anderen Bereichen der Kommunalverwaltung zugeordnet sind. Vor allem jene Jugendämter, die bei der Frage nach der eindeutigen Organisationseinheit »überwiegend« angeben, bejahen, dass Jugendhilfeaufgaben in anderen Organisationseinheiten der Kommunalverwaltung angesiedelt sind. Es gibt keine signifikanten Unterschiede bezüglich der Ost-West-Differenzierung und der Gebietskörperschaften. Wenn andere Organisationseinheiten angegeben werden, dann sind das beispielsweise das Schulreferat und das Sozialamt, die Kreisvolkshochschule, die kreisangehörigen Gemeinden, eine zentrale Planungsstelle bei der Kommune oder der Eigenbetrieb. In der zentralen Planungsstelle wird beispielsweise Jugendhilfeplanung (mit)bearbeitet, und an die Gemeinden ist in vielen Bundesländern die Verantwortung für die Kindertagesstätten delegiert. In einigen Bundesländern unterstehen Horte dem Schulreferat.

Umgekehrt sind dem Jugendamt wiederum häufig Aufgabenbereiche unterstellt, die auf einer anderen gesetzlichen Grundlage als dem KJHG basieren. Tabelle 3.1 gibt eine Übersicht über diese anderen Aufgaben.

In zwei Dritteln der Jugendämter gehört die Umsetzung des Unterhaltsvorschussgesetzes (68 %) zu den am häufigsten wahrgenommenen Aufgaben. Im Unterhaltsvorschussgesetz (UVG) ist in § 9 festgehalten, dass die von Landesrecht bestimmte Stelle für die Auszahlung zuständig ist und offensichtlich haben sich hier in den Bundesländern unterschiedliche Zuständigkeiten entwickelt. Zudem scheinen einige regionalisierte Jugendämter, vor allem in Nordrhein-Westfalen, die Auszahlung des Unterhaltsvorschusses nicht selbst vorzunehmen, sondern an den Kreis delegiert zu haben.

Knapp ein Drittel der Jugendämter, gibt an, dass sie die Aufgabe haben, die Auszahlung des Erziehungsgeldes zu organisieren. Diese Aufgabe betrifft aufgrund der landesgesetzlichen Vorgaben nur einen Teil der Jugendämter. So sind beispielsweise in Brandenburg und Rheinland-Pfalz per Gesetz die Jugendämter für die Auszahlung des Erziehungsgeldes zuständig. In Niedersachsen ist es die Kommune bzw. in manchen Fällen der Landkreis, und in Sachsen-Anhalt, Hessen Nordrhein-Westfalen sind die Versorgungsämter die entsprechende Stelle.

Tab. 3.1: Aufgaben, die nicht aus dem KJHG abgeleitet sind und im Jugendamt wahrgenommen werden

	Anteil der Jugendämter, die Aufgaben wahrnehmen, die nicht aus dem KJHG abgeleitet sind
Unterhaltsvorschuss (nicht nach § 52a KJHG)	68 %
Erziehungsgeld	30 %
Sozialhilfe	19 %
Sonstige Aufgaben	17 %
Umsetzung des BAföG	14 %
Aufgaben nach dem Betreuungsgesetz	14 %
Altenbetreuung/Senioren	11 %
Sportförderung	10 %
Gesundheitsförderung	6 %
Schule	4 %
Integration erwachsener Ausländer/Aussiedler	4 %
Hilfe zur Arbeit	3 %
Wohnen	3 %
Kulturförderung	1 %
Rechtsberatung	1 %
Gleichstellungsaufgaben	< 1 %
Meldewesen	< 1 %

Quelle: DJI-Jugendamtserhebung 2004

Die restlichen in der Tabelle 3.1 aufgeführten Aufgaben werden nur vereinzelt im Jugendamt wahrgenommen. Da es nicht in jedem Gesetz automatisch eine Vorgabe für die Wahrnehmung der Aufgaben in einem dafür vorgesehen Amt gibt, variieren die Zuordnungen in den Kommunalverwaltungen. Wie die bisherigen dargestellten Befunde zeigen, existieren hinsichtlich Organisation und Zuständigkeiten sehr unterschiedliche Modelle von Jugendämtern.

3.1.2 Privatisierungstendenzen

Im Rahmen der Entwicklungen der neuen Steuerung stellt die Privatisierung von kommunalen Diensten und Angeboten eine Strategie der Kommunen dar, ihre Haushalte zu sanieren. Kommunen sind traditionell unternehmerisch tätig. Sparkassen und Stadtwerke sind dabei bisher übliche Geschäftsfelder, und die häufigsten Betriebsformen sind kommunale GmbHs und kommunale Eigenbetriebe. Der Statistik des Verbandes kommunaler Unternehmen e.V. (VKU) zufolge haben die Kommunen in den letzten fünf Jahren ihre unternehmerischen Aktivitäten verstärkt. Gab es im Jahr 2000 noch insgesamt 963 solcher kommunalen Unternehmen, sind es im Jahr 2005 bereits 1371 (vgl. Seckinger 2003; VKU kompakt 2005). Dies entspricht einer Steigerung von 42 %. In den letzten Jahren wurden die einschränkenden gesetzlichen Bedingungen, unter denen Gemeinden wirtschaftlich tätig werden dürfen (Vorhandensein besonderen öffentlichen Interesses, Beschränkung auf das Gebiet der Kommune und Subsidiaritätsklauseln), aufgeweicht. Diese Gesetzesveränderungen sind auch als Indiz dafür zu sehen, dass aus der Perspektive der öffentlichen Verwaltung kommunale Unternehmen immer attraktiver werden. Gleichzeitig gibt es vonseiten der EU eine verstärkte Aufmerksamkeit hinsichtlich der Frage, inwiefern kommunale wirtschaftliche Betätigungen nicht zu Wettbewerbsverzerrungen führen (vgl. Diskussion um Daseinsvorsorge z. B. Blätter der Wohlfahrtspflege 3/2002 oder BMWi 2002).

Die zwei häufigsten Formen – Eigenbetriebe und GmbHs – müssen je unterschiedliche Bedingungen erfüllen und beide Formen zeichnen sich durch einen unterschiedlichen Grad an direkter Einfluss- und Steuerungsmöglichkeiten vonseiten der Kommune aus. Während ein Eigenbetrieb Teil der öffentlichen Verwaltung und eine rechtlich unselbstständige Einheit ist, die wirtschaftlich selbstständig geführt wird, ist eine GmbH, auch wenn sie sich zu 100 % in kommunalem Besitz befindet, eine eigenständige juristische Person. Bei einem Eigenbetrieb hat der Hauptverwaltungsbeamte (Bürgermeister) bzw. das Kommunalparlament die letztendliche Personalverantwortung und der Eigenbetrieb hat den Vorgaben des Kommunalparlamentes zu folgen (vgl. hierzu Eickmeyer/Bissinger 2002). Obwohl die Haftung und die politische Verantwortung für das Geschäftsgebaren einer GmbH bei der Kommune bleiben, sind die direkten Einfluss- und Steuerungsmöglichkeiten der politischen Gremien und der Verwaltung in Bezug auf die Geschäftsaktivitäten der kommunalen GmbH geringer; auch ist der Handlungsspielraum in der Personalpolitik größer (Abkehr vom Tarif).

Die bisherigen Erfahrungen mit der Privatisierung sind aber nicht durchgängig positiv. Studien zeigen, dass die erhofften Ziele hinsichtlich einer größeren Effizienz sich nicht per se einstellen (z. B. Mühlenkamp 2001; Vickers/Yarrow 1991; Dickhaus/Dietz 2004). Vielmehr sind eine Reihe von weiteren Faktoren, insbesondere auch die konkreten Rahmenbedingungen der Privatisierung zu beachten. So haben beispielsweise sozialstaatliche Angebote über die konkrete Hilfeleistung hinaus zusätzliche, politisch und gesellschaftlich gewollte Aufträge (Reintegration, Prävention, Aufrechterhaltung des sozialen Friedens etc.) zu erbringen. Die Frage der Effektivitäts- und Effizienzbewertung ist also komplizierter, als sie auf den ersten Blick erscheint.

Tab. 3.2: Privatisierungstendenzen

	Ost	West	Stadt	Land	Gesamt
Kommunaler Eigenbetrieb	9 %	10 %	12 %	7 %	9 %
Kommunale GmbH	6 %	6 %	9 %	4 %	6 %
Andere Rechtsform kommunaler Organisation	15 %	16 %	16 %	15 %	16 %

Quelle: DJI-Jugendamtserhebung 2004

Bestandteil der Erhebung war, ob durch die stärker forcierte betriebswirtschaftliche Ausrichtung der kommunalen Verwaltung eine vermehrte Auslagerung von Angeboten und Diensten in kommunale Unternehmen im Bereich der Kinder- und Jugendhilfe zu beobachten ist. Insgesamt haben 14 % der Jugendämter ein oder mehrere kommunale Unternehmen, die Jugendhilfeleistungen anbieten. Am häufigsten sind dies – betrachtet man die beiden gängigen Unternehmensformen – kommunale Eigenbetriebe (9 %). Die Daten entsprechen ungefähr jenen der Vollerhebung aus dem Jahr 2000 (vgl. Seckinger 2003). Offensichtlich ist ein Trend der Auslagerung in privatwirtschaftsähnliche Unternehmen, der sich für die Kommunen insgesamt zeigt, für den Bereich der Kinder- und Jugendhilfe nicht festzustellen. Aus der Perspektive der Jugendämter bei denen die Gesamtverantwortung liegt, kann diese Situation begrüßt werden. Den Daten zufolge existieren kommunale Eigenbetriebe und GmbHs in den Bereichen Hilfen zur Erziehung, Jugendsozialarbeit, Jugendarbeit und Kindertagesbetreuung. Aufgrund der kleinen Fallzahl lassen sich anhand der aktuellen Erhebung allerdings keine detaillierteren Angaben zu den Größenordnungen für die einzelnen Arbeitsfelder machen. In der Vollerhebung im Jahr 2000 zeigte sich folgendes Ergebnis: Ein Drittel der Eigenbetriebe im Bereich Kinder- und Jugendhilfe – und somit der höchste Anteil – war in der stationären Erziehungshilfe aktiv. Bei kommunalen GmbHs stehen eindeutig Betriebe der Jugendberufshilfe im Vordergrund (62 %). Dies erklärt sich vor allem dadurch, dass die Ausgründung von Jugendberufshilfebetrieben mit einer größeren Realitätsnähe zum Arbeitsleben begründet wird (zu Bedeutung der Realitätsnähe vgl. z. B. Lex 2001). Diese sei besser zu erreichen, wenn auch in Jugendberufshilfebetrieben nach marktwirtschaftlichen Kriterien gearbeitet werden kann.

In Tabelle 3.2 sind auch noch andere Rechtsformen kommunaler Organisationen aufgeführt. Hierzu gehören beispielsweise Stiftungen, Netto-Regie-Betriebe oder gGmbHs. 16 % der Jugendämter geben an, dass Organisationen mit solchen anderen Rechtsformen im Bereich der Kinder- und Jugendhilfe tätig sind. Zwischen Städten und Landkreisen und Ost und West sind keine signifikanten Unterschiede nachweisbar. Insgesamt scheint die Kinder- und Jugendhilfe kein bevorzugter Bereich der Privatisierungsbestrebungen zu sein.

3.1.3 Soziale Dienste und Allgemeine Soziale Dienste

Ein besonderer »Fall« für die organisatorische Verortung von Jugendhilfeaufgaben und die Frage der sozialräumlichen Ausrichtung eines Jugendamtsbezirkes sind die Sozialen Dienste. Historisch haben sich Soziale Dienste aus der aufsuchenden Sozialarbeit in Großstädten der 1920er Jahre und der Familienfürsorge der Nachkriegszeit entwickelt. Im Zuge der Erweiterung des Aufgabenfeldes sozialer Dienste, dem Anspruch ganzheitlich auf soziale Probleme zu reagieren und der damit einhergehenden Veränderung von einer eingriffsorientierten zu einer (dienst)leistungsorientierten Verwaltung entwickelten sich Bestrebungen, die entstandenen sozialen Dienste als »Allgemeine Soziale Dienste« zu organisieren und zu reformieren (vgl. van Santen/Zink 2003; Liebig 2001). In den Kommunen hatten sich vielfältige Modelle der Zuordnung von Aufgaben der Sozial- und Jugendverwaltungen entwickelt, auf die die KGSt erstmals 1975 mit einem Vorschlag zur Neuorganisation reagierte. Der Vorschlag richtete sich auf die organisatorische Zusammenfassung der einzelnen Sozialen Dienste zu einem »Allgemeinen Sozialen Dienst« (vgl. Krieger 1994; Berger 1994). Der auch als allzuständig bezeichnete Soziale Dienst bezieht sich heute auf die organisatorische Zusammenführung von Aufgaben nach dem KJHG, nach dem BSHG und der Gesundheitsfürsorge in einer Einheit.

Jede Kommune steht vor der Herausforderung, einen organisatorischen Zuschnitt für die Aufgaben der Sozialen Dienste sowohl aus der Perspektive einer effizienten Erfüllung der Aufgaben der Verwaltung als auch in Bezug auf den Anspruch, bürgernah zu sein, zu finden. Eine ganzheitliche Bearbeitung von Problemlagen an einer Stelle, wie sie mit der Einrichtung von Allgemeinen Sozialen Diensten durch die KGSt empfohlen wurde, kommt diesem Anspruch nahe. Viele Kommunen haben sich danach gerichtet.

Parallel stellt sich die Frage, ob der ASD die einzige Antwort auf den Anspruch ist, Problemlagen der Adressaten möglichst ganzheitlich bearbeiten zu können und nicht verschiedene Stellen jeweils getrennt voneinander involvieren zu müssen. Prinzipiell bieten sich dafür unterschiedliche Organisationsmodelle an. Entscheidend ist es, wie »fern« oder »nah« – gemessen an den bereits genannten Ansprüchen – der Soziale Dienst organisatorisch anderen Sozialen Diensten steht. Allein die organisatorische Zusammenfassung in einer Organisationseinheit bringt jedoch noch keine Garantie dafür, dass eine ganzheitliche Problembearbeitung existiert. Entscheidend ist, dass diese Dienste so zusammenarbeiten, dass sie den Interessen der Adressaten dienen. Zudem ist aus der Perspektive der Kinder- und Jugendhilfe entscheidend, dass der Leistungscharakter des KJHG – auch wenn Aufgaben nach dem BSHG und der Gesundheitsfürsorge im Sozialen Dienst wahrgenommen werden – erhalten bleibt. Es muss sichergestellt sein, dass mit der Schaffung eines Allgemeinen Sozialen Dienstes die gesetzlichen Vorgaben des KJHG eingehalten werden (vgl. § 69 KJHG; Wiesner 2006: 1341). Dort wird bekräftigt, dass Jugendhilfeaufgaben im Sinne der »Einheit der Kinder- und Jugendhilfe« innerhalb einer Organisationseinheit (Jugendamt) wahrgenommen werden sollen. Diese Vorgabe spricht nicht gegen die Errichtung eigenständiger Sozialer Dienste, solange die Fachaufsicht für Jugendhilfeaufgaben beim Jugendamt bzw. der Organisationseinheit, die für Jugendhilfeaufgaben zuständig ist, liegt (BT-Drucksache 12/3711).

Wie Tabelle 3.3 zeigt, gibt es im Jahr 2004 in 20 % der Jugendamtsbezirke einen Sozialen Dienst, der für Aufgaben nach dem KJHG, dem BSHG und der Gesundheitsfürsorge zuständig ist; ein Allgemeiner Sozialer Dienst ist eher in Gebietskörperschaften mit vielen Einwohnern und in Städten zu finden. Im Vergleich zur Vollerhebung hat sich der Gesamtanteil verringert, denn 2000 konnten noch 29 % der Sozialen Dienste als Allgemeine Soziale Dienste bezeichnet werden. Systematische Unterschiede zwischen ostdeutschen und westdeutschen Bundesländern sind nicht erkennbar.

Diese Veränderung kann ein Ausdruck dafür sein, warum sich die Fachdiskussion stärker um die Erreichbarkeit von Angeboten bzw. die Zuordnung von Fällen auf die zuständigen Einheiten beschäftigt und weniger um das Thema »Allzuständigkeit« bewegt. Angenommen es gibt organisatorisch »vor« dem Allgemeinen Sozialen Dienst eine Stelle, die die Aufgabe hat, Adressaten auf die zuständigen MitarbeiterInnen zu verteilen (z. B. Bürgerbüros), dann hat das Kriterium der Allzuständigkeit für den Sozialen Dienst weniger Relevanz. Zudem kann die Einführung der Kosten-Leistungsrechnung dazu führen, dass innerhalb der Kommunalverwaltung die einzelnen Leistungsbereiche eher wieder voneinander getrennt werden. Auch die Einführung des SGB II ist vor Ort möglicherweise ein Anlass, der zu einer Umorganisation der Sozialen Dienste mit diesem Effekt führt.

Tab. 3.3: Anteil der Allgemeinen Sozialen Dienste nach Ost-West-Differenzierung, Jugendamtstyp, Dezentralisierungsformen sowie der Größe der Jugendamtsbezirke

	Allgemeiner Sozialer Dienst			
	Vollerhebung 2000	Stichprobe 2004	(Panel) 2000	(Panel) 2004
Ost-West-Differenzierung				
Ostdeutschland	18 %	26 %	31 %	21 %
Westdeutschland	31 %	17 %	37 %	19 %
Jugendamtstyp				
Stadt	42 %	25 %	46 %	27 %
Land	23 %	22 %	30 %	17 %
RJA	26 %	0 %	17 %	0 %
Dezentralisierung				
Dezentralisierung vorhanden	36 %	23 %	32 %	22 %
keine Dezentralisierung	20 %	17 %	36 %	14 %
Größe der Jugendamtsbezirke				
unter 100.000 EinwohnerInnen	26 %	23 %	25 %	11 %
100.001 bis 200.000 EinwohnerInnen	27 %	16 %	38 %	12 %
über 200.000 EinwohnerInnen	42 %	37 %	42 %	38 %
Gesamt	29 %	20 %	35 %	19 %

Quelle: Vollerhebung 2000, DJI-Jugendamtserhebung 2004

Die verbleibenden Jugendämter (80 %) – und somit die meisten Jugendämter – verfügen aktuell über einen eigenen Sozialen Dienst, der ausschließlich für Aufgaben nach dem KJHG zuständig ist. 1 %

der Jugendämter gibt an, keine eigene Organisationseinheit »Sozialer Dienst« zu haben.

Wenn ein Allgemeiner Sozialer Dienst besteht, ist die Frage interessant, ob die Verantwortlichkeit (Fach- und Dienstaufsicht) für Jugendhilfeaufgaben bei der Jugendamtsleitung liegt. Im KJHG wird vorgeschrieben, dass das Jugendamt alle Aufgaben bündelt, die im Gesetz beschrieben werden. Dies gilt auch für den Allgemeinen Sozialen Dienst. Werden Aufgaben außerhalb des Jugendamtes angesiedelt, dann ist dies nur rechtmäßig, »wenn dem Leiter des Jugendamtes die Fachaufsicht für die Wahrnehmung aller Aufgaben nach diesem Gesetz erhalten bleibt und die Beteiligung des Jugendhilfeausschusses in vollem Umfang gesichert ist« (BT-Drucksache 12/3711: 41). In 70 % der Jugendamtsbezirke, die einen Allgemeinen Sozialen Dienst haben, ist dieser Allgemeine Soziale Dienst vollständig der Jugendamtsleitung zugeordnet und in weiteren 15 % der Jugendamtsbezirke teilweise.

Ist der Soziale Dienst nicht der Jugendamtsleitung zugeordnet, dann handelt es sich in jedem Fall um einen Allgemeinen Sozialen Dienst. Die Vollerhebung konnte zeigen, dass in diesen Fällen dennoch meistens die Fachaufsicht bei der Jugendamtsleitung liegt. Lediglich in 2 % aller Jugendämter ist dies im Jahr 2000 nicht der Fall gewesen (vgl. Mamier u. a. 2002)

Tab. 3.4: Fach- und Dienstaufsicht für den ASD

Vollständige Zuständigkeit bei Jugendamtsleitung	91 %
Teilweise Zuständigkeit bei Jugendamtsleitung	6 %
Keine Zuständigkeit bei Jugendamtsleitung	3 %

Quelle: DJI-Jugendamtserhebung 2004

Handelt es sich nicht um einen allgemein zuständigen ASD, liegt die Fach- und Dienstaufsicht auch in den meisten Fällen vollständig bei der Jugendamtsleitung (91 %). Insgesamt geben lediglich 3 % der Jugendämter an, dass die Fach- und Dienstaufsicht für den Sozialen Dienst nicht bei der Jugendamtsleitung liegt. Gegenüber der Vollerhebung 2000 bedeutet dies einen Rückgang um zwölf Prozentpunkte. Dieser Rückgang ist – so kann man an den Daten erkennen – nicht darauf zurückzuführen, dass Veränderungen der Organisationsstruktur nach einem Personalwechsel an der Jugendamtsspitze vorgenommen wurden. Insgesamt zeigt sich vielmehr, dass sich gegenüber dem Jahr 2000 der Anteil der Kommunen mit einem Allgemeinen Sozialen Dienst verringert hat.

3.1.4 Dezentralisierung

Ein Kriterium für die sozialräumliche und bürgernahe Organisationsform des Jugendamtes und speziell des Sozialen Dienstes ist die Erreichbarkeit von Angeboten. Je größer die Jugendamtsbezirke sowohl bezüglich der Einwohnerzahl als auch der räumlichen Ausdehnung sind, desto eher sind dezentrale Organisationseinheiten nötig und auch möglich. Sozialräumlich ausgerichtetes Verwaltungsdenken kann sich jedoch nicht in der Bildung von regionalen Einheiten erschöpfen, sondern muss sich auch auf die Ausgestaltung der Angebote und des methodischen Handelns beziehen. Das heißt, erst wenn es gelingt, Soziale Dienste im Lebensumfeld der potenziellen Adressaten zu verankern, bekommen die Angebote eine Chance, als unterstützende Beratungsangebote und hilfreiche Ressourcen wahrgenommen zu werden. Aus fachlicher Sicht sind somit dezentrale Angebote zwingend. Die Schwierigkeit in der organisatorischen Ausgestaltung ist, dass Sozialräume als abgrenzbare Einheiten je nach Kontext variieren und – im Rahmen von Steuerungsentscheidungen wichtig – nicht an den Wohnort gebunden sein müssen. So bekommen Verkehrsanbindungen beispielsweise eine bedeutende Rolle für Planungsprozesse. Dies weist darauf hin, dass ein komplexes Bedingungsgefüge für die Einrichtung und Organisation von Sozialräumen beachtet werden muss. Vor dem Hintergrund dieses sozialräumlichen Verständnisses muss die Verwaltung die fachlichen Vorstellungen und Ziele von Sozialräumlichkeit in Einklang mit ihren Aufgaben hinsichtlich Planung, Steuerung der Angebote und Gestaltung der Strukturen bringen.

Im Folgenden wird empirisch der Frage nachgegangen, welche Dezentralisierungsformen in den Jugendamtsbezirken existieren und welche Hinweise auf deren Eigenständigkeit es gibt. Zudem wird untersucht, welche durchschnittlichen Größenordnungen diese Regionen innerhalb des Jugendamtsbezirkes haben.

Insgesamt geben 63 % der Jugendämter an, Formen der Dezentralisierung im Bereich des Sozialen Dienstes in ihrem Jugendamtsbezirk realisiert zu haben (vgl. Tab. 3.5). Im Vergleich zur Vollerhebung 2000 kann man konstatieren, dass seit diesem Zeitpunkt weitere Jugendämter Dezentralisierungsschritte unternommen haben. Festzustellen ist jedenfalls, dass der Anteil der Jugendamtsbezirke mit Dezentralisierungen des Sozialen Dienstes angestiegen ist. Auf die entsprechende Frage haben 2000 nur 53 % der Jugendämter zustimmend geantwortet. Angesichts der intensiven Diskussion um Sozialräumlichkeit und der Tatsache, dass 42 % der Jugendämter in der Vollerhebung geantwortet haben, dass sie im Rahmen der Umorganisationen ihrer Verwaltung dezentralisieren wollen (vgl. Pluto 2005), würde man allerdings einen höheren Anteil an Jugendamtsbezirken erwarten, in denen Dezentralisierungen des Sozialen Dienstes aufgebaut wurden. Wie jedoch noch deutlich werden wird, sind die Möglichkeiten insbesondere für kleinere Jugendämter begrenzt, tatsächlich Formen der Dezentralisierung zu etablieren. Zudem sind nicht alle Jugendamtsbezirke vollständig in dezentrale Einheiten unterteilt.

Tab. 3.5: Dezentralisierung des Sozialen Dienstes im Jugendamtsbezirk vorhanden – nach Gebietskörperschaft, Einwohner, Fläche

	Dezentralisierung vorhanden
Gebietskörperschaft	
Stadt	75 %
Land	62 %
RJA	33 %
Einwohner	
unter 50.000 Einwohner	9 %
50.000 bis 100.000 Einwohner	33 %
100.001 bis 200.000 Einwohner	73 %
über 200.000 Einwohner	93 %
Fläche	
unter 15.000 ha	44 %
zwischen 15.000 und 80.000 ha	56 %
mehr als 80.000 ha	84 %
Gesamt	63 %

Quelle: DJI-Jugendamtserhebung 2004

Tabelle 3.5 demonstriert, dass Dezentralisierungen eher in kreisfreien Städten, in Jugendamtsbezirken mit einer hohen Bevölkerungszahl und in – gemessen an der Fläche – großen Jugendamtsbezirken geschaffen wurden. Dass Dezentralisierungsformen eher in den kreisfreien Städten und nur selten in regionalisierten Jugendämtern vorhanden sind, ist vor allem ein Effekt der Einwohnerzahl. Wie Tabelle 3.5 zeigt, sind die Sozialen Dienste in Kommunen mit mehr als 200.000 Einwohnern in den meisten Fällen (93 %) dezentral organisiert. Dagegen weisen die Jugendamtsbezirke mit weniger als 50.000 Einwohnern nur selten dezentrale Organisationsformen des Sozialen Dienstes auf (9 %). Diese Verteilung stimmt im Großen und Ganzen mit den Richtwerten der KGSt für die Anzahl von Einwohnern pro Sozialraum überein. Die KGSt schlägt für die

Bildung von Sozialräumen in Städten eine Größenordnung zwischen 20.000 und 60.000 Einwohnern pro Sozialraum und in Landkreisen ca. 80.000 Einwohner vor (vgl. KGSt 12/98). Das heißt nicht, dass Dezentralisierung für kleine, bevölkerungsärmere Kommunen ausgeschlossen ist, aber für einen bestimmten Grad der Institutionalisierung dezentraler Einheiten fehlen in kleinen Jugendämtern häufig die Ressourcen. Inwiefern in dünn besiedelten Regionen die an diesen Richtwerten ausgerichtete Dezentralisierung tatsächlich dazu beiträgt, die Erreichbarkeit von Jugendhilfeleistungen zu sichern, müsste empirisch überprüft werden. Durch die anstehenden Kreisgebietsreformen wird ein Ausbau dezentraler Einheiten aber notwendig werden.

An Tabelle 3.5 ist auch erkennbar, dass die Jugendamtsbezirke mit einer großen Fläche sehr häufig dezentrale Einheiten haben. Insgesamt ist zu sehen, dass ab einer bestimmten Bevölkerungsgröße und mit zunehmender Bevölkerungsdichte sich die Wahrscheinlichkeit, dass Jugendamtsbezirke dezentrale Einheiten bilden, erhöht. Zwischen ostdeutschen und westdeutschen Kommunen gibt es kaum Unterschiede in Bezug auf die Dezentralisierung.

Die häufigste Form der Dezentralisierung ist die Außenstelle. Zwei von fünf Jugendämtern mit dezentralen Einheiten haben Außenstellen in ihrem Jugendamtsbezirk eingerichtet. Im Durchschnitt bestehen zwei Außenstellen pro Jugendamtsbezirk, im Längsschnitt sind hier keine Veränderungen zu erkennen. Regionen, in denen Außensprechstunden stattfinden, sind in 18 % der Jugendamtsbezirke vorhanden. 8 % der Jugendämter haben sowohl Außenstellen als auch Außensprechstunden in verschiedenen Regionen in ihrem Jugendamtsbezirk verankert.

Bei den Außenstellen und Außensprechstunden ergeben sich im Vergleich der beiden Erhebungen von 2000 und 2004 erhebliche Unterschiede. Diese Veränderungen, die sich gegenüber der Vollerhebung im Jahr 2000 hinsichtlich der beiden häufigsten Formen der Dezentralisierung beschreiben lassen (vgl. Tab. 3.6), sind nicht erstaunlich, da der Übergang zwischen einer Außenstelle und einer Organisationseinheit, in der Außensprechstunden stattfinden, in manchen Kommunen nicht trennscharf sein dürfte. So haben nur 35 % der Außenstellen auch tatsächlich eine eigene Leitung. Die Tatsache, dass insgesamt etwas häufiger Dezentralisierungen angegeben werden und die Jugendämter mit Regionen, in denen ausschließlich Außensprechstunden als dezentrales Angebot stattfinden, seltener geworden sind, könnte daraufhin hinweisen, dass sozialräumlich ausgerichtete Strukturen etwas stärker institutionalisiert wurden.

Auch die beiden häufigsten Formen der Dezentralisierung (Außenstellen und Regionen, in denen Außensprechstunden stattfinden) sind dort, wo es sie gibt, nicht in allen Regionen des Jugendamtsbezirkes realisiert. Nur für die Hälfte der Jugendamtsbezirke mit Außenstellen trifft zu, dass in allen Regionen des Jugendamtsbezirkes Außenstellen vorhanden sind. In 14 % der Jugendamtsbezirke ist ein sozialer Brennpunkt die Begründung für die Außenstelle. Bei einem Drittel der Jugendämter, in denen Außensprechstunden stattfinden, gibt es diese in allen Teilregionen des Jugendamtsbezirkes.

Tab. 3.6: Formen der Dezentralisierung in den Jugendamtsbezirken

	Vorhanden (bezogen auf alle Jugendämter)		Anteil bezogen auf Jugendämter, die dezentrale Einheiten haben		Anteil mit eigenständiger Leitung	
	2000	2004	2000	2004	2000	2004
Außenstellen	36 %	43 %	69 %	69 %	26 %	35 %
Regionen, in denen Außensprechstunden stattfinden	29 %	18 %	54 %	29 %	5 %	17 %
Sozialbürgerhäuser	2 %	2 %	4 %	3 %		
Kommunale Jugendhilfezentren	3 %	1 %	6 %	2 %		
Andere	5 %	8 %	9 %	13 %	32 %	50 %

Lesebeispiel: 36 % der Jugendämter haben im Jahr 2000 Außenstellen
Quelle: DJI-Jugendamtserhebung 2000, DJI-Jugendamtserhebung 2004

Die von den Jugendämtern angegebenen Teilregionen ihres Zuständigkeitsbereichs umfassen nach den Angaben der Jugendämter im Durchschnitt 40.000 Einwohner und im Median 35.000; das heißt, in der Hälfte der Jugendämter leben in einer Teilregion weniger als 35.000 Einwohner. Die kleinste Teilregion umfasst lediglich etwas mehr als 3.000 Einwohner und die größte etwa 136.000. Bezogen auf die Anzahl der unter 27-Jährigen umfasst eine Teilregion im Durchschnitt 10.000 und im Median 9.000 junge Menschen.

Je nach Gebietskörperschaft ergeben sich signifikante Unterschiede. Kreisfreie Städte – und somit jene Regionen mit einer hohen Bevölkerungsdichte – bilden gemessen an der Bevölkerung die größten Teilregionen mit durchschnittlich 57.000 Einwohnern. Landkreise bilden durchschnittlich im Vergleich dazu kleinere Einheiten (ca. 28.000 Einwohner). Aber auch hier gilt, dass in den dichter besiedelten Kreisen auch die gebildeten Teilregionen mehr Einwohner aufweisen.

Setzt man die Bevölkerungszahl für den Jugendamtsbezirk in das Verhältnis zu der von den Jugendämtern angegebenen Einwohnerzahl für eine Teilregion, dann sind die Jugendamtsbezirke im Durchschnitt in elf Teilregionen aufgeteilt und im Median in acht. Die große Spannweite, die sich an der Differenz von kleinstem und größtem Wert zeigt (Minimum zwei und Maximum 75), kann damit zusammenhängen, dass unterschiedliche Ziele (Planungsraum, Steuerung, organisatorische Gliederung) mit den gebildeten Teilregionen verbunden sein können. Je nachdem, zu welchem Zweck und mit welchem Ziel man Regionen bildet, variiert die Anzahl der Regionen erheblich. Dies kann an einem Jugendamtsbezirk exemplarisch verdeutlicht werden: In diesem Jugendamtsbezirk wurden fünf Steuerungsregionen und 29 Planungsregionen der Jugendhilfeplanung gebildet.

Für die Frage, inwieweit es überhaupt möglich ist, dezentrale Einheiten innerhalb eines Jugendamtsbezirkes einzurichten, ist auch entscheidend, wie beispielsweise das Verhältnis zwischen der Einwohnerzahl in einem Sozialraum und vorhandenen Personalstellen ist. Ab einer bestimmten Relation ist es nicht mehr möglich und letztlich ineffektiv, Untereinheiten einzurichten. Vergegenwärtigt man sich die Jugendhilfelandschaft, wird deutlich, dass es sehr große Unterschiede zwischen den Jugendamtsbezirken sowohl hinsichtlich der Bevölkerungszahl als auch der Fläche gibt. Die Jugendämter der flächmäßig kleinsten Bezirke sind lediglich für etwa 20.000 Menschen, während das Amt des größten Jugendamtsbezirks für etwas mehr als 1,3 Mio. EinwohnerInnen zuständig ist. Der Anteil der unter 27-Jährigen schwankt von Jugendamtsbezirk zu Jugendamtsbezirk zwischen knapp 25 % und 34 %.

Ein Indikator dafür, inwiefern die Teilregionen eigenständige Organisationseinheiten innerhalb des Jugendamtsbezirkes bilden, ist, ob diesen Teilregionen ein gesonderter Haushalt bzw. ein eigenes Budget zur Verfügung steht. Budgets werden den Teilregionen zugeordnet, damit Mittel flexibler auf die Bedürfnisse vor Ort zugeschnitten werden können. Budgets sind jedoch nicht automatisch mit dem Ziel der Deckelung verknüpft, da im Budget Leistungen für Hilfen zur Erziehung enthalten sind und für diese unabhängig von der Haushaltslage ein individueller Rechtsanspruch besteht. In drei von vier Jugendamtsbezirken verfügen die Regionen nicht über einen eigenen Haushalt, sie sind also keine eindeutig selbstständigen Organisationseinheiten. Bei denjenigen Jugendamtsbezirken, die ein gesondertes Budget für Teilregionen haben, gilt dies für alle Teilregionen des Jugendamtsbezirkes.

3.2 Organisationsmerkmale von Geschäftsstellen freier Träger

Für Aussagen über die Organisationsstruktur bei Geschäftsstellen freier Träger der Kinder- und Jugendhilfe in diesem Abschnitt wird auf Ergebnisse aus der Befragung der Geschäftsstellen freier Träger zurückgegriffen. Ein Kennzeichen der Kinder- und Jugendhilfe ist ihre Trägerpluralität. Diese stützt sich insbesondere auf drei gesetzliche Regelungen im Kinder- und Jugendhilfegesetz: die Hervorhebung von unterschiedlichen Werteorientierungen und Arbeitsansätzen (§ 3 (1) KJHG), die Aufforderung zur partnerschaftlichen Zusammenarbeit zwischen öffentlichen und freien Trägern (§ 4 (1) KJHG) und die bedingte Bevorzugung freier Träger (§ 4 (2) KJHG). Für die Verwaltung des Jugendamtes und den Kinder- und Jugendhilfeausschuss ergibt sich daraus eine politische und administrative Gestaltungsaufgabe, die je nach Region zu einer variierenden Trägerlandschaft führt. Diese Variation in der regionalen Trägerlandschaft spiegelt sich auch in der Zusammensetzung des Kinder- und Jugendhilfeausschusses wider und hat Auswirkungen auf die Jugendhilfeplanung, auf die Kooperation im Rahmen von Einzelfällen oder im Rahmen von Arbeitsgemeinschaften nach § 78 a KJHG und beeinflusst auf diesem Weg auch die Gestaltung der Hilfe- und Unterstützungsmöglichkeiten für Kinder, Jugendliche und ihre Familien. Allein an der Anzahl der innerhalb eines Jugendamtsbezirkes aktiven Träger kann man die Variationsbreite erahnen, die sich zwischen den Jugendamtsbezirken ergibt. Im Jahr 2003 wurden durchschnittlich 83 verschiedene Träger in einem Jugendamtsbezirk gefördert. Die Aktivitäten einzelner Träger beschränken sich nicht nur auf einen Jugendamtsbezirk. Im Durchschnitt hat ein freier bzw. privat-gewerblicher Träger acht verschiedene öffentliche Träger als Verhandlungspartner.

In der Tabelle 3.7 ist die Zahl der Jugendämter, die freie Träger im Durchschnitt zu ihren Kooperationspartnern zählen, nach der Verbandszugehörigkeit der Träger aufgeschlüsselt. Die durchschnittliche Anzahl der Jugendämter ist bei der Diakonie (11,8), der Caritas (8,5) und dem Verband privat-gewerblicher Einrichtungen (10,6) am größten. Bei den beiden erstgenannten hängt dies vor allem damit zusammen, dass insbesondere die Geschäftsstellen der Diakonie und der Caritas nicht auf Kreisebene, sondern auf der Ebene von Dekanaten bzw. Diözesen organisiert sind, die sich in der Regel auf mehrere Jugendamtsbezirke ausdehnen. Die Arbeiterwohlfahrt (4,4) und das DRK (5,0) entsprechen mit ihrer Organisationsstruktur am ehesten den regionalen Zuständigkeiten der Jugendämter und weisen deshalb etwas weniger Jugendämter als Kooperationspartner auf. Dennoch haben sie im Schnitt noch immer mit vier bis fünf verschiedenen Jugendämtern zu tun. Dies kann vermutlich auf die Angebotsstruktur zurückgeführt werden. Wenn Hilfen zur Erziehung von einem Träger angeboten werden, steigt die Wahrscheinlichkeit, dass Adressaten aus mehreren Jugendamtsbezirken das Angebot in Anspruch nehmen. Dies ist auch als Begründung für die hohe Anzahl an Jugendämtern zu vermuten, mit der die Träger zusammenarbeiten, die Mitglied im Verband privat-gewerblicher Einrichtungen sind. Diese Einschätzung wird auch durch die nachfolgenden Daten bestätigt. Vergleicht man die Träger ambulanter Angebote mit jenen, die vor allem stationäre Angebote vorhalten, dann ergibt sich für erstere eine durchschnittliche Zahl von 2,9 und für die Träger stationärer Hilfen von 9,4 Jugendämtern. Vor dem Hintergrund dieser hohen Zahlen und dem sich seit der letzten Erhebung abzeichnenden Trend, dass die Anzahl der Jugendämter, mit denen freie und privat-gewerbliche Träger zusammenarbeiten, ansteigt, ist zu fragen, ob sich die Aufgaben und Unterstützungsleistungen, die die Träger für ihre eigenen Einrichtungen leisten, verändern. Möglicherweise müssen sich die Geschäftsstellen der Träger stärker auf administrative und verwaltungsbezogene Aufgaben zurückziehen, weil sie in inhaltlichen und fachlichen Fragen (z.B. Unterstützung bei der Qualitätsentwicklung, Hilfeplanung) nicht mit einer unbegrenzt großen Zahl an Jugendämtern zusammenarbeiten können, ohne selbst die Ressourcen dafür auszuweiten. Solche Aufgaben bleiben dann stärker den einzelnen Einrichtungen überlassen.

Tab. 3.7: Träger der Kinder- und Jugendhilfe nach Verbandszugehörigkeit und der Zahl der Jugendämter in ihrem Zuständigkeitsbereich

	Zahl der Jugendämter im Zuständigkeitsbereich
Diakonie	11,8
Verband privat-gewerblicher Träger (VPK)	10,6
Caritas	8,5
Kein Mitglied eines Wohlfahrtsverbandes oder einer anderen Organisation	7,2
Paritätischer Wohlfahrtsverband	7,2
Mitglied in anderer Organisation	5,8
DRK	5,0
Arbeiterwohlfahrt	4,4

Quelle: DJI-Erhebung bei Geschäftsstellen freier Träger 2004

Tabelle 3.8 gibt einen Überblick über die fachliche Unterstützungsleistungen, die die Träger für ihre eigenen Einrichtungen leisten. Mindestens vier von fünf Geschäftsstellen nicht-öffentlicher Träger geben die Qualitätssicherung, Öffentlichkeitsarbeit, Konzeptentwicklung, Personalmanagement und die Abnahme von Verwaltungsaufgaben als Unterstützungsformen für ihre Einrichtungen an. Im Vergleich zur letzten Erhebung hat sich an der Rangfolge der einzelnen Unterstützungsformen kaum etwas geändert. Auch an der durchschnittlichen Anzahl der für die Einrichtungen zur Verfügung gestellten Unterstützungsformen lässt sich empirisch keine Veränderung erkennen. Im Median werden 13 verschiedene Unterstützungsleistungen angegeben. Zumindest anhand dieser Abfrage lassen sich bislang keine Veränderungen der Unterstützungsleistungen der Träger für ihre Einrichtungen erkennen.

Tab. 3.8: Unterstützung der Geschäftsstellen von Trägern für ihre Einrichtungen (Mehrfachnennungen)

Unterstützungsformen	
Qualitätssicherung	86 %
Öffentlichkeitsarbeit	85 %
Konzeptentwicklung	83 %
Personalmanagement	82 %
Abnahme von Verwaltungsaufgaben wie z. B. Buchhaltung	82 %
Fach- und Dienstaufsicht	80 %
Betriebserlaubnis	79 %
Aushandlung konkreter Entgeltverträge für einzelne Einrichtungen	79 %
Zuschüsse beantragen	74 %
Organisation und Durchführung von Fortbildungen	67 %
Aushandlung der Rahmenvereinbarungen zu §§ 78 a ff.	67 %
Politische Lobbyarbeit	65 %
Verhandlungen mit regionalen öffentlichen Trägern (ohne Entgeltverhandlungen und Zuschüsse)	63 %
Vernetzung von verbandseigenen Einrichtungen	61 %
Rechtsberatung	50 %
Jugendhilfeplanung	48 %
Supervision	44 %
Sachmittel	43 %
Finanzielle Unterstützung (ohne Sachmittel)	38 %
Sonstige Formen	7 %
Keine Unterstützung	1 %

Quelle: DJI-Erhebung bei Trägern der Kinder- und Jugendhilfe 2004

Insgesamt sind 74 % der befragten Träger Mitglied in einem der Spitzenverbände der freien Wohlfahrtspflege. In ostdeutschen Jugendamtsbezirken ist der Anteil jener Träger, die nicht einem Wohlfahrtsverband zuzurechnen sind, signifikant geringer. Die Arbeitsfelder, in denen die Träger tätig sind, sind am häufigsten die stationären Hilfen: 73 % zählen stationäre Hilfen zu ihrem Angebot. In den letzten Jahren haben 16 % der Träger Angebotsbereiche ausgegründet oder planen diese auszugründen. Die gGmbH ist die häufigste Rechtsform, in der die Ausgründungen vorgenommen werden.

3.3 Organisationsmerkmale von Kreis- und Stadtjugendringen

Die Jugendringe sind für den Bereich der verbandlichen Jugendarbeit die zentralen Verhandlungspartner der örtlichen Jugendämter, die zwar nicht überall alleine, aber in den meisten Fällen zumindest auch für die Jugendarbeit verantwortlich sind. Vor diesem Hintergrund werden die Ergebnisse der Erhebung bei den Jugendringen betrachtet, um einen Eindruck der Strukturen innerhalb der Jugendamtsbezirke aus der Perspektive der Jugendringe zu bekommen.

Für die meisten Organisationen, die die Interessen von Kindern und Jugendlichen sowie die der Organisationen der Jugendarbeit in den einzelnen Jugendamtsbezirken bündeln und vertreten, hat sich die Bezeichnung »Jugendring« durchgesetzt, auch wenn sie mitunter als Arbeitsgemeinschaft oder Netzwerk bezeichnet werden. Hinter dem fast einheitlich verwendeten Begriff »Jugendring« steckt allerdings in mehrerlei Hinsicht eine enorme Vielfalt. Nicht nur in der Organisationsform und hinsichtlich der vorhandenen Ressourcen unterscheiden sich Jugendringe deutlich voneinander, sondern auch bezüglich der Anzahl und Art der Mitgliedsverbände sowie der Art und Anzahl der Aktivitäten, Angebote und Einrichtungen. Manch ein Jugendring versteht sich nur als Lobby und Interessenvertretung der Kinder und Jugendlichen und der Jugendorganisationen in seiner Region, andere entfalten zusätzlich eine Vielzahl von Aktivitäten und fungieren als Anbieter von Leistungen der Jugendarbeit. Bei anderen Jugendringen wiederum gehört der Vertretungsanspruch nicht selbstverständlich zum eigenen Profil.

Die Frage, ob in allen Jugendamtsbezirken das Jugendamt mit einem Jugendring zusammenarbeiten kann, gibt Hinweise darauf, welche Bedeutung und Verankerung die einzelnen Jugendringe in den Jugendamtsbezirken haben. Im November 2005 gab es in etwa vier von fünf Jugendamtsbezirken Jugendringe, also hatten in ca. einem Fünftel der Jugendamtsbezirke die örtlichen Jugendverbände keine institutionelle Vertretung. Im Vergleich zum Stand des Jahres 2001 bedeutet dies, dass sich dieser Anteil insgesamt kaum verändert hat.[10] In Ostdeutschland hat sich der Anteil der Jugendamtsbezirke mit einem Jugendring jedoch von ca. 75 % auf 70 % verringert. Damit liegen die ostdeutschen Bundesländer noch etwas deutlicher als vor drei Jahren unter dem Bundesdurchschnitt.

Der Anteil der Jugendamtsbezirke mit einem Jugendring stellt eine bedeutende Kennzahl dar, weil er zeigt, ob es Jugendverbänden vor Ort gelingt, tatsächlich eine übergeordnete politische Interessenvertretung zu etablieren. Die Gründung bzw. Auflösung örtlicher Jugendringe muss mit verschiedenen Faktoren in Zusammenhang gesehen werden: Es kommt nicht nur darauf an, dass die zu organisierenden Jugendverbände in der Lage und willens sind, eine Vertretung zu etablieren oder aufrechtzuerhalten, sondern auch auf die entsprechende Unterstützung des örtlichen Jugendamtes. Wenn das Jugendamt einen Jugendring nicht als zentralen Ansprechpartner im Bereich der verbandlichen Jugendarbeit akzeptiert, sondern bilaterale Kontakte mit den Jugendverbänden favorisiert, wird es schwierig, einen Jugendring zu gründen bzw. aufrechtzuerhalten. Bilaterale Kontakte könnten sogar im Interesse einzelner Jugendorganisationen sein, wenn sie durch eine überverbandliche Organisation an unmittelbarem Einfluss verlieren würden.

Tab. 3.9: Organisationsformen der Jugendringe (ohne Ortsjugendringe)

Eingetragener Verein (e.V.)	52 %
Körperschaft des öffentlichen Rechts	29 %
Verein (nicht eingetragen)	9 %
Arbeitsgemeinschaft	9 %

Quelle: DJI-Jugendringerhebung 2004

Kreis- und Stadtjugendringe können sich in vielen unterschiedlichen Formen organisieren. Die Mitglieder der Jugendringe entscheiden letztendlich selbst – außer im Bundesland Bayern – über die Strukturen, die die Arbeitsfähigkeit des Jugendrings herstellen und sichern sollen. Sie orientieren sich dabei auch an regionalen Traditionen, die sich im Westen in den Nachkriegsjahren entwickelt haben. Aus diesen Traditionen lassen sich auch die länderspezifischen Unterschiede erklären. In Bayern beispielsweise ist die Organisations-

[10] Die Ermittlung der Anzahl der existierenden Jugendringe auf Jugendamtsbezirksebene zu einem Stichtag stellt eine besondere Herausforderung dar, weil Bezeichnungen, Adressen und Ansprechpersonen wechseln und die verschiedenen Quellen unterschiedliche Informationen liefern.

form im Unterschied zu allen anderen Bundesländern festgeschrieben. Dies hängt mit der besonderen Rolle zusammen, die in den Nachkriegsjahren dem Bayerischen Jugendring sowie den Kreisjugendringen in Bayern für die Erziehung einer demokratischen Jugend von der amerikanischen Besatzungsmacht zugedacht wurde.

Die Organisationsformen der vorhandenen Jugendringe (vgl. Tab. 3.9) sind ein Indiz für die Stärke und Stabilität der jeweiligen Jugendringe. Die meisten Jugendringe (52 %) sind als eingetragener Verein organisiert. Die zweithäufigste Organisationsform ist die einer Körperschaft öffentlichen Rechts. Letztere ist ausschließlich in Bayern anzutreffen. Streng genommen handelt es sich in Bayern lediglich um eine einzige Körperschaft öffentlichen Rechts, nämlich um den Bayerischen Jugendring. Alle anderen bayerischen Jugendringe sind eine Untergliederung dieser Körperschaft. Beide Organisationsformen (eingetragener Verein und Körperschaft öffentlichen Rechts) weisen einen hohen Grad an Organisation und Formalisierung auf. Nicht eingetragene Vereine und Arbeitsgemeinschaften haben den geringsten formalen Organisationsaufwand. Dies bedingt auch eine geringere Bedeutung im kommunalen Kräftespiel, weil solche Organisationsformen mit geringerer Verbindlichkeit gleichgesetzt werden. Der Zusammenhang zwischen Organisationsform und Stellenwert eines Jugendrings lässt sich eindeutig im Kontext seiner Aktivitäten und Einrichtungen sowie seiner Angebote nachweisen: Die beiden Organisationsformen mit dem geringsten Formalisierungsgrad entfalten – wie die Daten zeigen – weniger Aktivitäten und halten weniger Angebote vor als die Jugendringe mit einem höheren Formalisierungsgrad. Die Zahl der Mitgliedsverbände beträgt im Median 21, doch manche Jugendringe haben mehr als 100 Mitgliedsverbände.

Neben den Jugendringen auf Kreisebene bzw. der Ebene kreisfreier Städte gibt es auch Jugendringe auf der Ebene kreisangehöriger Gemeinden. Diese Ortsjugendringe sind ähnlich wie Kreis- und Stadtjugendringe Interessenvertretungen von Jugendverbänden. Im Unterschied zu den anderen Jugendringen ist ihr Zuständigkeitsgebiet jedoch nicht identisch mit einem Jugendamtsbezirk, sondern umfasst nur einen Teil dieses Gebietes, meistens einzelne Gemeinden oder eine Gruppe von Gemeinden innerhalb eines Landkreises. Da in einigen Bundesländern auch kreisangehörige Gemeinden ohne Jugendamt örtliche Träger der Jugendarbeit sind, können aufseiten der Kommunen durchaus relevante Ansprechpartner für den Ortsjugendring vorhanden sein. In diesen Landkreisen entscheiden die Gemeinden über die Ausgestaltung der Jugendarbeit. Ortsjugendringe sind insbesondere in Baden-Württemberg und Niedersachsen relativ weit verbreitet. Wie Tabelle 3.10 zeigt, gibt es bundesweit in 38 % der Landkreise Ortsjugendringe in kreisangehörigen Gemeinden ohne Jugendamt. Die durchschnittliche Anzahl der Ortsjugendringe in Landkreisen, in denen Ortsjugendringe vorhanden sind, beträgt drei. Auch wenn an die kreisangehörigen Gemeinden Aufgaben der Jugendarbeit delegiert sind, behält das Kreisjugendamt eine Zuständigkeit für die Jugendarbeit, etwa in Bezug auf die überörtliche Infrastruktur für die Jugendarbeit oder die Jugendhilfeplanung.

An diesen wenigen Daten wird bereits deutlich, dass sich in den Kommunen sehr unterschiedliche Strukturen hinsichtlich der Vertretung der Interessen von Jugendlichen und der Organisationen der Jugendarbeit etabliert haben. Die unterschiedlichen Strukturen wirken sich auch auf die Handlungsmöglichkeiten der Jugendringe aus, wie man an der Zahl der Mitgliedsverbände, die sehr weit streut, an dem Spektrum an Aktivitäten und vor allem an den großen Unterschieden in der Ausstattung (Haushalt und hauptamtliche Personalausstattung, vgl. Gragert u.a. 2006) der Jugendringe sehen kann. Manche können so als Anbieter von Leistungen der Jugendarbeit (z.B. eigenen Jugendclub) auftreten, andere beschränken sich auf die Vertretung der Interessen ihrer Mitglieder.

Tab. 3.10: Ortsjugendringe bei kreisangehörigen Gemeinden

Anteil der Landkreise mit Ortsjugendring in kreisangehörigen Gemeinden	38 %
davon …	
durchschnittliche Anzahl Ortsjugendringe	3
Zusammenarbeit Kreisjugendring mit Ortsjugendring	80 %

Quelle: DJI-Jugendringerhebung 2004

3.4 Organisationsmerkmale bei Einrichtungen (teil)stationärer Hilfen zur Erziehung

Ein wesentliches Arbeitsfeld der Kinder- und Jugendhilfe sind neben der Kindertagesbetreuung die Hilfen zur Erziehung. Ein Viertel der Gesamtausgaben für Kinder- und Jugendhilfe fließen bundesweit in diesen Arbeitsbereich. Auf der Ebene der Kommunen ist es sogar das Arbeitsfeld, für das der größte Anteil der Ausgaben getätigt wird. Es haben sich in diesem Arbeitsfeld eine Reihe von spezifischen Hilfeformen herausgebildet. Einige davon sind in den §§ 28–35 KJHG näher ausgeführt. Wie die Daten der Erhebung zeigen, ist diesbezüglich in den letzten 15 Jahren zwischen den Jugendamtsbezirken eine erhebliche Angleichung im Angebotsspektrum zu erkennen, zumindest wenn man die Bezeichnungen der vorhandenen Hilfeformen zugrunde legt. In den meisten Jugendamtsbezirken sind inzwischen diese Angebote vorhanden (vgl. Kapitel 5.6 und 5.7). Unterschiede in der Angebotsstruktur innerhalb eines Jugendamtsbezirkes spiegeln unterschiedliche Konzepte und Strukturen der jeweiligen Angebote und Dienste wider. Personalausstattung, Personalstruktur und Zielgruppen der Angebote und Dienste differieren beispielsweise zwischen den einzelnen Jugendamtsbezirken erheblich. Am Beispiel der Heimerziehung lässt sich das exemplarisch verdeutlichen: Es haben sich ganz unterschiedliche Angebotsformen ausdifferenziert. Es gibt immer noch die klassischen Heime und es gibt Einrichtungen, die aus einzelnen Wohngruppen bestehen. Es gibt stationäre Einrichtungen, die zusätzlich zu ihrem Stammhaus Außenwohngruppen haben, ambulante Hilfen zu ihrem Angebot zählen oder therapeutische Zusatzangebote vorhalten. Andere stationäre Einrichtungen haben sich auf eine spezifische Gruppe von Kindern und Jugendlichen spezialisiert, wie zum Beispiel ausschließlich Mädchen, drogenabhängige Jugendliche oder Kinder mit ADHS. Eine Einrichtung ist somit durch die Bezeichnung Heim nicht ausreichend spezifiziert und kann deshalb nicht einfach mit einem anderen Heim verglichen werden.

Tab. 3.11: Angebotsformen der befragten Einrichtungen in Ost und West

Angebotsform	Ost	West	Insgesamt
Heim	65 %	72 %	70 %
Betreutes Wohnen	47 %	54 %	52 %
Inobhutnahme	26 %	32 %	30 %
Flexible Hilfen	16 %	30 %	26 %
Sonstiges	25 %	26 %	26 %
Tagesgruppe	24 %	25 %	24 %
ISE	11 %	25 %	21 %
Erziehungsstelle	14 %	20 %	19 %
Mutter-Kind-/Vater-Kind-Einrichtung	24 %	8 %	12 %
Soziale Gruppenarbeit	5 %	11 %	9 %
Andere ambulante Angebote	9 %	9 %	9 %
Internat (Angebot nach § 13,3)	4 %	2 %	3 %

Quelle: DJI-Einrichtungserhebung 2004

Die Erhebung bei (teil)stationären Einrichtungen der Hilfen zur Erziehung gibt Hinweise darauf, wie differenziert sich allein der Bereich der (teil)stationären Hilfen in dem Arbeitsfeld der gesamten Hilfen zur Erziehung darstellt. Die meisten Einrichtungen der Erhebung bieten Heimerziehung (70 %) und betreutes Wohnen (52 %) an. 89 % der Einrichtungen sind rein stationäre Einrichtungen, 7 %

sind teilstationäre Einrichtungen und 3 % haben sowohl stationäre als auch ambulante Angebote. Zwei Drittel der Einrichtungen geben mindestens zwei unterschiedliche Angebote an. Der erstaunlich hohe Anteil von »sonstigen Angebotsformen« (siehe Tab. 3.11) entsteht dadurch, dass viele der Einrichtungen sich nicht nur auf das Kerngeschäft der Hilfen zur Erziehung beschränken, sondern darüber hinaus auch Angebote in anderen Handlungsfeldern der Kinder- und Jugendhilfe, aber auch des BSHG, anbieten. In dieser Kategorie befinden sich Projekte der Jugendberufshilfe ebenso wie Rehabilitationsprojekte für Drogenabhängige. Darüber hinaus haben inzwischen eine ganze Reihe von Einrichtungen Angebote entwickelt, die auch Kinder und Jugendliche von außerhalb der Einrichtung einbeziehen. Zu diesen Einrichtungen gehören zum Beispiel Kindertagesstätten oder Angebote der offenen Jugendarbeit.

Die meisten befragten Einrichtungen gehören einem Spitzenverband der freien Wohlfahrtspflege an (64 %). Fast jede fünfte befragte Einrichtung ist privat-gewerblich organisiert. Unterschiede zwischen Ostdeutschland und Westdeutschland zeigen sich dahingehend, dass die befragten Einrichtungen im Osten eher Mitglied in einem Verband der freien Wohlfahrtspflege sind. Gleichzeitig gibt es gegenüber dem Westen doppelt so viele Einrichtungen im Osten, die als unabhängig zu klassifizieren sind (Vereine, Initiativen). Im Westen befinden sich sowohl sehr viel mehr Einrichtungen in privatgewerblicher Trägerschaft als auch in öffentlicher Trägerschaft.

Die befragten Einrichtungen sind zum Teil die einzigen Einrichtungen ihres Trägers, zum Teil gibt es an anderen Standorten weitere Einrichtungen auch in Feldern außerhalb der Kinder- und Jugendhilfe. Öffentlicher Träger, die stationäre Einrichtungen unterhalten, halten am häufigsten noch weitere Einrichtungen im Bereich der Kinder- und Jugendhilfe vor. Die Einrichtungen von Wohlfahrtsverbänden bejahen zu einem größeren Anteil als Einrichtungen anderer Träger die Frage, dass ihr Träger sowohl über weitere Einrichtungen im Bereich der Kinder- und Jugendhilfe als auch über Einrichtungen in anderen Arbeitsfeldern (35 %) verfügt. Die meisten der privatgewerblichen Träger dagegen betreiben genau diese eine Einrichtung (91 %), die wir befragt haben.

Im Durchschnitt bestehen die Einrichtungen seit 38 Jahren und im Median seit 19 Jahren. 10 % der Einrichtungen sowohl in Ostdeutschland als auch in Westdeutschland sind jünger als fünf Jahre. In den westlichen Bundesländern sind, dies ist nicht überraschend, 10 % der Einrichtungen älter als 115 Jahre, während in den östlichen Bundesländern 10 % über 54 Jahre alt sind. Ungefähr jede achte Einrichtung (13 %) hat in den letzten zehn Jahren den Träger gewechselt. Als Gründe dafür werden beispielsweise die kritische Finanzsituation, personelle Veränderungen oder Stadtratsbeschlüsse genannt. Meistens geht die Trägerschaft von einer öffentlichen in eine freie oder privat-gewerbliche Trägerschaft über. Dies unterstreicht die anhand anderer Befunde erkennbare Tendenz zum Rückzug öffentlicher Träger (vgl. Kapitel 6).

Insgesamt 86 % der Einrichtungen haben einen Träger, der im Sinne des § 75 KJHG als freier Träger der Kinder- und Jugendhilfe anerkannt ist. In Ostdeutschland gilt dies für 92 % und in Westdeutschland für 83 %. Der Unterschied ist signifikant und hängt mit dem deutlich höheren Anteil privat-gewerblicher Träger in Westdeutschland zusammen. Ein Viertel derjenigen Träger, die bislang keine Anerkennung vorweisen können, hat diese beantragt.

3.5 Variantenreiche Einheit

Insgesamt zeigen die Ergebnisse zu den Organisationsstrukturen bei den Jugendämtern im Bereich Hilfen zur Erziehung und der Jugendarbeit, dass die Einheit der Kinder- und Jugendhilfe organisatorisch gewahrt ist. Obwohl die Jugendämter immer wieder ihre Strukturen verändern und den Anforderungen vor Ort anpassen, wie die Vollerhebung 2000 zeigen konnte (Mamier u. a. 2002), stellt das Jugendamt einen Stabilitätsfaktor für die Kinder- und Jugendhilfe dar. Dies wird auch daran erkennbar, dass nicht zu viele Aufgaben außerhalb des KJHG im Jugendamt wahrgenommen werden, der Anteil der Jugendämter mit einem Allgemeinen Sozialen Dienst eher zurückgeht und sich die Privatisierungsbemühungen der Kommunen für den Bereich der Kinder- und Jugendhilfe in Grenzen halten.

Hinsichtlich der organisatorischen Strukturen ist in der Logik der Verwaltung auch eine Fragmentierung der Jugendamtsbezirke zu erkennen, die zu autonomeren Einheiten innerhalb der Jugendamtsbezirke führt. Diese Einheiten können sich auf Sozialräume beziehen, der administrativen Steuerung dienen oder aber aus alltagspraktischen Gründen entstehen.

An den Daten zu den einzelnen Arbeitsfeldern der Kinder- und Jugendhilfe wird bei gleichzeitiger Annäherung im Angebotsspektrum die große Variationsbreite der Strukturen erkennbar, die vor Ort zu unterschiedlichen Rahmenbedingungen und Voraussetzungen für die Erfüllung der Aufgaben nach dem KJHG führt. Hinsichtlich der Träger ist die Frage interessant, ob und inwiefern sich deren Rolle in der Zusammenarbeit zwischen Jugendämtern und Einrichtungen verändern wird.

4 Auswirkungen problematischer Lebenslagen von Kindern, Jugendlichen und ihren Familien auf die Institutionen der Kinder- und Jugendhilfe

Kinder, Jugendliche und Familien sind je nach Lebenslage in unterschiedlicher Weise auf eine Unterstützung durch Institutionen angewiesen. Fragt man öffentliche und freie Träger der Kinder- und Jugendhilfe in einer Wiederholungsbefragung danach, ob bestimmte soziale Situationen, bestimmte soziale Probleme bei Kindern, Jugendlichen und ihren Familien Folgen für die Arbeit des Trägers haben, dann erfährt man

- erstens welche Problemlagen und damit auch spezifischen Lebenslagen von den befragten Trägern als unterstützungsbedürftig eingeschätzt werden,
- zweitens welche Verschiebungen es im Zeitvergleich gibt
- und drittens lassen sich Hinweise dafür finden, wie eng solche Einschätzungen mit anderen Indikatoren (z. B. Arbeitslosenquote, Kriminalstatistik) für die jeweiligen Probleme verknüpft sind.

Die hier gewählte Herangehensweise, nämlich die Ausfüllenden danach zu fragen, welche Probleme der Adressaten Auswirkungen auf ihre Arbeit haben, hilft zu verstehen, wo die Institutionen der Kinder- und Jugendhilfe einen besonderen Handlungsbedarf sehen. Die Antworten geben keine objektive Auskunft darüber, ob diese Problemlagen vor Ort anzutreffen sind, welche Verbreitung sie in dem einzelnen Jugendamtsbezirk haben oder welche Folgen die Problemlagen für die betroffenen Adressaten zeitigen. Die Antworten signalisieren einzig und allein, ob die Institutionen von diesen Problemlagen Auswirkungen auf ihre Arbeit erwarten. Dies ist insofern eine wichtige Information, weil Institutionen und Organisationen nur auf solche Problemlagen reagieren, die von ihnen als für ihre Arbeit relevant betrachtet werden.

Den befragten Jugendämtern und Jugendringen wurde eine Liste mit 13 bzw. zehn unterschiedlichen sozialen Problemen vorgelegt, die sie dahingehend bewerten sollten, ob diese Probleme Auswirkungen auf die Arbeit des Jugendamtes bzw. des Jugendrings haben. Die Auswahl der Problemlagen wurde in Pretests auf ihre Relevanz hin getestet und in jeder der bisher vier Erhebungsphasen vor dem

Hintergrund aktueller Entwicklungen überprüft und ggf. verändert. Bei den von einer zur nächsten Erhebung vorgenommenen Veränderungen der Liste wurden auch die Antworten auf die offene Frage nach anderen Problemlagen, die sich auf die Arbeit der Jugendämter bzw. Jugendringe auswirken, sowie die vielfältigen Kontakte mit Ausfüllenden (vgl. Kap. 2) berücksichtigt.

Bei der Analyse der Antworten stehen die folgenden drei Fragen im Vordergrund:

- Gibt es eine Übereinstimmung zwischen den verschiedenen Institutionen (hier Jugendamt, Jugendring) in der Bewertung der Auswirkungen einzelner Problemlagen auf die Kinder- und Jugendhilfe?
- Lernen Institutionen der Kinder- und Jugendhilfe mit einzelnen Problemlagen umzugehen, sodass sie in ihrer Arbeit von diesen weniger stark beeinträchtigt werden?
- Führt die Hilflosigkeit gegenüber strukturellen Problemlagen, die sich durch die Kinder- und Jugendhilfe kaum verändern lassen, zu Abstumpfungen oder gar Demoralisierungsprozessen bei Institutionen?

Tab. 4.1: Anteil von Jugendämtern und Jugendringen, die die jeweiligen Problembereiche in ihren Folgen als gravierend für ihre eigene Arbeit einschätzen

Problembereiche	Jugendamt	Jugendring
Jugendarbeitslosigkeit	40 %	31 %
Entstehung sozialer Brennpunkte	38 %	n.a.
Verarmung in Familien	25 %	27 %
Alkoholmissbrauch	25 %	22 %
Gewaltbereitschaft von Kindern und Jugendlichen	25 %	17 %
Schulverweigerung	24 %	n.a.
Gewalt in Familien	21 %	n.a.
Gebrauch illegaler Drogen	20 %	12 %
Gesetzesübertretungen durch Jugendliche	18 %	7 %
Gesetzesübertretungen durch Kinder	14 %	4 %
Sexueller Missbrauch	13 %	n.a.
Ausländerfeindlichkeit/Rechtsradikalismus	9 %	14 %
Auseinandersetzungen zwischen Jugendgruppen	n.a.	4 %
Sekten	0 %	n.a.

n.a.: nicht abgefragt

Quelle: DJI-Jugendamtserhebung 2004, DJI-Jugendringerhebung 2004

Durch die Anlage des Projekts als Wiederholungsbefragung von Institutionen kann man Veränderungen im Zeitverlauf dokumentieren und analysieren. Dies eröffnet bei Hinzuziehung zusätzlicher Datenquellen die Möglichkeit, fachliche Weiterentwicklungen im Umgang mit sozialen Problemlagen zu beschreiben. Im Kapitel 4.1 werden die aktuellen Bewertungen der Folgen einzelner Problemlagen auf die Arbeit der Jugendämter und Jugendringe dargestellt. Diese Bewertungen der Folgen werden sowohl mit statistischen Daten als auch fachlichen Diskursen zu den einzelnen Problemlagen in Beziehung gesetzt. Im Kapitel 4.2 werden die geplanten und durchgeführten Reaktionen der Jugendämter und Jugendringe auf die unterschiedlichen Problemlagen beschrieben. Es werden also das Handlungsspektrum der Jugendhilfe sowie Veränderungen bei den Reaktionen im Verlauf der letzten zehn Jahre aufgezeigt.

4.1 Auswirkungen einzelner Problemlagen auf die Arbeit in der Kinder- und Jugendhilfe

Jugendarbeitslosigkeit

In der aktuellen Jugendamtserhebung wird Jugendarbeitslosigkeit (40 %) von vielen als ein in seinen Auswirkungen auf die Arbeit des Jugendamtes gravierendes soziales Problem angesehen. Angesichts der vielfältigen negativen, zum Teil auch langfristig wirkenden Folgen von Jugendarbeitslosigkeit auf Kinder[11] und Jugendliche erstaunt dieses Ergebnis nicht. Auch bei den Jugendringen benennen besonders viele Jugendarbeitslosigkeit als eine Problemlage, die gravierende Auswirkungen auf ihre Arbeit hat.

Für die Kinder- und Jugendhilfe ist diese soziale Problemlage eine besondere Herausforderung: Das Problem der Jugendarbeitslosigkeit ist in erster Linie ein politisches Problem, das von der Kinder- und Jugendhilfe nicht gelöst werden kann. Allerdings hat die Kinder- und Jugendhilfe den gesetzlichen Auftrag, dazu beizutragen, positive Lebens- und Entwicklungsbedingungen für junge Menschen zu fördern und Benachteiligungen abzubauen. Sie ist also neben den Arbeitsagenturen und den im SGB II genannten Stellen ebenfalls für

[11] Kinder sind bereits insofern von einer hohen Jugendarbeitslosigkeit betroffen, als sie diese negativ für ihre zukünftige Lebensplanung interpretieren; auch gibt es unmittelbare negative Auswirkungen der Arbeitslosigkeit von älteren Geschwistern auf das Familienklima, und zum Teil sind die Eltern unter 25 Jahre alt und somit Jugendliche im Sinne des SGB II.

arbeitslose Jugendliche zuständig. Wie notwendig dies ist, zeigt sich daran, dass arbeitslose Jugendliche in unterschiedlicher Weise benachteiligt sind: Ihnen wird der Eintritt ins Arbeitsleben versagt, sie können keine Qualifikationen erwerben und die berufliche Sozialisation als ein wichtiger Teil des Sozialisationsprozesses kann nicht stattfinden. Für die Betroffenen führt die Arbeitslosigkeit somit nicht nur zu finanziellen Schwierigkeiten, sondern kann auch soziale Probleme (z.B. soziale Isolation, Diskriminierung) und/oder psychische Störungen (Verlust des Selbstwertgefühles, Demotivation, Depressionen) verursachen (vgl. Heinze/Bauerdick 1999). Beelmann, Kieselbach und Traiser (2001) konnten in ihrer Studie zeigen, dass Jugendarbeitslosigkeit bei einem erheblichen Teil von Jugendlichen zu hohen gesellschaftlichen Ausgrenzungsrisiken führt, die tatsächlich mit einer Vielzahl von psycho-sozialen Folgen verbunden sind. Eine berufliche Wiedereingliederung ist nach ihren Befunden für diese Jugendlichen erst nach einer Phase der »individuellen Restabilisierung« (Beelmann/Kieselbach/Traiser 2001: 147) wieder erfolgsversprechend. Da die Gestaltung solcher Restabilisierungsphasen auch eine Aufgabe der Kinder- und Jugendhilfe ist, ist die Kinder- und Jugendhilfe von den Folgen der Jugendarbeitslosigkeit unmittelbar betroffen. Innerhalb der Kinder- und Jugendhilfe ist es die Aufgabe der Jugendsozialarbeit, die Integration benachteiligter Jugendlicher zu fördern. Neben der Bearbeitung der Folgen anderer Problemlagen, die eine soziale Integration und die Eingliederung junger Menschen in die Gesellschaft behindern, ist die berufliche Integration in Ausbildung und Arbeitsmarkt für die Jugendsozialarbeit zentral. Diese Aufgabe ist für die Jugendhilfe angesichts der Entwicklungen der Jugendarbeitslosigkeit immer schwieriger zu bewältigen. Hinzu kommt, dass die im SGB II verankerten Sanktionsmechanismen auf Jugendliche wenig integrationsfördernd wirken (vgl. z.B. Fach-ARGE Jugendsozialarbeit 2006).

Tab. 4.2: Anteil der Jugendämter und Jugendringe, die Jugendarbeitslosigkeit als soziale Problemlage mit gravierenden Auswirkungen auf ihre Arbeit bewerten

	1992/93	1995	2000/01	2004
Jugendamt	53 %	73 %	47 %	40 %
Jugendring	n.a.	n.a.	24 %	31 %

n.a.: nicht abgefragt

Quelle: DJI-Jugendamtserhebung 1992/93, 1995, 2000 und 2004; DJI-Jugendringbefragung 2001, 2004

Die Jugendhilfe hat keinen direkten Einfluss auf die Lösung des strukturellen Problems der Jugendarbeitslosigkeit, deshalb könnte man annehmen, dass es bei längeren Phasen hoher Jugendarbeitslosigkeit zu »Abstumpfungsprozessen« aufseiten der Jugendhilfe kommt, sie quasi resigniert. Der Längsschnittvergleich zeigt jedoch, dass bei den Jugendämtern zu allen Erhebungszeitpunkten die Folgen der Jugendarbeitslosigkeit auf die Arbeit der Jugendämter von einem großen Anteil als gravierend eingeschätzt werden (vgl. Tab. 4.2), das heißt, dass die Jugendämter sich des Problems annehmen. Außer bei der Erhebung 1992/93 gab es keine Problemlage, der von ähnlich vielen Jugendämtern solche gravierenden Auswirkungen bescheinigt wurden. Der im Jahr 1995 zu verzeichnende deutliche Anstieg des Anteils von Jugendämtern, die gravierende Folgen für ihre Arbeit aufgrund der Jugendarbeitslosigkeit sehen, ist im Zusammenhang mit einer damals in zwölf Bundesländern steigenden Arbeitslosenquote bei den unter 25-Jährigen zu sehen. Für das Jahr 2000 lässt sich ebenfalls eine Parallelität zwischen den Problemeinschätzungen und der Entwicklung der Jugendarbeitslosenquoten feststellen: Die Jugendarbeitslosenquote war in zehn Bundesländern gesunken. Im Jahr 2004 gibt es dagegen eine gegenläufige Tendenz: Bei einem Anstieg der Jugendarbeitslosenquote sinkt die Anzahl der Jugendämter, die Jugendarbeitslosigkeit als gravierendes Problem für ihre Arbeit einschätzen. Möglicherweise ist dies ein erster Hinweis dafür, dass ein gewisser Gewöhnungseffekt bei Jugendämtern eingetreten ist. Vielleicht signalisiert dieser Befund sogar eine inzwischen eingetretene Resignation aufseiten der Jugendämter, was nicht allzu sehr überraschen würde angesichts der durch die Arbeitsmarktreformen (SGB II) noch verschärften Gegensätze in der Herangehensweise zwischen der Jugendhilfe (die einem sozialpädagogischen Paradigma verpflichtet ist) und der Arbeitsvermittlung (die sehr viel stärker sanktionsorientiert ist, weniger die individuelle Situation berücksichtigt, keine Möglichkeiten hat auf strukturelle Zusammenhänge zu achten) sowie angesichts der weiteren Einschränkung der Handlungsmöglichkeiten der Jugendhilfe.

Welche Antworten kann man vor dem Hintergrund der beschriebenen Datenlage auf die Frage geben, ob Jugendämter im Laufe der Jahre Bearbeitungsformen für die mit der Jugendarbeitslosigkeit verbundenen Probleme entwickelt haben und deshalb durch sie weniger in ihrer Arbeit belastet werden? Da die Möglichkeiten der Jugendämter, bei der Bearbeitung von Jugendarbeitslosigkeit Routinen zu entwickeln, die dieses Problem und seine Folgen unter sozialpädagogischen Gesichtspunkten handhabbar werden lassen, eher gering sind, kann man die Daten nicht als Unfähigkeit dafür interpretieren, angemessene Routinen für den Umgang mit diesem strukturell bedingten Problem bereitzustellen.

Entstehung sozialer Brennpunkte

Fast genauso gravierend wie die Folgen der Jugendarbeitslosigkeit in ihren Auswirkungen auf die Arbeit der Jugendämter wird die Entstehung sozialer Brennpunkte eingeschätzt. Mit sozialen Brennpunkten sind Wohnquartiere gemeint, in denen Menschen mit mehrfachen Deprivationen (materielle Armut, Arbeitslosigkeit, Krankheit, geringes finanzielles, soziales und kulturelles Kapital) räumlich konzentriert zusammenleben (Maier 2004). Im Vergleich zur letzten Erhebung im Jahr 2000 zeigt sich, dass die Entstehung sozialer Brennpunkte aus Sicht der Jugendamtsleiterinnen ein deutlich größeres Problem geworden ist (+17 %). Der große Anteil von Jugendämtern, die in der Entstehung sozialer Brennpunkte gravierende Auswirkungen auf ihre Arbeit sehen, könnte darin begründet sein, dass mit der Entstehung sozialer Brennpunkte gleich mehrere Benachteiligungen verknüpft sind, die u. a. auch Folgen der Arbeitslosigkeit sind. Ein weiterer Grund kann sein, dass durch die vom Bund initiierten Programme wie »Soziale Stadt« oder »Entwicklung und Chancen junger Menschen in sozialen Brennpunkten« (E&C-Programm) Folgeprobleme sozialer Brennpunkte verstärkt in den Fokus kommunaler Überlegungen gerückt wurden. Die Programme sollen unter anderem dazu beitragen, manifeste Benachteiligungslagen von Kindern und Jugendlichen zu erfassen, eine zielgenaue Jugendhilfeplanung zu ermöglichen (vgl. Bundesministerium für Familie, Senioren, Frauen und Jugend 2005) und so negative Folgen zu vermeiden oder doch zu verringern. Jugendringe wurden hierzu nicht befragt.

Verarmung in Familien

Die Verarmung von Familien wird in einem Viertel der Jugendamtsbezirke als ein Problem eingeschätzt, das gravierende Auswirkungen auf die Arbeit der Jugendämter hat. Die Einschätzung der Jugendringe unterscheidet sich von der der Jugendämter nicht. Gegenüber der Erhebung im Jahr 2000, als dieses Problem zum ersten Mal abgefragt wurde, hat sich somit keine veränderte Einschätzung der Folgen ergeben. Es ist anzunehmen, dass die Verarmung von Familien für Jugendämter dann zu deutlich spürbaren Herausforderungen führt, wenn die Anzahl der betroffenen Familien einen Schwellenwert überschreitet. Die Jugendringe kommen zu einer ähnlichen Einschätzung wie die Jugendämter. Die Jugendhilfe ist gemäß ihres Auftrags nach § 1 KJHG aufgefordert, ihren Beitrag zu leisten, armutsbedingten Entwicklungsrisiken (z. B. schlechterer Gesundheitszustand, geringere Bildungschancen, weniger ausgeprägtes Selbstbewusstsein, höhere Konfliktbelastung in den Familien, Einsamkeit) entgegenzuwirken.

Es besteht ein nahezu signifikanter Zusammenhang zwischen der Armut von Familien und den besonders belasteten Regionen[12] und somit ein unmittelbarer Zusammenhang zwischen dem Wohlstand vor Ort und der Einschätzung der Jugendämter. Da es im Osten einen wesentlich höheren Anteil an besonders belasteten Regionen gibt, ist auch der Anteil der Jugendämter, die die Auswirkungen von Armut als gravierend für ihre Arbeit einschätzen, wesentlich höher als im Westen (Ost: 38 %; West: 17 %).

Alkoholmissbrauch

Die Tatsache, dass Alkoholmissbrauch an vierter Stelle der Probleme steht, die die Arbeit der Jugendämter stark beeinflussen, und auch in den Erhebungen davor immer einen »Spitzenplatz« eingenommen hat, verweist erstens darauf – was wenig überraschend ist –, dass ein übermäßiger Konsum von Alkohol ein permanentes Problem darstellt, und zweitens, dass es kaum Gewöhnungs- oder gar Resignationseffekte aufseiten der Jugendämter gibt. Dies zeigt sich auch im Panel: Knapp 70 % haben ihre Einschätzung im Jahr 2000 auch im Jahr 2004 hinsichtlich der Folgen von Alkoholmissbrauch auf ihre Arbeit beibehalten. Die Kinder- und Jugendhilfe hat mit dem Missbrauch von Alkohol in zweifacher Weise zu tun: zum einen mit dem Missbrauch von Alkohol durch Kinder und Jugendliche selbst und zum anderen mit dem Missbrauch von Alkohol durch Personensorgeberechtigte. Im Rahmen des Jugendschutzes, insbesondere des erzieherischen Jugendschutzes, hat das Jugendamt darauf hinzuwirken, dass Jugendliche den Umgang mit Alkohol »erlernen«. Alkoholmissbrauch bei Jugendlichen ist ein Problem, auf das auch international reagiert wird. Die WHO hat im Februar 2005 eine Deklaration betreffend »Jugendliche und Alkohol« verabschiedet. Der zweite europäische Alkoholaktionsplan, laufend von 2000 bis 2005,

---

12 Vgl. »Regionalindex« im Glossar.

ist besonders den Präventions- und Behandlungsmaßnahmen für Jugendliche gewidmet. Auch die Bundesregierung fördert eine Vielzahl von Präventionsprogrammen (vgl. Drogenbeauftragte der Bundesregierung 2006, 2005 a; www.kommunale-suchtpraevention.de)

Tab. 4.3: Anteil der Jugendämter und Jugendringe, die Alkoholmissbrauch als soziale Problemlage mit gravierenden Auswirkungen auf ihre Arbeit bewerten

	2000/01			2004		
	Ost	West	Insgesamt	Ost	West	Insgesamt
Jugendamt	35 %	23 %	27 %	38 %	17 %	25 %
Jugendring	45 %	17 %	21 %	53 %	21 %	27 %

Quelle: DJI-Jugendamtserhebung 1992/93, 1995, 2000 und 2004; DJI-Jugendringbefragung 2001, 2004

Die Einschätzung, dass sich der Alkoholmissbrauch stark auf die Arbeit des Jugendamtes auswirkt, wird von mehr ostdeutschen als von westdeutschen Jugendämtern geäußert. Die Daten der Repräsentativerhebung zum Gebrauch psychoaktiver Substanzen bei Erwachsenen in Deutschland 2000 (Kraus/Augustin 2001: 42) zeigen allerdings, dass sich das Trinkverhalten zwischen Ost- und Westdeutschland nicht im gleichen Maße wie die Einschätzungen der Jugendämter unterscheidet. 20,5 % der westdeutschen Männer und 11,4 % der westdeutschen Frauen haben im Jahr 2000 so viel und so regelmäßig Alkohol konsumiert, dass ihr Verhalten als riskant, gefährlich oder süchtig eingeschätzt wurde. In Ostdeutschland traf dies auf 25,4 % der Männer und 9,0 % der Frauen zu. Daran hat sich bei der Wiederholungsbefragung 2003 nichts Wesentliches geändert (15,5 % im Westen; 19,3 % im Osten). Die Auswirkungen von Alkoholmissbrauch auf die Arbeit der Institutionen der Kinder- und Jugendhilfe werden in Ostdeutschland also nicht deswegen in erheblich mehr Regionen als gravierend eingeschätzt, weil bedeutend mehr Alkohol konsumiert wird. Alkoholkonsum wird in Ostdeutschland vielmehr stärker als ein zu bearbeitendes Problem wahrgenommen. Die Ursachen für diesen Unterschied liegen vielleicht in dem in Ostdeutschland noch immer anderen Umgang mit Subkulturen, in der im Vergleich mit anderen Drogen größeren Relevanz des Alkoholmissbrauchs oder in dem ausgeprägteren Bestreben ostdeutscher Jugendämter, die Ursachen des Alkoholmissbrauchs bearbeiten zu können.

Einen signifikanten Zusammenhang gibt es zwischen Alkoholmissbrauch als gravierendes Problem und den aufgrund der sozialen und wirtschaftlichen Situationen besonders belasteten Regionen. Dies könnte ein Hinweis darauf sein, dass eine Kumulation von Problemlagen für Jugendämter besondere Anstrengungen erfordert.

Gebrauch illegaler Drogen

Im Unterschied zum Alkohol wird der Gebrauch illegaler Drogen nicht nur bei übermäßigem Konsum, sondern generell mit Gesundheitsschäden, Kriminalität und sozialem Niedergang in Verbindung gebracht (vgl. Reuband 1999). Dies ist unter Umständen auch der Grund, warum immerhin 20% der JugendamtsleiterInnen den Gebrauch illegaler Drogen als gravierendes Problem einstufen, obwohl der Anteil der Konsumenten deutlich niedriger liegt als bei Alkohol. Eine weitere Erklärung könnte auch eine in den letzten Jahren sich verändernde Einstellung Jugendlicher zu illegalen Drogen sein. Der Anteil der Jugendlichen, die kategorisch illegale Drogen ablehnen und sie auf keinen Fall konsumieren würden, ist in den letzten 20 Jahren von 66% auf 50% gefallen. »Diese Entwicklung ist jedoch ausschließlich auf eine zunehmend positive Einstellung zu Cannabis zurückzuführen. Die Distanz der Jugendlichen zu anderen Drogen ist unverändert groß« (Drogenbeauftragte der Bundesregierung 2005b: 22).

Gewaltbereitschaft und Gesetzesübertretungen von Kindern und Jugendlichen

Für ein Viertel der Jugendämter hat die Gewaltbereitschaft von Kindern und Jugendlichen gravierende Auswirkungen auf ihre Arbeit. Bei den Jugendringen liegt der Anteil mit 17% niedriger, was angesichts der unterschiedlichen Aufgaben und der unterschiedlichen Adressatengruppen von Jugendamt und Jugendring nicht erstaunt. Die Folgen der Gewaltbereitschaft von Kindern und Jugendlichen auf die Arbeit des Jugendamtes und der Jugendringe wurden im Jahr 2004 von deutlich weniger Jugendämtern und Jugendringen als gravierend für die eigene Arbeit eingeschätzt als in der vorherigen Erhebung. Der politische und öffentliche Druck, durch spektakuläre Maßnahmen schnell zu einer Verminderung der Anzahl der von Kindern und Jugendlichen verübten Gewalttaten zu kommen, hat zumindest zum Zeitpunkt der Erhebung abgenommen. Zusätzlich wurden in den letzten Jahren eine Vielzahl von Kooperationen mit der Polizei etabliert (vgl. Kap. 19) und Angebote in den Bereichen der Jugendgerichtshilfe und der Gewaltprävention ausgebaut (vgl. Kap. 5.9 und 4.2). Man kann also davon ausgehen, dass sich die Kinder- und Jugendhilfe inzwischen auf die Anforderung, mit Gewalttaten von Kindern und Jugendlichen umzugehen, eingestellt hat.

Tab. 4.4: Anteil der Jugendämter und Jugendringe, die Gewaltbereitschaft und Gesetzesübertretungen als soziale Problemlage mit gravierenden Auswirkungen auf ihre Arbeit bewerten

	2000/01	2004
Gewaltbereitschaft von Kindern und Jugendlichen		
Jugendamt	43 %	25 %
Jugendring	36 %	17 %
Gesetzesübertretung durch Jugendliche		
Jugendamt	35 %	18 %
Jugendring	17 %	7 %
Gesetzesübertretung durch Kinder		
Jugendamt	23 %	14 %
Jugendring	9 %	4 %

n.a.: nicht abgefragt

Quelle: DJI-Jugendamtserhebung 2000, 2004; DJI-Jugendringbefragung 2001, 2004

Wie der Tabelle 4.4 zu entnehmen ist, haben Gesetzesverstöße von Jugendlichen und von Kindern jeweils bei weniger Jugendämtern und Jugendringen gravierende Auswirkungen auf die Arbeit als die Gewaltbereitschaft von Kindern und Jugendlichen. Da zudem noch – ähnlich wie bei der Gewaltbereitschaft – im Zeitvergleich der Anteil an Jugendämtern erheblich gesunken ist, der gravierende Auswirkungen auf die eigene Arbeit sieht, scheint sich die Diskussion über kindliche und jugendliche Delinquenz wieder etwas zu versachlichen.

Ausländerfeindlichkeit und Rechtsradikalismus

Ausländerfeindlichkeit und Rechtsradikalismus als eine spezielle Form der Gewaltbereitschaft ist – wie die Daten zeigen – nach wie vor vorwiegend ein ostdeutsches Problem. Die aktuelle Erhebung zeigt jedoch, dass dieses Problem auch im Osten nicht mehr als so gravierend angesehen wird wie noch vor vier Jahren (2000: 24 %; 2004: 15 %) und die Unterschiede zwischen Ost und West nicht mehr signifikant sind.

Schulverweigerung

Die JugendamtsleiterInnen wurden in der Jugendamtsbefragung 2004 gebeten, einzuschätzen, wie gravierend sich das »Schuleschwänzen« von Kindern und Jugendlichen auf ihre Arbeit im Jugendamt auswirke. Einzelne Untersuchungen auf Länder- und kommunaler Ebene verweisen darauf, dass das Fernbleiben vom Unterricht insbesondere bei Jugendlichen in Haupt- und Sonderschulen weit verbreitet ist (vgl. Hofmann-Lun/Michel 2004). Die Jugendamtsstudie bestätigt die große Verbreitung der Schulverweigerung insofern, als jedes vierte Jugendamt das »Schuleschwänzen« als ein Problem mit gravierenden Auswirkungen auf die eigene Arbeit beschreibt. Für Hauptschüler verschlechtern sich durch die Unterrichtsversäumnisse ihre ohnehin nicht sehr guten Startschancen in den Beruf. Ein fehlender Hauptschulabschluss kann für Jugendliche eine nachhaltige gesellschaftliche Ausgrenzung bedeuten, da sie von beruflicher Ausbildung und Erwerbsarbeit ausgeschlossen bleiben (vgl. Hofmann-Lun/Michel 2004). Gründe für ein Fernbleiben vom Unterricht finden sich in der Person des Jugendlichen (z. B. Schulangst), in belastenden Lebenssituationen (familiäre Krisensituationen und fehlende Ressourcen zur Unterstützung der Kinder bei den Eltern) und in der Schule selbst (mehrfacher Schulwechsel, Probleme mit LehrerInnen und MitschülerInnen, Unterrichtsausschluss aus disziplinarischen Gründen, unangemessene Unterrichtsmethoden) (vgl. DJI 2004: 15 f.). In der Regel führt nicht ein einzelner Grund, sondern das komplexe Zusammenspiel der unterschiedlichen Gründe zu einem Fernbleiben vom Unterricht. Auf all den genannten Ebenen kann die Kinder- und Jugendhilfe beitragen, die Situation zu verbessern.

Gewalt in Familien

Gewalt in Familien wird nur von 21 % der Jugendämter als gravierend für ihre Arbeit eingeschätzt, obwohl Gewalt in Familien ein Thema ist, mit dem die JugendamtsmitarbeiterInnen im Rahmen ihrer Arbeit immer wieder konfrontiert sind. Es lassen sich vier Formen von Gewalt in der Familie unterscheiden: elterliche Gewalt gegen Kinder, Gewalt in der Partnerschaft, Gewalt zwischen Geschwistern und Gewalt gegen Eltern. Davon ist die elterliche Gewalt gegen Kinder die Form, die am häufigsten vorkommt und die Kinder- und Jugendhilfe am meisten beschäftigt (vgl. Habermehl 1999). Das Jugendamt ist verpflichtet, bei Bekanntwerden jedweder Form von Gewalt gegen Kinder tätig zu werden und zu prüfen, ob eine Inobhutnahme zum Schutze des Kindes erforderlich ist. Im Falle einer Fremdunterbringung sind Maßnahmen zur Förderung der Erziehungsfähigkeit der Eltern zu ergreifen, damit das Kind nach einiger Zeit ungefährdet in die Familie zurückkehren kann. Solche Maßnahmen unterbleiben jedoch häufig (vgl. Habermehl 1999). Der Deutsche Kinderschutzbund (DKSB) sieht einen engen Zusammenhang zwischen der wachsenden Anzahl von Familien in Armut und der nach den Beobachtungen des DKSB festzustellenden Zunahme von Gewalt in Familien (vgl. DKSB 2005).

Gewalt in Familien wird immer stärker zu einem Problem, aber da Jugendämter über klare Handlungs- und Bearbeitungsroutinen für diesen Problembereich verfügen, werden die Folgen für die Arbeit von Jugendämtern nur von einem relativ kleinen Anteil als gravierend eingeschätzt. Die Regelungen in § 8a KJHG und die hierzu erarbeiteten Handlungsempfehlungen werden möglicherweise zu einer weiteren Erhöhung der Handlungssicherheit beitragen.

Sexueller Missbrauch

Die individuellen Folgen für die Opfer von sexuellem Missbrauch bleiben schwerwiegend, unabhängig davon, wie sehr oder wie wenig sich das Jugendamt hierdurch in seiner Arbeit beeinflusst fühlt. Betrachtet man die Antworten der Jugendämter über die Jahre hinweg, dann entsteht der Eindruck, sexueller Missbrauch habe sich von einem sehr gravierenden Problem zu einem kleinen Problem gewandelt. Dieser erste Eindruck ist falsch, denn die polizeiliche Kriminalstatistik zeigt, dass die Anzahl der Missbrauchfälle pro 100.000 Einwohner sich in den letzten Jahren nicht wesentlich verändert hat. Gleichzeitig hat sich jedoch inzwischen ein flächendeckendes Netz an Spezialdiensten bzw. spezialisierten MitarbeiterInnen für die Arbeit mit sexuell missbrauchten Kindern und Jugendlichen entwickelt. Mit anderen Worten: Man hat inzwischen Maßnahmen ergriffen, um auf dieses Problem reagieren zu können, weshalb es keine gravierenden Auswirkungen mehr auf die Arbeit der Jugendämter hat.

Der noch im Jahr 2000 (Ost: 4 %; West: 20 %) in den Einschätzungen deutliche Ost-West-Unterschied hinsichtlich der Folgen sexuellen Missbrauchs für die Arbeit des Jugendamtes hat sich 2004 verringert (Ost: 10 %, West: 15 %). In den letzten zehn Jahren wurde die Problematik der sexuellen Kindesmisshandlung verstärkt öffentlich thematisiert (aktuellstes Beispiel: Kampagne »Hinsehen – Handeln – Helfen« des Bundesministeriums für Familie, Senioren, Frauen und Jugend im Jahr 2004) und damit sowohl hinsichtlich der Folgen für die Kinder und Jugendlichen als auch bezogen auf die eigenen Handlungsmöglichkeiten sensibilisiert. Möglicherweise hat diese Entwicklung dazu beigetragen, dass der Blick der Jugendämter in den neuen Bundesländern auf diesen Bereich geschärft wurde, der bisher (offenbar) eher eine untergeordnete Rolle gespielt hat.

Sekten

Wie auch bei den vergangenen Erhebungen wird die Gefährdung von Kindern und Jugendlichen durch Sekten in ihren Auswirkungen auf die Arbeit der Jugendämter nicht als gravierend eingeschätzt. Dies bedeutet nun nicht, dass Jugendämter ihre Aufgaben im Rahmen des Jugendschutzes vernachlässigen würden, sondern vielmehr, dass es seit Jahren keine dramatischen Entwicklungen gibt, die eine Veränderung der bisherigen Arbeitsschwerpunkte der Jugendämter hinsichtlich Sekten nahelegen würde.

Fazit

Zusammenfassend lässt sich festhalten: Unterschiede bei den Einschätzung hinsichtlich der Auswirkungen einzelner Problemkonstellationen auf die Arbeit in der Kinder- und Jugendhilfe zwischen Ost und West werden geringer. Auch wenn nach wie vor bei bestimmten Problemlagen (z.B. Jugendarbeitslosigkeit, Armut, Alkoholmissbrauch, Gewaltbereitschaft von Kindern und Jugendlichen) in Ostdeutschland ein höherer Anteil von Jugendämtern und Jugendringen die Auswirkungen auf ihre Arbeit als gravierend einschätzen, sind in der aktuellen Erhebung im Vergleich zu den vorherigen Erhebungen keine signifikanten Unterschiede zwischen ost- und westdeutschen Jugendämtern festzustellen. Dies kann sowohl ein Indiz für die Angleichung der Lebensverhältnisse in Ost und West sein, als auch ein Effekt der Angleichung von sozialen Problemkonstruktionen und -definitionen.

Strukturelle Probleme der Gesellschaft, wie Arbeitslosigkeit, Armut oder soziale Brennpunkte, werden häufiger als Probleme mit gravierenden Auswirkungen auf die Jugendhilfe wahrgenommen als andere Problemlagen, für deren Lösung es eine originär sozialpädagogische Kompetenz gibt.

Die Debatte über Armut, soziale Ausgrenzung und Benachteiligung wird intensiv in der Politik und der Öffentlichkeit geführt. Unsicherheit besteht in der Politik aber häufig darüber, ob die Maßnahmen zur Armutsbekämpfung und im Hinblick auf eine Verringerung von Ausgrenzungsprozessen auch die gewünschte Wirkung erzielen. Häufig werden Armuts- und Ausgrenzungsprozesse in der politischen und öffentlichen Diskussion individualisiert, das heißt die Ursachen der Armut werden dem betroffenen Individuum zugeschrieben (vgl. Bundesministerium für Gesundheit und Soziale Sicherung 2001). Die Kinder- und Jugendhilfe steht vor dem Problem, mit den genannten Missständen und ihren Folgen in ihrem Arbeitsumfeld zwar stark konfrontiert zu sein, sie aber sozialpädagogisch nicht bearbeiten bzw. nicht beheben zu können. Dies ist wahrscheinlich ein wesentlicher Grund dafür, dass von den Jugendämtern diese Problemlagen als besonders gravierend eingeschätzt werden.

4.2 Reaktionen auf Problemlagen

In diesem Abschnitt wird der Frage nachgegangen, ob es Auswirkungen auf die Bearbeitung einer Problemlage hat, wenn sie als gravierend für die Arbeit der Kinder- und Jugendhilfe eingeschätzt wird. Selbstverständlich interessiert in diesem Zusammenhang nicht nur das »Ob«, sondern auch das »Wie«.

Mit Hilfe einer offenen Abfrage wurde nach den Reaktionen in Bezug auf die ausgewählten Problemlagen gefragt. Das Spektrum der genannten Lösungsversuche, die in Bezug auf die sozialen Problemlagen vonseiten der Kinder- und Jugendhilfe ergriffen werden, ist sehr breit. Um die Reaktionsformen zu systematisieren und einen Eindruck von der Art der Reaktionen zu erhalten, werden die Antworten in verschiedene Kategorien zusammengefasst.

Bei allen abgefragten Problemlagen zeigt sich, dass die Jugendämter, die ein Problem in seinen Folgewirkungen für ihre Arbeit als gravierend einschätzen, hinsichtlich des betreffenden Problems auch tatsächlich mehr Aktivitäten entfalten als bei Problemlagen, deren Auswirkungen sie nicht für gravierend halten. In Tabelle 4.5 werden die in der offenen Abfrage genannten Reaktionsformen in fünf unterschiedlichen Kategorien zusammengefasst dargestellt. Es wird deutlich, dass eine Reaktion in Form von Projekten und neuen Angeboten bei fast allen genannten Problemen am häufigsten vorkommt. Ausnahmen bilden zum einen die Reaktionen auf die Entstehung sozialer Brennpunkte. In diesem Fall werden Kooperationen mit Partnern von außerhalb der Kinder- und Jugendhilfe bevorzugt. Auf ein strukturelles Problem braucht es strukturelle und einzelfallübergreifende Antworten. Durch den Panelvergleich lässt sich zeigen, dass es einen Zusammenhang gibt – der sicherlich kein kausaler ist – zwischen einer als positiv bewerteten Zusammenarbeit mit dem Wohnungsamt und einer Einschätzung des Problems »Entstehung sozialer Brennpunkte« als weniger gravierend. Die Kooperation mit dem Wohnungsamt wurde im Jahr 2000 häufig als Handlungsstrategie der Jugendämter genannt. Eine weitere Ausnahme zeigt sich zum anderen beim Thema »sexueller Missbrauch« Hier wird die Beratung der Betroffenen der Schaffung neuer Angebote vorgezogen. Dies ist ein Hinweis darauf, dass es inzwischen entwickelte Strukturen gibt, diese Problemstellung sowohl innerhalb der Jugendhilfe als auch jugendhilfeübergreifend zu bearbeiten. Ganz offensichtlich wurden Routinen im Umgang mit diesem Problem entwickelt.

Tab. 4.5: Reaktionsformen der Jugendämter auf soziale Problemlagen

	Projekte und neue Angebote	Kooperation	Beratung	Sonstiges	Weiterbildung
Arbeitslosigkeit	65 %	39 %	8 %	17 %	0 %
Entstehung sozialer Brennpunkte	29 %	43 %	4 %	30 %	0 %
Verarmung von Familien	50 %	23 %	32 %	14 %	0 %
Ausländerfeindlichkeit	74 %	18 %	8 %	4 %	6 %
Alkoholmissbrauch	69 %	21 %	31 %	15 %	< 1 %
Gewaltbereitschaft von Kindern und Jugendlichen	81 %	31 %	9 %	14 %	1 %
Gesetzesübertretungen durch Jugendliche	84 %	18 %	19 %	5 %	2 %
Gesetzesübertretungen durch Kinder	59 %	25 %	39 %	3 %	2 %
Schule schwänzen	46 %	54 %	13 %	10 %	0 %
Gewalt in Familien	42 %	34 %	42 %	19 %	2 %
Sexueller Missbrauch	42 %	33 %	45 %	16 %	24 %
Sekten	25 %	14 %	14 %	18 %	7 %

Quelle: DJI-Jugendamtserhebung 2004

Der Verarmung von bzw. Armut in Familien versuchen Jugendämter auf verschiedenen Ebenen zu begegnen: Sie forcieren Schuldnerberatung, entweder direkt, indem ein neues Angebot hierzu etabliert wird oder indirekt, indem Kooperationen mit bestehenden Beratungsstellungen intensiviert werden. Sie reduzieren Kostenbeiträge, um die Teilnahme an Aktivitäten zu erleichtern oder die Inanspruchnahme von Angeboten zu ermöglichen. Nur selten wird eine Bevorzugung bei der Vergabe von Ganztagesplätzen bei der Kindertagesbetreuung genannt, durch die einerseits Eltern ihre Chancen auf dem Arbeitsmarkt verbessern könnten und andererseits den negativen Folgen von Armut (z.B. schlechterer Gesundheitszustand, Benachteiligung bei Bildung, geringeres Selbstvertrauen – vgl. Bundesministerium für Gesundheit und soziale Sicherung 2005) entgegengewirkt werden könnte. Trotz der inzwischen vielfach belegten negativen Auswirkungen von Armut auf den Gesundheitszustand von Kindern und Jugendlichen kommen Angebote, die explizit auf Gesundheitsförderung setzen, in den Antworten der Jugendämter nicht vor.

Angesichts der großen fachlichen Herausforderungen, die bei dem Umgang mit den abgefragten Problemlagen an die Fachkräfte gestellt werden, erstaunt die große Zurückhaltung beim Thema »Fortbildung«. Weiterbildung und Qualifizierung wird nur bei dem Thema »sexueller Missbrauch« eine nennenswerte Bedeutung für die Verbesserung des Umgangs mit diesem Problem zugemessen. Dies kann als ein Hinweis darauf interpretiert werden, dass Jugendämter hinsichtlich ihrer Strategien deutlich unterscheiden zwischen Problemlagen, die eher strukturell bedingt und auch durch eine Verbesserung der sozialpädagogischen Kompetenz nicht wirklich bearbeitbar sind, und solchen, bei denen pädagogische Interventionen notwendig und hilfreich sind. Möglicherweise stellt die Teilnahme an Fort- und Weiterbildungen für die Fachkräfte der Kinder- und Jugendhilfe auch eine Copingstrategie beim Umgang mit psychisch besonders belastenden Problemen dar.

Die Jugendringe reagieren im Unterschied zu Jugendämtern seltener strukturbezogen, dafür häufiger mit einer Neujustierung ihrer Angebote. Speziell in Bezug auf Verarmung von Familien benennen sie als Reaktion eine Reduktion von Kostenbeiträgen für die jeweiligen Gruppe, und auch als Reaktion auf die Jugendarbeitslosigkeit werden vorwiegend einzelfallorientierte Maßnahmen, wie Berufsorientierungsprojekte oder Beratungen, ergriffen.

Es ist überraschend, dass die Kreis- und Stadtjugendringe hier nicht deutlicher ein allgemeines politisches Mandat wahrnehmen. Denn als Interessenvertretung von Kindern und Jugendlichen wollen sie ja auch politische Positionen vertreten und so die gesellschaftlichen Rahmenbedingungen der Jugendarbeit wesentlich mitgestalten. Die Wahrnehmung dieser jugendpolitischen Aufgabe ist aber wohl insbesondere für die Jugendringe, die vorwiegend mit ehrenamtlichen MitarbeiterInnen agieren und um eine gesicherte Finanzierung ihrer Jugendringarbeit bangen, häufig schwierig. Pädagogische Interventionen, wie zum Beispiel Präventionsprojekte oder spezifische

Veranstaltungen, werden von den Jugendringen insbesondere im Hinblick auf die Gesetzesübertretungen von Jugendlichen, den Alkoholmissbrauch sowie auf das Problem Ausländerfeindlichkeit/Rechtsradikalismus genannt. Bei den Reaktionen auf das Letztgenannte handelt es sich aber vermutlich eher um punktuelle Veranstaltungen vonseiten der Jugendringe, da nur 11 % ein Konzept zum Umgang mit Rechtsradikalismus entwickelt haben. Weitere Projekte zur Prävention von Rechtsradikalismus werden in fast der Hälfte (44 %) der Regionen, in denen die Jugendringe tätig sind, von anderen Trägern angeboten.

4.3 Fazit

Die Analyse der Einschätzung der Folgewirkungen bestimmter Problemlagen auf die Arbeit der Kinder- und Jugendhilfe verweist auf Handlungsbedarfe, die im Sinne eines bedarfsgerechten Angebots auch tatsächlich befriedigt werden müssen. Darüber hinaus gibt es natürlich weiteren Entwicklungsbedarf, der sich nicht aus den Einschätzungen zu diesen Problemlagen ableiten lässt (vgl. z.B. Kap. 13–15).

Die Auswertung gemäß der drei zu Anfang dieses Kapitels formulierten Fragen, nämlich gibt es innerhalb der Kinder- und Jugendhilfe eine gewisse Konsistenz bei der Einschätzung der Folgewirkungen einzelner Problemkonstellationen, lernt die Kinder- und Jugendhilfe, im Laufe der Zeit, mit bestimmten Problemlagen umzugehen und lässt sie sich durch nicht dauerhaft bewältigbare Probleme entmutigen (Indikator hierfür ist, vorhandene Problemlagen werden in ihren Folgen für die Kinder- und Jugendhilfe negiert oder aber es werden trotz gravierender Auswirkungen keine Maßnahmen zu deren Bearbeitung ergriffen), führt zu für die Kinder- und Jugendhilfe relativ positiven Ergebnissen:

Es besteht eine gewisse Ähnlichkeit in den Einschätzungen von Jugendämtern und Jugendringen. Insofern erweist sich die Kinder- und Jugendhilfe als ein System, in dem solche Einschätzungen von unterschiedlichen Akteuren mit einer gemeinsamen fachlichen Basis getroffen werden.

Die Kinder- und Jugendhilfe lernt im Umgang mit Problemlagen hinzu, wie sich am Beispiel der Bearbeitung der Folgen des sexuellen Missbrauchs zeigt. Im Laufe der letzten zehn Jahre wurden Handlungsroutinen und Kompetenzen entwickelt, die offensichtlich ausreichen, um mit dem Problem und seinen Folgen angemessen umgehen zu können.

Völlig anders stellt sich die Situation bei strukturellen, von der Kinder- und Jugendhilfe nicht lösbaren Problemlagen dar. Sie werden weiterhin als ernst und als zu bearbeitend eingestuft. Die eigene Ohnmacht, das Problem angemessen bearbeiten zu können und den Betroffenen durch die eigene fachliche Kompetenz helfen zu können, verstärkt offensichtlich die Einschätzung einer Problemlage als gravierend. Bisher gibt es jedoch mit Ausnahme einer kleinen Tendenz bei der Einschätzung zur Jugendarbeitslosigkeit keinen Hinweis auf eine Demoralisierung der Jugendämter angesichts der eigenen Hilflosigkeit bei der Überwindung strukturell bedingter Problemlagen.

Darüber hinaus sind folgende vier Aspekte besonders hervorzuheben:

1. Die Bewertungen der Jugendämter und der Jugendringe verweisen auf das wachsende Risiko gesellschaftlicher Desintegrationsprozesse (Verarmung, Arbeitslosigkeit, Entstehung sozialer Brennpunkte) und die entsprechenden Folgen für die Lebensperspektive von Kindern und Jugendlichen.
2. Jugendarbeitslosigkeit ist nach wie vor das dominante Problem. In vier von zehn Jugendamtsbezirken hat Jugendarbeitslosigkeit gravierende Auswirkungen auf die Arbeit der Jugendämter. Bei diesen Auswirkungen handelt es sich in erster Linie um die negativen sekundären Effekte, die mit der Desintegration in den Arbeitsmarkt verbunden sind.
3. Strukturelle Benachteiligungen und strukturelle Veränderungen werden häufiger als schwierige individuelle Lebenssituationen und nicht als große Herausforderung für die Institutionen der Kinder- und Jugendhilfe beschrieben. Die Kinder- und Jugendhilfe könnte hier verstärkt ihre Lobbyfunktion zur Geltung bringen und fachlich begründete Vorschläge zur Bearbeitung struktureller Problemlagen in die entsprechenden Entscheidungsprozesse einbringen.
4. Die Bewertung der Probleme durch die verschiedenen Institutionen und Organisationen der Jugendhilfe, hier am Beispiel von Jugendämtern und Jugendringen aufgezeigt, weist eine große Ähnlichkeit auf. Die Formen der Bearbeitung der mit diesen sozialen Problemen verbundenen Folgen differieren aufgrund der unterschiedlichen Aufgaben dagegen erheblich.

5 Angebote, Leistungen und Inanspruchnahme

5.1 Kindertagesbetreuung

Selten zuvor stand das Feld der Kindertagesbetreuung so stark im Zentrum der Öffentlichkeit wie in den letzten Jahren. Es lassen sich im Kontext dieses Themas drei zentrale – zum Teil miteinander verwobene – Diskussionsstränge identifizieren: die Diskussion über die Vereinbarkeit von Familie und Beruf, die niedrige Geburtenziffer sowie über den PISA-Schock. Die Diskussion um die Vereinbarkeit von Familie und Beruf ist nicht neu, hat aber wieder an Bedeutung gewonnen, da eine Verbesserung der Vereinbarkeit von Familie und Beruf in der aktuellen Situation nicht nur den Interessen der Familien und insbesondere der Frauen dient, sondern aufgrund des demografischen Wandels absehbar auch des Arbeitsmarktes. Denn durch den Rückgang der Anzahl von Menschen im erwerbsfähigen Alter wird sich in Zukunft die Nachfrage nach qualifizierten Arbeitskräften wesentlich stärker dem Angebot an Arbeitskräften annähern, als dies momentan noch der Fall ist. Eine Zunahme der Erwerbstätigkeit von Frauen, insbesondere gut qualifizierter Frauen, liegt daher im Interesse des Arbeitsmarktes. Eine gute Infrastruktur der Kindertagesbetreuung wird in diesem Zusammenhang zum einen als förderliche Bedingung für die Vereinbarkeit von Familie und Beruf und zum anderen als bedeutsamer Standortfaktor bei der Konkurrenz um gut ausgebildete Frauen betrachtet. Weiterhin wird immer grundsätzlicher über die gesellschaftlichen Folgen der niedrigen Geburtenziffer in Deutschland diskutiert, denn die Finanzierung der Sozialsysteme, die Wirtschaftskraft Deutschlands sowie generell die Zukunftsfähigkeit der Gesellschaft werden als durch diese demografische Situation bedroht betrachtet. Seit nunmehr etwa 20 Jahre hat sich die Geburtenziffer in Westdeutschland nicht wesentlich geändert und liegt deutlich unterhalb der für die Bevölkerungsbestandserhaltung notwendigen Geburtenziffer. Vor der Wiedervereinigung lag die Geburtenziffer in Ostdeutschland höher als in Westdeutschland. Unmittelbar danach nahm in Ostdeutschland die Geburtenziffer stark ab, stieg ab 1994 wieder etwas an, hat aber noch längst nicht das Niveau von vor der Wiedervereinigung erreicht. In der öffentlichen Diskussion und in der Fachdiskussion wird eine Verbesserung der Infrastruktur der Kindertagesbetreuung als eine Maßnahme gesehen, die geeignet sein könnte, die Geburtenziffer in Deutschland zu erhöhen.

Die Diskussionen infolge der Ergebnisse der PISA-Studie sowie der von der OECD durchgeführten internationalen Vergleichsstudie (OECD 2004), die Organisation, Ressourcenaufwand und Qualität von Betreuung und Bildung vor der Schule erhoben hat, haben die Qualitätsdiskussion auch im Bereich der Kindertagesbetreuung neu belebt. Sie schlägt sich nieder in einer breiten Diskussion über Qualitätskriterien und in Bildungsplänen für den vorschulischen Bereich. Zusammenfassend lassen sich die Argumente dieses Diskussionsstrangs auf den gemeinsamen Nenner bringen, dass von den Kindertagesstätten mehr als Betreuung verlangt wird. Sie sollen in der Lage sein, Kinder hinsichtlich Bildung zu fördern, an ihrer Erziehung positiv mitzuwirken und zudem Eltern ermöglichen, Erwerbstätigkeit und Kindererziehung zu vereinbaren (vgl. Bundesministerium für Familie, Senioren, Frauen und Jugend 2005).

Durch die momentane Dominanz der öffentlichen Diskussion um die Kindertagesbetreuung gerät die fachliche Diskussion etwas ins Hintertreffen. Diese betont seit Längerem die Bedeutung der pädagogischen und sozialisatorischen Funktion der Kindertagesbetreuung. »Was ist eine gute Betreuung«, »wie kann Gruppenlernen gefördert werden« und »wie können Kinder gemäß ihren Kompetenzen, Begabungen und ihrer individuellen Persönlichkeit gefördert werden« sind Fragen, die aus fachlicher Sicht im Vordergrund stehen. Nimmt man diese Diskussionen bzw. diese Fragen als Hintergrundfolie für die Planung des Ausbaus der Kindertagesbetreuung, kommt man unter Umständen zu anderen Lösungen und Prioritäten, als wenn primär die Bildungs- und Betreuungsfunktion der Kindertageseinrichtungen in den Mittelpunkt der Überlegungen gestellt werden.

Vor dem Hintergrund dieser verschiedenen Diskussionsstränge hat der Bundesgesetzgeber am 18.12.2004 das Gesetz zum qualitätsorientierten und bedarfsgerechten Ausbau der Tagesbetreuung (TAG) verabschiedet, mit dem insbesondere die §§ 22, 23, 24, 24a KJHG verändert bzw. eingefügt wurden. Die Veränderungen traten am 1. Januar 2005 in Kraft. Im Zentrum des TAG steht der stärker bedarfsgerechte und qualitätsorientierte Ausbau der Kinderbetreuung in Tageseinrichtungen und in der Kindertagespflege für unter 3-jährige Kinder. Nach dem TAG muss spätestens im Oktober 2010 (§ 24a KJHG) in jedem Jugendamtsbezirk ein bedarfsgerechtes Angebot an Betreuungsmöglichkeiten für unter 3-jährige Kinder vorhanden sein. Der hierfür insbesondere in Westdeutschland notwendige Angebotsausbau wird mit erheblichen finanziellen Anstrengungen verbunden sein und hat vor dem Hintergrund der angespannten finanziellen Lage der Kommunen im Vorfeld der Verabschiedung des Gesetzes zu ernsthaften Auseinandersetzungen zwischen dem

Bundesgesetzgeber und den kommunalen Spitzenverbänden geführt. Die Notwendigkeit des Ausbaus der Kinderbetreuung wurde allerdings von keiner der gesellschaftlichen Kräfte grundsätzlich in Frage gestellt (Verein für Kommunalwissenschaften 2005a). Die von den Jugendämtern gewählten Strategien für den Ausbau der Betreuungsangebote für unter 3-jährige Kinder werden im Kapitel 9 dargestellt.

Unabhängig von den gesellschaftlichen Diskussionen stehen die Jugendämter ganz konkret vor der Aufgabe, einerseits diesen Ausbau der Infrastruktur zu bewältigen und andererseits zeitnah auf die demografisch bedingten Schwankungen der Nachfrage bei allen Altersgruppen zu reagieren. Der Elfte Kinder- und Jugendbericht hat darauf hingewiesen, dass sich diese Herausforderungen in Ost- und Westdeutschland sehr stark unterscheiden, weil zum einen die jeweilige Bevölkerungsstruktur und zum anderen die vorhandene Infrastruktur der Kindertagesbetreuung sehr stark differieren (Bundesministerium für Familie, Senioren, Frauen und Jugend 2002a). In Kapitel 13 wird deshalb gesondert auf die Reaktionsweisen der Jugendämter im Bereich der Kindertagesbetreuung in Bezug auf die demografischen Veränderungen eingegangen.

5.1.1 Kindertagesbetreuung in Einrichtungen

Innerhalb der institutionellen Kindertagesbetreuung lassen sich (noch) drei altersabhängige Formen der Betreuung unterscheiden. Die Krippe für die unter 3-Jährigen, der Kindergarten für die Kinder von drei bis zum Schuleintritt sowie der Hort für Schulkinder bis zehn bzw. 14 Jahre. Allerdings ist zu beachten, dass diese starren Altersgrenzen immer mehr an Bedeutung verlieren. So haben etwa Kinder in Thüringen ab einem Alter von zwei Jahren und sechs Monaten ein Recht auf einen Kindergartenplatz und in Rheinland-Pfalz sollen ab dem 1.8.2010 Kinder mit dem vollendeten zweiten Lebensjahr einen Rechtanspruch auf eine Betreuung im Kindergarten bekommen (vgl. für eine Länderübersicht: www.mbjs.brandenburg.de). Auch der Schuleintritt, der für die Altersobergrenze der Kindergartenkinder entscheidend ist, variiert in Abhängigkeit von Entwicklungsstand und Alter der Kinder zum jeweiligen Stichtag. Was für die Altersobergrenze der Kindergartenkinder gilt, trifft logischerweise auch für die Altersuntergrenze der Gruppe der Hortkinder zu. Die Altersobergrenze für Hortkinder ist uneinheitlich. Manche sehen die Grenze bei zehn Jahren, andere bei 14 Jahren (vgl. für eine Übersicht der unterschiedlichen Rechtslage in den Ländern www.mbjs.brandenburg.de/media/lbm1.a.1234.de/rechtslage.pdf).

Im Vergleich zu den institutionellen Angeboten der Kindertagesbetreuung ist die Tagespflege altersübergreifend. In Tagespflege befinden sich sowohl Kinder im Krippen- als auch im Kindergarten- und Hortalter. Die unter 3-jährigen Kinder bilden jedoch die größte Gruppe in der Tagespflege (vgl. van Santen 2006b), obwohl auch dies von Region zu Region unterschiedlich sein kann.

Aufgrund der nicht eindeutigen Altersgrenzen bei den verschiedenen Formen der Kindertagesbetreuung sowie des altersübergreifenden Angebots der Tagespflege gibt es keine in ihrer Größe eindeutig bestimmbare Altersgruppe, auf die das jeweilige Angebot bezogen werden kann. Dies erschwert eine Bestimmung von Versorgungsquoten, die genau die Relation von Angebot und (potenzieller) Nachfrage zum Ausdruck bringen sollen. Die sich im Verlauf der Jahre stark verändernde Geburtenrate und räumliche Mobilität, insbesondere in den östlichen Bundesländern, führen zudem zu kurzen »Halbwertszeiten« von Versorgungsquoten. Das heißt, die Zahlen sind nur bedingt in der Lage, die aktuelle Situation zu beschreiben, weil diese durch eine große Dynamik gekennzeichnet ist. Trotz dieser Einschränkungen werden die absoluten Platzzahlen bei den verschiedenen Formen der Kinderbetreuung hier durch einen Bezug auf die altersentsprechenden Bevölkerungsgruppen standardisiert. Dies ermöglicht zumindest annähernd eine Gegenüberstellung verschiedener Versorgungsquoten und die Beschreibung der wichtigsten Entwicklungstrends in der Kindertagesbetreuung.

Eine weitere Einschränkung der Aussagekraft von Versorgungsquoten besteht darin, dass üblicherweise bei deren Berechnung die durchschnittliche Nutzungsdauer von Kindertagesbetreuungsplätzen nicht berücksichtigt wird. Diese variiert aber regional sehr stark. Die Versorgungsquote für sich genommen ist daher nur ein grober Indikator für die Bedarfsangemessenheit der vorhandenen Infrastruktur. Die Bedarfsangemessenheit ließe sich nur durch einen Bezug der benötigten Betreuungsdauer aller Kinder zur angebotenen Betreuungsdauer (also nicht der Plätze) angemessen ermitteln. Das heißt, letztendlich entscheidend ist das Verhältnis der benötigten zur angebotenen Betreuungszeit.

Die hier vorgestellten Daten zur Betreuungssituation von Kindern basieren zum einen auf Informationen der amtlichen Kinder- und Jugendhilfestatistik, zum anderen auf Ergebnissen der aktuellen Erhebungswelle der Dauerbeobachtung der Institutionen der Kinder- und Jugendhilfe (zwei Stichtage: Schulbeginn 2002 und 2003 der jeweiligen Bundesländer), einer weiteren Erhebung des Deutschen Jugendinstitutes zum Ausbaustand und zu Ausbaustrategien der Jugendämter infolge der neuen gesetzlichen Vorgaben im KJHG durch das TAG (DJI-TAG-Erhebung[13]), sowie auf Ergebnissen der DJI-Kinderbetreuungsstudie, welche Ende 2004/Anfang 2005 vom DJI als repräsentative Befragung aller Privathaushalte durchgeführt wurde, in denen Kinder unter sieben Jahren leben, die noch nicht in die Schule gehen (vgl. Bien/Rauschenbach/Riedel 2006).

Einrichtungsprofile der Kindertagesbetreuung

Die erheblichen Unterschiede in der Versorgungssituation hinsichtlich der Kindertagesbetreuung zwischen Ost- und Westdeutschland gehen nach wie vor mit einer deutlich anderen inneren Struktur der Einrichtungen der Kindertagesbetreuung einher. Dies zeigen die Daten der amtlichen Kinder- und Jugendhilfestatistik sehr eindeutig (vgl. Tab. 5.1.1).

Tab. 5.1.1: Struktur der Einrichtungsarten in der Kindertagesbetreuung, 2002

Einrichtungsart	Ost	West	Insgesamt
Tageseinrichtungen für nur eine Altersgruppe	21 %	78 %	68 %
davon Kinderkrippen	*5 %*	*2 %*	*2 %*
davon Kindergärten	*25 %*	*90 %*	*87 %*
davon Horte	*70 %*	*7 %*	*11 %*
Tageseinrichtungen mit verschiedenen alterseinheitlichen Gruppen	30 %	6 %	10 %
Tageseinrichtungen mit altersgemischten Gruppen	31 %	9 %	13 %
Tageseinrichtungen mit altersgemischten und alterseinheitlichen Gruppen	19 %	7 %	9 %
Insgesamt	100 %	100 %	100 %

Quelle: Amtliche Kinder- und Jugendhilfestatistik; eigene Berechnungen; West inkl. Berlin

Während die Kinderbetreuungseinrichtungen im Osten oftmals mehrere alterseinheitliche Gruppen (Krippe, Kindergarten, Hort) oder altersgemischte Gruppen haben[14], gibt es im Westen vor allem

---

[13] Diese bundesweite Erhebung wurde Ende des Jahres 2005 bei 180 Jugendämtern durchgeführt. Die Rücklaufquote lag bei 78 %, d.h., 140 Jugendämter haben an der Befragung teilgenommen.

[14] Die Tatsache, dass die Hortplätze, die in einigen östlichen Bundesländern der Zuständigkeit der Schulbehörden unterliegen, in dieser Statistik nicht enthalten sind, führt zu einer Überschätzung der Anteile der Einrichtungen, die altersgemischte Gruppen oder mehrere altershomogene Gruppen für verschiedene Zielgruppen nebeneinander haben.

Einrichtungen für eine Alterskategorie, insbesondere Kindergärten. Es bieten sich folgende Erklärungen für diese deutlichen Differenzen im Profil der Kindertagesbetreuung an: Die Struktur in Ostdeutschland ist Ausdruck einer größeren Selbstverständlichkeit der Tagesbetreuung für Kinder aller Altersgruppen. Die Zusammenführung der Betreuung verschiedener Altersgruppen entweder in Einrichtungen mit verschiedenen alterseinheitlichen Gruppen oder mittels altersgemischter Gruppen ermöglicht es den Jugendämtern, auch dann die Betreuung einzelner Altergruppen aufrechtzuerhalten, wenn die Kinderzahl in einer Altersgruppe die erforderliche Mindestgröße einer Gruppe unterschreitet. Insgesamt betrachtet spiegelt die Einrichtungsstruktur in Ostdeutschland den im Vergleich zu Westdeutschland deutlich höheren Stellenwert der Kindertagesbetreuung als Unterstützungsleistung für die Familien wider. In Westdeutschland gibt es im Unterschied zu Ostdeutschland bislang noch eine Versäulung von Angeboten, die in erster Linie auf die Erfüllung des Rechtsanspruchs auf einen Kindergartenplatz ausgerichtet ist, auch wenn bereits vor der Verabschiedung des TAG in § 24 KJHG festlegt war, dass das gesamte Kinderbetreuungsangebot bedarfsgerecht ausgebaut werden soll. Bereits zwischen den Erhebungsjahren 1998 und 2002 zeichnete sich ebenfalls in Westdeutschland eine Tendenz zu Einrichtungen (auch) mit altersübergreifenden Gruppen ab. Vor dem Hintergrund des TAG und des demografischen Wandels ist zu erwarten und wird auch von den Jugendämtern signalisiert (vgl. Kap. 9), dass die Jugendämter in Westdeutschland verstärkt Einrichtungen mit altersübergreifenden Gruppen fördern wollen. Auch auf Länderebene gibt es Änderungen der Förderpraxis, die auf eine Bildung von altersübergreifenden Gruppen zielen. So besteht etwa seit der Neufassung des Bayerischen Kinderbildungs- und -betreuungsgesetzes (BayKiBiG) erstmals die Möglichkeit, auch dann eine Länderförderung zu bekommen, wenn neben den 3- bis 6-jährigen auch unter 3-jährige Kinder betreut werden.

Der Anteil der Ganztagsplätze an allen Plätzen stellt ein wichtiges Strukturmerkmal des Angebotes dar. Dieser Anteil ist als ein Indikator für das Vorhandensein von Gelegenheitsstrukturen zu sehen, die die Lebensplanung und Lebensführungsoptionen insbesondere der Frauen speziell in Bezug auf eine Erwerbstätigkeit wesentlich mitbestimmen. Hier zeigt sich nach wie vor ein eindeutiger Unterschied zwischen Ost- und Westdeutschland. In den östlichen Flächenländern beträgt der Anteil der Ganztagsplätze 90,2 %, während bislang in den westlichen Flächenländern – wenn auch bei steigender Tendenz – lediglich ein Niveau von 28,7 % erreicht wurde (vgl. DJI 2005: 73). In den Stadtstaaten liegt der Anteil bei leicht steigender

Tendenz bei 45,7 %. Die Ergebnisse der DJI-Kinderbetreuungsstudie weisen darauf hin, dass offenbar die Ganztagsplätze nicht immer auch ganztägig in Anspruch genommen werden (Fendrich/Pothmann 2006). Dies wiederum zeigt einen erheblichen Flexibilisierungsbedarf an, denn offensichtlich entsprechen die bestehenden Strukturen oftmals nicht den Betreuungswünschen der Eltern.

Die vorhandene Einrichtungsstruktur und die Angebotsstruktur hinsichtlich Halbtags- und Ganztagsbetreuungen sowie flexibler Öffnungszeiten haben Auswirkungen auf das pädagogische Konzept und die sozialisatorische Wirkung der Kindertagesbetreuung. Auch die Alltagsorganisation der Personensorgeberechtigten und die Effekte der Kindertagesbetreuung auf soziale Netzwerke werden durch diese Strukturen beeinflusst. Hier sind nur stichwortartig drei der wichtigsten Folgen für die Kinder zu benennen:

- Einrichtungen mit Angeboten für verschiedene Zielgruppen, entweder altersgemischt oder auch mit einem Nebeneinander von altershomogenen Gruppen, ermöglichen erstens Betreuungskontinuität, zumindest hinsichtlich der betreuenden Institution. Das heißt, bei steigendem Alter muss nicht zwangsläufig die Einrichtung gewechselt werden, wenn die Eltern sich weiterhin für eine institutionelle Betreuung entscheiden.
- Dies impliziert zweitens bessere Möglichkeiten zur Verfestigung von Peerbeziehungen, die in den Kinderbetreuungseinrichtungen entstanden sind.
- Drittens bietet das Nebeneinander von altershomogenen oder altersheterogenen Gruppen den Kindern Kontakte zu Kindern anderer Altersgruppen, was wiederum – insbesondere vor dem Hintergrund der Tatsache, dass immer mehr Kinder ohne Geschwister aufwachsen – für ihre Entwicklung förderlich ist.

Eine Entwicklung hin zu altersgemischten Gruppen impliziert auch wachsende Qualifikationsanforderungen an das Personal in diesen Einrichtungen, da die Fachkräfte nicht nur mit einer, sondern mit verschiedenen Altersgruppen konfrontiert werden (vgl. Beher 2001: 66 ff.; Beher/Gragert 2004 – allgemein zur bestehenden Qualifikationsstruktur des Personals und den Anforderungen in Einrichtungen der Kindertagesbetreuung). Kinder verschiedenen Alters haben unterschiedliche Entwicklungs- und Betreuungsbedürfnisse, die vom Personal erstens als solche erkannt werden müssen und zweitens angemessene Unterstützungs- und Sorgeleistungen erfordern, mit denen das Personal vertraut sein muss. Das benötigte Qualifikationsprofil dürfte sich, wenn es durch entsprechende Ausbildungen abgesichert wird, auch in steigenden Personalkosten bei altersgemischten Gruppen bemerkbar machen.

In den folgenden Abschnitten dieses Kapitels wird die Betreuungssituation der verschiedenen Altersgruppen dargestellt. Im Mittelpunkt steht die Anzahl der Plätze für die jeweilige Altersgruppe. Die Plätze können dabei sowohl in altershomogenen als auch in altersübergreifenden Gruppen bereitgestellt werden.

Betreuungsplätze für unter 3-Jährige

Tabelle 5.1.2 enthält eine Reihe von Kennzahlen, die die Angebotsstruktur von Krippen beschreiben. Die Angaben sind wie in den übrigen Tabellen zur Kindestagesbetreuung nach Ost- und Westdeutschland differenziert, da sich sowohl die Trägerstruktur als auch die Versorgungslage bis dato erheblich voneinander unterscheiden. Bezüglich der Beschreibung und Entwicklung der Platz-Kind-Relationen[15] wird angesichts der aktuell vorhandenen Ausbaudynamik auf Daten zurückgegriffen, die im Rahmen einer DJI-Erhebung zum Ausbaustand der Versorgung der unter 3-jährigen Kinder Ende 2005 (DJI-TAG-Erhebung) durchgeführt wurde. Die Daten zur Trägerstruktur entstammen der DJI-Erhebung bei Jugendämtern aus dem Jahr 2004 im Rahmen der Dauerbeobachtung von Institutionen der Kinder- und Jugendhilfe.

Die Trägerstruktur bezogen auf den durchschnittlichen Anteil der Plätze in den Jugendamtsbezirken unterscheidet sich wie in den vergangenen Jahren sehr deutlich zwischen Ost- und Westdeutschland[16], obwohl es hier zu einer Angleichung gekommen ist. Während der durchschnittliche Anteil der Plätze in öffentlicher Trägerschaft in den Jugendamtsbezirken im Westen lange Zeit bei etwa 40 % lag, hat dieser Anteil in den letzten Jahren abgenommen und liegt jetzt bei 29 %. In Ostdeutschland kann seit 1991 eine kontinuierliche Abnahme des Anteils von Plätzen in öffentlicher Trägerschaft festgestellt werden. Er liegt nunmehr bei 51 %. Bemerkbar

---

[15] Hier wird der Begriff »Platz-Kind-Relation« statt »Versorgungsquote« bevorzugt, weil Letztere suggeriert, dass jeder Platz tatsächlich den notwendigen Betreuungsbedarf der Familien abdeckt, obwohl die Empirie zeigt, dass zum Beispiel oftmals Kinder zusätzlich zur Betreuung in einer Kindertageseinrichtung durch eine Tagespflegeperson betreut werden.

[16] Diese Betrachtungsweise ermöglicht – anders als die Betrachtung des Anteils der Plätze nach Trägerschaft auf Bundesebene (vgl. dazu DJI 2005) – Hinweise auf die Entwicklung auf der Ebene der Jugendamtsbezirke.

macht sich dieser Trend auch im Anteil der Jugendamtsbezirke, in denen der öffentliche Träger selbst als Anbieter von Krippenbetreuungsplätzen fungiert. In Ostdeutschland tun dies 83 % der öffentlichen Träger gegenüber vormals 96 %. In Westdeutschland hat der Anteil der Jugendamtsbezirke, in denen der öffentliche Träger selbst Plätze anbietet, um 25 Prozentpunkte abgenommen und beträgt jetzt 50 %.

Tab. 5.1.2: Kennzahlen zur Kindertagesbetreuung für Kinder im Krippenalter

	Ost	West
Durchschnittlicher Anteil der Plätze pro Jugendamtsbezirk nach Trägern, 2003		
Öffentliche Träger	51 %	29 %
Freie Träger	48 %	69 %
Betriebe	< 1 %	2 %
Privat-gewerbliche Träger	< 1 %	< 1 %
Anteil der Jugendamtsbezirke (2003) mit Plätzen in		
Öffentlicher Trägerschaft	83 %	50 %
Freier Trägerschaft	93 %	77 %
Betriebsträgerschaft	3 %	14 %
Privat-gewerblicher Trägerschaft	20 %	7 %
Anteil der Jugendamtsbezirke mit sinkender bzw. steigender Platz-Kind-Relation zwischen 2004 und 2005		
Sinkend	27 %	5 %
Steigend	46 %	71 %

Quelle: DJI-Jugendamtserhebung 2004; DJI-TAG-Erhebung 2005

In vielen Jugendamtsbezirken werden Krippenplätze von freien Trägern angeboten (77 % West zu 93 % Ost). In Westdeutschland hat sich dieser Anteil im Vergleich zur letzten Erhebung um 15 Prozentpunkte und damit deutlich reduziert. Offensichtlich sind in einzelnen Jugendamtsbezirken die freien Träger nicht mehr gewillt, als Anbieter zu fungieren (vgl. Kapitel 6).

Der durchschnittliche Anteil von Plätzen für unter 3-Jährige in Trägerschaft von Betrieben[17] pro Jugendamtsbezirk ist zwar sehr gering, dennoch sind im Osten in 3 % und im Westen in 14 % der

[17] Hier wird differenziert nach Plätzen in betrieblicher und privat-gewerblicher Trägerschaft. Obwohl Betriebe mit eigenen Kinderbetreuungsplätzen als Betrieb gewinnorientiert arbeiten, gilt dies nicht für die Betreuungsplätze, die sie für die eigene Belegschaft bereitstellen. Privat-gewerbliche Träger versuchen dagegen, unmittelbar durch Bereitstellung von Kinderbetreuungsangeboten Gewinne zu erzielen.

Jugendamtsbezirke Betreuungsplätze für unter 3-Jährige in Betrieben vorhanden. Der Anteil der Jugendamtsbezirke mit Plätzen in betrieblicher Trägerschaft hat sich damit in Ostdeutschland sehr deutlich reduziert (vormals 21 %). Nach der Wiedervereinigung gab es Bemühungen einzelner ostdeutscher Länder, die vor der Wiedervereinigung relativ weit verbreiteten betrieblichen Tageseinrichtungen in freie oder kommunale Trägerschaft zu überführen. Der jetzt immer noch anhaltende Abbau von Plätze in betrieblicher Trägerschaft kann auf Betriebsschließungen, insbesondere von Großbetrieben, oder auch auf die Ablehnung einer betrieblichen Verantwortung, Angebote der Kindertagesbetreuung bereitzuhalten, zurückgeführt werden.

In den letzten Zeilen der Tabelle 5.1.2 ist die Entwicklungsdynamik der Platz-Kind-Relation auf der Basis einer Erhebung zum Ausbaustand der Betreuungssituation für die unter 3-jährigen Kinder dargestellt. In Westdeutschland, wo der größte Nachholbedarf bezüglich der Infrastruktur für die Betreuung der unter 3-Jährigen besteht, hat sich die Platz-Kind-Relation in 71 % der Jugendamtsbezirke verbessert. Allerdings wird auch deutlich, dass eine Minderheit der Jugendämter (5 %) ihre Infrastrukturen abbaut. Trotz vergleichsweise sehr guten Platz-Kind-Relationen in den ostdeutschen Jugendamtsbezirken bauen immerhin noch 46 % das Platzangebot für Kinder unter drei Jahren aus.

Tab. 5.1.3: Platz-Kind-Relationen 2002 sowie 2005/2006 für unter 3-jährige Kinder nach Regionen in Deutschland (ohne Tagespflege)

	2002	2005/2006
Östliche Bundesländer	37,0 %	37,0 %
Westliche Bundesländer (inkl. Berlin)	4,2 %	7,7 %
Deutschland	8,6 %	11,7 %

Quelle: DJI-TAG-Erhebung 2005; Amtliche Kinder- und Jugendhilfestatistik 2002
Lesebeispiel: Im Jahr 2002 stand in Ostdeutschland für 37 von 100 Kinder ein Platz zur Verfügung

In Tabelle 5.1.3 ist der zum Schuljahresbeginn 2005/2006 erreichte Ausbaustand dokumentiert. Die Platz-Kind-Relation hat sich Mitte des Jahres 2005 in Westdeutschland (inkl. Berlin) (7,7 %) gegenüber dem Ende des Jahres 2002 (4,2 %) nahezu verdoppelt. In Deutschland[18] wurde Mitte des Jahres eine Platz-Kind-Relation von 11,7 %

[18] Die Quote in Ostdeutschland wurde nicht an Hand der Daten der Stichprobe hochgerechnet, da die Anzahl der Jugendämter mit validen Angaben zu den

erreicht. Gegenüber dem Jahr 2002 (8, 6 %) konnte damit die Relation um 3,1 Prozentpunkte erhöht werden.

Diese Ergebnisse bilden die Entwicklung auf der überregionalen Ebene ab. Wie bereits dargestellt, verdeckt der insgesamt feststellbare positive Trend die vorhandenen regionalen Unterschiede. Auch die Entwicklung der Platzzahlen zu zwei verschiedenen Zeitpunkten (Schuljahresbeginn 2004/2005 sowie 2005/2006, differenziert nach Platztypen) verdeutlicht dies (vgl. Abb. 5.1.1). Bei der Betrachtung der Entwicklung der Teilzeit- und Ganztagsplätze ist zu bedenken, dass manche Jugendämter keine Unterscheidung zwischen Ganztags- und Teilzeitplätzen vornehmen, sondern vielmehr die Plätze detaillierter nach der Anzahl der in Anspruch genommenen Stunden differenzieren.

Abb. 5.1.1: Entwicklung der Teilzeit- und Ganztagsplätze im Vergleich der Situation zum Schuljahresbeginn 2004/2005 und 2005/2006

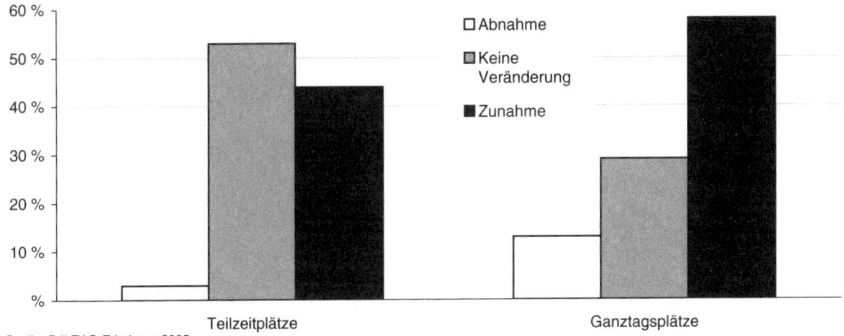

Quelle: DJI-TAG-Erhebung 2005

In den Jugendamtsbezirken, in denen Teilzeitplätze vorhanden sind, wurden diese seit Mitte des Jahres 2004 bis zur Mitte des Jahres 2005 von 3 % der Jugendämter reduziert. Bei gut der Hälfte der Jugendämter (53 %) blieb in diesem Zeitraum die Anzahl der Teilzeitplätze

Plätzen in Kindertageseinrichtungen für diesen Zweck als zu gering eingeschätzt wurde. Für Ostdeutschland wurde eine Platz-Kind-Relation von 37 % angenommen, da dieser Wert sowohl in der letzten Erhebung der amtlichen Kinder- und Jugendhilfestatistik (genau 37 %) als auch (fast) im Mikrozensus April 2004 (36,9 %) ermittelt wurde. In der DJI-Kinderbetreuungsstudie 2004/2005 wurde für Ostdeutschland ein Wert von 37,7 % ermittelt. Da auch bei den Jugendämtern in der TAG-Stichprobe im Durchschnitt vom Jahr 2004/2005 auf das Jahr 2005/2006 eine Zunahme der Plätze festgestellt werden kann, stellt die hier eingesetzte Quote von 37 % eine eher konservative Schätzung dar.

unverändert. Bei den übrigen Jugendämtern (44 %) gab es einen – zum Teil sehr deutlichen – Anstieg der Anzahl der Teilzeitplätze.[19]

Größere Veränderungen sind bei den Jugendämtern zu beobachten, die über Ganztagsplätze verfügen. 13 % dieser Jugendämter haben die Anzahl der Ganztagsplätze Mitte 2005 gegenüber Mitte des Jahres 2004 verringert. Bei fast einem Drittel der Jugendämter (29 %) hat es keine Veränderung der Platzzahl gegeben und 58 % der Jugendämter hat die Anzahl der Ganztagsplätze erhöht.

Die beschriebene Entwicklung der Platzzahlen unterscheidet sich weder bei den Teilzeitplätzen noch bei den Ganztagsplätzen gravierend zwischen Ost- und Westdeutschland.

Das Verhältnis der Teilzeitplätze und Ganztagsplätze verändert sich bei den einzelnen Jugendämtern im Durchschnitt nicht wesentlich: Das heißt, der Aus- oder Abbau erfolgt in etwa gleichen Größenordnungen. Der Durchschnitt verdeckt zwei gegensätzliche Entwicklungen. Etwa jedes vierte Jugendamt erhöht den Anteil der Ganztagsplätze. Ebenso viele senken den Anteil der Ganztagsplätze und bei etwa der Hälfte der Jugendämter bliebt der Anteil unverändert. Diese Verteilung steht in einem deutlichen Zusammenhang mit der bereits erreichten Platz-Kind-Relation. Insbesondere – aber nicht nur – die Jugendämter mit einem relativ guten Angebot an Betreuungsplätzen für unter 3-jährige Kinder reduzieren die Anzahl der Ganztagsplätze. Hier zeichnet sich eine Entwicklung hin zu einer flexibleren Angebotsstruktur ab. Oftmals besteht bei den Eltern ein Betreuungsbedarf, der nicht dem Umfang eines Ganztagsplatzes entspricht. So werden unter 3-jährige Kinder pro Woche im Durchschnitt ca. 21,5 Stunden in Kindertagesstätten betreut (van Santen 2006b), obwohl der Anteil der Ganztagsplätze an allen Plätzen für unter 3-Jährige bei 90,7 % (vgl. DJI 2005) liegt. Das heißt, eine Reihe von Ganztagsplätzen wird de facto als Teilzeitplatz genutzt. Eine Reduzierung der Ganztagsplätze muss deshalb nicht zwangsläufig mit einer weniger bedarfsgerechten Versorgung einhergehen. Die Entwicklung der Kindertagesbetreuung in vielen Bundesländern deutet ohnehin auf eine Flexibilisierung der Betreuungszeiten hin, die

[19] Theoretisch kann mit einem Abbau der Anzahl der Plätze ein Anstieg der Platz-Kind-Relation einhergehen, weil die Anzahl der unter 3-jährigen Kinder von einem Jahr auf das andere überproportional stark abnimmt. Da zum Zeitpunkt der Berichterstellung noch keine Bevölkerungsdaten nach Einzeljahrgängen auf Jugendamtsebene vorlagen, kann diese Situation nicht ausgeschlossen werden. Dramatische Veränderungen der Besetzung einzelner Altersgruppen sind in zwei aufeinanderfolgenden Jahren aber eher die Ausnahme. Deshalb kann angenommen werden, dass die Veränderung der Platzzahl in diesem Fall eine gute Annäherung an die Veränderung der Platz-Kind-Relation darstellt.

nicht mehr in Kategorien von Ganz- oder Teilzeitplätzen beschrieben werden kann. Hier wird der Vorgabe des TAG Rechnung getragen, dass der Umfang der täglichen Betreuungszeit sich nach dem individuellen Bedarf richten soll (§ 24 [3] KJHG).

Plätze für Kinder von 3 Jahren bis zum Schuleintritt

Für Kinder ab dem dritten Lebensjahr bis zum Schuleintritt (Kindergartenalter) existiert ein Rechtsanspruch auf einen Kindergartenplatz. Die letzte Erhebung der amtlichen Kinder- und Jugendhilfestatistik weist für Deutschland insgesamt eine Platz-Kind-Relation von 92 % aus. In den östlichen Flächenländern stehen mehr Plätze zur Verfügung als es Kinder gibt (105,1 %), während es dagegen in den westlichen Flächenländern (90,6 %) und in den Stadtstaaten (84 %) weniger Plätze als Kinder im Kindergartenalter gibt. Die DJI-Kinderbetreuungsstudie zeigt in diesem Zusammenhang, dass im Westen der Anteil an 3-jährigen Kindern, die nicht in den Kindergarten gehen, besonders hoch ist (vgl. Fendrich/Pothmann 2006). Nicht zuletzt hängt dies mit den vielerorts noch existierenden Stichtagsregelungen zusammen, die den Besuch einer Kindertageseinrichtung direkt bzw. unmittelbar nach dem Abschluss des dritten Lebensjahres verhindern, weil eine Neuaufnahme nur zu Beginn des »Kindergartenjahres« oder zu bestimmten Terminen vollzogen wird. Allerdings gibt es auch eine Reihe von sozialen Merkmalen, wie Migrationshintergrund (Nicht-EU-Staat), niedriger Schulabschluss der Betreuungsperson, Nichterwerbstätigkeit und geringe wöchentliche Arbeitszeit, die es wahrscheinlicher machen, dass ein Kind nicht einen Kindergarten besucht (Fuchs 2005 b; Fuchs/Peucker 2006).

Trotz der hohen Platz-Kind-Relation in Ostdeutschland wird das Angebot in über der Hälfte (52 %) der Jugendamtsbezirke noch weiter ausgebaut (vgl. Tab. 5.1.4). In Westdeutschland bauen noch mehr Jugendämter (82 %) ihr Angebot für Kinder im Kindergartenalter aus. Zum Teil kann die verbesserte Platz-Kind-Relation gegenüber 2002 sowohl in Ost- als auch in Westdeutschland auf den demografischen Wandel zurückgeführt werden: Die Anzahl der Kinder im Kindergartenalter nimmt schneller ab als die Anzahl der Plätze, zum Teil werden aber auch tatsächlich neue Plätze geschaffen.

Während sich die durchschnittlichen Anteile der Kindergartenplätze in öffentlicher Trägerschaft pro Jugendamtsbezirk im Westen nunmehr seit 1991 mit ca. 30 % etwa auf demselben Niveau bewegen (2003: 31 %), hält die Abnahme des entsprechenden Anteils im Osten (99 % im Jahr 1991, 53 % im Jahr 2003) weiter an. Sowohl der Anteil der Plätze in betrieblicher als auch in privat-gewerblicher Trägerschaft hat keine substanzielle Bedeutung in den Jugendamtsbezirken.

Tab. 5.1.4: Kennzahlen zur Kindertagesbetreuung für Kinder im Kindergartenalter, 2003

	Ost	West
Durchschnittlicher Anteil der Plätze pro Jugendamtsbezirk nach Trägern		
Öffentliche Träger	53 %	31 %
Freie Träger	46 %	66 %
Betriebe	< 1 %	2 %
Privat-gewerbliche Träger	< 1 %	< 1 %
Anteil der Jugendamtsbezirke mit Plätzen in		
Öffentlicher Trägerschaft	90 %	91 %
Freier Trägerschaft	93 %	96 %
Betriebsträgerschaft	10 %	17 %
Privat-gewerblicher Trägerschaft	28 %	6 %
Anteil der Jugendamtsbezirke mit sinkender bzw. steigender Platz-Kind-Relation zwischen 2002 und 2003		
Sinkend	48 %	18 %
Steigend	52 %	82 %

Quelle: DJI-Jugendamtserhebung 2004

Im Unterschied zu der letzten Erhebung gibt es nicht in allen Jugendamtsbezirken freie Träger, die Kindergartenplätze anbieten. Der öffentliche Träger tritt in nahezu allen Jugendamtsbezirken als Anbieter von Kindergartenplätzen auf (ca. 90 %), aber auch hier ist ein leicht rückläufiger Trend erkennbar. Bezüglich Betriebskindergartenplätzen und Plätzen in privat-gewerblicher Trägerschaft sind in den Jugendamtsbezirken zwei gegenläufige Trends erkennbar: In Ostdeutschland nimmt der Anteil der Jugendamtsbezirke mit Betriebskindergartenplätzen leicht ab (von 13 % zu 10 %), im Westen steigt er jedoch deutlich an (von 5 % auf 17 %). Andersherum verhält es sich bei den Plätzen in privat-gewerblicher Trägerschaft. In Ostdeutschland steigt der Anteil der Jugendamtsbezirke mit solchen Plätzen deutlich an (von 17 % auf 28 %), während er in Westdeutschland abgenommen hat (von 13 % auf 6 %). Nicht auf der Ebene von Jugendamtsbezirken, sondern bezogen auf Ost- und Westdeutschland als Gesamtheit spiegelt sich diese Entwicklung auch in der amtlichen Kinder- und Jugendhilfestatistik wider. Die zunehmende Verbreitung von privat-gewerblichen Trägern in Ostdeutschland schlägt sich nicht in ihrem Anteil an den Plätzen nieder. Dies deutet darauf hin, dass die privat-gewerblichen Träger nur einen kleinen »Marktanteil« haben und offensichtlich nur einen ganz spezifischen Bedarf einer kleinen Gruppe von Eltern abdecken.

Plätze für Schulkinder

Die Entwicklung zur »Ganztagsschule« und »verlässlichen Grundschule«, die den Personensorgeberechtigten für eine bestimmte Zeitspanne eine Betreuung der Kinder über die eigentliche Schulzeit hinaus garantieren soll, sorgt dafür, dass es immer mehr zu Verschiebungen der Zuständigkeit und neuen Formen der Zusammenarbeit zwischen Schule und Kinder- und Jugendhilfe kommt. Manche Bundesländer wie Nordrhein-Westfalen oder Berlin haben die Zuständigkeit der Kinder- und Jugendhilfe für Horte abgeschafft und die Zuständigkeit der »nachschulischen« Betreuung (gänzlich) den Schulen übertragen. In Thüringen waren die Horte von Anfang an in Trägerschaft der Schule und im Schulgesetz verankert, jedoch befinden sich dort fast 10 % der Hortplätze in Trägerschaft der Jugendhilfe (vgl. DJI 2005: 148).

Tab. 5.1.5: Kennzahlen zur Kindertagesbetreuung für Kinder im Hortalter, 2003

	Ost	West
Durchschnittlicher Anteil der Plätze pro Jugendamtsbezirk nach Trägern		
Öffentliche Träger	70 %	36 %
Freie Träger	30 %	63 %
Betriebe	0 %	< 1 %
Privat-gewerbliche Träger	< 1 %	< 1 %
Anteil der Jugendamtsbezirke mit Plätzen in …		
Öffentlicher Trägerschaft	83 %	69 %
Freier Trägerschaft	83 %	87 %
Betriebsträgerschaft	0 %	6 %
Privat-gewerblicher Trägerschaft	7 %	6 %
Anteil der Jugendamtsbezirke mit sinkender bzw. steigender Platz-Kind-Relation zwischen 2002 und 2003		
Sinkend	63 %	28 %
Steigend	30 %	63 %

Quelle: DJI-Jugendamtserhebung 2004

Von allen Hortplätzen in Deutschland befanden sich 2002 etwa 12 % in Trägerschaft der Schulen. Die verschiedenen in Kooperation zwischen Kinder- und Jugendhilfe und Schule angebotenen Betreuungsformen, die in den Schulgesetzen und Verordnungen der einzelnen

Länder vorgeschrieben bzw. angeregt werden, zählen in ihrer konkreten Form zwar nicht immer als Horte, übernehmen aber häufig die Funktion von Horten, nämlich die pädagogische Gestaltung der Freizeit. Diese Veränderungen führen in der Summe dazu, dass es immer schwieriger wird, die genaue Anzahl und Inanspruchnahme von Hortplätzen zu bestimmen, da zum Beispiel manche Angebote, die in Zusammenarbeit zwischen Jugendhilfe und Schule bestehen, auf freiwilliger Basis stattfinden, andere dagegen stärker einen Pflichtcharakter haben.

Die letzten verfügbaren Zahlen der amtlichen Kinder- und Jugendhilfestatistik aus dem Jahr 2002 zeigen – wie bei den Betreuungsplätzen für die Nicht-Schulkinder – hinsichtlich der Platz-Kind-Relationen bei Schulkindern große Unterschiede zwischen Stadtstaaten (43,1 %) sowie ostdeutschen (67,6 %) und westdeutschen Flächenländern (6,0 %). Trotz des sehr deutlichen Abbaus der Anzahl der Hortplätze in Ostdeutschland hat sich die Platz-Kind-Relation gegenüber 1998 leicht erhöht, weil im Jahr 2002 die Kinder im »Hortalter« zum Teil den sehr schwachen Geburtsjahrgängen angehören: Insofern gibt es weniger Plätze für noch weniger Kinder. Auch der leichte Anstieg bei den Platz-Kind-Relationen in den Stadtstaaten ist auf einen solchen Zusammenhang zurückzuführen. In den westlichen Flächenländern ist die Gruppe der Kinder im Hortalter ebenfalls kleiner geworden, gleichzeitig hat hier aber auch die Anzahl der Hortplätze zugenommen, was in der Kombination zu einem Anstieg der Platz-Kind-Relation bei den Hortplätzen geführt hat. Die letzten beide Zeilen der Tabelle 5.1.5 verdeutlichen, dass die eben beschriebene Tendenz in Ost- und Westdeutschland sich auch nach 2002 noch fortgesetzt hat. Sie zeigt aber auch, dass sich dies selbst innerhalb von Ost- und Westdeutschland je nach Region unterscheidet.

Der durchschnittliche Anteil der Hortplätze in öffentlicher Trägerschaft hat in Westdeutschland über die Zeit betrachtet sechs Prozentpunkte abgenommen. Er liegt im Jahr 2003 nun bei 36 %. In Ostdeutschland hat sich dieser Anteil mit 70 % in den letzten Jahren kaum verändert. Der Anteil der Plätze in privat-gewerblicher oder Betriebsträgerschaft ist nach wie vor minimal. Es ist deshalb davon auszugehen, dass für Kinder im Hortalter der Betreuungsnotstand vonseiten der Eltern als geringer eingeschätzt wird bzw. es einfacher ist, für diese Altersgruppen im privat-familiären Bereich alternative Betreuungsformen zu organisieren.

Bei der letzten Erhebung fungierten die öffentlichen Träger in allen ostdeutschen Jugendamtsbezirken als Anbieter von Hortplätzen. In 17 % der ostdeutschen Jugendamtsbezirke hat sich nun der öffentliche Träger als Anbieter von Hortplätzen zurückgezogen. Die Verhältnisse zwischen Ost- und Westdeutschland nähern sich damit an. In Westdeutschland ist der öffentliche Träger im Vergleich zu den Vorjahren nahezu unverändert in 69% der Jugendamtsbezirke aktiv. Eine ähnliche Entwicklung wird bei der Betrachtung der Anteile der Jugendamtsbezirke, in denen freie Träger Hortplätze anbieten (Ost: 83%; West 87%), sichtbar: Während sich in Ostdeutschland die freien Träger in einigen der Jugendamtsbezirke zurückzuziehen scheinen (der Anteil reduziert sich gegenüber der letzten Erhebung um sieben Prozentpunkte), bleibt der Anteil in Westdeutschland fast unverändert. Eine weitere auffällige Verschiebung der Präsenz der Trägergruppen in den Jugendamtsbezirken zeigt sich bei den privat-gewerblichen Trägern. Diese scheinen langsam auch in Westdeutschland im Bereich der nachschulischen Betreuung Fuß zu fassen. Zum ersten Mal wurde in Westdeutschland von Jugendämtern angegeben (6%), dass in ihrem Jugendamtsbezirk privat-gewerbliche Träger Hortplätze anbieten.

Ganztagsschulen und Betreuungsformen außerhalb von Horten

Die Diskussion um öffentliche Betreuungsangebote für Kinder hat sich in den letzten Jahren verstärkt auch auf das Bildungssystem ausgeweitet. Diskutiert wird, ob die Schule nicht auch Betreuungsangebote außerhalb der Unterrichtszeiten bereitstellen soll, um so eine verlässliche, institutionelle Versorgung der Kinder zu sichern und damit die Eltern in der Organisation des Alltags und der Erwerbsarbeit zu entlasten und die Integration der von Exklusion bedrohten Gruppen von Kindern und Jugendlichen zu fördern. Modelle wie die verlässliche Grundschule oder Ganztagsschulen gehen in diese Richtung. Das Investitionsprogramm des Bundes »Zukunft Bildung und Betreuung« zur Förderung der Ganztagsschulen unterstreicht und dynamisiert diesen Trend. In nahezu allen Bundesländern gibt es Bestrebungen, das Angebot an Ganztagsschulplätzen auszubauen (vgl. z.B. für eine diesbezügliche Übersicht: www.bildungsserver.de).

Im Jahr 2003 nahmen 10,9% der SchülerInnen des Primär- und Sekundarbereichs I am Ganztagsschulbetrieb teil (vgl. Sekretariat der Ständigen Konferenz der Kultusminister der Länder in der Bundesrepublik Deutschland 2005: 9). Damit hat die Ganztagsschule, die neben der Beschulung auch eine Betreuungsfunktion hat, mittlerweile eine Bedeutung für die Kinderbetreuung erlangt, die nicht länger negiert werden kann. Allerdings zeigen sich große regionale Disparitäten: Während zum Beispiel in Thüringen mehr als ein Drittel der SchülerInnen am Ganztagsschulbetrieb teilnehmen, liegt der Anteil in Bayern bei 2 %.

Vor dem Hintergrund, dass Ganztagsschulen auch eine Betreuungsfunktion wahrnehmen, wurde in der Erhebung bei Jugendämtern, die die Gesamtverantwortung für eine bedarfsgerechte Betreuung nicht nur für die Kinder bis zum Schuleintritt, sondern auch für einen bedarfsgerechten Ausbau der Betreuungsmöglichkeiten der Kinder im schulpflichtigen Alter haben (KJHG § 24 [2]), eine Bestandsaufnahme der Verbreitung von Ganztagsschulen in den Jugendamtsbezirken vorgenommen.[20] Erhoben wurden auch Alternativschulen mit Ganztagsbetrieb (z. B. Waldorfschulen). Schulen, bei denen die Hortbetreuung Bestandteil der Schule ist, wurden nicht mitgezählt.

Tab. 5.1.6: Anteil der Jugendamtsbezirke, in denen Ganztagsschulen und Betreuungsangebote neben Horten vorhanden sind

	Ost		West	
	Stadt	Land	Stadt	Land
Betreuungsangebote für Schulkinder	58 %	38 %	97 %	97 %
Ganztagsschulen	33 %	43 %	78 %	52 %

Quelle: DJI-Jugendamtserhebung 2004

In 55 % der Jugendamtsbezirke sind nach Angaben der Jugendämter Ganztagsschulen vorhanden. Damit hat sich dieser Anteil gegenüber dem Jahr 2000 um ca. fünf Prozentpunkte erhöht, was dem allgemeinen Trend in Bezug auf die Verbreitung von Ganztagsschulen entspricht.

Insgesamt wird der Anteil der Jugendamtsbezirke mit Ganztagsschulen durch die Vorgaben im Erhebungsinstrument der Jugendamtsbefragung (Hortbetreuung kein Bestandteil der Schule) gerade in Ostdeutschland sicherlich unterschätzt. Dies zeigen auch die Daten der Ständigen Konferenz der Kultusminister (KMK), die für alle Länder Ostdeutschlands einen überdurchschnittlichen Anteil von Ganztagsschulen ausweisen. Bei den Daten der KMK werden also unter Umständen auch die Schulen mitgezählt, bei denen der

[20] In Deutschland existierten 2003 nach Angaben des Sekretariats der Ständigen Konferenz der Kultusminister der Länder insgesamt 6.192 allgemeinbildende Schulen in Ganztagsform, davon 2.106 Grundschulen und 1.210 Sonderschulen (vgl. Sekretariat der Ständigen Konferenz der Kultusminister der Länder in der Bundesrepublik Deutschland 2005: 11).

Hort Bestandteil der Schule ist. Zur Beurteilung der Betreuungssituation der SchülerInnen müssen die Zahlen der Tabelle 5.1.6 deshalb in Verbindung mit der Platz-Kind-Relationen der Hortplätze betrachtet werden. Diese zeigen eindeutig, dass die Betreuungssituation für SchülerInnen in Ostdeutschland wesentlich besser ist als in Westdeutschland. Horte haben überdies den Vorteil, dass sie in der Regel auch in den Ferienzeiten Betreuungsmöglichkeiten bieten, während bei den Ganztagsschulen in den Ferienzeiten keine Betreuung möglich ist.

Wie bei früheren Erhebungen (vgl. van Santen u. a. 2003: 163) gibt es Unterschiede zwischen Städten und Landkreisen: In den Stadtjugendamtsbezirken gibt es häufiger Ganztagsschulen als in den Landkreisbezirken (64 % vs. 48 %). Differenziert man nach Ost- und Westdeutschland (vgl. Tab. 5.1.6), wird ersichtlich, dass der Anteil von Stadtjugendämtern, die angeben, mindestens eine Ganztagsschule vor Ort zu haben, nur deshalb höher ist als bei den Landkreisen, weil diese Differenz in Westdeutschland besonders stark ausgeprägt ist.

Eine Betrachtung der quantitativen Relation der Betreuungsangebote in Horten einerseits und in Ganztagsschulen andererseits innerhalb der einzelnen Jugendamtsbezirke der Stichprobe zeigt, dass dort, wo es Ganztagsschulplätze gibt, diese eine nicht unerhebliche Bedeutung für die Tagesbetreuung von Kindern im Schulalter haben. In etwa zwei Dritteln der Jugendamtsbezirke, in denen es Ganztagsschulen gibt, übersteigt die Anzahl der Ganztagsplätze die der Hortplätze. Allerdings bedeutet letztere Konstellation nicht automatisch eine bessere Betreuungssituation, denn die Länge und die zeitliche Lage der Betreuungszeiten können zwischen Hort und Ganztagsschulen stark differieren. Dies gilt sowohl an Unterrichtstagen als auch in Ferienzeiten.

Bemerkenswert ist weiterhin, dass etwa ein Drittel der Jugendämter, in deren Bezirk sich eine oder mehrere Ganztagsschulen befinden, keine Information darüber hat, wie viele Plätze in dieser Schule eigentlich zur Verfügung stehen. Es fehlen also notwendige Planungsinformationen für die Bedarfsplanung der Betreuung der Kinder im Schulalter. Dieses Informationsdefizit kann darauf zurückgeführt werden, dass die Ganztagsschulplätze in eine andere Zuständigkeit fallen, und daher der Zugang zu diesen Plätzen von der Kinder- und Jugendhilfe nicht beeinflusst werden kann.

Die momentan zu beobachtende Dynamik der Entwicklung der Ganztagsschulen, die, wie etwa in Nordrhein-Westfalen, zum Teil auch mit einer Verlagerung von Betreuungskapazitäten von der Kinder- und Jugendhilfe auf die Schule einhergeht, stellt die Jugendhilfeplanung der Jugendämter vor eine grundsätzliche Herausforderung, da das Betreuungsvolumen der Schulen für sie oftmals eine unbekannte Größe darstellt. Unter Planungsgesichtspunkten ergibt sich daher ein erhöhter Abstimmungsbedarf mit den Schulbehörden.

Die große Mehrheit der Jugendämter (fast alle in West- und etwa die Hälfte in Ostdeutschland) gibt an, neben dem Hort noch weitere Betreuungsangebote für Schulkinder im Jugendamtsbezirk zu haben (vgl. Tab. 5.1.6). Die Antworten auf die offene Frage nach der jeweiligen Art der Betreuung verdeutlichen indes die Relevanz, die den Schulen für die Betreuung von Schulkindern zugemessen wird. Mehr als drei Viertel der Antworten weisen einen direkten Bezug zur Schule (verlässliche Grundschule, Mittagsbetreuung an Schulen) auf. Nur wenige Antworten weisen auf Schülerclubs oder andere Angebote der Jugendarbeit hin. Dies unterstreicht, dass die Kinder- und Jugendhilfe – von Betreuungsmöglichkeiten in Horten abgesehen – bislang in der Wahrnehmung der Jugendämter keinen wesentlichen Beitrag zur Betreuung von Schulkindern leistet bzw. dass die vorhandenen Angebote nicht vorrangig als Betreuungsangebote, sondern zum Beispiel als kulturelles oder Bildungsangebot betrachtet werden. Ergebnisse der Befragung von Jugendringen im Kontext der Dauerbeobachtung der Institutionen der Kinder- und Jugendhilfe zu eigenen Angeboten, Angeboten der Jugendverbände und der offenen Jugendarbeit deuten sehr wohl auf ein relativ breites Aktivitätsspektrum der Organisationen und Einrichtungen der Jugendarbeit im Kontext der nachschulischen Betreuung hin (vgl. Gragert u.a. 2006: 50 ff.). Offenbar befinden sich diese Formen der Betreuung nur bedingt im Blickwinkel der Jugendämter, wenn es darum geht, die Betreuungssituation der Schulkinder zu beschreiben.

5.1.2 Kindertagespflege

Die Kindertagespflege für die unter 3-Jährigen sowie für Kinder im schulpflichtigen Alter durch Tagespflegepersonen ist mit der Verankerung der Kindertagespflege im KJHG (§ 23) durch das TAG neben institutionellen Angeboten zu einem gleichrangigen Angebot der Kindertagesbetreuung geworden. Kinder, die das dritte Lebensjahr vollendet haben, besitzen einen Rechtsanspruch auf den Besuch einer Tageseinrichtung. Für diese Altersgruppe soll lediglich »ergänzend Förderung in Kindertagespflege zur Verfügung stehen« (§ 24 [1] KJHG). Die Legislative hat also der Kindertagespflege je nach Altersgruppe einen unterschiedlichen Stellenwert bezüglich der denkbaren öffentlich geförderten Kindertagesbetreuungsformen zugewiesen: mal gleichrangig, mal nachrangig.

In den Erläuterungen der Bundesregierung zum TAG (vgl. Deutscher Bundestag 2004b) wird der öffentlichen Kindertagespflege eine bedeutsame Rolle bei dem Ziel zugemessen, die Betreuungssituation der unter 3-Jährigen bis zum Jahr 2010 spürbar zu verbessern. Der Ausbau der Kinderbetreuungsangebote für unter 3-Jährige soll nach dem Willen der Bundesregierung insbesondere dazu beitragen, die Vielfalt an Angeboten, zwischen denen Eltern auswählen können, zu erhöhen sowie die Vereinbarkeit von Familie und Beruf zu erleichtern. Der Wunsch und die Notwendigkeit, Beruf und Familie zu verbinden, die Flexibilisierung von Arbeitszeiten, der bis jetzt keine entsprechende Flexibilisierung der Öffnungszeiten institutioneller Betreuungsangebote gegenübersteht (vgl. Heitkötter 2006) sowie – zumindest im Westen, zum Teil aber auch im Osten Deutschlands – eine Unterversorgung mit Angeboten institutioneller Kindertagesbetreuung führen auch aus der Perspektive der Eltern zu einer Attraktivitätssteigerung der Tagespflege. Diese kann zumindest theoretisch auf die flexiblen und vielfältigen Bedürfnisse von Familien eingehen. Für die öffentlichen Kostenträger bietet ein Ausbau der Tagespflege darüber hinaus den Vorteil, eine preiswerte Variante der unumgänglichen Angebotserweiterung für die unter 3-Jährigen zu sein (vgl. Stempinski 2004).

Um das in den Erläuterungen des TAG angestrebte Niveau für die Versorgung der unter 3-Jährigen in den westdeutschen Bundesländern einschließlich Berlin zu erreichen, müssen bis einschließlich 2011 insgesamt rund 230.000 Betreuungsplätze geschaffen werden. Den Modellrechnungen in den Erläuterungen zum Gesetzesentwurf wurde ein Verhältnis der einrichtungsbezogenen Angebote und der Kindertagespflege von 70 % zu 30 % in den westlichen Ländern einschließlich Berlin zugrunde gelegt. Somit entfallen von den zu schaffenden Plätzen etwa 68.000 auf die öffentlich finanzierte Kindertagespflege. Insgesamt wird mit der (teilweisen) Gleichstellung der Kindertagespflege mit den Einrichtungen der Kindertagesbetreuung und dem geplanten Ausbau der Kindertagespflege den verschiedenen Interessen (vgl. z.B. Jurczyk u.a. 2004) Rechnung getragen.

In Tabelle 5.1.7 ist die in der TAG-Erhebung ermittelte aktuelle Quote der unter 3-jährigen Kinder in öffentlicher Tagespflege[21]

[21] In der Fachdiskussion wird unterschieden zwischen öffentlicher und informeller Tagespflege. Öffentliche Tagespflegeverhältnisse sind solche, die nach den »Vor-

sowie die Quote für drei vorangegangene Zeitpunkte dargestellt.[22] Die Quote der unter 3-jährigen Kinder in öffentlicher Tagespflege liegt im Jahr 2005 bei 2 % und hat sich somit in den vergangenen zehn Jahren mehr als verdoppelt, allerdings auf sehr niedrigem Niveau.

Tab. 5.1.7: Entwicklung der öffentlichen Tagesbetreuung für unter 3-jährige Kinder in Deutschland

Jahr	Quote
1994*	0,8 %
1999*	1,1 %
2002*	1,5 %
2005** (Ost: 2,8 %; West: 1,9 %)	2,0 %

Quelle: * DJI-Jugendamtsbefragungen 1995, 2000, 2003;
** DJI-TAG-Erhebung 2005; eigene Berechnungen

Die Quote der unter 3-jährigen Kinder in öffentlicher Tagespflege liegt in Westdeutschland unter der in Ostdeutschland (vgl. letzte Zeile der Tab. 5.1.7). Das heißt, nicht nur das Angebot an Betreuungsplätzen in Kindertageseinrichtungen ist in Ostdeutschland besser ausgebaut, sondern auch die Kindertagespflege.

Gegenüber den ursprünglichen Berechnungen in der Begründung des TAG sind in Westdeutschland bislang 7.500 Kinder in öffentlicher Tagespflege hinzugekommen.[23]

In fast allen Jugendamtsbezirken (96 %) gehört die öffentliche Tagespflege zum Spektrum der Kindertagesbetreuungsangebote. Lediglich in 4 % der Jugendamtsbezirke gibt es keine öffentlichen Tagespflegeplätze.

---

gaben §§ 22–24 SGB VIII von einem Träger der öffentlichen oder der freien Jugendhilfe vermittelt, ausgestaltet und fachlich begleitet sowie teilweise auch öffentlich finanziert« werden (Bundesministerium für Familie, Senioren, Frauen und Jugend 2005: 177). Dagegen werden informelle Tagespflegeverhältnisse privat organisiert und finanziert.

22 Da in den Jugendamtsbefragungen bei der Abfrage nach der Anzahl der Kinder in Tagespflegeverhältnissen nicht nach dem Alter der Kinder differenziert wurde, wurde hier angenommen (wohl wissend, dass sich diese Relation von Region zu Region deutlich unterscheiden kann), dass die unter 3-jährigen Kinder einen Anteil von 50 % an allen Kindern in Tagespflege ausmachen. Diese Schätzung beruht in erster Linie auf den vorgefundenen Altersverteilungen des Sozio-Ökonomischen Panels (SOEP) 2002, das Daten für alle Personen unter 16 enthält. Die Ergebnisse der DJI-Kinderbetreuungsstudie und auch die Studie von Tietze/Roßbach/Roitsch (1993) plausibilisieren diese Annahme.

23 Den Begründungen des TAG liegt eine Berechnung von 27.000 unter 3-jährigen Kindern in Tagespflege im Jahr 2002 zugrunde.

Abb. 5.1.2: Inanspruchnahmequote der Kindertagespflege nach Regionen, 2005

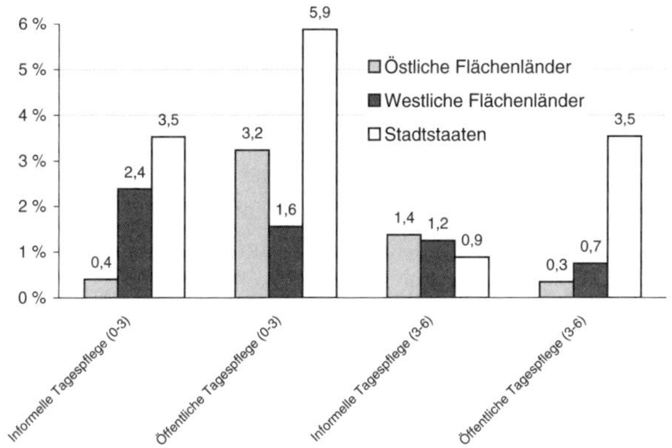

Quelle: DJI-Kinderbetreuungsstudie 2005

In Abbildung 5.1.2 werden die Betreuungsquoten der öffentlichen Tagespflege sowie der informellen Tagespflege differenziert nach drei Regionstypen (östliche und westliche Flächenländer sowie Stadtstaaten) miteinander verglichen. Die Kategorie Stadtstaaten wurde gebildet, da diese eine deutlich längere Tradition der Kindertagesbetreuung bei Tagespflegepersonen aufweisen als die Flächenländer. Dies schlägt sich in stark von den Flächenländern abweichenden Betreuungsquoten nieder. Die wichtigsten Erkenntnisse lassen sich wie folgt zusammenfassen:

- Unter 3-jährige Kinder befinden sich häufiger in Tagespflegeverhältnissen als 3- bis 6-jährige Kinder.
- Die Quoten der Inanspruchnahme von Tagespflege liegen (außer bei der informellen Tagespflege der 3- bis 6-Jährigen) in den Stadtstaaten erheblich höher als in den Flächenländern.
- Informelle Tagespflege ist in den westlichen Flächenländern weiter verbreitet als die öffentliche Tagespflege.
- Öffentliche Tagespflege ist in den östlichen Flächenländern weiter verbreitet als die informelle Tagespflege.

Der Unterschied bei der Tagespflege zwischen Ost- und Westdeutschland liegt weniger im Bereich des »geregelten« Marktes (öffentliche Tagespflege), als vielmehr im Bereich des »grauen« Marktes (informelle Tagespflege). Offensichtlich spielt der graue Markt im Vergleich zum geregelten Markt bei der Betreuung der unter 3-jährigen Kinder in den östlichen Flächenländern kaum eine Rolle. Dies ist zum einen auf die wesentlich bessere Versorgung mit institutionellen Betreuungsmöglichkeiten zurückzuführen. Zum anderen hängt es damit zusammen, dass die öffentlichen Träger der Kinder- und Jugendhilfe insbesondere in den genannten ostdeutschen Bundesländern die Betreuung durch Tagespflegepersonen bereits seit Längerem als gleichrangig mit der institutionellen Betreuung betrachten. Gerade in Gebieten, in denen es schwierig ist, eine ausreichende institutionelle Infrastruktur der Kindertagesbetreuung aufrechtzuerhalten, ist die Kindertagespflege sehr gut geeignet, bestehende oder drohende Lücken in der Infrastruktur der Kindertagesbetreuung aufzufangen.

Die durchschnittliche Anzahl der Kinder in öffentlicher Kindertagespflege pro Tagespflegeperson in den Jugendamtsbezirken beträgt im Jahr 2005 1,46 und hat sich damit gegenüber den Vorjahren[24] geringfügig erhöht. Diese auf dem ersten Blick niedrige Anzahl von Kindern pro Tagespflegeperson ist auch darauf zurückzuführen, dass die Pflegepersonen zum Teil neben den Kindern, die dem Jugendamt bekannt sind, zusätzliche Kinder betreuen, von denen das Jugendamt nichts weiß, weil die Eltern die Tagespflege selbst auf dem freien Markt organisieren. Das heißt, Tagespflegepersonen betreuen im Durchschnitt mehr als die 1,46 Kinder in öffentlicher Tagespflege. Diese Annahme wird durch die in Ostdeutschland signifikant höhere durchschnittliche Anzahl von Kindern in Tagespflege erhärtet, da sich in Ostdeutschland nur eine sehr geringe Anzahl von Kindern in informeller Tagespflege (vgl. Abb. 5.1.2) befindet. Die Vermischung von »geregeltem« (öffentliche Tagespflege) und »grauem« Markt der Kindertagespflege (informelle Tagespflege) ist dort gering. Dementsprechend betreuen in Ostdeutschland Tagespflegepersonen im Durchschnitt 2,4 Kinder in öffentlicher Tagespflege, während die entsprechende Zahl in Westdeutschland 1,3 beträgt.

Die nach wie vor niedrige durchschnittliche Anzahl betreuter Kinder in öffentlicher Tagespflege pro Tagespflegeperson weist auf die Möglichkeit hin, die Anzahl der Plätze in öffentlicher Kindertagespflege zu erhöhen, auch wenn aus fachlicher Perspektive eine Obergrenze existiert, denn ab einem bestimmten Verhältnis von Kindern pro Pflegeperson kann die gewünschte Förderung der Kinder nicht mehr adäquat geleistet werden. Das Ziel des Ausbaus der Betreuungsmöglichkeiten kann demnach in Konflikt mit dem Ziel einer Verbesserung der individuellen Förderung der Kinder in Tages-

---

[24] Im Jahr 1999 betrug diese Zahl 1,29 und im Jahr 2002 1,34 (vgl. DJI 2005: 163).

pflege geraten. Der geringfügige Anstieg der Zahl der Kinder in öffentlicher Tagespflege pro Tagespflegeperson signalisiert unter Umständen bereits eine sich vollziehende Verschiebung der Tagespflegeverhältnisse vom »grauem« zum »geregelten« Markt.

Vor dem Hintergrund der niedrigen Anzahl von Kindern in öffentlicher Tagespflege pro Tagespflegeperson sehen neun von zehn Jugendämtern (91 %) freie Kapazitäten bei den Tagespflegepersonen. In Ostdeutschland äußern alle befragten Jugendämter diese Einschätzung. Deshalb ist zu erwarten, dass in den meisten Regionen für die unter 3-jährigen Kinder auch die Betreuungsmöglichkeiten in Kindertagespflege erweitert werden, um so die angestrebten Ausbauziele zu erreichen. Auch in Ostdeutschland wird die Quote der Kinder in öffentlicher Tagespflege noch weiter ansteigen.

Qualifikation der Tagespflegepersonen

Die Betreuung von Kindern, insbesondere Kleinkindern, ist eine anspruchsvolle Aufgabe. Spätestens seit der Diskussion um die PISA-Studie wird die Bedeutung der frühkindlichen Erziehung für spätere Entwicklungs- und Bildungserfolge wieder intensiv diskutiert (vgl. z.B. Bundesministerium für Familie, Senioren, Frauen und Jugend 2003). Aus Anlass des hessischen Bildungsplans für 0- bis 10-Jährige betonen zum Beispiel die zuständigen MinisterInnen, dass frühes Lernen der Grundstein für lebenslanges Lernen sei. Deshalb müssten Kinder früher, intensiver, individueller und nachhaltiger gefördert werden, als dies bisher der Fall ist. Sie beziehen Kleinkinder explizit in die Förderung ein (vgl. Hessisches Sozialministerium/Hessisches Kultusministerium 2005). Der Bildungsauftrag für Kindertageseinrichtungen und für die Tagespflege[25] wird aktuell gestärkt und demzufolge steigen auch die Anforderungen und Erwartungen an die Fachkräfte. Neben einem fundierten Fachwissen und berufspraktischen Kenntnissen wird von den ErzieherInnen verstärkt die angemessene Begleitung der Bildungsprozesse von Kindern unter dem Einsatz neuer pädagogischer Methoden und

---

[25] So heißt es beispielsweise im Art. 16, Satz 1 des neuen bayerischen Gesetzes zur Bildung, Erziehung und Betreuung von Kindern in Kindergärten, anderen Kindertageseinrichtungen und in Tagespflege und zur Änderung anderer Gesetze – Bayerisches Kinderbildungs- und -betreuungsgesetz und Änderungsgesetz (BayKiBiG u. ÄndG), das am 1. August 2005 in Kraft getreten ist: »Tagespflegepersonen haben die Aufgabe, die ihnen anvertrauten Kinder entwicklungsangemessen zu bilden, zu erziehen und zu betreuen.«

Instrumente wie etwa der Entwicklungsdiagnostik gefordert. In diesem Zusammenhang wird, unter dem Verweis auf die höheren Qualifikationsprofile in anderen europäischen Ländern, häufig eine akademische Ausbildung der ErzieherInnen in Deutschland gefordert (vgl. zuletzt die Studie der OECD 2004; GEW 2005). Qualifiziertere Fachkräfte und ein weiterer Ausbau der Kindertageseinrichtungen sollen die Bildungschancen der Kinder optimieren und Eltern die Erwerbstätigkeit ermöglichen.

Die Anforderungen, die an die Qualifikation der Betreuungspersonen in pädagogischen Settings zu stellen sind, sind nur zu einem kleinen Teil von der institutionellen Rahmung des Angebots abhängig. Es kann also nicht verwundern, dass die Diskussion über die Qualifizierung inzwischen auch den Bereich der Kindertagespflege erreicht hat. So findet sich zum Beispiel bei Weiß (2004) eine Darstellung der Anforderungen hinsichtlich des Bildungs- und Erziehungsauftrags in der Tagespflege. Bei einem quantitativen Ausbau der Tagespflege stellt sich für die Jugendämter immer drängender die Frage, wie sie das Kindeswohl und den Bildungsanspruch in dem quasi privaten Setting der Tagespflege sichern können. Die inzwischen gesetzlich verankerte Gleichrangigkeit von Tagespflege und institutioneller Betreuung impliziert zwar den Ausbau der Tagespflege. Ob dieser aber gelingt, wird wahrscheinlich auch damit verknüpft sein, ob Befürchtungen von Eltern hinsichtlich der Qualität der Betreuung beseitigt und ihre Ansprüche an Betreuung inhaltlich erfüllt werden können. Beide Aspekte, die wachsenden Anforderungen an die Qualität der Betreuung sowie die Sicherung des Kindeswohls lassen eine Qualifizierung und eine systematische fachliche Begleitung von Tagesmüttern als unverzichtbar erscheinen. Den Zusammenhang zwischen der Qualität der pädagogischen Arbeit und der Teilnahme an Vorbereitungskursen für Tagespflegepersonen haben Tietze, Pattloch, Schlecht und Braukhane (2003) empirisch nachgewiesen. Die Diskussion über eine fachliche Mindestqualifizierung von Tagespflegepersonen hat unter anderem zu einer Ausarbeitung eines Curriculums für Tagespflegepersonen geführt. Im Curriculum von Weiß, Stempinski, Schumann und Keimeleder (2002) wird eine Mindestqualifizierung von 160 Stunden vorgeschlagen. Bedenken hinsichtlich der Mindestqualifizierung von Tagespflegepersonen werden vor allem aus finanziellen Erwägungen heraus geäußert. Mit einer Pflichtqualifikation und einer kontinuierlichen fachlichen Begleitung – so die Erwartung mancher – würde sich die Tagespflege verteuern. Berechnungen des Projekts »Kinder in Tagespflege« am DJI zeigen, dass diese Erwartungen berechtigt sind. So kommt Stempinski (2003) in ihrer Modellrechnung zu dem Ergebnis, dass eine angemessene fachliche Begleitung der Tagesmütter mit – zusätzlich zum Betreuungsgeld – etwas über 170 Euro pro Monat für einen Tagespflegeplatz zu Buche schlagen würde. Qualität hat immer auch ihren Preis, und es ist letztlich zu fragen, ob eine Mindestqualifizierung im Umfang von 160 Stunden nicht unzureichend ist, wenn die Rahmenbedingungen des TAG erfüllt werden sollen.

Inwiefern zumindest die Diskussion um eine Mindestqualifizierung von Tagespflegepersonen bereits Änderungen in die Praxis vor Ort hervorgerufen hat, lässt sich an Hand der Jugendamtsbefragung nachvollziehen: In knapp drei Vierteln (74 %) der Jugendamtsbezirke werden Tagespflegepersonen für ihre Aufgabe qualifiziert. Wobei es anteilig weniger ostdeutsche als westdeutsche Jugendamtsbezirke gibt, die im Bereich der Tagespflege qualifizieren (68 % zu 78 %).[26]

Der bundesweit hohe Anteil an Jugendamtsbezirken, in denen eine Qualifizierung stattfindet, überrascht insofern, als in der Fachdiskussion noch immer davon ausgegangen wird, dass die Mehrzahl der Tagesmütter für ihre Aufgabe nicht qualifiziert ist. Allerdings ist anzunehmen, dass in den Regionen, in denen Qualifikationen angeboten werden, aber nicht verpflichtend sind, nicht alle Tagesmütter an einem Ausbildungskurs teilnehmen. Erfahrungswerte aus der Praxis an verschiedenen Orten legen eine Qualifizierungsquote von 10 % bis maximal 20 % nahe, wenn es keine Verpflichtung zur Qualifizierung gibt. Eine repräsentative Befragung von Tagespflegepersonen wäre in diesem Zusammenhang sehr hilfreich, denn daraus könnte man notwendige Anpassungen und Verbesserungen bestehender Qualifikationsprogramme ableiten.

Von den Jugendämtern, in denen Qualifizierungsmaßnahmen angeboten werden, geben 50 % an, dass die Qualifizierung für Tagesmütter verpflichtend ist. In Ostdeutschland ist die Qualifikation der Tagemütter signifikant häufiger verpflichtend (70 %) als in westdeutschen Bundesländern (40 %).[27] Dies relativiert den ersten Ein-

---

[26] Zu bedenken ist, dass ein Teil der Tagesmütter bereits über einen pädagogischen Abschluss verfügt. Tietze, Pattloch, Schlecht und Braukhane (2003) kamen für das Land Brandenburg zu dem Ergebnis, dass etwa die Hälfte der Tagesmütter einen pädagogischen Berufsabschluss hat. Weiß (2001: 56) berichtet, dass von den TeilnehmerInnen an einer Fortbildung für Tagespflegepersonen in Modellstandorten etwa ein Viertel bereits eine pädagogische Ausbildung absolviert hat.

[27] Die Unterschiede zwischen Ost und West sind auf dem 5 %-Niveau statistisch signifikant.

druck, dass im Westen Deutschlands mehr Wert auf eine Qualifizierung von Tagesmüttern gelegt wird.

Neben den Fragen, ob es überhaupt Qualifikationsangebote für Tagesmütter gibt und ob diese verpflichtend sind, ist natürlich auch die Ausgestaltung von Qualifikationsangeboten von großer Bedeutung. Qualifikationen können praxisvorbereitend, praxisbegleitend oder auch als eine Kombination aus beiden Formen durchgeführt werden. Ebenfalls von Bedeutung ist der zeitliche Umfang einer Qualifikation. Dieser variiert erheblich, bleibt konzeptionell aber immer kleiner als der von Ausbildungen.

Wie an der Tabelle 5.1.8 ersichtlich wird, gibt es in circa der Hälfte der Jugendamtsbezirke, die Qualifikationen anbieten, sowohl praxisvorbereitende als auch praxisbegleitende Kursangebote. In Anbetracht der hohen Anforderungen an Tagesmütter und der Tatsache, dass sie nicht in ein Team eingebunden sind, erscheinen regelmäßige praxisbegeleitende Veranstaltungen wichtig, um die Qualität der Tagespflege aufrechterhalten zu können.

Tab. 5.1.8: Typus der Qualifizierung für Tagespflegepersonen (Anteile der Jugendamtsbezirke, die Qualifikationen anbieten)

	Ost	West	Insgesamt
Ausschließlich praxisvorbereitend	35 %	31 %	32 %
Ausschließlich praxisbegleitend	35 %	13 %	21 %
Sowohl praxisvorbereitend als auch praxisbegleitend	30 %	56 %	47 %

Quelle: DJI-Jugendamtserhebung 2004

So gesehen ist es unbefriedigend, dass circa ein Drittel der Jugendämter ausschließlich auf eine vorbereitende Qualifikation setzt.

Zwischen Ost und West zeigen sich erhebliche Unterschiede hinsichtlich der Trägerschaft von Qualifizierungsmaßnahmen: In Ostdeutschland sind die öffentlichen Träger Jugendamt (74 % Ost zu 48 % West)[28] und Landesjugendamt (13 % Ost zu 2 % West) stärker in die Qualifizierung von Tagesmüttern eingebunden als in Westdeutschland. Dort wiederum sind in vielen Jugendamtsbezirken freie Träger Anbieter von Fortbildungen (58 % West zu 13 % Ost). Dies hängt unter Umständen damit zusammen, dass in Westdeutschland mehr Tagesmüttervereine bzw. andere übergeordnete Strukturen bestehen als in Ostdeutschland, die regional als einziger Anbieter auf

[28] In dieser und den beiden folgenden Klammern beziehen sich die Prozentangaben auf die Jugendamtsbezirke, in denen Fortbildungen angeboten werden.

diesem Gebiet tätig sind. Fortbildungs- und Qualifizierungsangebote sind für diese Organisationen zum einem die logische Folge ihrer selbst formulierten Ansprüche an die Qualität der Tagespflege und zum anderen natürlich auch ein Beitrag, ihre eigene Existenz neben ihrer Vermittlungs- und Lobbyarbeit zu legitimieren. Darüber hinaus lässt sich zeigen, dass diejenigen Institutionen, die Tagesmütter und Kinder zusammenbringen, auch an der Qualifikation von Tagesmüttern besonders stark beteiligt sind.

In fast schon paradoxer Weise zeigt sich in unseren Ergebnissen, dass dort, wo eine Qualifizierung vorgeschrieben ist und damit eigentlich ein wichtiger Schritt in eine fachliche Absicherung des Angebotes getan wurde, die durchschnittliche Anzahl der Unterrichtsstunden niedriger ist als in den Jugendamtsbezirken, in denen die Qualifikation nicht verpflichtend ist (vgl. Tab. 5.1.9). Allerdings ist dieser Unterschied aufgrund der großen Varianz innerhalb der zwei Gruppen nicht signifikant.

Tab. 5.1.9: Durchschnittliche Länge der Qualifikationen in Stunden

	Verpflichtend	Freiwillig	Ost	West	Insgesamt
Praxisvorbereitend	58	60	83	48	59
Praxisbegleitend	36	63	78	36	49

Quelle: DJI-Jugendamtserhebung 2004

Um genauer entscheiden zu können, bei welchem Modell zur Zeit in der Praxis am meisten Fortbildungsstunden angeboten werden, haben wir die Jugendamtsbezirke in drei Gruppen differenziert: (1) ausschließlich praxisvorbereitend, (2) ausschließlich praxisbegleitend oder (3) Kombinationsangebot. Es zeigt sich in Jugendamtsbezirken, in denen ausschließlich praxisbegleitende Qualifikationen angeboten werden, dass diese mit durchschnittlich 56 Stunden eine höhere Stundenzahl aufweisen, als wenn Qualifikationen praxisvorbereitend durchgeführt werden (43 Stunden). Das zeitlich größte Qualifikationsangebot gibt es dort, wo beide Formen vorhanden sind (101 Stunden). Dieser Wert liegt knapp oberhalb des Wertes, den man erhält, wenn man die durchschnittliche Anzahl der ausschließlich praxisvorbereitend (56) und der ausschließlich praxisbegleitend (43) Qualifizierenden addieren würde. Nur wenn in diesen Regionen also praxisvorbereitend und praxisbegleitend tatsächlich für alle Tagespflegepersonen kombiniert wird, unterscheiden sie sich hinsichtlich des zeitlichen Umfangs der Kurse positiv.

Obwohl die Aufgaben der Tagespflegevermittlungsstellen von Jugendamt zu Jugendamt unterschiedlich definiert sind, lassen sich zwei Hauptaufgaben unterscheiden: Die Aufgabe der Tagespflegevermittlungsstellen besteht einerseits darin, die Eltern, die für ihr Kind Betreuung in der Tagespflege suchen, zu beraten und über die Rahmenbedingungen zu informieren, und andererseits potenzielle Tagespflegepersonen, die ein oder mehrere Kinder in Tagespflege betreuen wollen, zu beraten und gegebenenfalls zu qualifizieren bzw. eine Qualifizierungsmöglichkeit zu vermitteln. Die Tagespflegevermittlungsstellen schaffen mit der Erfüllung dieser Aufgaben den Rahmen für eine erfolgreiche Zusammenarbeit von Eltern und Tagespflegepersonen, weil sie Eltern und Tagespflegepersonen ein Forum bieten, die gegenseitigen Erwartungen und Ziele aufeinander abzustimmen.

Abb. 5.1.3: Vermittlung von Tagespflegepersonen

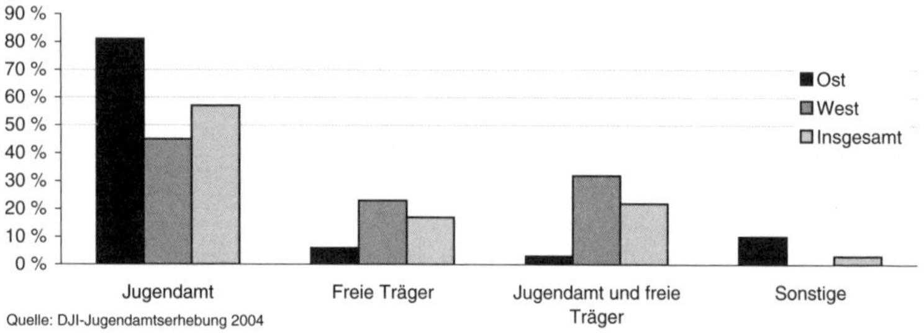

Quelle: DJI-Jugendamtserhebung 2004

Sowohl in Westdeutschland als auch in Ostdeutschland wird die Vermittlung von Tagespflegepersonen am häufigsten durch das Jugendamt durchgeführt. Allerdings gibt es erhebliche regionale Unterschiede, denn in Ostdeutschland übernimmt das Jugendamt die Vermittlung in 81 % und in Westdeutschland in 45 % der Jugendamtsbezirke (vgl. Abb. 5.1.3). Dieser Unterschied ist vor allem darauf zurückzuführen, dass der Anteil der Vermittlungsstellen in freier Trägerschaft im Westen 23 % beträgt, während hingegen die Vermittlung durch freie Träger im Osten so gut wie keine Rolle spielt (6 %). Eine Besonderheit in westdeutschen Jugendamtsbezirken ist, dass manchmal verschiedene Vermittlungsstellen nebeneinander existieren bzw. die Tagespflegevermittlung nicht vollständig an freie Träger delegiert wird, sondern auch das Jugendamt bei der Vermittlung noch eine Aufgabe übernimmt (32 %). Diese Kombination findet sich im Osten nur in sehr wenigen Jugendamtsbezirken

(3 %). Unter sonstigen Vermittlungsträgern werden nach Berichten aus der Praxis wohl auch Kinderbetreuungseinrichtungen, die als Vermittlungsinstanz auftreten, gezählt.

Bei der Überprüfung des Zusammenhangs zwischen der Trägerschaft der Vermittlungsstellen und den Qualifikationsanforderungen an die Tagespflegepersonen zeigt sich, dass insbesondere in Westdeutschland – aber nicht nur dort – eine alleinige Vermittlung durch das Jugendamt mit geringeren Qualitätsanforderungen an die Tagespflegepersonen einhergeht. Dies unterstreicht die unterstützende Bedeutung spezialisierter freier Träger für Qualitätsentwicklungsprozesse in diesem Feld.

5.1.3 Tagesbetreuung von behinderten Kindern

Der lange Zeit beobachtbare Trend weg von Sondereinrichtungen hin zur Betreuung behinderter Kinder in integrativen oder Regeleinrichtungen ist zum Stillstand gekommen. Dies spiegelt sich zum einen an dem unveränderten Anteil von Jugendamtsbezirken wider, die Sondereinrichtungen für behinderte Kinder in ihrem Jugendamtsbezirk angeben (vgl. Tab. 5.1.10), zum anderen an der Verteilung der betreuten behinderten Kinder auf die drei Formen der Kindertagesbetreuung, die sich bislang für behinderte Kinder entwickelt haben (Sondereinrichtungen, integrative Einrichtungen sowie Regeleinrichtungen) (vgl. Tab. 5.1.11). Sowohl der Anteil der Jugendamtsbezirke mit Sondereinrichtungen als auch der Anteil der behinderten Kinder in Sondereinrichtungen haben sich gegenüber der letzten Erhebung kaum verändert, während in der Vergangenheit jeweils ein deutlich rückläufiger Trend erkennbar war (vgl. Tab. 5.1.10 und Tab. 5.1.11).

Bislang unklar ist, ob die Stagnation der Entwicklung weg von Sondereinrichtungen in Zusammenhang mit der stärkeren Verbreitung der sogenannten Subjektförderung (Förderung nach Inanspruchnahme der Infrastruktur statt der Infrastruktur an sich) steht. Bei der nachfrageorientierten Subjektförderung wird dem besonderen Betreuungsbedarf von behinderten Kindern oder Kindern ausländischer Herkunft (z.B. zusätzliche Sprachförderung) insofern Rechnung getragen, als dieser auch in der Bereitstellung von Mitteln berücksichtigt wird. Für die Einrichtungen bedeutet dies letztendlich, dass sie nicht ohne Risiko Kapazitäten, etwa im Bereich der Therapie oder auch Sprachförderung, zur Verfügung stellen können, da unsicher ist, ob sich betroffene Personensorgeberechtigte auch tatsächlich für ihre Einrichtung entscheiden. Die Einrichtungen brauchen jedoch eine Mindestzahl an Kindern mit spezifischem Betreuungsbedarf, um dafür Fachpersonal und heilpädagogische und therapeutische Möglichkeiten zur Verfügung stellen zu können. Die fachlichen Bedenken, die bereits seit Längerem generell gegenüber der Integration von behinderten Kindern in Regeleinrichtungen vorgetragen wurden (vgl. Bundesministerium für Jugend, Familie, Frauen und Gesundheit 1990: 103), würden durch eine aufgrund der beschriebenen finanziellen Risiken unzureichende Ausstattung mit sonderpädagogisch gebildetem Personal an Relevanz gewinnen. Amerikanische Studien, in denen die Praxis der nachfrageorientierten Steuerung untersucht wurde, bestätigen die Gefahr der Benachteiligung von Personengruppen mit anderen, von der großen Mehrheit abweichenden Betreuungsbedürfnissen (vgl. Henly/Lyons 2000). Weitere Beobachtungen der Entwicklung in diesem Bereich werden Aufschluss darüber geben, inwiefern sich hier insbesondere für behinderte Kinder tatsächlich eine eigene Dynamik erneut hin zu spezialisierten Einrichtungen entwickelt.

Tab. 5.1.10: Anteil der Jugendamtsbezirke, in denen bestimmte Formen von Tageseinrichtungen für behinderte Kinder vorhanden sind

	Ost				West			
	1992	1995	2000	2003	1992	1995	2000	2003
Sondereinrichtungen	68 %	57 %	35 %	34 %	91 %	75 %	65 %*	66 %
Integrationseinrichtungen	55 %	90 %	96 %	91 %	51 %	69 %	63 %*	71 %
Regeleinrichtungen	74 %	48 %	50 %	63 %	82 %	65 %	69 %	74 %

* Der Unterschied zwischen Ost- und Westdeutschland zu den jeweiligen Erhebungszeitpunkten ist signifikant.

Quelle: DJI-Jugendamtserhebung 2004, 1999 1996, 1993

Nach wie vor existiert eine deutliche Differenz zwischen Ost- und Westdeutschland bezüglich Betreuung von behinderten Kindern in Sondereinrichtungen: In Ostdeutschland gibt es im Vergleich zu Westdeutschland signifikant weniger Jugendamtsbezirke mit Sondereinrichtungen für behinderte Kinder, und diese Kinder werden auch zu einem geringeren Anteil in Sondereinrichtungen betreut.

Wie in den Vergleichsjahren zuvor unterscheidet sich generell auch die Struktur der Einrichtungen in den ost- und westdeutschen Jugendamtsbezirken erheblich. In Ostdeutschland gibt es in 91 % der Jugendamtsbezirke mindestens eine Integrationseinrichtung. Weniger häufig sind Sondereinrichtungen vorhanden oder Regeleinrichtungen, in denen auch behinderte Kinder betreut werden, obwohl der Anteil der Jugendamtsbezirke, in denen in Regeleinrichtungen auch behinderte Kinder betreut werden, zugenommen hat (von 50 % auf 63 % der Jugendamtsbezirke, vgl. Tab. 5.1.10). In Westdeutschland dagegen gibt es kaum Unterschiede in der Verteilung der unterschiedenen Einrichtungstypen über die Jugendamtsbezirke. In der Tendenz scheint hier der Anteil der Jugendamtsbezirke mit Integrationseinrichtungen (wieder) etwas zuzunehmen.

Die Sondereinrichtungen haben eine durchschnittliche Gruppengröße von 8,7 Kinder pro Gruppe. Die ehemals unterschiedlichen Gruppengrößen in Ost- und Westdeutschland haben sich angeglichen. Die durchschnittliche Größe der Sondereinrichtungen gemessen an der Anzahl der Gruppen liegt insgesamt bei etwa vier Gruppen pro Einrichtung.

Bei der Anzahl der Plätze für behinderte Kinder in integrativen Einrichtungen sind große Unterschiede festzustellen. Im Osten liegt diese Zahl bei 16 und im Westen bei 9 Plätzen. Entweder sind integrative Einrichtungen im Osten deutlich größer, das heißt, sie haben mehr Gruppen und betreuen insgesamt mehr Kinder, oder das Verhältnis von behinderten und nicht behinderten Kindern unterscheidet sich erheblich. Die bislang vorliegenden Zahlen der amtlichen Kinder- und Jugendhilfestatistik weisen eher darauf hin, dass der an erster Stelle genannte Zusammenhang zutrifft. Das heißt, der Anteil der behinderten Kinder in integrativen Einrichtungen in Ostdeutschland ist wahrscheinlich nicht so viel höher als in Westdeutschland, wie das Verhältnis der absoluten Anzahl behinderter Kinder in integrativen Einrichtungen vermuten lässt.

Tab. 5.1.11: Verteilung der behinderten Kinder auf die verschiedenen Formen der Tagesbetreuung

	Ost				West			
	1992	1995	2000	2003	1992	1995	2000	2003
Sondereinrichtungen	44 %	25 %	11 %	11 %	56 %	50 %*	39 %*	37 %
Integrationseinrichtungen	28 %	58 %	78 %	71 %	19 %	35 %*	29 %*	33 %
Regeleinrichtungen	28 %	17 %	11 %	18 %	25 %	15 %	33 %*	30 %

* Der Unterschied zwischen Ost- und Westdeutschland zu den jeweiligen Erhebungszeitpunkten ist signifikant.

Quelle: DJI-Jugendamtserhebung 2004, 1999 1996, 1993

Die Verteilung behinderter Kinder auf die verschiedenen Einrichtungsformen steht in einem engen Zusammenhang mit der Struktur der Kinderbetreuungseinrichtungen in den einzelnen Jugendamtsbezirken. Es sind demnach auch hier deutliche Unterschiede zwischen Ost und West feststellbar. 71 % der behinderten Kinder in

Ostdeutschland mit einem Platz in einer Kinderbetreuungseinrichtung haben diesen in einer integrativen Einrichtung. Die anderen 29 % dieser Kinder verteilen sich relativ gleichmäßig auf die beiden übrigen Betreuungsformen (vgl. Tab. 5.1.11). In Westdeutschland dagegen sind die behinderten Kinder etwa zu gleichen Teilen auf die drei unterschiedenen Betreuungsformen für behinderte Kinder verteilt.

Für behinderte Kinder lassen sich keine Versorgungsquoten ausrechnen, da keine allgemeine Definition für Behinderung und somit auch keine eindeutige Bezugsgröße existiert. Auch die Zahl der behinderten Kinder, die privat betreut werden, ist unbekannt.

In den Jugendamtsbezirken, in denen behinderte Kinder (auch) in Regeleinrichtungen betreut werden, beträgt der Anteil dieser Kinder an allen Plätzen im Zeitverlauf unverändert etwa 1 %. Der Gesamtanteil der betreuten behinderten Kinder liegt bezogen auf alle in Kindertageseinrichtungen betreuten Kinder, also unabhängig davon, in welcher Art von Einrichtung sie betreut werden, bei 2,7 % im Median und durchschnittlich bei 3,5 %. Geht man nun davon aus, dass der Anteil behinderter Kinder auf Jugendamtsbezirksebene nicht sehr stark variiert, dann verweist die empirische Streuung des Anteils behinderter Kinder an allen Kindern (die Standardabweichung beträgt 2,3) darauf, dass Behinderung von Kindern in den Jugendamtsbezirken unterschiedlich definiert wird. Das heißt, in dem einen Jugendamtsbezirk werden wesentlich mehr Kinder als behindert eingestuft als in einem anderen.

5.1.4 Fazit

Die öffentliche Diskussion um die Kinderbetreuung (vgl. Bundesministerium für Familie, Senioren, Frauen und Jugend 2005, 2006) hat auf der politischen Ebene zum einen bereits zu einer Reihe von konkreten Initiativen geführt (Ausbau der Kindertagesbetreuung, Elterngeld) und zum anderen werden verstärkt Fragen wie die Kostenbeteiligung der Eltern, die Einführung eines Pflichtkindergartenjahres oder die Erweiterung des Rechtsanspruchs auf einen Kindergartenplatz diskutiert. Für die Kinder- und Jugendhilfe unmittelbar relevant bzw. folgenreich ist insbesondere die Veränderung des KJHG in Folge des TAG, durch die sich vor allem die Betreuungssituation der unter 3-jährigen Kinder verbessern sollte. Die DJI-TAG-Erhebung zeigt, dass sich die institutionelle Betreuungsinfrastruktur für diese Altersgruppe in letzter Zeit in Westdeutschland kontinuierlich verbessert hat, auch wenn noch lange nicht das Niveau von Ostdeutschland erreicht wurde. Was die Tagespflege betrifft, lässt sich unter Berücksichtigung früherer Ergebnisse aus anderen Untersuchungen eine gleichzeitige Erweiterung des »grauen« (informelle Tagespflege) und des »geregelten« Marktes (öffentliche Tagespflege) feststellen. In dieser Entwicklung manifestieren sich einerseits die Bemühungen der öffentlichen Träger, die Infrastruktur der Kindertagesbetreuung zu verbessern, zum anderen zeigt sich darin aber auch der steigende Bedarf nach Kinderbetreuung aufseiten der Eltern. Solange der Ausbau der öffentlichen Kinderbetreuung nicht mit den steigenden Bedürfnissen der Eltern nach Betreuungsmöglichkeiten für ihre Kinder Schritt halten kann, wird der »graue« Markt weiter wachsen. Vor dem Hintergrund der relativ hohen Inanspruchnahmequoten der Stadtstaaten und auch einzelner anderer Regionen in Deutschland, die zeigen, welche Inanspruchnahmequote erreicht werden kann (vgl. hierzu auch die Empfehlungen in Jurczyk u.a. 2004), scheint das von der Bundesregierung gesteckte Ziel, in Westdeutschland 68.000 zusätzliche Plätze in öffentlicher Tagespflege bereitzustellen, nicht unrealistisch.

Die Kindertagespflege ist bislang vor allem ein Angebot für die Betreuung der unter 3-jährigen Kinder. Insofern setzt die Gesetzesänderung des KJHG, die für die Betreuung der unter 3-jährigen Kinder eine Gleichstellung von Kindertagespflege und Kindertageseinrichtungen bewirkt hat, an der richtigen Stelle an.

Es zeigt sich, dass die Tagespflege eine Antwort auf mindestens zwei unterschiedliche Bedarfssituationen darstellt. Bei der Betreuung der unter 3-jährigen Kinder tritt die Tagespflege in den meisten Fällen an die Stelle einer institutionellen Betreuung. Bei den 3- bis unter 6-jährigen Kindern ändert sich die Funktion der Tagespflege. Die Kinder dieser Altersgruppe besuchen in der Regel einen Kindergarten und Tagespflege hat hier eindeutig den Charakter eines Zusatz- oder Ergänzungsangebots, das die Betreuungszeit außerhalb der Kernfamilie verlängert. Da je nach Bedarfstyp die Betreuungssituation unterschiedlich intensiv ist und inhaltlich unterschiedlich gestaltet werden muss, benötigen Tagespflegepersonen unterschiedliche Kompetenzen und Qualifikationen. In diesem Zusammenhang stellt sich die Frage, ob aus der Angebotsperspektive betrachtet – zukünftig – nicht eine bedarfstypische Qualifikation oder gar eine Spezialisierung von Tagespflegepersonen für unterschiedliche Bedarfskonstellationen nötig wird (vgl. auch Gragert/van Santen/Seckinger 2005a). Eine solche Differenzierung könnte es unter Umständen erleichtern, neue Personengruppen für die Aufgaben der Kindertagespflege zu gewinnen, da die Aufgaben dann jeweils ein eindeutigeres Profil aufweisen würden.

Der früher vorhandene Trend, Kinder mit Behinderung vermehrt in integrativen Einrichtungen oder Regeleinrichtungen zu betreuen, ist nicht mehr vorhanden. Es gilt zu beobachten, inwiefern dieses auf veränderte Finanzierungsmodelle zurückzuführen ist, die es weniger attraktiv erscheinen lassen, die Integration voranzubringen. Gegebenenfalls müssen für Träger und Einrichtungen wieder stärkere Anreize geschaffen werden, integrative Bemühungen zu fördern.

Die Erweiterung des Ganztagsschulangebots steht in vielen Ländern auf der politischen Agenda. Die mit der Ganztagsschule verbundenen Erwartungen reichen von einer Verbesserung der Leistungen der SchülerInnen über Prävention von Jugendkriminalität bis zur Förderung der Vereinbarkeit von Familie und Erwerbstätigkeit aufseiten der Eltern. Mit einer zunehmenden Verbreitung von Ganztagsschulen stellt sich die Frage nach dem zukünftigen Stellenwert und der Funktion des Hortes. Dort, wo die Betreuungsaufgabe der Horte vollständig auf die Schule übertragen wird, könnten die Horte ganz verschwinden oder sie werden zu einem Ort, an dem diejenigen Kinder betreut werden, die aufgrund ihres Verhaltens die an den Schulen neu geschaffenen Betreuungsarrangements überfordern (vgl. z.B. Merchel 2005: 198). Dies würde die Zielgruppe und Funktion der Horte deutlich verändern und Fragen nach der Abgrenzung zu Formen der Schulsozialarbeit oder den Hilfen zur Erziehung hervorrufen. Zum jetzigen Zeitpunkt ist aufgrund der regional disparaten Tendenzen noch nicht abzusehen, wohin sich das Verhältnis von Hort und Ganztagsschule entwickeln wird. Aufgrund der Stärkung der Kompetenzen der Länder im Bereich der Schulen kann jedoch erwartet werden, dass es keine bundeseinheitliche Entwicklung geben wird.

Solange Ganztagsangebote nicht zum Regelangebot werden, besteht zur Bestimmung und Planung der Betreuungssituation für die Schulkinder die Notwendigkeit, die Daten (Plätze, Inanspruchnahme) der Horte im Zuständigkeitsbereich der Kinder- und Jugendhilfe und die der Ganztagsschulen in Zuständigkeit der Schulbehörden zusammenzuführen. Hier liegt eine Herausforderung der Jugendhilfeplanung, die bislang noch unzureichend wahrgenommen wird.

5.2 Offene Jugendarbeit

In diesem Abschnitt werden die Infrastruktur der Angebote der Jugendarbeit, deren Trägerstruktur sowie Einschätzungen zur Infrastruktur aus der Perspektive von Jugendringen dargestellt. Dabei wird auf zwei Erhebungen zurückgegriffen, die im Rahmen der Dauerbeobachtung des DJI von Institutionen der Kinder- und Jugendhilfe durchgeführt wurden: die Erhebung bei Jugendämtern sowie bei Kreis- und Stadtjugendringen. Außerdem werden Einrichtungsdaten der amtlichen Kinder- und Jugendhilfestatistik herangezogen.

Der Begriff Infrastruktur bezieht sich im Folgenden nur auf die Einrichtungen der offenen Jugendarbeit (z.B. Jugendzentren und Jugendräume). Andere Aktivitäten und Angebote der Jugendorganisationen finden in diesem Kapitel keine Berücksichtigung. Informationen hierzu sind ausführlich in den Veröffentlichungen zu den diesbezüglichen Erhebungen bei Organisationen der Jugendarbeit im Rahmen der Dauerbeobachtung der Institutionen der Kinder- und Jugendhilfe (Befragung bei Jugendringen und Jugendverbänden aus dem Jahr 2001 [vgl. Mamier u.a. 2003] sowie Befragung bei Jugendringen [vgl. Gragert u.a. 2006]) dargestellt.

5.2.1 Angebote der offenen Jugendarbeit

Die Betrachtung der Angebote der Jugendarbeit kann auf verschiedenen Ebenen erfolgen. Man kann die konkreten Inhalte der einzelnen Angebote (z.B. offener Betrieb, Photo-Workshop, Konzert, Sport und Spiel) einer Analyse unterziehen oder auf der Ebene der unterschiedlichen Angebotsformen regionale Differenzen und Entwicklungen herausarbeiten. Die verschiedenen Typen von Angeboten sind häufig an eine bestimmten Einrichtungsform (z.B. Jugendzentrum, Jugendkunstschule oder Jugendzeltplatz) gebunden. In diesem Abschnitt wird die Verbreitung von Einrichtungsformen dargestellt. Eine weitere Konkretisierung der Angebote kann mit den vorhandenen Daten nicht erfolgen.

Weder die Befragung der Jugendämter noch die amtliche Kinder- und Jugendhilfestatistik reicht aus, ein umfassendes Bild der Infrastruktur der Jugendarbeit zu zeichnen. Die Jugendämter haben nicht in allen Fällen einen vollständigen Überblick über das, was in ihrem Jugendamtsbezirk an Jugendarbeit tatsächlich angeboten wird. Darüber hinaus wird ein Teil der Infrastruktur auch ohne finanzielle Förderung des öffentlichen Trägers der Kinder- und Jugendhilfe bereitgestellt. Die Informationsgewinnung über die Jugendämter blendet damit immer einen Teil der Infrastruktur der offenen und verbandlichen Jugendarbeit aus. Das heißt, nur soweit die Einrichtungsinfrastruktur den Jugendämtern bekannt ist und sie von den Trägern der freien Jugendhilfe bereitgestellt wird, finden Informationen Eingang in die amtliche Statistik[29] bzw. können diese Informationen von den Jugendämtern bei nichtamtlichen Erhebungen, wie die im Rahmen der Dauerbeobachtung von Institutionen der Kinder- und Jugendhilfe, wiedergegeben werden.

In Tabelle 5.2.1 sind alle von der amtlichen Kinder- und Jugendhilfestatistik unterschiedenen Einrichtungsarten im Bereich der Jugendarbeit dargestellt. Die absolute Anzahl der jeweiligen Einrichtungsarten ist in der Tabelle für die Jahre 1998 und 2002[30] in Beziehung gesetzt zur Anzahl der 10- bis unter 25-Jährigen, die als Hauptzielgruppe der Jugendarbeit gelten.[31] Diese Zahlen liefern also Informationen über die »Dichte« der jeweiligen Einrichtungsarten pro 100.000 Kinder und Jugendliche dieser Altersgruppe: Je höher die Zahl ist, desto mehr Einrichtungen stehen für Kinder und Jugendliche zur Verfügung.

Im Bundesdurchschnitt standen im Jahr 2002 für 100.000 10- bis 25-Jährige 121,3 Einrichtungen zur Verfügung. Mit Abstand am weitesten verbreitet sind Jugendzentren, Freizeitheime und Häuser der offenen Tür (56,9) sowie Jugendräume/Jugendheime ohne hauptamtliches Personal (38,1). Alle anderen Einrichtungsarten sind weit weniger verbreitet. Wie auch aus der Tabelle entnommen werden kann, existiert bei der Dichte der Einrichtungen ein erheblicher Unterschied zwischen Ost- (175,6) und Westdeutschland (108,9). Die Differenz hat zwischen 1998 und 2002 deutlich zugenommen. Während sich in Ostdeutschland die absolute Anzahl der Einrichtungen leicht erhöht hat – per Saldo sind 129 Einrichtungen hinzugekommen –, sind in Westdeutschland per Saldo 561 Einrichtungen weniger vorhanden. Der deutliche Unterschied in der Dichte kann allerdings nicht nur auf die Entwicklung der Anzahl der Einrichtungen zurückgeführt werden, sondern spiegelt auch die demografischen Veränderungen in den östlichen Ländern seit der Wiedervereinigung wider, die sich im Jahr 2002 zumindest für einen Teil der Zielgruppe bereits bemerkbar gemacht haben. So war die Anzahl der

---

[29] Da bei den Erhebungen der amtlichen Statistik nach § 102 (3) KJHG die Jugendämter den statistischen Ämtern der Länder die Anschriften der auskunftspflichtigen Träger übermitteln müssen, geraten nur die Träger von Einrichtungen in den Blick, von denen das Jugendamt tatsächlich weiß, dass sie Träger einer Einrichtung sind.

[30] Die Einrichtungserhebung der amtlichen Kinder- und Jugendhilfestatistik wird alle vier Jahre durchgeführt. Die letzte Erhebung fand im Jahr 2002 statt, die nächste wird im Jahr 2006 (Stichtag 31.12.2006) durchgeführt.

[31] Auch wenn man eine andere (weitere oder engere) Definition der Zielgruppe zugrunde legt, ändern sich die in der Tabelle sichtbar werdenden Tendenzen nicht grundlegend.

10- bis 12-Jährigen in Ostdeutschland im Jahr 2002 wesentlich geringer als im Jahr 1998. Die Entwicklung der absoluten Anzahl bei der Einrichtungsart »Jugendzentrum, Jugendfreizeitheim, Haus der offenen Tür« verdeutlicht den Effekt des demografischen Wandels. Absolut hat sich die Anzahl von 2.417 auf 2.427 nur wenig erhöht. Dennoch hat die Einrichtungsdichte von 87,6 auf 95,2 sehr deutlich zugenommen. Eine Aufrechterhaltung der Infrastruktur der Jugendarbeit wird rein rechnerisch die Dichte der Einrichtungen in Ostdeutschland weiter ansteigen lassen, da die »Geburtendelle« nach der Wende sich künftig in noch größerem Umfang auswirken wird. Einige ostdeutsche Jugendämter haben diese Entwicklung antizipiert und bereits Strategien dafür erarbeitet, wie diese fachliche Herausforderung, nämlich eine ausreichende Infrastruktur der Jugendarbeit bei einem dramatischen Rückgang der potenziellen NutzerInnen sicherzustellen und zukünftige Veränderungen mitzuberücksichtigen, gemeistert werden kann (vgl. z.B. Freigang/Schone 2001). Der Anstieg der absoluten Anzahl aller Einrichtungen in Ostdeutschland ist zum großen Teil auf die Zunahme von Jugendräumen/Jugendheimen ohne hauptamtliches Personal zurückzuführen. Es kann davon ausgegangen werden, dass die Bereitstellung solcher Räume ein Bestandteil der Strategie der Jugendämter ist, die Infrastruktur der offenen Jugendarbeit gerade in ländlichen Gebieten aufrechtzuerhalten. Interessanterweise zeigt sich bei dieser Einrichtungsart in Westdeutschland eine gegenläufige Entwicklung: Die Dichte der Jugendräume/Jugendheime ohne hauptamtliches Personal nimmt ab. Offensichtlich wird anders als in Ostdeutschland nicht versucht, den Abbau der Infrastruktur in der Jugendarbeit auf diesem Weg aufzuhalten (bis auf Einrichtungen der mobilen Jugendarbeit verringert sich die Dichte aller anderen Einrichtungsarten in Westdeutschland (vgl. hierzu auch Pothmann/Thole 2005).

Insgesamt fällt auf, dass sich die Infrastruktur der Einrichtungen der Jugendarbeit in Ost- und Westdeutschland nicht nur in Bezug auf die Dichte, sondern auch in der Zusammensetzung und den Entwicklungstrends stark unterscheidet. Alle Einrichtungsarten zusammengezählt ist in Ostdeutschland eine deutlich höhere Einrichtungsdichte festzustellen. Dies gilt jedoch nicht durchgängig für alle Einrichtungsformen. Einrichtungen der Stadtranderholung, Jugendzeltplätze sowie pädagogisch betreute Spielplätze/Spielhäuser/Abenteuerspielplätze sind in Ostdeutschland im Vergleich zu Westdeutschland (noch) deutlich seltener. Dies könnte auf die deutlich bessere Kinderbetreuungsinfrastruktur für Schulkinder in Ostdeutschland (vgl. DJI 2005: 145ff.) zurückzuführen sein, die dazu beiträgt, dass sich die Jugendarbeit an erster Stelle als ein Angebot für Jugendliche darstellt. Neben den Jugendzentren und Jugendräumen sind insbesondere Einrichtungen der mobilen Jugendarbeit sowie Jugendkunstschulen/kulturpädagogische/kulturelle Einrichtungen in den östlichen Bundesländern vergleichsweise weit verbreitet. Dieser Typus von Einrichtungen steht in der Tradition der Zirkel der DDR, die mit dazu beitragen sollten, die Aufwärtsmobilität durch Bildungsangebote zu fördern.

Tab. 5.2.1: Einrichtungen der verschiedenen Formen der Jugendarbeit nach Ost- und Westdeutschland (jeweils ohne Berlin), 1998 sowie 2002

	1998			2002		
Art der Einrichtung	Ost*	West*	Insgesamt*	Ost*	West*	Insgesamt*
Jugendherberge, Jugendgästehaus, Jugendübernachtungshaus	6,2	7,9	7,4	6,3	6,8	6,6
Jugendtagungsstätte, Jugendbildungsstätte	2,1	3,6	3,2	2,5	2,9	2,9
Jugendzentrum, -freizeitheim, Haus der offenen Tür	87,6	47,9	58,1	95,2	46,9	56,9
Jugendräume/Jugendheim ohne hauptamtliches Personal	41,9	44,2	42,0	51,9	36,6	38,1
Einrichtung oder Initiative der mobilen Jugendarbeit	11,1	3,2	5,1	10,9	4,1	5,7
Jugendkunstschule, kulturpädagogische und kulturelle Einrichtung für junge Menschen	3,8	2,0	2,6	4,5	2,0	2,6
Einrichtung der Stadtranderholung	0,4	1,7	1,4	0,4	1,4	1,2
Kinder- und Jugendferienstätte/-erholungsstätte	2,8	2,4	2,5	2,5	2,1	2,2
Familienferienstätte	0,5	1,0	0,9	0,3	0,5	0,4
Pädagogisch betreuter Spielplatz/Spielhaus/Abenteuerspielplatz	1,0	3,4	3,1	0,8	2,6	2,5
Jugendzeltplatz	0,1	3,3	2,6	0,2	2,9	2,4
Einrichtungen insgesamt	157,6	120,7	128,7	175,6	108,9	121,3
Gesamtanzahl der Einrichtungen (absolut)	4.347	12.548	17.654	4.476	11.987	17.130

* Anzahl der Einrichtungen pro 100.000 der 10- bis 25-Jährigen

Quelle: Statistik der Kinder- und Jugendhilfe, Teil III; eigene Berechnungen

Gegenüber den Daten der amtlichen Statistik haben die Daten der Jugendamtserhebung (vgl. Abb. 5.2.1) den Vorteil, dass sie die Situation zu einem aktuelleren Erhebungszeitpunkt beschreiben, sich mit anderen Informationen auf Jugendamtsebene in Beziehung setzen lassen (etwa mit der Personalausstattung in den Jugendzentren) und zudem nach unterschiedlichen Gebietskörperschaften differenzierbar sind.[32] Gerade die Unterscheidung zwischen Städten und Landkreisen ist bei der Infrastruktur der Jugendarbeit von hoher Relevanz, da diese beiden Gebietskörperschaftstypen unterschiedliche Bedürfnisse der betreffenden Kinder und Jugendlichen abbilden (vgl. hierzu auch Abschnitt 5.2.3).

Abb. 5.2.1: Median der Anzahl der 10- bis 25-Jährigen, für die in den Jugendamtsbezirken ein Jugendzentrum/Jugendraum zur Verfügung steht

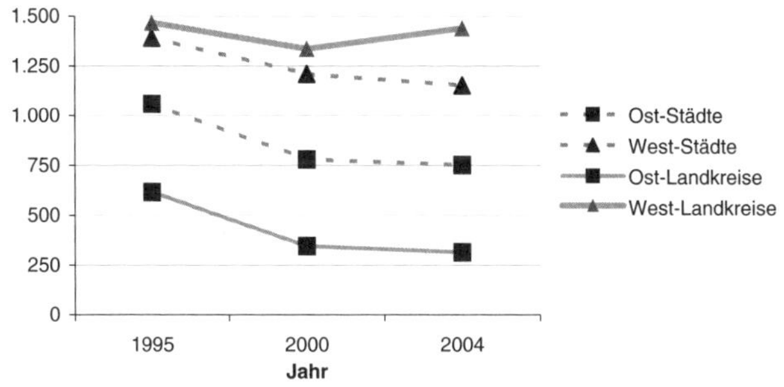

Quelle: DJI-Jugendamtserhebung 2004

Abbildung 5.2.1 zeigt für drei Erhebungszeitpunkte die Verfügbarkeit von Jugendzentren, Jugendclubs, Jugendfreizeitstätten, Jugendräumen und Jugendtreffs (im weiteren Text werden die Einrichtungstypen unter dem Begriff »Jugendzentrum« zusammengefasst) differenziert nach Städten und Landkreisen in Ost- und Westdeutschland. Die Werte in der Abbildung entsprechen der Anzahl der Jugendlichen für die jeweils ein Jugendzentrum zur Verfügung steht: Je höher also der Wert, desto geringer ist die Dichte der Jugendzentren und je niedriger der Wert, desto höher ist die Dichte der Jugendzentren. Als Maßzahl wurde der Median verwendet, weil die Werte in den Jugendamtsbezirken so stark streuen, dass der Mittelwert ein verzerrendes Bild der Wirklichkeit zeichnen würde.

[32] Ein Vergleich der Angaben aus der amtlichen Kinder- und Jugendhilfestatistik mit den Daten der Jugendamtsbefragung deutet auf eine Untererfassung der Anzahl der Einrichtungen der offenen Jugendarbeit in der amtlichen Statistik hin. Diese dürfte vor allem auf eine Untererfassung von selbstverwalteten Einrichtungen und von Einrichtungen und Räumen in kirchlicher Trägerschaft zurückzuführen sein.

Diese starke Streuung weist aber auf die sehr unterschiedlich ausgeprägte Infrastruktur der offenen Jugendarbeit hin. Und die unterschiedliche Infrastruktur impliziert immer auch ungleiche Lebensverhältnisse (zumindest was die öffentliche Freizeitinfrastruktur für Kinder und Jugendliche betrifft). Ein Vergleich der Medianwerte der vier Teilgruppen (siehe Abb. 5.2.1) zu den drei Erhebungszeitpunkten macht in diesem Zusammenhang auf größer werdenden Disparitäten in der Versorgung mit Jugendzentren aufmerksam: Im Jahr 2004 liegen der höchste und niedrigste Wert des Medians am weitesten auseinander, das heißt, zwischen den Jugendamtsbezirken sind die Unterschiede größer geworden.

Außer in den westdeutschen Landkreisen hat sich die Relation von der Anzahl der Kinder und Jugendlichen zur Anzahl der Jugendzentren verbessert. Die relativ schlechte Versorgungssituation in den westdeutschen Landkreisen schlägt sich auch in der schlechtesten Bewertung der Freizeitinfrastruktur bezüglich Einrichtungen der Jugendarbeit durch die Jugendringe nieder (vgl. Tab. 5.2.4 in Abschnitt 5.2.3). Wie auch die Daten der amtlichen Kinder- und Jugendhilfestatistik zeigen, stellt sich die Angebotssituation in Ostdeutschland nach wie vor besser dar als in Westdeutschland.

Wie bei den vergangenen Erhebungen unterscheidet sich die Anzahl der Jugendzentren in Städten und Landkreisen auch 2004, allerdings in Ost- und Westdeutschland nicht in gleicher Weise: In Ostdeutschland ist die Infrastruktur der Jugendzentren in den Landkreisen besser als in Städten und in Westdeutschland ist das Verhältnis genau umgekehrt. Die beste Relation zwischen der Anzahl der Jugendzentren und der Anzahl der Kinder und Jugendlichen in den Jugendamtsbezirken findet sich in den ostdeutschen Landkreisen. Dies ist auch auf die stärkere Verbreitung von Jugendräumen oder Jugendzimmern ohne hauptamtliches Personal in diesen Landkreisen zurückzuführen. Die Dichte allein ist daher insbesondere in ländlichen Regionen ein unzureichender Indikator, um die Versorgungssituation zu beschreiben. Hier spielen weitere Faktoren wie Öffnungszeiten, Programmvielfalt und insbesondere Erreichbarkeit der Einrichtungen eine wichtige Rolle (Schrapper/Spies 2002; Tully 1998; Liebig 2005b). Die Betrachtung der Personalsituation bei Jugendzentren in öffentlicher Trägerschaft, die auch in der Erhebung bei den Jugendämtern abgefragt wurde, liefert in diesem Zusammenhang Indizien: Die Anzahl der Personalstellen pro Jugendzentrum in öffentlicher Trägerschaft liegt in Ost- wie auch in Westdeutschland in den Städten deutlich (etwa 2,5-mal so viel Personal) über dem entsprechenden Wert für die Landkreise. Das heißt, die Personalausstattung der Jugendzentren in den Landkreisen ist schlechter.

Mögliche Folgen betreffen insbesondere die Programmvielfalt und die Öffnungszeiten. Zudem ist dies auch ein Hinweis auf eine höhere Anzahl von Jugendräumen ohne hauptamtliches Personal in den Landkreisen.

Stellensituation der Jugendzentren in öffentlicher Trägerschaft

Die Anzahl der ABM- und SAM-Stellen[33] in den Einrichtungen der Jugendarbeit weist auf einen weiteren Aspekt der Infrastruktur hin. Sie gibt an, in welchem Ausmaß die Infrastruktur der Einrichtungen der Jugendarbeit Bestandteil der Regelförderung ist. Damit werden die Stabilität und die Zukunftsperspektive der Einrichtungen der Jugendarbeit angesprochen. Der Anteil der über die Arbeitsverwaltung mitfinanzierten Stellen liegt in Ostdeutschland im Durchschnitt bei 35 % (vgl. Tab. 5.2.2). Im Westen dagegen ist diese Form der Mitfinanzierung relativ selten. Im Vergleich zu den Vorjahren zeigt sich in Ostdeutschland keine Verbesserung der Situation. Auch in den vorangegangenen Erhebungen war in Ostdeutschland jeweils etwa ein Drittel der Stellen in den Jugendzentren in öffentlicher Trägerschaft über die Arbeitsverwaltung mitfinanziert. Dagegen hat sich der entsprechende Anteil in Westdeutschland im Zeitverlauf deutlich reduziert. Nach wie vor sind es insbesondere die Jugendzentren in ostdeutschen Landkreisen, die einen hohen Anteil an ABM-/SAM-Stellen aufweisen (42 % in Landkreisen und 27 % in den Städten). Gerade dort also, wo der Bedarf nach Einrichtungen der Jugendarbeit mangels anderer Alternativen am höchsten ist (vgl. Tab. 5.2.4), ist das Angebot am schlechtesten abgesichert.

Tab. 5.2.2: Kennzahlen zur Personalsituation in Jugendzentren in öffentlicher Trägerschaft

	Ost	West	Insgesamt
Anteil der ABM-/SAM-Stellen	35 %	2 %	14 %
Anteil des pädagogischen Personals	72 %	95 %	86 %
Anteil der Jugendamtsbezirken mit unbesetzten Stellen in Jugendzentren	47 %	28 %	35 %

Quelle: DJI-Jugendamtserhebung 2004

[33] Das Arbeitsmarktinstrument »Strukturanpassungsmaßnahme« wurde Ende des Jahres 2002 eingestellt.

Der Anteil des pädagogischen Personals liegt in Ostdeutschland (72 %) deutlich unter dem in Westdeutschland (95 %). Generell gibt es auch Jugendzentren mit hauptamtlichem Personal, das andere als pädagogische Aufgaben (z. B. Hausmeistertätigkeiten) wahrnimmt. Es zeigt sich ein sehr starker statistischer Zusammenhang zwischen dem Anteil der ABM-/SAM-Stellen und dem Anteil der pädagogischen MitarbeiterInnen in Jugendzentren in öffentlicher Trägerschaft: Je höher der Anteil der ABM-/SAM-Stellen, desto geringer ist der Anteil des pädagogischen Personals in den Jugendzentren. Unklar ist, ob der geringere Anteil pädagogischen Personals in Ostdeutschland auf eine andere Aufgabenstruktur in den Jugendzentren (etwa höhere Anteile nichtpädagogischer Arbeit, die von ABM-/SAM-Kräften erledigt werden) oder auf eine fehlende bzw. andere, nichtpädagogische Qualifikation der ABM-/SAM-Kräfte zurückzuführen ist. In beiden Fällen muss geprüft werden, ob die pädagogischen Zielsetzungen der Jugendarbeit mit dem vorhandenen hauptamtlichen Personal adäquat verfolgt werden kann.

Eine eventuelle Bedrohung der Kontinuität des Angebots »Jugendzentren« lässt sich auch an dem relativ hohen Anteil von Jugendamtsbezirken ablesen, der nicht alle vorhandenen Stellen in den Jugendzentren besetzt hat. Dies trifft auf etwa jeden dritten Jugendamtsbezirk (35 %) zu. Damit hat sich dieser Anteil gegenüber der letzten Erhebung um fünf Prozentpunkte erhöht. Diese Steigerung wird ausschließlich durch die Veränderung der Situation in Ostdeutschland verursacht. Hier hat sich der Anteil von 30 % auf 47 % erhöht, während in Westdeutschland der Anteil nach wie vor bei ca. 30 % liegt. Eine weitere Quantifizierung des genauen Anteils der nicht besetzten Stellen ist anhand der Erhebungsdaten nicht möglich.

5.2.2 Trägerstruktur der Jugendzentren

Tabelle 5.2.3 zeigt die Trägerstruktur der Jugendzentren in den Jugendamtsbezirken. Die meisten Jugendzentren befinden sich in freier Trägerschaft (65 %). Wie Tabelle 5.2.3 auch verdeutlicht, sind dabei einzelne Gruppen freier Träger unterschiedlich stark vertreten.

Die größte Einzelgruppe stellen die öffentlichen Träger dar. Öffentliche Träger im Bereich der Jugendarbeit sind zu differenzieren nach Jugendämtern und kreisangehörigen Gemeinden in den Landkreisen, die relativ häufig Träger von Jugendräumen ohne hauptamtliches Personal sind (vgl. Statistisches Bundesamt 2004 e). Liebig (2005 a: 214 ff.) weist darauf hin und liefert für Nordrhein-Westfalen empirische Hinweise, dass der Anteil der Jugendzentren in öffentlicher Trägerschaft überschätzt wird, da insbesondere aufseiten der freien Träger ein Teil der kleineren Einrichtungen nicht erfasst wird.

Tab. 5.2.3: Durchschnittliche Anteile der Trägerzugehörigkeit der Jugendzentren im Jugendamtsbezirk, 2004

Trägerschaft	Ost	West	Insgesamt
Öffentliche Träger	28 %	38 %	35 %
Kirchliche Träger	8 %	25 %	19 %
Vereine	31 %	11 %	18 %
Jugendverbände/-ringe	6 %	11 %	9 %
Wohlfahrtsverbände	12 %	6 %	8 %
Selbstverwaltung	11 %	5 %	7 %
Sonstige Träger	1 %	2 %	2 %
Initiativen	< 1 %	1 %	1 %

Quelle: DJI-Jugendamtserhebung 2004

Kirchliche Trägerschaft und die Trägerschaft von konfessionellen Wohlfahrtsverbänden lassen sich nicht immer scharf trennen. Die kirchliche Trägerschaft von Jugendzentren und Jugendräumen wird wahrscheinlich in der amtlichen Kinder- und Jugendhilfestatistik deutlich unterschätzt. Im Durchschnitt liegt der Anteil der Jugendzentren in kirchlicher Trägerschaft bei 19 %. Vor dem Hintergrund der geringeren konfessionellen Orientierung der Bevölkerung in Ostdeutschland verwundert es nicht, dass der durchschnittliche Anteil der kirchlichen Trägerschaft in Ostdeutschland (8 %) den im Westen (25 %) deutlich unterschreitet. Hingegen sind Vereine in Ostdeutschland (31 %) viel häufiger Träger von Jugendzentren als im Westen (11 %). Durchschnittlich 9 % der Jugendzentren befinden sich in Trägerschaft der Organisationen der Jugendarbeit (Jugendverbände/-ringe), wobei dies im Westen etwas häufiger der Fall ist (11 %) und der längeren ungebrochenen Tradition dieser Organisationen in Westdeutschland zuzuschreiben ist.

Auch bei dem Anteil der Trägerschaft von Wohlfahrtsverbänden und selbstverwalteten Jugendzentren unterscheiden sich ost- und westdeutsche Jugendamtsbezirke erheblich. Beide Formen der Trägerschaft haben in Ostdeutschland im Vergleich zu Westdeutschland einen doppelt so hohen Anteil. Dies lässt sich historisch zum einen mit der Suche der öffentlichen Träger nach verlässlichen Partnern erklären – Wohlfahrtsverbände galten als verlässliche Partner, weil sie über eine lange Erfahrung im Bereich der Kinder- und Jugendhilfe verfügen –, die bei der Neuordnung und dem Aufbau der Jugendhilfestrukturen in Ostdeutschland behilflich sein konnten.

Zum anderen kann die Eigeninitiative der Jugendlichen, die nach der Wende Wege gesucht haben, historisch unbelastete Formen der Jugendarbeit neu zu etablieren, eine Erklärung sein. Bereits der hohe Anteil örtlicher Trägervereine, die sich nach der Wende unabhängig von alten und aus dem Westen »importierten« Strukturen gegründet haben, hat in diese Richtung verwiesen (vgl. hierzu auch Santen/Seckinger 2001).

In Tabelle 5.2.3 ist lediglich der durchschnittliche Anteil der einzelnen Trägergruppen in den Jugendamtsbezirken dargestellt. Diese Darstellung ermöglicht keine unmittelbare Aussage darüber, in wie vielen Jugendamtsbezirken die einzelnen Trägergruppen Träger von mehr als mindestens einem Jugendzentrum sind. Bezieht man dahingehend Informationen aus der Erhebung bei den Jugendämtern ein, so lässt sich aus dem Vergleich der Daten aus den drei Erhebungswellen zum einen ein geringfügiger Rückgang des Stellenwertes des öffentlichen Trägers ersehen und zum anderen ein deutlicher Rückgang des Anteils der Jugendamtsbezirke, in denen Jugendverbände oder Jugendringe Träger mindestens einer Einrichtung sind: Die öffentlichen Träger sind im Jahr 2004 noch in 88 % (1995: 93 %) und die Organisationen der Jugendarbeit in 46 % (1995: 66 %) der Jugendamtsbezirke Träger einer Einrichtung der offenen Jugendarbeit.

5.2.3 Einschätzung der Freizeitinfrastruktur

Einrichtungen und Angebote der Jugendarbeit sind ein wichtiger Bestandteil der Freizeitinfrastruktur für Kinder- und Jugendliche. Daneben gibt es weitere Angebote (z. B. Schwimmbäder, Diskotheken), die Kinder und Jugendliche in ihrer Freizeit gerne nutzen. In Tabelle 5.2.4 sind vier verschiedene Angebotstypen, die jeweils einen Teil der Infrastruktur beschreiben, enthalten. Die Jugendringe wurden danach gefragt, wie sie verschiedene Bereiche der Angebotsstruktur in ihrer eigenen Region bewerten. Die diesbezüglichen Einschätzungen differieren relativ stark im Hinblick auf Städte und Landkreise in Ost- und Westdeutschland (vgl. Tab. 5.2.4), was die jeweils unterschiedlich hohe Dichte solcher Einrichtungen widerspiegelt (vgl. Abb. 5.2.1). Bis auf den Bereich »Freiräume/Flächen für Kinder und Jugendliche«, bei dem es kaum einen Unterschied zwischen Städten und Landkreisen bei der Beurteilung der Freizeitinfrastruktur durch die Jugendringe gibt, wird die Freizeitinfrastruktur in den Städten für alle Bereiche positiver eingeschätzt. Die Vielfalt und die Erreichbarkeit sind hier wahrscheinlich ausschlaggebend. Diese Aspekte sind in den Städten einfacher und kostengünstiger zu realisieren als in ländlichen Gebieten. Dabei ist zudem zu bedenken, dass Städte, gerade was Infrastrukturangebote betrifft, oftmals eine überregionale Funktion erfüllen und auch Möglichkeiten der Freizeitgestaltung für Jugendliche aus den umliegenden Landkreisen bieten.

Tab. 5.2.4: Anteil der Jugendringe, die die Infrastruktur für Kinder und Jugendliche in der jeweiligen Region positiv bewerten

	Ost		West		
	Land	Stadt	Land	Stadt	Insgesamt
Freizeiteinrichtungen wie Jugendtreffs, Jugendzentren	89 %	88 %	70 %	85 %	78 %
Freizeitinfrastruktur wie z. B. Schwimmbad, Skaterbahn, Bolzplatz	38 %	63 %	72 %	77 %	69 %
Kommerzielle Angebote wie Diskotheken, Cafés, Gaststätten	46 %	100 %	62 %	69 %	64 %
Freiräume/Flächen für Kinder und Jugendliche	38 %	38 %	59 %	56 %	54 %

Quelle: DJI-Jugendringerhebung 2004

Aus der Perspektive der Jugendlichen haben nicht nur die Angebote der Jugendarbeit, sondern auch die Verfügbarkeit von sportlichen und kommerziellen Freizeitangeboten eine Relevanz, wenn es darum geht, die Freizeitinfrastruktur vor dem Hintergrund der vorhandenen Bedürfnisse zu beurteilen (vgl. Gawlik/Krafft/Seckinger 1995). Dies erklärt, warum trotz guter Infrastruktur hinsichtlich Einrichtungen der Jugendarbeit (vgl. Abb. 5.2.1) Jugendliche in Ostdeutschland insgesamt unzufriedener mit der Freizeitinfrastruktur sind (vgl. Gaiser 1999; Gaiser u. a. 2003). Die Verfügbarkeit der drei anderen Angebotstypen (kommerzielle Angebote, Freiräume sowie Einrichtungen wie Schwimmbad, Skaterbahn etc.) werden von ostdeutschen im Vergleich zu westdeutschen Jugendringen seltener positiv beurteilt.

Die Unterteilung nach Städten und Landkreisen innerhalb Ost- und Westdeutschlands, wie sie in Tabelle 5.2.4 enthalten ist, offenbart, dass die Freizeitinfrastruktur in den Landkreisen in der Regel schlechter bewertet wird als in den Städten. Besonders deutlich zeichnet sich dieser Unterschied zwischen Städten und Landkreisen in Ostdeutschland ab, wo es in den Landkreisen vor allem an kommerziellen Angeboten und Angeboten wie Schwimmbädern und Skaterbahnen fehlt. Dies lässt darauf schließen, dass die Zufriedenheit der Jugendlichen bezüglich ihrer Möglichkeiten zur Freizeitgestaltung nicht nur durch Angebote der Jugendarbeit alleine herzustellen ist, da die Zufriedenheit mit den Angeboten der offenen Jugendarbeit vergleichsweise hoch ist.[34] Auch die Jugendringe selbst antworten auf eine offene Frage nach den Defiziten bezüglich der vorhandenen Infrastruktur in ihrer Region oftmals mit dem Hinweis auf Infrastrukturangebote, die nicht von der Jugendarbeit bereitgestellt werden können, wie zum Beispiel Ausbildungs- und Arbeitsplätze sowie Diskotheken oder Schwimmbäder. Gerade dort, wo es an anderen Möglichkeiten fehlt, kann die Kinder- und Jugendhilfe als sogenannter weicher »Standortfaktor« die Attraktivität einer Region fördern. Dies gilt insbesondere für die Regionen, in denen der Rückgang der Geburtenrate sowie die hohe Abwanderung zu einer deutlichen Abnahme der Bevölkerung führen und es schwierig ist, eine öffentliche Infrastruktur auch im Bereich der Freizeit aufrechtzuerhalten.

Bemerkenswert ist der Unterschied zwischen ost- und westdeutschen Städten bezüglich der Einschätzung der kommerziellen Infrastruktur: Während in Ostdeutschland alle Stadtjugendringe diesen Aspekt der Infrastruktur positiv bewerten, beurteilt etwa ein Drittel der Stadtjugendringe im Westen diesen Aspekt eher negativ. Offen ist, inwiefern sich hier ein objektiver Unterschied in der kommerziellen Infrastruktur, unterschiedliche Anspruchshaltungen oder stärkere Abgrenzungstendenzen einzelner Jugendszenen, die jeweils eigene Freizeitmöglichkeiten für sich beanspruchen, widerspiegeln.

Abb. 5.2.2: Anteil der Jugendringe, die die Erreichbarkeit von Angeboten der Jugendarbeit eingeschränkt sehen sowie Anteil der Betroffenen

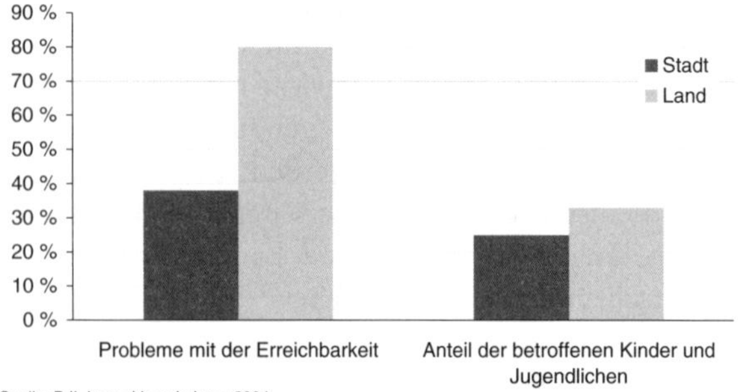

Quelle: DJI-Jugendringerhebung 2004

Die Erreichbarkeit der Angebote für Jugendliche ist nicht nur in ländlichen, sondern auch in Gebieten höherer Verdichtung ein we-

[34] Vorausgesetzt die Einschätzung der Jugendringe spiegelt das subjektive Empfinden der Kinder- und Jugendlichen wider.

sentlicher Qualitätsfaktor. Dies wird durch die Erhebung bei den Jugendringen bestätigt. Es gibt einen signifikanten Zusammenhang zwischen der Einschätzung der Freizeitinfrastruktur in Bezug auf Jugendtreffs und Jugendzentren und der Einschätzung der verkehrstechnischen Erreichbarkeit dieser Angebote. Auf die Frage nach der Erreichbarkeit von Angeboten der Jugendarbeit geben 60 % der Jugendringe an, dass die Erreichbarkeit der Angebote nicht für alle Jugendliche im Jugendamtsbezirk gewährleistet ist. Hierbei zeigt sich ein sehr deutlicher Stadt-Land-Unterschied: Während in den Städten 38 % der Jugendringe die Erreichbarkeit als nicht für alle Jugendliche gewährleistet sehen, sind bei den Kreisjugendringen 80 % dieser Ansicht (vgl. Abb. 5.2.2). Auch bezogen auf den Anteil der Kinder und Jugendlichen, für die die Erreichbarkeit der Angebote der Jugendarbeit ein Problem darstellt, zeigen sich deutliche Differenzen. Dort, wo die Erreichbarkeit eingeschränkt ist, betrifft dies in den Landkreisen auch einen viel größeren Anteil der Jugendlichen, nämlich im Durchschnitt jeden dritten Jugendlichen/jede dritte Jugendliche, als in den Städten, wo etwa jede/jeder vierte Jugendliche von der mangelnden Erreichbarkeit der Angebote betroffen ist.

Unterscheiden sich Landkreise und kreisfreie Städte noch deutlich bezüglich der Erreichbarkeit der Angebote, so stellen die Öffnungszeiten in beiden Typen von Gebietskörperschaften gleichermaßen ein Problem dar. 37 % der Jugendringe sind der Meinung, dass die Öffnungszeiten der Einrichtungen der Jugendarbeit in ihrer Region nicht den Bedürfnissen der Kinder und Jugendlichen entsprechen. Jugendringe, die selbst Träger von Einrichtungen sind, sind signifikant seltener (27 %) der Meinung, dass die Öffnungszeiten nicht den Bedürfnissen entsprechen, als Jugendringe ohne eigene Einrichtungen (44 %). Begründet wird eine negative Einschätzung der Öffnungszeiten mit dem Verweis auf zu kurze Öffnungszeiten und Öffnungszeiten zur falschen Zeit. Gewünscht werden vor allem Öffnungszeiten am Abend und am Wochenende. Die Relevanz dieses Aspekts für die allgemeine Zufriedenheit mit dem Angebot an Einrichtungen der Jugendarbeit zeigt eine entsprechende Analyse: Die Einschätzung nicht bedürfnisgerechter Öffnungszeiten geht häufig mit einer insgesamt schlechteren Bewertung der Infrastruktur im Hinblick auf Jugendtreffs und Jugendzentren einher.

5.2.4 Fazit

Die Infrastruktur der offenen Jugendarbeit unterscheidet sich in Ost- und Westdeutschland sehr stark. Die demografische Entwicklung führt in Ostdeutschland zu dem Effekt, dass selbst bei einer Reduzierung der Anzahl der Einrichtungen die Dichte (Anzahl der Einrichtungen bezogen auf die Anzahl der Jugendlichen) steigt und sich damit im Moment rein rechnerisch das Angebot verbessert. Die Jugendämter stehen hier vor der schwierigen Herausforderung, bei angespannter kommunaler Finanzlage die Infrastruktur der Jugendarbeit entsprechend den Bedürfnissen der Kinder und Jugendlichen zu sichern. Dies scheint aus zweierlei Gründen notwendig. Zum einen ist es einfacher, eine Infrastruktur zu reduzieren als aufzubauen. Die Infrastruktur muss daher zukunftsfähig bleiben und sollte nicht über das in Zukunft notwendige Maß abgebaut werden. Vor dem Hintergrund der unsicheren demografischen Entwicklung der nächsten Jahre (Binnenwanderung, Geburtenentwicklung) gibt es hierzu keine eindeutig objektivierbaren Richtgrößen, zumal die Erreichbarkeit der Einrichtungen gerade im ländlichen Raum einen zusätzlich zu beachtenden Aspekt darstellt. Zum anderen ist zu erwarten, dass vor dem Hintergrund der in der Regel kurzfristig gewinnorientierten Strategien der kommerziellen Freizeiteinrichtungen diese früher die Konsequenzen ziehen werden und sich vom Markt zurückziehen. Dieser zu erwartende Einbruch der kommerziellen Freizeitinfrastruktur bedarf der Kompensation durch öffentliche Angebote, wenn man die Qualität und Attraktivität der gesamten Freizeitinfrastruktur nicht unter ein bestimmtes Niveau sinken lassen will: Je schlechter die kommerzielle Infrastruktur, desto wichtiger werden öffentliche Investitionen in diesem Bereich.

Nach wie vor wird ein Teil der personellen Infrastruktur der Jugendarbeit in erheblichem Maße durch Instrumente der aktiven Arbeitsmarktpolitik der Arbeitsagentur für Arbeit finanziert. Die Anzahl der Arbeitbeschaffungsmaßnahmen (ABM) ist jedoch stark rückläufig, wohingegen die Anzahl der sogenannten »Ein-Euro-Jobs« (»Arbeitsgelegenheiten mit Mehraufwandsentschädigung« § 16 [3] SGB II) für erwerbsfähige Hilfebedürftige, die keine Arbeit finden können, steigt und bereits jetzt größer ist als die der ABM. Ein-Euro-Jobs im Bereich der Jugendarbeit bringen aber noch stärker, als dies bei ABM der Fall ist, die Gefahr einer Dequalifizierung der Jugendarbeit mit sich. Die Ein-Euro-Jobs können bislang maximal neun Monate ausgeübt werden und verlangen vonseiten der Arbeitsuchenden keine besondere Qualifikation. Damit sind Kontinuität und Qualität der Jugendarbeit gefährdet. Zudem kann dem Arbeitssuchenden das Arbeitslosengeld II (ALG II) gekürzt werden, wenn dieser das Beschäftigungsangebot ohne wichtigen Grund nicht annimmt. Er oder sie ist also gezwungen, einen solchen Job anzunehmen. Das Prinzip der Freiwilligkeit der Jugendarbeit wird damit unterwandert. Die Jugendarbeit mit Ein-Euro-Jobs abzusichern, steht zudem im Widerspruch zur Anforderung der Zusätzlichkeit, die mit den Arbeitsangelegenheiten mit Mehraufwandsentschädigung verbunden ist. Die Arbeitsgelegenheiten sollen nämlich nach dem § 16 (3) SGB II nur im öffentlichen Interesse liegende, zusätzliche Arbeiten sein. Gerade in Zeiten, in denen die Freizeitinfrastruktur gefährdet ist, kann deren Sicherung nicht als »zusätzlich« definiert werden.

Die Trägerstruktur bei den Einrichtungen der offenen Jugendarbeit unterscheidet sich in Ostdeutschland aufgrund der Neuorganisation dieses Bereiches nach der Wiedervereinigung erheblich von der in Westdeutschland anzutreffenden Trägerstruktur. In Ostdeutschland sind deutlich weniger Einrichtungen der offenen Jugendarbeit in öffentlicher Trägerschaft, während mehr Einrichtungen von Wohlfahrtsverbänden und Vereinen getragen werden oder von den Jugendlichen selbstverwaltet werden. Die Erhaltung und Förderung dieser pluralen Infrastruktur stellt gerade in Zeiten des notwendigen Umbaus eine besondere Herausforderung der kommunalen Kinder- und Jugendhilfe dar.

5.3 Jugendsozialarbeit

Anders als die Jugendarbeit richtet sich die Jugendsozialarbeit an benachteiligte Jugendliche. »Jungen Menschen, die zum Ausgleich sozialer Benachteiligungen oder zur Überwindung individueller Beeinträchtigungen in erhöhtem Maße auf Unterstützung angewiesen sind, sollen im Rahmen der Jugendhilfe sozialpädagogische Hilfen angeboten werden, die ihre schulische und berufliche Ausbildung, Eingliederung in die Arbeitswelt und ihre soziale Integration fördern« (§ 13 [1] KJHG). Die sozial-, schul- und berufspädagogischen Hilfen der Jugendsozialarbeit sind also ganzheitlich und auf gesellschaftliche Integration hin angelegt, das heißt die Vermittlung beruflicher Fähig- und Fertigkeiten sowie beruflicher Qualifikationen erfolgt im Zusammenhang mit individuellen Hilfen bzw. Sozialisationshilfen. Demzufolge wird Jugendsozialarbeit nicht nur im Kontext von Jugendhilfe durchgeführt, sondern auch die Folgen der Bildungs-, Arbeitsmarkt-, Migrations-/Integrations-, Sozial- und Wohnungsbaupolitik spielen eine Rolle. Durch diese Überschneidungen können jedoch Probleme entstehen. So unterscheiden sich zum Beispiel das SGB II (Grundsicherung für Arbeitssuchende) und das KJHG in ihrer allgemeinen Zielsetzung grundsätzlich voneinander. Das Ziel des SGB II ist in erster Linie die Vermittlung in Arbeit und damit einhergehend die Vermeidung bzw. Beendigung von (materieller) Hilfsbedürftigkeit; die Neuorganisation der Vermittlungsaktivitäten der Bundesagentur für Arbeit strebt eine entsprechend passgenaue Förderung an. Dies hat zur Folge, dass die unter 25-Jährigen nach dem SGB II unverzüglich in Arbeit, Ausbildung oder Arbeitsgelegenheiten zu vermitteln sind. Dagegen steht im KJHG die ganzheitliche Förderung und Persönlichkeitsentwicklung im Vordergrund. Junge Menschen ohne Ausbildung oder Arbeit können sowohl unter den Anwendungsbereich des SGB II und SGB III (Arbeitsförderung) als auch unter den des KJHG fallen. Da die Leistungen nach dem SGB II allerdings durch Subsidiarität und Nachrangigkeit gegenüber anderen Leistungen gekennzeichnet sind, hat das Kommunale Optionsgesetz in Ergänzung festgelegt, dass die Leistungen nach § 13 KJHG nachrangig gegenüber Leistungen nach dem SGB II sind, die als Dienstleistungen, Geldleistungen oder Sachleistungen erbracht werden können. Angebote der Jugendsozialarbeit können aber auch neben oder ergänzend zu den Leistungen nach dem SGB II stehen, was in § 10 (2) KJHG festgelegt wurde. Wenn die Leistungen zur Eingliederung in Arbeit nach dem SBG II nicht ausreichen, um die berufliche Integration junger Menschen zu erreichen, kommen als zusätzliche kommunale Leistungen auch Angebote der Jugendsozialarbeit in Betracht (vgl. Deutscher Verein 2005). Darüber hinaus muss die Kinder- und Jugendhilfe weiterhin Angebote für all diejenigen bereithalten, die keine Hilfe nach dem SGB II erhalten (vgl. Wiesner 2006: 220ff.).

Die Daten aus der Jugendamtsbefragung beziehen sich auf einen Zeitpunkt vor dem Inkraft treten des SGB II und zeigen die Entwicklung von drei Angeboten (Schulsozialarbeit, sozialpädagogisch begleitete Ausbildungs- und Beschäftigungsmaßnahmen, mobile Jugendarbeit) der Jugendsozialarbeit im Zeitraum von 2000 bis 2003. Für diese Zeitspanne zeigt sich eine Zunahme von Jugendamtsbezirken, in denen Jugendsozialarbeit angeboten wird. Trotzdem gibt es 2003 nach wie vor viele Jugendamtsbezirke, in denen keine Angebote der Jugendsozialarbeit vorhanden waren (vgl. Tab. 5.3.1). Dort wo es keine Angebote gab, muss allerdings berücksichtigt werden, dass insbesondere Hilfen im Bereich der Schulen sowie der Ausbildungs- und Arbeitsmarktintegration zum Teil auch von anderen Stellen finanziert wurden (Schule, Arbeitsamt, Sozialamt) und solche Angebote und Maßnahmen möglicherweise nicht ins Blickfeld der Jugendhilfe gelangen. Deutlich wird dabei eine unklare Zuordnung der Verantwortung für die Bearbeitung von Problemen, die verschiedene Lebensbereiche tangieren und deren Bearbeitung in jeweils eigenen Institutionen stattfindet: Bildungs- und Ausbildungsinstitutionen für den Bereich der Bildung, Arbeitsämter für die Integration auf dem Ausbildungs- und Arbeitsmarkt und die Jugendämter für die Unterstützung von Kindern und Jugendlichen bei ihrer individuellen und sozialen Entwicklung. Da die Entwicklung von Kindern und Jugendlichen nicht unabhängig von ihrer Entwicklung im Bildungssystem und auf dem Ausbildungs- und Arbeitsmarkt gesehen werden kann, sieht sich die Jugendhilfe häufig zur Übernahme von Verantwortung auch für diese Bereiche gedrängt. Andererseits enthebt die Verantwortung der Jugendhilfe keineswegs andere Institutionen ihrer gesetzlichen Pflicht. Diese Konstellation bedingt viele Probleme (umstrittene Ziele und Finanzierungszuständigkeiten, Koordinations- und Kooperationsprobleme) der Jugendsozialarbeit (Braun/Lex/Rademacker 2001: 27f.). Welche Auswirkungen die veränderten gesetzlichen Rahmenbedingungen auf die Entwicklung der Angebote der Jugendsozialarbeit haben werden, wird sich in den nächsten Jahren zeigen.

*Tab. 5.3.1: Entwicklung der Trägerzugehörigkeit bei Angeboten der Jugendsozialarbeit in den Jugendamtsbezirken, 2003**

Angebote	Ausschließlich öffentl. Träger		Teils öffentl./ teils nicht-öffentl. Träger		Ausschließlich nicht-öffentl. Träger		Vorhanden	
Schulsozialarbeit	35 %	(-5 %)	11 %	(-6 %)	54 %	(+10 %)	78 %	(+12 %)
Sozialpädagogisch begleitete Ausbildungs- und Beschäftigungsmaßnahmen	9 %	(+1 %)	9 %	(-10 %)	83 %	(+10 %)	61 %	(+10 %)
Mobile Jugendarbeit	31 %	(+5 %)	12 %	(-12 %)	58 %	(+8 %)	56 %	(+2 %)

* In Klammern Veränderungen gegenüber 2000 in Prozentpunkten. Die Richtung der Veränderung wird durch das Vorzeichen bestimmt, d.h., ein negatives Vorzeichen deutet auf eine Abnahme hin.

Quelle: DJI-Jugendamtserhebung 2004 und 2000

Tabelle 5.3.1 enthält neben den Angaben zum Vorhandensein der drei Angebote der Jugendsozialarbeit in den Jugendamtsbezirken auch Angaben zur Trägerstruktur der Angebote, die eine Integration von benachteiligten Jugendlichen in (Aus-)Bildungseinrichtungen und in den Arbeitsmarkt sowie in die Gesellschaft allgemein fördern sollen. In jeweils mehr als der Hälfte der Jugendamtsbezirke werden die Angebote der Jugendsozialarbeit ausschließlich von nicht-öffentlichen Trägern bereitgestellt. Im Vergleich zu anderen Angebotsbereichen, wie zum Beispiel den erzieherischen Hilfen, der Jugendarbeit oder der Kindertagesbetreuung, spielt bei der Jugendsozialarbeit auch der öffentliche Träger eine wichtige Rolle als Anbieter.

Insgesamt hat sich jedoch das Verhältnis von öffentlicher und nicht-öffentlicher Trägerschaft in dem Zeitraum zwischen den beiden letzten Erhebungszeitpunkten zugunsten der nicht-öffentlichen Träger geändert.

Bei allen in Tabelle 5.3.1 enthaltenen Formen der Jugendsozialarbeit gibt es im Osten häufiger als im Westen mehrere Träger innerhalb der Jugendamtsbezirke. Bei der mobilen Jugendarbeit und den sozialpädagogisch begleiteten Ausbildungs- und Beschäftigungsmaßnahmen ist dieser Unterschied zum Westen signifikant.

Im Folgenden werden die in Tabelle 5.3.1 genannten Handlungsfelder der Jugendsozialarbeit einzeln betrachtet. Eine Darstellung nach Angebot und Nachfrage der Leistungen der Jugendsozialarbeit ist dabei nicht möglich, da im Bereich der amtlichen Kinder- und Jugendhilfestatistik eine Leistungsstatistik fehlt, die die Inanspruchnahme von Angeboten der Jugendsozialarbeit beschreibt (vgl. für weitere Datenquellen in Bezug auf die Jugendsozialarbeit Schilling/Rauschenbach 2001).

5.3.1 Schulsozialarbeit

Die Schulsozialarbeit ist als Begriff nicht explizit im KJHG enthalten. Ihre Aufgabe ist jedoch in dem anfangs zitierten Abschnitt des § 13 KJHG zur Jugendsozialarbeit eindeutig umschrieben. Schulsozialarbeit bewegt sich im Spannungsverhältnis zweier verschiedener Anforderungen. Während für die Schule die Sicherstellung des normalen Lehrbetriebs im Vordergrund steht und schwierige SchülerInnen in diesem Zusammenhang ein Problem darstellen, versucht die Jugendhilfe die Einbindung von schwierigen SchülerInnen in den Unterricht zu erhalten oder wiederherzustellen, damit für sie ein Stück Normalität und eine Bildungs- und Ausbildungsperspektive erhalten bleibt (vgl. für eine Darstellung der konzeptionellen Entwicklungslinien und eine Bestandsaufnahme Homfeldt/Schulze-Krüdener 2001).

In 78 % der Jugendamtsbezirke gibt es Schulsozialarbeit. Damit ist der Anteil an Jugendamtsbezirken, in denen es mindestens an einer Schule ein Angebot der Schulsozialarbeit gibt, gegenüber der letzten Erhebung um zwölf Prozentpunkte angestiegen. Dieser Anstieg ist insbesondere auf die Entwicklung in den westdeutschen Jugendamtsbezirken zurückzuführen, in denen die Verbreitung der Schulsozialarbeit deutlich angestiegen ist. Dies hat dazu geführt, dass der lange Zeit signifikante Unterschied zwischen Ost- und Westdeutschland bezüglich dieses Angebots verschwunden ist. Die

Anzahl der von der Kinder- und Jugendhilfe bereitgestellten Angebote der Schulsozialarbeit hat sich im Beobachtungszeitraum erhöht. Angebote der Schulsozialarbeit können sich aber auch in Trägerschaft von Schulen befinden; inwiefern es auch hier eine Zunahme der Schulsozialarbeit gibt, lässt sich an dieser Stelle allerdings nicht sagen. Der häufig beklagte Mangel an Angeboten der Schulsozialarbeit zeigt, dass trotz erkennbarer Ausbautendenzen immer noch Bedarf besteht. Zu beobachten ist dabei allerdings auch, dass der Ruf nach Schulsozialarbeit immer dann besonders laut wird, wenn aufgrund von öffentlichkeitswirksamen Vorfällen intensiv über Gewalt, Kriminalität oder Integrationsprobleme an Schulen diskutiert wird. Die Hoffnung, allein der Einsatz von SchulsozialarbeiterInnen könnte die Probleme lösen, ist dabei überhöht, da auch die Schulen selbst angemessen auf die Probleme reagieren müssen und die Verantwortung nicht ausschließlich an andere delegieren können. Ein anderer Zusammenhang, in dem die zunehmende Notwendigkeit von Schulsozialarbeit diskutiert wird, ist die Einführung der Ganztagsschulen. Aus sozialpädagogischer Sicht wird dabei die Schulsozialarbeit als wichtiger Bestandteil gesehen, damit die Ganztagsschule ihren umfassenden Erziehungsauftrag erfüllen kann. Durch die Schulsozialarbeit sollen insbesondere Benachteiligungen vermieden und abgebaut werden, die zu Schulschwierigkeiten führen können, und zugleich schulisch weniger Erfolgreiche darin unterstützt werden, ihre Stärken zu entfalten und Ressourcen zu erschließen (vgl. GEW 2004).

Allerdings stehen Schulsozialarbeit und Schule aufgrund ihrer jeweiligen Systeme grundsätzlich in einem Spannungsverhältnis zueinander: Beide pädagogischen Bereiche sind unterschiedlich organisiert und vertreten unterschiedliche professionelle Grundpositionen, sodass eine Zusammenarbeit nur dann gelingen kann, wenn diese Positionen gegenseitig gewürdigt werden und eine effektive Kommunikationskultur entwickelt wird (vgl. Jall 2002).

Ein Blick auf die Trägerstruktur zeigt, dass die Schulsozialarbeit im Osten stark von freien Trägern geprägt ist (82 % ausschließlich nicht-öffentliche Träger), während im Westen die Schulsozialarbeit bei dem relativ größten Anteil von Jugendamtsbezirken ausschließlich vom öffentlichen Träger (48 %) geleistet wird. In 45 % der Jugendamtsbezirke, in denen es ein Angebot der Schulsozialarbeit gibt, sind mehrere Träger in diesem Bereich aktiv. Gegenüber der letzten Erhebung hat damit die Pluralität in diesen Jugendamtsbezirken um sieben Prozentpunkte zugenommen. Ein Jugendamt gibt an, dass in seinem Bezirk ein privat-gewerblicher Träger Schulsozialarbeit anbietet.

5.3.2 Sozialpädagogisch begleitete Ausbildungs- und Beschäftigungsmaßnahmen

Nach § 13 (2) KJHG sollen für Jugendliche sozialpädagogisch begleitete Ausbildungs- und Beschäftigungsmaßnahmen angeboten werden, die den Fähigkeiten und dem Entwicklungsstand der jungen Menschen Rechnung tragen, sofern eine berufliche Integration nicht durch Maßnahmen und Programme anderer Träger und Organisationen sichergestellt ist. In der Erhebung wurde nach dem Vorhandensein von sozialpädagogisch begleiteten Ausbildungs- und Beschäftigungsangeboten gefragt. Angesichts der schlechten Lage auf dem Arbeitsmarkt erscheint es folgerichtig, dass dieses Angebot der Jugendberufshilfe in den vergangenen Jahren in den Jugendamtsbezirken eine stärkere Verbreitung gefunden hat und nunmehr in 61 % der Jugendamtsbezirke vorhanden ist.

Es ist wahrscheinlich, dass es innerhalb der Jugendamtsbezirke weitere Angebote gibt, die im Prinzip den sozialpädagogisch begleiteten Ausbildungs- und Beschäftigungsmaßnahmen zuzurechnen sind, aber von einer anderen Institution, wie zum Beispiel dem Arbeitsamt oder dem Sozialamt, getragen werden. Insbesondere im Bereich der gesamten Jugendberufshilfe muss man davon ausgehen, dass weite Teile über Mittel der Arbeitsverwaltung nach dem SGB III finanziert und ohne konzeptionelle Einbindung der Jugendämter durchgeführt werden. Ebenso hat das SGB II Auswirkungen auf die Arbeit der Anbieter von Angeboten der Jugendberufshilfe. Leider sind diese Auswirkungen bisher noch nicht systematisch dokumentiert worden, weshalb hierzu keine genaueren Angaben möglich sind.

Die Trägerstruktur der sozialpädagogisch begleiteten Ausbildungs- und Beschäftigungsmaßnahmen ist im Vergleich zu den anderen hier betrachteten Angeboten der Jugendsozialarbeit durch den höchsten Anteil an nicht-öffentlichen Trägern (83 %) geprägt. In den Jugendamtsbezirken, in denen es Angebote der Jugendberufshilfe gibt, sind meistens mehrere Träger aktiv (64 %). Auch privat-gewerbliche Träger scheinen in diesem Arbeitsfeld Fuß zu fassen: Während bei der letzten Erhebung bei den sozialpädagogisch begleiteten Ausbildungs- und Beschäftigungsmaßnahmen in keinem der Jugendamtsbezirke privat-gewerbliche Träger aktiv waren, sind sie es jetzt 9 % der Jugendamtsbezirke, in denen es dieses Angebot gibt. Angebote von privat-gewerblichen Trägern können in diesem Bereich durchaus erfolgreich sein; so konnte für die Jugendberufshilfe empirisch gezeigt werden, dass Hilfen, die von privaten Trägern geleistet wird, gute Erfolgsaussichten haben. Dies wird auf die größere Nähe zur Alltagsrealität von Unternehmen zurückgeführt, die die Motivation steigert und reale Perspektiven bieten kann (vgl. Braun 1999).

Junge Menschen können nach § 13 (3) KJHG während der Teilnahme an schulischen oder beruflichen Bildungsmaßnahmen oder bei der beruflichen Eingliederung Unterkunft in Wohneinheiten mit sozialpädagogischer Betreuung in Anspruch nehmen. Eine Aufnahme in diese Lehrlings- und Jugendwohnheime setzt keinen besonderen pädagogischen Bedarf voraus, weshalb sie auch nicht zu den erzieherischen Hilfen gezählt wird. Es wird jedoch davon ausgegangen, dass die Unterbringung in solchen Einrichtungen die Erfolgschancen der Bildungsmaßnahmen für junge Menschen erhöht.

Tab. 5.3.2: Einrichtungen zweier Formen der Jugendsozialarbeit nach Ost- und Westdeutschland, 1998 und 2002

	Ost		West		Insgesamt	
Art der Einrichtung	Dichte*	ÖT**	Dichte*	ÖT**	Dichte*	ÖT**
Einrichtungen des Jugendwohnens im Rahmen der Jugendsozialarbeit						
1998	3,3	14 %	2,8	8 %	2,9	9 %
2002	2,3	17 %	2,5	12 %	2,4	13 %
Einrichtungen der berufsbezogenen Jugendsozialarbeit						
1998	6,0	6 %	3,8	17 %	4,3	14 %
2002	7,4	7 %	4,5	23 %	5,1	19 %
Insgesamt						
1998 (714 Einrichtungen)	9,3	9 %	6,6	13 %	7,2	12 %
2002 (790 Einrichtungen)	9,7	10 %	7,0	20 %	7,5	17 %

* ÖT: öffentlicher Träger

** Anzahl der Einrichtungen pro 100.000 14- bis 25-Jährige

Quelle: Statistik der Kinder- und Jugendhilfe, Teil III; eigene Berechnungen

Tabelle 5.3.2 enthält die Daten der amtlichen Kinder- und Jugendhilfestatistik zu zwei verschiedenen Einrichtungstypen der Jugendsozialarbeit aus den Jahren 1998 und 2002, die im Rahmen der Jugendberufshilfe von Bedeutung sind.[35] Bezogen auf die Einrichtun-

[35] Die amtliche Kinder- und Jugendhilfestatistik enthält auch Angaben zur Anzahl der Jugendgemeinschaftswerke bzw. Jugendmigrationsdienste, die ebenfalls zu den Einrichtungen der Jugendsozialarbeit zählen; allerdings zeigt die Erhebung der BAGJAW (1. Statistik der Migrationsdienste, vgl. Mies-van Engelshoven, 2004), dass lediglich ca. die Hälfte dieser Einrichtungen in der amtlichen Statistik erfasst wird. Aus diesem Grund werden Daten zu diesem Einrichtungstyp hier nicht verwendet.

gen der berufsbezogenen Jugendsozialarbeit zeigt sich ein sehr ähnliches Bild, wie es auf der Basis der Jugendamtsbefragung gerade gezeichnet wurde: 2002 gibt es in Ostdeutschland eine deutlich höhere Dichte solcher Einrichtungen als in Westdeutschland (Ost: 7,4; West: 4,5) und ein etwas höherer Anteil der Einrichtungen befindet sich in nicht-öffentlicher Trägerschaft (Ost: 90 %; West: 80 %).

Für 100.000 14- bis 25-Jährige waren in Deutschland im Jahr 2002 2,4 Einrichtungen des Jugendwohnens vorhanden (vgl. Tab. 5.3.3). Die Anzahl und Dichte der Einrichtungen hat sich damit in den vier Jahren zwischen 1998 und 2002 reduziert. Nach wie vor befindet sich eine deutliche Mehrheit der Einrichtungen (87 %) in nicht-öffentlicher Trägerschaft, obwohl dieser Anteil in den vergangenen Jahren um vier Prozentpunkte gesunken ist. Dies ist ausschließlich auf die Aktivitäten einiger öffentlicher Jugendhilfeträger in Westdeutschland zurückzuführen, die neue Einrichtungen eröffnet haben.

Bei den Einrichtungen der berufsbezogenen Jugendsozialarbeit haben Anzahl und Dichte im Beobachtungszeitraum zugenommen.

Dieser Ausbau bedient einen deutlichen Bedarf hinsichtlich der Integration von Jugendlichen in den Berufsausbildungs- und Arbeitsmarkt. Zudem spiegelt sich darin auch die größere öffentliche und politische Aufmerksamkeit wider, die dieses Thema in den letzten Jahren bekommen hat. Verschiedene Aktionsprogramme, wie zum Beispiel JUMP, haben zu der steigenden Anzahl von Plätzen in Einrichtungen der berufsbezogenen Jugendsozialarbeit beigetragen. Abzuwarten bleibt in Zukunft allerdings, ob sich diese Entwicklung nach der Veränderung des SGB II fortsetzen wird.

Tab. 5.3.3: Plätze in Einrichtungen zweier Formen der Jugendsozialarbeit, Deutschland 1998 und 2002

Art der Einrichtung	Plätze pro Einrichtung	Plätze**	Plätze ÖT*
Einrichtungen des Jugendwohnens im Rahmen der Jugendsozialarbeit			
1998	71,9	208,3	10 %
2002	73,8	180,0	16 %
Einrichtungen der berufsbezogenen Jugendsozialarbeit			
1998	48,2	205,3	17 %
2002	64,3	327,0	21 %
Insgesamt			
1998 (41.246 Plätze)	57,8	413,6	13 %
2002 (53.208 Plätze)	67,4	507,1	19 %

* ÖT: öffentlicher Träger

** Anzahl der Plätze pro 100.000 14- bis 25-Jährige

Quelle: Statistik der Kinder- und Jugendhilfe, Teil III; eigene Berechnungen

Da die Einrichtungen der Jugendberufshilfe im Durchschnitt relativ viele Plätze aufweisen (vgl. Tab. 5.3.3), erscheint die Anzahl der Plätze bezogen auf die Größe der relevanten Zielgruppe ein besserer Indikator für die Inanspruchnahme der Jugendberufshilfe zu sein als die Einrichtungsdichte. Dieser Indikator zeigt, dass für ca. 5 von 1.000 der 14- bis 25-Jährigen ein Platz der Jugendberufshilfe zur Verfügung steht. Die Relation hat sich gegenüber der vorherigen Erhebung um ca. 25 % verbessert, was ausschließlich durch die starke Zunahme der Plätze in den Einrichtungen der berufsbezogenen Jugendsozialarbeit bedingt ist. Der Vergleich der durchschnittlichen Anzahl der Plätze pro Einrichtung zwischen den beiden Erhebungszeitpunkten zeigt, dass die zusätzlichen Plätze in diesen Einrichtungen wohl insbesondere durch die Zunahme von Einrichtungen mit einer großen Platzzahl, die sich in öffentlicher Trägerschaft befinden, zustandegekommen sind. Aus diesen Zahlen lässt sich jedoch vor dem Hintergrund der veränderten Gesetzeslage kein Trend für die kommenden Jahre ableiten.

5.3.3 Mobile Jugendarbeit

Die mobile Jugendarbeit ist als Hilfe und Unterstützungsform im KJHG nicht explizit genannt. Diese Form der Hilfe befindet sich an den zum Teil fließenden Grenzen zwischen Jugendarbeit, Jugendsozialarbeit und Hilfen zur Erziehung. So beschreibt zum Beispiel Häberlein (2001) die Konzeption von mobiler Jugendarbeit als aus drei Säulen bestehend: Streetwork, Einzelfallhilfe und soziale Gruppenarbeit. Auch Fülbier und Steimle (2001) weisen darauf hin, dass sich mobile Jugendarbeit in der Praxis nur schwer von anderen Konzepten wie Streetwork oder aufsuchender Jugendsozialarbeit trennen lässt. Ansatz der mobilen Jugendarbeit ist, gemeinwesen- und lebensweltorientiert zu arbeiten. Die Fachkräfte gehen auf Kinder und Jugendliche zu und versuchen, sie vor Gefährdungen zu schützen. Die mobile Jugendarbeit verfolgt damit das Ziel, Ausgrenzung und Stigmatisierung von Personen zu verhindern oder zu verringern, die aus unterschiedlichen Gründen von gesellschaftlichen Integrationsbemühungen nicht erreicht werden.

In 56 % der Jugendamtsbezirke ist ein Angebot der mobilen Jugendarbeit vorhanden. Dieser Anteil hat sich in den letzten Jahren kaum verändert. In den Städten (68 %) ist das Angebot mobiler Jugendarbeit signifikant häufiger vorhanden als in Landkreisen (47 %).

Die Trägerstruktur weist einen signifikanten Unterschied zwischen Ost und West auf. In Ostdeutschland sind zu 70 % ausschließlich freie Träger als Anbieter von mobiler Jugendarbeit aktiv, während der entsprechende Anteil im Westen 50 % beträgt. Hier sind im Vergleich zu Ostdeutschland sehr viel mehr öffentliche Träger als Anbieter tätig. In den Jugendamtsbezirken, in denen mobile Jugendarbeit zum Leistungsspektrum gehört, gibt es in 37 % der Jugendamtsbezirke mindestens zwei verschiedene Träger von mobiler Jugendarbeit. In den Jugendamtsbezirken mit dem Angebot mobile Jugendarbeit hat damit die Pluralität in den letzten Jahren um zehn Prozentpunkte abgenommen. Keines der Jugendämter gibt an, dass privat-gewerbliche Träger in diesem Bereich aktiv sind.

5.3.4 Fazit: Ausweitung der Angebote der Jugendsozialarbeit

Die Ergebnisse der Jugendamtsbefragung weisen auf einen tendenziellen Ausbau der Jugendsozialarbeit bis zum Jahr 2003 hin. Insbesondere Angebote der Schulsozialarbeit wurden in den Jugendamtsbezirken häufiger angeboten. Aber auch die Anzahl der Plätze für die berufsbezogene Jugendsozialarbeit sind seit Ende der 1990 er Jahre erheblich gestiegen. Eine Ausweitung der Angebote kann vonseiten der Jugendämter als eine Reaktion auf die prekäre Ausbildungssituation und fehlende Möglichkeiten zur Integration von jungen Menschen auf den Arbeitsmarkt gesehen werden (vgl. hierzu Kap. 4). Die öffentliche Diskussion zeigt jedoch, dass es nach wie vor großen Bedarf an Angeboten der Schulsozialarbeit gibt und die Integration von (benachteiligten) Jugendlichen derzeit eine große Herausforderung darstellt. Die Kinder- und Jugendhilfe kann die Schwierigkeiten aber nicht alleine lösen, da die Probleme verschiedene Lebensbereiche betreffen, die auch von anderen Institutionen bearbeitet werden. Insofern ist es nicht erstaunlich, dass fast alle Jugendämter mit Schulen sowie dem Schul- und Arbeitsamt kooperieren (vgl. Kap. 19). Der Blick auf die Träger der Angebote der Jugendsozialarbeit zeigt, dass in der Tendenz immer häufiger ausschließlich nicht-öffentliche Träger die Angebote bereitstellen und zunehmend weniger Jugendamtsbezirke Angebote sowohl von freien als auch von öffentlichen Trägern vorweisen. Im Bereich der Jugendberufshilfe zeigt sich zum ersten Mal, dass privat-gewerbliche Träger sozialpädagogisch begleitete Ausbildungs- und Beschäftigungsmaßnahmen durchführen.

5.4 Gesetzlicher Jugendschutz aus der Perspektive der Jugendämter

Mit dem Jugendschutzgesetz (JuSchG), das am 1. April 2003 in Kraft trat, wurden das Gesetz zum Schutz der Jugend in der Öffentlichkeit (JöSchG) sowie das Gesetz über die Verbreitung jugendgefährdender Schriften und Medieninhalte (GjS) ersetzt bzw. in einem Gesetz zusammengefasst. Insbesondere die neuen technischen Entwicklungen haben zu einem Anpassungsbedarf im Bereich des Jugendmedienschutzes geführt. Darüber hinaus gab es aber auch eine Reihe von Neuerungen, die den veränderten Bedingungen des Aufwachsens geschuldet sind. Ein Beispiel hierfür ist, dass 6- bis 12-jährige Kinder in Begleitung eines Erwachsenen, der als erziehungsbeauftragte Person benannt wurde (§ 1 [1] Nr. 4 JuSchG[36]), auch solche Filme in Kinos sehen dürfen, die erst ab einem Alter von zwölf Jahren freigegeben sind (§ 11 [2] JuSchG).

Der Jugendschutz lässt sich in drei unterschiedliche Aufgabenfelder, nämlich den erzieherischen, den gesetzlichen und den strukturellen Jugendschutz unterteilen. Das Jugendschutzgesetz bezieht sich auf den gesetzlichen Jugendschutz, das KJHG auf den erzieherischen (§ 14 KJHG) und den strukturellen Jugendschutz (§ 1 KJHG). Die Ziele des gesetzlichen Jugendschutzes bestehen darin, Jugendgefährdungen zu identifizieren, auf sie hinzuweisen, über sie zu informieren und die Einhaltungen der Regelungen zum Schutz von Kindern und Jugendlichen zu überprüfen bzw. die freiwillige Selbstkontrolle in den Bereichen Film und Computerspiele zu stärken. Der erzieherische Jugendschutz fördert die Kompetenzen der Kinder und Jugendlichen, mit für sie gefährdenden Bedingungen umzugehen. Der strukturelle Kinder- und Jugendschutz zielt auf die Schaffung und Erhaltung positiver Lebensbedingungen für Kinder, Jugendliche und ihre Familien. Bereits diese sehr knappe Aufgabenbeschreibung verdeutlicht, dass der Jugendschutz eine Querschnittsaufgabe ist, für deren Erfüllung neben Institutionen der Kinder- und Jugendhilfe eigentlich alle gesellschaftlichen Institutionen, die mit dem Leben von Kindern, Jugendlichen und Familien in Berührung kommen oder deren Leben (indirekt) beeinflussen, gefordert sind. Im Zentrum dieser Auswertung steht die Frage, ob und

---

36 »(1) Im Sinne dieses Gesetzes … 4. ist eine erziehungsbeauftragte Person, jede Person über 18 Jahren, soweit sie auf Dauer oder zeitweise aufgrund einer Vereinbarung mit der personensorgeberechtigten Person Erziehungsaufgaben wahrnimmt oder soweit sie ein Kind oder eine jugendliche Person im Rahmen der Ausbildung oder der Jugendhilfe betreut.«

wie Jugendämter bei der Erfüllung von Aufgaben nach dem gesetzlichen Jugendschutz eingebunden sind. Hierzu gibt es länderspezifische Regelungen, sodass mit großen Unterschieden bei der Beschreibung der Aufgaben der örtlichen Jugendämter zu rechnen ist. Mit dieser Fokussierung auf den gesetzlichen Jugendschutz ist keine Wertung der unterschiedlichen Aufgabenbereiche des Jugendschutzes verbunden. Selbstverständlich kann Jugendschutz nur erfolgreich sein, wenn alle drei Ebenen berücksichtigt werden, also familien-, kinder- und jugendfreundliche Strukturen gegeben sind, präventive Arbeit in einem ausreichenden Maße durchgeführt wird und die Einhaltung gesetzlicher Bestimmung kontrolliert wird. Da zum Zeitpunkt der Fragebogenentwicklung eine Novellierung des Jugendschutzgesetzes anstand, wurde die Entscheidung getroffen, Basisdaten für eine Abschätzung der damit verbundenen Gesetzesfolgen zu erheben. Die hier dargestellten Ergebnisse beziehen sich überwiegen auf die Situation im ersten Jahr des JuSchG und können damit als Referenz für zukünftige Erhebungen dienen.

5.4.1 Stellenanteile für die Aufgaben zur Erfüllung des Jugendschutzes

Personal für den erzieherischen Jugendschutz

Um keine Überbewertung des gesetzlichen Jugendschutzes gegenüber dem erzieherischen zu suggerieren, wird zunächst die amtliche Kinder- und Jugendhilfestatistik hinsichtlich des dort dokumentierten Einsatzes von Personal in dem Feld des erzieherischen Jugendschutzes ausgewertet. Anhand dieser Zahlen, die aufgrund der Besonderheiten der amtlichen Statistik jedoch nur Näherungswerte sein können[37], kann dann auch beurteilt werden, welche Rolle der gesetzliche Jugendschutz für die Jugendämter spielt.

---

[37] Die Erfassung in der amtlichen Statistik geht von trennscharfen Aufgabenbereichen für alle MitarbeiterInnen aus. Dies führt dazu, dass ein Jugendamt einzelne MitarbeiterInnen nicht mehreren Aufgaben zuordnen kann. Hierdurch werden gerade Querschnittsaufgaben nur unzureichend in der amtlichen Statistik abgebildet.

Tab. 5.4.1: Anteile von im erzieherischen Jugendschutz tätigen Personen nach Einrichtungen

	Bezogen auf alle im erz. Jugendschutz Beschäftigten	Bezogen auf das Gesamtpersonal in den jeweiligen Einrichtungen
Jugendämter	42,0 %	0,8 %
Drogen- und Suchtberatungsstellen	18,6 %	5,8 %
Erziehungs- und Familienberatungsstellen	13,0 %	1,0 %
Geschäftsstellen freier Träger	10,0 %	0,7 %
Jugendzentrum, Freizeitheim, Haus der offenen Tür	9,8 %	0,2 %
Landesjugendämter	3,7 %	2,1 %
Ehe- und Lebensberatungsstellen	2,1 %	1,2 %
Oberste Landesjugendbehörden	0,5 %	1,1 %
Arbeitsgemeinschaften und sonstige Zusammenschlüsse von Trägern der Jugendhilfe	0,3 %	0,3 %
Insgesamt (absolute Anzahl sowie Anteil am Gesamtpersonal der Einrichtungen)	622 (100 %)	0,8 %

Quelle: Statistik der Kinder- und Jugendhilfe 2004, Einrichtungen und tätige Personen; eigene Berechnungen

Tabelle 5.4.1 zeigt anhand der Daten der amtlichen Kinder- und Jugendhilfestatistik, welche Einrichtungen innerhalb der Jugendhilfe sich nach eigenen Angaben mit Aufgaben des erzieherischen Jugendschutzes beschäftigen. Alle anderen Einrichtungstypen bzw. Stellen der Kinder- und Jugendhilfe, die in Tabelle nicht aufgeführt sind, beschäftigen also nach eigener Auskunft keine Personen, die explizit den erzieherischen Jugendschutz zum Auftrag haben. Von allen Personen, die sich in der Kinder- und Jugendhilfe mit dem erzieherischen Jugendschutz befassen, sind die meisten im Jugendamt tätig (42 %). Die MitarbeiterInnen in den Drogen- und Suchtberatungsstellen stellen die zweitgrößte Personengruppe in diesem Handlungsfeld. Dies ist in Anbetracht der Aufgaben der Drogen- und Suchtberatung wenig überraschend. Die MitarbeiterInnen in Erziehungs- und Familienberatungsstellen, Geschäftsstellen freier Träger sowie offenen Einrichtungen der Jugendarbeit, die explizit mit Aufgaben des erzieherischen Jugendschutzes betraut sind, stellen jeweils ca. 10 % des laut amtlicher Statistik im Bereich des erzieherischen Jugendschutzes tätigen Gesamtpersonals. Die anderen in der Tabelle aufgeführten Einrichtungen beschäftigen zwar auch Personal, das sich mit Aufgaben des erzieherischen Jugendschutzes befasst, dessen Umfang trägt in der Summe jedoch nur unwesentlich zur Gesamtanzahl der Beschäftigten in diesem Bereich bei.

Die zweite Spalte Tabelle 5.4.1 verdeutlicht, dass – außer bei Drogen- und Suchtberatungsstellen – Aufgaben des erzieherischen Jugendschutzes zumindest gemessen am dafür zuständigen Personal keine hohe Bedeutung für die jeweilige Institution haben. In den Jugendämtern sind gemäß der amtlichen Statistik weniger als ein Prozent des Personals mit Aufgaben des erzieherischen Jugendschutzes betraut. Der erzieherische Jugendschutz wird in den seltensten Fälle als eigenständige Aufgabe des Jugendamts gesehen.

Personal für den gesetzlichen Jugendschutz

Die Jugendämter wurden im Rahmen der Erhebung des Projekts »Jugendhilfe und sozialer Wandel – Leistungen und Strukturen« gebeten, die Anzahl von Stellen anzugeben, die zur Erfüllung von Aufgaben nach dem gesetzlichen Jugendschutz zur Verfügung stehen. In Tabelle 5.4.2 sind vier Kennzahlen zu diesen Stellenanteilen abgebildet. Im Mittelwert verwenden die Jugendämter 1,1 % ihrer Stellen für diese Aufgaben. Der Median liegt mit 0,8 % niedriger. Dieser sowie die große Differenz zwischen dem niedrigsten und dem höchsten Wert verweisen auf große Unterschiede zwischen den Jugendämtern.

Tab. 5.4.2: Stellenanteile, die explizit für die Wahrnehmung von Kontrollaufgaben nach dem JuSchG zur Verfügung stehen (in %)

	Mittelwert	Median	Minimum	Maximum
Stellenanteile	1,1	0,8	0	6,7

Quelle: DJI-Jugendamtserhebung 2004

Ein Viertel der Jugendämter (23 %) weist kein Personal auf, das explizit mit Aufgaben des gesetzlichen Jugendschutzes betraut ist. Diese Jugendämter sehen für diese Aufgabe offenbar keine eigene Zuständigkeit. Mit Ausnahme von Rheinland-Pfalz sind diese Jugendämter in allen Bundesländern zu finden. Die Zuständigkeit für den gesetzlichen Jugendschutz liegt allerdings nicht in allen Bundesländern bei den Jugendämtern. So sind zum Beispiel in Hessen, in Nordrhein-Westfalen und in Schleswig-Holstein die örtlichen Jugendämter gar nicht und in Thüringen sowie in Brandenburg nur für einen Teil der Aufgaben zuständig. In Bayern und in Niedersachsen dagegen sind sie überwiegend für den gesetzlichen Jugendschutz zuständig. Obwohl sich kein signifikanter Ost-West-Unterschied ergeben hat, fällt auf, dass in allen ostdeutschen Bundesländern der durchschnittliche Stellenanteil nie unter den Gesamtdurchschnitt fällt. Mit anderen Worten: In Ostdeutschland wird dem gesetzlichen Jugendschutz zumindest in der Tendenz ein höherer Wert beigemessen. Das liegt vermutlich daran, dass in der Aufbauphase zeitgleich in nahezu allen ostdeutschen Jugendamtsbezirken für die verschiedenen gesetzlichen Aufgaben Stellen(anteile) besetzt wurden und somit auch der Jugendschutz organisatorisch zugeordnet wurde.

Um Aussagen darüber gewinnen zu können, in welcher Größenordnung Jugendämter Personal für den erzieherischen und den gesetzlichen Jugendschutz insgesamt bereitstellen, ist der Vergleich zwischen den Stellenanteilen für Kontrollaufgaben nach dem JuSchG aus Tabelle 5.4.2 und dem Anteil der Personen mit Aufgaben des erzieherischen Jugendschutzes (Tab. 5.4.1) nur bedingt geeignet. Nicht immer wird eine trennscharfe Abgrenzung zwischen beiden Bereichen möglich sein. Es ist zu vermuten, dass die Jugendämter intern keine Unterscheidung zwischen erzieherischem und gesetzlichem Jugendschutz nach Stellen oder Personen vornehmen und einzelne Personen beide Aufgaben wahrnehmen.

Personal für den strukturellen Jugendschutz

Die Aufgabe des strukturellen Jugendschutzes lässt sich aufgrund seiner Kernanliegen noch schwerer als die anderen Aufgaben des Jugendschutzes eindeutig zuordnen, denn es gibt eine ganze Reihe von Funktionen innerhalb des Jugendamtes oder auch der Kommunalverwaltung, die aufgrund ihrer Aufgabenprofile in Zusammenhang mit dem strukturellen Jugendschutz stehen. Dies betrifft erstens die Mitglieder des Kinder- und Jugendhilfeausschusses. Sie haben die Aufgabe, durch ihre Entscheidungen dafür zu sorgen, dass förderliche Bedingungen für das Aufwachsen von Kindern und Jugendlichen geschaffen werden. Zweitens sind zu nennen die MitarbeiterInnen in der Jugendhilfeplanung. Sie haben eventuell im Verbund mit den anderen Planungsabteilungen der Kommunalverwaltung darauf zu achten, dass die Interessen und Bedürfnisse von Kindern und Jugendlichen beachtet werden. Und drittens sind die Kinder- und Jugendbeauftragten speziell hervorzuheben. Sie können ihre Funktion im Sinne des strukturellen Jugendschutzes wahrnehmen. Angaben zu dem Vorhandensein von Kinder- und Jugendbeauftragten liegen aus der Jugendamtsbefragung vor (vgl. Kap. 12). Inwiefern diese Personen tatsächlich ihre Aufgaben auch in den

Dienst des strukturellen Jugendschutzes stellen, kann an Hand der Erhebung bei den Jugendämtern nicht festgestellt werden. Im Sinne des strukturellen Jugendschutzes müssten diese Funktionsträger von ihren Möglichkeiten, Beschlussvorlagen aus allen Bereichen der Kommunalverwaltung kritisch auf die Auswirkungen hinsichtlich der Lebensbedingungen von Kindern und Jugendlichen zu überprüfen, verstärkt Gebrauch machen.

In fast einem Viertel der Jugendamtsbezirke (24 %) gibt es Kinder- und Jugendbeauftragte. Der Anteil liegt sowohl in Städten etwas höher als in Landkreisen als auch in Westdeutschland etwas höher als in Ostdeutschland. Die formalen Einflussmöglichkeiten der Kinder- und Jugendbeauftragten auf die kommunale Jugendhilfe erscheinen relativ gering. Nur in einem von 16 Bundesländern, nämlich dem Saarland, ist ihnen durch das Ausführungsgesetz zum KJHG eine Stimme als beratendes Mitglied im Kinder- und Jugendhilfeausschuss garantiert. In 5 % der übrigen Jugendamtsbezirke ist in der Satzung[38] des Jugendamtes immerhin festgelegt, dass Kinderbeauftragte beratend im Kinder- und Jugendhilfeausschuss vertreten sind. Natürlich sind darüber hinaus gemäß § 1 KJHG alle in der Jugendhilfe Tätigen dem strukturellen Jugendschutz verpflichtet.

5.4.2 Weitere Indikatoren für den Stellenwert des Jugendschutzes in den Jugendämtern

Die Antworten darauf, ob hinsichtlich des Jugendschutzes ein Fortbildungsbedarf für JugendamtsmitarbeiterInnen besteht und ob Jugendschutz auch in der Jugendhilfeplanung berücksichtigt wird, können als weitere Indikatoren für den Stellenwert herangezogen werden, der dem Jugendschutz beigemessen wird.

Fortbildung

Angesichts der zum Erhebungszeitpunkt anstehenden Veränderungen im Jugendschutz, also der Ersetzung von JöSchG und GjS durch das JuSchG, könnte man vermuten, dass ein besonderer Fortbil-

[38] Die Satzungen der Jugendämter wurden in Rahmen einer Vollerhebung bei allen Jugendämtern der Bundesrepublik zur organisatorischen Einbettung von Jugendhilfeaufgaben in der Kommunalverwaltung analysiert (vgl. Mamier u.a. 2002).

dungsbedarf besteht. Schließlich muss die neue gesetzliche Grundlage in der Praxis angewendet werden.

Ungefähr die Hälfte der befragten Jugendämter sieht im Bereich des Jugendschutzes einen Fortbildungsbedarf und ein fast gleich hoher Anteil führte 2003 auch Fortbildungen zu diesem Thema durch. Allerdings waren unter Letzteren auch etliche Jugendämter, die keinen Bedarf für dieses Thema beschrieben haben. Im Vergleich zu anderen Themenbereichen nimmt Jugendschutz sowohl bei der Bedarfseinschätzung als auch bei den tatsächlich durchgeführten Fortbildungen eine Mittelposition ein. Am häufigsten bei der Frage nach dem Fortbildungsbedarf werden die Themen »Hilfen zur Erziehung« (68 %) oder »Qualitätsentwicklung« (66 %) genannt, am seltensten die Themen »Datenschutz« (21 %) und »Gender Mainstreaming« (14 %). Diese Position im Mittelfeld und die damit verbundene Tatsache, dass andere wichtige Themen in der Kinder- und Jugendhilfe offensichtlich weniger in den Fokus von Qualifizierungsmaßnahmen gestellt werden (vgl. Kap. 18), weist darauf hin, dass dem Jugendschutz trotz der geringen personellen Ausstattung eine gewisse Bedeutung zugemessen wird. Diese Haltung scheint in Ostdeutschland stärker ausgeprägt zu sein als im Westen der Republik. Im Osten wurden im Jahr 2003 in 71 % der Jugendämter Fortbildungen zu diesem Thema durchgeführt, während dies in Westdeutschland lediglich bei einem Drittel der Jugendämter der Fall war.

Jugendhilfeplanung

In der Jugendhilfeplanung werden angestrebte Schwerpunkte der jugendhilfepolitischen Zielsetzungen und die gewünschte Ausrichtung in den einzelnen Teilbereichen der Kinder- und Jugendhilfe definiert. Insofern ist es von Interesse, ob das Thema »Jugendschutz« in den vorhanden Jugendhilfeplänen thematisiert wird. Es lässt sich anhand der Angaben der Jugendämter nicht unterscheiden, ob in den Jugendhilfeplänen ausschließlich Aussagen zum erzieherischen Jugendschutz nach § 14 KJHG enthalten sind oder ob sich diese Aussagen auch auf den gesetzlichen Jugendschutz beziehen, der in diesem Kapitel im Mittelpunkt steht.

Wenn der Jugendschutz Erwähnung im Jugendhilfeplan findet, ist davon auszugehen, dass der Jugendschutz soweit im Fokus der Aufmerksamkeit des Jugendamtes steht, dass die Wahrscheinlichkeit für eine Auseinandersetzung mit dem strukturellen und gesetzlichen Jugendschutz relativ hoch ist. 38 % der Jugendämter geben an, dass in ihrer Jugendhilfeplanung ein Abschnitt zum Jugendschutz enthalten ist. Dabei zeigen sich deutliche Unterschiede zwischen Ost- und Westdeutschland. Während Jugendschutz in Ostdeutschland in 53 % der Jugendhilfepläne als eigenständiger Themenbereich Erwähnung findet, ist dies in Westdeutschland lediglich bei 30 % der Jugendhilfepläne der Fall. Im Vergleich zu den anderen Aufgabenfeldern der Kinder- und Jugendhilfe wird Jugendschutz weder besonders häufig noch besonders selten als Bestandteil der Jugendhilfeplanung genannt (vgl. Tab. 9.1, Kap. 9). Weitaus häufiger als der Jugendschutz werden die Arbeitsfelder Kindertagesstätten (91 %) und Jugendarbeit (79 %) thematisiert, seltener dagegen Themenbereiche wie Angebote für seelisch behinderte oder von seelischer Behinderung bedrohte Kinder (§ 35 a KJHG) oder Angebote für junge Volljährige (26 % respektive 28 %). Von den Jugendämtern, die Jugendschutz zu einem Thema in ihrer Jugendhilfeplanung gemacht haben, gibt eine Minderheit an, dabei auch die spezifischen Lebenslagen von Mädchen (34 %) oder MigrantInnen (20 %) und die entsprechenden Konsequenzen für eine adäquate Ausgestaltung des Jugendschutzes zu thematisieren.

5.4.3 Gesetzlicher Jugendschutz als kooperative Aufgabe

Es ist bereits mehrfach angeklungen, dass der Kinder- und Jugendschutz eine gesamtgesellschaftliche Aufgabe darstellt, die nicht von einer Institution allein bearbeitet werden kann und auch nicht bearbeitet wird. Auf Bundesebene sind sowohl die Bundesarbeitsgemeinschaft Kinder- und Jugendschutz als auch zahlreiche andere Stellen aktiv, wie zum Beispiel die Bundesprüfstelle jugendgefährdende Medien, die Selbstkontrolleinrichtungen im Bereich Film, Computerspiele sowie Spielautomaten (vgl. Übersicht bei der BAJ www.bag.jugendschutz.de oder der Landesstelle Kinder- und Jugendschutz Sachsen-Anhalt www.jugend-lsa.de). Eine entsprechende Organisationenvielfalt lässt sich auch auf Landesebene feststellen. Durch die Zuständigkeitsüberschneidungen beim gesetzlichen Jugendschutz sind auf Landesebene zumindest in einigen Bundesländern auch verschiedene Ministerien und Landesbehörden involviert. Die Vielfalt der Organisationen und Institutionen spiegelt sich auch bei den Kooperationspartnern vor Ort wider, die mit der Erfüllung der Aufgaben gemäß des gesetzlichen Jugendschutzes betraut sind. Die Ergebnisse der Erhebung geben lediglich die Sichtweise der Jugendhilfe und zwar insbesondere des Jugendamtes wieder. Aussagen zum Umfang der tatsächlich vor Ort stattfindenden

Aufgabenwahrnehmung können nicht gemacht werden, weil hierfür die Daten zu den Aktivitäten der anderen Akteure fehlen.

Tab. 5.4.3: Behörden und Stellen, mit denen das Jugendamt bei den Kontrollaufgaben gemäß JuSchG zusammenarbeitet

Kooperation		95 %
	davon mit ...	
Polizei		97 %
Ordnungsamt		89 %
Gewerbeaufsichtsamt		60 %
Amt für öffentliche Sicherheit		16 %
Andere Ämter		16 %
Arbeitsamt		8 %

Quelle: DJI-Jugendamtserhebung 2004

In Tabelle 5.4.3 sind die wichtigsten Kooperationspartner der Jugendämter für den Bereich gesetzlicher Jugendschutz aufgelistet. Wie in Anbetracht der Breite des Aufgabenspektrums und der gesetzlichen Zuständigkeiten zu erwarten ist, erfüllt nur eine kleine Minderheit von 5 % der Jugendämter ihre Aufgaben nach dem JuSchG ohne Kooperationspartner. Auch gesetzliche Unklarheiten erfordern die Kooperation. Zum Beispiel ist es zumindest umstritten, ob das Jugendamt zum Vollzug des Gesetzes Gewerbebetriebe betreten darf oder dies der Polizei vorbehalten ist. Fast alle Jugendämter arbeiten in diesem Aufgabenfeld mit der Polizei zusammen.

Die Polizei hat sich in den letzten Jahren zunehmend auch zu einem Partner für präventive Ansätze entwickelt. In einzelnen Bundesländern verfügt die Polizei über eigene Finanzmittel, um präventive Angebote zum Beispiel im Bereich des Jugendschutzes finanziell zu fördern, und/oder über spezielle Präventionsbeamte. Auch das Ordnungsamt ist ein häufiger Kooperationspartner (89 %) des Jugendamts bei den Kontrollaufgaben nach dem JuSchG. Die Zusammenarbeit betrifft häufig Auflagen, die bei öffentlichen Veranstaltungen eingehalten werden müssen, wie etwa das Aufstellen von Absperrungen oder die Schulung von Sicherheitspersonal hinsichtlich der Anforderungen des JuSchG. Ein zweites gemeinsames Betätigungsfeld sind Abklärungen im Vorfeld von Veranstaltungen mit den jeweiligen Organisatoren. Und eine dritte Aufgabe im Rahmen des Kinder- und Jugendschutzes besteht in der Sensibilisierung und Schulung zum Beispiel von Wirten für die Belange des JuSchG.

Das Gewerbeaufsichtsamt wird von mehr als der Hälfte der Jugendämter als Kooperationspartner genannt. In Ostdeutschland ist der Anteil von Jugendämtern, die mit dem Gewerbeaufsichtsamt kooperieren, signifikant höher. Aufgrund der kommunalen Selbstverwaltung sind den einzelnen kommunalen Ämtern ganz unterschiedliche Aufgaben zugeordnet, darüber hinaus tragen Ämter mit einem ähnlichen Aufgabenzuschnitt häufig höchst verschiedene Bezeichnungen. Einzelne Ämter auf unserer Liste im Erhebungsinstrument mit potenziellen kommunalen Kooperationspartnern gibt es deshalb auch nur bei einem Teil der Kommunen. Insofern überrascht es nicht, dass das »Amt für öffentliche Sicherheit« relativ selten, nämlich nur von etwa jedem sechsten Jugendamt als Kooperationspartner genannt wird. Nur ein geringer Anteil der Jugendämter (8 %) nennt das Arbeitsamt als Kooperationspartner. Die Zusammenarbeit bezieht sich dabei auf die Kontrolle der Einhaltung von Bestimmungen nach dem Jugendarbeitsschutzgesetz (JarbSchG), zum Beispiel Bestimmungen zum Verbot der Kinderarbeit, zum Mindesturlaub, zu Arbeitszeitpausen sowie zu speziellen Regelungen des Gesundheitsschutzes für berufstätige Jugendliche unter 18 Jahren. In der Kategorie »andere Ämter« werden insbesondere die Gesundheitsämter genannt.

Insgesamt werden von den Jugendämtern im Durchschnitt drei Ämter oder Dienststellen als Kooperationspartner für den gesetzlichen Jugendschutz benannt. Das heißt, die Zusammenarbeit im Bereich Jugendschutz schließt in der Regel mehrere Institutionen mit ein.

Zuständigkeiten für den Jugendschutz außerhalb des Jugendamts

Wie bereits im Abschnitt Personal für den gesetzlichen Jugendschutz deutlich geworden ist, ist die Zuständigkeit in vielen Bundesländern zwischen den örtlichen Jugendämtern und anderen kommunalen Behörden sowie Landesbehörden aufgeteilt. Dies liegt zum Teil auch an den Kompetenzen der einzelnen Behörden. So ist es zumindest umstritten, ob beispielsweise MitarbeiterInnen des Jugendamts Zwangsmaßnahmen verhängen oder Durchsuchungen von Geschäftsräumen vornehmen dürfen. Um die Aktivität oder Nicht-Aktivität der Jugendämter im Bereich des gesetzlichen Jugendschutzes besser einordnen zu können, haben wir deshalb auch danach gefragt, welche andere Stelle mit Aufgaben des Jugendschutzes betraut ist. Natürlich sagen die Antworten der Jugendämter nicht unbedingt etwas über die tatsächliche Zuständigkeit aus. Aber immerhin wird an den Antworten deutlich, ob es aus der Perspektive der Jugendämter andere Stellen gibt, mit denen entweder zu kooperieren ist, auch wenn die Jugendämter selbst für diese Aufgaben zuständig sind, oder an die hinsichtlich der Aufgabenerfüllung zu verweisen ist. Etwas mehr als ein Fünftel (22 %) der Jugendämter gibt an, nicht selbst für Jugendschutz zuständig zu sein und nicht zu wissen, wer dafür tatsächlich zuständig ist. Es zeigt sich kein Zusammenhang zwischen der Personalausstattung des Jugendamtes für den Jugendschutz und der Tatsache, dass andere Stellen ebenfalls mit dieser Aufgabe betraut sind oder nicht. Die Antworten auf die offene Frage, welche weiteren kommunalen Behörden oder Personen explizit mit Kontrollaufgaben nach dem JuSchG betraut sind, sind in Tabelle 5.4.4 enthalten.

Tab. 5.4.4: Weitere kommunale Behörden oder Personen, die explizit mit Kontrollaufgaben nach dem JuSchG betraut sind (Mehrfachnennungen)

Keine	48 %
Unbekannt	22 %
Weitere Behörden oder Personen	30 %
davon bei ...	
Ordnungsamt	61 %
Polizei	29 %
Jugendpflege	7 %
Sonstige	11 %

Quelle: DJI-Jugendamtserhebung 2004

Die häufige Nennung von Ordnungsamt und Polizei überrascht aufgrund der Rechtslage nicht. Erklärungsbedürftig ist jedoch, dass von 7 % der Jugendämter die Jugendpflege als Institution bzw. Behörde außerhalb des Jugendamts genannt wird. Sehr wahrscheinlich handelt es sich hierbei um Stellen der Jugendpflege auf der Ebene der kreisangehörigen Gemeinden. Zuständigkeiten für den gesetzlichen Jugendschutz scheinen also auf bis zu vier staatliche Ebenen (Bundesebene: Bundesprüfstelle für jugendgefährdende Schriften; Länderebene: Polizei; Kreisebene: Jugendamt, Ordnungsamt; Ebene kreisangehöriger Gemeinden: Jugendpflege, Gemeindeverwaltung) und zumindest teilweise auch auf freie Träger (Jugendringe, die Aufgaben der Jugendpflege übernehmen) verteilt zu sein. Damit wird auch deutlich, dass an die einzelnen Partner hohe Kooperationsanforderungen gestellt werden.

5.4.4 Zwei Beispiele für die Aufgabenwahrnehmung im Rahmen des gesetzlichen Jugendschutzes durch Jugendämter

Alterskontrollen

Ein Konzept, das dem Jugendschutz zugrunde liegt, ist, Kinder und Jugendliche vor nicht altersgemäßen, sie überfordernden und sie damit auch schädigenden Einflüssen zu schützen, inbesondere auf den Gebieten Sexualität, Gewalt und Umgang mit Suchtmitteln. Um den entsprechenden Bestimmungen im JuSchG auch Geltung zu verschaffen, wird von den zuständigen Behörden immer wieder die Einhaltung von Altersgrenzen kontrolliert. Da sich der Jugendschutz nicht gegen die Minderjährigen, sondern gegen die Erwachsenen richtet, die die Bestimmungen nicht einhalten, ist eine Beteiligung des Jugendamts unabhängig von den örtlichen Zuständigkeitsregelungen an solchen Kontrollen durchaus sinnvoll. Denn es kann so eher sichergestellt werden, dass die Interessen der Minderjährigen nicht noch zusätzlich von den Kontrollinstanzen missachtet werden.

Tab. 5.4.5: Anzahl der Alterskontrollen in Lokalitäten durch MitarbeiterInnen des Jugendamtes im Jahr 2003 (Mehrfachnennungen)

	Anteil	Durchschnittliche Anzahl	Median Anzahl
Alterskontrollen durchgeführt	51 %		
davon …			
Diskotheken	76 %	9	4
Videotheken	76 %	12	5
Andere Lokalitäten	71 %	28	8
Spielhallen	63 %	8	5
Sex-Shops	22 %	3	2

Quelle: DJI-Jugendamtserhebung 2004

Um zu ermitteln, wie oft MitarbeiterInnen des Jugendamts selbst oder zusammen mit anderen Behörden Alterskontrollen durchführen, wurden die Jugendämter gefragt, ob sie überhaupt an solchen Kontrollen teilnehmen und wenn ja, wie häufig im Jahr 2003 Kontrollen durchgeführt wurden. Tabelle 5.4.5 differenziert darüber hinaus nach den Orten, die überprüft wurden.

Etwa die Hälfte der Jugendämter (51 %) führt alleine oder in Zusammenarbeit mit anderen Alterskontrollen durch. Wenn Jugendämter Alterskontrollen durchführen, tun sie dies in der Regel bei verschiedenen Arten von Lokalitäten. Im Durchschnitt nennen die Jugendämter drei der fünf im Fragebogen genannten Lokalitätstypen, in denen Alterskontrollen durchgeführt werden. Diskotheken, Videotheken, Spielhallen und andere Lokalitäten werden etwa gleich häufig genannt. Die »anderen Lokalitäten« umfassen zum großen Teil Gaststätten und Orte öffentlicher Veranstaltungen wie zum Beispiel Konzerte. Im Vergleich zu den bereits genannten Lokalitäten werden in Sex-Shops relativ selten Alterskontrollen durchgeführt.

Die Kontrollpraxis der Jugendämter ist gemessen an der Anzahl der Alterskontrollen in den einzelnen Jugendamtsbezirken sehr unterschiedlich. Aus diesem Grund wurde in Tabelle 5.4.5 nicht nur der Mittelwert der Alterskontrollen aufgeführt, sondern auch der Median, der als Maßzahl bei Verteilungen, die eine große Streuung aufweisen, aussagekräftiger ist. Die Medianwerte für die einzelnen Lokalitätstypen liegen wesentlich näher beieinander als die Mittelwerte. Die Unterschiede bei den Alterskontrollen lassen sich nicht durch regionale Unterschiede wie Ost oder West, Stadt oder Land, Differenzierungen im Regionalindex[39] oder eine aktivere Fachberatung durch das Landesjugendamt erklären.

Förderung der Einhaltung des Jugendschutzes in Gaststätten

Wie oben bereits ausgeführt wurde, stellen die Gaststätten ein wichtiges Wirkungsfeld des gesetzlichen Jugendschutzes dar. Im § 4 des JuSchG ist geregelt, zu welchen Uhrzeiten und unter welchen Bedingungen sich Kinder und Jugendliche verschiedenen Alters in Gaststätten aufhalten dürfen. Die Anzahl der festgestellten Verstöße gegen den § 4 JuSchG kann angesichts der Anzahl der durchgeführten Kontrollen nur minimal beeinflusst werden. Die Frage ist, welche anderen Möglichkeiten die Jugendämter haben, die Einhaltung dieses Paragrafen zu fördern. Schließlich geht es auch im gesetzlichen Jugendschutz darum, Gefährdungssituationen möglichst im Vorfeld zu vermeiden und nicht darum, nachträglich Gesetzesübertretungen festzustellen.

[39] Siehe Glossar und vgl. Steinhübl 2005.

Tab. 5.4.6: Art der Förderung der Jugendschutzbestimmungen in Gaststätten (Mehrfachnennungen)

Jugendschutz gefördert		84 %
	davon …	
Öffentlichkeitsarbeit		71 %
Zusammenarbeit mit dem Ordnungsamt		70 %
Zusammenarbeit mit Polizei		65 %
Kontrollen		46 %
Fortbildungen für Gastwirte		14 %
Andere Formen der Förderung		11 %
Zusammenarbeit mit IHK		8 %

Quelle: DJI-Jugendamtserhebung 2004

In der Jugendamtsbefragung wurde erhoben, ob und in welcher Weise die Einhaltung der Jugendschutzbestimmungen in Gaststätten gefördert wird. 84 % der Jugendämter geben an, selbst aktiv die Einhaltung der Jugendschutzbestimmungen in Gaststätten zu fördern (vgl. Tab. 5.4.6). Öffentlichkeitsarbeit, die sich sowohl an die Gewerbetreibenden als auch an die Adressaten richten kann, wird von den Jugendämtern diesbezüglich am häufigsten eingesetzt. Kooperation des Jugendamtes mit Ordnungsamt und Polizei findet fast ebenso häufig statt. Sie beinhaltet wahrscheinlich nicht nur aufklärerische, sondern auch repressive Aspekte. Es zeigt sich ein hochsignifikanter Zusammenhang zwischen geteilter Zuständigkeit, das heißt sowohl das Jugendamt als auch Polizei und/oder Ordnungsamt sind für den Jugendschutz zuständig, und Kooperationen bei Maßnahmen zur Einhaltung der Jugendschutzbestimmungen. Andere Strategien, die ebenfalls auf Aufklärung und Prävention setzen, wie Fortbildungen, Zusammenarbeit mit der Industrie- und Handelskammer (IHK) oder Beratung, werden dagegen sehr viel seltener eingesetzt. Dies ist angesichts der dünnen Personaldecke für den Aufgabenbereich Jugendschutz auch nicht verwunderlich.

5.4.5 Fazit: Der gesetzliche Jugendschutz – eine randständige Aufgabe in der Kinder- und Jugendhilfe?

Die Jugendämter sind eindeutig für den erzieherischen Jugendschutz zuständig; beim gesetzlichen Jugendschutz dagegen gibt es gewisse Unklarheiten und Zuständigkeitsüberschneidungen mit anderen Institutionen. Insofern und aufgrund der Relation der Aufgaben des gesetzlichen Jugendschutzes zu den anderen Aufgaben der Jugendämter ist die nicht gerade als übertrieben zu bezeichnende Personalausstattung der Jugendämter für diese Aufgabe zu erwarten gewesen. Die Jugendämter nehmen ihre Aufgabe personell abgesichert wahr, auch wenn zum Teil die als nicht immer eindeutig erlebten Zuständigkeitsabgrenzungen zu einer Verantwortungsdiffusion führen, wovon letztlich diejenigen profitieren, die die Bestimmungen des Jugendschutzgesetzes umgehen wollen. In der Regel jedoch wird versucht, durch Kooperationen den Bestimmungen zur Durchsetzung zu verhelfen.

Diskotheken und Videotheken sind die Schwerpunkte für Kontrollen, an denen das Jugendamt beteiligt ist. Obwohl diese Aktivitäten dem Schutz der Kinder und Jugendlichen dienen, sind Jugendämter nicht selten damit konfrontiert, dass Kinder und Jugendliche sich durch das Jugendamt kontrolliert fühlen und den Schutzaspekt nicht wahrnehmen.

Der Jugendschutz hat einen gewissen Stellenwert in der Arbeit der Jugendämter, der auch durch den Stellenwert zum Ausdruck kommt, den das Thema »Jugendschutz« bei den Fortbildungsthemen (vgl. Kap. 18) und bei der Jugendhilfeplanung (vgl. Kap. 9) besitzt.

Es zeigt sich also, dass der gesetzliche Jugendschutz bei den Jugendämtern, zumindest wenn sie dafür zuständig sind, durchaus gut aufgehoben ist. Größere Kapazitäten insbesondere für Öffentlichkeitsarbeit und Schulung, zum Beispiel von Gaststättenpersonal, wären wünschenswert.

5.5 Institutionelle Beratung

Die gesellschaftliche Dynamik, die erhebliche Veränderungen der Kindheits- und Jugendphase, von Geschlechterrollen, von Generationenbeziehungen und der damit einhergehenden Offenheit von Lebensentwürfen erzeugt, hat zu einer deutlichen Verunsicherung von Jugendlichen und Eltern geführt. Es ist nicht mehr immer eindeutig, was »gut« und »richtig« ist. Fragen der Erziehung oder Berufswahl lassen sich angesichts der vielfältigen Optionen nicht klar beantworten. Zudem fehlen aufgrund der veränderten Familienstrukturen (z.B. abnehmende Geschwisteranzahl) zunehmend Vorbilder oder Erfahrungen, auf die man in der eigenen Familie zurückgreifen kann. Wie die Vielfalt der Informationsangebote (vom Elternratgeber bis zu speziellen Fernsehsendungen zu diesem Thema) zeigt, steigt die Nachfrage nach Hilfestellungen. Dieser Anstieg ist jedoch nicht nur auf die gesellschaftlichen Entwicklungen zurückzuführen, sondern spiegelt auch wider, dass Beratungs- und Erziehungsleistungen zunehmend den privaten Raum verlassen und es zu einer Spezialisierung und Professionalisierung von Lebensbereichen gekommen ist, die lange Zeit rein privat organisiert worden sind. Bildung und Betreuung sind hier die klassischen Beispiele, aber nicht die einzigen. Auch die Fragen der Erziehung und Lebensführung werden zunehmend einer professionellen Bearbeitung zugeführt. Damit wird es für Jugendliche und Eltern auch selbstverständlicher, Hilfestellungen im öffentlichen Raum zu suchen. Das heißt, der zunehmende Beratungsbedarf ist nicht nur Ausdruck der veränderten und mehr Unterstützung fordernden Lebensverhältnisse, sondern auch eine Folge der Normalisierung der Inanspruchnahme außerfamiliärer, öffentlicher Hilfen.

Beratungsleistungen werden an vielen Stellen angeboten. Nicht alle Beratungsfelder sind der Kinder- und Jugendhilfe zuzurechnen. Die Adressaten sind autonom in ihrer Entscheidung, wo sie Beratung suchen. Insofern bewegen sie sich auch an den Übergängen zu Hilfesystemen außerhalb der Kinder- und Jugendhilfe. In diesem Abschnitt stehen die Beratungsleistungen im Vordergrund, die (auch) innerhalb der Kinder- und Jugendhilfe angeboten werden. Beratungsleistungen sind im KJHG an verschiedenen Stellen verankert. In § 11 (3) KJHG wird Jugendberatung als einer der Schwerpunkte der Jugendarbeit beschrieben. Die Jugendberatung soll Jugendlichen insbesondere Informationen für die in ihrer Altersgruppen typischen Probleme (Ablösungsprozesse, berufliche Orientierung, Beziehungsprobleme) und Gefahrenkonstellationen (z. B. legale und illegale Drogen) bereitstellen sowie Hilfe anbieten. Nach § 8 KJHG können Kinder und Jugendliche »ohne Kenntnis der Personensorgeberechtigten beraten werden, wenn die Beratung aufgrund einer Not- und Konfliktlage erforderlich ist und solange durch die Mitteilung an die Personensorgeberechtigten der Beratungszweck vereitelt würde«. Hinter der hier beschriebenen Situation steht ein Konflikt. Das Jugendamt soll seine Wächteramtsfunktion wahrnehmen und die Elternrechte zum Wohl des Kindes insofern zurückstellen, als die Personensorgeberechtigten nicht über die Beratung und Beratungsinhalte informiert werden. In der Praxis haben sich verschiedene Formen der (telefonischen) Beratung (z. B. Sorgentelefon) etabliert, die Kindern und Jugendlichen, etwa bei Konflikten mit den Personensorgeberechtigten oder auch im Rahmen anderer Problemkonstellationen, die das Wohlbefinden der Kinder und Jugendlichen negativ beeinflussen, Hilfe ermöglichen.

Nach § 16 (2) Absatz 3 KJHG soll den Personensorgeberechtigten und jungen Menschen Beratung in allgemeinen Fragen der Erziehung und Entwicklung junger Menschen angeboten werden, damit die Personensorgeberechtigten ihre Erziehungsverantwortung besser wahrnehmen können. Diese Vorschrift bildet die Grundlage für präventive, fallübergreifende Aktivitäten von Trägern hinsichtlich allgemeiner Fragen der Erziehung, etwa in Arbeitskreisen oder in Kinderbetreuungseinrichtungen, und richtet sich nicht an einzelne Personen wie die anderen im KJHG verankerten Formen der Beratung.

Mütter und Väter haben nach § 17 KJHG »Anspruch auf Beratung in Fragen der Partnerschaft, wenn sie für ein Kind oder einen Jugendlichen zu sorgen haben oder tatsächlich sorgen. Die Beratung soll helfen 1. ein partnerschaftliches Zusammenleben in der Familie aufzubauen, 2. Konflikte in der Familie zu bewältigen, 3. im Falle der Trennung oder Scheidung die Bedingungen für eine dem Wohl des Kindes oder des Jugendlichen förderliche Wahrnehmung der Elternverantwortung zu schaffen«. Bei dieser Art von Beratung steht die Stärkung der Konflikt- und Problemlösungsfähigkeit der Eltern im Vordergrund. § 18 KJHG regelt die Beratung und Unterstützung bei der Ausübung der Personensorge nach einer Trennung der Eltern. Diese Beratung kann sich auf Hilfe in Erziehungsfragen beziehen, auf das Geltendmachen von Unterhaltsansprüchen oder auf die Ausübung und Gestaltung des Umgangsrechts.

Die Erziehungsberatung nach § 28 KJHG wird zu den Hilfen zur Erziehung gezählt, die dazu dienen, Personensorgeberechtigte in ihrer Erziehungsverantwortung zum Wohle der Kinder und Jugendlichen zu unterstützen: »Erziehungsberatungsstellen und andere Beratungsdienste und -einrichtungen sollen Kinder, Jugendliche, Eltern und andere Erziehungsberechtigte bei der Klärung und Bewältigung individueller und familienbezogener Probleme und der zugrundeliegenden Faktoren, bei der Lösung von Erziehungsfragen sowie bei Trennung und Scheidung unterstützen. Dabei sollen Fachkräfte verschiedener Fachrichtungen zusammenwirken, die mit unterschiedlichen methodischen Ansätzen vertraut sind.« Der Bezug zu Erziehungsfragen bei Trennung und Scheidung in diesem Paragrafen, wie auch (ex- wie implizit) in den §§ 17 und 18 KJHG verdeutlicht die Schwierigkeiten der Praxis, die Rechtsgrundlagen der Beratung auseinanderzuhalten. Insgesamt enthält der § 28 KJHG die am weitesten gefasste und anspruchvollste Aufgabenbeschreibung für Beratungen: Die beschriebenen Anlässe zur Erziehungsberatung sind breit gefächert und auch die den Problemen zugrundeliegenden Faktoren sollen in die Arbeit miteinbezogen werden.

Die meisten Beratungsformen, auch die, auf die ein individueller Rechtsanspruch besteht (§ 28 KJHG), werden kostenlos zur Verfügung gestellt. Für Angebote der Förderung der Erziehung nach § 16 KJHG können nach § 90 KJHG Teilnahmebeiträge oder Kostenbeiträge festgesetzt werden. Wenn die Kostenbelastung nicht zuzumuten ist oder die Förderung für die Entwicklung des jungen Menschen erforderlich ist, können die Teilnahme- oder Kostenbeiträge auch erlassen werden.

Die bislang weitgehend kostenfreie Beratung soll die Hemmschwelle, diese Art von Leistung in Anspruch zu nehmen, möglichst gering halten. Allerdings gab es in jünger Vergangenheit über den Entwurf eines Gesetzes zur Entlastung der Kommunen im sozialen Bereich (KEG) (vgl. Deutscher Bundestag 2004a) Bestrebungen, auch für die bislang kostenfreien Formen der Beratung Teilnahme- oder Kostenbeiträge zu erheben. Hintergrund dieser Bestrebungen ist neben den angestrebten Kosteneinsparungen die Vorstellung, dass das, was etwas kostet, von den Adressaten eher wertgeschätzt wird, und dass Kostenbeiträge die Verbindlichkeit der Beratungsangebote erhöhen und so etwa der Ausfall von Beratungsstunden reduziert werden könne. Dass damit andererseits die Schwelle für die Inanspruchnahme heraufgesetzt wird, kann vermutet werden. Die Änderung des KJHG infolge des KICK, das die Steuerungsverantwortung des Trägers der öffentlichen Jugendhilfe festschreibt (§ 36a KJHG), enthält aus diesem Grund eine Ausnahme für ambulante Hilfen. In der Begründung des Regierungsentwurfes (BT-Drucksache 15/3676) heißt es diesbezüglich: »Um aber auch künftig bei ambulanten Hilfen, insbesondere der Erziehungsberatung, den niedrigschwelligen Zugang zu erhalten, kann der örtliche Träger in Vereinbarungen mit den betroffenen Diensten, in denen die Voraussetzungen zu regeln sind, die unmittelbare Inanspruchnahme zulassen.«

Die Beschreibung der Beratungsangebote erfolgt anhand von zwei verschiedenen Datenquellen. Zuerst werden die Daten der amtlichen Kinder- und Jugendhilfestatistik, die insbesondere über die Anzahl der Beratungseinrichtungen Auskunft geben, dargestellt und anschließend die der eigenen Jugendamtserhebung, die eine stärkere Differenzierung nach Beratungsbereichen und Trägerformen auf der Ebene einzelner Jugendamtsbezirke ermöglicht. Während die Daten der amtlichen Statistik verschiedene Arten von Beratungseinrichtungen unterscheiden, liefern die Daten der Jugendamtserhebung detaillierte Informationen darüber, welche Beratungsbereiche auf der Ebene der Jugendamtsbezirke abgedeckt werden. In einer Beratungseinrichtung können de facto mehrere Beratungsbereiche abgedeckt werden, die aber in der Einrichtungsstatistik nicht explizit sichtbar werden.

Anzahl der Beratungseinrichtungen

Tabelle 5.5.1 beschreibt für das Jahr 2002 Kennzahlen zu Verbreitung und Trägerstruktur von Beratungseinrichtungen in Ost- und Westdeutschland (inkl. Berlin), differenziert nach vier verschiedenen Typen von Beratungseinrichtungen auf der Basis der Daten der amtlichen Kinder- und Jugendhilfestatistik. Ein Vergleich der letzten drei Erhebungen der amtlichen Kinder- und Jugendhilfestatistik (1994, 1998, 2002) zeigt zwischen 1994 und 1998 eine Zunahme der Anzahl der Einrichtungen von 25,1 % im Osten und 3,5 % im Westen. Zwischen den Jahren 1998 und 2002 hat sich jedoch die Anzahl der Beratungseinrichtungen im Osten um ca. 11 % und im Westen um ca. 4 % wieder reduziert. Die absolute Anzahl von Einrichtungen im gesamten Bundesgebiet liegt 2002 (2.171) nur noch knapp oberhalb der Anzahl des Jahres 1994 (2.129).

Die Zahlen in Tabelle 5.5.1 sind standardisiert und zeigen, wie viele Beratungseinrichtungen im Durchschnitt für 100.000 0- bis 27-Jährige vorhanden sind. Obwohl die absolute Anzahl der Einrichtungen in Ostdeutschland zurückgegangen ist, hat sich das Verhältnis der Einrichtungen zur Altersgruppe der 0- bis 27-Jährigen (»Dichte«) von 1998 auf das Jahr 2002 verbessert und liegt nunmehr noch deutlicher über dem entsprechenden Wert in Westdeutschland, welcher sich geringfügig verschlechtert hat. Die paradoxe Entwicklung in Ostdeutschland (höhere Dichte bei abnehmender Anzahl der Einrichtungen) ist vor dem Hintergrund des demografischen Wandels in Ostdeutschland zu sehen. Weil sich die Altersgruppe der 0- bis 27-Jährigen in dem betreffenden Zeitraum um 16 % verringert hat, kam es trotz abnehmender Anzahl der Einrichtungen (dies trifft nicht auf Drogen- und Suchtberatungsstellen zu) zu einem Anstieg der Verhältniszahl »Dichte« der Einrichtungen.

Tab. 5.5.1: Beratungseinrichtungen nach Ost- und Westdeutschland, 2002

	Ost		West (inkl. Berlin)	
Beratungsform	Dichte*	Anteil ÖT	Dichte*	Anteil ÖT
Erziehungs- und Familienberatungsstelle	6,8	7 %	5,3	30 %
Ehe- und Lebensberatungsstelle	0,5	0 %	1,0	3 %
Jugendberatungsstelle gemäß § 11 KJHG	1,9	11 %	1,0	28 %
Drogen- und Suchtberatungsstelle	1,5	12 %	1,6	9 %
Insgesamt (Ost: 403; West: 1.768)	10,8	8 %	8,8	23 %

* Anzahl der Beratungsstellen pro 100.000 0- bis 27-Jährige, ÖT: öffentlicher Träger

Quelle: Statistik der Kinder- und Jugendhilfe, Teil III; eigene Berechnungen

Für die örtliche Jugendhilfeplanung stellt sich insbesondere in Ostdeutschland die Frage, wie bei abnehmender Bevölkerungsdichte eine möglichst dezentrale, lebensweltnahe und plurale Beratung zur Verfügung gestellt werden kann, da die quantitative Verteilung nur bedingt etwas über die Erreichbarkeit und Nutzerfreundlichkeit (z.B. Öffnungszeiten) aussagt.

Ehe- und Lebensberatung als eigenständige Beratungseinrichtung ist bundesweit gemäß den Daten der amtlichen Kinder- und Jugendhilfestatistik die am seltensten anzutreffende Beratungsform. In Ostdeutschland ist sie noch weniger vertreten als in Westdeutschland. Ehe- und Lebensberatungsstellen werden traditionell eher von christlichen Verbänden (64, 2 %) getragen (vgl. Statistisches Bundesamt 2004 b), die in den östlichen Bundesländern eine vergleichsweise geringere Bedeutung haben.

In Ostdeutschland scheint sich in Bezug auf Drogen- und Suchtberatungsstellen ein Haltungswandel zu vollziehen, der sich auch durch eine Zunahme der Suchtberatungsstellen zeigt: Historisch bedingt gab es einen anderen Umgang mit Subkulturen, der sich in einem höheren Konformitätsdruck und spezifischen Formen der Verdrängung (z.B. geringere Sichtbarkeit von Suchtproblemen in der Öffentlichkeit) ausdrückte. Dies wirkte sich bisher so aus, dass in geringerem Umfang institutionalisierte Formen der Bearbeitung, etwa in Form von Suchtberatungsangeboten, geschaffen wurden, obwohl die Prävalenz von Suchtverhalten in Ostdeutschland nur unwesentlich geringer war als im Westen (Bundesministerium des Inneren/Bundesministerium der Justiz 2001: 4). Seit einigen Jahren wird die Bekämpfung von Drogen und Suchtproblemen in Ostdeutschland nunmehr stärker als öffentliche Aufgabe wahrgenommen, weil das Problem selbst nicht mehr aus der Öffentlichkeit verdrängt wird. Dies hat dazu beigetragen, dass sich sowohl Anzahl als auch Dichte der Drogen- und Suchtberatungsstellen erhöht.

In Westdeutschland hat sich – mit Ausnahme der Erziehungs- und Familienberatungsstellen – sowohl die Anzahl als auch die Dichte der Beratungseinrichtungen verringert. Die zunehmende Anzahl der Erziehungs- und Familienberatungsstellen korrespondiert mit einer steigenden Inanspruchnahme von Beratungsleistungen (vgl. Kap. 5.5.3).

Tabelle 5.5.2 legt einen deutlichen Unterschied in der Trägerstruktur der Beratungseinrichtungen offen: Beratungsstellen befinden sich traditionell öfter in freier Trägerschaft, und dies ist in Ostdeutschland noch ausgeprägter als in Westdeutschland (92 % vs. 77 %) der Fall. Erstaunlich ist in diesem Zusammenhang, dass der Anteil der bei freien Trägern erfolgten institutionellen Beratungen nach § 28

KJHG (Erziehungsberatung) im Jahr 2002 lediglich bei etwa 55,8 % lag, obwohl der Anteil der Erziehungs- und Familienberatungsstellen in freier Trägerschaft wesentlich höher war.[40] Dies kann darauf zurückzuführen sein, dass die amtliche Fall- bzw. Leistungsstatistik der institutionellen Beratung eigentlich nur Fälle nach § 28 KJHG (Erziehungsberatung) erfassen soll, während in der amtlichen Einrichtungsstatistik auch Einrichtungen zu den Erziehungsberatungsstellen gerechnet werden können, die Leistungen nach § 16 KJHG (Allgemeine Förderung der Erziehung in der Familie), § 17 KJHG (Beratung in Fragen der Partnerschaft) sowie § 18 KJHG (Beratung und Unterstützung bei der Ausübung der Personensorge) erbringen (vgl. kritisch hierzu Menne 1997: 252 ff.). Auch der im Durchschnitt größere Personalumfang der Beratungsstellen in öffentlicher Trägerschaft (5,7 Stellen pro Einrichtung vs. 3,7 Stellen bei den Einrichtungen der freien Träger (vgl. Statistisches Bundesamt 2004 b) könnte einen Teil der konstatierten Diskrepanz erklären. Zudem kann es sein, dass freie Träger sich konsequenter an den Erhebungen der Einrichtungs- und an der Fall- bzw. Leistungsstatistik beteiligen.

Die Anzahl der Personalstellen in den Erziehungs- und Lebensberatungsstellen hält nicht Schritt mit der Zunahme der Erziehungs- und Familienberatungsfälle. Das heißt, die Fallbelastung in diesem Beratungsbereich pro Jahr hat in den vier Jahren zwischen 1998 und 2002 deutlich von ca. 41 auf 47 Fälle pro Vollzeitstelle zugenommen.

5.5.1 Beratungsangebote in den Jugendamtsbezirken

Im Lauf der Zeit hat sich ein breites Spektrum an spezialisierten Beratungsangeboten herausgebildet, das über das hinausgeht, was in der amtlichen Kinder- und Jugendhilfestatistik erfasst wird. Deshalb haben wir bei unseren Erhebungen konkret nach dem Vorhandensein von Beratungsangeboten für acht verschiedene Problemlagen bzw. Zielgruppen in den einzelnen Jugendamtsbezirken gefragt. Obwohl die Fragestellung auf das Vorhandensein *spezieller* Beratungsangebote *innerhalb* des jeweiligen Jugendamtsbezirks abzielte, um das abgedeckte Spektrum an professionellem Beratungswissen beschreiben zu können, kann davon ausgegangen werden, dass für einige Jugendamtsbezirke das Vorhandensein spezieller Beratungs-

---

[40] Im Zeitverlauf (1991–2004) zeigt sich ein sehr schwach ausgeprägter Anstieg des Anteils der Beratungen in Beratungsstellen, die sich in freier Trägerschaft befinden.

angebote bejaht wurde, obwohl diese Beratungsangebote von einer nichtspezialisierten Stelle angeboten werden. Des Weiteren ist davon auszugehen, dass ein Teil der Jugendämter auch solche Beratungsstellen angegeben hat, die sie zusammen mit anderen Jugendämtern finanzieren, sich aber nicht notwendigerweise *innerhalb* ihres eigenen Bezirks befinden.[41] Aus den Angaben der Jugendämter kann also nicht unmittelbar auf die Anzahl der Beratungsstellen geschlossen werden. Der Erhebungskontext hat sich im Vergleich zu den vorhergehenden Befragungen nicht geändert und die beobachteten Veränderungen spiegeln die reale Situation mit großer Wahrscheinlichkeit gut wider. Darüber hinaus wurde erhoben, wie sich die Trägerstruktur des jeweiligen Angebottyps darstellt und welche Veränderungen sich hier in den letzten vier Jahren abgezeichnet haben. Tabelle 5.5.2 enthält die diesbezüglichen Ergebnisse.

*Tab. 5.5.2: Entwicklung des Angebots und der Trägerstruktur in verschiedenen Beratungsbereichen**

	Ausschließlich öffentliche Träger		Teils öffentl./ teils nicht öffentl. Träger		Ausschließlich nicht öffentl. Träger		Vorhanden	
Erziehungs-, Ehe-, Familienberatung	0 %	(+/- 0 %)	38 %	(-11 %)	62 %	(+11 %)	100 %	(+1 %)
Drogen- und Suchtberatung	5 %	(-4 %)	26 %	(-1 %)	69 %	(+5 %)	97 %	(+4 %)
Schwangerschaftsberatung	2 %	(-5 %)	35 %	(-1 %)	63 %	(+6 %)	95 %	(+3 %)
Jugendberatung	27 %	(+4 %)	27 %	(-15 %)	46 %	(+11 %)	94 %	(+7 %)
Beratung für misshandelte und sexuell missbrauchte Kinder und Jugendliche	10 %	(-2 %)	26 %	(-6 %)	64 %	(+7 %)	87 %	(-5 %)
AIDS-Beratung	44 %	(-7 %)	18 %	(-3 %)	38 %	(+10 %)	81 %	(+/- 0 %)
Beratung für ausländische Jugendliche	20 %	(+1 %)	19 %	(-15 %)	62 %	(+15 %)	76 %	(+/- 0 %)
Telefonische Beratung	2 %	(-10 %)	14 %	(+1 %)	83 %	(+10 %)	69 %	(-7 %)

* In Klammern: Veränderungen gegenüber 2000 in Prozentpunkten. Die Richtung der Veränderung wird durch das Vorzeichen bestimmt, d.h. ein negatives Vorzeichen deutet auf eine Abnahme des Anteils hin.

Quelle: DJI-Jugendamtserhebung 2004 und 2000

Ein Blick auf Tabelle 5.5.2 offenbart zwei Sachverhalte: Die verschiedenen Beratungsangebote haben inzwischen in nahezu allen Jugendamtsbezirken eine hohe Verbreitung gefunden. Die Ange-

[41] So können sich zum Beispiel Jugendämter zusammenschließen und gemeinsam eine Erziehungsberatungsstelle finanzieren. Diese Form der überregionalen Kooperation erscheint insbesondere dann sinnvoll, wenn in einzelnen Jugendamtsbezirken ein zu geringer Bedarf existiert, um hierfür extra ein Angebot bereitzustellen. Die Erhebung zeigt, dass ca. 3 % der Jugendämter Beratungsstellen außerhalb ihres eigenen Jugendamtsbezirks mitfinanzieren.

botsstruktur für Beratungsleistungen hat sich insbesondere zwischen den Jahren 1992 und 1996 deutlich verbessert (vgl. Seckinger u.a. 1998: 91). Im Vergleich dazu fällt die Expansion des Beratungsangebotes bis zum Jahr 2004 geringer aus. Dies ist vor dem Hintergrund des erreichten hohen Angebotsniveaus zu sehen, das einer Fortsetzung der Verbreitungsdynamik natürliche Grenzen setzt (Deckeneffekt). Ein relevanter Unterschied im Angebot zwischen Ost- und Westdeutschland ist nur bezüglich der telefonischen Beratung vorhanden. Größere Unterschiede gibt es zwischen Städten und Landkreisen: AIDS-Beratungsangebote, Jugendberatung sowie Möglichkeiten zur telefonischen Beratung von Kindern und Jugendlichen sind in Landkreisen signifikant seltener anzutreffen als in Städten.

Nach wie vor zeigt sich, dass Beratungsangebote für die Zielgruppe der ausländischen Jugendlichen sowie Möglichkeiten zur telefonischen Beratung am wenigsten verbreitet sind. Auch diese beiden Angebote sind jedoch bereits in drei Vierteln der Jugendamtsbezirke vorhanden. Vor dem Hintergrund des wachsenden Anteils Jugendlicher mit Migrationshintergrund überrascht es, dass bei den Beratungsangeboten für ausländische Jugendliche noch keine weitere Zunahme zu verzeichnen ist. Es ist anzunehmen, dass einige Jugendämter, vielleicht auch aufgrund der in ihrem Jugendamtsbezirk geringen Anzahl von MigrantInnen, in erster Linie die Jugendmigrationsdienste als Anlaufstelle für Kinder und Jugendliche mit Migrationshintergrund sehen (vgl. Kap. 14 zu den Jugendmigrationsdiensten). Im Jahr 2004 wurden von den 306 Jugendmigrationsdiensten insgesamt 420.897 Beratungen geleistet (vgl. Mies-van Engelshoven 2005). Die Jugendmigrationsdienste richten sich insbesondere an Kinder und Jugendliche mit Migrationshintergrund, die in Deutschland neu zugewandert sind. Es ist deshalb zu fragen, inwieweit die Migrationsdienste die Beratung von Kindern und Jugendlichen mit Migrationshintergrund aus der zweiten und dritten Generation leisten können. Es wäre zu hoffen, dass immer mehr Beratungsstellen ihr Angebot explizit auch für Kinder, Jugendliche und Familien mit Migrationshintergrund öffnen. Hierzu reicht es nicht, dies auf programmatischer Ebene von sich als Beratungsstelle zu behaupten, sondern es ist auch notwendig, über die entsprechenden interkulturellen Kompetenzen auch für die Adressaten sichtbar zu verfügen.

Der Anteil der Jugendamtsbezirke mit Möglichkeiten der telefonischen Beratung stagniert bzw. hat sich in den letzten drei Jahren etwas verringert. Diese Entwicklung steht, wie entsprechende Analysen zeigen, nicht im Zusammenhang mit der zunehmenden Verbreitung der Online-Beratung, die ähnlich wie die Telefonberatung jungen Menschen die Möglichkeit bietet, anonym und niedrigschwellig ihr Beratungsanliegen zu artikulieren. Häufig findet man in den Jugendamtsbezirken beide Formen der Beratung. Die Online-Beratung greift den Trend mediengestützter Kommunikation (E-Mail, SMS, Chatforen) auf und nutzt die neuen Kommunikationsarten für Beratungsleistungen. Zwei Grundformen der Online-Beratung lassen sich identifizieren: erstens Internetangebote ohne direkten regionalen Bezug, die Beratungsleistungen für unterschiedliche Zielgruppen anbieten und gegebenenfalls auf Online-Beratungsangebote mit lokalem Bezug hinweisen, sowie zweitens Online-Beratungsangebote, die konzeptionell einen unmittelbaren regionalen Bezug haben. Im Folgenden wird dargelegt, wie verbreitet Internet-Beratungsangebote für Kinder und Jugendliche bzw. ihre Familien inzwischen sind.

Das Internet ist ein »globales Medium«, das einen ortsunabhängigen Zugriff auf alle verfügbaren Seiten erlaubt. Dennoch gibt es eine nicht unerhebliche Anzahl von Internet-Beratungsangeboten, die einen lokalen Bezug aufweisen. In Abbildung 5.5.1 ist der Anteil der Jugendamtsbezirke mit Internet-Beratungsangebot differenziert nach Städten und Landkreisen dargestellt. Insgesamt sind in 36 % der Jugendamtsbezirke Internet-Beratungsangebote mit einem lokalen Bezug vorhanden. Hierbei zeigen sich (noch) erhebliche Unterschiede zwischen Stadt- und Landkreis-Jugendamtsbezirken: In den Städten sind solche Angebote weiter verbreitet als in den Landkreisen. Allerdings kann der Abbildung 5.5.1 auch entnommen werden, dass sich dieser Unterschied in naher Zukunft ausgleichen wird, da insbesondere in den Landkreis-Jugendamtsbezirken der Start eines Internet-Beratungsangebot geplant ist.

Ist es überhaupt sinnvoll, lokale Internet-Angebote zu etablieren, obwohl doch das Medium Internet einen globalen Zugang ermöglicht? Der Vorteil des lokalen Bezugs eines Internetportals liegt zum einen im lokalen, sozialraumbezogenen Wissen, über das die Beratungspersonen, die aus derselben Region wie die Ratsuchenden stammen, verfügen. Zum anderen kennen lokale Beratungspersonen die Hilfeinfrastruktur vor Ort und können den Ratsuchenden gegebenenfalls Hinweise auf geeignete lokale Hilfeinstanzen geben.

Abb. 5.5.1: Anteil der Jugendamtsbezirke mit Internet-Beratungsangeboten

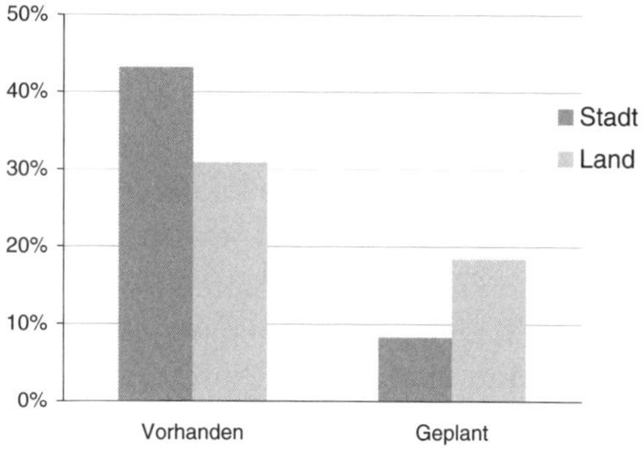

Quelle: DJI-Jugendamtserhebung 2004

Die Internetberatung scheint sich in den letzten Jahren als fester Bestandteil der Beratungsangebote etabliert zu haben. Die große Anzahl der bereits vorhandenen Angebote und die vielen geplanten Angebote zeigen, dass sich der Trend zu mehr Internetberatung fortsetzt. Schätzungen aus Nordrhein-Westfalen gehen von einem Anteil von 5 % Online-Beratungen aus. Insbesondere weibliche Adressaten nutzen das Angebot der Online-Beratung. Ungefähr drei Viertel der NutzerInnen von Online-Beratung sind weiblich.

Völlig unklar ist bisher, in welchen Ausmaß und wie Online-Beratungen in die amtliche Kinder- und Jugendhilfestatistik einbezogen werden. Dies wird nach Berichten aus der Praxis wohl sehr unterschiedlich gehandhabt: Manche Beratungsstellen melden Online-Beratungen, wenn es sich nach Einschätzung der Beratungsstellen um eine Erziehungshilfe entsprechend eines erzieherischen Bedarfs nach § 28 KJHG handelt, andere sind da deutlich zurückhaltender. Da das Wesen der Online-Kommunikation sich durch eine nahezu perfekte Anonymität auszeichnet, kann nicht ausgeschlossen werden, dass persönliche Identitäten vorgetäuscht werden und nur »virtuell« existieren (z. B. anderes Geschlecht oder Alter). Auch dürfte es nicht immer eindeutig zu bestimmen sein, ob tatsächlich ein erzieherischer Bedarf vorliegt und der Fall damit für die amtliche Kinder- und Jugendhilfestatistik relevant wird oder ob die Beratung nicht eher eine informationsgestützte Förderung darstellt. Die jetzige Erfassungssituation dieser Art von Beratungsleistungen ist als verbesserungsbedürftig einzustufen, weil es letztendlich an klaren Abgrenzungen zwischen erzieherischen Hilfen und sonstigen Unterstützungsleistungen fehlt. Jenseits der für die Erfassung der online geleisteten Hilfen zur Erziehung wichtigen Fragen scheint unbestritten zu sein, dass die Online-Beratung für bestimmte Gruppen von Adressaten eine wichtige Funktion erfüllt. Ob dies immer den erzieherischen Hilfen zugeordnet werden kann, erscheint vor diesem Hintergrund eher zweitrangig.

5.5.2 Entwicklung der Trägerstruktur

Die Entwicklung der Trägerstruktur der Beratungsangebote gibt darüber Aufschluss, inwiefern es im Laufe der Zeit zu Verschiebungen zwischen den Trägergruppen kommt. Diese Verschiebungen können wiederum Hinweise auf die Umsetzung des Subsidiaritätsprinzips bzw. die Attraktivität eines Angebotbereiches liefern. Es lässt sich gegenüber der letzten Erhebung bei allen Beratungsangeboten eine weitere Zunahme des Anteils der Jugendamtsbezirke verzeichnen, in denen ausschließlich freie Träger als Anbieter von Beratungsleistungen fungieren. Die stärkste Zunahme findet sich bei Beratungsangeboten für Kinder und Jugendliche mit Migrationshintergrund, bei Erziehungs-, Ehe- und Familienberatung sowie bei Jugendberatung. Die AIDS-Beratung befindet sich im Vergleich zu anderen Beratungsformen am häufigsten ausschließlich in öffentlicher Trägerschaft (44 %). Dies erklärt sich dadurch, dass viele AIDS-Beratungsstellen von den Gesundheitsämtern organisiert werden.

Privat-gewerbliche Träger haben bei Beratungsangeboten noch keine nennenswerte Größenordnung erreicht, was angesichts der Finanzierungsformen für Beratung in der Kinder- und Jugendhilfe nicht überrascht.

Die Trägerstruktur in Landkreisen unterscheidet sich erheblich, aber ohne durchgängiges Muster über alle Beratungsangebote hinweg von der in Städten. Erziehungs- Ehe- und Familienberatungsangebote befinden sich in den Landkreisen signifikant häufiger in freier Trägerschaft. Ganz allgemein sind die Unterschiede in den Jugendamtsbezirken zum einen darauf zurückzuführen, dass für manche Angebote – insbesondere in den Landkreisen – keine Pluralität von Angeboten vorhanden ist. Zum anderen kann vermutet werden, dass ein Zusammenhang mit der vorhandenen Anzahl von (potenziellen) Adressaten in den Jugendamtsbezirken existiert. Wenn bei der Anzahl der potenziellen NutzerInnen eine Mindestgröße unterschritten wird oder die zurückzulegenden Entfernungen zu groß sind, kann der öffentliche Träger sich dazu gezwungen sehen, selbst als Anbieter aufzutreten. Der öffentliche Träger muss nämlich laut KJHG ein bedarfsgerechtes Angebot sicherstellen, kann aber für freie Träger keine »Bestandsgarantie« geben, da die zu erwartende Nachfrage zu gering ist, um ein spezialisiertes Angebot zu etablieren.

Wie angesichts des niedrigen Anteils der ostdeutschen Beratungseinrichtungen in öffentlicher Trägerschaft (vgl. Tab. 5.5.1) zu vermuten war, befinden sich in signifikant mehr Jugendamtsbezirken in Ostdeutschland sowohl Angebote der Jugendberatung als auch der Erziehungs-, Ehe- und Familienberatung ausschließlich in freier Trägerschaft.

Tab. 5.5.3: Anteil der Jugendamtsbezirke mit Anbietervielfalt, wenn Angebot vorhanden, sowie Veränderung dieses Anteils von 2000 auf 2003 in Prozentpunkten

Beratungsbereiche	Anteil der Jugendamtsbezirke	Veränderung
Schwangerschaftsberatung	81 %	(+11 %)
Erziehungs-, Ehe-, Familienberatung	81 %	(+2 %)
Jugendberatung	62 %	(-4 %)
Drogen- und Suchtberatung	61 %	(+8 %)
Beratung für misshandelte und sexuell missbrauchte Kinder und Jugendliche	49 %	(+/-0 %)
Beratung für ausländische Jugendliche	48 %	(-3 %)
Telefonische Beratung für Jugendliche	43 %	(+8 %)
AIDS-Beratung	30 %	(-1 %)

Quelle: DJI-Jugendamtserhebung 2004 und 2000

Es wurde bereits angedeutet, dass nicht in allen Jugendamtsbezirken eine Pluralität von Angeboten realisiert werden kann. Tabelle 5.5.3 gibt einen Überblick über die Anteile der Jugendamtsbezirke, in denen – sofern das Angebot überhaupt besteht – den Adressaten der Jugendhilfe eine Auswahlmöglichkeit zwischen verschiedenen Anbietern von Beratungsleistungen eröffnet wird. Am häufigsten bestehen Wahlmöglichkeiten im Bereich der Schwangerschafts- sowie der Erziehungs-, Ehe- und Familienberatungsangebote (81 %). Am seltensten sind mehrere Angebote der AIDS-Beratung (30 %) und der telefonischen Beratung für Kinder und Jugendliche vorhanden (43 %), wobei Letztere auch eine Beratungsform darstellt, bei der die Erreichbarkeit durch eine Konkurrenz von Anbietern eher erschwert als erleichtert würde, da eine Vielzahl von Rufnummern die Orientierung in akuten Problemsituationen verkomplizieren könnte. Allerdings kann die telefonische Beratung auch durch einen Verbund der örtlichen Träger mit einer gemeinsamen Rufnummer angeboten werden.

Bei der letzten Erhebung waren – ausgenommen Beratungsangebote für ausländische Jugendliche – noch für alle Beratungsbereiche in Ostdeutschland häufiger als in Westdeutschland mehrere Angebote vorhanden. Diese Situation hat sich deutlich geändert, da es keine Beratungsleistungen mehr gibt, die in den ostdeutschen Jugendamtsbezirken deutlich häufiger von mehreren Trägern angeboten werden. Die Schwangerschaftsberatung wird signifikant häufiger von mehreren Trägern in den westdeutschen Jugendamtsbezirken geleistet – wahrscheinlich auch vor dem Hintergrund der größeren Bedeutung religiöser Orientierungen. Das Verschwinden des Ost-West-Unterschieds ist vermutlich eine Folge der Bevölkerungsabnahme. Die Wahlmöglichkeiten haben sich also in Ostdeutschland verringert und sind nun ähnlich wie in Westdeutschland.

Wenn spezifische Beratungsmöglichkeiten in den einzelnen Bereichen vorhanden sind, gibt es bezüglich der Wahlmöglichkeiten kaum Unterschiede zwischen Landkreisen und Städten. Besonders deutliche Unterschiede zeigen sich hier lediglich erneut bei der Schwangerschaftsberatung. Für diesen Beratungsbereich sind in den Städten signifikant häufiger mehrere Beratungsangebote vorhanden.

Die zweite Spalte der Tabelle 5.5.3 verdeutlicht die Entwicklung der Trägerpluralität innerhalb der Jugendamtsbezirke. Insgesamt gibt es für die meisten Beratungsbereiche keine großen Veränderungen. Für die Schwangerschafts-, Drogen- und Sucht- sowie telefonische Beratung gibt es eine nennenswerte Zunahme der Trägerpluralität in den Jugendamtsbezirken, in denen diese Beratungsangebote überhaupt vorhanden ist. Bei der telefonischen Beratung zeigt sich somit eine gegenläufige Entwicklung: Einerseits ist eine Abnahme der Verbreitung in den Jugendamtsbezirken zu verzeichnen (vgl. Tab. 5.5.2) und andererseits sind dort, wo dieses Angebot weiterhin existiert, mehrere Angebote vorhanden. Dies lässt darauf schließen, dass insbesondere in den Jugendamtsbezirken, wo bislang keine Trägerpluralität im Bereich der telefonischen Beratung vorhanden war, dieses Beratungsangebot eingestellt wurde. Hinter der in der Vergangenheit größeren Trägerpluralität bei der telefonischen Beratung könnte nämlich theoretisch auch ein Trägerverbund stehen. Dies würde heißen, dass nicht mehrere Angebote vorhanden sind bzw. waren, sondern dass dieses Angebot von mehreren Trägern gemeinsam zum Zwecke der besseren Erreichbarkeit organisiert wurde. Für die Träger, die dieses Angebot tatsächlich alleine schultern, können die Kosten zu hoch geworden sein.

5.5.3 Inanspruchnahme

Die Entwicklung der Inanspruchnahme der Beratungsleistungen erfolgt anhand der Daten der amtlichen Kinder- und Jugendhilfestatistik. Diese erfasst lediglich Angaben zu den Beratungen, die auf der Grundlage des § 28 KJHG (Erziehungsberatung) erfolgen. Beratungen auf der Basis anderer Rechtsgrundlagen werden also nicht erfasst und deren Entwicklung ist somit nicht darstellbar. Die in der Abbildung 5.5.2 aufgezeigten Inanspruchnahmequoten für »institutionelle Beratungsleistungen insgesamt« sind altersstandardisiert, d. h., sie berücksichtigen mittels einer zugrunde gelegten »fiktiven« Standardbevölkerung die unterschiedliche Altersstruktur der Gruppe der 0- bis unter 27-jährigen jungen Menschen sowohl in Ost- und Westdeutschland als auch über verschiedene Zeitpunkte hinweg. Die Benutzung einer »fiktiven« Standardbevölkerung[42] erlaubt den Vergleich von Inanspruchnahmequoten, obwohl sich in der Realität die Bevölkerungsstruktur stark unterscheidet; die Inanspruchnahmequoten werden unter der Annahme verglichen, dass es keine Unterschiede in der Bevölkerungsstruktur gibt. Die Inanspruchnahme von institutionellen Beratungen nach § 28 KJHG ist in den letzten 14 Jahren, parallel zu den Beratungsangeboten kontinuierlich angestiegen, wie Abbildung 5.5.2 zeigt. Ebenso wird in der Abbildung deutlich, dass die übergroße Mehrzahl der institutionellen Beratungen der Erziehungs- und Familienberatung zugerechnet werden kann, da die Linie, die die Inanspruchnahme der institutionellen Beratung insgesamt abbildet, kaum vom Verlauf der Linie, welche die Inanspruchnahme der Erziehungs- und Familienberatung[43] wiedergibt, abweicht. Die Jugend- und Suchberatung hat – zumindest bei den in der Kinder- und Jugendhilfestatistik nach § 28 KJHG gemeldeten Fällen – keine besondere Bedeutung für die Inanspruchnahmequoten. Die zu beobachtende Dynamik bei der institutionellen Beratung ist ausschließlich auf die Erziehungs- und Familienberatung zurückzuführen: Weder die Inanspruchnahme der Jugendberatung noch die der Suchtberatung, die von den Beratungsstellen

[42] Hier wurde als Standardbevölkerung die Bevölkerung der BRD im Jahr 1997 zugrunde gelegt. Für eine ausführliche Darstellung der Notwendigkeit, Vorgehensweise und Effekte einer Altersstandardisierung vgl. van Santen 2000.

[43] Die Inanspruchnahmequoten der Erziehungs- und Familienberatung, Sucht- und Drogenberatung sowie Jugendberatung wurden mangels vorhandener Daten nicht altersstandardisiert, sondern lediglich berechnet aus dem Verhältnis der absoluten Inanspruchnahmezahlen und der Anzahl der 0- bis unter 27-jährigen jungen Menschen zu den jeweiligen Zeitpunkten.

aufgrund des festgestellten erzieherischen Bedarfs den erzieherischen Hilfen zugeordnet wurden, haben in den letzten Jahren erkennbar zu- oder abgenommen. Zu bedenken ist jedoch, dass in der hier abgebildeten Statistik nur die Beratungsfälle erfasst werden, bei denen (auch) ein erzieherischer Hilfebedarf festgestellt wurde. Die Mehrheit der Jugendberatungs- sowie Suchtberatungsfälle wird wahrscheinlich in der amtlichen Kinder- und Jugendhilfestatistik nicht erfasst, weil sie nicht zu den erzieherischen Hilfen gezählt werden. Vielmehr kann aufgrund der relativ hohen und in den letzten Jahren noch gestiegenen Anzahl von Angeboten für Jugendberatung sowie Drogen- und Suchtberatung (vgl. Tab. 5.5.2) angenommen werden, dass auch die Anzahl dieser Beratungen in den letzten Jahren zugenommen hat.

Abb. 5.5.2: Entwicklung der Nachfrage nach institutioneller Beratung

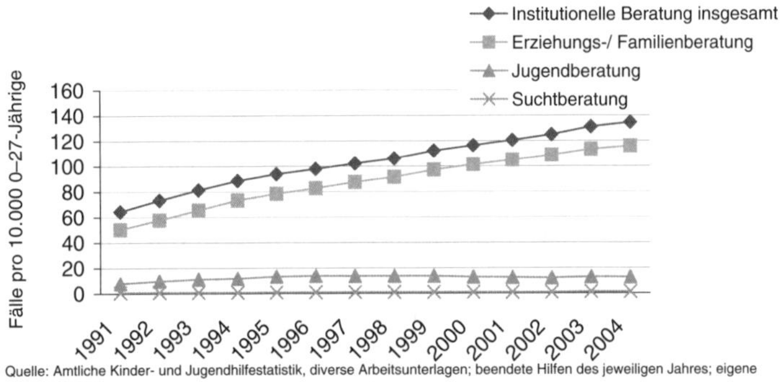

Quelle: Amtliche Kinder- und Jugendhilfestatistik, diverse Arbeitsunterlagen; beendete Hilfen des jeweiligen Jahres; eigene Berechnungen

Die durchschnittliche Dauer der institutionellen Beratung beträgt sieben Monate (vgl. Statistisches Bundesamt 2005). Dieser Wert stellt allerdings nur einen groben Anhaltspunkt für die Intensität der Beratung dar, weil innerhalb dieses Zeitraumes unterschiedlich viel Kontakte zwischen BeraterInnen und Adressaten stattfinden können.

Bei den Adressaten der institutionellen Beratung sind Mädchen und junge Frauen etwas unterrepräsentiert. Zudem sind sie im Falle einer Beratung im Durchschnitt jünger als die männlichen Adressaten. Der Anteil der ausländischen Adressaten liegt deutlich unterhalb ihrem Anteil an der Gesamtbevölkerung (vgl. Tab. A1 im Tabellenanhang). Während bei den Mädchen und jungen Frauen bezüglich der Anlässe zur Beratung die Schwierigkeiten im Vordergrund stehen, die unmittelbar mit einer problematischen Familien- oder Beziehungsdynamik zu tun haben (Beziehungsprobleme, Trennung, Scheidung der Eltern, sonstige Probleme in und mit der Familie), sind es bei den männlichen Klienten in größerem Ausmaß Anlässe, die als Reaktionen oder Symptome (Entwicklungsauffälligkeiten, Schulausbildungsprobleme) eben dieser problembehafteten Situationen gewertet werden. Bei den Jungen werden also von den BeraterInnen öfter auf die Klienten selbst bezogene Anlässe gesehen, während bei den Mädchen die Anlässe zur Beratung stärker in dem Beziehungsgeflecht, in das die Mädchen eingebunden sind, lokalisiert werden (vgl. Tab. A2 im Tabellenanhang; Kap. 15). Die Beschreibung der Anlässe der Beratungen durch die BeraterInnen beruht wahrscheinlich auch auf geschlechtsspezifischen Zuschreibungen.

Anhand der Daten der amtlichen Statistik kann festgestellt werden, dass der Zuwachs der Inanspruchnahme sowohl mit einer Zunahme der Personalstellen als auch mit einem Anstieg der Anzahl der Erziehungs- und Familienberatungseinrichtungen einhergeht. Es zeigt sich aber auch, dass die Anzahl der (vollzeitäquivalenten) Stellen pro Beratungseinrichtungen von 1998 auf 2002 geringfügig von 4,3 auf 4,2 Stellen gesunken ist. Dies deutet auf eine Zunahme von kleineren Beratungsstellen hin. Inwiefern sich hier ein Trend zu einer stärker dezentralen Sozialraumorientierung von Beratungsstellen abbildet, lässt sich anhand der Daten nicht überprüfen. Die höhere Anzahl der Beratungsstellen lässt vermuten, dass der Anstieg der Inanspruchnahme nicht ausschließlich auf einen Anstieg der Problemkonstellationen bzw. deren Schwere zurückzuführen ist, sondern auch mit der räumlichen Erschließung neuer Personenkreise als Adressaten für die Erziehungs- und Familienberatung in Zusammenhang steht. Die These hinter dieser Beschreibung geht also von einer besseren und niedrigschwelligeren Erreichbarkeit der Beratungsstellen für Personen mit Beratungsbedarf aus, nicht von einer Zunahme des insgesamt vorhandenen Beratungsbedarfs aufseiten der Adressaten. Eine Verschärfung und Zunahme der Problemkonstellationen wäre wahrscheinlich über eine Erhöhung des Personaleinsatzes innerhalb der Einrichtungen aufgefangen worden, die es aber nicht gegeben hat. Inwiefern diese These zutrifft, lässt sich anhand der vorhandenen Datenquellen nicht weiter plausibilisieren.

5.5.4 Fazit

In der Gesamtbetrachtung werden folgende Entwicklungen im Bereich der institutionellen Beratung deutlich: Es gibt eine große Verbreitung von spezialisierten Beratungsangeboten. Es ist davon auszugehen, dass diese Beratungsangebote nicht immer in spezialisierten Beratungsstellen angesiedelt sind, sondern mehrere Beratungsleistungen in einer Beratungsstelle angeboten werden. Dieses Vorgehen stößt dort an seine Grenzen, wo zwar viele Themenbereiche abgedeckt werden, aber dies auf Kosten der spezifischen Beratungskompetenz geschieht. Die optimale Mischung zwischen »Breite« und »Tiefe« der Beratungsangebote stellt für die Beratungsstellen einen Balance-Akt dar, der nicht nur durch die Beratungsstellen selbst zufriedenstellend gelöst, sondern auch vor dem Hintergrund des insgesamt vorhandenen Beratungsangebots betrachtet werden muss.

Es gibt inzwischen kein Beratungsangebot mehr, das in weniger als zwei Dritteln der Jugendamtsbezirke bereitgestellt wird. Ein Ausbau des Beratungsangebots in den Jugendamtsbezirken kann deshalb oftmals nur noch innerhalb der Jugendamtsbezirke bzw. im Rahmen einer Pluralisierung der Anbieter erreicht werden. Die Realisierung einer (größeren) Angebotspluralität stößt jedoch an Grenzen, die vor allem durch die Quantität der vorhandenen Nachfrage bestimmt werden.

Die Online-Beratung hat als relativ neue Beratungsform bereits eine sehr beachtliche Verbreitung in den Jugendamtsbezirken gefunden. Die spezifische Qualität dieser Beratungsform, ihr Adressatenkreis, ihr spezifisches Hilfepotenzial und ihre Auswirkungen wurden bislang noch nicht systematisch untersucht. Vor dem Hintergrund ihrer Verbreitung und ihres geschätzten Anteils an allen Beratungen erscheint eine systematische Analyse dieser Beratungsform vonnöten.

Angesichts der Zunahme der Adressaten mit Migrationshintergrund ist eine Erhöhung der interkulturellen Beratungskompetenz notwendig. Die Jugendmigrationsdienste und Beratungsstellen für ausländische Jugendliche können diese spezifischen Beratungskompetenzen in allen Beratungsbereichen nicht allein abdecken.

Der öffentliche Träger zieht sich als Anbieter von Beratungsleistungen weiterhin zurück, denn der Anteil der Jugendamtsbezirke, in denen ausschließlich freie Träger aktiv sind, wächst weiter an. Die Analyse der regionalen Angebotsstruktur zeigt, dass sich das Beratungsangebot und dessen Trägerstruktur in Ost- und Westdeutschland weitgehend angeglichen haben. In ostdeutschen Jugendamtsbezirken ist eine abnehmende Pluralität zu beobachten, die als eine Auswirkung der deutlichen Bevölkerungsabnahme zu interpretieren ist.

Die Inanspruchnahme von Beratungen steigt langsam, aber kontinuierlich an und ihre Höhe weist erhebliche regionale Disparitäten auf. Ungeklärt ist die Frage, zu welchen Anteilen diese Entwicklungsdynamik auf folgende Gründe zurückzuführen ist: auf einen höheren Problemdruck bei den Adressaten, eine Ausweitung des in seiner Lebensführung verunsicherten Personenkreises, eine steigende

Akzeptanz der Inanspruchnahme fremder Hilfe für viele Lebensbereiche oder darauf, dass es den Beratungsstellen besser gelingt, die Adressaten mit Beratungsbedarf zu erreichen.

5.6 Förderung der Erziehung in der Familie

Angebote der frühen Förderung sowie vorbeugende Hilfen, die zu möglichst optimalen Bedingungen des Aufwachsens beitragen sollen, haben in letzter Zeit deutlich an Bedeutung gewonnen. Besonders hervorzuheben sind in diesem Zusammenhang folgende Diskussionsstränge:

Eine Reihe von Fällen schwerer Kindesvernachlässigung mit Todesfolge haben großes Aufsehen in der Öffentlichkeit erregt. Hier sieht sich die öffentliche Kinder- und Jugendhilfe immer wieder mit dem Vorwurf konfrontiert, nicht, zu spät oder falsch reagiert zu haben. Auch wenn dieser Vorwurf in seiner Pauschalierung das Spannungsverhältnis von Hilfe und Kontrolle ausblendet und die guten und erfolgreichen Leistungen der Kinder- und Jugendhilfe unberücksichtigt lässt, entsteht durch die öffentliche Skandalisierung ein erhöhter Handlungsdruck.

Die Notwendigkeit früher Hilfen wird auch mit einer wachsenden Erziehungsunsicherheit in der Gesellschaft in Zusammenhang gebracht. Eltern stehen wie auch andere Institutionen der Erziehung vor der Schwierigkeit, auf die komplexen Herausforderungen moderner Gesellschaften (Individualisierung, Pluralisierung, Wandel des Arbeitsmarktes usw.) zu reagieren und dabei möglichst optimale Entwicklungsbedingungen zu schaffen. Der Bedarf an Erziehungswissen sowie an Möglichkeiten des Austausches und der Beratung steigt deshalb seit Jahren an, wie beispielsweise an der Fülle der pädagogischen Ratgeberliteratur zu sehen ist (vgl. Kap. 5.5 oder zum Beispiel Oelkers 1995).

In der Diskussion um die Bedeutung früher Förderung richtet sich die Aufmerksamkeit besonders auf die Erkenntnisse der Kleinkindforschung. Diese verdeutlichen, dass Entwicklungsverläufe bereits in früher Kindheit geprägt werden und die frühe Kindheit eine wichtige Phase ist, in der der Grundstein für spätere Lernerfahrungen und -prozesse gelegt wird. Die frühe Kindheit ist damit die Phase, die sich am besten eignet, die Entwicklungschancen zu fördern und zu verbessern. Diese Erkenntnis rückt auch die Rolle der Eltern als Erziehungsinstanz und Begleiter der frühkindlichen Entwicklungsprozesse wieder stärker ins Zentrum der Diskussion. Denn Erziehungskompetenz der Eltern wird vor diesem Hintergrund zu einem entscheidenden Faktor für die kindlichen Entwicklungschancen. Allerdings werden in dieser Diskussion die strukturellen und gesellschaftlichen Bedingungen, die den Alltag der Familien beeinflussen, vielfach ausgeblendet. Insofern sind die Erwartungen an die Wirkungen verbesserter Erziehungskompetenzen überhöht.

(Lokale) Politik und Verwaltung reagieren auf die wachsende Erziehungsunsicherheit, indem sie zum Beispiel neue Akzentsetzungen im Bereich der frühen Förderung von Kindern mit sozialen und gesundheitlichen Risiken ins Auge fassen (vgl. Koalitionsvertrag 2005), den Ausbau der Kindertagesbetreuung auch unter qualitativen Gesichtspunkte vorantreiben oder Kurse zur Förderung der Erziehungskompetenz anbieten. Bislang gibt es kaum Daten, die die vorhandenen Aktivitäten auf dem Gebiet der frühen Förderung der Kinder und der Förderung der Erziehung dokumentieren. Mit der Jugendamtsbefragung ist es aber möglich, einen Eindruck zu erhalten, in welchen Jugendamtsbezirken institutionelle Angebote in diesem Bereich existieren und wie die Trägerstruktur aussieht.

Im KJHG sind mehrere Formen der Förderung der Erziehung kodifiziert. Hierzu gehören Leistungen zur allgemeinen Förderung der Erziehung (§ 16 KJHG), die Beratung in Fragen der Partnerschaft, Trennung und Scheidung (§ 17 KJHG), Beratung und Unterstützung bei der Ausübung der Personensorge (§ 18 KJHG), gemeinsame Wohnformen für Mütter/Väter und Kinder (§ 19 KJHG) sowie Betreuung und Versorgung des Kindes in Notsituationen (§ 20 KJHG). Diesen Leistungen der Kinder- und Jugendhilfe wird wenig Aufmerksamkeit zuteil, obwohl sie für Familien in vielen Situationen unverzichtbare Hilfen darstellen, den Alltag und die Erziehungsaufgaben zu meistern. Diese sozialstaatlichen Leistungen haben gemeinsam, dass sie im Einzelfall schwer von erzieherischen Hilfen (KJHG § 27 ff.) abgrenzbar sind. Die Unterschiede sind eher in der Intensität der pädagogischen Intervention sowie im Zugang zu den Hilfen (mal mit, mal ohne Hilfeplan) zu sehen. Die Beratungsleistungen und Unterstützungsleistungen, die in den oben genannten Paragrafen des KJHG spezifiziert sind, werden bislang an keiner Stelle in Deutschland systematisch flächendeckend erfasst.[44]

---

[44] In NRW wird versucht, diese Beratungsleistungen flächendeckend zu erheben, um einen Überblick über Angebot und Inanspruchnahme psychosozialer Beratung zu erhalten. Erhoben werden die Daten von allen mit Landesmitteln geförderter Einrichtungen. Soweit Beratungsarbeit innerhalb dieser Institutionen von MitarbeiterInnen geleistet wird, die nicht mit Landesmitteln gefördert werden, sollen diese Daten ebenfalls erfasst werden. Beratungen, die im Rahmen der ASD-Arbeit erfolgen, werden somit nicht erfasst.

In der amtlichen Kinder- und Jugendhilfestatistik werden nur die Beratungsleistungen nach § 28 KJHG dokumentiert (vgl. Kap. 5.5). Einzelne Beratungsstellen, Einrichtungen und Jugendämter führen zwar für ihre eigenen Zwecke Statistiken, hierfür gibt es aber weder einheitliche Erfassungsvorgaben, noch werden die Ergebnisse der einzelnen Einrichtungen und Ämter an irgendeiner Stelle zusammengetragen. Die Statistiken einzelner Beratungsstellen und Jugendämter zeigen, dass ein nicht unerheblicher Anteil der Eltern Beratungsleistungen in Anspruch nimmt, die nicht durch einen besonderen erzieherischen Bedarf begründet werden. Somit handelt es sich hierbei nicht um Beratungen nach § 28 KJHG.

Ein großer Teil der präventiven Arbeit in der Kinder- und Jugendhilfe wird also nicht dokumentiert. Damit bleibt eine Chance ungenutzt, sichtbar zu machen, dass die Kinder- und Jugendhilfe nicht nur handelt, wenn es bereits »zu spät« ist. Dies aufzuzeigen wäre jedoch für eine Verbesserung des Images der Kinder- und Jugendhilfe erforderlich.

5.6.1 Eltern- und Familienbildungsstätten

In § 16 KJHG, allgemeine Förderung der Erziehung in der Familie, sind unter Absatz 2 die Leistungen zur Förderung der Erziehung in der Familie konkretisiert. Hierzu zählen insbesondere auch »Angebote der Familienbildung, die auf Bedürfnisse und Interessen sowie auf Erfahrungen von Familien in unterschiedlichen Lebenslagen und Erziehungssituationen eingehen, die Familie zur Mitarbeit in Erziehungseinrichtungen und in Formen der Selbst- und Nachbarschaftshilfe besser befähigen sowie junge Menschen auf Ehe, Partnerschaft und das Zusammenleben mit Kindern vorbereiten (...)« (KJHG § 16 [2]).

Tab. 5.6.1: Entwicklung der Trägerzugehörigkeit der Eltern- und Familienbildungsstätten in den Jugendamtsbezirken, 2003

	Ausschließlich öffentl. Träger		Teils öffentl./ teils nicht-öffentl. Träger		Ausschließlich nicht-öffentl. Träger		Vorhanden	
Eltern- und Familienbildungsstätten	4%	(-6%)	6%	(+6%)	90%	(+/-0%)	50%	(+7%)

* In Klammern Veränderungen gegenüber 2000 in Prozentpunkten. Die Richtung der Veränderung wird durch das Vorzeichen bestimmt, d.h., ein negatives Vorzeichen deutet auf eine Abnahme hin.

Quelle: DJI-Jugendamtserhebungen 2000 und 2004

Eine ausführliche empirische Analyse der Einrichtungen der Familienbildung bezüglich der Struktur des Angebotes, der Zielgruppen, des Personals und dessen Qualifikationen, der Kooperationsbeziehungen zu anderen Einrichtungen sowie der Finanzquellen und -strategien findet sich bei Schiersmann, Thiel, Fuchs und Pfizenmaier (1998).

Die Angebote in den Familienbildungsstätten sowie die Zielgruppen unterliegen einem deutlichen Wandel. Eltern-Kind-Gruppen werden ausgebaut, während Angebote, die eher an traditionelle Rollenvorstellungen anknüpfen, wie Hauswirtschaft und Ernährung, weniger geworden sind. Im Vergleich zu den Vorjahren gibt es vermehrt Angebote für die Zielgruppe der Alleinerziehenden (vgl. Schiersmann u. a. 1998: 37). Diese Entwicklung zeigt eine Hinwendung zu stärker informellen Formen der Familienunterstützung. Eine solche Entwicklung verwischt die Grenzen zwischen Familienbildungseinrichtungen und selbstorganisierten Formen von Unterstützungsleistungen – wie etwa bei Mütterzentren.

Familienbildungsstätten gibt es in 50 % der Jugendamtsbezirke (vgl. Tab. 5.6.1, S. 189). In 90 % dieser Jugendamtsbezirke befinden sich die Familienbildungsstätten ausschließlich in freier Trägerschaft. In der Hälfte der Jugendamtsbezirke (50 %), in denen überhaupt Familienbildungsstätten vorhanden sind, gibt es mindestens zwei davon.

Tab. 5.6.2: Eltern- und Familienbildungsstätten nach Ost- und Westdeutschland, 1998 und 2002

	Ost		West		Insgesamt	
	Dichte*	Anteil ÖT**	Dichte*	Anteil ÖT**	Dichte*	Anteil ÖT**
1998 (insg. 33 Ost, 319 West)	0,8	6 %	1,6	13 %	1,5	14 %
2002 (insg. 53 Ost, 312 West)	1,4	2 %	1,6	14 %	1,5	10 %

* Anzahl der Einrichtungen pro 100.000 0- bis 27-Jährige;
** Öffentliche Träger

Quelle: Statistik der Kinder- und Jugendhilfe, Teil III; eigene Berechnungen

Tabelle 5.6.2 zeigt anhand der Daten der amtlichen Kinder- und Jugendhilfestatistik, dass die Verbreitung von Familienbildungsstätten im Westen mit 1,6 Familienbildungsstätten pro 100.000 0- bis 27-Jährigen geringfügig höher liegt als im Osten (1,4). In Ostdeutschland befinden sich die Familienbildungsstätten seltener (2 %) in öffentlicher Trägerschaft als in Westdeutschland (14 %). Im Zeitvergleich zwischen den Jahren 1998 und 2002 zeigt sich eine deutliche Zunahme der Familienbildungsstätten in Ostdeutschland. Diese Entwicklung war nach den Ergebnissen der vorletzten Jugendamtsbefragung zu erwarten, da es hier insbesondere ostdeutsche Jugendämter waren, die angaben, vor allem die Angebote im Bereich der Familienförderung ausbauen zu wollen. Der Ausbau dieser Angebote ist vor dem Hintergrund der demografischen Entwicklung in Ostdeutschland, die durch Abwanderung und eine geringe Geburtenquote geprägt ist, zu sehen. Familienbildungsstätten können in dieser Situation zu einem Standortfaktor werden. Alle in Ostdeutschland neu hinzugekommenen Einrichtungen befinden sich in freier Trägerschaft, was den relativen Anteil der Einrichtungen in öffentlicher Trägerschaft nochmal deutlich reduziert hat. In Westdeutschland hat es dagegen im betrachteten Zeitraum kaum eine Veränderung gegeben.

5.6.2 Gemeinsame Wohnformen für Mütter/Väter und Kinder

Gemeinsame Wohnformen für Mütter/Väter und Kinder werden für Mütter oder Väter zur Verfügung gestellt, »die allein für ein Kind unter sechs Jahren zu sorgen haben (...), wenn und solange sie aufgrund ihrer Persönlichkeitsentwicklung dieser Form der Unterstützung bei der Pflege und Erziehung des Kindes bedürfen. Die Betreuung schließt auch ältere Geschwister ein, sofern die Mutter oder der Vater für sie allein zu sorgen hat. Eine schwangere Frau kann auch vor der Geburt des Kindes in der Wohnform betreut werden. Während dieser Zeit soll darauf hingewirkt werden, dass die Mutter oder der Vater eine schulische oder berufliche Ausbildung beginnt oder fortführt oder eine Berufstätigkeit aufnimmt. (...)« (§ 19 KJHG). Auch wenn das KJHG die vorrangige Rechtsgrundlage für eine Unterbringung in einer Mutter-/Vater-Kind-Einrichtung darstellt, kann die Unterbringung auch über das Bundessozialhilfegesetz nach § 39 BSHG (Eingliederungshilfe für Behinderte, zum Beispiel für seelisch und/oder geistig behinderte Schwangere/ Mütter) oder nach § 72 BSHG (Hilfe für Personen mit besonderen sozialen Schwierigkeiten) erfolgen.

Diese Form der Hilfe zielt demnach insbesondere auf alleinerziehende Personen, die aufgrund von Belastungssituationen nicht oder noch nicht in der Lage sind, eigenständig ihre Kinder zu erziehen und zu pflegen.

Die Statistik zu Mutter-Kind-Einrichtungen des Sozialdiensts der Katholischen Frauen (SKF), die Angaben zu 51 Einrichtungen und damit zu fast einem Drittel der in der amtlichen Statistik gemeldeten

Einrichtungen (168) umfasst[45], enthält eine Reihe von Detailinformationen zur Zielgruppe und Struktur (Einrichtungstypen, Platzzahl, Angestellte nach Berufsgruppen etc.) dieser Einrichtungen (Sozialdienst der Katholischer Frauen 2004). Die SKF-Statistik verdeutlicht, dass die Einrichtungen vor allem ein Angebot für junge Mütter unter 21 (46 % der Bewohnerinnen) sind. Fast die Hälfte der Bewohnerinnen zieht bereits vor der Geburt ihres Kindes ein. 18 % der Bewohnerinnen haben einen Migrationshintergrund und 84 % sind ledig. 72 % der Bewohnerinnen haben höchstens einen Hauptschulabschluss. Fast ein Drittel hat keinen Schulabschluss und 72 % haben (noch) keine abgeschlossene Berufsausbildung. Die Hauptgründe für den Einzug in eine Mutter-Kind-Einrichtung des SKF sind Probleme bei der Alltagsbewältigung, Probleme mit der Pflege des Kindes sowie Persönlichkeitsprobleme, welche jeweils bei mindestens zwei Dritteln der Bewohnerinnen vorliegen. Die meisten Bewohnerinnen werden über das Jugendamt oder eine andere Behörde vermittelt (65 %). Lediglich 7 % der Bewohnerinnen kommen aus eigener Initiative in eine Mutter-Kind-Einrichtung. Während des Aufenthaltes in der Einrichtung stehen regelmäßige Beratungsgespräche, Begleitung bei Ämterangelegenheiten sowie die Anleitung bei der Versorgung des Kindes im Vordergrund. 57 % der Bewohnerinnen verlassen die Einrichtung bereits vor Ablauf eines Jahres, ein Viertel nach ein bis zwei Jahren. Etwa 8 % verbleiben länger als drei Jahre in der Einrichtung. Circa ein Viertel der Frauen verlässt die Mutter-Kind-Einrichtung ohne ihr Kind. Letzteres könnte ein Indiz dafür sein, dass in Einrichtungen der Erziehungshilfe nicht immer das Wiedererlangen der Erziehungsfähigkeit im Vordergrund steht. Schleiffer stellte in seiner Untersuchung in Mutter-/Vater-Kind-Einrichtungen fest, dass die Perspektive bzw. die Interessen der Kinder nicht immer selbstverständlicher Bestandteil des fachlichen Handelns der Fachkräfte in den Einrichtungen sind (vgl. Schleiffer 2001).

---

[45] Der Vergleich der Anzahl der Mutter-Kind-Einrichtungen, die sich nach Angabe des Sozialdienstes Katholischer Frauen in seiner Trägerschaft befinden, mit den Ergebnissen der amtlichen Statistik bezüglich der Anzahl der Mutter- bzw. Vater-Kind-Einrichtungen in Trägerschaft des Caritas-Verbandes oder sonstiger katholischer Träger offenbart eine Untererfassung der Anzahl der Mutter- bzw. Vater-Kind-Einrichtungen in der amtlichen Statistik. Auf der Basis der Kombination der verschiedenen Datenquellen ist anzunehmen, dass die Anzahl der Mutter- bzw. Vater-Kind-Einrichtungen bundesweit mindestens 300 beträgt.

Tab. 5.6.3: Entwicklung der Trägerzugehörigkeit der Mutter-/ Vater-Kind-Einrichtungen in den Jugendamtsbezirken, 2003

	Ausschließlich öffentl. Träger		Teils öffentl./ teils nicht-öffentl. Träger		Ausschließlich nicht-öffentl. Träger		Vorhanden	
Mutter-/Vater-Kind-Einrichtungen	0%	(-8%)	10%	(-6%)	90%	(+14%)	47%	(+13%)

* In Klammern Veränderungen gegenüber 2000 in Prozentpunkten. Die Richtung der Veränderung wird durch das Vorzeichen bestimmt, d.h., ein negatives Vorzeichen deutet auf eine Abnahme hin.

Quelle: DJI-Jugendamtserhebungen 2000, 2004

Anhand der Jugendamtsbefragung zeigt sich eine Zunahme des Anteils von Jugendamtsbezirken, in denen sich eine Mutter-/Vater-Kind-Einrichtung befindet. In fast der Hälfte der Jugendamtsbezirke (47%) befindet sich eine gemeinsame Wohnform für Mütter/Väter und Kinder[46]. Der Unterschied zwischen Ost (71% der Jugendamtsbezirke) und West (33%), der dabei festgestellt werden kann, ist signifikant. Gibt es Mutter- bzw. Vater-Kind-Einrichtungen, so befinden sie sich überwiegend (90%) in freier Trägerschaft.

Dort, wo Mutter- bzw. Vater-Kind-Einrichtungen vorhanden sind, kann eine beachtliche Pluralität festgestellt werden: In 55% dieser Jugendamtsbezirke gibt es mindestens zwei Einrichtungen für Mütter bzw. Väter und ihre Kinder.

Bezüglich der Trägerschaft privat-gewerblicher Träger zeichnet sich eine Veränderung ab. Während im Jahr 2000 in diesem Bereich noch keine privat-gewerblichen Träger aktiv waren, befinden sich in 5% der Jugendamtsbezirke bei diesem Angebot nun auch privat-gewerbliche Träger. Da die §§ 78a ff. KJHG auch für Mutter-/Vater-Kind-Einrichtungen angewandt werden, zeigen sich in dem Trend erste Folgen der Vorschrift, die Finanzierung auch für diesen Einrichtungstyp über von beliebigen Organisationen frei aushandelbare Entgelte zu regeln.

5.6.3 Familien- und Mütterzentren

Die Familien- und Mütterzentren setzen auf Selbstorganisation und Selbsthilfe. Sie sind als Folge der Kritik am Umgang von Institutionen mit Eltern und eines Mangels an adäquaten Angeboten entstanden.

---

[46] Nach den Ergebnissen der amtlichen Kinder- und Jugendhilfestatistik wären höchstens in etwa einem Viertel der Jugendamtsbezirke Mutter- bzw. Vater-Kind-Einrichtungen zu erwarten gewesen.

Die Konzeption der Familien- und Mütterzentren wurde maßgeblich am Deutschen Jugendinstitut entwickelt und ihre Entwicklung in der Praxis von dort aus unterstützt und gefördert. Die Mütter stehen im Zentrum der Unterstützungsangebote. Sie helfen sich gegenseitig und können sich auf gleichberechtigter Ebene über ihre Situation und ihre Erfahrungen austauschen. Der Schwerpunkt der Arbeit liegt also auf der »Laien-mit-Laien-Arbeit«, bei der neue, bisher ungenutzte Ressourcen mobilisiert, zusammengeführt und neue Beziehungsnetzwerke geschaffen werden. Kinder sind jederzeit willkommen in der Einrichtung und können daher immer von den Eltern mitgebracht werden. Organisation und Öffnungszeiten richten sich möglichst nach dem Bedarf der BesucherInnen und sind nicht immer mit den üblichen Öffnungszeiten anderer Arten von Einrichtungen deckungsgleich. Der oftmals prekären Einkommenssituation der Mütter wird dadurch Rechnung getragen, dass die Mütter zum einen teilweise für ihre Arbeit (Kinderbetreuung, Laienberatung etc.) auf Honorarbasis bezahlt werden, zum anderen können sie ihre Fähigkeiten und Fertigkeiten auch auf kommerzieller Basis in nachbarschaftliche Dienstleistungen einbringen (Jaeckel/Schooß/Weskamp 1997: 19ff.; Sozialpädagogisches Institut im SOS-Kinderdorf e.V. 2000).

In jüngster Zeit finden Unterstützungsangebote für Familien und Kinder wieder besondere Beachtung. Unter wechselnden Bezeichnungen (z.B. Familienzentren, Eltern-Kind-Zentren oder Mehrgenerationenhäuser) werden zunehmend Angebote entwickelt, die verschiedene Hilfestellungen und Leistungen für Familien oder auch ältere Menschen, die bislang voneinander isoliert von unterschiedlichen Einrichtungen bereitgestellt wurden, miteinander vernetzen und organisatorisch zusammenführen. Im Kern sollen diese Angebote gleichzeitig mehrere Funktionen erfüllen. Welche Entwicklung solche Angebote nehmen, wird sehr davon abhängen, welche Art von Einrichtung (z.B. Familienzentrum oder Kindergarten) als Kern dieser Angebote definiert wird. Es ist zu erwarten, dass dies von Region zu Region unterschiedlich sein wird.

Tab. 5.6.4: Entwicklung der Trägerzugehörigkeit im Bereich der Familien- und Mütterzentren in den Jugendamtsbezirken, 2003

	Ausschließlich öffentl. Träger		Teils öffentl./ teils nicht-öffentl. Träger		Ausschließlich nicht-öffentl. Träger		Vorhanden	
Familien- und Mütterzentren	0%	(-9%)	3%	(-2%)	97%	(+11%)	33%	(+2%)

* In Klammern Veränderungen gegenüber 2000 in Prozentpunkten. Die Richtung der Veränderung wird durch das Vorzeichen bestimmt, d.h., ein negatives Vorzeichen deutet auf eine Abnahme hin.

Quelle: DJI-Jugendamtserhebungen 2000, 2004

In einem Drittel der Jugendamtsbezirke (33 %) gibt es ein Familien-/Mütterzentrum (vgl. Tab. 5.6.4). Diese Zentren befinden sich nahezu alle ausschließlich in freier Trägerschaft (97 %). In 60 % der Jugendamtsbezirke, in denen solche Einrichtungen überhaupt vorhanden sind, gibt es mehrere Familien-/Mütterzentren. Nach den Angaben des »Mütterzentren Bundesverbandes e.V.« gibt es in Deutschland inzwischen über 400 Mütterzentren. Wie die Erhebung bei den Jugendämtern zeigt, befinden sich diese wohl nicht gleichmäßig über die Bundesrepublik verteilt, sondern es gibt Regionen, in denen kein Mütterzentrum vorhanden ist, während in anderen Regionen mehrere Mütterzentren zur Verfügung stehen. Vor allem in Bayern und Niedersachsen gibt es verhältnismäßig viele Familien- und Mütterzentren.

5.6.4 Fazit

Angebote zur Förderung in der Familie stellen für viele Jugendämter einen wichtigen Teil ihres Angebotsspektrums dar. Auch wenn sich dieser Teil des Angebots in der Kinder- und Jugendhilfestatistik nicht in seinem realen Ausmaß abbildet, sind präventive Hilfen für Familien häufig Teil des Angebotsspektrums, wie sich an der Anzahl der Jugendamtsbezirke mit entsprechenden Angeboten ablesen lässt.

Jedoch ist es bisher noch nicht überall gelungen ist, eine Infrastruktur für präventive Angebote und frühe Hilfen aufzubauen. Der fehlende individuelle Rechtsanspruch auf präventive Leistungen kann als einer der Gründe hierfür gesehen werden. Denn er führt bei knappen kommunalen Kassen oftmals zu der Fehleinschätzung, dass solche präventiven Angebote verzichtbar seien.

Auch wenn Adressaten auf eine gute Infrastruktur von Beratungs- und Unterstützungseinrichtungen zurückgreifen können, kommt es dennoch immer wieder zu bedrohlichen Fehlentwicklungen in Familien, die von den verantwortlichen Behörden nicht wahrgenommen werden können, weil ein Teil der Adressaten gar nicht erreicht wird. Die Jugendämter sehen sich in diesem Zusammenhang mit verschiedenen Herausforderungen konfrontiert: Die Hilfe- oder Förderangebote müssen diejenigen erreichen, die Hilfe oder Förderung benötigen. Die Hilfen müssen frühzeitig erfolgen und müssen passend sein. Familienbildung, Elternarbeit, Erziehungsberatung und weitere Angebote der Kinder-, Jugend- und Familienhilfe sind jedoch nicht immer im Stande, gerade die Adressatengruppen zu erreichen, die am dringendsten Hilfe und Unterstützung bräuchten. Diese Tatsache lässt sich durch verschiedene Faktoren erklären:

Nicht alle Adressaten verfügen über ausreichendes Vertrauen gegenüber den Institutionen des Sozialstaates (vgl. z.B. Pluto u.a. 2003; Gawlik/Kraft/Seckinger 1995), um sich ohne Vorbehalte auf Unterstützungsangebote einzulassen. Weiterhin wird eine mangelnde Passung der Hilfen als entscheidender Faktor gesehen. Bestimmte Vorstellungen etwa darüber, wie eine Familie zu funktionieren hat verhindern eine Anpassung der Hilfen an den realen Alltag der Familien. Typisches Beispiel hierfür sind Migrantenfamilien, die je nach kulturellem Hintergrund (vgl. z.B. Handschuck/Klawe: 2006) unterschiedliche familiale Wertesysteme aufweisen und jeweils darauf aufbauende Hilfekonzeptionen benötigen. Selbstverständlich gilt dies nicht nur für Migrantenfamilien, sondern kann auch auf unterschiedliche soziale Schichten oder Milieus zutreffen, bei denen zum Beispiel stark differierende Vorstellungen von Erziehungskompetenz vorherrschen können, die bei der Anwendung der Hilfe im Einzelfall berücksichtigt werden müssen. Nicht zuletzt muss auf natürliche psychische Schutzreaktionen der Familienmitglieder verwiesen werden. Manche Coping-Strategie baut auf einem Mechanismus der »Normalisierung« oder Verdrängung von Belastungen auf, die es dem Einzelnen ermöglicht, damit (zumindest nach außen hin) zurechtzukommen.

Vor diesem Hintergrund stellt sich die Frage, wie dennoch rechtzeitig Unterstützungsangebote geleistet werden können. Als Idealvorstellung wird nicht zu unrecht oft formuliert: »Früh erkennen und dann früh helfen« (vgl. zum Beispiel die Beiträge in IKK-Nachrichten 1–2 2005). Aber wie und woran kann man Gefährdungen rechtzeitig erkennen, ohne einzelne Adressaten unnötig zu stigmatisieren, unverhältnismäßig zu kontrollieren und ohne ihnen bestimmte Normalitätsvorstellungen überzustülpen? Die Frage verdeutlicht, dass man sich im Feld der frühen Hilfen und Frühprävention mitten in dem für die soziale Arbeit kennzeichnenden Dilemma zwischen Hilfe und Förderung auf der einen Seite und Kontrolle auf der anderen Seite bewegt. Alle Strategien, früh zu erkennen und früh zu helfen, müssen sich daran messen lassen, inwiefern es gelingt, die Balance zwischen beiden Aspekten zu wahren. Zudem ist es notwendig, ein entsprechend ausgebautes Hilfesystem vorzuhalten, das angemessen auf den so erkannten Bedarf reagieren kann.

5.7 Ambulante und teilstationäre Hilfen zur Erziehung

Die ambulanten Hilfen sind durch ihren rasanten Ausbau in den vergangenen Jahren inzwischen zum quantitativ wichtigsten Bestandteil des Spektrums der erzieherischen Hilfen geworden. Sie haben sich neben den stationären Formen der Hilfen zur Erziehung zu einer nicht mehr wegzudenkenden Hilfeform entwickelt. Der Ausbau dieser Hilfen trotz der angespannten kommunalen Finanzlage signalisiert einen zugrundeliegenden gesellschaftlichen Bedarf an Förderungs- und Unterstützungsleistungen für Familien. Obwohl ambulante Hilfen oftmals im Kontext von stationären Hilfen thematisiert werden, reagieren sie auf andere Problemlagen als diese. Sie sind darüber hinaus eine weniger intensive Form der Hilfe, die Steigerung der Intensität der Hilfen muss allerdings nicht zwangsläufig zu einer Unterbringung außerhalb der Familie führen.

Die Kinder- und Jugendhilfe hat im Laufe ihrer Geschichte eine breite Palette ambulanter und (teil)stationärer Hilfen entwickelt. Zum einen sind diese im KJHG kodifiziert wie zum Beispiel die sozialpädagogischen Familienhilfen oder die Erziehungsbeistandschaften. Zum anderen gibt es immer wieder Neuentwicklungen oder Modifizierungen und Ergänzungen zu bestehenden Hilfeformen. Die sogenannten flexiblen, integrierten Hilfen sind in den letzten Jahren das prominenteste Beispiel von Versuchen, Hilfeformen zu entwickeln, die geeignet sind, die Erziehungsfähigkeit der Sorgeberechtigten zu stärken. Die flexiblen Hilfen haben inzwischen eine weite Verbreitung gefunden, weshalb sie gesondert und ausführlicher in Kapitel 5.9 betrachtet werden. Die Entwicklung der Verbreitung flexibler Hilfen hat nicht genau bestimmbare Auswirkungen auf die statistische Erfassung der Angebotsstruktur und Inanspruchnahme verschiedener ambulanter Hilfen. Einige Jugendämter sind dazu übergegangen, nicht länger erzieherische Hilfeformen an sich zu unterscheiden, sondern fassen mehrere Hilfeformen von unterschiedlicher Intensität unter einem Begriff, der von Region zu Region variiert, zusammen. Die geplante Modifikation der Erhebungsmerkmale in der amtlichen Statistik wird dieser Entwicklung insofern Rechnung tragen können, als jetzt die Möglichkeit geschaffen wird, auch solche Hilfeformen zu erfassen, die nicht explizit im KJHG kodifiziert sind.

Eine zweite aktuelle Diskussionslinie befasst sich mit den Folgen einer zunehmenden Ganztagsbetreuung in Schulen für die ambulanten Hilfen. Dieser Aspekt wird am Ende des Abschnitts 5.7 aufgegriffen. Zuerst wird für einzelne Angebote der ambulanten und teilstationären Hilfen die Entwicklung der Angebotsstruktur in den einzelnen Jugendamtsbezirken dargestellt; daran anschließend werden Trends der Inanspruchnahme auf der Basis der amtlichen Jugendhilfestatistik betrachtet.

Die Wiedergabe der Entwicklung der Inanspruchnahme der ambulanten Hilfen wird anhand von altersstandardisierten Quoten abgebildet, die die altersgruppenspezifischen Quoten berücksichtigen, aber gleichzeitig eine von der tatsächlichen Alterstruktur unabhängige Darstellung der Entwicklung erlauben (vgl. van Santen 2000). Einzelne Hilfeformen werden von unterschiedlichen Altersgruppen stärker oder weniger stark in Anspruch genommen. Die sogenannte Altersstandardisierung stellt sicher, dass Veränderungen der Inanspruchnahme, die lediglich auf zahlenmäßige Veränderungen der einzelnen Altersgruppen zurückgeführt werden können, neutralisiert werden. Das heißt, dass etwa ein Anstieg der Inanspruchnahme der Erziehungsbeistandsschaft, der zum Beispiel lediglich auf eine deutliche zahlenmäßige Zunahme der Altersgruppe der 15- bis unter 18-Jährigen (Hauptinanspruchnahmegruppe der Erziehungsbeistandschaft) bei gleichzeitiger quantitativer Reduzierung der jüngeren Altersgruppen zurückzuführen ist, gleichsam herausgerechnet wird. Dementsprechend kann die absolute Anzahl der Adressaten, die eine Hilfe in Anspruch nehmen, zunehmen, aber die altersstandardisierte Inanspruchnahme sinken. Letztere beschreibt also die Entwicklung unter der Annahme eines bestimmten, über die Zeit konstant gehaltenen Verhältnisses der Altersgruppen untereinander. Diese Quote neutralisiert somit Artefakte der Entwicklung der Inanspruchnahme, die infolge des demografischen Wandels entstehen können. Sie eignet sich somit sowohl besser als die Beschreibung der Entwicklung der Inanspruchnahme mittels absoluter Zahlen als auch der mittels einer groben Altersstandardisierung über das Verhältnis der absoluten Zahlen der Inanspruchnahme etwa bei den 0- bis unter 27-jährigen jungen Menschen und der altersentsprechenden Bevölkerung ohne Berücksichtigung der altersgruppenspezifischen Inanspruchnahme.

Der Darstellung der Inanspruchnahmequoten wurden bei jeder Hilfeform alle Personen unterhalb von 27 Lebensjahren zugrunde gelegt, weil dies die Altersgruppe ist, die nach dem KJHG Hilfe in Anspruch nehmen kann. Zwar unterscheiden sich die Hilfeformen zum Teil deutlich in Bezug auf die Altersgruppe, für die sie vornehmlich angewandt werden, aber das Konstanthalten der Referenzgruppe ermöglicht einen Vergleich der Niveaus der Inanspruchnahme der Hilfeformen untereinander.

Tab. 5.7.1: Entwicklung der Trägerzugehörigkeit einzelner ambulanter oder teilstationärer Hilfen zur Erziehung in den Jugendamtsbezirken, 2003

	Ausschließlich öffentl. Träger		Teils öffentl./ teils nicht-öffentl. Träger		Ausschließlich nicht-öffentl. Träger		Vorhanden	
Tagesgruppen	0 %	(-5 %)	16 %	(+6 %)	85 %	(-1 %)	99 %	(+11 %)
Sozialpädagogische Familienhilfe	11 %	(-14 %)	21 %	(-6 %)	67 %	(+19 %)	94 %	(-2 %)
Erziehungsbeistandschaften/ Betreuungshilfe	18 %	(-12 %)	18 %	(-5 %)	64 %	(+17 %)	89 %	(-10 %)
Soziale Gruppenarbeit	16 %		13 %		71 %		70 %	
Sozialpädagogische Einzelbetreuung	7 %	(-12 %)	18 %	(+3 %)	75 %	(+11 %)	60 %	(-13 %)
Kurzzeittherapeutische Maßnahmen für Familien (z.B. FAM, FIM, FSP)	5 %	(+5 %)	5 %	(-5 %)	91 %	(+1 %)	23 %	(-5 %)

* In Klammern Veränderungen gegenüber 2000 in Prozentpunkten. Die Richtung der Veränderung wird durch das Vorzeichen bestimmt, d.h., ein negatives Vorzeichen deutet auf eine Abnahme hin.

Quelle: DJI-Jugendamtserhebung 2004 und 2000

Tabelle 5.7.1 gibt zum einen einen Überblick zur Verbreitung einzelner ambulanter oder teilstationärer Hilfeformen in den Jugendamtsbezirken und zum anderen enthält sie Informationen über die vorhandene Trägerstruktur der Hilfen innerhalb eines Jugendamtbezirkes. Die Erziehungsberatung, die auch zu den ambulanten erzieherischen Hilfen gehört, wird in Kapitel 5.5 »Institutionelle Beratung« thematisiert.

Sofern ein Vergleich mit früheren Erhebungszeitpunkten möglich ist, zeigt sich im Unterschied zur Vergangenheit nur noch bei Tagesgruppen eine weitere Zunahme des Anteils von Jugendamtsbezirken, die innerhalb ihrer Grenzen dieses Angebot bereithalten. Tagesgruppen gibt es nunmehr fast in allen Jugendamtsbezirken. Bei den anderen Hilfeformen ist kein weiterer Ausbau bzw. tendenziell sogar ein Abbau, etwa bei der sozialpädagogischen Einzelbetreuung, zu verzeichnen. Diese Entwicklung kann mit der Verbreitung der flexiblen Hilfen in den Jugendamtsbezirken zusammenhängen. Manche Jugendämter fassen alle ambulanten Hilfen unter einen Begriff – nicht notwendigerweise »flexible Hilfen« – zusammen. Hierdurch kann der Eindruck entstehen, dass die Vielfalt der ambulanten Hilfen zurückgeht, obwohl diese in Wirklichkeit erhalten bleibt oder gar zunimmt.

Im Unterschied zu dieser disparaten Entwicklung bei den Angeboten weist die Entwicklung der Trägerstruktur bei den verschiedenen Hilfeformen einen eindeutigen Trend auf: Die Hilfen werden zu einem geringeren Ausmaß ausschließlich von öffentlichen Trägern bereitgestellt. Dagegen steigt – bis auf das Angebot Tagesgruppen –

bei allen Hilfeformen der Anteil der Jugendamtsbezirke, in denen ausschließlich nicht-öffentliche Träger[47] als Anbieter von Leistungen fungieren. Der Rückzug des öffentlichen Trägers kann einerseits als eine logische und positive Folge der Umsetzung des Subsidiaritätsprinzips gewertet werden, andererseits birgt er auch die Gefahr, dass Jugendämter ihre Position als Fachbehörde einbüßen, da immer weniger Jugendämter auf eigenes Erfahrungswissen bezüglich der Bereitstellung von sozialen Dienstleistungen zurückgreifen können.

Bis auf die kurzzeittherapeutischen Maßnahmen in Familien sind alle Angebote in den ostdeutschen etwas häufiger als in den westdeutschen Jugendamtsbezirken vorhanden. Dieser Unterschied überschreitet nur beim Angebot der sozialen Gruppenarbeit die Grenze der statistischen Signifikanz. Zwischen Städten und Landkreisen sind überhaupt keine statistisch relevanten Unterschiede in der Angebotsstruktur vorhanden.

Bei der aktuellen Erhebung wurde ebenso wie in der Erhebung des Jahres 2000 untersucht, inwiefern privat-gewerbliche Träger als Anbieter von Leistungen der Kinder- und Jugendhilfe eine Rolle spielen. Der Vergleich zwischen den beiden Erhebungszeitpunkten zeigt bei allen in der Tabelle 5.7.1 enthaltenen Hilfeformen einen Anstieg des Anteils der Jugendamtsbezirke, in denen (auch) privat-gewerbliche Träger als Anbieter von Leistungen auftreten. Der höchste Wert (30 % der Jugendamtsamtsbezirke, in denen ein Angebot vorhanden ist) ist bei der intensiven sozialpädagogischen Einzelbetreuung festzustellen. Dieses Angebot ist eine über Entgeltvereinbarungen finanzierte Leistung, von der prinzipiell kein Anbieter ausgeschlossen werden kann; insofern überrascht dieser Sachverhalt nicht unbedingt. Überraschend ist vielmehr, dass es bei allen hier betrachteten Angeboten, wenn auch in einem unterschiedlichen Ausmaß, auch privat-gewerbliche Anbieter gibt (vgl. Kapitel 6).

Tabelle 5.7.2 enthält Angaben zur Trägerpluralität in den Jugendamtsbezirken, in denen das jeweilige Angebot vorgehalten wird. Für alle Hilfeformen gilt, dass es in mindestens der Hälfte der Jugendamtsbezirke, in denen das Angebot vorhanden ist, mehrere Träger gibt. Der Vergleich mit den Ergebnissen der früheren Erhebung zeigt bei allen betrachteten Hilfen eine deutliche Zunahme der Pluralität. Die größte Trägerpluralität existiert bei den Tagesgruppen: In drei Vierteln der Jugendamtsbezirke, in denen Tagesgruppen zum Angebotsspektrum der erzieherischen Hilfen gehören, sind mehrere

[47] Die Gruppe der nicht-öffentlichen Träger enthält sowohl freie als auch privat-gewerbliche Träger.

Träger involviert. Die soziale Gruppenarbeit wird innerhalb der Jugendamtsbezirke am seltensten von mehreren Trägern angeboten.

Tab. 5.7.2: Entwicklung der Trägerpluralität einzelner ambulanter oder teilstationärer Hilfen zur Erziehung in den Jugendamtsbezirken von 2000 auf 2003

	Mehrere Träger	Veränderung
Tagesgruppen	75 %	(+15 %)
Sozialpädagogische Einzelbetreuung	74 %	(+14 %)
Sozialpädagogische Familienhilfe	72 %	(+13 %)
Erziehungsbeistandschaften/Betreuungshilfe	67 %	(+7 %)
Kurzzeittherapeutische Maßnahmen für Familien (z.B. FAM, FIM, FSP)	59 %	(+12 %)
Soziale Gruppenarbeit	50 %	

* In Klammern Veränderungen gegenüber 2000 in Prozentpunkten. Die Richtung der Veränderung wird durch das Vorzeichen bestimmt, d.h., ein negatives Vorzeichen deutet auf eine Abnahme hin.

Quelle: DJI-Jugendamtserhebung 2004 und 2000

Das Ausmaß der Pluralität unterscheidet sich weder in Bezug auf die Unterscheidung nach Ost- und Westdeutschland, noch – bis auf eine Ausnahme – in Bezug auf die Differenzierung nach Stadt- und Kreisjugendämtern. Lediglich bei der intensiven sozialpädagogischen Einzelbetreuung existiert eine signifikant höhere Trägerpluralität in den Stadtjugendamtsbezirken. Dieser Unterschied ist vor dem Hintergrund zu sehen, dass es in den Städten höhere Inanspruchnahmequoten gibt, die es eher erlauben, ein plurales Angebot vorzuhalten (vgl. hierzu auch das Kapitel 6).

Im Folgenden wird näher auf die einzelnen Hilfeformen eingegangen und es werden – sofern vorhanden – auch Daten der amtlichen Kinder- und Jugendhilfestatistik zur Beschreibung der Entwicklung der Inanspruchnahme hinzugezogen.

5.7.1 Tagesgruppe

In einer Tagesgruppe – manchmal werden unter dieser Bezeichnung auch heilpädagogische Tagesstätten oder Tagesheimgruppen subsumiert (vgl. Späth 2001: 573) – soll die Entwicklung eines Kindes oder eines Jugendlichen durch soziales Lernen in der Gruppe, durch Begleitung der schulischen Förderung und durch Elternarbeit unterstützt und dadurch ein Verbleib in der Familie gesichert werden (§ 32 KJHG). Diese Hilfeform findet ihre Anwendung in der Regel in Einrichtungen (92 % der Hilfen in einer Tagesgruppe), kann aber auch durch geeignete Formen der Familienpflege geleistet werden (8 %) (§ 32 KJHG, Satz 2). Der Verbleib in der Familie impliziert, dass die Eltern in die Arbeit eingebunden werden müssen. Insofern ist die Tagesgruppe eine Form der erzieherischen Hilfen, in der die Elternarbeit ein konzeptioneller Bestandteil ist, was auch durch die explizite Nennung des Begriffs »Hilfen zur Erziehung« im Gesetzestext unterstrichen wurde. Die Hilfeform Tagesgruppe wurde mit der Einführung des KJHG gesetzlich verankert. Ihre Anfänge gehen bis in die der 60er Jahre zurück (vgl. Späth 2001). Die oben erwähnten zusätzlichen Bezeichnungen für die Tagesgruppe verweisen auf zwei Entwicklungsstränge, nämlich die Abkehr von der Heimerziehung (Tagesheimgruppe) und die Entwicklung spezialisierter Tageseinrichtungen für Kinder (heilpädagogische Tagesstätte). In gewisser Weise spiegelt sich hierin auch die Funktion der Tagesgruppe wider: Heimerziehung zu vermeiden, aber auch Übergangshilfe der Kinder und Jugendlichen auf dem Weg zurück in die Familie zu sein.

Für die weitere Entwicklung der Hilfeform Tagesgruppe zeichnet Späth (2001) folgende drei Perspektiven auf: Erstens werden Tagesgruppen ihre Arbeit stärker mit anderen Betreuungssettings vernetzen, um flexiblere Übergänge zu ermöglichen. Dies würde es erlauben, den jeweiligen pädagogisch therapeutischen Bedarfslagen der Kinder und Jugendlichen besser Rechnung zu tragen. Zweitens werden sich Tagesgruppen zu Jugendhilfezentren entwickeln, in denen für einen regional begrenzten Einzugsbereich weitere ambulante erzieherische Hilfen sowie offene oder mobile Jugendarbeit miteinander verschmelzen. Diese Zentren können dann gemeinsam ein flexibles Jugendhilfeangebot darstellen. Drittens wird das Angebot an Tagesgruppen mancherorts zugunsten integrativer Angebote (etwa integrative Schulhorte) zurückgehen, in denen die Grenzen zwischen Erziehungshilfe und Kindertagesbetreuung verschwimmen werden; somit wird eine weniger intensive Form der Betreuung an Bedeutung gewinnen (Späth 2001: 595 f.). Insbesondere vor dem Hintergrund der Diskussion um Ganztagsschulen gewinnt letzterer Aspekt an Bedeutung. Das Angebot Tagesgruppe wird am stärksten durch die Ausweitung der schulischen Betreuungszeiten als bedroht betrachtet: Kinder und Jugendliche hätten keine Zeit mehr, überhaupt eine Tagesgruppe zu besuchen, weil sie in der Schule betreut werden. In diesem Zusammenhang ist darauf hinzuweisen, dass Tagesgruppen einen spezifischen Bedarf erfüllen. Dieser Bedarf könnte an Schulen nur dann gedeckt werden, wenn Schulen selbst auf diesen Bedarf reagieren. Erfolgt dies nicht, wird sich der Bedarf an Tagesgruppen wenig ändern. Die Empirie wird zeigen, inwiefern es tatsächlich zu einer geringeren Inanspruchnahme der Tagesgruppe kommen wird.

Angebot

Tagesgruppen gibt es in (fast) allen Jugendamtsbezirken (99 %). Der Anteil der Jugendamtsbezirke mit einem solchen Angebot hat sich damit seit der ersten Erhebung im Rahmen der Dauerbeobachtung von Institutionen der Kinder- und Jugendhilfe im Jahr 1992 kontinuierlich erhöht. Zumindest auf der Angebotsebene lässt sich somit keine abnehmende Auswirkung der steigenden Anzahl der SchülerInnen im Ganztagsbetrieb nachweisen. In drei Vierteln der Jugendamtsbezirke (75 %) sind mindestens zwei Träger in diesem Bereich aktiv. In 15 % der Jugendamtsbezirke mit dem Angebot Tagesgruppe sind auch privat-gewerbliche Träger aktiv.

Im Durchschnitt betreut eine Fachkraft ca. vier Kinder oder Jugendliche in einer Tagesgruppe. Der Personalschlüssel liegt im Osten (4,4 junge Menschen pro Fachkraft) signifikant oberhalb des Personalschlüssels im Westen (3,5), d.h., die Personalausstattung in den Tagesgruppen ist im Westen etwas besser als im Osten.

Tab. 5.7.3: Einrichtungen Tagesgruppe gemäß § 32 nach Ost- und Westdeutschland, 1998 und 2002

	Ost		West		Insgesamt	
Tagesgruppe gemäß § 32	Dichte*	Anteil ÖT**	Dichte*	Anteil ÖT**	Dichte*	Anteil ÖT**
1998	9,6	10 %	5,1	9 %	5,8	9 %
2002	12,2	6 %	6,6	5 %	7,4	5 %

* Anzahl der Einrichtungen pro 100.000 1- bis 18-Jährige;
** ÖT: Öffentliche Träger

Quelle: Statistik der Kinder- und Jugendhilfe, Teil III; eigene Berechnungen

Tabelle 5.7.3 zeigt anhand der Daten der amtlichen Statistik das Versorgungsniveau mit Tagesgruppeneinrichtungen sowie den Anteil der Einrichtungen in öffentlicher Trägerschaft (ÖT) für die zwei letzten Erhebungszeitpunkte der amtlichen Statistik. In Ostdeutschland gibt es deutlich mehr Tagesgruppenangebote als in Westdeutschland. Sowohl in Ost- als auch in Westdeutschland hat sich jedoch die Einrichtungsdichte erhöht. Der Anstieg der Dichte in Ostdeutschland ist nicht nur auf eine quantitative Reduzierung der Bezugspopulation zurückzuführen, sondern ihr liegt auch ein Anstieg der absoluten Anzahl der Einrichtungen zugrunde. Hinsichtlich des Anteils der Tagesgruppen in öffentlicher Trägerschaft gibt es kaum Unterschiede zwischen Ost- und Westdeutschland. In beiden Fällen hat er sich verringert und es befinden sich fast alle Einrichtungen in freier Trägerschaft (95 %). Die durchschnittliche Platzzahl pro Einrichtung lag 2002 bei 15 Plätzen und hat sich damit gegenüber der letzten Erhebung kaum verändert.

Inanspruchnahme

Parallel zum Ausbau des Angebots gibt es einen deutlichen Anstieg der Inanspruchnahme von Tagesgruppen, wie Abbildung 5.7.1 deutlich erkennen lässt.

Abb. 5.7.1: Entwicklung der Neuzugänge in Tagesgruppen

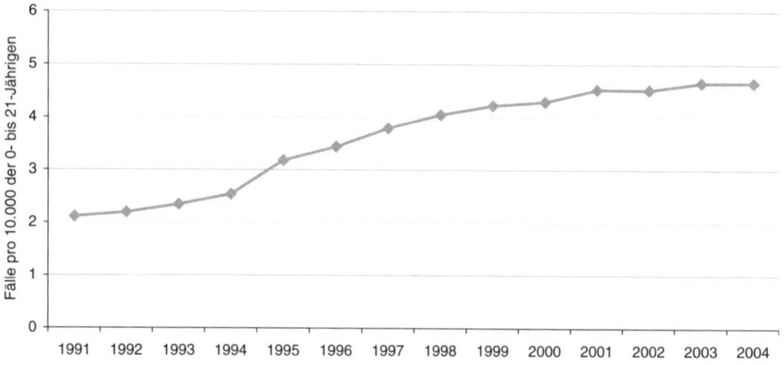

Quelle: Statistik der Kinder- und Jugendhilfe Teil I, 4, Beginn der Hilfen zur Erziehung außerhalb des Elternhauses, Arbeitsunterlage; eigene Berechnungen

Die meisten Kinder und Jugendlichen in Tagesgruppen sind männlichen Geschlechts (75 %). Ähnlich wie bei dem großen geschlechtsspezifischen Unterschied bei der Inanspruchnahme von Erziehungsbeistandschaften kommt vermutlich auch hier zum Tragen, dass Jungen auf Probleme stärker mit nach außen gerichtetem Problemverhalten reagieren, während bei Mädchen die Reaktionen eher nach innen gerichtet sind (z.B. Autoaggression) und für die soziale Umwelt nicht so schnell ein Problem darstellt. Die weiblichen Adressaten kommen tendenziell in einem etwas jüngeren Alter in eine Tagesgruppe als die männlichen Adressaten (vgl. Tab. A3 im Tabellenanhang). Der Anteil der Kinder und Jugendlichen ohne deutsche Staatsangehörigkeit in einer Tagesgruppe entspricht im Gegensatz zu früher in etwa ihrem Anteil an der altersentsprechenden Bevölkerung.

5.7.2 Sozialpädagogische Familienhilfe

Der Name Sozialpädagogische Familienhilfe (SPFH) ist Programm: Das Angebot richtet sich an die gesamte Familie und nicht nur an einzelne Familienmitglieder. Durch intensive Betreuung und Begleitung der Familie soll diese in ihren Erziehungsaufgaben, bei der Lösung von Konflikten und Krisen sowie im Kontakt mit Ämtern und Institutionen unterstützt werden und Hilfe zur Selbsthilfe erhalten (§ 31 KJHG). Sie hat eine überwiegende Geh-Struktur, d.h., die Fachkräfte suchen die Familien in ihren Wohnungen auf und sehen sich damit mit der besonderen Anforderung konfrontiert, die richtige Balance im Verhältnis zu den Adressaten zwischen Nähe und Distanz zu finden. Die SPFH setzt auf inner- und außerfamiliäre Ressourcenaktivierung (vgl. Helming 2001: 541). Sie dauert im Durchschnitt ca. 16 Monate (vgl. Tab. A4 im Tabellenanhang).

Angebot

Die SPFH ist neben Tagesgruppen die am weitesten verbreitete Form der ambulanten Hilfen zur Erziehung (vgl. Tab. 5.7.1). In nahezu allen Jugendamtsbezirken (94 %) gehört die Sozialpädagogische Familienhilfe zum Spektrum der vorhandenen Hilfen. Dabei zeigt sich ein deutlicher Rückgang des Anteils der Jugendamtsbezirke, in denen das Angebot ausschließlich vom öffentlichen Träger bereitgestellt wird. Die Trägerstruktur der SPFH im Osten ist im Vergleich zum Westen durch einen signifikant höheren Anteil von Jugendamtsbezirken, in denen ausschließlich freie Träger SPFH anbieten, gekennzeichnet.

Abb. 5.7.2: Anteil der durch den öffentlichen Träger im Rahmen von SPFH beratenen Familien

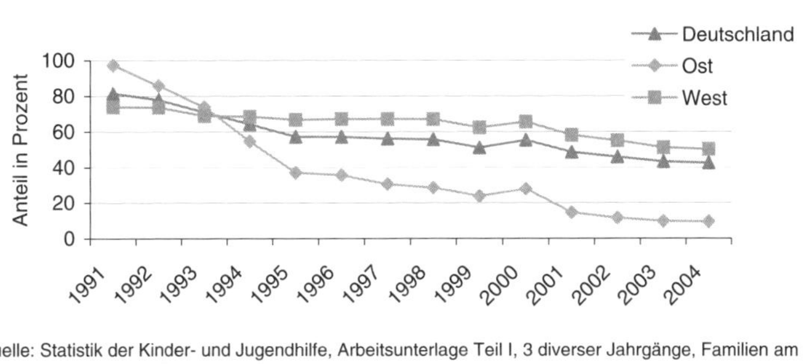

Quelle: Statistik der Kinder- und Jugendhilfe, Arbeitsunterlage Teil I, 3 diverser Jahrgänge, Familien am 31. Dezember; eigene Berechnungen

Abbildung 5.7.2 zeigt, dass die Trägerstruktur der SPFH in den letzten Jahren einen starken Trend weg von Leistungen der öffentlichen Träger hin zu freien Trägern erfahren hat: Der Anteil der in öffentlicher Trägerschaft durchgeführten Hilfen sinkt kontinuierlich und gleichzeitig steigt der Anteil der Hilfen der freien Träger. Insbesondere in Ostdeutschland hat sich die Trägerlandschaft stark verändert. Inzwischen liegt dort der Anteil der SPFH-Hilfen, die von den öffentlichen Trägern geleistet werden, unterhalb 10 %, während dieser Anteil im Westen noch 50 % beträgt. Der Anteil der Jugendamtsbezirke, in denen auch privat-gewerbliche Träger aktiv sind, hat in den letzten Jahren sehr stark zugenommen. Ihr Anteil an den Jugendamtsbezirken mit SPFH im Angebot beträgt jetzt 22 %.

Eine SPFH-Fachkraft betreut im Durchschnitt ca. zwölf Familien. Allerdings zeigt sich bei der Fallzahl pro Fachkraft eine sehr deutliche Streuung. Der Median liegt lediglich bei sieben Fällen, was darauf verweist, dass in einigen Jugendämtern von den Fachkräften sehr hohe Fallzahlen zu bewältigen sind. Die großen Unterschiede in der Fallbelastung der Fachkräfte lassen sich nur durch große Differenzen in den jeweiligen SPFH-Konzepten erklären. Gerade die SPFH gehört jedoch zu den Hilfeformen, für die es eindeutige Standards gibt (vgl. Helming/Schattner/Blüml 1998). Vor diesem Hintergrund kann es sich eigentlich nicht immer um SPFH handeln, wenn SPFH angegeben wird.

Inanspruchnahme

Abbildung 5.7.3 zeigt die Entwicklung der Inanspruchnahme der SPFH für Alleinerziehende nach der Definition der amtlichen Statistik (einschließlich Alleinerziehender, die LebenspartnerIn in einer nichtehelichen Lebensgemeinschaft sind), Eltern sowie für alle zusammen.[48] Die Fallzahlen sind jeweils bezogen auf die entsprechende Anzahl von Familien. Das heißt beispielsweise, dass die Anzahl der Alleinerziehenden mit SPFH in Beziehung zur Gesamt-

---

[48] Die Angaben des Mikrozensus enthalten keine Angaben zu den Alleinerziehenden ohne LebenspartnerIn. Für die Berechnung der Quoten wurden nach dieser Definition von Alleinerziehenden im Mikrozensus auch die Fälle der Jugendhilfestatistik zu den Alleinerziehenden gezählt, die entweder wirklich alleinerziehend sind oder in einer Partnerschaft leben. Es ist zu vermuten, dass die Quote der »echten« Alleinerziehenden, die nicht in einer Partnerschaft leben, im Vergleich zu den Eltern noch deutlich höher ist, als in der Abbildung 5.7.3 zum Ausdruck kommt.

anzahl der Alleinerziehenden gesetzt wurde. Es wird ersichtlich, dass die Inanspruchnahme bei Alleinerziehenden höher ist und die Quote schneller wächst als bei den Familien mit zwei Elternteilen. Dies ist ein Trend, der sich sowohl in Ost- wie in Westdeutschland sehr deutlich abzeichnet. Das Niveau der Inanspruchnahme bei Familien, in denen nur ein Elternteil lebt, liegt etwa siebenmal höher als die Inanspruchnahme bei Familien, in denen beide Elternteile zusammenleben. Dies zeigt, dass SPFH häufig als eine Form der Unterstützung für Alleinerziehende eingesetzt wird.

Abb. 5.7.3: Inanspruchnahme Sozialpädagogischer Familienhilfe (SPFH) nach Familienkonstellation

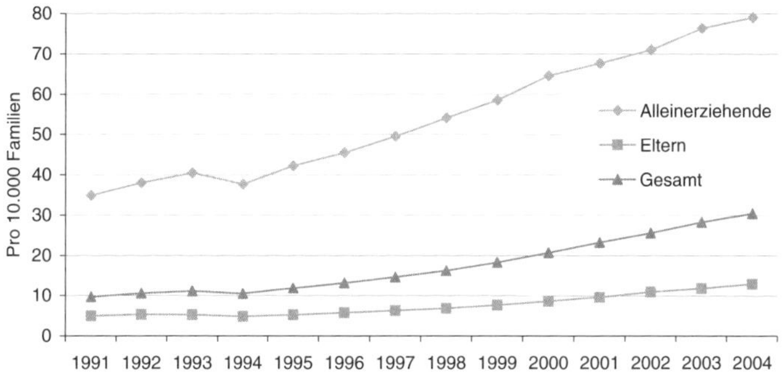

Quelle: Statistik der Kinder- und Jugendhilfe, Arbeitsunterlage Teil I, 3 diverser Jahrgänge, Familien am 31. Dezember; Daten des Mikrozensus ;eigene Berechnungen

Vor allem kinderreiche Familien mit jungen Kindern nehmen überproportional häufig SPFH in Anspruch (vgl. Tab. A4 im Tabellenanhang). In 35 % der Familien, die 2004 durch SPFH unterstützt wurden, leben drei oder mehr Kinder. Der Anteil der Familien mit drei oder mehr Kindern an allen Familien mit Kindern beträgt hingegen nur 12,3 %. Obwohl in Deutschland Alleinerziehende im Durchschnitt weniger Kinder haben als Ehepaare (vgl. Statistisches Bundesamt 2005), ist dieser Unterschied bei den Familien, die SPFH in Anspruch nehmen, nicht besonders ausgeprägt (vgl. Tab. A4 im Tabellenanhang). Die drei in der Tabelle A4 (im Tabellenanhang) unterschiedenen Familientypen mit SPFH (Eltern; Elternteil mit Stiefelternteil/Partner; alleinerziehender Elternteil) unterscheiden sich hinsichtlich der Anzahl der ständig in der Familie lebenden Kinder und Jugendlichen nicht so stark voneinander, wie man aufgrund der Verteilung in der Grundgesamtheit erwarten würde. Das heißt, die Anzahl der Kinder stellt für alle Familienkonstellationen ein besonderes »Risiko« dar: Je höher die Kinderzahl desto höher ist auch die Inanspruchnahmequote. Dies bedeutet allerdings nicht, dass die Familienkonstellation keine Bedeutung hat. Familien mit zwei Elternteilen (Ehepaare) sowie mit vier und mehr Kindern[49] wiesen 2004 93 SPFH-Fälle pro 10.000 Familien auf, beim Familientyp »alleinerziehend« lag die entsprechende Zahl bei 803 SPFH-Fälle pro 10.000 Familien.[50] Dies bedeutet also, dass ca. acht Prozent aller Alleinerziehenden mit vier oder mehr Kindern Sozialpädagogische Familienhilfe in Anspruch nehmen, wohingegen der Anteil bei den »vollständigen« Familien mit vier oder mehr Kindern unter einem Prozent liegt. Sowohl für die kinderreichen Familien allgemein als auch speziell für die Familienkonstellation der Alleinerziehenden gilt es zu bedenken, dass diese Tatsachen nicht nur einen Hilfebedarf auslösen, sondern beide Familientypen einem besonderen Armutsrisiko ausgesetzt sind (vgl. Deutscher Bundestag 2005 a: 75 ff.; Beisenherz 2002), dem eine unzureichende Unterstützung gegenübersteht. So zeigt z. B. der zweite Armuts- und Reichtumsbericht der Bundesregierung, dass fast jede/jeder vierte Alleinerziehende Sozialhilfe in Anspruch nehmen muss (23,7 %), um die laufenden Kosten zum Lebensunterhalt decken zu können, und dieser Anteil mit der Kinderzahl ansteigt (Deutscher Bundestag 2005 a: 80).

Bei den von den Fachkräften in der amtlichen Kinder- und Jugendhilfestatistik dokumentierten Anlässen für SPFH fällt auf, dass solche, die auf schwierige ökonomische Lebenslagen (Wohnungsprobleme, Arbeitslosigkeit, Überschuldung) verweisen, im Vergleich zu Anlässen wie Erziehungsschwierigkeiten oder Entwicklungsauffälligkeiten relativ selten genannt werden, und dies obwohl gerade SPFH als Unterstützungsleistung für arme Familien angesehen wird (vgl. Helming 2001: 545). Hier manifestieren sich Zuschreibungsprozesse und die Fokussierung auf die aus der Perspektive der SozialpädagogInnen als bearbeitbar angesehenen Problemlagen. Die Behebung von Unterversorgungslagen von Familien gehört nicht dazu. Damit werden aber wichtige Faktoren, die zu einem Hilfebedarf führen, außer Acht gelassen. Die Untersuchung von Blüml, Helming und Schattner (1994) bei Familien mit SPFH bestätigt dies insofern, als sie feststellen, dass fast zwei Drittel der Familien verschuldet waren, die Hälfte der Familien ihre Wohnung als zu klein

---

[49] Diese Gruppe wurde gewählt, weil es die Gruppe mit der höchsten Kinderzahl ist, für die Vergleichswerte aus der Gesamtbevölkerung auf der Basis der Mikrozensuserhebungen vorliegen.

[50] Zu der Bezugsgröße der Alleinerziehenden wurden aufgrund der Datenlage auch Personen gezählt, die Lebenspartner in einer nichtehelichen Lebensgemeinschaft sind. 2004 gab es 29.000 Familien mit vier oder mehr Kindern und mit alleinerziehendem Elternteil (vgl. Statistisches Bundesamt 2005).

oder zu teuer beschrieben und bei einem Drittel der Familien mindestens eines der erwachsenen Familienmitglieder – in der Regel Männer – Suchtprobleme hatte.

Der Anstoß, eine SPFH zu beginnen, kam bei gut einem Viertel der Familien von diesen selbst (29 %), bei 51 % durch das Jugendamt bzw. den ASD und bei 12 % durch andere öffentliche Stellen. Dabei dürfte es sich überwiegend um das Sozialamt bzw. die Schuldnerberatung handeln. Bemerkenswert niedrig erscheint der Anteil der Hilfen, die durch Dienste freier Träger angeregt wurden (4 %).

5.7.3 Erziehungsbeistandschaft und Betreuungshilfe

Erziehungsbeistände und Betreuungshelfer sollen Kinder und Jugendliche bei der Bewältigung von Entwicklungsproblemen unterstützen und dabei möglichst das soziale Umfeld einbeziehen. Kinder und Jugendliche sollen in ihrer Selbstständigkeit gefördert werden, ohne den Bezug zur Familie zu verlieren (§ 30 KJHG). Die Erziehungsbeistandschaft war lange Zeit die einzige ambulante Erziehungshilfe und stand immer im Kontext repressiver, eingreifender Erziehungshilfemaßnahmen. Neue pädagogische Weisungsalternativen (z. B. soziale Trainingskurse, Täter-Opfer-Ausgleich) ermöglichten eine stärker pädagogisch-fachlich ausgerichtete Weiterentwicklung der Erziehungsbeistandschaften, die sich mehr an den Bedürfnissen der Adressaten orientiert (Gebert 2001). Wie zuvor kann jedoch den Jugendlichen die Zusammenarbeit mit einem Erziehungsbeistand auch von Jugendrichtern im Einvernehmen mit dem Jugendamt als Erziehungsmaßregel nach § 12 JGG auferlegt werden. Die Erziehungsbeistandschaft steht damit in einem Spannungsverhältnis zwischen Hilfe und Kontrolle.[51] Denn aus Jugendhilfesicht stehen die Unterstützungsleistungen für die Adressaten im Vordergrund, während aus der Perspektive des Strafrechts die Betreuungshilfe überwiegend als Sanktion angewandt wird. In verschärfter Form gilt dies auch für die Betreuungsweisung, die dem Jugendlichen nach § 10 JGG auferlegt werden kann. Im Unterschied zur Erziehungsbeistandschaft als Erziehungsmaßregel nach § 12 JGG kann der Verstoß gegen die Auflage einer Betreuungsweisung nach § 10 JGG mit Jugendarrest geahndet werden. Die Betreuungshel-

---

[51] Der Anteil der Erziehungsbeistandschaften an allen nach dem Jugendstrafrecht auferlegten Erziehungsmaßregeln lag 2004 unter einem Prozent (0,9 %) (vgl. Statistisches Bundesamt 2006).

ferIn, die nach einer Betreuungsweisung eines Jugendrichters bestellt werden soll, ist also noch stärker im Spannungsfeld der Aufgaben des Strafrechts und der Jugendhilfe gefangen als der Erziehungsbeistand. Die Verquickung von sozialpädagogischen und strafrechtlichen Gesichtspunkten wird aus sozialpädagogischer Sicht scharf kritisiert. Wiesner (2006: 468) kommt zu dem Schluss: »Der Versuch für delinquente und nichtdelinquente Jugendliche gemeinsame pädagogische Angebote zu schaffen, muss als gescheitert gelten.«

Angebote

In 89 % der Jugendamtsbezirke gehört die Erziehungsbeistandschaft zur Angebotspalette der ambulanten erzieherischen Hilfen. Gegenüber dem letzten Erhebungszeitpunkt hat sich damit der Anteil von Jugendamtsbezirken, in denen diese Hilfeform zum Angebotsspektrum gehört, um zehn Prozentpunkte reduziert. Wie anhand der eigenen Erhebungen und der amtlichen Kinder- und Jugendhilfestatistik nachgewiesen werden kann, geht diese geringere Verbreitung des Angebots Erziehungsbeistandschaft nicht mit einer geringeren Inanspruchnahme einher. Diese steigt nämlich nach wie vor an (vgl. Abb. 5.7.4). Vielmehr ist zu vermuten, dass diese Entwicklung mit der Verbreitung der flexiblen Hilfen in Zusammenhang steht: Dort, wo flexible Hilfen zum Bestandteil der Infrastruktur der Hilfen gehören, kann dies dazu führen, dass die Erziehungsbeistandschaft nicht mehr als eigenständige Hilfeform existiert, sondern als Angebot unter die flexiblen Hilfen subsumiert wird. Die dennoch gestiegene Inanspruchnahme könnte auf eine bislang noch nicht der neuen Angebotstruktur angepasste Systematik der Erfassung der Fälle zurückzuführen sein. Ein weiterer Grund für den Anstieg der Inanspruchnahme kann sein, dass dort, wo die Erziehungsbeistandschaft noch zum Angebotsspektrum gehört, die Inanspruchnahme so stark angestiegen ist, dass sie den Wegfall des Angebots bei einem kleinen Anteil der Jugendamtsbezirke »überkompensiert«.

Die Trägerstruktur entwickelt sich im Sinne des Subsidiaritätsprinzips: Der Anteil von Jugendamtsbezirken, in denen ausschließlich öffentliche Träger diese Hilfeform anbieten, ist gegenüber dem letzten Erhebungszeitpunkt deutlich zurückgegangen und liegt jetzt bei 18 %. Im Vergleich zu den anderen ambulanten und teilstationären Hilfeformen ist diese Hilfeform damit jedoch in den Jugendamtsbezirken noch am häufigsten ausschließlich in öffentlicher Trägerschaft. Dies gilt insbesondere für Westdeutschland. Der Unterschied zu Ostdeutschland überschreitet die Signifikanzgrenze. So sind in 84% der ostdeutschen Jugendamtsbezirke ausschließlich nicht-öffentlicher Träger aktiv, während dies für 52% der westdeutschen Jugendamtsbezirke zutrifft.

In 67% der Jugendamtsbezirke besteht für die Erziehungsbeistandschaften und die Betreuungshilfe eine Angebotspluralität. Das heißt, es gibt mindestens zwei verschiedene Anbieter von Erziehungsbeistandschaften bzw. Betreuungshilfe. Dieser Prozentsatz hat sich gegenüber der letzten Erhebung um sieben Prozentpunkte erhöht. Die strukturellen Mindestbedingungen für die Einlösung des Wunsch- und Wahlrechts verbessern sich somit.

Auf eine Fachkraft für die Erziehungsbeistandsschaft/Betreuungshilfe kommen im Durchschnitt ca. neun Fälle. Etwa jedes zehnte Jugendamt setzt (auch) Honorarkräfte als Erziehungsbeistände ein. Im Vergleich zur letzten Erhebung hat sich dieser Anteil sehr stark reduziert. Das könnte auf die gerichtlichen Auseinandersetzungen um die mögliche Scheinselbstständigkeit von Honorarkräften zurückzuführen sein.

Inanspruchnahme

Abbildung 5.7.4 zeigt die Entwicklung der Nachfrage nach Erziehungsbeiständen und Betreuungshelfern auf der Basis der Zahl der beendeten Hilfen am jeweiligen Jahresende, so wie sie in der Kinder- und Jugendhilfestatistik ausgewiesen ist. Die Inanspruchnahmequote an sich bewegt sich, zumindest im direkten Vergleich mit den anderen Formen erzieherischer Hilfe, auch im Jahr 2004 immer noch auf einem relativ niedrigen Niveau. Die Quote der Erziehungsbeistandschaften steigt aber seit etwa zehn Jahren trotz der sich abzeichnenden abnehmenden Verbreitung dieser Hilfeform in den Jugendamtsbezirken kontinuierlich an. Im Vergleich zum Jahr 1991 hat sich die Inanspruchnahme nunmehr etwa vervierfacht. Eine Betrachtung der altersgruppenspezifischen Quoten (hier nicht dargestellt) zeigt, dass der Anstieg insbesondere auf die Altersgruppe der 15- bis unter 18-jährigen jungen Menschen zurückzuführen ist, bei denen auch die altersspezifische Inanspruchnahme am höchsten ist. Deutliche Zuwächse zeigen sich auch bei den 12- bis unter 15-Jährigen sowie – überraschenderweise – bei den 18- bis unter 21-Jährigen. Diese Entwicklung deutet auf eine Funktionsverschiebung der Erziehungsbeistandsschaft hin, die – zumindest nach dem KJHG – nicht die Verselbstständigung in den Vordergrund stellt, sondern möglichst unter Erhaltung des Lebensbezuges zur Familie bei der Bewältigung von Entwicklungsproblemen Hilfe leisten soll. Je älter aber die Zielgruppe der Erziehungsbeistandschaft wird, desto unwahrscheinlicher scheint die Realisierung dieses Ziels.

Abb. 5.7.4: Entwicklung der Nachfrage nach Betreuung einzelner junger Menschen

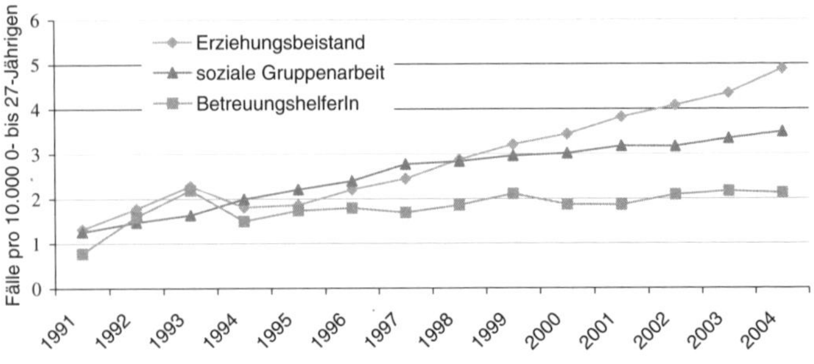

Quelle: Statistik der Kinder- und Jugendhilfe, Arbeitsunterlage Teil I, 2 diverser Jahrgänge, junge Menschen mit beendeter Hilfe; eigene Berechnungen

Die Adressaten der Erziehungsbeistandschaft sind überwiegend männlichen Geschlechts (61 %) (vgl. Tab. A5 im Tabellenanhang). Probleme mit Mädchen und jungen Frauen in Familien werden offenbar eher im »Privaten« gelöst, während bei Problemen mit Söhnen auch außerhalb der Familie Unterstützung gesucht wird. Hinzu kommt, dass das Problemverhalten der Jungen an sich stärker als das der Mädchen nach außen gerichtet ist, das heißt sich auch außerhalb des Familienkreises bemerkbar macht, was dazu führt, dass öffentliche Institutionen wie zum Beispiel das Jugendamt eher von der Notwendigkeit einer Hilfe überzeugt sind oder überzeugt werden können.

Die Inanspruchnahmequote der Betreuungshilfe hat sich in den letzten Jahren kaum verändert. Bei geringen Schwankungen liegt sie bei ca. zwei Fällen pro 10.000 0- bis unter 27-jährigen jungen Menschen.

Die tatsächliche Inanspruchnahme von Betreuungshelfern dürfte etwas höher sein als aus der Abbildung 5.7.4 ersichtlich wird, da die Betreuungshelfer nicht immer von der Jugendhilfe finanziert, sondern die Kosten zum Teil auch von den Justizbehörden übernommen werden. Unklar ist, inwiefern die von der Justiz finanzierten Leistungen in die Kinder- und Jugendhilfestatistik einfließen. Es ist aber anzunehmen, dass die Zahl der Inanspruchnahme von Betreuungshelfern unterschätzt wird.

Fast drei Viertel der jungen Menschen, die Betreuungshilfe in Anspruch nehmen, ist männlichen Geschlechts (74 %). Dies überrascht nicht, weil die Betreuungshilfe überwiegend straffälligen Jugendlichen mit bestimmten Deliktarten »auferlegt« wird, die wiederum in der großen Mehrzahl von männlichen Jugendlichen verübt werden. Die Adressaten der Betreuungshilfe sind deutlich älter als die der Erziehungsbeistandschaft. Da die Strafmündigkeitsgrenze bei 14 Jahren liegt und deshalb erst ab diesem Alter Betreuungshilfe auferlegt werden kann, ist auch dies nicht weiter verwunderlich. Im Vergleich zu den anderen erzieherischen Hilfen ist sowohl der Anteil der männlichen Adressaten als auch der Adressaten mit einer anderen als der deutschen Staatsangehörigkeit bei der Betreuungshilfe hoch (15 %). Dies spiegelt ebenfalls die Struktur des von den Jugendrichtern verurteilten Personenkreises wider (vgl. Tab. A5 im Tabellenanhang).

Im Zeitverlauf zeigt sich seit Anfang der 90er Jahre für die Hilfeformen Erziehungsbeistandschaft und Betreuungshilfe eine sehr deutliche Zunahme des Anteils der von freien Trägern geleisteten Hilfen. Im Jahr 2005 wurden 62 % der Betreuungshilfen und 60 % der Erziehungsbeistandsschaften von freien Trägern geleistet.

5.7.4 Soziale Gruppenarbeit

Gemäß § 29 KJHG soll »die Teilnahme an sozialer Gruppenarbeit (...) älteren Kindern und Jugendlichen bei der Überwindung von Entwicklungsschwierigkeiten und Verhaltensproblemen helfen. Soziale Gruppenarbeit soll auf der Grundlage eines gruppenpädagogischen Konzepts die Entwicklung älterer Kinder und Jugendlicher durch soziales Lernen in der Gruppe fördern.« Die soziale Gruppenarbeit ist eine ambulante, auf Kinder und Jugendliche gerichtete Hilfeform, bei der manchmal auch die Eltern einbezogen werden (vgl. Wegehaupt-Schlund 2001: 534). Nach Wegehaupt-Schlund »sind in der Praxis die Konzepte der sozialen Gruppenarbeit inzwischen so vielfältig und auf heterogene Zielgruppen ausgerichtet, dass kein einheitliches, klar strukturiertes Bild der derzeitigen Praxis wiedergegeben werden kann« (ebd.: 537). So gibt es eine breite Palette von Ansätzen: von offener Jugendarbeit über erlebnispädagogische Maßnahmen bis hin zu abgewandelten Formen der Schulsozialarbeit.

Soziale Gruppenarbeit nach dem KJHG und soziale Trainingskurse nach dem JGG (vgl. Abschnitt 5.11) werden fast immer in einem Atemzug genannt. Während jedoch die Teilnahme an einem sozialen Trainingskurs aufgrund einer richterlichen Weisung anlässlich einer Straftat von Jugendlichen erfolgt, basiert die soziale Gruppenarbeit auf Freiwilligkeit und richtet sich explizit auf den vorhandenen pädagogischen Bedarf.

Angebot

In 70 % der Jugendämter gehört die soziale Gruppenarbeit zum Angebotsspektrum der ambulanten erzieherischen Hilfen. Die in den Jugendamtsbezirken zu beobachtende Differenz zwischen dem Vorhandensein und auch den Fallzahlen des Angebots soziale Gruppenarbeit einerseits und den sozialen Trainingskursen andererseits zeigt, dass die Jugendämter in der Regel durchaus zwischen beiden Formen unterscheiden und hier keine Vermischung beider Angebote vorliegt. Der Anteil von Jugendamtsbezirken, in denen ausschließlich öffentliche Träger diese Hilfeform anbieten, liegt bei 16 %. Die Trägerstruktur unterscheidet sich signifikant in Ost- und Westdeutschland. Während in 97 % der ostdeutschen Jugendamtsbezirke ausschließlich freie Träger aktiv sind, trifft dies für 50 % der westdeutschen Jugendamtsbezirke zu.

In 50 % der Jugendamtsbezirke, in denen soziale Gruppenarbeit angeboten wird, gibt es mindestens zwei verschiedene Anbieter für das Angebot soziale Gruppenarbeit.

Auf eine Personalstelle kommen im Durchschnitt ca. 24 Fälle. Diese Zahl erlaubt keine Rückschlüsse auf die Gruppengröße, da das Personal auch mehrere Gruppen betreuen kann. Die Gruppentreffen finden nicht jeden Tag statt, sondern in der Regel zwei- bis dreimal in der Woche. Die Untersuchung von Baur, Blumenberg und Engel (2004) in Baden-Württemberg ermittelte eine durchschnittliche Betreuungsquote von vier jungen Menschen pro Stelle. Ähnlich wie in dieser Untersuchung lassen sich allerdings auch bei uns sehr große Unterschiede hinsichtlich der Fallzahlen zwischen den einzelnen Jugendamtsbezirken feststellen.

Inanspruchnahme

Abbildung 5.7.4 kann entnommen werden, dass die Inanspruchnahme der sozialen Gruppenarbeit seit 1991 kontinuierlich zugenommen hat. Eine Betrachtung der Entwicklung der altersgruppenspezifischen Inanspruchnahmequoten zeigt sehr deutlich, dass seit dem Jahr 2001 die soziale Gruppenarbeit bei den unter 15-jährigen jungen Menschen seltener als Hilfe eingesetzt wird, während die Quoten der Gruppe der über 15-jährigen jungen Menschen seitdem stark gestiegen sind und nunmehr höher als bei den jüngeren Altersgruppen liegen.

Das KJHG wurde mit dem KICK unter anderem mit dem § 36a (Steuerungsverantwortung, Selbstbeschaffung) ergänzt. Diese Ergänzung des KJHG dient dazu, die Steuerungsverantwortung beim Jugendamt zu belassen: Die Kosten einer Hilfe werden nur dann vom Jugendamt übernommen, »wenn sie auf der Grundlage seiner Entscheidung nach Maßgabe des Hilfeplans unter Beachtung des Wunsch- und Wahlrechts erbracht wird; dies gilt auch in den Fällen, in denen Eltern durch das Familiengericht oder Jugendliche und junge Volljährige durch den Jugendrichter zur Inanspruchnahme von Hilfen verpflichtet werden« (§ 36a KJHG [1]). Soziale Gruppenarbeit gehörte bislang zu dem Spektrum an Maßnahmen, die von den Jugendrichtern verhängt wurden. Inwiefern die Neuregelung im KJHG diese Praxis verändern wird, neue justiznähere Maßnahmen sich etablieren oder die Justiz verstärkt auf bestehende Maßnahmen (z.B. Arbeitsweisungen), die nicht direkt der Zustimmung des öffentlichen Jugendhilfeträgers bedürfen, zurückgreift, kann noch nicht beurteilt werden, da bis jetzt keine belastbaren empirischen Hinweise vorliegen. Die Praxis der Gewährung von sozialer Gruppenarbeit im Kontext von Jugendgerichtsverfahren muss sich vor dem Hintergrund der Neuregelung im KJHG neu einspielen. Die Zukunft wird zeigen, ob das Niveau der Inanspruchnahme der sozialen Gruppenarbeit davon beeinflusst wird. Für die Adressaten der Jugendgerichte hat die zukünftige Entwicklung eine hohe Relevanz, weil sie darüber entscheiden wird, ob eher repressive oder pädagogisch unterstützende Maßnahmen in der Rechtsprechung der Jugendgerichte an Bedeutung gewinnen.

Der Anteil männlicher Adressaten ist mit 78 % am höchsten im Vergleich zu allen anderen ambulanten und stationären Erziehungshilfen. Auch der Anteil der ausländischen Kinder und Jugendlichen (19 %) liegt außer bei der Inobhutnahme nirgendwo höher. Beide Ergebnisse wie auch die durchschnittliche Dauer der sozialen Gruppenarbeit von acht Monaten bei den männlichen Adressaten – gegenüber 13,2 bei den weiblichen Adressaten – können als Indiz dafür verstanden werden, dass soziale Gruppenarbeit insbesondere bei den männlichen Jugendlichen in vielen Fällen wohl doch eher als »justiznahe« Hilfeform Verwendung findet. Die von nahezu allen Autoren geforderte Abgrenzung zu den sozialen Trainingskursen wird also vermutlich nur bedingt praktiziert. Die Betreuungshilfe und die soziale Gruppenarbeit richten sich in den meisten Fällen an die über 15-Jährigen. Der Vergleich der Altersverteilungen der beiden »justiznahen« Hilfeformen Betreuungshilfe und soziale Gruppenarbeit zeigt, dass die soziale Gruppenarbeit im Vergleich zur Betreuungshilfe etwas häufiger den Jüngeren auferlegt wird. Dieser Unterschied erklärt auch die vorhandenen markanten Unterschiede zwischen diesen beiden Hilfeformen bezüglich des (Nicht-)Wohnens in der Familie (vgl. Tab. A5 und A6 im Tabellenanhang): Die Jüngeren wohnen mit höherer Wahrscheinlichkeit noch bei den Eltern, als dies die Älteren tun. Der Anteil der von freien Trägern geleisteten Hilfen der sozialen Gruppenarbeit beträgt 67% und ist in den letzten Jahren deutlich und kontinuierlich angestiegen.

5.7.5 Intensive Sozialpädagogische Einzelbetreuung

Intensive Sozialpädagogische Einzelbetreuung (ISE) dient dazu, Jugendlichen, die einer intensiven Unterstützung zur sozialen Integration und zu einer eigenverantwortlichen Lebensführung bedürfen, zu helfen. Dabei soll den individuellen Bedürfnissen der einzelnen Jugendlichen Rechnung getragen werden (§ 35 KJHG). Die Hilfe richtet sich überwiegend an Jugendliche mit massiven Schwierigkeiten in verschiedenen Lebensbereichen sowie an Jugendliche, die nicht mehr bei ihrer Familie leben und mit anderen Hilfeangeboten nicht mehr erreicht werden. ISE erstreckt sich in der Regel über einen längeren Zeitraum.

Angebot

Die Hilfe ISE gehört in 60% der Jugendamtsbezirke zu den vorhandenen ambulanten erzieherischen Hilfeformen. Gegenüber dem Jahr 2000 hat sich damit dieser Anteil um 13 Prozentpunkte verringert (vgl. Tab. 5.7.1). Von den im KJHG kodifizierten Hilfeformen ist sie damit in den Jugendamtsbezirken am geringsten verbreitet. Ähnlich wie bei den Erziehungsbeistandsschaften dürfte auch diese Entwicklung mit der Verbreitung der flexiblen Hilfen zusammenhängen: In den Jugendamtsbezirken, wo flexible Hilfen zum Bestandteil der Infrastruktur der Hilfen gehören, könnte die ISE als Angebot unter flexible Hilfen subsumiert werden. Außerdem kann die verringerte Verbreitung dieser Hilfeform mit einer Reduzierung der Hilfen für ältere Adressaten in Zusammenhang stehen, die zur Hauptzielgruppe dieser Hilfeform zählen.

Die in kreisfreien Städten im Vergleich zu den Landkreisen erkennbar signifikant größere Trägerpluralität steht im Zusammenhang mit der deutlich höheren Inanspruchnahme von ISE in kreisfreien Städten (vgl. Kap. 7). Insgesamt sind in 74 % der Jugendamtsbezirke, in denen das Angebot vorhanden ist, mindestens zwei verschiedene Träger mit dem Angebot ISE aktiv. Dieser Anteil hat sich damit gegenüber der letzten Erhebung um 14 Prozentpunkte erhöht.

Sofern ISE außerhalb der eigenen Familie erfolgt, gelten die Regelungen der §§ 78 b bis 78 g KJHG. Das heißt, ein Teil dieser Hilfen fällt unter die Regelungen der Entgeltfinanzierung, die es für privat-gewerbliche Träger attraktiv machen, diese Hilfe anzubieten. Von den in diesem Kapitel behandelten Hilfen wird ISE in den Jugendamtsbezirken am häufigsten (auch) von privat-gewerblichen Trägern angeboten. In fast jedem dritten Jugendamtsbezirk (30 %), in dem ISE angeboten wird, sind privat-gewerbliche Träger als Anbieter von ISE aktiv.

Der Personalschlüssel der ISE unterscheidet sich signifikant zwischen Ost- und Westdeutschland. In Westdeutschland (4,3 Fälle pro Fachkraft) ist der Personalschlüssel fast doppelt so hoch wie in Ostdeutschland (2,3).

Abb. 5.7.5: Entwicklung der Neuzugänge in intensive sozialpädagogische Einzelbetreuung

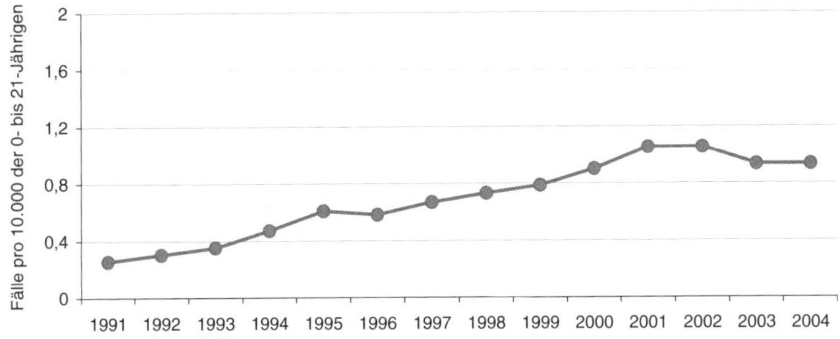

Quelle: Statistik der Kinder- und Jugendhilfe Teil I, 4, Beginn der Hilfen zur Erziehung außerhalb des Elternhauses, Arbeitsunterlage; eigene Berechnungen

Inanspruchnahme

Die Inanspruchnahme der ISE ist bis zum Jahr 2001 nahezu kontinuierlich gestiegen (vgl. Abb. 5.7.5). Nach dem Jahr 2001 deutet sich eine geringfügige Reduzierung der Inanspruchnahme an. Wie bei den anderen Formen der erzieherischen Hilfen gibt es bei ISE geschlechtsspezifische Unterschiede in der Inanspruchnahme (vgl. Tab. A7 im Tabellenanhang). Dieses Hilfeangebot wendet sich hauptsächlich an Jugendliche. Erst die Altersgruppe der 12- bis 15-Jährigen hat einen nennenswerten Anteil an allen ISE-Fällen aufzuweisen (22 %). Der Anteil dieser Altersgruppe an allen ISE-Fällen ist in den letzten Jahren sehr deutlich angestiegen und liegt inzwischen nur noch unterhalb der der Altersgruppe der 15- bis unter 18-jährigen jungen Menschen. Hier zeichnet sich eine Tendenz ab, ISE verstärkt bei jüngeren Adressaten einzusetzen. Das Alter der weiblichen Adressaten ist bei Beginn der Hilfe tendenziell etwas höher als bei den männlichen Adressaten.

5.7.6 Kurzzeittherapeutische Maßnahmen für Familien

Seit Mitte der 90er Jahre des 20. Jahrhunderts hat sich eine Reihe von neuen Unterstützungsprogrammen für Familien herausgebildet. Unter verschiedenen Bezeichnungen und mit unterschiedlichen Konzepten – zum Beispiel Familienaktivierungsmanagement (FAM), Familie im Mittelpunkt (FIM), Familienstabilisierungsprogramm (FSP), Intensives Kriseninterventionsprogramm (IKIP) – werden Hilfen angeboten, die bei der Familie als Ganzes ansetzen (vgl. Koch/Lambach 2000; Römisch/Schorr 1998; Helming 1998). Die Ursprünge dieser Hilfeformen, die inzwischen in mehreren europäischen Ländern an die spezifisch nationalen Besonderheiten angepasst wurden, lassen sich bis zum amerikanischen »Homebuilders Model« und das davon abgespaltene Konzept »Families First Program« zurückverfolgen (vgl. Helming 1998). Diese Hilfeformen sind jeweils durch eine kurze, aber sehr intensive Intervention in Krisensituationen gekennzeichnet. Ziel ist es, eine drohende Fremdunterbringung eines oder mehrerer Kinder zu vermeiden. Dies soll durch eine Familienaktivierung erreicht werden, die den betroffenen Familien Raum bietet, eine Eigendefinition der Situation zu bestimmen, die Familien anregt, eigene Ziele zu formulieren und ihr eigenes Konfliktlösungspotenzial zu erkennen und zu nutzen. Die zu dieser Hilfeformen durchgeführte Evaluation kommt zu einem insgesamt positiven Urteil bezüglich der Erfolgsmöglichkeiten (vgl. Koch/Lambach 2000).

In etwa einem Viertel der Jugendamtsbezirke (23 %) gibt es eine dieser Formen der Familienunterstützung. Dieser Anteil hat sich gegenüber der letzten Erhebung um fünf Prozentpunkte verringert. Offensichtlich kommt es also nicht zu einer weiteren oder gar flächendeckenden Verbreitung dieser erzieherischen Hilfeformen. In Ostdeutschland sind diese Hilfeformen signifikant weniger verbreitet als in Westdeutschland. In den allermeisten Jugendamtsbezirken bieten freie Träger eine dieser Hilfeformen an (vgl. Tab. 5.7.1). In 59 % der Jugendamtsbezirke, in denen dieses Angebot vorhanden ist, gibt es zwei oder mehrere Anbieter von kurzzeittherapeutischen Maßnahmen. Da dieser Anteil sich um zwölf Prozentpunkte erhöht hat und gleichzeitig eine Stagnation der Verbreitung über die Jugendamtsbezirke zu verzeichnen ist, deutet dies auf »lokale Erfolgsgeschichten«, die bislang noch keine stimulierende Wirkung auf andere Regionen bewirken konnten. Allerdings ist anzunehmen, dass sich auch in anderen Regionen Reaktionsformen entwickelt haben, die in der Lage sind, auf spezifische Hilfebedürfnisse von Familien in schwierigen Lebenslagen zu reagieren. Die sehr unterschiedliche Personalintensität, mit der etwa die SPFH in den Jugendamtsbezirken angeboten wird, lässt vermuten, dass sich dahinter teilweise den kurzzeittherapeutischen Maßnahmen ähnliche Hilfeformen verbergen.

5.7.7 Fazit

Im Hinblick auf die ambulanten Hilfen zur Erziehung lassen sich zwei eindeutige Trends ausmachen: Die öffentlichen Träger ziehen sich immer mehr als Anbieter von ambulanten Leistungen der erzieherischen Hilfen zurück. In den ostdeutschen Jugendamtsbezirken ist dies bei der Erziehungsbeistandschaft, der sozialen Gruppenarbeit und der Sozialpädagogischen Familienhilfe noch signifikant häufiger der Fall als in Westdeutschland. Damit gewinnen die freien Träger, was die Angebotsstruktur betrifft, weiter an Bedeutung. Diese Entwicklung geht bei fast allen ambulanten Hilfen – Ausnahmen bilden hier die Betreuungshilfe und die intensive pädagogische Einzelbetreuung – mit einer steigenden relativen Inanspruchnahme der ambulanten Hilfen einher. Die öffentlichen Träger ziehen sich also nicht bei einem »schrumpfenden Markt« zurück, sondern sogar in einer Phase des weiteren Wachstums der Anzahl der Hilfeleistungen. Diese Entwicklung ist zu begrüßen, sofern sie im Zeichen der Stärkung der Subsidiarität stattfindet. Zu einer Herausforderung wird dieser Trend, wenn er die spezifische Fachlichkeit der Behörde Jugendamt tangiert. Eigene Erfahrungen bei der Leistungserbringung können ein unabhängiges fachliches Fundament darstellen, das es dem Jugendamt erlaubt, selbst unabhängig Entwicklungstrends zu beobachten und zu signalisieren. Gemeinsame Erfahrungshorizonte sind nicht zuletzt auch eine gute Basis für die im KJHG geforderte Zusammenarbeit zwischen öffentlichen und freien Trägern.

In den vergangenen Jahren hat es eine Zunahme der Trägerpluralität in den einzelnen Jugendamtsbezirken gegeben. Die verschiedenen Ergebnisse deuten darauf hin, dass dieser Zuwachs an Pluralität insbesondere dem Markteintritt privat-gewerblicher Träger zuzuschreiben ist. Diese Entwicklung wird in Kapitel 6 nochmal gesondert aufgegriffen.

Trotz der vorhandenen Unsicherheit darüber, ob in der amtlichen Kinder- und Jugendhilfestatistik auch die Fälle der flexiblen Hilfen erfasst werden, weisen – bis auf die ISE und die Betreuungshilfe – alle ambulanten Hilfeformen nach wie vor eine kontinuierlich steigende Inanspruchnahme auf. Es kann also nicht ausgeschlossen werden, dass die Inanspruchnahme der ambulanten Hilfe sogar noch das aktuell festgestellte Niveau übersteigt. Das Verhältnis dieser Entwicklung zur Entwicklung der Inanspruchnahme der erzieherischen Hilfen außerhalb der Familie ist empirisch bislang weitgehend ungeklärt.

Die Diskussion um die Folgen der Ausweitung der Ganztagsschulen und die Auswirkungen auf die ambulanten erzieherischen Hilfen kennzeichnet sich durch zwei Hauptstränge: Wann kann die Kinder- und Jugendhilfe ihre Klientel im Schulalter erreichen, wenn sie »den ganzen Tag« in der Schule verbringt, und wie gestaltet sich die Aufgabenverteilung zwischen Schule und Jugendhilfe in Bezug auf Kinder- und Jugendliche, die nicht in das schulische Betreuungsarrangement integriert werden können?

Abgesehen von der Frage, inwiefern die Zunahme von Ganztagsplätzen in Schulen tatsächlich eine nachhaltige Entwicklung darstellt, werden sich dort, wo dies der Fall ist oder sein wird, die Rahmenbedingungen für die Jugendhilfe ändern. Zuallererst gilt es sich jedoch zu vergegenwärtigen, in welchem zeitlichen Rahmen sich denn die sogenannte Ganztagsschule bewegt. Nach der Definition der Kultusministerkonferenz sind Ganztagsschulen solche, »bei denen im Primar- und Sekundarbereich I

- über den vormittäglichen Unterricht hinaus an mindestens drei Tagen in der Woche ein ganztägiges Angebot für die Schülerinnen und Schüler bereitgestellt wird, das täglich mindestens sieben Zeitstunden umfasst,
- an allen Tagen des Ganztagsschulbetriebs den teilnehmenden Schülerinnen und Schülern ein Mittagessen bereitgestellt wird,
- die nachmittäglichen Angebote unter der Aufsicht und Verantwortung der Schulleitung organisiert, in enger Kooperation mit der Schulleitung durchgeführt werden und in einem konzeptionellen Zusammenhang mit dem vormittäglichen Unterricht ste-

hen.« (Sekretariat der Ständigen Konferenz der Kultusminister der Länder in der Bundesrepublik Deutschland 2005: 6).

Geht man davon aus, dass die Schule zwischen 7 Uhr 30 und 8 Uhr 30 anfängt, dann endet die Ganztagsschule an mindestens drei Wochentagen frühestens zwischen 14 Uhr 30 und 15 Uhr 30. Die mancherorts verbreitete Vorstellung, die Ganztagsschule würde an allen Arbeitstagen in der Woche bis 17 Uhr geöffnet haben, stimmt nicht mit der Realität überein. Welche zeitliche Ausdehnung der Ganztagsschulbetrieb im Einzelfall auch immer hat, die Kinder- und Jugendhilfe muss sich diesem zeitlichen Rahmen anpassen, sofern es Angelegenheiten betrifft, die nicht in erster Linie schulbezogen sind. Hilfen, die von ihrer Programmatik her eher systemisch ausgerichtet sind und die ganze Familie als Fall begreifen (z.B. Sozialpädagogische Familienhilfe), sind auf die Anwesenheit und Partizipation aller Familienmitglieder angewiesen. Für diese Fälle braucht es eine Organisation der Hilfe, die den An- und Abwesenheitszeiten der Beteiligten Rechnung trägt. Solange dies nur für eine Minderheit der Adressaten gilt, erfordert dies keine grundlegende Umstrukturierung der Organisation der Hilfen, sondern kann durch eine gute Planung erreicht werden. Ohnehin, und dies nicht erst seit der Verbreitung von Ganztagsschulen, stellt sich die Frage, wie solche ambulanten Hilfen zeitlich organisiert werden, wenn etwa ein oder beide Elternteile in Vollzeit erwerbstätig sind. Falls irgendwann tatsächlich die Zeitstruktur der Adressaten nicht mehr kompatibel mit der der hilfegewährenden Institutionen sein sollte und die Hilfen nicht mehr innerhalb des bisher üblichen Zeitrahmens zu leisten sind, muss die Kinder- und Jugendhilfe überlegen, wie sie diese Inkompatibilität der beiden Zeitstrukturen überwinden kann. Dies könnte in der Konsequenz auch eine Ausdehnung oder Verschiebung der Arbeitszeiten der Hilfeleistenden nach sich ziehen. An dieser Stelle dürfte sich auch ein Blick über die Grenzen Deutschlands lohnen, da in vielen europäischen Ländern die Ganztagsschule bereits seit langer Zeit flächendeckend Regelpraxis ist. Trotz dieser Organisation der Schule gibt es in diesen Ländern ambulante erzieherische Hilfen. Die Organisation der ambulanten Hilfen in diesen Ländern könnte Anregungen für die deutsche Praxis liefern.

An der Schnittstelle zwischen Kinder- und Jugendhilfe und Ganztagsschule stellt sich die Frage, wie mit den Kindern und Jugendlichen umgegangen wird, die durch ihr Verhalten den Rahmen der schulischen Betreuungsarrangements sprengen. Da die schulische Betreuung im Rahmen von Ganztagsschulen nicht die für solche

Fälle notwendige Personalintensität und -qualifikation besitzt, sind Lösungen für diese Gruppe von Kindern und Jugendlichen erforderlich. Bislang wird dabei in zwei Richtungen gedacht (vgl. Wiesner 2004b; Merchel 2005): Zum einen wird eine neue Funktion für den Hort gesehen, der sich in diesem Fall auf die Kinder und Jugendlichen konzentrieren würde, die aufgrund ihres Problemverhaltens nicht (länger) im System der schulischen Betreuung integriert werden können. Diese neue Funktion würde eine Anpassung des Konzeptes der Horte sowie eine Änderung der quantitativen und qualitativen Personalanforderungen implizieren. Die zweite »Lösung« für Kinder und Jugendliche, die das Betreuungssystem der Ganztagsschule überfordern, zielt auf die Tagesgruppe nach § 32 KJHG. Während also einige befürchten, den Tagesgruppen würde mit der Ganztagsschule die Klientel wegbrechen – wofür es bislang allerdings keinerlei Hinweise gibt –, sehen andere die Tagesgruppe als geeigneten Ort, die Kinder und Jugendlichen, mit denen die schulische Ganztagsbetreuung nicht zurechtkommt, aufzufangen. Auch für das Angebot der Tagesgruppen würde eine solche Funktionserweiterung weitreichende Folgen haben. Sie würden sich nun auch um Kinder und Jugendliche kümmern müssen, für die es fraglich erscheint, ob deren mangelnder Integrationsfähigkeit in das System der schulischen Betreuung tatsächlich eine unzureichende Erziehungskompetenz der Eltern zugrunde liegt. Sowohl die Option Hort als auch die Option Tagesgruppe würde für die Jugendhilfe eine Erweiterung ihres Adressatenkreises mit allen damit verbundenen Kosten zur Folge haben.

Auch für die Klientel der Kinder- und Jugendhilfe selbst werden die beschriebenen Veränderungen Folgen zeitigen. Denn das »Aussortieren« von Kindern und Jugendlichen, die nicht in das System der Ganztagsbetreuung integriert werden können, beinhaltet neue Formen der Stigmatisierung: Kinder und Jugendliche, die mit der Organisation des Unterrichts nicht zurechtkommen, sowie eine neue Gruppe von Kindern und Jugendlichen, die mit dem schulischen Betreuungssystem nicht zurechtkommen. Ein Vorrang innerschulischer Lösungen scheint eher in der Lage, diese Stigmatisierungseffekte zu vermeiden, als Strukturen, denen die unterschiedlichen Handlungslogiken und Aufgabenstellungen der Systeme Jugendhilfe und Schule zugrunde liegen. Da aber Schule sich bislang nicht dadurch auszeichnet, schwierige SchülerInnen im Unterricht zu integrieren, sondern eher dazu tendiert, diese Probleme zu externalisieren, besteht wenig Hoffnung, dass dies bei der schulischen Ganztagsbetreuung grundlegend anders sein wird.

5.8 Stationäre erzieherische Hilfen

Zentrale Gegenstände der derzeitigen Fachdiskussion zu stationären erzieherischen Hilfen sind einerseits Einsparkonzepte und Versuche, stationäre Hilfen zu vermeiden, und andererseits Bestrebungen, die Qualität stationärer Hilfen zu verbessern: durch eine höhere Passgenauigkeit, durch eine bessere Hilfeplanung, durch mehr fachliche Kompetenz beim Personal, durch partizipativere Strukturen, eine stärkere sozialräumliche Orientierung und durch einen Einbezug von Eltern in die Arbeit stationärer Einrichtungen. In interkommunalen und überregionalen Vergleichen zeigen sich erhebliche regionale Disparitäten bezüglich der Inanspruchnahme der Hilfen. Diesen soll durch entsprechende Steuerungsverfahren (insbesondere Sozialraumbudgets, Neugestaltung von Entgeltvereinbarungen durch Implementierung von Anreizsystemen für qualitativ gute Arbeit) begegnet werden. Dabei wird die Frage der Bedarfsangemessenheit selten gestellt. Es wird nicht untersucht, ob eine hohe oder eine niedrige Inanspruchnahme dem tatsächlichen Bedarf entspricht. Die Rolle privat-gewerblicher Träger für die weitere fachliche Entwicklung der stationären Hilfen stellt auf struktureller Ebene einen weiteren Diskussionspunkt dar.

Im Folgenden wird zuerst ein Überblick über die allgemeinen Entwicklungen des Angebots stationärer Hilfen, dessen Trägerstruktur sowie über die regionalen Besonderheiten gegeben. Anschließend wird im Detail auf die Entwicklung bei den einzelnen stationären Hilfeformen eingegangen.

Ausdifferenzierung der Angebote stationärer Hilfen

Seit etlichen Jahren ist auf fachlich-theoretischer Ebene unbestritten, dass es auch bei den stationären Hilfen einer Vielzahl unterschiedlicher Angebote bedarf. Je nach Lebenssituation der Adressaten sind differenzierte Hilfeangebote notwendig. Die wichtigsten sind neben dem klassischen Heim und der Pflegefamilie die unterschiedlichen Formen betreuten Wohnens in Wohngemeinschaften oder im Rahmen von betreutem Einzelnwohnen. Wesentlich für eine zumindest strukturell gute Versorgung ist ein trägerplurales, ausdifferenziertes und wohnortnahes Angebot an stationären Hilfen.

Der Vergleich mit der Erhebung aus dem Jahr 2000 zeigt – mit Ausnahme der Mädchen- und Frauenhäuser, deren Verbreitung nicht zugenommen hat, sowie der Kurzzeitpflege, deren Verbreitung abgenommen hat – in der Grundtendenz nach wie vor eine Ausweitung des Hilfespektrums der stationären erzieherischen Hilfen in den einzelnen Jugendamtsbezirken (vgl. Tab. 5.8.1). Das heißt, es gibt jetzt mehr Jugendamtsbezirke, in denen das in der Tabelle dargestellte Angebot vorhanden ist. Ob damit auch eine Ausweitung der Kapazitäten verbunden ist, lässt sich an diesen Daten nicht ablesen. Die stärkste Zunahme gibt es bei Inobhutnahmestellen, deren Verbreitung in den Jugendamtsbezirken im Vergleich zum Jahr 2000 um acht Prozentpunkte höher liegt. Die Hilfeform »Heime für Kinder und Jugendliche« ist am häufigsten (91 %)[52], die Kurzzeitpflege am seltensten (52 %) in den Jugendamtsbezirken vorhanden.

Tab. 5.8.1: Angebote und Einrichtungen im Rahmen von außerfamiliären Unterbringungen in den Jugendamtsbezirken, 2003

	Ausschließlich öffentl. Träger		Teils öffentl. /teils nicht-öffentl. Träger		Ausschließlich nicht-öffentl. Träger		Vorhanden	
Heime für Kinder und Jugendliche	3 %	(-4 %)	20 %	(+1 %)	77 %	(+3 %)	91 %	(+6 %)
Betreutes Einzelwohnen	9 %	(+3 %)	20 %	(-9 %)	71 %	(+6 %)	79 %	(+8 %)
Jugendschutzstellen/ Inobhutnahme	10 %	(-2 %)	13 %	(-7 %)	76 %	(+8 %)	77 %	(+8 %)
Bereitschaftspflege	48 %	(-27 %)	5 %	(+3 %)	48 %	(+26 %)	76 %	(+1 %)
Betreute Wohngemeinschaften	7 %	(-1 %)	15 %	(-10 %)	78 %	(+10 %)	76 %	(+3 %)
Mädchen-/Frauenhäuser	2 %	(-8 %)	4 %	(-2 %)	94 %	(+10 %)	59 %	(+/-0 %)
Kurzzeitpflege	61 %	(-18 %)	5 %	(+2 %)	35 %	(+17 %)	52 %	(-12 %)

* In Klammern Veränderungen gegenüber 2000 in Prozentpunkten. Die Richtung der Veränderung wird durch das Vorzeichen bestimmt, d.h. ein negatives Vorzeichen verweist auf eine Abnahme.

Quelle: DJI-Jugendamtserhebungen 2000, 2004

Betreute Wohngemeinschaften sind in Ostdeutschland (91 % der Jugendamtsbezirke) signifikant häufiger vorhanden als im Westen (67 % der Jugendamtsbezirke). Der bisher vorhandene Unterschied bezüglich des Angebots an betreutem Einzelwohnen, welches in Ostdeutschland deutlich weniger verbreitet war, ist nicht mehr erkennbar. Ein weiterer signifikanter Unterschied zwischen Ost- und Westdeutschland existiert jedoch bei dem Angebot von Heimen für Kinder und Jugendliche. In allen ostdeutschen Jugendamtsbezirken besteht die Möglichkeit, Kinder und Jugendliche innerhalb des Jugendamtsbezirks unterzubringen. In Westdeutschland ist dies dage-

---

52 Die Vollzeitpflege ist dabei nicht berücksichtigt. Frühere Erhebungen zeigen, dass diese Hilfeform nahezu in allen Jugendamtsbezirken lebensweltnah angeboten werden kann.

gen nicht überall der Fall (86 % der Jugendamtsbezirke). Ebenso sind in Ostdeutschland Inobhutnahmestellen weiter verbreitet (88 % vs. 71 %).

Für keine der hier betrachteten stationären erzieherischen Hilfen existieren zwischen Städten und Landkreisen signifikante Unterschiede bezüglich des Vorhandenseins von Angeboten.

Außer der Information über die Verbreitung der einzelnen Angebotsformen stationärer erzieherischen Hilfen sind in der Tabelle 5.8.1 auch Angaben über die Trägerstruktur bei den einzelnen Hilfen enthalten. Die Angebote wurden daraufhin betrachtet, ob sie sich ausschließlich in öffentlicher, ausschließlich in nicht-öffentlicher oder in Trägerschaft beider Gruppen befinden. Für diesen Analyseschritt werden freie und privat-gewerbliche Träger gemeinsam betrachtet. Die Angaben zur Trägerstruktur in Tabelle 5.8.1 zeigen, dass die stationären erzieherischen Einrichtungen überwiegend in den Händen nicht-öffentlicher Träger sind. Im Zeitverlauf ist ein deutlicher Trend erkennbar: Die Anzahl der Jugendamtsbezirke, in denen ausschließlich nicht-öffentliche Träger aktiv sind, nimmt deutlich zu, während gleichzeitig – ausgenommen das betreute Wohnen – die Anzahl der Jugendamtsbezirke, in denen ausschließlich das Jugendamt Anbieter ist, deutlich abnimmt. Die Trägerstruktur hat sich zwischen Ost- und Westdeutschland weitgehend angeglichen. Ein Unterschied in der Trägerstruktur zeigt sich aber zwischen Landkreisen und kreisfreien Städten und hier insbesondere bei den beiden Formen des betreuten Wohnens. Betreute Wohngemeinschaften befinden sich bei 90 % und betreutes Einzelwohnen bei 81 % der Landkreise ausschließlich in freier Trägerschaft. Bei den städtischen Jugendamtsbezirken sind es hingegen »nur« 62 % bei den betreuten Wohngemeinschaften und 59 % bei betreutem Einzelwohnen. Ein ähnlicher Zusammenhang zeigt sich auch bei den Heimen für Kinder und Jugendliche, bei Inobhutnahmestellen sowie bei der Bereitschaftspflege.

Privat-gewerbliche Träger sind bei allen Angebotsformen stationärer Hilfen – mit Ausnahme der Mädchen- und Frauenhäuser – in den Landkreisen stärker verbreitet als in kreisfreien Städten. Sämtliche Unterschiede liegen zwar nahe an der Signifikanzgrenze, überschreiten diese aber nicht. Das durchgängige Muster der Abweichung lässt jedoch vermuten, dass ein nicht zufälliger und somit statistisch bedeutsamer Unterschied bezüglich der Verbreitung von privat-gewerblichen Trägern in Landkreisen und kreisfreien Städten vorhanden ist.

Die Differenzierung nach den verschiedenen Trägertypen reicht zur Beurteilung der Pluralität des Angebots nicht aus. Deshalb wurde zusätzlich danach gefragt, ob jeweils ein oder mehrere Träger eines Typs im Jugendamtsbezirk vorhanden sind. Es gibt keine signifikanten Unterschiede hinsichtlich der Trägerpluralität zwischen Ost- und Westdeutschland oder zwischen Landkreisen und Städten mit eigenem Jugendamt. Über das für die einzelnen Hilfeformen vorhandene Ausmaß der Trägerpluralität wird bei den folgenden detaillierteren Darstellungen der Angebote Auskunft gegeben.

5.8.1 Vollzeit-, Bereitschafts- und Kurzzeitpflege

Nach § 33 KJHG soll Hilfe zur Erziehung in Vollzeitpflege »entsprechend dem Alter und Entwicklungsstand des Kindes oder des Jugendlichen und seinen persönlichen Bindungen sowie den Möglichkeiten der Verbesserung der Erziehungsbedingungen in der Herkunftsfamilie Kindern und Jugendlichen in einer anderen Familie eine zeitlich befristete Erziehungshilfe oder eine auf Dauer angelegte Lebensform bieten. Für besonders entwicklungsbeeinträchtigte Kinder und Jugendliche sind geeignete Formen der Familienpflege zu schaffen und auszubauen«.

Vollzeitpflege unterscheidet sich von anderen erzieherischen Hilfeformen insbesondere dadurch, dass die Hilfe in einer »anderen Familie« stattfindet. Diese kann auch aus einer einzigen erwachsenen Person bestehen und unterscheidet sich insofern von der traditionellen Familie. Sie stellt aber in jedem Fall keine institutionelle oder professionelle Hilfeform dar (in dem Sinn, dass Personen für Pflege- und Erziehungsaufgaben speziell ausgebildet werden bzw. die Übernahme solcher Aufgaben eine spezifische Ausbildung voraussetzt). Vielmehr wird versucht, Kindern und Jugendlichen, Bezugspersonen in einem privaten Umfeld zur Verfügung zu stellen, zu denen sie stabile emotionale Beziehungen aufbauen können.

Pflegekinder gehören prinzipiell zu zwei Familien: zur Herkunftsfamilie und zur Pflegefamilie. Dieses, im Vergleich zu »Normalfamilien« erweiterte Familiensystem, beinhaltet ein erhöhtes Konfliktpotenzial. Damit ist auch eine der bedeutendsten Herausforderungen der Vollzeitpflege angesprochen, nämlich das rechtlich (vgl. Wiesner u.a. 2000: 416), aber vor allem emotional spannungsgeladene Dreiecksverhältnis zwischen Herkunftsfamilie, Pflegefamilie und Pflegekindern und -jugendlichen im Sinne der Bedürfnisse der Kinder und Jugendlichen in Balance zu bringen.

Inzwischen hat sich die Erkenntnis durchgesetzt, dass die drei Pole Pflegekind, Pflegeeltern und leibliche Eltern und ihre Beziehungen (erweitertes Familiensystem) zueinander idealerweise ins Gleichgewicht gebracht oder in einem Gleichgewicht gehalten werden müssen und die Pflegekinderdienste hierbei eine wichtige unterstützende Funktion haben (vgl. dazu z.B. Deutsches Jugendinstitut 1987). Denn Konkurrenz und konfliktbeladende Beziehungen zwischen den drei Polen des Beziehungsdreiecks, etwa die zwischen Pflegeeltern und leiblichen Eltern (»Wer nimmt wem das Kind weg«) sind aber in diesem erweiterten Familiensystem stark ausgeprägt. Auch die Großeltern sind dem erweiterten Familiensystem häufig zuzurechnen, weil sie potenziell die vorhandenen Konflikte durch Unterstützung einer der Parteien (»Es sind unsere Enkelkinder!«), verstärken können. Je eher es gelingt, das Familiensystem möglichst offen zu gestalten, damit keine der Beteiligten ausgeschlossen wird, desto eher ist eine positive Entwicklung des Pflegekindes zu erwarten.

Auch wenn die Vollzeitpflege als sehr familiennah beschrieben werden kann, ist sie eine Form öffentlicher Erziehung und steht damit unter öffentlicher Verantwortung.[53] Um diese wahrnehmen zu können, bedarf es empirisch abgesicherter Ergebnisse, die die Qualität der Vollzeitpflege beschreiben. Die bislang vorhandenen Ergebnisse begründen kein blindes Vertrauen in dieses Hilfesetting[54], sondern unterstreichen eher die Notwendigkeit, den Alltag in Pflegefamilien zu untersuchen, damit Bedingungen für das Gelingen und Scheitern der Vollzeitpflege benannt werden können.

Blandow (2004: 157ff.) benennt verschiedene Kriterien für die Hilfeform Vollzeitpflege: Rechtsgrundlage, Zeitperspektive des Pflegeverhältnisses, Schwere der Problemlage des Pflegekindes sowie Qualifikation der Pflegepersonen. Diese Kriterien lassen sich miteinander zu verschiedenen Typen kombinieren. Biermann (2001: 613ff.) unterscheidet drei Typen für die fachlich konzeptionelle Einordnung der Vollzeitpflege: die Pflegefamilie auf Zeit, die Ergänzungsfamilie und die Ersatzfamilie. Diese drei Formen verfolgen unterschiedliche zeitliche Perspektiven, differierende Intensität des Kontaktes mit der Herkunftsfamilie sowie jeweils andere Zielset-

---

[53] Auch die Beschäftigung verschiedener höchster Gerichtsinstanzen (etwa das Bundesverfassungsgericht, der Bundesgerichtshof sowie der Europäische Gerichtshof für Menschenrechte) mit der Pflegekinderhilfe ist Ausdruck dieser öffentlichen Verantwortung (vgl. z.B. Meysen 2004).

[54] Die Untersuchung von Blandow (1997: 68) anhand der Daten der Kinder- und Jugendhilfestatistik kommt u.a. zu dem Ergebnis, dass Heimkinder häufiger als Pflegekinder nach Beendigung der Hilfen in die Herkunftsfamilie zurückkehren. Von uns durchgeführte Analysen der Verbleiborte nach einer Hilfe zeigen, dass sich an dieser Situation bis heute nichts Wesentliches geändert hat.

zungen bezogen auf den zukünftigen Lebensort der betroffenen Kinder und Jugendlichen.[55]

Im nächsten Abschnitt werden die beiden Modelle der Vollzeitpflege – Ergänzungsfamilie und Ersatzfamilie – im Vordergrund stehen. Auf die Pflegeverhältnisse auf Zeit (Bereitschaftspflege, Kurzzeitpflege) wird anschließend eingegangen.

Angebote der Vollzeitpflege

Es gibt keine statistische Erfassung der Anzahl der Pflegefamilien. Hier sind lediglich Annäherungen über die Inanspruchnahme der Vollzeitpflege möglich. Bei der letzten Bestandserhebung der amtlichen Statistik im Jahr 2000 befanden sich 48.993 Kinder vollzeitig in Pflegefamilien. Allerdings können in einer Pflegefamilie auch mehrere Pflegekinder aufgenommen werden, sodass auf der Basis dieser Daten zur Inanspruchnahme die Anzahl der Pflegefamilien überschätzt wird. Andererseits muss gerade bei der Verwandtenpflege davon ausgegangen werden, dass ein Teil der Pflegeverhältnisse in der amtlichen Statistik nicht erfasst wird (siehe nächster Abschnitt). So betrachtet kann am ehesten für den eingeschränkten Bereich der Fremdpflege eine realistische Abschätzung der Anzahl der Pflegefamilien vorgenommen werden. Aus früheren Jugendamtserhebungen (vgl. van Santen u.a. 2003) ist bekannt, dass in ca. 5 % der Jugendamtsbezirke keine Pflegefamilien innerhalb des eigenen Jugendamtbezirks vorhanden sind.

Etwas anders stellt sich die Datenlage bezüglich Großpflegestellen dar. Großpflegestellen sind an der Schnittstelle zwischen Pflegestellen und Heimen anzusiedeln. Man spricht von Großpflegestellen, wenn in einer Pflegefamilie mehrere Kinder oder Jugendliche untergebracht sind. In einigen Bundesländern benötigen Pflegestellen mit mehr als fünf Kindern eine Betriebserlaubnis. Solch eine Pflegestelle ist dann keine (Groß-)Pflegestelle mehr, sondern ein Kleinstheim mit familienähnlicher Struktur (vgl. Schellhorn 2000: 286).

---

[55] Diese Formen beschreiben keine Modelle der Organisation der Pflege, wie etwa Pflege in einer Familie oder einer Großpflegestelle.

Tab. 5.8.2: Plätze bei verschiedenen Formen stationärer erzieherischer Hilfen, 2002

Art der Einrichtung	Plätze*	Durchschnittliche Platzzahl	Anteil der Plätze in ÖT**	Anteil der Plätze an allen Plätzen
Einrichtungen der stationären Erziehungshilfe mit mehreren Gruppen in Schichtdienst auf einem Heimgelände (Stammhaus)	166,7	34	13 %	43,3 %
Betreute Wohnform mit oder ohne Anbindung an das Stammhaus	46,0	9	11 %	11,9 %
Ausgelagerte Gruppe mit organisatorischer Anbindung an das Stammhaus im Schichtdienst	42,2	10	14 %	11,0 %
Einrichtungen der stationären Erziehungshilfe mit mehreren Gruppen in Lebensgemeinschaftsform auf einem Heimgelände (Stammhaus)	29,8	39	8 %	7,7 %
Einrichtung für integrierte Hilfen (z. B. Jugendhilfestationen oder Jugendhilfezentren)	28,9	23	16 %	7,5 %
Kleinsteinrichtung der stationären Erziehungshilfe	23,1	8	6 %	6,0 %
Internat, das junge Menschen gemäss § 34, 42 SGB VIII aufnimmt	15,7	58	10 %	4,1 %
Ausgelagerte Gruppe mit organisatorischer Anbindung an das Stammhaus in Lebensgemeinschaftsform	15,3	7	5 %	4,0 %
Erziehungsstelle gemäß § 34 SGB VIII	7,8	5	8 %	2,0 %
Einrichtung/Abteilung/Gruppe für vorläufige Schutzmaßnahmen gemäß § 42, 43 SGB VIII	6,5	8	31 %	1,7 %
Wochengruppe (ohne Wochenendunterbringung)	2,5	8	5 %	0,6 %
Großpflegestelle	0,4	4	0 %	0,1 %
Einrichtung/Abteilung/Gruppe für gesicherte/geschlossene Unterbringung auf der Grundlage einer richterlichen Entscheidung	0,4	6	29 %	0,1 %
Insgesamt	385,2	16	12 %	100,0 %

* Anzahl der Plätze pro 100.000 0- bis 27-Jährige
** ÖT: Öffentlicher Träger

Quelle: Statistik der Kinder- und Jugendhilfe, Teil III; eigene Berechnungen

Der Tabelle 5.8.2, die auf Angaben der amtlichen Kinder- und Jugendhilfestatistik beruht, ist zu entnehmen, dass die Großpflegestellen insgesamt eine untergeordnete Bedeutung für die Fremdunterbringung besitzen. Lediglich ein Promille der Gesamtanzahl der Plätze in Einrichtungen werden von dieser Hilfeform zur Verfügung gestellt. Allerdings ist davon auszugehen, dass der tatsächliche Anteil höher liegt, da die absolute Anzahl der Großpflegestellen (26) auf eine deutliche Untererfassung bzw. auch auf kategoriale Unschärfen der amtlichen Kinder- und Jugendhilfestatistik hinweist, die durch die unterschiedlichen Länderregelungen bedingt sind.

Angebote der Bereitschaftspflege und Kurzzeitpflege

Kennzeichnend für die Bereitschafts- und Kurzzeitpflege ist die relativ kurze Verweildauer der Kinder und Jugendlichen in den Pflegestellen. Die beiden Formen der Pflege unterscheiden sich insbesondere durch den Anlass der Hilfe voneinander. Die Kurzzeitpflege ist speziell für Kinder und Jugendliche bestimmt, die fremdplatziert werden müssen, weil die Eltern aufgrund von Krankheit oder aus anderen Gründen für einen absehbaren und befristeten Zeitraum nicht in der Lage sind, die Verantwortung gegenüber ihren Kindern wahrzunehmen. Die Kurzzeitpflege kann, was die Kinder- und Jugendhilfe betrifft, im Rahmen der »Betreuung und Versorgung eines Kindes in einer Notsituation« (§ 20 KJHG) oder der »Vollzeitpflege« nach § 33 KJHG geleistet werden. Kurzzeitpflege kann aber auch eine Leistung der Krankenkassen sein. Die Leistungen der Krankenkassen haben sogar Vorrang gegenüber denen der Jugendhilfe nach § 20 KJHG, sofern der Haushalt des Krankenversicherten wegen eines krankheitsbedingten Aufenthaltes außerhalb der eigenen Wohnung oder einer Kur nicht weitergeführt werden kann. Viele Fälle von Kurzzeitpflege fallen also nicht in die Zuständigkeit der Kinder- und Jugendhilfe. Eine Hilfe im Rahmen der Kinder- und Jugendhilfe bei einem zeitweiligen Ausfall eines Elternteils oder der Eltern ist nach Gesetzeslage erst dann geboten, wenn es für die Sicherung des Kindeswohls erforderlich ist. Die Aufgabe, eine Gefährdung des Kindeswohls rechtzeitig zu erkennen, liegt damit an der Schnittstelle zweier Leistungssysteme. Kinder psychisch kranker Eltern sind beispielsweise potenzielle Adressaten für die Kurzzeitpflege. Die Erfahrungen im Bereich der Versorgung der Kinder psychisch kranker Eltern zeigen jedoch (vgl. Wagenblass/Schone 2001), dass es offensichtlich (noch) nicht immer gelingt, das Familiensystem durch solch vorübergehende Hilfen zu stabilisieren, da ein erheblicher Teil dieser Kinder nicht mehr im Haushalt der Eltern lebt. Offensichtlich wurden hier nicht rechtzeitig Wege gefunden, dies zu verhindern.

Zur Aufnahme in eine Bereitschaftspflegefamilie oder auch »Übergangspflege« oder »familiäre Bereitschaftbetreuung« (Lillig u. a. 2002) kommt es im Fall einer Unsicherheit über den weiteren Verbleib des Kindes oder des Jugendlichen in der Herkunftsfamilie aufgrund von erzieherischen Problemkonstellationen. Vielfach fungiert die Bereitschaftspflege auch als eine Form der Krisenintervention im Rahmen von Inobhutnahmen (§ 42 KJHG). Kinder und Jugendliche bleiben in diesem Fall in der Pflegefamilie, bis die endgültige Hilfeform im Hilfeplanungsprozess geklärt ist.

In den meisten Jugendamtsbezirken wird mit »Laienfamilien«, das heißt mit Personen ohne spezifische sozialpädagogische Qualifikation, gearbeitet. Eine Minderheit der erwachsenen Personen der Bereitschaftspflegefamilien hat einen professionellen Hintergrund. In der Praxis haben sich verschiedene Organisationsformen der Bereitschaftspflege etabliert. Insgesamt lassen sich drei Grundformen, mit jeweils verschiedenen Variationen beschreiben: Bereitschaftspflege als eigenständiges Arbeitsgebiet, Bereitschaftspflege als Arbeitsgebiet innerhalb eines Dienstes (z. B. ASD) sowie Bereitschaftspflege in der Verantwortung eines nicht-öffentlichen Jugendhilfeträgers. Der zweite Grundtyp ist wohl am stärksten verbreitet (vgl. Lillig u. a. 2002: 501 ff.).

Die Bereitschaftspflege (76 %) gibt es in mehr Jugendamtsbezirken als die Kurzzeitpflege (52 %). Es ist nicht auszuschließen, dass in den Jugendamtsbezirken, in denen es keine ausgewiesene Bereitschaftspflege oder Kurzzeitpflege als Angebot gibt, die entsprechende Aufgaben im Rahmen der Vollzeitpflege übernommen werden. Während bei der Bereitschaftspflege im Zeitverlauf keine nennenswerte Zunahme in der Verbreitung feststellbar ist, nimmt die Verbreitung der Kurzzeitpflege in den Jugendamtsbezirken im Zeitverlauf etwas ab (vgl. Tab. 5.8.1). Anhand der Daten kann allerdings nicht geklärt werden, ob dieser Rückgang eine Folge der Nachrangigkeit der Jugendhilfeleistungen (§ 20 KJHG) ist, auf die die Kinder- und Jugendhilfe in Zeiten finanzieller Einschränkungen verstärkt achtet, oder auf eine geringere Sensibilität für Bedürfnislagen, die durch Ausfall von Betreuungspersonen entstehen, zurückzuführen ist. Die Angaben zur Verweildauer der Kinder und Jugendlichen hinsichtlich dieser beiden Hilfeformen zeigen in unserer Erhebung eine im Durchschnitt deutlich längere Verweildauer in Bereitschaftspflege (8,1 Wochen) als in Kurzzeitpflege (6,3 Wochen). Im Vergleich zur letzten Erhebung zeigt sich eine geringere Streuung der

Verweildauer sowie eine sehr deutliche Reduzierung der Verweildauer in Kurzzeitpflege. Letzteres kann ein Anzeichen dafür sein, dass in diesem Bereich Sparpotenziale gesehen werden. Da sich die Mediane der Verteilung der Verweildauer beider Pflegeformen angeglichen haben und nun beide bei fünfeinhalb Wochen liegen, kann sich hinter dieser Entwicklung auch eine Tendenz zur Auflösung der konzeptionellen Trennung zwischen beiden Hilfeformen verbergen. Das heißt, die konzeptionelle Trennung verläuft möglicherweise nicht länger entlang des Anlasses der Hilfe, sondern es etabliert sich eine Hilfeform, die sich hauptsächlich durch ihren Charakter als Übergangslösung in einem familialen Kontext von anderen Hilfen unterscheidet. Hierfür spricht wohl zudem eine in der Praxis zu beobachtende Tendenz in einzelnen Jugendämtern, jeweils die eine Hilfeform als Ersatz für die andere Hilfeform zu nutzen, wenn die jeweiligen Kapazitätsgrenzen erreicht werden. Das heißt, wenn zum Beispiel die Kapazitäten im Bereich der Bereitschaftspflege kurzfristig ausgeschöpft sind, wird – trotz eines anderen Qualifikationsprofils – auf eventuell noch vorhandene Kapazitäten im Bereich der Kurzzeitpflege zurückgegriffen.

Zieht man die Verweildauer in Inobhutnahmestellen heran, die bei ca. neun Tagen liegt und quasi als eine Form der »institutionellen Bereitschaftspflege« betrachtet werden kann, erscheint die durchschnittliche Verweildauer von ca. acht Wochen in der Bereitschaftspflege recht lang. Andererseits kann dies auch darauf hinweisen, dass die Bereitschaftspflege für bestimmte Adressatengruppen ein Setting darstellt, in dem besser und in aller Ruhe nach einer Lösung für die akute Krisensituation gesucht werden kann. Hinzu kommt, dass die Kosten der Inobhutnahme, in der Regel deutlich höher liegen als bei sonstiger stationärer Betreuung. Da die Kosten für die Bereitschaftspflege nicht so hoch sind wie bei der Inobhutnahme besteht auch ein geringer Entscheidungsdruck.

In Westdeutschland verbleiben die Kinder und Jugendlichen in Städten länger in Bereitschaftspflege als in Landkreisen. Dies kann als ein empirisches Indiz für die Vermutung von Steege/Szylowicki (1996) verstanden werden, dass das Fehlen adäquater Dauerpflegefamilien ein Grund für die oftmals lange Verweildauer ist, da insbesondere in Städten der Bedarf an Pflegestellen viel höher ist als in Landkreisen.

Immerhin 29 % der Jugendämter geben an, dass in ihrem Jugendamtsbezirk mehrere Träger im Bereich der Bereitschaftspflege aktiv sind und in 28 % der Jugendamtsbezirke finden sich im Bereich der Kurzzeitpflege mehrere Träger (vgl. Tab. 5.8.3). Den Angaben der Jugendämter zufolge sind dies neben dem öffentlichen Träger oftmals privat-gewerbliche Träger. Sowohl die Pluralität hat in den letzten Jahren zugenommen als auch der Anteil der Jugendamtsbezirke mit privat-gewerblichen Anbietern. Nicht auszuschließen ist allerdings, dass sich diese Angaben auf die Leistungserbringer, das heißt die Pflegefamilien oder die Pflegestelle selbst beziehen, und dahinter nicht unbedingt eine Zunahme von Trägern steht, die Pflegefamilien organisieren. Trotz stagnierender Verbreitung zwischen den Jugendamtsbezirken deutet die Zunahme der Pluralität in den Jugendamtsbezirken darauf hin, dass diese Hilfeform dort, wo sie vorhanden ist, als erfolgreiche Hilfe betrachtet wird, und öfters zum Einsatz kommt. Die Zunahme privat-gewerblicher Träger dürfte auf eine stärkere Verbreitung von professionellen Bereitschaftspflegefamilien zurückzuführen sein, die ihre Dienste als Ich-AG, Gesellschaft bürgerlichen Rechts (GbR) oder in anderer unternehmerischer Form anbieten.

Tab. 5.8.3: Entwicklung der Trägerpluralität bei einzelnen außerfamiliären Hilfen zur Erziehung in den Jugendamtsbezirken, in denen die einzelne Hilfeform vorhanden ist, von 2000 auf 2003

	Mehrere Träger	Veränderung*
Bereitschaftspflege	29 %	+18 %
Kurzzeitpflege	28 %	+20 %
Heime für Kinder und Jugendliche	80 %	+4 %
Betreute Wohngemeinschaften	69 %	+5 %
Betreutes Einzelwohnen	71 %	+/- 0 %
Mutter-Kind- und Vater-Kind-Einrichtungen	55 %	+3 %
Jugendschutzstellen/Inobhutnahme	42 %	-12 %
Mädchen-/Frauenhäuser	15 %	-6 %

* Veränderungen gegenüber 2000 in Prozentpunkten. Die Richtung der Veränderung wird durch das Vorzeichen bestimmt, d.h. ein negatives Vorzeichen verweist auf eine Abnahme.

Quelle: DJI-Jugendamtserhebungen 2000, 2004

Am häufigsten von allen Hilfen außerhalb der Familie werden Kurzzeitpflege und Bereitschaftspflege von öffentlichen Trägern vermittelt (vgl. Tab. 5.8.1). Hier kommt die Sonderstellung der Vollzeitpflege zum Ausdruck, die normalerweise im privaten Raum stattfindet, aber den öffentlichen Träger nicht aus seiner Verantwortung entlässt.

Der Verlauf der Bereitschaftspflege, ihr Adressatenkreis, die Besonderheiten der Bereitschaftspflegefamilien sowie das methodischen Handeln der Fachdienste im Kontext von Bereitschaftspflege ist ausführlich in Lillig u.a. 2002 dargestellt.

Inanspruchnahme

Die Inanspruchnahme der Pflege in einer anderen Familie lässt sich nach Fremd- und Verwandtenpflege unterscheiden. Es kann nicht ausgeschlossen werden, dass in der Statistik insbesondere bei der Fremdpflege auch Bereitschafts- und Kurzzeitpflegeverhältnisse subsumiert werden. Die Darstellung erfolgt damit lediglich entlang der Differenzierung Fremd- und Verwandtenpflege.

Bei der Verwandten- und Fremdpflege sind die Anteile von Mädchen und Jungen etwa gleich groß (vgl. Tab. A8 im Tabellenanhang). Deutliche Unterschiede zeigen sich dagegen in der Altersstruktur. Die Kinder und Jugendlichen in Verwandtenpflege sind im Vergleich zu denen in Fremdpflege im Durchschnitt erheblich älter. Bemerkenswert ist weiterhin der im Verhältnis zu den anderen stationären erzieherischen Hilfeformen noch niedrigere Anteil nicht-deutscher Kinder und Jugendlicher. Dies gilt umso mehr, als Kinder und Jugendliche mit Migrationshintergrund bei allen Hilfen außer bei Inobhutnahmen im Verhältnis zu ihrem Bevölkerungsanteil unterrepräsentiert sind. Allerdings könnte dieser niedrige Anteil darauf zurückzuführen sein, dass es in der ausländischen Bevölkerung eine größere Anzahl von Pflegeverhältnissen bei Verwandten gibt, die dem Jugendamt nicht bekannt sind.

In Abbildung 5.8.1 ist die Entwicklung der Hilfen in Form von Vollzeitpflege bei Verwandten oder in einer Fremdfamilie dargestellt. Dabei zeigen sich unterschiedliche Tendenzen. Die Inanspruchnahmequote der Vollzeitpflege bei Verwandten verharrt in den letzten Jahren etwa auf dem gleichen Niveau, während die Quote der begonnenen Hilfen in einer Fremdfamilie ab 1999 leicht zunimmt. Die steigende Tendenz der Inanspruchnahme der Vollzeitpflege ist insbesondere auf die steigende Inanspruchnahme durch die unter 3-jährigen Kinder zurückzuführen, wie eine Betrachtung der Entwicklung der altersgruppenspezifischen Inanspruchnahmequoten zeigt.

Abb. 5.8.1: Entwicklung der Neuzugänge der Vollzeitpflege in einer anderen Familie, Bundesrepublik Deutschland

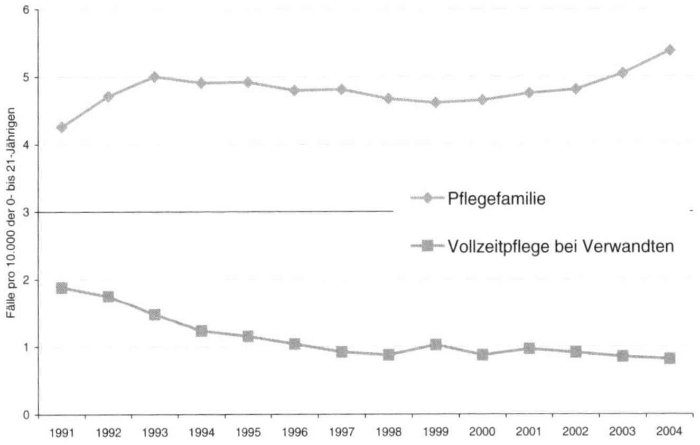

Quelle: Statistik der Kinder- und Jugendhilfe, Teil I, 4 Beginn der Hilfe zur Erziehung außerhalb des Elternhauses, Arbeitsunterlage; eigene Berechnungen

Im Jahr 2004 betrug laut amtlicher Kinder- und Jugendhilfestatistik der Anteil der begonnenen Verwandtenpflegeverhältnisse an allen begonnenen Pflegeverhältnissen 13 %. Da Verwandte oder Verschwägerte bis zum dritten Grad keine Pflegeerlaubnis brauchen (§ 44 (1) KJHG), wird die Anzahl der Kinder in Verwandtenpflegeverhältnissen und die Anzahl der Pflegefamilien jedoch deutlich unterschätzt. Zwar ist die Erfassung in der amtlichen Statistik nicht an eine Pflegerlaubnis gebunden, aber dennoch sind nicht alle Vollzeitpflegeverhältnisse außerhalb der eigenen Familie dem Jugendamt bekannt. Einer Auswertung des Mikrozensus 2000 zufolge leben in Deutschland deutlich mehr Kinder und Jugendliche bei Verwandten als die amtliche Kinder- und Jugendhilfestatistik ausweist (vgl. Walter 2005).

Verwandte Pflegeeltern können einen Antrag auf Hilfen zur Erziehung stellen, damit sie für die Pflege eine Aufwandsentschädigung bekommen, aber es existiert eine sehr uneinheitliche Praxis, wie mit solchen Anträgen umgegangen wird. Eine Inpflegenahme durch Verwandte wird in einigen Jugendämtern prinzipiell als Leistung nach § 33 KJHG angesehen, während andere diese Anerkennung nur in Ausnahmefällen gewähren (vgl. Blandow/Walter 2001: 125). Diese Jugendämter sehen eine moralische Verpflichtung verwandte Kinder und Jugendliche bei entsprechenden Bedarfslagen in Pflege zu nehmen. Allerdings besteht rein rechtlich eine solche Pflicht ausschließlich für die Eltern selbst. Diese Unterschiede der Gewährungspraxis der Jugendämter erklären auch die sehr große Differenz bei der

Inanspruchnahmequote von Fremd- und Familienpflege in den einzelnen Bundesländern. Nach den Daten der amtlichen Kinder- und Jugendhilfestatistik kamen in Mecklenburg-Vorpommern 1998 auf ein Verwandtenpflegeverhältnis 1,2 Fremdpflegeverhältnisse, dieses Verhältnis lag in Bremen bei 1 zu 13,8 (vgl. Blandow/Walter 2001: 129). Insgesamt ist davon auszugehen, dass die Inanspruchnahme der Verwandtenpflege in der amtlichen Statistik der Kinder- und Jugendhilfe völlig unzureichend abgebildet wird.

In der amtlichen Statistik wird aber nicht nur die Anzahl der Verwandtenpflegeverhältnisse, sondern auch die Pflege bei nichtverwandten Personen unterschätzt, wie Berechnungen auf Grundlage der Daten des Mikrozensus zeigen. »Im Jahr 2000 überstieg der Anteil der sicher nachgewiesenen Fremdpflegefamilien im Mikrozensus diese Familienform in der Kinder- und Jugendhilfestatistik um 25 %« (Walter 2005: 152).

5.8.2 Institutionelle Formen der Fremdunterbringung

Heimerziehung oder Erziehung in sonstigen Formen betreuten Wohnens soll Kinder und Jugendliche durch eine Verbindung von Alltagserleben mit pädagogischen und therapeutischen Angeboten in ihrer Entwicklung fördern. Sie soll entsprechend dem Alter und Entwicklungsstand sowie im Hinblick auf die Möglichkeiten der Verbesserungen der Erziehungsbedingungen in der Herkunftsfamilie entweder eine Rückkehr in die Familie zu erreichen versuchen oder auf die Erziehung in einer anderen Familie hinführen oder eine auf längere Zeit angelegte Lebensform bieten und auf ein selbstständiges Leben vorbereiten. Jugendliche sollen in Fragen der Ausbildung und Beschäftigung sowie der allgemeinen Lebensführung beraten und unterstützt werden (§ 34 KJHG).

Die Betreuungsform Fremdunterbringung in Heimen, die lange Zeit das Gesicht der erzieherischen Hilfen prägte, hat sich in den vergangenen Jahrzehnten quantitativ und qualitativ stark verändert. Am Anfang dieser Entwicklung stand die fachliche Neuorientierung ausgelöst durch die Kritik im Rahmen der Heimkampagne der 70er Jahre (vgl. IGFH 1977). Infolgedessen stieg der Anteil der Kinder und Jugendlichen in Pflegefamilien deutlich an, und es wurden auch familiennähere Formen der Betreuung in Krisensituationen entwickelt, wie etwa die Bereitschaftspflege. Hinzu kam der Ausbau der ambulanten erzieherischen Hilfen.

Den vielen positiven Entwicklungen zum Trotz muss sich die institutionelle Fremderziehung weiterhin mit dem Widerspruch zwischen der Wunschvorstellung eines Lebens- und Entwicklungsumfeldes mit stabilen, verlässlichen und gewachsenen Beziehungen und dem, was in einer professionell organisierten Einrichtung diesbezüglich realisierbar ist, auseinandersetzen. Viele der Neuentwicklungen in der institutionellen Fremdunterbringung sind darauf ausgerichtet, diesen Widerspruch zumindest teilweise aufzulösen, indem die Hilfe so organisiert wird, dass sie idealen Erziehungsbedingungen möglichst nahekommt. In diesem Zusammenhang muss auch die Tendenz zu kleineren Einheiten in stationären Einrichtungen gesehen werden. Betreute Wohngemeinschaften, aber auch die Aufsplittung von ehemals großen Einrichtungen in kleinere autonome Wohngruppen stellen Beispiele für diesen Trend dar. Dies bedeutet, dass die Unterschiede zwischen den institutionellen Hilfeformen verschwimmen und die Bezeichnung der Hilfeformen an Aussagekraft für die inhaltliche Ausgestaltung der Hilfe verliert.

Angebote

Sowohl das Angebot Heimerziehung als auch die betreuten Wohngemeinschaften und das betreute Einzelwohnen sind in mindestens drei von vier Jugendamtsbezirken vorhanden. Die Infrastruktur der Heimerziehung und anderer Formen betreuten Wohnens in den Jugendamtsbezirken unterscheidet sich insbesondere zwischen Ost- und Westdeutschland. Die Hilfeformen »Heime für Kinder und Jugendliche« sowie »betreute Wohngemeinschaften« stehen in signifikant mehr ostdeutschen als westdeutschen Jugendamtsbezirken zur Verfügung.

Alle drei in der Tabelle 5.8.1 enthaltenen Formen der stationären Fremdunterbringung sind in mehr Jugendamtsbezirken als noch vor vier Jahren vorhanden, auch wenn der Unterschied zu der letzten Erhebung im Einzelfall nicht sehr groß ist. Aus der fachlichen Perspektive der Lebensweltorientierung ist diese Entwicklung wohl eher positiv einzuschätzen, da inzwischen zumindest strukturell vermehrt die Möglichkeit besteht, stationäre Hilfen auch räumlich nahe am Lebensumfeld anzubieten.

In den Jugendamtsbezirken, in denen die einzelnen Angebote der Fremdunterbringung vorhanden sind, zeigt sich zumindest im Vergleich zu allen anderen Angeboten und Hilfen der Kinder- und Jugendhilfe ein hohes Maß an Pluralität. Mehrere Träger von Heimen für Kinder und Jugendliche finden sich in 80 %, mehrere Träger von Einrichtungen für betreutes Einzelwohnen in 71 % und mehrere Träger von betreuten Wohngemeinschaften in 69 % dieser Jugendamtsbezirke. Im Zeitverlauf zeigt sich eine leicht steigende Tendenz der örtlichen Pluralität.

Die stationären erzieherischen Hilfen sind das Hauptbetätigungsfeld privat-gewerblicher Träger. Die hier angewandte Entgeltfinanzierung sowie die zumindest im Vergleich zu anderen Tätigkeitsfeldern innerhalb der Kinder- und Jugendhilfe relativ einfache Planung der Auslastung macht es für privat-gewerbliche Träger attraktiv, tätig zu werden. In 32 % der Jugendamtsbezirke, in denen Heime für Kinder und Jugendliche vorhanden sind, gibt es mindestens ein Angebot, das sich in privat-gewerblicher Trägerschaft befindet. Umgerechnet auf alle Jugendamtsbezirke (also unabhängig davon, ob es dieses Angebot gibt oder nicht) bedeutet dies, dass in etwas mehr als jedem vierten Jugendamtsbezirk privat-gewerbliche Träger aktiv sind. In 26 % der Jugendamtsbezirke mit dem Angebot betreutes Einzelwohnen und in 19 % mit dem Angebot betreute Wohngemeinschaften gehören privat-gewerbliche Träger zu den Anbietern dieser Hilfeform. Diese Anteile haben sich alle gegenüber der letzten Erhebung im Jahr 2000 vergrößert. Die stärkste Steigung, nämlich eine Zunahme von 16 Prozentpunkten, kann beim betreuten Einzelwohnen registriert werden.

Die nach der Bestandserhebung des Jahres 1994 vorgenommene Ausdifferenzierung der Kinder- und Jugendhilfestatistik bei der Erfassung verschiedener Formen stationärer Erziehungshilfe stellt eine Reaktion auf die Entwicklung hin zu einer Vielfalt von Angebotsformen dar. Tabelle 5.8.4 (S. 239) zeigt die Verbreitung der verschiedenen Einrichtungsarten und Tabelle 5.8.2 (S. 229) die Anzahl der Plätze, die durchschnittliche Platzzahl der Einrichtungen sowie den Anteil der Plätze einer spezifischen Einrichtungsart an allen Plätzen. Trotz der vorhandenen Vielfalt wird deutlich, dass sich der größte Anteil an Plätzen für stationäre Erziehungshilfe (43 %) noch immer bei Einrichtungen mit mehreren Gruppen und Schichtdienst auf einem Heimgelände (Stammhaus) befindet (vgl. Tab. 5.8.2). Die (noch) vorhandene fast doppelt so hohe Dichte an solchen Einrichtungen in Ostdeutschland lässt sich auf das Nachwirken der Tradition der Jugendhilfe der DDR zurückführen, in der Heimerziehung in dieser Form einen zentralen Stellenwert besessen hat (Seidenstücker/Münder 1990). Der Anteil an Einrichtungen dieses Typus in öffentlicher Trägerschaft nimmt in Ostdeutschland weiterhin sehr deutlich ab. 1994 betrug der Anteil der Einrichtungen der Heimerziehung in öffentlicher Trägerschaft noch 39 %, 1998 lag er bei 21 % und 2002 bei 9 %; er unterscheidet sich somit kaum noch von dem entsprechenden Anteil in Westdeutschland (8 %).

Tab. 5.8.4: Einrichtungen verschiedener Formen stationärer erzieherischer Hilfen, nach Ost- und Westdeutschland 2002

Art der Einrichtung	Ost Dichte*	Ost Anteil ÖT**	West Dichte*	West Anteil ÖT**	Insgesamt Dichte*	Insgesamt Anteil ÖT**
Einrichtungen der stationären Erziehungshilfe mit mehreren Gruppen in Schichtdienst auf einem Heimgelände (Stammhaus)	8,8	9 %	4,2	8 %	4,9	8 %
Einrichtungen der stationären Erziehungshilfe mit mehreren Gruppen in Lebensgemeinschaftsform auf einem Heimgelände (Stammhaus)	1,3	12 %	0,7	2 %	0,8	5 %
Ausgelagerte Gruppe mit organisatorischer Anbindung an das Stammhaus im Schichtdienst	6,2	9 %	3,9	7 %	4,2	7 %
Ausgelagerte Gruppe mit organisatorischer Anbindung an das Stammhaus in Lebensgemeinschaftsform	1,8	4 %	2,3	13 %	2,2	12 %
Betreute Wohnform mit oder ohne Anbindung an das Stammhaus	9,3	7 %	4,1	7 %	4,9	7 %
Erziehungsstelle gemäß § 34 SGB VIII	2,6	0 %	1,2	5 %	1,4	3 %
Wochengruppe (ohne Wochenendunterbringung)	0,3	33 %	0,3	5 %	0,3	10 %
Einrichtung/Abteilung/Gruppe für gesicherte/ geschlossene Unterbringung auf der Grundlage einer richterlichen Entscheidung	0,1	0 %	0,0	30 %	0,1	21 %
Einrichtung/Abteilung/Gruppe für vorläufige Schutzmaßnahmen gemäß §§ 42, 43 SGB VIII	1,2	18 %	0,8	28 %	0,8	26 %
Kleinsteinrichtung der stationären Erziehungshilfe	4,2	2 %	2,8	6 %	3,0	5 %
Einrichtung für integrierte Hilfen (z. B. Jugendhilfestationen oder Jugendhilfezentren)	2,1	3 %	1,1	8 %	1,2	7 %
Internat, das junge Menschen gemäß §§ 34, 42 SGB VIII aufnimmt	0,2	11 %	0,3	5 %	0,3	6 %
Großpflegestelle	0,1	0 %	0,1	0 %	0,1	0 %
Insgesamt	38,3	7 %	21,7	8 %	24,3	8 %

* Anzahl der Einrichtungen pro 100.000 0- bis 27-Jährige
** ÖT: Öffentlicher Träger

Quelle: Statistik der Kinder- und Jugendhilfe, Teil III; eigene Berechnungen

Gemessen an der vorhandenen Platzzahl stellen die Formen des betreuten Wohnens mit oder ohne Anbindung an das Stammhaus (12 %) sowie die ausgelagerten Gruppen mit organisatorischer Anbindung an das Stammhaus (11 %) neben der Betreuung in einem Stammhaus die bedeutendste Form der stationären Unterbringung dar.

Insgesamt ist in Ostdeutschland bis auf wenige Ausnahmen (vgl. Tab. 5.8.4) nach wie vor eine deutlich höhere Dichte an Einrichtungen der stationären erzieherischen Hilfen festzustellen als in Westdeutschland. Dies korrespondiert mit der deutlich höheren Inanspruchnahme von stationären erzieherischen Leistungen in Ostdeutschland, die im nächsten Abschnitt dargestellt wird.

Inanspruchnahme

Die Entwicklung der Inanspruchnahme institutioneller Formen der Fremdunterbringung, gemessen an den Neuzugängen in den einzelnen Kalenderjahren, ist in Abbildung 5.8.2 dargestellt. Zusammengefasst lässt sich sagen: Zum einen sind bemerkenswerte Unterschiede zwischen den Hilfeformen bezüglich des Niveaus der Inanspruchnahme vorhanden und zum anderen werden unterschiedliche Trends erkennbar.[56]

Abb. 5.8.2: Entwicklung der Neuzugänge bei verschiedenen stationären Formen der Unterbringung außerhalb der Familie, Bundesrepublik Deutschland

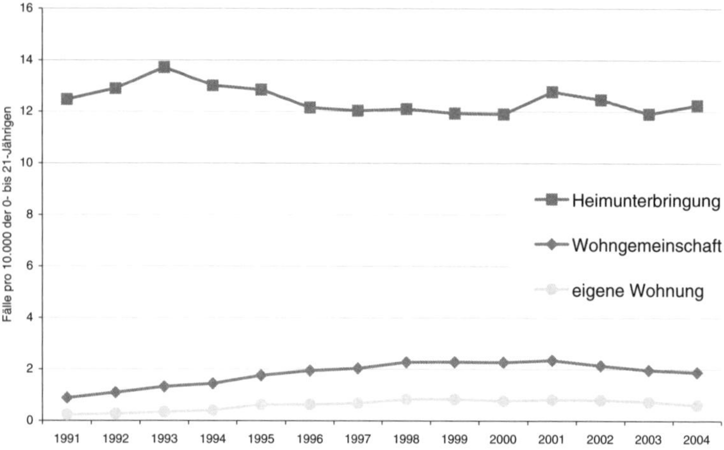

Quelle: Statistik der Kinder- und Jugendhilfe, Teil I, 4 Beginn der Hilfe zur Erziehung außerhalb des Elternhauses, Arbeitsunterlage; eigene Berechnungen

Die Inanspruchnahme der Heimerziehung (12,3 pro 10.000 0-bis 21-Jährige) war im Jahr 2004 etwa sechsmal so hoch wie die der

[56] Für die Erhebung der Fallzahlstatistik der amtlichen Kinder- und Jugendhilfestatistik im Bereich der Hilfen zur Erziehung außerhalb des Elternhauses sind nur die örtlichen Träger der Jugendhilfe auskunftspflichtig, da davon ausgegangen wird, dass alle für die Erhebung wichtigen Informationen bei den zuständigen Stellen der örtlichen Träger vorhanden sind. Deswegen kann nicht, wie etwa bei den ambulanten Hilfen, genau festgestellt werden, wie viele Kinder und Jugendliche Hilfe von freien oder öffentlichen Trägern bekommen. Bei den hohen Auslastungsquoten (vgl. Gragert u. a. 2005) kann man jedoch davon ausgehen, dass die Anteile der Plätze in freier bzw. öffentlicher Trägerschaft, so wie sie in Tabelle 5.8.2 dargestellt sind, eine gute Annäherung an die tatsächlichen Fallzahlen bei freien und öffentlichen Trägern sind.

betreuten Wohngemeinschaften (1,9 pro 10.000 0-bis 21-Jährige) und ca. 20-mal höher als die des betreuten Einzelwohnens (0,6 pro 10.000 0-bis 21-Jährige). Dieser Unterschied ist vor allem auf die sehr unterschiedliche Altersstruktur der Adressaten in der jeweiligen Hilfeform zurückzuführen. Betreutes Einzelwohnen ist eine Hilfeform für fast ausschließlich über 15-jährige Jugendliche. Im betreuten Wohnen in einer Wohngemeinschaft sind 16 % der Jugendlichen zwischen 12 und 15 Jahre alt (vgl. Tab. A9 im Tabellenanhang).

Die Inanspruchnahme beim betreuten Einzelwohnen ist im Zeitraum von 1991 bis 2000 kontinuierlich gestiegen, ab diesem Zeitpunkt zeigt sich eine leichte, aber nahezu kontinuierliche Abnahme. Die Betrachtung der altersgruppenspezifischen Quoten zeigt sowohl bei den 15- bis unter 18-jährigen Jugendlichen als auch bei den 18- bis unter 21-Jährigen eine sehr deutlich sinkende Inanspruchnahme. Dies spiegelt die restriktivere Gewährungspraxis der Jugendämter bezüglich der Adressaten dieser Altersgruppe wider.

Beim betreuten Wohnen in Wohngemeinschaften ist die Inanspruchnahme bis zum Jahr 2001 nahezu kontinuierlich gestiegen. Seit diesem Zeitpunkt nimmt sie stetig ab. Bei dieser Hilfeform ist es insbesondere die Altersgruppe der 15- bis 18-jährigen Jugendlichen, auf die der zu beobachtende leichte Rückgang zurückgeführt werden kann.

Bei der Inanspruchnahme der Heimerziehung ist keine einheitliche Tendenz erkennbar, weder fallend noch steigend. Befürchtungen, die Inanspruchnahme der Heimerziehung würde (deutlich) steigen, entbehren einer empirischen Grundlage. Die Entwicklung der altersgruppenspezifischen Quoten zeigt lediglich bei den unter einjährigen Kindern eine kontinuierliche und zwar sinkende Tendenz seit dem Jahr 1991. Seit dem Jahr 2001 sinkt auch die Inanspruchnahme bei der Gruppe der 15- bis 18-jährigen Jugendlichen kontinuierlich.

In der Gesamtbetrachtung der Inanspruchnahme institutioneller Formen der Fremdunterbringung fällt auf, dass die Inanspruchnahme durch die 15- bis 18-jährigen Jugendlichen bei allen drei Hilfeformen deutlich abnimmt. Im Zeitraum zwischen 2001 bis 2004 ist die Inanspruchnahme begonnener stationärer Hilfen für diese Altersgruppe um 10 % gesunken. Auch die Verweildauer in den Hilfen reduzierte sich. Unter Umständen deutet sich hier eine Unterversorgung dieser Altersgruppe an.

Die Inanspruchnahme der Heimerziehung liegt in Ostdeutschland gemessen an der Quote in Westdeutschland inzwischen niedriger. Lange Zeit lag die Quote in Ostdeutschland um nahezu 50 % höher. Allerdings ist ein unmittelbarer Vergleich zwischen den Daten vor und nach dem Jahr 2000 schwierig, da nach dem Jahr 2000 in der amtlichen Statistik für das Bundesland Berlin nicht länger zwischen Ost- und Westberlin unterschieden wird. Der Ost-West-Vergleich kann daher nur durchgeführt werden, wenn man entweder das Bundesland Berlin ganz dem Westen bzw. Osten zuordnet oder einen Ost-West-Vergleich ohne Einbezug des Bundeslandes Berlin durchführt. Hier wurde letztere Variante bevorzugt. Bei dieser Vorgehensweise liegt die altersstandardisierte Quote in Ostdeutschland (13,3 Fälle pro 10.000) unterhalb der in Westdeutschland (14,3 Fälle pro 10.000). Da die Inanspruchnahmequote in Ostberlin die ostdeutsche Quote stärker beeinflusst als die Inanspruchnahmequote in Westberlin die westdeutsche, ist anzunehmen, dass ein Teil der in der Vergangenheit beobachtbaren höheren Quoten in Ostdeutschland auf eine höhere Inanspruchnahme in Ostberlin zurückzuführen war, zumal der Stadtstaat Berlin das Bundesland mit den höchsten Inanspruchnahmequoten war.

Die Geschlechterverteilung der Adressaten in den unterschiedenen Hilfeformen weist relativ große Differenzen auf. Lediglich bei betreuten Wohngemeinschaften ist das Geschlechterverhältnis nahezu ausgeglichen. Dagegen existiert eine klare Überrepräsentation der männlichen Kinder und Jugendlichen in Heimen und eine noch deutlichere Unterrepräsentation beim betreuten Einzelwohnen (vgl. Tab. A9 im Tabellenanhang).

Abb. 5.8.3: Entwicklung des Anteils der Kinder und Jugendlichen mit ausländischer Staatsangehörigkeit in betreuten Wohngemeinschaften (begonnene Hilfen), Deutschland

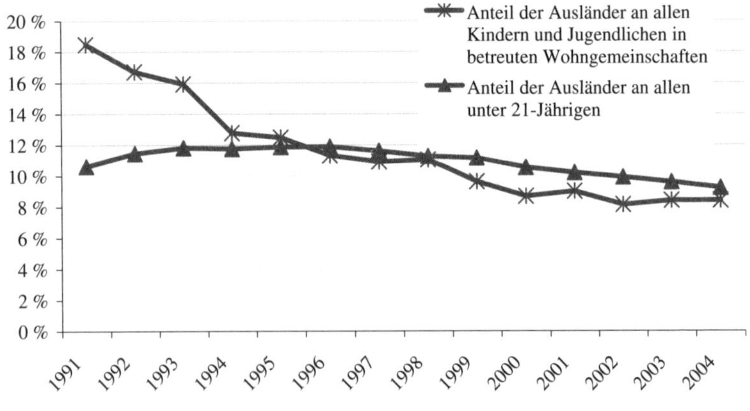

Quelle: Statistik der Kinder- und Jugendhilfe; eigene Berechnungen

Bei fast allen Formen der Fremdunterbringung zeigen sich im Zeitverlauf kaum Veränderungen des Anteils der Adressaten ausländischer Staatsangehörigkeit an allen Adressaten. Zwar schwankt dieser Anteil, aber es zeigt sich kein eindeutiger Trend. Anders ist dies beim betreuten Wohnen in einer dieser Hilfeform hat der Anteil der ausländischen Adressaten im Zeitverlauf sehr stark abgenommen: Während 1991 noch ca. 19 % der Hilfeempfänger in betreuten Wohngemeinschaften nicht-deutscher Staatsangehörigkeit waren, liegt dieser Anteil 2004 unterhalb von zehn Prozent und entspricht damit etwa ihrem Anteil an der entsprechenden Altersgruppe in der Gesamtbevölkerung.[57] In der Vergangenheit wurde diese Hilfeform offenbar als besonders geeignet für nicht-deutsche Adressaten betrachtet. Im Laufe der Zeit haben sich jedoch die Gewährungspraxis bzw. die Bedarfskriterien der Jugendämter unter dem vorhandenen Kostendruck geändert. Hätten beispielsweise vor Jahren das Vorhandensein von kulturellen Integrationsproblemen in der Herkunftsfamilie oder sehr beengte Wohnverhältnisse für eine Hilfegewährung in einer betreuten Wohngemeinschaft gereicht, werden solche Gründe heute nicht mehr anerkannt bzw. führen nicht mehr zu einer Fremdunterbringung. Die Kinder- und Jugendhilfe hat damit einen Teil ihres Unterstützungspotenzials für Jugendliche ausländischer Herkunft, deren Probleme häufig auf das Spannungsverhältnis zwischen zwei Kulturen zurückgeführt werden können, verloren.

Verweildauer der Fremdunterbringung

In Abbildung 5.8.4 ist die Entwicklung der durchschnittlichen Verweildauer der außerhalb der Familie untergebrachten Kinder nach Altersgruppen dargestellt. Es überrascht nicht, dass die älteren Gruppen durchschnittlich am längsten untergebracht sind. Bis auf die drei jüngsten Altersgruppen zeigt sich bei allen Altersgruppen eine über den gesamten Betrachtungszeitraum beachtliche Reduzierung der Verweildauer bei den Fremdunterbringungen. Die durchschnittliche Verweildauer aller Adressaten zusammen hat sich inner-

---

[57] In Kapitel 14 wird auf die Differenz zwischen Adressaten mit Migrationshintergrund und Adressaten ohne deutsche Staatsangehörigkeit eingegangen, die die Bestimmung des »wahren« Anteils der Adressaten mit Migrationshintergrund erschwert. Der Anteil der Adressaten ausländischer Staatsangehörigkeit bildet die Untergrenze des Anteils der Adressaten mit Migrationshintergrund in der jeweiligen Hilfeform.

halb von zehn Jahren um ca. zehn Monate verkürzt: Während sich also die Anzahl der begonnenen Hilfen in den vergangenen Jahren nicht wesentlich verändert hat, ergibt sich aufgrund der kürzeren Verweildauer jedoch (bezogen auf das Zeitvolumen) ein Rückgang der Inanspruchnahme stationärer Hilfen.

Abb. 5.8.4: Durchschnittliche Dauer der Fremdunterbringung nach Altersgruppen, Deutschland 1991–2004

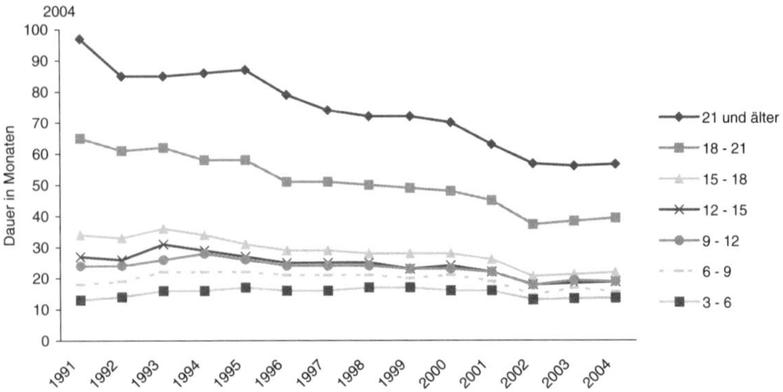

Quelle: Kinder- und Jugendhilfestatistik, Teil I, 4.2 beendete Hilfen zur Erziehung außerhalb des Elternhauses, Arbeitsunterlage; eigene Berechnungen

5.8.3 Mädchen- und Frauenhäuser

Mädchen- und Frauenhäuser sollen weibliche Adressaten in schweren Konfliktsituationen mit Partnern, Freunden und Familienmitgliedern Schutz bieten. Die Aufnahme und der Verbleib in diesen Häusern gewähren den Mädchen und jungen Frauen einen Schutzraum vor Übergriffen und Zeit für einen Prozess der Deeskalierung. Die Funktionen, die Mädchen- und Frauenhäuser übernehmen, gehören nicht originär zu den im KJHG formulierten Aufgaben. Deshalb werden diese Häuser oftmals auch nach dem BSHG finanziert. Sofern in den Häusern auch Aufgaben nach dem KJHG geleistet werden (z. B. bei Vorliegen eines erzieherischen Bedarfs), kann es allerdings sein, dass auch das Jugendamt Mittel bereitstellt.

In 59 % der Jugendamtsbezirke gibt es mindestens ein Mädchen- bzw. Frauenhaus. Diese Einrichtungen befinden sich in fast allen Jugendamtsbezirken ausschließlich in freier Trägerschaft (94 %) (vgl. Tab. 5.8.1). Aufgrund der oben beschriebenen rechtlichen Situation kann nicht ausgeschlossen werden, dass in mehr als in der Tab. 5.8.1 ausgewiesenen 59 % der Jugendamtsbezirke solche Häuser vorhanden sind. Diese befinden sich aber nicht im Blickfeld der Jugendämter, da sie von anderer Stelle finanziert werden und nicht Teil der Jugendhilfeplanung sind.

Dort, wo die Jugendämter angeben, dass Mädchen- bzw. Frauenhäuser vorhanden sind, gibt es in 15 % der Jugendamtsbezirke mindestens zwei solcher Häuser. In einem Jugendamt wird dieses Hilfeangebot von einem privat-gewerblichen Träger bereitgestellt.

Hinweise über Merkmale der Hilfeempfängerinnen liefert die Statistik der Frauenhäuser in Trägerschaft des Sozialdienstes katholischer Frauen (SKF). Die letzte Statistik der SKF stammt aus dem Jahr 2003. Die Hauptgruppe der Bewohnerinnen bilden Frauen zwischen 21 und 30 Jahren (41 %). Fast 7 % sind jünger als 21 Jahre und etwa 5 % sind älter als 50 Jahre. Ein Viertel der insgesamt 3.527 aufgenommenen Frauen ging auf eigene Initiative und etwa 16 % der Frauen kamen über einen Beratungsdienst in ein Frauenhaus. 22 % fanden den Weg dorthin über die Polizei und 16 % suchten aufgrund von Hinweisen ihrer Freundinnen Hilfe und Schutz in einem Frauenhaus. Weitere 22 % der Frauen nutzten sonstige Wege in ein Frauenhaus (z. B. Rechtsanwälte, Ärzte, Ämter). Frauen mit Migrationshintergrund sind mit ca. 50 % deutlich überproportional vertreten. 59 % der Frauen suchten gemeinsam mit ihren Kindern Zuflucht. Mehr als vier Fünftel (ca. 85 %) dieser Kinder waren nicht älter als zehn Jahre alt (vgl. Sozialdienst Katholischer Frauen 2004). 26 % der Frauen kehrten unmittelbar nach dem Aufenthalt im Frauenhaus zu ihrem Partner zurück.

5.8.4 Vorläufige Maßnahmen zum Schutz von Kindern und Jugendlichen

Die Ergänzung des KJHG mit dem § 8 a (Schutzauftrag bei Kindeswohlgefährdung) leistet einen Beitrag zur Klärung des Prozesses der Informationsgewinnung und Risikoabwägung im Vorfeld einer eventuellen Schutzmaßnahme. Anlass dieser Änderung war eine in der Praxis häufiger zu beobachtende Unsicherheit, wie mit Informationen anderer Personen über mögliche Fälle von Kindeswohlgefährdung umzugehen ist. Der § 8 a KJHG regelt in diesem Zusammenhang, dass das Jugendamt beim Vorliegen von Indizien einer Gefährdung des Wohls eines Kindes oder Jugendlichen das tatsächliche Gefährdungspotenzial mithilfe mehrerer Fachkräfte abzuschätzen und im Fall einer festgestellten Gefährdung geeignete Hilfen anzubieten hat. Zudem sollen Jugendämter durch Vereinbarungen mit Trägern von Einrichtungen und Angeboten der Kinder- und

Jugendhilfe sicherstellen, dass diese den Schutzauftrag in ihrer Arbeit im vollen Umfang wahrnehmen. Die nicht-öffentlichen Träger sollen bei einer möglichen Kindeswohlgefährdung auch auf die Adressaten hinwirken, Hilfen anzunehmen. Wie bisher gilt weiterhin, dass sofern nach Einschätzung des Jugendamts Maßnahmen nach den §§ 1666 bzw. 1666a BGB eingeleitet werden sollen, das Familiengericht einzuschalten ist. Soweit zur Abwendung einer Gefährdung die Hilfe anderer Leistungsträger (z.B. Polizei, Gesundheitssystem) notwendig erscheint, ist das Jugendamt gefordert, die Adressaten für die Inanspruchnahme einer solchen Hilfe zu gewinnen oder es muss diese Stellen benachrichtigen, falls die Adressaten nicht mitwirken.

Die bisher in den §§ 42 (Inobhutnahme von Kindern und Jugendlichen) und 43 KJHG (Herausnahme des Kindes oder des Jugendlichen ohne Zustimmung des Personensorgeberechtigten) geregelten Vorschriften und Maßnahmen zum Schutz von Kindern und Jugendlichen wurden mit dem KICK in einem neuen § 42 (Inobhutnahme von Kindern und Jugendlichen) zusammengefasst. Die wichtigsten Neuerungen beziehen sich auf die Regelungen zur Inobhutnahme von unbegleiteten minderjährigen Flüchtlingen, die erweiterte Befugnis zu freiheitsentziehenden Maßnahmen, die Zuständigkeitsklärung der Anwendung unmittelbaren Zwangs (nur die Polizei ist dazu befugt), Regelungen hinsichtlich der Beendigung einer Inobhutnahme sowie auf die ausdrückliche Befugnis des Jugendamtes, ein Kind oder einen Jugendlichen im Fall einer akuten Kindeswohlgefährdung auch vom Personenberechtigten selbst und nicht nur von anderen Personen oder aus einer Einrichtung wegzunehmen. Diese Möglichkeit war bislang nicht explizit geregelt. Eine Schutzmaßnahme kann in Form einer Inobhutnahme durch eine vorläufige Unterbringung bei einer geeigneten Person, in einer Einrichtung oder in einem Setting des betreuten Wohnens erfolgen.

Angebote

Wie aus den Bestimmungen des § 42 KJHG zu entnehmen ist, sind verschiedene Unterbringungsorte für Kinder und Jugendliche, die einer Inobhutnahme bedürfen, vorgesehen. Die Inobhutnahme findet in 84 % der Fälle in einer Einrichtung statt (vgl. Tab. A10 im Tabellenanhang). Die Dichte der Einrichtungen für vorläufige Schutzmaßnahmen ist in Ostdeutschland mit 1,2 Einrichtungen pro 100.000 der 0- bis 27-Jährigen höher als in Westdeutschland (0,8) (vgl. Tab. 5.8.4, S. 239).

Der Anteil der bereitstehenden Plätze in öffentlicher Trägerschaft liegt bei 33 %. Dieser Wert ist um ca. drei Prozentpunkte höher als der Anteil der öffentlichen Einrichtungen an allen Einrichtungen zur Inobhutnahme. Hieraus wird ersichtlich, dass die Einrichtungen für vorläufige Schutzmaßnahmen in öffentlicher Trägerschaft gemessen an der Platzzahl etwas größer sind als die in freier Trägerschaft.

In 77 % der Jugendamtsbezirke ist eine Einrichtung für Inobhutnahme vorhanden. Gegenüber der letzten Erhebung hat sich dieser Anteil um acht Prozentpunkte erhöht (vgl. Tab. 5.8.1). Diese Einrichtungen befinden sich in der Mehrzahl der Jugendamtsbezirke (76 %) ausschließlich in freier Trägerschaft, und in 42 % der Jugendamtsbezirke, die über eine Einrichtung für Inobhutnahme verfügen, gibt es mindestens zwei Träger mit solchen Einrichtungen. In sechs Prozent der Jugendamtsbezirke befindet sich mindestens eine der vorhandenen Inobhutnahmestellen in privat-gewerblicher Trägerschaft. Dies überrascht insofern, als es besonderer Vorgehensweisen bedarf, um eine Vermischung von hoheitlichen Aufgaben (Akt der Inobhutnahme) und der Durchführung der Hilfe zu verhindern.

Die Jugendamtserhebung zeigt, dass es auch Konstellationen gibt, in denen eine überregionale Zusammenarbeit stattfindet und eine Inobhutnahmestelle von mehreren öffentlichen Trägern (mit)finanziert wird. Diese Form der überregionalen Kooperation erscheint insbesondere dann sinnvoll, wenn in einzelnen Jugendamtsbezirken ein zu geringer Bedarf besteht, um hierfür extra ein Angebot bereitzustellen, wie dies etwa in sehr kleinen Jugendamtsbezirken (z. B. bei einigen Jugendämtern kreisangehöriger Gemeinden) der Fall sein kann. Die Erhebung zeigt, dass ca. 3 % der Jugendämter Inobhutnahmestellen außerhalb ihres eigenen Jugendamtsbezirks mitfinanzieren.[58] Gegenüber der letzten Erhebung hat sich der Anteil damit verringert. Wie erwartet, sind es insbesondere Jugendämter, die gemessen an der Bevölkerungszahl ihres Zuständigkeitsgebiets eher klein sind.

---

[58] Die Frageformulierung im Erhebungsinstrument schließt Einrichtungen, die sich über Entgelte finanzieren, aus. Der Anteil der Jugendämter, die indirekt über Entgeltvereinbarungen Einrichtungen in anderen Jugendamtsbezirken mitfinanzieren, dürfte um ein Vielfaches höher liegen. Dass bei dieser Frage auch Inobhutnahmestellen genannt wurden, macht deutlich, dass es offensichtlich keine einheitlichen Finanzierungsmodelle für diese Einrichtungen gibt, da sie in einigen Jugendamtsbezirken (auch) über Entgelte finanziert werden.

Im Jahr 2004 wurde 25.916 Kindern und Jugendlichen ein vorläufiger Schutz gewährt, wobei deutlich mehr Kinder und Jugendliche weiblichen (56 %) als männlichen Geschlechts (44 %) diese Art der Hilfe in Anspruch nahmen (vgl. Tab. A11 im Tabellenanhang). Die Verweildauer in Inobhutnahmestellen ist eher kurz. Sie beträgt (2005) im Durchschnitt 9,1 Tage: 54 % der Jugendlichen verbleiben kürzer als eine Woche, 17 % eine bis zwei Wochen und 29 % länger als zwei Wochen (vgl. Statistisches Bundesamt 2006). Da einzelne Kinder oder Jugendliche öfter als einmal pro Jahr in Obhut genommen werden (vgl. Permien/Zink 1998: 170 ff.), muss davon ausgegangen werden, dass die Anzahl der Personen, die Inobhutnahme in Anspruch nehmen, niedriger ist, als die Fallzahl der amtlichen Kinder- und Jugendhilfestatistik vermuten lässt.

Die amtliche Inanspruchnahmestatistik der vorläufigen Schutzmaßnahmen weist aus, dass 67 % der betroffenen Kinder und Jugendlichen von einem öffentlichen Träger betreut werden. Die Einrichtungserhebungen der amtlichen Kinder- und Jugendhilfestatistik sowie die am DJI durchgeführte Erhebung zeigen aber, dass sich die große Mehrzahl von Einrichtungen für Inobhutnahme in freier Trägerschaft befindet. Zwar wurde bereits festgestellt, dass die Einrichtungen in öffentlicher Trägerschaft etwas größer sind als die der freien Träger, aber diese Differenz kann die Diskrepanz zwischen den Angaben der Leistungsstatistik und der Einrichtungsstatistik nur zu einem geringen Teil erklären. Vielmehr muss davon ausgegangen werden, dass sich hierin die besondere Verantwortung des öffentlichen Trägers im Falle einer Inobhutnahme widerspiegelt. Nach § 76 KJHG bleibt der öffentliche Träger auch dann für die Erfüllung der vorläufigen Maßnahmen zum Schutz von Kindern und Jugendlichen und die Herausnahme des Kindes oder des Jugendlichen ohne Zustimmung des Personensorgeberechtigten zuständig, wenn er an der Erfüllung dieser Aufgaben freie Träger beteiligt oder ihnen diese Aufgaben überträgt. Dies führt dazu, dass ein Teil der Jugendämter den hoheitlichen Akt der Inobhutnahme und ein anderer Teil den Ort der tatsächlichen Unterbringung (also zum Beispiel in einer Einrichtung eines freien Trägers) in der Leistungsstatistik abbildet. Doppelmeldungen (durch freie und öffentliche Träger) einer einzelnen Inobhutnahme können also nicht ausgeschlossen werden, und auch der Anteil der von freien Trägern geleisteten Inobhutnahmen wird damit unterschätzt.

Abbildung 5.8.5 zeigt die Entwicklung der altersgruppenspezifischen Inanspruchnahmequoten der vorläufigen Schutzmaßnahmen.

Kinder unter zwölf Jahren nehmen im Vergleich zu den älteren Kindern und Jugendlichen kaum vorläufige Schutzmaßnahmen in Anspruch. In den letzten zehn Jahren hat sich die Quote der Inanspruchnahme bei den unter 12-Jährigen kaum verändert. Sie bleibt in etwa auf demselben niedrigen Niveau. Es gibt demnach entgegen dem in der öffentlichen Diskussion entstandenen Eindruck keinen Grund zu der Annahme, dass die Anzahl der Kindesvernachlässigungen erheblich zugenommen hat. Obwohl bei den unter 3-jährigen Kindern ein kontinuierlicher Anstieg zu beobachten ist, wurde im Jahr 2004 bundesweit nur eine relativ geringe Anzahl von Kindern dieser Altersgruppe (1.751, 17 davon durch Herausnahme) in Obhut genommen. Der in den letzten Jahren zu beobachtende Anstieg könnte auf eine erhöhte Sensibilität der Behörden zurückzuführen sein, wodurch jetzt Kinder geschützt werden, denen früher in ähnlich bedrohlicher Situation (noch) nicht geholfen wurde. Bei den über 12-Jährigen ist ein Rückgang der Inanspruchnahme zu verzeichnen. Seit 2001 gibt es einen bemerkenswerten Rückgang der Inobhutnahme bei den 14- bis 18-jährigen Jugendlichen. Die Quote dieser Gruppe nähert sich dem Wert von 1995 wieder an.

Abb. 5.8.5: Entwicklung altersgruppenspezifischer Quoten der Inanspruchnahme der vorläufigen Schutzmaßnahmen

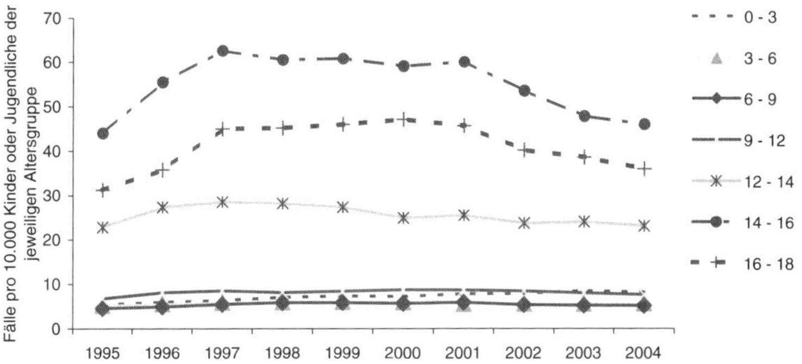

Quelle: Kinder- und Jugendhilfestatistik, vorläufige Schutzmaßnahmen 2004; eigene Berechnungen

Die amtliche Statistik unterscheidet zwischen folgende Anlässen für vorläufige Schutzmaßnahmen: Integrationsprobleme im Heim/in der Pflegefamilie, Überforderung der Eltern/eines Elternteils, Anzeichen für Kindesmisshandlungen, Anzeichen für sexuellen Missbrauch, Delinquenz des Kindes, Suchtprobleme des jungen Menschen, Beziehungsprobleme, Trennung oder Scheidung der Eltern, Schul-/Ausbildungsprobleme, Vernachlässigung, Wohnungsprobleme, unbegleitete Einreise aus dem Ausland sowie sonstige Probleme. Die

Aufzählung verdeutlicht, dass es sich hierbei um Anlässe und weniger um Ursachen handelt. Die Angabe von Anlässen weist zum einen immer das Problem der Trennschärfe der Kategorien auf und zum anderen das der Hierarchisierung bzw. der Unterscheidung zwischen Ursachen und Symptomen. Überforderung der Eltern oder eines Elternteiles stellt den häufigsten Anlass (37 %) für eine vorläufige Schutzmaßnahme dar. Unmittelbar darauf folgen mit 28 % sonstige, in der amtlichen Erhebung nicht näher spezifizierte Anlässe. Beziehungsprobleme bilden die dritthäufigst genannte Kategorie (26 %). Ab 1998 kann eine deutliche Verschiebung der Anlässe für vorläufige Schutzmaßnahmen beobachtet werden: Der Anteil des Anlasses »Beziehungsprobleme« nimmt deutlich ab, während der Anteil der Kategorie »Überforderung der Eltern/eines Elternteils« deutlich zunimmt. Die Frage ist, inwiefern hier eine »Umdefinition« von Gründen vorliegt, die im Trend der Zeit liegt und eine steigende Verunsicherung der Eltern – nicht nur, aber auch – in Fragen der Erziehung behauptet, oder ob dahinter eine reale Entwicklung sichtbar wird. Überforderung der Eltern kann sowohl Ursache als auch Symptom infolge von Beziehungsproblemen sein. Übergeordnete Erklärungsmuster wie »Überforderung« können aus der Sicht der Fachkräfte bei einer Themenkonjunktur an Bedeutung gewinnen, weil sich darunter vieles subsumieren lässt.

Der § 42 KJHG nennt drei Wege, wie es zu einer Inobhutnahme kommen kann: Entweder auf Wunsch des Jugendlichen oder das Jugendamt nimmt aufgrund einer angenommenen oder tatsächlichen Gefährdung das Kind bzw. den Jugendlichen aus der Familie heraus. Hinzu kommt als Drittes die Möglichkeit einer vorläufigen Schutzmaßnahme durch Herausnahme, auch wenn sich das Kind oder der Jugendliche mit Zustimmung der Personensorgeberechtigten bei einer anderen Person oder in einer Einrichtung, also außerhalb der Familie, aufhält und dort eine Gefahr für das körperliche, geistige oder seelische Wohl des Kindes oder Jugendlichen gegeben ist oder unmittelbar bevorsteht. Letztere Möglichkeit spielt mit 0,8 % der Fälle eine quantitativ unbedeutende Rolle. Die meisten Kinder und Jugendlichen gelangen in Obhut, weil das Jugendamt wegen einer Gefährdung des Kindeswohls aktiv geworden ist (68 %). Immerhin fast ein Drittel der Kinder und Jugendlichen (31 %) kommt auf eigenen Wunsch in eine Inobhutnahmestelle, wobei dies bei weiblichen Kindern und Jugendlichen deutlich öfter der Fall ist (35 %) als bei männlichen (26 %).

Auch wenn das Jugendamt selbst aktiv geworden ist, muss dies noch nicht unbedingt heißen, dass es selbst auf das für das Kind oder den Jugendlichen bestehende Gefährdungspotenzial aufmerksam geworden ist. In der Mehrzahl der Fälle wird vielmehr die Hilfe durch eine andere Institution angeregt. Insbesondere die Polizei nimmt hier eine sehr bedeutende Stellung ein. Ein Viertel der Fälle (24 %) – männliche Kinder und Jugendliche etwas häufiger (26 %) als weibliche (23 %) – gelangt über die Polizei in vorläufige Schutzmaßnahmen. Dies unterstreicht die wichtige Funktion, die die Ordnungsbehörde als »Signalempfänger« von Problemkonstellationen einnimmt (vgl. hierzu auch das Kap. 19).

Der Anteil der durch Eltern oder Elternteile angeregten Inobhutnahmen erscheint mit 11 % recht hoch. Neben einer von Eltern selbst wahrgenommenen Überforderung können aber auch Beziehungskonflikte zwischen den Eltern, vor denen das Kind geschützt werden soll, oder aber Initiativen des Elternteils, bei dem sich das Kind nicht überwiegend aufhält, Anlass bzw. Auslöser einer Inobhutnahme sein. Im Zeitverlauf ist nach wie vor eine steigende Tendenz der Beantragungen von Inobhutnahmen durch die Eltern selbst zu beobachten. Es stellt sich die fachliche Frage, ob nicht zumindest ein Teil der hier zugrunde liegenden Problemkonstellationen über ein normales Hilfeplanverfahren abgewickelt werden könnte, zumal wenn die Eltern oder zumindest ein Elternteil selbst die Initiative ergriffen haben und an einer Lösung der Krisensituation interessiert sind. In diesem Zusammenhang kann auch die in den Augen mancher Eltern zu lange Dauer des Hilfeplanverfahrens der Hintergrund für eine von ihnen angeregte Inobhutnahme sein. Möglicherweise wirkt eine starre Verfahrensregelung im Hilfeplanverfahren bei schwierigen Fallkonstellationen so, dass JugendamtsmitarbeiterInnen angesichts möglicher schwerwiegender Folgen (vgl. Mörsberger/Restemeier 1997) einen Weg wählen, der die Gefahr einer Verletzung ihrer Garantenpflicht minimiert, indem sie eine Inobhutnahme einem geordneten Hilfeplanverfahren vorziehen.

5.8.5 Fazit

Nach wie vor ist ein Ausbau der Infrastruktur der stationären Hilfen zur Erziehung innerhalb der Jugendamtsbezirke zu verzeichnen. In immer mehr Jugendamtsbezirken ist ein ausdifferenziertes Angebot an stationären Hilfen vorhanden. Die Bedeutung kleiner, dezentraler Einrichtungen wächst, auch wenn sich noch immer 43 % der Plätze in Großeinrichtungen befinden.

In den letzten Jahren hat sich die Trägerstruktur deutlich verändert. Wie bei den ambulanten erzieherischen Hilfen zieht sich der öffentliche Träger als Anbieter von Leistungen weiter zurück und nicht-öffentliche Träger gewinnen an Bedeutung. Bei den nicht-öffentlichen Trägern kann eine deutliche Zunahme der privat-gewerblichen Träger festgestellt werden.

Die Inanspruchnahmequoten der neu begonnenen Hilfen haben sich in den letzten Jahren bei den meisten Hilfen außerhalb der Familie kaum verändert. Lediglich die Inanspruchnahme der Fremdpflege weist eine steigende Tendenz auf. In Bezug auf die Unterbringung in Heimen und sonstigen Einrichtungen des betreuten Wohnens lässt sich im Zeitverlauf eine starke Reduktion der durchschnittlichen Verweildauer erkennen. Weitgehend ungeklärt sind die diesbezüglichen Folgen hinsichtlich der Zielsetzungen der Hilfen.

Die Diskussion über die Hilfen zur Erziehung wird nach wie vor stark durch fiskalische Überlegungen geprägt. Die Ausweitung der ambulanten Hilfen ist unverändert mit der Hoffnung verbunden, teurere stationäre Hilfen zu vermeiden. Auf der Bundesebene kann ein solcher Zusammenhang (noch) nicht festgestellt werden. Dies schließt allerdings nicht aus, dass in einzelnen Jugendamtsbezirken diese Strategie tatsächlich zum gewünschten Erfolg führt. In der Summe der einzelnen Jugendamtsbezirke jedoch hat der Anstieg der Inanspruchnahmequoten der ambulanten Hilfen nicht zu einer Reduzierung der Fremdunterbringungen geführt. Vielmehr zeigt die Entwicklung der Inanspruchnahme der Fremdunterbringungen für die 0- bis 27-Jährigen kaum Veränderungen. Trotzdem können ambulante Hilfen dennoch eine präventive, bedarfsmindernde Wirkung auf die Inanspruchnahme von Fremdunterbringungen haben, weil diese ohne den Ausbau der ambulanten Hilfen vielleicht angestiegen wäre. Inwiefern die in den letzten Jahren deutlich kürzere Verweildauer in Fremdunterbringungen auf den Ausbau der ambulanten Hilfen zurückzuführen ist, bleibt eine offene Frage, da sie anhand der vorliegenden Daten nicht zu beantworten ist.

Die Inanspruchnahme der Fremdpflege weist eine leicht steigende Tendenz auf. Auch dies kann ein Ausdruck der Bemühungen um eine Reduzierung der Kosten der Fremdunterbringung sein. Blandow warnt in diesem Zusammenhang: »Die oft unzureichende personelle und sachliche Ausstattung der Pflegekinderdienste und der Druck auf sie, möglichst viele Kinder in Pflegefamilien zu vermitteln, um Heimkosten zu ersparen, macht nicht selten Kompromisse bei der Vermittlung der Kinder und der Auswahl der ›passenden‹ Pflegefamilien erforderlich und unterminiert einen kontinuierlichen Begleit- und Beratungsprozess der Pflegefamilie und des Pflegekindes« (Blandow 2004: 155). Tatsächlich gibt es Indizien, die darauf hindeuten, dass der Ausbau der Hilfen in Pflegefamilien unzureichend durch qualifizierende Maßnahmen unterstützt wird. So hat sich der Anteil der Pflegekinder, die nach einem Aufenthalt in einer Pflegefamilie in ihre Herkunftsfamilie oder zu eigenen Verwandten zurückkehren, in den vergangenen Jahren von 47 % (1991) auf 40 % (2004) verringert und der Anteil der Adressaten, die anschließend eine andere erzieherische Hilfe brauchen, ist im gleichen Zeitraum von 43 % auf 47 % gestiegen. Zwar zeigt sich in der Tendenz eine ähnliche Entwicklung bei einer Heimunterbringung – deren Zusammenhang mit der abnehmenden Verweildauer in der Heimunterbringung allerdings noch einer Überprüfung bedarf – aber der Anteil der Adressaten, die in die eigene Familie zurückkehren liegt mit 49 % (2004) höher als bei den Adressaten, die Hilfe in einer Pflegefamilie bekommen haben.[59] Die Strategie, Heimerziehung durch Pflegefamilien zu ersetzen, scheint vor diesem Hintergrund nicht immer zielführend zu sein. Dies unterstreicht die Notwendigkeit der weiteren Qualifizierung der Hilfen in Pflegefamilien.

Bei den Familien, die Hilfen zur Erziehung erhalten, lassen sich besondere Belastungen ihres Alltags erkennen. Die Untersuchungen von Bürger (2005 b), Menne (2005) und die exemplarische Darstellung der deutlich höheren Inanspruchnahme der SPFH vonseiten der Alleinerziehenden mit mehreren Kindern in Abschnitt 5.7.2 illustrieren das deutlich erhöhte Risiko für Menschen in bestimmten Lebenssituationen, Hilfen zur Erziehung in Anspruch zu nehmen. Dieser Zusammenhang von bestimmten Lebenslagen und der Inanspruchnahme sozialstaatlicher Leistungen überrascht nicht. Er dokumentiert vielmehr, dass die Kinder- und Jugendhilfe tatsächlich auf Bedürfnislagen der Adressaten reagiert und unterstützend tätig wird. Die Untersuchung der Beziehung zwischen Inanspruchnahme und Lebenslagen ist weiter zu vertiefen, weil sie auch Kenntnisse darüber liefern kann, wie oft spezifische Lebenslagen tatsächlich einen erzieherischen Bedarf nach sich ziehen, und somit Begründungszusammenhänge für die Notwendigkeit der Vermeidung von belastenden Lebenslagen liefert. Die Datenlage erlaubt es allerdings bis jetzt nicht, eindeutige, im Sinne von letztendlich entscheidenden Zusammenhängen zwischen Lebenslagen und höheren Inanspruchnahmen von Hilfen zu bestimmen. Die vorhandenen Informationen sind bis jetzt zu begrenzt, um zum Beispiel sicher sagen zu können, ob das Lebenslagemerkmal »Alleinerziehend« oder »geschiedene

---

59 Gudat (1990) hat in einer Untersuchung zeigen können, dass Jugendämter, die bei der Vermittlung der Pflegefamilien eine Rückführung des Kindes planten, häufiger Rückführungen realisieren konnten. Auch dem Jugendamtshandeln kommt also neben der spezifischen Problemkonstellation der Herkunftsfamilie eine Bedeutung im Hinblick auf die Erfüllung von Rückkehroptionen zu.

Eltern« entscheidend ist, und nicht vielmehr die damit oftmals einhergehenden schlechten ökonomischen Verhältnisse (Armutslagen) für den Hilfebedarf ausschlaggebend sind. Zumindest weisen andere Untersuchungen darauf hin, dass es sich hier oftmals lediglich um einen scheinbaren Zusammenhang handelt. Anders formuliert: Kinder von Alleinerziehenden sind bei vergleichbarer ökonomischer Situation nicht stärker »gefährdet« als Kinder, die bei beiden Elternteilen aufwachsen. Die Modifikation der Erhebungsmerkmale der amtlichen Kinder- und Jugendhilfestatistik wird es in Zukunft ansatzweise ermöglichen, diesen Zusammenhängen näher auf den Grund zu gehen, da in Zukunft auch zwei Indikatoren für die ökonomische Situation der Adressaten enthalten sein werden.

5.9 Die Praxis flexibler Hilfen zur Erziehung

Flexible Hilfen können als eine Form der Konkretisierung der im Achten Jugendbericht formulierten Strukturmaxime der Lebensweltorientierung (Bundesministerium für Jugend, Familie, Frauen und Gesundheit 1990) gesehen werden. Das Modellprojekt INTEGRA hat in den vergangenen Jahren versucht, in den erzieherischen Hilfen im Sinne einer Neuorientierung der Strukturqualität gestalterische Impulse zu setzen, ohne dabei vorhandene Traditionen und vorangegangene Entwicklungen auszublenden. Das Konzept der flexiblen integrierten Hilfen formuliert für sich den Anspruch, »durch eine Flexibilisierung der Hilfen und ihrer Organisationsstruktur, Ausgrenzung von Kindern und Jugendlichen im Jugendhilfesystem zu vermeiden, Integration zu gewährleisten und die lebensweltlichen Ressourcen als Ausgangspunkt der Hilfen zu sehen. Das wichtigste fachliche Anliegen dieser integrierten und flexiblen Hilfen ist es, sich an den individuellen Bedarf anzupassen, im Lebensfeld der Adressaten angesiedelt zu sein und auf eine rasche Integration in Regelangebote hinzuarbeiten« (INTEGRA 2003: 1). Dieser Anspruch verdeutlicht, dass flexible integrierte Hilfen von der Idee her keinen neuen Angebotstypus, sondern vielmehr eine Neujustierung der Hilfen zur Erziehung in ihrer Gesamtheit darstellen. In der Praxis zeigt sich jedoch eine Gleichsetzung der flexiblen integrierten Hilfen mit einer bestimmten Angebotsform, die einmal flexible Hilfen, einmal integrierte Hilfen genannt wird und in den meisten Fällen das Angebotsspektrum eines Jugendamtes erweitert, statt es in seiner Gesamtheit zu ersetzen. Das heißt, die Praxis hat neue flexible Angebote als Alternative neben dem Kanon des SGB VIII § 28ff. etabliert. Damit kann den negativen Nebenfolgen der hohen Spezialisierung verschiedener Angebote – auf die das Konzept der flexiblen integrierten Hilfen als Reaktion zu verstehen ist – entgegengewirkt werden. Dies hat den Vorteil, dass ein Scheitern von Hilfen aufgrund mangelnder Passung von Angeboten nunmehr – zumindest theoretisch – nicht mehr möglich ist, weil diese den Bedürfnissen der Adressaten angepasst werden sollen: Jede Person soll die Hilfe bekommen, die sie braucht. In diesem Zusammenhang werden dann auch die metaphorischen Beschreibungen dieser Hilfen als »Maßanzüge« bzw. »maßgeschneidert« benutzt. Als Nachteil lässt sich das Unbestimmte der Hilfen benennen, das es erschwert, fachliche Standards anzulegen und Qualitätsentwicklung zu betreiben. Eine Verständigung über den fachlichen Ansatz, die Rahmenbedingungen und Qualifikationsanforderungen ist dadurch sehr schwierig. Vor diesem Hintergrund ist eine entscheidende Frage, welches Verständnis sich in der Praxis mit dem Begriff der »Flexibilität« verbindet. Diese Frage soll in Folgenden anhand verschiedener Statements zu den flexiblen Hilfen, die den Jugendämtern zur Einschätzung vorgelegt wurden, aufgegriffen werden. Auf der Grundlage der Erhebung bei Jugendämtern in Deutschland wird in diesem Beitrag zuerst auf die Verbreitung der flexiblen Hilfen in der Praxis der Kinder- und Jugendhilfe eingegangen. Anschließend werden die von den Jugendämtern genannten Rechtsgrundlagen für die Gewährung flexibler Hilfen betrachtet. Nach den dann folgenden und bereits erwähnten Statements zur Einschätzung flexibler Hilfen vonseiten der Jugendämter wird abschließend ein Fazit gezogen.

5.9.1 Verbreitung flexibler Hilfen

Über die Verbreitung flexibler Hilfen gibt es wenige Informationen. Sie werden bislang in der Leistungsstatistik der amtlichen Kinder- und Jugendhilfestatistik nicht explizit erfasst.[60] Der bisherige Umgang bei der statistischen Erfassung flexibler Hilfen dürfte bei den auskunftspflichtigen Jugendämtern und freien Trägern sehr unterschiedlich sein: Einmal werden sie gar nicht gezählt, weil sie nicht in das bisherige Erfassungsschema der Hilfen zur Erziehung passen, das sich auf die Hilfen nach den §§ 28 bis einschließlich 35 SGB VIII

[60] Das Gesetz zur Weiterentwicklung der Kinder- und Jugendhilfe (Kinder- und Jugendhilfeweiterentwicklungsgesetz — KICK) hat den Weg eröffnet, in der Kinder- und Jugendhilfestatistik neben dem bisherigen Leistungskanon der erzieherischen Hilfen des SGB VIII (§§ 28ff.) auch explizit die sonstigen Hilfen zur Erziehung nach § 27 (2) SGB VIII zu erfassen.

beschränkt. Ein anderes Mal werden die flexiblen Hilfen in der Statistik anderen Hilfeformen zugeordnet. Im Ergebnis erlaubt die amtliche Statistik bislang keine zuverlässigen Rückschlüsse über die tatsächliche Verbreitung flexibler Hilfen. Auch die Einnahmen- und Ausgabenstatistik der Kinder- und Jugendhilfestatistik liefert keine weiteren Hinweise auf die empirische Relevanz der flexiblen Hilfen. Obwohl hier – anders als bei der Leistungsstatistik – eine Kategorie existiert (»sonstige erzieherische Hilfen«), die die genannten Hilfen von der Ausgabenseite her erfassen kann, sind starke Schwankungen der Ausgaben auf insgesamt niedrigem Niveau[61] zu verzeichnen (Schilling 2001; Statistisches Bundesamt 2004c). Dies steht in einem gewissen Widerspruch zu den empirischen Erhebungen, die einen nicht unerheblichen Teil der erzieherischen Hilfen als sogenannte flexible Hilfen identifizieren (vgl. van Santen u.a. 2003; Pothmann/ Schilling 2002). Offensichtlich kann man von der Höhe der Ausgaben für die »sonstigen erzieherischen Hilfen« nicht valide auf die Verbreitung flexibler Hilfen schließen. Auch für die Ausgabenstatistik der erzieherischen Hilfen gilt wahrscheinlich, dass einige Jugendämter ihre Ausgaben für flexible Hilfen zu den Ausgaben für »sonstige erzieherische Hilfen« dazuzählen, während andere ihre diesbezüglichen Ausgaben unter konkret benannte erzieherische Hilfen subsumieren. Bei allen Umfragen zur Verbreitung flexibler Hilfen – also auch bei der, von der hier berichtet wird – ist zu bedenken, dass einige Jugendämter sich bei Erhebungen zu flexiblen Hilfen von der positiven Konnotation des Begriffs »flexibel« verleiten lassen könnten und ihre Hilfen als solche bezeichnen, obwohl sie nicht mit einer inhaltlichen Neukonzeptionierung einhergehen.

Um aktualisierte Indikatoren über die Verbreitung der flexiblen Hilfen zu erhalten, wurden die Jugendämter, wie in der letzten Erhebung im Jahr 2000, erneut danach gefragt, ob »flexible Hilfen« zu ihrem Angebotsspektrum der erzieherischen Hilfen gehören. Fast drei Viertel der Jugendämter (72 %) bieten flexible Hilfen an. Damit hat sich dieser Anteil gegenüber der letzten Erhebung im Jahr 2000 geringfügig erhöht. Damals gaben zwei Drittel der Jugendämter an, dass sie flexible Hilfen anbieten.

Der Anteil flexibler Hilfen an allen Hilfeplanentscheidungen innerhalb eines Jugendamtsbezirks beträgt im Durchschnitt 16 %. Der Median liegt dagegen bei 10 %. Dies bedeutet, dass bei der einen Hälfte der Jugendämter weniger und bei der anderen Hälfte mehr als

[61] Der Anteil der Ausgaben für »andere Hilfen zur Erziehung« an den Gesamtausgaben für erzieherische Hilfen betrug im Jahr 2003 3 %.

10 % der Hilfeplanentscheidungen zu dem Ergebnis der Gewährung einer flexiblen Hilfe führt. Der Unterschied zwischen Mittelwert und Median verweist auf einen sehr unterschiedlichen Umgang mit flexiblen Hilfen in den Jugendämtern: In etwa 5 % der Jugendämter wird in 50 % bis 90 % der Fälle eine flexible Hilfe gewährt, während die Entscheidung für eine flexible Hilfe in anderen Jugendämtern eher die Ausnahme darstellt.

Das Viertel der Jugendämter, die angeben, keine flexiblen Hilfen anzubieten, muss sich nicht zwangsläufig dem fachlichen Anspruch der Passgenauigkeit der Hilfen widersetzen. Vielmehr kann angenommen werden, dass diese Jugendämter andere Wege beschreiten, um diesen Anspruch zu erfüllen. Entweder werden andere Bezeichnungen für diese Art von Hilfen verwendet oder der gesamte Hilfekanon des SGB VIII §§ 28 ff. wird so gestaltet, dass individuelle, passgenaue Hilfen angeboten werden können.

5.9.2 Rechtliche Verortung

Die Frage nach der rechtlichen Grundlage für die Durchführung der flexiblen Hilfen kann Anhaltspunkte für die Praxis der flexiblen Hilfen geben. In Tabelle 5.9.1 sind die Antworten der Jugendämter auf die entsprechende Frage aufgelistet. Bei der Interpretation der Ergebnisse ist zu bedenken, dass die (alleinige) Nennung des § 27 SGB VIII auch einen Verweis auf seine Eigenschaft als Leistungsparagraf darstellen könnte. Der § 27 begründet nämlich neben den §§ 35 a und 41 SGB VIII den Rechtsanspruch. Das heißt, jede erzieherische Hilfe müsste theoretisch mit einem Verweis auf einen dieser Paragrafen bewilligt werden. Das Fehlen von zusätzlichen Nennungen bei den Antworten der Jugendämter, die die gewährte Hilfe näher umschreiben, kann deshalb nicht zwangsläufig als Beweis dafür betrachtet werden, dass eine Hilfe nicht dem explizierten Leistungskanon der erzieherischen Hilfen des SGB VIII (§§ 28 ff.) zugerechnet werden kann; vielmehr könnte sie eine ganz andere, im SGB VIII nicht explizierte Form der Hilfe darstellen. Auch wenn es aus formalen Gründen nicht notwendig ist, neben den Leistungsparagrafen noch weitere Paragrafen zu nennen, kann dies aus Verwaltungssicht dennoch sinnvoll sein. So kann die Erwähnung einer konkreten Hilfeform für einzelne Kostenstellen oder die statistische Erfassung Relevanz besitzen. Trotz dieser Unwägbarkeiten kann insbesondere der Vergleich der Ergebnisse verschiedener Erhebungszeitpunkte Hinweise auf Entwicklungen der flexiblen Hilfen liefern, weil angenommen werden kann, dass der Umgang mit diesen Optionen (mit oder ohne nähere Beschreibung der Hilfen; mit oder ohne Nennung des Leistungsparagrafen) sich nicht ändert, sondern in einem Jugendamt nach einem bestimmten Standard gehandhabt wird. Im Vergleich zu den Ergebnissen der Befragung im Jahr 2000 zeigen sich zwei auffällige Entwicklungen. Zum einen gibt es heute noch häufiger einen Verweis auf den Leistungsparagrafen 27 des SGB VIII, zum anderen sind mit Ausnahme des § 29 SGB VIII (soziale Gruppenarbeit), dessen Nennung sich gegenüber der letzten Erhebung verdoppelt hat und jetzt von 14 % als rechtliche Grundlage genannt wird, im Zeitvergleich die Nennungen einzelner anderer Paragrafen zurückgegangen. Diese Tendenz kann als ein Hinweis auf die Entwicklung der flexiblen Hilfen als eigenständige Hilfeform gedeutet werden, weil sie weniger als in der Vergangenheit mit einem Verweis auf bestehende bzw. im SGB VIII kodifizierte Hilfeformen bewilligt werden.

Tab. 5.9.1: Rechtliche Grundlagen für flexible Hilfen

Rechtliche Grundlagen		Anteil der Jugendämter	Anteil an den Anworten
§ 27	Hilfe zur Erziehung	64 %	35 %
§ 30	Erziehungsbeistand	30 %	16 %
§ 31	Sozialpädagogische Familienhilfen	23 %	13 %
§ 35	Intensive Sozialpädagogische Einzelfallhilfe	20 %	11 %
§ 27 ff.	Hilfen zur Erziehung	16 %	8 %
§ 29	Soz. Gruppenarbeit	14 %	8 %
§ 35 a	Eingliederungshilfen für seelisch Behinderte	6 %	3 %
§ 34	Heimerziehung/WG	5 %	3 %
§ 41	Hilfen für junge Volljährige	3 %	2 %

Lesebeispiel für Zahlen in der zweiten Spalte: 64 % der Jugendämter beziehen sich u.a. auf § 27 KJHG; Lesebeispiel für Zahlen in der dritten Spalte: 35 % der angeführten rechtlichen Grundlagen beziehen sich auf § 27 KJHG

Quelle: DJI-Jugendamtserhebung 2004

Etwa 60 % der Jugendämter, die flexible Hilfe anbieten, verweisen auf mehrere Paragrafen des SGB VIII, entweder im Sinne eines Verweises auf den Hilfekanon der erzieherischen Hilfen im SGB VIII (§ 27 ff.) oder durch Nennung einer Kombination einzelner Paragrafen. Letzteres verweist darauf, dass flexible Hilfen häufig am besten durch eine Kombination verschiedener Hilfen beschrieben werden können (vgl. hierzu auch den nächsten Abschnitt).

Von den im SGB VIII explizit benannten Hilfeformen wird am häufigsten der § 31 Erziehungsbeistand als rechtliche Grundlage genannt. Auffällig ist weiterhin der Unterschied bei den Anteilen bezüglich der §§ 35 (Intensive Sozialpädagogische Einzelbetreuung)

und 35 a SGB VIII (Eingliederungshilfe für seelisch behinderte Kinder und Jugendliche) zwischen Ost- und Westdeutschland. Beide Paragrafen werden in Westdeutschland deutlich häufiger in Verbindung mit der Hilfeplanentscheidung für eine flexible Hilfe genannt. In allen anderen Fällen gibt es keinen eindeutigen Ost-West-Unterschied.

5.9.3 Kennzeichen flexibler Hilfen aus Sicht der Jugendämter

Trotz der relativ hohen Verbreitung der flexiblen Hilfen in den Jugendamtsbezirken können das fachliche Verständnis und die Konzeption der flexiblen Hilfen sehr unterschiedlich sein. Mit einer Reihe von Statements, denen die Jugendämter auf einer fünfstufigen Skala zustimmen oder sie ablehnen sollten, wurde versucht zu rekonstruieren, welches fachliche Verständnis den flexiblen Hilfen in der Praxis zugrunde gelegt wird. Die Statements und der Anteil der jeweils zustimmenden Jugendämter sind in Tabelle 5.9.2 dargestellt und nach dem Ausmaß der Übereinstimmung zwischen den Jugendämtern geordnet. Ausgewählt wurden insbesondere Aussagen zu flexiblen Hilfen, die in den letzten Jahren die Fachdebatte beherrschten. Alle Jugendämter, auch die, die selbst keine flexiblen Hilfen anbieten, wurden gebeten, die Statements zu beantworten. Bis auf zwei Ausnahmen, die im Folgenden aufgegriffen werden, zeigen sich keine deutlichen Unterschiede zwischen Jugendämtern, die flexible Hilfen zu ihrem Leistungsspektrum zählen und solchen, die dies nicht tun.

Die größte Einigkeit unter den Jugendämtern herrscht bezüglich der Aussage, dass flexible Hilfen (nicht) den letzten Versuch zu helfen darstellen. Die Jugendämter sind sich hier weitgehend einig (91 %), dass flexible Hilfen eine Hilfeform *neben* anderen darstellen und nicht als letzte Option erst nach dem Fehlschlagen anderer Hilfeformen gelten. Interessant sind hierbei die differierenden Einschätzungen zwischen den Jugendämtern mit und ohne Angebot flexibler Hilfen. Unter den Jugendämtern, die dieser Aussage zustimmen (9 %), befinden sich ausschließlich Jugendämter, die selbst flexible Hilfen anbieten. Die meisten Jugendämter definieren flexible Hilfen nicht als eine letzte Option, aber von wenigen Jugendämtern werden sie (auch) in Situationen eingesetzt, in denen andere Möglichkeiten ausgeschöpft sind.

Fast alle Jugendämter teilen auch die Einschätzung, dass es bei flexiblen Hilfen nicht allein dem jeweiligen Träger überlassen bleibt, die richtige Betreuungsform zu finden. Offensichtlich bestehen die

Jugendämter in den allermeisten Fällen darauf, ihre fachliche Verantwortung für den Hilfeprozess wahrzunehmen, was vor dem Hintergrund der Gesamtverantwortung des Jugendamtes und der Notwendigkeit eines Ausgabencontrollings nachvollziehbar ist.

Tab. 5.9.2: Anteil der zustimmenden Jugendämter zu beschreibenden Aussagen über flexible Hilfen

Flexible Hilfe ist eine Art von Maßnahme, die am Ende einer Reihe von unterschiedlichen Hilfsangeboten steht. Es ist der letzte Versuch, innerhalb der Jugendhilfe zu helfen.	9 %
Bei flexiblen Hilfen wird es dem jeweiligen Träger überlassen, die richtige Betreuungsform zu finden.	10 %
Flexible Hilfen erschweren dem Jugendamt eine fachliche Kontrolle der Angemessenheit der Hilfeform.	13 %
Flexible Hilfe ist eine ähnliche Betreuungsform wie ISE.	15 %
»Flexible Hilfen« ist ein neues Etikett für Dinge, die wir schon immer gemacht haben.	17 %
Flexible Hilfen kombinieren verschiedene Hilfeformen.	83 %
Flexible Hilfen beziehen stärker als andere Hilfeformen Ressourcen des sozialen Umfeldes mit ein.	75 %
Flexible Hilfe ist eine ähnliche Hilfeform wie SPFH, aber breiter angelegt.	27 %
Flexible Hilfen ermöglichen einen Wechsel der Betreuungsform ohne ein neues Hilfeplanverfahren.	33 %
Flexible Hilfen kennzeichnen eine Angebotsform, die einen Wechsel der Betreuungsform ohne Betreuerwechsel ermöglicht.	65 %
Kennzeichen flexibler Hilfen ist der verbindliche Einbezug von gemeinwesenorientierten, fallunspezifschen Anteilen bei der Hilfeleistung.	44 %

Quelle: DJI-Jugendamtserhebung 2004

Die Option, auf den Hilfeprozess Einfluss zu nehmen, spielt auch eine Rolle in dem Statement »Möglichkeit der fachlichen Kontrolle bei flexiblen Hilfen«. Die große Mehrheit der Jugendämter ist der Meinung, dass sich auch bei flexiblen Hilfen die Angemessenheit der Hilfe kontrollieren lässt. Allerdings sind Jugendämter, die keine flexiblen Hilfen anbieten, deutlich skeptischer eingestellt. Sie sehen häufiger einen Verlust der Kontrollmöglichkeiten, was mit ein Grund sein könnte, warum diese Hilfeform bei ihnen (bislang) nicht in das Hilfespektrum integriert wurde.

Die Abgrenzung von flexiblen Hilfen zu anderen Hilfeformen wurde anhand zweier Vergleiche thematisiert. Zum einen wurde ein Vergleich mit der Intensiven Sozialpädagogischen Einzelbetreuung (ISE), zum anderen mit der Sozialpädagogischen Familienhilfe (SPFH) hergestellt. Während die Jugendämter in großer Übereinstimmung eine Ähnlichkeit der flexiblen Hilfen mit ISE verneinen, sind die Meinungen bezüglich der Ähnlichkeit mit SPFH deutlich divergenter. Die unterschiedlich ausgeprägte Einschätzung der Nähe oder auch Ferne der flexiblen Hilfen zu anderen Hilfeformen, kann auch auf das vorhandene Angebotsspektrum zurückzuführen sein: Jugendämter, die selbst ISE zu ihrem Angebotsspektrum zählen, neigen eher dazu, keine Ähnlichkeit zwischen flexiblen Hilfen und ISE zu sehen.

Interessant in diesem Zusammenhang ist die Tatsache, dass Jugendämter, die flexible Hilfen anbieten, öfter der Meinung sind, dass eine Ähnlichkeit zwischen SPFH und flexiblen Hilfen existiert, während die anderen Jugendämter implizit stärker die Meinung vertreten, flexible Hilfen würden eine deutlich von anderen Hilfeformen abgrenzbare Art der Hilfe darstellen. Unter Umständen bringt dies auch zum Ausdruck, dass flexible Hilfen eine Antwort auf Problemkonstellationen bieten sollen, die komplex und diffus sind, und man deshalb, ähnlich wie bei der SPFH an der gesamten Familie ansetzen will, aber die SPFH für die konkrete Problemkonstellation eine zu geringe Intensität der Hilfe besitzt.

Der Skepsis, die durch das Statement »Flexible Hilfen« ist ein neues Etikett für Dinge, die wir schon immer gemacht haben« zum Ausdruck gebracht wird, schließt sich nur ein kleiner Teil der Jugendämter an. Ähnlich wie bei den Fragen nach der Nähe zu anderen Hilfeformen, geben auch hier die betreffenden Jugendämter zu verstehen, das genuin Neue der flexiblen Hilfen nicht erkennen zu können. Bemerkenswert ist, dass diesem Statement zu etwa gleichen Anteilen sowohl bei den Jugendämtern, die gar keine flexiblen Hilfen anbieten, als auch bei Jugendämtern die dies tun, zugestimmt wird.

Weitgehend Einigkeit besteht bei den Jugendämtern darin, dass flexible Hilfen eine Hilfeform darstellen, bei der verschiedene Hilfen oder einzelne Elemente spezifischer Hilfeformen miteinander kombiniert werden (83 %). Flexible Hilfen werden also nicht als konzeptionell klar abgegrenzte pädagogische Herangehensweisen gesehen, sie sind vielmehr durch eine bedarfsangemessene Kombination verschiedener bestehender Hilfeformen bzw. deren Elemente gekennzeichnet. Allerdings können die Kombinationen der verschiedenen Hilfen wohl nicht unbedingt beliebig an eine veränderte Bedarfssituation angepasst werden. Lediglich ein Drittel der Jugendämter stimmt nämlich der Aussage zu, dass ein Wechsel der Betreuungsform ohne ein neues Hilfeplanverfahren möglich ist. Offenbar kann man sich zwar für eine Kombination von Hilfen im Hilfeplanverfahren entscheiden, aber die Änderung dieser Kombination bedarf eines neuen Hilfeplans. Das »Flexible« bei den flexiblen Hilfen scheint sich damit eher auf die Entscheidung für eine bestimmte

Hilfe(kombination) zu beziehen als auf den Prozess der Hilfegestaltung. Es zeigt sich hier eine unterschiedliche Handhabung in Ost- und Westdeutschland: In Ostdeutschland ist es signifikant häufiger (46 %) möglich, einen Wechsel der Betreuungsform ohne ein erneutes Hilfeplanverfahren durchzuführen als in Westdeutschland (26 %). Die Flexibilität schließt also in Ostdeutschland in stärkerem Maße auch den Prozess der Hilfegestaltung mit ein. Damit werden den Fachkräften dort größere Gestaltungsspielräume eröffnet.[62]

Etwa zwei Drittel der Jugendämter (65 %) stimmen einer den Grundideen der flexiblen Hilfen entsprechenden Aussage zu, nämlich dass flexible Hilfen einen Wechsel der Betreuungsform ohne Betreuerwechsel ermöglichen. Die Bedeutung der Beziehungskontinuität wird damit von der Mehrheit anerkannt bzw. höher bewertet als eine fachliche Spezialisierung der Fachkräfte. Im Umkehrschluss bedeutet dieses Ergebnis, dass bei einem Drittel der Jugendämter eine prozessbezogene Flexibilität der Hilfe nur über einen Wechsel der Betreuenden gewährleistet werden kann. Offensichtlich fehlt hier die Möglichkeit, die konkrete Ausgestaltung der Hilfe nach Beginn wesentlich zu verändern.

Bei drei Vierteln der Jugendämter beziehen flexible Hilfen, stärker als dies bei anderen Hilfen der Fall ist, Ressourcen des sozialen Umfeldes mit ein. Die in der Formulierung des Items verwendete Abgrenzung des Statements zu anderen Hilfeformen erlaubt keine Aussage darüber, inwiefern ein Einbezug des sozialen Umfeldes überhaupt stattfindet. Schließlich kann dieser fachliche Anspruch auch integraler Bestandteil der anderen Hilfeformen sein. Somit kann nicht entschieden werden, ob bei dem Viertel der Jugendämter, die dieser Aussage nicht zustimmen, der Einbezug des sozialen Umfeldes nicht vorhanden ist oder dies auch bei den anderen Hilfeformen selbstverständlich ist.

Eindeutig gespalten zeigen sich die Jugendämter bezüglich der Aussage, die den verbindlichen Einbezug von fallunspezifischen und gemeinwesenorientierten Aktivitäten zum Gegenstand hat. Lediglich 44 % der Jugendämter sehen diese Aktivitäten als Bestandteil flexibler Hilfen an, obwohl diesen feldbezogenen Aktivitäten zumindest in der fachöffentlichen Diskussion ein sehr hoher Stellen-

[62] Aus Adressatenperspektive kann ein Wechsel der Betreuungsform ohne Hilfeplanverfahren allerdings mit geringerer Transparenz und Mitbestimmungsmöglichkeit einhergehen, die im Hilfeplanverfahren zumindest theoretisch explizit sichergestellt sind. Ohne Hilfeplanüberprüfung wird es vom fachlichen Verständnis der Fachkräfte abhängen, ob die Änderung der Betreuungsform mit Einverständnis der Adressaten stattfindet oder nicht.

wert zugemessen wird. Die Entwicklung des Konzepts der flexiblen Hilfen im Kontext der Debatten zur Sozialraum- und Gemeinwesenorientierung hat offenbar in der Praxis nicht zur Folge gehabt, dass dieser Aspekt ein unumstößlicher Bestandteil der Hilfeinfrastruktur geworden ist.

5.9.4 Fazit

In der Gesamtschau der Antworten auf die vorgegebenen Statements offenbart sich auch nach einer lange Zeit andauernden fachöffentlichen Diskussion um flexible Hilfen keine einheitliche Gegenstandsbestimmung. Wenn ein in der Fachöffentlichkeit geteiltes Verständnis von flexiblen Hilfen vorherrschen würde, würden die Anteile der Zustimmenden oder Ablehnenden sich deutlicher, als dies bislang der Fall ist, an den jeweiligen Rändern der Verteilung befinden. Das heißt, bei einem homogenen Verständnis von flexiblen Hilfen müsste man sich darüber einig sein, welche Merkmale und fachliche Prinzipien flexible Hilfen kennzeichnen und welche nicht. Dies würde sich insbesondere bei den Statements, die sich auf die fachlichen Prinzipien der Hilfe an sich beziehen, in Anteilswerten nahe der 0- oder 100-Prozent-Marke niederschlagen. Der Vergleich zur Erhebung im Jahr 2000 zeigt obendrein, dass es in den vergangenen Jahren nicht zu einer Schärfung des Profils der flexiblen Hilfen gekommen ist, weil sich die Anteilswerte der »Zustimmenden« und »Ablehnenden« bezüglich der einzelnen Statements zwischen den beiden Erhebungszeitpunkten kaum verändert haben.

Sowohl die hohe Zustimmung zu dem Statement »Flexible Hilfen kombinieren verschiedene Hilfeformen« als auch die Praxis, sich bei der Gewährung flexibler Hilfen auf mehrere Paragrafen des SGB VIII zu beziehen, deutet darauf hin, dass »das Flexible« der flexiblen Hilfen insbesondere auf die *Wahl und Gestaltung der Hilfeart* am Anfang des Hilfeprozesses verweist. Flexible Hilfen sind aber in der Regel im Hilfeprozess selbst nicht beliebig variierbar. Wie den anderen erzieherischen Hilfen unterliegen sie dem Prozesscontrolling des Hilfeplanverfahrens. Wie auch die Antworten auf andere Statements verdeutlichen, ist die Gewährung einer flexiblen Hilfe in der Praxis kein Freibrief für die Hilfeleistenden, den Hilfeprozess bis zur letzten Konsequenz flexibel zu gestalten.

Zum Schluss bleibt festzuhalten, dass die Fachdiskussion und die Praxis der flexiblen Hilfen offenbar ein stückweit voneinander abgekoppelt sind. Gerade die Aspekte der Gemeinwesenorientierung und der fallunabhängigen Arbeit, die auf eine Neujustierung der Angebotsstruktur der erzieherischen Hilfen in ihrer Gesamtheit zielen, scheinen in der Praxis lediglich eine untergeordnete Rolle zu spielen. Für eine Weiterentwicklung der flexiblen Hilfen im Sinne ihrer ursprünglichen Zielsetzung scheint eine Reflexion ihrer Praxis unabdingbar.

5.10 Hilfen bei (drohender) seelischer Behinderung, § 35a KJHG

Mit dem Kinder- und Jugendhilfegesetz wurden den Jugendämtern, mehr als dies im Jugendwohlfahrtsgesetz der Fall war, eindeutig unterstützende und therapeutische Aufgaben übertragen. Hilfe bei (drohender) seelische Behinderung ist nach § 35a KJHG der Kinder- und Jugendhilfe zugewiesen. Zuvor war der gesamte Bereich der Behinderungen der Sozialhilfe zugeordnet. Mit dem Begriff der »seelischen Behinderung« sind seit der KJHG-Einführung einige Abgrenzungsschwierigkeiten verbunden, da grundsätzlich alle psychischen Störungen im Kindes- und Jugendalter zu einer seelischen Behinderung führen können. Die Regelungen des § 35a KJHG beziehen sich daher nicht in erster Linie auf die Erkrankung, sondern es geht um die krankheitsbedingten Beeinträchtigungen der Eingliederung in die Gesellschaft (vgl. Hahn/Herpertz-Dahlmann 2004). Gemäß § 35a KJHG gibt es bei bestehender oder drohender seelischer Behinderung einen Rechtsanspruch auf eine sogenannte Eingliederungshilfe. Im Unterschied zu den Hilfen zur Erziehung sind nicht die Eltern, sondern die Kinder und Jugendlichen selbst anspruchsberechtigt und haben, wenn sie seelisch behindert oder von einer solchen Behinderung bedroht sind, Anspruch auf Eingliederungshilfe bzw. pädagogische Förderung und Unterstützung. Eine verzögerte Entwicklung soll so möglichst vermieden werden. Die mit der Einfügung des § 35a in das KJHG bereitgestellte sogenannte »kleine Lösung«[63] sollte dazu beitragen, eine Verbesserung des

[63] Die Einengung der Zuständigkeit der Kinder- und Jugendhilfe auf seelische Behinderung wird unter einer fachlichen Perspektive als »kleine Lösung« beschrieben. Denn die eigentlichen Erwartungen, durch eine Vereinheitlichung der Zuständigkeiten den Umgang mit mehrfachbehinderten Kindern und Jugendlichen zu erleichtern, wurden nicht erfüllt (Bundesministerium für Familie, Senioren, Frauen und Jugend 1998: 278; Bundesministerium für Familie, Senioren, Frauen und Jugend 2002a: 229). Vonseiten der Fachöffentlichkeit wird demgegenüber schon lange die Einbeziehung aller von Behinderung bedrohter bzw. behinderter Kinder und Jugendlichen (also auch geistige und körperliche Behinderung) in die Kinder- und Jugendhilfe gefordert.

Hilfeangebotes für die betroffene Gruppe von Adressaten anzustreben, indem über neue Hilfesettings nachgedacht wird und qualifizierte Angebote für diese spezielle Gruppe unterbreitet werden. Darüber hinaus sollte so sichergestellt werden, dass die Hilfen unterschiedlicher Systeme nicht unkoordiniert nebeneinander stehen bzw. gegenseitig ausgespielt werden, mit dem Effekt, dass die betroffenen Kinder keine angemessene Unterstützung erhalten. Die Diskussionen und Erfahrungen der Praxis zeigen jedoch, dass das seit vielen Jahren debattierte Problem der Zuständigkeit nicht gelöst wurde. Da sich die Leistungen für seelisch behinderte Kinder und Jugendliche an einer Schnittstelle zwischen Kinder- und Jugendhilfe, Kinder- und Jugendpsychiatrie und sonderpädagogischen Institutionen außerhalb der Kinder- und Jugendhilfe befinden, haben sich für die Kinder- und Jugendhilfe seit der Einführung des § 35a KJHG zahlreiche Abgrenzungs- und Legitimationserfordernisse ergeben (vgl. Homfeldt 2005). So sind zum Beispiel für die Kinder mit vorwiegend geistiger und körperlicher Behinderung zwar nach wie vor die Sozialhilfeträger zuständig, aber für die »Frühförderung« von Kleinkindern, deren späterer Behinderungsgrad nicht klar einzuschätzen ist und bei denen man oft die Förderung mit einer »drohenden« Behinderung begründet, hat sich die Frage ergeben, ob vorrangig Sozialhilfeträger oder die Kinder- und Jugendhilfe verantwortliche Ansprechpartner und Träger der Finanzierung sind. In § 10 (2) KJHG wurde zwar festgelegt, dass Landesrecht die Zuständigkeit für die Frühförderung dahingehend regelt, dass Maßnahmen der Frühförderung für Kinder unabhängig von der Art der Behinderung vorrangig von Sozialhilfeträgern gewährt werden. Neben den Trägern der Sozialhilfe oder der gesetzlichen Krankenversicherung kann aber auch die Kinder- und Jugendhilfe Träger von Einrichtungen im Bereich der Frühförderung sein. Diese unterschiedlichen Zuständigkeiten erklären, warum die Frühförderstellen in der Kinder- und Jugendhilfestatistik eine so geringe Verbreitung aufweisen: Hier sind ausschließlich die Einrichtungen der Frühförderung in Trägerschaft der Kinder- und Jugendhilfe enthalten. Frühfördereinrichtungen in Trägerschaft der Kinder- und Jugendhilfe sind in Ostdeutschland weiter verbreitet als in Westdeutschland. Die Gesamtanzahl betrug im Jahr 2002 lediglich 80 Einrichtungen und hat sich damit im Vergleich zu 1998 (119) deutlich reduziert. Wie groß der Anteil an Einrichtungen der Frühförderung in Trägerschaft der Kinder- und Jugendhilfe an der Anzahl der Frühfördereinrichtungen insgesamt ist, lässt sich zum Beispiel am Bundesland Bayern zeigen, wo es 144 Einrichtungen der Frühförderung gibt. Davon befinden sich 14 – also ungefähr 10 % – in Trägerschaft der

Kinder- und Jugendhilfe. In der Frühförderung gehört ein interdisziplinäres Fachkräfteteam zum Arbeitsprinzip. Dies entspricht der Frühförderung als Komplexleistung, wie sie im SGB IX (Rehabilitation und Teilhabe behinderter Menschen) erstmals festgeschrieben wurde. Die auf der Ebene der Kostenträger bestehenden unterschiedlichen finanziellen Rahmenbedingungen für die Zusammenarbeit medizinischer, pädagogischer, psychologischer und sozialer Berufsgruppen begünstigen eine interdisziplinäre Kooperation allerdings nicht unbedingt (vgl. Behringer/Höfer 2005).

In der Befragung von Jugendämtern wurden im Jahr 2004 bereits zum zweiten Mal Daten zu der Inanspruchnahme von Hilfen gemäß § 35 a KJHG erhoben. Der Vergleich mit den Daten von 2002 zeigt, dass inzwischen fast alle Jugendämter Hilfen nach § 35 a KJHG gewähren (99 %). Im Jahr 1999 gaben noch 11 % an, keine Hilfen nach § 35 a KJHG bewilligt zu haben. Betrachtet man die Entwicklung der Fallzahlen, so fällt auf, dass sich die durchschnittliche Summe aller bewilligten Hilfen in den drei Jahren nur leicht verändert hat. Aber es gibt etwas weniger Jugendämter mit extrem kleinen Fallzahlen und extrem großen Fallzahlen. Die aber immer noch stark streuenden Inanspruchnahmequoten verweisen auf kommunal höchst unterschiedliche Definitionsprozesse im Hinblick auf Zuständigkeit und Hilfebedarf. Die Anzahl der Fälle pro 10.000 der 0- bis 27-Jährigen in den einzelnen Jugendamtsbezirken variiert zwischen 0 und 85,14. Trotz der nach wie vor großen Streuung, die sich nicht durch regionale Besonderheiten in der Zusammensetzung der Bevölkerung erklären lässt, kommt es offensichtlich doch zu einer langsamen Angleichung der nach § 35 a KJHG bewilligten Fälle. Dies lässt sich auch im Ost-West-Vergleich beobachten: So steigt die Inanspruchnahme im Osten im Vergleich zur Erhebung im Jahr 1999 deutlich an, während sie im Westen wesentlich weniger stark gestiegen ist.

Differenziert man die Hilfen nach den Kategorien ambulant und stationär, zeigt sich, dass der Ost-West-Unterschied durch die sehr viel häufigere Bewilligung ambulanter Hilfen in Westdeutschland zustande kommt. Bei den stationären Hilfen gibt es zwischen Ost und West keine Unterschiede (vgl. Tab 5.10.1). Moos und Müller (2003) konnten für Rheinland-Pfalz zeigen, dass 75 % der ambulanten Hilfen im Zusammenhang mit schulischen Schwierigkeiten stehen. Damit kann unter Umständen auch der große Ost-West-Unterschied bei der Bewilligung der ambulanten Hilfen erklärt werden: Da es im Osten sehr viel mehr ganztägige Betreuung an Schulen gibt, könnte dies bedeuten, dass ambulante Hilfen in Ostdeutschland durch Fördermaßnahmen an Schulen ersetzt werden.

Tab. 5.10.1: Fallzahlen für bewilligte Hilfen nach § 35 a KJHG pro 10.000 Einwohner der 0- bis 27-Jährigen für Ostdeutschland und Westdeutschland

	1999	2002		
	Insgesamt	Ambulant	Stationär	Insgesamt
Ostdeutschland	3	7,5	3,1	10,3
Westdeutschland	19	17,9	3,2	21,2

Quelle: DJI-Jugendamtserhebung 2000 und 2004

Die Gefahr, dass im Rahmen der Hilfen nach § 35 a KJHG aufgrund der großen Interpretationsspielräume nicht nur Hilfen gewährt werden, die der Eingliederung dienen, verdeutlichen die Daten der Jugendamtserhebungen in zweifacher Weise: Zum einen zeigt eine noch immer große Streuung bei der Inanspruchnahme der Hilfen die unterschiedliche Anwendungspraxis von § 35 a KJHG und zum anderen werden auf der Grundlage dieses Paragrafen nach wie vor sogenannte flexible Hilfen abgerechnet (vgl. Kap. 5.9).

Im Folgenden wird auf die in den letzten Jahren durchgeführten gesetzlichen Veränderungen eingegangen, die als Reaktion auf die mit dem § 35 a KJHG verbundenen Anwendungsschwierigkeiten verstanden werden können.

Neue gesetzliche Regelungen im Hinblick auf § 35 a KJHG

Der § 35 a KJHG wird – wie schon zuvor erwähnt – seit der Einführung häufig kritisiert und die Regelungen des Paragrafen werden höchst unterschiedlich bewertet:

Manchen geht die »kleine Lösung« nicht weit genug, weil alle von Behinderung bedrohten bzw. behinderten Kinder und Jugendlichen (also auch geistige und körperliche Behinderung) in die Kinder- und Jugendhilfe einbezogen werden sollten, und anderen geht auch die »kleine Lösung« schon zu weit, weil sie befürchten, die Kinder- und Jugendhilfe müsste für Hilfen aufkommen, die eher in die Zuständigkeit der Schulen oder des Gesundheitssystems gehören. Bemängelt wird zudem auch, dass die Definitionen im Hinblick auf eine seelische Behinderung ungenau sind und zu stigmatisierenden Defizitzuschreiben führen können sowie dass die Hilfen nach § 35 a KJHG dem Integrationsgedanken entgegenstehen, weil Einrichtungen sich veranlasst sehen können, »Sondermaßnahmen« für beeinträchtigte Kinder und Jugendliche zu schaffen (vgl. Schrapper 2004).

Kinder- und Jugendhilfe als Rehabilitationsträger

Auf die häufig schwierige Klärung der Zuständigkeit zwischen Psychiatrie und Kinder- und Jugendhilfe wurde im Jahr 2001 mit der neuen Fassung des § 35a KJHG reagiert. Die Kinder- und Jugendhilfe wurde mit dem Inkrafttreten des SGB IX (Rehabilitation und Teilhabe behinderter Menschen) – wie auch die Krankenkassen und die Agentur für Arbeit – zum Rehabilitationsträger (vgl. Wiesner 2004a). Beide Systeme haben damit – trotz aller Unterschiedlichkeit – den gemeinsamen Status eines Rehabilitationsträgers. Dies bedeutet aufgrund der in SGB IX enthaltenen Regelungen bezüglich des Zugangs zu Rehabilitationsleistungen sowie der Zusammenarbeit verschiedener Rehabilitationsträger, dass Hilfesuchende künftig nur noch einmal wegen Nichtzuständigkeit an einen anderen Leistungsträger verwiesen werden können. Unabhängig davon, ob es sich um eine tatsächliche oder eine vermutete Nichtzuständigkeit handelt, muss dann der jeweilige Leistungsträger die Finanzierung übernehmen. In den sogenannten Service-Stellen, die von allen Rehabilitationsträgern gemeinsam getragen werden, sollen die Hilfesuchenden umfassend und auch im Hinblick auf den zuständigen Leistungsträger beraten werden (vgl. hierzu auch Späth 2004).

Veränderungen durch das Gesetz zur Weiterentwicklung der Kinder- und Jugendhilfe (KICK)

Angesichts der angespannten Haushaltslage der Kommunen in den letzten Jahren hat der noch immer relativ große Interpretationsspielraum bei den Hilfen für seelisch behinderte und von seelischer Behinderung bedrohte Kinder und Jugendliche auch dazu geführt, dass die Wirksamkeit einzelner Jugendhilfemaßnahmen sowie die Gefahr, die Kinder- und Jugendhilfe würde im Zusammenhang mit § 35a KJHG lediglich als Kostenträger für andere Institutionen fungieren, diskutiert werden. Insbesondere die Maßnahmen nach § 35a KJHG wurden als Grund für die Ausgabensteigerung in der Kinder- und Jugendhilfe gesehen und diesbezüglich Leistungseinsparungen gefordert.[64] Auf die Kritik an der zu allgemeinen Formulierung des § 35a KJHG und auf die Schwierigkeit, den anspruchberechtigten Personenkreis einzugrenzen, hat das Kinder- und Ju-

[64] Und dies, obwohl der Anteil an Leistungen nach § 35a KJHG an den Gesamtausgaben der Kinder- und Jugendhilfe lediglich 3 % beträgt.

gendhilfeweiterentwicklungsgesetz (KICK), welches am 1.10.2005 in Kraft getreten ist, reagiert. Die Definition der drohenden seelischen Behinderung im § 35a KJHG wurde derjenigen in § 53 (2) SGB XII angeglichen, in der es heißt »von einer Behinderung bedroht sind Personen, bei denen der Eintritt der Behinderung nach fachlicher Erkenntnis mit hoher Wahrscheinlichkeit zu erwarten ist.« Eine weitere Regelung soll die Rollenverteilung zwischen Arzt, Psychotherapeut und Fachkraft der Kinder- und Jugendhilfe klarer definieren. Bisher gab es aus der Perspektive der Kinder- und Jugendhilfe Schwierigkeiten, eine Hilfe nicht zu gewähren, wenn von einem jugendhilfeexternen Gutachter ein befürwortendes Gutachten erstellt wurde. Die Stellungnahme bzw. das Gutachten eines Arztes bzw. Psychotherapeuten soll nicht mehr die Entscheidung der Fachkräfte im Jugendamt über die geeignete und notwendige Hilfe vorwegnehmen, sondern sich allein auf die Feststellung beziehen, ob die seelische Gesundheit des Kindes oder Jugendlichen mit hoher Wahrscheinlichkeit länger als sechs Monate von dem für sein Lebensalter typischen Zustand abweicht (vgl. Bundesanzeiger 2006). Damit soll die Entscheidungsverantwortung des Jugendamtes gestärkt werden. Innerhalb der Kinder- und Jugendhilfe wird allerdings kontrovers diskutiert, ob die Jugendämter nicht trotz dieser Regelungen lediglich Kostenträger der Maßnahmen nach § 35a KJHG sind und die fachlichen Kompetenzen bei der Kinder- und Jugendpsychiatrie liegen. Es besteht die Befürchtung, die sozialpädagogische Perspektive würde in den Hintergrund geraten (vgl. hierzu Homfeldt 2005). In diesem Zusammenhang wird immer auch eine fehlende nachweisbare Fachdiagnostik innerhalb der Kinder- und Jugendhilfe diskutiert, die dazu führt, dass die Fachkräfte der Kinder- und Jugendhilfe auf die kinder- und jugendpsychiatrische Diagnostik als einzige fachliche Entscheidungsgrundlage für eine Gewährung von Eingliederungshilfen zurückgreifen müssen. Diese und ähnliche Diskussionen sind vielfach ein Ausdruck der häufig als problematisch einzuschätzenden Kooperationsbeziehungen zwischen Jugendhilfe und Psychiatrie. Individuelle Problemlagen sind zwar häufig ein Anlass für Kooperationen, jedoch werden die Kooperationsbeziehungen als nicht besonders gut eingeschätzt (vgl. hierzu Kap. 19).

Die Entscheidungsverantwortung der Jugendämter wird auch in § 36a KJHG gestärkt, in dem der Grundsatz des Entscheidungsprimats des Jugendamtes im Hinblick auf die Gewährung der erzieherischen Hilfen formuliert wird. Dabei betont der § 36a KJHG zum einen die Bedeutung des Hilfeplans und zum anderen wird dem Wunsch- und Wahlrecht der Leistungsberechtigten Nachdruck verliehen (vgl. Bundesanzeiger 2006). Damit soll klargestellt werden, dass das Jugendamt die Kosten von Leistungen nur dann trägt, wenn die Fachkräfte des Jugendamtes selbst vorab auf der Grundlage des KJHG und des dort vorgesehenen Verfahrens über die Eignung und Notwendigkeit der Hilfe entschieden haben.

5.11 Mitwirkung in Verfahren nach dem Jugendgerichtsgesetz

Das Jugendamt hat nach dem Jugendgerichtsgesetz (§§ 38, 50 JGG) in Gerichtsverfahren, in denen über Jugendliche verhandelt wird, mitzuwirken. In diesem Zusammenhang muss das Jugendamt prüfen, »ob für den Jugendlichen oder den jungen Volljährigen Leistungen der Jugendhilfe in Betracht kommen«. Diese Aufgaben nach dem Jugendgerichtsgesetz stellen somit eine Aufgabe der Jugendämter dar, aber die Bezeichnung Jugendgerichtshilfe (»Hilfe für das Jugendgericht«) deutet eine Hilfestellung für das Jugendgericht an. Um die Zugehörigkeit dieser Aufgabe zum Jugendamt sowie die Funktion für den Jugendlichen zu verdeutlichen, spricht das KJHG in diesem Zusammenhang von Jugendhilfe im Strafverfahren. Durch die Einführung des § 36a KJHG hat die Kinder- und Jugendhilfe nun an Autonomie gewonnen, da sie in jedem Einzelfall – unabhängig vom Urteil des Jugendgerichts – den erzieherischen Bedarf im Rahmen eines Hilfeplanverfahrens festzustellen hat. Hintergrund der Einführung des § 36a KJHG ist es u. a. auch zu verhindern, dass die Kinder- und Jugendhilfe Kosten für Maßnahmen übernimmt, ohne dass sie fachlich entscheiden kann. In Zukunft wird sich zeigen, ob diese neue Regelung Auswirkungen auf die Kooperation zwischen Jugendhilfe und Justiz hat und ob unterschiedliche Einschätzungen zwischen Jugendhilfe und Jugendgericht dazu führen, dass Jugendrichter verstärkt zum Nachteil des Jugendlichen auf justizielle Maßnahmen setzen.

Die Jugendhilfe im Strafverfahren spielt in Strafverfahren gegen Jugendliche und Heranwachsende eine wichtige Rolle, weil sie das Verfahren vom Beginn bis zum Ende begleitet. Vonseiten der Jugendhilfe im Strafverfahren kann Stellung zur Frage bezogen werden, ob bei Heranwachsenden noch das Jugendstrafrecht und nicht schon das allgemeine Strafrecht anzuwenden ist. Ebenso können Vorschläge zu den zu ergreifenden Maßnahmen gemacht werden. Die Aufgabe der Fachkräfte der Jugendhilfe im Strafverfahren ist es, das Gericht über die Persönlichkeit des Angeklagten vor dem Hintergrund seiner Entwicklung und seiner sozialen Bezüge aufzuklären und damit erzieherische und soziale Gesichtspunkte innerhalb des

Verfahrens zur Geltung zu bringen. Bei der Jugendhilfe im Strafverfahren treffen also die zwei unterschiedlichen Systeme Jugendhilfe und Justiz aufeinander: Die Aufgabe des Jugendgerichts ist es, Straftaten aufzuklären und zu sanktionieren, die Fachkräfte der Jugendhilfe im Strafverfahren müssen hingegen das Vertrauen der Adressaten gewinnen, um Einblicke in die Umstände der Tat und die besondere Lebenssituation der Jugendlichen zu erlangen. Der Aufbau einer vertrauensvollen Beziehung ist jedoch erschwert durch die Erwartung an die Jugendhilfe im Strafverfahren, alle gewonnenen Erkenntnisse an Staatsanwaltschaft und Gericht weiterzuleiten – unabhängig davon, ob sie belastend oder entlastend sind.

5.11.1 Die Jugendhilfe im Strafverfahren

Die Jugendhilfe im Strafverfahren ist als eine Aufgabe der Kinder- und Jugendhilfe in nahezu allen Jugendamtsbezirken (97 %) vorhanden. Die Aufgabe der Fachkräfte der Jugendhilfe im Strafverfahren ist es zu prüfen, ob eine begangene Straftat mit erzieherischen oder sozialen Defiziten in Verbindung steht. Wird die Straftat eines Jugendlichen nicht in Verbindung mit sozialen oder erzieherischen Defiziten gesehen, ist es vonseiten der Jugendhilfe im Strafverfahren auch nicht nötig auf besondere Umstände hinzuweisen oder einen erzieherischen Bedarf festzustellen. Es kommt also nicht in jedem Fall zu einem Gerichtsverfahren mit Beteiligung von Fachkräften der Jugendhilfe. In jedem Fall haben die Fachkräfte jedoch zu prüfen, ob es sich bei der Straftat ihrer Ansicht nach tatsächlich um eine normale Begleiterscheinung im Sozialisationsprozess handelt oder sich eine »kriminelle Karriere« andeutet. Für die Fachkräfte der Jugendhilfe im Strafverfahren stellt dies bei einer durchschnittlichen Fallbelastung von 262 Fällen pro Jahr eine hohe Arbeitsbelastung dar. Im Vergleich zur letzten Erhebung im Jahr 2000 hat sich an der hohen Fallbelastung nichts verändert. 1996 war die durchschnittliche Fallbelastung mit 193 Fällen pro Fachkraft und Jahr schon erheblich, jedoch noch um einiges niedriger als heute.

Es zeigen sich große Stadt-Land-Unterschiede: Die relative Fallzahl der Jugendhilfe-in-Strafverfahren-Fälle in Städten ist, ebenso wie in der Erhebung vor vier Jahren, signifikant höher als in Landkreisen. Bezogen auf 10.000 Jugendliche im Alter von 14 bis 21 Jahren werden in den Städten durchschnittlich 893 und in den Landkreisen durchschnittlich 599 Tatverdächtige bei der Jugendhilfe im Strafverfahren gezählt. Der stabile Stadt-Land-Unterschied hängt zum einen mit dem unterschiedlichen Anzeigeverhalten der Bevölkerung in Städten und Landkreisen zusammen und zum anderen mit den jeweiligen Ermittlungsstrategien der örtlichen Behörden. Insgesamt handelt es sich um ungefähr 7 % der Jugendlichen dieser Altersgruppe, die als Tatverdächtige bei der Jugendhilfe im Strafverfahren auftauchen. Bei sehr vielen der registrierten Tatverdächtigen werden jedoch keine weiteren Maßnahmen eingeleitet, weil delinquentes Verhalten von Jugendlichen häufig als jugendtypisches und episodenhaftes Verhalten eingeordnet werden kann.

Die Aufgaben der Jugendhilfe im Strafverfahren werden hauptsächlich (91 %) von öffentlichen Trägern erfüllt. Dies ist wie bei der Inobhutnahme darauf zurückzuführen, dass das Jugendamt entsprechende Aufgaben zwar auf freie Träger übertragen kann (§ 76 KJHG), aber auch dann für deren Erfüllung verantwortlich bleibt (§ 76 (2) KJHG). Bei kaum einem Jugendamt werden die Angebote der Jugendhilfe im Strafverfahren daher ausschließlich von freien Trägern angeboten. Im Vergleich zur Erhebung im Jahr 2000 zeigt sich eine Veränderung dahingehend, dass es mittlerweile mehr Jugendamtsbezirke gibt, in denen Jugendhilfe im Strafverfahren von öffentlichen sowie von freien Trägern angeboten wird und kaum noch Bezirke, in denen nur freie Träger die Aufgabe der Jugendhilfe im Strafverfahren übernehmen. Da die Jugendhilfe im Strafverfahren eine hoheitliche Aufgabe darstellt, für die die öffentlichen Träger verantwortlich sind, sind auch nach wie vor keine privat-gewerblichen Träger in diesem Arbeitsbereich aktiv.

5.11.2 Ambulante Maßnahmen nach dem Jugendgerichtsgesetz

Wird das strafrechtlich relevante Verhalten von Jugendlichen nicht als entwicklungsbedingtes und daher episodenhaftes Verhalten eingestuft, soll das Jugendgericht vor dem Hintergrund des Jugendgerichtsgesetzes grundsätzlich erst mit ambulanten Maßnahmen pädagogisch angemessen auf das Verhalten reagieren, bevor stationäre Maßnahmen in Erwägung gezogen werden. In diesem Zusammenhang finden die verschiedenen sozialpädagogischen Hilfen für junge Straffällige, die von öffentlichen oder freien Trägern der Jugendhilfe angeboten werden, unterschiedlich häufig Anwendung (vgl. Abb. 5.11.1):

Abb. 5.11.1: Anwendung ambulanter Maßnahmen der Jugendhilfe im Strafverfahren, 2003

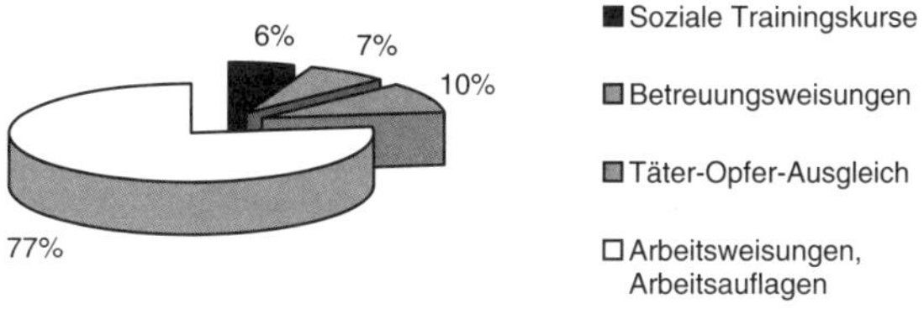

Quelle: DJI-Jugendamtserhebung 2004

Mit großem Abstand zu den anderen Maßnahmen werden Arbeitsweisungen und -auflagen am häufigsten auferlegt (77 %). Das JGG enthält zwei verschiedene Arten von auferlegten Arbeitsleistungen: Arbeitsweisungen nach § 10 (1) JGG und Arbeitsauflagen nach § 15 (1) JGG. Bei den Arbeitsweisungen steht der pädagogische Anspruch im Vordergrund. Die in diesem Zusammenhang auferlegten Arbeitsleistungen sollen für die Jugendlichen bzw. jungen Erwachsenen zu einer Erfahrung werden, an die sie positiv anknüpfen können. Die Arbeiten sollen daher sinnvoll sein und erzieherisch wertvolle Erfolgschancen eröffnen. Die Arbeitsauflagen dagegen sind »in besonderem Maße Ausdruck negativer Sanktionierung des strafrechtlichen Verhaltens, da sie stets den Bezug zur Tat wahren. Der Unterschied zu den Weisungen besteht darin, dass nicht die Regelung der Lebensführung des Jugendlichen angestrebt wird, sondern dass ihm durch Auferlegung einer Leistungspflicht das begangene Unrecht und die daraus erwachsenen Folgen bewusst gemacht werden sollen.« (Eisenberg 1997: 204). Die richterliche Praxis und die Jugendhilfepraxis zeigen jedoch, dass diese gesetzliche Unterscheidung kaum Relevanz besitzt (vgl. Eisenberg 1997: 208) und auch in den Urteilsbegründungen scheint in manchen Fällen der Verweis auf den entsprechenden Gesetzesparagrafen zu fehlen. Im Vordergrund steht bei den Arbeitsweisungen und -auflagen häufig die Schwere der Tat und nicht der pädagogische Bedarf.

Bei 10 % der ambulanten Maßnahmen der Jugendhilfe im Strafverfahren handelt es sich um Täter-Opfer-Ausgleich. Der Täter-Opfer-Ausgleich findet vor allem im Vorverfahren (bevor es zu einem Gerichtsverfahren kommt) Anwendung und dient dazu, eine Art moralische und/oder materielle »Wiedergutmachung« zu leisten. Durch eine Zusammenführung von Täter und Opfer soll der Täter mit den Folgen seiner Tat konfrontiert werden, womit beim Täter ein Reflexionsprozess über die Konsequenzen seiner Handlung in Gang gesetzt werden und eine Gelegenheit geschaffen werden soll, in der der Täter sich für seine Tat entschuldigen bzw. einen Ausgleich eventueller Schäden leisten kann. Für das Opfer (häufig selbst ein Jugendlicher und mit dem Täter bekannt) kann der Täter-Opfer-Ausgleich auch wichtig sein, weil seine Perspektive zum Tragen kommt und sich für ihn eine Möglichkeit zur Verarbeitung des Geschehenen bietet.

Die ambulante Maßnahme Betreuungsweisung richtet sich vornehmlich an jugendliche Straftäter, deren delinquentes Verhalten auf benennbare Umstände ihrer Person oder in ihrem unmittelbaren sozialen Umfeld zurückgeführt werden kann. Mit einem Anteil von 7% an allen ambulanten Maßnahmen ist sie die am dritthäufigsten verhängte Maßnahme. In der Regel wird diese Maßnahme bei Jugendlichen angewandt, die bereits mehrfach straffällig geworden sind. Ziel der Betreuung ist es, Hilfe bei der Bewältigung von lebenspraktischen Problemen (z.B. Wohnung, Schule, Arbeit, Behördenkontakte) und psychosoziale Unterstützung zu leisten. Die Betreuungsweisung ist eine intensive Form sozialpädagogischer Einzelfallhilfe. Die Beziehung zu den BetreuungshelferInnen erhält somit für den Erfolg der Maßnahme große Bedeutung.

Der soziale Trainingskurs des JGG ist mit 6% eine auch eher selten verhängte Maßnahme in den Jugendamtsbezirken. Seine inhaltliche Entsprechung findet der soziale Trainingskurs im KJHG in Form sozialer Gruppenarbeit. In beiden Fällen wird das Ziel verfolgt, durch soziales Lernen das soziale Verhalten positiv zu beeinflussen und diesbezügliche Defizite zu verringern. Während aber die soziale Gruppenarbeit mit Zustimmung der Adressaten erfolgt (es besteht zumindest keine Pflicht und die Nichtteilnahme kann nicht mit Sanktionen belegt werden), wenn das Jugendamt einen entsprechenden erzieherischen Bedarf festgestellt hat, kann der soziale Trainingskurs in Form einer richterlichen Weisung auferlegt werden. Das Jugendgericht legt die Laufzeit des sozialen Trainingskurses fest. Nach § 11 (1) JGG soll die Dauer höchstens sechs Monate betragen. Die richterliche Weisung zur Teilnahme an einem sozialen Trainingkurs besitzt den Charakter einer (alternativen) Sanktion, die sich nach dem pädagogisch Notwendigen richtet und aus rechtsstaatlichen Gründen keine beliebige Länge haben darf. Allerdings ist der richterlichen Praxis durch das vorhandene Angebot der Träger, dessen konkrete Ausgestaltung und Dauer von den Jugendgerichten nicht beeinflusst werden kann, auch Grenzen gesetzt. Die Jugendhilfe im Strafverfahren soll nach dem JGG gehört werden, um abzuklären, ob aus deren Sicht ein sozialer Trainingskurs eine sinnvolle Maßnahme darstellt. Nichtbefolgung der Weisung kann mit Sanktionen geahndet werden. Die Kosten eines sozialen Trainingskurses werden nur dann vom Jugendamt getragen, wenn das Jugendamt und nicht das Jugendgericht einen pädagogischen Bedarf nach § 27 KJHG feststellt. In einigen Bundesländer werden die Kosten der sozialen Trainingskurse allerdings auch, unabhängig von dieser Frage, vom Land getragen.

Verbreitung der ambulanten Maßnahmen der Jugendhilfe im Strafverfahren in den Jugendamtsbezirken

Tabelle 5.11.1 verdeutlicht, welche Verbreitung die ambulanten Maßnahmen der Jugendhilfe im Strafverfahren in den Jugendamtsbezirken gefunden haben und wie sich die Verbreitung in den letzten vier Jahren entwickelt hat:

Tab. 5.11.1: Verbreitung der Angebote der Jugendgerichtshilfe in den Jugendamtsbezirken, 2003

Angebote	Vorhanden	
Arbeitsauflagen/-weisungen	95 %	(+2 %)
Täter-Opfer-Ausgleich	91 %	(+9 %)
Soziale Trainingskurse	89 %	(-3 %)
Betreuungsweisungen	87 %	(+4 %)

* In Klammern: Veränderungen gegenüber 2000 in Prozentpunkten. Die Richtung der Veränderung wird durch das Vorzeichen bestimmt, d.h. ein negatives Vorzeichen deutet auf eine Abnahme hin.

Quelle: DJI-Jugendamtserhebung 2004 und 2000

Nahezu in jedem Jugendamtsbezirk ist die am häufigsten angewandte Maßnahme die Arbeitsauflage bzw. Arbeitsweisung als Angebot vorhanden. Die relativ geringen Veränderungen zur letzten Erhebungswelle im Jahre 2000 zeigen, dass der in den 1990er Jahren zu erkennende große Ausbau dieser Hilfen im Wesentlichen abgeschlossen zu sein scheint. Wie in Tabelle 5.11.1 ersichtlich, sind nur leichte Veränderungen erkennbar, die in der Tendenz darauf hindeuten, dass »Wiedergutmachungsverfahren« wie der Täter-Opfer-Ausgleich weitere Verbreitung finden. In der Konsequenz bedeutet dies, dass die Jugendhilfe sich eher auf sozialpädagogische Angebote konzentriert und diese weiter verbreitet. Zudem hat eine Angleichung zwischen Ost und West stattgefunden. Während die Erhebung aus dem Jahr 2000 noch einen deutlichen Ost-West-Unterschied für den Täter-Opfer-Ausgleich dahingehend zeigte, dass das Angebot Täter-Opfer-Ausgleich im Osten signifikant häufiger vorhanden war, gibt es diese Unterschiede nicht mehr.

Entwicklung der Trägerzugehörigkeit bei den ambulanten Maßnahmen der Jugendhilfe im Strafverfahren

Die ambulanten Maßnahmen können in den Jugendamtsbezirken sowohl ausschließlich von den öffentlichen bzw. von nicht-öffentlichen Trägern als auch von öffentlichen und nicht-öffentlichen zusammen angeboten werden.

Die sozialen Trainingskurse sind Angebote der Jugendhilfe im Strafverfahren, die im Vergleich zu allen anderen Angeboten (vgl. Tab. 5.11.2) in den Jugendamtsbezirken am häufigsten ausschließlich von freien Trägern (76 %) angeboten werden. Im Vergleich zu den anderen Jugendhilfemaßnahmen in Strafverfahren spielen die privat-gewerblichen Träger bei den sozialen Trainingskursen mittlerweile die größte Rolle. Im Vergleich zur Erhebung im Jahr 2000 ist dies das einzige Angebot, bei dem der Anteil privat-gewerblicher Träger tendenziell zunimmt (vgl. hierzu Kap. 6). Ein Grund hierfür könnte sein, dass es in diesem Feld einige, auch kommerziell ausgerichtete Weiterbildungsmaßnahmen (z.B. Anti-Aggressions-Training, Coolness-Training) gibt und die weitergebildeten Fachkräfte soziale Trainingskurse auf freiberuflicher Basis anbieten.

Täter-Opfer-Ausgleich und Arbeitsauflagen/-weisungen finden in ungefähr jedem vierten Jugendamtsbezirk, in dem es diese Angebote gibt, ausschließlich in öffentlicher Trägerschaft statt. Ähnlich häufig befinden sich diese Angebote ausschließlich in freier Trägerschaft. Ein Vergleich mit den Zahlen aus dem Jahr 2000 zeigt, dass es zunehmend auch Jugendamtsbezirke gibt, in denen die Angebote teilweise vom öffentlichen und teilweise von freien Trägem durchgeführt werden (Täter-Opfer-Ausgleich 11 %; Arbeitsauflagen/-weisungen 13 %).

Tab. 5.11.2: Entwicklung der Trägerzugehörigkeit bei Angeboten im Bereich der Jugendgerichtshilfe in den Jugendamtsbezirken, 2003

Angebote	Ausschließlich öffentl. Träger		Teils öffentl./ teils nicht-öffentl. Träger		Ausschließlich freie Träger		Vorhanden
Arbeitsauflagen/ -weisungen	45 %	(-7 %)	13 %	(+13 %)	43 %	(-5 %)	95 %
Täter-Opfer-Ausgleich	42 %	(-6 %)	11 %	(+11 %)	47 %	(-6 %)	91 %
Soziale Trainingskurse	18 %	(-10 %)	6 %	(+6 %)	76 %	(+4 %)	89 %
Betreuungsweisungen	36 %	(-19 %)	19 %	(+19 %)	45 %	(+/-0 %)	87 %

* In Klammern: Veränderungen gegenüber 2000 in Prozentpunkten. Die Richtung der Veränderung wird durch das Vorzeichen bestimmt, d.h. ein negatives Vorzeichen deutet auf eine Abnahme hin. Basis für die Berechnung der Prozentwerte bezüglich der Trägerstruktur sind die Jugendamtsbezirke, in denen das Angebot vorhanden ist.

Quelle: DJI-Jugendamtserhebung 2004 und 2000

Für Betreuungsweisungen hat sich insofern eine Veränderung ergeben, als die öffentlichen Träger in einem Fünftel der Jugendamtsbezirke nicht mehr ausschließlich alleine diese Angebote vorhalten, sondern mit freien Trägern zusammen. Zum Teil ist dieses Ergebnis dadurch zu erklären, dass insbesondere die Betreuungsweisungen für Jugendliche mit Migrationshintergrund in der letzten Zeit vermehrt freien Trägern übertragen werden, die Erfahrungen in diesem Bereich haben.

Trägerpluralität bei den ambulanten Angeboten der Jugendhilfe im Strafverfahren

Bei den Angeboten im Bereich der Jugendhilfe im Strafverfahren ist es nicht selbstverständlich, dass sie innerhalb eines Jugendamtsbezirks – wie es in anderen Bereichen der Kinder- und Jugendhilfe der Fall ist – von mehreren Trägem angeboten werden. Am häufigsten ist eine Trägerpluralität noch bei den Betreuungsweisungen und den Arbeitsauflagen/-weisungen vorzufinden; in einem guten Drittel der Jugendamtsbezirke werden diese Maßnahmen von mehreren Trägern angeboten. In einem Fünftel der Jugendamtsbezirke gibt es bei den sozialen Trainingskursen sowie dem Täter-Opfer-Ausgleich eine Pluralität der Angebote. Wie aus Tab. 5.11.3 ersichtlich, gibt es bezüglich der Trägerpluralität bei den meisten Angeboten keine Veränderung im Vergleich zu den Ergebnissen aus dem Jahr 2000. Lediglich bei den sozialen Trainingskursen sowie bei den Betreuungsweisungen nimmt die Trägerpluralität tendenziell zu. Der Anstieg erklärt sich überwiegend dadurch, dass der öffentliche Träger die Rolle als alleiniger Anbieter aufgibt. Bei den sozialen Trainingskursen ist neben der Zunahme von freien Trägern auch eine Zunahme privat-gewerblicher Träger erkennbar. Die zunehmende Trägerpluralität im Bereich der sozialen Trainingskurse steht eng im Zusammenhang mit der Diskussion um Delinquenz bei Kindern und Jugendlichen, im Zuge derer viele Präventionsangebote entwickelt wurden.

Tab. 5.11.3: Entwicklung der Pluralität bei Angeboten im Bereich der Jugendgerichtshilfe in den Jugendamtsbezirken, 2003

Angebote	Mehrere Träger	Veränderung
Betreuungsweisungen	36 %	(+11 %)
Soziale Trainingskurse	23 %	(+10 %)
Arbeitsauflagen und -weisungen	36 %	(+2 %)
Täter-Opfer-Ausgleich	20 %	(+/-0 %)

In Klammern: Veränderungen gegenüber 2000 in Prozentpunkten. Die Richtung der Veränderung wird durch das Vorzeichen bestimmt, d.h. ein negatives Vorzeichen deutet auf eine Abnahme hin. Basis für die Berechnungen der Prozentwerte sind die Jugendamtsbezirke, in denen das Angebot vorhanden ist.

Quelle: DJI-Jugendamtserhebung 2004

5.11.3 Fazit

Wie die Daten zeigen, ist die Jugendhilfe im Strafverfahren in fast jedem Jugendamtsbezirk vorhanden. Da es sich bei der Jugendhilfe im Strafverfahren um eine hoheitliche Aufgabe handelt, für die der öffentliche Träger auch verantwortlich bleibt (§ 76 [2] KJHG), wenn die Aufgaben an einen anderen Träger übertragen werden, ist in diesem Feld kaum eine Trägerpluralität festzustellen. Etwas anders sieht die Trägersituation bei einzelnen ambulanten Maßnahmen der Jugendhilfe im Strafverfahren aus. Eine Zunahme der Trägerpluralität zeigt sich zum Beispiel im Arbeitsbereich der Betreuungsweisungen und der sozialen Trainingskurse. Im Vergleich zu den vorherigen Erhebungen ist die Tendenz zu erkennen, dass es vermehrt Angebote sowohl in öffentlicher als auch in nicht-öffentlicher Trägerschaft gibt. Im Bereich der sozialen Trainingskurse kommt auch den privat-gewerblichen Trägern eine zunehmend bedeutende Rolle zu.

Daran, dass die relative Fallzahl der Jugendhilfefälle in Strafverfahren im Vergleich zu den relativen Fallzahlen der ambulanten Maßnahmen so hoch ist, zeigt sich, dass in vielen Fällen kein erzieherischer oder sozialer Bedarf besteht und das strafrechtlich relevante Verhalten von Jugendlichen häufig als alterstypisch und passager bewertet wird. Aber auch die hohe Arbeitsbelastung der Fachkräfte, die dazu führt, dass »einfach erscheinende Fälle« nicht bearbeitet werden, kann hierbei eine Rolle spielen. Werden Maßnahmen der Jugendhilfe im Strafverfahren verhängt, finden die einzelnen Maßnahmen unterschiedlich häufig Anwendung. Am häufigsten und mit großen Abstand zu den anderen Maßnahmen werden Arbeitsleistungen auferlegt.

6 Trägerpluralität

In diesem Kapitel werden die Ergebnisse aus den Erhebungen bei Jugendämtern und Jugendringen daraufhin analysiert, ob die beobachtbaren Entwicklungen der Trägerpluralität zumindest im Prinzip geeignet sind, die Realisierung des Wunsch- und Wahlrechts zu erleichtern, ob die Veränderungen in der Trägerstruktur auf eine zunehmende Regionalisierung der sozialen Daseinsvorsorge hinweisen und ob sich die zunehmende Ökonomisierung sozialer Arbeit bereits in der Trägerstruktur niederschlägt. In der Einleitung wird, um den theoretischen Rahmen für die Untersuchung dieser Fragestellungen zu skizzieren, zum einen das Ordnungsprinzip Subsidiarität und zum anderen die These des »disorganisierten Wohlfahrtskapitalismus« dargestellt. Im Abschnitt 6.1 wird die Trägerpluralität und ihre Entwicklung in den einzelnen Handlungsfeldern untersucht, im Abschnitt 6.2 wird dieser Aspekt aus der Perspektive der Anzahl geförderter Träger beleuchtet. Im Abschnitt 6.3 werden Veränderungen in der Anzahl der Mitgliedorganisationen von Jugendringen beschrieben und im Abschnitt 6.4 steht die Frage im Mittelpunkt, welche Bedeutung privat-gewerbliche Träger in der Kinder und Jugendhilfe haben.

Subsidiarität

Die Trägerpluralität im Feld der sozialen Arbeit »ist Ausdruck eines gesellschaftspolitischen Ordnungsprinzips« (Merchel 2003: 16), nämlich der Subsidiarität. Ideengeschichtlich hat die Subsidiarität zwei Wurzeln: den Liberalismus mit seinem »Konzept der gesellschaftlichen Selbstregulierung durch Freiheit« (Sachße 1998: 370) und die katholische Soziallehre, die das Verhältnis von Individuum, Gemeinschaft und Staat in den Mittelpunkt rückt. Die jeweils übergeordnete Ebene hat in der katholischen Soziallehre sowohl die Verpflichtung, der vorgeordneten Ebene (also dem Individuum, der Familie, der Kommune etc.) all das in ihrer Verantwortung zu belassen, was sie selbst regeln kann, als auch der vorgeordneten Ebene gegebenenfalls dabei zu helfen, wieder Verantwortung für ihren Bereich übernehmen zu können. Übersetzt in die moderne Sprache der sozialen Arbeit fordert das Subsidiaritätsprinzip also auf, Empowermentprozesse zu initiieren. Neoliberale Verkürzungen, die andere als individuelle Faktoren, die zur Unterstützungsbedürftigkeit führen, ausblenden, lassen sich damit nicht rechtfertigen. Das Subsidiaritätsprinzip allein reicht jedoch nicht aus, eine Trägerpluralität bei den einzelnen Angeboten zu sichern, denn zuweilen wird es auch vonseiten freier Träger »funktionalisiert zu einem formalen Argument in der sozialpolitischen Auseinandersetzung um Macht, Einfluss und Ressourcen« (Merchel 2003: 19). Folgerichtig gibt es deshalb im KJHG neben der Verpflichtung zu einem partnerschaftlichen Miteinander von öffentlichem und freien Trägern (§ 4 [1] KJHG) sowie dem bedingten Vorrang freier Träger (§4 [2] KJHG) weitere Regelungen, die eine Trägerpluralität fördern und erhalten sollen. So wird beispielsweise in § 3 KJHG die Vielfalt von Wertorientierungen und Arbeitsansätzen in der Kinder- und Jugendhilfe eingefordert. In § 5 KJHG hat der Gesetzgeber das Wunsch- und Wahlrecht der Adressaten festgeschrieben. Der Respekt vor dem grundgesetzlich garantierten Elternrecht erfordert es, dass Eltern die Möglichkeit haben, bei der Inanspruchnahme von Kinder- und Jugendhilfeangeboten solche Angebote nicht nutzen zu müssen, die ihren Erziehungsvorstellungen entgegenstehen. In einer pluralen Gesellschaft, in der es eine Vielfalt an weltanschaulichen Orientierungen gibt, und in der es keine Gewissheit mehr über die für alle und zur jeden Zeit richtige Erziehung geben kann, muss sich diese Pluralität auch in den Angeboten der Jugendhilfe widerspiegeln. Die Verpflichtung des örtlichen Jugendhilfeträgers mit allen Trägern und Einrichtungen, die entsprechende Angebote vorhalten können, Vereinbarungen gemäß den Regelungen der §§ 78 a ff. KJHG abzuschließen, dient ebenfalls einer Pluralisierung der Trägerlandschaft.

Neben einem Spektrum an unterschiedlichen Trägern ist für die Realisierung des Wunsch- und Wahlrechts auch das Vorhandensein gewisser Überkapazitäten notwendig. Diese wiederum werden in Anbetracht der kommunalen Haushaltslage zur Zeit eher abgebaut als aufgebaut. Besonders schwierig wird es, die Grundlagen für die Ausübung des Wunsch- und Wahlrechts in all den Regionen zu schaffen, in denen es etwa aufgrund demografischer Entwicklungen zu einem Nachfragerückgang kommt. Ein gleichmäßiges Schrumpfen aller Angebote ist aus fachlichen und ökonomischen Gründen (Stichwort Mindestgröße)[65] nicht sinnvoll. Es stellt sich also vor dem Hintergrund sowohl finanzpolitischer als auch demografischer Ent-

[65] Um sowohl fachlichen als auch betriebswirtschaftlichen Anforderungen gerecht werden zu können, ist es nicht möglich, Gruppengrößen beliebig zu verkleinern. Die Fixkosten bleiben auch bei sinkender Nachfrage erhalten.

wicklungen die Frage, ob die Kinder- und Jugendhilfe zunehmend weniger in der Lage ist, ein plurales Angebot aufrechtzuerhalten.

»Disorganisierter Wohlfahrtskapitalismus«

Seit etlichen Jahren gibt es eine zu beobachtende Tendenz der gesellschaftlichen Entbettung des Sozialsektors, die sich beispielsweise in dem Verlust milieugeprägter Bindungen ablesbar beispielsweise an der Zugehörigkeit zu kirchlichen Wohlfahrtsorganisationen und Gewerkschaften bemerkbar macht. Gleichzeitig gibt es eine Bewegung hin zu einer stärkeren Marktorientierung innerhalb des Sozialsektors; betriebswirtschaftliche Konzepte und Maßstäbe sind auch für den Sozialsektor relevant geworden. Die damit einhergehende Entwicklung hin zu einem »disorganisierten Wohlfahrtskapitalismus« (Bode 2004) wirft einerseits die Frage auf, ob sich die Zusammensetzung der Trägerlandschaft ändert und ob die an die Trägerpluralität gestellten Erwartungen noch eingelöst werden können. Mit dem »disorganisierten Wohlfahrtskapitalismus« beschreibt Bode im Wesentlichen die Auflösung des für den »organisierten Wohlfahrtskapitalismus« kennzeichnenden Arrangements, »dass sich die Verwaltung, Steuerung und Produktion der Daseinsvorsorge im Dreischritt von zivilgesellschaftlicher Einmischung, staatlicher Generalisierung und kooperativer Steuerung vollzog« (Bode 2004: 249). Marktprinzipen werden sowohl im Innen- wie im Außenverhältnis der Träger relevant. Die Entwicklung hin zu einem »disorganisierten Wohlfahrtskapitalismus« führt zu einem Reputationsverlust der im sozialen Feld agierenden Organisationen. Das gesellschaftliche und politische Kontrollbedürfnis wächst, der Druck auf die Organisationen, kurzfristig den Nutzen ihrer Aktivitäten für die Finanziers nachzuweisen, steigt ebenfalls und die milieubezogene oder weltanschaulich geprägte Bindung zu einzelnen Akteuren wird zunehmend schwächer. Der spezifische Zuschnitt der Debatten über Qualität und Dienstleistung, die Einführung einer Produktsemantik in das Feld der sozialen Arbeit sind Ausdruck dieser Entwicklung. Der »disorganisierte Wohlfahrtskapitalismus« eröffnet einerseits Raum für »dezentrale Innovationen und schöpferische Kreativität« (Bode 2004: 269), weil die soziale Daseinsvorsorge immer mehr zum Gegenstand lokaler Steuerung wird und gleichzeitig die systematischen übergeordneten, nicht-marktförmigen Strukturen an Bedeutung verlieren. Andererseits wachsen damit auch die regionalen Disparitäten in Quantität und Qualität der sozialen Daseinsvorsorge. Bode prognostiziert sogar eine geringere Nachhaltigkeit der Leistungen des sozialen Feldes. Er erwartet eine Konzentration auf sogenannte Leuchtturmprojekte und die Zuwendung zu eher einfachen »Kunden« (Bode 2004: 269). Dies wiederum würde bereits heute bestehende Tendenzen des systematischen und strukturellen Ausschlusses bestimmter Bevölkerungsgruppen von Angeboten der sozialen Daseinsvorsorge (vgl. Bremer 2006) beschleunigen.

6.1 Trägerpluralität in einzelnen Handlungsfeldern

Es gibt eine ganze Reihe von Gründen, die vermuten lassen, dass es in den einzelnen Handlungsfeldern der Kinder- und Jugendhilfe in den letzten Jahren Veränderungen in der Zusammensetzung der Trägerlandschaft gegeben hat. Diese Gründe sind einerseits jugendhilfeimmanent (wie Ausbau der Kindertagesbetreuung, spezifische Konzepte der Sozialraumorientierung) und andererseits sind sie sowohl in kommunalpolitischen Entwicklungen (z.B. Haushaltssanierung, stärkere betriebswirtschaftliche Orientierung) als auch in allgemeinen gesellschaftlichen Entwicklungen (z.B. demografische Entwicklung, Pluralisierung von Lebensmöglichkeiten bei gleichzeitig wachsender Dominanz von Institutionen im Aufwachsen von Kindern und Jugendlichen) zu suchen. Im Folgenden wird überprüft, inwiefern sich die Vermutung, dass es in Jugendamtsbezirken zu Verschiebungen im Trägerspektrum gekommen ist, empirisch nachweisen lässt. Dazu werden Daten der eigenen Erhebungen sowie der amtlichen Kinder- und Jugendhilfestatistik herangezogen. In einem ersten Schritt werden generelle Tendenzen in verschiedenen Handlungsfeldern dargestellt. In einem zweiten Schritt wird die Entwicklung für das Arbeitsfeld der Kindertagesbetreuung genauer untersucht.

6.1.1 Generelle Tendenzen

In Anbetracht der oben skizzierten Entwicklungen stellen sich hinsichtlich übergreifender Veränderungen in der Trägerlandschaft der Kinder- und Jugendhilfe zwei Fragen:

- Verändert sich die Rolle des öffentlichen Trägers als Anbieter von Jugendhilfeleistungen?
- Wie entwickelt sich die Trägerpluralität vor Ort?

Die kommunale Finanzausstattung, die in vielen Regionen als angespannt zu bezeichnen ist, sowie die Kritik an der angeblich zu großen

Anzahl an Beschäftigten bei Kommunen, könnten die kommunalen Jugendhilfeträger dazu motivieren, sich auf die nach dem Gesetz nicht delegierbaren Aufgaben zu beschränken und Einrichtungen sowie Angebote an andere Träger zu überführen bzw. zu schließen. Mögliche finanzielle Vorteile werden weniger deshalb zu realisieren sein, weil nicht-öffentliche Träger effizienter arbeiten, sondern weil sie einerseits bei Angeboten, die gefördert werden, einen Eigenanteil einbringen müssen (vgl. § 74 [1] KJHG) und sich nicht-öffentliche Träger andererseits vielleicht weniger an das bestehende Tarifgefüge gebunden sehen. Es bleibt zu hoffen, dass aufgrund der Aktivitäten der (noch) bestehenden Aufsichtsbehörden auf überkommunaler Ebene solche Formen der Einsparungen keine negativen Konsequenzen auf die Qualität der angebotenen Leistungen haben.

Tab. 6.1: Rückzug des öffentlichen Trägers aus einzelnen Handlungsfeldern sowie Veränderung des Anteils an Jugendamtsbezirken, in denen Angebote in dem jeweiligen Handlungsfeld vorhanden sind (1995–2003)

Handlungsfeld	Rückzug des öffentlichen Trägers	Veränderung des Anteils der Jugendamtsbezirke, in denen es dieses Angebot gibt
Jugendsozialarbeit	nein	Erhöhung je nach konkreter Angebotsfom zwischen 2 und 12 %
Familienbildung	ja	Erhöhung je nach konkreter Angebotsfom zwischen 2 und 13 %
Maßnahmen nach dem JGG	ja	Veränderung je nach Angebotsform zwischen -3 % und 9 %
Beratungsangebote	ja	Anteil hat sich gering erhöht
Stationäre Hilfen	ja	Anteil hat sich gering erhöht
Offene Jugendarbeit	ja	Anteil hat sich gering erhöht
Ambulante Hilfen zur Erziehung	ja	Anteil ist rückläufig

Quelle: DJI-Jugendamtserhebungen 1995, 2000, 2004

Es zeigt sich in fast allen im Rahmen der Studie abgefragten Handlungsfeldern ein Rückzug des örtlichen kommunalen Trägers. Dieser Rückzug findet statt, unabhängig davon, ob es in diesem Handlungsfeld bundesweit zu einem Ausbau oder einem Abbau der Angebote kommt (vgl. Tab. 6.1). Die Daten der amtlichen Statistik bestätigen dies; so ist beispielsweise für den Zeitraum von 1998 bis 2002 ein Rückgang des Anteils der stationären Einrichtungen der Hilfen zur Erziehung in öffentlicher Trägerschaft von 10,2 % auf 7,4 % zu verzeichnen. Die einzige Ausnahme von dieser Entwicklung ist die Jugendsozialarbeit. Diese Befunde sprechen insgesamt für einen Rückzug des öffentlichen Trägers aus der Rolle des Anbieters und eine Hinwendung zu einer Fokussierung auf Planung, Steuerung und hoheitliche Aufgaben. Diese Veränderung bedarf sowohl vor Ort als auch auf überregionaler Ebene gut abgewogener Entscheidungen. So ist auf regionaler Ebene zu prüfen, ob auch nach dem Rückzug des öffentlichen Trägers noch mindestens ein religiös nicht gebundener Anbieter vorhanden ist, da ansonsten die Gefahr groß ist, dass Erziehungsberechtigte Hilfen ablehnen, weil kein Anbieter ihren religiösen Vorstellungen entspricht oder zumindest religiös neutral ist. Da Kinder und Jugendliche mit Migrationshintergrund in bestimmten Hilfeformen bereits heute unterrepräsentiert sind und dies ein Indikator für eine unzureichende Integration ist, ist genau abzuwägen, ob die angedeuteten negativen Effekte durch einen Rückzug des öffentlichen Anbieters zu erwarten sind. Darüber hinaus stellt sich die Frage, ob der öffentliche Träger nicht zu sehr an eigener Fachkompetenz verliert, wenn er sich völlig aus dem Bereich der Einrichtungen und Dienste zurückzieht. Hierdurch würde er die Möglichkeit einbüßen, durch eigene Erfahrung an der fachlichen und konzeptionellen Weiterentwicklung in den einzelnen Handlungsfeldern teilzuhaben. Auch verdeutlicht der Rückzug des öffentlichen Trägers noch einmal mehr, wie wichtig eine enge Zusammenarbeit von öffentlichen und freien Trägern für die Qualität der Kinder- und Jugendhilfe ist. Die Struktur- und Steuerungsentscheidungen, die vom öffentlichen Jugendhilfeträger getroffen werden, müssen daraufhin geprüft werden, ob sie sich auch im Alltag bewähren. Diese Prüfung kann nur in enger Zusammenarbeit mit den Stellen geschehen, die unmittelbar mit den Adressaten arbeiten. Um Fehler zu vermeiden sind die Adressaten bereits in der Planung und Konzeption solcher Struktur- und Steuerungsentscheidungen einzubeziehen. Dies sollte bei allen Überlegungen zu organisatorischen Veränderungen der Kinder- und Jugendhilfe, insbesondere bezüglich ihrer Zweigliedrigkeit, auch von den Landes- und Bundesgesetzgebern bedacht werden. Entwickeln sich die Trägerkonstellationen in der beschriebenen Richtung weiter, dann wird ein gut arbeitender Kinder- und Jugendhilfeausschuss aus den genannten Gründen noch bedeutsamer für die Qualität und Handlungsfähigkeit der Kinder- und Jugendhilfe vor Ort sein.

Die Veränderung der Rolle des öffentlichen Trägers sagt alleine nur sehr wenig über die Pluralität der Trägerlandschaft aus. Der Rückzug des öffentlichen Trägers kann zu Monopolstrukturen führen, wenn es dann nur noch einen nicht-öffentlichen Träger in diesem Arbeitsfeld gibt, oder auch den Platz für eine bisher nicht vorhandene Trägervielfalt eröffnen. Die Jugendämter wurden deshalb gefragt, ob in einzelnen Angebotsbereichen ein nicht-öffentlicher Träger oder mehrere aktiv sind. Es zeigt sich, dass überwiegend mindestens zwei nicht-öffentliche Träger in den einzelnen Angebotsbereichen tätig sind.[66] Insofern ist ein Mindestmaß an Trägerpluralität gewährleistet. Ob die Pluralität vor Ort jeweils ausreicht, das Wunsch- und Wahlrecht zu verwirklichen, und insbesondere für Eltern die Chance besteht, ein Angebot zu finden, dessen Erziehungskonzept ihren eigenen Vorstellungen ähnlich ist, kann aufgrund der Datenlage nicht entschieden werden. Denn einerseits können sozialräumliche Konzepte dazu führen, dass innerhalb einzelner Regionen eines Jugendamtsbezirks nur ein Träger Hilfen anbietet. Und andererseits kann es auch bei einem Vorhandensein mehrerer Träger in einer Region zu einer Einschränkung des Wunsch- und Wahlrechts kommen, weil aufgrund einer Unterversorgung de facto keine Auswahlmöglichkeit besteht. Das Mindestmaß an Pluralität, das sich bei vielen Angeboten und Einrichtungen bei der Mehrzahl der Jugendamtsbezirke findet, ist trotz dieser Einschränkungen grundsätzlich positiv zu bewerten, denn die Differenz zwischen den Angeboten verschiedener Träger kann zu wichtigen Impulsen für die fachliche Weiterentwicklung vor Ort führen.

Tab. 6.2: Zunahme und Abnahme der Anzahl von Jugendamtsbezirken, in denen mehrere Träger eine bestimmte Hilfeform anbieten, im Vergleich der Jahre 2000 und 2004

Handlungsfeld		
Ambulante Hilfen zur Erziehung	Zunahme	
Stationäre Hilfen zur Erziehung	Zunahme	*außer bei Inobhutnahmestellen*
Maßnahmen nach dem Jugendgerichtsgesetz	Zunahme	
Familienbildung	Zunahme	*außer bei Familienbildungsstätten*
Beratungsangebote		
Erziehungsberatung	Zunahme	
Schwangerenkonfliktberatung	Zunahme	
Drogenberatung	Zunahme	
Telefonberatung	Zunahme	
Jugendberatung	Abnahme	
Bei sexuellem Missbrauch	Abnahme	
Für MigrantInnen	Abnahme	
AIDS-Beratung	Abnahme	

Basis: Jugendämter, die im Jahr 2000 das jeweilige Angebot vorhalten

Quelle: DJI-Jugendamtserhebungen 2000, 2004

[66] Die genauen Prozentangaben finden sich in den Kapiteln zu den einzelnen Handlungsfeldern.

Es fällt auf, dass bei dem geldintensiven Angebot Inobhutnahmestelle die Trägerpluralität abnimmt. Möglicherweise steht dahinter die Absicht, durch eine Reduktion der Trägerpluralität und damit auch des Angebots in diesem Feld zumindest mittelfristig bei Inobhutnahmen Kosten sparen zu können. Aber gerade in so sensiblen Arbeitsfeldern wie Schutzstellen muss den fachlichen Anforderungen sowie den Bedürfnissen der Kinder, Jugendlichen und ihrer Familien besondere Aufmerksamkeit entgegengebracht werden. Schließlich sind sowohl anlassbezogen als auch altersbezogen völlig unterschiedliche Kompetenzen von den MitarbeiterInnen in den Schutzstellen gefordert. Nicht ohne Grund haben sich in den letzten Jahrzehnten so unterschiedliche Formen wie Bereitschaftspflege, Mädchen- und Frauenhäuser oder spezielle Angebote für Flüchtlingskinder neben der klassischen Schutzstelle entwickelt. Durch die Präsenz mehrerer Träger ist es einfacher, diesen unterschiedlichen Anforderungen zu genügen.

Der Nicht-Ausbau der Trägerpluralität bei Familienbildungsstätten ist wohl auch Ausdruck des Bestrebens etlicher Jugendämter, die Ausgaben zu reduzieren. Aus Kostengründen sollen Doppelangebote vermieden werden. Ob diese Strategie hilfreich ist, wenn man möglichst viele Eltern erreichen möchte, kann hier zwar nicht geklärt, aber zumindest in Frage gestellt werden.

6.1.2 Kindertagesbetreuung

In der Kindertagesbetreuung ist es in den letzten Jahren zu großen Veränderungen gekommen. Durch die Benennung von Kriterien für die Bedarfsfeststellung im TAG für die Kindertagesbetreuung bei den unter 3-jährigen Kindern sowie der Festlegung des Zeitraums, bis ein bedarfsgerechtes Angebot verwirklicht sein muss, wurde der Druck auf einen Ausbau der Angebote der Kindertagesbetreuung vergrößert. Es ist hinsichtlich der Platz-Kind-Relationen in Westdeutschland also mit einem erheblichen Ausbau zu rechnen. Dies könnte auch zu einer Pluralisierung der Anbieter führen. Ein weiterer Faktor, der Auswirkungen auf die Trägerpluralität haben könnte, ist der Umbau der Förderrichtlinien für die Kindertagesbetreuung auf der Ebene der Bundesländer. So wurde beispielweise in Bayern und Hamburg ein kindbezogenes Fördersystem eingeführt, das Träger zwingt, unmittelbarer auf Nachfrageschwankungen zu reagieren, da eine geringere Auslastung sich unmittelbar in geringeren Zuschüssen niederschlägt und damit zu einer Unterfinanzierung führt. Dieses Finanzierungssystem spricht eher für eine Entwicklung hin zu größeren Trägern, denn kleine Träger haben es schwerer, solche Schwankungen intern auszugleichen.

Parallel zum notwendigen Ausbau, um ein bedarfsgerechtes Angebot zu erreichen, führt die demografische Entwicklung in etlichen Regionen zu neuen Herausforderungen. In einer Phase des Ausbaus einzelner Teilbereiche (z.B. bei den Angeboten für unter 3-Jährige) muss in anderen Teilbereichen (z.B. Kindergarten) abgebaut werden. Neue Konzepte, etwa der Altersmischung, sind notwendig, um zu wirtschaftlich akzeptablen Gruppengrößen zu kommen. In Zuwanderungsregionen hingegen führen alle bisherigen Anstrengungen nicht zu einer Verbesserung der Angebotslage. Diese Entwicklungen dürften ebenfalls Auswirkungen auf die Trägerlandschaft haben.

Mit Blick auf die eigentliche Bedeutung der Trägerpluralität, nämlich die Grundlage für die Verwirklichung des Wunsch- und Wahlrechts zu sein, ist insbesondere im Arbeitsfeld der Kindertagesbetreuung zu betonen, dass unabhängig von der Anzahl der vor Ort aktiven Träger es für die Adressaten nicht einfach ist, ihren Wunsch zu verwirklichen und das Angebot eines bestimmten Trägers zu nutzen. Hierfür wäre ein Überangebot an Plätzen notwendig. Unter den gegebenen Angebotsbedingungen ist es eher so, dass Eltern sich glücklich schätzen, überhaupt einen Platz zu erhalten, der ihrer zeitlichen Vorstellung von Betreuung halbwegs entspricht. Dies gilt insbesondere für die Betreuung der unter 3-jährigen Kinder.

Der folgende Abschnitt strukturiert sich entlang der klassischen Alterstrennung in der Kindertagesbetreuung – also Krippe, Kindergarten und Hort –, obwohl inzwischen altersgemischte Angebote und andere Formen der Nachmittagsbetreuung für Schulkinder durchaus an Bedeutung gewonnen haben (vgl. z.B. Gragert u.a. 2006). Bei den Betreuungsformen für diese drei Altersgruppen gibt es in Westdeutschland einen einheitlichen Trend zu einem größeren Engagement von Betrieben als (Mit-)Träger von Einrichtungen. So hat sich der durchschnittliche Anteil betrieblich getragener Plätze an den in einem Jugendamtsbezirk angebotenen Krippenplätzen zwar verdoppelt, aber nach wie vor ist der Beitrag zur Gesamtversorgung vonseiten der Betriebe mit durchschnittlich 2 % der Krippenplätze pro Jugendamtsbezirk verschwindend gering. Der Anteil der Jugendamtsbezirke, in denen es Kindergärten in betrieblicher Trägerschaft gibt, hat sich verdreifacht und der durchschnittliche Anteil an Plätzen immerhin verdoppelt. Aber auch bei Kindergärten gilt, was für die Krippen bereits festgestellt wurde: Der Beitrag zur Gesamtversorgung durch betriebliche Kindergärten in den Jugendamtsbezirken ist gering (2 %). Bei Horten hat sich der Anteil von Jugendamtsbezirken mit betrieblichen Trägern ebenfalls deutlich erhöht. In der Tendenz weisen diese Zahlen darauf hin, dass offensichtlich in einigen westdeutschen Regionen einzelne Betriebe einen Wettbewerbsvorteil erlangen, wenn sie Kinderbetreuungsplätze anbieten. Qualifizierte MitarbeiterInnen sind sonst nicht zu halten bzw. nicht zu gewinnen. Der Präsident der Vereinigung der Bayerischen Wirtschaft formuliert diesen Zusammenhang so: »(…) wissen die Unternehmen, dass derartige Leistungen zur Vereinbarkeit von Familie und Beruf sie zu einem attraktiven Arbeitgeber machen und bereits heute zu einem Wettbewerbsfaktor bei der Personalbeschaffung geworden sind« (Rodenstock 2005: 274). Unter Umständen drücken sich in den oben genannten Zahlen auch die Erfolge der zahlreichen Bemühungen aus (Bündnis für Familien, unterschiedliche Länderprogramme), die Familienfreundlichkeit der Arbeitswelt zu erhöhen.

Im Unterschied zu den anderen dargestellten Handlungsfeldern der Kinder- und Jugendhilfe und auch zu den Krippen und Horten steigt bei den Kindergartenplätzen der Anteil in öffentlicher Trägerschaft. Gründe hierfür sind darin zu sehen, dass sowohl die Trägerstruktur (z. B. Kirchengemeinden als Träger), die finanziellen Rahmenbedingungen (insbesondere der einzubringende Eigenanteil) als auch die mittelfristigen Unsicherheiten aufgrund der demografischen Entwicklung den Ausbau an Plätzen in Westdeutschland für freie Träger wenig attraktiv erscheinen lässt.

In Ostdeutschland ist ein deutlicher Anstieg des Anteils von Jugendamtsbezirken zu verzeichnen, in denen privat-gewerbliche Träger in der Kindertagesbetreuung aktiv sind. Auf den ersten Blick erstaunt diese Entwicklung, denn warum sollte man auf einem gesättigten Markt als neuer Anbieter auftreten? Wesentliche Faktoren für diese Entwicklung sind zum einen in den wachsenden Ansprüchen von einem Teil der Eltern an das Angebot der Kindertagesbetreuung zu sehen. Diese Eltern sind für eine höhere pädagogische Qualität und ein anderes räumliches Ambiente durchaus bereit, höhere monatliche Kosten zu tragen. Zum anderen könnte gerade die Angst vor finanziellen Risiken aufseiten der Träger dazu führen, dass Kindertagesstätten nicht als Verein, in dem der Vorstand unter Umständen auch persönlich haftet, sondern zum Beispiel als GmbH geführt werden. Durch diese organisatorische Trennung von eventuell vorhandenen anderen Tätigkeitsbereichen wirken sich Fehlbeträge aus dem Bereich der Kindertagesbetreuung nicht auf andere Arbeitsfelder aus und die persönlichen Risiken für die Leitungsebene sind minimiert.

Für den gesamten Bereich der Kindertagesbetreuung kann man beobachten, dass der Anteil von Jugendamtsbezirken zunimmt, in denen es entweder keinen freien oder keinen öffentlichen Träger gibt. Gibt der öffentliche Träger sein Angebot zugunsten freier Träger auf, so kann dies zumindest theoretisch zu einer Erhöhung der Trägerpluralität führen, da anstelle eines öffentlichen Trägers mehrere freie Träger die Plätze anbieten können. Gibt es keine freien Träger vor Ort mehr, dann ist dies wohl in den meisten Fällen mit einem Rückgang der Trägerpluralität verbunden.

Zusammenfassend lässt sich für den Bereich der Kindertagesbetreuung festhalten, dass es bundesweit nahezu keinen Jugendamtsbezirk gibt, in dem sich bei den Angeboten der Kindertagesbetreuung Monopolstrukturen finden lassen. Ähnlich wie in den anderen Handlungsfeldern der Kinder- und Jugendhilfe ist der öffentliche Träger – mit Ausnahme bei den Kindergärten – eher auf dem Rückzug. Der Anteil betrieblicher Einrichtungen nimmt deutlich zu, auch wenn ihr Beitrag zum Gesamtangebot noch sehr gering ist. Allerdings lassen sich aus diesen Angaben noch keine Aussagen über die tatsächliche Entwicklung der Angebotspluralität vor Ort machen, denn diese hängt nicht nur von der Anzahl der Träger sondern auch vom erreichten Stand der Bedarfsdeckung ab. Nur wenn das Angebot größer ist als die Nachfrage, haben Eltern eine reelle Chance ihr Wunsch- und Wahlrecht bei der Kindertagesbetreuung zu verwirklichen.

6.1.3 Verändertes Spektrum?

Mit Ausnahme der Kindergärten zieht sich der öffentliche Träger aus allen Arbeitsfeldern der Kinder- und Jugendhilfe etwas zurück. Er beschränkt sich somit stärker auf seine Steuerungs- und Planungsfunktion und, wie das Beispiel Kindergarten zeigt, auf seine Garantiefunktion. Garantiefunktion meint hier, selbst für ein bedarfsgerechtes bzw. bedarfsgerechteres Angebot zu sorgen, wenn sich kein anderer findet. Dieser Rückzug eröffnet den Jugendämtern die Möglichkeiten, ihre Rolle als »Wettbewerbsregulierungsbehörde der Jugendhilfe« (van Santen/Seckinger 1999: 181) glaubhafter wahrzunehmen. Sie müssen weniger darauf achten, die von ihnen selbst getragenen Angebote auszulasten oder die an andere Träger gestellten Qualitätserwartungen selbst erfüllen zu können.

Die Daten weisen gleichzeitig auf eine Zunahme der Trägerpluralität in fast allen Handlungsfeldern hin. Allerdings ist zu hinterfragen, ob dieser Anstieg tatsächlich einen Beitrag zur besseren Realisierung des Wunsch- und Wahlrechts bei den Adressaten leistet, da einerseits in etlichen Arbeitsfeldern noch immer von einer Unterversorgung auszugehen ist (vgl. Platz-Kind-Relationen in der Kindertagesbetreuung oder Wartezeiten zwischen Hilfeplanbeschluss und Beginn der Hilfe), andererseits aus immer mehr Jugendamtsbezirken von einer regionalen Zuständigkeitsaufteilung bei den Anbietern ambulanter Hilfen berichtet wird. Jedoch wird diese strikte Zuordnung in einigen Handlungsfeldern durch überregionale Angebote, wie Online-Erziehungsberatung, oder niedrigschwellige Zugänge, wie beispielsweise in der Jugendarbeit, etwas relativiert.

6.2 Anzahl der geförderten Träger

Die Anzahl der Träger, die durch das Jugendamt finanziell gefördert werden, ist ein Indikator für die Pluralität der Anbieter im Bereich Kinder- und Jugendhilfe vor Ort. Im Gegenzug kann jedoch nicht davon ausgegangen werden, dass alle aktiven Träger vor Ort durch das örtliche Jugendamt gefördert werden. Hierfür gibt es vielfältige Gründe; die wichtigsten werden im Folgenden aufgezählt.

Viele Projekte und Angebote zur Förderung der beruflichen Integration von Jugendlichen werden nicht durch die Jugendhilfeetats finanziert, obwohl es sich dabei auch um Angebote der Jugendsozialarbeit handelt. Dies ist Ausdruck der im KJHG festgeschriebenen Nachrangigkeit der Leistungen der Jugendhilfe gegenüber den Leistungen anderer Akteure, wie zum Beispiel der Bundesagentur für Arbeit. Ebenso werden nicht alle Angebote der Schulsozialarbeit durch die Jugendämter gefördert.

Ungefähr die Hälfte der Jugendringe verteilt im Auftrag des Jugendamtes Fördermittel an seine Mitgliedsorganisationen. In diesem Fall wird dann in der Statistik des Jugendamts ein Träger gefördert, aber das Geld dient dazu, eine Vielzahl von unterschiedlichen Mitgliedsorganisationen zu unterstützen. Darüber hinaus erhalten viele Jugendverbände gar kein Geld vom Jugendamt – im Jahr 2001 waren dies immerhin 58 % der Jugendverbände (vgl. Mamier u. a. 2002: 31).

Alle Träger im Bereich der Hilfen zur Erziehung, die ausschließlich über Entgelte finanziert werden, dürften nicht als geförderte Träger von den Jugendämtern genannt werden, da Entgelte keine Förderung darstellen.[67]

[67] Möglicherweise kommt es zu fehlerhaften Zuordnungen, doch diese dürften sich nicht systematisch von denen bei der letzten Erhebung unterscheiden.

Tab. 6.3: Durchschnittliche Anzahl der finanziell geförderten Träger pro Jugendamtsbezirk in den Jahren 1995, 2000 und 2003

	1995	2000	2003
Ost			
Jugendarbeit	58	60	43
Jugendsozialarbeit	9	17	6
Kindertagesbetreuung	18	25	18
Hilfen zur Erziehung	9	13	13
West			
Jugendarbeit	29	32	24
Jugendsozialarbeit	1	5	6
Kindertagesbetreuung	13	30	33
Hilfen zur Erziehung	8	3	22
Stadtjugendämter			
Jugendarbeit	39	52	32
Jugendsozialarbeit	8	16	6
Kindertagesbetreuung	22	42	33
Hilfen zur Erziehung	14	11	25
Landkreisjugendämter			
Jugendarbeit	41	43	32
Jugendsozialarbeit	3	10	5
Kindertagesbetreuung	14	20	21
Hilfen zur Erziehung	6	7	11
Insgesamt			
Jugendarbeit	39	44	32
Jugendsozialarbeit	4	11	6
Kindertagesbetreuung	15	27	27
Hilfen zur Erziehung	8	8	18
Insgesamt	66	90	83

Quelle: DJI-Jugendamtserhebung 2004, 2000, 1995

Es ist zu erwarten, dass die Anzahl der geförderten Träger von Jugendamtsbezirk zu Jugendamtsbezirk erheblich variiert. Außer der Anzahl der Einwohner und der Bevölkerungsstruktur im Jugendamtsbezirk sowie seiner flächenmäßigen Ausdehnung beeinflussen auch die historisch gewachsenen Strukturen die Nachfrage nach Angeboten der Kinder- und Jugendhilfe; darüber hinaus beeinflussen bedarfsgenerierende Faktoren die Anzahl der vor Ort aktiven Träger.

Um Aussagen über die Trägerstruktur machen zu können, wurde auch erhoben, welche Typen von Trägern gefördert werden. Die Jugendämter wurden deshalb aufgefordert, die Anzahl der geförderten Träger differenziert nach den Kategorien Wohlfahrtsverbände, Jugendverbände, regionale Vereine und Initiativen, überregionale Vereine, kirchliche Träger (ohne die kirchlichen Wohlfahrts- und Jugendverbände), privat-gewerbliche Träger sowie andere Trägerformen anzugeben. Diese Differenzierung ist in Tabelle 6.3 nicht dargestellt. Im Text wird an den entsprechenden Stellen auf Besonderheiten und Verschiebungen zwischen den einzelnen Trägertypen eingegangen. Betrachtet man in Tabelle 6.3 die Gesamtzahl der in den einzelnen Handlungsfeldern geförderten Träger, so fällt einerseits die Höhe der durchschnittlichen Anzahl geförderter Träger auf (2003 im Durchschnitt 83) und andererseits ein Rückgang an Trägerpluralität. Im Vergleich zum Jahr 2000 sinkt die Anzahl geförderter Träger in den Arbeitsfeldern Jugendarbeit und Jugendsozialarbeit deutlich, bei der Kindertagesbetreuung leicht. Einzig und allein bei den Hilfen zur Erziehung nimmt sie zu. Bundesweit kommt es also zu einer Abnahme der Anzahl der durchschnittlich geförderten Träger, auch wenn sie noch immer höher ist als im Jahr 1995.

Jugendarbeit

Im Vergleich zu der Erhebung 2000 zeigt sich sowohl im Osten als auch im Westen ein deutlicher Rückgang in der durchschnittlichen Anzahl von geförderten Trägern der Jugendarbeit: Im Westen und im Osten beträgt die durchschnittliche Anzahl nur noch 72 % der Anzahl aus dem Jahr 2000. Eine mögliche Erklärung für den Rückgang geförderter Träger in der Jugendarbeit ist, dass der Anteil an Jugendringen, der Geld im Auftrag des Jugendamtes an seine Mitgliedsorganisationen weitergibt (52 %), sich gegenüber der letzten Erhebung zwar nicht verändert hat, aber die Anzahl der Mitgliedsorganisationen gewachsen ist, die auf diesem Wege Geld erhalten. Die Zunahme der durchschnittlichen Anzahl an Mitgliedsverbänden bei den Jugendringen, die Mittel des öffentlichen Trägers an ihre Mitglieder weitergeben (Ost: 24 zu 33; West: 27 zu 29; insgesamt: 27 zu 28), sowie die Veränderung im längsschnittlichen Vergleich (Jugendringe, die diese Aufgabe nicht mehr haben, haben eine unterdurchschnittliche Anzahl von Mitgliedsorganisationen [25] und die, die diese Aufgabe neu haben, eine überdurchschnittliche [49]) erklären einen großen Teil der Abnahme der Anzahl geförderter Träger. Das Ausmaß des Rückgangs der Anzahl der geförderten Träger ist deshalb nicht gleichzusetzen mit dem Ausmaß der Abnahme der Trägerpluralität in der Jugendarbeit. Der Rückgang der Anzahl geförderter Träger ist aber auch eine Reaktion auf die veränderte Haushaltslage in vielen Kommunen. Schließlich gab es noch nie in so vielen Kommunen Haushaltskürzungen im Bereich der Kinder- und Jugendarbeit wie im Haushaltsjahr 2003 (immer bezogen auf den vorherigen Haushalt) (vgl. Kap. 16). Die damit verbundene

Streichung von Fördermitteln scheint besonders Initiativen und Vereine zu treffen, da bei diesen Trägern die Anzahl geförderter Träger am deutlichsten zurückgeht. Ob bei diesen Förderentscheidungen die Regelung des § 74 (5) KJHG immer ausreichend berücksichtigt wurde, kann zwar nicht ohne eine Würdigung der regionalen Besonderheiten entschieden werden, ist aber fraglich. Schließlich sind gerade selbstorganisierte Träger in besonderer Weise von den Kürzungen betroffen.

Für Ostdeutschland lässt sich auch ein signifikanter Zusammenhang zwischen der Bevölkerungsentwicklung und der Anzahl geförderter Träger zeigen. Die Reduktion der Anzahl geförderter Träger im Bereich der Jugendarbeit korrespondiert mit einer Verringerung der Anzahl der 10- bis 20-Jährigen in diesen Regionen.

Jugendsozialarbeit

Der deutliche Rückgang der Anzahl geförderter Träger im Bereich der Jugendsozialarbeit ist bedingt durch die Entwicklung in Ostdeutschland. Dort hat sich die Anzahl der geförderten Träger um zwei Drittel reduziert. Auch in diesem Arbeitsfeld geht der Rückgang in erster Linie wieder zu Lasten von Initiativen, eingetragenen Vereinen und Selbsthilfegruppen. Die kleineren regionalen Träger verlieren unter anderem deshalb an Boden, weil eine Vielzahl von Projekten im Rahmen der Jugendsozialarbeit, beispielweise in der Jugendberufshilfe oder Projekte gegen Fremdenfeindlichkeit, eine komplexe Finanzstruktur aufweisen. Damit Träger solche Projekte durchführen können, müssen sie sich um Finanzierungen aus Fördermitteln, die von unterschiedlichen politischen Ebenen (Kommune, Land, Bund, EU) sowie Stiftungen verwaltet werden, bemühen. Meist handelt es sich dabei um Modelle der Komplementärfinanzierung, das heißt, die Mittel fließen nur, wenn auch Zusagen eines oder mehrerer anderer Finanziers vorliegen. Dies führt häufig zu Finanzierungslücken, die von kleineren Trägern nicht aufgefangen bzw. ausgeglichen werden können. Zudem fehlt diesen häufig die Infrastruktur, sich das notwendige Wissen über die Verfahren zur Antragsstellung zu erarbeiten (vgl. Wissenschaftliche Begleitung des Programms »Entimon« 2006: 31). Hinzu kommt, dass je überregionaler die Instanz tätig ist, die über Fördermittel entscheidet, die Tendenz zur Bevorzugung überregionaler Träger desto größer ist. Insofern erstaunt es nicht, dass trotz eines Ausbaus vieler Angebote der Jugendsozialarbeit, die Trägerpluralität in Ostdeutschland zurückgeht.

Kindertagesbetreuung

Im Bereich der Kindertagesbetreuung bleibt die durchschnittliche Anzahl der geförderten Träger fast gleich. Allerdings gibt es hier auch erhebliche Unterschiede zwischen Ost und West. In ostdeutschen Jugendamtsbezirken werden 2003 im Durchschnitt deutlich weniger Träger gefördert (18) als noch im Jahr 2000 (25), in Westdeutschland gibt es eine Tendenz in die andere Richtung, hier steigt die Anzahl der geförderten Träger leicht an (von 30 auf 32). Es gibt eine beachtliche Verschiebung zwischen den Trägergruppen: In Städten verringert sich der durchschnittliche Anteil von geförderten Initiativen und regionalen Vereinen von 25 auf 15. Als Ursachen für diese Entwicklung lassen sich im Wesentlichen vier Gründe vermuten, die zu der beobachtbaren Abnahme bei dieser Trägergruppe geführt haben könnten: Etliche dieser kleineren Träger stehen nicht zuletzt auch aufgrund veränderter Förderrichtlinien schlichtweg vor einem Finanzierungsproblem und beenden deshalb ihre Tätigkeit. Des Weiteren steigen die Ansprüche, die durch den Einsatz von Qualitätsentwicklungsinstrumenten (vgl. entsprechende Gesetze der Länder) an die Einrichtungen der Kindertagesbetreuung gestellt werden. Diese Ansprüche sind von kleinen Trägern oftmals nur schwer zu erfüllen, da im Hintergrund keine Infrastruktur vorhanden ist. Als Drittes könnte der Ausbau der Angebote der Kindertagesbetreuung dazu führen, dass Eltern die manchmal etwas improvisierten räumlichen und sonstigen Gegebenheiten von Initiativeinrichtungen nicht mehr attraktiv erscheinen und somit die Nachfrage in diesem Bereich sinkt. Und viertens könnte auch ein Generationenwechsel der Eltern eine geringere Identifikation mit dieser Art von Trägern verursachen. Es finden sich vor dem Hintergrund der veränderten Lebenssituation von Familien einfach weniger Eltern, die bereit sind, das dort notwendige verbindliche und ehrenamtliche Engagement aufzubringen.

Eine andere Veränderung in der Trägerstruktur bei den Kindertageseinrichtungen ist in Westdeutschland zu beobachten; dort stieg der Anteil von anderen Trägern von zwölf auf 17 an, dies ist bedingt durch die durchschnittliche Zunahme um vier bis fünf kirchliche Träger.

Hilfen zur Erziehung

Völlig anders verhält es sich bei den Hilfen zur Erziehung. Im Durchschnitt hat sich die Anzahl der geförderten Träger verdoppelt. Dies erstaunt, da es sich bei den Hilfen zur Erziehung in der Regel um Leistungen handelt, die gemäß den Regelungen nach §§ 78 a ff. KJHG abgerechnet werden, weshalb die Träger nicht vom Jugendamt finanziell gefördert werden.[68] Der Anstieg der durchschnittlichen Anzahl der über Zuwendung geförderten Träger im Bereich der Hilfen zur Erziehung hängt mit dem zu beobachtenden Ausbau ambulanter erzieherischer Hilfen (vgl. Kap. 5.6) sowie mit einer in immer mehr Jugendamtsbezirken stattfindenden Zuordnung einzelner Träger zu einzelnen Sozialräumen, für die ein Budget bereitgestellt wird, zusammen. Eine Finanzierung über ein solches, auf einen Sozialraum bezogenes Budget ist in einigen Fällen vielleicht als Förderung konzipiert. Mit der Einführung solcher Sozialraumkonzepte bzw. der Annäherung an solche Konzept steigt auch die Anzahl der geförderten Träger im Bereich der Hilfen zur Erziehung. Die signifikanten Zusammenhänge zwischen einer dezentralen Jugendamtsstruktur und der höheren Anzahl geförderter Träger sowie einer sozialräumlich ausgerichteten Jugendhilfeplanung und der höheren Anzahl geförderter Träger spricht dafür, dass sich zumindest ein Teil des Anstiegs der durchschnittlichen Anzahl geförderter Träger so erklären lässt. Beide Erklärungen für den Anstieg der Anzahl der durchschnittlich geförderten Träger (Ausbau ambulanter Hilfen, sozialräumliche Zuordnung) verdeutlichen, dass es sich hierbei nicht um einen wirklichen Zuwachs an Trägerpluralität handelt, der die Möglichkeiten erhöht, das Wunsch- und Wahlrecht zu verbessern. Denn eine Erhöhung der Anzahl geförderter Träger aufgrund einer Ausweitung der ambulanten Angebotspalette verbessert zwar die Chancen, als Adressat die richtige Hilfe zu erhalten, erhöht aber noch nicht zwangsläufig die Möglichkeit, zwischen verschiedenen Trägern, etwa im Hinblick auf Erziehungsvorstellungen, wählen zu können. Bei einer sozialräumlichen Zuordnung ist der Adressat zuerst einmal auf den Träger verwiesen, der für seine Region zuständig ist, auch wenn er die Hilfe durch einen anderen Träger rechtlich durchsetzen könnte.

Von der Zunahme an geförderten Trägern profitieren Wohlfahrtsverbände deutlich weniger als eingetragene Vereine oder privat-gewerbliche Träger. Der Anteil nicht verbandlich eingebundener Träger wächst also. Diese Entwicklung lässt sich auch an den Zahlen der amtlichen Statistik erkennen. So stieg beispielsweise der Anteil an

---

[68] In den letzten Jahren wurden vermehrt auch die Angebote der ambulanten Hilfen zur Erziehung im Rahmen von Entgelten abgerechnet. So gibt ein Drittel der Jugendämter an, dass für Teilbereiche oder alle ambulanten Hilfen Entgeltvereinbarungen bestehen.

Einrichtungen der stationären Erziehungshilfe mit mehreren Gruppen im Schichtdienst in sonstiger Trägerschaft von 10,2 % im Jahr 1998 auf 16,7 % im Jahr 2002. Gleichzeitig ist auch der Anteil der von privat-gewerblichen Trägern geführten Einrichtungen gewachsen (vgl. Kap. 6.4).

Zwischenfazit

Aufgrund der beschriebenen Entwicklungen ist der bisher zwischen Ost und West feststellbare Unterschied in der Gesamtanzahl geförderter Träger nicht mehr vorhanden. Allerdings sind die Unterschiede in den einzelnen Handlungsfeldern noch immer beachtlich. So werden im Bereich Jugendarbeit von ostdeutschen Jugendämtern durchschnittlich fast doppelt so viele Träger gefördert wie von westdeutschen Jugendämtern. Der Rückgang der Anzahl der geförderten Träger stellt in Ostdeutschland auch eine Anpassung an die Bevölkerungsentwicklung dar.

6.3 Entwicklung der Mitgliedsstrukturen von Jugendringen

Die Trägervielfalt im Bereich der verbandlichen Jugendarbeit spiegelt sich in der Anzahl und Zusammensetzung der Mitgliedsverbände der Jugendringe auf Ebene der Jugendamtsbezirke wider. Selbstverständlich ist davon auszugehen, dass nicht alle Jugendorganisationen Mitglied im Jugendring sind. Dies hat mehrere Gründe. Erstens dauert das Aufnahmeverfahren eine gewisse Zeit, denn dazu müssen in der Regel auf der einmal im Jahr stattfindenden Vollversammlung entsprechende Beschlüsse herbeigeführt werden. Zweitens wollen nicht alle Jugendorganisationen Mitglied im Jugendring sein. Insbesondere bei Organisationen, die überwiegend Jugendliche mit Migrationshintergrund organisieren, kann vermutet werden, dass ein Teil von ihnen sich nicht durch die Struktur der Jugendringe angesprochen fühlt. Der geringe Anteil solcher Organisationen an den Mitgliedsorganisationen spricht zumindest nicht gegen diese Annahme (vgl. Kap. 14). Und zum Dritten gibt es Jugendorganisationen, die aufgrund ihrer weltanschaulichen Ausrichtung oder aufgrund ihrer Organisationsstrukturen nicht in Jugendringen aufgenommen werden (wollen). Da rein quantitativ betrachtet diese beschriebenen Zusammenhänge eher selten sind, ist die Anzahl der Mitgliedsorganisationen ein guter Indikator für die Pluralität in der Jugendverbandsarbeit.

Im Zeitraum von 2000 bis 2004 hat sich die durchschnittliche Anzahl der Mitgliedsorganisationen von Jugendringen um 17 %, von 24 auf 28, erhöht. Im Median hat es allerdings keine Steigerung gegeben. Dies spricht dafür, dass der Zuwachs an Mitgliedsorganisationen regional sehr unterschiedlich verlaufen ist. In Ostdeutschland ist die durchschnittliche Anzahl gesunken, in Westdeutschland dagegen angestiegen. Diese Entwicklung entspricht in Ostdeutschland den Veränderungen bei der Anzahl der durch das Jugendamt geförderten Träger in der Jugendarbeit. Der Rückgang der Mitgliedsorganisationen in Ostdeutschland ist eine Folge demografischer Veränderungen. Mit der sinkenden Anzahl von Jugendlichen sinkt auch die Anzahl von Organisationen in der Jugendarbeit. In Westdeutschland gibt es mehr Mitgliedsverbände bei Jugendringen als in Ostdeutschland, obwohl auch hier die Anzahl der durch das Jugendamt geförderten Träger in der Jugendarbeit gesunken ist.

Die zunehmende Pluralität von denkbaren Lebensentwürfen und Lebensbedingungen spiegelt sich zumindest in der Anzahl der Mitgliedsorganisationen in westdeutschen Jugendringen wider. Leider liegen keine Daten darüber vor, welche Jugendorganisationen in den letzten Jahren neu in die Jugendringe aufgenommen wurden. Wenn sich darunter auch Organisationen befinden, die überwiegend Jugendliche mit Migrationshintergrund organisieren, dann wäre dies ein wichtiger Schritt, die unterschiedlichen Lebensrealitäten von Jugendlichen in einer Region besser in den Jugendringen zu repräsentieren. In Ostdeutschland trifft eine zunehmende Pluralität an Werten, Lebensvorstellungen und -entwürfen auf eine demografische Entwicklung, die durch Abwanderung und einen dramatischen Rückgang der Anzahl Jugendlicher gekennzeichnet ist. Insofern überrascht es nicht, dass sich die Anzahl der Mitgliedsorganisationen verringert. Daraus ergibt sich für die verbleibenden Träger eine besondere Anforderung, wenn nicht Teilgruppen von jungen Menschen von der Jugendarbeit ausgeschlossen bleiben bzw. werden sollen. Weniger Träger müssen der Pluralität an Lebensentwürfen und -situationen gerecht werden. Dies ist eine ernstzunehmende Herausforderung für die Organisationsentwicklung.

6.4 Privat-gewerbliche Träger und ihre Rolle in der Kinder- und Jugendhilfe

In der Kinder- und Jugendhilfe sowie ursprünglich mehr oder weniger im gesamten Feld Sozialer Arbeit in Deutschland haben freigemeinnützige Träger eine historisch bedingte und gegenüber anderen Trägerformen privilegierte Stellung. Die soziale Daseinsvorsorge ist im Prinzip außerhalb der kapitalistischen Ökonomie organisiert, auch wenn es schon immer Verflechtungen zwischen dem Markt und dem drittem Sektor gegeben hat (vgl. ausführlicher Bode 2004). Diese Besonderheit, die wesentlich für die Gestaltung der korporatistischen Beziehungen zwischen Staat und drittem Sektor ist (vgl. u.a. Olk 1995), wird auf europäischer Ebene gegen Liberalisierungsversuche verteidigt (vgl. Diskussion zum Grünbuch der Europäischen Kommission zu »Dienstleistungen von allgemeinem Interesse«). Vor diesem Hintergrund haben es privat-gewerbliche Träger in der Kinder- und Jugendhilfe schwer. Trotzdem wurde in den letzten Jahren eine Zunahme der Anzahl privat-gewerblicher Träger beobachtet (vgl. z.B. Herzig 1999), auch wenn ihr Anteil an dem insgesamt geleisteten Arbeitsvolumen in der Kinder- und Jugendhilfe noch sehr gering ist (vgl. Merchel 2003). Mit der Einführung der §§ 78a ff. KJHG wurde auch in der Kinder- und Jugendhilfe, parallel zu der Entwicklung in der Pflegeversicherung (SGB XI), die eindeutig nach Marktprinzipien ausgerichtet ist, und dem § 93 BSHG[69] eine marktförmige Finanzierung von Diensten eingeführt. Anstelle des Selbstkostendeckungsprinzips, das Gewinne aufseiten der Leistungserbringer nicht vorsieht, ist die Berücksichtigung eines kalkulatorischen Gewinns bei der Höhe des Entgelts nun gesetzeskonform (vgl. Wiesner 2000: 1353). Diese gesetzlichen Veränderungen könnten, nachdem sie inzwischen mehrere Jahre gültig sind, zu einem Anwachsen der Anzahl privat-gewerblicher Träger in all den Handlungsfeldern führen, in denen die Regelungen der §§ 78a ff. KJHG angewandt werden. Grunwald beschreibt die Gefahr, dass durch eine Neujustierung des Verhältnisses von frei-gemeinnützigen und privat-gewerblichen Trägern die Dienstleistungen, die nicht wirtschaftlich effizient zu erbringen sind, aber wesentlich für die Hilfeempfänger sind, durch die Konkurrenz der Träger ins Hintertreffen geraten (Grunwald 2001: 22). Es werden also nur noch die Unterstützungsleistungen erbracht, die sich auch rechnen. Diese Strategie ist einer der Gründe für die in der Einleitung zu diesem Kapitel angesprochene zunehmende Exklusion einzelner Bevölkerungsgruppen vom Hilfesystem. Natürlich bleibt die Gesamtverant-

[69] Mit der Verabschiedung des § 93 BSHG 1996 wurde das davor gültige System des Selbstkostendeckungsprinzips durch die Entgeltfinanzierung im Geltungsbereich des BSHG abgelöst. Damit wird »die Rolle der eingeschalteten Träger von Diensten und Einrichtungen dahingehend verdeutlicht, dass sie nicht im eigenen Auftrag tätig werden, sondern im Rahmen des BSHG als Leistungserbringer« (Schellhorn 1997: 639). Damit nehmen marktökonomische Prinzipien Einzug ins Sozialrecht.

wortung der Jugendämter für die rechtzeitige und ausreichende Bereitstellung von Angeboten gemäß § 79 KJHG trotzdem erhalten. Diese lässt sich jedoch nicht ohne die Zusammenarbeit mit den Trägern realisieren.

Wie aufgrund der Regelungen zur Finanzierung der einzelnen Leistungsangebote nach dem KJHG nicht anders zu erwarten, sind privat-gewerbliche Träger insbesondere im Bereich der Hilfen zur Erziehung tätig. Im Zeitraum von 1998 bis 2002 hat sich – so die Daten der amtlichen Statistik – der Anteil privat-gewerblicher Träger an den klassischen Heimen (Einrichtung der stationären Erziehungshilfe mit mehreren Gruppen im Schichtdienst auf einem Heimgelände [Stammhaus]) deutlich von 7,0 % auf 9,4 % erhöht, bei Formen betreuten Wohnens, Kleinsteinrichtungen und Erziehungsstellen ist der Anteil dagegen gesunken. Auch wenn der Anteil privat-gewerblicher Anbieter bezogen auf alle Träger der Kinder- und Jugendhilfe außerhalb der Kindertagesbetreuung nach wie vor nicht sehr hoch ist, so zeigt sich doch, dass die Einschätzung, privat-gewerbliche Träger beschränkten sich auf kleine Einrichtungen (vgl. Merchel 2003: 175 f.), so nicht mehr gilt. Möglicherweise hat die Einführung der Entgelte die seit längerem zu beobachtende stärkere Orientierung in Richtung Markt (van Santen/Seckinger 1999) beschleunigt.

Die Jugendämter wurden in der aktuellen Erhebung ebenso wie in der des Jahres 2000 gefragt, in welchen Bereichen privat-gewerbliche Träger als Anbieter von Leistungen der Kinder- und Jugendhilfe vor Ort aktiv sind. Für den Bereich der ambulanten Hilfen zur Erziehung lässt sich zeigen, dass im Vergleich zum Jahr 2000 bei den abgefragten ambulanten Hilfeformen ein Anstieg des Anteils der Jugendamtsbezirke zu verzeichnen ist, in denen privat-gewerbliche Träger als Anbieter von Leistungen auftreten (vgl. Tab. 6.4). Der höchste Wert (30 % der Jugendamtsbezirke, in denen das Angebot vorhanden ist) ist bei der intensiven sozialpädagogischen Einzelbetreuung festzustellen. Hinsichtlich der Verbreitung von privat-gewerblichen Trägern zeigt sich zwischen Städten und Landkreisen kein Unterschied. Ebenfalls kein Einfluss auf das Vorhandensein privat-gewerblicher Träger zeigt sich dahingehend, ob es sich um eine eher privilegierte Gebietskörperschaft[70] handelt oder nicht. Zwischen ost- und westdeutschen Jugendamtsbezirken zeigen sich signifikante Unterschiede lediglich hinsichtlich des Anteils von Jugendamtsbezirken, in denen privat-gewerbliche Träger Erziehungs-

[70] Zur Erläuterung siehe Glossar und/oder Steinhübl 2005.

beistandschaften oder Sozialpädagogische Familienhilfe anbieten. Der Anteil ist in Westdeutschland höher.

Tab. 6.4: Anteil der Jugendamtsbezirke, in denen privat-gewerbliche Träger in ambulanten oder teilstationären Hilfen zur Erziehung aktiv sind, sowie die Veränderung dieses Anteils von 2000 auf 2003

	Anteil	Veränderung
Sozialpädagogische Einzelbetreuung	30 %	(+19 %)
Erziehungsbeistandschaften/Betreuungshilfe	24 %	(+15 %)
Kurzzeittherapeutische Maßnahmen für Familien (z.B. FAM, FIM, FSP)	23 %	(+18 %)
Sozialpädagogische Familienhilfe	22 %	(+18 %)
Tagesgruppen	15 %	(+2 %)
Soziale Gruppenarbeit	13 %	/

* In Klammern Veränderungen gegenüber 2000 in Prozentpunkten. Die Richtung der Veränderung wird durch das Vorzeichen bestimmt, das heißt, ein negatives Vorzeichen deutet auf eine Abnahme hin.

/ wurde im Jahr 2000 nicht erhoben.

Quelle: DJI-Jugendamtserhebungen 2004 und 2000

Auch bei den stationären erzieherischen Hilfen hat sich der Anteil der Jugendamtsbezirke, in denen privat-gewerbliche Träger aktiv sind, gegenüber der letzten Erhebung vergrößert. Die stärkste Steigung, nämlich eine Zunahme von 24 Prozentpunkten, kann bei der Bereitschaftspflege registriert werden, Kurzzeitpflege und betreutes Einzelwohnen sind ebenfalls Handlungsfelder mit besonders hohen Steigerungen. Inzwischen werden in jedem vierten Jugendamtsbezirk diese beiden Hilfeformen auch von privat-gewerblichen Trägern angeboten. Die stationären erzieherischen Hilfen sind ein beliebtes Betätigungsfeld privat-gewerblicher Träger. In 32 % der Jugendamtsbezirke, in denen Heime für Kinder und Jugendliche vorhanden sind, gibt es mindestens ein Angebot, das sich in privat-gewerblicher Trägerschaft befindet. Umgerechnet auf alle Jugendamtsbezirke (also unabhängig davon, ob es dieses Angebot gibt oder nicht) bedeutet dies, dass in etwas mehr als jedem vierten Jugendamtsbezirk privat-gewerbliche Träger aktiv sind.

Mit Ausnahme der Mädchen- und Frauenhäuser sind bei allen stationären Hilfeformen privat-gewerblichen Träger zu einem höheren Anteil in den Bezirken der Kreisjugendämter zu finden. Sämtliche Unterschiede liegen zwar nahe an der Signifikanzgrenze, überschreiten diese aber nicht. Die durchgängig vorhandene Differenz lässt jedoch vermuten, dass ein nicht zufälliger Unterschied bezüglich der Trägerschaft von privat-gewerblichen Trägern zwischen Landkreis- und Stadtjugendämtern vorhanden ist.

Tab. 6.5: Anteil der Jugendamtsbezirke, in denen privat-gewerbliche Träger in stationären Hilfen zur Erziehung aktiv sind, sowie die Veränderung dieses Anteils von 2000 auf 2003

	Anteil	Veränderung
Bereitschaftspflege	35 %	(+24 %)
Heime für Kinder und Jugendliche	32 %	(+3 %)
Kurzzeitpflege	26 %	(+16 %)
Betreutes Einzelwohnen	26 %	(+16 %)
Betreute Wohngemeinschaften	19 %	(+8 %)
Jugendschutzstellen/Inobhutnahme	6 %	(+4 %)
Mutter-Kind- und Vater-Kind-Einrichtungen	5 %	(+5 %)
Mädchen-/Frauenhäuser	2 %	(-1 %)

* In Klammern Veränderungen gegenüber 2000 in Prozentpunkten. Die Richtung der Veränderung wird durch das Vorzeichen bestimmt, d. h., ein negatives Vorzeichen verweist auf eine Abnahme.

Quelle: Jugendamtserhebungen 2004 und 2000

Die Zunahme privat-gewerblicher Träger zeigt sich nicht nur in der Erhöhung der Anzahl von Jugendamtsbezirken, in denen privat-gewerbliche Träger aktiv sind, sondern auch darin, dass in den Handlungsfeldern, in denen privat-gewerbliche Träger bereits eine gewisse Verbreitung gefunden haben, es auch einen Zuwachs bei der Anzahl der im Jugendamtsbezirk tätigen privat-gewerblichen Träger gibt. So ist bei den Angeboten Bereitschaftspflege, Kurzzeitpflege, Erziehungsbeistandschaften, sozialpädagogische Familienhilfe sowie intensive sozialpädagogische Einzelbetreuung der Anteil von Jugendamtsbezirken mit mehreren privat-gewerblichen Trägern stärker gewachsen als der Anteil der Jugendamtsbezirke mit genau einem solchen Träger. Dies ist ein weiterer Indikator dafür, dass privat-gewerbliche Träger zu einem festen Bestandteil der Trägerlandschaft in der Kinder- und Jugendhilfe geworden sind.

Im Unterschied zu den überwiegend über Entgelte finanzierten Aufgabenfeldern sind Beratungsstellen für privat-gewerbliche Anbieter bisher wenig attraktiv. Maßnahmen der Jugendgerichtshilfe sind für privat-gewerbliche Träger zumindest im Moment noch keine besonders attraktiven Betätigungsfelder, denn nur bei sozialen Trainingskursen gibt es auch im Vergleich zu den ambulanten und stationären Hilfen zur Erziehung einen nennenswerten Anteil von Jugendamtsbezirken, in denen privat-gewerbliche Träger aktiv sind. Bei den anderen Maßnahmen kam es in den drei Jahren zwischen 2000 und 2003 zu keiner wesentlichen Veränderung (vgl. Tab. 6.6). Es kann vermutet werden, dass soziale Trainingskurse die Hilfeform darstellen, die am ehesten im Rahmen einer Entgeltvereinbarung abgerechnet wird und deshalb auch Gewinne ermöglicht.

Tab. 6.6: Anteil der Jugendamtsbezirke, in denen privat-gewerbliche Träger in einzelnen Bereichen der Jugendgerichtshilfe aktiv sind, sowie die Veränderung dieses Anteils von 2000 auf 2003

	Anteil	Veränderung
Soziale Trainingskurse	8 %	(+6 %)
Arbeitsauflagen/-weisungen	4 %	(+1 %)
Betreuungsweisungen	3 %	(+1 %)
Täter-Opfer-Ausgleich	1 %	(+1 %)

* In Klammern: Veränderungen gegenüber 2000 in Prozentpunkten. Die Richtung der Veränderung wird durch das Vorzeichen bestimmt, d. h., ein negatives Vorzeichen deutet auf eine Abnahme hin. Basis für die Berechnung der Prozentwerte sind die Jugendamtsbezirke, in denen das Angebot vorhanden ist.

Quelle: DJI-Jugendamtserhebungen 2004 und 2000

Die Entwicklung im Feld der Kindertagesbetreuung wurde bereits im Abschnitt 6.1.2 ausführlich dargestellt.

Privat-gewerbliche Träger haben sich im Feld der Kinder- und Jugendhilfe offensichtlich etabliert. Im Unterschied hierzu gibt es bei kommunalen Trägern seit dem Jahr 2000 keine Entwicklung hin zu einer verstärkten Auslagerung von Aufgaben an betriebsförmige kommunale Organisationseinheiten, wie kommunaler Eigenbetrieb oder GmbH (vgl. Kap. 3). Eine Intensivierung der Diskussion über die Rechtmäßigkeit des Ausschlusses privat-gewerblicher Träger von der Anerkennung als Träger der Jugendhilfe und damit auch dem Ausschluss aus der Jugendhilfeplanung und dem Kinder- und Jugendhilfeausschuss ist in Anbetracht der hier beschriebenen Entwicklungen sowie der Ökonomisierungstendenzen bei den frei-gemeinnützigen Trägern zu erwarten.

6.5 Fazit: Die Trägerlandschaft verändert sich

In der Zusammensetzung der Trägerstruktur der Kinder- und Jugendhilfe sind Veränderungen erkennbar, die die These von einer Entwicklung hin zum »disorganisierten Wohlfahrtskapitalismus« als plausibel erscheinen lassen. Der Anteil verbandlich nicht gebundener Träger sowie privat-gewerblicher Träger wächst weiterhin. Gerade letztere Entwicklung könnte man als Ausdruck einer zunehmenden Ökonomisierung der Kinder- und Jugendhilfe interpretieren, denn ein Umfeld mit großer Marktdistanz ist für gewerbliche Akteure wenig attraktiv. Trotz der in vielen Regionen vorhandenen zahlenmäßigen Abnahme potenzieller Adressaten der Kinder- und Jugendhilfe kommt es in vielen Handlungsfeldern zu einem Anstieg der Trägerpluralität. In der Jugendarbeit hingegen gibt es einen deutlichen Zusammenhang zwischen der geringer werdenden Anzahl von Jugendlichen und einem Rückgang der Trägervielfalt in Ostdeutschland. Insgesamt betrachtet zeigt sich, dass die Subsidiarität – zumindest hinsichtlich der Anzahl von nicht-öffentlichen Trägern – weiterhin als zentrales Organisationsprinzip angesehen werden kann. Die trotz des teilweise erheblichen demografischen Rückgangs vorhandene Pluralität ist ein Befund, der die These einer Entwicklung hin zu einem »disorganisierten Wohlfahrtskapitalismus« stärkt. Denn eine seiner prognostizierten Auswirkungen ist, dass eine Trägerlandschaft entsteht, die regional höchst unterschiedlich ist und eine geringe Monopol- oder Oligopolstruktur aufweist.

Die kreisfreien Städte und Landkreise ziehen sich mit Ausnahme bei den Kindergärten als Anbieter von Jugendhilfeleistungen zurück. Sie konzentrieren sich somit auf den Kern ihrer Aufgaben als örtliche Jugendhilfeträger. Diese Entwicklung entspricht einerseits der Forderung nach einem schlanken Staat, der so wenig wie möglich Aufgaben an sich zieht, und kann, da der Rückzug meist auch mit einer stärken Kontrolle der Angebote nicht-öffentlicher Träger verbunden ist, als ein weiterer Schritt in Richtung Marktöffnung interpretiert werden. Der Rückzug entschärft auch die Rollenkonflikte, in die der öffentliche Träger zuweilen kommt, weil er sich selbst kontrollieren muss (z.B. hinsichtlich den Festlegungen in Qualitätsentwicklungsvereinbarungen), wenn er selbst als Anbieter auftritt.

Andererseits ist mit einem Rückzug aus den einzelnen Handlungsfeldern auch ein Erfahrungsverlust verbunden, der sich für die weitere Entwicklung der Kinder- und Jugendhilfe negativ auswirken kann. Verknüpft mit der sozialen Entbettung von Wohlfahrtsorganisationen kommt es auch zu einer Auflösung der traditionell engen Beziehungen zwischen einzelnen Wohlfahrtsorganisationen mit politischen Entscheidungsträgern; damit verbunden ist auch ein Rückgang der Reputation freier Träger. Die Politik wird deshalb in einem zunehmenden Maße skeptischer, ob die von freien Trägern geforderten Veränderungen fachlich begründet und sozialpolitisch notwendig sind, oder ob sie nur den Eigeninteressen freier Träger oder anderer Akteure im Feld dienen. Zudem steigt vonseiten der Politik der Druck, gerade bei Sozialausgaben zu sparen. Vor diesem Hintergrund scheint es bei finanzpolitischen Entscheidungen manchmal von großer Bedeutung zu sein, ob kommunale Einrichtungen aus fachlichen Überlegungen heraus und vor dem Hintergrund eigener Praxis gegen oder für einen Beschluss plädieren. Die Möglichkeiten fachlicher Beeinflussung von politischen Entscheidungen sinken durch diese Entwicklung wohl eher.

7 Regionale und institutionelle Disparitäten

Hinsichtlich der Inanspruchnahme von Leistungen und der Angebotsstruktur in der Kinder- und Jugendhilfe haben die Disparitäten eine Größenordnung erreicht, die die Fachöffentlichkeit und die Kostenträger irritiert. Die Differenzen sind so groß, dass sie durch die unterschiedlichen Lebenslagen in den kreisfreien Städten und Landkreisen allein nicht hinreichend zu erklären sind. Sie scheinen vielmehr Ausdruck von stark differierenden Bedarfsdefinitionen und Zuweisungsprozessen zu sein. Deshalb besteht die Hoffnung, durch eine Analyse regionaler Unterschiede Hinweise zu bekommen, wie die Steuerung von Leistungen und Diensten verbessert werden kann. Vor dem Hintergrund einer fachlich begründeten Zielformulierung vonseiten der Jugendämter können die Disparitäten der Inanspruchnahme Entwicklungspotenziale sowohl auf der Leistungsseite als auch für die Organisation der Leistungserbringung aufzeigen. Regionale Unterschiede machen auch darauf aufmerksam, dass unter der Oberfläche von bundesweiten Zustandsbeschreibungen und Trends sich stark differierende Verhältnisse bzw. gegenläufige Entwicklungen verbergen können. Gerade diese Tatsache führt bei überregionalen Diskussionen über die Leistungsfähigkeit, die Kostenentwicklung und die Aufgaben der Kinder- und Jugendhilfe oftmals zu Irritationen und Missverständnissen: Man agiert und argumentiert vor dem Hintergrund unterschiedlicher Erfahrungshorizonte, die nicht immer expliziert werden (können).

Die Kinder- und Jugendhilfe in Deutschland ist durch eine dezentrale Zuständigkeit und eine hohe Autonomie der örtlichen Träger gekennzeichnet. Diese Tatsache führt dazu, dass die Betrachtung regionaler Unterschiede unter Verwendung verschiedener Bezugspunkte erfolgen kann: einerseits auf der Ebene der regionalen Inanspruchnahme von Leistungen und andererseits auf der Ebene der Angebotsstruktur der örtlichen Kinder- und Jugendhilfe. Inanspruchnahme und institutionelle Angebotsstruktur sind in einem unmittelbaren Zusammenhang zu sehen. Die örtliche Organisation der Kinder- und Jugendhilfe beeinflusst die Inanspruchnahme der Leistungen und umgekehrt kann im Sinne einer Dienstleistungsorientierung erwartet werden, dass beispielsweise eine mangelnde Nachfrage vonseiten der Adressaten nach bestimmten Formen der Kindertagesbetreuung dazu führt, dass diese Formen nicht mehr angeboten werden.

Während in den Kapiteln 3 und 8 bis 12 die je nach Region oder Gebietskörperschaftstyp unterschiedlichen Aufbau- und Ablauforganisationen der Jugendhilfe (Inputfaktoren) thematisiert werden, stehen in diesem Abschnitt die Unterschiede der Inanspruchnahme zwischen den Jugendamtsbezirken im Vordergrund. Bislang standen in der Fachdiskussion vor allem die Disparitäten bei der Inanspruchnahme von erzieherischen Hilfen im Mittelpunkt. Die Thematisierung erfolgte in der Vergangenheit unter zwei verschiedenen Vorzeichen nämlich erstens im Kontext der interkommunalen Vergleichsringe (des IKO-Netzes) und zweitens vor dem Hintergrund bedarfsbeeinflussender Variablen.

Die Zielsetzung des IKO-Netzes bestand darin, die wesentlichen Leistungsbereiche der Kommunalverwaltung interkommunal vergleichbar zu machen. Die vorhandenen Unterschiede in der Inanspruchnahme der Hilfen zur Erziehung sollten für die beteiligten Kommunen die Basis bzw. den Anlass bieten voneinander zu lernen. Hierzu sollten überörtliche Kennzahlensysteme entwickelt werden, die sich in ein örtliches Ziel- und Controllingssystem integrieren lassen (vgl. Schmithals 1997), das heißt, die in den Vergleichsringen ermittelten Zahlen sollten eine Bedeutung für die Steuerung der einzelnen beteiligten Jugendämter zugewiesen bekommen. Als wesentliche Vorteile der interkommunalen Vergleichsringe (IKV) wurden im Einzelnen benannt (vgl. van Santen 2001):

- IKV bieten Möglichkeiten zur fachlichen Auseinandersetzung. Sie fördern die Kommunikation zwischen den Jugendämtern.
- Die IKV sind ein Forum des Austausches und bieten Material in Form von empirischem Wissen, das eigene Verwaltungshandeln zu reflektieren und zu hinterfragen (vgl. z. B. Kommunale Gemeinschaftsstelle für Verwaltungsmanagement 1996).
- IKV generiert empirisches Wissen dort, wo es bislang Defizite gibt. Die Jugendämter werden gezwungen, ihre Selbstauskunftsfähigkeit zu erhöhen (vgl. z. B. Pothmann 2003).
- IKV bieten Möglichkeiten zur steuerungsrelevanten Bewertung des eigenen Handelns, das heißt, die Vergleichsringe bieten in Form einer Feedbackschleife oder eines Regelkreises Indikatoren für positive Veränderungspotenziale.

Die Praxis der Vergleichsringe hat gezeigt, dass es zum einen aufgrund konzeptioneller Unschärfen, einer unterschiedlichen Ablauforganisation der beteiligten Ämter und einer differierenden Organisation der Hilfen Probleme bei der Generierung von Vergleichsdaten gibt und zum anderen, dass sich die beteiligten Ämter kaum auf eine

Festlegung zentraler Steuerungskennziffern sowie der Bildung einheitlicher Bewertungsschemata einigen konnten (vgl. Pothmann 2001). Auch wenn die interkommunalen Vergleichsringe aufgrund der praktischen Umsetzungsschwierigkeiten deutlich an Popularität verloren haben, so erfreut sich die Grundidee, eine Reduktion der Unterschiede der Inanspruchnahme – meist in Richtung einer Absenkung – zur Grundlage der Steuerungsstaregien zu machen, nach wie vor einer großen Beliebtheit und dient mancherorts als Begründung für das Verwaltungshandeln.

Im Unterschied zu den Zielsetzungen der Vergleichsringe, die die Steuerungskompetenz verbessern sollten, besteht in der Diskussion zu den bedarfsbeeinflussenden Variablen das Ziel darin, die Gründe für die regionalen Disparitäten zu bestimmen. Im Vordergrund steht dabei das Bedingungsgefüge der beobachteten Inanspruchnahme. Diese eher systematisierend und theoretisch orientierte Herangehensweise kann aufgrund ihrer Erkenntnisse steuerungsrelevant werden, sofern die Ergebnisse in den jugendhilfepolitischen Diskurs Eingang finden. Während also interkommunale Vergleichsringe Unterschiede der Inanspruchnahme als Ausgangspunkt ihres Erkenntnis generierenden Prozesses sehen (ohne Unterschiede besteht kein Bedarf an Erkenntnissen), ist die Höhe der Inanspruchnahme bei dem theoretisch orientierten Ansatz das zu erklärende Phänomen. Hier steht also die Frage nach der Genese des Bedarfs im Vordergrund. Bürger, Lehning und Seidenstücker (1994) haben erstmals eine Kategorisierung bedarfsbeeinflussender Variablen für die Inanspruchnahme der erzieherischen Hilfen versucht. Diese Kategorisierung wurde im Laufe der Zeit durch weitere Faktoren ergänzt (vgl. z.B. Bürger 2005). Obwohl das Erklärungsmodell ursprünglich für den Bedarf erzieherischer Hilfen entwickelt wurde, kann angenommen werden, dass dieses Modell auch für die Erklärung der Inanspruchnahme anderer Dienste und Leistungen der Kinder- und Jugendhilfe, wie etwa die der Kindertagesbetreuung oder der Jugendarbeit, hilfreich sein kann. Es ist zwar zu erwarten, dass die Operationalisierung und die Bedeutung der einzelnen Kategorien für die Genese des Bedarfs in einzelnen Arbeitsfeldern der Kinder- und Jugendhilfe variieren, aber dies spricht nicht grundsätzlich gegen ihre Übertragbarkeit.

Im Einzelnen werden bislang folgende bedarfsgenerierenden Kategorien unterschieden, von denen angenommen wird, dass ihre Veränderung einen Einfluss auf die Inanspruchnahme hat:

- Sozialstrukturelle Verhältnisse und Entwicklungen, die die Lebenslagen junger Menschen und ihrer Familien entscheidend be-

einflussen (z. B. Arbeitslosenquote, Anteil der allein Erziehenden, Anteil an Familien mit Migrationshintergrund etc.)
- Vielfalt, Quantität und Qualität des verfügbaren Angebotsspektrums der Kinder- und Jugendhilfe (z. B. Inanspruchnahmequote von anderen Hilfen)
- Politisch-fiskalische Situation in den Jugendamtsbezirken
- Wahrnehmungs-, Definitions- und Entscheidungsprozesse in Jugendämtern
- Rechtsgrundlagen der Jugendhilfe (z. B. die Veränderungen, die durch die Einführung des KJHG ausgelöst wurden, oder aktuell die Veränderung der Kostenbeteiligung)
- Demografische Struktur

Bei einer Übertragung dieses Erklärungsmodells auf andere Handlungsfelder der Kinder- und Jugendhilfe geraten weitere Kategorien in den Blick:

- Zuständigkeitsverteilung (z. B. Jugendgerichtshilfe, Jugendberufshilfe, Jugendsozialarbeit, Hort)
- Kulturelle Traditionen

Bei einigen Leistungsbereichen der Kinder- und Jugendhilfe gibt es Überschneidungen mit anderen Institutionen, die nicht der Kinder- und Jugendhilfe zuzurechnen sind. Klassisches Beispiel ist hier die Jugendberufshilfe, deren Maßnahmen zum Teil von der Bundesagentur für Arbeit, den für die Umsetzung des SGB II zuständigen Stellen und zum Teil von der Kinder- und Jugendhilfe getragen werden. Auch die aktuelle Entwicklung im Bereich der nachschulischen Betreuung von Schulkindern (Hort, Schulhort, Ganztagsschule) verdeutlicht die Abhängigkeit der Angebotsinfrastruktur von verschiedenen gesellschaftlichen Teilsystemen. Das Zusammenspiel der unterschiedlichen Angebote erschwert es, die Inanspruchnahme der nachschulischen Betreuung für diese Altersgruppe adäquat zu bestimmen, und dies wiederum führt zu Schwierigkeiten bei der Jugendhilfeplanung und zu Verwirrungen in der politischen Diskussion.

Kulturelle Traditionen beziehen sich zum einen auf (unhinterfragte) Verfestigungen von Wahrnehmungs-, Definitions- und Entscheidungsprozessen in Organisationen und zum anderen auf Einstellungen und Haltungen der Adressaten, die deren Nachfrageverhalten bezüglich sozialstaatlicher Dienste und Leistungen prägen. So zeigt sich etwa nach wie vor ein sehr deutlicher Unterschied hinsichtlich der Inanspruchnahme von Betreuungsleistungen im frühen Kindesalter, die nicht nur auf die Unterschiede in der Angebotsstruktur zurückzuführen sind. Das nachhaltige Bestreben der DDR, Frauen in den Arbeitsmarkt zu integrieren, wirkt noch heute in den Lebensentwürfen von Frauen und Männern in Ostdeutschland nach. Dies zeigt sich zum Beispiel an den Einschätzungen zu dem Statement, ob ein Kleinkind darunter leidet, wenn seine Mutter erwerbstätig ist. Der Anteil der Personen, die dieser Aussage zustimmen, ist in Westdeutlich höher als in Ostdeutschland (Geissler/Kreyenfeld 2005: 8f.). Dieser Unterschied beeinflusst das Nachfrageverhalten der Adressaten, welches sich wiederum in der Höhe der Inanspruchnahme niederschlägt. Auch die Erfahrungen, die Personen mit Migrationshintergrund in ihrem Herkunftsland mit der Ausgestaltung und Funktion des dortigen Sozialsystems gemacht haben, können die Nachfrage nach sozialstaatlichen Leistungen beeinflussen.

Da mindestens drei Kategorien des Bedingungsgefüges auf Merkmale bzw. Politiken der Jugendämter verweisen (Wahrnehmungs-, Definitions- und Entscheidungsprozesse; politisch-fiskalische Situation; Vielfalt, Quantität und Qualität des verfügbaren Angebotsspektrums) erscheint es folgerichtig, den Terminus »regionale und institutionelle Disparitäten« zu verwenden. Dieser Begriff verweist auf die unterschiedlichen Begründungen für die differierende Inanspruchnahme. Er bezieht sich sowohl auf Merkmale der Region bzw. der Menschen, die in der Region leben, als auch auf Merkmale der Bedarfsdefinierenden.

In Mittelpunkt dieses Kapitels stehen die regionalen bzw. institutionellen Disparitäten im Bereich der Hilfen zur Erziehung, weil nur hierfür und für die Inanspruchnahme der Angebote der Kindertagesbetreuung flächendeckend Informationen auf Kreisebene[71] vorliegen. Die regionalen Disparitäten bei der Inanspruchnahme der verschiedenen Formen der Kindertagesbetreuung sind im Zahlenspiegel des DJI dargestellt (Deutsches Jugendinstitut 2005: 79ff.), weshalb hier nicht auf sie eingegangen wird. Die Darstellung der Ergebnisse erfolgt aus drei Perspektiven: Erstens wird die Entwicklung der Inanspruchnahmequoten auf der Ebene einzelner Kreise dargestellt. Hierdurch werden die zum Teil gegenläufigen Entwicklungen unter

[71] Die Daten zur Inanspruchnahme der erzieherischen Hilfen entstammen der Regionaldatenbank des DJI. Die Aussagen beziehen sich hier auf Landkreise und kreisfreie Städte, aber nicht auf Jugendamtsbezirke. In der Regel sind diese beide identisch, aber insbesondere in NRW gibt es eine Vielzahl von kreisangehörigen Gemeinden mit einem eigenen Jugendamt. Für diese Kreise liegen in der Regionaldatenbank des DJI nur aggregierte Daten auf Kreisebene vor, das heißt, die Daten aller Jugendämter in einem Kreis wurden zusammengezählt.

der Oberfläche allgemeiner Trends erkennbar. Zweitens werden die regional unterschiedlichen Höhen der Inanspruchnahme thematisiert und drittens wird der Frage nachgegangen, inwiefern sich bei den Jugendämtern Muster der Hilfegewährung identifizieren lassen.

7.1 Entwicklung der Inanspruchnahmequoten auf Kreisebene

Prinzipiell können für alle Formen der Hilfen zur Erziehung, sofern sie in der amtlichen Kinder- und Jugendhilfestatistik erfasst sind, die Entwicklungen der Inanspruchnahme seit Einführung des KJHGs auf Kreisebene dargestellt werden. An dieser Stelle wird jedoch nur die Entwicklung der Inanspruchnahme der Heimunterbringung und anderer Formen betreuten Wohnens für die Jahre 1999 bis 2004 exemplarisch beschrieben. Um die Entwicklung der Inanspruchnahmequoten auf Kreisebene nachzuvollziehen, wurden für alle 440 Landkreise und kreisfreie Städte der Bundesrepublik die Veränderungen der Inanspruchnahmequoten der begonnenen Heimunterbringungen und anderer Formen betreuten Wohnens zwischen den Zeitpunkten 1999 und 2004 berechnet. Als ein Ergebnis der Berechnungen wurden die Kreise und kreisfreien Städte in drei Gruppen eingeteilt: 1. Kreise, in denen die Quote um mehr als zwei Fälle pro 10.000 der 0- bis 21-Jährigen zugenommen hat, 2. solche, in denen die Quote um mehr als zwei Fälle pro 10.000 der 0- bis 21-Jährigen abgenommen hat sowie 3. Kreise, in denen die Quote unverändert geblieben ist bzw. sich um höchstens zwei Fälle pro 10.000 der 0- bis 21-Jährigen verändert hat. Das Ergebnis verdeutlicht die unterschiedlichen Tendenzen in den einzelnen Kreisen. In fast einem Drittel der Kreise (31,1 %) sinkt die Inanspruchnahmequote während des beobachteten Zeitraums. Bei etwa jedem vierten Kreis (25,9 %) ist die Quote gleichgeblieben oder hat sich nur minimal verändert und in 43,0 % der Kreise stieg die Quote an.

Eine Analyse der Entwicklungsdynamik der Inanspruchnahme der Heimunterbringung und sonstiger Formen betreuten Wohnens in den einzelnen Kreisen unter Berücksichtigung einiger Indikatoren auf Kreisebene, die einen Beitrag zur Erklärung der Veränderung leisten können, zeigt, dass nur wenige Faktoren einen signifikanten Beitrag zur Erklärung der Entwicklung der Inanspruchnahmequoten leisten können. Im Einzelnen wurden mehrere Indikatoren berücksichtigt, die die Lebenslagen der Adressaten in den Kreisen beschreiben (Arbeitslosenquote, Schulabgängerquote ohne Hauptschulabschluss, Quote der Sozialhilfeempfänger). Von diesen Faktoren hat nur die Schulabgängerquote ohne Hauptschulabschluss einen signifikanten Einfluss auf die Entwicklung der Inanspruchnahme: Die Kreise mit einer hohen Schulabgängerquote von Schülern ohne Hauptschulabschluss verzeichnen einen stärkeren Zuwachs der Inanspruchnahme als andere Kreise.

Die fiskalische Situation in den Jugendamtsbezirken wurde durch einen Index berücksichtigt, der die kommunalen Schulden in ein Verhältnis zu den kommunalen Einnahmen setzt. Dieser Index, der in gewisser Weise den Gestaltungsspielraum der Kommunen abbilden soll, zeigt keinen Effekt in Bezug auf die Entwicklung der Inanspruchnahme. Auch die Größe des Jugendamtsbezirks wirkt sich nicht auf die Inanspruchnahmequote aus. Ebenfalls ist kein Unterschied zwischen Ost- und Westdeutschland zu erkennen. Die demografische Struktur der BewohnerInnen eines Kreises hat hingegen einen deutlichen Einfluss: Je größer der Anteil der Altersgruppen mit den höchsten alterspezifischen Inanspruchnahmequoten an allen Altersgruppen in den Kreisen ist, desto wahrscheinlicher wird ein Anstieg der Inanspruchnahme.[72] Dieser Effekt macht darauf aufmerksam, dass ein Anstieg der nicht altersstandardisierten relativen oder absoluten Fallzahlen in den Kreisen nicht zwangsläufig auf verschärfte Lebenslagen verweist, sondern ausschließlich oder zumindest teilweise auf eine Verschiebung der Zusammensetzung der Altersgruppen zurückzuführen sein kann. Dieser Effekt macht sich insbesondere in Ostdeutschland aufgrund des starken Geburtenrückgangs nach der Wende bemerkbar: Im Jahr 2004 gab es zum Beispiel eine sehr viel höhere Anzahl von Mädchen und Jungen in den Altersgruppen oberhalb des vierzehnten Lebensjahrs als unterhalb. Bedingt durch eine Verschiebung der Altersstruktur innerhalb der Gruppe der unter 21-Jährigen kann also eine Veränderung der absoluten Fallzahl – und damit auch der Ausgaben – erfolgen, ohne dass sich etwas an den Kriterien für die Gewährung stationärer erzieherischer Hilfen geändert hat. Dies ist insbesondere bei einem Anstieg der Fallzahlen zu berücksichtigen: Bei der Feststellung des Hilfebedarfs darf sich die Altersstruktur der minderjährigen Bevölkerung nicht zu Lasten der Familien auswirken.

Bei der Entwicklung der Inanspruchnahme zeigt sich neben dem Zusammenhang mit der Altersstruktur auch ein nicht überraschen-

---

[72] Zur Bildung dieser Variable wurden die jeweiligen Bevölkerungszahlen der Altersgruppen der unter 18-Jährigen (unter 1-Jährige, 1- bis unter 3-Jährige, 3- bis unter 6-Jährige, ..., 15- bis unter 18-Jährige) im Kreis mit einem Faktor multipliziert. Dieser Faktor entspricht dem Anteil der Fälle der einzelnen Altersgruppen an der Gesamtzahl der Fälle der unter 18-Jährigen.

der Effekt in Bezug auf das vorhandene Niveau der Inanspruchnahme. Dort, wo die Inanspruchnahme sich bereits auf einem hohen Niveau befindet, ist ein weiterer Anstieg signifikant seltener.

Ein Vergleich der Entwicklung der Inanspruchnahmequoten in Landkreisen mit der in kreisfreien Städten zeigt bei statistischer Kontrolle der anderen Variablen seltener eine Zunahme der Inanspruchnahmequote in Landkreisen. Dies ist ein Indiz für die steigende Anzahl der Landkreisjugendämter, die durch eine restriktive Hilfegewährungspraxis gekennzeichnet sind (vgl. auch Kap. 11).

Die Entwicklung der absoluten Fallzahlen in Landkreisen und kreisfreien Städten kann sich von der Entwicklung der Inanspruchnahmequote unterscheiden, weil sich die Bezugsgröße (die Anzahl der Kinder und Jugendlichen) verändern kann. Die Öffentlichkeit nimmt oftmals lediglich die Entwicklung der absoluten Fallzahlen in den Blick. Diese Größe bestimmt die Höhe der Ausgaben für die Hilfen, abstrahiert aber von Problemlagen und demografischen Veränderungen. Durch eine Abnahme der absoluten Fallzahlen und die damit verbundenen Einsparungen wächst, durch eine Zunahme der Fallzahlen und die damit verbunden Ausgabensteigerungen sinkt der Handlungsspielraum des örtlichen Jugendhilfeträgers bei unveränderter Haushaltshöhe. Die Entwicklung der Fallzahl kann allerdings auch bereits ein Ergebnis erweiterter oder eingeschränkter Handlungsspielräume der Jugendämter sein. Die Wechselwirkung dieser Einflüsse lässt sich kaum bestimmen, da es sich hier um parallel verlaufende Prozesse handelt, für die zudem nur eingeschränkt valide Indikatoren zur Verfügung stehen. Empirisch kann im Vergleich der Jahre 1999 und 2004 eine außerordentlich starke Streuung hinsichtlich der Entwicklung der absoluten Fallzahlen zwischen den Kreisen beobachtet werden. Da Mittelwerte in einem solchen Fall die tatsächliche Entwicklung oftmals verzerrt abbilden, wird auf den Median zurückgegriffen. Der Median zeigt bezogen auf alle Landkreise und kreisfreien Städte eine Reduktion von Unterbringungen in Heimen und sonstigen Formen betreuten Wohnens um einen Fall pro Kreis an. Allerdings gibt es deutliche regionale Unterschiede: In Ostdeutschland ist im Median pro Landkreis und kreisfreier Stadt eine Abnahme von sechs Fällen zu verzeichnen, in Westdeutschland dagegen steigt die Fallzahl um zwei Fälle. In West- und Ostdeutschland zeigt sich ein ähnlicher Unterschied zwischen kreisfreien Städten und Landkreisen: In Westdeutschland ist im Median in den Landkreisen eine Zunahme um zwei Fälle, in den Städten eine Abnahme um einen Fall zu verzeichnen. Ähnlich verhält es sich in Ostdeutschland. Hier sinkt zwar in beiden Gebietskörperschaftstypen die Fallzahl, aber der Rückgang in den kreisfreien Städten ist mit

14 Fällen wesentlich stärker ausgeprägt als in den Landkreisen, wo sich im Median die Fallzahl um sechs Fälle reduziert hat. Allerdings zeigt auch hier eine vertiefte Analyse der Zusammenhänge, dass für die Ab- oder Zunahme der absoluten Fallzahlen weniger das Merkmal Gebietskörperschaft als vielmehr die Höhe der Inanspruchnahme entscheidend ist: In Städten mit einem Niveau der Inanspruchnahme, das vergleichbar ist mit dem in Landkreisen, kommt es sogar seltener als in Landkreisen zu abnehmenden Fallzahlen. Dieser Zusammenhang zeigte sich bereits bei der Betrachtung der Inanspruchnahmenquoten. Beide Entwicklungen verlaufen – zwar nicht überraschend, aber auch nicht zwangsläufig – in dieselbe Richtung und geben bei allen bereits erwähnten Unsicherheiten bezüglich der Interpretation der jeweiligen Entwicklungen Hinweise auf eine restriktivere Gewährungspolitik in manchen Landkreisen.

7.2 Disparitäten in der Höhe der Inanspruchnahme

Eine andere Ebene der regionalen und institutionellen Disparitäten bezieht sich nicht auf die unterschiedliche Entwicklung, sondern die zum Teil sehr stark differierenden Höhen der Inanspruchnahmequoten. Bereits in der letzten Erhebung wurde auf die stark variierende Inanspruchnahme auch innerhalb von Gebietskörperschaften des gleichen Typus oder eines Bundeslandes hingewiesen (van Santen u. a. 2003; van Santen 2002). In Tabelle 7.1 sind für verschiedene Formen erzieherischer Hilfen, die in der amtlichen Leistungsstatistik der Kinder- und Jugendhilfe erfasst sind, einige statistische Maßzahlen zur Verteilung der Inanspruchnahmequoten auf Kreisebene dargestellt. Dabei handelt es sich um die 10er- und 90er-Perzentile[73] der Inanspruchnahmequoten, die vor allem einen Hinweis auf die Streubreite oder Spannweite der Inanspruchnahmequoten geben, sowie um den Variationskoeffizienten[74], welcher es erlaubt, die Streuung, also die Variation der Inanspruchnahmequoten zwischen verschiedenen Hilfeformen zu vergleichen, auch wenn diese in der Höhe

[73] Das 10er-Perzentil ist der Wert, der von 10 % der Kreise unterschritten wird, das heißt, in 10 % der Kreise gibt es noch niedrigere Werte. Das 90er-Perzentil ist der Wert, der von 10 % der Kreise überschritten wird, das heißt, in 10 % der Kreise gibt es noch höhere Werte.

[74] Der Variationskoeffizient berechnet sich aus dem Verhältnis von Standardabweichung und Mittelwert (Standabweichung geteilt durch dem Mittelwert). Je höher der Wert, desto höher die vorhandene Streuung bzw. je größer die Unterschiede zwischen den Kreisen.

stark voneinander differieren. Es wurden jeweils nur die Kreise berücksichtigt, die eine entsprechende Form der Hilfe in ihrem Hilferepertoire haben.

Tab. 7.1: Perzentile der Inanspruchnahmequoten für Angebote HZE, kreisfreie Städte und Landkreise 2004 (pro 10.000 der 0- bis 18-Jährigen)

Hilfeformen	10er-Perzentile	90er-Perzentile	Mittelwert	Median	Variationskoeffizient (s/x)
Erziehungsberatung*	46,2	186,9	112,5	103,8	60 %
Erziehungsbeistand***	1,9	26,5	11,7	8,5	103 %
Betreuungshelfer***	0,3	6,0	2,9	1,5	166 %
Soziale Gruppenarbeit***	0,6	14,9	6,4	3,8	140 %
SPFH*/**	2,7	17,5	9,1	7,5	70 %
Hilfe außerhalb der Familie**	13,8	55,9	31,4	27,5	55 %
davon					
*Tagesgruppe***	*1,7*	*12,5*	*6,4*	*5,2*	*74 %*
*ISE***	*0,3*	*3,7*	*1,6*	*0,9*	*125 %*
*Vollzeitpflege***	*2,6*	*14,5*	*7,8*	*6,6*	*69 %*
*Heimunterbringung***	*5,2*	*31,0*	*16,9*	*14,6*	*65 %*
Vorläufige Schutzmaßnahme	2,0	37,2	17,0	10,6	127 %

* Pro 10.000 der 0- bis 27-Jährigen; ** begonnene Hilfen; ***Junge Menschen/Familien am 31. Dezember; nur jeweils Kreise mit ensprechenden Hilfen

Quelle: amtliche Statistik der Kinder- und Jugendhilfe; Regionaldatenbank DJI; eigene Berechnungen

Wenn man die Extremwerte außer Acht lässt, die manchmal schlicht das Ergebnis von fehlerhaften Daten sind, und die 10er- und 90er-Perzentile betrachtet, zeigen sich erhebliche Differenzen. Im Vergleich der Kreise untereinander sind zehnfach höhere oder niedrigere Inanspruchnahmequoten keine Seltenheit. Gemessen am Vergleich der Variationskoeffzienten sind die regionalen Disparitäten am größten bei der Hilfe durch Betreuungshelfer, der sozialen Gruppenarbeit sowie der Intensiven Sozialpädagogischen Einzelbetreuung. Sehr große Unterschiede zeigen sich aber auch bei den Inanspruchnahmequoten der vorläufigen Schutzmaßnahmen. Hier beträgt das 90er-Perzentil (37,2) nahezu das 20-Fache des 10er-Perzentils (2,0).

Die Inanspruchnahmequote, die die verschiedenen Hilfen zur Erziehung außerhalb des Elternhauses zusammenfasst, variiert am wenigsten zwischen den Kreisen. Allerdings weisen die einzelnen Hilfen außerhalb der Familie für sich genommen wiederum eine zum Teil erhebliche Streuung auf. Dies deutet darauf hin, dass zwar die Zusammensetzung der Hilfen außerhalb der Familie von Kreis zu Kreis stark, aber die Gesamtinanspruchnahmequoten der Hilfe außerhalb der Familie weniger ausgeprägt variiert. Manche Kreise setzen also zum Beispiel mehr auf Vollzeitpflege, andere mehr auf Heimunterbringung. Die Gesamtzahl der Fremdunterbringungen ist jedoch ähnlich. Von den einzelnen erzieherischen Hilfen streut die Inanspruchnahme der Erziehungsberatung am wenigsten zwischen den Kreisen. Dies liegt sicher auch daran, dass es für diese Form der Hilfe keine unmittelbar vergleichbare Hilfeform gibt, die es den Jugendämtern erlauben würde, eher die eine oder die andere Hilfeform zu bevorzugen. Zudem könnte der im Prinzip freie Zugang zu den Erziehungsberatungsstellen (ohne unmittelbare Einflussmöglichkeiten der Jugendämter im Zuweisungsprozess) zu einer ähnlich hohen Inanspruchnahme der Erziehungsberatung in den Jugendamtsbezirken führen.

Eine Differenzierung nach Stadt- und Kreisjugendämtern zeigt, dass ein nicht unerheblicher Teil der vorhandenen Unterschiede zwischen den Jugendämtern auf die Gebietskörperschaftstypen zurückzuführen ist. Für alle in Tabelle 7.1 aufgeführten erzieherischen Hilfen liegt die Inanspruchnahmequote in den Städten deutlich über der in den Landkreisen. So beträgt das 10er-Perzentil der Inanspruchnahmequote der verschiedenen Hilfen außerhalb der Familie in kreisfreien Städten zum Beispiel 22,7. Das 90er-Perzentil liegt hier bei 68,3 Fällen pro 10.000 der 0- bis 18-Jährigen. In den Landkreisen dagegen betragen diese Werte 12,5 respektive 40,9. Das heißt, ein guter Teil der Unterschiede zwischen den Kreisen erklärt sich durch die Differenz zwischen Städten und Landkreisen. Dies gilt – zumindest soweit diese berücksichtigt werden konnten – auch unabhängig von den jeweils vorfindbaren sozialstrukturellen Unterschieden.

Außer bei der Erziehungsberatung und der Vollzeitpflege kann bei allen anderen erzieherischen Hilfen, die in Tabelle 7.1 dargestellt sind, in Ostdeutschland eine geringere Streuung als in Westdeutschland festgestellt werden. Dies deutet auf eine nach wie vor einheitlichere Gewährungspraxis in Ostdeutschland hin.

Gründe für die unterschiedliche Höhe der Inanspruchnahme

Mittels einer multivariaten Analyse wurde versucht, Gründe für die unterschiedliche Inanspruchnahme der verschiedenen Formen der Fremdunterbringung (§§ 33 und 34 KJHG) auf Kreisebene herauszufinden. Die Berechnungen mithilfe der Daten aus der Regionaldatenbank des DJI zeigen, dass von den einbezogenen Einflussvariablen die jeweilige Binnenstruktur der Altersgruppe der unter 18-Jährigen in den Kreisen den größten Einfluss hat. Das heißt, die Inanspruchnahme von Fremdunterbringungen steigt dann besonders stark an, wenn der Anteil der Altersgruppen, die vergleichsweise häufiger fremduntergebracht werden, an allen unter 18-Jährigen zunimmt. Dies unterstreicht erneut die Bedeutung der demografischen Struktur bzw. der demografischen Entwicklung für die aktuelle Höhe respektive die Veränderung der Inanspruchnahme. Als fast genauso wichtiger Einflussfaktor erweist sich die Unterscheidung zwischen den Gebietskörperschaftstypen: In kreisfreien Städten gibt es eine sehr viel höhere Inanspruchnahmequote als in Landkreisen. Diese Beobachtung ist nicht neu und wird zum Beispiel auch in allen vorhandenen Länderberichten zu dem Themenbereich Hilfen zur Erziehung bestätigt. Allerdings zeigt sich auch, dass dieser Unterschied unabhängig von den statistisch kontrollierten Einflussfaktoren, die sich auf problematische Lebenslagen der Adressaten beziehen und häufiger in den Städten anzutreffen sind, existiert. Ungeklärt bleibt daher nach wie vor die Frage, welche Faktoren hinter diesem Zusammenhang stehen.

Neben der Alterstruktur der Adressaten in den Kreisen und der Unterscheidung nach Gebietskörperschaftstypen wurden auch die Zusammenhänge zwischen verschiedenen Indikatoren für die Lebenssituation von Kindern, Jugendlichen und Familien und der Höhe der Inanspruchnahmequote der Fremdunterbringung (§ 33 und § 34 KJHG) untersucht. So weist die Quote der Sozialhilfeempfänger im Kreis einen signifikanten Zusammenhang mit der Inanspruchnahme auf. Wie erwartet, steigt die Inanspruchnahme mit einem zunehmenden Anteil von SozialhilfeempfängerInnen im Kreis.

Statistisch irrelevant erweisen sich die Variable, die die Größe der Jugendamtsbezirke gemessen an der Anzahl der jugendlichen Wohnbevölkerung abbildet, der Indikator für den finanziellen Gestaltungsspielraum der Kreise, die Arbeitslosenquote sowie die Unterscheidung nach Ost- und Westdeutschland. Letzteres ist bemerkenswert, da diese Differenzierung der Kreise für die Höhe der Inanspruchnahme lange Zeit sehr relevant war. Inzwischen hat sich jedoch das Verhältnis der Inanspruchnahmequoten umgedreht. Nunmehr liegt die Quote der Fremdunterbringung in Ostdeutschland im Durchschnitt niedriger als in Westdeutschland. Auch wenn für das Jahr 2004 mit dem verwendeten Regressionsmodell eine relativ gute Erklärung der Variation der Inanspruchnahme zwischen den Kreisen erreicht werden kann, bleibt der Großteil dieser Streuung unaufgeklärt. Neben der immer noch nicht zufriedenstellenden Möglichkeit, die Belastungssituation der Adressaten, die im Einzelfall zum erzieherischen Hilfebedarf führen, abzubilden, tragen dazu sicher auch die in den Kreisen jeweils unterschiedlichen Gewährungspraxen als Ergebnis von differierenden Entscheidungs- und Definitionsprozessen bei.

Ein Vergleich der Streuung zwischen den Ländern zeigt, dass die Variation der Inanspruchnahme der Fremdunterbringung zwischen den Ländern deutlich größer ist als innerhalb der Länder. Dieser Befund spricht dafür, dass sich innerhalb der einzelnen Bundesländer eine relativ ähnliche Gewährungspraxis herausgebildet hat. Dies könnte auf Aktivitäten der Landesjugendämter verweisen (z.B. Fortbildungen, Handreichungen) oder auch Ausdruck ähnlicher Finanzierungsbedingungen sein. Jedoch gibt es auch Bundesländer (Sachsen und Schleswig-Holstein), auf die der genannte Befund nicht zutrifft.

Bemerkenswert ist, dass innerhalb von Bundesländern nicht bei allen erzieherischen Hilfen eine ausgeprägte Einheitlichkeit der Inanspruchnahmequoten beobachtet werden kann. Vielmehr gibt es in einzelnen Bundesländern Hilfeformen, für die diese Einheitlichkeit zutrifft, während bei anderen Hilfeformen sehr disparate Inanspruchnahmequoten feststellbar sind. Zum Beispiel variiert die Quote der Heimunterbringung und sonstiger betreuter Wohnformen in einzelnen Bundesländern relativ wenig, bei gleichzeitig sehr großen Unterschieden in der Inanspruchnahme der Erziehungsberatung. Und auch das umgekehrte Beispiel lässt sich beobachten. Offenbar bilden sich bislang in den meisten Bundesländern lediglich partiell für separate Hilfeformen Traditionen heraus, die sich in einer relativ ähnlichen Gewährungspraxis niederschlagen.

7.3 Muster der Gewährungspraxis

Bei allen regionalen und institutionellen Disparitäten der Inanspruchnahme der Hilfen stellt sich dennoch die Frage, inwiefern die Jugendämter in Bezug auf alle Hilfen zur Erziehung eine miteinander vergleichbare Gewährungspolitik aufweisen. Mit anderen Worten: Lassen sich im Gesamtkontext der gewährten erzieherischen Hilfen Muster von Gewährungspraxen erkennen? Auf welche Art von Hilfen setzen Jugendämter mit Vorliebe? Werden hauptsächlich ambulante oder eher stationäre Hilfen gewährt? Welche Rolle spielt die Erziehungsberatung? Es geht hierbei nicht um Muster der Abfolge von Hilfen bei einzelnen Adressaten in einer Verlaufsperspektive, sondern um Schwerpunktsetzungen bei den gewährten Hilfen im Jahr 2004 unabhängig davon, ob diese im Einzelfall jeweils die erste oder eine von mehreren Hilfen darstellen. Drei Muster der Hilfegewährung lassen sich erkennen:

Es zeigt sich erstens eine sehr ungleiche Verteilung der Fälle auf die einzelnen Hilfeformen innerhalb der einzelnen Jugendamtsbezirke. Jugendämter in Ostdeutschland weisen eine etwas einheitlichere Verteilung ihrer Fälle über das Spektrum der erzieherischen Hilfen auf als westdeutsche Jugendämter. Das heißt, die Inanspruchnahmequoten der einzelnen erzieherischen Hilfeformen unterscheiden sich innerhalb der ostdeutschen Jugendamtsbezirke weniger stark als innerhalb der westdeutschen Jugendamtsbezirke. In Westdeutschland gibt es also mehr Jugendämter, die sich auf einzelne Hilfeformen konzentrieren.

Zweitens zeigt sich, dass Jugendämter mit relativ hohen Inanspruchnahmequoten bei der einen Hilfe auch relativ hohe Inanspruchnahmequoten bei anderen Hilfen zu verzeichnen haben. Das heißt, die Jugendämter unterscheiden sich nicht nur in Bezug auf die Höhe der Inanspruchnahme einzelner Hilfen, sondern auch in Bezug auf ihre gesamte Hilfegewährungspolitik: Es gibt Jugendämter, die insgesamt und unabhängig von den einzelnen Hilfeformen relativ viele Hilfen gewähren und solche, die bezüglich ihres ganzen Hilfespektrums eine relativ restriktive Hilfegewährungsstrategie verfolgen.

Drittens lässt sich ein Substitutionseffekt einzelner Hilfen untereinander erkennen. Offensichtlich gibt es Jugendämter für die die Erziehungsberatung die Hilfeformen Erziehungsbeistandschaft und SPFH teilweise ersetzen bzw. deren Funktion übernehmen soll. In diesen Jugendamtsbezirken gehen relativ höhere Inanspruchnahmequoten für die Erziehungsberatung mit relativ niedrigeren Inanspruchnahmequoten der Erziehungsbeistandschaft und der SPFH einher. Bisher lassen sich also eher Substitutionseffekte zwischen verschiedenen ambulanten Hilfeformen als zwischen ambulanten und stationären Hilfen erkennen, die nicht zuletzt aus Kostengründen in vielen Jugendamtsbezirken angestrebt werden.

7.4 Fazit

Die dezentrale Zuständigkeit der Kinder- und Jugendhilfe mit ihrer Autonomie der örtlichen Träger im Rahmen der kommunalen Selbstverwaltung spiegelt sich in den regionalen und institutionellen Disparitäten der Hilfegewährung wider. Trotz weitergehender Angleichung der Angebotsstruktur der Jugendämter kann immer noch ein erhebliches Maß der Variation in der Hilfegewährungspraxis festgestellt werden. Diese Variation bezieht sich nicht nur auf die Gewährung einzelner Hilfen zur Erziehung, wobei sie als Folge von Hilfegewährungsstrategien mit unterschiedlichen Schwerpunktsetzungen gesehen werden könnte, sondern kann auch bezüglich der Gesamtgestalt der Gewährungspraxen festgestellt werden. Auch wenn davon auszugehen ist, dass die spezifischen Bedarfslagen in den Kreisen bei den durchgeführten Analysen nicht ausreichend berücksichtigt werden konnten und eine genaue Bestimmung der regionalen und institutionellen Disparitäten nur erfolgen kann, wenn diese kontrolliert werden, bleibt doch festzuhalten, dass das Ausmaß an Variation zwischen den Kreisen mit größter Wahrscheinlichkeit nicht nur dieser Schwerpunktsetzung geschuldet ist. Vielmehr kann angenommen werden, dass ein Großteil der Differenzen der Inanspruchnahme zwischen den Kreisen auf die Entscheidungs- und Definitionsprozesse innerhalb der Jugendämter zurückgeführt werden kann. Es gilt Wege zu finden, diese Prozesse genauer beschreiben und somit auch der Reflexion zugänglich machen zu können.

Es bleibt abzuwarten, wie sich die erfolgte Föderalismusreform auswirken wird. Aber wenn die durch die Reform möglich gewordene Auflösung des Jugendamtes in seiner jetzigen Form von Kommunen tatsächlich ausgeführt werden sollte, dann kann angenommen werden, dass dies zu einer Zunahme regionaler Disparitäten führen wird. Alle bisherigen Untersuchungen (z.B. Mamier u.a. 2002) zeigen nämlich, dass die erreichte Fachlichkeit durch andere Organisationsformen eher gefährdet ist und eine Weiterentwicklung gebremst wird. Es ist wohl kein Zufall, dass trotz der breit angelegten Experimentierphase im Rahmen der neuen Steuerungsmodelle die Einheitlichkeit der organisatorischen Einbettung von Jugendhilfeaufgaben in die Kommunalverwaltung nicht abgenommen hat.

8 Der Kinder- und Jugendhilfeausschuss als modernes Steuerungsgremium?

Der Kinder- und Jugendhilfeausschuss bildet einen Teil der zweigliedrigen Behörde Jugendamt, die für die Erfüllung der Aufgaben der Kinder- und Jugendhilfe zuständig ist. In Abständen sieht sich die Kinder- und Jugendhilfe mit der Frage konfrontiert, ob dieser Ausschuss den gesellschaftlichen Entwicklungen und den administrativen und politischen Anforderungen noch gerecht wird. In dem folgenden Abschnitt soll auf der Basis einiger organisationsstruktureller Daten und einiger Daten der Erhebung bei Jugendämtern, Jugendringen und Geschäftsstellen von Trägern der Frage nachgegangen werden, inwiefern der Kinder- und Jugendhilfeausschuss seine Funktion als zentrales Steuerungsgremium erfüllt.

Aufgrund gesellschaftlicher Veränderungsprozesse müssen sich Politik und Verwaltung zunehmend auf neue Formen der Gestaltung und Steuerung kommunaler Politik einlassen. Globalisierungsprozesse tragen dazu bei, dass Kommunen mit Entscheidungen konfrontiert sind, die sie selbst nicht getroffen haben. Die gesellschaftliche Situation, denen sich die Politik gegenübersieht, ist durch stetig komplexer werdende soziale Probleme charakterisiert und die notwendigen Lösungen entsprechen immer weniger bisherigen Normalitätsmodellen.

Die bestehenden Steuerungsmechanismen und Verwaltungsstrukturen enthalten zwar Elemente der Mitgestaltung durch die Bürger, Angemessenheit und Akzeptanz der Elemente werden jedoch sowohl aufgrund der zunehmenden Komplexität der zu bearbeitenden Probleme als auch aufgrund der Abwanderung von Entscheidungen auf überregionale Ebenen (Europa) zunehmend hinterfragt. Bereits seit einiger Zeit vollzieht sich ein Veränderungsprozess in den administrativen korporatistisch und plural angelegten Strukturen hin zu anderen Formen und damit zu mehr Beteiligung und Einbezug der Bürger. In der aktuellen politischen und soziologischen Diskussion und Forschung werden die Veränderungen mit dem Begriff »Governance« gegenüber dem bisherigen »Government« beschrieben. Der Begriff »Governance« rückt stärker die politische Mitbestimmung der Bürger sowie die Regeln und Strukturen, die sich hierfür herausbilden, in den Vordergrund. Es geht dabei um Beteiligungs- und Gestaltungsmöglichkeiten, aber auch um eine stärkere Kontrolle staatlicher Instanzen. Der Begriff betont das Zusammenwirken von politischer Steuerung und gesellschaftlichen Aushandlungsprozessen. Die Erkenntnis aus der Analyse gesellschaftlicher Modernisierungsprozesse ist, dass letztlich nur auf diese Weise die weiterhin notwendige Akzeptanz staatlichen Handelns erreicht und erhalten werden kann. Mit diesem beschriebenen Verständnis von Steuerung steigt die Zahl der Akteure, die Lebensbedingungen mitgestalten und -bestimmen, und die direkte Beteiligung von Bürgern an Entscheidungen gewinnt eine größere Bedeutung. Hierfür sind neue Strukturen und auch institutionelle Modelle notwendig (vgl. Diskussion um Netzwerkstrukturen).

Die Kinder- und Jugendhilfe hat einen sehr breiten Aufgabenbereich, aber verfügt nicht immer über die entsprechenden Zuständigkeiten, da viele ihrer Aufgaben Querschnittsaufgaben sind. Interessen von Kindern und Jugendlichen und ihren Familien und die Lebensverhältnisse, die sie brauchen, müssen unterstützt werden und die Ausgestaltung von angemessenen Angeboten für die Adressaten müssen entwickelt und umgesetzt werden. Dieser umfassende Auftrag ist nur kooperativ im Zusammenspiel vieler verschiedener Institutionen und gesellschaftlicher Teilsysteme leistbar.

Das Kinder- und Jugendhilfegesetz hat bereits strukturelle Voraussetzungen für diesen komplexen Auftrag im Sinne einer modernen bürgernahen Verwaltung geschaffen. Mit der Verankerung der Verantwortung für die Belange von Kindern, Jugendlichen und ihren Familien auf der Ebene der Kommunen ist eine erste wichtige Voraussetzung für eine bürgernahe Ausgestaltung erfüllt. Darüber hinaus ist die Steuerung der Kinder- und Jugendhilfe auf den verschiedenen Ebenen so angelegt, dass Aushandlungsprozesse notwendig sind und gefördert werden.

Auf der Ebene der individuellen Angebote fungieren übergeordnet sowohl der Kinder- und Jugendhilfeausschuss als auch die Hilfeplanung (§ 36 KJHG) und die Jugendhilfeplanung als Steuerungsmechanismen. Die gesetzlichen Vorgaben, Jugendhilfeplanung durchzuführen und Entgelt-, Leistungs- und Qualitätsentwicklungsvereinbarungen abzuschließen, sind beteiligungsorientiert angelegte Steuerungselemente zwischen Politik, Verwaltung der Kinder- und Jugendhilfe und freien Trägern. Der Kinder- und Jugendhilfeausschuss schließlich ist das zentrale übergeordnete Steuerungsgremium für die Kinder- und Jugendhilfe. Er versammelt KommunalpolitikerInnen, VertreterInnen freier Träger, erfahrene Personen der Kinder- und Jugendhilfe und hat Beschlussrecht in Angelegenheiten der Jugendhilfe. Die gesetzlichen Aufträge zur Zusammenarbeit zwischen freien und öffentlichen Trägern werden hier gebündelt und somit ist Kooperation im Kinder- und Jugendhilfeausschuss der zentrale Steuerungsmodus. Diese Konstruktion beinhaltet große Chancen für die Aushandlung jugendhilfepolitischer Positionen vor Ort, gerade dann, wenn notwendige und auch ungeliebte Entscheidungen zu treffen sind. Fachliche Positionen können so eher in der Politik verankert und auch von ihr vertreten werden.

Entwicklungen, die diesem beschriebenen Anspruch entgegenstehen, bedrohen in Abständen immer wieder die Existenz des Kinder- und Jugendhilfeausschusses (vgl. Pluto/van Santen/Seckinger 2003: 59). Seine spezifische Konstruktion als beschließender kommunalpolitischer Ausschuss wird dabei in Frage gestellt und die Gleichstellung mit anderen kommunalpolitischen Ausschüssen, in denen eine Beteiligung von Personen und Organisationen von außerhalb der Vertretungskörperschaft nicht vorgesehen ist, angestrebt. Die Begründung dafür ist, dass durch die Regelungen im Kinder- und Jugendhilfegesetz, erlassen vom Bundesgesetzgeber, kommunales Selbstbestimmungsrecht eingeschränkt würde. Aus der Perspektive der Verwaltung spielt dabei auch eine Rolle, ob durch die Integration verwaltungsfremder Personen in den Ausschuss Verwaltungshandeln erschwert wird.

Die Kinder- und Jugendhilfe hat mit den gesetzlichen Grundlagen eine sehr gute Ausgangsbasis, um bürgerorientierte Politik gestalten und auf Entwicklungen vor Ort angemessen reagieren zu können. Sie hat mit dem Kinder- und Jugendhilfeausschuss bereits Strukturen, die die Integration von verschiedenen Initiativen und Akteuren im Sinne von Governance ermöglichen; der mühsame Aufbau institutioneller Strukturen bleibt somit erspart. Die Frage ist, ob die vorhanden Möglichkeiten auch in diesem Sinne genutzt werden und ob bei den Konflikten über die Verteilung der Finanzen vor Ort das Potenzial eines solchen Ausschusses und der damit verbundenen Aushandlungsmöglichkeit auch als solches erkannt wird. Nur wenn alle gesetzlichen Rahmenbedingungen genutzt werden, steigen die Chancen, dass der Ausschuss seine Steuerungsfunktion tatsächlich wahrnehmen kann.

Anhand ausgewählter Strukturmerkmale (Zusammensetzung, Tagungshäufigkeit, Qualifizierung und bewertende Einschätzung) ist es möglich, Hinweise darauf zu bekommen, ob die Kinder- und Jugendhilfeausschüsse in der Bundesrepublik ihrer Steuerungsfunktion nachkommen und das Potenzial einer bürgernahen politischen Steuerung nutzen. Im Rahmen des Projekts wurden zum vierten Mal in Folge empirische Daten zur Situation der Kinder- und Jugendhilfeausschüsse in der Bundesrepublik erhoben, die Aussagen zur Entwicklung der Ausschüsse erlauben (vgl. van Santen u. a. 2003).

Darüber hinaus gibt es nur wenige empirische Erhebungen hinsichtlich der Funktionsweise von Jugendhilfeausschüssen in Deutschland, die Aufschluss darüber geben, welche konkrete Umsetzung die gesetzlichen Vorgaben in der Praxis erfahren und welche Schwierigkeiten sich durch die spezifische Konstruktion des Kinder- und Jugendhilfeausschusses ergeben (zur Situation der Kinder- und Jugendhilfeausschüsse in Nordrhein-Westfalen vgl. Merchel/Reismann 2004; zu einer qualitativ angelegten Studie zu Kooperation vgl. van Santen/Seckinger 2003). Viele Publikationen beziehen sich auf die Programmatik und die Beschreibung einzelner Kinder- und Jugendhilfeausschüsse bzw. stellen Arbeitshilfen für die Mitglieder der Kinder- und Jugendhilfeausschüsse dar (vgl. z.B. Jugendhilfe Report 2003; Spezialheft Jugendpolitik 2001; Kösters 1998).

8.1 Zusammensetzung des Kinder- und Jugendhilfeausschusses

Stimmberechtigte Mitglieder

Die Gesamtzahl und das Verhältnis der Zusammensetzung der Mitgliedergruppen des Kinder- und Jugendhilfeausschusses ist gesetzlich festgelegt (drei Fünftel Vertretungskörperschaft inklusive in der Kinder- und Jugendhilfe erfahrene Personen und zwei Fünftel freie Träger). Die Gesamtzahl der Mitglieder wird entweder von landesrechtlichen Regelungen oder den kommunalen Gebietskörperschaften bestimmt. Die Mindestanzahl stimmberechtigter Mitglieder, die das Kinder- und Jugendhilfegesetz vorschreibt, beträgt zehn. Die Größe des Kinder- und Jugendhilfeausschusses hat, wie eine Studie zu Kooperationsbeziehungen im Kinder- und Jugendhilfeausschuss zeigen konnte, Auswirkungen auf die Zusammenarbeit der Mitglieder, auf deren Möglichkeiten, jugendhilfepolitische Strategien zu entwickeln, und auf die Koalitionen und Konflikte, die sich ausbilden (vgl. van Santen/Seckinger 2003). Die optimale Größe für einen arbeitsfähigen Ausschuss hängt, wie die Erfahrungen mit Kinder- und Jugendhilfeausschüssen zeigen, auch von den regionalen Konstellationen ab. Ist ein Ausschuss zu klein angelegt, können innerhalb der Kommune Befürchtungen entstehen, dass nicht alle relevanten Gruppen, zum Beispiel Vertreter freier Träger, aus dem Jugendamtsbezirk angemessen vertreten sind. Ist die Vorgabe für die Anzahl der Mitglieder eines Ausschusses zu umfangreich, wird nicht selten das Funktionieren des Ausschusses, im Sinne des reibungslosen Ablaufs (ausreichend Zeit für die Entscheidungsfindung, Einbezug aller Mitglieder, Bildung von Koalitionen), infrage gestellt (vgl. ebd.).

Die Jugendamtsbefragung zeigt, dass die Jugendhilfeausschüsse im Durchschnitt 15 stimmberechtigte Mitglieder haben. Das Minimum beträgt – entsprechend den gesetzlichen Vorgaben – zehn und das Maximum 32 Mitglieder. An dieser Situation hat sich im Vergleich zu den letzten Jahren nichts verändert. Der durchschnittliche Anteil von freien Trägern an den stimmberechtigten Mitgliedern beläuft sich auf 40 % und entspricht im Durchschnitt der gesetzlichen Vorgabe. Die Spannweite (von 31 % bis 53 %) macht deutlich, dass die gesetzlichen Vorgaben in manchen Jugendamtsbezirken unter- bzw. überschritten werden.

Es sind in dieser Erhebungsphase keine VertreterInnen privat-gewerblicher Träger als Mitglieder in Jugendhilfeausschüssen vertreten. Obwohl sich der Anteil der privat-gewerblichen Träger, die Angebote der Kinder- und Jugendhilfe vorhalten, in den letzten drei Jahren deutlich erhöht hat (vgl. Kapitel 5), lässt sich ein solcher Trend an den Anteilen der Mitglieder in den Kinder- und Jugendhilfeausschüssen nicht beobachten. Rein rechtlich ist ihre Mitgliedschaft im Kinder- und Jugendhilfeausschuss ausgeschlossen, denn das KJHG sieht vor, dass nur anerkannte freie Träger im Kinder- und Jugendhilfeausschuss vertreten sein dürfen (vgl. Wiesner u.a. 2000).

Innerhalb der Gruppe freier Träger hat sich gegenüber der letzten Erhebung nichts Wesentliches im Verhältnis der einzelnen Teilgruppen zueinander verändert, auch wenn es kleinere Verschiebungen gibt. Die Wohlfahrtsverbände sind weiterhin die größte Gruppe der stimmberechtigten Vertreter freier Träger. Zwischen Ost und West ist eine Angleichung der Anteile erkennbar. Im Osten verringert sich der Anteil der Wohlfahrtsverbände. Die Anteile der Jugendverbände und -ringe und der Kirchen erhöhen sich dafür etwas.

Tab. 8.1: Durchschnittliche Anteile der einzelnen Teilgruppen freier Träger innerhalb der Gruppe der freien Träger im KJHA

	2000		2004		
	Ost	West	Ost	West	Insgesamt
Wohlfahrtsverbände	61 %	52 %	53 %	50 %	51 %
Jugendringe und -verbände	22 %	40 %	29 %	39 %	35 %
andere freie Träger	16 %	7 %	13 %	10 %	11 %
Kirchen	1 %	1 %	4 %	2 %	2 %

Quelle: DJI-Jugendamtserhebungen 2000, 2004

Vergleicht man in einer längsschnittlichen Perspektive die Zusammensetzung des Kinder- und Jugendhilfeausschusses in den Jahren 2000 und 2004 bei den Jugendämtern, die an beiden Erhebungen teilgenommen haben, so wird deutlich, dass es in den meisten Fällen zu keiner Veränderung gekommen ist. Am Beispiel der Jugendringe soll dies verdeutlicht werden. In den Jugendamtsbezirken, die sowohl an der letzten Erhebung als auch an der aktuellen Erhebung teilgenommen haben, ist der Jugendring in drei von vier Jugendamtsbezirken weiterhin als stimmberechtigtes Mitglied im Kinder- und Jugendhilfeausschuss vertreten, in 7 % ist er neu hinzugekommen und in 18 % nicht mehr als stimmberechtigtes Mitglied vertreten. Ein Grund für eine nicht mehr bestehende Mitgliedschaft im Kinder- und Jugendhilfeausschuss kann beispielsweise in der Auflösung des örtlichen Jugendringes liegen oder darin, dass die Vertretung der Jugendarbeit durch einen Jugendverbandsvertreter wahrgenommen wird.

Die insgesamt bei den stimmberechtigten Mitgliedern zu beobachtende Stabilität in den Jugendhilfeausschüssen war vor dem Hintergrund der weitgehenden rechtlichen Regelungen und der in den Jugendamtsbezirken über Jahre entstandenen Konstellationen, die auf die regionalen Erfordernisse reagieren, zu erwarten. Dieses Ergebnis sagt noch nichts über die Stabilität der Personenkonstellationen in den Ausschüssen aus, denn die Teilgruppen können sich aus wechselnden Personen zusammensetzen.

Beratende Mitglieder

Beratende Mitglieder haben aufgrund ihrer Verortung im Kinder- und Jugendhilfeausschuss die Funktion, ihr Expertenwissen für die Kinder- und Jugendhilfe zur Verfügung zu stellen und dazu beizutragen, dass die Kinder- und Jugendhilfe ihren Auftrag, sich mit anderen Bereichen (mit denen es aufgrund ihrer Aufgabenstellung Überschneidungen gibt, wie zum Beispiel Arbeitsverwaltung, Gerichte, Gesundheitswesen) zu vernetzen, besser nachkommen kann. Bisherige empirische Ergebnisse und Erfahrungen zeigen, dass dieses Ziel nur eingeschränkt erreicht wird. Beratende Mitglieder werden häufig als randständige Mitglieder des Kinder- und Jugendhilfeausschuss beschrieben, denen wenig Ausstrahlungskraft auf die diskutierten Themen zugeschrieben wird (vgl. van Santen/Seckinger 2003; Seckinger 2004; Merchel/Reismann 2003).

Tab. 8.2: Beratende Mitglieder im Kinder- und Jugendhilfeausschuss

	Jugendämter	
	2000	2004
Richter	98 %	84 %
Schule	96 %	93 %
Kirchen	85 %	87 %
Arbeitsämter/Arbeitsverwaltungen	82 %	81 %
Polizei	81 %	81 %
Gleichstellungsbeauftragte	61 %	60 %
Gesundheitsamt	56 %	48 %
Sonstige	51 %	46 %
Ausländerbeauftragte	44 %	38 %
Vertretungskörperschaft	25 %	32 %
Erfahrene Personen	20 %	28 %
Andere freie Träger	19 %	21 %
Jugendringe	14 %	17 %
Jugendverbände	11 %	7 %
Wohlfahrtsverbände	7 %	10 %
Privat-gewerbliche Träger	1 %	1 %

Quelle: DJI-Jugendamtserhebungen 2000, 2004

Im Durchschnitt gibt es zehn beratende Mitglieder in Kinder- und Jugendhilfeausschüssen. Die durchschnittliche Anzahl sowie die Bedeutung der einzelnen Gruppen und Institutionen hat sich in den letzten Jahren nur unwesentlich verändert.

In den Landesausführungsgesetzen ist geregelt, welche Institutionen und gesellschaftlichen Gruppen mit Beratungsfunktion im Kinder- und Jugendhilfeausschuss vertreten sein sollen. Da in den meisten Ausführungsgesetzen RichterInnen und VertreterInnen der Schule als beratende Mitglieder vorgesehen sind, überrascht nicht, dass sie am häufigsten genannt werden. Die Jugendamtsbezirke, in denen RichterInnen als beratende Mitglieder vertreten sind, sind dennoch in den letzten Jahren etwas gesunken. Eine mögliche Erklärung könnte die etwas zurückgehende öffentliche Aufmerksamkeit auf das Thema »Kinder- und Jugenddelinquenz« sein. Das Thema spielt aktuell in der Öffentlichkeit eine geringere Rolle als noch vor einigen Jahren. Eine weitere Erklärung könnte in der Auflösung der Vormundschaftsgerichte zu finden sein. Möglicherweise wurde dadurch die personelle Besetzung im Kinder- und Jugendhilfeausschuss in einigen Jugendamtsbezirken verändert bzw. noch nicht neu geklärt.

Die Themen Gesundheit und Migrationsfolgen haben in den letzten Jahren an öffentlicher Aufmerksamkeit gewonnen. Diese Entwicklung spiegelt sich jedoch nicht – wie man erwarten könnte – in einer steigenden Präsenz von Experten für diese Aufgabenbereiche im Kinder- und Jugendhilfeausschuss wider. Deren Anteil sinkt sogar tendenziell. Offensichtlich gibt es auf Bundesebene und kommunaler Ebene unterschiedliche Prioritäten.

Ein Anstieg lässt sich dagegen bei dem Anteil der erfahrenen Personen der Kinder- und Jugendhilfe im Vergleich zur letzten Erhebung erkennen. Bringt man dieses Ergebnis mit der Diskussion um Governance in einen Zusammenhang, dann kann dies als ein Indiz dafür gelesen werden, dass sich innerhalb der Kinder- und Jugendhilfeausschüsse in ihrer auf Kooperation angelegten Struktur neue Steuerungsmodi herausbilden, indem weitere für die Kinder- und Jugendhilfe relevante Personen in die Entscheidungsfindung im Kinder- und Jugendhilfeausschuss einbezogen werden.

Zu dem Verhältnis von stimmberechtigten zu beratenden Mitgliedern kann man konstatieren, dass in den meisten Jugendamtsbezirken die Gruppe der stimmberechtigten Mitglieder größer als die der beratenden Mitglieder ist. Dies trifft für 80 % der Jugendamtsbezirke zu. Im Durchschnitt ist die Gruppe der Stimmberechtigten um fünf Personen größer als die der Beratenden. In 13 % der Jugendhilfeausschüsse gibt es mehr Beratende als Stimmberechtigte, in 7 % gleich viele.

8.2 Qualifizierung der Mitglieder

Ein Grund dafür, dass unter anderem die beratenden Mitglieder häufig ihre Rolle als Vermittler zwischen der Kinder- und Jugendhilfe und den an sie angrenzenden Bereichen nur ungenügend erfüllen, ist die unzureichende Vorbereitung auf ihre Aufgabe. Begreift man die Kinder- und Jugendhilfe als Querschnittsaufgabe und nimmt den Anspruch des Kinder- und Jugendhilfeausschusses als eines Steuerungsgremiums ernst, ist unbestreitbar, dass diese eine komplexe und fachlich herausfordernde Tätigkeit mit sich bringt. Im Gesetz werden insbesondere drei Aufgaben des Kinder- und Jugendhilfeausschusses hervorgehoben: die Erörterung aktueller Problemlagen, die Jugendhilfeplanung und die Förderung der freien Jugendhilfe (vgl. § 71 KJHG). Nur bei wenigen Personen im Jugendamtsbezirk kann man per se einen allumfassenden Überblick über die einzelnen Bereiche der Kinder- und Jugendhilfe und gleichzeitig ein spezifisches Fachwissen annehmen. Die Mitglieder des Kinder- und Jugendhilfeausschusses repräsentieren in ihrer Funktion zunächst spezielle Teilbereiche der Kinder- und Jugendhilfe und sind damit noch nicht automatisch für die Aufgaben des Kinder- und Jugendhilfeausschusses qualifiziert. Rechte und Einflussmöglichkeiten, aber auch Pflichten sind den Mitgliedern nicht immer bekannt, vor allem jenen nicht, die neu im Ausschuss sind. Zur Vorbereitung und Begleitung der Tätigkeit im Ausschuss ist also eine Qualifizierung unerlässlich. Fundiertes Wissen erleichtert die Sicherung und Legitimation der Kinder- und Jugendhilfe. Auch ein Kooperationsverständnis, das möglichst sehr viele verschiedene Akteure in die Aktivitäten des Kinder- und Jugendhilfeausschusses einbezieht, erhöht die Anforderungen an die Vorbereitung und Qualifizierung der Beteiligten.

Darüber hinaus kann es sich die Kinder- und Jugendhilfe vor dem Hintergrund des Kostendruckes, der auf ihr lastet, und der komplexen Aufgaben, die zu lösen sind, nicht erlauben, die Möglichkeiten des Ausschusses ungenutzt zu lassen. Sie ist mehr denn je aufgefordert nachzuweisen, welche Leistungen sie für wen, wie und mit welcher Begründung erbringt. Sie muss nicht nur darauf vorbereitet sein, das eigene Handeln legitimieren zu können, sondern sie muss auch mit entsprechenden kommunalpolitischen Mitteln aktiv Einfluss auf die Politik für Kinder- und Jugendliche vor Ort nehmen. Rechtfertigungen, die sich auf das traditionell qualitativ gute Handeln berufen und der Hinweis, dass pädagogisches Handeln schwer messbar ist, wird die Kinder- und Jugendhilfe kommunalpolitisch über kurz oder lang in eine Außenseiterposition manövrieren.

Eine Studie zu Kooperationsbeziehungen in der Kinder- und Jugendhilfe, die den Kinder- und Jugendhilfeausschuss als ein institutionelles Kooperationsgremium betrachtet hat, zeigt zudem, dass die Entwicklung einer gemeinsamen Identität wichtig für eine gelingende Kooperation im Kinder- und Jugendhilfeausschuss ist (vgl. van Santen/Seckinger 2003). Auch um eine solche Identität herstellen und als Voraussetzung für die Wahrnehmung ihrer Rolle begreifen zu können, benötigen die Mitglieder eine qualifizierende Information über die Rahmenbedingungen und Aufgaben des Ausschusses.

Der Anteil der Jugendämter, in denen eine Qualifizierung der Mitglieder des Kinder- und Jugendhilfeausschusses stattgefunden hat, hat sich sowohl in Ostdeutschland als auch in Westdeutschland in den letzten drei Jahren nicht verändert. Nur etwas mehr als die Hälfte der Jugendämter (55 %) haben zu Beginn der Amtsperiode Mitglieder des Kinder- und Jugendhilfeausschusses qualifiziert.

Tab. 8.3: Qualifizierung von Mitgliedern des Kinder- und Jugendhilfeausschusses bei Jugendämtern, 2000 und 2004

	2000		2004	
	Ost	West	Ost	West
Keine Qualifizierung	30 %	41 %	31 %	33 %
Nicht bekannt	4 %	21 %	<1 %	20 %
Qualifizierung für einen Teil der Mitglieder	48 %	39 %	46 %	33 %
Qualifizierung für alle Mitglieder	17 %	<1 %	23 %	13 %

Quelle: DJI-Jugendamtserhebungen 2000, 2004

Wie Tabelle 8.3 zeigt, sind es weiterhin deutlich weniger westdeutsche (46 %) als ostdeutsche (69 %) Jugendamtsbezirke, die eine Qualifizierung für die Mitglieder des Kinder- und Jugendhilfeausschusses organisieren, auch wenn der Anteil im Westen in den letzten Jahren etwas gestiegen ist. In der Abfrage wurde zusätzlich danach unterschieden, ob alle Mitglieder des Kinder- und Jugendhilfeausschusses fortgebildet wurden oder nur ein Teil. Auch der Anteil der Jugendamtsbezirke, die alle Mitglieder des Kinder- und Jugendhilfeausschusses fortbilden, ist in Ostdeutschland höher. Gleichbleibend hoch ist der Anteil von Jugendamtsbezirken in Westdeutschland, in denen die Jugendämter keine Kenntnis über eine Qualifizierung haben.

Aufgrund der wechselnden Zusammensetzung des Kinder- und Jugendhilfeausschusses und des Vorteils, den eine gemeinsame Identitätsfindung der Mitglieder des Ausschusses hat, ist eine regelmäßige Qualifizierung sinnvoll. Im Panel ist erkennbar, dass der größte Teil der Jugendämter, die 2000 angaben, die Mitglieder würden qualifiziert, dies auch in der aktuellen Erhebung angibt. Es sind demnach eher dieselben Jugendämter, die eine regelmäßige Qualifizierung veranlassen, das heißt, wenn eine Qualifizierung veranlasst wird, dann ist diese eher strukturell verankert.

Tab. 8.4: Qualifizierung von Mitgliedern des Kinder- und Jugendhilfeausschusses bei Jugendringen

	Ost	West	Insgesamt
Keine Qualifizierung	46 %	62 %	59 %
Qualifizierung	23 %	22 %	22 %
Nicht bekannt	32 %	16 %	19 %

Quelle: DJI-Jugendamtsbefragung 2004

Die Ergebnisse der Befragung von Jugendämtern können mit den Ergebnissen der Jugendringbefragung verglichen werden (vgl. Tab. 8.4). Aus der Perspektive der Jugendringe stellt sich die Situation der

Qualifizierung von Mitgliedern für den Kinder- und Jugendhilfeausschuss anders dar. Lediglich ein Fünftel der Jugendringe in Ost und West weiß, dass eine Qualifizierung ihrer VertreterInnen im Kinder- und Jugendhilfeausschuss stattfand und ein weiteres Fünftel hat keine Kenntnis, ob es eine Qualifizierung gab oder nicht. Der weitaus größte Teil der JugendringvertreterInnen (59 %) hat aber keine Fortbildung über die Rechte und Pflichten als Mitglied des Kinder- und Jugendhilfeausschusses erhalten. Eine Erklärung, warum die Ergebnisse aus der Perspektive der Jugendämter und der Jugendringe augenscheinlich nicht sofort miteinander in Einklang zu bringen sind, mag darin liegen, dass sich die Fortbildung in einigen Jugendamtsbezirken nur auf einen Teil der Mitglieder bezieht. Offensichtlich gehören die VertreterInnen der Jugendringe häufig nicht zu der Gruppe, die in die Qualifizierung einbezogen wird.

Die Daten lassen im Ergebnis darauf schließen, dass offensichtlich die Kinder- und Jugendhilfe immer noch nicht das Potenzial erkennt, das sich mit dem Kinder- und Jugendhilfeausschuss bietet. Die Kinder- und Jugendhilfe reagiert zu wenig auf die komplexen Anforderungen, denen die Mitglieder des Kinder- und Jugendhilfeausschusses gegenüberstehen.

8.3 Tagungshäufigkeit

Die Mitglieder zu qualifizieren und somit den Kinder- und Jugendhilfeausschuss dabei zu unterstützen, zeitnahe Entscheidungen treffen und seinem umfangreichen Arbeitsauftrag gerecht werden zu können, wird nur dann gelingen, wenn der Ausschuss sich auch als aktiver Ausschuss begreift. Zwei Sitzungen im Jahr lassen nicht mehr Spielraum, als vorgefertigte Beschlüsse abzusegnen. Die Angaben der Jugendämter zur Tagungshäufigkeit geben eine Annäherung an die Frage, ob der Kinder- und Jugendhilfeausschuss formal in der Lage ist, seine Aufgaben zu erfüllen.

Tab. 8.5: Tagungshäufigkeit der Kinder- und Jugendhilfeausschüsse

	2000			2004*		
	Ost	West	Insgesamt	Ost	West	Insgesamt
1-2-mal im Jahr	<1 %	11 %	6 %	0 %	14 %	9 %
3-6-mal im Jahr	33 %	66 %	52 %	46 %	66 %	58 %
7-10-mal im Jahr	33 %	24 %	28 %	21 %	16 %	18 %
mehr als 10-mal im Jahr	33 %	<1 %	14 %	33 %	5 %	15 %

* Die Gruppen der Erhebung 2004 wurden aus einer offenen Abfrage gebildet.

Quelle: DJI-Jugendamtserhebungen 2000, 2004

Im Durchschnitt tagen die Jugendhilfeausschüsse in den Jugendamtsbezirken sechsmal im Jahr (vgl. Tab. 8.5). Der schon immer bestehende deutliche Ost-West-Unterschied hinsichtlich der Tagungshäufigkeit ist immer noch signifikant. Dieser Unterschied bildet sich auch in den Satzungen der Jugendämter in Ostdeutschland und Westdeutschland ab. In drei von vier ostdeutschen Jugendamtssatzungen existiert eine Festlegung über die Sitzungshäufigkeit (vgl. van Santen 2003). In westdeutschen Jugendamtsbezirken sind es dagegen nur 12 % der Satzungen, die eine genaue Angabe hierzu geben, und weitere 36 % der Jugendamtssatzungen legen fest, dass sich die Sitzungsfrequenz nach dem aktuellen Bedarf richten soll. Auch wenn sich aus diesen Vorgaben nicht automatisch eine höhere Sitzungshäufigkeit im Osten ergibt, so steigt durch die Festschreibung in den Satzungen die Chance, dass zumindest eine gewisse Mindesthäufigkeit nicht unterschritten wird. Die Kinder- und Jugendhilfeausschüsse, die nur ein- bis zweimal im Jahr tagen, befinden sich ausschließlich in westdeutschen Jugendamtsbezirken. Wie eine ebenfalls im Projektzusammenhang durchgeführte qualitative Studie zu Kooperationsbeziehungen zeigen konnte, sind für die höhere Sitzungsfrequenz ostdeutscher Kinder- und Jugendhilfeausschüsse nicht nur die formalen Vorgaben, sondern auch inhaltliche Überlegungen leitend (vgl. van Santen/Seckinger 2003).

In kreisfreien Städten tagen Kinder- und Jugendhilfeausschüsse signifikant häufiger als in Landkreisen (im Durchschnitt achtmal in Städten und fünfmal in Landkreisen). Eine mögliche Begründung könnte darin zu finden sein, dass die häufigere Sitzungsfrequenz in Städten deshalb etwas leichter zu realisieren ist, weil die Städte überschaubarer sind, da sie weniger Ebenen und Akteure (kreisangehörigen Gemeinden) berücksichtigen müssen.

8.4 Unterausschüsse

Die Mitglieder des Kinder- und Jugendhilfeausschusses begegnen sich, wie die durchschnittliche Tagungshäufigkeit zeigt, in dieser Funktion etwa alle zwei bis drei Monate. Eine inhaltliche Auseinandersetzung ist angesichts der Komplexität der Themengebiete in der Kinder- und Jugendhilfe dabei schwierig zu leisten. Unterausschüsse sind eine zielführende Möglichkeit, Themen inhaltlich auf- und vorzubereiten, um tatsächlich eine fachpolitische Diskussion im Kinder- und Jugendhilfeausschuss führen zu können. In den Landesausführungsgesetzen wird deshalb die Möglichkeit der Bildung von Unterausschüssen ausdrücklich genannt, in vier Bundesländern sind sie thematisch für die Jugendhilfeplanung festgeschrieben (vgl. van Santen 2003: 55; Brandenburg, Hessen, Mecklenburg-Vorpommern und Sachsen-Anhalt).

Insgesamt sind in zwei Drittel aller Jugendamtsbezirke Unterausschüsse vorhanden. Die Daten zeigen, dass alle Jugendämter in den Bundesländern, in denen ein Unterausschuss vorgeschrieben ist, auch mindestens einen Unterausschuss eingerichtet haben. Wenn es einen Unterausschuss gibt, dann beschäftigt sich dieser meistens mit Jugendhilfeplanung (83 %). Weitere Themen sind: Kindertagesbetreuung, Hilfen zur Erziehung und die Einführung neuer Angebote. In den meisten (zwei von drei) Kinder- und Jugendhilfeausschüssen, die einen Unterausschuss haben, gibt es *einen* Ausschuss. Weitere 17 % haben zwei und wiederum 17 % haben drei Unterausschüsse. Dass in 57 % der Kinder- und Jugendhilfeausschüsse auch Personen im Unterausschuss vertreten sind, die selbst nicht Mitglied im Kinder- und Jugendhilfeausschuss sind, weist auf die kooperative Ausrichtung der Unterausschüsse hin. Im Durchschnitt betrifft dies sechs Personen und im Median vier Personen. Unterausschüsse können somit als ein institutionalisierter Ort innerhalb der Kommune identifiziert werden, an dem administrative Steuerungsanforderungen und Aushandlungsprozesse zusammengeführt werden.

8.5 Berichterstattung über den Kinder- und Jugendhilfeausschuss

Die Berichterstattung in den Medien über Diskussionen und Entscheidungen im Kinder- und Jugendhilfeausschuss ist ein weiterer Indikator dafür, ob die im Kinder- und Jugendhilfegesetz vorgesehene Rolle des Ausschusses erfüllt wird.

Tab. 8.6: Berichterstattung über den KJHA

	Ost	West	Insgesamt
Selten	26 %	31 %	29 %
Häufig	49 %	30 %	35 %
Immer	26 %	41 %	35 %

Quelle: DJI-Jugendamtsbefragung 2004

In der Jugendamtserhebung 2004 geben 70 % (35 % + 35 %) der Jugendamtsleitungen an, dass häufig oder immer über die Sitzungen des Kinder- und Jugendhilfeausschusses berichtet wird. In der vorangegangenen Erhebung (2000) zeigte sich unabhängig von der

Häufigkeit der Berichterstattung die Mehrheit der Jugendamtsleitungen zufrieden mit der Häufigkeit und der Art der Medienberichte ist.

Im Sinne einer aktiven Politikgestaltung und des Auftrags, Querschnittspolitik zu betreiben, wäre es wünschenswert, wenn die Kinder- und Jugendhilfe verstärkt Themen der Kinder- und Jugendhilfe in die öffentliche Diskussion bringen und somit gestalterisch Einfluss ausüben könnte.

8.6 Einschätzung des Kinder- und Jugendhilfeausschusses durch die Jugendamtsleitungen

Die strukturellen Rahmenbedingungen (wie Satzung, Anzahl der Mitglieder, Tagungshäufigkeit etc.) des Kinder- und Jugendhilfeausschusses sind in den einzelnen Jugendamtsbezirken ganz unterschiedlich. Dies ist der Situation und den Erfordernissen der Kinder- und Jugendhilfe angemessen, denn es existieren regional unterschiedliche Ausgangsbedingungen für die Steuerung der Kinder- und Jugendhilfe. Die jeweiligen Rahmenbedingungen bilden dabei nur eine Seite, um Rückschlüsse auf die Bedeutung und Wirkung des Kinder- und Jugendhilfeausschusses ziehen zu können. Die Einschätzungen der an der Erhebung bei Jugendämtern, Jugendringen und Geschäftstellen von Trägern beteiligten Personen geben weitere Hinweise. In den Tabellen werden jeweils die Ergebnisse der Jugendamtsbefragung dargestellt.

Bedeutung des Kinder- und Jugendhilfeausschusses

Würde der Kinder- und Jugendhilfeausschuss als das zentrale Steuerungsgremium der Kinder- und Jugendhilfe vor Ort gesehen, müssten die Jugendamtsleitungen zu der Ansicht gelangen, dass im Ausschuss wichtige Entscheidungen für die Kinder- und Jugendhilfe getroffen werden. Von den meisten Jugendamtsleitungen bekommt dieses Statement auch die volle oder eingeschränkte Zustimmung (83 %). Sowohl in ostdeutschen als auch in westdeutschen Jugendamtsbezirken ist im Vergleich zur letzten Erhebung eine Zunahme der Zustimmung zu verzeichnen, die nun wieder der Situation von vor zehn Jahren entspricht. Auch damals schätzten vier von fünf Jugendamtsleitungen die Wichtigkeit der Entscheidungen für die regionale Jugendhilfepolitik hoch ein.

Tab. 8.7: Bedeutung des Kinder- und Jugendhilfeausschusses (KJHA), 1995, 2000 und 2004 (Zustimmung)

	Ost 1995/2000/2004	West 1995/2000/2004	Insgesamt 1995/2000/2004
Im KJHA werden wichtige Entscheidungen gefällt.	86/70/85 %	80/65/82 %	82/67/83 %
Der KJHA ist nur ein Bestätigungsgremium für woanders gefällte Beschlüsse.	0/15/3 %	23/27/26 %	15/23/18 %

Quelle: DJI-Jugendamtserhebungen 1996, 2000, 2004

Aus der Perspektive der Jugendringe, die die Interessenvertretung der Jugendverbände darstellen, wird gemessen an diesem Statement die Bedeutung des Kinder- und Jugendhilfeausschusses etwas kritischer betrachtet (vgl. Gragert u.a. 2006). Zudem hat die Zustimmung bei den ostdeutschen Jugendringen im Vergleich zur letzten Erhebung abgenommen. Diese Differenz in der Bewertung kann Ausdruck der thematischen Schwerpunktsetzungen im Ausschuss sein und spiegelt die Ansicht wider, dass für den Bereich der Jugendarbeit im Kinder- und Jugendhilfeausschuss keine wichtigen Entscheidungen getroffen werden. Die bisherigen Ergebnisse zeigen jedoch, dass die Jugendarbeit in vielen Ausschüssen ein zentrales Thema bildet.

Eine andere Erklärungsmöglichkeit für die Differenz kann in den Rahmenbedingungen zu identifizieren sein. Die Jugendarbeit ist das Arbeitsfeld der Kinder- und Jugendhilfe, in dem die personelle Ausstattung am unsichersten ist (Abhängigkeit von Arbeitsförderungsmitteln, Befristung, Teilzeit, geringfügig Beschäftigte, vgl. ebd.). Trotz möglicherweise anders lautender Forderungen des Ausschusses können aktuelle Kürzungsdebatten und wenig Aussicht auf Veränderungen dieser Rahmenbedingungen bei Jugendringen den Eindruck erzeugen, dass die wichtigen Entscheidungen nicht im Kinder- und Jugendhilfeausschuss getroffen werden.

Die Geschäftsstellen der Träger in den ostdeutschen Jugendamtsbezirken sind wie die Jugendamtsleitungen mehrheitlich von der hohen Bedeutung des Kinder- und Jugendhilfeausschusses überzeugt. Für die westdeutschen Jugendamtsbezirke gilt dies nicht, da die Geschäftsstellen deutlich skeptischer antworten.

Zu der Einschätzung, dass der Kinder- und Jugendhilfeausschuss nur ein Bestätigungsgremium für woanders gefällte Beschlüsse ist, gelangen im Jahr 2004 18 % der Jugendamtsleitungen. Bei diesem Statement gibt es einen Ost-West-Unterschied, der zu allen drei

Erhebungszeitpunkten erkennbar ist. Auch 2004 gelangt nach wie vor ein Viertel der westdeutschen Jugendamtsleitungen zu der Ansicht, dass der Ausschuss nur ein Bestätigungsgremium für woanders gefällte Beschlüsse ist. Im Osten sind lediglich 3 % dieser Ansicht. Dieses Ergebnis erstaunt insofern nicht, da es vor dem Hintergrund der höheren Tagungshäufigkeit der Ausschüsse in Ostdeutschland eher zu erwarten ist, dass der Ausschuss nicht nur als Bestätigungsgremium aufgefasst wird. Bei der Einschätzung der Jugendringe lässt sich dieser Ost-West-Unterschied nicht zeigen. Im Vergleich zur Erhebung im Jahr 2001 ist überdies, wie schon bei dem Statement, ob wichtige Entscheidungen gefällt werden, auf der Seite der ostdeutschen Jugendringe eine gewisse Ernüchterung hinsichtlich der Bedeutung des Ausschusses zu erkennen. Auch die Geschäftsstellen der Träger sind deutlich skeptischer (im Westen deutlich häufiger) als die Jugendämter. Sie schreiben offensichtlich dem Ausschuss eine weit eingeschränktere Bedeutung zu.

Öffentlichkeit für die Belange von Kindern und Jugendlichen

In § 71 des Kinder- und Jugendhilfegesetzes wird als eine Aufgabe des Kinder- und Jugendhilfeausschusses die »Erörterung aktueller Problemlagen junger Menschen« festgeschrieben und damit der Auftrag, Problemlagen von Kindern und Jugendlichen aufzugreifen und in die Öffentlichkeit des Kinder- und Jugendhilfeausschusses zu bringen, um dort nach Lösungsmöglichkeiten zu suchen. Der Kinder- und Jugendhilfeausschuss hat insofern zu prüfen, auf welche Veränderungen im Alltag von Kindern, Jugendlichen und ihren Familien kommunalpolitisch reagiert werden muss. Diese Reaktionen können sich beispielsweise auf die Angebotsstruktur und auf Lobbyarbeit bezüglich der Zielgruppe beziehen. Von nur etwa der Hälfte der Jugendamtsleitungen wird etwa gleichbleibend über alle Erhebungsphasen der Aussage, dass der Kinder- und Jugendhilfeausschuss Probleme von Kindern und Jugendlichen öffentlich macht, zugestimmt. Im Osten gibt es etwas mehr Zustimmung, im Westen etwas weniger. Die Situation hat sich jedoch zwischen Ost und West angeglichen.

Skeptischer sind die Jugendamtsleitungen in Bezug auf die Frage, ob Problemlagen vom Kinder- und Jugendhilfeausschuss frühzeitig aufgegriffen werden. Lediglich etwa ein Viertel der Jugendamtsleitungen schätzt den eigenen Kinder- und Jugendhilfeausschuss als einen ein, der frühzeitig Problemlagen aufgreift. In diesem Zusammenhang stellt sich die Frage, ob an diese Aussage ein verändertes

Handlungsverständnis des Ausschusses geknüpft werden kann. Auch die westdeutschen Geschäftsstellen der Träger kommen sehr viel seltener zu der Einschätzung, dass der Ausschuss frühzeitig auf Problemlagen reagiert. Hinsichtlich der Jugendringe gelangen vor allem jene in Ostdeutschland seltener als noch im Jahr 2001 zu dieser Einschätzung. Im Westen dagegen sind die Jugendringe etwas häufiger als im Jahr 2001 zu der Ansicht gekommen, dass der Ausschuss frühzeitig Problemlagen aufgreift. Möglichweise ist die vor allem im Osten geringer gewordene Zustimmung ein Hinweis darauf, dass die Ausschussarbeit stärker als bisher von anderen Kriterien als den Problemlagen der Jugendlichen geleitet wird. Aus der Perspektive der Träger verhält es sich umgekehrt. Hier sind die westdeutschen Geschäftsstellen besonders zurückhaltend in ihrer Zustimmung. Die ostdeutschen Geschäftsstellen gehen ähnlich oft wie die Jugendamtsleitungen davon aus, dass der Kinder- und Jugendhilfeausschuss Probleme öffentlich macht und frühzeitig auf Probleme reagiert.

Tab. 8.8: Die Herstellung von Öffentlichkeit für die Belange von Kindern und Jugendlichen durch den Kinder- und Jugendhilfeausschuss (KJHA), 1996, 2000 und 2004 (Zustimmung)

	Ost 1995/2000/2004	West 1995/2000/2004	Insgesamt 1995/2000/2004
Der KJHA macht Probleme von Kindern und Jugendlichen in der Kommune öffentlich.	68/44/56 %	61/60/51 %	63/55/53 %
Der KJHA reagiert frühzeitig auf Problemlagen.	41/41/32 %	38/38/25 %	39/39/27 %

Quelle: DJI-Jugendamtserhebungen 1996, 2000, 2004

Kooperation im Kinder- und Jugendhilfeausschuss

Der Kinder- und Jugendhilfeausschuss ist einer der zentralen institutionalisierten Orte der Kooperation insbesondere zwischen freien und öffentlichen Trägern in der Kinder- und Jugendhilfe. Doch im Verlauf der letzten Jahre findet das Statement, dass der Jugendhilfeausschuss das Gremium der Zusammenarbeit zwischen freien und öffentlichen Trägern ist, immer weniger Zustimmung Im Vergleich zu den anderen Statements fällt die Veränderung des Anteils der Zustimmenden zu diesem Statement besonders groß aus. Vor allem im Osten sowohl bei den Jugendämtern (1995: 82 %, 2000: 58 %, 2004: 41 %) als auch bei den Jugendringen (2001: 54 %, 2004: 38 %) ist eine erhebliche Abnahme der Zustimmung zu diesem Statement zu konstatieren. Bei den Geschäftsstellen fällt wiederum der große Ost-West-Unterschied auf.

Tab. 8.9: Aussagen zur Kooperation im Kinder- und Jugendhilfeausschuss (KJHA), 1996, 2000 und 2004 (Zustimmung)

	Ost 1995/2000/2004	West 1995/2000/2004	Insgesamt 1995/2000/2004
Der KJHA ist das Gremium für die Zusammenarbeit von freien und öffentlichen Trägern.	82/58/41 %	62/44/38 %	69/49/39 %
Beratende Mitglieder spielen bei der Entscheidungsfindung im KJHA keine Rolle	*/39/24 %	*/30/31 %	*/33/28 %

* Wurde nicht abgefragt.

Quelle: DJI-Jugendamtserhebungen 1996, 2000, 2004

Mögliche Erklärungen könnten sein, dass zum einen die gemeinsame Aufbruchstimmung der Anfangsjahre verflogen und den Alltagsproblemen gewichen ist und dass zum anderen der Verteilungskampf um die immer knapper werdenden Mittel auch an der Bewertung der Kooperation deutlich wird. Auch Veränderungen im Trägergefüge vor Ort können sich in Bezug auf die Bewertung der Kooperation im Ausschuss bemerkbar machen. Zieht man für den Bereich der Jugendarbeit die Entwicklung der Anzahl und der Art der von der öffentlichen Jugendhilfe geförderten Träger im Jugendamtsbezirk heran, wird diese Interpretation gestützt. Insbesondere im Bereich der Jugendarbeit, die ein häufiges Thema im Kinder- und Jugendhilfeausschuss ist (Merchel/Reismann 2004: 170), hat sich die durchschnittliche Anzahl geförderter Träger im Osten von 60 auf 43 und im Westen von 32 auf 24 verringert. Für den Bereich der Jugendsozialarbeit ist ebenfalls im Osten eine Verringerung zu verzeichnen und im Westen ein gleichbleibender Stand.

Ein weiteres Indiz dafür, dass sich das Gefüge der Trägerschaft vor Ort verschiebt, ist im Bereich der erzieherischen Hilfen zu erkennen, denn bei nahezu allen ambulanten Angeboten ist eine Zunahme des Anteils privat-gewerblicher Träger zu verzeichnen. Diese Veränderungen werden an dem Trägerschaftsgefüge vor Ort nicht spurlos vorbeiziehen (vgl. auch Kapitel 6). Die Frage ist, ob nicht eine Verlagerung der jugendpolitischen Entscheidungen aus dem Kinder- und Jugendhilfeausschuss heraus stattfindet, wenn ein zunehmend größerer Teil der Träger, die Leistungen der Kinder- und Jugendhilfe erbringen, nicht im Kinder- und Jugendhilfeausschuss vertreten sind.

Möglicherweise wird insofern auch die eigentliche Politik zunehmend woanders gestaltet.

Ein weiteres Indiz dafür, inwieweit die Kooperation im Kinder- und Jugendhilfeausschuss funktioniert, ist die Einbindung beratender Mitglieder. Beratende Mitglieder haben aufgrund ihrer gesetzlich verankerten Verortung im Kinder- und Jugendhilfeausschuss die Funktion, die Vernetzung der Kinder- und Jugendhilfe mit anderen Bereichen (wie zum Beispiel Arbeitsverwaltung, Gerichte, Gesundheitswesen) zu verbessern. Insgesamt gelangen 28 % der Jugendamtsleitungen im Jahr 2004 zu der Ansicht, dass beratende Mitglieder bei der Entscheidungsfindung im Kinder- und Jugendhilfeausschuss diese Funktion nicht erfüllen. An der Einschätzung der westdeutschen Jugendamtsleitungen hat sich zwischen den Erhebungszeitpunkten nichts verändert, der Anteil der diesem Statement zustimmenden ostdeutschen Jugendämter ist dagegen gesunken, d. h. die Rolle beratender Mitglieder wird in mehr Jugendamtsbezirken als entscheidungsrelevant eingeschätzt. Bei den ostdeutschen Jugendringen dagegen zeigt sich eine genau gegenläufige Entwicklung. Mittlerweile sind zwei von fünf ostdeutschen Jugendringen der Ansicht, dass beratende Mitglieder keinen Einfluss auf die getroffenen Entscheidungen haben. Vor dem Hintergrund der sich auch an den anderen Statements abzeichnenden kritischeren Bewertung der Kinder- und Jugendhilfeausschüsse im Osten wäre eine mögliche Erklärung, dass sich die Kooperation im Ausschuss auch zu Ungunsten einer breiten Einbindung aller für die Kinder- und Jugendpolitik relevanten Akteure verändert.

Beteiligung an der Jugendhilfeplanung

Die Jugendhilfeplanung bildet eine wesentliche Grundlage für zentrale jugendpolitische Entscheidungen vor Ort und ist eines der maßgeblichen Steuerungsinstrumente der Kinder- und Jugendhilfe. Eine Beteiligung des Kinder- und Jugendhilfeausschusses an der Jugendhilfeplanung ist demnach eine wesentliche Voraussetzung für die Jugendpolitik vor Ort. In § 71 SGB VIII ist in Absatz 2 die Jugendhilfeplanung ausdrücklich als Aufgabe hervorgehoben, mit der sich der Kinder- und Jugendhilfeausschuss zu befassen hat.

Tab. 8.10: Beteiligung des Kinder- und Jugendhilfeausschusses (KJHA) an der Jugendhilfeplanung, 1996, 2000 und 2004 (Zustimmung)

	Ost 1995/2000/2004	West 1995/2000/2004	Insgesamt 1995/2000/2004
Der KJHA ist aktiv an der Jugendhilfeplanung beteiligt.	82/82/85 %	63/73/59 %	70/76/68 %

Quelle: DJI-Jugendamtserhebungen 1996, 2000, 2004

Entsprechend groß fällt auch der Anteil der Jugendämter aus, die zustimmen, dass der Kinder- und Jugendhilfeausschuss aktiv an der Jugendhilfeplanung beteiligt ist. Überdies wird an den Ergebnissen zur Jugendhilfeplanung deutlich, dass die Selbstverständlichkeit von Planungsprozessen größer geworden ist.

Der Unterschied zwischen ostdeutschen und westdeutschen Jugendamtsbezirken findet auch eine Erklärung in den differierenden Aktivitäten zur Jugendhilfeplanung in den beiden Landesteilen. Jugendhilfeplanung wird in ostdeutschen Jugendamtsbezirken für die einzelnen Arbeitsbereiche der Kinder- und Jugendhilfe häufiger durchgeführt als in westdeutschen (vgl. Kap. 9). Eine stärkere Einbindung des Jugendhilfeausschusses unterstreicht die größere Aufmerksamkeit, die diesen Steuerungsinstrumenten in den ostdeutschen Jugendamtsbezirken zukommt.

In den westdeutschen Jugendamtsbezirken ist im Jahr 2004 wieder eine Abnahme der Zustimmung zu dieser Einschätzung zu erkennen. Der Ost-West-Unterschied spiegelt sich auch in der Jugendringerhebung wider.

Insgesamt ist jedoch zu konstatieren, dass die Einbindung des Kinder- und Jugendhilfeausschusses in die Jugendhilfeplanung aus der Sicht der Jugendamtsleitungen und der Jugendringe – vor allem in westdeutschen Jugendamtsbezirken – noch als unzureichend einzuschätzen ist, und es ist zu fragen, inwiefern auch die Kinder- und Jugendhilfeausschüsse stärker ihre Beteiligung an der Jugendhilfeplanung initiieren müssen.

Der Kinder- und Jugendhilfeausschuss als kommunalpolitischer Ausschuss

Der Kinder- und Jugendhilfeausschuss ist trotz seiner speziellen Konstruktion ein kommunalpolitischer Ausschuss, in dem auch die Interessen der Parteien berücksichtigt werden. Die besonderen Möglichkeiten des Ausschusses würden jedoch dann verspielt werden, wenn die parteipolitischen Interessen vor die fachlichen Interessen gestellt würden.

Werden die Jugendämter diesbezüglich zu ihrer Einschätzung befragt, gelangen zwei von fünf zu der Ansicht, dass der Kinder- und Jugendhilfeausschuss durch parteipolitische Interessen dominiert wird. Im Vergleich zur letzten Erhebung hat sich die Einschätzung aber zwischen Ost und West unterschiedlich entwickelt. Im Osten ist die Zustimmung zu dieser Einschätzung seit 2000 gesunken und für westdeutsche Jugendhilfeausschüsse muss seit 1995 ein Anstieg verzeichnet werden. Mittlerweile sind dort die Hälfte der Jugendamtsleitungen und zwei Drittel der Geschäftsstellen von Trägern der Ansicht, dass der Ausschuss von parteipolitischen Interessen dominiert wird.

Tab. 8.11: Dominanz parteipolitischer Interessen im Kinder- und Jugendhilfeausschuss (KJHA), 1996, 2000 und 2004 (Zustimmung)

	Ost 1995/2000/2004	West 1995/2000/2004	Insgesamt 1995/2000/2004
Parteipolitische Interessen dominieren den KJHA.	22/42/29 %	31/38/49 %	28/39/42 %

Quelle: DJI-Jugendamtserhebungen 1996, 2000, 2004

Viele Jugendringe sehen offenbar ihre Interessen im Ausschuss nicht angemessen berücksichtigt, denn sie sind sowohl in Ostdeutschland als auch in Westdeutschland häufiger der Ansicht, dass der Ausschuss von parteipolitischen Interessen dominiert wird. Dass westdeutsche Jugendringe deutlich skeptischer sind, ist ein weiteres Indiz für die im Osten aktiveren Ausschüsse. Auffällig ist auch der hohe Anteil der Geschäftsstellen, die eine Dominanz parteipolitischer Interessen wahrnehmen. Deutlich mehr als die Hälfte gelangt zu dieser Einschätzung und weist auf die Schwierigkeit der fachlichen Kooperation im Gremium.

Die Einschätzung, die auf der Basis der strukturellen Unterschiede zwischen ostdeutschen und westdeutschen Jugendhilfeausschüssen getroffen wurde, dass ostdeutsche Jugendhilfeausschüsse ihrer Steuerungsaufgabe eher nachkommen (Tagungshäufigkeit, Qualifizierung), zeigt sich auch an den Bewertungen der Statements zu den Kinder- und Jugendhilfeausschüssen. An der Einschätzung aus den verschiedenen Perspektiven wird nahezu durchgängig die größere Bedeutung der Kinder- und Jugendhilfeausschüsse in den ostdeutschen Kommunen deutlich.

Die Ergebnisse liefern jedoch auch eine Reihe an Indizien, die auf eine tendenzielle Unzufriedenheit mit der Bedeutung und Funktion des Ausschusses vor allem aus der Perspektive der Jugendarbeit und gemessen aus der Sicht der Jugendringe hinweisen.

Die Geschäftsstellen der Träger sind positiver in ihrer Einschätzung als die Jugendringe, was ein Hinweis darauf sein könnte, dass insbesondere die Unsicherheiten im Arbeitsfeld der Jugendarbeit zu der negativen Bewertung durch die Jugendringe führen.

In den westdeutschen Bundesländern haben die Geschäftsstellen eine sehr kritische Perspektive auf den Ausschuss, was mit der Vertretung ihrer Interessen zusammenhängen kann.

8.7 Fazit

Die Ergebnisse zeigen, dass es einen Zusammenhang zwischen der wahrgenommenen Bedeutung des Kinder- und Jugendhilfeausschusses im Jugendamtsbezirk und der Ausgestaltung und Nutzung der gesetzlich vorgegebenen Bedingungen und seinen Einflussmöglichkeiten gibt. Nach wie vor werden die Potenziale des Ausschusses in ostdeutschen Jugendamtsbezirken stärker im Sinne der Steuerungs- oder zumindest einer Kontrollfunktion genutzt. Die Veränderungen in den Einschätzungen der Bedeutung des Kinder- und Jugendhilfeausschusses zeigen, dass vor Ort häufig nicht entschieden ist, ob vor dem Hintergrund der Konflikte über die Verteilung sinkender Finanzmittel und über die Frage, wie die Qualität von Jugendhilfeleistungen gesichert werden kann, der Ausschuss als Unterstützung und wesentliches Aushandlungsinstrument oder aber als Hemmnis für die Kinder- und Jugendhilfe betrachtet wird. Möglicherweise deutet die im Laufe der Jahre immer weiter gesunkene Zustimmung, dass der Kinder- und Jugendhilfeausschuss das Gremium der Zusammenarbeit zwischen freien und öffentlichen Trägern ist, auf eine sinkende Unterstützung hin.

Die positiven Effekte, die eine Einbindung und aktive Beteiligung des Kinder- und Jugendhilfeausschusses auf die Jugendpolitik der Kommune hat, konnte für das Beispiel der Einbindung des Ausschusses in das Thema Verwaltungsmodernisierung in Kommunen mit der Vollerhebung bei Jugendämtern im Jahr 2000 nachgewiesen werden. Es bestätigt sich, dass ein aktiver Kinder- und Jugendhilfeausschuss die politische Durchsetzungsfähigkeit von Themen der Jugendhilfe erhöht und die Nutzungsfreundlichkeit von Jugendhilfeangeboten steigert (vgl. Mamier u.a. 2002).

Die Ergebnisse der aktuellen Erhebung verdeutlichen, dass es noch ungenutzte Spielräume gibt, die Möglichkeiten des Ausschusses besser zu nutzen. Lediglich jeder zehnte Ausschuss wird nach den der Erhebung zugrunde liegenden Faktoren den fachlichen Ansprüchen gerecht. Zu diesen 10 % der Kinder- und Jugendhilfeausschüsse zählen jene, die mindestens alle zwei Monate tagen, deren Mitglieder oder ein Teil von ihnen Schulungen erhalten haben, bei denen Unterausschüsse existieren und über deren Aktivitäten häufig oder immer in der Presse berichtet wird. Zudem ist in den betreffenden Jugendamtsbezirken die Jugendamtsleitung der Ansicht, dass der Kinder- und Jugendhilfeausschuss die Probleme von Kindern und Jugendlichen öffentlich macht, dass er das zentrale Gremium der Zusammenarbeit zwischen öffentlichen und freien Trägern ist, er aktiv an der Jugendhilfeplanung beteiligt ist, er kein Bestätigungsgremium für außerhalb gefällte Beschlüsse darstellt und dass in ihm wichtige Entscheidungen gefällt werden.

Insgesamt ist noch erhebliches Entwicklungspotenzial vorhanden. Dies gilt auch für die Kooperationsmöglichkeiten, die der Kinder- und Jugendhilfeausschuss bietet. Werden die Gestaltungsspielräume des Kinder- und Jugendhilfeausschusses genutzt, wird sich dies auch positiv für die Kinder, Jugendlichen und Familien in der Region auswirken. Freie Träger und Verwaltung sind gefordert, sich gegenseitig zur Förderung einer fachlich orientierten Ausschussarbeit in die Pflicht zu nehmen.

9 Jugendhilfeplanung

Die Träger der öffentlichen Jugendhilfe tragen die Verantwortung für die Planung eines ausreichenden Bestands an Einrichtungen und Diensten der Kinder- und Jugendhilfe. Jugendhilfeplanung ist damit das zentrale Steuerungsinstrument zur Umsetzung einer effektiven und bedarfsgerechten Kinder- und Jugendhilfe. Die vom Gesetzgeber vorgegebenen hohen Standards (z. B. Adressaten- und Trägerbeteiligung) sowie die Zielvorgaben (z. B. Trägerpluralität, Abstimmung von Angeboten) werden als anspruchsvoller Planungsauftrag in den einzelnen Jugendamtsbezirken sehr unterschiedlich umgesetzt.

Anhand der Daten aus der Stichprobe bei Jugendämtern sowie bei Jugendringen werden in diesem Kapitel einige Aspekte der Jugendhilfeplanung betrachtet. Hierzu gehören zum Beispiel: Themen, die in der Planung bearbeitet werden, Planungskonzepte, Zielgruppenbezug, Beteiligung von Adressaten und Fachkräften sowie Ressourcen, die für die Planung zur Verfügung stehen. Da insbesondere das Arbeitsfeld der Kindertagesbetreuung im Mittelpunkt des öffentlichen Interesses steht, werden im Abschnitt 9.2 die Aktivitäten der Jugendämter in diesem Bereich ausführlich betrachtet. Dabei wird auch die Frage der Bedarfsfestlegung vonseiten der Jugendämter thematisiert.

9.1 Verbreitung der Jugendhilfeplanung

Jugendhilfeplanung ist mit der Verabschiedung des Kinder- und Jugendhilfegesetzes 1990 in den §§ 79 und 80 KJHG erstmals explizit verankert worden. Aufgrund dieser festgeschriebenen Planungsverantwortung der öffentlichen Träger hat sich die Jugendhilfeplanung in den letzten 15 Jahren stark verbreitet; es gibt nur noch wenige Jugendämter (7 %), die über keine aktuellen Jugendhilfepläne verfügen. 93 % der Jugendämter geben im Jahr 2004 an, dass bei ihnen aktuelle Jugendhilfepläne vorhanden sind. Somit ist Jugendhilfeplanung in den meisten Jugendämtern als ein Aufgabenbereich etabliert, auch wenn die Diskussionen um Jugendhilfeplanung und die Umsetzungspraxis zeigen, dass Jugendhilfeplanung in den einzelnen Kommunen einen unterschiedlichen Stellenwert einnimmt. Zudem wird die positive Bilanz hinsichtlich des Verbreitungsgrads der Jugendhilfeplanung dadurch relativiert, dass die vorhandenen Jugendhilfepläne in der Regel nicht für alle Aufgabenbereiche des KJHG konzipiert sind. Für die Bereiche Kindertagesstätten, Jugendarbeit und Hilfen zur Erziehung liegen am häufigsten Jugendhilfepläne vor (vgl. Tab. 9.1). Die Bevorzugung dieser Arbeitsbereiche bei der Jugendhilfeplanung überrascht nicht, sie hängt mit dem Rechtsanspruch auf einen Kinderbetreuungsplatz zusammen und damit, dass Kindertagesstätten sowie auch die Hilfen zur Erziehung zu den ausgabenstärksten Aufgabenbereichen der Kinder- und Jugendhilfe gehören. Insbesondere die Hilfen zur Erziehung sind aufgrund der Finanzkrise der Kommunen unter starken Legitimitätsdruck geraten.

Die meisten Jugendhilfepläne (91 %) gibt es für den Bereich der Kindertagesbetreuung ein Bereich, der derzeit eine hohe politische Priorität besitzt und große öffentliche Aufmerksamkeit genießt. Eine Kindertagesstättenentwicklungsplanung ist schon von daher in den meisten Jugendämtern erforderlich.

Für die Jugendarbeit werden in insgesamt 79 % der Jugendämter Jugendhilfepläne erstellt. Aufgrund ihres ungesicherten Rechtsstatus ist Jugendarbeit stärker als andere Arbeitsfelder auf eine jugendhilfeplanerische und politische Absicherung angewiesen (vgl. auch Merchel 1998). Hinzu kommt, dass Jugendarbeit ein Schwerpunkt der Arbeit im Kinder- und Jugendhilfeausschuss ist (vgl. hierzu Kap. 8) und auch aufgrund dessen häufiger Gegenstand der Jugendhilfeplanung wird.

Tab. 9.1: Themenbereiche der Jugendhilfeplanung

	Ost	West	Insgesamt
Kindertagesstätten	97 %	88 %	91 %
Jugendarbeit	97 %	70 %	79 %*
Hilfen zur Erziehung	78 %	68 %	72 %*
Beratungsstellen	66 %	45 %	52 %
Jugendschutz	53 %	30 %	38 %*
Jugendgerichtshilfe	47 %	33 %	38 %
Jugendberufshilfe	50 %	27 %	35 %
Junge Volljährige	41 %	22 %	28 %
§ 35 a SGB VIII	44 %	17 %	26 %
Sonstiges	25 %	30 %	28 %

* Unterschied zwischen Ost und West statistisch signifikant

Quelle: DJI-Jugendamtserhebung 2004

Gemäß § 80 (2) KJHG soll durch die Jugendhilfeplanung »ein möglichst wirksames, vielfältiges und aufeinander abgestimmtes Angebot von Jugendhilfeleistungen gewährleistet« werden. Das bedeutet, dass sich die Jugendhilfeplanung nicht nur auf einzelne ausgewählte, sondern auf alle Arbeitsbereiche gleichermaßen erstrecken soll. Eine integrierte Gesamtplanung für alle Aufgaben der Jugendhilfe zu organisieren ist also dem Gesetz nach als ein Grundsatz der Jugendhilfeplanung zu sehen. In nur 9% der befragten Jugendamtsbezirke gibt es eine Gesamtplanung für die Kinder- und Jugendhilfe.

Im Durchschnitt liegen in den befragten Jugendämtern für fünf Arbeitsbereiche Jugendhilfepläne vor, die allerdings nicht immer aufeinander abgestimmt werden. Aus Sicht etlicher Jugendämter ist es schwierig, die Jugendhilfepläne aus den einzelnen Teilbereichen aufeinander zu beziehen, weil es häufig konkrete Anlässe für eine Planung in einem Bereich gibt, wie etwa aktuelle Finanzierungslücken oder Reaktionen auf spezifische Bedarfe. Es fehlen also übergreifende Planungsthemen, die einen Ansatzpunkt für eine integrierte Planung darstellen könnten. In den Jugendamtsbezirken, in denen aktuelle Jugendhilfepläne existieren, werden 39% der Jugendhilfepläne für die einzelnen Teilbereiche unabhängig voneinander erstellt und in 46% der Jugendämter werden sie teilweise unabhängig voneinander erstellt.

Personal für die Jugendhilfeplanung

Für eine fachlich angemessene Jugendhilfeplanung sollten Planungen in allen Arbeitsbereichen und eine sinnvolle Zusammenführung der Teilplanungsergebnisse zukünftig intensiver angestrebt werden. Dann ließen sich inhaltliche Bezüge und Überschneidungen in den verschiedenen Teilbereichen besser wahrnehmen und sinnvoll nutzen. Nur so kann die Jugendhilfeplanung als Fachplanung auch ihren Einfluss auf sozialpolitische Maßnahmen auf kommunaler Ebene erhöhen. Um diese komplexe Aufgabe wahrnehmen zu können, ist die Jugendhilfeplanung aber häufig nicht im erforderlichen Ausmaß mit Personal ausgestattet (vgl. Merchel 2005b). Personal, das nur mit der Erstellung von Jugendhilfeplänen beschäftigt ist, steht in nur etwas über der Hälfte der Jugendämter zur Verfügung. Dort wo diese Stellen für die Jugendhilfeplanung zur Verfügung stehen, handelt es sich in den meisten Fällen um unbefristete Stellen, woran zu erkennen ist, dass die Erstellung von Jugendhilfeplänen in diesen Jugendämtern ein fester Bestandteil der Arbeit zu sein scheint. Neben dem häufigen Mangel an personellen Ressourcen sieht Merchel (2005b) eine große Herausforderung für die Jugendhilfeplanung zudem darin, dass die Jugendhilfeplaner für alle fachlichen und fachpolitischen Themen aufgrund ihrer Funktion qualifiziert sein müssen und trotz dieser »funktionalen Allzuständigkeit« ein klares Profil zu behaupten haben.

9.2 Jugendhilfeplanung in einem konkreten Arbeitsfeld – das Beispiel der Kindertagesbetreuung

Wie im Abschnitt 9.1 dargestellt, liegen für die Kindertagesbetreuung im Vergleich zu den anderen Arbeitsfeldern der Kinder- und Jugendhilfe am häufigsten Jugendhilfepläne vor. Vor dem Hintergrund der Einführung des Rechts auf einen Kindergartenplatz in den 90er-Jahren sowie der neuen planerischen Anforderungen für die Jugendämter, die im TAG festgelegt worden sind, überrascht dies nicht. In einer Erhebung des DJI wurden Ende 2005 der aktuelle Planungsstand und die Ausbaustrategien der Jugendämter in Bezug auf die Betreuung der unter 3-jährigen Kinder erhoben. In diesem Abschnitt werden die Ergebnisse dieser Erhebung dargestellt.

Ausbaustrategien für die Betreuungsangebote der unter 3-jährigen Kinder

In Anbetracht der im Westen sicherlich noch nicht erreichten Bedarfsdeckung hinsichtlich der Betreuungsangebote für Kinder unter drei Jahren sowie des wahrscheinlich eher wachsenden Bedarfs an Betreuungsplätzen stellt sich die Frage, wann und wie vor Ort ein bedarfsgerechtes Gesamtangebot erreicht werden kann. In diesem Abschnitt gehen wir zuerst der Frage nach, welche Zeiträume die Jugendämter veranschlagen, bis sie in ihrem Zuständigkeitsgebiet über ein bedarfgerechtes Angebot verfügen werden. In einem zweiten Abschnitt werden dann die Konzepte und Strategien, dieses Ziel zu erreichen, näher betrachtet.

In Ostdeutschland ist der Anteil der Jugendämter, die einen weiteren Ausbau des Angebots nicht für notwendig erachten, wesentlich höher als in Westdeutschland: 68 % der ostdeutschen Jugendämter machen keine Angaben zum Zeitpunkt, ab dem der Ausbau des Angebots beginnen soll (zum Vergleich: im Westen: 15 %). Dies lässt sich dahingehend interpretieren, dass bei den meisten, die zum Ausbauzeitpunkt keine Angaben machen, bereits heute eine Bedarfsdeckung erreicht ist. Dies wird durch die Daten insofern bestätigt, als die ostdeutschen Jugendämter ohne Angaben zum Beginn des Ausbaus über eine Versorgungsquote von im Durchschnitt knapp 86 % verfügen, die anderen hingegen eine Bedarfsdeckung von durchschnittlich 35 % erreichen. In Westdeutschland unterscheidet sich die Versorgungsquote zwischen denen, die den Ausbau zeitlich festlegen, und denen, die das nicht tun, nicht. Im Folgenden ist deshalb immer nur von westdeutschen Jugendämtern die Rede, wenn nicht ausdrücklich auf ostdeutsche Jugendämter verwiesen wird.

Zeitliche Planungen, Nutzung der Übergangsregelungen

Bei den zum Teil nach wie vor sehr niedrigen Versorgungsquoten ist davon auszugehen, dass die deutliche Ausweitung des bestehenden Angebots mit erheblichen finanziellen und organisatorischen Anstrengungen verbunden sein wird. Deshalb ist – wie auch vom Gesetzgeber erwartet wurde – bis zur Erreichung des Ziels eines bedarfsgerechten Angebots mit dem Verstreichen einer gewissen Zeitspanne zu rechnen. Vor diesem Hintergrund ist es interessant zu wissen, in wie vielen Regionen bereits aktiv mit einem Ausbau der Angebote begonnen wurde. In 80 % der westdeutschen Jugendamtsbezirke ist dies der Fall und 90 % werden von der im KJHG eröffneten Übergangsregelung Gebrauch machen. Es gab auch vor der Verabschiedung des TAG bereits Jugendamtsbezirke (57 %), die einen Ausbau des Angebots für unter 3-jährige Kinder anstrebten. Von diesen haben allerdings bis beute 10 % noch nicht mit dem Ausbau begonnen.

Die Anregungsfunktion des Gesetzes wird daran deutlich, dass 64 % derer, die vor der Verabschiedung des TAG noch keine Ausbaupläne hatten, inzwischen mit dem Ausbau der Betreuungsangebote begonnen haben.

Wie dringend notwendig die im Gesetz formulierte Übergangsregelung ist, erkennt man daran, dass erst in 55 % der Jugendamtsbezirke für alle Kinder, die entsprechend der im KJHG genannten Mindestkriterien – Erwerbstätigkeit, Ausbildung, Qualifikation oder berufliche Eingliederung des/der Erziehungsberechtigten bzw. Sicherung des Kindeswohls – einen Bedarf aufweisen, auch ein Platz zur Verfügung steht. Angesichts der sehr großen Unterschiede bei den erreichten Versorgungsquoten in diesen Jugendamtsbezirken und einem Median von knapp 6 % kann jedoch davon ausgegangen werden, dass der Anteil der Jugendamtsbezirke, in denen die Mindestkriterien als tatsächlich erfüllt gelten können, überschätzt wird.

40 % der Jugendämter haben sich ein konkretes Ausbauziel in Form einer bereits heute festgelegten Quote vorgenommen, die von der Mehrzahl im Jahr 2010 erreicht werden soll. 29 % der

Jugendamtsbezirke wollen ihr Ziel bereits vorher erreichen, 3 % erst nach 2010. Von den Jugendämtern werden bis zum Ende des geplanten Ausbaus Versorgungsquoten zwischen 3 % und 100 % angestrebt. Auch diese Spannweite zeigt, wie stark die Vorstellungen hinsichtlich eines ausreichenden Angebots an Kindertagesbetreuung für 0- bis unter 3-jährige Kinder streuen. Setzt man die Ausbauziele in Relation zu der 2005 erreichten Versorgungsquote (inkl. Tagespflege), dann wird eine Steigerung um im Durchschnitt neun Prozentpunkte und im Median um zehn Prozentpunkte angestrebt. Dies entspricht im Median mehr als einer Verdopplung des bestehenden Angebots für die 0- bis unter 3-jährigen Kinder bis 2010, und im Durchschnitt soll das Platzangebot sogar etwas mehr als versiebenfacht werden. Ganz offensichtlich wurde eine erhebliche Ausbaudynamik in Gang gesetzt. Bereits von 2004 auf 2005 wurde eine Erhöhung der Versorgungsquote bei den Betreuungsmöglichkeiten in Einrichtungen erreicht. Bezogen auf den Durchschnitt der Veränderung in den einzelnen Jugendamtsbezirken konnte die Quote um den Faktor 1,4 gesteigert werden.

Nicht ganz zwei Drittel (64 %) der befragten Jugendämter haben sich in ihrem Konzept zum Ausbau der Kindertagesbetreuung das Ziel eines »bedarfsgerechten« Ausbaus gesetzt, ohne sich auf einen Prozentsatz hinsichtlich der Versorgungsquote festzulegen. Eigentlich ist dies das Vorgehen, das aufgrund der Gesetzeslage zu erwarten wäre. Denn schließlich schreibt das Gesetz keine Quote, sondern den bedarfsgerechten Ausbau bis 2010 vor. Andererseits können Quoten auch für die Verwaltung als handhabbare Operationalisierungen der Bedarfsgerechtigkeit begriffen werden.

Ein geringer Anteil der Jugendämter hat sich dafür entschieden, im Fragebogen beide Optionen – also sowohl die Quote als auch die Bedarfsgerechtigkeit als Ausbauziel – anzugeben. Dies kann positiv als Absicht interpretiert werden, bei entsprechender Nachfrage über die festgelegte Quote hinaus auszubauen. Es kann aber auch den Vorbehalt signalisieren, dass die angestrebte Quote bei geringerem Bedarf nicht realisiert werden wird.

Bundesweit legt etwa jedes fünfte Jugendamt altersstufenbezogene Quoten (unter einjährige, einjährige, zweijährige Kinder) als Ausbauziele fest. Es gibt hinsichtlich der Tatsache, ob eine altersstufenbezogene Quote festgelegt wird, keine Ost-West-Unterschiede und keinen Zusammenhang mit der bisher erreichten Platz-Kind-Relation, aber signifikante Unterschiede zwischen Kreisjugendämtern und Stadtjugendämtern: Letztere legen häufiger Quoten fest. Von den Jugendämtern wird im Mittel für unter 1-jährige Kinder eine Quote von 7 % und für Einjährige eine Quote von 15 % festgelegt, für

Zweijährige planen die Jugendämter eine durchschnittliche Versorgungsquote von einem Drittel. Die Jugendämter gehen also davon aus, dass mit zunehmendem Alter die Nachfrage – also das, was die Eltern wollen – deutlich anwächst. Die Annahme, dass eine altersstufenbezogene Festlegung der angestrebten Versorgungsquoten mit den Bedürfnissen der Familien zumindest im Prinzip übereinstimmt, wird durch Befragungen von Eltern gestützt. In der DJI-Kinderbetreuungsstudie haben zum Beispiel für das erste Lebensjahr des Kindes 10 %, für das zweite Lebensjahr 27 % und für das dritte Lebensjahr 55 % der Eltern bei freier Wahl den Wunsch nach Kinderbetreuung geäußert (vgl. Bien/Riedel 2006). Es lässt sich zum jetzigen Zeitpunkt jedoch nicht beantworten, inwieweit die große Differenz zwischen den altersbezogenen Inanspruchnahmequoten nur ein Effekt der Unterversorgung ist oder ob sie tatsächlich auf unterschiedliche Bedarfslagen zurückgeführt werden kann.

Die von den Jugendämtern angestrebten altersbezogenen Quoten bedeuten in Relation zu den 2005 erreichten Quoten (DJI-Kinderbetreuungsstudie) im Durchschnitt eine Vervierfachung des Angebots bei den 1- bis 2-jährigen und eine Verdoppelung bei den 2- bis 3-jährigen Kindern bis zum Jahr 2010.

Konzepte und Strategien des Ausbaus der Kindertagesbetreuung

Angesichts der großen Anzahl von neu zu schaffenden Plätzen bedarf es in den Kommunen wahrscheinlich einer Vielfalt an unterschiedlichen Konzepten und Ausbaustrategien. In diesem Abschnitt wird beschrieben, wie die Kommunen beabsichtigen, ein bedarfsgerechtes Angebot für die unter 3-jährigen Kinder zu erreichen. Auch bei diesem Thema werden überwiegend die Antworten westdeutscher Jugendämter dargestellt, weil es in Ostdeutschland nur sehr wenige Jugendämter gibt, die noch einen Ausbaubedarf sehen.

Schwerpunktsetzungen im bedarfsgerechten Ausbau

Die Kommunen bzw. Jugendämter setzen an ein bis acht unterschiedlichen Stellen an, um das Ziel eines bedarfsgerechten Angebots zu erreichen. Als Minimalstrategie kann die Öffnung von Kindergärten für unter 3-jährige Kinder gelten. Diese ist die Einzige, die als alleinige Angabe genannt wird. Zwar wird von 10 % der Jugendämter auch auf die Zuständigkeit kreisangehöriger Gemeinden verwiesen, aber diese Angabe stellt keine Aktivität dar, sondern beschreibt lediglich die Zuständigkeitsverteilung zwischen dem Landkreis und ihren Gemeinden. Alle anderen in der Tabelle 9.2 aufgelisteten Ansatzpunkte zum Ausbau des Angebots werden immer in Kombination durchgeführt. Die 7 % der Jugendämter, die angegeben haben, sie würden noch nicht wissen, wie der Ausbau erfolgt, haben also immer auch noch etwas anderes angekreuzt und wollen mit dieser Antwort signalisieren, dass sie noch nach zusätzlichen Wegen suchen bzw. dass es bislang nur für die institutionelle Betreuung oder nur für die Tagespflege Ausbaukonzepte gibt. In den Landkreisjugendämtern ist diese Unsicherheit häufiger anzutreffen als in den Stadtjugendämtern (11 % vs. 2 %). Im Durchschnitt und im Median kommen mehrere Strategien parallel zur Anwendung.

Tab. 9.2: Ansatzpunkte für einen Ausbau des Angebots für unter 3-jährige Kinder in Westdeutschland

	Stadt	Landkreis	Insgesamt
Ausbau Tagespflege	91 %*	73 %	81 %
Öffnung von Kindergartengruppen auch für unter 3-Jährige	82 %	68 %	74 %
Ausbau altersübergreifender Gruppen	64 %	70 %	68 %
Umwidmung von Kindergartenplätzen in Krippenplätze	50 %	37 %	42 %
Ausbau der Krippen	38 %	35 %	36 %
Aufgabe erfüllen kreisangehörige Gemeinden	–	42 %	25 %
Ausbau anderer verbindlicher Formen	35 %*	11 %	21 %
Noch unbekannt	2 %	11 %	7 %
Sonstiges	7 %	10 %	8 %

* signifikante Unterschiede

Quelle: DJI TAG-Erhebung 2005

In vier von fünf Jugendamtsbezirken wird angestrebt, das Betreuungsangebot für unter 3-jährige Kinder durch einen Ausbau der Tagespflege zu erhöhen. Die hierzu eingesetzten Strategien werden im nächsten Abschnitt genauer betrachtet. Der Ausbau der Tagespflege stellt damit die häufigste Maßnahme zur Verbesserung des Angebots dar, was angesichts der verbreiteten Hoffnung, kostengünstig das Kinderbetreuungsangebot ausbauen zu können, nicht verwunderlich ist. Der Ausbau der Tagespflege wird auch von fast der Hälfte der ostdeutschen Jugendämter genannt, wobei in Ostdeutschland weniger eine Erhöhung des Angebots als vielmehr eine Vergrößerung der Vielfalt an Betreuungsformen im Vordergrund steht.

Der Ausbau altersübergreifender Gruppen ist eine der bevorzugten Ausbaustrategien (69 %). Mit der Ausweitung altersübergreifender Gruppen sind konzeptionelle Veränderungen erforderlich, die auch spezifische Anforderungen an die Qualifikation der ErzieherInnen stellen (vgl. Jugendministerkonferenz 1998). Die Öffnung von Kindergärten für unter 3-jährige Kinder stellt streng genommen auch eine Form altersübergreifender Gruppen dar und wird in 42 % der Jugendamtsbezirke als eine Ausbaustrategie angewandt. Das bedeutet, die Anzahl der Kinder, die bei vielen alltäglichen Dingen in besonderem Maße individueller Unterstützung bedürfen, steigt in diesen Gruppen deutlich an. Die durch die Kleinkinder veränderten Anforderungen, werden aber in der Regel nicht durch konzeptionelle und organisatorische Veränderungen (z. B. Verkleinerung der Gruppengröße) begleitet. Deshalb muss die Öffnung für unter 3-jährige Kinder in diesen Fällen eher als fachlich kritisch zu bewertende Strategie gesehen werden.

Der Ausbau von Krippen – den traditionellen altersbezogenen Einrichtungen für diese Altersgruppe – wird nur in einem Drittel der Jugendamtsbezirke angestrebt. Dies kann eine Reaktion auf den Wunsch vieler Eltern sein, in der Zeit bis zur Schule nicht aus Altersgründen die Betreuungsinstitution wechseln zu müssen; darüber hinaus bieten altersübergreifende Gruppen im Gegensatz zu Krippen für die Institutionen eher die Möglichkeit, flexibel auf Nachfrageschwankungen in den einzelnen Altersgruppen zu reagieren.

Nur etwa jedes fünfte Jugendamt plant zur Erhöhung der Betreuungsquote einen Ausbau anderer verbindlicher Formen wie etwa Betriebskindergärten oder Elterninitiativen. In kreisfreien Städten geschieht dies signifikant häufiger als in Landkreisen.

Ausbaustrategien für die Kindertagespflege

Der Ausbau der Kindertagespflege wird in fast allen westdeutschen und in vielen ostdeutschen Jugendamtsbezirken angestrebt. In Tabelle 9.2 sind die einzelnen Strategien zum Ausbau der Kindertagespflege und ihre zum Teil recht unterschiedliche Umsetzung in kreisfreien Städten und bei Landkreisen in Westdeutschland abgebildet. Im Durchschnitt und im Median wenden die Jugendämter vier der möglichen Strategien an. Keine der genannten Maßnahmen zum Ausbau der Tagespflege kann als Minimalstrategie identifiziert werden.

Auffällig ist, dass 86 % der Jugendämter in der Qualifizierung der Tagespflegepersonen einen Ansatz zum Ausbau der Tagespflege sehen. Dies kann einerseits Ausdruck der fachlichen Verantwortung der Jugendämter sein, die bei den vielfältigen Aufgaben der Tagespflegepersonen zumindest eine Minimalqualifikation – um mehr handelt es sich bislang bei der Qualifikation von Tagespflegepersonen in der Regel nicht (vgl. Gragert/van Santen/Seckinger 2005 a) – für erforderlich halten. Andererseits könnte die Qualifizierung von Tagespflegepersonen auch eine Antwort auf das bei etlichen Eltern fehlende Vertrauen in die Tagespflege sowie auf die im § 23 (3) KJHG geforderte Eignung der Tagespflegepersonen sein. Nur wenn diese Betreuungsform auch von Eltern akzeptiert wird, kann eine Erhöhung der Betreuungsquote erreicht werden. Die signifikant häufigere Anwendung der Strategie »Qualifizierung von Tagespflegepersonen« in den Städten lässt sich vor dem Hintergrund der in der Regel besser ausgebauten institutionellen Angebote interpretieren, damit die Tagespflege mit den institutionellen Betreuungsformen konkurrieren kann.

Tab. 9.3: Ansatzpunkte für einen Ausbau der Tagespflege in Westdeutschland

	Stadt	Landkreis	Insgesamt
Qualifizierung von Tagespflegepersonen	95 %*	80 %	86 %
Anwerbung von Tagespflegepersonen	77 %	71 %	74 %
Förderung von Vermittlungsstellen	32 %	36 %	34 %
Einsatz von ErzieherInnen im Erziehungsurlaub als Tagespflegeperson	39 %*	15 %	25 %
Höhere Vergütung für Tagespflegepersonen	34 %	19 %	25 %
Erhöhung der Anzahl von Kindern pro Tagespflegeperson	32 %*	15 %	22 %
Andere Strategien	14 %	17 %	16 %
Aufgabe erfüllen kreisangehörige Gemeinden	–	12 %	7 %

* signifikante Unterschiede

Quelle: DJI TAG-Erhebung 2005

Drei Viertel der Jugendämter versuchen durch eine Erhöhung der Anzahl von Tagespflegepersonen das Angebot auszuweiten. Bei dieser Strategie gibt es keine Unterschiede zwischen Städten und Landkreisen. Offensichtlich sind die Kapazitäten bei den vorhandenen Tagespflegepersonen weitgehend ausgeschöpft, obwohl sie im Durchschnitt »nur« 1,5 Kinder betreuen. Diese auf den ersten Blick niedrig wirkende Zahl erklärt sich dadurch, dass ein Teil der Tagespflegepersonen zusätzlich privat Kinder betreut, und dass bei den Tagespflegepersonen, bei denen die Tagespflege in der eigenen Wohnung durchgeführt wird, ein bis zwei Pflegekinder durchaus eine realistische Obergrenze darstellen. Dies erklärt vielleicht auch, warum der Anteil von Jugendämtern, die versuchen, den Ausbau des Angebots auch durch eine Erhöhung der Kinderanzahl pro Tagespflegeperson zu erreichen, mit 22 % nicht sehr groß ist.

Zu dem Instrument der Förderung von Vermittlungsstellen greift nur jedes dritte Jugendamt. Alle weiteren Strategien werden von einem Viertel oder einem geringeren Anteil der Jugendämter angewandt. In Städten wird signifikant häufiger versucht, ErzieherInnen während ihrer Elternzeit als Tagespflegepersonen einzusetzen, als in Landkreisen.

Mit einer höheren Vergütung versucht ein Viertel der Jugendämter mehr Tagespflegepersonen zu gewinnen. Ob diese Jugendämter tatsächlich schon in der Lage sind, höhere Vergütungen zu bezahlen, ob es die sind, die bisher eher weniger bezahlen, oder ob sie dieses nur anstreben, lässt sich anhand der Befragung nicht beantworten.

Herausforderungen und Probleme beim Ausbau

Viele Jugendämter beschreiben die mit dem Ausbau verbundenen Mehrausgaben als nicht bezahlbar. Die Knappheit an Finanzmitteln sowie der Ausbaudruck führen in manchen Regionen auch zur Unterlassung notwendiger baulicher Renovierungen bei bestehenden Einrichtungen. Ebenfalls im Zusammenhang mit finanziellen Schwierigkeiten wird die Qualifizierung des Personals benannt. Offensichtlich gibt es in manchen Jugendamtsbezirken auch Probleme, überhaupt ausreichend qualifiziertes Personal für die durch die Öffnung des Angebots für unter 3-jährige Kinder veränderte Arbeitssituation zu finden. Zusätzlich wird von den Jugendämtern im Zusammenhang mit einem Ausbau der Tagespflege auf folgende Probleme hingewiesen:

- Die Qualifikation der Tagespflegepersonen ist nicht ausreichend.
- Die Erfassung der Tagespflegepersonen und der Kinder in Tagespflege ist nur unzureichend möglich, weil es keine Meldepflicht für Tagespflege gibt.
- Tagespflege wird bei der Planung anders behandelt, da nicht planbar ist, für wie viele Kinder eine Tagespflegeperson gefunden werden kann.

Immer wieder wurde von den Jugendämtern angemerkt, dass es keine Teilzeitplätze für unter 3-jährige Kinder gibt. Dies scheint eher ein Überbleibsel aus der Krippentradition zu sein als ein bedarfsorientiertes Angebot; denn ab dem Kindergarten gibt es zeitlich abgestufte Betreuungsangebote, die durchaus genutzt werden.

Auf die Schwierigkeiten bei der Abschätzung der Bedarfsentwicklung wird von Jugendämtern explizit hingewiesen. Sie würden sich über fachliche Unterstützung bei der Festlegung von operationalisierten Bedarfskriterien freuen. Zudem sehen einige Jugendämter einen rein quotenorientierten Ausbau durchaus kritisch, da dieser den auch innerhalb eines Jugendamtsbezirks stark differierenden Bedarfslagen nicht gerecht werden würde.

Die Planung des Angebotes institutioneller Kindertagesbetreuung hat nicht nur eine quantitative Dimension bezogen auf das zahlenmäßige Verhältnis von Plätzen und Kindern. Das heißt, die Planung kann nicht allein auf der demografischen Entwicklung und den zu beobachtenden Wanderungsbewegungen basieren, sondern muss auch eine qualitative Dimension berücksichtigen. Hier stellen sich mit Nachdruck Fragen nach erforderlichen Öffnungszeiten, der Integration der Betreuung im Gemeinwesen, der Erschließung zusätzlicher Unterstützungspotenziale sowie nach dem Beitrag zur gesellschaftlichen Integration von behinderten und Migrantenkindern.

Bedarf aus Sicht der Jugendämter

Die Frage der Bedarfsdeckung stellt sich nicht nur aus der Perspektive der Familien, sondern auch aus Sicht der Planungsverantwortlichen der Kinder- und Jugendhilfe. Nach dem KJHG § 79 haben die öffentlichen Träger der Kinder- und Jugendhilfe die Planungsverantwortung. Sie sollen gewährleisten, dass die Kinderbetreuungsangebote rechtzeitig und ausreichend zur Verfügung stehen. Dies impliziert, dass die Jugendämter Vorstellungen darüber entwickeln müssen, welches Angebot als ausreichend zu gelten hat. Im Rahmen der Erhebung wurden die Jugendämter deshalb gebeten, eine Einschätzung zur Bedarfsdeckung bei den Angeboten der Kindertagesbetreuung abzugeben. Diese Einschätzung gibt Aufschluss darüber, inwiefern und für welche Altersgruppen zu erwarten ist, dass Jugendämter in Zukunft ihre Infrastruktur der Kindertagesbetreuung aus- oder abbauen.

Tabelle 9.4 zeigt, wie die befragten Jugendämter getrennt nach ostdeutschen und westdeutschen sowie Stadt- und Landkreisjugendämtern die Bedarfsdeckung für die verschiedenen Altersgruppen einschätzen. Sie gibt damit Hinweise, inwiefern Handlungsnotwendigkeiten in der Kindertagesbetreuung gesehen werden. Vor dem Hintergrund der sehr großen Unterschiede bei den Platz-Kind-Relationen in den einzelnen Jugendamtsbezirken ist es nicht weiter verwunderlich, dass die Einschätzungen weit auseinandergehen.

Tab. 9.4: Bedarfsdeckung bei der Tagesbetreuung aus Sicht der Jugendämter

	Ost		West	
Bedarfsdeckung bei …	Stadt	Land	Stadt	Land
Krippen				
zu wenig	8 %	20 %	90 %	90 %
gegeben	92 %	75 %	10 %	10 %
zu viel	0 %	5 %	0 %	0 %
Kindertagesstätten				
zu wenig	0 %	5 %	23 %	6 %
gegeben	100 %	91 %	70 %	94 %
zu viel	0 %	5 %	7 %	0 %
Hort				
zu wenig	17 %	0 %	60 %	70 %
gegeben	83 %	85 %	40 %	30 %
zu viel	0 %	15 %	0 %	0 %
Ganztagsplätzen				
zu wenig	0 %	19 %	64 %	53 %
gegeben	100 %	75 %	36 %	47 %
zu viel	0 %	6 %	0 %	0 %

* Die genaue Frageformulierung lautet: »Wird mit dem vorhandenen Angebot an Plätzen für Kinder der Bedarf aus Sicht des Jugendamtes gedeckt?«

Quelle: DJI-Jugendamtserhebung 2004

Die größten Bedarfslücken werden bei der Betreuung der unter 3-Jährigen sowie bei den Schulkindern gesehen. Es sind insbesondere die Jugendämter in Westdeutschland, die hier in großer Mehrheit einen bislang ungedeckten Bedarf feststellen. Auch eine Minderheit der ostdeutschen Jugendämter beschreibt einen weiteren Bedarf an Betreuungsmöglichkeiten für die unter 3-Jährigen und Schulkinder. Offensichtlich wurden mancherorts für die Schulkinder in den Jahren nach der Wende über das erforderliche Maß hinaus Plätze abgebaut, die jetzt fehlen.

Der Vergleich zu den Bedarfseinschätzungen der Erhebung des Jahres 2000 (vgl. van Santen u.a. 2003: 163) legt eine deutliche Verschiebung der Prioritäten nahe. Für das Jahr 2000 wurde von den Jugendämtern ungefähr gleich häufig ein Mangel an Plätzen in Krippen und Horten festgestellt. 2004 wird dagegen der Mangel an Betreuungsplätzen für unter 3-Jährige häufiger beschrieben als bei Angeboten für Schulkinder. Die öffentliche Diskussion um das Betreuungsangebot für die Altersgruppe der unter 3-Jährigen scheint hier ihre Spuren zu hinterlassen, und es ist zu erwarten, dass sich diese Prioritätenverschiebung in naher Zukunft auch in einer besseren Versorgung mit Betreuungsmöglichkeiten für die unter 3-jährigen Kinder niederschlägt.

Nur wenige Jugendämter beschreiben ein Überangebot an Plätzen. In Ostdeutschland sind es ausschließlich Landkreisjugendämter, die angeben, zu viele Plätze zur Verfügung zu haben. In Westdeutschland dagegen wird nur von einigen Stadtjugendämtern (7 %) ein Überangebot an Plätzen für die Kinder im Kindergartenalter festgestellt.

Die am stärksten ausgeprägte Differenz zwischen Stadt- und Landkreisjugendämtern zeigt sich im Westen. Hier sind es, wie bereits im Jahr 2000, insbesondere die städtischen Jugendämter, die in größerem Ausmaß ein Defizit in der Bedarfsdeckung bei Kindergarten- und Hortplätzen feststellen. Hier macht sich mit Sicherheit die höhere Nachfrage nach Betreuungsplätzen aufgrund höherer Erwerbstätigkeitsquoten von Frauen in Ballungsräumen bemerkbar.

Die erheblichen Unterschiede der Bedarfseinschätzungen bezüglich des Angebots an Ganztagsplätzen[75] zwischen den einzelnen Kategorien von Jugendämtern folgen keinem eindeutigen Muster. Es gibt fast kein Jugendamt, das angibt, zu viele Ganztagsplätze zu haben. Während es in Westdeutschland insbesondere in den Stadtjugendamtsbezirken, aber nicht nur dort, an Ganztagsplätzen fehlt (68 %), signalisieren in Ostdeutschland, allerdings zu einem wesentlich geringeren Anteil, ausschließlich Landkreisjugendämter einen Mangel an Ganztagsplätzen.

Die Einschätzung der Jugendämter, der Bedarf für eine spezifische Altersgruppe sei gedeckt, muss nicht zwangsläufig mit einer »objektiv« hohen Platz-Kind-Relation einhergehen. Vielmehr können Jugendämter auch bei niedrigen Platz-Kind-Relationen zu der Einschätzung kommen, eine Bedarfsdeckung erreicht zu haben. Eine entsprechende Analyse zeigt in diesem Zusammenhang den erheblichen politischen Ermessensspielraum bei der Transformation von Bedürfnislagen in Bedarfseinschätzungen. Bedarfseinschätzungen hängen damit zusammen, was man (fach)politisch für erstrebenswert erachtet. Hier werden deutlich differierende Prioritätensetzungen bei den einzelnen Jugendämtern bzw. den jeweiligen Gebietskörperschaften erkennbar. Manche Jugendämter sehen bei rechnerisch niedrigen Versorgungsquoten bereits den Bedarf gedeckt, während andere Jugendämter bei deutlich höheren Versorgungsquoten zu der

[75] In der Befragung wurde nicht differenziert zwischen Ganztagsangeboten für die einzelnen Altersgruppen.

Einschätzung kommen, dass der Bedarf nicht gedeckt werden kann. Die geringsten rechnerischen Platz-Kind-Relationen, die als bedarfsdeckend angesehen werden, liegen im Bereich der Angebote für unter 3-Jährige bei 0,2 %, für Kinder im Kindergartenalter bei 32 % sowie für Schulkinder bei 0,4 %. Die Betrachtung der rechnerisch höchsten Versorgungsquoten bei den Jugendämtern, die den Bedarf nicht als gedeckt ansehen, zeigt ebenfalls deutliche Unterschiede im Anspruchsniveau der Jugendämter. Diese Versorgungsquoten variieren zwischen 24 % im Bereich der Angebote für unter 3-Jährige, 105 % für Kinder im Kindergartenalter und 73 % für die Schulkinder. Das heißt, die Einschätzungen der Jugendämter zur Bedarfsdeckung sind weniger ein Gradmesser für den objektiv erreichten Ausbaustand als vielmehr ein Indikator für die internen Prioritätenfestlegungen. Im Vergleich zeigt sich, dass Stadtjugendämter ihren Einschätzungen zur Bedarfsdeckung im Durchschnitt höhere Quoten zugrunde legen als die Jugendämter in Landkreisen. Dasselbe gilt für die ostdeutschen Jugendämter im Vergleich zu den westdeutschen Jugendämtern.

Der politische Ermessensspielraum bei Bedarfsfestlegungen konkretisiert sich in kommunalpolitischen Beschlusslagen, in denen festgelegt wird, welche Versorgungsquote als ausreichend zu betrachten ist. Wie Tabelle 9.5 zeigt, werden vor allem in den Städten solche Beschlüsse gefasst; auch gibt es zwischen Ost- und Westdeutschland einen deutlichen Unterschied. Betrachtet man das Vorhandensein von politischen Beschlusslagen zur Bedarfsdeckung im Zusammenhang mit den jeweils vorhandenen Platz-Kind-Relationen in den Jugendamtsbezirken, wird deutlich, dass solche Beschlusslagen sich weder negativ noch positiv auf die Platz-Kind-Relation auswirken: Die Platz-Kind-Relationen unterscheiden sich nicht signifikant zwischen Kommunen, die einen Beschluss zur Versorgungsquote gefasst haben, und solchen, die keinen diesbezüglichen Beschluss verabschiedet haben.

Tab. 9.5: Anteil der Jugendamtsbezirke mit einer kommunalpolitischen Beschlusslage, in der festgelegt ist, welche Versorgungsquote bedarfsgerecht ist

	Ost		West	
	Stadt	Land	Stadt	Land
Nein	50 %	73 %	39 %	63 %
Ja	50 %	27 %	61 %	37 %

Quelle: DJI-Jugendamtserhebung 2004

Zu den ausgewiesenen Platz-Kind-Relationen wird oft kritisch angemerkt, sie würden auch deshalb keinen genauen Indikator für die Bedarfsdeckung darstellen, da sie auf einem zu hohen Aggregationsniveau ausgewiesen werden. Wenn rein rechnerisch in einer Stadt für 100 Kinder im Stadtgebiet auch 100 Plätze vorhanden sind, bedeutet dies nicht automatisch, dass auch alle Kinder einen Betreuungsplatz in ihrer Nähe finden: In einem Stadtviertel kann es ein Überangebot an Betreuungsplätzen geben, während in einem anderen Viertel Plätze fehlen. Eltern sowie Kinder wünschen sich meist einen Betreuungsplatz in der Nähe ihrer unmittelbaren Wohn- und Lebenswelt, da die Betreuung kompatibel mit den Gestaltungsspielräumen des Alltags sein muss. Falls zum Beispiel Kinderbetreuung die Erwerbstätigkeit eines Elternteils ermöglichen soll, lässt sich dies u.U. – zumindest aus der Perspektive der Eltern – einfacher realisieren, wenn ein Betreuungsplatz in der Nähe der Arbeitsstätte oder im Wohnumfeld vorhanden ist. Auch die sozialen Netzwerke der Kinder und Eltern können nur entsprechend genutzt und gepflegt werden, wenn sie in die Lebensführung der Familien integrierbar sind. Große, zeitverschlingende Entfernungen stehen einer solchen Integration und Nutzung eher im Wege.

Über diese Aspekte der Alltagsorganisation hinaus haben die Leistungsberechtigten nach dem Wunsch- und Wahlrecht des KJHG das Recht, zwischen Einrichtungen und Diensten verschiedener Träger zu wählen, sofern dies nicht mit unverhältnismäßigen Mehrkosten verbunden ist. Die Träger der öffentlichen Kinder- und Jugendhilfe sind in diesem Zusammenhang gehalten zu gewährleisten, dass »geeignete Einrichtungen (...) der verschiedenen Grundrichtungen der Erziehung entsprechend rechtzeitig und ausreichend zur Verfügung stehen« (KJHG § 78 [2]). Konkret heißt dies, dass zum Beispiel katholische Familien die Möglichkeit haben sollten, ihre Kinder in einem katholisch ausgerichteten Kindergarten betreuen zu lassen.

Die genannten Beispiele machen deutlich, dass eine isolierte Betrachtung der Platz-Kind-Relationen für große Gebietseinheiten, wie sie viele Jugendamtsbezirke darstellen[76], ein zu ungenaues Bild der tatsächlichen Bedarfssituation abgeben. Vor diesem Hintergrund wurden die Jugendämter gefragt, ob den Betreuungsbedürfnissen der Eltern in allen Regionen oder Bezirken ihres Jugendamtsbezirks Rechnung getragen werden kann. Die Ergebnisse sind in Tabelle 9.6 dargestellt.

---

[76] So liegt die durchschnittliche Fläche der Landkreisjugendamtsbezirke bei 102.106 und der Stadtjugendamtsbezirke bei 12.910 Hektar (vgl. Pluto/van Santen 2001).

Während im Osten etwa zwei Drittel der Jugendämter angeben, dass den Wünschen der Eltern nicht überall im Jugendamtsbezirk Rechnung getragen werden kann, liegt dieser Anteil im Westen bei etwa einem Fünftel. Berücksichtigt man die unterschiedlichen Platz-Kind-Relationen in Ost- und Westdeutschland, ist dies ein erstaunlicher Befund. Diesen stark differierenden Einschätzungen liegen mit Sicherheit unterschiedliche Prioritätensetzungen zugrunde: Was die einen als Luxus-Problem betrachten (West), ist für die anderen eine Selbstverständlichkeit (Ost). Die Unterschiede spiegeln somit in erster Linie das Ausmaß an Sensibilität und Akzeptanz hinsichtlich der Betreuungswünsche der Eltern wider, während sie nur bedingt Gradmesser für das Erreichen einer bestimmten Versorgungssituation sind.

Tab. 9.6: Anteil der Jugendamtsbezirke, in denen den Betreuungsbedürfnissen der Eltern nicht in allen Regionen oder Bezirken Rechnung getragen werden kann

	Ost		West	
	Stadt	Land	Stadt	Land
Können Wünsche in allen Regionen erfüllt werden?*				
Nein	64 %	67 %	22 %	19 %
Ja	36 %	33 %	78 %	81 %
Wünsche können nicht erfüllt werden bei den ...**				
0- bis 3-Jährigen	100 %	100 %	100 %	100 %
über 3-Jährigen bis Schuleintritt	33 %	13 %	36 %	16 %
Schulkindern	33 %	25 %	72 %	80 %

* Basis: alle befragte Jugendämter;
** Basis: alle Jugendämter, die in einer Region den Bedarf nicht gedeckt sehen

Quelle: DJI-Jugendamtserhebung 2004

Zum Teil spiegeln die Ergebnisse die insgesamt schwierige Versorgungslage insbesondere der unter 3-Jährigen und der Schulkinder wider. Allerdings wird auch für die Kinder im Kindergartenalter, die einen Rechtsanspruch auf einen Platz haben und bei denen rein rechnerisch anhand der Platz-Kind-Relation von einer Bedarfsdeckung ausgegangen wird, in einigen Regionen innerhalb der Jugendamtsbezirke eine Unterversorgung festgestellt. Hierbei zeigen sich innerhalb von Ost- und Westdeutschland ähnliche Stadt-Land-Unterschiede: Eine mangelnde Versorgung an Kindergartenplätzen in einzelnen Gebieten der Jugendamtsbezirke wird insbesondere in Städten festgestellt.

Insgesamt kann festgehalten werden, dass eine Einschätzung der Bedarfsdeckung lediglich auf Basis von Platz-Kind-Relationen nicht nur theoretisch betrachtet zu kurz greift, sondern in der Praxis ein reales Problem darstellt.

9.3 Jugendhilfeplanung und zielgruppenspezifische Aussagen

Die Lebenslagen der Adressaten unterscheiden sich und somit müssen die unterschiedlichen Bedürfnisse und Interessen auch einen Niederschlag in der Jugendhilfeplanung finden. Am Beispiel von geschlechtsspezifischen Differenzierungen (vgl. hierzu Kapitel 15) sowie der Frage, ob Migrationserfahrungen bei der Jugendhilfeplanung berücksichtigt werden, wird der Frage nachgegangen, ob Jugendhilfeplanung diesem formalen Anspruch gerecht wird. Hintergrund der Frage, ob es für die einzelnen Bereiche der Jugendhilfe zielgruppenspezifische Aussagen in der Jugendhilfeplanung gibt, ist die Annahme, dass durch die Jugendhilfeplanung auf Benachteiligungen in der Region aufmerksam gemacht werden kann und so deren Überwindung angeregt und umgesetzt werden kann.

Kinder und Jugendliche mit Migrationshintergrund sind in der Kinder- und Jugendhilfe insgesamt noch unterrepräsentiert (vgl. Kapitel 14). Außer der allgemeinen Vorschrift in § 1 (3) KJHG, dass junge Menschen in ihrer individuellen und sozialen Entwicklung zu fördern sind und die Jugendhilfe dazu beitragen soll, Benachteiligung zu vermeiden oder abzubauen, gibt es im KJHG keinen Paragrafen, in dem die Gleichberechtigung von jungen Menschen mit Migrationshintergrund und der Abbau von Benachteiligung explizit gefordert wird. Das seit dem Jahr 2000 geltende Staatsbürgerschaftsrecht als Integrationsangebot für Kinder und Jugendliche ausländischer Herkunft in Deutschland sowie auch das Diskriminierungsverbot in Artikel 2 der UN-Kinderrechtskonvention verstärken aber noch einmal die Notwendigkeit einer interkulturellen Arbeit in der Kinder- und Jugendhilfe. Die Ergebnisse der Jugendsamtsbefragung zeigen, dass migrantenspezifische Aussagen in der Jugendhilfeplanung bisher in den meisten Arbeitsbereichen noch nicht selbstverständlich sind.

Im Bereich der Jugendarbeit finden migrantenspezifische Besonderheiten in den Planungsansätzen am häufigsten Berücksichtigung. Dies kann als ein Indiz dafür verstanden werden, dass mancherorts eine interkulturelle Jugendarbeit entwickelt wird. Vermutlich ist aber auch im Bereich der Jugendarbeit der Handlungsdruck, spezielle Angebote bereitzustellen (z. B. aufgrund von »Ausländercliquen« in Jugendzentren, sprachlichen Barrieren oder dem auch in den Fachdiskussionen häufig thematisierte Integrationsauftrag), am ausgeprägtesten.

Aussagen zu Kindern mit Migrationshintergrund gibt es in den Jugendhilfeplänen für den Bereich der Kindertagesstätten nur in ungefähr einem Drittel der Jugendämter, in denen Jugendhilfepläne vorhanden sind. Aufgrund des hohen Bedarfs an fachlichen Konzepten im Bereich Migration verweist dieses Ergebnis auf den dringenden Entwicklungsbedarf hinsichtlich fachlicher Ansätze in der Planung. Ebenso erstaunlich sind die Ergebnisse des Längsschnittsvergleichs: Es zeigt sich, dass migrantenspezifische Aussagen in den meisten Arbeitsbereichen (außer im Bereich der Jugendarbeit und der Jugendgerichtshilfe) seit dem Jahr 2000 zurückgegangen sind. Insbesondere in den Arbeitsbereichen Hilfen zur Erziehung und Beratungsstellen sowie in den Abschnitten zu den Hilfen für junge Volljährige haben die migrantenspezifischen Aussagen in Hilfeplänen erheblich abgenommen. Vor dem Hintergrund der Aufgabe der Jugendhilfeplanung, entscheidende Informationen über unterschiedliche Lebenslagen und Bedürfnisse bereitzustellen und darüber hinaus Anhaltspunkte zu sammeln, wie eine Angebotsstruktur geschaffen werden kann, die Kinder und Jugendliche mit Migrationserfahrungen nicht benachteiligt bzw. noch besser fördert, ist dies eine Entwicklung in die genau falsche Richtung.

Tab. 9.7: Jugendhilfeplanung und migrantInnenspezifische Aussagen

	Vorhanden	Ost	West
In JHP Abschnitte zur Jugendarbeit?	79 %	97 %*	70 %*
davon migrantInnenspezifische Aussagen	53 %	45 %	60 %
In JHP Abschnitte zur Kindertageseinrichtungen?	91 %	97 %	88 %
davon migrantInnenspezifische Aussagen	32 %	23 %	38 %
In JHP Abschnitte zu Hilfen zur Erziehung?	71 %	78 %	68 %
davon migrantInnenspezifische Aussagen	24 %	12 %	38 %
In JHP Abschnitte zur Jugendgerichtshilfe?	38 %	47 %	33 %
davon migrantInnenspezifische Aussagen	23 %	7 %*	35 %*
In JHP Abschnitte zum Jugendschutz?	38 %	53 %*	30 %*
davon migrantInnenspezifische Aussagen	20 %	12 %	28 %
In JHP Abschnitte zur Jugendberufshilfe?	35 %	50 %*	27 %*
davon migrantInnenspezifische Aussagen	19 %	6 %*	31 %*
In JHP Abschnitte zu Beratungsstellen?	52 %	66 %	45 %
davon migrantInnenspezifische Aussagen	15 %	10 %	19 %
In JHP Abschnitte zu § 35 a KJHG	26 %	44 %*	17 %*
davon migrantInnenspezifische Aussagen	8 %	7 %	10 %
In JHP Abschnitte zu jungen Volljährigen?	28 %	41 %	22 %
davon migrantInnenspezifische Aussagen	4 %	0 %	8 %

* Unterschied zwischen Ost und West statistisch signifikant

Quelle: DJI-Jugendamtserhebung 2004

Mit Blick auf Tabelle 9.7 zeigt sich, dass in einigen Arbeitsbereichen ein Unterschied zwischen Ost- und Westdeutschland festzustellen ist, wenn es darum geht, ob in den Jugendhilfeplänen migrantenspezifische Aussagen gemacht werden. Es gibt einen signifikant höheren Anteil von westdeutschen Jugendämtern, die in ihrer Jugendhilfeplanung für die Arbeitsbereiche Jugendberufshilfe und Jugendgerichtshilfe migrantenspezifische Aspekte beachten. Dieser Unterschied kann im Wesentlichen aber auf den niedrigeren Anteil von Kindern und Jugendlichen mit Migrationshintergrund in Ostdeutschland zurückgeführt werden.

9.4 Sozialräumliche Jugendhilfeplanung

Um eine systematische und zukunftsgerichtete Gestaltung und Entwicklung der Handlungsfelder der Jugendhilfe zu erreichen und somit die Lebensbedingungen von Kindern, Jugendlichen und Familien zu verbessern, wird ein sozialräumlicher Ansatz in der Jugendhilfeplanung gefordert. In diesem Zusammenhang ist eine differenzierte Analyse der Struktur des sozialen Raumes erforderlich. In 62 % der Jugendamtsbezirke wurde in den letzten zwei Jahren eine Sozialraumanalyse erstellt bzw. fortgeschrieben.

Die Sozialraummodelle, die in den Kommunen erprobt werden, unterscheiden sich allerdings erheblich. Hinter einer sozialräumlichen Arbeit in den einzelnen Jugendamtsbezirken können verschiedene methodische Ansätze stehen, die vor dem Hintergrund des jeweiligen konzeptionellen Selbstverständnisses entwickelt wurden. Man kann eine fallbezogene, eine fallübergreifende und eine fallunspezifische sozialraumorientierte Arbeit unterscheiden: Im Rahmen der fallbezogenen Arbeit wird durch eine genaue Diagnose des Falles und des Feldes versucht, die richtige Hilfe für den Adressaten herauszuarbeiten. Die fallübergreifende Arbeit hat das Ziel, im sozialen Umfeld fallspezifisch Ressourcen zu mobilisieren, und im Rahmen der fallunspezifischen Arbeit sollen für bessere Lebens- und Entwicklungschancen Gestaltungsaufgaben im Gemeinwesen wahrgenommen werden (vgl. Wegehaupt-Schlund 2001).

Insgesamt sagen 72 % der Jugendämter im Jahr 2004, ihre Jugendhilfeplanung sei sozialräumlich ausgerichtet. Die von den JugendamtsleiterInnen skizzierten Kennzeichen einer Sozialraumorientierung im Rahmen ihrer Jugendhilfeplanung machen deutlich, dass ein Großteil der Jugendämter ihren Jugendamtsbezirk in kleinräumige Planungsgebiete einteilt und die Planung vor dem Hintergrund von Daten vornimmt, die außerhalb der Kinder- und Jugendhilfe erhoben werden – wie zum Beispiel Arbeitslosenquote, Sozialhilfeempfänger oder die Anzahl Alleinerziehender. Aus Sicht der Jugendämter ist dies erforderlich, weil die Höhe der Finanzen, die für eine bestimmte Region zur Verfügung stehen, davon abhängig ist, wie stark belastet ein bestimmtes Gebiet im Vergleich zu anderen ist. Unter einem Planungsraum und einem Sozialraum kann daher nicht immer dasselbe verstanden werden. Denn Sozialräumlichkeit als fachliches Prinzip bezieht sich nicht nur auf geografisch oder politisch definierte Räume, sondern auch auf die sozialen Bezüge der einzelnen Bewohner. Eine sozialräumlich orientierte Jugendhilfeplanung ist somit kaum denkbar, ohne dass die Menschen des Sozialraums aktiviert oder auch befähigt werden, die Lebensbedingungen in ihrem Umfeld mitzugestalten. Gerade Informationen darüber, wie Adressaten Räume nutzen bzw. sich aneignen oder welche Orte sie aufsuchen, sind nur durch einen offenen und partizipativen Planungsansatz zu gewinnen, der die Adressaten frühzeitig an der Planung beteiligt. Zudem erhöhen sich die Akzeptanz der Angebote und die Qualität der Ergebnisse (vgl. Jordan/Stork 1998), wenn die Vorstellungen, Wünsche und Interessen der Adressaten bei der Jugendhilfeplanung berücksichtigt werden. Die Ergebnisse der Jugendamtsbefragung zeigen jedoch, dass Partizipation nur sehr selten als ein Kennzeichen von Sozialraumorientierung von den Jugendämtern genannt wird.

9.5 Kooperative Jugendhilfeplanung – das Beispiel der Jugendarbeit

Durch die Jugendhilfeplanung sollen die Träger der öffentlichen Kinder- und Jugendhilfe gewährleisten, dass die erforderlichen und geeigneten Einrichtungen, Dienste und Veranstaltungen rechtzeitig und ausreichend zur Verfügung stehen. Ein angemessener Teil der bereitgestellten Mittel soll für die Jugendarbeit verwendet werden (vgl. § 79 KJHG). In § 80 KJHG ist weiterhin festgehalten, dass im Zuge der Planungsarbeiten zum einen Wünsche, Bedürfnisse und Interessen der jungen Menschen zu ermitteln sind und diesen Rechnung zu tragen ist und zum anderen auch die Träger der freien Kinder- und Jugendhilfe in allen Phasen der Planung frühzeitig zu beteiligen sind.

Vor diesem Hintergrund wurden die Jugendringe in der Jugendringbefragung in zwei Schritten zur Situation der Jugendhilfeplanung befragt. Zuerst sollten die Jugendringe beantworten, ob es in ihrer Kommune einen Jugendhilfeplan gibt und aus welchem Jahr dieser stammt. Dann wurde gefragt, ob der Plan momentan eine Aktualisierung erfährt.

Aus der Perspektive der Jugendringe wird die Situation der Jugendhilfeplanung im eigenen Jugendamtsbezirk folgendermaßen beurteilt: 70 % der Stadt- und Kreisjugendringe geben an, dass es einen Jugendhilfeplan für Jugendarbeit gibt, 10 % haben keine Informationen darüber und 20 % sind sich sicher, dass es keinen Jugendhilfeplan gibt (vgl. Tab. 9.8).

Tab. 9.8: Jugendhilfeplanung im Bereich Jugendarbeit

	Mit hauptamtlichem Personal	Ohne hauptamtliches Personal	Insgesamt
Jugendhilfeplan vorhanden?			
Es gibt keinen Jugendhilfeplan	27 %	11 %	20 %
Es gibt einen Jugendhilfeplan	68 %	73 %	70 %
Unbekannt, ob es einen Jugendhilfeplan gibt	5 %	16 %	10 %
Mitarbeit der Jugendringe bei der Jugendhilfeplanung, dort, wo es einen Jugendhilfeplan gibt	92 %	72 %	83 %

Quelle: DJI-Jugendringerhebung 2004

Vergleicht man die Angaben der Jugendämter zum Jugendhilfeplan mit denen der Jugendringe aus demselben Jugendamtsbezirk, ergibt sich eine geringe Abweichung. Dort, wo ein Unterschied in der Einschätzung vorhanden ist, deutet dies darauf hin, dass die Jugendhilfeplanung eine unzureichende Außenwirkung im betreffenden Jugendamtsbezirk entfaltet hat; denn die zentrale Vertretungsorganisation der Jugendarbeit hat keine Kenntnis von der Planung bzw. wird als nicht (länger) verbindlich oder aktuell eingestuft. In diesen Fällen wird deutlich, dass die Jugendhilfeplanung noch immer nicht überall im Sinne des KJHG als gemeinschaftliche Aufgabe der Akteure im Feld der Kinder- und Jugendhilfe verstanden wird.

Anders als in der letzten Jugendringerhebung gibt es zwischen Jugendringen mit und ohne Hauptamtliche keinen Unterschied mehr bezüglich der Frage, ob ein Jugendhilfeplan vorhanden ist oder nicht (vgl. Tab. 9.8). Offensichtlich ist nicht unbedingt hauptamtliches Personal erforderlich, um in den sehr arbeitsintensiven Prozess der Jugendhilfeplanung involviert zu sein oder diesen anzustoßen bzw. das Jugendamt davon zu überzeugen, dass Jugendhilfeplanung auch im Bereich der Jugendarbeit eine wichtige Funktion erfüllt. In manchen Jugendamtsbezirken hat die Jugendhilfeplanung offensichtlich einen so hohen Stellenwert erreicht, dass die Jugendämter unabhängig von der Potenz der Jugendringe die Jugendhilfeplanung im Feld der Jugendarbeit vorantreiben.

Nach den Angaben der Jugendringe sind 30 % der vorliegenden Jugendhilfepläne vor dem Jahr 2000 erstellt worden. Auch gibt es Jugendamtsbezirke, in denen der Jugendhilfeplan vor zehn oder mehr Jahren erstellt wurde. In relativ vielen Fällen kann also angenommen werden, dass keine Prozessorientierung vorhanden ist bzw. keine in kurzen Zeitabständen stattfindende Aktualisierung erfolgt.

48 % der Jugendringe, in deren Jugendamtsbezirk ein Plan existiert, gehen von einer Aktualisierung des Jugendhilfeplans aus. 35 % der Jugendringe geben an, dass momentan keine Aktualisierung stattfindet und weitere 17 % können zum Thema Aktualisierung keine Auskunft geben. Die Jugendhilfepläne, die derzeit aktualisiert werden, sind im Durchschnitt nicht älter als die, die nicht aktualisiert werden. Der Median der »Altersverteilung« der Jugendhilfepläne, die gerade überarbeitet werden, liegt sogar unter dem derer, die nicht aktualisiert werden: Die Jugendhilfepläne, die überarbeitet werden, waren also aktueller als die, die nicht überarbeitet werden. Das heißt, dort wo es Jugendhilfepläne gibt, wird ihnen eine sehr unterschiedliche Bedeutung zugemessen. Für manche Jugendämter scheint die Erstellung von Jugendhilfeplänen mehr eine formale Funktion zu haben, die mit einmaliger Erstellung eines Planes erfüllt ist, während andere diesen Plänen eine zentrale Steuerungsfunktion zuschreiben.

Jugendringe in ostdeutschen Bundesländern geben signifikant öfter an (75 % vs. 40 % in Westdeutschland), dass der Jugendhilfeplan momentan aktualisiert wird. Vor dem Hintergrund, dass in Ostdeutschland auch öfter (87 % vs. 66 %) Jugendhilfepläne für den Bereich der Jugendarbeit vorhanden und diese im Durchschnitt auch zwei Jahre »jünger« sind, kann nach wie vor (vgl. Mamier u. a. 2002) davon ausgegangen werden, dass die Jugendhilfeplanung in Ostdeutschland einen höheren Stellenwert besitzt als in Westdeutschland.

Insgesamt geben 83 % der Jugendringe an, am Prozess der Jugendhilfeplanung beteiligt zu sein (vgl. Tab. 9.8). Von entscheidender Bedeutung sind hier die Ressourcen, die den Jugendringen zur Verfügung stehen: Jugendringe mit hauptamtlichen MitarbeiterInnen sind deutlich öfter in der Lage, sich aktiv am Prozess der Jugendhilfeplanung zu beteiligen. Nichtsdestotrotz gibt es auch bei diesen Jugendringen noch einige wenige, die Jugendhilfepläne nicht mitgestalten. Generell sollten die Jugendringe anstreben, sich in der Jugendhilfeplanung zu engagieren, da in diesem Prozess auf Defizite in der Infrastruktur der Jugendarbeit hingewiesen werden kann und

Lösungen im Sinne der Bedürfnisse der Kinder und Jugendlichen vorgeschlagen werden können. Diese Lösungsvorschläge wiederum können die Grundlagen für die Beratungen im Kinder- und Jugendhilfeausschuss bilden.

Die Darstellung in Tabelle 9.9 gibt einen Überblick über die Art und Weise der Mitarbeit der Jugendringe an der Jugendhilfeplanung. Eine beratende Funktion für die JugendhilfeplanerInnen sowie die Mitarbeit in einem Unterausschuss des Jugendhilfeausschusses sind die Formen, die am häufigsten von den Jugendringen angegeben werden. Es gibt nur einen deutlichen Unterschied zwischen ost- und westdeutschen Jugendringen: Ostdeutsche Jugendringe arbeiten häufiger in Rahmen einer trägerübergreifenden Arbeitsgruppe an der Jugendhilfeplanung mit. Dieses Bild passt zu dem Ergebnis der Jugendringbefragung, dass in Ostdeutschland insgesamt mehr kooperiert wird als in Westdeutschland, da das historisch bedingte andere Kooperationsklima noch immer seine Wirkung zeigt.

Tab. 9.9: Art der Beteiligung der Jugendringe an der Jugendhilfeplanung

	2001			2004		
	Ost	West	Insgesamt	Ost	West	Insgesamt
Beratende Funktion für JugendhilfeplanerInnen	62 %	70 %	68 %	78 %	80 %	80 %
Unterausschuss des Jugendhilfeausschusses	/	/	/	67 %	66 %	66 %
Eigene Vorschläge zur Bedarfsdeckung	39 %	52 %	49 %	56 %	55 %	55 %
Mitglied in trägerübergreifender AG	77 %	69 %	71 %	72 %	48 %	54 %
Eigene Umfrage	26 %	36 %	33 %	28 %	32 %	31 %
Sonstige Form der Mitarbeit	4 %	8 %	8 %	6 %	5 %	5 %

Quelle: DJI-Jugendringerhebung 2001; DJI-Jugendringerhebung 2004

Hinsichtlich der Frage, ob Jugendringe an der Jugendhilfeplanung beteiligt sind, lässt sich feststellen, dass dort, wo geplant wird, nicht immer auch die Jugendringe involviert sind. Dies ist einerseits auf die vorhandenen Ressourcen der Jugendringe und andererseits auf das Planungsverständnis der Jugendämter zurückzuführen. Der hohe Anteil der Jugendringe, die sich selbst aktiv einbringen, ist wenig überraschend, aber nach 15 Jahren KJHG immer noch ausbaufähig.

9.6 Beteiligung von Adressaten im Rahmen der Jugendhilfeplanung

Wie schon bei den Ansätzen einer sozialräumlichen Jugendhilfeplanung deutlich wurde, ist die Beteiligung von Adressaten an der Jugendhilfeplanung für viele erstmal schwer vorstellbar. Der Gesetzgeber schreibt eine aktive Beteiligung von Kindern, Jugendlichen und ihren Familien gemäß § 80 KJHG vor, aber häufig ist unklar, wie dies in dem komplexen Bereich der Jugendhilfeplanung aussehen kann. Wie wichtig eine beteiligungsorientierte Jugendhilfeplanung ist, wird allerdings deutlich, wenn man Jugendhilfeplanung als einen kontinuierlichen Prozess der Anpassung der Leistungen der Kinder- und Jugendhilfe an die sich ständig veränderenden Lebenslagen versteht (vgl. LJA Hessen 1999). Voraussetzung dafür ist ein Planungsansatz, der Zielsetzungen inhaltlich nicht bis ins Detail vorgibt, sondern einen Bezugsrahmen (z. B. gesetzliche Verpflichtungen, Angebote und Ressourcen) für die konkrete Ausgestaltung der Angebote benennt (vgl. Jordan/Stork 1998). Das Beteiligungsverfahren soll eine kommunikative Verständigung über die Jugendhilfeleistungen sein, in dem die Wünsche, Bedürfnisse und Interessen der jungen Menschen und der Personensorgeberechtigten ermittelt und diese in die kommunikativen Prozesse von Politik und Verwaltung eingebracht und allgemein zugänglich gemacht werden (vgl. LJA Hessen 1999). Die Durchsetzung eines solchen Planungskonzeptes ist häufig schwierig, weil damit besondere Anforderungen an die beteiligten Institutionen gestellt werden. Der mit der Beteiligung verbundende Aufwand und Koordinationsbedarf wird häufig nicht als ein Zugewinn, sondern als Verzögerung und Behinderung des Planungsprozesses verstanden. Damit Beteiligung an den Planungsprozessen gelingen kann, ist es wichtig, die Zielgruppe, die zu bearbeitenden Inhalte sowie die zur Verfügung stehenden Ressourcen immer im Blick zu haben. Die Art des Einbezuges der Adressaten in die Jugendhilfeplanung hängt aber nicht nur von den zur Verfügung stehenden Ressourcen, sondern auch von dem Verständnis von Beteiligung ab. Es zeigt sich, dass in den einzelnen Jugendämtern sehr unterschiedliche Vorstellungen von Beteiligung zu finden sind. So wird Beteiligung von einem Teil maximal als punktueller Aktionsbegriff und von anderen wiederum tatsächlich als kontinuierlicher Prozess verstanden. Insgesamt gilt auch im Hinblick auf die Beteiligung bei der Jugendhilfeplanung: Beteiligung ist in erster Linie eine Frage der Haltung. Sind die MitarbeiterInnen des Jugendamtes und der freien Träger für Beteiligung sensibilisiert und ist auch die Organisation durch partizipative Elemente für die Mitarbeiterschaft geprägt, ist es leichter, eine Beteiligungskultur zu etablieren. Nur so steigen die Chancen, dass die MitarbeiterInnen den Beteiligungsprozess nicht als eine wenig ertragreiche zusätzliche Arbeitsbelastung sehen (vgl. Pluto 2006; Reismann 2002). Die Anforderungen an die Verankerung einer Beteiligungskultur dürfen jedoch nicht unterschätzt werden. So weisen Jordan und Schone (1992) darauf hin, dass die lokalen Akteure (Politik, Jugendamt, freie Träger) ihre jeweiligen Interessen in der Jugendhilfeplanung vertreten. Adressatenbeteiligung kann aus ihrer Sicht Einflussmöglichkeiten behindern und wird daher als Störung empfunden. Daran wird deutlich, dass die Adressatenbeteiligung bei der Jugendhilfeplanung einer strukturellen Absicherung bedarf.

In der Jugendamtsbefragung wurde deshalb nicht nur erhoben, in welcher Form Kinder, Jugendliche und Eltern an der Jugendhilfeplanung beteiligt sind und ob es Aussagen zu zielgruppenspezifischen Angeboten im Jugendhilfeplan gibt, sondern auch auf welche Art und Weise die Adressaten beteiligt werden.

Beteiligung von Kindern und Jugendlichen

Im Jahr 2000 gaben 82 % der Jugendämter an, dass Kinder bzw. Jugendliche an der Jugendhilfeplanung beteiligt werden oder zu einem früheren Zeitraum schon einmal beteiligt wurden. In der aktuellen Jugendamtsbefragung sind es 74 %. Es zeigt sich somit, dass jedes vierte Jugendamt Kinder und Jugendliche nicht an der Jugendhilfeplanung beteiligt. Es wird eine Diskrepanz zwischen dem Anspruch und der faktischen Beteiligung von jungen Menschen bei der Jugendhilfeplanung deutlich. Damit die Lücke zwischen Anspruch und Wirklichkeit hinsichtlich der Adressatenbeteiligung kleiner wird, sind wie zuvor beschrieben bestimmte Rahmenbedingungen und strukturelle Voraussetzungen erforderlich. Aber auch zeitliche und personelle Ressourcen sowie methodisch-konzeptionelle Erfahrungen, wie Kinder und Jugendliche beteiligt werden können, sind weitere Voraussetzungen für eine beteiligungsorientierte Jugendhilfeplanung. In erster Linie ist es wieder die Frage nach der Verankerung einer Beteiligungsphilosophie und eine Frage der pädagogischen Haltung, die voraussetzt, dass die Kinder und Jugendlichen ausreichend informiert sind und ihnen gegenüber für Transparenz gesorgt wird (vgl. hierzu Reismann 2002). Kinder und Jugendliche müssen als »Verhandlungspartner« ernst genommen werden, und es muss ihnen zugetraut werden, tatsächlich mitplanen zu können. Dies setzt voraus, dass der Planungsprozess sich nicht nur auf die Erwachsenenperspektive konzentriert, sondern so gestaltet wird, dass Kinder und Jugendliche die Möglichkeit haben, sich einzubringen.

Tab. 9.10: Wie werden Kinder und Jugendliche an der Jugendhilfeplanung beteiligt? (Mehrfachantworten)

Art der Beteiligung	Bis 12 Jahre	Ab 13 Jahre
Umfrage/Fragebogen	52 %	77 %
Projekte/Arbeitsgemeinschaften	34 %	34 %
Über Stadt-/Kreisjugendring	29 %	43 %
Interviews	21 %	31 %
Kinder- und Jugendparlamente	12 %	21 %
Über Kinder- und Jugendbeauftragte	10 %	10 %
Anders	20 %	21 %

Quelle: DJI-Jugendamtserhebung 2004

Fragt man die Jugendämter, die Kinder und Jugendliche an der Jugendhilfeplanung beteiligen, wie sie dies tun, zeigt sich, dass die Adressaten derzeit zu einem großen Teil durch Umfragen und Fragebögen beteiligt werden. In Tabelle 9.10 ist erkennbar, dass diese Form der Beteiligung besonders häufig ab einem Alter von 13 Jahren genutzt wird.

Alter und Entwicklungsstand der Kinder und Jugendlichen werden in vielen Bereichen als Maßstab dafür gesehen, ob Beteiligung gelingen kann oder nicht. Im Rahmen von Projekten und Arbeitsgemeinschaften oder Kinder- und Jugendparlamenten kann Beteiligung jedoch auch weitgehend unabhängig vom Alter realisiert werden. Die Ergebnisse der Jugendamtsbefragung zeigen, dass Kinder bis einschließlich 12 Jahren ebenso häufig im Rahmen von Projekten und Arbeitsgemeinschaften beteiligt werden, wie junge Menschen ab dem 13. Lebenjahr. Projektarbeit ist auch für Jüngere eine geeignete Form der Beteiligung, weil sie in diesem Rahmen die Möglichkeiten haben, sich mit ihren Kommunikationsformen – auch nonverbal oder kreativ – vor dem Hintergrund ihrer bisher gemachten Erfahrungen mitzuteilen. Die Voraussetzung dafür ist natürlich, dass ihnen Zeit gegeben wird sich mitzuteilen und sie ernst genommen werden (vgl. hierzu Reismann 2002). Da die Adressaten aber am häufigsten in Form von Fragebögen und Umfragen an der Jugendhilfeplanung beteiligt werden, sind für jüngere Kinder die Beteiligungsmöglichkeiten insgesamt geringer.

Bei einer indirekten Beteiligung über den Stadt-/Kreisjugendring oder durch den Einbezug von Kinder- und Jugendparlamenten in die Jugendhilfeplanung haben ältere Kinder und Jugendliche sowie besonders engagierte junge Menschen mehr Möglichkeiten als andere sich einzubringen, weil sie sich besser artikulieren können.

Tab. 9.11: Wo werden Kinder/Jugendliche für Umfragen, Fragebogenerhebungen und Interviews erreicht? (Mehrfachnennungen)

Orte	
In der Schule	60 %
Bei Trägern und Einrichtungen der Jugendarbeit	55 %
An öffentlichen Plätzen	19 %
In stationären Einrichtungen der Jugendhilfe	16 %
Zu Hause	9 %
Anderswo	6 %

100 % = Jugendämter, die Kinder/Jugendliche beteiligen

Quelle: DJI-Jugendamtserhebung 2004

Der Vorteil von Umfragen, Fragebogenerhebungen oder Interviews ist, dass die Meinungen vieler Kinder und Jugendlicher in die Planungsvorhaben einfließen können. 60 % der Jugendämter, die Befragungen durchführen, haben die befragten Kinder und Jugendlichen auch in Schulen und 19 % an öffentlichen Plätzen erreicht. Es besteht daher eine reale Chance, auch Kinder und Jugendliche einzubeziehen, die nicht in irgendeiner Weise das Jugendhilfesystem nutzen. Bei Trägern und Einrichtungen der Jugendarbeit erreichen 55 % und in stationären Einrichtungen 16 % der Jugendämter die NutzerInnen der Jugendhilfe (vgl. Tab. 9.11). Dass nur ungefähr ein Sechstel der Jugendämter Kinder und Jugendliche auch in den stationären Einrichtungen erreicht, ist erstaunlich, denn gerade mit ihnen müssen zum Beispiel Hilfepläne systematisch ausgewertet werden, damit Übergänge in andere Hilfen oder das Ende einer Hilfe geplant werden kann. Eine Beteiligung gerade dieser Jugendlichen könnte helfen, Angebotslücken zu erkennen und Übergänge besser zu gestalten.

Beteiligung von Eltern

Eltern haben großen Einfluss darauf, ob Angebote der Kinder- und Jugendhilfe von ihren Kindern in Anspruch genommen werden. Sie sind in manchen Jugendhilfebereichen selbst Adressaten der Jugendhilfe und bewerten die Leistungen des Jugendamtes. Dennoch wird der Fokus selten auf die Eltern gerichtet, wenn es um die Gestaltung oder auch Planung von Jugendhilfeleistungen geht. Nur die Hälfte der befragten Jugendämter (52 %) beteiligt Eltern an der Jugendhilfeplanung. In Tabelle 9.12 zeigt sich, dass Eltern nach Angaben der Jugendämter am häufigsten an der Planung in Kindertagesein- einrichtungen beteiligt sind. An zweiter Stelle steht die Elternbeteiligung beim Gestalten von Spielplätzen und öffentlichen Plätzen. Jedes fünfte Jugendamt, in dem Eltern bei der Planung beteiligt werden, sieht eine direkte Mitwirkung bei anderen Themen vor, wie zum Beispiel bei Stadtteilarbeit und -projekten oder bei der Schulkinderbetreuung.

Tab. 9.12: Beteiligung von Eltern an der Jugendhilfeplanung (Mehrfachantworten)

Themen	Eltern werden direkt beteiligt
Kindertageseinrichtungen	64 %
Gestaltung von Spielpätzen/öffentlichen Plätzen	40 %
Andere Bereiche (z. B. Stadtteilarbeit, Schulkinderbetreuung)	19 %
Familienbildung	17 %
Beratung	15 %
Ambulante Eirnichtungen der erzieherischen Hilfen	15 %
Stationäre Einrichtungen der erzieherischen Hilfen	13 %

100 % = Jugendämter, die Eltern beteiligen

Quelle: DJI-Jugendamtserhebung 2004

In den Bereichen der Kinder- und Jugendhilfe, die speziell darauf ausgerichtet sind, Eltern in ihren Erziehungskompetenzen zu stärken, weil sie ihren Erziehungsauftrag – zumindest zeitweise – nicht mehr alleine erfüllen können, werden Eltern am seltensten an der Planung beteiligt. Nur 13 % der Jugendämter, die Eltern in die Jugendhilfeplanung einbeziehen, geben an, dass Eltern in den stationären Einrichtungen der erzieherischen Hilfen beteiligt werden. Wenn Eltern eine Hilfe zur Erziehung in Anspruch nehmen, zeigt dies, dass sie im Moment nicht in der Lage sind, die Erziehung ihrer Kinder alleine zu bewältigen. Allein deshalb wird ihnen oft auch die Fähigkeit abgesprochen, sich an der Gestaltung und Planung der öffentlichen erzieherischen Unterstützungsleistung zu beteiligen (vgl. hierzu auch Pluto 2006). Nimmt man aber die Beteiligung von Eltern an der Jugendhilfeplanung ernst, ist es dringend erforderlich, konkrete Konzepte zu entwickeln, wie gerade auch Eltern aktiv einbezogen werden können. Ihre Beteiligung erhöht letztendlich auch die Motivation, sich mit ihren Erziehungsvorstellungen und ihrer eigenen Situation auseinanderzusetzen (vgl. hierzu Gragert/van Santen/Seckinger 2005 b).

Insgesamt zeigt sich, dass der Beteiligung von Eltern an der Jugendhilfeplanung in Zukunft noch mehr Aufmerksamkeit geschenkt werden sollte und man sich nicht nur auf einige Teilbereiche beschränken darf. Wird die Verankerung einer Beteiligungskultur in den Jugendämtern erreicht, wirkt sich dies positiv auf die Adressatenbeteiligung in der Jugendhilfeplanung insgesamt aus. So zeigt sich zum Beispiel, dass die Jugendämter, die Kinder und Jugendliche an der Jugendhilfeplanung beteiligen, auch statistisch signifikant häufiger Eltern an der Planung beteiligen.

Beteiligung von Adressaten geschlechtsspezifischer bzw. migrantenspezifischer Angebote

Die Beteiligung der Zielgruppen bei der Planung ist erforderlich, wenn man die tatsächlichen Interessen und Bedürfnisse der jeweiligen Adressaten berücksichtigen will. Der Einbezug von Zielgruppen in Form von Fragebogenbefragungen oder im Rahmen von Projekten oder Arbeitsgemeinschaften sind Möglichkeiten der Beteiligung, die von jeweils etwa einem gleich großen Anteil von Jugendämtern genutzt werden.

Tab. 9.13: Direkte Beteiligungsformen für AdressatInnen geschlechtsspezifischer Angebote bzw. für MigrantInnnen

Beteiligungsform	Mädchen	Jungen	MigrantInnen
Fragebogenbefragung	29 %	25 %	12 %
Interviews	14 %	12 %	7 %
Projekte	30 %	23 %	15 %
Arbeitsgemeinschaften	30 %	24 %	16 %

Quelle: DJI-Jugendamtserhebung 2004

Positiv zu bewerten ist, dass es eine Entwicklung hin zu mehr projektorientierten Formen der Beteiligung gibt. Diese sind zwar, wenn sie ein tatsächliches Instrument der Einbindung sind und nicht nur legitimatorischen Charakter haben, sehr zeitaufwendig, bieten den Kindern und Jugendlichen aber zahlreiche Möglichkeiten sich zu beteiligen. Interviews sind Verfahren, die deutlich seltener zur Beteiligung der Zielgruppen genutzt werden. Dies kann damit zusammenhängen, dass Beteiligungsformen, die nur mit einem oder einigen wenigen Jugendlichen durchgeführt werden, als zu aufwendig oder aber auch als zu wenig ergiebig eingeschätzt werden.

Insgesamt zeigt das Ergebnis in Tab. 9.13, dass Kinder und Jugendliche mit Migrationshintergrund seltener in die Planung einbezogen werden. Die Arbeit mit Adressaten mit Migrationshintergund wird noch unzureichend als fachliche Herausforderung in der Kinder- und Jugendhilfe angenommen.

Neben der Frage nach der Beteiligung der Adressaten ist auch die Frage nach der Kooperation mit Organisationen bzw. bestimmten Personengruppen außerhalb des Jugendhilfeausschusses im Zusammenhang mit der Jugendhilfeplanung von Interesse. Der Einbezug relevanter Akteure ist eine Grundvoraussetzung, wenn man die Planung als einen gemeinsamen und kommunikativen Prozess versteht. Mit wem die Jugendämter bei der Jugendhilfeplanung zusammenarbeiten und wie sie die Kooperationssituation beschreiben, wird im Kapitel 19 »Kooperationen« näher erläutert.

9.7 Externe Beratung bei der Jugendhilfeplanung

Für die Jugendhilfeplanung besteht durch externe Beratung die Chance, sich methodische Kenntnisse und Fachwissen anzueignen. Die Voraussetzung dafür ist natürlich, dass die externen Planer die lokale Praxis verstehen und die Strukturen der Einrichtungen kennen. Externe Berater haben die Möglichkeit, unkonventionelle Ideen einzubringen und sich auch bei bestimmten Feststellungen und Aussagen mehr Gehör zu verschaffen, weil sie oft mehr Akzeptanz bekommen als Personen, die in die Abläufe vor Ort involviert sind. Insgesamt lassen sich 71 % der Jugendämter bei ihrer Planung extern beraten. Als die häufigste Form der Beratung werden ein Austausch in der Region, Beratung durch andere Jugendämter und Beratung durch LandesjugendamtsmitarbeiterInnen genannt.

Tab. 9.14: Externe Beratung bei der Jugendhilfeplanung

Beratung nehmen insgesamt in Anspruch	71 %
davon Austausch in der Region	59 %
durch andere Jugendämter	57 %
durch MitarbeiterInnen des Landesjugendamtes	57 %
durch MitarbeiterInnen anderer Ämter/Referate	39 %
durch wissenschaftliche Institute/Organisationen	37 %
durch andere	14 %
durch UnternehmensberaterInnen	5 %

Quelle: DJI-Jugendamtserhebung 2004

Der Anteil der Jugendämter, die externe Beratung in Anspruch nehmen, ist im Vergleich zur letzten Erhebung im Jahr 2000 erheblich gesunken. Dies kann einerseits als ein Zeichen dafür gesehen werden, dass die Jugendhilfeplanung in den Jugendämtern bereits zu einer Selbstverständlichkeit geworden ist und nur noch weniger Beratung bedarf; andererseits kann es ein Indiz dafür sein, dass die Schwierigkeiten bei der Umsetzung der Jugendhilfeplanung zurzeit nicht das größte Problem der Jugendämter darstellen.

9.8 Einschätzung der Jugendämter zu Problemen bei der Jugendhilfeplanung

Die Jugendämter wurden gebeten, vor dem Hintergrund ihrer Erfahrungen die Probleme bei der Erstellung des Jugendhilfeplans bzw. der Teilpläne anhand von fünf Statements zu bewerten. Die Bewertung der in Tabelle 9.15 aufgeführten Aussagen zeigt, dass 59 % der befragten Jugendämter nicht der Meinung sind, dass das vorhandene Personal ausreicht, um die Aufgaben der Jugendhilfeplanung zu erfüllen. Zudem besteht für 41 % der Jugendämter eine größere Schwierigkeit darin, die vorhandenen Daten auszuwerten und zu verwenden. Im Vergleich zu den letzten Jugendamtserhebungen aus den Jahren 1995 und 2000 zeigen sich diesbezüglich keine Veränderungen in den Einschätzungen. Gleiches gilt für die Aussagen, dass bei der Zusammenarbeit mit anderen Behörden Schwierigkeiten bestehen und dass es bei dem Personal noch Qualifizierungsbedarf gibt. Allerdings stimmen nur noch 38 % und somit wesentlich weniger als in der letzten Erhebung der Aussage zu, dass nicht ausreichend Datenmaterial vorhanden ist. Im Jahr 2000 waren es 63 % und damit war das unzureichende Datenmaterial damals die größte Schwierigkeit bei der Jugendhilfeplanung.

Deutlich wird, dass heute mehr Informationen und Daten für die Jugendhilfeplanung zur Verfügung stehen. Allerdings konnten die Schwierigkeiten bei der Auswertung und Verwendung der Daten nicht minimiert werden. Dies hängt sicherlich zum einen mit den personellen Ressourcen zusammen sowie zum anderen mit der für eine systematische Datenauswertung erforderlichen Qualifizierung der Fachkräfte.

Notwendig sind daher auch Fortbildungen im Bereich der Jugendhilfeplanung. Dieser Bedarf wird von 60 % der Jugendämter bestätigt; tatsächlich eingeplant und umgesetzt werden Fortbildungen für die Jugendhilfeplanung in 49 % der Jugendämter. Erstaunlich ist, dass von den Jugendämtern weniger Bedarf gesehen wird und auch weniger Fortbildungen hinsichtlich der Jugendhilfeplanung durchgeführt werden als noch vor vier Jahren.

Tab. 9.15: Einschätzungen zu Problemen bei der Erstellung des Jugendhilfeplans

	Trifft (eher) zu	Trifft (eher) nicht zu
Es ist nicht ausreichend Personal vorhanden.	59 %	41 %
Schwierigkeiten bestehen bei der Auswertung und Verwendung der Daten.	41 %	59 %
Datenmaterial ist nur unzureichend vorhanden.	38 %	63 %
Schwierigkeiten bestehen bei der Zusammenarbeit mit anderen Behörden.	30 %	71 %
Personal ist nicht den Anforderungen entsprechend qualifiziert.	21 %	79 %

Quelle: DJI-Jugendamtserhebung 2004

9.9 Fazit: neue Herausforderungen für die Jugendhilfeplanung

Jugendhilfeplanung hat sich in der Kinder- und Jugendhilfe etabliert: Nahezu alle Jugendämter verfügen über aktuelle Jugendhilfepläne, in über der Hälfte der befragten Jugendämter steht extra Personal für die Erstellung von Jugendhilfeplänen zur Verfügung und die Fortbildungsaktivitäten der Jugendämter sind groß (60 % Bedarf; 49 % durchgeführt oder geplant). Der Jugendhilfeplanung – so zeigen die Ergebnisse weiter – liegt jedoch bisher noch kein einheitliches Planungsverständnis zugrunde: So richten nur wenige Jugendämter ihren Blick in der Planung auf alle Bereiche des KJHG und auch unter einer sozialräumlichen Jugendhilfeplanung wird vielfach lediglich das Einteilen in kleinräumige Planungsgebiete verstanden. Zusammenfassend zeigt sich auch, dass bei der Umsetzung der vom Gesetzgeber vorgegebenen Standards nach wie vor einige Schwierigkeiten erkennbar sind: Der Anspruch, Kinder, Jugendlichen und Personensorgeberechtigten aktiv zu beteiligen, stellt eine der größten Herausforderungen für die Jugendhilfeplanung dar. Beteiligung der Adressaten findet in erster Linie durch quantitative Formen der Befragung von Kindern und Jugendlichen statt. Projektorientierte Formen oder Einzelbefragungen werden weit seltener genutzt. Zukünftig sollte es ein Ziel der Jugendhilfeplanung sein, Beteiligungsaktivitäten als Form der Einbindung von Adressaten in den komplexen Planungsprozess verstärkt zu nutzen. Eine weitere Herausforderung für die Jugendhilfeplanung bleibt die Wahrnehmung von

Querschnittsperspektiven, zum Beispiel hinsichtlich des Geschlechts und der Adressaten mit Migrationshintergrund. Migrantenspezifische Aussagen werden in den Planungen der unterschiedlichen Jugendhilfebereiche bisher zu selten getroffen.

Einige der fachlichen Anforderungen scheitern allerdings auch an der entsprechenden Ausgestaltung der Rahmenbedingungen.

Der Blick auf die personellen Ressourcen für die Jugendhilfeplanung zeigt, dass nach wie vor noch nicht überall der Stand erreicht ist, der für die Absicherung einer kontinuierlichen Jugendhilfeplanung erforderlich ist.

10 Evaluation als Element der Qualitätsentwicklung in der Kinder- und Jugendhilfe

Die Kinder- und Jugendhilfe sieht sich einem wachsenden Legitimationsdruck gegenüber. Je stärker die Kinder- und Jugendhilfe einerseits von außen (z. B. Kostensenkungsstrategien der Kommunen) gezwungen ist, die eigenen Leistungen zu legitimieren bzw. darzustellen, warum und auf welche Art und Weise sie handelt, desto dringlicher wird eine systematische Qualitätsentwicklung. Andererseits wird auch in der Kinder- und Jugendhilfe selbst beständig der Anspruch formuliert, über die Wirkungen und Effekte des eigenen Handelns im Sinne eines professionellen Selbstverständnisses mehr zu wissen. Die Kinder- und Jugendhilfe hat sich in der Vergangenheit schwer getan, begründet darüber Auskunft geben zu können, welche Auswirkungen ihre eigenen Leistungen auf die Adressaten haben. Dennoch existieren hohe Erwartungen an die Beurteilung des eigenen Tuns im Sinne einer systematischen Überprüfung der eigenen Potenziale, Strukturen, Prozesse und Effekte als integralem Bestandteil pädagogischer Praxis (Lüders 1998).

Der Anspruch, mehr über die Wirksamkeit von Jugendhilfeleistungen aussagen zu können, ist mit einer Reihe von Schwierigkeiten verbunden, die vor allem damit zusammenhängen, dass es für die Kinder- und Jugendhilfe nicht leicht ist, die Bedingungen und Faktoren zu identifizieren, die für bestimmte Wirkungen und Effekte ihres Handelns verantwortlich sind. Die besondere Herausforderung, die mit Bewertungsprozessen in der Kinder- und Jugendhilfe verbunden ist, liegt darin, dass Wirkungen immer das Ergebnis einer Koproduktion von Adressaten und Fachkräften sind.

Angesichts hoher Erwartungen und schwieriger Fragen hinsichtlich der Umsetzung hat sich die Kinder- und Jugendhilfe in den letzten Jahren zunehmend (neuen) Verfahren der Überprüfung ihrer Wirkungen zugewendet. Verfahren der Evaluation kommt dabei zunehmend größere Bedeutung zu. Im Elften Kinder- und Jugendbericht der Bundesregierung wird Evaluation als »einer der Bausteine einer modernisierten Kinder- und Jugendhilfe« (Deutscher Bundestag 2002a: 255) benannt. Auch empirisch lässt sich zeigen, dass die Auseinandersetzung mit der Frage, wie man als Organisation oder Institution qualitativ gute Arbeit leisten und dies auch nach außen zum Ausdruck bringen kann, in den letzten Jahren immer mehr an Selbstverständlichkeit gewonnen hat (vgl. van Santen u.a. 2003).

Eine wichtige Verpflichtung dazu, etwas über die Qualität der eigenen Angebote und Leistungen aussagen zu können, ergibt sich durch die rechtlichen Vorgaben des KJHG. Die Auflage, dass das Jugendamt Qualitätsentwicklungsvereinbarungen mit den Trägern abzuschließen hat (§ 78b KJHG), beinhaltet auch Grundsätze und Maßstäbe der Bewertung. Es besteht also für öffentliche und freie Träger die Aufgabe, Formen der Bewertung der Qualität der von ihnen zur Verfügung gestellten Angebote zu entwickeln, um die Überprüfbarkeit der Qualität der Leistungen zu sichern. Der Gesetzgeber macht keine konkrete Vorgabe, wie die einzelnen Träger zu einer Bewertung der eigenen Qualität gelangen sollen, aber es ist nicht anders vorstellbar, als hierfür geeignete Evaluationsverfahren zu entwickeln. So ist eine Besonderheit der deutschen Auseinandersetzung um Evaluation in der Sozialen Arbeit darin zu erkennen, dass Evaluation stärker als in anderen Ländern ein Bestandteil der Diskussion um Qualitätsentwicklung ist und zusammen mit letzterer etwa zeitgleich Eingang in die Praxis gefunden hat. Dieser enge Zusammenhang führt dazu, dass manche Prozesse der Auseinandersetzung mit Effekten und Wirkungen nicht explizit als Evaluationen bezeichnet werden, andere dagegen schon, obwohl sie im strengen Sinne die Kriterien für eine professionelle Evaluation nicht erfüllen. Das professionelle Verständnis von Evaluation setzt ein systematisches und transparentes Vorgehen voraus, um einen bestimmten Gegenstand der sozialen Wirklichkeit auf der Grundlage empirisch gewonnener Informationen zu beschreiben und zu bewerten (Haubrich/Lüders 2004). In einem sehr allgemeinen Verständnis bedeutet Evaluation lediglich, dass irgendetwas durch irgendwen in irgendeiner Weise und anhand von bestimmten Kriterien bewertet wird.

Evaluationen in der Kinder- und Jugendhilfe können sich auf sehr unterschiedliche Aspekte beziehen, wie Verfahren, Programme, auf Aspekte der Hilfeplanung, spezielle Angebote, Kosten-Nutzen-Aspekte, die Organisation von Abläufen und anderes mehr. Ein Bereich, in dem Evaluationen verbindlich eingesetzt werden, sind Modellprogramme, deren Ergebnisse beispielsweise hinsichtlich ihrer Übertragbarkeit auf die Regelpraxis evaluiert werden.

Inzwischen gibt es eine Fülle an Ansätzen, die die Praxis dabei unterstützen sollen, Evaluation in der eigenen Einrichtung oder Organisation durchzuführen. Dieser Prozess ist häufig mit Hürden verbunden, da aufgrund der komplexen Wirkungszusammenhänge kein Standardverfahren angewendet werden kann. Angesichts der Schwierigkeiten hinsichtlich der Beobachtbarkeit pädagogischer

Prozesse und der Bewertbarkeit ihrer Leistungen wird Evaluationen in der Praxis nicht selten mit Skepsis begegnet. Hinzu kommen Befürchtungen, dass Evaluationen genutzt werden, um Kürzungen zu legitimieren. Auch vor dem Hintergrund solcher Erfahrungen in der Praxis wurden Standards für Evaluationsprozesse entwickelt (Standards der DeGEval, wie z.B. Transparenz, Fairness und Vollständigkeit).

Evaluationen können nicht nur das Handeln der Kinder- und Jugendhilfe auf einer systematischen und empirischen Grundlage bewerten, sondern auch zu einer erfahrungsgestützten Weiterentwicklung und Verbesserung der Kinder- und Jugendhilfe beitragen.

Allerdings werden bislang die Ergebnisse von Evaluationsprozessen nur unzureichend für eine Weiterentwicklung der Fachpraxis genutzt. In vielen Fällen erreichen sie die breite Öffentlichkeit gar nicht, sondern bleiben intern (vgl. DJI-Projekt »Strategien und Konzepte externer Evaluation in der Kinder- und Jugendhilfe« »eXe«[77]). Dies hängt auch mit der möglichen missbräuchlicher Verwendung von Evaluationsergebnissen in Zeiten knapper Kassen zusammen.

In der Jugendamtserhebung wurden die Jugendämter darum gebeten, den Stand der Evaluation für ihren Jugendamtsbezirk anzugeben. Abgefragt wurde, ob sie Kenntnis über die Durchführung von Evaluationen haben, welche Formen vorrangig angewendet werden, ob die Evaluationen Bestandteil von Qualitätsentwicklungsvereinbarungen sind und ob Adressaten in die Evaluationen einbezogen werden. Mit diesen Daten wird in erster Linie der Informationsstand der Jugendämter erfragt. Ungeachtet dessen kann es im Jugendamtsbezirk Einrichtungen geben, die Evaluationen durchführen, von denen das Jugendamt keine Kenntnis hat. Die Daten der Erhebung bei Einrichtungen der (teil)stationären erzieherischen Hilfen geben zusätzliche Hinweise für dieses Arbeitsfeld.

10.1 Verbreitung von Evaluation

Die Jugendämter haben nicht nur die Aufgabe, in ihren eigenen Einrichtungen und bei freien Trägern Evaluationen anzuregen. Als die Gesamtverantwortlichen für die Kinder- und Jugendhilfe vor Ort sollten sie darüber hinaus auch Kenntnisse haben, ob Evaluationen in ihrem Jugendamtsbezirk durchgeführt werden, unabhängig davon, ob sie Initiator der Evaluationen sind oder nicht. Denn aus

[77] www.dji.de/cgi-bin/projekte/output.php?projekt=333

fachlicher Perspektive ist es wünschenswert, wenn das Jugendamt als diejenige Stelle, die die zentrale Funktion für ein bedarfsgerechtes Angebot (z.B. bei der Hilfeplanung oder der Jugendhilfeplanung) einnimmt, von den Evaluationsbemühungen aufseiten der freien Träger und bei eigenen Einrichtungen Kenntnis hat und diese für die fachliche Weiterentwicklung der Kinder- und Jugendhilfe im Jugendamtsbezirk nutzt. Wenn Evaluationen in Einrichtungen im Jugendamtsbezirk durchgeführt werden, ohne dass das Jugendamt dies weiß, ist fraglich, ob die fachliche Weiterentwicklung der örtlichen Jugendhilfe durch diese Evaluationen unterstützt werden kann. Um aber diese Funktion der Evaluation erfüllen zu können, ist in den Jugendamtsbezirken eine Kultur notwendig, die einen fachlichen und kollegialen Umgang mit Evaluationsergebnissen ermöglicht. Ein Fachaustausch auf der Ebene der Jugendamtsbezirke zwischen freien und öffentlichen Trägern könnte dazu beitragen, die Ergebnisse von Evaluationen für die fachliche Weiterentwicklung der Angebotsstruktur vor Ort zu nutzen.

Die Jugendämter wurden zunächst danach gefragt, ob Einrichtungen in ihrem Jugendamtsbezirk evaluiert werden. Dies bejahen insgesamt 79 % aller Jugendämter.

Tab. 10.1: Evaluationen von Angeboten im Jugendamtsbezirk

	Ost	West	Stadt	Land	Insgesamt
Evaluationen von Angeboten öffentlicher Träger	79 %	59 %	80 %	54 %	66 %
Evaluationen von Angeboten freier Träger	94 %	61 %	87 %	60 %	73 %

Quelle: DJI-Jugendamtserhebung 2004

Nach der Trägerschaft von Angeboten differenziert zeigt sich (vgl. Tab. 10.1), dass 66 % der Jugendämter für Angebote in öffentlicher Trägerschaft aussagen, dass diese Angebote evaluiert werden, während dies 73 % aller Jugendämter für freie Träger angeben. Das heißt, in diesen Jugendamtsbezirken wird jeweils mindestens ein Angebot des öffentlichen bzw. eines freien Trägers evaluiert. Die Jugendämter konstatieren für Einrichtungen in freier Trägerschaft häufiger Evaluationsbemühungen. Die Differenz zwischen der Evaluation von Angeboten öffentlicher Träger und der Angebote freier Träger kann empirisch nicht darauf zurückgeführt werden, dass in manchen Jugendamtsbezirken nahezu alle Angebote oder Einrichtungen in freier Trägerschaft sind. Es lässt sich also kein Zusammenhang zwischen der Anzahl der Angebote in öffentlicher Trägerschaft im Vergleich zu den Angeboten in freier Trägerschaft und dem Vorhandensein von Evaluation herstellen. Auch Jugendamtsbezirke, die nur ein oder zwei Einrichtungen in eigener Trägerschaft haben, geben an, dass in ihrem Jugendamtsbezirk Angebote des öffentlichen Trägers evaluiert werden.

Der Unterschied zwischen der Evaluation der Angebote in öffentlicher und freier Trägerschaft aus der Sicht der Jugendämter ist vor allem im Osten nachweisbar. Ein Grund hierfür könnte in dem fachlichen Interesse ostdeutscher Jugendämter an Evaluationen liegen. Ein anderer Grund könnte ein stärkeres Kontrollbedürfnis gegenüber freien Trägern sein. Außerdem fällt auf, dass vor allem in kreisfreien Städten Angebote sowohl freier als auch öffentlicher Träger evaluiert werden. Fragt man (teil)stationäre Einrichtungen selbst, dann geben 71 % an, dass sie ihre Angebote evaluieren (lassen).

Tab. 10.2: Anteil der Jugendamtsbezirke, in denen Evaluationen stattfinden, nach Arbeitsbereichen

	Angebote öffentlicher Träger	Angebote freier Träger
Hilfen zur Erziehung	61 %	75 %
Jugendarbeit	56 %	52 %
Kindertagesbetreuung	28 %	12 %
Andere spezielle Angebote	14 %	23 %
Verfahren	9 %	6 %
In allen Bereichen	8 %	6 %
Nicht bekannt	0 %	1 %

Quelle: DJI-Jugendamtserhebung 2004

In den Jugendamtsbezirken, in denen die Jugendämter Kenntnis von Evaluationsaktivitäten der Einrichtungen haben, sind die Hilfen zur Erziehung (61 % öffentliche Träger und 75 % freie Träger) der Bereich, in dem am häufigsten Evaluationen stattfinden (vgl. Tab. 10.2). Der Grund für die relativ hohe Verbreitung ist darin zu vermuten, dass die erzieherischen Hilfen einen der beiden kostenintensivsten Jugendhilfebereiche in einer Kommunalverwaltung darstellen und somit unter besonderem Legitimitätsdruck stehen. Zudem beziehen sich die gesetzlichen Vorgaben zu Qualitätsentwicklungsvereinbarungen (§ 78 b KJHG) genau auf diesen Arbeitsbereich der Kinder- und Jugendhilfe. Die Daten dazu, ob in Qualitätsentwicklungsvereinbarungen Formen der Evaluation geregelt sind, zeigen, dass fast drei Viertel der Jugendämter dieses zumindest in einigen Qualitätsentwicklungsvereinbarungen getan haben (vgl. Tab. 10.4).

Die Jugendarbeit wird von der Hälfte der Jugendamtsbezirke, in denen Evaluation stattfindet, als ein Bereich benannt, der evaluiert wird. Dazu beigetragen, dass die Jugendarbeit unter evaluatorischen Gesichtspunkten betrachtet wird, haben sicherlich die QS-Reihe des Bundesministeriums für Familie, Senioren, Frauen und Jugend und auch regionale Initiativen, wie der »Wirksamkeitsdialog« in Nordrhein-Westfalen (vgl. zum Projekt WANJA Stötzel/Appel 2000). Auch die Förderpraxis einzelner Länder kann dazu führen, dass Evaluationen im Bereich der Jugendarbeit angeregt werden, insbesondere dann, wenn sie zur Voraussetzung für Förderungen gemacht werden.

Für die Kindertagesbetreuung geben 28 % der Jugendämter an, dass Einrichtungen in öffentlicher Trägerschaft evaluiert werden. Die aktuell geführte Diskussion um die Verbesserung der Qualität der Kindertagesbetreuung (z. B. individuelle Förderung, flexible Betreuung) tragen dazu bei, dass auch der Bedarf steigt, die Auswirkungen dieser Bemühungen durch Evaluationen zu überprüfen (vgl. Deutscher Bundestag 2005 b). Beispiele für die Verwirklichung einheitlicher Qualitätsstandards für die Kindertagesbetreuung sind die sogenannte nationale Qualitätsoffensive und die Bildungspläne der Länder. In einigen Ländern, wie zum Beispiel Bayern, sind zukünftig Qualitätsentwicklungsmaßnahmen einschließlich Elternbefragungen für die Kindertagesbetreuungseinrichtungen vorgeschrieben. Der in Tabelle 10.2 abzulesende Unterschied zwischen der Evaluation von Angeboten öffentlicher und freier Träger ist möglicherweise auf einen besseren Zugang des öffentlichen Trägers zu den Informationen über die eigenen Evaluationsaktivitäten zurückzuführen.

Nur ein geringer Anteil der Jugendämter, bei denen Evaluationen im Jugendamtsbezirk durchgeführt werden, gibt alle Bereiche der Kinder- und Jugendhilfe an. Mit der Kategorie »Verfahren« in Tabelle 10.2 sind all jene Angaben der Jugendämter zusammengefasst, die sich auf Verfahren und Instrumente der Kinder- und Jugendhilfe, die evaluiert werden, beziehen (wie beispielsweise das Hilfeplanverfahren) und nicht auf Bereiche, die sich durch ihre thematische Ausrichtung voneinander abgrenzen lassen.

Bislang gab es bundesweit keine empirischen Anhaltspunkte dafür, welche Verbreitung Evaluationen in der Kinder- und Jugendhilfe gefunden haben. Die Daten zeigen, dass in der Mehrzahl der Jugendamtsbezirke Aktivitäten entfaltet werden. Man kann jedoch anhand der Abfrage nicht erkennen, um welche Formen von Evaluation es sich handelt. Gestützt auf die Erfahrungen bei der Recherche nach veröffentlichten Evaluationsberichten (vgl. Projekt »Strategien und

Konzepte externer Evaluation in der Kinder- und Jugendhilfe« – »eXe«) würde man zu einer deutlich zurückhaltenderen Einschätzung über die Verbreitung von Evaluation in der Kinder- und Jugendhilfe gelangen. Ein Blick in die Literatur zur Evaluation verdeutlicht, dass sehr unterschiedliche Dinge, von regelmäßigen Teamreflexionen über einen Leitbilddiskussionsprozess bis hin zu systematischen Datenerhebungen, unter Evaluation verstanden werden (Kromrey 2001). Die Ergebnisse der Befragung der Jugendämter legen vor diesem Hintergrund die Interpretation nahe, dass möglicherweise unterschiedliche und aus disparaten Interessen geleitete Aspekte mit Evaluation verbunden werden. Die hier von den Jugendämtern als Evaluation angeführten Aktivitäten erhielten dann – unabhängig von den gewählten Methoden – im weitesten Sinne einen Status als systematische Reflexion. Man könnte auch mutmaßen: Die Kinder- und Jugendhilfe kann es sich nicht erlauben, dass der Verdacht entsteht, sie denke zu wenig systematisch über die Effekte und Wirkung der eigenen Angebote nach. Ein breites Spektrum von unterschiedlichen Evaluationsverfahren, die zum Teil auch nur bedingt den Namen verdienen, würde auch – neben dem bereits angesprochenen rein internen Charakter von Evaluationen – erklären, warum die Anzahl der veröffentlichten bzw. der Fachszene zugänglichen Evaluationsberichte deutlich unter den quantitativen Angaben der Jugendämter über Evaluationen zurückbleiben (vgl. Projekt eXe).

10.2 Formen der Evaluation

Evaluation ist nicht gleich Evaluation. In der einschlägigen Literatur existieren zahlreiche Definitionen von Evaluation, die versuchen, den unterschiedlichen Formen von Evaluation gerecht zu werden.

Eine gängige Unterscheidung, die sich für die verschiedenen Formen und Ausprägungen von Evaluationen herausgebildet hat, ist die zwischen intern und extern bezogen auf den Standpunkt des Evaluators (vgl. zur Begriffsbestimmung Beywl/Schepp-Winter 2000; Haubrich/Lüders 2004). Externe Evaluation legt im Vergleich zur internen Evaluation Wert darauf, den Blick von außen auf die Organisation oder das Angebot zu richten und somit eine größere Unabhängigkeit von dem zu untersuchenden und zu bewertenden Gegenstand herzustellen. Personen, die nicht zur Organisation gehören, sind eher als interne MitarbeiterInnen unbefangene Gutachter. Ihnen wird eine höhere Objektivität in der Entscheidungsfindung zugeschrieben. Externe Evaluation wird in der Praxis vor allem zu dem Zweck angewendet, den Zusammenhang von Leistungen und Erfolgen nachzuweisen. Insgesamt geht es bei der externen Evaluation – so die bisherigen Erfahrungen in der Praxis – v.a. um die Sicherung übergreifender fachlicher Qualitätsstandards (vgl. Heiner 2000: 207). Externe Evaluationen haben jedoch aufgrund ihrer größeren Distanz zum Untersuchungsgegenstand z.T. den Nachteil, zu wenig Kontextwissen einzubeziehen und von daher zu einer weniger realitätsgerechten Einschätzung zu kommen als interne Evaluationen. Insofern kann man nicht grundsätzlich von der Überlegenheit des einen Ansatzes gegenüber dem anderen ausgehen. Es kommt darauf an, in Abhängigkeit von der Fragestellung im Einzelfall die richtige Entscheidung für eine Evaluationsart zu treffen. Entscheidungskriterien dabei sind Verwendungszweck und Ziel der Evaluation.

Eine weitere Unterscheidung ist die zwischen Selbst- und Fremdevaluation. In der deutschen Diskussion hat sich insbesondere die Selbstevaluation als Begriff durchgesetzt. Der Hintergrund hierfür ist in der spezifischen Verknüpfung der Diskurse um Evaluation und Qualitätsentwicklung zu sehen. Selbstevaluation hat in der Qualitätsentwicklungsdiskussion einen hohen Stellenwert bekommen (vgl. Haubrich/Lüders 2004). Selbstevaluationsprozesse werden als Bestandteile eines übergreifenden (Qualitätsentwicklungs-)Prozesses angesehen, die einen Beitrag zur eigenen Professionalisierung leisten können. Als Vorteil gegenüber Fremdevaluationen gilt, dass in der Regel ein besserer Zugang zu allen Informationen möglich ist und auf diese Weise eine zentrale Voraussetzung für ein systematisches Wissensmanagement in Einrichtungen besteht (Heiner 2000). Die Erfahrung in der Praxis zeigt, dass Selbstevaluationen eine Schulung voraussetzen und insbesondere dann Schwierigkeiten in der professionellen Durchführung zu erwarten sind, wenn die Fachkräfte nicht mit dem Instrumentarium vertraut sind. Begrifflich spielt die Fremdevaluation in der deutschen Diskussion keine hervorgehobene Rolle.

Die Praxis der Kinder- und Jugendhilfe zeigt, dass sich die unterschiedlichen Formen der Evaluation nicht immer so klar voneinander abgrenzen lassen. Die oben beschriebenen Kennzeichen der Evaluationsformen verschwimmen beispielsweise, sobald externe KollegInnen den zu Evaluierenden näherstehen als KollegInnen aus der eigenen Organisation, zum Beispiel weil sie aus derselben Fachrichtung kommen oder mit einem ähnlichen konzeptionellen Ansatz arbeiten. Die KollegInnen aus der eigenen Organisation arbeiten möglicherweise dagegen mit einem ganz anderen fachlichen Ansatz, oder die Evaluation wird von der Verwaltung durchgeführt, die mit den inhaltlich definierten Abteilungen keinen engen Zusammenhang hat. Die dargestellten Begrifflichkeiten betonen immer einen speziellen Aspekt der Diskussion und auch des Zweckes, der mit einer Evaluation verbunden ist.

Mit dem Begriff der »Peer-Evaluation«, der erst relativ neu in die Evaluationsdiskussion der Sozialen Arbeit eingegangen ist, wird ein weiterer Aspekt betont, der darauf abhebt, dass KollegInnen der eigenen Profession die Tätigkeit von KollegInnen bewerten. Bei dieser Evaluationsform wird weniger der Standpunkt des Evaluators betont, sondern eher die fachliche Kompetenz, die den Bewertenden auszeichnet.

Welche Definitionen von Evaluation wiederum in die Praxis Eingang gefunden haben und dort verwendet werden, geht nicht unbedingt mit der wissenschaftlichen Diskussion konform.

Um einen Eindruck zu erhalten, was sich dahinter verbirgt, dass ein relativ großer Teil der Jugendämter von sich behauptet, im eigenen Jugendamtsbezirk Evaluationsaktivitäten zu entfalten, wurde nach den angewendeten Evaluationsformen gefragt. Für die Befragung bei den Jugendämtern wurden die in der Praxis gebräuchlichsten Begriffe ausgewählt, auch wenn diese nicht ganz scharf voneinander getrennt sind. Auch kann anhand der Daten nicht entschieden werden, welches Verständnis die Ausfüllenden den jeweiligen Begriffen zugrunde legen.

Tab. 10.3: Art der Evaluation in Jugendämtern und Einrichtungen

	Jugendamtserhebung			Einrichtungserhebung		
	Ost	West	Insgesamt	Ost	West	Insgesamt
Selbstevaluation	88 %	68 %	75 %	96 %	85 %	88 %
Externe Evaluation	44 %	29 %	34 %	46 %	35 %	38 %
Peer-Evaluation	15 %	11 %	12 %	/*	/*	/*

* wurde nicht abgefragt

Quelle: DJI-Jugendamtserhebung 2004, DJI-Einrichtungserhebung DJI 2004

Tabelle 10.3 zeigt, dass in den Jugendamtsbezirken, in denen Evaluationen stattfinden, mit Abstand am häufigsten Selbstevaluationen durchgeführt werden. Unabhängig davon, in welcher Trägerschaft sich die Angebote befinden, geben drei von vier Jugendämtern an, dass es bei ihnen im Jugendamtsbezirk Selbstevaluation gibt, aber nur ein Drittel der Jugendämter lässt sich bzw. eigene Einrichtungen evaluieren oder berichtet über externe Evaluationen bei Einrichtungen freier Träger. Die Daten auf dieser Ebene erlauben keine Aussage, über den genauen Gegenstand der Evaluation. Auch geben sie keine Auskunft, ob alle Einrichtungen oder lediglich ein Teil davon betroffen ist. Die Daten geben jedoch Hinweise darauf, welche Jugendämter Evaluation in ihrem Jugendamtsbezirk als einen Aspekt der Qualitätsentwicklung betrachten und welche Formen sie am ehesten wählen. Die enge Verknüpfung von selbstevaluativen Ansätzen und Qualitätsentwicklung, wie sie sich in Deutschland etabliert hat, wird auf der Basis der Daten deutlich.

In den ostdeutschen Bundesländern werden sowohl häufiger interne als auch externe Evaluationen durchgeführt. Differenziert man die Daten zudem nach den Gebietskörperschaften, so wird ein Stadt-Land-Effekt sichtbar: In Städten gibt es häufiger sowohl externe Evaluation als auch Selbstevaluation (vgl. Tab. 10.1).

Welche Evaluationsform angewendet wird, ist von den Jugendämtern nicht in jedem Fall zu beeinflussen, weil sie häufig von außen festgelegt wird, zum Beispiel bei der Teilnahme an Förderprogrammen des Bundes, der Länder und der EU, oder sich nach der Entscheidung der Einrichtung und deren Verwendungskontext für die Evaluation richtet. Hinsichtlich der Frage, welche Nähe und Distanz der Evaluator zum Untersuchungsgegenstand hat, und der Frage nach den unterschiedlichen Reichweiten von Evaluationen kann eine Kombination von beiden Evaluationsformen sinnvoll sein. Beispielsweise kann eine externe Evaluation den Auftakt für einen auf Dauer angelegten Selbstevaluationsprozess darstellen.

Die Daten geben hierzu folgende Hinweise: In der Hälfte der Jugendamtsbezirke findet ausschließlich Selbstevaluation statt. Lediglich ein Drittel der Jugendämter kann auf eine Kombination beider Formen der Evaluation verweisen. Jedoch sagen die Daten nichts darüber aus, ob auch tatsächlich beide Formen sich auf denselben Gegenstand beziehen, das heißt, ob ein Angebot sowohl selbst- als auch fremdevaluiert wird. Hierfür geben die Ergebnisse der Einrichtungsbefragung etwas näheren Aufschluss: Etwa die Hälfte der Einrichtungen, die Evaluationen durchführen, gibt sowohl externe Evaluation als auch Selbstevaluation an, obwohl auch hier nichts darüber ausgesagt werden kann, ob diese Evaluationen bewusst kombiniert und im Hinblick auf denselben Gegenstand eingesetzt wurden.

Etwa jedes zehnte Jugendamt gibt an, dass in seinem Jugendamtsbezirk Peer-Evaluation durchgeführt wird. Es lässt sich nur schwer entscheiden, ob diese Form tatsächlich so selten genutzt wird oder aber die geringe Anzahl der Nennungen darauf zurückzuführen ist, dass sich der Begriff »Peer-Evaluation« in der Praxis der Kinder- und Jugendhilfe – anders als im Bereich der Hochschulen und der Schulen – bislang nicht durchgesetzt hat.

In nur sehr wenigen Jugendamtsbezirken werden alle drei abgefragten Formen der Evaluation durchgeführt und nur in einem einzigen Fall wird ausschließlich auf die Fremdevaluation verwiesen.

10.3 Evaluation als Bestandteil von Qualitätsentwicklungsvereinbarungen

Die Kinder- und Jugendhilfe hat ein intensives Interesse daran, die eigene Leistungsfähigkeit zu überprüfen und gezielt weiterzuentwickeln. Überprüfung und Weiterentwicklung sind in den rechtlichen Regelungen zur Finanzierung von Jugendhilfeleistungen (§ 78 a ff.) verankert. Die Verschränkung von fachlichen Anstrengungen zur Qualitätsentwicklung zum einen mit Steuerungsaktivitäten im Rahmen von Verwaltungsmodernisierung und zum anderen mit rechtlichen Regelungen trifft auch für die Evaluation zu. Eine zunehmende Verankerung in einem finanzbezogenen Kontext (Interesse an Kosten-Nutzen-Relationen) fördert offensichtlich einen höheren Grad an Verbindlichkeit und Ernsthaftigkeit bei der Umsetzung dieser fachlichen Regelungen und führt nach Einschätzung Merchels zu einer Steigerung der Evaluationsaktivitäten der Jugendämter (Merchel 2004: 371). Die rechtlichen Regelungen in § 78 b KJHG legen fest, dass Vereinbarungen über »Grundsätze und Maßstäbe für die Bewertung der Qualität der Leistungsangebote sowie über geeignete Maßnahmen zu ihrer Gewährleistung (Qualitätsentwicklungsvereinbarung)« abgeschlossen werden müssen. Konzeptionell ist somit Evaluation als Bestandteil von Qualitätsentwicklung verankert. Die Frage ist jedoch, ob dieser Zusammenhang auch in der Praxis so gesehen wird.

Im Unterschied zum Umgang mit der gesetzlichen Vorgabe, Entgelt- und Leistungsvereinbarungen abzuschließen, die weit über 90 % der Jugendämter erfüllen, zeigt die Empirie, dass ein beträchtlicher Anteil der Jugendämter der Vorgabe, Qualitätsentwicklungsvereinbarungen abzuschließen, nicht nachkommt: 29 % der Jugendämter haben mit Trägern keine Qualitätsentwicklungsvereinbarungen abgeschlossen.

Um Hinweise zu bekommen, inwieweit die Jugendämter Evaluation tatsächlich mit Qualitätsentwicklungsvereinbarungen in Zusammenhang bringen, wurden sie danach gefragt, ob Evaluationsformen in Qualitätsentwicklungsvereinbarungen geregelt wurden. An Tabelle 10.4 wird erkennbar, dass in drei von vier Jugendamtsbezirken Evaluationsformen in Qualitätsentwicklungsvereinbarungen geregelt sind. Der Anteil jener Jugendämter, die in allen Qualitätsentwicklungsvereinbarungen Evaluationsformen vereinbart haben, beträgt 15 %. Die Mehrheit der Jugendämter (58 %) gibt an, dass in einigen Qualitätsentwicklungsvereinbarungen Evaluationsformen geregelt sind. Somit wird einerseits ein deutlicher Zusammenhang zwischen beiden Verfahren erkennbar. Andererseits ist gemessen an der gesetzlichen Verpflichtung der Anteil der Jugendämter, die der Regelung folgen, als zu gering zu bewerten.

Tab. 10.4: Vorhandensein von Regelungen zu Evaluationsformen in Qualitätsentwicklungsvereinbarungen

	Ost	West	Insgesamt
Nicht vorhanden	9 %	38 %	27 %
In einigen vorhanden	72 %	15 %	58 %
In allen vohanden	19 %	13 %	15 %

Ost-West-Unterschied signifikant

Quelle: DJI-Jugendamtserhebung 2004

10.4 Einbezug von Adressaten in die Evaluation

Im Unterschied zu den Leistungs- und Entgeltvereinbarungen ist zu den Qualitätsentwicklungsvereinbarungen vom Gesetzgeber nichts Genaueres hinsichtlich deren konkreter Gestaltung ausformuliert. Deutlich ist jedoch, dass im Gegensatz zu anderen Bereichen der Sozialen Arbeit mit der Formulierung der »Qualitätsentwicklung« (und nicht »-sicherung« oder »-management«) die fachliche Weiterentwicklung und Verankerung dieses Aspektes als prozesshaftes Geschehen hervorgehoben ist (Wiesner 2006, 1446 ff.). Dies impliziert, dass es nicht darum geht, Kriterienlisten zu entwickeln, die dann in gewissen Zeitabständen auf ihre Erfüllung hin überprüft werden, sondern dass Qualität etwas ist, was sich nur in einem Prozess der Aushandlung zwischen Fachkräften und Adressaten gemäß der fachlichen Anforderungen herstellen lässt. Qualität ist keine per se bestehende Eigenschaft einer Leistung oder eines Angebotes, sondern etwas, das der Leistung oder dem Angebot als Wert auf der Basis fachlicher Standards zugeschrieben wird. Die Qualität sowie die Effekte und Wirkungen von Angeboten und Leistungen lassen sich nicht ohne die Adressaten bestimmen. Damit wird auch einer gesellschaftlichen Veränderung, die die Adressaten stärker als gleichberechtigte Partner bei der Ausgestaltung von Leistungen betrachtet, Rechnung getragen (für die Evaluation vgl. Müller-Kohlenberg/Kammann 2000).

Tab. 10.5: Systematischer Einbezug der Adressaten in die Bewertung der Qualität der Angebote

	Ost	West	Insgesamt
Nein	19 %	49 %	38 %
Bei einigen	60 %	30 %	40 %
Ja, immer	19 %	16 %	17 %
Nicht bekannt	3 %	5 %	5 %

Quelle: DJI-Jugendamtserhebung 2004

In über einem Drittel der Jugendamtsbezirke, in denen das Jugendamt entweder selbst evaluiert oder von den Evaluationsbemühungen der freien Träger weiß, werden Adressaten nicht in die Evaluation einbezogen, 5 % der Jugendämter haben hierzu keine Informationen (vgl. Tab. 10.5). In den restlichen Jugendamtsbezirken werden Adressaten entweder immer oder bei einigen Evaluationsprozessen einbezogen.

Aus fachlicher Perspektive ist die Entwicklung zu begrüßen, dass Evaluation in einen Zusammenhang mit der Adressatensicht gebracht wird. Der Anteil der Jugendamtsbezirke, in denen Evaluation immer auch eine Bewertung oder zumindest eine Befragung von Adressaten beinhaltet, ist in Ost- und Westdeutschland ähnlich groß. Unterschiede ergeben sich hier zwischen »nein« und »bei einigen«. In ostdeutschen Jugendamtsbezirken wird eher davon ausgegangen, dass von den freien Trägern die Adressatensicht berücksichtigt wird, zumindest gehen die Jugendämter eher davon aus, dass es einige Träger im Jugendamtsbezirk gibt, die Adressaten in die Bewertung der Qualität der Angebote einbeziehen.

Tab. 10.6: Art des Einbezugs der Adressaten in die Qualität des Angebotes im Bereich Hilfen zur Erziehung (bezogen auf die Jugendämter bzw. Einrichtungen, die Adressaten einbeziehen; Mehrfachnennungen)

	Jugendamtserhebung			Einrichtungserhebung		
	Ost	West	Insgesamt	Ost	West	Insgesamt
Mündliche Befragung	77 %	48 %	63 %	72 %	64 %	66 %
Schriftliche Befragung im Rahmen von Umfragen	35 %	48 %	41 %	40 %	45 %	44 %
Beurteilungsbögen im Rahmen der Hilfeplanung	23 %	44 %	33 %	40 %	35 %	37 %
Andere Formen	15 %	24 %	20 %	14 %	7 %	9 %

Quelle: DJI-Jugendamtserhebung 2004, DJI-Einrichtungserhebung 2004

Die Daten geben zusätzlich Hinweise auf die Art und Weise des systematischen Einbezugs der Adressaten. Am häufigsten haben sich die Jugendämter für die Antwortvorgabe der »mündlichen Befragung« entschieden. Dies ist die Kategorie, die den umfassendsten Oberbegriff darstellt und unter der sehr viele und sehr unterschiedliche Formen subsumiert werden können. Fraglich ist, inwieweit aus anderen Anlässen stattfindende Gespräche mit Adressaten oder regelmäßige Gruppenbesprechungen großzügig als systematische Bestandteile von Evaluationsbestrebungen definiert werden. Von immerhin einem Drittel der Jugendämter, die Adressaten in die Bewertung der Qualität der Angebote in den erzieherischen Hilfen einbeziehen, wird die Hilfeplanung als Evaluationsinstrument angegeben. Vor dem Hintergrund der Erfahrungen mit der Umsetzung der Hilfeplanung, die häufig lediglich als Verwaltungsakt definiert wird, ist dieses Ergebnis als Schritt in die richtige Richtung anzusehen (vgl. Modellprogramm zur Fortentwicklung des Hilfeplanverfahrens 2006; Pluto u. a. 2003; van Santen u. a. 2003). Bezogen auf alle Jugendämter sind es jedoch nur 17 %, die Hilfeplanung als Evaluationsinstrument nutzen.

Die Einrichtungen schätzen den Einbezug der Adressaten in die Evaluation der Angebote sehr ähnlich wie die Jugendämter ein. Die anderen Formen, die von den Einrichtungen und Jugendämtern genannt werden, beziehen sich beispielsweise auf Arbeitsgruppen oder die Hilfeplanung allgemein. Dies könnte ein weiteres Indiz dafür sein, dass von den Jugendämtern und den Einrichtungen ein sehr weiter Begriff von Evaluation angewendet wird.

10.5 Fazit

Die Ergebnisse zeigen, dass Evaluation als Konzept in der Kinder- und Jugendhilfe angekommen ist. Sie lassen auch vermuten, dass ein sehr breites Verständnis von Evaluation existiert, was vor dem Hintergrund der komplexen Wirkungszusammenhänge und des hohen Legitimationsdruckes, unter dem Jugendämter und Einrichtungen stehen, nicht überraschend ist. Gemessen an den eingangs erläuterten Merkmalen von Evaluationen, ist jedoch zu fragen, ob alle hier subsumierten Evaluationen der fachlichen Definition (systematische Datensammlung und Bewertung) standhalten würden. Der hohe Anteil an Jugendämtern, die für die eigene Organisation bzw. den Jugendamtsbezirk angeben, von Selbstevaluationen Kenntnis zu haben, könnte als Hinweis darauf gelesen werden, dass die Abgrenzung zu anderen Verfahren der Qualitätsentwicklung und Steuerung der Angebote schwierig ist. Die Kinder- und Jugendhilfe hat eine Reihe von Verfahren zur Verfügung, die es ihr ermöglichen sollen, selbstreflexiv ihre eigene Praxis zu überprüfen, wie zum Beispiel Supervision (vgl. Kap. 18). Ein anderes Beispiel ist die Jugendhilfeplanung. In deren Rahmen werden systematisch Daten gesammelt und dann zur Einschätzung von Bedarfslagen verwendet. In diesem Verfahren stecken jeweils auch einzelne Bewertungsprozesse, die es schwierig machen, eine klare Abgrenzung zwischen den verschiedenen Verfahren vorzunehmen. In Zukunft wird es wichtig sein, sich weiterhin der Herausforderung zu stellen, die Zusammenhänge zwischen eigenem Handeln und den Wirkungen bei den Adressaten herauszufinden und dafür Verfahren zu entwickeln. Vor allem der Einbezug der Adressaten, ohne den die Qualität der Angebote nicht bestimmt werden kann, ist eine Aufgabe für die Kinder- und Jugendhilfe.

11 Hilfeplanung zwischen Routine und Anspruch

Ein Hilfeplan dient als Grundlage zur Bestimmung eines Hilfebedarfs sowie zur Ausgestaltung einer erzieherischen Hilfe, wenn die Hilfe voraussichtlich für eine längere Zeit zu leisten ist. Der Gesetzgeber legt in § 36 KJHG fest, dass die Feststellung über den Bedarf sowie die Art und Ausgestaltung der Hilfen im Zusammenwirken mehrerer Fachkräfte und in Zusammenarbeit mit den Personensorgeberechtigten und dem Kind/Jugendlichen oder jungen Volljährigen zu entwickeln ist. Für die Praxis bedeutet das: Die Gestaltung einer individuellen und zielgenauen Hilfe ist, nicht zuletzt aufgrund der weitreichenden Entscheidungen, die im Rahmen des Hilfeplans getroffen werden, gemeinsam mit den Adressaten zu entwickeln. Die Umsetzung dieser konkreten Anforderung soll durch ein Verfahren sichergestellt werden. In diesem Verfahren sind die Adressaten umfassend über mögliche Hilfen zu beraten. Die Hilfeentscheidung ist in einem Aushandlungsprozess zwischen Fachkräften und Adressaten zu treffen. Die Fachkräfte haben die Verantwortung dafür, dass eine Mitwirkung an der Entscheidung für den Adressaten (Personensorgeberechtigten, Kinder/Jugendliche) möglich ist. Im Rahmen des Hilfeplanverfahrens sieht der Gesetzgeber zudem eine Überprüfung des Hilfeplans in regelmäßigen Abständen vor, um festzustellen, ob die gewählte Hilfe weiterhin geeignet und notwendig ist. Schon allein diese Vorgabe zum Hilfeplan macht deutlich, dass es sich beim Hilfeplanverfahren um einen Prozess handelt und sich die Aushandlungen über eine geeignete Hilfeform wiederholen müssen.

Der gesamte Prozess der Hilfeplanung wird seit der Einführung des KJHG im Jahr 1990 in Fachkreisen intensiv diskutiert und ist Gegenstand einer Reihe von Studien, in denen das Hilfeplangeschehen aus unterschiedlichen Perspektiven betrachtet wird. Es zeigt sich deutlich, dass die Umsetzung des § 36 KJHG in der Praxis noch immer unterschiedlich gehandhabt wird; es gibt gelungene Hilfeplanungsprozesse, qualifizierte Konzepte und tragfähige Strukturen, aber vielerorts fehlen auch verbindliche Verfahren, die angeben, wann, unter welcher Federführung und mit wessen Beteiligung der Hilfeplan erarbeitet wird (vgl. Schrapper/Pies 2003).[78] Aber selbst-

[78] Vor diesem Hintergrund wurde im Rahmen des Förderschwerpunktes des Bundesministeriums für Familie, Senioren, Frauen und Jugend »Fortentwicklung des

verständlich stellen auch die besten Verfahrensreglungen allein die Qualität eines Hilfeplans noch nicht sicher, denn in erster Linie kommt es dabei auf die inhaltliche Ausgestaltung des Verfahrens sowie auf die Haltung der Fachkräfte an. Ein sensibler, einfühlender Umgang mit den Adressaten ist notwendig, um sie zu aktivieren und darin zu bestärken, dass sie Veränderungen erreichen können. Zudem stellt die Beteiligung der Adressaten enorme Anforderungen an die Kommunikations-, Konflikt- und Verhandlungsfähigkeit der Fachkräfte. Hilfebedürftige Personen sind nicht immer in der Lage, ihre Probleme zu benennen oder ihre Wünsche und Bedürfnisse von sich aus aktiv in das Verfahren einzubringen. Trotz dieser eventuell auftretenden Schwierigkeiten müssen Fachkräfte alles tun, um Beteiligung zu realisieren: Zum einen ist es ihr expliziter gesetzlicher Auftrag und zum anderen steigt die Wahrscheinlichkeit, dass die Adressaten an einer Hilfe intensiv mitarbeiten, wenn sie auch bei der Entscheidungsfindung aktiv mitgewirkt haben.

Im Rahmen der Erhebungen bei Jugendämtern sowie bei Einrichtungen der Erziehungshilfe wurde nach den Rahmenbedingungen gefragt, die zur Umsetzung des § 36 KJHG bisher geschaffen wurden. Die nachfolgende Darstellung der Ergebnisse zeigt deutlich, dass das Hilfeplanverfahren in der Jugendhilfepraxis inzwischen zur anerkannten Routine geworden ist, auch wenn institutionelle Rahmenbedingungen oder auch die Vorgehensweisen bei der Fallbearbeitung teilweise noch optimiert werden können.

11.1 Verfahrensregelungen beim Hilfeplan: Federführung – beteiligte Personen – amtsinterne Abstimmung

Um die Entscheidung über eine geeignete Hilfe nach § 36 KJHG mit den Personensorgeberechtigten und dem Kind oder Jugendlichen im »Zusammenwirken mehrerer Fachkräfte« planen zu können, sind von den Jugendämtern genaue Verfahrensregeln hinsichtlich der Federführung aufzustellen. Es ist zu klären, wer die Verantwortung für den Verfahrensverlauf übernimmt und somit für die Beteiligung der Adressaten, aber auch für das Zustandekommen eines abgestimmten, fachlichen Ergebnisses verantwortlich ist.

Um darüber hinaus einen Überblick zu bekommen, welche Personen an einem Hilfeplanverfahren insgesamt beteiligt sind, wurden

---

Hilfeplanverfahrens« ein Modellprogramm initiiert, in dessen Mittelpunkt die Weiterentwicklung des Hilfeplanverfahrens steht (vgl. www.dji.de/hpv).

die Jugendamtsleitungen gefragt, wer in der Regel bei der Erstellung und wer bei der Fortschreibung eines Hilfeplans beteiligt ist. Zusätzlich wurde erhoben, mit wem bzw. mit welchen anderen Abteilungen das fachliche Ergebnis des Hilfeplans gegebenenfalls abgesprochen werden muss. So ist es möglich, weitere Anhaltspunkte darüber zu erhalten, welche Stellen bzw. Abteilungen in der kommunalen Verwaltung über die Adressaten und fallzuständigen Fachkräfte hinaus bis zur Gewährung einer Hilfe zur Erziehung beteiligt sind.

Federführung

In der Jugendamtsstudie wurden die Jugendamtsleitungen gefragt, wer bei einer anstehenden Hilfeplanentscheidung in der Regel die Federführung übernimmt und somit die Prozessverantwortung für den Hilfeplan hat. Mit der Übernahme der Federführung sind hohe Anforderungen verbunden: Die Fachkräfte benötigen kommunikative Fähigkeiten und methodisches Know-how, wenn sie dem partizipativen Anspruch des Hilfeplanverfahrens gerecht werden wollen. Und nur wenn die federführende Fachkraft die Regeln des Hilfeplanverfahrens von Beginn an einhält und auf geeignete Kommunikationsabläufe und passende Kommunikationsstile achtet, kann die dadurch entstehende Transparenz zur Verhaltenssicherheit aller Beteiligten beitragen.

Tab. 11.1: Wer hat bei der Hilfeplanentscheidung in der Regel die Federführung?

	2004	2000
Fallzuständige Fachkraft	66 %	78 %
Fachkräfte-Team	12 %	5 %
Jugendamtsleitung/ASD-Leitung	6 %	11 %
Kombination der genannten Personen	15 %	6 %

Quelle: DJI-Jugendamtserhebungen 2000, 2004

Die fallzuständige Fachkraft hat somit die Aufgabe, den Hilfeplanprozess für alle Beteiligten zu moderieren, gleichzeitig den Fall fachlich einzuschätzen und über unterschiedliche Hilfemöglichkeiten zu informieren. Die besondere Herausforderung dieser Aufgabe besteht für die Fachkräfte darin, Interesse an den Vorstellungen der Adressaten zu entwickeln, ihnen Wertschätzung entgegenzubringen und vor allen Dingen bereit zu sein, einen Kompromiss auszuhandeln, der eventuell von ihrer Expertenmeinung abweicht. Die Antworten auf die Frage, wer im Jugendamt in der Regel die Federführung übernimmt, zeigen, dass unter Umständen unter der Federführung nicht nur die Prozessverantwortung verstanden wird, sondern auch, wer an der Entscheidung für eine Hilfe insgesamt beteiligt ist.

Im Ergebnis zeigt sich, dass die Federführung bei zwei Dritteln der Fälle und damit am häufigsten bei der fallzuständigen Fachkraft liegt. Aus der fachlichen Perspektive ist das positiv zu bewerten, denn in der Regel hat die fallzuständige Fachkraft den intensivsten Kontakt zu den Adressaten. Diesen fällt es leichter, sich vertrauensvoll an der Gestaltung des Hilfeprozesses zu beteiligen, wenn sie einen konkreten Ansprechpartner haben. Demgegenüber kann eine gemeinsame Federführung mehrerer Fachkräfte von den Adressaten leicht als eine »Übermacht« erlebt werden. Im Vergleich der beiden Erhebungen bei den Jugendämtern ist jedoch eine verstärkte Tendenz zu einer gemeinsamen Federführung erkennen: 2000 gaben noch 78 % der Jugendämter an, dass die Federführung bei der fallzuständigen Fachkraft liegt. Dies kann ein Indiz dafür sein, dass die Jugendämter die Hilfeplanentscheidungen momentan besser absichern möchten. Entweder um zu einem fachlich fundierten Ergebnis zu kommen oder aber, weil die fachliche Entscheidung unter Kostengesichtspunkten zunehmend ausführlich erklärt und legitimiert werden muss. Mit Blick auf das durchaus hierarchische Organisationsprinzip in öffentlichen Verwaltungen ist es aber überraschend, dass aktuell in einem Viertel der Jugendämter eine kollektive Federführung üblich sein soll. 12 % der befragten Jugendämter geben an, dass ein Fachkräfte-Team die Federführung innehat und 15 % der Jugendämter benennen unterschiedliche Kombinationen der genannten Personen, die gemeinsam die Federführung übernehmen. Am häufigsten wird dabei die Federführung von der fallzuständigen Fachkraft gemeinsam mit dem Fachkräfte-Team genannt. Eine gemeinsame Federführung kann insbesondere in Krisensituationen sinnvoll sein, in denen es zum Beispiel Überlegungen gibt, Kinder auch gegen den Willen der Personensorgeberechtigten aus der Familie zu nehmen. Durch eine Entscheidung, die gemeinsam von Fachkräften getroffen und getragen wird, kann das Jugendamt einen so erheblichen Eingriff zusätzlich absichern. Zudem kann eine gemeinsame Moderation des Falles in Konfliktsituationen auf der einen Seite für die Fachkräfte unterstützend sinnvoll sein – auf der anderen Seite allerdings die Beteiligungsmöglichkeiten der Adressaten einschränken.

In wenigen Jugendämtern wird die Federführung durch die ASD-Leitung oder die Jugendamtsleitung übernommen. Die Übernahme der Federführung auf Leitungsebene hat im Vergleich zur letzten

Erhebung im Jahr 2000 um fünf Prozentpunkte abgenommen. Unverändert ist, dass es sich bei den Jugendämtern, die angeben, dass die Federführung auf der Leitungsebene liegt, ausschließlich um westdeutsche Jugendämter handelt.

Beteiligte Personen

Die federführende Fachkraft bzw. das federführende Team hat die Verantwortung, die Personensorgeberechtigen sowie die Kinder und Jugendlichen zu informieren, zu beraten und an der Auswahl und Gestaltung der Hilfe zu beteiligen. Um in Hilfeplangesprächen auch tatsächlich mitwirken zu können, benötigen die Adressaten einen Überblick über die Verfahrensabläufe, die Regeln und die Zuständigkeiten. Für die Adressaten ist die Hilfeplanung vermutlich umso schwieriger, je mehr Fachkräfte daran teilnehmen und je mehr die Verantwortlichkeiten aufgeteilt sind.

Den Angaben der Jugendämter zufolge gibt es in 98 % der Jugendamtsbezirke keine zahlenmäßige Beschränkung hinsichtlich der TeilnehmerInnen bei Hilfeplangesprächen. Lediglich 2 % der befragten Jugendämter geben an, dass nicht mehr als sechs Personen teilnehmen können.

Tab. 11.2: Wer ist in der Regel an der Ersterstellung eines Hilfeplanes beteiligt? (Mehrfachnennungen)

	Jugendämter
Personensorgeberechtigte	100 %
Betroffene Kinder/Jugendliche	100 %
MitarbeiterIn des Jugendamtes	99 %
MitarbeiterIn einer Einrichtung/eines Angebotes	92 %
SchulvertreterIn	25 %
Sonstige	30 %
Wichtige Personen aus Sicht des Kindes/Jugendlichen	1 %

Quelle: DJI-Jugendamtserhebung 2004

Für die Beantwortung der Frage, wer außer der zuständigen JugendamtsmitarbeiterIn bei der Ersterstellung des Hilfeplans in der Regel beteiligt ist, ist das jeweilige Verständnis des Prozesses der Hilfeplanerstellung von großer Bedeutung. Zum Teil wird unter Hilfeplanerstellung nur das Ausfüllen und Unterschreiben des Hilfeplanformulars verstanden und zum Teil der gesamte Prozess, vom ersten Beratungsgespräch bis zum Beginn der Hilfe. Entsprechend unterschiedlich müsste demnach auch das Antwortverhalten der Jugendämter sein. Wie in Tabelle 11.2 ersichtlich, zeigt sich dies bei den Antworten jedoch nicht. Deutlich wird, dass die Vorgabe des KJHG – die Personensorgeberechtigten und die Kinder/Jugendlichen bei der Erstellung des Hilfeplans zu beteiligen – zumindest formal erfüllt wird. Auch die MitarbeiterInnen einer Einrichtung sind in der Regel bei der Hilfeplanerstellung beteiligt. Im Ergebnis des Forschungs- und Entwicklungsprojektes »Hilfeplanung als Kontraktmanagement?« zeigt sich jedoch, dass MitarbeiterInnen aus Einrichtungen in der Hilfeplanung zwar im Allgemeinen mit für die Wahl einer geeigneten Hilfeform zuständig sein sollen, es aber während des Hilfeplanes zu keinen wirklichen Aushandlungen über die Art und Ausgestaltung der Hilfe zwischen den Jugendämtern, den Einrichtungen und den Adressaten kommt. Aus Sicht der Einrichtungen trifft das Jugendamt eine Vorentscheidung über eine Hilfe, bevor Kontakt zu der hilfeerbringenden Einrichtung aufgenommen wird. Zudem ist der Kontakt zwischen Jugendamt und Einrichtungen häufig auf Verhandlungen über die Finanzierungshöhe beschränkt (vgl. Schrapper/Pies 2003). Ob die Adressaten in diesem Rahmen überhaupt Raum bekommen, ihre Vorstellungen und Wünsche in Bezug auf die ihnen zugedachte Hilfe einzubringen, bleibt fraglich. Die zuvor genannte Studie von Schrapper und Pies (2003) kommt diesbezüglich zu dem Ergebnis, dass Einrichtungen im Hinblick auf die Adressaten zwischen Dienstleistungs- und Zwangskontext unterscheiden. Im Dienstleistungskontext fragen die Betroffenen aktiv nach Hilfe und auf dieser Basis sind aus Sicht der Einrichtungen Aushandlungen möglich, im Zwangskontext dagegen gibt das Jugendamt vor, was sich in der Familie verändern muss, und die Einrichtungen bieten Hilfestellungen an, um dem Vorgaben des Amtes nachzukommen (vgl. Schrapper/Pies 2003).

In einem Viertel der befragten Jugendämter sind auch SchulvertreterInnen an der Erstellung eines Hilfeplanes beteiligt und in 31 % sonstige Personen. Es gibt einen signifikanten Unterschied zwischen den ostdeutschen und den westdeutschen Jugendämtern: Im Osten sind häufiger weitere Personen beteiligt. Zu den sonstigen Personen zählen zum Beispiel Fachkräfte der Jugendhilfe, die schon Kontakt zu den Kindern haben, PsychologInnen oder ÄrztInnen. Nur von 1 % der befragten Jugendämter werden wichtige Personen aus Sicht des Kindes benannt. Dieses Ergebnis ist erstaunlich, wenn man bedenkt, dass im Hilfeplangespräch für die Adressaten wichtige und weitreichende Entscheidungen getroffen werden. In der Regel wissen sie nicht, was auf sie zukommt und die Situation selbst wirkt verunsichernd (vgl. hierzu auch Schefold u.a. 1998). Daher liegt es eigentlich nahe, dass die Adressaten sich und ihre Position stärken können, wenn sie vertraute Personen zum Hilfeplangespräch mitbringen, die ihnen helfen, ihre Position zu vertreten. Da dies aber so gut wie nie vorkommt, ist anzunehmen, dass die Fachkräfte die Adressaten in der Regel nicht ermuntern, eigene Vertrauenspersonen hinzuzuziehen. Pluto (2006) zeigt in ihrer qualitativen Studie zur Partizipation in den Hilfen zur Erziehung, dass sich eine höhere TeilnehmerInnenzahl aus Adressatenperspektive sehr unterstützend auswirken kann, wenn in der Gesprächssituation mehrere Personen die Betroffenenperspektive einnehmen. Ängste und Unsicherheiten der Adressaten werden etwas aufgefangen, wenn sie ihre Position nicht alleine vor den Fachkräften der Kinder- und Jugendhilfe vertreten müssen. Da es in nahezu allen Jugendämtern keine Beschränkung der Teilnehmerzahl gibt, besteht also de facto auch für alle Adressaten die Möglichkeit, Vertrauenspersonen zu dem Gespräch hinzuzuziehen. Dies geschieht allerdings nicht sehr häufig, weil die Adressaten nur selten darüber informiert werden, dass es diese Möglichkeit gibt bzw. auch die Fachkräfte nicht immer auf die Idee kommen, dass dies eine sinnvolle Unterstützung sein könnte (vgl. Pluto 2006).

Dem Konzept der Hilfeplanung liegt die Idee zugrunde, nach regelmäßigen Zeitabständen zu überprüfen, ob die bisher getroffenen Entscheidungen über die Hilfeform verändert werden müssen. Wenn mittels einer dokumentierten Hilfeplanfortschreibung entschieden werden soll, ob eine bisher geleistete Hilfe weiterhin notwendig und sinnvoll ist, ob sie verändert werden muss oder beendet werden kann, sind nach Angaben der Jugendamtsleitungen dieselben Personen wie bei der Ersterstellung eines Hilfeplans beteiligt. Die einzigen Unterschiede bestehen darin, dass alle Jugendämter angeben, dass eine MitarbeiterIn der Einrichtung an einer Fortschreibung teilnimmt und die SchulvetreterInnen sehr viel häufiger beteiligt sind (72 %). Auch die unter »Sonstige« genannten Personen werden gegenüber einer Hilfeplanerstellung mehr als doppelt so häufig an einer Hilfeplanfortschreibung beteiligt. Allerdings handelt es sich auch bei den Fortschreibungen bei den sonstigen Personen fast ausschließlich um Fachkräfte aus anderen Jugendhilfebereichen und den angrenzenden Arbeitsfeldern. Einen signifikanten Ost-West-Unterschied gibt es bei den sonstigen Personen, die im Osten auch bei den Fortschreibungen häufiger beteiligt werden.

Die Einrichtungen und die Jugendämter kommen bei der Frage »Wer ist in der Regel an der Fortschreibung eines Hilfeplans beteiligt?« im Großen und Ganzen zu übereinstimmenden Einschätzungen. Lediglich bei den »SchulvertreterInnen« und den »Sonstigen« gehen die Einschätzungen auseinander. Dies könnte ein Hinweis darauf sein, dass die Teilnahme von SchulvertreterInnen und sonstigen Personen, wie zum Beispiel TherapeutInnen oder Bereichsleitungen der Einrichtungen, nicht der Regelfall ist. Der Unterschied kann sich aber auch zum einen damit erklären, dass nicht alle befragten Einrichtungen auch Schulkinder betreuen, zum anderen könnten die Jugendämter für alle Hilfeplanverfahren geantwortet haben, wobei die VertreterInnen von Schulen bei ambulanten Hilfen eventuell häufiger an Hilfeplangesprächen beteiligt sind. Wie Tabellen 11.2 und 11.3 auch zeigen, sind Kinder und Jugendliche nach Angaben der Jugendämter in der Regel bei der Erstellung sowie auch bei der Fortschreibung der Hilfepläne anwesend.

Tab. 11.3: Wer ist in der Regel an der Fortschreibung eines Hilfeplanes beteiligt? (Mehrfachnennungen/Jugendamtsbefragung)

	Jugendämter
MitarbeiterIn einer Einrichtung/eines Angebotes	100 %
MitarbeiterIn des Jugendamtes	99 %
Personensorgeberechtigte	99 %
Betroffene Kinder/Jugendliche	98 %
SchulvertreterIn	72 %
Sonstige	70 %

Quelle: DJI-Jugendamtserhebung 2004

Ausnahmen von dieser Regel scheint es zu geben. Eine Nichtteilnahme von Kindern ist dann am häufigsten, wenn die Kinder ein bestimmtes Alter noch nicht erreicht haben. Auf die Frage, ob es eine untere Altersgrenze für die Teilnahme von Kindern und Jugendlichen bei Hilfeplangesprächen gibt, geben immerhin 18 % der befragten Jugendämter an, dass es eine solche Altersgrenze gibt. Diese untere Altersgrenze liegt durchschnittlich bei sechs Jahren. Die höchste Altersgrenze, die von einigen Jugendämtern genannt wird, liegt bei neun Jahren. Signifikant häufiger wird eine Altersgrenze von den ostdeutschen Jugendämtern angegeben. Zu einem ähnlichen Ergebnis kommt die Befragung der (teil-)stationären Einrichtungen. Dort geben 17 % der befragten Einrichtungen an, dass es eine Altersbeschränkung für die Teilnahme an Hilfeplangesprächen gibt. Allerdings liegt die durchschnittliche Altersgrenze hier bei zehn Jahren; die höchste Altersbeschränkung wurde bei 14 Jahren angegeben.

Tab. 11.4: Wer ist in der Regel an der Fortschreibung eines Hilfeplanes beteiligt? (Mehrfachnennungen/Einrichtungsbefragung)

	Einrichtungen
MitarbeiterIn einer Einrichtung/eines Angebotes	93 %
MitarbeiterIn des Jugendamtes	99 %
Personensorgeberechtigte	90 %
Betroffene Kinder/Jugendliche	95 %
SchulvertreterIn	31 %
Sonstige	12 %

Quelle: DJI-Einrichtungsbefragung 2004

Die unterschiedlichen Altersgrenzen können damit zusammenhängen, dass es sich aus der Perspektive der Einrichtungen um andere Fallkonstellationen handelt als aus der Perspektive der Jugendämter. Beantworten die Jugendämter die Frage mit Blick auf die Erstgespräche, nehmen an den Hilfeplangesprächen wahrscheinlich häufiger auch jüngere Kinder teil, weil sich die Fachkräfte »ein Bild von den Kindern« machen möchten. Die Einrichtungen beantworten die Frage mehr mit dem Blick auf die Hilfeplangespräche, in denen es um die Fortführung einer Hilfe geht. Offenbar nehmen jüngere Kinder an diesen Gesprächen seltener teil. Mit Blick auf die im Gesetz formulierte Verpflichtung, Adressaten eine Mitwirkung im Hilfeplanverfahren zu ermöglichen, ist dieses Ergebnis unbefriedigend. Zu viele Kinder werden allein aufgrund ihres Alters von für sie wichtigen Entscheidungen ausgeschlossen.

Amtsinterne Abklärung eines fachlichen Ergebnisses

Um Anhaltspunkte darüber zu erhalten, wie autonom die federführende Fachkraft bzw. Stelle bei der Hilfeplanerstellung handeln kann und welchen Einfluss die zur Verfügung stehenden Ressourcen bei einer Hilfeplanerstellung haben, wurden die JugendamtsleiterInnen danach gefragt, mit wem und unter welchen Bedingungen das fachliche Ergebnis eines Hilfeplangespräches abgeklärt werden muss.

Hierzu wurden im Fragebogen unterschiedliche Antwortmöglichkeiten vorgegeben: Neben der Möglichkeit »immer« und »nie« gibt es die Möglichkeit Abstimmungsbedarf mit der vorgegebenen Person bzw. Personengruppe »bei fehlendem fachlichen Konsens«, »ab einer bestimmten Ausgabenhöhe« und »aus anderen Gründen« anzugeben.

Tab. 11.5: Mit wem muss das fachliche Ergebniss eines Hilfeplanes abgeklärt werden?

	Immer	Aus bestimmten Gründen	Nie
Beratungsgremium	53 %	29 %	18 %
Unmittelbare Vorgesetzte	38 %	58 %	5 %
Wirtschaftliche Jugendhilfe	33 %	44 %	23 %
Amtsleitung	19 %	62 %	19 %
Andere Fachabteilung	12 %	29 %	59 %
SozialreferentIn/-dezernentIn	3 %	21 %	76 %
VerwaltungschefIn	0 %	5 %	95 %
Kämmerei	0 %	1 %	99 %

Quelle: DJI-Jugendamtserhebung 2004

Im Ergebnis zeigt sich, dass das Beratungsgremium die Instanz ist, mit der in den Jugendamtsbezirken am häufigsten »immer« die Hilfeplanentscheidung abgeklärt werden muss. Im Längsschnittvergleich wird deutlich, dass dieses Ergebnis erfreulich stabil ist. Das im Gesetz vorgeschriebene Zusammenwirken mehrerer Fachkräfte wird also in der Regel realisiert.

Abstimmungsbedarf gibt es im Vergleich zur letzten Erhebung im Jahr 2000 allerdings seltener »immer« (außer bei den anderen Fachabteilungen); dafür geben die befragten Jugendamtsleitungen häufiger Abstimmungsbedarf aus bestimmten Gründen an. Dass mit der wirtschaftlichen Jugendhilfe (in 2000: 13 %) und mit der Amtsleitung (in 2000: 10 %) gar kein Abstimmungsbedarf mehr besteht, geben erstaunlicherweise mehr Jugendämter an als noch vor vier Jahren. Mit der wirtschaftlichen Jugendhilfe (2004: 33 %; 2000: 52 %) und mit dem direkten Vorgesetzten (2004: 38 %; 2000: 49 %) muss seltener »immer« der Hilfeplan abgeklärt werden.

Der Blick auf Tabelle 11.6 zeigt dagegen, dass eine Abklärung ab einer bestimmten Ausgabenhöhe häufiger genannt wird als vor drei Jahren. Im Hinblick auf Abstimmungen mit der Amtsleitung und den SozialreferentInnen ist im Längsschnittvergleich auffällig, dass das fachliche Ergebnis bei fehlendem fachlichen Konsens weniger häufig abgeklärt werden muss und dagegen die Notwendigkeit zur Abklärung des Ergebnisses bei einer bestimmten Ausgabenhöhe steigt. Um 23 Prozentpunkte erhöht hat sich auch der Abstimmungsbedarf mit anderen Fachabteilungen ab einer bestimmten Ausgabenhöhe oder bei bestimmten Hilfeformen. In der Erhebung 2000 gab es kein Jugendamt, welches angegeben hat, dass in diesem Fall mit anderen Fachabteilungen Abstimmungsbedarf besteht. Auch die wirtschaftliche Jugendhilfe hat als Instanz, mit denen das fachliche Ergebnis abgestimmt werden muss, leicht an Bedeutung gewonnen. Ganz offensichtlich wirkt sich die Finanzlage der Kommunen auf die fachliche Entscheidung aus, denn anders lässt sich der Befund, dass die im Rahmen eines gesetzlich normierten Verfahrens getroffenen Entscheidungen vor zum Teil fachlich nicht einschlägigen Instanzen gerechtfertigt werden müssen, nicht erklären.

Tab. 11.6: Unter welchen Bedingungen muss das fachliche Ergebnis eines Hilfeplans abgeklärt werden? (Mehrfachnennungen)

	Bei fehlendem fachlichen Konsens		Ab bestimmter Ausgabenhöhe oder bei bestimmter Hilfeform		Aus anderen Gründen	
	2000	2004	2000	2004	2000	2004
Unmittelbare Vorgesetzte	66 %	66 %	24 %	30 %	28 %	18 %
Wirtschaftliche Jugendhilfe	10 %	0 %	43 %	49 %	48 %	51 %
Andere Fachabteilung	12 %	27 %	0 %	23 %	92 %	50 %
Beratungsgremium	38 %	46 %	19 %	35 %	50 %	27 %
Amtsleitung	51 %	44 %	23 %	40 %	51 %	24 %
SozialreferentIn/-dezernentIn	33 %	12 %	17 %	59 %	50 %	29 %

100 % = alle Jugendämter, die angeben, das fachliche Ergebnis abklären zu müssen
Kämmerei und Verwaltungschefin sind in der Tabelle nicht ausgewiesen, da die Fallzahlen zu gering sind.

Quelle: DJI-Jugendamtserhebungen 2000, 2004

Aus Adressatenperspektive kann die Abklärung des Hilfeplanergebnisses auch negative Effekte nach sich ziehen, weil direkte Verhandlungsmöglichkeiten zwischen den Adressaten und den fallzuständigen Fachkräften an Gewicht verlieren können. Zwar soll durch das Fachlichkeitsprinzip, das in § 36 KJHG verankert ist, die Kommunikation zwischen den Fachkräften und Fachdiensten optimiert werden, aber gleichzeitig kann es dazu führen, dass die Adressaten das Gefühl bekommen, es wird außerhalb des Hilfeplangremiums, also hinter verschlossenen Türen, weitergeredet und geplant. Die ebenso in § 36 KJHG geforderte Adressatenbeteiligung kann damit erschwert werden und es stellt sich die Frage nach der Gewichtung der Perspektiven von Fachkräften und der Adressaten. Bedenklich ist in diesem Zusammenhang auch, dass insbesondere unter Kostengesichtspunkten eine Bestätigung des Hilfeplans außerhalb der Hilfeplankonferenzen in mehr Jugendamtsbezirken notwendig geworden ist. Im Hinblick auf die Hilfegewährung besteht die Gefahr, dass bei der Entscheidung für eine Hilfe die Diskussionen über die Kosten der Hilfe einen zunehmend größeren Raum einnehmen und das Finden einer sinnvollen und geeigneten Hilfe nicht immer oberste Priorität behält.

11.2 Bedingungen und Voraussetzung für die Hilfeplanerstellung: (Vor-)Gespräche – Informationen – Übersetzungshilfen

Für den Verlauf einer Hilfe ist es von großer Bedeutung, unter welchen Bedingungen und Voraussetzungen eine Hilfeentscheidung getroffen wird. Die Interaktion zwischen Adressaten und Fachkraft hat zum Ziel, dass sich alle Beteiligten gemeinsam darüber verständigen, welche Schritte wann sinnvoll und erforderlich sind. Damit eine aktive Mitwirkung für die Adressaten überhaupt möglich ist, brauchen sie Informationen, auf deren Grundlage sie eine Entscheidung treffen können. Ein wichtiger Faktor ist dabei auch die für die Entscheidungsfindung zur Verfügung stehende Zeit, also: Wie schnell müssen sich die Adressaten für eine bestimmte Hilfe entscheiden und wie viel Zeit haben sie, sich über verschiedene Hilfeformen und -möglichkeiten zu informieren?

(Vor-)Gespräche

Um Hinweise zu bekommen, wie viele Gespräche zwischen den Adressaten und den Fachkräften geführt werden, bis es eine Entscheidung über eine Hilfeform gibt, wurden die Jugendamtsleitungen gefragt, wie viele (Vor-)Gespräche konzeptionell angesetzt werden, bis es zu einer Ersterstellung des Hilfeplans kommt. Nur die Hälfte der befragten Jugendämter beantwortet diese Frage. Für die im Vergleich geringe Anzahl an Antworten kann es zwei Gründe geben: Entweder es gibt in vielen Jugendämtern keine konzeptionellen Vorgaben und die Anzahl der Gespräche wird auch nicht gezählt oder aber der Hilfeplan wird wie vom Gesetzgeber gedacht als Prozess angesehen, sodass es in diesem Verständnis auch keine (Vor-)Gespräche, sondern nur einen gesamten Hilfeplanprozess gibt. Für die Jugendämter, die diese Frage beantworten, zeigt sich im Ergebnis, dass es bei den Jugendämtern durchschnittlich drei Gespräche im Vorfeld gibt.

In einem Drittel dieser Jugendämter werden weniger als drei Gespräche geführt. Deutlich wird an dieser doch eher geringen Anzahl an Gesprächen, wie wenig Zeit Fachkräfte haben, um sich ein umfangreiches Bild von der Situation der Adressaten zu machen. Demnach ist es besonders wichtig, den Adressaten genau zuzuhören, ihre Einschätzungen ernst zu nehmen und so im Rahmen des Aushandlungsprozesses zu einem guten Ergebnis zu kommen.

Wie viele Gespräche im Vorfeld tatsächlich geführt werden, kann auch davon abhängig sein, ob es in dem jeweiligen Jugendamt eine interne Vorgabe gibt, bis wann nach Bekanntwerden des Hilfebedarfs ein Hilfeplan erstellt sein soll. Eine solche amtsinterne Vorgabe gibt es in 28 % der befragten Jugendämter und signifikant häufiger in den ostdeutschen Jugendämtern. Im Durchschnitt liegt die Zeitvorgabe bei sieben Wochen. Eine solche Vorgabe hat den Vorteil, dass ein engerer zeitlicher Zusammenhang zwischen einem akuten Hilfebedarf auf der Adressatenseite und einer Hilfeplanerstellung besteht. Die Adressaten bekommen so das Gefühl, dass etwas passiert. Die Herausforderung besteht darin, dass die Adressaten in einem überschaubaren Zeitraum über Hilfemöglichkeiten und unterschiedliche Einrichtungen informiert werden müssen. Das heißt, zwischen der Kontaktaufnahme mit dem Adressaten und der Fertigstellung des Hilfeplans benötigt die Fachkraft des Jugendamtes womöglich viel Zeit für die Betroffenen – Zeit, die im Alltag des Jugendamtes oder ASD oft nicht zur Verfügung steht. Jager (2004) warnt in diesem Zusammenhang vor Zeitdruck im »Falleingangsverfahren«, weil dadurch Adressaten häufig nicht ausreichend informiert werden und Partizipation nicht stattfindet. Dies erhöht das Risiko von Fehlentscheidungen, wohingegen der am Anfang eingesetzte Zeitaufwand helfen kann, Hilfen in ihrem Verlauf zu stabilisieren (vgl. Jager 2004).

Informationsmaterialien

Damit die Personensorgeberechtigten, die Kinder und Jugendlichen wissen, was bei einem Hilfeplangespräch auf sie zukommt, welche Rechte sie haben und welche Hilfemöglichkeiten es gibt, brauchen sie Informationen. In der Regel werden sie von der zuständigen Fachkraft in den ersten Gesprächen über den Ablauf und im Idealfall auch über ihre Rechte informiert. Für viele Adressaten ist es unter Umständen schwierig, den Ausführungen der Fachkräfte zum Hilfeplan zu folgen. Dies liegt zum einen daran, dass ihnen die Verfahrensvorgänge häufig fremd sind und sie sich im Jugendhilfesystem nicht auskennen. Zum anderen hängt es aber auch damit zusammen, dass ihre Problemen sowie die voraussichtlichen Folgen einer Intervention des Jugendamtes im Vordergrund stehen. Viele Adressaten haben Ängste und Befürchtungen und unterschätzen dabei die Bedeutung des Verfahrens, weil sie hoffen, dass sich ihre Lebensituation schnell verbessert. Erklärungen und ausführliche Informationen zu ihren Rechten sowie zu den unterschiedlichen Konzepten der Hilfsangebote etc. können sie in einer solchen Situation häufig gar nicht aufnehmen. Daher ist es wichtig, die notwendigen Informationen so weiterzugeben, dass sie auch verstanden werden können, und Fachkräfte sollten sich immer wieder vergewissern, dass die Adressaten die Informationen auch verstehen. Damit die Adressaten auch nach dem Gespräch die Möglichkeit haben, sich mit den für sie neuen Informationen auseinanderzusetzen, ist es zudem wichtig, dass Informationsmaterial für die bestimmten Zielgruppen zur Verfügung steht, das sprachlich angemessen aufbereitetet und somit für die jeweiligen Adressatengruppe verständlich ist.

Nur die Hälfte der Jugendämter hat Informationsmaterialien für Familien und für die Eltern, für Jugendliche oder für Kinder gibt es sie noch seltener (vgl. Tab. 11.7). Allerdings gibt es einen deutlich signifikanten Ost-West-Unterschied: In ostdeutschen Jugendämtern gibt es sehr viel häufiger spezielles Informationsmaterial: Drei Viertel der ostdeutschen Jugendämter halten Informationen für Eltern bereit, 68 % für Jugendliche und immerhin noch 61 % für Kinder. Der durchgängig zu verzeichnende Ost-West-Unterschied kann ein Hinweis darauf sein, dass die ostdeutschen Jugendämter »gesetzestreuer« handeln. Im Gegensatz zu den westdeutschen Jugendämtern konnten sich hier vor der Einführung des KJHG kein eingefahrenes Vorgehen entwickeln und Routinen ausbilden. Vielleicht haben die ostdeutschen Jugendämter aber auch einfach »weniger Angst« durch umfassende Informationen Bedürfnisse zu wecken.

Tab. 11.7: Spezielle Informationsmaterialien für die genannten Zielgruppen

Zielgruppe	Ost	West	Insgesamt
Für Familien	57 %	47 %	50 %
Speziell für Eltern*	71 %	39 %	49 %
Speziell für Jugendliche*	68 %	26 %	39 %
Speziell für Kinder*	60 %	20 %	32 %

* Ost-West-Unterschiede signifikant

Quelle: DJI-Jugendamtserhebung 2004

Die Frage, über welche Themen die einzelnen Zielgruppen am häufigsten informiert werden, zeigt, dass es über das Hilfeplanverfahren selbst am wenigsten Informationen gibt. Dies erstaunt, da es das grundlegende Verfahren für eine Hilfegewährung ist und die Jugendämter sehr detaillierte Vorgaben hierzu haben. Aber auch über die Rechte der Adressaten liegen nur in einem Drittel der Jugendämter Informationsmaterialien vor. Dies ist insofern erstaunlich, als nach den Sozialgesetzen alle Verwaltungen verpflichtet sind, die Bürger über ihre Rechte umfassend zu informieren. Über bestimmte Hilfeformen und Einrichtungen gibt es in den Jugendämtern am meisten Informationen, was wahrscheinlich daran liegt, dass diese Materialien zum Teil von den Einrichtungen selbst erstellt werden. Auch themenspezifische Informationsmaterialien, zumindest bei den Informationen über die Rechte der Adressaten sowie über die Hilfeformen und Einrichtungen, sind in den ostdeutschen Jugendämtern verbreiteter als in westdeutschen.

Insgesamt und insbesondere auch unter dem Aspekt der Förderung von Beteiligung gibt es viel zu wenig Informationsmaterialien in den Jugendämtern. Es besteht ein dringender Informationsbedarf.

Tab. 11.8: Für welche der Zielgruppen liegen Informationsmaterialien zu den genannten Themen vor?

Informationen über das Hilfeplanverfahren	Ost	West	Insgesamt
Für Familien	11 %	16 %	14 %
Speziell für Eltern	11 %	15 %	14 %
Speziell für Jugendliche	12 %	7 %	9 %
Speziell für Kinder	8 %	2 %	4 %
Informationen über die Rechte der Adressaten	**Ost**	**West**	**Insgesamt**
Für Familien	29 %	29 %	29 %
Speziell für Eltern*	46 %	24 %	31 %
Speziell für Jugendliche*	44 %	18 %	26 %
Speziell für Kinder*	40 %	11 %	20 %
Informationen über Hilfeformen/Einrichtungen	**Ost**	**West**	**Insgesamt**
Für Familien	50 %	39 %	42 %
Speziell für Eltern*	61 %	29 %	39 %
Speziell für Jugendliche*	48 %	23 %	31 %
Speziell für Kinder*	44 %	14 %	24 %

* statistisch signifikant

Quelle: DJI-Jugendamtserhebung 2004

Übersetzungshilfen

Die Jugendamtsbefragung beinhaltet auch die Frage, inwieweit Informationen und Übersetzungshilfen für Adressaten mit Migrationshintergrund zur Verfügung stehen. Bekannt ist, dass Kinder, Jugendliche und ihre Familien mit Migrationshintergrund bei der Inanspruchnahme von manchen Hilfen zur Erziehung unterrepräsentiert sind (vgl. Elften Kinder- und Jugendbericht; Kap. 8). Es gibt verschiedene Barrieren, warum Hilfen von Familien mit Migrationshintergrund seltener in Anspruch genommen werden (vgl. Kap. 14).

Damit eine Hilfe geplant werden kann, bedarf es einer kultursensiblen Interaktion. Die Sprachfähigkeit ist hierfür grundlegend, denn beide GesprächspartnerInnen müssen die Möglichkeit haben, miteinander in Dialog zu treten und benötigen dafür jeweils interkulturelle Kommunikationskompetenz (vgl. Kappel/Straus/Weiterschan 2004). Ein Hindernis, welches dabei am leichtesten zu bewältigen zu sein scheint, ist die Sprachfähigkeit. ÜbersetzerInnen für Hilfeplangespräche stehen nach Angaben der Jugendamtsleitungen in 49 % der befragten Jugendämter zur Verfügung. Dort, wo ÜbersetzerInnen zur Verfügung stehen, werden unterschiedliche Sprachen genannt, und es wird darauf hingewiesen, dass DolmetscherInnen für jede Sprache auf Honorarbasis beschäftigt werden können. In einer Expertise zu interkulturellen Aspekten bei der Durchführung des Hilfeplanverfahrens, die im Rahmen des Förderschwerpunktes »Fortentwicklung des Hilfeplanverfahrens« des Bundesministeriums für Familie, Senioren, Frauen und Jugend erstellt wurde, wird in diesem Zusammenhang jedoch auf empirische Befunde verwiesen, die belegen, dass die Fachkräfte vor Ort zunächst versuchen, selbst eine interkulturelle Kommunikation herzustellen. Die Kommunikationsversuche mit MigrantInnen reichen vom langsamen Sprechen, über das Visualisieren von Sachverhalten, bis hin zum Reden mit »Händen und Füßen«. Erst wenn es auf diesem Weg nicht gelingt, eine Gesprächssituation herzustellen, werden Übersetzungshilfen (Familienmitglieder, Bekannte oder Dolmetscherdienste) in Anspruch genommen. Durch das Dolmetschen lassen sich sprachlich begründete Missverständnisse dann häufig verhindern, aber die Eigenarten des Hilfeplans sowie die für diesen Prozess erforderlichen Wahrnehmungs-, Deutungs- und Aushandlungsfähigkeiten nur schwer transportieren. Verständigungsschwierigkeiten erschweren also die Hilfeplanerstellung mit Adressaten mit Migrationshintergrund und zusätzlich sind die Fachkräfte mit dem Problem konfrontiert, Dolmetscherdienste nicht immer selbstverständlich in Anspruch nehmen zu können, weil insbesondere die Integrationsleistungen für MigrantInnen in Zeiten knapper finanzieller Mittel und staatlicher Kürzungen im besonderen Maße auf dem Prüfstand stehen und überproportional häufig von Kürzungen bedroht sind (vgl. Kappel/Straus/Weiterschan 2004). Somit ist es umso überraschender, dass in nur 8 % der befragten Jugendämter Informationsmaterialien zu den Hilfen zur Erziehung in anderen Sprachen vorliegen. Mit Hilfe der schriftlichen Materialien hätten die Adressaten über die mündlichen Informationen hinaus die Möglichkeit, das Verfahren und die Hilfeformen zu verstehen und sich über das Gesagte noch einmal zu vergewissern. Wenn Informationsmaterialien vorliegen, dann werden in diesem Zusammenhang nur die Sprachen Türkisch und Russisch genannt. Dieses Ergebnis ist ein Hinweis darauf, dass es im Hinblick auf die Hilfeplanung mit Familien mit Migrationshintergrund noch Entwicklungsbedarf gibt. Dem müsste aufgrund fachlicher Überlegungen und angesichts der gesetzlichen Lage unbedingt nachgegangen werden. Gerade im interkulturellen Kontext steigt die Akzeptanz für Hilfe, wenn für die Adressaten nachvollziehbar wird, welche Idee hinter der Hilfe steht und wie die eigene Rolle im Hilfeprozess definiert ist. Und die Verpflichtung, Mitwirkung zu ermöglichen, bezieht sich auf alle Hilfeempfänger, unabhängig von Herkunft oder persönlichen Kompetenzen. Zudem ist es auch für die Integration der MigrantInnen unerlässlich, dass sie in schwierigen Lebensituationen auf ein Hilfesystem zurückgreifen können. International hat sich immer wieder gezeigt, dass die Ausgrenzung von MigrantInnen aus bestimmten Bereichen zu Radikalisierungen innerhalb dieser Gruppe führen kann.

11.3 Beginn und Verlauf der Hilfe: Auswahl einer Hilfe – Wartezeit versus Organisationszeit – Festlegung der Hilfedauer

Ist im Rahmen der Gespräche zwischen Fachkraft und Adressaten deutlich geworden, dass ein Hilfebedarf für eine längere Zeit besteht, geht es darum, eine geeignete Hilfeform oder eine passende Einrichtung zu finden. Für die Adressaten, die womöglich keine Jugendhilfeangebote und -einrichtungen kennen, stellen sich zu diesem Zeitpunkt mehrere Fragen, zum Beispiel wie viele Einrichtungen sie sich anschauen können oder ob sie die Zusammenarbeit mit einer bestimmten Fachkraft auch ablehnen können. Eine weitere wichtige Frage, die für die Adressaten im Raum steht, ist die Frage danach, wann die Hilfe beginnen kann und für wie lange sie zunächst geplant ist.

Die Auswahl einer Hilfe

Immer wieder kann es vorkommen, dass sich die fallzuständige Fachkraft im Jugendamt und die anspruchsberechtigte Person nicht gemeinsam für eine Hilfe entscheiden können. Die Jugendamtsleitungen wurden gefragt, wer in solchen Fällen dann die Entscheidung trifft. Im Ergebnis zeigt sich deutlich, dass die anspruchsberechtigte Person in den seltensten Fällen den Ausschlag gibt. Dies erstaunt im Hinblick darauf, dass Freiwilligkeit als ein wichtiger Faktor von

Hilfe gilt, und es stellt sich die Frage, inwieweit Beteiligung und Freiwilligkeit als wichtige Voraussetzungen für eine Hilfe beachtet werden. Zwar ist anhand der Frage (vgl. Tab 11.9) nicht zu beantworten, was passiert, bis es zu einer quasi autoritären Entscheidung kommt, aber es kann nicht davon ausgegangen werden, dass es sich bei allen Fällen, in denen sich die Fachkräfte und die Anspruchsberechtigten über die Hilfe uneinig sind, um Fälle der Kindeswohlgefährdung nach § 1666 BGB handelt.

Tab. 11.9: Wer entscheidet, wenn sich die Fachkraft und die anspruchsberechtigte Person nicht gemeinsam für eine Hilfe entscheiden können?

Fachteam	42 %
Mehrere der genannten Fachkräfte	21 %
Vorgesetzte/r	13 %
Fallzuständige Fachkraft	7 %
Andere kollegiale Fachberatung	3 %
Andere Personen/anderes Gremium	11 %
Anspruchsberechtige Person	3 %

Quelle: DJI-Jugendamtserhebung 2004

Wenn eine (gemeinsame) Entscheidung für eine Hilfe getroffen wurde, stellt sich noch die Frage nach einer geeigneten Durchführung der Hilfe. Am Beispiel einer Entscheidung für eine stationäre Hilfe wurden die Jugendämter gefragt, ob und wenn ja, wie viele Einrichtungen sich Kinder, Jugendliche und ihre Personensorgeberechtigten vorab ansehen können. Die Antwort gibt einen Hinweis darauf, ob sich die Adressaten ein Bild davon machen können, was sie in einer stationären Einrichtung erwartet. Im Durchschnitt können sich die Adressaten zwei Einrichtungen anschauen. Kein Jugendamt gibt an, dass sich die Adressaten mehr als drei Einrichtungen ansehen können. Die Beteiligung der Adressaten bei der Auswahl einer Hilfe ist somit in der Regel begrenzt, denn sie haben lediglich die Wahl zwischen zwei ausgewählten Einrichtungen (vgl. hierzu auch Pluto 2006). Auch die MitarbeiterInnen von Einrichtungen werden selten einbezogen, wenn es um die Entscheidung für eine Einrichtung bzw. eine Hilfeform geht. Nur in 11 % der Jugendämter gibt es keine grundsätzliche Entscheidung für eine Hilfeform, ohne den Einbezug einer MitarbeiterIn von einer Einrichtung bzw. eines Trägers in das Hilfeplanverfahren. 50 % der Jugendämter geben an, dass es vom Fall abhängig ist und bei 39 % gibt es eine Entscheidung, ohne dass die EinrichtungsmitarbeiterInnen einbezogen werden. Dieses Ergebnis ist bemerkenswert, denn wenn die MitarbeiterInnen der Einrichtungen im Hilfeplan nicht einbezogen werden, dann kann es auch keine maßgeschneiderten Hilfen geben. Auf der anderen Seite steht aber wahrscheinlich die Befürchtung, dass MitarbeiterInnen von Einrichtungen die Interessen der Einrichtung in den Hilfeplangesprächen zu stark vertreten und damit eine fach- und sachgerechte Entscheidung eher verhindern als fördern.

Wartezeit versus Organisationszeit

Ist die Entscheidung für eine bestimmte Hilfe getroffen worden, ist es sinnvoll, wenn die Hilfe so schnell wie möglich beginnen kann. Die Adressaten sehen zu diesem Zeitpunkt einen großen Bedarf und sind in der Regel motivierter, mit der Hilfe zu beginnen, als dies zu einem späteren Zeitpunkt der Fall ist. Im Durchschnitt geben die Jugendämter an, dass eine ambulante Hilfe nach 3 Wochen (Median 2,5) und eine stationäre Hilfe im Durchschnitt nach 3,4 Wochen (Median 3,0) nach der Hilfeplanerstellung beginnt. Im Osten beginnt eine stationäre Hilfe deutlich früher als im Westen (Mittelwert: 2,6; Median: 2,3). Die Angaben der Jugendamtsleitungen verdeutlichen zudem auch, dass der Zeitraum zwischen Hilfeplanentscheidung und Beginn der Hilfe sehr unterschiedlich groß sein kann: Der kürzeste Zeitraum, der angegeben wird, beträgt eine Woche und der längste 16 Wochen. Dieses Ergebnis verweist darauf, dass es den Jugendämtern unterschiedlich gut gelingt, den Zeitabstand von der Entscheidung für eine Hilfe bis zu deren Beginn so kurz wie möglich zu halten. Für die Adressaten, die in dieser Zeit häufig unter großem Problemdruck stehen, ist ein vier Monate langes Warten auf die Hilfe sicherlich mit großen Schwierigkeiten verbunden. Aus Sicht der Jugendämter wird der Zeitraum zwischen Hilfeplanentscheidung und Beginn der Hilfe dagegen anders gesehen, da sie mit dem Fall beschäftigt sind und die Zeit somit nicht als Wartezeit, sondern als notwendige »Organisationszeit« erleben. Besonders bei schwierigen Fallkonstellationen dauert es aus Jugendamtssicht einige Zeit, bis ein entsprechendes Angebot gefunden ist. Es muss viel telefoniert werden, und in den geeigneten Einrichtungen ist nicht immer sofort ein Platz frei. Handelt es sich bei den langen Zeitabständen bis zum Hilfebeginn tatsächlich um notwendige Organisationszeiten, so wäre es die Aufgabe der Jugendhilfeplanung, durch entsprechende Maßnahmen (z.B. bedarfsgerechter Ausbau des Angebots, Erhöhung des Stellenplans für die Fachkräfte in den Jugendämtern etc.) die Wartezeit für die Adressaten zu verkürzen.

Festlegung der Hilfedauer

Im KJHG ist kein allgemeingültiger Zeitraum für die Dauer einer Hilfe festgelegt, da eine Prognose über die Dauer der Hilfe häufig erst einige Zeit nach Beginn der Hilfe möglich ist. Und wenn es sich um maßgeschneiderte Hilfen handeln soll, ist eine Überprüfung der Hilfeplanentscheidung nach einiger Zeit notwendig, weil nur so entschieden werden kann, ob eine Hilfe weitergeführt, verändert oder beendet werden soll. Demnach sollte in jedem Hilfeplan ein Zeitpunkt angegeben sein, zu dem der Hilfeplan überprüft wird. Ein vereinbarter Termin ist gleichzeitig ein Anlass für die Fachkräfte im Jugendamt, mit den EinrichtungsmitarbeiterInnen sowie den Adressaten im Kontakt zu bleiben. Für die Adressaten kann ein solcher Termin von großer Bedeutung sein, weil sie sich so zunächst auf eine Hilfe mit einem überschaubaren Zeitrahmen einlassen und wissen, dass über das Vereinbarte zu einem bestimmten Zeitpunkt neu verhandelt werden kann. Der Hilfeplan wird so unter Umständen von den Anspruchsberechtigten mit weniger Unbehagen unterschrieben. Denn der größte Teil der Adressaten hat keine genaue Vorstellung darüber, was sie im Rahmen einer sozialpädagogischen Familienhilfe oder in einer Wohngruppe erwartet. Insofern ist es erstaunlich, dass 3 % der Jugendämter angeben, das die Dauer der ambulanten Hilfe nie festlegt wird und 4 % dies für die stationären Hilfen sagen (vgl. Tab. 11.10). Wird die Dauer nie zeitlich begrenzt, bedeutet dies nicht nur eine sehr unsichere Situation für die Adressaten, sondern auch die Fachkräfte lassen sich auf die Bearbeitung einer Hilfe ohne ein ins Auge gefasstes Ende ein.

Tab. 11.10: Wird die Dauer einer Hilfe festgelegt?

	Ambulant	Stationär
Nie	3 %	4 %
Fallabhängig	51 %	60 %
Immer	46 %	36 %

Quelle: DJI-Jugendamtserhebung 2004

Die Dauer einer ambulanten Hilfe wird in 46 % der befragten Jugendamtsbezirke und die Dauer von stationären Hilfen in 36 % immer festgelegt. Der Zeitpunkt der Hilfeplanüberprüfung wird bei einer ambulanten Hilfe damit etwas häufiger festgelegt, was ein Indiz dafür sein kann, dass Fremdunterbringungen häufig schon als eine langfristigere Hilfe geplant werden. Der Gesetzgeber macht hinsichtlich der Festlegung der Dauer einer Hilfe keinen Unterschied zwischen den einzelnen Hilfeformen, sodass die jeweiligen Festlegungen auf die Erfahrungen der einzelnen Fachkräfte zurückgeführt werden müssen. Die Hälfte der Jugendämter gibt an, dass es fallabhängig ist, ob sie die Dauer einer ambulanten Hilfe festlegen. Für die stationären Hilfen sagen es 60 %. Zusammenfassend lässt sich somit feststellen, dass die Überprüfung der Hilfepläne noch nicht systematisch etabliert zu sein scheint.

11.4 Einschätzungen zum Hilfeplan

Der Hilfeplanprozess macht den durch das KJHG eingeführten Perspektivenwechsel der Kinder- und Jugendhilfe in besonderer Weise deutlich. Im § 36 KJHG (Mitwirkung, Hilfeplan) wird darauf verwiesen, dass sich die Leistungen an den Lebenslagen der Familien sowie an den Interessen, Wünschen und Bedürfnissen ihrer Mitglieder orientieren müssen und somit an die Stelle einer einseitigen Entscheidung vonseiten des Jugendamts ein gemeinsam gestalteter Hilfeprozess tritt. Aufgrund des Kooperationsgebots kann der Hilfeplan nicht mehr als Verwaltungsakt bezeichnet werden. Zudem erfordert das Verfahren Flexibilität und Offenheit, um Anpassungen und Änderungen in diesem dynamischen Prozess zu ermöglichen.

Um Anhaltspunkte darüber zu erhalten, wie die Umsetzung des im § 36 KJHG in Grundzügen festgelegten Hilfeplanverfahrens bewertet wird, wurden sowohl in der Jugendamtsbefragung als auch in der Einrichtungsbefragung Statements zur Bedeutung bestimmter Aspekte für das Zustandekommen eines Hilfeplan-Ergebnisses vorgegeben.

Fachliche Bewertung des Hilfeplanverfahrens

Nahezu alle Jugendämter stimmen der Aussage zu, dass sich die fachliche Sicherheit durch das Hilfeplanverfahren erhöht hat. Die hohe Zustimmung zu diesem Statement verdeutlicht, dass die Hilfeplanung mittlerweile zu einem allgemein akzeptierten Verfahren geworden ist und aus Sicht der Fachkräfte die Qualität ihrer Entscheidungen erhöht.

Insofern hat sich die Hoffnung des Gesetzgebers erfüllt, mit einem gesetzlich normierten Verfahren, das dem Paradigma der Kinder- und Jugendhilfe verpflichtet ist, zumindest aus der Sicht der Fachkräfte einen positiven Beitrag zur fachlichen Entscheidungsfindung zu leisten. Vor dem Hintergrund der in Abschnitt 11.1 dargestellten Bestandsunsicherheit der Hilfeplanentscheidungen und aufgrund der beträchtlichen Einmischungsrate anderer kommunaler Stellen ist die hohe Zustimmung jedoch überraschend.

Tab. 11.11: Bewertung der Statements zum Hilfeplanverfahren – fachliche Bewertung des Hilfeplanverfahrens

Statements	Jugendämter trifft zu	Eirnichtungen trifft zu
Das Hilfeplanverfahren hat die fachliche Sicherheit erhöht.	96 %	/
Kostengesichtspunkte sind für die Hilfeplanentscheidung von großer Bedeutung.	69 %	81 %

/ nicht abgefragt

Quelle: DJI-Jugendamtsbefragung 2004, DJI-Einrichtungsbefragung 2004

Eine Gefahr für die Fachlichkeit kann allerdings darin gesehen werden, dass die Zustimmung zu dem Statement »Kostengesichtspunkte sind für die Hilfeplanentscheidung von großer Bedeutung« im Vergleich zur letzten Erhebung zugenommen hat. Aktuell stimmen 69 % der Jugendämter sowie 81 % der Einrichtungen dieser Aussage zu.

Rolle der Adressaten im Hilfeplanverfahren

Dass die Wünsche der Adressaten einen großen Einfluss auf die Hilfeplanentscheidung haben, bejahen 97 % der befragten Jugendamtsleitungen. Dieses Ergebnis ist ein Hinweis darauf, dass das im KJHG verankerte Wunsch- und Wahlrecht als ein fachlicher Standard angesehen wird. Die befragten Einrichtungen verweisen allerdings auf die Probleme, die entstehen, wenn es um die praktische Umsetzung des Anspruchs der Partizipation geht. Lediglich 74 % der befragten Einrichtungen stimmen zu, dass die Wünsche der Betroffenen einen großen Einfluss auf die Hilfeplanentscheidung haben. Eventuell bringen die Einrichtungen hier ihre Erfahrungen aus dem intensiveren Kontakt zu den Adressaten ein, durch den sie wissen, dass es den Betroffenen häufig schwer fällt, ihre Wünsche im Rahmen eines Hilfeplanes zu äußern, und diese somit auch nicht immer ausreichend berücksichtigt werden. Eine andere Erklärung könnte aber auch sein, dass die Jugendämter bei den Adressaten eher an die Eltern bzw. die Personensorgeberechtigten denken und die Einrichtungen mehr die Kinder und Jugendlichen als Adressaten im Blick haben.

Tab. 11.12: Bewertung der Statements zum Hilfeplanverfahren – Rolle der Adressaten

Statements	Jugendämter trifft zu	Eirnichtungen trifft zu
Die Wünsche der Adressaten haben großen Einfluss auf die Hilfeplanentscheidung.	97 %	74 %
Adressaten müssen im Hilfeplangespräch von der Hilfe überzeugt werden.	49 %	49 %
Adressaten sind mit dem Partizipationsanspruch im Hilfeplangespräch überfordert.	33 %	33 %

Quelle: DJI-Jugendamtserhebung 2004, DJI-Einrichtungserhebung 2004

Dass die Adressaten mit dem Partizipationsanspruch im Hilfeplangespräch überfordert sind, sagt sowohl ein Drittel der Jugendämter als auch ein Drittel der Einrichtungen. Dies ist ein eindeutiger Hinweis darauf, dass die Bedingungen, unter denen Hilfeplangespräche stattfinden, noch verbessert werden können. Dass die Adressaten von einer bestimmten Hilfe erst überzeugt werden müssen, sagt die Hälfte der befragten Jugendämter sowie die Hälfte der befragten Einrichtungen. Natürlich muss dies nicht unbedingt bedeuten, dass es dabei darum geht, die Adressaten von genau der Hilfe zu überzeugen, die aus Sicht der Fachkräfte in Frage kommt. Die Jugendamts- und Einrichtungsleitungen können auch die Informations- und Motivationsarbeit verstehen, die erforderlich sein kann, um bei den Betroffenenden Unsicherheiten und Ängste vor jeglicher Hilfe abzubauen.

Weiterentwicklung der Hilfeplanung

Dass die Rahmenbedingungen der Hilfeplanung dem Partizipationsgebot entgegenstehen, sagen aktuell 17 % der Jugendämter. Im Vergleich zu der letzten Erhebung vor vier Jahren ist anhand der Bewertung dieses Statements durchaus die Tendenz zu einer fachlichen Weiterentwicklung der Hilfeplanung zu erkennen. Zudem scheint das Hilfeplanverfahren immer mehr zu einer Routine für die Fachkräfte geworden zu sein, sodass auch »nur noch« 10 % das Verfahren als zu zeitaufwendig beschreiben.

Tab. 11.13: Bewertung der Statements zum Hilfeplanverfahren – Rahmenbedingungen

Statements	Jugendämter trifft zu	Eirnichtungen trifft zu
Die Erfahrungen mit einzelnen Hilfeformen beeinflussen die Hilfeplanentscheidung.	71 %	65 %
Die Angebotsstruktur beschränkt das Spektrum möglicher Hilfeplanentscheidungen.	42 %	34 %
Die Rahmenbedingungen der Hilfeplanung stehen dem Partizipationsgebot entgegen.	17 %	/
Das Hilfeplanverfahren ist zu zeitaufwendig.	10 %	10 %

/ nicht abgefragt

Quelle: DJI-Jugendamtserhebung 2004, DJI-Einrichtungserhebung 2004

Fragt man nach dem Einfluss der Angebotsstruktur auf mögliche Hilfeplanentscheidungen, verweisen aber noch 42 % der Jugendämter und ein Drittel der Einrichtungen auf kein sehr breites Angebotsspektrum in den jeweiligen Kommunen. Im Sinne des KJHG ist daher ein Ausbau an flexiblen Hilfeformen und -möglichkeiten vielerorts noch erforderlich. Ein Großteil der Jugendämter und Einrichtungen sieht auch den Einfluss von allgemeinen Erfahrungen (der Fachkräfte) mit spezifischen Hilfeformen bzw. -angeboten als für das Zustandekommen einer Hilfeplanentscheidung bedeutsam an. Demnach werden die federführenden bzw. fallzuständigen MitarbeiterInnen des Jugendamts die Eltern, Kinder und Jugendlichen über bestimmte Angebotsformen aufklären sowie andere gar nicht erwähnen und auf diesem Weg die letztendlich formulierten Wünsche und Vorstellungen der Adressaten mitprägen. In diesem Zusammenhang besteht für die Fachkräfte einerseits die Herausforderung, die allgemeinen sowie die in speziellen Fällen gemachten Erfahrungen mit bestimmten Hilfeformen und Anbietern zu reflektieren und andererseits darauf zu achten, den Adressaten bestimmte Angebote und Anbieter nicht grundsätzlich vorzuenthalten.

11.5 Fazit

Es zeigt sich, dass zentrale Vorgaben des KJHG im Hilfeplanverfahren mittlerweile zumindest formal umgesetzt werden. Eine Abklärung des Hilfeplanergebnisses mit anderen Fachkräften findet nach Angaben der Jugendamtsleitungen oft statt. Jedoch sind die Gründe für die Abklärung nicht immer fachliche Gründe. Im Vergleich zu den letzten Erhebungen ist die Tendenz zu erkennen, dass

Kostengesichtspunkte im Hilfeplanverfahren einen größeren Stellenwert einnehmen und auch in den Einschätzungen der Jugendamtsleitungen wird deutlich, dass die Kosten einer Hilfe für die Hilfeplanentscheidung teilweise von großer Bedeutung sind. Demnach besteht zumindest die Gefahr, dass den Kosten einer Hilfe eine größere Priorität beigemessen wird als der Angemessenheit einer Hilfe. Aufgrund des individuellen Rechtsanspruchs auf eine notwendige Hilfe wäre dies ein eindeutiger Verstoß gegen das Gesetz, da dieser Rechtsanspruch nicht unter Finanzierungsvorbehalt steht. Die Vorgabe, die Adressaten an der Hilfeplanung umfassend zu beteiligen, haben die Fachkräfte als einen wichtigen Grundsatz im Blick. Allerdings scheint die tatsächliche Beteiligung der Adressaten häufig noch unzureichend zu sein. Notwendig sind mehr Informationen und veränderte Bedingungen im Hilfeplanverfahren. Es gibt Hinweise darauf, dass die Fachkräfte Vorschläge für mögliche Hilfen und geeignete Einrichtungen machen und die Adressaten eine begrenzte Wahlmöglichkeit haben, sich aber nicht aktiv am Auswahlprozess beteiligen können. Die Ergebnisse verdeutlichen zudem, dass die Zeitspanne zwischen Hilfeplanerstellung und dem tatsächlichen Beginn der Hilfe in manchen Regionen zu lang ist. Auch die Überprüfung von Hilfeplänen ist noch nicht immer ein fester Bestandteil des gesamten Hilfeplanungsprozesses. Im Zusammenhang mit den noch unterentwickelten Möglichkeiten für Adressaten, konstruktiv auf das Hilfeplanverfahren Einfluss zu nehmen, führt eine zu seltene Überprüfung des Hilfeplans zu einer weiteren Schwächung der Adressatenposition. Trotz aller Schwierigkeiten, die mit der konkreten Umsetzung der Hilfeplanung häufig (noch) verbunden sind, ist die Notwendigkeit dieses Beratungs- und Planungsprozesses aus fachlicher Sicht unumstritten.

12 Partizipation

Die Beteiligung von Adressaten ist in der Kinder- und Jugendhilfe ein zentrales fachliches Prinzip. Sie gilt als eines der Paradigmen der Kinder- und Jugendhilfe (vgl. Thiersch 1992 und Achter Jugendbericht 1990). Insbesondere gesellschaftliche Veränderungsprozesse haben die Notwendigkeit einer partizipativen Kinder- und Jugendhilfe verdeutlicht. Pluralisierungs- und Individualisierungsprozesse führen dazu, dass für Heranwachsende heute viele Optionen gleichrangig nebeneinander stehen. Lebensentwürfe anderer dienen heute bestenfalls als Anregung für die eigene Lebensgestaltung und können nicht mehr unreflektiert als Vorbild für den eigenen Lebensentwurf herangezogen werden. Mit einem »Mehr« an bestehenden Optionen und Chancen zur Gestaltung des Lebens geht gleichzeitig ein »Mehr« an Unsicherheiten und Risiken einher. Die pädagogische Konsequenz daraus ist, den Einzelnen in seinen Kompetenzen zu stärken, damit er oder sie mit Optionen und Unsicherheiten gut umzugehen lernt. Individuen müssen in die Lage versetzt werden, bei allen Risiken, die diese gesellschaftlichen Entwicklungen mit sich bringen, sich selbst ihren Lebensentwurf »basteln« zu können (vgl. Keupp u.a. 1999; Baumann 1995). Anregung zur Selbsttätigkeit ist die zentrale Anforderung an pädagogisches Handeln, die unter modernen Rahmenbedingungen gestaltet werden muss. Die Diskussion um die Beteiligung von Adressaten setzt somit Traditionen der sozialen Arbeit fort, häufig ohne an diese aber explizit anzuknüpfen. Beispielweise haben die Erfahrungen mit Kinderrepubliken (vgl. Kamp 1995) gezeigt, dass Kinder und Jugendliche für sich selbst und die Gestaltung ihrer Lebensumstände einstehen können.

Andere Anlässe für die fachliche Auseinandersetzung mit dem Thema, die aber nicht abgekoppelt von den gesellschaftlichen Entwicklungen zu sehen sind, sind die UN-Kinderrechtskonvention und die damit verbundene Kinderrechtedebatte sowie die sozialwissenschaftliche Kindheitsforschung.

Folgerichtig beinhalten viele Paragrafen des Kinder- und Jugendhilfegesetzes Aussagen zur Beteiligung der Adressaten. Als umfassende Vorgabe ist in § 8 KJHG verankert, Kinder und Jugendliche an allen sie betreffenden Angelegenheiten entsprechend ihrem Entwicklungsstand zu beteiligen. Besondere Aufmerksamkeit wurde in der Praxis insbesondere den Vorgaben zur Hilfeplanung in § 36 KJHG geschenkt. Jugendämter und Träger sind dazu aufgefordert, ein Hilfeplanverfahren zu etablieren, welches garantiert, dass alle

Beteiligten an einer Entscheidung für eine Hilfe zur Erziehung mitwirken können. Wird dies bei einem einzelnen Hilfeplan nicht beachtet, so kann im Rahmen einer richterlichen Überprüfung der Hilfeplan aufgehoben werden (vgl. z.B. Hoffmann 2003). In § 5 KJHG (Wunsch und Wahlrecht), den §§ 11 und 12 KJHG (offene und verbandliche Jugendarbeit), in § 17 KJHG (Beratung in Fragen der Partnerschaft, Trennung und Scheidung), in § 74 KJHG (Förderung der freien Jugendhilfe) und in § 80 KJHG (Jugendhilfeplanung) sind weitere Regelungen zu Beteiligung von Adressaten enthalten. Durch die rechtlichen Regelungen wurden für die Kinder- und Jugendhilfe – auch im Vergleich zu anderen psychosozialen Arbeitsfeldern – gute Voraussetzungen für die Umsetzung des zentralen fachlichen Paradigmas Partizipation geschaffen.

Es geht in der Kinder- und Jugendhilfe also nicht mehr um die Frage, ob Adressaten tatsächlich beteiligt werden sollen, sondern darum, wie eine Beteiligung von Kindern, Jugendlichen und Eltern an der Kinder- und Jugendhilfe gestaltet werden kann. Dieser vielschichtigen Herausforderung muss die Kinder- und Jugendhilfe auf unterschiedlichen Ebenen nachkommen. Eine Ebene bildet die Beteiligung von Adressaten in Rahmen der Beziehung zwischen den BetreuerInnen und den Kindern und Jugendlichen bzw. der Gruppe ihre Beteiligung am pädagogischen Geschehen. Das pädagogische Handeln der Fachkräfte ist darauf angewiesen, Beteiligungsprozesse zu initiieren und entsprechende Möglichkeiten dafür zu schaffen. Ein Handeln, das an dem Adressaten als Objekt ansetzt, widerspricht den fachlichen Anforderungen in der psychosozialen Arbeit.

Mit dem Partizipationsanspruch sind hohe Anforderungen verbunden. Die qualitative Studie zur Verwirklichung von Partizipation im Kontext der erzieherischen Hilfen (vgl. Pluto u.a. 2003) zeigt, dass der Anspruch – insbesondere im Kontext der Hilfen zur Erziehung – bei den Fachkräften Verunsicherung auslöst. Fachkräfte befürchten eine Entwertung der eigenen Fachlichkeit, wenn nun jene Menschen, mit denen sie aufgrund derer Hilfsbedürftigkeit zu tun haben, besser wissen sollen, was gut für ihren Lebensweg ist. Die Beteiligungsanforderung scheint einen Wissensvorsprung in Frage zu stellen. Für Fachkräfte besteht das Problem darin, die gesellschaftliche Verantwortung dafür zu tragen, dass die Adressaten sich so entwickeln, wie die Gesellschaft dies toleriert. Dieser Auftrag ist auch mit Kontrolle und Sanktionen verbunden. Gleichzeitig haben die Fachkräfte die Aufgabe, Unterstützung bei der Bewältigung von Problemen und Hilfe zu bieten sowie Partizipation zu ermöglichen. Zur Gratwanderung wird diese Aufgabe, wenn man als Fachkraft jemandem Hilfe zukommen lassen will, der selbst keine Hilfe möchte, das heißt, die Fachkraft steht vor der Aufgabe jemanden zu beteiligen, der eigentlich nicht beteiligt werden möchte.

Im Folgenden werden Aspekte herausgegriffen, die exemplarisch vermitteln, inwieweit die fachliche Anforderung, Adressaten in der Kinder- und Jugendhilfe zu beteiligen, bisher umgesetzt wird. Die Ergebnisse der Einrichtungs-, Jugendring- und Jugendamtsbefragung sowie der qualitativen Studie zur Partizipation von Adressaten in den erzieherischen Hilfen zeigen (vgl. Pluto 2006), dass sich Fachkräfte in den einzelnen Handlungsfeldern der Kinder- und Jugendhilfe auf dem Weg befinden, Beteiligung von Adressaten zu fördern. Allerdings gibt es auch Hinweise, dass eine Beteiligungskultur in der Kinder- und Jugendhilfe bisher erst in Ansätzen entwickelt ist.

12.1 Förderung der Beteiligung von Adressaten

Mitbestimmung der Adressaten im Hinblick auf die Verfahren der Kinder- und Jugendhilfe – Hilfeplanung und Jugendhilfeplanung

Bei den vom Gesetzgeber im KJHG verankerten Verfahren, wie der Hilfeplanung und der Jugendhilfeplanung, ist deren Umsetzung an die Voraussetzung geknüpft, dass die Adressaten in der Kinder- und Jugendhilfe daran beteiligt werden. Die Erfahrung der letzten Jahre zeigt, dass die gesetzlichen Regelungen zu Verfahren, insbesondere zum Hilfeplanverfahren, eine hohe Anregungsfunktion entfalten konnten. Kinder und Jugendliche gehören aus der Perspektive der Jugendämter beispielsweise in allen Jugendämtern zu den Mitwirkenden an einem Hilfeplangespräch (vgl. Kap. 11). Auch haben sehr viele Jugendämter spezielle, auf ihre Institution ausgerichtete Formulare, Handlungsanleitungen und Dokumentationssysteme entwickelt, die eine Beteiligung der Adressaten fördern sollen.

Damit aber eine Beteiligung im Rahmen des Hilfeplanverfahrens oder der Jugendhilfeplanung auf breiter Basis überhaupt möglich ist, brauchen Personensorgeberechtigte, Kinder und Jugendliche Informationen über ihre Rechte und die Hilfemöglichkeiten in der Kinder- und Jugendhilfe. Nur so können sie ihre eigenen Belange einbringen sowie die Angebote der Kinder- und Jugendhilfe mitgestalten. Die qualitative Studie zeigt die Bedeutung, die den Informationen und der Aufklärung über Abläufe, Beteiligte und Handlungsmöglichkeiten in diesen komplexen Verfahren zukommt. Nur gut informiert haben Kinder und Jugendliche bzw. Eltern überhaupt eine Chance der Beteiligung. So fällt es beispielsweise Adressaten sehr schwer zu verstehen, wie in einer Institution Entscheidungen getroffen werden, wenn ihnen der Ablauf einer Entscheidungsfindung nicht auf nachvollziehbare Weise erklärt wird. Die Nicht-Durchschaubarkeit von Entscheidungsprozessen führt dazu, dass sich Adressaten nicht einbringen und eine Beteiligung nicht einfordern. Sie sehen vielfach schlicht keinen Ansatzpunkt, ihre Wünsche und Befürchtungen einzubringen. Aus einem ähnlichen Grund, nämlich weil sie häufig nicht hinreichend über das Geschehen und die Abläufe in stationären Einrichtungen informiert sind und deshalb keinen positiv besetzten Ansatzpunkt für ihr Engagement sehen, verhalten sich Eltern sehr zurückhaltend oder sogar ablehnend gegenüber stationären Einrichtungen. Von Fachkräften wird dieses Verhalten vielfach nicht als Hilflosigkeit, sondern als Desinteresse gedeutet. Die Ergebnisse der Befragungen geben einige Hinweise darauf, dass Fachkräfte der Kinder- und Jugendhilfe offensichtlich noch stärker darauf achten sollten, dass notwendige Informationen so weitergegeben werden, dass sie in jedem Fall verstanden werden. Die Schwierigkeiten, in denen sich die Adressaten teilweise befinden, sowie die Tatsache, dass ihnen Verfahrensvorgänge häufig fremd sind und sie sich im Jugendhilfesystem nicht auskennen, führen vielfach dazu, dass einmalige Erklärungen zu ihren Rechten und Hilfemöglichkeiten nicht ausreichen (vgl. auch Lenz 2005). Daher ist es unter anderem wichtig, dass in den Jugendämtern spezielle Informationsmaterialien für Familien, Eltern sowie für Kinder und Jugendliche zur Verfügung stehen, die sprachlich angemessen aufbereitet und für die jeweiligen Adressatengruppen verständlich sind. In der Jugendamtserhebung wurden hierzu im Hinblick auf das Hilfeplanverfahren Daten erhoben. Diese zeigen, dass nur in der Hälfte der Jugendämter solche Informationsmaterialien für Eltern zur Verfügung stehen. Für Kinder und Jugendliche ist dies noch seltener der Fall (vgl. Kap. 11). Weitere Hinweise darauf, dass die Beteiligungsmöglichkeiten zum Beispiel in Hilfeplangesprächen noch verbessert werden können, sind, dass sowohl ein Drittel der Jugendämter als auch ein Drittel der Einrichtungen sagt, die Adressaten seien mit dem Partizipationsanspruch im Hilfeplangespräch überfordert. Dieses Ergebnis überrascht nicht, denn die Beteiligung der Adressaten stellt enorme Anforderungen an die Fachkräfte. Es müssen nicht nur Informationen zugänglich und verstehbar sowie Prozesse, Abläufe und Strukturen transparent gemacht werden, sondern die Hilfeplanung muss auch so gestaltet werden, dass die Adressaten ihre Selbstkonzepte und eigenen Bewältigungsstrategien wiederfinden. Dass ein Drittel der Einrichtungen und der Jugendämter davon ausgeht, dass die Adressaten mit dem Anspruch überfordert sind, weist darauf hin, dass insbesondere das methodische Handwerkszeug der Fachkräfte noch verbessert werden kann. Häufig fehlen gerade für jüngere Kinder methodische Ideen, durch die deren Beteiligung gefördert werden kann (vgl. auch Lenz 2001; Vossler 2003). Auch die in manchen Jugendämtern existierende Altergrenze für die Teilnahme an einem Hilfeplangespräch kann als ein Hinweis gesehen werden, dass die Hilfeplanung von einigen Fachkräften nicht als für Kinder geeignet betrachtet wird (vgl. Kap. 11).

Für die Adressaten ist die Beziehung zu den Fachkräften eine entscheidende Voraussetzung dafür, ob sie das Gefühl bekommen, auf das Hilfeplangeschehen Einfluss nehmen zu können oder nicht. Dabei spielt zum Beispiel eine Rolle, ob die Fachkräfte selbst das Verfahren und den Beteiligungsanspruch ernst nehmen und den Adressaten dies auch vermitteln. Das zeigt sich nicht zwangsläufig an der von den Adressaten geleisteten Unterschrift. Viel wichtiger ist die Bereitschaft aufseiten der Fachkräfte, die Perspektive des Adressaten in den Hilfeplan aufzunehmen, sich mit Änderungsvorschlägen auseinanderzusetzen, über den Stand des Verfahrens zu informieren usw.

Ein wichtiger Aspekt ist auch die Atmosphäre während des Hilfeplangesprächs. Drückt sich in der Gestaltung der Räumlichkeiten und des Ablaufes des Hilfeplangespräches die Wertschätzung der Adressaten aus, erleben die Adressaten dies als unterstützenden Faktor. Sie fühlen sich dann ermuntert, aktiv an der Hilfeplanung mitzuwirken.

Eine weitere wesentliche Bedingung dafür, dass Adressaten an den Verfahren der Kinder- und Jugendhilfe tatsächlich partizipativ mitgestalten können, sind entsprechende Rahmenbedingungen in den Jugendamtsbezirken. Nicht selten wird vor dem Hintergrund der Auseinandersetzungen um die reduzierten kommunalen Haushalte die Ausgestaltung des Partizipationsanspruches hinten angestellt. Die Beteiligungsmöglichkeiten der Adressaten werden auch beschränkt, wenn die Angebotsstruktur vor Ort eine Auswahl zwischen mehreren Hilfealternativen nicht zulässt. Werden die Jugendämter danach befragt, geben sie an, dass die Adressaten bei der Auswahl einer Hilfe in der Regel lediglich die Wahl zwischen zwei ausgewählten Einrichtungen, die diese Hilfe anbieten, haben (vgl. Kap. 11).

In der qualitativen Studie gibt es aber auch Hinweise darauf, dass die Verfahren, die in den jeweiligen Jugendamtsbezirken entwickelt werden, ihrer Funktion, die Beteiligung von Adressaten zu unterstützen, nicht nachkommen und wenig Anregungspotenzial entfalten. Insbesondere dort, wo die Konzentration auf das Verfahren die Realität der Fallbearbeitung und Schwierigkeiten in der Verwirklichung von Beteiligung überlagert, kann das Verfahren zum Selbstzweck werden. Die Verwirklichung der Beteiligung ist in den betreffenden Jugendamtsbezirken aus Sicht der Fachkräfte mit der formalen Anwendung des Verfahrens erfüllt. In der Konsequenz haben die Verfahren dann nur noch die Aufgabe der Dokumentation und manchmal der Legitimation. Die qualitative Studie zeigt, dass die Verfahren immer wieder mit Leben gefüllt werden müssen, um der Gefahr einer rein technischen Anwendung zu entgehen.

Der Gesetzgeber schreibt eine aktive Beteiligung von Kindern, Jugendlichen und ihren Familien in § 80 KJHG auch für den komplexen Bereich der Jugendhilfeplanung vor. Nach Abs. 1 sind die Bedarfe unter Berücksichtigung der Wünsche, Bedürfnisse und Interessen der jungen Menschen und der Personensorgeberechtigten zu ermitteln. In der aktuellen Jugendamtsbefragung sind nach den Angaben der Jugendämter in 74 % der Jugendamtsbezirke Kinder und Jugendliche an der Jugendhilfeplanung beteiligt. Vor dem Hintergrund, dass zwar die meisten Jugendämter einen Jugendhilfeplan für den Bereich der Kindertagesbetreuung haben, der Anteil für andere Arbeitsfelder aber zum Teil erheblich geringer ist, dass Kinder seltener als Jugendliche einbezogen werden und am häufigsten eine Beteiligung lediglich in Form von Fragebogenbefragungen organisiert wird, wird allerdings eine Diskrepanz zwischen dem Anspruch und der faktischen Beteiligung von jungen Menschen bei der Jugendhilfeplanung deutlich. Die Durchsetzung eines ernsthaft beteiligungsorientierten Planungskonzeptes ist häufig eine schwierige Anforderung an die Institution und hängt zum einen von den zur Verfügung stehenden Ressourcen ab (z. B. hat nur die Hälfte der Jugendämter Personal für die Jugendhilfeplanung) und zum anderen von dem Verständnis von Beteiligung. So wird Beteiligung von einem Teil der Jugendämter als punktuelle Aktion und von anderen wiederum als kontinuierlicher Prozess verstanden. Häufig wird den Adressaten auch einfach nicht zugetraut, sich an dem schwierigen Prozess der Jugendhilfeplanung zu beteiligen. So zeigt die Jugendamtserhebung, dass in den Bereichen der Kinder- und Jugendhilfe, die speziell darauf ausgerichtet sind, Eltern in ihren Erziehungskompetenzen zu stärken, weil sie ihren Erziehungsauftrag – zumindest zeitweise – nicht mehr alleine erfüllen können, wesentlich weniger Eltern an der Planung beteiligt werden als zum Beispiel im Bereich der Kindertagesbetreuung. Insgesamt werden die Eltern in weniger Jugendamtsbezirken in die Jugendhilfeplanung einbezogen als Kinder und Jugendliche.

Neben dem Einbezug in die Jugendhilfeplanung und neben der Jugendarbeit, die als Arbeitsfeld den Anspruch hat, Eigeninitiative und Selbstorganisation von Kindern und Jugendlichen in den Kommunen zu fördern, gibt es in den Kommunen weitere Bestrebungen, Kinder und Jugendliche in die Gestaltung kommunaler Politik einzubeziehen. Insbesondere in den 90er Jahren wurde eine breite öffentliche Debatte ausgelöst, die auf der Ebene der Gemeinden vielfältige Aktivitäten im Sinne der Förderung der Beteiligung von Kindern und Jugendlichen angestoßen hat. In der Folge wurden nicht nur entsprechende rechtliche Regelungen auf der Ebene der Gemeindeordnungen geschaffen, sondern auch zahlreiche themenspezifische Projekte durchgeführt, Kinder- und Jugendforen gegründet, Stadtteilkonferenzen geschaffen und Jugendgemeinderäte und Kinder- und Jugendparlamente ins Leben gerufen.

Die Studie von Bruner, Winklhofer und Zinser (1999) zu Beteiligungsaktivitäten in Kommunen im Jahr 1998 zeigt, dass 38 % der befragten Kommunen Beteiligungsaktivitäten mit und für Kinder und Jugendliche entfalten und diese Aktivitäten am häufigsten in projektorientierter Form organisiert werden. Repräsentative Formen nahmen einen eher marginalen Anteil ein. Vergleicht man jedoch diese Daten mit den Ergebnissen der Jugendamtserhebung, dann zeigt sich, dass die Kommunen in den letzten Jahren weitere Anstrengungen hinsichtlich der Schaffung repräsentativer Beteiligungsformen unternommen haben: In der Erhebung im Jahr 2004 gibt die Hälfte der Jugendämter an, dass es in ihrem Jugendamtsbezirk ein Kinder- und Jugendparlament gibt. Noch im Jahr 2000 betrug der Anteil lediglich 42 %. Insbesondere in Ostdeutschland hat sich der Anteil erhöht.

Tab. 12.1: Vorhandensein von Beteiligungsmöglichkeiten für Kinder und Jugendliche und einer Interessenvertretung für Kinder und Jugendliche in der Kommune

	2000			2004		
	Ost	West	Insgesamt	Ost	West	Insgesamt
Kinder- und Jugendparlament	42 %	47 %	42 %	53 %	51 %	52 %
Kinder- und Jugendforum	24 %	40 %	33 %	27 %	41 %	37 %
Kinder- und Jugendbeauftragte	22 %	54 %	39 %	25 %	34 %	31 %

Quelle: DJI-Jugendamtserhebungen 2000, 2004

Der Anteil der Erwachsenenvertretungen von Kindern und Jugendlichen, zum Beispiel durch Kinder- und Jugendbeauftragte, ist dagegen im selben Zeitraum gesunken. Möglicherweise verbergen sich hinter diesem Ergebnis Finanzkürzungen der Kommunen, die eine solche Funktion nicht mehr in ihren Budgets vorsehen.

Qualitätsentwicklung mit Adressaten

Die Kinder- und Jugendhilfe hat sich in den letzten Jahren stärker der systematischen Qualitätsentwicklung zugewendet. Somit haben verschiedene Verfahren Einzug in die Kinder- und Jugendhilfe gehalten, die neben bewährten Instrumenten zur Entwicklung der Qualität eingesetzt werden. Eines davon ist die Evaluation. Eine Frage, die sich diesbezüglich stellt, ist, inwiefern dieses Instrument genutzt wird, die Fachkräfte dabei zu unterstützen, Partizipation in den Einrichtungen zu verwirklichen. Eine weitere Frage ist, ob die Evaluationen selbst dem Anspruch gerecht werden, Adressaten in das Verfahren einzubeziehen. Da Qualität etwas ist, was sich nur in einem Prozess der Aushandlung zwischen den Fachkräften, fachlichen Anforderungen und Adressaten herstellen lässt und was der Leistung oder dem Angebot dann als Wert auf der Basis fachlicher Standards zugeschrieben wird, kann Qualitätsentwicklung nur gelingen, wenn Adressaten auch in die Bestimmung der Qualität sowie der Effekte und Wirkungen von Angeboten und Leistungen einbezogen werden.

Vor dem Hintergrund der Tatsache, dass in drei Vierteln aller Jugendamtsbezirke Evaluationen von Angeboten, meistens als Selbstevaluationen, durchgeführt werden und Adressaten nur in 17 % der Jugendamtsbezirke immer einbezogen werden und in weiteren 40 % dies manchmal geschieht, zeigen sich vorhandene Lücken in der Nutzung dieses Verfahrens. Evaluationsprozesse gemeinsam mit Adressaten zu gestalten ist noch keine Selbstverständlichkeit.

Beteiligung von Adressaten im Alltag von Einrichtungen der stationären Erziehungshilfe

Eine besondere Anforderung an die Fachkräfte im Bereich der Hilfen zur Erziehung besteht darin, Aushandlungsmöglichkeiten im alltäglichen Zusammenleben zu eröffnen und gleichzeitig Sicherheit und Verlässlichkeit für die Heranwachsenden zu bieten. Die Ausgestaltung sieht in den verschiedenen Einrichtungen sehr unterschiedlich aus. Häufig entscheiden die Fachkräfte, in welchen Bereichen Kinder und Jugendliche mitbestimmen können und in welchen nicht. Die Ergebnisse der Einrichtungsbefragung zeigen, dass Kinder und Jugendliche von bestimmten Entscheidungen und Vorgängen fast vollständig ausgeschlossen werden. Zum Beispiel können Kinder und Jugendliche nur in 2 % der Einrichtungen immer bei der Einstellung neuer MitarbeiterInnen mitbestimmen, in zwei Dritteln der befragten Einrichtungen ist dies völlig ausgeschlossen. Auch bei der Nachtruhe und den Ausgehzeiten ist eine Mitbestimmung vonseiten der Kinder und Jugendlichen nur selten möglich. Dagegen gibt es andere Bereiche, in denen sie sich häufig oder immer beteiligen können. Hierzu gehört zum Beispiel die Auswahl des Ausbildungsplatzes oder die Freizeitgestaltung. Insgesamt fällt auf, dass bevorzugt in den Bereichen Mitbestimmung ermöglicht wird, die den Alltag der Einrichtungen weniger berühren oder von den Fachkräften nicht sehr stark beeinflusst werden können. Nur in wenigen ausgewählten Bereichen, wie zum Beispiel bei der Freizeitgestaltung, scheint Mitbestimmung uneingeschränkt möglich zu sein (vgl. hierzu Gragert u.a. 2005). Dies liegt daran, dass sich die Fachkräfte weitgehend die Entscheidung vorbehalten, zu welchem Zeitpunkt und zu welchem Thema Beteiligung angemessen ist. Dies gilt auch für die Gestaltung der Regeln, die den Rahmen für das Zusammenleben in den Gruppen bilden. In einer von vier Einrichtungen werden die Kinder- und Jugendlichen nicht in die Erstellung dieser Regeln einbezogen. In lediglich 6 % der Einrichtungen haben alle Personengruppen (Adressaten, MitarbeiterInnen, Leitungskräfte) gleichermaßen Einfluss auf die Regelgestaltung. Die Gründe, warum es in vielen Einrichtungen keine ausgeprägte Partizipationskultur gibt, sind vielseitig. Im Wesentlichen hängen die Partizipationschancen der Adressaten jedoch von der Haltung und den Einstellungen der Fachkräfte ab wie auch von den institutionellen Rahmenbedingungen, die Fachkräfte bei der Verwirklichung von partizipativem Handeln unterstützen.

Institutionelle Formen der Mitbestimmung in stationären Einrichtungen

Kinder und Jugendliche wirken natürlich durch die unmittelbare Komunikation mit den Fachkräften an der konkreten Ausgestaltung des Alltags in Einrichtungen mit. Dies alleine reicht jedoch nicht aus, den Beteiligungsanspruch des KJHG zu erfüllen, weshalb institutionalisierte und formalisierte Formen der Beteiligung in Einrichtungen, wie zum Beispiel Heimräte, Kinderparlamente oder Kinderkonferenzen auf Einrichtungsebene, notwendig sind. Diese Formen der Beteiligung werden – so konnte die qualitative Studie zeigen – insbesondere in kleinen Einrichtungen von Fachkräften häufig als unangemessen angesehen und als den Bedürfnissen der Adressaten nicht entsprechend. Sie seien in einer flexiblen, familiennahen Betreuung nicht zu realisieren. Hierin liegt ein Grund, warum nur bei einem Drittel der Einrichtungen auch institutionalisierte Beteiligungsformen für Adressaten vorhanden sind. In nahezu allen Einrichtungen werden Kritik und Beschwerdemöglichkeiten über individualisierte, informelle Formen der Beteiligung sehr hoch eingestuft. Das heißt, in den meisten Einrichtungen werden Gespräche mit der Betreuerin/dem Betreuer und Einzelgespräche mit der Leitung hinsichtlich der Lösung von Konflikten und Unzufriedenheiten favorisiert. Die Daten zeigen darüber hinaus, dass der Kummerkasten als eine Form, mehr oder weniger anonym Kritik anbringen zu können, und gewählte Vertretungen (Gruppensprecher, Heimrat) jeweils nur bei einem Fünftel der Einrichtungen vorhanden sind. Diese Beteiligungsformen sind demnach in der stationären Erziehungshilfe nicht selbstverständlich. Sie sind etwas häufiger in größeren Einrichtungen vorhanden, Außenwohngruppen gehören jedoch selten zu den in die formalen Beteiligungsverfahren einbezogenen Gruppen (vgl. Babic/Lengenmayer 2004).

Die Ergebnisse der qualitativen Studie lassen erkennen, dass institutionelle Formen der Beteiligung aus der Perspektive der Adressaten häufig den Beigeschmack der Alibibeteiligung haben. Die Ursachen hierfür finden sich meist in einer ungenügenden Verankerung der Beteiligungsverfahren in der Einrichtung. Kinder und Jugendliche werden nur sehr selten mittels Schulungen auf entsprechende Aufgaben, wie zum Beispiel Heimrat, vorbereitet und MitarbeiterInnen sind oft nur ausschnitthaft über die Funktion und die Ziele von Beteiligungsgremien informiert. Sie sehen sich häufig gar nicht in der Lage, die Kinder und Jugendlichen aktiv bei dieser Aufgabe zu unterstützen. Die Ergebnisse machen in Bezug auf die institutionellen Formen der Beteiligung darauf aufmerksam, dass zwischen den fachlichen Anforderungen und der praktischen Umsetzung noch Lücken bestehen, was auch daran liegt, dass es hierfür – zum Beispiel auch im Unterschied zu anderen europäischen Ländern – keine direkte gesetzliche Vorgabe gibt. In Großbritannien und den Niederlanden sind institutionelle Beteiligungsmöglichkeiten gesetzlich geregelt und haben in den Einrichtungen eine größere Selbstverständlichkeit erlangt (vgl. zu den Niederlanden van Santen 2006c). Auch in anderen psychosozialen und medizinischen Arbeitsfeldern in

Deutschland sind institutionell verankerte Formen der Beteiligung stärker verbreitet. Die Gründe hierfür sind unter anderem darin zu finden, dass es beispielsweise im Bereich der Psychiatrie und der Behindertenhilfe übergeordnete Adressatenvertretungen gibt, die sich für die Wahrung der Rechte der Klienten einsetzen, was sich auch in gesetzlichen Regelungen niedergeschlagen hat.

12.2 Unterstützung der Fachkräfte mit Blick auf die Umsetzung von Partizipation

Beteiligung von MitarbeiterInnen

Kinder, Jugendliche und ihre Personensorgeberechtigten in der Kinder- und Jugendhilfe aktiv zu beteiligen, kann nur gelingen, wenn Partizipation Bestandteil des fachlichen Selbstverständnisses der Fachkräfte wird und institutionell fest verankert ist. Insgesamt gilt im Hinblick auf die Beteiligung: Sind die MitarbeiterInnen des Jugendamtes und der freien Träger für Beteiligung sensibilisiert und ist auch die Organisation durch partizipative Elemente für die Mitarbeiterschaft geprägt, ist es leichter auch eine Beteiligungskultur im Hinblick auf die Adressaten zu etablieren. Nur so steigen die Chancen, dass die MitarbeiterInnen den Beteiligungsprozess nicht als eine wenig ertragreiche zusätzliche Arbeitsbelastung sehen (vgl. auch Reismann 2002), sondern als integralen Bestandteil ihres fachlichen Handelns.

Die Ergebnisse der Jugendamtsbefragung zeigen zum Beispiel, dass die MitarbeiterInnen von Einrichtungen selten einbezogen werden, wenn es im Hilfeplanverfahren um die Entscheidung für eine Einrichtung bzw. eine Hilfeform geht. Lediglich in 11 % der Jugendämter gibt es keine grundsätzliche Entscheidung für eine Hilfeform, bevor eine Mitarbeiterin/ein Mitarbeiter von einer Einrichtung bzw. von einem Träger in das Hilfeplanverfahren einbezogen wurde. 50 % der Jugendämter geben an, dass es vom Fall abhängig ist, und bei 39 % gibt es eine Entscheidung, ohne dass EinrichtungsmitarbeiterInnen einbezogen werden. Dieses Ergebnis ist bemerkenswert, denn wenn MitarbeiterInnen der Einrichtungen im Hilfeplan nicht einbezogen werden, dann kann es auch keine maßgeschneiderten Hilfen geben. Auf der anderen Seite steht aber wahrscheinlich die Befürchtung, dass MitarbeiterInnen von Einrichtungen die Interessen der Einrichtung in den Hilfeplangesprächen zu stark vertreten und damit eine fach- und sachgerechte Entscheidung eher verhindern als fördern.

Ein weiterer Hinweis dafür, inwiefern die MitarbeiterInnen selbst die Möglichkeit der Mitgestaltung haben, ist beispielsweise der Umgang mit der Erstellung der Regeln innerhalb der Einrichtungen. MitarbeiterInnen wirken gemessen an den Ergebnissen der Einrichtungsbefragung noch seltener als die Kinder und Jugendlichen an der Erstellung von Regeln mit. Zu einer paradoxen Anforderung wird der Partizipationsanspruch dann, wenn MitarbeiterInnen Kindern und Jugendlichen Möglichkeiten der Mitwirkung eröffnen sollen, selbst aber ihre Arbeitsbedingungen, zum Beispiel bei Personalentscheidungen, Konzepten und »Trägerpolitik«, wenig bis gar nicht mitgestalten können.

Fortbildungen zu Partizipation

Aufgrund der Schwierigkeiten, die sich bei der Umsetzung des Partizipationsanspruchs ergeben, wäre zu erwarten, dass es in der Kinder- und Jugendhilfe einen großen Bedarf an Fortbildungen zu diesem Thema gibt. In gut einem Drittel der Jugendamtsbezirke (aus Perspektive von Jugendämtern, Einrichtungen und Jugendringen) wird ein Bedarf an Fortbildungen zu diesem Thema benannt, aber nur in wenigen Jugendamtsbezirken werden die Fortbildungen auch geplant oder durchgeführt. Bei den Jugendämtern ist der Anteil der realisierten Fortbildungen mit einem Viertel noch am höchsten. Es ist erstaunlich, dass trotz der bestehenden Schwierigkeiten, Partizipation als zentrales Paradigma in konkretes Alltagshandeln zu übersetzen, nicht mehr Fortbildungsbedarf besteht beziehungsweise gestillt wird.

Bei Jugendämtern lässt sich ein positiver Zusammenhang zwischen den Fortbildungsaktivitäten und den im Jugendamt unternommenen Partizipationsaktivitäten rekonstruieren, was dafür spricht, dass es Jugendämter gibt, bei denen sich auf verschiedenen Ebenen eine Partizipationskultur herausgebildet hat und die Fachkräfte sich mit den besonderen Herausforderungen, die sich aus dem Anspruch auf Partizipation ergeben, auseinandersetzen.

12.3 Fazit: Ein zentrales Paradigma mit Umsetzungsschwierigkeiten

Die Kinder- und Jugendhilfe beweist an vielen Stellen, dass sie auf dem Weg ist, Beteiligung von Adressaten zu unterstützen. Damit wird einer gesellschaftlichen Veränderung Rechnung getragen, die dazu führte, dass Adressaten stärker als gleichberechtigte Partner bei der Gestaltung ihres Lebensumfeldes und der Ausgestaltung von Angeboten und Leistungen betrachtet werden.

Insbesondere die Verfahren haben hinsichtlich der Adressatenbeteiligung vielfältige Aktivitäten in den Jugendamtsbezirken ausgelöst, die aber in ihrer konkreten Umsetzung noch Verbesserungspotenzial erkennen lassen. Weitestgehend umgesetzt wurde die Partizipationsanforderung im Hilfeplanverfahren. Da hier weitreichende Entscheidungen für die einzelne Person getroffen werden, sind diese Verfahren letztlich gar nicht ohne die Adressaten durchzuführen. Im Rahmen der qualitativen Studie wurde diesbezüglich deutlich, dass insbesondere der Anfang der Hilfen gut im Blick der Jugendämter ist. Bei der Überprüfung und vor allem bei der Beendigung der Hilfen zeigen sich jedoch noch blinde Flecken. Dies ist zum einen auf die zur Verfügung stehenden Ressourcen, aber zum anderen auch auf die realen Schwierigkeiten bei der Beantwortung der Frage, wann genug geholfen wurde, zurückzuführen.

Mit Blick auf die Einrichtungen der stationären Hilfen, die für einige Kinder und Jugendliche der zentrale Lebensort sind und in denen sie bei der Gestaltung ihres eigenen Lebens unterstützt werden sollen, fällt auf, dass Kinder und Jugendliche häufig von zentralen Bereichen der Mitgestaltung dieses Lebensortes ausgeschlossen sind. Die Beteiligung an der Einstellung von MitarbeiterInnen ist noch nicht genauso selbstverständlich wie die Beteiligung an der Freizeitgestaltung. Der Beteiligungsanspruch läuft Gefahr, als zusätzliche methodische Anforderung an das fachliche Handeln und nicht als integraler Bestandteil des professionellen Selbstverständnisses interpretiert zu werden. Die Herausforderung für die Zukunft besteht darin, die MitarbeiterInnen so weit in ihrer professionellen Aufgabe zu stärken und ihnen selbst ausreichend Mitgestaltungsmöglichkeiten zu schaffen, dass sie in die Lage versetzt werden, Kindern und Jugendlichen Möglichkeiten der Beteiligung zu eröffnen. Eine wichtige Aufgabe für stationäre Einrichtungen ist es, institutionell verankerte Formen der Beteiligung zu etablieren und weiterzuentwickeln. Nur wenige Gremien scheinen bislang das notwendige Rüstzeug für ihre Arbeit zu bekommen. Vernachlässigt wird bei der Konzentration auf das Arrangieren möglichst passgenauer und individuell zugeschnittener Hilfen, dass gerade die Heimerziehung als institutionell verfasste Erziehung auf formalisierte Verfahren angewiesen ist, die ihrem Charakter entsprechen und somit auch Chancen auf Erfolg haben (vgl. Winkler 1999). Auch wenn sich noch Schwierigkeiten in der Verwirklichung abzeichnen, gibt es für eine breite Ablehnung gegenüber institutionell verankerter Beteiligung keine Anzeichen. Die Erfahrungen werden vonseiten der Jugendamtsleitungen überwiegend positiv bewertet. Diese Einstellungen bieten einen guten Ansatzpunkt, Fachkräfte dabei zu unterstützen, Beteiligung in der Praxis der Einrichtungen der Kinder- und Jugendhilfe zu einem integralen Bestandteil des Handelns werden zu lassen.

13 Demografische Veränderung als Herausforderung

Die Bevölkerungsentwicklung in den Industriestaaten ist in ihrer Grundtendenz seit Jahrzehnten rückläufig. In allen europäischen Ländern reicht die Geburtenquote schon lange nicht mehr aus, den Bevölkerungsstand zu halten, auch wenn die Unterschiede zwischen den einzelnen Ländern erheblich sind (vgl. Pohl 2004).

In Deutschland wird die Bevölkerungsentwicklung regional sehr unterschiedlich verlaufen: Die Ballungsgebiete in Süddeutschland können aufgrund der Binnenwanderung in den nächsten zehn bis fünfzehn Jahren noch mit Bevölkerungszuwächsen rechnen. Andere Regionen, vor allem im ländlichen Raum, werden dagegen in Bezug auf ihre Bevölkerungszahl schrumpfen und eine ungünstigere Altersstruktur aufweisen. Für alle Regionen gilt: Der Anteil Minderjähriger an der Gesamtbevölkerung sinkt kontinuierlich, der Anteil der über 65-Jährigen steigt dagegen an. Mit diesen demografischen Veränderungen sind auf kommunaler Ebene eine ganze Reihe von Herausforderungen verbunden, die nicht allein das Aufgabengebiet der Kinder- und Jugendhilfe betreffen. Für Politik und Wirtschaft ist eine Auseinandersetzung mit den Folgen einer schrumpfenden Gesellschaft trotz der seit Jahrzehnten gleich niedrigen Geburtenziffer noch relativ neu. Noch immer ist Wachstum sowohl bezogen auf die Bevölkerung als auch auf die Wirtschaftskraft das zugrunde gelegte Modell.

Eine der Herausforderungen, die mit dem offensichtlich notwendigen Abschied vom Wachstumsmodell verbunden ist, liegt darin, dass in Regionen mit Abwanderung eine mehrfache finanzielle Belastung auf die Kommunen zukommt, die ihren Handlungsspielraum einschränkt, mit kommunalen Maßnahmen auf die Entwicklung zu reagieren (vgl. z. B. Busse 2005):

- Sie bekommen aufgrund der kleiner werdenden Anzahl an Einwohnern geringere Mittel aus dem kommunalen Finanzausgleich.
- Sie haben höhere Defizite beim Unterhalt der kommunalen Infrastruktur, weil die Grundkosten auf weniger Einwohner verteilt werden müssen (z. B. Schwimmbäder, Schulen).
- Die veränderte Altersstruktur erfordert einen Ausbau von sozialen Diensten für Senioren.
- Die Wirtschaftskraft und damit auch das Steueraufkommen sinkt.

In unterschiedlichen Politikfeldern wurden inzwischen Aktivitäten entfaltet, die mit dem Schrumpfen von Einwohnerzahlen verbundenen Effekte aktiv zu gestalten oder doch zumindest zu beeinflussen. Diese Aktivitäten beziehen sich unter anderem auf die Umstrukturierung und Weiterentwicklung bestehender Infrastruktureinrichtungen (vgl. z. B. Winkel 2005). Es gibt darüber hinaus Initiativen, die quartierbezogene Versorgung mit Gütern des alltäglichen Bedarfs zu sichern, denn insbesondere für Familien mit Kleinkindern als auch für Senioren ist dies von besonderer Wichtigkeit (Deutscher Städtetag 2005). Ein anderer Ansatz, die Lebensqualität unter den veränderten Bedingungen zu steigern, ist der gestaltete Rückbau von leerstehenden Gebäuden sowie die Auseinandersetzung mit all den anderen Fragen, mit denen schrumpfende Städte konfrontiert sind. Im Rahmen der Programme Stadtumbau West[79] und Stadtumbau Ost[80] werden hierzu Modelle entwickelt und erprobt.

Für soziale Dienste und Angebote sind insbesondere folgende Herausforderungen zu benennen (vgl. van Santen u. a. 2003):

- Herstellung von Kohortengerechtigkeit,
- vermehrte Anstrengungen hinsichtlich der Integration von neu hinzugezogenen Menschen, die entweder aus anderen Regionen Deutschlands stammen (Binnenwanderung) oder Einwanderer sind,
- eine vorausschauende Ausbildungs- und Personalpolitik, um einen Mangel an Fachkräften vermeiden zu können,
- eine inhaltlich-fachliche Auseinandersetzung mit den Folgen einer veränderten Altersstruktur für die jeweilige Zielgruppe,
- Strategien zur Sicherung der Trägerpluralität.

Vor dem Hintergrund der eben skizzierten Entwicklung und ihrer Folgen werden das Angebot an Einrichtungen und Diensten für Kinder, Jugendliche und Familien sowie die Lebensqualität allgemein zu einem wichtigen Standortfaktor (vgl. dsn Projekte–Studien–Publikationen 2004). Schulen, Freizeiteinrichtungen, die Verkehrssituation spielen in diesem Zusammenhang ebenso eine Rolle wie Einrichtungen und Angebote der Kinder- und Jugendhilfe. Ein Rückgang der absoluten Anzahl von Kindern wird nicht automatisch zu Einsparungen bei der Kinder- und Jugendhilfe führen, da die qualitativen Anforderungen steigen werden. Zu den steigenden

---

[79] Weitere Informationen hierzu finden sich unter www.stadtumbauwest.info/

[80] Weitere Informationen hierzu finden sich unter www.stadtumbau-ost.info/

qualitativen Anforderungen gehören unter anderem erhöhte Bildungsanforderungen, eine bessere Verzahnung von schulischen und außerschulischen Einrichtungen sowie ein Ausgleich der verminderten Netzwerkressourcen von schlanken Verwandtschaftssystemen (vgl. Deutscher Bundestag 2002 b: 45–46; Christe 2004).

In diesem Kapitel wird dargestellt, in welchen Bereichen Jugendämter einen Handlungsbedarf hinsichtlich der demografischen Veränderungen sehen, wie sie mit Veränderungen bei der Nachfrage nach Kindertagesbetreuungsplätzen umgehen, wie stationäre Einrichtungen der Hilfen zur Erziehung auf demografische Veränderungen reagieren und welche Strategien freie Träger wählen, um sich auf die mit den demografischen Veränderungen einhergehenden Herausforderungen vorzubereiten.

13.1 Von demografischen Veränderungen betroffene Arbeitsbereiche der Kinder- und Jugendhilfe

Die demografischen Veränderungen und ihre Folgen für die Kinder- und Jugendhilfe werden seit dem Elften Kinder- und Jugendbericht immer wieder thematisiert. Allerdings fehlt es bis jetzt an empirischen Daten darüber, wie sich die Praxis dem Thema annähert und welche Rolle das Thema tatsächlich für die Planung und konzeptionelle Gestaltung der Angebote vor Ort spielt. Ohne eine qualifizierte Planung, die auch etwas zu den Folgen der demografischen Entwicklung sagen kann, wird es für die Kinder- und Jugendhilfe noch schwieriger werden, ihre Angebote politisch zu legitimieren. Wie notwendig und wie komplex eine planerische Auseinandersetzung mit der demografischen Entwicklung ist, beschreibt Schone (2005). Aufgrund dieser Notwendigkeit wurden die Jugendämter in einem ersten Schritt gefragt, ob sie sich in ihrer planerischen Arbeit mit den Folgen demografischer Veränderungen auseinandersetzen. Für 88 % der Jugendämter ist der demografische Wandel ein Thema für die Jugendhilfeplanung. Der Schwerpunkt wird auf die Bereiche Kindertagesbetreuung, Jugendarbeit und Hilfen zur Erziehung gelegt. Zusätzlich zur Jugendhilfeplanung oder integriert in die Jugendhilfeplanung gibt es bei 62 % der Jugendämter eine Person oder Arbeitsgruppe, die sich mit konzeptionellen Auswirkungen der demografischen Entwicklungen auf die Kinder- und Jugendhilfe befasst. Nur in Einzelfällen gibt es eine solche Person oder Arbeitsgruppe, ohne dass das Thema Eingang in die Jugendhilfeplanung gefunden hätte. In den konzeptionellen Arbeitsgruppen überwiegen Überlegungen zur Umgestaltung der Jugendhilfeplanung.

Fragt man die Jugendämter, in welchen Handlungsfeldern bereits Strategien für den Umgang mit den Folgen demografischer Veränderungen existieren, dann wird erkennbar, dass es eine Konzentration auf den Bereich der Kindertagesbetreuung gibt. 71 % der Jugendämter geben an, hierzu Strategien zu haben. Diese Strategien sind nicht zwingend Bestandteil einer reflektierten Jugendhilfeplanung, denn nur 42 % der Jugendämter nennen den Bereich der Kindertagesbetreuung als einen Bereich, für den sie im Rahmen der Jugendhilfeplanung Konsequenzen aus der regionalen demografischen Entwicklung gezogen haben. Nimmt man an, dass die von den Jugendämtern angesprochenen Strategien sich irgendwie auch in der Jugendhilfeplanung widerspiegeln müssen, dann kann man davon ausgehen, dass zumindest bei einem Drittel der Jugendämter, die sich mit den Folgen der demografischen Entwicklung für die Kindertagesbetreuung befassen, ein Verständnis von Jugendhilfeplanung vorliegt, das eher retrospektiv beschreibend und weniger prospektiv planend ist. Das heißt, diese Jugendämter setzen auf ihre bisherige Erfahrung, dass eine Fortschreibung von Bedarfszahlen eine gute Annährung an die zukünftige Entwicklung ist. Dieses Modell stößt jedoch in Umbruchsituationen (z. B. starke Ab- oder Zuwanderung, Veränderungen in der Bildungslandschaft) an seine Grenzen. Es wäre vielmehr notwendig, prospektive Modelle zu entwickeln, die versuchen, die Folgen der Veränderungen auf die Bedarfslage gezielter abzuschätzen.

Tab. 13.1: Arbeitsbereiche, in denen Strategien, auf demografische Veränderung zu reagieren, existieren (Mehrfachnennungen)

	Ost	West	Stadt	Landkreis	Insgesamt
Kindertagesbetreuung	64 %	75 %	86 %*	58 %	71 %
Jugendarbeit	48 %*	27 %	41 %*	29 %	34 %
Stationäre Hilfen zur Erziehung	21 %	17 %	20 %	17 %	19 %
Ambulante Hilfen zur Erziehung	24 %	13 %	18 %	15 %	17 %
Jugendberufshilfe	21 %	10 %	23 %	6 %	14 %
Beratungsangebote	15 %	6 %	9 %	10 %	9 %
Sonstige	6 %	5 %	9 %	2 %	5 %

* signifikanter Unterschied zwischen Ost-West bzw. Stadt-Landkreis

Quelle: DJI-Jugendamtserhebung 2004

In den kreisfreien Städten scheint der Handlungsbedarf dringender zu sein, denn hier haben sich im Vergleich zu Jugendämtern in Landkreisen signifikant mehr Jugendämter Strategien für den Umgang mit den Folgen demografischer Veränderungen sowohl für die

Kindertagesbetreuung als auch für die Jugendarbeit zurechtgelegt (vgl. Tab. 13.1). In Städten verstärkt eventuell der noch immer vorhandene Trend, dass junge Familien aus Ballungsgebieten ins Umland abwandern, die demografisch bedingten Schrumpfungsprozesse.

Kindertagesbetreuung

Die hohe Aufmerksamkeit, die demografischen Veränderungen im Feld der Kindertagesbetreuung entgegengebracht wird, ist in enger Verbindung mit dem Rechtsanspruch auf einen Kindergartenplatz sowie in den westlichen Bundesländern mit dem hohen öffentlichen Druck zum Ausbau des Angebots für unter 3-jährige Kinder zu sehen. Hinzu kommt, dass die Kindertagesbetreuung auch das Handlungsfeld in der Kinder- und Jugendhilfe ist, in dem es noch am einfachsten ist, die Veränderungen zu antizipieren. Die Jugendämter müssen im Rahmen ihrer Planungsverantwortung schnell und sensibel auf Nachfrageveränderungen reagieren, also versuchen sie auch, die Folgen demografischer Entwicklungen rechtzeitig abzuschätzen. Vor diesem Hintergrund ist anzunehmen, dass der Fokus der Überlegungen und Strategien auf quantitative Veränderungen gerichtet ist. Mindestens ebenso wichtig wäre aber auch eine Auseinandersetzung über die notwendigen inhaltlichen Veränderungen (z.B. altersübergreifende Gruppen, Integration von Kindern mit Migrationshintergrund, Auseinandersetzung mit konzeptionellen Folgen einer zunehmenden Institutionalisierung des Alltags von Kindern).

Jugendarbeit

Ein Drittel der Jugendämter hat bereits Strategien dahingehend entwickelt, wie sie im Feld der Jugendarbeit auf demografische Veränderungen reagieren wollen. In Ostdeutschland und in Städten verfügt ein signifikant höherer Anteil von Jugendämtern über solche Strategien. Für Ostdeutschland ist dies angesichts der Entwicklung der Geburtenquoten seit 1990 nicht weiter erstaunlich. Im Moment verringert sich die Anzahl Jugendlicher aufgrund der geringen Geburtenzahlen in den Jahren 1990 bis 1993 (eine Halbierung der periodenbezogenen zusammengefassten Geburtenziffer in Ostdeutschland) erheblich. Verstärkt wird dieser Effekt noch durch die Abwanderung von Familien. In den nächsten Jahren wird die Anzahl der Jugendlichen dann wieder etwas anwachsen, ohne jedoch das Niveau von vor der Wiedervereinigung zu erreichen. Konzeptionell wird auf den deutlichen Rückgang an potenziell Nachfragenden in einigen Regionen so reagiert, dass hauptamtliche MitarbeiterInnen der Jugendarbeit als AnsprechpartnerInnen mehrerer Jugendräume in verschiedenen Gemeinden fungieren. Ihre Rolle in der Jugendarbeit verändert sich damit erheblich, denn ihnen bleibt damit immer weniger Zeit für Beziehungs- und Beratungsarbeit. Der Anteil an Organisations- und Verwaltungsarbeit steigt dagegen an. Die Kompetenzen zur Unterstützung von Selbstorganisation und dem Initiieren von Empowermentprozessen werden unter diesen Bedingungen für die hauptamtlichen MitarbeiterInnen noch wichtiger. Dieser Veränderungsprozess müsste auch seinen Niederschlag in der Aus-, Fort- und Weiterbildung und in den pädagogischen Konzepten finden.

Es zeigt sich ein ebenfalls signifikanter Zusammenhang hinsichtlich der Frage, ob die Region per Saldo von Abwanderung betroffen ist. In Regionen, in denen dies in den Jahren 1999 und/oder 2001 der Fall war, ist der Anteil an Jugendämtern, die bereits strategische Überlegungen zum Umgang mit den Folgen der demografischen Veränderungen auf die Jugendarbeit angestellt haben, fast doppelt so hoch als in den Regionen, in denen es per Saldo eine Zuwanderung in den genannten Jahren gab. Aber selbstverständlich bedürfte es auch in Regionen, in denen es eine Zunahme der Anzahl von Jugendlichen gibt, der Konzepte für die Weiterentwicklung der Jugendarbeit. Die Tatsache, dass diese fehlen oder zumindest nicht unter dem Stichwort »Strategien, auf demografische Entwicklungen zu reagieren« genannt werden, verdeutlicht, wie selbstverständlich Wachstum noch immer erscheint.

Sonstige Arbeitsfelder

Mit den anderen in Tabelle 13.1 aufgelisteten Themen befassen sich relativ wenige Jugendämter. Wie später noch genauer gezeigt werden wird (vgl. Abschnitt 13.3), sieht eine Mehrheit der stationären Einrichtungen im Unterschied zu den Jugendämtern durchaus auch im Bereich der Hilfen zur Erziehung Handlungsbedarf. Für die Jugendämter ist ein Rückgang der Nachfrage in diesem Bereich relativ unproblematisch, da sie nur einen kleinen Teil der Einrichtungen selbst tragen und über Entgelte die Einzelfälle abrechnen. Die Jugendämter tragen also nicht das wirtschaftliche Risiko von möglichen Überkapazitäten und sind auch hinsichtlich ihrer Personalplanung kaum von demografisch bedingten Veränderungen der Nachfrage nach stationären Hilfen zur Erziehung betroffen.

In Anbetracht der mit den demografischen Entwicklungen einhergehenden Veränderungen, die sich nicht auf quantitative Fragen beschränken lassen, erscheint eine intensivere Befassung der Kinder- und Jugendhilfe mit diesem Thema erforderlich. Es wird sonst nicht gelingen, die Kinder- und Jugendhilfe zu einem positiven Standortfaktor für die einzelne Region werden zu lassen.

13.2 Reaktionen im Hinblick auf eine Veränderung der Nachfrage von Betreuungsplätzen für 3- bis 6-jährige Kinder

In diesem Abschnitt wird dargestellt, wie Jugendämter auf Nachfrageveränderungen im Bereich der Kindertagesbetreuung bei den 3- bis 6-jährigen Kindern reagieren. Es wird dabei keine Wertung der einzelnen Reaktionsform vorgenommen, da diese sich nur in Kenntnis der jeweiligen regionalen Situation beurteilen lässt. Um bei den Antworten tatsächlich überwiegend Reaktionen genannt zu bekommen, die sich auf demografische und nicht auf andere Veränderungen, wie zum Beispiel einen politisch festgelegten Ausbau des Angebots, beziehen, wurde die Frage auf die Altersgruppe der 3- bis 6-jährigen Kinder bezogen. Da sich die große Mehrheit der Kinder dieser Altersgruppe in den meisten Regionen in Kindertagesbetreuung befindet, sind für Nachfrageveränderungen in erster Linie demografische Veränderungen verantwortlich. 20 % der Jugendämter antworten sowohl darauf, wie sie mit einer aus demografischen Gründen wachsenden Nachfrage, als auch darauf, wie sie mit einer sinkenden Nachfrage umgehen. Diese Jugendämter haben also entweder unterschiedliche zeitliche Planungshorizonte (zuerst noch für eine kurze Phase ein Nachfrageanstieg, dann ein Rückgang) oder aber die Entwicklungen innerhalb des Jugendamtsbezirks sind uneinheitlich, was nicht selten der Fall ist.

Nachfragerückgang

Rechnen Jugendämter mit einem Nachfragerückgang bei den Betreuungsplätzen für die 3- bis 6- jährigen Kinder, dann entscheiden sie sich in der Regel für eine oder zwei der in Tabelle 13.2 dargestellten Strategien. Einzelne Jugendämter haben sich für bis zu fünf unterschiedliche Ansätze entschieden.

Bezogen auf alle Jugendämter ergibt sich hinsichtlich der Frage, wie sie auf einen Nachfragerückgang reagieren, folgendes Bild (vgl. Tab. 13.2).

Tab. 13.2: Reaktionen auf einen Rückgang der Nachfrage nach Betreuungsplätzen bei den 3- bis 6-Jährigen (Mehrfachnennungen)

	Ost	West	Stadt	Landkreis	Insgesamt
Noch keine Entscheidung über eine bestimmte Reaktion	33 %	44 %	30 %	49 %	40 %
Neue Angebote	15 %	34 %	30 %	25 %	27 %
Personalabbau	24 %	21 %	30 %	16 %	22 %
Schließung kommunaler Einrichtungen	18 %	13 %	14 %	16 %	15 %
Ausbau anderer Angebote	3 %	15 %	11 %	10 %	11 %
Sonstige Reaktionen	9 %	11 %	18 %*	4 %	11 %
Verringerung der Gruppengröße	3 %	11 %	7 %	10 %	8 %
Absenken der Auslastungsquote	3 %	2 %	2 %	2 %	2 %
Strengere Richtlinien für die Vergabe einer Betriebserlaubnis	3 %	0 %	0 %	2 %	1 %

*signifikanter Unterschied zwischen Ost-West bzw. Stadt-Landkreis
100 %= alle die auf diese Frage geantwortet haben

Quelle: DJI-Jugendamtserhebung 2004

Die Schaffung neuer Angebote, zum Beispiel im Bereich der Kindertagesbetreuung für Kinder unter drei Jahren oder für Schulkinder, wird von mehr Jugendämtern (27 %) genannt als der Abbau von Personal (22 %). Zählt man zur Schaffung neuer Angebote noch den Ausbau bestehender Angebote hinzu (11 %), dann betreiben 28 % der Jugendämter eine Ausbaustrategie in den Bereichen, in denen es bis jetzt an einem bedarfsgerechten Angebot zu fehlen scheint. Unter dieser Prämisse wird die Hoffnung so mancher kommunaler FinanzpolitikerInnen unrealistisch, durch die demografische Entwicklung zu einer Ausgabenkürzung in der Kinder- und Jugendhilfe zu kommen.

In jedem sechsten Jugendamtsbezirk zieht sich der öffentliche Träger aufgrund der demografischen Entwicklung aus seiner Rolle als Anbieter von Kindertagesbetreuung für die 3- bis 6-jährigen Kinder zurück. Hierfür kann es mehrere Gründe geben: Unter Beachtung des Subsidiaritätsgebots zieht sich der öffentliche Träger zuerst oder zumindest gleichzeitig mit nicht-öffentlichen Trägern als Anbieter zurück. Ein weiteres Motiv könnte sein, dass es für etliche Kommunen – insbesondere in Ostdeutschland – im Rahmen des kommunalen Finanzausgleichs von Vorteil sein kann, wenn sie ihr

Personal abbauen. Denn eine überdurchschnittliche Personalausstattung, gemessen am Verhältnis der Anzahl der kommunal Beschäftigten zur Einwohnerzahl, führt teilweise zu Kürzungen beim kommunalen Finanzausgleich. Und schließlich kann auch die angespannte Haushaltslage einzelner Gebietskörperschaften unabhängig von anderen Erwägungen zur Schließung kommunaler Einrichtungen führen.

Betrachtet man nur die Jugendämter, die sich bereits für mindestens eine Reaktion bei einem Nachfragerückgang entschieden haben, dann verändert sich an der Reihenfolge der Reaktionen nichts. Aber der eben beschriebene Effekt, dass keine bzw. nicht überall Einsparungen zu erwarten sind, wird noch deutlicher erkennbar. Von den Jugendämtern, die sich bereits festgelegt haben, werden nämlich 46 % entweder neue Angebote schaffen oder bestehende andere Angebote ausbauen. Hinsichtlich der Häufigkeit, mit der die Strategien »Schaffung neuer Angebote« und »Ausbau anderer Angebote« genannt werden, gibt es signifikante Ost-West-Unterschiede, wenn man die noch unentschlossenen Jugendämter nicht berücksichtigt. Im Westen werden diese Strategien erheblich häufiger angewandt, was in Anbetracht der geringen Platz-Kind-Relationen bei den unter 3-jährigen Kindern und den Schulkindern sowie der verhältnismäßig wenigen Ganztagesplätze nicht überrascht. Auch gibt es einen deutlichen Unterschied zwischen gemäß dem Regionalindex des Kinderpanels[81] privilegierten Regionen und den benachteiligten Regionen. In privilegierten Regionen kommt es doppelt so häufig zu einem Ausbau von Angeboten. Ganz offensichtlich wirkt sich eine gute Ressourcenausstattung der Gebietskörperschaft positiv auf die Entwicklung der Jugendhilfe vor Ort aus. Damit lässt sich auch bei den Angeboten, die eigentlich dazu beitragen sollen, die Lebenschancen für alle möglichst positiv zu beeinflussen, eine Tendenz erkennen, die das Auseinanderdriften der Lebensbedingungen eher noch verstärkt.

Eine völlig andere Konsequenz wird in einem Drittel der Jugendamtsbezirke gezogen. Hier wird Personal abgebaut. Die Option, frei werdende Kapazitäten umzuschichten oder in die Qualitätsverbesserung zu investieren, ohne dass es hierbei zu einer Ausgabensteigerung kommt, wird in diesen Jugendamtsbezirken gar nicht oder nur teilweise genutzt. Eine genauere Analyse zeigt nämlich, dass sich diese zwei Strategien – Ausbau von Angeboten und Abbau von Personal – nicht immer widersprechen. Denn ein Drittel von denen,

[81] Zur Bildung des Index siehe Glossar und/oder Steinhübl 2005.

die ausbauen, verringern auch Personal. In diesen Regionen scheinen also nicht die gesamten frei werdenden Ressourcen in einen Ausbau investiert zu werden. In den gemäß dem Regionalindex des Kinderpanels privilegierten Landkreisen und kreisfreien Städten wird als Reaktion bei einem demografisch bedingten Rückgang doppelt sooft auf das Instrument des Personalabbaus zurückgegriffen. Möglicherweise gibt es in diesen Regionen bereits ein gut ausgebautes Angebot.

Diese sehr unterschiedlichen und zum Teil auch widersprüchlich wirkenden Reaktionen auf einen demografisch bedingten Nachfragerückgang belegen empirisch, dass es vor dem Hintergrund der großen Unterschiede in den einzelnen Regionen nicht möglich ist, standardisierte Vorgehensweisen zu empfehlen. Vielmehr wird es notwendig sein, die zu erreichenden Ziele bundesweit zu vereinheitlichen, um ein Anwachsen der regionalen Disparitäten und damit auch Chancenungleichheit zu beschränken (vgl. Winkler 2001: 163).

Reaktionen auf eine wachsende Nachfrage

Tab. 13.3: Reaktionen auf größere Nachfrage bei den Betreuungsplätzen für 3- bis 6-Jährige (Mehrfachnennungen)

	Ost	West	Stadt	Landkreise	Insgesamt
Noch nicht entschieden	61 %	73 %	59 %	74 %	68 %
Investitionen in Infrastruktur	36 %	18 %	34 %	18 %	25 %
Neue zusätzliche Personalstellen	29 %	15 %	24 %	18 %	21 %
Sonstige Reaktionen	14 %	15 %	21 %	10 %	15 %
Vergrößerung der Gruppengröße	14 %	13 %	14 %	13 %	13 %
Neueröffnung kommunaler Einrichtungen	14 %	8 %	17 %	5 %	10 %
Anheben der Auslastungsquote	7 %	0 %	0 %	5 %	3 %
Absenken der Betriebserlaubnisstandards	4 %	0 %	0 %	3 %	1 %
Abbau anderer Angebote	0 %	0 %	0 %	0 %	0 %

100 %= alle Jugendämter, die auf mindestens eine dieser Fragen mit Ja geantwortet haben

Quelle: DJI-Jugendamtserhebung 2004

Die Jugendämter wurden ebenfalls gefragt, mit welchen Strategien sie auf eine Zunahme der Anzahl von 3- bis 6- jährigen Kindern in ihrer Region reagieren. 79 % der Jugendämter gehen von einer steigenden Nachfrage aus oder haben zumindest auf unsere Frage geantwortet, wie sie auf eine steigende Nachfrage reagieren wollen. In Tabelle 13.3 sind die Antworten aller Jugendämter dargestellt, die mindestens auf eine dieser Fragen mit »ja« geantwortet haben. Der Anteil von Jugendämtern, die sich noch nicht entschieden haben, wie ihre Reaktion aussehen wird (68 %), ist deutlich höher als bei einem Nachfragerückgang. Dies könnte man so interpretieren, dass Jugendämter dann schnell reagieren, wenn Ressourcen eingespart werden können und etwas träger sind, wenn investiert werden muss. Möglicherweise besteht aber einfach auch nur eine größere Unsicherheit darüber, ob es tatsächlich zu einem Anstieg der Nachfrage kommt. Signifikante Ost-West-Unterschiede gibt es nicht. Die Landkreise sind zögerlicher in der Entscheidung, wie auf einen ansteigenden Bedarf reagiert werden soll. Dies liegt möglicherweise an den Finanzierungsproblemen, mit denen sich kreisfreie Städte und die kreisangehörigen Gemeinden mit eigenem Jugendamt auseinandersetzen müssen, oder aber auch daran, dass die örtliche Zuständigkeit für Kindertagesbetreuung – je nach Regelung im jeweiligen Bundesland – bei den kreisangehörigen Gemeinden liegen kann.

Der Anteil derer, die dem Nachfrageanstieg begegnen, indem sie die Anforderungen für die Erteilung einer Betriebserlaubnis senken, die Anzahl der Kinder pro Gruppe und die Auslastungsquote erhöhen und damit eine Minderung der Qualität akzeptieren, ist relativ gering (bezogen auf alle Jugendämter 11 % und bezogen auf die, die bereits eine Strategie haben, 19 %). Trotzdem ist darin eine besorgniserregende Entwicklung zu erkennen, denn dies vergrößert einerseits die Unterschiede zwischen den verschiedenen Regionen, und andererseits kann dieser Qualitätsabbau auch der Einstieg in eine allgemeine Abwärtsspirale sein. Gegen diese Befürchtung spricht allerdings, dass alle, die die Qualität senken, gleichzeitig in die Infrastruktur investieren. Der Nachfrageanstieg scheint also die Möglichkeiten der Jugendämter, mit einem entsprechenden Ausbau darauf zu reagieren, zu übersteigen.

Jugendämter in Ostdeutschland geben deutlich häufiger an, bei wachsender Nachfrage in Infrastruktur zu investieren. Offensichtlich wurden aufgrund des dramatischen Rückgangs der Kinderzahlen in den 1990er Jahren auch Infrastrukturen zurückgebaut oder anderweitig genutzt, was nun zu einem erneuten Ausbaubedarf führt. Entsprechend verwundert es auch nicht, dass der Anteil von Jugendämtern im Osten, die mit einem Ausbau von Personalstellen auf diese Situation antworten, ebenfalls deutlich höher ist als im Westen. Die Entwicklung in Ostdeutschland zeigt auch, wie schwierig Jugendhilfeplanung selbst bei so vergleichsweise einfachen Themen wie Kindertagesbetreuung sein kann.

Fasst man die verschiedenen Antwortmöglichkeiten in Kategorien zusammen, dann ergibt sich die Situation, wie sie in Tabelle 13.4 abgebildet ist.

Tab. 13.4: Reaktion auf Anstieg der Nachfrage bei 3-bis 6-Jährigen (Mehrfachnennungen)

	Ost	West	Stadt	Land-kreis	Ins-gesamt
Strategie noch nicht entschieden	61 %	73 %	59 %	74 %	68 %
Investition	46 %	23 %	41 %	26 %	32 %
Qualitätsabsenkung	18 %	13 %	14 %	15 %	15 %
Sonstige Reaktionen	14 %	15 %	21 %	10 %	15 %
Abbau anderer Angebote	0 %	0 %	0 %	0 %	0 %

100 % = alle Jugendämter, die auf mindestens eine dieser Fragen mit Ja geantwortet haben

Quelle: DJI-Jugendamtserhebung 2004

Interessanterweise gibt kein Jugendamt an, dass mit der Umwidmung von Angeboten reagiert wird, um Ressourcen für die Kindertagesbetreuung zu erhalten. Also: Es werden nach Aussage der Jugendämter keine Angebote gekürzt, um auf den Nachfrageanstieg bei den 3- bis 6-jährigen Kindern reagieren zu können.

Fazit

Die Ergebnisse der Jugendamtsbefragung zeigen, dass sich inzwischen die Mehrzahl der Jugendämter mit den Folgen demografischer Veränderungen für die Kinder- und Jugendhilfe befasst. Dies ist ein Schritt in die richtige Richtung. Der Schwerpunkt liegt dabei auf der Jugendhilfeplanung und hier insbesondere auf den notwendigen quantitativen Anpassungen. Konzeptionelle Implikationen scheinen weniger in den Blick genommen zu werden.

Kommt es zu einem Nachfragerückgang hinsichtlich der Kindertagesstättenplätze für 3- bis 6-jährige Kinder, dann ist die Anzahl der Jugendämter höher, die frei werdende Kapazitäten zu einem Ausbau anderer Angebote nutzen, als die Anzahl derer, die Personal abbauen. Jedes sechste Jugendamt, das einen Rückgang der Nachfrage prognostiziert, möchte sich als Anbieter von Kindertagesbetreuung in dieser Altersgruppe zurückziehen.

Steigt die Nachfrage bei den 3- bis 6-jährigen Kindern dagegen an, dann sind die Jugendämter hinsichtlich ihren Reaktionsweisen unsicherer. Aber immerhin ein Drittel der Jugendämter, die von einem Anstieg der Nachfrage ausgehen, möchte durch entsprechende Investitionen ein bedarfsgerechtes Angebot schaffen. Jedes sechste Jugendamt wird eine Ausweitung der Kapazitäten zumindest zeitweise auch durch eine Qualitäts- und Standardabsenkung zu erreichen versuchen. Dieses Ergebnis macht deutlich, dass eine überörtliche und damit unabhängige Genehmigungsbehörde im Sinne der Qualitätssicherung erforderlich ist. Denn es kann nicht sein, dass die Kassenlage der Kommune über die Bildungschancen von Kindern entscheidet.

13.3 Auswirkungen der demografischen Veränderungen auf die stationären Hilfen zur Erziehung

In der Befragung stationärer und teilstationärer Einrichtungen der Jugendhilfe wurde ebenfalls danach gefragt, welche demografische Veränderung erwartet wird und welche Anpassungen dadurch notwendig werden.

Tab. 13.5: Von den Einrichtungen erwartete quantitative Entwicklung der Zielgruppe

	Ost	West
Keine Veränderung der Zielgruppe	31 %	43 %
Abnahme der Zielgruppe	45 %	40 %
Zunahme der Zielgruppe	24 %	17 %

Quelle: DJI-Einrichtungserhebung 2004

Eine Vorhersage des Bedarfs an stationären Hilfen zur Erziehung ist mittelfristig nur auf der Grundlage einer auf den einzelnen Geburtsjahrgang bezogenen Abschätzung möglich. Planungssicherheit ist deshalb kaum zu erlangen. Aufgrund des sich immer wieder und zum Teil auch sehr kurzfristig ändernden Bedarfs an stationären Hilfen zur Erziehung ist es eigentlich notwendig, Überkapazitäten bereitzuhalten. Nur so kann sicher gestellt werden, dass Hilfen tatsächlich schnell zur Verfügung stehen. Aber die Einrichtungen müssen versuchen, angesichts der in den Entgeltvereinbarungen festgelegten hohen Auslastungsquote aus wirtschaftlichen Gründen Überkapazitäten zu vermeiden. Dies erschwert es für die Einrichtungen, zusätzlich eine mittelfristige verlässliche Planung der notwendigen Kapazitäten durchzuführen. Zu den demografischen Veränderungen kommt noch hinzu, dass in mehr oder weniger allen Regionen eine Absenkung der Quote an stationären und teilstationären Hilfen angestrebt wird. In diesem Handlungsfeld überlagern sich also unterschiedliche Effekte, was es umso notwendiger macht, eine breite, inhaltlich-fachliche Debatte – also eine Debatte, die sich nicht nur auf die quantitativen Aspekte beschränkt – über die Folgen demografischer Veränderungen für die stationären Hilfen zur Erziehung zu führen.

Die Einrichtungsleitungen wurden gebeten, eine Einschätzung über die quantitative Entwicklung ihrer Zielgruppe für die nächsten Jahre abzugeben. Diese Entwicklung ist natürlich nicht nur durch die demografische Veränderung geprägt, sondern auch durch eine Fülle weiterer Faktoren (Bürger 2005 a): Zuschreibungsprozesse (also wer braucht wann welche Hilfe?) und die eingeschätzte Veränderung von Lebenslagen (Stichwort Verarmung von Familien) sind zwei Beispiele für solche Faktoren.

Tab. 13.6: Strategien der Angebotsentwicklung bei einer quantitative Veränderung der Zielgruppe (Mehrfachnennungen)

	Abnahme			Zunahme		
	Ost	West	Insgesamt	Ost	West	Insgesamt
Einstieg in neue Arbeitsfelder	65 %	70 %	68 %	56 %	56 %	56 %
Veränderung des Platzangebots	57 %	59 %	58 %	44 %	53 %	50 %
Spezialisierung des Angebots	59 %	55 %	56 %	56 %	67 %	63 %
Ausbau anderer vorhandener Angebote	39 %	40 %	40 %	52 %	30 %	39 %
Personalabbau	43 %	31 %	35 %	0 %	0 %	0 %
Schließung der Einrichtung	13 %	9 %	10 %	4 %	2 %	3 %
Absenken des Entgelts	7 %	8 %	7 %	4 %	5 %	4 %
Andere Reaktionen	11 %	5 %	7 %	15 %	9 %	11 %
Fusion mit anderen Einrichtungen	2 %	5 %	4 %	7 %	7 %	7 %

Quelle: DJI-Einrichtungserhebung 2004

In Tabelle 13.6 ist dargestellt, wie Einrichtungen auf eine quantitative Veränderung der Zielgruppe zu reagieren beabsichtigen. Die meisten Einrichtungen planen zwei bis drei Strategien zu ergreifen. Auffällig ist, dass der Einstieg in neue Arbeitsfelder sowohl bei einer quantitativen Abnahme der Zielgruppe als auch bei einer quantitativen Zunahme offensichtlich als eine sehr wichtige Strategie gesehen wird. In diesem Zusammenhang ist auch der Ausbau bereits vorhandener Angebote zu sehen. Es gibt also eine beträchtliche Anzahl von Einrichtungen – wahrscheinlich müsste man hier eher von Trägern sprechen –, die versuchen durch eine Diversifizierung ihres Angebots unabhängiger von quantitativen Schwankungen ihrer Zielgruppe zu werden.

Kombiniert man die drei Reduktionsstrategien (Personalabbau, Absenken der Entgelte und Schließung der Einrichtung) dann wird deutlich, dass bereits 37 % der Einrichtungen über solche relativ drastischen Schritte nachdenken. Obwohl die demografische Entwicklung in Ostdeutschland zurzeit immer noch sehr viel dramatischer verläuft, gibt es in dieser Frage keine statistisch signifikanten Ost-West-Unterschiede.

Auch, wenn der Anteil an Einrichtungen, die auf eine quantitative Veränderung der Zielgruppe mit einer Fusion mit anderen Einrichtungen reagieren wollen, relativ gering ist, so wird an dieser Antwort dennoch deutlich, dass es notwendig ist, die Aufrechterhaltung der Trägerpluralität in diesem Feld durch eine aktive Politik zu sichern.

Auffällig ist ebenfalls die große Ähnlichkeit der Antworten zwischen den Einrichtungen, die eine Abnahme erwarten, und denen, die eine Zunahme ihrer Zielgruppe erwarten. Dies ist ein Hinweis darauf, dass die Entwicklung bei den stationären Hilfen zur Erziehung zur Zeit noch von anderen Entwicklungen (z. B. Reduktion der Quote an stationären Hilfen, s. o.) als den demografischen Veränderungen überlagert ist.

Fazit

Die Mehrzahl der Einrichtungen rechnet mit quantitativen Veränderungen bei ihrer Zielgruppe. Es überwiegt trotz der regional zum Teil erheblichen Rückgänge (in Ostdeutschland zum Teil eine Halbierung bei einzelnen Geburtsjahrgängen) der Optimismus, durch eine Anpassung der Angebote weiterhin ausgelastet zu sein. Trotzdem denkt bereits etwas mehr als ein Drittel der Einrichtungen über eine Reduktion ihres Angebots und ihres Personals nach.

Eine Verbesserung der eigenen Wettbewerbssituation durch ein Absenken des Entgelts scheint keine praktikable Strategie zu sein, was angesichts der meistens noch immer am Selbstkostenpreis orientierten Festlegung der Entgelthöhe auch nicht überrascht.

Die Antworten auf die offenen Fragen legen die Vermutung nahe, dass die Diskussionen über die Folgen der vielerorts angestrebten Umsteuerung von stationären zu ambulanten Hilfen und die Auswirkungen der Einführung von Sozialraumbudgets die Auseinandersetzung mit möglichen Folgen demografischer Veränderungen überlagern.

13.4 Folgen demografischer Veränderungen aus der Perspektive von freien und privat-gewerblichen Trägern

Geschäftsstellen freier und privat-gewerblicher Träger sind Verwaltungseinheiten, die stärker den organisatorischen und betriebswirtschaftlichen Fragen als der alltäglichen Ausgestaltung der Praxis verpflichtet sind. Sie müssen strategische Entscheidungen treffen, die mitbestimmen über die zukünftige Rolle eines Trägers vor Ort. Insofern sind sie auch aufgefordert, frühzeitig auf absehbare Veränderungen zu reagieren. Diese Reaktionen müssen sich sowohl auf die inhaltlich-konzeptionelle Ausgestaltung und auf die Qualität der Angebote als auch auf Fragen des Personalbestands und der Schließung bzw. Neugründung von Einrichtungen beziehen. Vor diesem Hintergrund wurden die Träger gefragt, ob und wie sie sich auf demografische Veränderungsprozesse vorbereiten, bei welchen Angeboten sie einen Ausbau und bei welchen einen Abbau erwarten.

Fast alle Träger bereiten sich auf die Folgen einer Veränderung der Nachfrage vor. Lediglich 7 % tun dies nicht. Diese Träger erwarten nach eigenen Angaben auch keinen Ausbau oder Abbau ihrer Angebote. Vor dem Hintergrund dieser Selbsteinschätzung der Träger, die durchaus unabhängig von der realen demografischen Entwicklung vor Ort sein kann, erübrigt sich eine Auseinandersetzung mit möglichen Folgen veränderter Nachfrage.

Tab. 13.7: Strategien freier und privat-gewerblicher Träger, sich auf Folgen demografischer Veränderungen vorzubereiten (Mehrfachnennungen)

	Ost	West	Insgesamt
Änderung der Konzeption einzelner Einrichtungen, Qualitätsentwicklung	76 %	66 %	70 %
Neue Angebote innerhalb der Kinder- und Jugendhilfe	61 %	61 %	61 %
Verstärkte Kooperation mit anderen Trägern	51 %	47 %	48 %
Reduzierung einzelner Angebote	37 %	31 %	33 %
Neue Angebote außerhalb der Kinder- und Jugendhilfe	33 %	32 %	32 %
Erweiterung vorhandener Angebote	36 %	30 %	32 %
Umschulungsangebote, Fortbildungen und Qualifikationen für MitarbeiterInnen	27 %	14 %	19 %
Sonstiges	5 %	5 %	5 %

Quelle: DJI-Erhebung bei Geschäftsstellen von Trägern 2004

Von denen, die sich vorbereiten, werden ein bis sieben verschiedene Ansätze gewählt (im Median und im Mittel 3). Am häufigsten passen die Träger die Konzeptionen einzelner Einrichtungen an und forcieren die Qualitätsentwicklung (vgl. Tab 13.7). Von diesen beiden Maßnahmen wird wohl eine Verbesserung der eigenen Wettbewerbsposition erwartet. Ähnlich stark verbreitet wie bei den Einrichtungen der (teil)stationären Hilfen zur Erziehung ist der Versuch, durch eine Diversifizierung des Angebots einen Rückgang in einzelnen Bereichen ausgleichen zu können. Ein Drittel der Träger beabsichtigt, auch außerhalb der Kinder- und Jugendhilfe neue Angebote in sein Tätigkeitsspektrum aufzunehmen. Von den Trägern, die bereits heute Angebote außerhalb der Kinder- und Jugendhilfe haben, entscheiden sich signifikant mehr für eine solche Strategie. Aber auch in dieser Gruppe sind es nur 45 %. Angesichts der Bevölkerungsstruktur und des notwendigen Ausbaus von Angeboten im Bereich der Altenhilfen (vgl. Bundesministerium für Familie, Senioren, Frauen und Jugend 2002b) verblüfft dieser niedrige Anteil.

Ein Drittel der Träger erwartet, als eine Folge der demografischen Veränderungen Angebote reduzieren zu müssen. Nur 3 % dieser Träger nehmen jedoch an, nicht an anderer Stelle einen gewissen Ausgleich hierfür schaffen zu können, indem sie andere bestehende Angebote ausbauen oder neue Angebote in und außerhalb der Jugendhilfe schaffen. Die demografischen Veränderungen erzeugen also nur bei den wenigsten Trägern Vorstellungen von einer bedrohlichen Entwicklung, auf die nur mit einer Schrumpfung oder gar einer Auflösung der Strukturen reagiert werden kann. Die Erfahrungen der vielen nach 1990 neu gegründeten und noch immer aktiven Träger in Ostdeutschland bestätigen die wenig pessimistische Grundhaltung (vgl. Kap. 6).

Ausbau als Folge der demografischen Veränderungen

Noch interessanter als die relativ optimistische Zukunftsperspektive der Träger ist die Benennung der Arbeitsbereiche, in denen die Träger Ausbauerwartungen haben. 57 % gehen davon aus, in den nächsten Jahren aufgrund demografischer Veränderungen ihre Angebote ausbauen zu müssen. Ganz offensichtlich haben einige der Antwortenden ganz genau zwischen Ausbau und Neuaufbau von Angeboten unterschieden. Die Ergebnisse, die in Tabelle 13.7 dargestellt sind, hängen signifikant mit den Ausbauerwartungen zusammen. Obwohl die Träger bei der Beantwortung der Frage nach ihren Ausbauerwartungen aufgefordert waren, nur solche zu benennen, die einen Bezug zur demografischen Entwicklung haben, kann man davon ausgehen, dass auch andere Ursachen zur Erklärung der jeweiligen Ausbauerwartung herangezogen werden müssen. Zu Bedarfsveränderungen aufgrund der demografischen Verschiebungen kommt es zudem nicht nur, weil es quantitative Verschiebungen gibt (Geburtenrückgang, Migration), sondern auch weil sich die Lebenslagen bei der Mehrzahl der Kinder- und Jugendlichen ändern. Die insbesondere im Westen ausgeprägte Zuwendung zu Angeboten an und/oder mit Schulen ist sicherlich keine Reaktion auf steigende Kinderzahlen, sondern Ausdruck veränderter Bedingungen des Aufwachsens. Der Wunsch, die Vereinbarkeit von Familie und Beruf zu fördern, die gestiegenen Anforderungen an das, was Kinder und Jugendliche gelernt haben sollen, bis sie die Schule verlassen, sowie eine Reihe anderer Erwartungen führen dazu, dass ein Ausbau ganztägiger Betreuungsangebote angestrebt wird. Hinter dieser Entwicklung stehen ebenso wie hinter dem Ausbau der Kindertagesbetreuung politische Entscheidungen. Die unterschiedlich hohen Erwartungen von Trägern in Ost- und Westdeutschland in diesen beiden Arbeitsfeldern (Angebote an/mit Schulen, Kindertagesbetreuung) spiegeln die großen Unterschiede in der aktuellen Versorgungslage wider.

Tab. 13.8: Ausbaubedürftige Angebote aufgrund demografischer Veränderungen

	Ost	West	Insgesamt
Angebote an und/oder mit Schulen	3 %	17 %	12 %
Kindertagesbetreuung	7 %	14 %	11 %
Elternarbeit, Elternförderung, Elternbildung	10 %	6 %	7 %
Angebote für Kinder und Jugendliche mit Migrationshintergrund	5 %	8 %	7 %
Jugendberufshilfe	7 %	8 %	7 %
Kooperation mit Psychiatrie	3 %	7 %	6 %
Beratung	8 %	2 %	4 %
Flexible Hilfen	3 %	3 %	3 %
Hilfen zur Erziehung	3 %	3 %	3 %
Sozialraumorientierung	3 %	3 %	3 %
Kriminalitätsprävention	3 %	3 %	3 %
Prävention	7 %	2 %	3 %

Quelle: DJI-Erhebung bei Geschäftsstellen von Trägern 2004

Ein anderer Faktor, der die Antworten der Träger beeinflusst haben wird, ist die immer wieder diskutierte These von der zunehmenden Erziehungsunsicherheit der Eltern (vgl. z.B. Rotthaus 2005). Sie findet ihren Widerhall in dem vergleichsweise hohen Anteil von Trägern, die einen Ausbau der Bereiche Elternarbeit, Elternförderung und Elternbildung erwarten.

Immerhin 6 % der Träger haben die Erwartung, künftig die Kooperation mit der Psychiatrie auszubauen. Daran wird deutlich, dass auch schon lange bestehende fachliche Anforderungen Ursache für die Benennung eines Ausbaubedarfs sein können.

Aus dem deutlich höheren Anteil von Trägern in Ostdeutschland, die das Beratungsangebot ausbauen wollen, könnte man schließen, dass es hier zumindest in einigen Regionen eine Versorgungslücke gibt. Trotzdem ist im Durchschnitt das Angebot in Ostdeutschland besser als in Westdeutschland (vgl. Kap. 5.5).

Die bestehende Angebotsstruktur bei den einzelnen Trägern beeinflusst die Erwartungen über den notwendigen Ausbau: Hat ein Träger auch ein stationäres Angebot der Hilfen zur Erziehung, dann wird signifikant häufiger ein Ausbau der Kooperation mit der Psychiatrie und ein Ausbau der Elternarbeit, Elternbildung, Elternförderung angestrebt. Träger mit einer Einrichtung der Kindertagesbetreuung erwarten signifikant häufiger einen Ausbau der Kindertagesbetreuung. Ganz offensichtlich richten sich die Erwartungen stärker auf bereits bestehende Tätigkeitsfelder als auf die Erschließung neuer Aufgabengebiete.

Abbau als Folge der demografischen Veränderungen

Nicht alle Träger teilen den Optimismus dahingehend Angebote ausbauen zu können. Immerhin 42 % erwarten einen Abbau von Angeboten. Knapp die Hälfte dieser Träger erwartet jedoch in anderen Arbeitsfeldern einen Ausbau. Insofern ist eine pessimistische Einschätzung (also ein Abbau ohne Ausgleich an anderer Stelle) bei nur rund einem Fünftel der Träger zu finden. Ein Schwerpunkt des Abbaus liegt bei den stationären Hilfen zur Erziehung sowie bei der Kindertagesbetreuung.

Tab. 13.9: Angebote, von denen Träger erwarten, dass sie reduziert werden aufgrund demografischer Veränderungen (offene Abfrage, Mehrfachnennungen)

	Ost	West	Insgesamt
Stationäre Angebote	23 %	16 %	18 %
Kindertagesbetreuung*	4 %	29 %	17 %
Tagesgruppe	6 %	9 %	8 %
Jugendarbeit	13 %	2 %	7 %
Ambulante Hilfen	3 %	2 %	2 %
Sonstige Hilfeformen	8 %	6 %	7 %

100 % = jeweils die Träger, die ein solches Angebot haben, das abgebaut werden wird. Ausnahme: Bei »Sonstige Hilfeformen« sind es alle Träger

* signifikanter Unterschied

Quelle: DJI-Erhebung bei Geschäftsstellen von Trägern 2004

An Tabelle 13.9 lassen sich gut die erheblichen Unterschiede in der Bevölkerungsstruktur in Ost und West ablesen. In Ostdeutschland wächst die Anzahl der kleineren Kinder wieder an und die der Jugendlichen nimmt ab. Folgerichtig erwartet ein erheblich größerer Anteil ostdeutscher Träger einen Abbau von Angeboten im Bereich der stationären Hilfen zur Erziehung und bei der Jugendarbeit. In Ostdeutschland gibt es eine gewisse Parallelität zwischen der Entwicklung der absoluten Anzahl von neu begonnenen Hilfen in Heimen und betreuten Wohnformen und der Einschätzung der Träger. Immerhin gab es in Ostdeutschland von 2002 bis 2004 einen Rückgang der Fallzahl um 14,7 %. In Westdeutschland hingegen betrug der Rückgang der absoluten Fallzahlen 2,3 %; insofern erscheint die Erwartung von 16 % der Träger, ihr Angebot in diesem Bereich abbauen zu müssen, doch etwas pessimistisch. Die Erwartungen ostdeutscher Träger, ihr Angebot in der Jugendarbeit in naher Zukunft reduzieren zu müssen, wird wahrscheinlich durch ihre Erfahrung gestärkt, dass in den letzten Jahren die Anzahl der geförderten Träger im Bereich der Jugendarbeit in Ostdeutschland zurückgegangen ist (vgl. Kap. 6).

In Westdeutschland, wo sich die demografische Entwicklung im Moment eher durch einen Rückgang der Anzahl von jüngeren Kindern bemerkbar macht, ist im Vergleich zu Ostdeutschland der Anteil an Trägern signifikant höher, die für sich einen Abbau von Angeboten der Kindertagesbetreuung erwarten. Dies überrascht insofern, als der Nachfragerückgang aufgrund demografischer Effekte durch den Ausbau der Kindertagesbetreuung für Kinder unter drei Jahren eigentlich mehr als ausgeglichen werden müsste. Möglicherweise glauben die Träger noch nicht überall daran, dass sie von diesem Ausbau profitieren können. Möglicherweise ist das Feld der Kindertagesbetreuung aus Trägerperspektive aufgrund veränderter Anforderungen und Finanzierungsregelungen inzwischen unattraktiver geworden, sodass auch nicht aktiv versucht wird, den eventuellen Rückgang der Nachfrage im Kindergartenbereich durch einen Ausbau der Angebote für Kinder unter drei Jahren auszugleichen.

Der Abbau von Angeboten in der von den Trägern erwarteten Größenordnung (bei 29 % der Träger im Bereich Kindertagesbetreuung im Westen, bei 23 % der Träger im Bereich stationärer Hilfen im Osten) kann zu einer so starken Ausdünnung der Infrastruktur führen, dass die Versorgungsqualität für die Familien in diesen Regionen völlig unzureichend wird. Dies wiederum kann die demografische Abwärtsspirale beschleunigen und damit zu einem negativen Standortfaktor werden. Ob es sich bei dem erwarteten Abbau von

Angeboten nur um eine sinnvolle Anpassung an die veränderten Bevölkerungszahlen oder aber um einen erheblichen Verlust für die regionale Infrastruktur handelt, der aus strukturpolitischen Gründen und im Sinne eines Erhalts der Gleichwertigkeit der Lebensbedingungen vermieden werden sollte, kann jedoch nicht auf der Basis dieser Daten entschieden werden.

Fazit

Die Antworten auf die offenen Fragen erwecken den Eindruck, dass die Themen Kostendeckelung, Abbau stationärer Hilfen zugunsten ambulanter Hilfen, umfassende Sozialraumorientierung und Effekte von Sozialraumbudgets die Auseinandersetzung über die Folgen demografischer Veränderungen bei den Trägern überlagern.

Insgesamt überwiegt auch bei den Trägern der Optimismus, mit den sich verändernden Bedingungen zurechtzukommen. Diversifikation wird als eine Strategie angesehen, sich von demografisch bedingten Nachfrageschwankungen unabhängiger zu machen. Dies erscheint hochplausibel, auch wenn angezweifelt werden kann, dass die Mehrzahl der Träger Konzepte für die damit verbundenen Herausforderungen in Bezug auf die Personalentwicklung, Flexibilität von Inhalten, Methoden sowie Finanzierungsstrukturen und Öffentlichkeitsarbeit hat. Einem Ausbau von Kooperationen mit bereits vorhandenen oder auch neuen Partnern wird vor dem Hintergrund der demografischen Entwicklungen ein höherer Stellenwert zugebilligt, als dies bisher der Fall war. Auch besteht die Hoffnung, die eigenen Marktchancen durch Angebotsanpassungen und Qualitätsentwicklung zu verbessern.

13.5 Fazit: Flexibilität ist gefordert

Den von verschiedenen Akteuren in der Jugendhilfe als wahrscheinlich angesehenen Veränderungen, die aufgrund der demografischen Entwicklungen zu erwarten sind, wird eher positiv begegnet. Der Optimismus bezieht sich auf die damit verbundenen Möglichkeiten, Angebote aufgrund frei werdender Ressourcen endlich bedarfsgerecht ausgestalten zu können. Aufseiten freier und privat-gewerblicher Träger und Einrichtungen besteht die Überzeugung, durch eine Hinwendung zu neuen Aufgaben, die zum Teil auch außerhalb der Kinder- und Jugendhilfe liegen, notwendige Reduktionen in einzelnen Angebotsbereichen ausgleichen zu können. Damit wird erkennbar, dass sich die Hoffnung mancher Kommunalpolitiker nicht erfüllen wird, allein durch einen numerischen Rückgang der potenziellen Adressaten von Kinder- und Jugendhilfeleistungen zu Kosteneinsparungen zu kommen.

Übereinstimmend wird erwartet, dass das Angebot an Jugendarbeit in Ostdeutschland verringert wird. Angesichts der Bevölkerungsentwicklung ist dies naheliegend, allerdings darf dabei nicht vergessen werden, dass ein Abbau der Angebote nicht proportional zum Rückgang der Bevölkerungszahlen stattfinden kann, da eine Mindestausstattung an Infrastruktur für ein funktionierendes Gemeinwesen auch im Bereich der Jugendarbeit notwendig ist.

Bei Jugendämtern lassen sich bis jetzt im Unterschied zu Trägern und stationären Einrichtungen noch keine Pläne erkennen, auf die Auswirkungen demografischer Veränderungen in den Hilfen zur Erziehung zu reagieren. Dies ist einerseits verständlich, weil sie sich sehr viel weniger als nicht-öffentliche Träger und stationäre Einrichtungen Gedanken über die wirtschaftlichen und personellen Folgen dieser Entwicklung machen müssen. Andererseits wäre es angebracht, im Rahmen der Gesamtverantwortung frühzeitig darüber nachzudenken, ob durch die Reduktion des Angebots erstens die Trägerpluralität und damit auch die Möglichkeit, das Wunsch- und Wahlrecht zu realisieren, gefährdet ist, ob zweitens das Ziel, wohnortnahe Hilfen anbieten zu können, weiterhin erreichbar scheint und ob drittens es nicht notwendig ist, im Rahmen der Jugendhilfeplanung zu spezifizieren, welches stationäre Angebot zukünftig weniger gebraucht wird. Möglicherweise ist aktuell die Auseinandersetzung über die Folgen von Umsteuerungsprozessen in den Jugendämtern noch so dominant, dass ein expliziter Bezug auf die demografischen Entwicklungen weniger wichtig erscheint.

Zu Beginn des Kapitels wurden Herausforderungen aufgezählt, die sich aus der demografischen Entwicklung für die Kinder- und Jugendhilfe ergeben. Inwiefern diese Themen aktiv durch die Kinder- und Jugendhilfe tatsächlich bearbeitet werden, lässt sich mit den hier dargestellten Ergebnissen nicht auf empirisch gesicherter Basis beurteilen. Auf die Risiken einer sehr engen Betrachtung wurde mehrfach hingewiesen. Die Bearbeitung übergeordneter Aufgaben wie die Erhaltung der Trägerpluralität, die Sicherung der Lebensweltnähe von Angeboten, die Herstellung von Kohortengerechtigkeit sowie eine konzeptionelle und fachlich-inhaltliche Auseinandersetzung mit den Folgen demografischer Entwicklungen für das Aufwachsen von Kindern und Jugendlichen bleibt dringlich.

14 Kinder und Jugendliche mit Migrationshintergrund in der Kinder- und Jugendhilfe

Dieses Kapitel gibt einen Überblick über die Situation von Kindern und Jugendlichen mit Migrationshintergrund in der Kinder- und Jugendhilfe. Hierzu werden verschiedene Datenquellen benutzt: zum einen Daten der verschiedenen Erhebungen, die im Rahmen des DJI-Projektes »Jugendhilfe und sozialer Wandel – Leistungen und Strukturen« in den verschiedenen Arbeitsfeldern bei Institutionen der Kinder- und Jugendhilfe durchgeführt wurden, zum anderen Daten der amtlichen Kinder- und Jugendhilfestatistik sowie Daten von anderen Erhebungen (z.B. Erhebung der Bundesarbeitsgemeinschaft der Jugendsozialarbeit), die sekundäranalytisch ausgewertet werden.

Zuerst wird die Ausgangslage der statistischen Beschreibung der Situation von Adressaten mit Migrationshintergrund beschrieben. In diesem Zusammenhang wird die Änderung des Staatsangehörigkeitsrechts diskutiert und werden die Problemwahrnehmung und Reaktion der Jugendämter auf die zunehmende Anzahl von Kindern und Jugendlichen mit Migrationshintergrund thematisiert. Daran anschließend wird der Anteil der Adressaten mit Migrationshintergrund in einzelnen Arbeitsfeldern der Kinder- und Jugendhilfe untersucht. Konkrete Hinweise im Umgang mit Adressaten mit Migrationshintergrund liefern Ergebnisse der Erhebung bei Einrichtungen der (teil)stationären Hilfen zur Erziehung, die im Rahmen des Projektes »Jugendhilfe und sozialer Wandel – Leistungen und Strukturen« durchgeführt wurde. Abschließend wird der Frage nachgegangen, inwiefern auch in anderen Arbeitsfeldern der Kinder- und Jugendhilfe und der Praxis der Jugendämter spezifische, die Besonderheiten der Lebenssituation von Adressaten mit Migrationshintergrund berücksichtigende, Angebote vorhanden sind.

14.1 Die Ausgangslage

Der Anteil der ausländischen Kinder und Jugendlichen an der altersentsprechenden Bevölkerung liegt insgesamt höher als der Anteil der ausländischen Personen an der Gesamtbevölkerung. Das heißt, die ausländische Bevölkerung ist eher eine »junge Bevölkerung«. In der

Tendenz nimmt die Anzahl ausländischer Kinder und Jugendlicher weiter zu. Dies kann auf die Wanderungsströme und die höhere Reproduktionsrate der ausländischen Bevölkerung zurückgeführt werden. Auch wenn in Bezug auf den Anteil der ausländischen Bevölkerung die regionalen Unterschiede erheblich sind, wie die stark differierenden Quoten bereits auf einer hohen Aggregatsebene etwa zwischen Ost- und Westdeutschland oder zwischen Städten und Landkreisen zeigen (vgl. z.B. Beauftragte der Bundesregierung für Migration, Flüchtlinge und Integration 2004), kann kein Zweifel daran bestehen, dass die Kinder- und Jugendhilfe sich aktiv dieser Bevölkerungsgruppe zuwenden muss. Sie ist gefordert, auf diese Entwicklungen zu reagieren und ihre Angebote auch auf diese Zielgruppe auszurichten. Das Bundesjugendkuratorium schreibt in diesem Zusammenhang in seiner Stellungnahme zu Migration, Integration und Jugendhilfe: »Kinder werden in Deutschland in naher Zukunft zu einem erheblichen Teil in Migrationsfamilien und dort überproportional in den sogenannten benachteiligten Stadtteilen aufwachsen. Die Aufgabe der Integration von Kindern und Jugendlichen mit Migrationshintergrund ist daher zu einer bedeutenden Herausforderung für die Gesellschaft und gerade für die Jugendhilfe geworden, die zentral verantwortet, aber lokal gelöst werden muss« (Bundesjugendkuratorium 2005).

Zurecht wurde in der Vergangenheit vielfach darauf hingewiesen, dass die Staatsangehörigkeit für sich genommen keine ausreichende Information für die Bestimmung einer spezifischen Bedarfssituation bietet. Als aussagekräftiger wird vielmehr das Vorhandensein eines Migrationshintergrundes eingeschätzt. Personen mit deutscher Staatsangehörigkeit können sich in ihrer Lebenswelt an einer anderen Kultur orientieren, aber umgekehrt können auch Personen ohne deutsche Staatsangehörigkeit die hiesige Kultur die eigene nennen und danach leben.

Bereits vor der Reform des Staatsangehörigkeitsrechts wurde die Aussagekraft der Staatsangehörigkeit hinsichtlich einer besonderen Bedarfskonstellation in Frage gestellt. Ein besonderes Problem stellten hier die Kinder und Jugendlichen aus Aussiedlerfamilien dar: Sie besitzen die deutsche Staatsangehörigkeit, aber auch einen anderen kulturellen Hintergrund, dem ein anders geprägter Bedarf zugrunde liegen kann. Die Anzahl der Zuzüge von Aussiedlerfamilien hat jedoch in den vergangenen Jahren stark abgenommen (vgl. Zuwanderungsrat 2004; Bundesamt für Migration und Flüchtlinge 2006: 44). Sieht man von der spezifischen Konstellation bei Aussiedlern ab, war aufgrund der zumindest im europäischen Vergleich geringen Einbürgerungsquote in Deutschland die Staatsangehörigkeit ein relativ guter Indikator für die Anzahl der Personen mit Migrationshintergrund.

Die mit der Reform des Staatsangehörigkeitsrechts einhergehende zunehmende Unschärfe lässt sich an der statistischen Erfassung der ausländischen Bevölkerung in Deutschland sehr genau verfolgen. Seit dem 1. Januar 2000 erwerben Kinder ausländischer Eltern, die in Deutschland geboren werden, automatisch mit der Geburt die deutsche Staatsangehörigkeit neben der ihrer ausländischen Eltern, wenn ein Elternteil seit acht Jahren rechtmäßig seinen Aufenthalt in Deutschland hat und zum Zeitpunkt der Geburt des Kindes eine Aufenthaltsberechtigung oder seit drei Jahren eine unbefristete Aufenthaltserlaubnis besitzt. Die Kinder müssen sich allerdings zwischen ihrem 18. und 23. Lebensjahr entscheiden, ob sie die deutsche Staatsangehörigkeit oder die Staatsangehörigkeit ihrer Eltern behalten wollen. Diese Änderung hat in der Bevölkerungsstatistik zur Folge, dass die Anzahl der Geburten ausländischer Kinder von ca. 95.000 im Jahr 1999 auf ca. 35.000 im Jahr 2004 zurückgegangen ist. Dies bedeutet, dass in der Konsequenz die Anzahl der Kinder und Jugendlichen mit Migrationshintergrund sich sehr viel schwieriger schätzen lässt, als dies in der Vergangenheit der Fall war.

Die Änderung des Staatsangehörigkeitsrechts hat dazu geführt, dass der Indikator Staatsangehörigkeit an Genauigkeit eingebüßt hat. Auf der Arbeitsebene der Kinder- und Jugendhilfe ist diese Änderung relativ unbedeutsam, weil sie die Bedarfssituation nicht unmittelbar beeinflusst, aber auf der Ebene der fachlichen Steuerung und Planung hat die Rechtsänderung erhebliche Konsequenzen, weil bislang keine Ersatzindikatoren für Personen mit Migrationshintergrund verfügbar sind. Die neue Konzeption des statistischen Bundesamtes für die Kindertagesbetreuung und die Hilfen zur Erziehung, die im Juli 2005 im Bundesrat beschlossen wurde, reagiert auf diese Veränderung, indem sie erfasst, ob die Eltern bzw. ein Elternteil der Kinder aus dem Ausland stammen und ob Deutsch oder eine andere Sprache vorrangig in der Familie gesprochen wird. Für andere Zielgruppen der Kinder- und Jugendhilfe, wie etwa die der offenen Jugendarbeit, dürfte es auf kleinräumiger örtlicher Ebene in Zukunft jedoch deutlich schwerer werden, adäquate Planungsdaten zu generieren.

Wie notwendig eine Auseinandersetzung mit dem Thema »Migration« aber ist, zeigen die Ergebnisse der Befragung der Kindertagesstätten in sozialen Brennpunkten (vgl. Peucker 2000: 241) und die Pisa-Studie exemplarisch (vgl. Baumert u. a. 2001).

In westdeutschen sozialen Brennpunkten liegt der durchschnittliche Anteil der Kinder mit Migrationshintergrund in Kindertagesstätten bei 50 %. In einem Fünftel der Einrichtungen liegt der Anteil bei über 75 %. Die Kindertageseinrichtungen sind gefordert, hierauf konzeptionell zu reagieren, um alle Kinder gezielt und mit Erfolg fördern zu können. Die Ergebnisse der Pisa-Studie haben zumindest für den Bereich der Schule deutlich gemacht, dass weder die Anwesenheit von SchülerInnen mit Migrationshintergrund das Leistungsniveau einer Klasse insgesamt negativ beeinträchtigt, noch das Leistungsniveau der SchülerInnen mit Migrationshintergrund unter dem der deutschen SchülerInnen liegt, wenn der Anteil der SchülerInnen mit Migrationshintergrund in einer Schulklasse einen bestimmten Schwellenwert nicht überschreitet. Erst die Kumulation ungünstiger Rahmenbedingungen beeinträchtigt die Leistungsfähigkeit und Lösungskompetenz einer Unterrichtsgruppe, sofern dieser Problemkumulation nicht eine entsprechend intensivere Betreuung gegenübergestellt wird. Eine Subjektförderung, wie sie seit kurzem zum Beispiel in Bayern im Bereich der Kindertagesbetreuung praktiziert wird, trägt diesem Sachverhalt Rechnung, indem sie Kindern mit Migrationshintergrund indirekt mehr Ressourcen zuweist.

14.2 Die Reaktion der Jugendämter

Weil bislang unbekannt ist, inwiefern Jugendämter die sich abzeichnenden Veränderungen in der Zusammensetzung der Bevölkerung wahrnehmen und antizipieren, wurde in der Jugendamtserhebung zum einem gefragt, ob ein Anstieg von Kindern und Jugendlichen mit Migrationshintergrund in ihrem Jugendamtsbezirk erwartet wird, und zum anderen, wie auf einen erwarteten Anstieg reagiert werden soll. Zwei von fünf Jugendämtern (40 %) erwarten in Zukunft einen Anstieg der Adressaten mit Migrationshintergrund. Dabei überrascht nicht, dass Stadtjugendämter einen solchen Anstieg öfter erwarten als Landkreisjugendämter. Dies entspricht der realen Entwicklung in den Gebietskörperschaften. Fraglich ist allerdings, ob die quantitativen Größenordnungen überall richtig eingeschätzt werden; unter Umständen verändert sich die Zusammensetzung der Bevölkerung erheblich langsamer oder schneller, als dies die Jugendämter vermuten. Möglicherweise hoffen einige Jugendämter, dass Adressaten mit Migrationshintergrund weiterhin nur zu einem geringeren Anteil Angebote und Hilfen der Jugendhilfe in Anspruch nehmen werden. Vermutlich wissen die Jugendämter häufig nicht, wie sie auf diese fachliche Herausforderung konkret reagieren sollen. Tatsächlich gibt es Bereiche, in denen bis heute MigrantInnen unterrepräsentiert sind, wie etwa in den Hilfen zur Erziehung, der

Kindertagesbetreuung (vgl. Fuchs 2005a, 2005b) und der verbandlichen Jugendarbeit (vgl. Gragert u.a. 2005). Daneben gibt es allerdings Arbeitsfelder, wie die Jugendgerichtshilfe oder die offene Jugendarbeit, in denen bereits zum gegenwärtigen Zeitpunkt meistens nicht von einer Unterrepräsentanz der MigrantInnen ausgegangen werden kann. Unabhängig von der bestehenden Realität der unterschiedlichen Inanspruchnahme verschiedener Angebote darf sich eine dienstleistungsorientierte Kinder- und Jugendhilfe nicht einem Teil ihrer Zielgruppe verschließen. Daher sind Strategien gefragt, die geeignet sind, auf die spezifischen Bedarfslagen der MigrantInnen zu reagieren.

Tab. 14.1: Anteil der Jugendämter, die einen Anstieg des Anteils von Adressaten mit Migrationshintergrund erwarten sowie deren Reaktion darauf

Jugendämter, die Anstieg Adressaten mit Migrationshintergrund erwarten	40 %
Davon mit der Reaktion …	
Spezifische Forbildungen für MitarbeiterInnen im Jugendamt	66 %
Ausbau interkultureller Angebote	53 %
Andere Reaktionen	37 %
Mehr Fachkräfte mit Migrationshintergrund werden eingestellt	29 %
Aktive Unterstützung (auch zur Neugründung) nicht-religiös gebundener Träger	11 %
Aktive Unterstützung (auch zur Neugründung) nicht-christlicher, aber religiöser Träger	8 %
Nicht notwendig, darauf zu reagieren	3 %
Anteil der Jugendamtsbezirke mit nicht-christlich, aber anders religiös gebundenen Angeboten	10 %

Quelle: DJI-Jugendamtserhebung 2004

Tabelle 14.1 zeigt, wie die Jugendämter in diesem Zusammenhang auf bestehende und kommende Herausforderungen reagieren. Bei den Jugendämtern, die eine Veränderung erwarten, halten es lediglich 3 % nicht für nötig darauf zu reagieren. Etwa jedes zweite Jugendamt, das sich aktiv auf die neue Situation einstellt, ergreift mehrere Maßnahmen. Fortbildungen werden am häufigsten (66 %) als Reaktion genannt. Dem Kapitel Fortbildungen ist zu entnehmen, dass zwar häufig ein Bedarf an Fortbildungen gesehen wird, diese aber oft nicht realisiert werden. Jedes zweite Jugendamt, das einen Anstieg erwartet, setzt auf einen Ausbau interkultureller Angebote. Damit wird versucht, das Miteinander von Adressaten unterschiedlicher Kulturen zu fördern oder auch die spezifische Bedarfssituation der MigrantInnen in den Fokus der pädagogischen Arbeit zu stellen. Fast ein Drittel der Jugendämter (29 %), die reagieren, strebt an, mehr Fachkräfte mit Migrationshintergrund einzustellen. Verschiedene »Welten«, nämlich die Welt der Adressaten und die hiesige Welt zu verstehen, gehört zu den besonderen Herausforderungen für die Fachkräfte der Kinder- und Jugendhilfe. Dies zu leisten wird oftmals Fachkräften mit Migrationshintergrund eher zugetraut. Die Heterogenität der Adressatengruppe bedingt allerdings, dass die eigenen bikulturellen Erfahrungen nur zum Teil vergleichbar sind. Allerdings dürfte diese Differenzerfahrung eine Sensibilisierung zur Folge haben und die mit einem Aufwachsen zwischen zwei Kulturen verbundenen Probleme leichter nachvollziehbar machen. Die persönliche Erfahrung dieser Fachkräfte muss deshalb durch entsprechende Reflexionsangebote zum Beispiel in Form von Fort- und Weiterbildung oder Supervision ergänzt werden, damit die Fachkräfte ihre eigenen Erfahrungen auf andere Situationen und Kontexte übertragen können.

Eher selten sind Strategien der Jugendämter, eine Änderung der Trägerstruktur in der Art herbeizuführen, dass sich der wachsende Anteil von Adressaten mit Migrationshintergrund auch durch entsprechende Träger abbildet (vgl. Tab. 14.1). Nach § 5 KJHG haben Adressaten das Recht »zwischen Einrichtungen und Diensten verschiedener Träger zu wählen und Wünsche hinsichtlich der Gestaltung der Hilfe zu äußern. Sie sind auf dieses Recht hinzuweisen.« § 3 KJHG beschreibt »die Vielfalt von Trägern unterschiedlicher Wertorientierungen und die Vielfalt von Inhalten, Methoden und Arbeitsformen« als Wesensmerkmal der Kinder- und Jugendhilfe. Nicht zuletzt wird dem örtlichen Träger in § 79 (2) die Verantwortung zugewiesen zu gewährleisten, »dass die zur Erfüllung der Aufgaben nach diesem Buch erforderlichen und geeigneten Einrichtungen, Dienste und Veranstaltungen den verschiedenen Grundrichtungen der Erziehung entsprechend rechtzeitig und ausreichend zur Verfügung stehen; (...)«. Die empirischen Ergebnisse weisen darauf hin, dass nur wenige Jugendämter eine diesbezügliche Entwicklung von sich aus aktiv unterstützen oder initiieren wollen. Diese Haltung gegenüber Bedarfssituationen der Adressaten entspricht nicht den Intentionen des KJHG. Offensichtlich tut sich die Kinder- und Jugendhilfe schwer, ihre Strukturmaximen vorbehaltlos als allgemeingültig zu betrachten und auf alle ihre Adressaten anzuwenden. Sie befindet sich mitten im Spannungsfeld zwischen einem Integrationskonzept, das Integration versteht als einen Prozess der einseitigen Anpassung der Personen mit Migrationshintergrund, und einem Integrationskonzept, das Integration als einen ergebnisoffenen Prozess, für dessen Gelingen sowohl die Zugewanderten als auch die

Mehrheitsgesellschaft Verantwortung tragen, begreift. Vor dem Hintergrund der öffentlichen Debatten über Parallelgesellschaften, die Sicherung der abendländischen Werte sowie über Ausmaß und Form der Integrationsanforderungen, die an MigrantInnen zu stellen sind, scheint eine weitere Zurückhaltung der Jugendämter, Adressaten mit Migrationshintergrund Möglichkeiten der Pflege eigener kultureller Traditionen zu eröffnen, wahrscheinlich.

In der Antwort der Bundesregierung auf eine Anfrage des Bundestages im Jahr 2000 wurde die Anzahl der Menschen muslimischen Glaubens als größte nicht-christliche Glaubensgemeinschaft in Deutschland auf insgesamt etwa 2,8 bis 3,2 Millionen geschätzt. Dies entspricht etwa 4 % der Bevölkerung in Deutschland und weist damit eine nicht unerhebliche Größe auf, zumal zu bedenken ist, dass es diesbezüglich erhebliche regionale Disparitäten gibt und demzufolge dieser Anteil in manchen Regionen wesentlich höher sein dürfte. Die Antwort der Bundesregierung machte damals deutlich, dass es keine Informationen darüber gibt, in welchem Umfang Einrichtungen in muslimischer Trägerschaft vorhanden sind. Die letzte Zeile der Tabelle 14.1 verdeutlicht, dass es bislang in lediglich jedem zehnten Jugendamtsbezirk überhaupt religiös orientierte Einrichtungen gibt, die nicht den christlichen Religionen zuzurechnen sind. Genannt werden hier insbesondere Kindertageseinrichtungen in muslimischer sowie jüdischer Trägerschaft.[82] Es wird sehr von der Politik der einzelnen Jugendämter abhängen, ob sich dieser Wert in naher Zukunft einem der Realität und der Proportion der Zielgruppe angemessenen Wert annähert.

An den Reaktionen der Jugendämter wird deutlich, dass in den wenigsten Fällen die Notwendigkeit einer strukturellen Unterstützung gesehen wird. Die geforderte gesellschaftliche Integration muss sich jedoch auch in den Strukturen niederschlagen. Es sind institutionell abgesicherte Strategien zur Förderung der interkulturellen Orientierung in den Jugendämtern notwendig (vgl. hierzu Filsinger 2002). Dazu zählen zum Beispiel die Anerkennung muslimischer freier Träger, Leitlinien für das Hilfeplanverfahren, die Jugendhilfeplanung, Informationsmaterialien für MigrantInnen sowie Personalentwicklung im Sinne von Qualifizierungsmaßnahmen und Personalauswahl. Bezogen auf die Qualifizierungsmaßnahmen zeigen die

---

[82] Die Einrichtungsstatistik der amtlichen Kinder- und Jugendhilfestatistik weist für das Jahr 2002 insgesamt 29 Einrichtungen (davon 15 Kindertageseinrichtungen) in Trägerschaft der Zentralwohlfahrtsstelle der Juden in Deutschland aus (vgl. Statistisches Bundesamt 2004e). Eine Untererfassung erscheint hier wahrscheinlich.

Ergebnisse der Jugendamtsbefragung ein ernüchterndes Bild: Ungefähr jedes vierte Jugendamt sieht einen Bedarf nach Fortbildungen auf dem Gebiet der interkulturellen Arbeit.

Boos-Nunning und Krakasoglu betonen, dass die Förderung interkultureller Arbeit sich auch auf der Ebene der Trägerstruktur und der Lenkung von Finanzmitteln niederschlagen muss. Sie befürworten zum Beispiel »die Aufnahme der Migrantenorganisationen in die Gruppe der anerkannten Träger der freien Wohlfahrtspflege, und zwar auf allen Ebenen, sowie deren Berücksichtigung bei der Verteilung der Ressourcen gemäß dem Anteil der Zugewanderten im Stadtteil, in der Stadt oder in der Region (Quotierungssystem)« (Boos-Nunning/Krakasoglu 2002: 58). Eine solche Quotierung kann allerdings integrativen Bemühungen auch im Wege stehen, weil sie Unterschieden zwar Rechnung trägt, diese aber gleichzeitig zementiert: Jede einzelne Gruppe bekommt das, worauf sie Anspruch hat, und wird damit nicht gefordert integrativ tätig zu werden. Eine Quotierung berücksichtigt nicht, dass um Integration zu erreichen, unterschiedlich intensive Bemühungen nötig sein können, die größer sind als es dem Anteil der Menschen mit Mitgrationshintergrund entspricht. Strukturelle Förderungen haben den Vorteil zu signalisieren, dass man unabhängig von ethnisch-kultureller Herkunft über anerkannte und zu respektierende Rechte verfügt. Sie müssen aber begleitet werden von integrativen Bemühungen, die immer eine Veränderungsbereitschaft sowohl der Minderheitskulturen als auch der Mehrheitskultur voraussetzen.

Der Gesetzesentwurf des Bundesrats (Drucksache 15/4158), der im November 2004 eingebracht wurde, war eine Reaktion auf die Gründung von Kindertagesbetreuungseinrichtungen durch nichtchristliche Gruppierungen. In der Begründung zum Entwurf hieß es: »In letzter Zeit unternehmen islamisch geprägte Gruppierungen verstärkt Anstrengungen, internatsähnliche Betreuungsformen, aber auch Kindertagesstätten, aufzubauen. Es gibt Hinweise, dass diese Einrichtungen die Abgrenzung von der deutschen Gesellschaft und Parallelkulturen fördern.« Um dieser Entwicklung zu begegnen, wurden eine Stärkung des Integrationsgedankens und eine Spezifizierung der Regelungen für eine Betriebserlaubnis im SGB VIII vorgeschlagen. Diese Entwicklung dokumentiert die Verunsicherung der Mehrheitskultur, wenn es darum geht, dass die Minderheitskulturen ihre Ansprüche auf öffentliche Infrastruktureinrichtungen tatsächlich umsetzen. Sie zeigt auch, dass die Rahmenbedingungen des Integrationsprozesses der Konkretisierung bedürfen. Die Initiative des Bundesrates wurde letztendlich im Kinder- und Jugendhilfeweiterentwicklungsgesetz (KICK) aufgegriffen. Die damit im KJHG verbundene Konkretisierung des § 45 KJHG (Erlaubnis für den Betrieb einer Einrichtung) zielt darauf, den Integrationsgedanken der Kinder- und Jugendhilfe stärker zum Tragen kommen zu lassen. Eine Betriebserlaubnis soll nach der neuen Regelung dann nicht vergeben werden, wenn das Wohl der Kinder oder der Jugendlichen nicht gewährleistet ist. Dies kann nach dem veränderten KJHG insbesondere dann angenommen werden, »wenn bei der Förderung von Kindern und Jugendlichen in Einrichtungen a) ihre gesellschaftliche und sprachliche Intergration oder b) die gesundheitliche Vorsorge und medizinische Betreuung erschwert wird« (§ 45 [2] KJHG).

14.3 Kinder und Jugendliche mit Migrationshintergrund in den Handlungsfeldern der Kinder- und Jugendhilfe

Im Folgenden wird auf die Situation und Repräsentanz der MigrantInnen in einzelnen Feldern der Kinder- und Jugendhilfe eingegangen. Dabei wird zum einen auf die Erhebungen der Dauerbeobachtung der Organisationen der Kinder- und Jugendhilfe des DJI und zum anderen auf andere relevante Daten zurückgegriffen.

Jugendsozialarbeit

Jugendsozialarbeit umfasst ein sehr breites Spektrum an Hilfeangeboten, um die schulische, berufliche sowie soziale Integration von benachteiligten Kindern und Jugendlichen zu fördern. Es gibt aktuell zwei Studien zu der Frage, inwiefern Kinder und Jugendliche mit Migrationshintergrund diese Hilfen in Anspruch nehmen: eine Befragung bei den in der Bundesarbeitsgemeinschaft Jugendsozialarbeit (BAG JAW) zusammengeschlossenen Trägern (vgl. BAG JAW 2005)[83] sowie die Statistik der Jugendmigrationsdienste (JMD) (Mies-van Engelshoven 2004).

Die mit Bundesmitteln geförderten Jugendgemeinschaftswerke (JGW) waren in der Vergangenheit nach den Richtlinien des Kinder- und Jugendplanes der Bundesregierung (KJP) ausschließlich für

[83] Diese Erhebung stellt in gewisser Weise eine Wiederholung der Erhebung des Jahres 1998 (Fülbier 1998) dar. Allerdings war damals das Erhebungsinstrument umfangreicher und bezog sich auf einen Stichtag, während die letzte Erhebung bei den Trägern der BAG JAW in Form einer Verlaufserhebung eines Ausbildungsjahres durchgeführt wurde.

junge AussiedlerInnen zuständig. Eine Veränderung dieser Richtlinien im Jahr 2000 führte dazu, dass die Jugendgemeinschaftswerke nunmehr alle Jugendlichen mit Migrationshintergrund betreuen und damit zum Abbau von zuwanderungsbedingten Nachteilen und zur Förderung der Chancengleichheit beitragen. Die erst später erfolgte Namensänderung in »Jugendmigrationsdienste« (JMD) trägt der Veränderung der Zielgruppe (Kinder und Jugendliche mit Migrationshintergrund im Alter von 14 bis 27 Jahren) Rechnung.

In der Tradition der Sozialanalyse des JGW, die eine Beschreibung der Adressaten (z.B. Alter, Geschlecht, Herkunftsland, Berufssituation), der strukturellen Rahmenbedingungen (z.B. personelle Ausstattung) sowie der Art der geleisteten Unterstützung darstellt, ist nun die 1. Statistik der JMD der Bundesarbeitsgemeinschaft Jugendsozialarbeit erschienen. Sie bezieht sich auf das Berichtsjahr 2003. In diesem Jahr haben ca. 91.000 Jugendliche mit Migrationshintergrund in einer der 357 JMD Hilfe empfangen. Der größte Anteil der Adressaten besteht nach wie vor aus AussiedlerInnen (ca. 80 %). Dies zeigt, dass die Öffnung hin zu anderen Migrantengruppen noch nicht im vollen Umfang realisiert ist. Etwa ein Viertel der Fachkräfte in den JMD hat selbst einen Migrationshintergrund. Bei den ehrenamtlichen MitarbeiterInnen und Honorarkräften betrug der Anteil der Personen mit Migrationshintergrund ca. 55 % bzw. fast 60 %. Im Vergleich mit den Einrichtungen der Hilfen zur Erziehung, auf die später noch eingegangen wird, ist dies ein relativ hoher Anteil. Allerdings richten sich die JMD, anders als die Einrichtungen der Hilfen zur Erziehung, ausschließlich an Adressaten mit Migrationshintergrund. Etwa ein Drittel der Beratungen in den JMD erfolgen nicht in deutscher Sprache (vgl. Mies-van Engelshoven 2004).

Tab. 14.2: TeilnehmerInnen der Angebote der Jugendsozialarbeit mit Migrationshintergrund nach Geschlecht und Angebot, Ausbildungsjahr 2002/2003

	Männlich	Weiblich	Insgesamt
Schulbezogene Jugendsozialarbeit	35 %	30 %	32 %
Maßnahmen der Berufsorientierung/ Berufsvorbereitung	23 %	22 %	23 %
Aufsuchende/niedrigschwellige Jugendsozialarbeit	16 %	28 %	22 %
Nachqualifizierung und Beschäftigung	21 %	21 %	21 %
Ausbildungs- und beschäftigungsbegleitende Hilfen	18 %	16 %	18 %
Internationale Projekte/Austausch	8 %	27 %	18 %
Berufsausbildung	12 %	14 %	13 %
Jugendwohnheime/andere Wohnformen	3 %	5 %	4 %
Jugendsozialarbeit insgesamt	17 %	21 %	19 %

Quelle: BAG Jugendsozialarbeit (2005); eigene Berechnungen

Die Erhebung der BAG JAW erfasst ausschließlich die von der Kinder- und Jugendhilfe finanzierten Angebote der Jugendsozialarbeit. Angebote, die etwa von der Schule oder der Arbeitsverwaltung organisiert oder bezahlt werden, bleiben in dieser Studie unberücksichtigt. Für die im Zuständigkeitsbereich der Kinder- und Jugendhilfe durchgeführten Maßnahmen liefert sie jedoch wichtige Hinweise zur Zusammensetzung der Adressaten der Jugendsozialarbeit. Immerhin liegen der Auswertung der BAG JAW Angaben zu ca. 237.000 TeilnehmerInnen im Alter zwischen 12 und 27 Jahren zugrunde.

Über alle in der Erhebung des BAG JAW erfassten Angebote der Jugendsozialarbeit hinweg liegt der Anteil der Kinder und Jugendlichen mit Migrationshintergrund bei 19 % (vgl. Tab. 14.2).[84] Der Anteil der Adressaten mit Migrationshintergrund ist mit Abstand am höchsten (32 %) bei Angeboten der schulbezogenen Jugendsozialarbeit (Schulsozialarbeit innerhalb der Schule, schulbegleitende offene Angebote wie [schul- oder berufsbezogene] Beratung, Freizeitgestaltung oder unterstützende Angebote für das schulische Lernen). Am niedrigsten (4 %) ist der Anteil beim Angebot Jugendwohnen/andere Wohnformen. Zu anderen Wohnformen werden sozialpädagogisch begleitete Wohnheime, Jugendwohngemeinschaften, Außenwohngruppen sowie betreutes Einzelwohnen gerechnet.

Bei der aufsuchenden/niedrigschwelligen Jugendsozialarbeit, die sich hier insbesondere auf den berufsbezogenen Auftrag der Jugendsozialarbeit nach § 13 SGB VIII bezieht, sowie Angeboten im Rahmen internationaler Austauschprojekte zeigen sich sehr große Unterschiede bei den Anteilen der Geschlechter. Bei beiden Angeboten sind die Anteile der weiblichen Adressaten mit Migrationshintergrund wesentlich höher als die der männlichen.

Kinder mit ausländischer Staatsangehörigkeit in der Kindertagesbetreuung

Vor dem Hintergrund der besonderen Bedeutung der Kindertageseinrichtungen als mögliche Integrationsorte und als Institutionen, in der Sprachförderung sowohl der Kinder als auch der Eltern (vgl. Peucker 2002: 246) gezielt betrieben und die Chance für eine erfolg-

[84] Dem Gesamtanteil liegt eine unterschiedliche Anzahl von TeilnehmerInnen bei den einzelnen Angeboten zugrunde. Die drei Angebote mit den meisten TeilnehmerInnen sind Berufsorientierung, Berufsvorbereitung sowie Jugendwohnen.

reiche Bildungskarriere erhöht werden kann, interessiert, inwiefern ausländische Kinder aus EU-Staaten und aus Nicht-EU-Staaten Kindertageseinrichtungen besuchen. Berücksichtigt man alle Faktoren, die neben der Staatsangehörigkeit den Besuch von Kindertageseinrichtungen beeinflussen[85], dann stellt man fest, dass das Merkmal ausländischer Staatsangehörigkeit aus Nicht-EU-Staaten insbesondere bei den Kindern im Alter von drei Jahren bis zum Schuleintritt mit einer geringeren Inanspruchnahme von Kindertageseinrichtungen verbunden ist. Eine ausländische Staatsangehörigkeit hat bei den anderen Altersgruppen (unter 3-Jährige und Schulkinder bis zehn Jahre) keinen entscheidenden Einfluss auf den Besuch einer Kindertagesbetreuungseinrichtung (vgl. Fuchs 2005 a: 99). Das heißt, wenn ausländische Kinder in Krippen und Hort unterrepräsentiert sind, ist dies nicht auf die Staatsangehörigkeit an sich zurückzuführen, sondern auf Faktoren, die stark mit der Staatsangehörigkeit zusammenhängen, wie etwa die Erwerbssituation der Eltern oder das Haushaltseinkommen. Offenbar hat die Staatsangehörigkeit eines Nicht-EU-Landes keine Bedeutung, wenn das Angebot an Plätzen als nicht ausreichend bezeichnet werden kann (Krippe, Hort). Dies deutet auf »freiwillige« Selektionsmechanismen hin, die bei den Eltern der ausländischen Kinder aus Nicht-EU-Staaten wirksam werden: Ihnen werden keine Plätze verweigert, sondern sie bevorzugen es selbst, ihr Kind nicht oder erst später im Kindergarten betreuen zu lassen.

Die IGLU-Studie hat auf die Bedeutung des Kindergartenbesuches für spätere Schulleistungen verwiesen (Bos u.a. 2003). In diesem Zusammenhang ist zu befürchten, dass sich eine geringere Inanspruchnahmequote bei ausländischen Kindern im Kindergartenalter negativ auf deren Schulleistungen auswirkt. Gerade wenn ein Rückstand bei den deutschen Sprachkenntnissen vorhanden ist oder die Integration im Gemeinwesen gefördert werden muss, können die Kindertageseinrichtungen einen wichtigen Beitrag für eine spätere schulische und berufliche Integration der Kinder leisten. Es müssen daher Wege gefunden werden, die Eltern ausländischer Kinder zu motivieren, ihre Kinder möglichst zu einem frühen Zeitpunkt einer Kindertageseinrichtung anzuvertrauen.

---

[85] Wie zum Beispiel die Einflussfaktoren Alter der Kinder (je älter die Kinder, desto wahrscheinlicher ist zum Beispiel der Besuch einer Kindertageseinrichtung), die Familienform, der Bildungsstand der Eltern, die Gemeindegröße, die Unterscheidung zwischen östlichen und westlichen Flächenländern bzw. Stadtstaaten, die Erwerbssituation der Eltern bzw. des alleinerziehenden Elternteils.

Im Feld der Jugendarbeit sind in Bezug auf die Situation von Kindern und Jugendlichen mit Migrationshintergrund zwei entgegengesetzte Sachverhalte zu beobachten. In der offenen Kinder- und Jugendarbeit wird oftmals die Dominanz der jugendlichen MigrantInnen beklagt. So benennen über 90 % der Jugendringe, in deren Zuständigkeitsbereich Jugendclubs oder Jugendzentren von bestimmten Gruppen dominiert werden, AussiedlerInnen als dominierend. In diesen Fällen wird die Aneignung öffentlicher Räume vorwiegend durch MigrantInnen eindeutig als Problem wahrgenommen (vgl. Kap. 4). In der Jugendverbandsarbeit ist dagegen die Gruppe der Migrantenjugendlichen unterrepräsentiert. Die Herausforderung für die Kinder- und Jugendhilfe besteht darin, die möglichen Folgen, die aus der gegebenen Situation erwachsen können, zu analysieren, und herauszuarbeiten, welche Veränderungen notwendig sind, damit Jugendarbeit einen Beitrag zur Integration von jugendlichen MigrantInnen leisten kann.

Die Selbstorganisation von Jugendlichen wird in der Jugendarbeit traditionell positiv bewertet. Sie ermöglicht Jugendlichen, eigenen Interessen nachzugehen und diese zu vertreten. Sie hilft, die Spielregeln der demokratischen Gesellschaft, die stark durch organisierte Abläufe gekennzeichnet ist, kennenzulernen und sich für die eigenen individuellen oder kollektiven Interessen im Rahmen demokratischer Aushandlungsformen einzusetzen. Organisationen, die überwiegend Jugendliche mit einer bestimmten Ethnie repräsentieren, wird oftmals eine gewisse Skepsis entgegengebracht, weil diesen Organisationen ein Mangel an Integrationsfähigkeit unterstellt wird. Dabei können sie Unterstützungspotenziale für Migrantenjugendliche bereitstellen, indem sie diesen Jugendlichen einen Raum zur Identitätsentwicklung bieten. Inwiefern eine ethnische Organisation sich auf dem Weg der Integration oder der Desintegration befindet, hängt auch von der Anerkennung dieser Organisation ab, das heißt davon, ob sie als gleichberechtigter Partner in der Kinder- und Jugendhilfe angesehen wird. Wesentlich dafür ist, ob sie, wie andere Organisationen auch, einen Anspruch auf Ressourcen und Teilhabe geltend machen kann. Werden Rechte und Ansprüche solcher Organisationen als illegitim betrachtet, kann dies zurecht als Nachweis einer gesellschaftlichen Benachteiligung gesehen werden. Statt gesellschaftlicher Einbindung wird dann in diesem Fall organisierte Unzufriedenheit gefördert.

Eine Möglichkeit, Jugendorganisationen, die überwiegend Kinder und Jugendliche mit Migrationshintergrund als Mitglieder haben, in die Strukturen der Kinder- und Jugendhilfe zu integrieren und ihnen damit den Zugang zur Jugendhilfeverwaltung zu erleichtern, ist eine Mitgliedschaft dieser Organisationen im Jugendring. Der Jugendring vertritt vor Ort die Interessen der Jugendverbände. In der aktuellen Jugendringbefragung des Projektes »Jugendhilfe und sozialer Wandel – Leistungen und Strukturen« sagt fast ein Drittel (32%) der Jugendringe, sie hätten mindestens einen Mitgliedsverband, der überwiegend MigrantInnen organisiert. Wie aufgrund der unterschiedlichen Anteile von Migrantenjugendlichen in Städten und Landkreisen nicht anders zu erwarten, ist der Anteil bei den Stadtjugendringen deutlich höher als bei Jugendringen in Landkreisen. Ein hoher Anteil der Antworten – über ein Viertel – verweist auf die »DJO – Deutsche Jugend Europas«. Die DJO hat sich stärker als andere Jugendverbände für MigrantInnen geöffnet. Dies gilt nach Angaben des Verbandes und der Jugendringe sowohl hinsichtlich des Anteils der örtlichen Organisationen für Jugendliche mit Migrationshintergrund als auch hinsichtlich der Funktion der DJO als Dachverband für Jugendverbände auf örtlicher Ebene. Auch auf Bundesebene der DJO sind zum Beispiel Jugendverbände, die russischsprachige MigrantInnen, MigrantInnen kurdischer Abstammung oder MigrantInnen aus Osteuropa organisieren, Mitglied. Und bei den Landesgliederungen der DJO sind ebenfalls MigrantInnen verschiedener ethnischer Herkunft organisiert. Auf die Frage, welche Jugendverbände überwiegend MigrantInnen organisieren, wurden von den Jugendringen auch traditionelle Jugendverbände genannt (wie Pfadfinderverbände oder christliche Jugendverbände). Offensichtlich wendet sich auf örtlicher Ebene ein Teil der Jugendverbände proaktiv den Jugendlichen mit Migrationshintergrund zu. Die anderen Nennungen auf die Frage nach Mitgliedsverbänden, die überwiegend Jugendliche mit Migrationshintergrund organisieren, verweisen auf Jugendverbände, die offensichtlich aus dem Kreis der verschiedenen Gemeinschaften der MigrantInnen entstanden sind (z.B. Alevitischer Kulturverein), aber auch auf Organisationen, wie zum Beispiel die Jugendmigrationsdienste, die zwar die Integration und Förderung von MigrantInnen zu ihrer ausschließlichen Aufgabe machen, aber nicht den Status eines Jugendverbandes haben.

Es gibt keine Untersuchung über die zahlenmäßige Verbreitung von Organisationen für Kinder und Jugendliche mit Migrationshintergrund. Aufgrund der formalen Aufnahmekriterien und der nicht immer offensiv signalisierten Offenheit der Jugendringe ist anzunehmen, dass ein nicht unerheblicher Teil der Verbände, der überwiegend MigrantInnen organisiert, nicht Mitglied in einem Jugendring ist. Vor diesem Hintergrund fällt eine entsprechende Schätzung, die auf Angaben der Jugendringe basiert, eher etwas zu niedrig aus.

Der Anteil der Mitgliedsverbände, die überwiegend Jugendliche mit Migrationshintergrund organisieren, an allen Mitgliedsverbänden der Jugendringe beträgt im Durchschnitt 3 %. Die Angaben der Jugendringe zu diesem Anteil – im Einzelfall beträgt dieser Anteil bis zu 100 %[86] – verdeutlichen (wie auch die Antworten auf die Frage nach den Namen der Verbände), dass die entsprechenden Verbände sich zwischen den beiden Typen von Mitgliedsorganisationen, nämlich »proaktiv offen für Migrantenjugendliche« und »aus dem Kreis der MigrantInnen entstanden«, bewegen.

Ein weiterer empirischer Indikator für den existierenden Entwicklungsbedarf bezüglich der Integration von MigrantInnen in der Jugendverbandsarbeit ist der geringe Anteil von Jugendringen, die mindestens einen religiösen, aber nicht-christlichen Verband als Mitglied haben (13 %). Stadtjugendringe (25 %) unterscheiden sich von Kreisjugendringen (5 %) in dieser Frage signifikant. Bei den Jugendringen mit nicht-christlichen, aber religiös orientierten Jugendverbänden haben Letztere quantitativ betrachtet eher eine geringe Bedeutung. Der durchschnittliche Anteil der Mitgliedsverbände, die religiös, aber nicht christlich orientiert sind, an allen Mitgliedsverbänden des jeweiligen Jugendrings liegt knapp unterhalb von 1 %. Bezogen auf die Jugendringe, die überhaupt solche Verbände als Mitglied haben, beträgt der durchschnittliche Anteil religiöser, aber nicht-christlicher Verbände 7 %. Dies entspricht bei einer durchschnittlichen Mitgliederzahl der Jugendringe mit Mitgliedsorganisationen, die religiös, aber nicht christlich orientiert sind, von 35 Mitgliedsverbänden pro Jugendring ca. zwei Mitgliedsverbänden mit einer religiösen, aber nicht christlichen Orientierung.

Angesichts der Tatsache, dass viele muslimische Familien darauf achten, dass ihre Kinder den Bezug zu ihrer Herkunftskultur und damit auch Religion nicht verlieren, wären religiös gebundene, aber nicht-christliche Jugendverbände, die Mitglied im Jugendring und damit eingebunden in die Jugendarbeit vor Ort sind, ein Integrationsangebot.

Im sechsten Bericht der Beauftragten der Bundesregierung für Migration, Flüchtlinge und Integration über die Lage der Ausländerinnen und Ausländer in Deutschland (Deutscher Bundestag 2005 c)

---

[86] Diese Jugendringe signalisieren offenbar die prinzipielle Offenheit ihrer Mitgliedsorganisationen gegenüber Kinder- und Jugendlichen unabhängig von ihrer Herkunft.

wird die geringe Partizipation von Migrantenselbstorganisationen auch mit strukturellen Ausschlussmechanismen in Verbindung gebracht. Mindestanforderungen an Verbandsgröße, Überregionalität oder Mitgliederzahl bedingen, dass kleinere, neu gegründete Jugendverbände die bislang üblichen Voraussetzungen für eine Aufnahme nicht erfüllen können. In der Folge bleiben viele Migrantenselbstorganisationen – sofern sie nicht wie der Bund der Alevitischen Jugendlichen in Deutschland als bundesweiter Jugendverein eingetragen sind – von den Regelförderprogrammen für Jugendverbände ausgeschlossen. Damit bleibt ihnen die Möglichkeit versagt, auf Dauer angelegte und selbst organisierte Arbeitsstrukturen (mit z.B. die ehrenamtliche Arbeit stützendem hauptamtlichem Personal, Infrastrukturförderung, Fort- und Weiterbildungsmöglichkeiten) herauszubilden und ihre Zusammenschlüsse zu verstetigen. (Deutscher Bundestag 2005 c: 94).

Im Jahr 2001 hat der Deutsche Bundesjugendring (DBJR) beschlossen, den Prozess der interkulturellen Öffnung in der Jugendverbandsarbeit systematisch zu forcieren (vgl. Bundesjugendring 2003). Auf seiner Vollversammlung des Jahres 2004 wurden zudem verbandsinterne Prozesse zur Stärkung der interkulturellen Kompetenz angestoßen (Bundesjugendring 2004). Der DBJR sieht MigrantInnenselbstorganisationen nicht in erster Linie als Konkurrenz, sondern als Partner der Zusammenarbeit und will bestehende Dachverbände und Jugendringe für Migrantenselbstorganisationen öffnen und mit diesen kooperieren.

Kinder und Jugendliche mit Migrationshintergrund in den Hilfen zur Erziehung

Die Lebenslage der meisten Kinder und Jugendlichen mit Migrationshintergrund ist durch besondere, vergleichsweise hohe Belastungen gekennzeichnet (vgl. Gaitanides 1995: 71). Dazu gehören erforderliche kulturelle Anpassungsleistungen ebenso wie geringe ökonomische und Bildungsressourcen (vgl. Baumert u.a. 2001; Bundesministerium für Familie, Senioren, Frauen und Jugend 2000; Beauftragte der Bundesregierung für Ausländerfragen 2002). Auch wenn die große Mehrheit der MigrantInnen die an sie gestellten Herausforderungen weitgehend problemlos meistert, verwundert es vor diesem Hintergrund, dass ausländische Kinder und Jugendliche hinsichtlich verschiedener Leistungen des KJHG nicht über-, sondern unterrepräsentiert sind.[87] Die Untersuchung von Boos-Nunning und Krakasoglu (2005) gibt bezogen auf die Situation von Mädchen und Frauen einige Hinweise dazu. Während sich relativ viele Mädchen und junge Frauen vorstellen können, bei individuellen Problemlagen bzw. Problemen, die vordergründig individuelle Probleme sind (ungewollte Schwangerschaft, Essstörungen, Depressionen, Drogenprobleme), professionelle Hilfe zu suchen, können sich dies nur wenige vorstellen, wenn es sich um Probleme im familiären Bereich handelt. Ein Drittel der Mädchen und jungen Frauen äußert den Wunsch nach einer kultursensiblen Beratung. Ebenso wünscht sich ein Drittel eine Beratung durch Frauen. Etwa ein Fünftel wünscht sich im Falle einer Beratung den gleichen kulturellen Hintergrund der Beratung und eine Beratung in der Herkunftssprache.

Neben den Zugangsbarrieren und der befürchteten fehlenden interkulturellen Sensibilität sowie unterschiedlichen Konfliktlösungsstrategien nennt Schröer (2005) auch die Fremdheit gegenüber den differenzierten deutschen Hilfesystemen und die negativen Assoziationen gegenüber »Ämtern« vor dem Hintergrund der oft negativen Erfahrungen mit den Ausländerbehörden als Grund für die häufig unterrepräsentierte Inanspruchnahme bestimmter Leistungen durch MigrantInnen. Auch die Verwaltung der Jugendhilfe steht nach Schröer einer vermehrten Teilhabe der MigrantInnen am Hilfesystem im Weg. Zu nennen ist hier die nicht oder unzureichend auf die spezifischen Problemkonstellationen der MigrantInnen gerichtete Wahrnehmung der Fachkräfte sowie die fehlende Priorisierung, die dadurch zum Ausdruck kommt, dass man sich Fragen der interkuluturellen Öffnung erst gar nicht stellt.

Anlass und Verlauf der Hilfen zur Erziehung unterscheiden sich erheblich beim Vergleich zwischen deutschen Adressaten und solchen mit Migrationshintergrund. Finkel (2002) kommt mit Verweis auf die JULE-Studie zu dem Schluss, dass erzieherische Hilfen für Adressaten mit Migrationshintergrund häufiger in akuten und bereits sehr zugespitzten Krisensituationen, erst in höherem Alter und aus eigener Initiative zustande kommen, von kürzer Dauer sind und eine geringere Wirksamkeit aufweisen. Die kürzere Dauer der Hilfen, die sich mit den Daten der Jugendhilfestatistik zur Verweildauer

[87] Aussiedlerkinder und -jugendliche sowie deutsche Kinder und Jugendliche mit Migrationshintergrund werden in der Kinder- und Jugendhilfestatistik nicht gesondert ausgewiesen, weshalb bezogen auf die Daten der amtlichen Statistik ausschließlich von ausländischen Kindern und Jugendlichen (also ohne deutsche Staatsangehörigkeit) gesprochen wird.

in Heimunterbringung und sonstigen Betreuungsformen belegen lässt (27 Monate im Durchschnitt bei deutschen und 23 Monate bei ausländischen Hilfeempfänger [vgl. Statistisches Bundesamt 2004 a]), ist allerdings wahrscheinlich ausschließlich auf das spätere Einstiegsalter zurückzuführen.[88]

Tab. 14.3: Anteil der Kinder und Jugendlichen ohne deutsche Staatsangehörigkeit an den HilfeempfängerInnen, 2004

	Männlich	Weiblich	Insgesamt
Adoptionen	31,2 %	29,8 %	30,5 %
Soziale Gruppenarbeit***	19,6 %	19,0 %	19,5 %
Vorläufige Schutzmaßnahmen	20,1 %	19,3 %	19,7 %
Betreuungshelfer***	14,3 %	10,2 %	13,2 %
Sozialpädagogische Familienhilfe**/***	****	****	12,7 %
Intensive sozialpädagogische Einzelbetreuung***	11,5 %	9,8 %	10,8 %
Betreutes Einzelwohnen***	9,9 %	10,2 %	10,1 %
Heim***	9,8 %	10,0 %	9,8 %
Tagesgruppe***	10,0 %	8,0 %	9,5 %
Betreute Wohngemeinschaft***	9,4 %	8,8 %	9,1 %
Institutionelle Beratung*	7,7 %	6,9 %	7,4 %
Erziehungsbeistand***	8,3 %	8,8 %	8,5 %
Verwandtenpflege***	8,1 %	7,6 %	7,9 %
Pflegefamilie***	6,0 %	6,5 %	6,2 %
Anteil der ausländischen Kinder- und Jugendlichen unter 21			9,2 %

* Beendete Hilfen; ** Inklusive der Familien mit Eltern unterschiedlicher Staatsangehörigkeiten; *** Begonnene Hilfen: **** wird nicht erfasst

Quellen: Amtliche Kinder- und Jugendhilfestatistik, diverse Arbeitsunterlagen des Statistischen Bundesamtes; eigene Berechnungen

Betrachtet man die einzelnen Formen der Hilfen zur Erziehung in Tabelle 14.3, so wird deutlich, dass institutionelle Beratung kein Angebot darstellt, das von ausländischen Familien in größerem Umfang genutzt wird. Diese unzureichende Öffnung der Erziehungsberatungsstellen wird seit Längerem kritisch diskutiert (vgl. z.B. Bundesministerium für Familie, Senioren, Frauen und Jugend 1998), aber bislang hat es hier keine wesentliche positive Änderung gegeben. Ein Grund für die nur zögerliche Öffnung der Erziehungsberatungsstellen ist sicherlich in den dafür notwendigen, aber viel-

88 Beim betreuten Einzelwohnen, bei dem das Einstiegsalter aller Adressaten höher liegt, beträgt zum Beispiel die durchschnittliche Verweildauer in der Hilfe bei den ausländischen Jugendlichen 35 Monate und bei den deutschen Jugendlichen 32 Monate (vgl. Statistisches Bundesamt 2004 e).

fach bei deutschen Fachkräften nicht sehr entwickelten spezifischen interkulturellen Kompetenzen zu sehen (vgl. z.B. Pavkovic 2001).

Auch bei dem auf die gesamte Familie gerichteten Angebot SPFH, das von seiner Struktur (Gehstruktur, langfristig angelegt und auf die gesamte Familie bezogen) eigentlich den kulturellen Werten vieler ausländischer Familien entgegenkommen müsste (vgl. z.B. Deutsches Jugendinstitut 1998: 443 oder Schwabe 1999: 47ff.), sind ausländische Kinder unterrepräsentiert. Auch wenn diese Hilfen den Stellenwert der Familie betonen, dringt bei dieser Hilfeform doch der Staat, mit dem manch einer auch negative Erfahrungen gemacht hat, in die Privatsphäre der Familie ein. Dies könnte erklären, warum ausländische Familien der SPFH skeptisch gegenüber stehen.

Nicht viel anders als bei der SPFH stellt sich die Situation bei den Hilfeformen Tagesgruppe und Erziehungsbeistandschaft dar. Auch hier sind ausländische Kinder und Jugendliche unterrepräsentiert. Anders dagegen ist die Situation bei den ambulanten Hilfen in Form von »Betreuungshelfer« und »sozialer Gruppenarbeit«. Hier sind ausländische Kinder und Jugendliche überrepräsentiert. Diese Hilfeformen werden häufig im Kontext von Jugendgerichtsverfahren angeordnet. Die Überrepräsentation ausländischer Jugendlicher spiegelt hier ihre Überrepräsentation in den Kriminalitätsstatistiken wider.[89]

Bei den stationären Hilfen Fremdpflege, Heime sowie betreute Wohnformen sind ausländische Kinder und Jugendliche unterrepräsentiert. Gleichzeitig lässt sich bei Inobhutnahmen eine deutliche Überrepräsentation von ausländischen Kindern und Jugendlichen beobachten. Dies bedeutet, dass ausländische Kinder und Jugend-

---

[89] Hierbei ist allerdings zu beachten, dass »Deutsche und Nichtdeutsche (...) eine strukturell deutlich unterschiedliche Zusammensetzung (aufweisen). Alle strukturellen Unterschiede (... Alters-, Geschlechts- und Sozialstruktur, Arbeitslosenquote, Ausbildung und räumliche Verteilung) erhöhen nach kriminologischer Erfahrung die Gefahr der Kriminalitätsbegehung. Wenn zum Beispiel 48% der Ausländer (aber nur 29% der Deutschen) in großstädtischen Ballungsgebieten leben, in denen auch die deutsche Bevölkerung eine im Vergleich zur Gesamtbevölkerung überproportional hohe Kriminalitätsbelastung aufweist, ist schon strukturell eine höhere Tatverdächtigenrate bei Ausländern erwartbar.« (Bundesministerium des Innern/Bundesministererium der Justiz 2001). Zudem können »bestimmte Delikte, insbesondere die Mehrzahl der Verstöße gegen das Ausländergesetz und das Asylverfahrensgesetz, (täterschaftlich) nur von Nichtdeutschen begangen werden. (...) Vergleichbarkeit (von Kriminalitätskennzahlen: Anm. d. Verf.) setzt ferner voraus, dass bei vergleichbaren Delikten die Verdachtsgewinnung, die Anzeigebereitschaft und die Verfolgungsintensität bei Deutschen gegenüber Nichtdeutschen keine gravierenden Unterschiede aufweisen.« (Heinz 2004: 20).

liche nach einer krisenbedingten Inobhutnahme offensichtlich das Hilfesystem wieder verlassen. Diese große Differenz zwischen einem hohen Anteil bei Inobhutnahmen und einem relativ kleinen Anteil von ausländischen Kindern und Jugendlichen in den stationären Hilfen provoziert die Frage, ob nicht vermehrte Anstrengungen notwendig sind, stationäre Hilfen auch für ausländische Kinder, Jugendliche und ihre Familien zu öffnen. Zur Aufgabe der Kinder- und Jugendhilfe gehört es auch, Kindern, Jugendlichen und Familien in Krisensituationen, die im Spannungsfeld zwischen verschiedenen Kulturen entstehen, mit entsprechenden Fachkompetenzen zur Seite zu stehen. Die Häufigkeit solcher akuten Krisensituationen und die oftmals analysierte und beschriebene erwartbare Ambivalenz dieser für Migrantenjugendliche spezifischen, zusätzlichen Entwicklungsaufgabe (transkulturelle Orientierung und Identitätsbildung) sprechen dafür, spezifische Kompetenzen im Umgang mit solchen Konstellationen bereitzustellen bzw. zu entwickeln.

Die spezifischen, kulturell geprägten Ressourcen ausländischer Kinder und Jugendlicher werden bislang in der Diskussion zur Lebenslage vernachlässigt. Betont werden bisher vorwiegend besondere Belastungen, die mit der Lebenslage von ausländischen Kindern und Jugendlichen in Deutschland verbunden sind. Die Ressourcen dagegen, die mit der spezifischen Kultur der Herkunftsfamilie ausländischer Kinder und Jugendlicher verknüpft sind und von diesen auch zur Bearbeitung und Verarbeitung von erzieherischen und gesellschaftlichen Problemkonstellationen genutzt werden können, bleiben weitgehend unbeachtet. Die Statistik zu den Adoptionen zeigt in diesem Zusammenhang zum Beispiel, dass der Anteil der Adoptionen von Verwandten bei Kindern und Jugendlichen ausländischer Herkunft um ein Vielfaches (ca. 5-mal[90]) höher liegt als bei den deutschen Kindern und Jugendlichen (3 %). Dies kann so gedeutet werden, dass es innerhalb ausländischer Familien ein ausgeprägteres Bestreben und damit auch eine größere Bereitschaft gibt, eine aus erzieherischer Sicht problematische Situation der Kinder und Jugendlichen innerhalb der eigenen Verwandtschaft zu lösen.

---

[90] Eine genaue Bestimmung dieser Zahl ist auf der Basis der verfügbaren Daten der amtlichen Statistik nicht möglich. Es gibt keine Angaben darüber, ob die Kinder und Jugendlichen, die zum Zwecke der Adoption nach Deutschland gebracht werden, von in Deutschland lebenden Verwandten adoptiert werden. Deshalb ist lediglich eine Schätzung möglich. Dabei wird davon ausgegangen, dass die Mehrheit der zu adoptierenden Kinder und Jugendlichen, die zum Zwecke der Adoption nach Deutschland gebracht wurden, nicht in einem Verwandtschaftsverhältnis zu den Adoptiveltern stehen.

Auf die Unterstützung durch soziale Dienste wird nur zögerlich zurückgegriffen. Dies kann sowohl Ausdruck von mangelnder Information sein, aber auch von einem größeren Verantwortungsgefühl gegenüber Verwandten oder einer geringeren Veröffentlichungsbereitschaft von Problemen, die auch Folge bisheriger Erfahrungen mit deutschen Behörden sein kann, oder einer Kombination aller genannten Faktoren. Problemlösungsversuche innerhalb der eigenen Verwandtschaft können durchaus als eine spezifische Ressource ausländischer Familien begriffen werden, die zum Teil auf eine herausgehobene Stellung der sozialen Beziehungen innerhalb von Verwandtschaftsnetzen zurückgeführt werden kann. Es kann angenommen werden, dass diese und andere Ressourcen auch in Situationen, in denen das Wohl von ausländischen Kindern oder Jugendlichen gefährdet ist, zum Tragen kommen können. Hier zeigt sich, dass bikulturelles Aufwachsen nicht nur Risiken birgt, sondern auch spezifische Entwicklungschancen für Kinder und Jugendliche beinhaltet. Die Kehrseite solcher Bearbeitungsstrategien ist jedoch, dass professionelle Unterstützung erst nach Eskalationen, die unter anderem in der überproportionalen Inanspruchnahme von Notdiensten durch ausländische Kinder und Jugendliche zum Ausdruck kommen, gesucht wird.

Die Tatsache, dass der Anteil ausländischer Kinder und Jugendlicher bei der Vollzeitpflege im Vergleich zu allen erzieherischen Hilfen am niedrigsten ist und dies sich auch bei einer Differenzierung nach Pflegeverhältnissen bei Verwandten oder Fremden nicht grundsätzlich verändert, scheint mit der eben unterstellten höheren Verantwortungsübernahme innerhalb ausländischer Verwandtschaftsnetzwerke in einem gewissen Widerspruch zu stehen. Es wäre zu erwarten, dass es aufgrund der innerfamiliären Problemlösungsstrategien einen überproportional hohen Anteil an Verwandtschaftspflege gibt, was nach der Statistik nicht der Fall ist. Allerdings muss bei einer Analyse der Zahlen beachtet werden, dass eine Adoption nicht ohne eine Beteiligung des Jugendamtes und damit einer statistischen Erfassung durchgeführt werden kann.

Ein pflegeähnliches Verhältnis – insbesondere innerhalb der eigenen Verwandtschaft – wird jedoch häufig informell, also ohne eine Beteiligung des Jugendamtes und damit ohne statistische Erfassung realisiert.

In Abbildung 14.1 ist die Entwicklung des Anteils der ausländischen Kinder und Jugendlichen bei verschiedenen Formen der Unterbringung außerhalb der Familie dargestellt. Bis auf die Inanspruchnahme der betreuten Wohnformen ist keine eindeutige Tendenz zu erkennen. Bei Letzteren hat der Anteil der ausländischen

Jugendlichen mehr oder weniger kontinuierlich abgenommen. Auch bei den anderen, in der Abbildung nicht dargestellten Hilfeformen, zeigt sich kein eindeutiger Trend.

14.4 Umgang mit MigrantInnen in der pädagogischen Praxis von HZE-Einrichtungen

Die Erhebung des DJI bei Einrichtungen im Bereich der (teil)stationären Hilfen zur Erziehung (vgl. Gragert u.a. 2005) gibt einige Einblicke, wie in der pädagogischen Praxis mit den Adressaten mit Migrationshintergrund umgegangen wird.

Abb. 14.1: Entwicklung des Anteils der ausländischen Kinder und Jugendlichen bei verschiedenen Formen der Unterbringung außerhalb der Familie (begonnene Hilfen), Deutschland

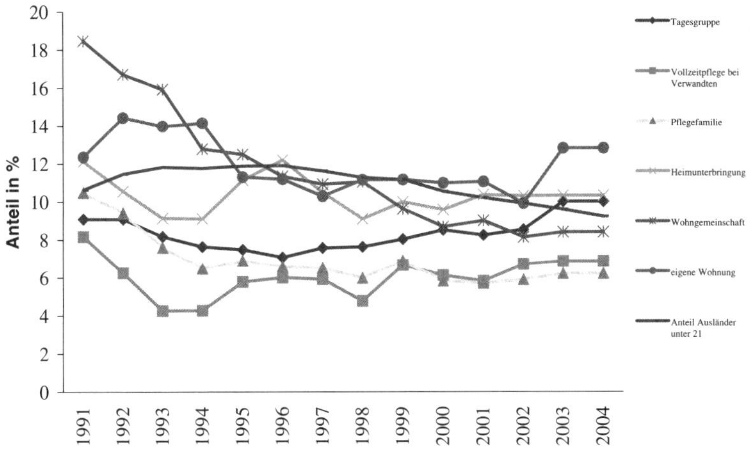

Quelle: Statistik der Kinder- und Jugendhilfe; eigene Berechnungen

In der pädagogischen Arbeit wird die Fähigkeit benötigt, mögliche Konsequenzen sprachlicher und kultureller Verschiedenheit richtig einzuschätzen und eine Verständigungsebene zu erreichen, die eine erfolgreiche Zusammenarbeit ermöglicht. Um diese »interkulturelle Kompetenz« und ein auf Interkulturalität ausgerichtetes Klima in der Einrichtung zu fördern, wird immer mehr auf die Notwendigkeit verwiesen, verstärkt Fachpersonal mit Migrationshintergrund einzustellen (vgl. Filsinger 2002; Beauftragte der Bundesregierung für Ausländerfragen 2002: 235; Diehm 2005; Bundesjugendkuratorium 2005). Andere AutorInnen betonen, dass der Umgang mit sozialer und kultureller Differenz sowie mit Mehrdeutigkeiten und das Einfühlungsvermögen immer schon zu den notwendigen Schlüsselkompetenzen der SozialpädagogInnen gehören und die pädagogische Praxis im Umgang mit MigrantInnen insofern keine wirklich neue Herausforderungen darstellt, sondern von den Fachkräften erfordert »das Allgemeine besonders gut zu können« (Hamburger 2002: 42). Auch wenn der eigene Migrationshintergrund bei den Fachkräften keine Garantie für das Vorhandensein von Basiskompetenzen darstellt, verfügen sie doch über eigene Erfahrungen und Wissensbestände, die ihnen den Umgang mit MigrantInnen erleichtern können, sofern sie in der Lage sind, ihre eigenen Erfahrungen zu abstrahieren und zu reflektieren. Der Anteil von Personal mit Migrationshintergrund liefert Hinweise darauf, inwiefern es gelingt, diese Fachkräfte in Einrichtungen zu integrieren, die nicht ausschließlich Adressaten mit Migrationshintergrund als Zielgruppe haben. Teuber weist in diesem Zusammenhang darauf hin, dass »die Einstellung von Zuwanderern für Deutsche und Nicht-Deutsche Zeichen (setzt): Migrationserfahrene Menschen sind nicht immer Opfer ihrer Verhältnisse, sondern aktiv Handelnde, sie sind nicht immer auf Hilfe angewiesen, sondern können diese auch geben und nehmen entsprechende Rollen ein« (Teuber 2002: 122). Weiterhin betont Teuber die positive Signalwirkung national und kulturell gemischter Fachteams, die keine nach Migrationshintergrund der Fachkräfte arbeitsteilige Spezialzuständigkeiten haben. Alle sind für alle zuständig und müssen sich mit den jeweiligen Spezifika der anderen auseinandersetzen. Multikulturalität wird so als Normalität sichtbar und erlebbar.

Die Gruppe der Adressaten mit Migrationshintergrund ist alles andere als homogen. Dennoch werden sie in Vergleichen mit den Deutschen – die im Übrigen auch keine kulturell homogene Gruppe darstellen – in der Regel implizit und unreflektiert zum Zwecke der Reduktion der Komplexität als eine Gruppe betrachtet. Es gilt, sich immer wieder zu vergewissern, dass Interkulturalität de facto keine zweidimensionale Beschreibung beinhaltet, sondern gerade strukturell betrachtet wechselnde Konstellationen beschreibt. Die Untersuchung von Boos-Nunning und Krakasoglu (2005) bei Mädchen und jungen Frauen mit Migrationshintergrund macht in diesem Zusammenhang noch mal sehr deutlich, dass die Wünsche und Bedürfnisse der Mädchen und Frauen nach Angeboten und die gewünschte Ausgestaltung der Angebote je nach Herkunftsland sehr unterschiedlich sein können. Migrationssensibles Handeln muss sich nach den jeweils konkreten Erfordernissen richten.

Die Einrichtungserhebung gibt erste Hinweise, inwiefern in den (teil)stationären Hilfen zur Erziehung Personal mit Migrationshintergrund beschäftigt ist. Bei 21 % der befragten Einrichtungen ist überhaupt Personal nicht-deutscher Herkunft beschäftigt. Insgesamt liegt der durchschnittliche Anteil von Beschäftigten mit Migrationshintergrund am Gesamtpersonal der befragten Einrichtungen bei 3 %. Die Arbeit mit Kindern oder Jugendlichen mit Migrationshintergund ist aufgrund des Anteils von MigrantInnen in der Bevölkerung bisher nur für Westdeutschland von Bedeutung. Einrichtungen, in denen sich zurzeit Kinder oder Jugendliche nicht-deutscher Herkunft befinden, geben signifikant häufiger an, dass in ihrer Einrichtung Fachkräfte mit Migrationshintergrund arbeiten. Dies kann als ein Indiz gesehen werden, dass die Bedarfslagen junger MigrantInnen durchaus schon im Blickfeld professioneller Aufmerksamkeit stehen. Insgesamt kann jedoch im Hinblick auf die rund 10 % der in den befragten Einrichtungen untergebrachten Kinder und Jugendlichen aus Migrantenfamilien von einer Unterrepräsentanz der Fachkräfte mit Migrationshintergrund gesprochen werden.

Gerade Adressaten mit Migrationshintergrund (aber nicht nur diese) können sich einer Religion verbunden fühlen, die von der abweicht, nach der eine Einrichtung sich in ihrem pädagogischen Handeln richtet. 30 % der Einrichtungen der Stichprobe haben eine spezifische religiöse Ausrichtung, wobei etwa ein Fünftel aller Einrichtungen konfessioneller Träger (z. B. Caritas, Diakonie) von sich sagen, nicht religiös ausgerichtet zu sein. In den religiös ausgerichteten Einrichtungen stellt sich die Frage, wie mit einer von der eigenen Religion abweichenden Religionszugehörigkeit von Kindern und Jugendlichen umgegangen wird.[91]

Tabelle 14.4 zeigt die Antworten auf die entsprechende Frage: Die große Mehrheit der religiös ausgerichteten Einrichtungen (85 %) berücksichtigt die religiösen Besonderheiten anderer Religionen. Damit ist davon auszugehen, dass ein toleranter Umgang mit Kindern und Jugendlichen anderer Religionen vorherrscht. Eine kleine Minderheit (15 %) weist in ihrer pädagogischen Arbeit auf die Unterschiede zwischen den Religionen hin. Die wenigen Einrichtungen, die auf einen sonstigen Umgang mit dieser Konstellation verweisen (5 %), betonen ihre tolerante Haltung anderen Religionen gegen-

[91] Die Konstellation, dass Adressaten mit einer religiösen Zugehörigkeit Hilfe eines nicht-religiösen Trägers bekommen, wurde in der Befragung nicht berücksichtigt, obwohl man sich auch hier die Frage stellen muss, wie damit in der pädagogischen Praxis umgegangen werden kann.

über. Lediglich 1 % der Einrichtungen nehmen Kinder und Jugendliche anderer Religionen gar nicht erst auf.

Tab. 14.4: Umgang religiös orientierter Einrichtungen mit einer abweichenden religiösen Zugehörigkeit der Adressaten (Mehrfachnennungen)

Reaktion	
Wir berücksichtigen die religiösen Besonderheiten der anderen Religionen.	85 %
Ist kein Thema der Einrichtung.	38 %
Wir versuchen, die Unterschiede deutlich zu machen.	15 %
Andere Reaktionen.	5 %
Kinder und Jugendliche einer anderen Religion werden nicht aufgenommen.	1 %

Quelle: DJI-Einrichtungserhebung 2004

Eine nicht unerhebliche Teilgruppe der Einrichtungen (38 %) gibt zudem an, die unterschiedlichen religiösen Ausrichtungen nicht in der pädagogischen Arbeit zu thematisieren. Insgesamt zeigt sich damit ein offener Umgang mit Kindern und Jugendlichen anderer Religionen. Religion ist offensichtlich auch in den Einrichtungen mit einer spezifischen religiösen Ausrichtung der Träger nicht immer prägend für die pädagogische Arbeit bzw. führt nicht dazu, dass Adressaten mit einer anderen oder fehlenden religiösen Zugehörigkeit ausgeschlossen werden.

Ein weiterer Indikator für den Umgang mit Adressaten mit Migrationshintergrund in (teil)stationären Einrichtungen der Hilfen zur Erziehung ist in der Verfügbarkeit von DolmetscherInnen bei Hilfeplangesprächen zu sehen. In immerhin 53 % der Einrichtungen, in denen Kinder und Jugendliche mit Migrationshintergrund untergebracht sind, stehen für Hilfeplangespräche mit Kindern, Jugendlichen und Personensorgeberechtigten keine qualifizierten ÜbersetzerInnen zur Verfügung. Nun ist anzunehmen, dass diese Zahl ein zu negatives Bild wiedergibt, da für einige Kinder und Jugendlichen sowie Eltern mit Migrationshintergrund eine muttersprachliche Übersetzung nicht unbedingt erforderlich ist. Dennoch wird hier ein Problem offensichtlich. Auch von den Einrichtungen, in denen der Anteil von Kindern und Jugendlichen mit Migrationshintergrund über 20 % liegt, geben mehr als 40 % an, während der Hilfeplangespräche keine qualifizierten ÜbersetzerInnen einzusetzen. Bei diesen Einrichtungen davon auszugehen, dass tatsächlich *alle* Adressaten mit Migrationshintergrund mit den Fachkräften der Kinder- und Jugendhilfe kommunizieren können, erscheint unrealistisch. Selbst wenn Fachkräfte und Adressaten sich in einer Sprache verständigen, können Missverständnisse, die auf kulturelle Unterschiede zurückzuführen sind, nicht ausgeschlossen werden. Eine sinnhafte Kommunikation setzt bekannte Bedeutungsrahmen voraus. Das heißt, es muss klar sein, welche Bedeutungen bestimmten Ereignissen in konkreten kulturellen Kontexten zugemessen werden. Diese Bedeutungszuschreibungen variieren zwischen unterschiedlichen Kulturkreisen. Ein Bewusstsein für und Kenntnisse über solche Unterschiede sind daher neben der Kommunikation in einer Sprache unabdingbare Voraussetzungen für das gegenseitige Verstehen. Die wichtigen fachlichen Prinzipien, qualifizierte Elternarbeit und Beteiligung der Adressaten, können unter den herrschenden Bedingungen für Familien mit Migrationshintergrund nicht angemessen umgesetzt werden. Es sind also gerade im Hinblick auf die Integration noch einige Anstrengen vonnöten (vgl. z.B. Kappel/Straus/Weiterschan 2004).

14.5 Spezielle Angebote für Kinder und Jugendliche mit Migrationshintergrund

Die amtliche Kinder- und Jugendhilfestatistik erfasst keine Angebote der Kinder- und Jugendhilfe, die speziell auf Adressaten mit Migrationshintergrund gerichtet sind. Da jedoch nicht davon ausgegangen werden kann, dass die Regelangebote der Kinder- und Jugendhilfe in allen Fällen den speziellen Bedürfnissen der Adressaten mit Migrationshintergrund gerecht werden, erscheint es sinnvoll, auch solche Angebote zur Verfügung zu stellen, die in ihrem Ansatz die besondere Lebenslage von Adressaten mit Migrationshintergrund berücksichtigen. Vor diesem Hintergrund wurde in der Jugendamtsbefragung erhoben, inwiefern sich die Angebotsstruktur der Jugendämter (auch) durch eine spezifische Ausrichtung kennzeichnet. Da diese Abfrage auch in der vorangegangenen Befragung der Jugendämter erfolgte, können Veränderungen im Zeitverlauf abgebildet werden.

In der Gesamtbetrachtung wird offensichtlich, dass außer bei den offenen Angeboten der Jugendarbeit (57%) die Mehrzahl der Jugendamtsbezirke in den einzelnen abgefragten Arbeitsbereichen keine speziellen Angebote für Adressaten mit Migrationshintergrund hat. Dies gilt für Ost- wie für Westdeutschland gleichermaßen. Jedes fünfte Jugendamt (19%) hält keinerlei spezifische Angebote für Adressaten mit Migrationshintergrund bereit.

Tab. 14.5: Spezielle Angebote für ausländische Kinder und Jugendliche sowie Aussiedlerkinder und -jugendliche, 2003

Angebote	Stadt	Land	Ost	West	Insgesamt
Offene Angebote der Jugendarbeit	72 %	45 %	56 %	58 %	57 % (-3 %)
Eingliederungshilfen für AussiedlerInnen	47 %	43 %	38 %	48 %	45 % (-20 %)
Aufsuchende Jugendarbeit	35 %	36 %	27 %	40 %	35 % (+13 %)
Fremdsprachiges Informationsmaterial	47 %	23 %	18 %	42 %	33 % (+11 %)
Gewaltpräventive Angebote	33 %	23 %	15 %	34 %	27 % (-18 %)
Berufsbildende Maßnahmen	26 %	23 %	15 %	29 %	24 % (-7 %)
Spezielle Angebote für Flüchtlinge	30 %	15 %	18 %	24 %	22 % (+2 %)
Geschlechtsspezifische Angebote	23 %	15 %	15 %	21 %	19 % (+/- 0 %)
Schulsozialarbeit für MigrantInnen	16 %	19 %	6 %	24 %	18 % (-1 %)
Sonstige Angebote	12 %	4 %	9 %	7 %	7 % (-3 %)
Interkulturelle Angebote	56 %	17 %	29 %	37 %	34 %
Clearingstelle für unbegleitete Flüchtlinge	14 %	4 %	12 %	7 %	8 %

* In Klammern Veränderungen gegenüber 2000 in Prozentpunkten. Die Richtung der Veränderung wird durch das Vorzeichen bestimmt, d.h. ein negatives Vorzeichen deutet auf eine Abnahme.

Quelle: DJI Jugendamtserhebungen 2000, 2004

Die offene Jugendarbeit macht exemplarisch deutlich, dass eine Abgrenzung zwischen speziellen Angeboten für eine spezifische Zielgruppe und Angeboten für mehrere Zielgruppen gleichzeitig schwierig ist. Angebote wie die offene Jugendarbeit, die sich einer bestimmten Zielgruppe nicht verschließen, können nicht automatisch als zielgruppenspezifisch betrachtet werden. Um zu überprüfen, ob eine solche Tendenz im Antwortverhalten der Jugendämter vorhanden war, wurde – soweit möglich – ein Vergleich mit den Antworten zu den Fragen nach dem Vorhandensein von Angeboten mit und ohne Zielgruppenspezifizierung durchgeführt. Dieser Vergleich zeigt, dass das Vorhandensein eines bestimmten Angebotes nicht automatisch dazu führt, dass dieses (auch) als spezielles Angebot für Adressaten mit Migrationshintergrund klassifiziert wird. Die sich bei diesem Vergleich abzeichnenden Unterschiede rechtfertigen die Annahme, dass die in Tabelle 14.5 enthaltenen Angebote tatsächlich speziell auf die Gruppe der MigrantInnen ausgerichtete Angebote darstellen.

Ähnlich wie in der letzten Erhebung zeigen sich bei der Analyse der speziellen Angebote für Adressaten mit Migrationshintergrund zwei wesentliche und erwartbare Unterschiede (vgl. Tab. 14.5):

- In den Stadtjugendämtern sind öfter und mehr spezielle Angebote für Adressaten mit Migrationshintergrund vorhanden (im Durchschnitt 4,1 Angebote Tab. 14.5) als in den Landkreisen (2,7).
- In westdeutschen Jugendamtsbezirken sind öfter und mehr spezielle Angebote für Kinder und Jugendliche mit Migrationshintergrund vorhanden (im Durchschnitt 3,7 Angebote Tab. 14.5) als in ostdeutschen Jugendamtsbezirken (2,6).

Diese Differenzen lassen sich in erster Linie mit den unterschiedlich hohen Anteilen von Adressaten mit Migrationshintergrund in Städten und Landkreisen sowie in Ost- und Westdeutschland erklären. Dies gilt nicht für die Eingliederungsangebote für AussiederlerInnen, da diese bei ihrer Ankunft in Deutschland über verschiedene Regionen verteilt werden.

Bei der aufsuchenden Jugendarbeit und Schulsozialarbeit gibt es – anders als vor vier Jahren – keine nennenswerten Unterschiede mehr zwischen Städten und Landkreisen.

Die sonst vorhandene Ost-West-Differenz zeigt sich nicht bei den offenen Angeboten und den Clearingstellen für unbegleitete Flüchtlinge. Letztere stehen nicht im Zusammenhang mit dem Anteil der Adressaten mit Migrationshintergrund in einer Region, sondern sind überwiegend dort vorhanden, wo Einreisewege vorhanden sind.

Im Zeitverlauf sind einige interessante Entwicklungen bezüglich des Vorhandenseins von spezifischen Angebote für Adressaten mit Migrationshintergrund zu beobachten, die durch die Zahlen in Klammern in der letzten Spalte der Tabelle 14.5 dokumentiert werden. Sie zeigen die Veränderungen gegenüber der letzten Erhebung bei den Jugendämtern in Prozentpunkten an. Die Anzahl der verschiedenen spezifischen Angebotstypen für Adressaten mit Migrationshintergrund pro Jugendamtsbezirk hat sich kaum geändert, aber es hat einige Schwerpunktverschiebungen gegeben. Eine deutliche Reduzierung des Angebotes ist bei den Eingliederungshilfen für AussiedlerInnen zu verzeichnen. Dies dürfte auf die Aufhebung der strikten Trennung zwischen Integrationshilfen für AussiedlerInnen und für andere Personen mit Migrationshintergrund zurückzuführen sein. Die Jugendgemeinschaftswerke sind nicht mehr wie in der Vergangenheit ausschließlich für AussiedlerInnen zuständig, sondern für alle Personen mit Migrationshintergrund, die Integrationshilfen bekommen sollen. Damit hat die Gruppe der AussiedlerInnen als spezifische Zielgruppe für Angebote an Bedeutung verloren, zumal der Zuzug von (Spät-)Aussiedlern in die Bundesrepublik in den letzten 15 Jahren insgesamt kontinuierlich auf 72.885

(davon ca. 20. 000 Jugendliche unter 18) zurückgegangen ist (vgl. Sachverständigenrat für Zuwanderung und Integration 2004: 62).

Die deutliche Abnahme von gewaltpräventiven Angeboten für Adressaten mit Migrationshintergrund steht im Zusammenhang mit der allgemein abnehmenden Konjunktur dieses Themas. Während noch vor ein paar Jahren Gewaltprävention anlässlich in der Öffentlichkeit aufseherregender Zwischenfälle als vordringliches Ziel gesehen wurde und relativ viele projektgebundene Mittel für diesen Zweck zur Verfügung gestellt wurden, hat das Thema inzwischen wieder eine geringere Priorität bzw. ist integraler Bestandteil der Arbeit der Jugendämter geworden.

Um 13 Prozentpunkte zugenommen hat dagegen der Anteil der Jugendämter mit migrationsspezifischen Angeboten im Bereich der aufsuchenden Jugendarbeit. Offensichtlich wächst hier das Bewusstsein bei den Jugendämtern, dass diese Gruppe der Adressaten verstärkt mit Geh-Strukturen erreicht werden muss, weil die Erfahrungen mit sozialstaatlichen Institutionen häufig nicht gut sind und das Vertrauen in solche Einrichtungen dementsprechend gering ausgeprägt ist.

Erfreulich ist die Entwicklung des Anteils der Jugendämter, die über fremdsprachiges Informationsmaterial verfügen. Dieser Anteil ist um elf Prozentpunkte auf 33 % gestiegen. Dieses inzwischen erreichte Niveau muss allerdings weiterhin als sehr unbefriedigend angesehen werden, weil es im Umkehrschluss bedeutet, das zwei von drei Jugendämtern nicht über fremdsprachliches Informationsmaterial verfügen, obwohl dies die niedrigschwelligste und kostengünstigste Möglichkeit darstellt, sich dieser Adressatengruppe zu öffnen.

14.6 Fazit

In der Kinder- und Jugendhilfe wird bisher eher zögernd zur Kenntnis genommen, dass Deutschland ein Einwanderungsland ist. Zwar wird von vielen Jugendämtern – insbesondere von Stadtjugendämtern – in den nächsten Jahren mit einem weiteren Anstieg von Kindern und Jugendlichen mit Migrationshintergrund gerechnet, aber in den Strukturen der Kinder- und Jugendhilfe spiegelt sich die Aufgabe, diese Kinder und Jugendliche zu integrieren, bisher kaum wider. Zu erwarten wären strukturelle Veränderungen zum Beispiel dahingehend, dass sich die Trägerstruktur ändert und sich der wachsende Anteil der Adressaten mit Migrationshintergrund durch entsprechende Träger abbildet. Die zuvor dargestellten Ergebnisse zeigen jedoch, dass mit den geplanten Reaktionen vonseiten der Jugendämter eher ein Ausbau interkultureller Angebote, Qualifizierungsmaßnahmen für Fachkräfte sowie auch die Einstellung von Fachkräften mit Migrationshintergrund ins Auge gefasst wird. Dieses sind zwar wichtige Schritte, um die sogenannte interkulturelle Kompetenz in der Kinder- und Jugendhilfe zu verankern, aber alle diese Maßnahmen bieten erst dann eine wirkliche Entwicklungsmöglichkeit, wenn sie Teil einer Konzeptentwicklung sind und sich die interkulturelle Öffnung, auf allen Organisationsebenen zeigt (vgl. hierzu auch Schuch 2003). Wie erforderlich eine interkulturelle Öffnung aber auch strukturelle Veränderungen (z. B. durch Änderung der Trägerstruktur) in der Kinder- und Jugendhilfe sind, zeigt sich daran, dass die Inanspruchnahme von unterstützenden Hilfeleistungen (z. B. Beratungsleistungen, Kindertagesbetreuung) bei Kindern, Jugendlichen und Familien mit Migrationshintergrund unterdurchschnittlich häufig ist. Und dies obwohl davon ausgegangen werden kann, dass Kinder und Jugendliche mit Migrationshintergrund häufig besonders belastenden Lebensituationen ausgesetzt sind. Demgegenüber steht eine höhere Inanspruchnahme durch Adressaten mit Migrationshintergrund von Leistungen der Kinder- und Jugendhilfe, die durch ein Reagieren auf bereits manifeste Problemsituationen gekennzeichnet sind.

Nicht nur die ungleiche Inanspruchnahme von Angeboten und insbesondere die Unterrepräsentation von Kindern und Jugendlichen mit Migrationshintergrund bei eher beratenden, begleitenden und unterstützenden Angeboten, sondern auch die oftmals noch fehlende strukturelle Anpassung weist darauf hin, dass es in der Kinder- und Jugendhilfe noch stärker einer interkulturellen Öffnung bedarf, um dem § 1 Abs. 1 KJHG gerecht zu werden. Denn die Aufgaben und Leistungen der Kinder- und Jugendhilfe beziehen sich auf alle Kinder und Jugendlichen, die sich in Deutschland aufhalten, unabhängig von ihrer Staatsangehörigkeit.

15 Geschlechtersensible Kinder- und Jugendhilfe?

Die seit einiger Zeit stattfindende Diskussion über Gender Mainstreaming lässt auch in der Kinder- und Jugendhilfe neue Fragestellungen und Zielsetzungen entstehen. Die Strategie des Gender Mainstreaming stammt aus der weltweiten Frauenbewegung und wurde auf der Weltfrauenkonferenz in Peking 1995 als Leitprinzip für alle Regierungen und Organisationen festgeschrieben. Mit der Idee des Gender Mainstreaming ist das Ziel verbunden, schon durch den Begriff zu verdeutlichen, dass Gleichberechtigung ein gemeinsames Projekt von Frauen und Männern ist und nicht allein durch Frauenförderung erreicht werden kann. Dem zugrunde liegen die Erfahrungen der Frauenbewegung, die zuvor gezeigt haben, dass Fördermaßnahmen für Frauen oft ein Nischendasein am Rande der offiziellen Politik und Verwaltung führen und Frauen vielfach weiterhin benachteiligt werden. Um die Chancengleichheit der Geschlechter in allen EU-Mitgliedsstaaten durchzusetzen, verpflichtete sich die Europäische Union durch die EU-Verträge (Artikel 2 und 3) und durch die Charta der Grundrechte der Europäischen Union (Artikel 23 Nr. 1) im Jahr 1996 dem Gender Mainstreaming. Das Ziel dabei ist, Gender Mainstreaming auf allen Aktionsfeldern zu berücksichtigen. Diesen Grundsatz hat sich auch die Bundesregierung in ihrer Stellungnahme zum Elften Kinder- und Jugendbericht zu eigen gemacht, indem sie herausstellt: »dass Gender Mainstreaming – wie in allen anderen Politikfeldern – auch in der Kinder- und Jugendhilfe handlungsleitend sein soll« (Bundesministerium für Familie, Senioren, Frauen und Jugend 2002 a: 6). Im Elften Kinder- und Jugendbericht wird eine differenzierte geschlechtsspezifische Sichtweise von allen Akteuren, auf allen Ebenen und für alle Entscheidungsprozesse gefordert. Die besonderen Lebenslagen von Mädchen und Jungen sollen überall berücksichtigt, Angebote und Einrichtungen der Kinder- und Jugendhilfe geschlechtsgerecht ausgerichtet und Mädchen- und Jungenarbeit gefördert und evaluiert werden (vgl. Rohrmann 2003).

Mit der Strategie des Gender Mainstreaming soll also die gesellschaftliche Situation von Mädchen/Frauen und Jungen/Männern in den Blick genommen und nach Wegen gefragt werden, wie Gleichberechtigung in der Kinder- und Jugendhilfe hergestellt werden kann. Und nicht nur in der politischen Diskussion, sondern auch gesetzlich ist die Verpflichtung, die unterschiedlichen Lebenslagen von Mädchen und Jungen in der Kinder- und Jugendhilfe zu berücksichtigen, fest verankert: Nach § 9 (3) KJHG hat die Kinder- und Jugendhilfe ihre Angebote und die Wahrnehmung ihrer Aufgaben so auszugestalten, dass Benachteiligungen abgebaut werden und die Gleichberechtigung von Mädchen und Jungen gefördert wird. Gender Mainstreaming ist also ein durchgängiger Handlungs- und Gestaltungsauftrag, der beinhaltet, dass es sowohl Strukturen und spezielle Angebote für Mädchen und Jungen zur Verwirklichung dieses Zieles geben muss als auch eine grundlegende Reflexion von Konzepten und Praxis aller Kinder- und Jugendhilfeangebote in Bezug auf ihre Leistungsfähigkeit hinsichtlich dieser Zielvorgabe. Auch bei Leistungsbeschreibungen, Qualitätsentwicklungskonzepten, in der Jugendhilfeplanung und in der Förderpolitik muss diese gesetzliche Vorgabe Berücksichtigung finden: »Eingeleitet und umgesetzt werden müssen Prozesse, die dazu führen, dass alle Ebenen, Entscheidungen und Maßnahmen im Rahmen der Kinder- und Jugendhilfe darauf überprüft werden, welche Auswirkungen sie auf Mädchen und Jungen haben und so verändert werden, dass sie aktiv zur Gleichstellung beitragen« (vgl. Senatsverwaltung Berlin 2005: 21/22). Gender Mainstreaming ist bisher allerdings hauptsächlich eine politische und administrative Strategie. In der Praxis der Kinder- und Jugendhilfe zeigt sich, wie schwierig es ist, diese Strategie umzusetzen (vgl. Helming/Schäfer 2006). Wie wenig selbstverständlich eine geschlechtersensible Perspektive in der sozialen Arbeit insgesamt und in der Kinder- und Jugendhilfe ist, wird durch Studien und Tagungen immer wieder belegt (vgl. z.B. Simmel-Joachim/Schäfer 2005; Jugendhof Steinkimmen/Niedersächsisches Landesjugendamt/Niedersächsisches Förderprogramm »Lebensweltbezogene Mädchenarbeit« 2003; oder auch www.dji.de/kjhgender). »Was Gender Mainstreaming in der konkreten Praxis der Kinder- und Jugendhilfe genau bedeuten kann, ist nicht festgelegt. Hierzu gibt es verschiedene Ansichten, über die im Moment diskutiert und gestritten wird. Bedeutet es, überall Mädchen- und Jungengruppen anzubieten, damit beide Geschlechter ein speziell auf sie zugeschnittenes Angebot bekommen? Oder bedeutet es im Gegenteil, dass es solche Angebote überhaupt nicht mehr braucht, weil jetzt überall darauf geachtet wird, kein Geschlecht zu benachteiligen? Im Moment ist dies noch weitgehend Ansichtssache, da es keine verbindlichen Kriterien für die Umsetzung von Gender Mainstreaming gibt.« (Rohrmann 2003)

Anhand der Ergebnisse aus der Jugendamts-, Einrichtungs- und Jugendringbefragung wird deutlich, dass die Ziele des Gender Mainstreaming zum Beispiel in den Bereichen Fortbildung oder Jugendhilfeplanung noch keine besondere Rolle spielen bzw. in diesen Bereichen noch nicht geschlechtersensibel vorgegangen wird. Auch der strukturelle Blick auf die Geschlechterverteilung hinsichtlich der Personalsituation sowie auf die unterschiedliche Nutzung der Angebote von Jungen und Mädchen zeigt die Notwendigkeit des Nachdenkens über geschlechtsbezogene Zusammenhänge in den Institutionen und Gruppen.

15.1 Geschlechterverteilung bei den Fachkräften in der Kinder- und Jugendhilfe

In der Kinder- und Jugendhilfe sind mehr Frauen als Männer als hauptamtliche Fachkräfte tätig, was nicht zuletzt darauf zurückzuführen ist, dass die meisten Tätigkeiten in der Kinder- und Jugendhilfe typische Merkmale der klassischen Frauenberufe aufweisen. Den typischen Frauenberufen wird häufig eine geringere Wertigkeit zugesprochen, weil sie als familiennah gelten bzw. soziale Kompetenzen erfordern, die man auch für die Familienarbeit braucht. Hinzu kommt, dass die Tätigkeitsprofile häufig sehr diffus sind und Tätigkeitsbeschreibungen (wie z. B. »Umgang mit Kindern«) gewählt werden, die den Eindruck erwecken, als bräuchte man für diese Aufgaben keine spezielle Ausbildung. Diese Zuschreibungen sowie die ungleiche Repräsentanz von Männern und Frauen in den ausdifferenzierten Arbeitsfeldern der Kinder- und Jugendhilfe gilt es zu reflektieren. Im Sinne des Gender Mainstreaming ist es unverzichtbar, sich in der Aus-, Fort-, und Weiterbildung damit auseinanderzusetzen, »was für die weiblichen und männlichen MitarbeiterInnen (a) bezüglich ihres beruflichen Selbstverständnisses und (b) bezüglich der Organisationsstruktur daraus folgt, dass sie als Frauen und als Männer in einem klassischen Frauenberuf erwerbstätig sind« (Scherr 2002).

Die Daten der Kinder- und Jugendhilfestatistik (vgl. Abb. 15.1) zeigen eine unterschiedliche Geschlechterverteilung in den verschiedenen Arbeitsfeldern der Kinder- und Jugendhilfe. In dem Arbeitsfeld »Kindertagesbetreuung« arbeiten fast ausschließlich Frauen. Da es sich hierbei um das quantitativ größte Arbeitsfeld handelt, macht es einen Unterschied, ob man dieses Arbeitsfeld mit einbezieht, wenn das Geschlechterverhältnis der Fachkräfte für die Kinder- und Jugendhilfe insgesamt betrachtet wird (vgl. Abb. 15.1).

Abb. 15.1: Personal in der Kinder- und Jugendhilfe differenziert nach Geschlecht, 2002

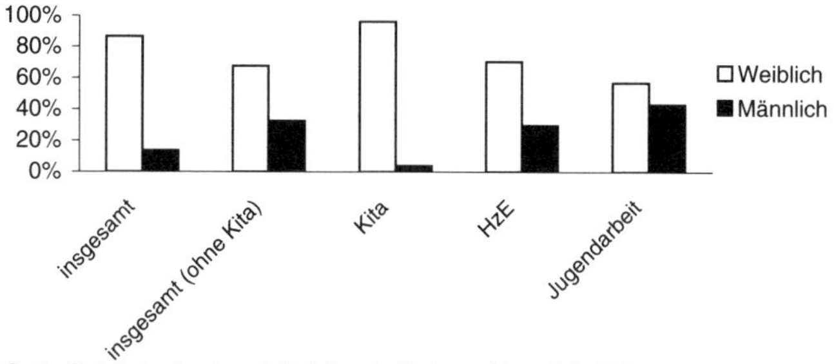

Quelle: Statistisches Bundesamt: Statistiken der Kinder- und Jugendhilfe 2002 - Einrichtungen und tätige Personen in der Jugendhilfe

Im Arbeitsfeld »Jugendarbeit« sind im Vergleich mit den anderen Arbeitsfeldern der Kinder- und Jugendhilfe die meisten Männer (43 %) beschäftigt. Betrachtet man ergänzend dazu die Ergebnisse der Jugendringbefragung, wird deutlich, dass der Männeranteil an hauptamtlich Beschäftigten in den Jugendringen mit insgesamt 36 % etwas niedriger ist als in der Jugendarbeit insgesamt, aber im Vergleich zu anderen Arbeitsfeldern der Kinder- und Jugendhilfe – wie zum Beispiel dem Arbeitsfeld der Kindertagesbetreuung (Männeranteil 4 %) – noch durchaus viele Männer beschäftigt sind. Der durchschnittliche Frauenanteil an Hauptamtlichen in den Jugendringen liegt bei insgesamt 64 %, womit es sich auch bei den Jugendringen um ein von Frauen dominiertes Berufsfeld handelt.

Im Bereich der »Hilfen zur Erziehung« sind ungefähr zwei Drittel der hauptamtlich Beschäftigten Frauen. Im Arbeitsfeld der Hilfen zur Erziehung gibt es also im Vergleich zu anderen Arbeitsfeldern der Kinder- und Jugendhilfe einen relativ großen Männerteil.

Da die Kinder- und Jugendhilfe insgesamt vorwiegend ein weibliches Berufsfeld darstellt und die Vereinbarkeit von Familie und Beruf noch überwiegend eine von Frauen zu bewältigende Aufgabe ist, kann ein hoher Anteil an Teilzeitbeschäftigten vermutet werden. Tatsächlich sind in den Einrichtungen der Kinder- und Jugendhilfe insgesamt ungefähr die Hälfte aller Beschäftigten Teilzeitbeschäftigte (vgl. Statistisches Bundesamt 2004 b). Gleichzeitig darf aber, trotz des Vorteils, den eine Teilzeitbeschäftigung für manche Frauen hat, nicht außer Acht gelassen werden, dass mit der Vergabe von Teilzeitstellen auch Nachteile verbunden sein können. Zum Beispiel sind Teilzeitbeschäftigte bei der Teilnahme an Fortbildungen strukturell benachteiligt (vgl. Kap. 18). Hinzu kommt, dass es sich bei den meisten Berufen in der Kinder- und Jugendhilfe um sogenannte

Sackgassenberufe handelt, was heißt, dass es kaum Aufstiegs- oder Weiterentwicklungsmöglichkeiten gibt.

Leitungsstellen in der Kinder- und Jugendhilfe sind dagegen überproportional häufig von Männern besetzt. Dies zeigt sich zum Beispiel, wenn man die Geschlechterverteilung bei den Jugendamtsleitungen ansieht (vgl. Tab. 15.1). Wie unterschiedlich die Besetzung der Leitungsstelle im Jugendamt aber regional aussehen kann, zeigen diesbezüglich die seit Beginn der 90er Jahre bestehenden Unterschiede zwischen Ostdeutschland und Westdeutschland: Im Osten hatte die Jugendamtsleitung im Gegensatz zum Westen bislang eher eine Frau inne.

Tab. 15.1: Geschlecht der Jugendamtsleitung

	1992		1995		2000		2004	
JugendamtsleiterIn	Ost	West	Ost	West	Ost	West	Ost	West
weiblich	54 %	19 %	43 %	16 %	54 %	17 %	29 %	25 %
männlich	46 %	81 %	57 %	84 %	46 %	83 %	71 %	75 %

Quelle: DJI-Jugendamtserhebungen 1992/93, 1996, 2000, 2004

Die Befunde der aktuellen Erhebung (vgl. Tab. 15.1) zeichnen für die letzten Jahre ein Bild der Angleichung zwischen Ost und West. So zeigt sich derzeit hinsichtlich der Geschlechterverteilung bei JugendamtsleiterInnen zwischen Ost und West erstmals kein Unterschied mehr. Auch in Ostdeutschland ist nur noch lediglich ein Viertel der Jugendamtsleitungen mit einer Frau besetzt. Im Westen ist der entsprechende Anteil dagegen etwas gestiegen.

Obwohl häufig diskutiert und erwähnt wird, dass es sich in der Kinder- und Jugendhilfe um ein Arbeitsfeld für Frauen handelt, wird wenig diskutiert, was diese Geschlechterverteilung für die alltägliche Handlungspraxis und die Arbeit mit den Adressaten eigentlich bedeutet (vgl. hierzu Helming 2006).

15.2 Fortbildungen zur Strategie des Gender Mainstreaming

In der Kinder- und Jugendhilfe gilt die Strategie des Gender Mainstreaming – wie in anderen Arbeitsbereichen auch – als ein querliegender Arbeitsansatz, der in allen Handlungsfeldern angewendet werden soll. Vor dem Hintergrund der aktuellen Fachdiskussion wurde in der Jugendamtsbefragung erhoben, zu welchen Querschnittsthemen die Jugendämter einen Fortbildungsbedarf sehen und ob Fortbildungen durchgeführt wurden. Bereits ein Blick auf

Tabelle 15.2 zeigt, dass je nach Querschnittsthema der Bedarf an Fortbildungen sehr unterschiedlich eingeschätzt wird. Dies widerspricht insofern den Erwartungen, dass alle Querschnittsthemen für das gesamte Personal des Jugendamts von Interesse sein müssten und damit Fortbildungen zu Querschnittsthemen für mehr Personen relevant und in mehr Handlungsfeldern verwertbar sein sollten.

Tab. 15.2: Bedarf an Fortbildungen und deren Durchführung im Bereich von querliegenden Themen (Jugendämter)

Themen	Bedarf	Realisiert
Inhaltliche/methodische Arbeit	60 %	49 %
Sozialraumorientierung	54 %	39 %
Medienkompetenz	29 %	26 %
Interkulturelle Arbeit	26 %	18 %
Gender Mainstreaming	14 %	15 %

Quelle: DJI-Jugendamtserhebung 2004

Gender Mainstreaming ist das querliegende Thema, dem im Rahmen von Fortbildungen am wenigsten Aufmerksamkeit geschenkt wird. Vor dem Hintergrund der institutionellen Bedeutung, die Gender Mainstreaming durch die EU und die nationalen Umsetzungsbestrebungen erhalten hat, verblüfft der geringe Fortbildungsbedarf. Schließlich handelt es sich bei der Umsetzung von Gender Mainstreaming nicht um ein einfaches Konzept, sondern um komplexe Anforderungen, die eine ganze Reihe von organisatorischen, strukturellen und auch fachlichen Veränderungen provozieren werden. Fortbildungsbedarf besteht also zum einen aus der übergeordneten Perspektive, aber zum anderen zum Beispiel auch, wenn man die unterschiedliche Inanspruchnahme der Jugendhilfeangebote durch Jungen und Mädchen betrachtet. So können die unterschiedlichen Inanspruchnahmequoten zum Beispiel durch das geschlechtsspezifische Verhalten der Adressaten oder aber auch durch geschlechtsspezifische Zuschreibungen vonseiten der Fachkräfte bzw. durch die öffentliche Interaktion bedingt sein. Durch Fortbildungen können sich Fachkräfte der Jugendhilfe für solche Prozesse sensibilisieren.

15.3 Unterschiedliche Inanspruchnahme der Hilfen zur Erziehung von Jungen und Mädchen

Die unterschiedlichen Angebote der Kinder- und Jugendhilfe werden nicht alle in gleichem Maße von Mädchen und Jungen in Anspruch genommen. Dies zeigen etwa die Inanspruchnahmequoten der ambulanten Hilfen; hier weist die Geschlechterverteilung der Adressaten in den unterschiedenen Hilfeformen relativ große Differenzen auf. In den stationären Hilfen ist die Geschlechterverteilung ausgeglichener, obwohl es auch im Rahmen der Heimerziehung und beim betreuten Einzelwohnen klare Geschlechtsunterschiede gibt. So sind die Anteile von Mädchen und Jungen bei der Verwandten- und Fremdpflege gleich groß und auch bei betreuten Wohngemeinschaften ist das Geschlechterverhältnis nahezu ausgeglichen. Eine Überrepräsentation von Jungen existiert in Heimen (männlich: 56 %; weiblich: 44 %), eine deutliche Unterrepräsentation im betreuten Einzelwohnen (männlich: 40 %; weiblich: 60 %). Inobhutnahme nehmen deutlich mehr Kinder und Jugendliche weiblichen (56 %) als männlichen Geschlechts (44 %) in Anspruch.

Tab. 15.3: Inanspruchnahme der Angebote nach Geschlecht

	Jungen	Mädchen
Verwandten- u. Fremdpflege	50 %	50 %
Betreute Wohngemeinschaft	48 %	52 %
Heim	56 %	44 %
Inobhutnahme	44 %	56 %
Betreutes Einzelwohnen (eigene Wohnung)	40 %	60 %
Intensive sozialpäd. Einzelbetreuung	60 %	40 %
Erziehungsbeistandschaft	61 %	39 %
Tagesgruppe	75 %	25 %
Betreuungshilfe	74 %	26 %
Soziale Gruppenarbeit	78 %	22 %

Quelle: Statistik der Kinder- und Jugendhilfe Teil I, 4.1 Beginn der Hilfe zur Erziehung außerhalb des Elternhauses, Arbeitsunterlage; eigene Berechnungen

Die ambulanten Hilfen, die sich nicht an die gesamte Familie, sondern vordergründig gezielt an Kinder und Jugendliche richten, wie die Erziehungsbeistandschaft oder die soziale Gruppenarbeit, haben eine überwiegend männliche Klientel. So sind die Adressaten der Erziehungsbeistandschaft zu 61 % und die der Betreuungshilfe zu 74 % männlichen Geschlechts. Dies überrascht nicht, weil die Betreuungshilfe überwiegend straffälligen Jugendlichen mit bestimmten Deliktarten »auferlegt« wird, die wiederum in der großen Mehrzahl von Jungen/Männern begangen werden. Die Geschlechterverteilung bei der Erziehungsbeistandschaft zeigt, dass Probleme mit Töchtern in Familien offenbar eher im »Privaten« gelöst werden, während bei Problemen mit Söhnen auch außerhalb der Familie Unterstützung gesucht wird. Hinzu kommt, dass das Problemverhalten der Jungen stärker als das der Mädchen nach außen gerichtet ist, das heißt, sich auch außerhalb des Familienkreises bemerkbar macht. Dies wiederum führt dazu, dass öffentliche Institutionen wie zum Beispiel das Jugendamt eher von der Notwendigkeit einer Hilfe überzeugt sind oder davon überzeugt werden können. Auch die meisten Kinder und Jugendlichen in Tagesgruppen sind männlichen Geschlechts (73 %). Ähnlich wie bei dem großen geschlechtsspezifischen Unterschied bei der Inanspruchnahme von Erziehungsbeistandschaften kommt vermutlich auch hier zum Tragen, dass Jungen auf Probleme stärker mit nach außen gerichtetem auffälligem Verhalten reagieren, während bei Mädchen ein eher nach innen gerichtetes Verhalten zu beobachten ist (z.B. Autoaggression), das für die soziale Umwelt nicht so schnell ein Problem darstellt. Der Anteil männlicher Adressaten in der sozialen Gruppenarbeit ist mit 81 % der höchste Jungenanteil im Vergleich zu allen anderen ambulanten und stationären Erziehungshilfen. Dieses Ergebnis wie auch die durchschnittliche Dauer sozialer Gruppenarbeit von acht Monaten bei den männlichen Adressaten – gegenüber 13,2 Monaten bei den weiblichen Adressaten – könnten als Indiz dafür verstanden werden, dass soziale Gruppenarbeit insbesondere bei den männlichen Jugendlichen in vielen Fällen wohl doch eher als »justiznahe« Hilfeform Verwendung findet. Von nahezu allen Autoren wird jedoch eine Abgrenzung zu den sozialen Trainingskursen gefordert.

Ein bemerkenswerter geschlechtsspezifischer Unterschied zeigt sich bei der intensiven sozialpädagogischen Einzelbetreuung (ISE) hinsichtlich der Staatsangehörigkeit der Adressaten. Die ISE wird insgesamt häufiger von Jungen in Anspruch genommen. Betrachtet man allerdings nur die nicht-deutschen Adressaten, liegt der Anteil der nicht-deutschen weiblichen Adressaten (13 %) vier Prozentpunkte über dem entsprechenden Anteil bei den männlichen Adressaten (9 %). Dies könnte darauf hindeuten, dass ISE in einigen Jugendämtern als besonders geeignete Form erscheint, Ablösungs- und Verselbstständigungsprozesse von Mädchen und jungen Frauen ausländischer Herkunft zu unterstützen.

Bei einer zusammenfassenden Betrachtung der zum Teil erheblichen geschlechtsspezifischen Unterschiede bei der Inanspruchnahme der Hilfen zur Erziehung ist es verwunderlich, dass eine Auseinandersetzung mit den spezifischen Sozialisationsbedingungen der Geschlechter im Alltag der Erziehungshilfen noch nicht selbstverständlich ist (vgl. hierzu auch Hartwig 2004). »Um zu geschlechtersensiblen und -reflektierten Angeboten für die Jugendlichen zu gelangen, ist eine genaue Kenntnis und Analyse geschlechterbezogener Ungleichheiten in der Gesamtgesellschaft und in den jeweiligen Feldern notwendig. Dies setzt eine Organisationsentwicklung und ein umfassendes Lernen voraus, das zuerst auf der Ebene des Personals stattfinden muss, um dann an die Zielgruppe der Jugendlichen weitergegeben werden zu können« (Frauenakademie München 2005).

15.4 Geschlechtsspezifische Aussagen in der Jugendhilfeplanung

Der Gesetzgeber formuliert in § 9 (3) KJHG, dass die unterschiedlichen Lebenslagen von Jungen und Mädchen bei der Ausgestaltung der Leistungen und der Erfüllung der Aufgaben zu berücksichtigen sowie Benachteiligungen abzubauen sind und dass die Gleichberechtigung von Jungen und Mädchen zu fördern ist. Ein Ort in der Jugendhilfe, wo diese gesetzliche Vorgabe systematisch bearbeitet werden müsste, ist die Jugendhilfeplanung, denn im Rahmen der Planung werden Lebenslagen und Bedarfe analysiert. Um einen Eindruck zu erhalten, inwiefern in der Jugendhilfeplanung eine geschlechtersensible Perspektive eingenommen wird, wurde in der Jugendamtsbefragung nach entsprechenden Aussagen in den Planungsbereichen gefragt.

Es zeigt sich, dass geschlechtsspezifische Aussagen in der Jugendhilfeplanung in den meisten Arbeitsbereichen bisher noch nicht selbstverständlich sind.

Für den Arbeitsbereich Kindertagesstätten gibt es in nahezu allen Jugendämtern Jugendhilfepläne. Abschnitte mit geschlechtsspezifischen Aussagen sind jedoch selten. Seit der letzten Erhebung sind hier kaum Veränderungen festzustellen; schon im Jahr 2000 zeigte sich, dass die fachliche Diskussion zur Geschlechterdifferenzierung bisher keinen Eingang in den Vorschulbereich gefunden hat. Nach Blank-Mathieu (2005) liegt dies daran, dass Gender Mainstreaming im Kindergarten häufig als unnötig angesehen wird. Viele ErzieherInnen versuchen, Kinder möglichst geschlechtsneutral zu erziehen, weil sie aufgrund der heute weniger klaren Geschlechterrollen unsicher geworden sind und nicht wissen, auf welches Verständnis von »Weiblichkeit« und »Männlichkeit« sie die Kinder vorbereiten sollen. Die Arbeit mit Jungen und Mädchen im Kindergarten ist für die ErzieherInnen insofern eine große Herausforderung: Es muss herausgefunden werden, welchen Weg Jungen und Mädchen bereits zurückgelegt haben, wie die unterschiedlichen Erfahrungen in das Selbstverständnis der Kinder eingeflossen sind, wie die unterschiedlichen Familienverhältnisse und kulturellen Hintergründe weiterwirken und das entwickelte Verständnis von Geschlecht verfestigen.

Nicht zuletzt müssen aber auch die Fachkräfte selbst ihre Lebensgeschichte reflektieren, da auch ihre Erfahrungen und Vorstellungen von männlichen und weiblichen Verhaltensweisen in den Umgang mit den Kindern einfließen (vgl. Blank-Mathieu 2005).

Im Bereich der Jugendarbeit finden geschlechtsspezifische Besonderheiten in den Planungsansätzen am häufigsten Berücksichtigung (vgl. Tab. 15.4). Dies ist nicht verwunderlich, weil schon seit den 1970er Jahren insbesondere in der Jugendarbeit Angebote und Konzepte der Mädchenarbeit diskutiert wurden. Erstaunlich ist dagegen eher, dass noch immer über ein Drittel der Jugendämter im Bereich der Jugendarbeit keine mädchenspezifischen Aussagen zur Jugendhilfeplanung machen und sich mädchenspezifische Arbeit deshalb wahrscheinlich bisher in vielen Jugendamtsbezirken noch nicht durchgesetzt hat. Seit den 1980er Jahren wird auch die Jungenarbeit als Ansatz in der Jugendarbeit diskutiert. Aber auch bei diesem Ansatz mangelt es an der Umsetzung (vgl. Puchert/Höyng 2004). Jungenspezifische Aussagen in der Jugendhilfeplanung gibt es in Westdeutschland signifikant häufiger als in Ostdeutschland (Ost: 29 %; West: 57 %).

Betrachtet man die geschlechtsspezifischen Aussagen in der Jugendhilfeplanung im Längschnittsvergleich, sind die mädchenspezifischen Aussagen in allen Arbeitsbereichen – außer in der Jugendarbeit – seit dem Jahr 2000 zurückgegangen. Insbesondere in dem Arbeitsbereich der Hilfen zur Erziehung, den Beratungsstellen sowie in den Abschnitten für die Hilfen der jungen Volljährigen haben die geschlechtsspezifischen Aussagen erheblich abgenommen. Der Rückgang mädchenspezifischer Aussagen bezieht sich allerdings nur auf die westdeutschen Jugendämter, die ostdeutschen hingegen geben für die meisten Arbeitsbereiche häufiger an, mädchenspezifische Aussagen in der Jugendhilfeplanung zu verfolgen. Darüber, ob jungenspezifische Aussagen häufiger oder seltener getroffen werden, kann keine Aussage gemacht werden, weil zum ersten Mal nach jungenspezifischen Aussagen in der Jugendhilfeplanung gefragt wurde. Erkennbar wird in der aktuellen Erhebung allerdings, dass die Jugendämter, die angeben, mädchenspezifische Aussagen in ihrer Jugendhilfeplanung zu machen, in der Regel auch diejenigen sind, die jungenspezifische Aussagen treffen.

Ein tendenzieller Rückgang geschlechtsspezifischer Aussagen in Jugendhilfeplänen, zum Beispiel im Bereich der Hilfen zur Erziehung, erstaunt besonders vor dem Hintergrund der quantitativ sehr unterschiedlichen Nutzung der einzelnen Hilfeformen durch Jungen und Mädchen. Gerade bei der Planung der Angebote müsste an die Bedürfnisse der Mädchen und Jungen angeknüpft werden und es müssten geschlechtsbezogene Handlungskonzepte entwickelt werden, da auch Probleme von Kindern und Jugendlichen geschlechtsspezifisch sind (vgl. Hartwig 2004).

Tab. 15.4: Jugendhilfeplanung und geschlechtsspezifische Aussagen

	Vorhanden	Ost	West
In JHP Abschnitte zu Kindertageseinrichtungen?	91 %	97 %	88 %
davon mädchenspezifische Aussagen	16 %	13 %	17 %
davon jungenspezifische Aussagen	13 %	10 %	15 %
In JHP Abschnitte zur Jugendarbeit?	79 %	97 %*	70 %*
davon mädchenspezifische Aussagen	63 %	61 %	64 %
davon jungenspezifische Aussagen	45 %	29 %*	57 %*
In JHP Abschnitte zu Hilfen zur Erziehung?	71 %	78 %	68 %
davon mädchenspezifische Aussagen	35 %	32 %	37 %
davon jungenspezifische Aussagen	30 %	24 %	34 %
In JHP Abschnitte zu Beratungsstellen?	52 %	66 %	45 %
davon mädchenspezifische Aussagen	23 %	10 %	34 %
davon jungenspezifische Aussagen	19 %	10 %	26 %
In JHP Abschnitte zur Jugendgerichtshilfe?	38 %	47 %	33 %
davon mädchenspezifische Aussagen	29 %	27 %	30 %
davon jungenspezifische Aussagen	31 %	27 %	35 %
In JHP Abschnitte zu Jugendschutz?	38 %	53 %*	30 %*
davon mädchenspezifische Aussagen	34 %	29 %	39 %
davon jungenspezifische Aussagen	31 %	29 %	33 %
In JHP Abschnitte zur Jugendberufshilfe?	35 %	50 %*	27 %*
davon mädchenspezifische Aussagen	34 %	13 %	56 %*
davon jungenspezifische Aussagen	22 %	0 %	44 %*
In JHP Abschnitte zu junge Volljährige?	28 %	41 %	22 %
davon mädchenspezifische Aussagen	15 %	8 %	23 %
davon jungenspezifische Aussagen	8 %	8 %	8 %
In JHP Abschnitte zu § 35 a KJHG	26 %	44 %*	17 %*
davon mädchenspezifische Aussagen	13 %	14 %	10 %
davon jungenspezifische Aussagen	13 %	14 %	10 %

* Unterschied zwischen Ost und West statistisch signifikant

Quelle: DJI-Jugendamtserhebung 2004

15.5 Fazit: Die Strategie des Gender Mainstreaming – es fehlt an der Umsetzung

Gender Mainstreaming ist als Querschnittsaufgabe in der Kinder- und Jugendhilfe fest verankert. Die Strategie des Gender Mainstreaming wird auf der programmatischen Ebene nahezu unbestritten befürwortet, weil sie in der Kinder- und Jugendhilfe die Chance bietet, die biografischen Handlungsoptionen für Jungen und Mädchen zu erweitern, um die gleichberechtigte Teilhabe in allen gesellschaftlichen Bereichen, unabhängig von der Geschlechtszugehörigkeit, zu ermöglichen (vgl. Brommer 2002).

Die Qualität der Genderdebatte besteht bisher aber lediglich in der Thematisierung der Geschlechterfrage (vgl. Gäs-Zeh/Tiltmann 2004) und nicht in der konsequenten Umsetzung. Die Daten der Jugendamtsbefragung zeigen, dass weder bei der Jugendhilfeplanung noch im Rahmen von Fortbildungen besonders häufig auf eine geschlechtersensible Perspektive geachtet wird. Die mangelnde Berücksichtigung der Kategorie Geschlecht in der Kinder- und Jugendhilfe hängt mit Sicherheit auch damit zusammen, dass (noch) weitgehend unklar ist, was Gender Mainstreaming für das fachliche Handeln im konkreten Arbeitsalltag bedeutet.

16 Jugendhilfehaushalte zwischen Mangel und Überfluss?

Eine Erhebung kommunaler Finanzdaten anhand einer in der jeweiligen Untersuchung festgelegten Systematik ist mit erheblichen Unsicherheiten verbunden. Dies liegt zu einem wesentlichen Teil daran, dass die Kommunen ihr Recht auf kommunale Selbstverwaltung auch dahingehend nutzen, ihre Haushaltspläne und die Zuordnung von Aufgaben zu Haushaltsstellen ihren jeweiligen Besonderheiten anzupassen. Die auf Länderebene entwickelten Haushaltsystematiken dienen eher als Orientierungsrahmen für den Aufbau der Haushaltspläne denn als Basis für eine Vergleichbarkeit von Haushaltszahlen. Die Veränderungen im Rahmen der Verwaltungsmodernisierung sowie der langsame, aber inzwischen mehr oder weniger für alle Kommunalverwaltungen beschlossene Übergang von einem kameralistischen System hin zur Doppik wird in den nächsten Jahren die Unschärfen beim Vergleich von Haushaltszahlen zwischen den Kommunen noch verstärken. Auch wird es schwieriger werden, Entwicklungstrends zu beschreiben. Denn bei den Umstellungen kann es einerseits zu erheblichen Verschiebungen kommen und andererseits ist der Vergleich von kameralen Haushalten mit solchen, die gemäß den Prinzipien der Doppik aufgestellt sind, sinnlos. Das Problem des Wechsels von Kameralistik zur kaufmännischen Buchführung berührt die Daten für die Jahre bis 2003 noch nicht. Es gibt jedoch bereits jetzt erhebliche Unterschiede dahingehend, wie Personalausgaben zugeordnet werden (z.T. dem Jugendhilfeetat, z.T. dem allgemeinen Stellenplan) oder welche Ausgaben als Sachmittel bezeichnet werden. Darüber hinaus gibt es je nach Bundesland unterschiedliche Finanzierungsregelungen, die ebenfalls die absolute Höhe des Jugendhilfeetats beeinflussen. Aus diesen Gründen werden für die Darstellung der Finanzentwicklung nicht absolute Beträge, sondern Relationen zwischen einzelnen Haushaltsposten und Jahren verglichen. So erhält man verlässliche Daten über die Entwicklung, ohne dabei zu sehr Gefahr zu laufen, Dinge zu vergleichen, die nicht zu vergleichen sind.

Ein erster Indikator für die Schwierigkeiten, die Jugendämter dabei haben, valide Haushaltsdaten anzugeben, ist die Anzahl der fehlenden Daten. In dieser Erhebung hat bezogen auf die einzelnen Jahre jeweils ein Drittel der Jugendämter keine oder nur unvollständige Angaben zum Gesamtetat gemacht. Bei Angaben zu einzelnen Haushaltsgruppen, wie Höhe der Entgelte für Hilfen zur Erziehung, steigt die Missingrate auf bis zu über 60 %.

Ein zweiter Indikator für die Güte der Daten liefert der Vergleich der angegebenen Höhe des Gesamtetats des Jugendamts mit der Summe der Ausgaben für Personal und Sachmittel. Bezogen auf die Jahre 2001, 2002 und 2003 stimmen die Daten bei 87 % der Jugendämter überein. Je nach Jahr ist bei 3 % bis 5 % der Jugendämter der Gesamtetat niedriger als die Summe der Teiletats. Dies liegt möglicherweise daran, dass die Personalkosten bei den im Haushaltsplan ausgewiesenen Gesamtausgaben für Jugendhilfe – also in dem entsprechenden Teilplan des Haushalts – nicht vollständig erfasst sind, bei den Angaben zu den jugendhilfebezogenen Personalkosten jedoch die Ausgaben, die im Haushaltsplan den allgemeinen Personalausgaben zugeordnet sind, hinzugerechnet wurden. Bei 10 % der Jugendämter ist der Gesamtetat höher als die Summe der Einzelangaben. Dies ist nach unseren telefonischen Recherchen darauf zurückzuführen, dass in einigen Kommunen Sachausgaben ausschließlich auf Kosten wie Miete, Fahrzeugkosten etc. bezogen werden.

16.1 Trendumkehr

Seit ein paar Jahren leiden Kommunen wie die öffentliche Hand insgesamt unter einer chronischen Unterfinanzierung. Die Ausgaben der Kommunen sind nach den Statistiken des Deutschen Städtetags (siehe www.sozialpolitik-aktuell.de/docs/2/tab/tabII9.pdf) seit dem Jahr 2000 von 120,5 Mrd. Euro auf 124,8 Mrd. Euro im Jahr 2003 gestiegen. Im selben Zeitraum sanken die Einnahmen von 121,4 Mrd. Euro auf 115,9 Mrd. Euro. Der Anteil der Ausgaben für soziale Leistungen an allen kommunalen Ausgaben ist von 19,5 % im Jahr 2000 auf 21,0 % im Jahr 2003 gestiegen. Der Anteil für Sachinvestitionen ist dagegen im selben Zeitraum um 2,6 Prozentpunkte gesunken. Vor diesem Hintergrund und der nach wie vor vorhandenen Einnahmeschwäche auf der kommunalen Ebene ist es nicht erstaunlich, wenn sich auch in der Kinder- und Jugendhilfe die relativ hohen Zuwachsraten der vergangenen Jahre nicht fortführen lassen. In Tabelle 16.1 wird erkennbar, dass sich die Ausgabensteigerung inzwischen auf dem Inflationsniveau bewegt. Offensichtlich ist der Einsparzwang inzwischen auch real in der Kinder- und Jugendhilfe angekommen: Gab es bisher immer noch eine relativ große Diskrepanz zwischen der Stimmung in der Kinder- und Jugendhilfe und den Verlautbarungen über mangelnden Ressourcen auf der einen Seite und den Haushaltszahlen auf der anderen Seite, so ist inzwischen eine Politik der knappen Kassen auch an den Haushaltszahlen erkennbar.

Tab. 16.1: Prozentuale Veränderung des Durchschnitts und des Medians der Gesamthöhe der Haushalte der befragten Jugendämter

	Veränderung in % (1998 auf 1999)	Veränderung in % (1999 auf 2000)	Veränderung in % (2001 auf 2002)	Veränderung in % (2002 auf 2003)
Mittelwert	3,85	5,40	4,4	0,7
Median	7,31	16,47	4,5	1,5

Quelle: DJI-Jugendamtserhebungen 2000, 2004

Wie in früheren Jahren verläuft die Entwicklung in den einzelnen Jugendamtsbezirken höchst unterschiedlich: So kam es im Vergleich der Jahre 2001 zu 2002 bei 18 % der Jugendamtsbezirke zu Haushaltskürzung in einem Umfang bis zu 9,7 % und bei 80 % der Jugendamtsbezirke zu Haushaltssteigerungen von bis zu maximal 42,9 %. Im Vergleich der Jahre 2002 und 2003 stellt sich die Situation so dar: Bei einem Drittel gab es Kürzungen der Gesamtausgaben in einem Umfang von bis zu 18,4 % und bei zwei Dritteln gab es Steigerungen von bis zu 20,9 %. Setzt man diese Entwicklungen in Bezug zu den Einwohnerzahlen, dann wird deutlich, dass es im Vergleich der Jahre 2001 und 2002 keinen Zusammenhang zwischen Bevölkerungsentwicklung und Haushaltsentwicklung gegeben hat; auch lassen sich keine Ost-West- und keine Stadt-Land-Unterschiede erkennen. Die Überprüfung, inwiefern ein Zusammenhang zwischen der Pro-Kopf-Verschuldung im Jahr 2001 und der Veränderung des Jugendhilfeetats im Jahr 2002 bestehen könnte, hat ergeben, dass ein solcher Zusammenhang nicht herstellbar ist.

Fasst man die allgemeine Entwicklung zusammen, so wird deutlich, dass sich die Einsparzwänge der öffentlichen Hand auch in der Kinder- und Jugendhilfe bemerkbar machen, wo in den letzten Jahren noch ein relativ großes Wachstum zu verzeichnen war. Auf der anderen Seite lässt sich kein einfacher Zusammenhang mit verschiedenen Strukturfaktoren wie demografische Entwicklung, Stadt–Land, Ost–West oder Pro-Kopf-Verschuldung herstellen. Wesentlich für die Entwicklung ist auch, dass es nach wie vor sehr große regionale Unterschiede gibt. Der im nächsten Abschnitt vorgenommenen Analyse der Haushalte in den vier Arbeitsfeldern Jugendarbeit, Jugendsozialarbeit, Kindertagesbetreuung und Hilfen zur Erziehung sind Verschiebungen zwischen den einzelnen Bereichen und unterschiedliche Schwerpunktsetzungen je nach Region zu entnehmen.

16.2 Finanzierung einzelner Handlungsfelder

16.2.1 Ausgaben für die Kindertagesbetreuung

Die Ausgaben für die Kindertagesbetreuung lassen sich durch eine Erhebung ausschließlich bei Jugendämtern nur unvollständig beschreiben. Sie variieren im Jahr 2003 je nach Jugendamtsbezirk zwischen 122.000 und 14.338.000 Euro. Die großen Unterschiede erklären sich unter anderem dadurch, dass die Jugendämter je nach den landesspezifischen Regelungen in die Finanzierung von Krippen, Kindergärten, Horten, altersübergreifenden Gruppen sowie anderen Formen der Kindertagesbetreuung in sehr unterschiedlicher Weise involviert sind. Zum Teil beschränkt sich ihr Beitrag auf die Erstattung der Elternbeiträge für Kindergartenplätze bei Familien in sozialen Notsituationen, weil für die Finanzierung der Einrichtungen die kreisangehörigen Gemeinden zuständig sind. In anderen Kommunen wiederum wurde der Bereich Kindertagesbetreuung in ein kommunales Unternehmen (3 %) ausgegliedert oder die Zuständigkeit liegt beim Schulamt. Vor diesem Hintergrund wird auch nachvollziehbar, warum sich der Schuldenstand der Kommune nicht in den Ausgaben zur Kindertagesbetreuung widerspiegelt. Wie nicht anders zu erwarten, zeigt sich ein deutlicher Unterschied zwischen Ost (und West (1,6 %) sowie zwischen Stadt (2,5 %) und Landkreis (hinsichtlich der Veränderungsraten. Wenig überraschend ist auch, dass es einen statistisch signifikanten Zusammenhang zwischen einer Veränderung der Anzahl der unter 12-Jährigen im Jugendamtsbezirk und den Veränderungen der Ausgaben für die Kindertagesbetreuung gibt. Mit anderen Worten: Es existiert ein enger Zusammenhang zwischen den notwendigen Ausgaben und der Anzahl der zu betreuenden Kinder.

Anhand der Ausgaben der Jugendämter für die Kindertagesbetreuung lässt sich für das Jahr 2003 nicht von einem bundesweiten Trend zum Ausbau des Angebots sprechen. Aber wie bereits erwähnt wurde, ist dies aufgrund der Zuständigkeitsregelungen für die Finanzierung der Kindertagesbetreuung auch nicht zu erwarten gewesen. Trotzdem bilden sich die regionalen Unterschiede hinsichtlich des Angebots von institutionellen Betreuungsplätzen auch in den Ausgaben ab. Es ist zu vermuten, dass der Grund für die Ähnlichkeit der Entwicklungen eher in den Veränderungen der Anzahl der Kinder als in dem unmittelbaren Aus- bzw. Abbau des Angebots zu suchen ist. Bei einem knappen Drittel der Jugendamtsbezirke kam es im Vergleich der Jahre 2002 und 2003 zu einer Abnahme der Ausgaben für Kindertagesbetreuung und bei knapp zwei Dritteln zu einer Ausgabensteigerung.

16.2.2 Ausgaben für Hilfen zur Erziehung

Völlig anders als bei der Kindertagesbetreuung werden die Ausgaben zu den Hilfen zur Erziehung zum größten Teil von den Jugendämtern selbst getätigt. Insofern wundert es auch nicht, dass in der Diskussion über Kosteneinsparungen auf der Ebene von Jugendamtsbezirken die Hilfen zur Erziehung im Mittelpunkt stehen. In den untersuchten Jugendamtsbezirken werden zwischen 628.000 und 87.180.000 Euro für den Bereich Hilfen zur Erziehung ausgegeben. Im Vergleich der Jahre 2002 und 2003 stiegen im Durchschnitt die Ausgaben um 2,2 %, im Median sogar um 3,4 %. Ähnlich wie bei den anderen Ausgaben zeigen sich auch hier große regionale Unterschiede: Bei 37 % der Jugendamtsbezirke kommt es zu Ausgabenminderungen und bei 63 % zu Ausgabensteigerungen. Diese Entwicklung steht in keinem statistischen Zusammenhang mit der jeweiligen Veränderung der Anzahl der unter 27-Jährigen oder der Höhe der kommunalen Verschuldung. Der durchschnittliche Ausgabenzuwachs liegt in Westdeutschland (3,3 %) erheblich höher als in Ostdeutschland (0,3 %); ebenso sind die Ausgaben in Landkreisen mit im Durchschnitt 3,2 % deutlicher gestiegen als in kreisfreien Städten mit 0,6 %.

16.2.3 Ausgaben für Jugendarbeit

Die Ausgaben für Jugendarbeit entwickeln sich im regionalen Vergleich sehr viel uneinheitlicher als die Ausgaben in den beiden anderen Arbeitsfeldern. Dies könnte daran liegen, dass es keinen individuellen Rechtsanspruch auf ein bestimmtes Angebot gibt und deshalb Jugendarbeit stärker als andere Aufgabenfelder als Puffer – angesichts der geringen Höhe der Ausgaben meist nur als symbolischer Puffer – für Haushaltsengpässe dient und stark von politischen Stimmungen abhängig ist. Im Durchschnitt haben sich die Ausgaben für Jugendarbeit um 12,9 % erhöht, im Median dagegen nur um 0,3 %. Dies zeigt deutlich die Uneinheitlichkeit der Entwicklung.

Die sehr großen Kürzungs- (bis zu -127 %) und Steigerungsraten (bis zu 618 %) sind zum Teil bedingt durch die kleinen Beträge, die für Jugendarbeit ausgegeben werden. So haben 12 % der Jugendamtsbezirke einen Gesamtetat für Jugendarbeit, der niedriger als 100.000 Euro im Jahr ist. Andererseits haben andere 10 % mehr als 8.000.000 Euro im Jahr 2003 zur Verfügung. Es gibt zwar einen statistischen Zusammenhang zwischen Haushaltshöhe und der Anzahl der 10- bis 27-Jährigen im Jugendamtsbezirk, aber keinen in Bezug auf die Veränderung der Anzahl der 10- bis 27-Jährigen im Vergleich der Jahre 2001 und 2002 und der Haushaltsentwicklung von 2002 auf 2003. Die Ausgabenentwicklung verläuft zwischen Ost- und Westdeutschland sowie zwischen Jugendämtern in kreisfreien Städten und solchen in Landkreisen höchst unterschiedlich. Während in kreisfreien Städten und in Westdeutschland im Durchschnitt eine Steigerung von mehr als 20 % von 2002 auf 2003 stattfand, betrug die Steigerung bei Landkreisen nur 2,7 %, und in Ostdeutschland ist sogar ein Rückgang von zu konstatieren. Stärker als bei den anderen Aufgaben zeigen sich auch bei den Haushalten für Jugendarbeit große regionale Disparitäten. Bei 41 % verringern sich die Ausgaben und bei 50 % steigen sie an.

Ein Vergleich der Ausgaben pro jungen Menschen ist, solange man ausschließlich die Leistungen der Jugendämter betrachtet, nicht sinnvoll, denn die Jugendämter tätigen nach der amtlichen Statistik nur ungefähr die Hälfte der Ausgaben im Bereich Jugendarbeit.

Bei den Kreis- und Stadtjugendringen, als wichtigem Akteur der verbandlichen und offenen Jugendarbeit, wurden ebenfalls ausführlich Daten zur Finanzstruktur erhoben. Die Ergebnisse sind detailliert in dem Bericht »Jugendringe im Visier« (Gragert u.a. 2006) dargestellt. Im Folgenden werden die wichtigsten Ergebnisse der Jugendringbefragung zu den Finanzen knapp zusammengefasst.

Trends hinsichtlich der finanziellen und sächlichen Ressourcenausstattung von Jugendringen zu beschreiben, ist angesichts der großen Heterogenität schwierig. Denn die Gemeinsamkeiten zwischen Organisationen mit einem Jahresetat von null Euro und solchen mit über 21 Mio. Euro sind gering. Trotzdem lassen sich einige generelle Entwicklungen erkennen: Die in vielen Regionen beobachtbare Kürzung der kommunalen Mittel führt zu einer Komplexitätssteigerung für die Jugendringe, denn die Anzahl der unterschiedlichen Geldquellen erhöht sich und beläuft sich inzwischen im Durchschnitt auf sechs bis sieben. Alle diese Quellen müssen entsprechend den jeweiligen Anforderungen gemanagt werden. Für rein ehrenamtliche Organisationen stellt das eine zum Teil kaum zu bewältigende Aufgabe dar. Bisher verlässliche Finanziers, wie zum

Beispiel die Bundesländer, ziehen sich zurück. Die Anzahl der Jugendringe, die mit Hilfe von Sponsoren Einnahmen sichern oder zumindest punktuell verbessern können, ist seit der letzten Erhebung gesunken. Es ist also kein Wunder, dass die Prognose der Jugendringe über die zukünftige Haushaltsentwicklung eher düster ausfällt. Bereits heute kann sich nur die Hälfte der Jugendringe zu der Aussage durchringen, dass die Mittelausstattung den Aufgaben angemessen ist. Ganz offensichtlich ist die Sparwelle auch bei den Jugendringen angekommen. Allerdings werden – wie sich bei der Entwicklung der Jugendamtsetats schon andeutete – nicht alle Jugendringe in gleicher Weise davon getroffen. Denn immerhin ein Viertel der Jugendringe hat noch Haushaltszuwächse.

16.2.4 Ausgaben für Jugendsozialarbeit

Die Jugendsozialarbeit gemäß § 13 KJHG lässt sich in der Praxis vor Ort häufig nur schwer von verschieden Angeboten der Jugendarbeit abgrenzen. So wird Streetwork einmal der Jugendsozialarbeit und einmal der Jugendarbeit zugeordnet. Gleiches lässt sich für die Bereiche Jugendarbeit an Schulen oder für Projekte mit besonderen Zielgruppen sagen. Die Aufgaben der Jugendberufshilfe, die haushaltstechnisch eigentlich auch der Jugendsozialarbeit zuzuordnen sind, werden vielfach gar nicht über den Jugendamtsetat (Braun/ Lex 2005) finanziert. Insofern ist sowohl die große Differenz zwischen den einzelnen Jugendamtsbezirken hinsichtlich der absoluten Beträge (von 100 Euro bis zu 11.462.690 Euro) als auch die große Bandbreite der Veränderungsrate (von bis +2100 %) zumindest teilweise in der Unsicherheit darüber begründet, was denn nun vor Ort der Jugendsozialarbeit zugeordnet wird. Sichtbar wird diese Schwierigkeit auch an der hohen Quote von fehlenden Antworten und daran, dass einige Jugendamtsbezirke Probleme haben, die Haushalte für Jugendarbeit und Jugendsozialarbeit getrennt auszuweisen. Für die Entwicklung beider Arbeitsfelder wäre es allerdings von Vorteil, wenn sich ihre unterschiedlichen und eigenständigen Aufgaben auch in den kommunalen Haushaltsplänen widerspiegeln würden. Ansonsten besteht gerade in Zeiten von Haushaltskürzungen die Gefahr, dass Jugendsozialarbeit zum Anhängsel der Jugendarbeit wird und damit bestimmte Gruppen von Kindern und Jugendlichen von Angeboten der Jugendhilfe ausgegrenzt bleiben, oder aber dass Jugendarbeit nicht mehr als notwendiges Infrastrukturangebot gesehen wird, sondern sich ausschließlich auf Angebote für sogenannte Problemgruppen konzentrieren muss.

Die Ausgaben für Jugendsozialarbeit stiegen im Median um 2,9 % und im Durchschnitt um 48,6 %. In drei von zehn Jugendamtsbezirken kam es zu einer Reduktion der Ausgaben für Jugendsozialarbeit im Vergleich der Jahre 2002 und 2003, bei sechs von zehn dagegen zu einem Anstieg. Die riesigen Unterschiede bei den durchschnittlichen Ausgabensteigerungen zwischen ost- und westdeutschen Jugendämtern sowie zwischen Stadtjugendämtern und Kreisjugendämtern sind aufgrund der hohen Streuung nicht signifikant. Es gibt zwar einen Zusammenhang zwischen Ausgabenhöhe und Anzahl der 10- bis 27-Jährigen, aber keinen hinsichtlich der Veränderungsraten bei der Haushaltshöhe und der Anzahl der 10- bis 27-Jährigen. Wie bei den anderen Aufgabenfeldern gibt es auch bei der Jugendsozialarbeit keinen Zusammenhang der Ausgabenentwicklung mit der Pro-Kopf-Verschuldung.

16.2.5 Zwischenfazit: Kürzungen werden spürbar

Die bisherige Darstellung der Entwicklung der Ausgaben in den vier Arbeitsfeldern legt die Vermutung nahe, dass es Regionen gibt, in denen die Jugendämter in allen genannten Ausgabenbereichen eine Abnahme der zur Verfügung stehenden Haushaltsmittel haben hinnehmen müssen. Die Analyse zeigt jedoch, dass dies auf kein einziges Jugendamt zutrifft und lediglich 4 % der Jugendamtsbezirke in drei der vier Bereiche 2003 weniger Geld als 2002 zur Verfügung hatten. In 40 % der Jugendamtsbezirke wurde keiner der angesprochenen Haushalte gekürzt. Es gibt also keine einzige Region, in der in allen Bereichen der Kinder- und Jugendhilfe gespart wurde.

Im langfristigen Vergleich der Entwicklung seit 1994 wird jedoch deutlich, dass der Anteil von Jugendämtern, die Haushaltseinbußen hinnehmen mussten, noch nie so groß war wie 2003. Und dies gilt für alle Haushaltsbereiche. Die oben angesprochene Trendumkehr bestätigt sich also auch in den ausgewählten Arbeitsfeldern.

Tab. 16.2: Haushaltsentwicklung von 1994 auf 1995, von 1999 auf 2000 und von 2002 auf 2003

	Ost			West			Insgesamt		
	auf 1995	auf 2000	auf 2003	auf 1995	auf 2000	auf 2003	auf 1995	auf 2000	auf 2003
Etat Jugendarbeit									
abnehmend	13 %	39 %	54 %	33 %	24 %	35 %	28 %	29 %	41 %
gleichbleibend	–	–	4 %	13 %	6 %	9 %	9 %	7 %	9 %
zunehmend	87 %	61 %	42 %	54 %	70 %	56 %	63 %	64 %	50 %
Etat Jugendsozialarbeit									
abnehmend	–	18 %	32 %	19 %	35 %	27 %	14 %	28 %	29 %
gleichbleibend	13 %	–	16 %	43 %	22 %	7 %	35 %	13 %	13 %
zunehmend	87 %	82 %	52 %	38 %	43 %	66 %	52 %	59 %	58 %
Etat Kindertagesbetreuung									
abnehmend	59 %	41 %	44 %	14 %	15 %	26 %	16 %	24 %	31 %
gleichbleibend	–	–	4 %	–	6 %	–	–	4 %	6 %
zunehmend	41 %	59 %	52 %	86 %	79 %	74 %	83 %	72 %	63 %
Etat Hilfen zur Erziehung									
abnehmend	19 %	25 %	46 %	15 %	27 %	37 %	29 %	26 %	37 %
gleichbleibend	–	–	–		7 %	–	–	4 %	–
zunehmend	81 %	75 %	54 %	85 %	67 %	63 %	71 %	70 %	63 %

100 % entsprechen den befragten Jugendämtern

Quelle: DJI-Jugendamtserhebungen 1995, 2000, 2004

16.3 Haushalte für Querschnittsaufgaben

Einzelne Querschnittsaufgaben in der Kinder- und Jugendhilfe sind von besonderer Bedeutung. Dies bezieht sich einerseits auf die Verwirklichung und Umsetzung politisch-rechtlicher Vorgaben wie beim Thema Geschlechtergerechtigkeit oder auch auf notwendige fachliche Entwicklungen, die nicht arbeitsfeldspezifisch sind. Herausgegriffen haben wir folgende drei Querschnittsbereiche: die Förderung mädchenspezifischer Angebote, die Förderung von speziellen Angeboten für Kinder und Jugendliche mit Migrationshintergrund sowie die Ressourcen für Jugendhilfeplanung.

Tab. 16.3: Angaben zu Haushalten für ausgewählte Querschnittsaufgaben

	Mädchenarbeit	Angebote für MigrantInnen	Jugendhilfeplanung
Mittelwert in €	69.000	107.000	6.426
Median in €	18.400	55.700	5.150
Minimum in €	900	5.100	200
Maximum in €	460.000	551.650	15.000
Anteil der Jugendämter mit eigenem Etat	18 %	25 %	34 %

Quelle: DJI-Jugendamtserhebung 2004

Für Jugendhilfeplanung, die im KJHG als Pflichtaufgabe für alle Jugendämter festgeschrieben ist, gibt es im Vergleich zu den anderen beiden Bereichen den höchsten Anteil von Jugendämtern, die einen eigenen Etat hierfür haben. Dieser ist jedoch beträchtlich niedriger als die Etats für die anderen beiden Querschnittsaufgaben (vgl. Tab. 16.3). Das liegt daran, dass ausschließlich die Sachkosten erfasst sind. Würde man die Personalkosten hinzuzählen, wären die Beträge erheblich höher (vgl. Kap. 9). Allerdings kann trotz des Pflichtcharakters der Aufgabe nur ein Drittel der Jugendämter gesonderte Haushaltsmittel ausweisen. Die Haushaltsansätze bewegen sich zwischen 0,01 % und 0,5 % der Gesamtausgaben der Jugendämter. Ob die erkennbare Zurückhaltung der Kommunen hinsichtlich der Ausweisung von Finanzmitteln für die Jugendhilfeplanung den Anforderungen an eine qualifizierte Jugendhilfeplanung gerecht wird, kann bezweifelt werden. Es ist anzunehmen, dass auch in den zwei Dritteln der Jugendamtsbezirke, die keinen eigenen Etat haben, Ressourcen für die Jugendhilfeplanung zur Verfügung stehen. Aber diese sozusagen heimlichen Ressourcen haben einen geringeren Grad an Verlässlichkeit. Der Aufforderungscharakter, Jugendhilfeplanung fachlich qualifiziert zu betreiben, ist in diesen Jugendamtsbezirken sicherlich geringer, als wenn im Haushaltsplan explizit Mittel dafür vorgesehen sind.

Nimmt man das letzte Argument auf, dass nämlich mit der Verankerung von Querschnittsaufgaben in Haushalten auch implizit Qualitätsanforderungen formuliert werden (schließlich ist man nicht bereit, für schlechte Arbeit Geld zu bezahlen), dann steht es um die Qualität von Mädchenarbeit oder speziellen Angeboten für Kinder und Jugendliche mit Migrationserfahrung schlecht. Allerdings darf man nicht verkennen, dass die einfache Gleichungen »niedrige Ausgaben = schlechte Arbeit und hohe Ausgaben = gute Arbeit« zu sehr verkürzt ist. Manchmal dienen eigene Haushaltstitel auch nur der symbolischen Politik. Trotz alledem zeigen die Daten, dass auch nach jahrzehntelanger Diskussion in der Kinder- und Jugendhilfe Mädchenarbeit vielfach nicht als ausgewiesenes Querschnittsthema verankert ist (vgl. Kap. 15). Ähnliches lässt sich über Angebote für MigrantInnen sagen. Hinzu kommt, dass diese Querschnittsaufgaben zum Teil nur in einzelnen Handlungsfeldern als solche betrachtet werden. Drei Viertel der Jugendämter, die keinen eigenen Etat für Mädchenarbeit haben, geben an, dass Gelder für Mädchenarbeit in anderen Haushaltsstellen enthalten sind. Sie werden dort nicht speziell ausgewiesen oder aber es gibt keine Auswertung des Haushaltsplans hinsichtlich der Frage, wie viel Geld in Mädchenarbeit gesteckt wird. 11 % der Jugendämter ohne einen eigenen Etat für Mädchenarbeit sehen hierfür keine Notwendigkeit oder konnten dies im Jugendhilfeausschuss nicht durchsetzen. Angaben dazu, warum es nicht eine oder mehrere Haushaltsstellen gibt, die explizit die Förderung von Angeboten für MigrantInnen vorsehen, liegen leider nicht vor.

16.4 Qualitative Veränderungen

Eine Interpretation der Haushaltszahlen alleine ist angesichts der vielen Faktoren, die in die Festlegung der Höhe einzelner Haushaltstitel einfließen, nicht ohne Weiteres möglich. Zum einem können die Haushaltszahlen Ausdruck einer rein politisch motivierten Steuerungsentscheidung sein, sie können veränderte Bedarfslagen ausdrücken, eine Mischung aus diesen beiden Faktoren darstellen oder auch von anderen Faktoren beeinflusst werden. Um die Entwicklung inhaltlich besser beurteilen zu können, wurden die Jugendamtsleitungen gebeten anzugeben, in welchen Bereichen sie die größten Haushaltssteigerungen hatten, in welchen die stärksten Einschränkungen zu verzeichnen waren und wo sie am deutlichsten einen Mangel hinnehmen mussten. In Anbetracht der oben beschriebenen Schwierigkeiten, genaue Haushaltsdaten zu einzelnen Aufgabenbereichen zu generieren, beschreiben auch diese Einschätzungen keine objektive Realität, sondern sind Ausdruck dessen, was im Fokus der Finanzierungsdiskussion vor Ort steht. Die Einschätzungen liefern aber auch Hinweise darauf, wo mittelfristig mit Unterversorgungen zu rechnen ist, welche Felder im Moment eher ausgebaut und entwickelt werden und unter Umständen auch, inwiefern die Kinder- und Jugendhilfe als Ausfallbürge für andere Systeme eintreten muss.

In Tabelle 16.4 sind im Überblick die Antworten für vier verschiedene Jahre dargestellt. Es zeigt sich deutlich, dass die Hilfen zur Erziehung in all den genannten Jahren, der Aufgabenbereich sind, in dem die höchsten Haushaltsteigerungen für eine relative Mehrzahl der Jugendämter zu verzeichnen sind. Dies erstaunt insofern nicht, als die Hilfen zur Erziehung zum einen durch einen individuellen Rechtsanspruch begründet sind und zum anderen im Unterschied zu anderen Aufgabenbereichen fast ausschließlich aus kommunalen Mitteln bezahlt werden. In Tabelle 16.4 werden die regionalen Disparitäten bei der Entwicklung ebenfalls deutlich: Die Hilfen zur Erziehung sind nicht nur das Arbeitsfeld, das am häufigsten genannt wird, wenn es um die höchsten Haushaltssteigerungen geht, sondern auch dann, wenn nach den stärksten Einschränkungen oder den höchsten Fehlbeträgen gefragt wird.

Tab. 16.4: Qualitative Einschätzungen zur Haushaltsentwicklung

	1999	2000	2002	2003
Die am häufigsten genannten Aufgabenbereiche mit den höchsten Haushaltssteigerungen				
Hilfen zur Erziehung	55 %	48 %	53 %	46 %
Eingliederungshilfe			11 %	16 %
Kindertagesbetreuung	16 %	8 %	16 %	13 %
Jugend(sozial)arbeit	5 %	7 %	3 %	4 %
Die am häufigsten genannten Aufgabenbereiche mit den stärksten Haushaltseinschränkungen				
Hilfen zur Erziehung	16 %	8 %	21 %	21 %
Jugend(sozial)arbeit	9 %	13 %	12 %	18 %
Präventive/freiwillige Angebote			4 %	7 %
Kein Bereich			8 %	6 %
Die am häufigsten genannten Aufgabenbereiche, in denen am meisten Geld gefehlt hat				
Hilfen zur Erziehung	25 %	15 %	27 %	21 %
Jugend(sozial)arbeit	15 %	17 %	17 %	18 %
Präventive/freiwillige Angebote	7 %	8 %	4 %	7 %
Kein Bereich			5 %	6 %

Quelle: DJI-Jugendamtserhebungen 2000, 2004

In den letzten Jahren gibt es eine auch durch Gesetzesinitiativen immer wieder neu entfachte Diskussion darüber, inwiefern Eingliederungshilfen für von seelischer Behinderung bedrohte Kinder und Jugendliche eine Aufgabe für die Kinder- und Jugendhilfe darstellen sollen. Auf der Fachebene wird eine integrierte Lösung in der Kinder- und Jugendhilfe für alle Kinder und Jugendliche bevorzugt, die von irgendeiner Form von Behinderung bedroht sind oder behindert sind (vgl. Bundesministerium für Familie, Senioren, Frauen und Jugend 2002 a). Demgegenüber stehen jedoch finanzielle Interessen der Kommunen, die sich nicht mehr in der Lage sehen, die damit verbundenen Kosten zu tragen. Eine in den letzten Jahren sehr deutlich sichtbar gewordene Problematik im Zusammenhang mit § 35 a KJHG ist, dass die Kinder- und Jugendhilfe als Ausfallbürge für das Versagen anderer Systeme fungiert. Beispielsweise stehen nach einer Studie aus Rheinland-Pfalz Hilfen nach § 35 a KJHG in einem engen Zusammenhang mit schulischer Leistungsfähigkeit (Moos/Müller 2003: 36), sodass sich die Frage aufdrängt, ob nicht originär schulische Aufgaben, nämlich die Vermittlung von Wissen mit hierfür geeigneten Methoden, an die Kinder- und Jugendhilfe delegiert werden. Vor dem Hintergrund der zum Teil sehr hitzig geführten Debatte erscheint es deshalb auch nicht verwunderlich, dass sich jeder Euro, der für diesen Aufgabenbereich ausgegeben wird, im Bewusstsein der Jugendamtsleitung befindet. Insofern ist es auch trotz des – in absoluten Zahlen gesehen – geringen Anteil der Ausgaben nach § 35 a KJHG am Gesamtetat des Jugendamtes nicht erstaunlich, dass inzwischen jedes sechste Jugendamt die Ausgaben für die Eingliederungshilfe als die am stärksten wachsenden beschreibt. Im Ost-West-Vergleich wird deutlich, dass es sich hierbei im Jahre 2002 fast ausschließlich (Ost: 3 %, West: 16 %) und in 2003 (Ost: 11 %, West: 16 %) noch immer mehr um eine Entwicklung in Westdeutschland handelt. Legt man die Zahlen der amtlichen Statistik zugrunde, dann ist zwar der absolute Betrag im Vergleich der Jahre 2001 und 2002 um 10,5 % angestiegen, aber der Anteil der Ausgaben für Maßnahmen nach § 35 a KJHG an den Gesamtausgaben der Jugendämter ist nur um 0,1 Prozentpunkt von 3,1 % auf 3,2 % angewachsen. Diese Daten relativieren die Aufgeregtheit, mit der die Diskussion um die Nicht-Finanzierbarkeit der Eingliederungshilfe geführt wird, doch erheblich.

Die Kindertagesbetreuung wird bei einem beträchtlichen Anteil von Jugendämtern ebenfalls zu den Bereichen gezählt, in denen der Kostenanstieg als am größten empfunden wird. Und dies obwohl die Jugendämter selbst nur einen Teil der laufenden Kosten für die Kindertagesbetreuung bezahlen. Gemäß den Angaben der Jugendhilfestatistik beträgt der von den Jugendämtern geleistete Anteil 46 % an den Ausgaben für die Kindertagesbetreuung. Bei der Kostenentwicklung im Bereich der Kindertagesbetreuung zeigt sich ebenfalls ein deutlicher Ost-West-Unterschied. Hier gibt es vor allem einen hohen Anteil von Jugendämtern in Ostdeutschland, die bei den Ausgaben zur Kindertagesbetreuung die höchsten Zuwächse haben. Dies ist vor dem Hintergrund des inzwischen wieder eingesetzten Ausbaus von Plätzen für Kleinkinder aufgrund der angestiegenen Geburtenzahlen auch nicht erstaunlich. Hinzu kommt, dass die Jugendämter zunehmend durch steigende Zuschüsse zu den Elternbeiträgen belastet werden. Dies könnte ein Indikator auf eine anwachsende Anzahl von Familien in Armut sein.

Wie bereits in den letzten Jahren zu beobachten war, nimmt die Jugend(sozial)arbeit einen Spitzenplatz hinsichtlich der Anzahl der Jugendämter ein, die in diesem Bereich am meisten sparen mussten oder denen für diese Aufgaben am meisten Geld gefehlt hat. Jugendarbeit und Jugendsozialarbeit sind zusammengefasst, weil viele Jugendämter ihre Angaben hier nicht genau differenzieren. Hält diese Entwicklung weiter an, die zudem in keinem engen Zusammenhang mit der Bevölkerungsentwicklung steht, dann ist zu befürchten, dass wichtige Infrastrukturangebote im Rahmen der Jugendarbeit wegfallen werden. Könnte man bei dem Rückgang der im Haushalt eingesetzten Mittel noch darauf spekulieren, dass die Einsparungen auf der Ebene der Jugendämter durch Landesmittel oder höhere Ausgaben der kreisangehörigen Gemeinden ausgeglichen werden, so wird bei der qualitativen Einschätzung, wo Geld gefehlt hat, deutlich, dass diese Hoffnung eine trügerische ist. Betrachtet man das Ringen der Bundesländer um Haushaltssanierungen eben auch auf Kosten der Jugendarbeit und sieht die Überschuldung der Gemeinden, so kann dies auch nicht verwundern. Mit anderen Worten: Sollte es hier nicht bald zu einer Trendumkehr kommen, dann wird die erreichte Qualität und Infrastruktur in den Bereichen der Jugendarbeit und Jugendsozialarbeit gefährdet. Dies wäre vor dem Hintergrund der Sozialisationsfunktion, die Jugendarbeit wahrnimmt, der Diskussion um informelle Bildung und der Erwartungen hinsichtlich der Kooperation von Jugendarbeit und Schule zur Gewährleistung einer verlässlichen Nachmittagsbetreuung eine nicht nachvollziehbare Entwicklung.

Die Fehlentwicklung wird noch insofern verschärft als auch 2003 immerhin 7 % der Jugendämter angeben, dass ihnen für präventive und freiwillige Aufgaben am meisten Geld fehlt.

16.5 Budgets im Jugendamt

Seit Beginn der Diskussion über neue Steuerung und den damit verbundenen Hoffnungen, durch eine Aufweichung der traditionellen bürokratischen und auch kameralistischen Prinzipen zu einem effektiveren Einsatz der Geldmittel zu kommen, wird auch in der Jugendhilfe viel über Budgets geredet. Die Grundidee von Budgets besteht darin, dass auf politischer Ebene die zu erfüllende Aufgabe und die Höhe der dafür zur Verfügung stehenden Mittel festgelegt werden, aber die Details und die genaue Verwendung der Mittel den ausführenden Stellen überlassen bleiben. Die Annahme dabei ist, so zu zeitnahen und mit weniger bürokratischem Aufwand versehenen Entscheidungen zu kommen und somit die Chance zu erhöhen, kostengünstige und bedarfsgerechte Lösungen zu finden. Der Einsatz von Budgets wird für die ausführenden Stellen auch deshalb attraktiv, weil Einsparungen (aber auch Budgetüberschreitungen) zumindest teilweise in das nächste Haushaltsjahr fortgeschrieben werden sollen. In vorhergehenden Jugendamtsbefragungen des Projekts »Jugendhilfe und sozialer Wandel« wurde deutlich, dass in der Jugendhilfe zwar inzwischen vielfach von Budgets gesprochen wird, aber die genannten Grundprinzipien von Budgets keine oder kaum

Anwendung finden. Es scheint vielmehr so, dass Budgets als reine Sparinstrumente eingesetzt werden. Ein Unterschreiten der im Haushaltsplan vorgesehenen Ausgabenhöhe hat keine positiven Auswirkungen auf die im nächsten Jahr im gleichen Haushaltstitel zur Verfügung gestellte Summe. Es gibt also nach wie vor keinen Grund, am Jahresende nicht alles Geld auszugeben (Dezemberfieber), und vielfach beziehen sich Budgets auf so eng umschriebene Aufgabenbereiche, dass sie einzig und allein zur Disziplinierung von MitarbeiterInnen und zur Delegation von Verantwortung auf unteren Ebenen eingesetzt werden. Beispiele hierfür sind Einzelbudgets für MitarbeiterInnen der Bezirkssozialarbeit, die sich persönlich rechtfertigen müssen, wenn sie aufgrund individueller Rechtsansprüche ihrer Adressaten das Budget überschreiten. 40 % der Jugendämter geben an, dass es innerhalb des Jugendhilfeetats Budgets gibt, und weitere 16 %, dass es zwar im Jugendhilfeetat keine Bereiche gibt, die budgetiert sind, aber freie Träger budgetiert werden. Dies erstaunt, weil es schwer vorstellbar ist, dass die Gelder, die vom Jugendamt an freie Träger bezahlt werden, budgetiert sind, aber der Jugendhilfeetat selbst keine Budgets enthält.

Die Befragung der Jugendringe zeigt, dass sich in ihrem Zuständigkeitsgebiet Budgets durchsetzen. Gegenüber der Erhebung bei Jugendringen im Jahr 2001 hat sich der Anteil der Jugendringe, die von kommunalen Trägern budgetiert sind, mehr als verdoppelt. Es sprechen einige Indikatoren dafür, dass es sich hier – anders als in anderen Feldern der Kinder- und Jugendhilfe – auch häufiger um tatsächliche Budgets handelt. Vielleicht wird gegenüber den Jugendringen nach dem Motto verfahren: mehr Freiheiten und weniger Verwaltungsaufwand, dafür aber auch weniger Geld.

Jugendämter kreisfreier Städte und kreisangehöriger Gemeinden haben im Vergleich zu Jugendämtern in Landkreisen signifikant häufiger Budgets im Jugendhilfeetat (57 % zu 26 %). Gleiches gilt für westdeutsche Jugendämter verglichen mit ostdeutschen (50 % zu 23 %).

Tab. 16.5: Der Umgang mit Restmitteln innerhalb von Budgets

Keine Belassung oder nur auf Antrag	79 %
Teilweise Belassung	13 %
Vollständige Belassung	5 %
Sonstiges	3 %

Quelle: DJI-Jugendamtserhebung 2004

Wie Tabelle 16.5 zu entnehmen ist, hat sich für vier von fünf Jugendämtern durch die Einführung von Budgets für den Umgang mit nicht ausgegebenen Mitteln nichts geändert.

Bei der Beurteilung, ob der Budgetgedanke tatsächlich umgesetzt wird, ist es auch wichtig zu prüfen, was mit Haushaltsüberschreitungen geschieht. Bei Budgets im engeren Sinne werden diese ebenso wie Restmittel in das nächste Haushaltsjahr übertragen. Tabelle 16.6 zeigt, dass dies bei zwei Dritteln der Jugendämter nicht geschieht. Dies ist in Anbetracht des Umgangs mit den Restmitteln auch nicht verwunderlich. Aber immerhin werden 25 % der Jugendämter mit der Überziehung einzelner Budgets belastet, wohingegen im Vergleich nur 18 % in irgendeiner Form von Einsparungen profitieren. Die weitere Analyse zeigt, dass 86 % derer, die Restmittel (teilweise) behalten dürfen, Budgetüberschreitungen nicht in das nächste Haushaltsjahr mitnehmen. Und andersherum gilt für 89 % von denen, die Haushaltsüberschreitungen zumindest teilweise ins nächste Jahr übertragen bekommen, dass sie nicht von eingesparten Mitteln profitieren können. Ganz offensichtlich wird der Begriff »Budget« in der Praxis der Kommunen für völlig unterschiedliche Dinge verwendet, und es ist anzunehmen, dass die Unschärfe des Begriffs in den nächsten Jahren vor dem Hintergrund der abzusehenden Umstellung auf die Doppik noch größer werden wird.

Tab. 16.6: Umgang mit Budgetüberschreitungen

Kein Vortrag	64 %
Teilweiser Vortrag	14 %
Vollständiger Vortrag	11 %
Sonstiges	11 %

Quelle: DJI-Jugendamtserhebung 2004

Nur 1 % der Jugendämter hat freie Träger in allen vier abgefragten Arbeitsfelder budgetiert. Die anderen scheinen erst einmal in einzelnen Handlungsfeldern Erfahrungen sammeln zu wollen, bevor sie sich für oder gegen eine Umstellung auf Budgets entscheiden. Jugendarbeit ist der Bereich, in dem am häufigsten (27 %) mit Budgets gearbeitet wird. Da dies auch der Aufgabenbereich mit den in der Regel niedrigsten Haushaltsansätzen (bezogen auf die vier abgefragten Bereiche) ist, erscheint hier das mit der Verantwortungsverlagerung verbundene Risiko kalkulierbarer zu sein. Am zweithäufigsten wird im Zusammenhang mit der Budgetierung freier Träger der Bereich Hilfen zur Erziehung genannt. Zu vermuten wäre hier ein Zusammenhang mit der zunehmenden Verbreitung flexibler Hilfen, die auf Haushaltsseite, wenn man nicht eine willkürliche Zuordnung zu einer einzelnen Hilfeart erzwingen möchte, eigentlich eines Budgets bedürfen. Allerdings lässt sich ein solcher Zusammenhang statistisch nicht nachweisen.

Ein Vergleich mit den Ergebnissen der letzten Erhebung zeigt, dass die Umstellung hin zu mehr Budgets inzwischen als abgeschlossen gelten kann, denn es hat in der Gesamtbetrachtung keine Veränderungen gegenüber dem Jahr 2000 gegeben. Möglicherweise ist dies aber auch Ausdruck der allgemeinen Verunsicherung, wie es mit den kommunalen Haushalten weitergehen wird. In manchem Jugendamt steht vielleicht die Frage im Raum, ob es sich vor dem Hintergrund der sich abzeichnenden großen Umstellungen noch lohnt, in Teilbereichen Budgets einzuführen. Soll man es vor dem Hintergrund der deutlichen Einsparzwänge tatsächlich riskieren, dass mit einer Umstellung auf ein Budget auch die Mittel gekürzt werden?

16.6 Entgelte – inzwischen ein bewährtes Instrument?

Inzwischen sind in nahezu allen Jugendamtsbezirken Entgeltvereinbarungen zum Einsatz gekommen. Die wenigen Ausnahmen erklären sich unter Umständen damit, dass in den betreffenden Jugendamtsbezirken das örtliche Jugendamt nicht selbst die Entgeltvereinbarung abgeschlossen hat. Die kürzeste Laufzeit von Entgeltvereinbarungen beträgt sowohl im Durchschnitt als auch im Median zwölf Monate. Die Befragung (teil)stationärer Einrichtungen der Hilfen zur Erziehung kommt hinsichtlich der Laufzeit von Entgeltvereinbarungen zu einem ähnlichen Ergebnis. Auch hier beträgt die Laufzeit im Median zwölf Monate. Der Durchschnitt liegt mit 1,4 Jahren etwas darüber (vgl. Gragert u. a. 2005). Bei einigen Jugendämtern gibt es Entgeltvereinbarungen mit Laufzeiten zwischen ein und drei Monaten. Möglicherweise handelt es sich hierbei um Interimsvereinbarungen, die gelten, bis die eigentlichen Vereinbarungen abgeschlossen sind. In einigen Jugendamtsbezirken beträgt die Mindestlaufzeit von Entgeltvereinbarungen 36 Monate. Fragt man nach den maximalen Laufzeiten, dann ergibt sich ein Durchschnitt von 20 Monaten und ein Median von 18 Monaten. Die Angaben bewegen sich innerhalb einer Spanne von zwölf und 60 Monaten. Extrem lange Laufzeiten bieten für beide Seiten zum einen Planbarkeit, zum anderen stellen sie für den Leistungserbringer eine finanzielle Verschlechterung dar, wenn keine Anpassung an die Preis- und Lohnentwicklung vorgesehen ist. Angesichts der von freien Trägern immer wieder geäußerten Schwierigkeiten, aus ihrer Sicht angemessene Vergütungen im Rahmen der

Entgeltvereinbarungen erreichen zu können, wirken für manchen Träger die durch Inflation und Tariferhöhungen verursachten Ausgabensteigerungen und damit die indirekten Kürzungen des Etats dennoch erträglicher als die wahrscheinlich zu erzielenden Ergebnisse in neuen Entgeltverhandlungen. In Ostdeutschland sind die kürzesten Laufzeiten im Vergleich zum Westen signifikant kürzer (zehn Monate zu dreizehn Monaten).

Betrachtet man die Erfahrungen mit Entgelten, dann wird deutlich, dass das Instrument von 88 % der Jugendämter als ein Instrument gesehen wird, das zumindest dazu beiträgt, die Fachlichkeit in der Kinder- und Jugendhilfe zu sichern. Im Vergleich zu der Erhebung im Jahr 2000 ist die uneingeschränkte Zustimmung zu diesem Statement um 24 Prozentpunkte angestiegen. Dies spricht dafür, dass sich das Instrumentarium der §§ 78 a ff. KJHG in der Praxis in gewisser Weise bewährt hat. Die befragten Geschäftsstellen von nicht-öffentlichen Trägern kommen 2003 zu einer ähnlichen Einschätzung wie die Jugendämter. In der Tendenz hat sich die Einschätzung der freien Träger jedoch verschlechtert. Der Anteil, der in den Regelungen der §§ 78 a ff. KJHG eindeutig ein Instrument zur Sicherung der Fachlichkeit sieht, ist um 10 Prozentpunkte zurückgegangen, der Anteil, der dieser Aussage nur bedingt zustimmen kann, dagegen um 15 Prozentpunkte gewachsen.

Tab. 16.7: Einschätzung zu den Veränderungen durch §§ 78 a ff. KJHG

		Stadt	Landkreis	West	Ost	Insgesamt
§§ 78 a ff. – Instrument um Fachlichkeit zu sichern	stimmt voll und ganz	69 %	63 %	64 %	70 %	66 %
	teils/teils	24 %	21 %	25 %	18 %	22 %
	stimmt gar nicht	7 %	15 %	11 %	12 %	12 %
§§ 78 a ff. – Die Vereinbarungen werden zu wenig genutzt, um Qualität zu entwickeln	stimmt voll und ganz	62 %	62 %	59 %	68 %	62 %
	teils/teils	17 %	23 %	21 %	18 %	20 %
	stimmt gar nicht	21 %	15 %	20 %	15 %	18 %
§§ 78 a ff. – Aufwand zu hoch	stimmt voll und ganz	45 %	65 %	55 %	59 %	56 %
	teils/teils	21 %	25 %	25 %	21 %	23 %
	stimmt gar nicht	33 %	10 %	20 %	21 %	20 %
§§ 78 a ff. – Verbessert Preis-Leistungs-Verhältnis	stimmt voll und ganz	52 %	47 %	56 %	38 %	49 %
	teils/teils	19 %	32 %	28 %	24 %	26 %
	stimmt gar nicht	29 %	21 %	16 %	38 %	24 %

Quelle: DJI-Jugendamtserhebung 2004

Inzwischen wird von deutlich mehr (26 Prozentpunkte) Jugendämtern der mit den Regelungen verbundene Arbeitsaufwand kritisiert.

Die in der Anfangsphase vielleicht noch erwarteten Rationalisierungseffekte bei Überarbeitung der vorliegenden Vereinbarungen sind offensichtlich nicht eingetreten. Einen Zusammenhang mit der Teilnahme an einem Schiedsstellenverfahren gibt es nicht. Erheblich mehr Jugendämter in Landkreisen als in den kreisfreien Städten sehen den mit der Umsetzung der §§ 78 a ff. KJHG verbundenen Arbeitsaufwand als zu hoch an. Für die Träger scheint der Arbeitsaufwand mit der Zeit abzunehmen, zumindest ist der Anteil an Geschäftsstellen um 17 Prozentpunkte gesunken, die der Aussage zustimmen, der Arbeitsaufwand sei zu hoch.

Die Jugendämter sind insgesamt der Ansicht, dass die Potenziale dieser Instrumente für eine Qualitätsentwicklung noch nicht ausgeschöpft sind. Dies entspricht – angesichts der Tatsache, dass noch immer nicht mit allen Trägern Qualitätsentwicklungsvereinbarungen abgeschlossen wurden und auch die inhaltlichen Festlegungen oftmals noch präzisierungsbedürftig sind – einer realistischen Selbsteinschätzung.

Ob durch die zu treffenden Vereinbarungen tatsächlich das Preis-Leistungs-Verhältnis verbessert werden konnte, ist aus der Perspektive der Jugendämter nicht eindeutig zu beantworten. Ungefähr die Hälfte stimmt dieser Aussage zu und immerhin ein Viertel lehnt sie ab. Von den nicht-öffentlichen Trägern können nur 13 % diesem Statement zustimmen. Ganz offensichtlich werden die mit den Entgelten verbundenen Einsparversuche aufseiten der Jugendämter von Trägerseite nicht goutiert. Die Zustimmung zu diesem Item ist bei den Trägern gegenüber 2001 um 11 Prozentpunkte gesunken.

Die (teil)stationären Einrichtungen wurden mit einer offenen Abfrage ebenfalls danach gefragt, welche Erfahrungen sie mit Entgeltvereinbarungen bisher gemacht haben. Eine generelle Tendenz für eine positive oder negative Gesamteinschätzung drängt sich durch die Ergebnisse nicht auf. Vielmehr spiegeln die Antworten den wohl regional sehr unterschiedlich hohen Druck auf die öffentlichen Kassen und das unterschiedlich gut ausgeprägte Verhältnis zwischen Jugendamt und freien Trägern wider. Je nachdem wie sich diese Bedingungen darstellen, gibt es eher positive oder negative Einschätzungen. Anwendung und Auslegung der Finanzierungsinstrumente werden also stärker kritisiert als die Instrumente selbst. Den prospektiven Entgelten wird ein positiver Beitrag zu Planungssicherheit zugeschrieben. Kritisiert wird die in den Entgeltvereinbarungen als zu hoch angesetzte Belegungsquote. Das wirtschaftliche Risiko, das mit einer ausreichenden Vorhaltung von Kapazitäten verbunden ist, wird aus der Perspektive der Einrichtungen auf sie selbst verlagert. Insbesondere von den Inobhutnahme-Stellen wird auf das hohe

Risiko durch die den Entgelten zugrunde gelegten Belegungsquoten hingewiesen. Gerade in diesem Bereich schwanken die Belegungen über das übliche Maß hinaus und beeinträchtigen die Planungssicherheit. Eine Sockelfinanzierung erscheint hier zumindest aus der Perspektive der Einrichtungen notwendig. Diese Unzufriedenheit mit der Finanzierung von Inobhutnahmestellen ist vielleicht ein Grund dafür, dass es hier im Unterschied zu anderen Bereichen der Hilfen zur Erziehung nicht zu einer Vergrößerung der Trägerpluralität gekommen ist (vgl. Kap. 6). Einige Einrichtungen beschreiben ihre Entgelte als nicht kostendeckend. Andere äußern Bedenken, neue Entgelte auszuhandeln, weil sie nicht sicher sind, ob sie am Ende nicht (noch) schlechter dastehen, und verweisen dabei auf die finanzielle Situation der öffentlichen Hand. Auch wird beklagt, dass man mit Einrichtungen konkurriert, die Entgelte aushandeln, denen eine untertarifliche Bezahlung des Personals zugrunde gelegt wird. Die Entgeltvereinbarungen sollen mit dem örtlichen Jugendamt ausgehandelt werden. Ist das örtliche Jugendamt nicht das Hauptbelegungsjugendamt, das heißt, werden von einer Einrichtung überwiegend Leistungen erbracht, die von einem anderen als dem örtlichen Jugendamt gewährt werden, so ist dieses Jugendamt zu den Entgeltverhandlungen hinzuzuziehen (§ 78 e KJHG). In diesem Zusammenhang gibt es Einrichtungen, die vermerken, dass einzelne Jugendämter beim Aushandeln der Entgeltvereinbarungen die Interessen anderer belegender Jugendämter nicht berücksichtigen, die unter Umständen den Entgeltvereinbarungen andere Leistungsbeschreibungen zugrunde gelegt haben wollen.

Tab. 16.8: Teilnahme an einem Schiedsstellenverfahren nach § 78 b KJHG in Abhängigkeit zur Haushaltsentwicklung

	stärkste Einschränkung 2002 – HzE		stärkste Einschränkung 2003 – HzE*		am meisten Geld gefehlt 2002 – HzE*		am meisten Geld gefehlt 2003 – HzE*		Insgesamt
	ja	nein	ja	nein	ja	nein	ja	nein	
Bisher nicht	71 %	76 %	57 %	80 %	60 %	80 %	57 %	80 %	75 %
Bereits daran teilgenommen	29 %	24 %	43 %	20 %	40 %	20 %	43 %	20 %	25 %

* Unterschiede sind signifikant

Quelle: DJI-Jugendamtserhebung 2004

Bei den Auseinandersetzungen darüber, wie viel Geld eine Leistung wert ist, ist zu erwarten, dass sich die Beteiligten nicht immer leicht auf einen Preis einigen können. Vom Gesetzgeber ist für solche Fälle ein Schiedsstellenverfahren vorgesehen. 25 % der Jugendämter haben inzwischen an mindestens einem solchen Verfahren teilgenommen. Wie aus Tabelle 16.8 ersichtlich ist, haben Jugendämter, bei denen es im Bereich der Hilfen zur Erziehung zu gravierenden Haushaltsengpässen gekommen ist, signifikant häufiger Erfahrungen mit Schiedsstellenverfahren. Ganz offensichtlich führt die im ersten Abschnitt beschriebene Trendwende in den Jugendhilfehaushalten auch zu einer erheblichen Zunahme an nicht mehr im Rahmen normaler Verhandlungen lösbaren Konflikten. In der letzten Erhebung hatten erst 5 % der Jugendämter Erfahrungen mit Schiedsstellen. Die Befragung der Geschäftsstellen von nicht-öffentlichen Trägern auf der Ebene von Jugendämtern hat ergeben, dass 9 % dieser Träger bereits an einem Schiedsstellenverfahren teilgenommen und drei Viertel es selbst initiiert haben.

Bei vier von fünf Jugendämtern gibt es Entgeltvereinbarungen ohne Differenzierungen hinsichtlich der Entgelthöhe aufgrund zu erwartender Unterschiede zwischen einzelnen Nutzergruppen. Bei 43 % gibt es Vereinbarungen, die differenzierte Entgelte auch innerhalb einer Einrichtung vorsehen. Zieht man die Ergebnisse der Befragung (teil)stationärer Einrichtungen hinzu, dann ist zu erkennen, dass es bei der Mehrzahl der Einrichtungen (68 %) ein einheitliches Entgelt gibt.

16.7 Fazit: Mangel oder Überfluss?

Es ist unübersehbar: Auch in der Kinder- und Jugendhilfe wurde der Rotstift angesetzt: Die Kürzungen sind in der Kinder- und Jugendhilfe angekommen, aber noch immer gilt für eine Mehrheit der Regionen, dass nicht um jeden Preis gespart wird. Da sich zumindest auf der Ebene unserer Befragung keine systematischen Zusammenhänge mit der allgemeinen kommunalen Haushaltsentwicklung, den demografischen Veränderungen oder anderen die Nachfrage moderierenden Faktoren erkennen lassen, kann davon ausgegangen werden, dass das fachpolitische Standing der Kinder- und Jugendhilfe im kommunalen Kontext wesentlich dafür ist, ob die Mittelausstattung eher den Aufgaben oder eher rein finanzpolitischen Zielen folgt. Angesichts der Komplexität des Zusammenspiels der Faktoren, die Einfluss auf die Nachfrage von Jugendhilfeleistungen nehmen, überrascht dieses Ergebnis nicht.

Insbesondere bei den Ausgaben für die Jugendarbeit wird gespart. In einigen Regionen führt dies inzwischen zu spürbaren Kürzungen bei den Angeboten und der gesamten Infrastruktur. Dies ist jedoch gerade in strukturschwachen Regionen von besonderem Nachteil, da die Jugendlichen bei ihrer Freizeitgestaltung nicht auf kommerzielle oder andere Freizeitangebote ausweichen können. Zerstörte Infrastrukturen und eine tiefe Frustration ehrenamtlich Engagierter lassen sich in der Regel mittelfristig nur durch beträchtliche Investitionen in hauptamtliches Personal wieder ausgleichen.

Die Ausgaben im Bereich der Kindertagesbetreuung steigen im bundesweiten Durchschnitt, sinken allerdings in Landkreisen und in Ostdeutschland. Es gibt im Unterschied zu den anderen Handlungsfeldern einen Zusammenhang mit der Anzahl der 0- bis 12-jährigen Kinder im Jugendamtsbezirk. Da in etlichen Regionen aufgrund landesrechtlicher Regelungen Jugendämter nicht direkt mit der Finanzierung der Kindertagesstätten betraut sind, könnte der Anstieg der Ausgaben bei Jugendämtern auch eine zunehmende Armut bei Familien signalisieren. Denn die Erstattung der Elternbeiträge erfolgt immer aus dem Jugendamtsetat.

Die Ausgaben für den Bereich der Hilfen zur Erziehung steigen noch immer, wobei die Ausgabenzuwächse im Westen größer sind als im Osten. Ebenfalls wachsen die Ausgaben bei Kreisjugendämtern schneller als bei Stadtjugendämtern.

Querschnittsaufgaben sind meist nicht ausreichend finanziell ausgestattet, weshalb es schwierig ist, den in den Querschnittsthemen formulierten Aufgaben gerecht zu werden. Da, wie sich an verschiedenen Stellen zeigt, die Lobby für Querschnittsthemen sowieso schon eher klein ist (vgl. Kap. 13, 14, 15 und 18), ist eine Unterfinanzierung besonders nachteilig.

Die Entgelte haben sich, wie aufgrund der Gesetzeslage nicht anders zu erwarten war, flächendeckend durchgesetzt. Es ist aber ein gegenläufiger Trend in der Bewertung bisheriger Erfahrungen mit diesem Finanzierungsprinzip zu beobachten. Beim öffentlichen Träger steigt der Anteil von Jugendämtern, die ihre Erfahrungen als positiv beschreiben. Bei den nicht-öffentlichen Trägern dagegen, deren Geschäftsstellen auf der Ebene von Jugendämtern befragt wurden, sinkt der Anteil derer, die ihre bisherigen Erfahrungen als positiv beschreiben. In ihren Augen verschlechtert sich die Preis-Leistung-Relation und ihre Einschätzung, ob man damit die fachliche Qualität sichern kann, wird ebenfalls zunehmend skeptischer.

Die Kinder- und Jugendhilfe wird sich in Zukunft stärker als bisher auf eine konstruktive und auch fachpolitisch pointierter Art und Weise vor Ort mit sinkenden Haushalten auseinandersetzen müssen. Sie wird nicht umhinkommen, deutlich zu machen, wo mit weiteren Mittelkürzungen tatsächlich eine Erfüllung der gesetzlichen Aufgaben nicht mehr möglich sein wird.

17 Personal in der Kinder- und Jugendhilfe

Das Personal in der Kinder- und Jugendhilfe ist ein zentraler Faktor, durch den die fach- und problemangemessene Bewältigung der vielfältigen Aufgaben entscheidend bestimmt wird. Die zuständigen MitarbeiterInnen und deren Vorgesetzte tragen die Verantwortung für die Qualität der gewährten Leistungen. Voraussetzung für die Arbeit in der Kinder- und Jugendhilfe ist daher eine ausreichende Personalstärke sowie fachlich gut qualifiziertes Personal. Die Fachlichkeit der MitarbeiterInnen setzt neben einer qualifizierten Ausbildung kontinuierliche Fort- und Weiterbildungen voraus (vgl. Kap. 18). Zudem sind Unterstützungsinstrumente und -systeme von besonderer Bedeutung, die die eigenverantwortliche Weiterentwicklung der Qualität der Arbeit ermöglichen. Hierzu gehören u. a. Supervision und Formen kollektiver Beratung.

Die Kinder- und Jugendhilfe sieht sich insbesondere in den letzten Jahren einer angespannten Situation öffentlicher Haushalte gegenüber. Da sich die Gesamtausgaben der Kinder- und Jugendhilfe vor allem aus Personalausgaben zusammensetzen, stehen diese unter besonderer Beobachtung. Aufgrund der länderspezifischen Regelungen den kommunalen Finanzausgleich betreffend sind viele Kommunen gezwungen, ihren Stellenplan so klein wie möglich zu halten. Darüber hinaus stellt sich für viele Kommunen die Frage, wie sie nicht nur die bestehenden Angebote in angemessener Qualität und Ausstattung halten können, sondern auch, wie sie neuen Anforderungen gerecht werden können. Beispielsweise entspricht das Angebot an Kindertagesbetreuung in vielen Regionen noch nicht dem Bedarf. Andere Regionen (vor allem im Osten) stehen vor der Herausforderung, die Arbeitsbereiche, die noch in erheblichem Maße von den Instrumenten der Arbeitsförderung (ABM, SAM) abhängig sind, in unbefristete Beschäftigungsverhältnisse zu überführen (vgl. Tab. 17.7).

Herausforderungen für die Kinder- und Jugendhilfe ergeben sich zukünftig auch durch die Frage, welche Folgen die demografische Entwicklung auf den Bedarf an und die Verfügbarkeit von Fachkräften in unterschiedlichen Bereichen der Kinder- und Jugendhilfe hat. So ist bereits abzusehen, dass neben der Kindertagesbetreuung in weiteren Arbeitsfeldern der Jugendhilfe, die Auswirkungen des Geburtenrückganges zu spüren sein werden. Die personellen Fragen, die für die kommunale Verwaltung damit verbunden sind, bedürfen einer gründlichen Planung. Die spezifischen qualifikatorischen Anforderungen in den einzelnen Arbeitsfeldern der Kinder- und Jugendhilfe erschweren ein einfaches Umsetzen von Personal von einem Arbeitsbereich in einen anderen. Hier gilt es, sich längerfristig auf die allgemeinen Entwicklungen einzustellen und Maßnahmen der Personalentwicklung zu ergreifen, die sowohl den Umfang des benötigten Personals als auch die Qualifikationen berücksichtigen.

Zudem werden die Bestrebungen zur Akademisierung des Personals in Einrichtungen der Kindertagesbetreuung Auswirkungen auf die Personalsituation der Kommunen haben (vgl. zu Kostenschätzungen Pasternack/Schildberg 2005).

Mit Hilfe der amtlichen Kinder- und Jugendhilfestatistik kann man die Entwicklung des Stellenvolumens im Feld der Kinder- und Jugendhilfe verfolgen. Die Kinder- und Jugendhilfe ist ein großes Arbeitsfeld mit bundesweit insgesamt ca. 570.000 Beschäftigten (Stand 2002) und lange Zeit beständigem Wachstum. Die letzten Daten für das Jahr 2002 zeigen jedoch, dass das Gesamtpersonal zum ersten Mal seit 1974 nicht angewachsen, sondern um 1 % zurückgegangen ist. Von den Gesamtbeschäftigten in der Kinder- und Jugendhilfe arbeiteten im Jahr 2002 allein 374.170 in Kindertageseinrichtungen. Die Anzahl der Beschäftigten in der Kindertagesbetreuung ist im Vergleich zum Jahr 1998 leicht gestiegen. Der Personalrückgang betrifft somit nur die Einrichtungen der Kinder- und Jugendhilfe außerhalb der Kindertagesbetreuung. Trotz leicht sinkender Anzahl aller in der Kinder- und Jugendhilfe beschäftigten Personen hat sich der Anteil der bei freien Trägern beschäftigten Personen zum Vergleichsjahr 1998 wie auch in den vergangenen Jahren erhöht: 2002 waren 62 % aller in der Kinder- und Jugendhilfe Tätigen bei freien Trägern angestellt, 1998 waren es 59 % und 1994 betrug der Anteil nur 54 %. Diese Entwicklung ist darauf zurückzuführen, dass es Handlungsfelder gibt, in denen die Anzahl von Einrichtungen in öffentlicher Trägerschaft zurückgegangen ist und eine Zunahme von Einrichtungen in freier Trägerschaft zu verzeichnen ist. So kann angenommen werden, dass sich die öffentlichen Träger in manchen Handlungsfeldern stärker auf ihre Vermittlungsfunktion zurückziehen und die Risiken, die zum Beispiel die Entgeltfinanzierung mit sich bringt, auf freie Träger verlagern (vgl. Kap. 5).

In diesem Abschnitt steht die Personalsituation in der Verwaltung von Jugendämtern, in kommunalen Jugendhilfeeinrichtungen und bei Einrichtungen nicht-öffentlicher Träger im Zentrum der Aufmerksamkeit. Es werden sowohl die derzeitige Personalausstattung der regionalen Kinder- und Jugendhilfe dargestellt als auch Entwicklungen anhand der vier Erhebungswellen dokumentiert.

Für die Interpretation der Ergebnisse ist es entscheidend, die Heterogenität der Jugendhilfelandschaft zu beachten. Die Jugendamtsbezirke unterscheiden sich erheblich hinsichtlich Einwohnerzahl (ca. 20.000 bis über 1.200.000) und Fläche (ca. 500 bis ca. 306.000 ha). Entsprechend variiert auch der Personalumfang der Jugendämter (von ca. 10 bis zu 1.400 MitarbeiterInnen). Unterschiede existieren aber auch hinsichtlich der Organisationsstruktur der Jugendämter. Dies ist zum einen auf die unterschiedliche Zuordnung von Aufgaben seitens der Länder zurückzuführen. Aufgaben, wie beispielsweise die Kindertagesbetreuung, die Auszahlung des Kindergeldes oder die Erfüllung von Aufgaben nach dem Bundesausbildungsförderungsgesetzes (BAföG), sind je nach Bundesland an unterschiedliche Stellen delegiert. Auch der Soziale Dienst ist ein Beispiel für variierende Aufbauorganisationen der Jugendämter. Er kann ausschließlich für Aufgaben der Kinder- und Jugendhilfe, aber auch für die Gesundheitsfürsorge und Aufgaben nach dem BSHG zuständig sein. Überdies unterscheiden sich die Strukturen danach, ob der Soziale Dienst als eigenständiges Amt organisiert oder dem Jugendamt zugeordnet ist (zur Organisationsstruktur vgl. Kap. 3). Diese Rahmenbedingungen und auch die historisch gewachsene Organisationsstruktur beeinflussen die Personalzuordnung innerhalb einer Kommune und die Personalausstattung eines Jugendamtes. Aussagen über die Personalsituation werden demnach vor dem Hintergrund einer heterogenen Jugendhilfelandschaft getroffen. Faktoren, die die Personalstärke beeinflussen und die Aussagekraft absoluter Personalgrößen zum Beispiel mittels Durchschnittswerten beschränken, sind – so kann man zusammenfassen – im Grad der Eigenständigkeit des ASD, in der gesetzlichen Verantwortung für bestimmte Aufgaben, im Grad des Auslagerns von Verwaltungsaufgaben, in der Rolle freier Träger im jeweiligen Jugendamtsbezirk sowie in variierenden Organisationsstrukturen zu erkennen.

17.1 Personal in der Verwaltung des Jugendamtes

In Tabelle 17.1 ist der Personalumfang in Jugendämtern nach Größenklassen für vier Zeitpunkte dargestellt. So erhält man einen Überblick über die Personalausstattung der Jugendämter und die Entwicklung über zehn Jahre. Um die Entwicklung nachvollziehen zu können, orientiert sich die Aufteilung an den Größenklassen, die in den bisherigen Auswertungen verwendet wurden. Die Daten zeigen, dass der Anteil des Personals mit mehr als 40 MitarbeiterInnen im Jahr 2002 mehr als die Hälfte der Jugendämter umfasst.

Das Verhältnis hat sich im Verlauf der letzten zehn Jahre also zugunsten größerer Jugendämter verschoben. Vor allem im Vergleich der Jahre 1992 und 1995 kam es zu einem deutlichen Rückgang von kleinen Jugendämtern. Ein wesentlicher Grund hierfür ist in der Kreisgebietsreform in Ostdeutschland zu sehen.

Tab. 17.1: Entwicklung der Anzahl der MitarbeiterInnen

MitarbeiterInnen	1992/93	1995	1999	2002
bis 10	9 %	3 %	2 %	1 %
11-20	16 %	16 %	15 %	19 %
21-40	40 %	36 %	41 %	24 %
über 40	35 %	46 %	42 %	56 %

* ohne Großstadtjugendämter über 500.000 Einwohnern

Quelle: DJI-Jugendamtserhebungen 1992/93, 1996, 2000, 2004

In Tabelle 17.1 wird auch dokumentiert, dass der Anteil der sehr kleinen Jugendämter sinkt. Diese Situation ist Ausdruck dessen, dass die Aufgaben der Kinder- und Jugendhilfe nur erfüllt werden können, wenn eine gewisse Mindestausstattung an Personal gegeben ist. Im Zusammenhang mit der Diskussion der Zuschneidung von Sozialräumen zeigt sich, dass es nicht sinnvoll ist, wenn Kommunen unterhalb einer bestimmten Größenordnung der Bevölkerung Sozialräume bilden und mit Personal auszustatten (vgl. Pluto/van Santen 2001). Entsprechend gibt es offensichtlich auch eine kritische Größe für die Personalausstattung des Jugendamtes, unterhalb der ein »Betreiben« eines Jugendamtes nicht möglich ist. Auf diese Voraussetzung hebt auch der Gesetzgeber ab, wenn er in § 69 KJHG für die Errichtung von Jugendämtern in kreisangehörigen Gemeinden die Gewährleistung der Erfüllung der Aufgaben des KJHG zur Bedingung macht. Auch in den Landesausführungsgesetzen, die die Bildung von Jugendämtern in kreisangehörigen Gemeinden vorsehen, werden Mindestgrößen genannt (vgl. auch Wiesner u.a. 2000: 1242).

Anhand Tabelle 17.2 ist ein Vergleich der Personalsituation bezogen auf die 0- bis 27-jährige Bevölkerung der Jugendamtsbezirke möglich. Betrachtet man für eine erste Gesamteinschätzung die Anzahl der Kinder und Jugendlichen, die auf eine Fachkraft im Jugendamt kommen, ist im Vergleich zum Jahr 1999 ein geringer Anstieg zu konstatieren. Der Median für das Jahr 2002 (912) ist etwas höher als der für das Jahr 1999 (876), das heißt, dass 2002 rein rechnerisch eine Fachkraft im Jugendamt für mehr Kinder und Jugendliche im Jugendamtsbezirk zuständig ist (vgl. Tab. 17.2). Dies korrespondiert mit dem Trend, der in der Kinder- und Jugendhilfestatistik zu beobachten ist: Die Anzahl der Beschäftigten ist von 67 auf 63 pro 10.000 der unter 27-Jährigen gesunken (vgl. Fendrich/Pothmann 2004). 1995 war das Verhältnis von Fachkraft zu Kindern und Jugendlichen im Jugendamtsbezirk jedoch noch ungünstiger. In den verschiedenen Teilgruppen (Ost, West, Stadt, Land) ist kein eindeutiger Trend hinsichtlich der Entwicklung des Verhältnisses von Fachkraft zu Kindern und Jugendlichen erkennbar. Insgesamt sprechen die Daten nicht für gravierende Veränderungen bezogen auf das Verhältnis von Personalstellen und der Anzahl von Kindern und Jugendlichen im Jugendamtsbezirk.

Tab. 17.2: Anzahl der 0- bis 27-Jährigen pro Stelle im Jugendamt im Vergleich der Jahre 1995, 1999 und 2002

	1995	1999	2002
Median	988	876	912
Minimum	117	211	276
Maximum	7.673	4.843	3.169
Variationskoeffizient	0,9	0,75	0,52

Lesebeispiel: Im Jahr 1995 ist im Median eine MitarbeiterIn des Jugendamtes für 988 0- bis 27-Jährige zuständig.

Quelle: DJI-Jugendamtserhebungen 1996, 2000, 2004

In Tabelle 17.2 ist auch erkennbar, dass die Situation zwischen den Gebietskörperschaften in der Bundesrepublik ähnlicher geworden ist. Dies ist an der Entwicklung des Variationskoeffizienten[92] für die letzten drei Erhebungen ablesbar. Betrug der Variationskoeffizient im Jahr 1995 noch 0,9, liegt er im Jahr 2002 bei 0,52. Betrachtet man die Entwicklung des Variationskoeffizienten bezogen auf das Verhältnis von Personal zur altersentsprechenden Bevölkerung für die einzelnen Teilgruppen (vgl. Tab. 17.3), dann ist in den westdeutschen Städten eine erhebliche Angleichung der Situation in den Jugendämtern, die zu dieser Gruppe zählen, zu erkennen. In den Kreisen sowohl im Osten als auch im Westen gibt es kaum Veränderungen. Innerhalb der Gruppe der ostdeutschen Städte ist die Spannweite entgegen dem allgemeinen Trends wieder etwas größer geworden.

Tabelle 17.3 gibt insgesamt einen Überblick, wie sich das Verhältnis von Personalstellen im Jugendamt zur altersentsprechenden Bevölkerung in den Teilgruppen (Stadt, Land, Ost, West) darstellt.

[92] Der Variationskoeffizient berechnet sich aus der Division der Standardabweichung durch den Mittelwert und wird insbesondere bei einem Vergleich von Verteilungen mit sehr unterschiedlichen Mittelwerten angewendet.

Vergleicht man die Daten hinsichtlich des Merkmals der Gebietskörperschaft, ist die Situation in den Städten besser als in den Landkreisen. Ostdeutsche und westdeutsche Städte haben ein ähnliches Verhältnis von Fachkraft zur Zahl der 0- bis 27-Jährigen. Die Kreise in Westdeutschland haben das ungünstigste Verhältnis mit im Median 1.245 Kindern und Jugendlichen zwischen und 0 und 27 Jahren pro Fachkraft. Für die ostdeutschen Kreise ist ein ungünstigeres Verhältnis als für die Städte in Ostdeutschland, aber ein besseres als für die westdeutschen Kreise zu verzeichnen. Die größere Flächenausdehnung der Landkreise lässt eigentlich eher eine höhere Personaldichte erwarten, denn die längeren Wege bedeuten auch einen größeren zeitlichen Aufwand pro Fall. Angesichts dieses Faktors sowie des Vergleichs mit der Personalausstattung in kreisfreien Städten erscheinen Jugendämter in Landkreisen personell unterausgestattet. Selbst die teilweise Delegation von Aufgaben an kreisangehörige Gemeinden oder die eventuell anderen Problemlagen können diese große Differenz insbesondere in Westdeutschland nicht hinreichend erklären. Diese Differenz wird auch Auswirkungen auf die jeweils angestrebte und erreichbare Qualität der Jugendhilfeleistungen haben.

Tab. 17.3: Anzahl der 0- bis 27-Jährigen pro Stelle im Jugendamt im Vergleich der Jahre 1995, 1999 und 2002, unterschieden zwischen Ost und West und Stadt und Kreis

	Ost						West					
	Stadt			Kreis			Stadt			Kreis		
	1995	1999	2002	1995	1999	2002	1995	1999	2002	1995	1999	2002
Median	397	468	485	927	907	911	652	634	646	1.474	1.148	1.245
Minimum	171	297	322	651	574	455	117	211	276	773	697	610
Maximum	1.315	597	971	1.195	2.052	2.390	7.673	4.843	1.197	5.991	2.225	3.169
Variations-koeffizient	0,6	0,24	0,47	0,2	0,42	0,42	1,5	1,14	0,4	0,6	0,33	0,39

Lesebeispiel: Im Jahr 1995 war im Median eine MitarbeiterIn des Jugendamtes in einer kreisfreien Stadt in Ostdeutschland für 397 0- bis 27-Jährige zuständig.

Quelle: DJI-Jugendamtserhebungen 1996, 2000, 2004

Stellenentwicklung

Der allgemeine Trend der Stellenentwicklung muss sich nicht in jedem einzelnen Jugendamt widerspiegeln. Hinter der Gesamtentwicklung können sich sowohl zwischen den einzelnen Jugendamtsbezirken als auch innerhalb eines Jugendamtsbezirkes gegensätzliche Entwicklungen verbergen. Während in einem Jugendamt in der

Summe eher ein Abbau an Stellen zu verzeichnen ist, kann ein anderes Jugendamt insgesamt einen Stellenausbau aufweisen. Dies gilt auch für die Entwicklung einzelner Arbeitsbereiche innerhalb des Jugendamtes. Die Entwicklungen, die hinter den Veränderungen der Personalsituation im Zeitraum von 1999 bis 2002 stecken, können für das Jahr 2002 genauer beschrieben werden, da im Fragebogen konkret nach Stellen, die 2002 abgebaut und hinzugekommen sind, gefragt wurde. Die Hälfte der Jugendämter hat im Jahr 2002 Veränderungen in ihrem Stellentableau zu verzeichnen.

Betrachtet man die Differenz zwischen Stellenabbau und Stellenzuwachs bezogen auf alle diejenigen, die Veränderungen aufweisen, zeigt sich im Durchschnitt ein Abbau um eine Stelle, im Median dagegen eine halbe Stelle Zuwachs, was auf die große Differenz zwischen den Jugendamtsbezirken hinweist. Für das Jahr 1999 errechnet sich im Median noch ein Zuwachs von durchschnittlich 1,5 Stellen. Die Trendwende, die sich in der finanziellen Ausstattung der Jugendämter und anhand der Jugendhilfestatistik für das gesamte Personal feststellen lässt, ist also auch für die Personalsituation in den Jugendamtsbezirken zu erkennen.

Trotz des generellen Trends stellt sich die Situation in den einzelnen Jugendamtsbezirken sehr unterschiedlich dar, wie an Tabelle 17.4 zu erkennen ist. In der Summe für 57 % der Jugendämter ein Zuwachs an Stellen und für 41 % ein Stellenabbau zu registrieren. Zwischen Ostdeutschland und Westdeutschland existieren erhebliche Unterschiede. In den ostdeutschen Jugendämtern gilt für zwei Drittel ein Abbau von Stellen. Es gibt keine systematischen Unterschiede zwischen Stadt und Land.

Tab. 17.4: Art der Stellenentwicklung bei Jugendämtern mit Veränderungen des Personals im Jahr 2002

	Ost	West	Stadt	Land	Insgesamt
Abbau	67 %	26 %	44 %	38 %	41 %
Ausgeglichen	<1 %	3 %	4 %	<1 %	2 %
Zuwachs	33 %	71 %	52 %	63 %	57 %

100 % = Jugendämter mit Veränderungen im Stellenplan

Quelle: DJI-Jugendamtserhebung 2004

Die Gruppe derjenigen Jugendämter, die 2002 einen Zuwachs an Personal verzeichnet, ist zwar immer noch etwas größer als jene, die in der Summe einen Abbau zu verzeichnen hat; aber der Anteil der Jugendämter mit Personalzuwachs im Jahr 2002 ist kleiner als der entsprechende Anteil für das Jahr 1999 und die Größenordnung des Zuwachses ist ebenfalls geringer geworden.

Stellenabbau

Die Ergebnisse in Tabelle 17.4 beziehen sich nur auf die Jugendämter, die tatsächlich eine Stellenveränderung verzeichnen. Bezogen auf alle Jugendämter ergeben sich getrennt für die Entwicklung zum Stellenaufbau und Stellenabbau folgende Tendenzen: Für das Jahr 2002 geben 28 % aller Jugendämter einen Abbau von Stellen in der Verwaltung des Jugendamtes an. Verglichen mit der Erhebung für das Jahr 1999 bedeutet dies eine Zunahme des Abbaus, denn damals gaben 19 % der Jugendämter einen Stellenabbau an. In Ostdeutschland betrifft der Abbau von Stellen 37 % der Jugendämter und in Westdeutschland 23 % der Jugendämter. Im Verhältnis zum gesamten Personal des jeweiligen Jugendamtes wird im Durchschnitt ein Abbau um 5 % der Stellen und im Median 3 % der Stellen des Jugendamtes vorgenommen.

Innerhalb der Gruppe von Jugendämtern, die im Jahr 2002 Stellen abbauten, nehmen 37 % der Jugendämter einen Abbau von Stellen im Bereich der allgemeinen Verwaltung bzw. wirtschaftlichen Jugendhilfe vor, 30 % der Jugendämter im Bereich des sozialen Dienstes und 11 % im Bereich der Jugendarbeit. Drei von vier Jugendämtern nennen als häufigsten Grund für den Abbau von Stellen die Umorganisation von Aufgaben. Dann folgen Mittelkürzung, Entfall von Aufgaben und sonstige Gründe (jeweils ein Fünftel). Ein Auslaufen von Stellen aufgrund der Beendigung von ABM-Verträgen ist nur im Osten ein Grund für den Stellenabbau.

Stellenzuwachs

Bezogen auf alle Jugendämter kann für ein Drittel (32 %) der Jugendämter ein Stellenzuwachs im Jahr 2002 festgehalten werden. Der Anteil der Jugendämter mit Zuwachs beträgt im Osten 20 % und im Westen doppelt so viel (39 %). Dieser Unterschied ist statistisch signifikant. Ein Zuwachs ist zudem signifikant häufiger in den Stadtjugendämtern zu ermitteln. Im Durchschnitt beträgt der Stellenausbau 5 % und im Median 3 % der Stellen des Jugendamtes. Im Vergleich zur Situation 1999 gibt es insgesamt weniger Jugendämter, die einen Ausbau an Stellen angeben.

Tab. 17.5: Gründe für Stellenzuwachs

	Ost	West	Insgesamt
Fallzahlen sind gestiegen	29 %	58 %	52 %
Neue Aufgaben sind hinzugekommen	71 %	29 %	39 %
Angebot wurde ausgeweitet	29 %	21 %	23 %
Sonstige Gründe	0 %	25 %	19 %
ABM bzw. SAM-Verträge wurden neu abgeschlossen	0 %	4 %	3 %

Quelle: DJI-Jugendamtserhebung 2004

Tabelle 17.5 vermittelt einen Überblick über die Gründe, die für einen Stellenausbau angegeben wurden. Ein Anstieg der Fallzahlen ist bei der Hälfte der Jugendämter, die einen Ausbau beschreiben, der Grund. Bei 39 % der Jugendämter sind neu hinzugekommene Aufgaben die Begründung und 23 % nennen die Ausweitung des Angebotes als Grund für den Stellenzuwachs. Das Kapitel zur Angebotsstruktur (Kap. 5) zeigt, dass vor allem im Bereich der ambulanten Hilfen zur Erziehung der Anteil der Jugendämter, die entsprechende Angebote vorhalten, gestiegen ist.

Zusammenfassend lässt sich sagen, dass gegenüber der letzten Erhebung immer noch etwas mehr Jugendämter einen Zuwachs an Stellen verzeichnen können, jedoch ist dieser Anteil etwas gesunken.

Befristete Stellen

Veränderungen in der Personalsituation müssen sich nicht allein am Zuwachs oder am Abbau von Personalstellen zeigen, sondern können auch an den Rahmenbedingungen der Stellen festgemacht werden (Befristung, Teilzeit, Honorarkräfte). Bezogen auf die Gesamtsituation der Erwerbstätigen unabhängig von der Kinder- und Jugendhilfe beträgt der Anteil von Personen mit einem befristeten Arbeitsvertrag an allen Beschäftigten 8 % im Jahr 2002 (vgl. Statistisches Bundesamt 2003 a). Im früheren Bundesgebiet beläuft sich der Anteil derjenigen, die einer durch einen befristeten Arbeitsvertrag geregelten Tätigkeit nachgehen (z. B. Teilnahme an Beschäftigungsprogrammen, Vertretung im Rahmen von Elternzeit, Projektförderung, Befristung nach dem Teilzeit- und Befristungsgesetz usw.), auf 7 % und in den ostdeutschen Ländern und Berlin-Ost auf 12 % aller Beschäftigten (ohne Auszubildende).

Im Westen sind sowohl der Anteil von Jugendämtern, die MitarbeiterInnen mit befristeten Verträgen beschäftigen und auch der Anteil an befristeten Stellen gestiegen (vgl. Tab. 17.6). Die Hälfte der westdeutschen Jugendämter gibt an, befristete Stellen in der eigenen Organisation zu haben. Der Anteil der ostdeutschen Jugendämter mit befristeten Stellen ist etwas geringer (38 %), was vor dem Hintergrund der höheren Abhängigkeit von Arbeitsförderungsinstrumenten erstaunt (vgl. Tab. 17.7). Unter Umständen ist dies auf eine größere Projektorientierung westdeutscher Jugendämter zurückzuführen. Um die Anzahl der Personalstellen in der Verwaltung klein zu halten, werden im Osten Projekte eventuell eher bei freien Trägern angesiedelt. Möglicherweise besteht auch ein Zusammenhang mit dem Anteil der Teilzeitbeschäftigten in einem Jugendamt (Anteil im Westen höher als im Osten, vgl. Tab. 17.8). Reduzieren einzelne MitarbeiterInnen ihren Stellenanteil für eine gewisse Zeit, dann wird der frei werdende Stellenanteil häufig befristet nachbesetzt.

Tab. 17.6: Anteil der Jugendämter mit befristeten Stellen in ostdeutschen und westdeutschen Jugendämtern

	1999		2002	
	Ost	West	Ost	West
Anteil der Jugendämter mit befristeten Stellen, davon ...	44 %	33 %	38 %	51 %
... durchschnittlicher Anteil von befristeten Stellen an allen Stellen im Jugendamt	5 %	7 %	15 %	9 %
... Median, befristete Stellen an allen Stellen im Jugendamt	5 %	4 %	6 %	7 %

Quelle: DJI-Jugendamtserhebungen 2000, 2004

Der durchschnittliche Anteil der befristeten Stellen am gesamten Personal ist im Vergleich zum Zeitpunkt der letzten Erhebung vor allem im Osten gestiegen. Im Median fällt die Veränderung jedoch nicht so erheblich aus, was darauf hinweist, dass die Unterschiede zwischen den Gebietskörperschaften größer geworden sind.

Im Vergleich zu den Einrichtungen und den Jugendringen ist der Anteil der befristet beschäftigten MitarbeiterInnen in der Verwaltung des Jugendamtes jedoch geringer. Dies kann als ein Hinweis darauf gesehen werden, dass dieser Bereich für die Beschäftigten noch ein relativ sicheres Arbeitsfeld darstellt.

Der größte Teil der befristeten Stellen in der Verwaltung der Jugendämter sind ABM-Stellen. An Tabelle 17.7 wird erkennbar, dass dieses Arbeitsförderungsinstrument vor allem in den ersten Jahren nach der Wiedervereinigung genutzt wurde, mittlerweile jedoch stark an Bedeutung verloren hat: Von ursprünglich 82 % der Jugendämter und einem durchschnittlichen Anteil von 17 % auf noch lediglich 26 % der Jugendämter und einem Anteil von 4 %. Diese Entwicklung korrespondiert mit der Gesamtentwicklung der ABM-Stellen in Deutschland (vgl. Hinrichs/Schäfer 2006: 20). In Westdeutschland sank die Zahl der Personen in ABM mit Schwankungen bis zum Jahr 2004 kontinuierlich und beträgt noch 24.000 Stellen. In Ostdeutschland ist eine drastische Reduktion dieses Arbeitsmarktinstrumentes seit der Jahrtausendwende zu erkennen. 2004 belief sich die Gesamtzahl der ABM-Stellen noch auf 93.000 (400.000 Ende der 90er Jahre).

Tab. 17.7: Anteil der Jugendämter mit ABM-Stellen differenziert nach Ostdeutschland und Westdeutschland

	1992/93		1995		1999		2002	
	Ost	West	Ost	West	Ost	West	Ost	West
Anteil Jugendämter mit ABM-Stellen, davon …	82 %	14 %	43 %	21 %	37 %	13 %	26 %	7 %
… durchschnittlicher Anteil von ABM im Jugendamt	17 %	8 %	7 %	4 %	4 %	7 %	4 %	3 %
… Median, ABM im Jugendamt	15 %	4 %	5 %	3 %	4 %	4 %	2 %	3 %

Quelle: DJI-Jugendamtserhebungen 1992/93, 1996, 2000, 2004

Für die Kinder- und Jugendhilfe in Ostdeutschland bestand in den 90er Jahren eine wichtige Herausforderung darin, möglichst viele ABM-Stellen in reguläre Beschäftigungsverhältnisse zu überführen, um eine Verstetigung der Fachlichkeit in einzelnen Arbeitsbereichen der Kinder- und Jugendhilfe zu erreichen. Der Anteil der westdeutschen Jugendämter mit ABM-Stellen im Jugendamt beträgt 2002 lediglich 7 % und liegt damit unterhalb des Anteils der vergangenen zehn Jahre. Gegenüber der letzten Erhebung hat sich auch der durchschnittliche Anteil dieser Stellen an allen Stellen des Jugendamtes sowohl in Ost als auch in West verringert. Im Median beträgt er im Osten nur noch 3 % und im Westen 2 %.

Teilzeitbeschäftigung

Ein hoher Anteil an Teilzeitbeschäftigung kann Ausdruck der Familienfreundlichkeit des öffentlichen Dienstes oder auch einer Reaktion auf angespannte Haushalte sein. Der durchschnittliche Anteil an Teilzeitbeschäftigten in der Verwaltung der Jugendämter ist in den letzten sieben Jahren kontinuierlich angestiegen. Knapp ein Drittel der Beschäftigten im Jugendamt – und somit ein verhältnismäßig hoher Anteil – hat im Durchschnitt keine Vollzeitstelle (vgl. Tab. 17.8). Zum Vergleich: Im Jahr 2002 arbeiteten 21 % aller Beschäftigten in der Bundesrepublik in Teilzeit; der Anteil der Teilzeitbeschäftigten hat sich, wie die Daten des Mikrozensus zeigen, in den letzten Jahren beständig erhöht. Der Anteil der Teilzeitbeschäftigten im Bereich der öffentlichen Verwaltung ist geringer als der Bundesdurchschnitt und beträgt nur 15 % (vgl. Statistisches Bundesamt 2003a: 56). Die Daten zu den Gesamtbeschäftigten zeigen zudem, dass der Anteil von Frauen mit einer Teilzeitbeschäftigung erheblich höher ist als der der Männer.

Tab. 17.8: Teilzeitkräfte und unbesetzte Stellen im Jugendamt

	1995			1999			2002		
	Ost	West	Insgesamt	Ost	West	Insgesamt	Ost	West	Insgesamt
Teilzeitkräfteanteil	3 %	22 %	15 %	13 %	29 %	24 %	22 %	36 %	31 %
Jugendämter mit unbesetzten Stellen	46 %	31 %	36 %	37 %	46 %	43 %	31 %	27 %	29 %
Anteil unbesetzter Stellen an allen Stellen im Jugendamt	5 %	7 %	6 %	3 %	3 %	3 %	4 %	4 %	4 %

Quelle: DJI-Jugendamtserhebungen 1996, 2000, 2004

Diese Entwicklung zu immer mehr Teilzeitbeschäftigung kann sowohl in den ostdeutschen als auch in den westdeutschen Kommunen nachgezeichnet werden. Im Westen ist der Anteil jedoch – auch über die Jahre hinweg – immer etwas höher. Eine Begründung für den etwas geringeren Anteil im Osten könnte in der traditionell größeren Selbstverständlichkeit hinsichtlich Vollzeitarbeitsplätzen auch für Frauen und der besseren Versorgung mit Kinderbetreuungsmöglichkeiten liegen (vgl. Statistisches Bundesamt 2003; Dressel 2005: 121).

Der Anteil der Teilzeitkräfte an den Beschäftigten in den Jugendämtern schwankt zwischen 0 % und 100 %; aber nur in Ostdeutschland gibt es Jugendämter, in denen alle MitarbeiterInnen ihre Arbeitszeit reduziert haben. Dies könnte eine Reaktion auf den drohenden Stellenabbau sein.

Vor dem Hintergrund der Diskussion um die Vereinbarkeit von Familie und Beruf ist der steigende Anteil an Teilzeitbeschäftigten zu begrüßen. Dies wird sich allerdings nur dann sowohl für die

Beschäftigten als auch für die Arbeitgeber positiv auswirken, wenn die Teilzeitbeschäftigung mit den gleichen Chancen hinsichtlich der beruflichen Weiterentwicklung, Qualifizierung und Fortbildung einhergeht.

Tabelle 17.8 gibt auch Auskunft über die unbesetzten Stellen im Jugendamt. Der Anteil der Jugendämter mit unbesetzten Stellen ist im Vergleich zu den früheren Erhebungszeitpunkten etwas niedriger. Im Osten ist der Anteil seit 1995 kontinuierlich gesunken. Damals hatte die Hälfte der Jugendämter unbesetzte Stellen, im Jahr 2002 noch knapp ein Drittel. In Westdeutschland weist – mit einer Unterbrechung 1999 – etwas weniger als ein Drittel der Jugendämter unbesetzte Stellen auf. Dieser Rückgang ist auch ein Hinweis darauf, dass für die Jugendämter die untere Grenze der Personalausstattung erreicht zu sein scheint und dieses Instrument keine weitergehenden Einsparmöglichkeiten birgt. Möglicherweise fallen auch in einigen Regionen über längere Zeit nicht besetzte Stellen in den allgemeinen Stellenpool zurück oder werden aus dem Stellenplan gestrichen.

17.2 Personalsituation in kommunalen Einrichtungen und bei Einrichtungen in freier Trägerschaft

In diesem Abschnitt werden Aussagen zur Personalsituation bei kommunalen Einrichtungen und Einrichtungen in freier Trägerschaft getroffen. Die Datenbasis hierfür bilden sowohl die Jugendamtserhebungen als auch die Erhebungen bei Einrichtungen der (teil)stationären erzieherischen Hilfen. Unter kommunalen Einrichtungen sind hier alle Einrichtungen gefasst, die der öffentliche Träger unterhält, wie Kindertagesstätten, Heime, Erziehungsberatungsstellen, Wohngruppen und Jugendzentren. Der Anteil der Jugendämter, die zumindest über eine eigene Einrichtung verfügen, beträgt 100 %. Eine detaillierte Aufschlüsselung der Ergebnisse nach den einzelnen Arbeitsfeldern der Kinder- und Jugendhilfe ist nur eingeschränkt möglich, da dies bei den Jugendämtern nicht umfassend arbeitsfeldspezifisch abgefragt wurde.

In diesem Abschnitt (17.2) werden deshalb die kommunalen Einrichtungen insgesamt und die Einrichtungen der (teil)stationären Hilfen zur Erziehung betrachtet. Im Zentrum der Analyse stehen vor allem die Entwicklung der Stellen sowie die Rahmenbedingungen der Stellen (Teilzeit, Befristung, ABM, Honorarkräfte). Im Abschnitt darauf (17.3) wird dann die Personalsituation für das Arbeitsfeld der Jugendarbeit auf der Basis der Befragung bei Jugendringen gesondert betrachtet.

Wie sich in der letzten Erhebung schon andeutete und wie die Ergebnisse für die einzelnen Angebote zeigen (Trägerentwicklung ambulanter und stationärer Angebote, vgl. Kap. 5.7 und 5.8), verringert sich das Personal in Einrichtungen des öffentlichen Trägers. Es gibt aktuell weniger Jugendämter, die für bestimmte Angebote der alleinige Anbieter sind, und der Anteil der Jugendamtsbezirke, in denen bestimmte Angebote ausschließlich von freien Trägern erbracht werden, ist angestiegen. Diese Entwicklung ist nicht nur in den ostdeutschen Bundesländern zu beobachten, die vor allem noch in den 90er Jahren mit der schrittweisen Verlagerung ihrer Angebote auf die freien Träger befasst waren. In Tabelle 17.9 ist die Personalsituation in kommunalen Einrichtungen für vier Zeitpunkte anhand von Größenklassen des Personals dargestellt. Deutlich wird, dass der Anteil der Jugendamtsbezirke mit sehr viel Personal in kommunalen Einrichtungen kontinuierlich abgenommen hat. Nur noch etwas mehr als ein Viertel der Jugendamtsbezirke beschäftigt mehr als 100 MitarbeiterInnen in Einrichtungen des öffentlichen Trägers. Im Jahr 2002 hat die Hälfte der Jugendämter bis zu zehn MitarbeiterInnen in kommunalen Jugendhilfeeinrichtungen. In den Erhebungsjahren zuvor waren dies nur 11 %, 17 % bzw. 28 % der Jugendämter. Die Veränderung zwischen den beiden ersten Erhebungszeitpunkten ist vor allem auch auf die Gebietsreform in den ostdeutschen Bundesländern zurückzuführen.

Die Entwicklung der Personalzahlen in den kommunalen Einrichtungen deutet auf einen Rückzug des öffentlichen Trägers als Anbieter von Angeboten der Kinder- und Jugendhilfe hin. Zum Teil kann dies auf eine Auslagerung von Angeboten in eigenständige kommunale Einheiten, wie zum Beispiel einen Eigenbetrieb Kindertagesbetreuung, und auf eine Anpassung des Personals an die Bevölkerungsentwicklung zurückzuführen sein.

Tab. 17.9: Personal in Einrichtungen der öffentlichen Träger 1992, 1995, 1999 und 2002

MitarbeiterInnen	1992/93	1995	1999	2002
bis 10	28 %	11 %	17 %	52 %
11 bis 50	37 %	33 %	26 %	17 %
51 bis 100	16 %	0 %	17 %	4 %
101 bis 500	6 %	33 %	21 %	10 %
über 500	13 %	22 %	19 %	17 %

Quelle: DJI-Jugendamtserhebungen 1992/93, 1996, 2000, 2004

Betrachtet man den Stellenausbau und -abbau für das Jahr 2002 genauer, ergibt sich für das Personal in kommunalen Einrichtungen folgendes Bild: 14 % der Jugendämter beschreiben für Einrichtungen in öffentlicher Trägerschaft einen Abbau von Stellen. Ost-West-Differenzen lassen sich bei diesem Anteil der Jugendämter nicht erkennen. Im Durchschnitt betrifft der Stellenabbau 9 % der Stellen und im Median 5 % der Stellen. Im Osten sind es gemessen am gesamten Personal durchschnittlich 16 % und im Westen nur 3 % der Stellen, in Landkreisen 21 % und in den Städten 6 %. Zwei Drittel der Jugendämter benennen als Grund für den Stellenabbau Mittelkürzung. Obwohl es hinsichtlich des Anteils an Jugendämtern, die Stellen in kommunalen Jugendhilfeeinrichtungen abbauen, keinen Unterschied zwischen Ost und West gibt, wird in ostdeutschen Kommunen der Personalabbau stärker betrieben. Das Gleiche gilt für Landkreise gegenüber den Städten. Diese Entwicklung muss vor dem Hintergrund der Anpassung der Stellensituation an den Bevölkerungsrückgang gesehen werden.

Einen Stellenausbau in kommunalen Einrichtungen verzeichnen im Jahr 2002 11 % der Jugendämter. Im Durchschnitt kamen gemessen an allen Stellen in kommunalen Einrichtungen 10 % der Stellen, im Median 8 % der Stellen hinzu. Städte gehören signifikant häufiger zu denjenigen, die einen Stellenausbau verzeichnen.

Befristete Stellen in Einrichtungen

Tab. 17.10: Durchschnittliche Anteile von befristeten Beschäftigungsverhältnissen bei Einrichtungen in öffentlicher Trägerschaft einschließlich Kitas

	1995		1999		2002	
Beschäftigungsverhältnis	Ost	West	Ost	West	Ost	West
Von der Arbeitsverwaltung geförderte Stellen	19 %	5 %	4 %	1 %	7 %	1 %
Befristete Stellen gesamt	27 %	8 %	4 %	6 %	8 %	6 %

Quelle: DJI-Jugendamtserhebungen 1996, 2000, 2004

Der Anteil der befristeten Stellen in den kommunalen Einrichtungen hat sich vor allem in den 90er Jahren in den ostdeutschen Bundesländern erheblich verändert: Er ist von insgesamt 27 % auf 8 % gesunken (vgl. Tab. 17.10). Der Anteil der Jugendämter, in deren Einrichtungen im Jahr 2002 ABM-Stellen vorhanden sind, beträgt 22 %. Der erwartbare Ost-West-Unterschied zeigt sich wie in den

Erhebungen davor auch für den Stichtag 31.12.2002: In knapp zwei Dritteln der ostdeutschen Jugendamtsbezirke gibt es in den kommunalen Einrichtungen ABM-Stellen, während nur in knapp einem von sechs westdeutschen Jugendamtsbezirken die kommunalen Einrichtungen über ABM-Stellen verfügen. Somit hat sich in den westlichen Bundesländern gegenüber der Situation von 1999 keine Veränderung ergeben, in den ostdeutschen Jugendamtsbezirken geht der Anteil der von der Arbeitsförderung finanzierten Stellen weiter zurück.

Tab. 17.11: Durchschnittliche Anteile von befristeten Beschäftigungsverhältnissen bei Einrichtungen in öffentlicher und freier Trägerschaft in Ost- und Westdeutschland

	Einrichtungen des öffentl. Trägers einschl. Kitas		Einrichtungen des öffentl. Trägers ohne Kitas		Einrichtungen der (teil)stat. Erziehungshilfen bei freien Trägern	
Beschäftigungsverhältnis	Ost	West	Ost	West	Ost	West
1. von der Arbeitsverwaltung geförderte Stellen	7 %	1 %	20 %	1 %	3 %	<1 %
2. sonstige befristete Stellen	2 %	4 %	2 %	5 %	9 %	11 %
3. Beschäftigte nach § 19 BSHG	/	/	/	/	1 %	<1 %
– befristete Stellen gesamt	8 %	6 %	22 %	6 %	12 %	12 %
– unbefristete Stellen	91 %	95 %	78 %	94 %	88 %	88 %

/ wurde nicht erfragt

Quelle: DJI-Jugendamtserhebung 2004, Einrichtungen der (teil)stationären Erziehungshilfe 2004

In Tabelle 17.11 wird nach Einrichtungen des öffentlichen Trägers einschließlich der Kindertagesbetreuung (um die Vergleichbarkeit zu den beiden ersten Erhebungen zu gewährleisten) und ohne Kindertagesbetreuung unterschieden. Eine detaillierte Betrachtung ausschließlich für die Kindertagesbetreuung ist auf der Basis der Daten nicht angebracht, da nur ein Teil der Jugendämter selbst für die Kindertagesbetreuung zuständig ist. In den anderen Jugendamtsbezirken liegt die Verantwortung bei den einzelnen kreisangehörigen Kommunen. In Tabelle 17.11 sind auch die Einrichtungen der (teil)stationären Erziehungshilfen bei freien Trägern aufgeführt, das heißt, im Datensatz wurden die öffentlichen Träger ausgeschlossen.

In Tabelle 17.11 wird hinsichtlich der Abhängigkeit der Stellen von der Arbeitsförderung deutlich, dass vor allem in den ostdeutschen Bundesländern die kommunalen Einrichtungen außerhalb der Kindertagesbetreuung auf von der Arbeitsverwaltung geförderte

Stellen angewiesen sind (1999: 13 % und 2002: 20 %). In den westdeutschen Bundesländern gibt es in dieser Hinsicht keinen Unterschied zwischen den Erhebungsjahren. Die Kindertagesbetreuung war im Osten wie im Westen in sehr geringem Maße von der Arbeitsförderung abhängig, die Jugendarbeit hingegen in beträchtlichem Maße. Der Anteil der über die Arbeitsverwaltung mitfinanzierten Stellen in kommunalen Jugendzentren liegt in Ostdeutschland im Durchschnitt bei 35 %. Dieser Arbeitsbereich wurde nach der Wende strukturell grundlegend verändert, und der Umbau ging mit einem Anstieg befristeter Arbeitsverhältnisse einher. Zudem hat das Arbeitsfeld der Jugendarbeit mit den Auswirkungen der finanziellen Schwierigkeiten der Kommunen und des demografischen Wandels, der jetzt die Altersgruppe der Jugendlichen erreicht, zu kämpfen. Diese Herausforderungen sorgen nicht dafür, dass der Anteil der befristeten Arbeitsverhältnisse sinkt (vgl. auch Abschnitt 17.3 zur Jugendarbeit).

Kommunen, in denen das Personal in den Einrichtungen zu 100 % befristet ist, gibt es signifikant häufiger im Osten, auch wenn die Zahl sehr gering ist.

Betrachtet man zum Vergleich die Situation der Arbeitsverhältnisse bei den (teil)stationären Einrichtungen der Erziehungshilfe, so wird deutlich, dass der Anteil der sonstigen befristetet angestellten MitarbeiterInnen etwas höher als bei den kommunalen Einrichtungen aller Arbeitsfelder und der Anteil von der Arbeitsverwaltung geförderten Stellen geringer ist (vgl. Tab. 17.11). Bei den MitarbeiterInnen der Einrichtungen in freier Trägerschaft handelt es sich bei 12 % um befristet beschäftigte MitarbeiterInnen. Der Anteil der befristet Beschäftigten ist im Vergleich zur letzten Erhebung um fünf Prozentpunkte gestiegen. Befristete Stellen haben den betriebswirtschaftlichen Vorteil, dass Einrichtungen bei weniger Auslastung oder bei erforderlichen Einsparungen schneller reagieren können und somit ein geringeres wirtschaftliches Risiko tragen.

Mit der steigenden Tendenz hin zu befristeten Beschäftigungsverhältnissen, die sich auch in der Fachdiskussion widerspiegelt, gehen einige Gefahren für die Qualität der Arbeit insbesondere in diesen Einrichtungen einher. Für die MitarbeiterInnen bedeutet es, das Ende ihres Beschäftigungsverhältnisses bereits bei Beginn der Tätigkeit zu kennen. Damit können der Aufbau einer Beziehung zu den in der Einrichtung untergebrachten Kindern und Jugendlichen und die notwendige Kontinuität dieser Beziehung verhindert werden. Die Aufenthaltsdauer von Kindern und Jugendlichen in der stationären Unterbringung ist in den letzten 15 Jahren kontinuierlich gesunken und die Zusammensetzung einer Wohn- und Heimgruppe ändert sich damit häufiger. Bei einer ohnehin recht hohen Fluktuation von Kindern und Jugendlichen im Bereich der stationären Einrichtungen können sich befristete Arbeitsverhältnisse negativ auf die Beziehungskontinuität und Beziehungsqualität auswirken.

Teilzeitbeschäftigung in kommunalen Einrichtungen und bei Einrichtungen (teil)stationärer Hilfen

Der Anteil an Teilzeitbeschäftigten in den kommunalen Einrichtungen beträgt im Durchschnitt 49 % und ist somit höher als der entsprechende in der Verwaltung des Jugendamtes. In Ostdeutschland ist der Anteil an Teilzeitbeschäftigten bei kommunalen Einrichtungen signifikant höher als in Westdeutschland. Dies ist vor allem auf das Arbeitsfeld der Kindertagesbetreuung zurückzuführen, wo es einen vergleichsweise hohen durchschnittlichen Anteil an Teilzeitbeschäftigten am gesamten Personal gibt (im Osten bei durchschnittlich 79 %, im Westen 37 %, vgl. auch Schilling 2005: 56). Das bedeutet, dass im Osten nur noch ein Fünftel der Beschäftigten in diesem Arbeitsfeld über eine Vollzeitstelle verfügt. Dies ist immer noch ein Effekt der großen Veränderungen in diesem Arbeitsfeld in Folge des starken Rückganges der Geburten in den 90 er Jahren. Mit der Reduzierung der Wochenarbeitsstunden wurde versucht, einem Abbau von Personal entgegenzuwirken. Aber auch in den westdeutschen Einrichtungen ist der Anteil der teilzeitbeschäftigten MitarbeiterInnen sehr hoch und in den letzten Jahren angestiegen (vgl. Schilling 2005). Hier wirken sich offensichtlich die veränderten Finanzierungsregelungen für die Kindertagesbetreuung, die sich stärker nach der realen Belegung richten, auch auf die Beschäftigungssituation aus. Die Einrichtungen regulieren mit der Anzahl der Wochenarbeitsstunden Schwankungen in der Finanzierung der Einrichtung.

Für den Bereich der (teil)stationären Einrichtungen ergibt sich ein Anteil an Teilzeitbeschäftigten von durchschnittlich 34 %.

Honorarkräfte und andere temporär beschäftigte MitarbeiterInnen in kommunalen Einrichtungen und Einrichtungen (teil)stationärer erzieherischer Hilfen

In den meisten Einrichtungen stellen die hauptamtlichen MitarbeiterInnen – egal ob befristet oder unbefristet – nicht das einzige Personal dar. Darüber hinaus sind beispielsweise JahrespraktikantInnen, Honorarkräfte, geringfügig Beschäftigte, Zivildienstleistende und junge Menschen im freiwilligen sozialen Jahr tätig. Tabelle 17.12 zeigt für einen Teil dieser Beschäftigten den Anteil, den sie am gesamten Personal einnehmen (15 % und 18 %). Der Anteil von Honorarkräften ist in kommunalen Einrichtungen und in Einrichtungen (teil)stationärer Hilfen in etwa gleich groß und liegt bei den befragten Einrichtungen der erzieherischen Hilfen bei 8 % und in kommunalen Einrichtungen bei 7 %. Auffallend ist, dass bei beiden Gruppen der Anteil in Westdeutschland erheblich höher ist. Hierfür bieten sich mehrere Erklärungen an. Es ist möglich, dass in westdeutschen Einrichtungen aufgrund einer anderen historischen Entwicklung mehr therapeutische Zusatzleistungen oder freizeitpädagogische Angebote über Honorarkräfte angeboten werden. Der Ost-West-Unterschied kann auch auf einer differierenden Angebotsstruktur basieren. Für die ostdeutschen Einrichtungen könnte ein eingeschränkter Handlungsspielraum bei Beschäftigungsmöglichkeiten von Honorarkräften bedeuten, dass ein fachliches Defizit entsteht, sofern dies die einzige Möglichkeit darstellt, auf externes ExpertInnenwissen oder Reflexionshilfen zuzugreifen. Möglich ist aber auch, dass die Einrichtungen im Osten ein integraleres Verständnis ihrer Aufgaben haben und Aufgaben, die in westdeutschen Einrichtungen Honorarkräfte erfüllen, von hauptamtlichen Beschäftigten übernommen werden.

Tab. 17.12: Durchschnittlicher Anteil der nicht hauptamtlich beschäftigten Personen in den Einrichtungen (in % bezogen auf alle hauptamtlich Beschäftigten plus die jeweilige Gruppe)

	Einrichtungen des öffentlichen Trägers einschließlich Kitas			(Teil)stationäre Einrichtungen		
	Ost	West	Insgesamt	Ost	West	Insgesamt
Geringfügig Beschäftigte	1 %	1 %	1 %	6 %	11 %	10 %
Honorarkräfte	2 %	10 %	7 %	4 %	9 %	8 %
JahrespraktikantInnen	5 %	11 %	9 %	5 %	4 %	4 %
Alle zusammen	7 %	20 %	15 %	11 %	21 %	18 %

Quelle: DJI-Jugendamtserhebung 2004, DJI-Einrichtungserhebung 2004

Der Anteil der geringfügig beschäftigten Personen ist bei den kommunalen Einrichtungen und den Einrichtungen der erzieherischen Hilfen in freier Trägerschaft unterschiedlich hoch. Bei Letzteren sind 10 % des Personals im Durchschnitt geringfügig Beschäftigte. Dieser Anteil kommt vermutlich dadurch zustande, dass für bestimmte Arbeiten, wie Hausmeistertätigkeiten und Essenausgabe, die zeitlich sehr begrenzte Tätigkeiten darstellen können, solche Personen beschäftigt werden. Bei den kommunalen Einrichtungen beträgt der Anteil lediglich 1 %. Die Kommunen vergeben diese Dienste vermutlich eher an Fremdfirmen, an zentrale Hausmeisterdienste oder den kommunalen Bauhof, als jemanden auf der Basis geringfügiger Beschäftigung dafür einzustellen.

Im Rahmen der Erhebungen kann nicht geklärt werden, inwiefern geringfügig Beschäftigte reguläre Beschäftigungsverhältnisse ersetzen. Denkbar ist jedoch, dass Unsicherheiten hinsichtlich der Auslastung bzw. der Belegungszahlen und der finanziellen Ressourcen dazu führen, dass sicherere Arbeitsverhältnisse eher vermieden werden. Entwicklungen dieser Art können zu einer instabilen Personalstruktur führen und die Qualität der Arbeit gefährden. Die geringere Anzahl an geringfügig Beschäftigten in Ostdeutschland könnte in diesem Zusammenhang ein Hinweis darauf sein, dass dort Risiken in anderer Form auf die Mitarbeiterschaft verlagert werden. Dort ist der Anteil an Teilzeitbeschäftigten höher.

Der Anteil der Zivildienstleistenden und Personen, die ein freiwilliges soziales Jahr absolvieren, liegt in den (teil)stationären Einrichtungen jeweils bei 3 %.

Die Kinder- und Jugendhilfe ist ein umfangreiches Tätigkeitsfeld, in dem auch ehrenamtlichem Engagement eine große Bedeutung zukommt. Der größte Teil der ehrenamtlichen Arbeit wird im Rahmen der Jugendarbeit und in den Jugendverbänden geleistet. Schon in der letzten Befragung bei Einrichtungen erzieherischer Hilfen wurde deutlich, dass die Hilfen zur Erziehung kein ausgeprägtes Handlungsfeld für ehrenamtlich Tätige sind. Gaben in der letzten Erhebung 15 % der Einrichtungen an, dass bei ihnen Ehrenamtliche tätig sind, sind es für das Jahr 2002 immerhin 21 % der Einrichtungen. Dies ist ein Hinweis auf eine steigende Tendenz des ehrenamtlichen Engagements in den (teil)stationären Hilfen. Im Rahmen unserer Erhebung kann allerdings nicht geklärt werden, welche Aufgaben die Ehrenamtlichen in diesem Tätigkeitsfeld übernehmen. Ebenfalls bleibt in diesem Zusammenhang unklar, inwieweit die ehrenamtlich arbeitenden Vorstände der Vereine von den Einrichtungsleitungen bei den Angaben berücksichtigt wurden. In jedem Fall sollten die Einrichtungen das ehrenamtliche Engagement in den Einrichtungen koordinieren und auch fördern. Arbeitsplatzbeschreibungen für Ehrenamtliche liegen bisher bei einem Viertel der Einrichtungen, bei denen Ehrenamtliche tätig sind, vor.

17.3 Personalsituation bei Jugendringen

Auf der Basis der durchgeführten Erhebung bei Jugendringen lassen sich differenzierte Aussagen zur Personalsituation – insbesondere auch zur Befristung von Beschäftigungsverhältnissen sowie geringfügig beschäftigten Personen – treffen.

In Bezug auf ihr hauptamtliches Personal zeigen sich die Jugendringe ebenso wie hinsichtlich ihrer Aufgaben und Funktionen bundesweit sehr heterogen. Die Konzeption der Jugendringe in den einzelnen Bundesländern hängt eng mit der Verfügbarkeit von hauptamtlichem Personal zusammen: Bestimmte Aufgaben können ohne hauptamtliches Personal nicht erfüllt werden. So sind zum Beispiel die Jugendringe mit hauptamtlichem Personal signifikant häufiger damit beauftragt, Gelder der öffentlichen Hand (z.B. Kommune, Jugendamt, Land) an ihre Mitgliedsverbände zu verteilen als die Jugendringe ohne hauptamtliches Personal.

Abb. 17.1: Anteil der Jugendringe mit hauptamtlichem Personal

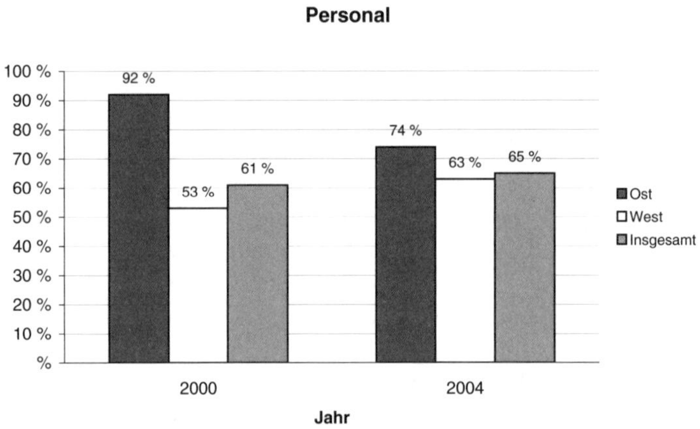

Insgesamt verfügen 65 % der Jugendringe über hauptamtliches Personal. Der Anteil von Jugendringen mit hauptamtlichem Personal ist gegenüber den 1995 und 2001 durchgeführten Erhebungen für Gesamtdeutschland etwa gleich geblieben. Allerdings werden im Vergleich zwischen Ost- und Westdeutschland seit der letzten Erhebung deutliche Veränderungen sichtbar. In den ostdeutschen Bundesländern lag der Anteil mit hauptamtlichem Personal 2001 bei 92 % und in den westdeutschen Ländern bei 53 %. In der aktuellen Erhebung wird eine Angleichung zwischen Ost und West sichtbar: Der Anteil der Jugendringe mit hauptamtlichem Personal im Osten ging auf 74 % zurück und stieg im Westen auf 63 % an.

Der höhere Anteil hauptamtlich Beschäftigter im Osten ist darauf zurückzuführen, dass in der spezifischen Anfangssituation der Jugendarbeit in Ostdeutschland viele Angebote durch hauptamtliches Personal vorgehalten wurden. Der nun allmählich zu verzeichnende Rückgang der hauptamtlich Beschäftigten im Osten zeigt, dass das hauptamtliche Personal mittlerweile wieder abgebaut wird und es zu einer Angleichung zwischen Ost und West kommt. Allerdings bedeutet der Abbau hauptamtlichen Personals im Osten auch, dass manche Jugendringe nicht weiter existieren können, da die Strukturen des Ehrenamts in Ostdeutschland noch nicht mit denen im Westen vergleichbar sind. Dementsprechend gibt es in Ostdeutschland deutlich weniger Jugendringe mit ausschließlich ehrenamtlichem Personal. Dies zeigt sich auch im Panel, denn es gibt so gut wie keine ostdeutschen Jugendringe, die sowohl in der Erhebung im Jahr 2001 über hauptamtliches Personal verfügten, als auch in der aktuellen Erhebung teilnehmen und jetzt angeben, dass sie kein hauptamtliches Personal mehr haben. Ein Vergleich der Anzahl der existierenden Jugendringe in Ostdeutschland zu den beiden Erhebungszeitpunkten zeigt, dass sich der Anteil der Jugendamtsbezirke ohne Jugendringe von 2001 bis 2005 um fünf Prozentpunkte von 75 % auf 70 % verringert hat.

Bei den westdeutschen Jugendringen ist dagegen eine steigende Tendenz des Anteils von Hauptamtlichen zu erkennen. Im Panel bestätigt sich die tendenzielle Zunahme von Hauptamtlichen, da es einige westdeutsche Jugendringe gibt, die im Jahr 2001 noch nicht über hauptamtliches Personal verfügten, aber in der aktuellen Erhebung angeben, hauptamtliches Personal zu haben.

Ostdeutschland und Westdeutschland unterscheiden sich relativ stark bezüglich der Anzahl der Jugendamtsbezirke, in denen überhaupt ein Jugendring existiert. Der entsprechende Anteil ist in Ostdeutschland etwa zehn Prozentpunkte kleiner als in Westdeutschland. Vergleicht man nun aber die Jugendamtsbezirke mit hauptamtlichem Personal im Jugendring, unterscheiden sich die Anteile zwischen Ost- und Westdeutschland – anders als vor drei Jahren – nicht nennenswert. Der höhere Anteil der Jugendringe mit hauptamtlichem Personal im Osten relativiert sich hierdurch erheblich: Dort wo es Jugendringe gibt, sind sie besser ausgestattet, aber es gibt sie seltener. Im Folgenden wird als Bezugsgröße die Anzahl der Jugendringe verwendet, weil die Jugendringe und nicht die Jugendamtsbezirke die Untersuchungspopulation darstellen. Bei der Interpretation der Ergebnisse ist jedoch die geringere Repräsentanz der

Jugendringe in den ostdeutschen Jugendamtsbezirken zu berücksichtigen.

Stellenentwicklung

Im Hinblick auf die Stellenentwicklung wurde abgefragt, ob und wie viele Stellen im Kalenderjahr 2003 abgebaut werden mussten, und wenn ja, aus welchem Grund. Da aber prinzipiell auch gleichzeitig ein Stellenausbau möglich ist, wurde für das Jahr 2003 auch nach neu eingerichteten Stellen gefragt. Tatsächlich gibt es Jugendringe, bei denen sowohl Stellen abgebaut als auch neu geschaffen wurden.

Bei insgesamt 8 % der Jugendringe gab es im Jahr 2003 einen Stellenabbau. Am häufigsten ist eine allgemeine Mittelkürzung der Grund dafür, aber auch Kürzungen von Mitteln der Arbeitsmarktförderung spielen eine Rolle. Bezogen auf das hauptamtlich beschäftigte Personal werden ca. 5 % der Stellen abgebaut, wobei der Stellenabbau nahezu ausschließlich in ostdeutschen Jugendringen stattfindet (Ost 26 %; West 0,4 %).

Bei 11 % der Jugendringe wurden im Jahr 2003 neue Stellen geschaffen. Betrachtet man gemessen an allen Stellen der hauptamtlich Beschäftigten den Stellenzuwachs für die Jugendringe im Jahr 2003, so handelt es sich insgesamt um einen Zuwachs von 4 % (Ost 2 %; West 4 %).

In der Bilanz von Stellenzuwachs und Stellenabbau wird deutlich, dass sich bei den Jugendringen ein – wenn auch nur sehr leichter – Stellenrückgang zeigt, der fast ausschließlich auf den Abbau der hauptamtlichen Stellen in Ostdeutschland zurückzuführen ist. Es verlassen bedingt durch das Ende der Förderung von ABM- und SAM-Stellen mehr Personen die Jugendringe als wieder Personen unter Nutzung dieser Mittel neu eingestellt werden. Die Bedeutung der Arbeitsagentur als Finanzier der Jugendarbeit geht somit zurück.

Befristet Beschäftigte

Nicht alle hauptamtlich Beschäftigten sind unbefristet Beschäftigte. Von den hauptamtlich Beschäftigten waren im Jahr 2004 im Westen 13 % und im Osten 37 % befristet beschäftigt.

Tab. 17.13: Durchschnittliche Anteile von befristeten und unbefristeten Beschäftigungsverhältnissen der hauptamtlichen MitarbeiterInnen bei Jugendringen in Ost- und Westdeutschland

	1995		1999		2004	
	Ost	West	Ost	West	Ost	West
befristete Stellen	86 %	29 %	65 %	12 %	37 %	13 %
	(73 %)	(15 %)	(39 %)	(5 %)	(19 %)	(4 %)
unbefristete Stellen	14 %	71 %	35 %	88 %	63 %	87 %
	(7 %)	(39 %)	(13 %)	(68 %)	(38 %)	(61 %)

In Klammern steht der Anteil der Jugendringe, deren hauptamtliches Personal zu 100 % aus den jeweiligen Gruppen der Beschäftigten besteht.

Quelle: DJI-Jugendringerhebungen 1996, 2001; 2004

Betrachtet man die Entwicklungen der Anteile von befristet und unbefristet Beschäftigten im Zeitverlauf, dann zeigt sich, dass sich bei den westdeutschen Jugendringen der Anteil der MitarbeiterInnen, die über einen befristeten Arbeitsvertrag verfügen, in den letzten fünf Jahren kaum verändert hat (vgl. Tab. 17.13). Es hat demnach keine weitere Absicherung der Beschäftigungsverhältnisse gegeben. Die Arbeitsverhältnisse im Osten scheinen im Laufe der Zeit dagegen sicherer geworden zu sein, da der prozentuale Anteil befristet Beschäftigter gesunken ist.

Tab. 17.14: Durchschnittliche Anteile von durch die Arbeitsverwaltung geförderten und sonstigen befristeten Beschäftigungsverhältnissen der hauptamtlichen MitarbeiterInnen bei Jugendringen in Ost- und Westdeutschland

	1999		2004	
	Ost	West	Ost	West
1. Von der Arbeitsverwaltung geförderte Stellen	46 %	9 %	18 %	4 %
teilen sich auf in …				
ABM-Stellen	*25 %*	*7 %*	*13 %*	*2 %*
SGB-III-Stellen (vor 1998 AFG)	*21 %*	*2 %*	*5 %*	*2 %*
2. Sonstige befristete Stellen	19 %	3 %	19 %	9 %

Quelle: DJI-Jugendringerhebungen 2000, 2004

Das veränderte Verhältnis zwischen befristetet und unbefristet Beschäftigten hängt damit zusammen, dass sich der zuvor erwähnte Stellenabbau im Osten auf die von der Arbeitsverwaltung geförderten Stellen bezieht, die sich, wie in der Tabelle 17.14 erkennbar, im

Vergleich zur letzten Erhebung im Jahr 1999 erheblich reduziert haben. Dies hat zur Folge, dass der Anteil der unbefristeten Stellen relativ gesehen deutlich zugenommen hat – auch wenn sich die absolute Anzahl der Stellen nicht erhöht, steigt deren Anteil. Ähnlich verhält es sich mit dem Anteil der Jugendringe, die zu 100 % befristete Stellen haben. Auch dieser Anteil ist in Ostdeutschland deutlich, auf 19 %, gesunken. Dieser Rückgang ist im Zusammenhang mit der geringer gewordenen Anzahl von Jugendringen in Ostdeutschland zu sehen. Nach wie vor gibt es in Ostdeutschland einen deutlich geringeren Anteil von Jugendringen, deren hauptamtliches Personal zu 100 % unbefristet abgesichert ist (38 % Ost; 61 % West). Für die Zukunft ist deshalb zu befürchten, dass ein noch größerer Anteil von Jugendamtsbezirken in Ostdeutschland in Zukunft ohne Jugendring auskommen muss.

Im Gegensatz zu der Dynamik in Ostdeutschland hat sich das Verhältnis von befristeten zu unbefristeten Stellen in Westdeutschland zwischen den letzten beiden Erhebungszeitpunkten kaum verändert. Dies zeigt, dass die Jugendringe in Westdeutschland insgesamt besser im System der Kinder- und Jugendhilfesystem verankert sind.

Teilzeitbeschäftigte

42 % der Stellen bei Jugendringen sind keine Vollzeitstellen. Im Osten liegt der durchschnittliche Anteil der Teilzeitbeschäftigten bei 47 % und im Westen bei 40 %. Noch 2001 lag der durchschnittliche Anteil der Teilzeitbeschäftigten im Westen bei etwas mehr als der Hälfte und somit wesentlich höher als bei den ostdeutschen Jugendringen, bei denen der Anteil ein Viertel betrug. Eine mögliche Erklärung für diese Entwicklung könnte sein, dass sich im Osten aufgrund der Stellenkürzungen zunehmend mehrere Personen eine Stelle teilen oder aber keine Vollzeitstellen mehr finanziert werden.

Honorarkräfte und andere geringfügig beschäftigte MitarbeiterInnen

Die Jugendarbeit ist ein Arbeitsfeld der Kinder- und Jugendhilfe, in dem es neben den Hauptamtlichen weitere MitarbeiterInnen gibt, wie PraktikantInnen, Honorarkräfte, Zivildienstleistende oder junge Menschen im freiwilligen sozialen oder ökologischen Jahr. Tabelle 17.15 zeigt den großen Anteil dieser Beschäftigten in den Jugendringen insgesamt und dass der Anteil in Westdeutschland insgesamt deutlich größer ist. Dieser Befund ist vor allem auf den größeren Anteil an Honorarkräften zurückzuführen, was zum einen die längere Tradition der Arbeit mit Honorarkräften widerspiegelt kann, zum anderen auch ein Hinweis auf ein besonders vielfältiges Angebot oder auf eine häufigere Inanspruchnahme von Fachberatungen oder Supervisionen vonseiten der Hauptamtlichen sein kann.

Tab. 17.15: Durchschnittlicher Anteil der nicht hauptamtlich beschäftigten Personen bei den Jugendringen (in % bezogen auf alle hauptamtlich Beschäftigten plus die jeweilige Gruppe)

	Ost	West	Insgesamt
PraktikantInnen	16 %	20 %	19 %
Honorarkräfte	23 %	38 %	34 %
Zivildienstleistende	2 %	7 %	6 %
Freiwilliges soziales bzw. ökologisches Jahr	2 %	1 %	2 %
Zusammen	36 %	48 %	46 %

Lesebeispiel: Im Durchschnitt beträgt der Anteil der PraktikantInnen am hauptamtlich beschäftigten Personal und allen PraktikantInnen des Jugendrings 19 %.

Quelle: DJI-Jugendringerhebung 2004

Die Beschäftigung von PraktikantInnen ist aufgrund der Vorschriften zur PraktikantInnenbetreuung an die Beschäftigung von hauptamtlichen MitarbeiterInnen in den Jugendringen gekoppelt. Insofern ist es nicht überraschend, dass PraktikantInnen nur bei den Jugendringen zu finden sind, die auch über hauptamtliches Personal verfügen.

Insgesamt wird beim Vergleich mit den Daten zu kommunalen Einrichtungen und Einrichtungen (teil)stationärer Hilfen die größere strukturelle Unsicherheit dieses Arbeitsfeldes offensichtlich.

Personal in kommunalen Einrichtungen der Jugendarbeit

Auf der Basis der Jugendamtsbefragung sind auch Aussagen zur Personalsituation in kommunalen Jugendzentren möglich. Der Anteil der über die Arbeitsverwaltung mitfinanzierten Stellen in kommunalen Jugendzentren liegt in Ostdeutschland im Durchschnitt bei 35 %. Im Westen dagegen ist diese Form der Mitfinanzierung relativ selten. Im Vergleich zu den Vorjahren zeigt sich in Ostdeutschland keine Veränderung der Situation. Auch in den vorangegangenen Erhebungen waren in Ostdeutschland jeweils etwa ein Drittel der

Stellen in den Jugendzentren in öffentlicher Trägerschaft über die Arbeitsverwaltung mitfinanziert. Dagegen hat sich dieser Anteil in Westdeutschland im Zeitverlauf deutlich reduziert. Nach wie vor sind es insbesondere die Jugendzentren in ostdeutschen Landkreisen, die einen hohen Anteil an ABM-/SAM-Stellen aufweisen (42 % in Landkreisen und 27 % in den Städten). Gerade dort also, wo der Bedarf an Einrichtungen der Jugendarbeit mangels anderer Alternativen am höchsten ist (vgl. Kap. 5), ist sie am schlechtesten abgesichert.

17.4 Jugendamtsleitungen

Seit Beginn der Jugendamtsbefragungen werden auch Daten zu den Jugendamtsleitungen erhoben. Erst in den letzten Jahren hat sich die Aufmerksamkeit der Fachdiskussion stärker auf Führungspositionen und Leitungsaufgaben in der Kinder- und Jugendhilfe gerichtet (vgl. Flösser/Otto 2001; Volkmar 2004). Vor dem Hintergrund von Organisationsveränderungen in den Verwaltungen sind insbesondere die Qualifikationen der Führungskräfte von Interesse.

Wie unterschiedlich die Besetzung der Leitungsstelle im Jugendamt regional aussehen kann, hat vor allem der Vergleich zwischen Ostdeutschland und Westdeutschland gezeigt: Im Osten war die Jugendamtsleitung eher mit einer Frau besetzt und sie war im Durchschnitt jünger als die KollegInnen im Westen.

Tab. 17.16: Anteil der Jugendamtsleiterinnen

	1992	1995	2000	2004
Ost	54 %	43 %	54 %	29 %
West	19 %	16 %	17 %	25 %

Quelle: DJI-Jugendamtserhebungen 1992/93, 1996, 2000, 2004

Die Befunde der aktuellen Erhebung (vgl. Tab. 17.16) zeichnen ein Bild der Angleichung. So ist hinsichtlich der Geschlechterverteilung zwischen Ost und West erstmals kein Unterschied mehr festzustellen. Auch in Ostdeutschland ist nur noch lediglich ein Viertel der Jugendamtsleitungen mit einer Frau besetzt. Im Westen ist der Anteil dagegen etwas gestiegen (von 17 % auf 25 %).

Auch hinsichtlich des Alters der JugendamtsleiterInnen ist eine Angleichung zwischen Ost und West zu konstatieren: Der Anteil der jüngeren JugendamtsleiterInnen nimmt kontinuierlich ab. Nur noch etwa jeder zehnte Jugendamtsleiter bzw. Jugendamtsleiterin im

Osten ist jünger als 40 Jahre. Zum Vergleich: 1992 betrug dieser Anteil immerhin 44 %. In den westdeutschen Bundesländern hat der Anteil der unter 40-jährigen JugendamtsleiterInnen ebenfalls abgenommen, war aber über die gesamte Zeitspanne hinweg niedriger als in Ostdeutschland. Umgekehrt ist der Anteil der ostdeutschen JugendamtsleiterInnen, die über 50 Jahre alt sind, in den letzten zwölf Jahren kontinuierlich angestiegen, was dafür spricht, dass es nur wenige Wechsel in der Führung der Jugendämter gab. Der Anteil der über 60-Jährigen unterscheidet sich zwischen Ost- und Westdeutschland nicht und liegt bei 8 %.

Tab. 17.17: Alter der Jugendamtsleitung

	1992		1995		2000		2004	
JugendamtsleiterIn	Ost	West	Ost	West	Ost	West	Ost	West
unter 40 Jahre	44 %	16 %	25 %	6 %	12 %	0 %	9 %	0 %
zwischen 40 – 49 Jahre	41 %	36 %	50 %	41 %	62 %	32 %	50 %	47 %
über 50 Jahre	15 %	48 %	25 %	53 %	27 %	68 %	41 %	53 %

Quelle: DJI-Jugendamtserhebungen 1992/93, 1996, 2000, 2004

Kombiniert man das Alter der Jugendamtsleitungen mit der Zeitspanne, seit der die JugendamtsleiterInnen ihre Führungsaufgabe wahrnehmen, bestätigt sich die Vermutung, dass es keine sehr häufigen Wechsel in dieser Position gibt. Die meisten JugendamtsleiterInnen steigen in einem Alter zwischen 40 und 50 Jahren in diese Position ein und bleiben in der Regel, bis sie in Rente gehen, auf dieser Stelle.

Tab. 17.18: Alter der Jugendamtsleitung (JAL) und seit wann die Person die Jugendamtsleitung innehat

	JAL unter 50 Jahre	JAL über 50 Jahre	Insgesamt
Bis zu 2 Jahren JAL	33 %	9 %	21 %
2–11 Jahre JAL	55 %	48 %	52 %
Mehr als 12 Jahre JAL	12 %	44 %	27 %

Quelle: DJI-Jugendamtserhebung 2004

Tabelle 17.18 zeigt, dass ein Fünftel der Jugendamtsleitungen diese Aufgabe zum Zeitpunkt der Befragung längstens zwei Jahre wahrnimmt und 27 % bereits zwölf Jahre und länger LeiterIn des Jugendamtes sind. Erwartungsgemäß sind die JugendamtsleiterInnen, die über 50 Jahre alt sind, gleichzeitig auch am längsten mit dieser Aufgabe betraut und am wenigsten vertreten in der Gruppe mit der kürzesten Erfahrung (44 % und 9 %). Im Durchschnitt hat diese Altersgruppe zehn Jahre Erfahrung mit der Leitungsaufgabe. Eine Studie von Volkmar zeigt, dass die meisten JugendamtsleiterInnen vor ihrer Tätigkeit entweder in der Verwaltung der Kommune (50 %) oder im Jugendamt selbst gearbeitet haben (35 %) (vgl. auch zu Selbsteinschätzungen hinsichtlich ihrer Kompetenzen und ihres Qualifikationsbedarfes Volkmar 2004). Es lassen sich keine signifikanten Unterschiede hinsichtlich der Zeitspanne, wie lange jemand JugendamtsleiterIn ist, und dem Geschlecht sowie zwischen Ost- und Westdeutschland ermitteln.

Ausbildung der Jugendamtsleitung

Es lassen sich bisher keine großen Veränderungen hinsichtlich der beruflichen Qualifikation der Amtsleitungen gegenüber der Erhebung im Jahr 2000 beobachten, was angesichts der eben beschriebenen geringen Wechselrate auf dieser Position nicht überrascht.

Etwa die Hälfte der JugendamtleiterInnen (34 % + 18 %) hat nach wie vor eine sozialpädagogisch-erziehungswissenschaftliche Qualifikation (einschließlich Doppelqualifikationen). Signifikante Unterschiede zwischen ostdeutschen und westdeutschen JugendamtsleiterInnen sind bei der Doppelqualifikation aus verwaltungsbezogener Ausbildung und pädagogischer Ausbildung sowie bei der reinen Verwaltungsausbildung erkennbar. Die Doppelqualifikation ist darauf zurückzuführen, dass MitarbeiterInnen in ostdeutschen Jugendämtern eine Verwaltungsqualifikation absolvieren mussten, um weiterhin in der kommunalen Verwaltung beschäftigt werden zu können. Eine reine Verwaltungsausbildung war in der DDR unüblich.

Tab. 17.19: Ausbildung der JugendamtsleiterInnen im Jahr 2004

	Ost	West	Stadt	Land	RJA	Insgesamt
Pädagogik/Sozialpädagogik/ Erziehungswissenschaft	38 %	31 %	29 %	31 %	58 %	34 %
Verwaltungsausbildung/ Verwaltungswissenschaft	12 %	44 %	23 %	39 %	33 %	33 %
Verwaltungsausbildung und pädagogische Ausbildung	32 %	10 %	16 %	21 %	8 %	18 %
Rechtswissenschaften	9 %	8 %	16 %	6 %	<1 %	8 %
Psychologische/soziologische Ausbildung	<1 %	7 %	10 %	2 %	<1 %	4 %
Sonstige Ausbildung	9 %	<1 %	7 %	2 %	<1 %	3 %

Quelle: DJI-Jugendamtserhebung 2004

Auch heute ist der Anteil von JugendamtsleiterInnen im Osten, die ausschließlich eine Verwaltungsqualifikation haben, mit 12 % deutlich niedriger als in Westdeutschland (44 %). Dieser Unterschied schmilzt erheblich zusammen, wenn man die hinzuzählt, die eine Verwaltungsausbildung und eine pädagogische Ausbildung aufzuweisen haben. Dann beträgt die Differenz zwischen Ost und West nur noch zehn Prozentpunkte.

Eine Angleichung zwischen Ost und West hat bei dem Anteil der JugendamtleiterInnen mit reiner (sozial)pädagogisch/erziehungswissenschaftlicher Ausbildung stattgefunden. Ein Drittel der Leitungspositionen ist in diese Gruppe einzuordnen. Offensichtlich gleichen sich aber die Anteile bei den Personen mit reiner Verwaltungsausbildung nicht an, und der inhaltlich-fachlichen Qualifikation wird ein hoher Stellenwert zugemessen. Das Jugendamt wird also nicht nur auf dem Papier als eine Fachbehörde gesehen, deren Aufgaben nur bedingt mit anderen kommunalen Ämtern zu vergleichen sind, sondern dies spiegelt sich auch in der Stellenbesetzung wider. Zwischen den Gebietskörperschaften sind die Unterschiede gering.

Zwei Drittel der JugendamtsleiterInnen hat einen Fachhochschulabschluss. Ostdeutsche und westdeutsche Jugendämter unterscheiden sich signifikant: Drei von vier westdeutschen LeiterInnen haben als höchsten Abschluss einen Fachhochschulabschluss, während der Anteil im Osten nur etwa ein Drittel beträgt. Dort ist der Anteil mit Universitätsabschluss höher. Dieses Ergebnis erstaunt insofern nicht, da es zur DDR-Zeit keine Fachhochschule gab.

Tab. 17.20: Abschluss der JugendamtsleiterInnen, 2004

	Ost	West	Stadt	Land	RJA	Insgesamt
Höchster Abschluss ist: …						
… Fachschulabschluss	15 %	2 %	3 %	8 %	8 %	6 %
… Fachhochschulabschluss	38 %	75 %	40 %	67 %	92 %	62 %
… Universitätsabschluss	47 %	23 %	57 %	25 %	<1 %	32 %

Quelle: DJI-Jugendamtserhebung 2004

Weitere signifikante Unterschiede lassen sich feststellen: In den Städten und in – gemessen an der Bevölkerung bzw. dem Personal – größeren Jugendämtern haben die JugendamtsleiterInnen statistisch signifikant häufiger einen Universitätsabschluss. Zieht man die Dauer der Tätigkeit und das Alter heran, dann findet sich der Fachhochschulabschluss eher bei jenen, die die Jugendamtsleitung noch nicht so lange innen haben und eher jünger sind. Zwei mögliche

Erklärungen bieten sich an: Diese Entwicklung kann Effekt einer Aufwertung des Abschlusses der SozialpädagogInnen (FH) sein, deren Qualifikation als besser geeignet für die Position der Jugendamtsleitung betrachtet wird. Es kann sich aber auch eine Abwertung der Position der Jugendamtsleitung dahinter verbergen, wenn die Stellen heute eher in einer niedrigeren Eingruppierung besetzt werden, als noch vor einigen Jahren und deshalb Personen mit FH-Abschluss die Stelle bekommen.

17.5 Fazit

Die Ergebnisse zeigen, dass sich in den Jugendamtsbezirken keine gravierenden Veränderungen hinsichtlich des Personals ergeben haben. Die in den letzten Jahren jedoch noch zu beobachtenden leichten Ausbautendenzen können für diesen Erhebungszeitraum nicht nachgewiesen werden. Auch ist der Anteil von Jugendämtern, die Stellen unbesetzt lassen, nicht größer geworden. Offensichtlich besteht in den Jugendamtsbezirken kein Spielraum mehr, mit diesem Instrument Ausgaben zu sparen.

Die erkennbare Stabilität bezieht sich vor allem auf die Anzahl der Stellen. Wie sich an den Ergebnissen abzeichnet, verändern sich hingegen sowohl in der Verwaltung der Jugendämter als auch in den Einrichtungen zunehmend die Rahmenbedingungen. Dies wird vor allem daran erkennbar, dass bei einer Stelle nicht mehr zwangsläufig von einer herkömmlichen unbefristeten Vollzeitstelle auszugehen ist. Der Anteil der Stellen in Teilzeit und der Anteil der befristeten Stellen steigt tendenziell an. In der Gesamtbetrachtung scheint sich hinter den Detailergebnissen eine Flexibilisierung der Beschäftigungssituation abzuzeichnen, die einer genaueren Analyse bedarf. Auch wenn Elemente dieser Flexibilisierung Arbeitnehmerinteressen bedienen (Vereinbarkeit von Familie und Beruf), ist dennoch zu prüfen, inwiefern die Unsicherheit von Beschäftigungsverhältnissen in einem größeren Ausmaß erhöht wird. Für Jugendämter und Einrichtungen stellen befristete oder geringfügig beschäftigte MitarbeiterInnen ein geringeres wirtschaftliches Risiko dar, für die Qualität der Arbeit können sich unsichere und instabile Arbeitsverhältnisse jedoch nachteilig auswirken.

Vor dem Hintergrund der zu beobachtenden Flexibilisierung erstaunt es nicht, dass das Problem der Befristung von Arbeitsplätzen, wie es vor allem durch die Maßnahmen der Arbeitsförderung in ostdeutschen Jugendamtsbezirken bestand, weiterhin – wenn auch in etwas geringerem Ausmaß – erhalten bleibt. Gerade das Arbeitsfeld der Jugendarbeit ist nach wie vor mit dem Problem konfrontiert, wie eine weitere strukturelle Absicherung erfolgen kann.

Die bislang erkennbaren Unterschiede zwischen ostdeutschen und westdeutschen Jugendämtern bei der Besetzung der Position der Jugendamtsleitung werden geringer. Der Anteil der Frauen in dieser Position gleicht sich zwischen West und Ost an. Das heißt, im Osten werden zur Zeit seltener Frauen in dieser Position nachbesetzt. Jüngere und AmtsleiterInnen, die noch nicht sehr lange diese Position bekleiden, haben ihren Abschluss eher an einer Fachhochschule als an einer Fachschule oder Universität erworben.

18 Fort- und Weiterbildung in der Kinder- und Jugendhilfe

An der Notwendigkeit einer kontinuierlichen Fort- und Weiterbildung im Feld der Kinder- und Jugendhilfe besteht kein Zweifel. Schon zu Beginn der Etablierung Sozialer Arbeit wurde darauf hingewiesen (vgl. Schulze-Krüdener/Homfeldt 2000) und auch im Zweiten Jugendbericht des Deutschen Bundestages wurde das Thema Fort- und Weiterbildung als besondere Aufgabe für die Entwicklung der Jugendhilfe hervorgehoben. Das zentrale Argument der AutorInnen des Zweiten Jugendberichts ist, dass sich die gesellschaftlichen und sozialen Bedingungen so schnell und so stark ändern, dass keine noch so gute Ausbildung in der Lage ist, auf alle im Laufe des Berufslebens auftretenden Herausforderungen adäquat vorzubereiten (Deutscher Bundestag 1968). Daran hat sich bis heute nichts gravierendes geändert. Peter benennt als Zwecke von Fort- und Weiterbildung Folgende:

- »sich mit den Lebensverhältnissen der Klientel vertraut machen und vertraut bleiben;
- sich mit seinen eigenen Sichtweisen auseinandersetzen;
- durch üben Methoden und Techniken erwerben.« (Peter 2000: 458).

Die fortschreitende Ausdifferenzierung des Handlungsfeldes und die Vielfalt der für dieses Handlungsfeld qualifizierenden Ausbildungsgänge verstärken die Notwendigkeit, durch entsprechende Qualifizierungsmaßnahmen eine Anpassung an die tatsächlichen beruflichen Anforderungen zu ermöglichen.

Ein seit vielen Jahren diskutiertes, aber bis heute nicht zufriedenstellend gelöstes Manko in der Kinder- und Jugendhilfe ist die fehlende berufliche Entwicklungsperspektive für MitarbeiterInnen. Fort- und Weiterbildung kann die Funktion haben, für MitarbeiterInnnen neue Perspektiven zu eröffnen. Hierbei gilt es, genau zwischen Fortbildungen, die eine Anpassung an die aktuellen beruflichen Anforderungen herstellen sollen, und Weiterbildungen, die ein neues, ein anderes Arbeitsfeld erschließen sollen, zu unterscheiden. Diese Unterscheidung verschwimmt jedoch zunehmend, nicht zuletzt auch deshalb, weil Weiterbildungsziele immer defensiver werden. Aus der Perspektive der Einzelnen dient Fort- und Weiterbildung zunehmend dem Erhalt des Status quo und nicht mehr dem beruflichen Aufstieg. Auch in dieser Studie wurde nicht genau zwischen Fort- und Weiterbildung differenziert, sondern in Anlehnung an die aktuelle Forschung ein weiter Weiterbildungsbegriff zugrunde gelegt (vgl. z.B. Beicht/Krekel/Walden 2004), weshalb hier Fort-und Weiterbildungen wie eines behandelt wird.

Die angespannte Haushaltslage der Kommunen stellt quasi einen Kontrapunkt zu der allgemein akzeptierten Notwendigkeit von Fort- und Weiterbildungen dar. Die Begründungen, warum welche Fortbildung durchgeführt werden soll, scheinen immer komplizierter zu werden und die Arbeit scheint sich so zu verdichten, dass die Teilnahmemöglichkeiten an Fort- und Weiterbildungen für die MitarbeiterInnen in der Kinder- und Jugendhilfe immer beschränkter zu werden drohen. Notwendige und sinnvolle Investitionen in das Personal scheinen zu unterbleiben, womit die Qualität der Jugendhilfeangebote infrage gestellt wird.

Vor diesem skizzierten Hintergrund werden im Folgenden die Themen: Personal, Ressourcen und Erfahrungen mit bisherigen Fortbildungen aus den Perspektiven unterschiedlicher Institutionen, nämlich der Jugendämter, der Jugendringe, der stationären Einrichtungen der Hilfen zur Erziehung und der Geschäftsstellen von in der Kinder- und Jugendhilfe tätigen Trägern auf regionaler Ebene näher beleuchtet.

18.1 Personal in Fortbildungen

Ein Indikator, mit dessen Hilfe der Umfang von Fortbildungsaktivitäten richtig eingeschätzt werden kann, ist der Anteil des Personal, das an Fortbildungen teilgenommen hat. Wie immer bei solchen Indikatoren gibt es Unschärfen. Beispielsweise ist aufgrund der Datenlage nicht zu entscheiden, ob einzelne Personen an mehreren der durchgeführten Fortbildungen teilgenommen haben und so die Quote verfälscht wird. Ebenfalls ist anzunehmen, dass von MitarbeiterInnen selbstbezahlte Fortbildungen bei einer Institutionenbefragung gar nicht oder nur teilweise erfasst werden. Aussagekräftiger als die absolute Höhe der Werte ist die Entwicklung der Quote durch den Vergleich mit früheren Erhebungen, da davon ausgegangen werden kann, dass die Unschärfen über die Jahre gleich bleiben. Es werden die rechnerischen Quoten für Jugendämter, Jugendringe und die stationären Einrichtungen der Hilfen zur Erziehung dargestellt.

Vergleicht man die Ergebnisse aus den Erhebungen bei Jugendämtern, Einrichtungen der Hilfen zur Erziehung und Jugendringen, dann wird deutlich, dass Fortbildungen in Ostdeutschland einen höheren Stellenwert haben und es einen engen Zusammenhang zwischen gesicherten Strukturen, dem erreichten Grad der Verberuflichung und dem Umfang von Fortbildungen gibt. Jugendringe, die im Vergleich zu den beiden anderen befragten Organisationstypen eine eher unsichere Struktur haben und vielfach überwiegend oder vollständig auf ehrenamtliche Kräfte angewiesen sind, haben die geringste Fortbildungsquote.

Tab. 18.1: Durchschnittliche Quote Fortbildungsteilnehmer/Personal in Jugendämter, in stationären Einrichtungen und in Jugendringen

	Jugendämter	Stationäre Einrichtungen	Jugendringe
Durchschnittliche Quote Fortbildungsteilnehmer/Personal	85 %	72 %	26 %

Quelle: DJI-Jugendamtserhebung 2004, DJI-Einrichtungserhebung 2004, DJI-Jugendringerhebung 2005

Jugendämter

Im Vergleich der Jahre 2004 und 2000 gibt es bei den Jugendämtern keine großen Veränderungen hinsichtlich des Anteils an MitarbeiterInnen, die an Fortbildungen teilgenommen haben. Verglichen mit der Erhebung 1995 hat sich die Quote dagegen deutlich erhöht. Dies spricht dafür, dass Fortbildungen inzwischen zu einem festen Bestandteil des institutionellen Handelns geworden sind. Allerdings kann – wie der hessische Rechnungshof für Kindergärten aufzeigen konnte (Präsident des Hessischen Rechnungshofes 2005: 47) – nicht davon ausgegangen werden, dass Fortbildungen in ein Personalentwicklungskonzept eingebunden sind. Dies wäre jedoch notwendig.

Tab. 18.2: Durchschnittliche Quote Fortbildungsteilnehmer/Personal im Jugendamt

Jahr der Erhebung	Ost	West	Insgesamt
2004	95 %	81 %	85 %
2000	89 %	73 %	80 %
1995	68 %	59 %	63 %

Quelle: DJI-Jugendamtserhebungen 1995, 2000, 2004

Der seit Jahren beobachtbare Unterschied zwischen Ost und West dahingehend, dass die Fortbildungsquote in Ostdeutschland höher ist, bestätigt sich auch in der Erhebung 2004. Dies verleitet zu der Hypothese, dass vielleicht auch aufgrund der anderen Ausgangsbedingungen in der ostdeutschen Kinder- und Jugendhilfe eine entwickelte Kultur der Fort- und Weiterbildung entstanden ist. Hier wird lebenslanges Lernen offensichtlich auch als Aufgabe für die Fachkräfte begriffen.

Jugendringe

Der durchschnittliche Anteil von hauptamtlichen und ehrenamtlichen Jugendring-MitarbeiterInnen, die an Fortbildungen teilgenommen haben, liegt bei 26 %, im Median bei 11 %. Die Fortbildungsquote ist somit erheblich niedriger als bei den Jugendämtern. An der großen Differenz zwischen Mittelwert und Median ist zu erkennen, dass die regionalen Unterschiede bei den Jugendringen sehr ausgeprägt sind. Angesichts der großen Strukturunterschiede überrascht dieser Befund nicht (vgl. Gragert u. a. 2006). In den ostdeutschen Bundesländern haben die MitarbeiterInnen durchschnittlich sehr viel häufiger an Fortbildungen teilgenommen (51 %) als die MitarbeiterInnen der westdeutschen Jugendringe (20 %). Die Unterschiede zwischen Ost und West bleiben auch erhalten, wenn man den Median (Ost: Median 40 %; West: Median: 6 %) vergleicht. Ein Vergleich mit der letzten Erhebung verdeutlicht, dass der durchschnittliche Anteil der MitarbeiterInnen, die an internen oder externen Fortbildungsmaßnahmen teilnehmen, in den letzten drei Jahren in etwa gleich geblieben ist (2001: 24 %). Eine Veränderung zeigt sich allerdings darin, dass der durchschnittliche Anteil der FortbildungsteilnehmerInnen in Ostdeutschland deutlich gestiegen ist (Durchschnitt 2001: West: 23 %; Ost: 35 %).

Im KJHG ist explizit vorgesehen, dass die in der freien Jugendhilfe tätigen Ehrenamtlichen bei ihrer Tätigkeit angeleitet, beraten und unterstützt werden sollen. Fortbildungen haben in diesem Kontext eine große Bedeutung, denn sie bieten den Ehrenamtlichen zum einen die Möglichkeit zum kollegialen Erfahrungsaustausch, können aber zum anderen auch als Anerkennung und Unterstützung für ihre ehrenamtliche Tätigkeit verstanden werden. Betrachtet man den durchschnittlichen Anteil der Ehrenamtlichen, die an Fortbildungen teilnehmen, liegt dieser Anteil unter dem oben genannten durchschnittlichen Anteil der gesamten FortbildungsteilnehmerInnen: Durchschnittlich 17 % der Ehrenamtlichen wurden im Kalenderjahr

2003 fortgebildet, wobei der entsprechende Anteil im Osten wiederum höher ist als der im Westen (Ost: 33 %; West: 13 %). Anhand der Daten der Jugendringbefragung lässt sich auch zeigen, dass sich bei den Jugendringen ohne hauptamtliches Personal Ehrenamtliche durchschnittlich seltener fortbilden (insgesamt: 16 % der Jugendringe; West: 11 %; Ost: 43 %) als bei Jugendringen mit hauptamtlichem Personal (insgesamt 34 % der Jugendringe; West: 28 %; Ost: 56 %). Die Arbeit von hauptamtlichen MitarbeiterInnen in den Jugendringen hat also offensichtlich einen positiven Einfluss auf die Fortbildungsteilnahme von Ehrenamtlichen, was u.a. mit der Übernahme der erforderlichen Organisationsarbeit für eine Fortbildung (wie z.B. die Klärung der zur Verfügung stehenden Finanzen) in Verbindung stehen kann.

Einrichtungen der Hilfen zur Erziehung

Nach Angaben der Einrichtungsleitungen haben durchschnittlich 72 % (Median 66 %) der MitarbeiterInnen in den Einrichtungen Fortbildungen besucht. In den ostdeutschen Einrichtungen besuchen die hauptamtlichen MitarbeiterInnen durchschnittlich etwas häufiger Fortbildungen (78 %) als die KollegInnen in westdeutschen Einrichtungen (70 %). Der Ost-West-Unterschied fällt im Vergleich zu den Jugendringen und den Jugendämtern geringer aus.

Im Vergleich zur letzten Erhebung ist eine leichte Steigerung des prozentualen Anteils der MitarbeiterInnen zu erkennen, die Fortbildungen besuchen. Fortbildungen nehmen im Rahmen der Maßnahmen zur Qualitätsentwicklung, die in den Einrichtungen durchgeführt werden, zurzeit einen besonderen Stellenwert ein (vgl. Gragert u.a. 2005). Denn Fortbildungen werden als eine Möglichkeit angesehen, um den mit der Qualitätsentwicklung verbundenen Anforderungen gerecht zu werden. Berücksichtigt man, dass von den Fachkräften häufig eine Eigenbeteiligung an der Finanzierung von Fortbildungen erwartet wird, erstaunt es, dass der Anteil an Fachkräften, die sich fort- und weiterbilden, nicht sinkt.

18.2 Ressourcen für Fort- und Weiterbildungen

Ein maßgeblicher Faktor, der über die Möglichkeiten zur beruflichen Fort- und Weiterbildung entscheidet, ist die dafür vorgesehene Ausstattung mit Ressourcen. Folgende Ressourcen für die Fort- und Weiterbildung lassen sich unterscheiden:

- die vom Arbeitgeber zur Verfügung gestellten Finanzmittel,
- die Möglichkeiten, an Fort- und Weiterbildungen innerhalb der Arbeitszeit teilzunehmen, sowie
- die Bereitschaft der ArbeitnehmerInnen, eigene Ressourcen in die Fort- und Weiterbildung zu investieren.

18.2.1 Finanzmittel

Im Prinzip gibt es zwei Strategien, Personalentwicklung zu verankern. Eine Strategie besteht darin, Personalentwicklung zur Aufgabe einer Zentralabteilung zu machen. Diese entwickelt im Idealfall ein Gesamtkonzept für alle Untereinheiten – beim öffentlichen Träger wären dies alle kommunalen Ämter und Einrichtungen und bei den stationären Einrichtungen der Hilfen zur Erziehung würde sich das auf alle Angebote des entsprechenden Trägers beziehen – oder sie kontrolliert zumindest den Einsatz der Mittel. Die andere Strategie besteht darin, möglichst viele Entscheidungen in die Organisationseinheit zu verlagern, die von den Auswirkungen unmittelbar betroffen ist, also dem Jugendamt oder der Einrichtung selbst die Entscheidung über die notwendigen Fort- und Weiterbildungen zu übertragen. Eine solche Übertragung erhöht die Entscheidungsautonomie und verringert wahrscheinlich die maximal zur Verfügung stehenden Mittel, weil nicht mehr auf den Gesamtetat für Fortbildungen zugegriffen werden kann. Inwiefern dies zutrifft, werden wir versuchen, anhand der Daten der Jugendamtsbefragung zu klären.

Für die Bewertung der Daten insbesondere im Vergleich mit anderen Erhebungen ist zu berücksichtigen, dass es sich dabei ausschließlich um direkte Fortbildungskosten handelt. Opportunitätskosten, wie zum Beispiel der Ausfall der Arbeitszeit, werden durch die Haushaltsansätze nicht abgebildet. 74 % der Jugendämter haben einen eigenen Haushaltstitel für Fort- und Weiterbildung ihres Personals. Damit hat sich der Anteil von Jugendämtern, die über einen eigenen Fortbildungsetat verfügen, gegenüber der ersten Erhebung 1992/93 fast verdoppelt. Im Durchschnitt verfügen die Jugendämter im Jahr 2002 (Haushalts-Ist) über 19.300 Euro und im Median über 6.000 Euro. Diese Zahlen haben sich für das Jahr 2003 nicht wesentlich geändert. Im Durchschnitt betrug das Haushaltssoll 21.300 Euro und im Median 5.500 Euro. Bezogen auf die einzelne Mitarbeiterin/den einzelnen Mitarbeiter bedeutet dies, dass im Median im Jahr 2002 180 Euro (Durchschnitt 280 Euro) und im Jahr 2003 200 Euro (Durchschnitt: 320 Euro) für Fortbildung zur Verfügung standen.[93] Die Unterschiede zwischen den Jahren 2002 und 2003 sind eher auf haushaltstechnische Gründe als auf eine Erhöhung der Haushaltsansätze zurückzuführen. In 2002 handelt es sich um die endgültigen Haushaltszahlen nach Abschluss des Haushalts und für 2003 sind es noch die Planzahlen. Jugendämter in kreisfreien Städten bzw. in kreisangehörigen Gemeinden haben in beiden Jahren im Vergleich zu Landkreisjugendämtern signifikant mehr Geld für die Fortbildung ihres Personals zu Verfügung. Nach den Ergebnissen der IW-Weiterbildungserhebung 2005 haben die Jugendämter damit ungefähr so viel für die unmittelbaren Fortbildungskosten ausgegeben wie ein durchschnittlicher Betrieb (Werner 2006).

Im Vergleich zu den Haushaltsmitteln für Fortbildung pro MitarbeiterIn im Jahr 1995 ergibt sich beim Median eine Steigerung von 66 % bis zum Jahr 2002 und bei einem Vergleich der Durchschnittswerte eine Steigerung um 59 %. Allerdings liegt der Anteil an Ausgaben für Fortbildung bezogen auf den Personaletat mit durchschnittlich 0,3 % und einem Maximum von 1,26 % noch immer extrem niedrig und ist gegenüber dem Jahr 2000 sogar gesunken (damals: 0,5 %). Dieses auf den ersten Blick paradoxe Ergebnis könnte unter anderem mit den durch die Altersteilzeit erhöhten Personalausgaben zusammenhängen. Der Anteil der Fortbildungsausgaben an den gesamten Personalausgaben sinkt, ohne dass sich hierdurch die Fortbildungssituation für die MitarbeiterInnen verschlechtern würde. Schließlich nehmen die KollegInnen in der Freistellungsphase auch keine Fort- und Weiterbildungen mehr in Anspruch. Da sich sowohl im Panel eine durchschnittliche Abnahme des Anteils der Fortbildungsausgaben am Personaletat zeigt als auch in der amtlichen Statistik ein Rückgang der Ausgaben dokumentiert ist (um 13 % im Vergleich der Jahre 2000 und 2004), ist davon auszugehen, dass sich tatsächlich die Situation insgesamt für die MitarbeiterInnen verschlechtert hat. Lediglich in 3 % der Jugendämter wird im Jahr 2002 die Höhe an Fortbildungsausgaben erreicht, die in einer Empfehlung der EREV aus dem Jahr 1989 als anzustrebend festgehalten wurde (1 % der Personalausgaben, EREV 1989).

Um beurteilen zu können, ob sich ein eigener Haushaltstitel in Bezug auf die Höhe der verfügbaren Haushaltsmittel positiv auswirkt, haben wir nicht nur nach der Höhe des Fortbildungsetats, sondern auch nach dem tatsächlichen finanziellen Aufwand der

---

[93] Dies entspricht ungefähr dem Betrag, der laut einer Studie des BIBB von ArbeitnehmerInnen selbst für Fort- und Weiterbildung pro Jahr investiert wird (vgl. BIBB 2003).

Kommune für Fortbildungen von JugendamtsmitarbeiterInnen gefragt. Diese Frage haben viele Jugendämter nicht beantwortet. Dies ist darauf zurückzuführen, dass einem Teil der Jugendämtern hierzu keine Angaben vorliegen. Dennoch zeigen die Ergebnisse, dass Jugendämter mit einem eigenen Fortbildungsetat im Durchschnitt wesentlich mehr Geld für die Fortbildung ihres Personals ausgeben als Jugendämter ohne einen solchen Etat. Ein eigener Etat verbessert also in der Regel den Handlungsspielraum für Fortbildungen.

Angesichts der insgesamt niedrigen Summen, die für Fortbildungen zur Verfügung stehen, ist eine hohe Unzufriedenheit der Jugendämter mit den zur Verfügung stehenden finanziellen Mitteln zu erwarten. Auf eine entsprechende Frage stimmen jedoch nur 71 % der Jugendämter dem Statement zu, dass ein größerer Bedarf an finanziellen Mitteln für Fortbildungen besteht. Offensichtlich haben Ausgaben im Bereich der Fort- und Weiterbildung – vielleicht auch angesichts anderer Herausforderungen – keine besondere Priorität für die Jugendämter. In Anbetracht der zahlreichen Veränderungen (z. B. demografische Verschiebungen, mehr interkulturelle Arbeit, Verdichtung der Arbeit) ist zumindest zu fragen, ob dies ein kluger Umgang mit der wichtigsten Ressource in der Kinder- und Jugendhilfe, nämlich dem Personal, ist.

Bei den finanziellen Ressourcen zeigen sich insgesamt also erhebliche Unterschiede zwischen den Jugendämtern. Dies verdeutlicht einmal mehr, wie regional uneinheitlich die Strukturen und Standards sind.

Fortbildungsetats bei stationären Einrichtungen und Jugendringen

Um zu einer realitätsnahen Einschätzung über die Ausgaben für Fort- und Weiterbildung in der Jugendhilfe zu kommen, ist es auch notwendig, die Aktivitäten in Einrichtungen und bei freien Trägern einzubeziehen. In den vorangegangenen Erhebungswellen hat sich jedoch gezeigt, dass es bei Einrichtungen und freien Trägern noch schwieriger als bei Jugendämtern ist, im Rahmen einer schriftlichen Befragung valide Haushaltszahlen zu erheben. Dies hängt einerseits damit zusammen, dass es eine gewisse Zurückhaltung bei der Preisgabe von Finanzdaten gibt und andererseits den Einrichtungen vor Ort oftmals kein genauer Überblick über die Finanzierungsstruktur vorliegt. Deshalb mussten wir uns in der Erhebung auf die Abfrage nach einem eigenständigen Fortbildungsetat beschränken.

91 % der stationären Einrichtungen verfügen über eigene Haushaltsmittel für die Fortbildung ihres Personals. Dieser Anteil war im

Jahr 2000 ähnlich hoch. Ein Grund für den großen Unterschied zwischen Jugendämtern und stationären Einrichtungen könnte sein, dass der Fortbildungsaufwand in Entgelten berücksichtigt wird. Trotzdem werden nur in 60 % der Leistungsvereinbarungen und in 19 % der Entgeltvereinbarungen mit (teil)stationären Einrichtungen Fortbildungen als ein eigenständiger Punkt ausgewiesen, wobei häufig zudem noch Fortbildung und Supervision in einem engen Zusammenhang gesehen werden. Der hohe Stellenwert von Fortbildungen zeigt sich auch darin, dass in 68 % der Einrichtungskonzepte Aussagen zur Fort- und Weiterbildung enthalten sind.

Von den Jugendringen verfügen bundesweit drei Viertel über einen eigenen Fortbildungsetat, der aber in der Regel nicht zu Deckung der Fortbildungskosten ausreicht, denn ein genauso großer Anteil von Jugendringen stimmt der Aussage zu, dass ein größerer Bedarf an Fortbildungsmitteln besteht.

18.2.2 Freistellungsmöglichkeiten

Zur zweiten wesentlichen Ressource, nämlich inwiefern es den MitarbeiterInnen in Jugendämtern möglich ist, Arbeitszeit für ihre Fort- und Weiterbildungen zu verwenden, können wir keine präzisen Aussagen machen. Jedoch wissen wir, dass 87 % der Jugendämter mit den bestehenden Freistellungsmöglichkeiten zufrieden sind. In Tabelle 18.3 ist abgebildet, wie sich die entsprechende Einschätzung der Jugendämter in den letzten 13 Jahren verändert hat.

Tab. 18.3: Anteil der Jugendämter, die bessere Freistellungsmöglichkeiten für die Fort- und Weiterbildung des Personals fordern

Jahr der Erhebung	Ost	West	Insgesamt	Stadt	Landkreis
2004	18 %	10 %	13 %	20 %	7 %
2000	4 %	14 %	11 %	5 %	13 %
1995	20 %	16 %	18 %	20 %	17 %
1992	29 %	25 %	27 %	16 %	32 %

Quelle: DJI-Jugendamtserhebungen 1992, 1995, 2000, 2004

1992 waren noch 27 % der Jugendämter mit den Freistellungsmöglichkeiten unzufrieden. 2004 ist dieser Anteil auf 13 % gesunken. Es ist also eine zunehmende Zufriedenheit mit den Freistellungsmöglichkeiten zu konstatieren, wobei es erhebliche Unterschiede zwischen Ost und West sowie zwischen Jugendämtern in kreisfreien Städten und in Landkreisen gibt. Sowohl in Ost als auch West ist der

Anteil der Jugendämter gesunken, die bessere Freistellungsmöglichkeiten fordern. In Ostdeutschland ging die Unzufriedenheit mit den Freistellungsmöglichkeiten allerdings weniger zurück als in Westdeutschland. Parallel hierzu hat sich der Anteil des Personals deutlich erhöht, das an Fort- und Weiterbildungen teilgenommen hat. 1995 haben im Durchschnitt 63 % des Personals an Fortbildungen teilgenommen, 2004 waren es bereits 85 %. Diese Entwicklung erklärt jedoch nicht die größere Unzufriedenheit in Ostdeutschland mit den Freistellungsmöglichkeiten, denn der durchschnittliche Anteil des Personals, das in Ostdeutschland an Fortbildungen teilhaben kann, ist mit 95 % höher als im Westen mit 81 %.

Nicht nur beim Geld, sondern auch bei einer weiteren wichtigen Voraussetzung für Fort- und Weiterbildungen, nämlich der Möglichkeit, für Fortbildungen Arbeitszeit einzusetzen, sind die regionalen Unterschiede erheblich (vgl. Tab. 18.3).

Aus den Befragungen freier Träger liegen hierzu keine Angaben vor.

18.2.3 Kostenbeteiligung durch das Personal selbst

Um Aussagen zum Verhältnis von Selbstbeteiligung durch die ArbeitnehmerInnen und den Ausgaben der Arbeitgeber machen zu können, wurden Daten zur Kostenbeteiligung der MitarbeiterInnen erhoben. Es ist anzunehmen, dass auf der Grundlage dieser Angaben die Höhe der Bildungsinvestitionen aufseiten der MitarbeiterInnen unterschätzt wird, da alle Fort- und Weiterbildungen, die vollständig in der Freizeit und auf eigene Kosten durchgeführt werden, weder von den Jugendämtern noch von den freien Trägern organisationsintern erfasst werden. Das Interessante an diesen Daten ist, ob sich im Vergleich der verschiedenen Erhebungszeitpunkte Veränderungen zeigen.

Im Jahr 2004 haben sich nach Aussagen der Hälfte der Jugendämter die MitarbeiterInnen nicht an den Kosten für die Fortbildung beteiligt. Aussagen über die entsprechende Ausgabenhöhe zu treffen, ist schwierig, da etliche Jugendämter zwar wissen, dass das Personal einen Teil der Kosten trägt, aber keine Angaben zur genauen Höhe machen können. Die Selbstbeteiligung bewegt sich in Bezug auf den gesamten Fortbildungsetat zwischen 0 % und 80 %. Gegenüber dem Jahr 2000 hat sich der Anteil der Jugendämter nicht geändert, die ausschließen, dass sich MitarbeiterInnen an den Fortbildungskosten beteiligen. Aber der Anteil von Jugendämtern, die angeben es nicht zu wissen, ist von 21 % auf 8 % gesunken. Es hat sich also der Anteil von Jugendämtern deutlich erhöht, bei denen MitarbeiterInnen sich mit Wissen ihrer Arbeitgeber an Kosten für ihre Fortbildungen beteiligen.

Vergleicht man Jugendämter mit Jugendringen, so wird deutlich, dass der Anteil von Jugendringen, bei denen die MitarbeiterInnen ihre Fortbildungen ganz oder anteilig finanzieren, niedriger ist als der entsprechende Anteil bei den Jugendämtern. Dies liegt im Wesentlichen aber nicht daran, dass nur bei 62 % der Jugendringe MitarbeiterInnen überhaupt an Fortbildungen teilgenommen haben. Selbst, wenn man nur die Jugendringe heranzieht, bei denen ehren- und/oder hauptamtliche MitarbeiterInnen fortgebildet wurden, dann ist der Anteil von Jugendringen, bei denen MitarbeiterInnen selbst Kosten tragen, mit 38 % niedriger als bei den Jugendämtern. Für diese relativ niedrige Quote – trotz unzureichender Mittelausstattung – gibt es mehrere Erklärungsansätze. Erstens könnte sie damit zusammenhängen, dass Fortbildungen eine Form der Anerkennung für Ehrenamtliche darstellen, wobei es viele ehrenamtlich Aktive gibt, die für Fortbildungskosten selbst aufkommen müssen. Zweitens werden bei etwas weniger als der Hälfte der Jugendringe Fortbildungen von dem örtlichen Jugendamt oder dem Landesjugendamt mitfinanziert. Das örtliche Jugendamt kommt damit seinen Pflichten gemäß § 73 KJHG nach. Auch der jeweilige Landesjugendring sowie der Bundesjugendring bezuschussen Fortbildungskosten. Diese zusätzlichen Finanzierungsquellen stehen Jugendämtern in der Regel nicht offen. Eine Ausnahme bildet das Landesjugendamt, das auch Fortbildungen für MitarbeiterInnen des Jugendamts anbietet.

In den stationären Einrichtungen der Kinder und Jugendhilfe ist der Anteil der Einrichtungen, bei denen MitarbeiterInnen ihre Fortbildungen selbst finanzieren, am höchsten. Er beträgt 54 %. In allen drei Bereichen ist der Anteil der Organisationen seit dem Jahr 2000 gestiegen, bei denen sich die MitarbeiterInnen an der Finanzierung der Fortbildungen beteiligen. Dies ist ein Indikator für eine Verschlechterung der Situation.

Tab. 18.4: Anteil der jeweiligen Organisation, bei der eine Selbstbeteiligung des Personals an Fortbildungskosten gegeben ist

Jahr der Erhebung	Jugendamt	Jugendringe	stationäre Einrichtungen
2004/2005	41 %	38 %	54 %
2000	30 %	28 %	47 %

Quelle: DJI-Jugendamtserhebung 2004, DJI-Einrichtungserhebung 2004, DJI-Jugendringerhebung 2005

Die Kinder- und Jugendhilfe ist auf Fortbildungen angewiesen, dies spiegelt sich aber nicht in der Mittelausstattung wider. Noch immer wird in der Kinder- und Jugendhilfe sehr wenig für Fortbildungen ausgegeben. Die Selbstbeteiligung des Personals an den Kosten ist erheblich, dies gilt auch für ehrenamtliche MitarbeiterInnen in den Jugendringen. Wie bei allen anderen Feldern der Kinder- und Jugendhilfe sind die regionalen Unterschiede auch bei der Weiterentwicklung der Kompetenzen des Personals groß. In Anbetracht der überaus großen Bedeutung der Fachkompetenzen für den Erfolg der Kinder- und Jugendhilfe ist eine Verbesserung der Ressourcen dringend erforderlich.

18.3 Themen der Fortbildungen

Das Spektrum der Tätigkeiten und die damit verbundenen Qualifikationsanforderungen innerhalb der Kinder- und Jugendhilfe sind umfangreich (vgl. Beher/Gragert 2004). In der Jugendarbeit kommen flächendeckend schulbezogene Angebote hinzu, in der Kindertagesbetreuung werden durch eine höhere Altersmischung in den Gruppen neue Anforderungen an die Fachkräfte gestellt. Vielfältige rechtliche Änderungen, wachsende Anforderungen an eine präzise Bestimmung des konkreten Hilfebedarfs im Einzelfall, unsichere oder teilweise schrumpfende Finanzausstattung und damit verbunden, die Notwendigkeit sich zusätzlich betriebswirtschaftliche Kompetenzen anzueignen, sind weitere Anlässe für Fort- und Weiterbildungen von MitarbeiterInnen in der Kinder- und Jugendhilfe. Auch bereits länger bestehende Anforderungen, wie beispielsweise die Öffnung der Angebote für Kinder, Jugendliche und Familien mit Migrationshintergrund oder, im Rahmen der Hilfen zur Erziehung eine qualifizierte Elternarbeit zu machen, erfordern eine kontinuierliche Fort- und Weiterbildung der Fachkräfte in der Jugendhilfe.

Um herauszufinden, bei welchen Themen in der Kinder- und Jugendhilfe ein Fortbildungsbedarf besteht, wurde sowohl Jugendämtern, Jugendringen als auch Einrichtungen stationärer Hilfen zur Erziehung eine Liste verschiedener Fort- und Weiterbildungsbereiche vorgelegt, mit der Bitte anzugeben, zu welchen Bereichen ein Fort- und Weiterbildungsbedarf gesehen wird und in welchen Bereichen tatsächlich MitarbeiterInnen sich fort- bzw. weitergebildet haben. Die Definition des Fort- und Weiterbildungsbedarfs erfolgt bei dieser Abfrage nicht durch die einzelne Mitarbeiterin/den einzelnen Mitarbeiter, sondern durch die Leitung der befragten Organisation. Deshalb ist auch die Diskrepanz zwischen festgestelltem

Bedarf und den tatsächlich durchgeführten Fortbildungen von besonderer Bedeutung. Denn sie verweist auf einen Mangel an geeigneten Angeboten, auf einen Mangel an Ressourcen und darauf, dass die Entscheidung über die Inhalte von Fort- und Weiterbildungen auch von anderen Kriterien als rein fachlichen abhängen. Auffällig ist beispielsweise, dass es Organisationen gibt, die bei fast allen Fortbildungsthemen zwar keinen Bedarf angeben, aber trotzdem nehmen MitarbeiterInnen an entsprechenden Fortbildungen teil.

Es handelt sich bezogen auf einen Teil der Themen um eine Wiederholungsbefragung. Hierdurch ist es möglich auch Veränderungen in der Gewichtung einzelner Fortbildungsthemen in den letzten Jahren herauszuarbeiten. Die Längsschnittperspektive ist auch deshalb wichtig, weil natürlich nicht alle Themen jährlich im Rahmen von Fort- und Weiterbildungen bearbeitet werden. Bei einer reinen Querschnittserhebung würde man das Spektrum der Themen unterschätzen. Dementsprechend werden die Daten der früheren Erhebungen zur fachlichen Einordnung der aktuellen Ergebnisse herangezogen.

In einem ersten Schritt werden die Ergebnisse der Jugendamtsbefragung, dann die der Einrichtungsbefragung und schließlich die der Jugendringbefragung dargestellt. In einem zweiten Schritt wird ein Fazit gezogen hinsichtlich der Unterschiede zwischen den drei näher betrachteten Handlungsfeldern der Kinder- und Jugendhilfe sowie hinsichtlich der beobachtbaren thematischen Veränderungen und Schwerpunktsetzungen der letzten Jahre.

18.3.1 Jugendamt

Das Jugendamt ist aufgrund seiner Gesamtverantwortung für alle Handlungsfelder sowie für alle verwaltungsrechtlichen und planerischen Aufgaben der Kinder- und Jugendhilfe zuständig. Entsprechend vielfältig sind die Fortbildungsthemen für die MitarbeiterInnen des Jugendamts. Die von uns abgefragten Fortbildungsbedarfe und Aktivitäten lassen sich in vier Gruppen zusammenfassen:

- Fortbildungen für einzelne Handlungsfelder
- Fortbildungen zu querliegenden Arbeitsansätzen
- Fortbildungen zu den Bereichen Planung/Verwaltung/Steuerung sowie
- Fortbildungen zu zwei zentralen Paradigmen der Kinder- und Jugendhilfe, nämlich Kooperation und Vernetzung sowie Adressatenbeteiligung.

Fortbildungen für einzelne Handlungsfelder

Der öffentliche Jugendhilfeträger tritt sowohl als Anbieter als auch als Vermittler, als Finanzier von Angeboten und auch als Garant für die Einhaltung von Mindeststandards in den unterschiedlichen Handlungsfeldern der Kinder- und Jugendhilfe auf. Um diese Funktionen fach- und sachgerecht erfüllen zu können, brauchen die MitarbeiterInnen ein hohes Maß an Fachlichkeit und regelmäßige Fort- und Weiterbildungen auch in den einzelnen Handlungsfeldern der Kinder- und Jugendhilfe.

Tab. 18.5: Bedarf an Fortbildungen und deren Durchführung im Bereich von einzelnen Handlungsfeldern (Jugendämter)

Themen	Bedarf	Realisiert
Hilfen zur Erziehung	68 %	71 %
Hilfeplanung nach § 36 KJHG	64 %	53 %
Jugendarbeit	56 %	58 %
Kindertagesbetreuung	54 %	54 %
Jugendschutz	48 %	46 %
Jugendgerichtshilfe	46 %	44 %
Jugendberufshilfe	22 %	18 %

Quelle: DJI-Jugendamtserhebung 2004

Bei zwei Dritteln der Jugendämter besteht Fortbildungsbedarf für das Handlungsfeld Hilfen zur Erziehung und bei etwas mehr Jugendämtern gibt es sogar Fortbildungen hierzu. Betrachtet man den Unterschied zwischen Bedarf und realisierter Fortbildung für das Handlungsfeld Hilfen zur Erziehung im Einzelnen, dann wird deutlich, dass in Ostdeutschland bei jedem zweiten Jugendamt, das hierfür keinen Bedarf sieht, dennoch solche Fortbildungen realisiert werden. In Westdeutschland trifft dies »nur« auf 29 % solcher Jugendämter zu. Bei der Frage, welches Jugendamt eine entsprechende Fortbildung nicht durchführen konnte, obwohl ein Bedarf dafür gesehen wurde, ist die Diskrepanz zwischen Bedarf und Realisierung in Westdeutschland höher: In Ostdeutschland gilt dies nur für 4 % der entsprechenden Jugendämter und in Westdeutschland beträgt der Anteil immerhin 16 %. Ganz offensichtlich ist Bedarf allein nicht ausschlaggebend für die Durchführung bzw. Teilnahme an einer Fortbildung im Bereich der Hilfen zur Erziehung. Dies könnte ein Hinweis darauf sein, dass die Ressourcen nicht optimal eingesetzt werden, oder aber auch, dass die Jugendamtsleitung wenig Einfluss auf den Einsatz von Ressourcen für Fort- und Weiterbildung hat.

Eine Längsschnittauswertung zeigt: Kein anderes der in beiden Wellen abgefragten Themen wird so häufig als Gegenstand der von Jugendämtern zu beiden Erhebungszeitpunkten durchgeführten Fortbildungen genannt. Nur 7 % der Jugendämter haben weder im Jahr 2000 noch im Jahr 2004 eine Fort- bzw. Weiterbildung zum Thema Hilfen zur Erziehung organisiert bzw. MitarbeiterInnen entsendet.

Angesichts der großen Bedeutung, die die Hilfen zur Erziehung für den örtlichen Jugendhilfeträger sowohl bezogen auf Kosten und Personal als auch auf fachliche und rechtliche Fragen (Garantenstellung) haben, verwundern die regen Fortbildungsaktivitäten nicht.

Aufgrund der besonderen Bedeutung, die das Hilfeplanverfahren für das Jugendamt hat, wurde es als eigenes Themenfeld herausgegriffen, obwohl es streng genommen zum Handlungsfeld Hilfen zur Erziehung gehört. Auch hier zeigt sich ein großer Fortbildungsbedarf, der wahrscheinlich noch verstärkt wurde durch die Diskussionen über eine verbesserte Passung von Hilfebedarf und geleisteten Hilfen (siehe hierzu auch die Diskussion über diagnostische Verfahren in der Hilfeplanung) und eine präzisere Steuerung der Hilfen sowie durch die im Zusammenhang mit den Hilfen gemäß § 35 a KJHG geführten Debatten über die Wertigkeit des sozialpädagogisch festgestellten Hilfebedarfs gegenüber medizinisch-psychologischen Gutachten. Zudem befinden sich viele Jugendämter noch immer auf der Suche nach optimalen Verfahrensabläufen und Dokumentationssystemen für die individuelle Hilfeplanung (vgl. Kap. 11 sowie www.dji.de/hpv). Beim Thema Hilfeplanung gibt es im Unterschied zu Fortbildungen zu den Hilfen zur Erziehung im Allgemeinen einen größeren Anteil von Jugendämtern mit ungedecktem Fortbildungsbedarf. Möglicherweise entspricht das Angebot an Fortbildungen nicht ganz dem Bedarf. Da in fast jedem Jugendamtsbezirk ein eigenes Verfahren zur Umsetzung des § 36 KJHG entwickelt wurde, besteht – zumindest bezogen auf die konkrete Handhabung des Instruments Hilfeplan – ein sehr spezifischer Fortbildungsbedarf.

Jugendarbeit wird von 56 % (Bedarf) bzw. 58 % (realisierte Fortbildung) der Jugendämter als Fort- und Weiterbildungsthema genannt. Fortbildungen zum Thema Jugendarbeit gehören bei etwas mehr als der Hälfte der Jugendämter zu den Standardthemen für Fortbildungen, denn es wurden zu beiden Erhebungszeitpunkten Fort- und Weiterbildungen zu diesem Arbeitsfeld durchgeführt. In Ostdeutschland werden bei signifikant mehr Jugendämtern (79 % zu 47 % in Westdeutschland) Fort- und Weiterbildungen zur Jugendarbeit durchgeführt.

Fort- und Weiterbildungen im Bereich der Kindertagesbetreuung werden von der Hälfte der Jugendämter durchgeführt und/oder sie entsenden MitarbeiterInnen zu entsprechenden Veranstaltungen. Dies ist angesichts des deutlichen Ausbaus der Kindertagesbetreuung, der gewachsenen Anforderungen an die Qualität der Kindertagesbetreuung (z. B. Bildungspläne) sowie der vielen konzeptionellen Änderungen der letzten Jahre ein eher geringer Wert. Nur bei etwas mehr als einem Drittel (38 %) der Jugendämter wurden sowohl im Jahr 2000 als auch im Jahr 2004 entsprechende Maßnahmen durchgeführt. Es gibt einen signifikanten Zusammenhang zwischen eigenem Angebot und Bedarf bzw. Durchführung von Fortbildungen zum Handlungsfeld Kindertagesbetreuung. Jugendämter, die selbst Träger von Einrichtungen der Kindertagesbetreuung sind, geben signifikant häufiger an, einen Fortbildungsbedarf zu diesem Thema zu haben und entsprechende Fortbildungen durchzuführen. Für kein anderes in der Tabelle 18.5 genanntes Handlungsfeld lässt sich ein solcher Zusammenhang finden.

Im Bereich des Kinder- und Jugendschutzes hat sich in den letzten Jahren durch die seit längerem diskutierte Einführung des am 1. April 2003 in Kraft getretenem Jugendschutzgesetzes einiges auch für die Arbeit der Jugendämter geändert. Insofern ist ein besonderer Fort- und Weiterbildungsbedarf in diesem Handlungsfeld zu erwarten. Angesichts der allerdings geringen Personalausstattung für den Jugendschutz (vgl. Kap. 5.4) ist anzunehmen, dass Fortbildungen hierzu wohl eher eine untergeordnete Rolle spielen werden. Ungefähr die Hälfte der Jugendämter formuliert einen Fortbildungsbedarf zu diesem Thema und ungefähr genauso viele haben eine Fortbildung durchgeführt. Wie bei anderen Fortbildungen gibt es auch hier einen Anteil von Jugendämtern (22 %), die trotz Bedarf keine Fortbildung durchführen, und solche, bei denen MitarbeiterInnen Fortbildungen zum Jugendschutz absolvieren, obwohl hierfür kein Bedarf gesehen wurde (17 %). In Ostdeutschland, wo es auch eine etwas bessere Personalausstattung für dieses Handlungsfeld gibt, werden von signifikant mehr Jugendämtern Fortbildungen zum Jugendschutz durchgeführt als im Westen (71 % zu 33 %). Auch der Anteil von Jugendämtern, die trotz Bedarf keine Fortbildungen organisieren konnten, ist in Ostdeutschland erheblich niedriger (5 % im Osten zu 35 % im Westen). Umgekehrt ist der Anteil an Jugendämtern im Osten größer, die ohne explizit genannten Bedarf Fortbildungsmaßnahmen zum Jugendschutz durchführten bzw. MitarbeiterInnen auf solche schickten (36 % im Osten und 11 % im Westen).

Die Jugendgerichtshilfe ist ein überaus komplexes und in seinen Strukturen eher überforderndes Arbeitsfeld (vgl. z. B. Personalschlüssel, Kap. 5.9). Fort- und Weiterbildungen sowie die damit verbundene Selbstvergewisserung der MitarbeiterInnen in diesem Handlungsfeld können dazu beitragen, dieser Überforderungssituation standzuhalten. In knapp der Hälfte der Jugendamtsbezirke wurden Fortbildungen im Handlungsfeld der Jugendgerichtshilfe durchgeführt. Es lassen sich zwischen den Jugendämtern, die einen Bedarf für Fortbildungen sehen bzw. MitarbeiterInnen zu entsprechenden Fortbildungen entsenden, und jenen, die keinen Bedarf angeben bzw. keine MitarbeiterInnen an Fortbildungen zum Thema Jugendgerichtshilfe schicken, keine systematischen Unterschiede erkennen. Eine Tendenz zeichnet sich dahingehend ab, dass bei den Jugendämtern, bei denen Jugendgerichtshilfe einen etwas höheren Stellenwert hat (gemessen an der niedrigeren Fallbelastung pro MitarbeiterIn), es eher zu Fort- und Weiterbildungen kommt bzw. ein Bedarf hierfür gesehen wird.

Die Integration Jugendlicher auf dem Arbeitsmarkt stellt eine zentrale jugendpolitische Herausforderung dar. Keine andere soziale Problemlage wird von so vielen Jugendämtern bereits seit Jahren als gravierendes Problem eingeschätzt wie die Jugendarbeitslosigkeit (vgl. Kap. 4). Trotzdem scheint das Arbeitsfeld Jugendberufshilfe eher zurückhaltend von den Jugendämtern bearbeitet zu werden. Dies wird einerseits an der Anzahl der Angebote sowie der Anzahl der vom Jugendamt geförderten Träger in diesem Handlungsfeld (vgl. Kap. 5.3, Kap. 6) und andererseits an dem von den Jugendämtern formulierten Fortbildungsbedarf deutlich. Hintergrund hierfür ist sicherlich die Abgrenzung zu den Maßnahmen, die über die Bundesagentur für Arbeit organisiert werden. Mit der Zuständigkeit ist immer auch die Kostenträgerschaft verbunden. Insofern wird man vonseiten des Jugendamts unabhängig von der sozialpolitischen und fachlichen Bedeutung der Jugendberufshilfe eher vorsichtig agieren. Anders ist der geringe Stellenwert der Jugendberufshilfe als Fortbildungsthema bei öffentlichen Trägern nicht zu verstehen. Schließlich sind Problemdruck und permanente Veränderungen der rechtlichen und finanziellen Rahmenbedingungen in diesem Handlungsfeld alltäglich. Bemerkenswerte Unterschiede zwischen den Jugendämtern lassen sich nur dahingehend erkennen, dass gemäß der Regionalindikatoren des Kinderpanels[94] in privilegierten Regionen Jugendberufshilfe nur in Ausnahmefällen ein Fortbildungsthema ist, wohingegen in belasteten oder durchschnittlich belasteten Regionen immerhin bei ungefähr einem Viertel der Jugendämter ent-

[94] Vgl. »Regionalindex« im Glossar.

sprechende Fortbildungen durchgeführt werden. Vergleicht man die Fortbildungsaktivitäten über die zwei Erhebungszeitpunkte hinweg, dann zeigt sich, dass der Anteil ostdeutscher Jugendämter, die nie Fortbildungen zur Jugendberufshilfe durchgeführt haben, signifikant niedriger ist als der westdeutscher Jugendämter; insofern wirkt in diesem Bereich offensichtlich der Problemdruck, den es insbesondere in den ostdeutschen Bundesländern gibt.

Fortbildungen zu querliegenden Arbeitsansätzen

In der Kinder- und Jugendhilfe gibt es wie in anderen Arbeitsbereichen auch querliegende Arbeitsansätze, die in allen Handlungsfeldern angewendet werden können. Vor dem Hintergrund der aktuellen Fachdiskussion wurde zu den in Tabelle 18.6 dargestellten Themen abgefragt, ob die Jugendämter einen Fortbildungsbedarf sehen und ob Fortbildungen durchgeführt wurden. Bereits ein oberflächlicher Vergleich zwischen den Tabellen 18.5 und 18.6 zeigt, dass bei Querschnittsthemen der Bedarf an Fortbildungen niedriger eingeschätzt wird. Dies widerspricht insofern den Erwartungen, als Querschnittsthemen für das gesamte Personal des Jugendamts von Interesse sein müssten und damit Fortbildungen zu Querschnittsthemen für mehr Personen relevant und in mehr Handlungsfeldern verwertbar sind. Dies könnte zumindest in Zeiten knapper Kassen ein Argument für die Auswahl von Fort- und Weiterbildungsthemen darstellen. Dem steht gegenüber, dass Querschnittsthemen selten in besonderer Weise forciert werden. Niemand fühlt sich richtig für sie zuständig.

Tab. 18.6: Bedarf an Fortbildungen und deren Durchführung im Bereich von querliegenden Themen (Jugendämter)

Themen	Bedarf	Realisiert
Inhaltliche/methodische Arbeit	60 %	49 %
Sozialraumorientierung	54 %	39 %
Medienkompetenz	29 %	26 %
Interkulturelle Arbeit	26 %	18 %
Gender Mainstreaming	14 %	15 %

Quelle: DJI-Jugendamtserhebung 2004

Inhaltlich-methodische Arbeitsansätze werden von 60 % der Jugendämter als notwendige Inhalte von Fortbildungen genannt. Zu erwarten wäre eigentlich, dass es in allen Jugendämtern Fortbildungen zu inhaltlich-methodischen Fragen gibt, wie zum Beispiel Gesprächsführung oder Mediation. Die Tatsache, dass bei den Jugendämtern, die zu diesem Thema keinen Fortbildungsbedarf sehen, der Fortbildungsetat im Durchschnitt nur halb so hoch ist (17.000 Euro zu 34.000 Euro) und auch der durchschnittliche Anteil am Personaletat signifikant niedriger ist, scheint dafür zu sprechen, dass ein Mangel an Ressourcen dazu führt, dass kein Bedarf gesehen wird. Für die fachliche Arbeit der Jugendämter ist dies nicht hilfreich. Der Bedarf an Fortbildungen wird insbesondere in Westdeutschland nicht erfüllt. Von den westdeutschen Jugendämtern, die einen Bedarf an solchen Fortbildungen formulieren, können ein Drittel diesen Bedarf nicht befriedigen.

Sozialraumorientierung hat als Fortbildungsthema nicht die gleiche Relevanz wie in der Fachdiskussion. Dieses Thema liegt in unserer Liste sowohl beim Bedarf als auch bei der Durchführung im Mittelfeld der Nennungen. Eine stärkere Hinwendung zum Thema Sozialraumorientierung in Fortbildungen wäre zu erwarten gewesen, da dieses Thema in den letzten Jahren in der gesamten Sozialen Arbeit stark in den Vordergrund gerückt ist (vgl. Kessl u.a. 2005) und es zudem eine Reihe von Missverständnissen über Inhalte (z.B. Sozialraumorientierung und Sozialbudgets werden gleichgesetzt) und Unsicherheiten bei der Umsetzung (Wie wird ein Sozialraum bestimmt? Wie geht man planerisch damit um?) gibt. Nur knapp über die Hälfte der Jugendämter hat einen Bedarf an Fort- und Weiterbildungen zum Thema Sozialraumorientierung und 39 % der Jugendämter entsenden MitarbeiterInnen auf entsprechende Fortbildungsveranstaltungen. In Ostdeutschland wird ein signifikant höherer Bedarf gesehen, aber bei der Durchführung gibt es keine signifikanten Ost-West-Unterschiede mehr. Entsprechend groß, nämlich 52 %, ist der Anteil von Jugendämtern in Ostdeutschland, deren Fortbildungsbedarf zu diesem Thema unerfüllt bleibt.

Die Nutzung von Medien bestimmt den Alltag von Menschen in modernen Gesellschaften. Die Fülle an Informationen ist unüberschaubar, die Trennung zwischen seriösen und weniger seriösen Inhalten wird immer schwieriger. Neben einer Nutzungskompetenz, die sich aus Kulturtechniken und technischen Grundkenntnissen zusammensetzt, wird eine Auswahl- und Entscheidungskompetenz in diesem Kontext immer wichtiger. Die Nutzung und ein nichtschädlicher Umgang mit Medien wird somit zu einer wichtigen Lernaufgabe im Kinder- und Jugendalter. Das Jugendamt als Fachbehörde wird immer wieder von anderen Fachkräften, von Eltern oder auch einer breiten Öffentlichkeit aufgefordert, zu medienpädagogischen und zu Fragen des Jugendschutzes im Zusammenhang mit

Medien Stellung zu nehmen. Deshalb wäre eigentlich zu erwarten, dass es in der Mehrzahl der Jugendämter regelmäßig Fort- und Weiterbildungen zu medienpädagogischen Fragen gibt. Aber nur knapp 30 % der Jugendämter formulieren einen Bedarf zu diesen und in ungefähr einem Viertel der Jugendämter werden Fort- und Weiterbildungen durchgeführt bzw. von MitarbeiterInnen absolviert. Selbst wenn man die nicht ganz glückliche Abfrage im Fragebogen (Medienkompetenz anstelle von Medienpädagogik) als bedarfsmindernd berücksichtigt, erscheint der Wert angesichts der mit der Mediennutzung verbundenen Herausforderungen als zu gering. Stadtjugendämter sehen zwar signifikant häufiger einen Bedarf, aber dies führt nicht dazu, dass sie auch signifikant häufiger entsprechende Fortbildungen durchführen. Möglicherweise liegt dies daran, dass solche Inhalte auch bei Fortbildungen zu den Arbeitsbereichen Jugendarbeit und Jugendschutz vermittelt werden.

In vielen Jugendamtsbezirken, besonders in Westdeutschland, hat sich bedingt durch unterschiedliche demografische Prozesse die kulturelle Vielfalt bei Kindern, Jugendlichen und Familien erhöht oder ist zumindest auf hohem Niveau stabil geblieben. Die zunehmend skeptischer werdende Haltung gegenüber MigrantInnen aus dem islamischen Kulturkreis lässt die Anforderungen an interkulturelle Arbeit in der Kinder- und Jugendhilfe seit den letzten Jahren wachsen. Insofern ist von einem hohen Fortbildungsbedarf auszugehen. Die Jugendämter teilen diese Einschätzung nicht. Nur von einem Viertel der Jugendämter wird ein Bedarf an interkulturellen Fortbildungen gesehen.

Betrachtet man die Ergebnisse der zwei Befragungswellen, dann wird deutlich, dass kein anderes Thema – außer Datenschutz – so selten zum Gegenstand von Fortbildungen wurde wie interkulturelle Arbeit: 71 % der Jugendämter haben bei keiner der zwei Erhebungen eine solche Fortbildung durchgeführt bzw. MitarbeiterInnen teilnehmen lassen.

Nachdem ein enger Zusammenhang zwischen der real vorhandenen kulturellen Vielfalt in der Bevölkerung, den hiermit in Verbindung gebrachten Problemen und dem interkulturellen Fortbildungsbedarf zu erwarten ist, wird im Folgenden geprüft, ob sich ein solcher Zusammenhang auch statistisch manifestiert.

Es lässt sich zeigen, dass dort, wo der Anteil ausländischer Kinder und Jugendlicher höher ist, es wahrscheinlicher ist, dass die Jugendämter einen Bedarf an interkulturellen Fortbildungen formulieren und diese auch durchführen. Ist ein nicht-christlicher, aber religiös gebundener Träger vor Ort aktiv, wird von signifikant mehr Jugendämtern ein interkultureller Fortbildungsbedarf geäußert und werden auch entsprechende Fortbildungen realisiert. Einen weiteren signifikanten Zusammenhang gibt es hinsichtlich der Einschätzung der Jugendämter, ob Ausländerfeindlichkeit/Rechtsradikalismus in der Region ein Problem für die Arbeit der Jugendämter darstellt. Von den Jugendämtern, die Ausländerfeindlichkeit/Rechtsradikalismus als ein größeres Problem ansehen, wird signifikant häufiger ein Bedarf für interkulturelle Fortbildungen gesehen. Dieser Zusammenhang bleibt auch bei den Jugendämtern erhalten, die Fortbildungen durchgeführt haben. Dies ist insofern bemerkenswert, als in den betreffenden Regionen der Anteil an MigrantInnen eher gering ist und eine Förderung interkultureller Kompetenzen bei den MitarbeiterInnen des Jugendamtes nicht unbedingt zu einer Reduktion der Ausländerfeindlichkeit führen muss.

Unterzieht man diese Zusammenhänge einer multifaktoriellen Überprüfung, so wird deutlich, dass in erster Linie der Anteil von Kindern und Jugendlichen mit Migrationshintergrund mit dem Fortbildungsbedarf bzw. dem Ausmaß an durchgeführten Fortbildungen zusammenhängt. Also dort, wo die Bevölkerung vielfältiger ist, gibt es auch einen höheren Fortbildungsbedarf bzw. mehr Fortbildung zum Thema. Die tatsächliche Durchführung von interkulturellen Fortbildungen wird von dem Vorhandensein von für die Arbeit des Jugendamtes als gravierend angesehenen Folgen des Problems Ausländerfeindlichkeit/Rechtsradikalismus noch verstärkt.

Gender Mainstreaming ist das querliegende Thema, das im Rahmen von Fortbildungen im Jahr 2004 am wenigsten Aufmerksamkeit erhält. Vor dem Hintergrund der institutionellen Bedeutung, die Gender Mainstreaming durch die EU und die nationalen Umsetzungsbestrebungen erhalten hat, verblüfft der geringe Fortbildungsbedarf, den Jugendämter in diesem Feld für sich sehen. Schließlich handelt es sich bei der Umsetzung von Gender Mainstreaming nicht um ein einfaches Konzept, sondern um komplexe Anforderungen, die eine ganze Reihe von organisatorischen, strukturellen und auch fachlichen Veränderungen provozieren werden. Wie wenig selbstverständlich eine geschlechtersensible Perspektive in der Sozialen Arbeit insgesamt und auch in der Kinder- und Jugendhilfe ist, wird durch Studien und Tagungen immer wieder belegt (vgl. z.B. Simmel-Joachim/Schäfer 2005; Jugendhof Steinkimmen/Niedersächsisches Landesjugendamt/Niedersächsisches Förderprogramm »Lebensweltbezogene Mädchenarbeit« 2003; oder auch www.dji.de/kjhgender). Fortbildungsbedarf besteht also zumindest aus einer übergeordneten Perspektive sehr wohl. Von den Jugendämtern, die Fortbildungen zu Gender Mainstreaming organisieren, haben 93 % einen eignen Haushaltstitel für Fortbildungen; bezogen auf alle Jugendämter verfügen 73 % über eigene Haushaltsmittel. Offenbar erhöht eine dezentrale Organisation, also die Ressourcenverantwortung auf der Ebene, auf der auch über die Inhalte entschieden wird, die Wahrscheinlichkeit, dass Gender Mainstreaming zum Gegenstand von Fortbildungen wird.

Fortbildungen zu den Bereichen Planung/Verwaltung/Steuerung

Die Aufgaben Planung, Verwaltung und Steuerung gehören zu den klassischen Organisationsentwicklungsaufgaben, die von Jugendämtern wahrgenommen werden. Aufgrund der besonderen Stellung der Jugendämter im kommunalen Jugendhilfegefüge sind diese Aufgaben jedoch nicht nur nach innen gerichtete Organisationsaufgaben, sondern stehen auch in einem unmittelbaren Zusammenhang mit der Entwicklung der örtlichen Kinder- und Jugendhilfe. Besonders deutlich wird dies an den Themen Jugendhilfeplanung, Qualitätsentwicklung und Verwaltungsreformen. Denn allen drei Themen ist gemeinsam, dass Veränderungen im Jugendamt unmittelbare Auswirkungen auf die Arbeit und Arbeitsmöglichkeiten anderer Akteure im Feld der Kinder- und Jugendhilfe haben.

Tab. 18.7: Bedarf an Fortbildungen und deren Durchführung im Bereich von Planung/Verwaltung/Steuerung (Jugendämter)

Themen	Bedarf	Realisiert
Qualitätsentwicklung	66 %	48 %
EDV	62 %	55 %
Jugendhilfeplanung	59 %	49 %
Verwaltungsreformen	44 %	41 %
Datenschutz	21 %	17 %

Quelle: DJI-Jugendamtserhebung 2004

Qualitätsentwicklung wird als Fortbildungsthema am zweithäufigsten von den Jugendämtern genannt. Das Thema beinhaltet im Wesentlichen zwei voneinander zu trennende Aspekte. Es bezieht sich einerseits auf die Instrumente zur Entwicklung und Sicherung der Qualität der Arbeit der Jugendämter und andererseits auf die Steuerung und Unterstützung für die gemeinsame Qualitätsentwicklung mit Anbietern von Kinder- und Jugendhilfeleistungen (vgl. Kap. 10), zum Beispiel gemäß den Regelungen nach § 78 b ff. KJHG oder entsprechenden Regelungen in verschiedenen Landesgesetzen zur Kindertagesbetreuung. Abfragebedingt kann nicht entschieden werden, welcher Aspekt für die Jugendämter im Vordergrund steht. Im Vergleich zu den anderen in Tabelle 18.7 dargestellten Themen gibt es bei dem Thema Qualitätsentwicklung eine große Diskrepanz zwischen geäußertem Bedarf und tatsächlich stattgefundenen Fort- und Weiterbildungsmaßnahmen. Dies könnte ein Hinweis darauf sein, dass Qualitätsentwicklung noch immer als Kür und nicht als Notwendigkeit betrachtet wird. Dafür spricht auch die geringe Bedeutung, die Qualitätsentwicklungsvereinbarungen de facto empirisch haben. Die Diskrepanz könnte aber auch auf einen Mangel an geeigneten Angeboten hindeuten.

Fast zwei Drittel der Jugendämter haben einen Fortbildungsbedarf im Umgang mit EDV und 55 % der Jugendämter führen auch tatsächlich Fortbildungen in diesem Bereich durch. Die zunehmende Computerisierung der Jugendämter führt unweigerlich zu einem wachsenden Fortbildungsbedarf. Elektronische Aktenführung, Datenaustausch mit anderen Behörden sowie die Einbindung der elektronischen Akten in die Jugendhilfeplanung erfordern immer wieder Schulungen für die MitarbeiterInnen. Diesem Bedarf wird offensichtlich nachgekommen.

Gemäß § 79 KJHG obliegt dem örtlichen öffentlichen Jugendhilfeträger die Gesamtverantwortung für die Jugendhilfeplanung. Insofern sind auch besondere Anforderungen an die Qualifikation derjenigen MitarbeiterInnen zu stellen, die Jugendhilfeplanung durchführen. Im Kapitel 9 wurde ausführlich auf die verschiedenen zur Anwendung kommenden Konzepte eingegangen. Jugendhilfeplanung wird bei 59 % der Jugendämter als Gegenstand von Fortbildungen gewünscht und auch bei diesem Thema ist der Anteil von Jugendämtern niedriger, bei denen entsprechende Fortbildungen tatsächlich durchgeführt werden bzw. die ihre MitarbeiterInnen auf solche Fortbildungen schicken. Dem Fortbildungsbedarf nicht zu entsprechen, ist bestimmt keine gute Strategie, die Qualität der Arbeit zu erhöhen.

Obwohl inzwischen und auch bereits zum Erhebungszeitpunkt die heiße Phase der Verwaltungsmodernisierung vorüber war bzw. ist, wurden in vier von zehn Jugendämtern hierzu Fortbildungen durchgeführt. Der Anteil von Jugendämtern, die hierfür einen Bedarf sehen bzw. gesehen haben, ist kaum höher. Diese geringe Diskrepanz zwischen Bedarf und Realisierung findet sich nur noch bei wenigen anderen Themen. Möglicherweise liegt dies daran, dass speziell diese Fortbildungen in einem Gesamtkonzept der Kommune, also ämter- bzw. fachbereichsübergreifend eingebunden sind. Mit anderen Worten, wenn Fort- und Weiterbildungen nicht nur im Interesse der Jugendämter stehen, dann haben sie bessere Realisierungschancen. Nimmt man die Daten der Befragung aus dem Jahr 2000 hinzu, so wird deutlich, dass nur bei einem Drittel der Jugendämter weder im Jahr 2000 noch im Jahr 2004 Fort- und/oder Weiterbildungen zu diesem Thema absolviert wurden.

Datenschutz ist im Sozialrecht und insbesondere in der Kinder- und Jugendhilfe eine überaus diffizile Aufgabe. Einerseits gilt es – ganz im Sinne des Bundesverfassungsgerichtsurteils zur informationellen Selbstbestimmung – die Möglichkeiten zur Datenweitergabe auch innerhalb des eigenen Amts eher eng auszulegen und auch bei der Datenerhebung eher bescheiden zu sein. Andererseits behindern aus der Perspektive der Fachkräfte datenschutzrechtliche Vorschriften vielfach einen angemessenen fachlichen Austausch und schaden so der Qualität der Unterstützungsleistungen der Kinder- und Jugendhilfe. In den letzten Jahren sind zudem verstärkt ordnungspolitische Interessen (z.B. Ausländerecht, Sanktionen nach SGB II) als weitere Faktoren bei der konkreten Entscheidung hinzugekommen, welche Informationen dem Datenschutz unterliegen und welche weitergegeben werden dürfen bzw. müssen. Trotz dieser komplexen Materie und den damit zumindest teilweise verbundenen Haftungsrisiken wird kein anderes der von uns abgefragten Themen von so wenigen Jugendämtern in Fort- und Weiterbildungen bearbeitet. Selbst wenn man die Daten aus dem Jahr 2000 einbezieht, haben sich MitarbeiterInnen aus nur einem Viertel der Jugendämter in diesem Themenfeld weitergebildet. Hier gibt es – nicht zuletzt aufgrund der wachsenden Anforderungen an Kooperationsbeziehungen – einen eindeutigen Handlungsbedarf.

Fortbildungen zu zwei zentralen Paradigmen der Kinder- und Jugendhilfe

In diesem Abschnitt wird der Frage nachgegangen, ob sich zentrale Paradigmen der Kinder- und Jugendhilfe auch bei Fortbildungsthemen wiederfinden lassen. Dazu wird untersucht, ob Fortbildungen zu den Bereichen Kooperation und Vernetzung sowie zur Beteiligung der Adressaten durchgeführt bzw. besucht wurden. Wenn Kooperation und Partizipation als zentrale Paradigmen Wirkung entfalten sollen, dann müssen die mit diesen Paradigmen verbundenen zentralen fachtheoretischen Inhalte immer wieder vor dem Hintergrund neuerer fachlicher Entwicklungen und gesellschaftlicher Veränderungen reflektiert und in konkretes Alltagshandeln übersetzt werden. Fort- und Weiterbildungsveranstaltungen wären hierfür geeignete Orte. Die nicht immer optimal gestalteten Kooperationsbeziehungen (vgl. Kap. 19) und der große Entwicklungsbedarf hinsichtlich einer partizipativ ausgerichteten Kinder- und Jugendhilfe (vgl. z.B. Pluto 2006) zeigen, dass es eine Diskrepanz zwischen Anspruch und Wirklichkeit bei der Umsetzung dieser Paradigmen gibt.

Die Kinder- und Jugendhilfe ist auf Kooperation sowohl innerhalb des Arbeitsfeldes als auch in Bezug auf andere Arbeitsfelder angewiesen. Kooperation ist eines der zentralen Paradigmen der Kinder- und Jugendhilfe. Die Gestaltung von erfolgreichen Kooperationsbeziehungen erfordert einiges an Wissen und Know-how (vgl. Seckinger 2001), weshalb von einem Fortbildungsbedarf ausgegangen werden kann. Ungefähr die Hälfte der Jugendämter sieht dies genauso (vgl. Tab. 18.8). Es gibt einen signifikanten Zusammenhang zwischen Bedarf bzw. realisierten Fortbildungen und der relativen Höhe des Fortbildungsetats. Bei den Jugendämtern, die einen Bedarf für Kooperationsfortbildungen sehen bzw. solche durchführen, ist im Durchschnitt der relative Fortbildungsetat signifikant niedriger. Möglicherweise sind mit solchen Fort- und Weiterbildungen die Erwartungen verbunden, dass durch Kooperation die Auswirkungen geringer Etats – auch außerhalb des Fortbildungsetats – etwas abgemildert werden können.

Tab. 18.8: Bedarf an Fortbildungen und deren Durchführung zu Kooperation und Partizipation (Jugendämter)

Themen	Bedarf	Realisiert
Kooperation und Vernetzung	46 %	24 %
Beteiligung von Kindern und Jugendlichen	38 %	26 %

Quelle: DJI-Jugendamtserhebung 2004

Die Umsetzung der Beteiligungsrechte von Adressaten in der täglichen Praxis ist ein überaus anspruchsvolles und offensichtlich auch schwieriges Unterfangen. Anders ist nicht zu erklären, warum es Fachkräften in fast allen Situationen so schwer fällt, in ihrem fachlichen Handeln die Beteiligung von Kindern und Jugendlichen an allen sie betreffenden Entscheidungen zu realisieren (vgl. Pluto 2006). Trotzdem sehen lediglich etwas mehr als ein Drittel der Jugendämter bei diesem Thema einen Fortbildungsbedarf und nur in einem Viertel der Jugendämter wird er auch erfüllt. Es gibt keinen statistischen Zusammenhang zwischen Fortbildungsbedarf und dem Einbezug von Kindern und Jugendlichen in die Jugendhilfeplanung, dem Vorhandensein eines Jugendparlaments oder der Existenz indirekter Modelle der Beteiligung wie Kinder- und Jugendbeauftragte. Wenn es ein Kinder- und Jugendforum gibt, dann gibt es auch mehr

Fortbildungsbedarf. Dieser Unterschied deutet darauf hin, dass sowohl Kinder- und Jugendforen als auch Fortbildungen zum Thema Partizipation Indikatoren für in diesem Bereich besonders engagierte Jugendämter sind.

Es lässt sich zeigen, dass, wenn es Informationsmaterialien über das Hilfeplangespräch speziell für Kinder und Jugendliche gibt, signifikant häufiger Fortbildungsbedarf hinsichtlich der Adressatenbeteiligung gesehen wird bzw. entsprechende Fortbildungen durchgeführt werden. Natürlich kann der Effekt auch umgekehrt zustande gekommen sein, also wenn es Fortbildungen gab, dann gibt es auch Informationsmaterial. Aber unabhängig von der Richtung des Zusammenhangs wird deutlich, dass Fortbildungsbedarf besonders dann geäußert wird, wenn Kinder und Jugendliche in eigens für sie entwickelten Formen, nicht aber wenn Eltern beteiligt werden sollen. Offensichtlich werden die besonderen methodischen Herausforderungen, die mit einem systematischen Einbezug von Kindern und Jugendlichen in Entscheidungen verbunden sind, von einem Teil der Fachkräfte erkannt. Dieser Befund verstärkt die oben geäußerte Vermutung, dass es Jugendämter gibt, die eine Beteiligungskultur entwickeln und Fragen der Beteiligung von Kindern und Jugendlichen eine besondere Aufmerksamkeit zukommen lassen.

18.3.2 Einrichtungen stationärer Hilfen zur Erziehung

Ähnlich wie bei den Jugendämtern lässt sich auch die den Einrichtungen vorgelegte Liste an Fortbildungsthemen in mehrere thematische Blöcke bündeln. Aufgrund der unterschiedlichen Arbeitsaufträge von Jugendamt und Einrichtungen erzieherischer Hilfen sind die abgefragten thematischen Blöcke nicht identisch. Die Themen für Fortbildungen lassen sich unterscheiden in:

- Fortbildungen zu unmittelbarem Handlungswissen
- Fortbildungen zu konzeptionellen Fragen
- Fortbildungen zu den Bereichen Planung/Verwaltung/Steuerung sowie
- Fortbildungen zu zwei zentralen Paradigmen der Kinder- und Jugendhilfe, nämlich Kooperation und Vernetzung sowie Adressatenbeteiligung.

Die Unterscheidung zwischen den ersten beiden Gruppen ist zwar nicht völlig trennscharf, begründet sich aber in den erheblichen Unterschieden im Antwortverhalten.

Fortbildungen zu unmittelbarem Handlungswissen

Der Arbeitsalltag in den Einrichtungen der Hilfen zur Erziehung ist geprägt von den vielfach komplexen und schwierigen Lebenssituationen der Kinder, Jugendlichen und ihrer Eltern. Häufig kommt es im Alltag zu belastenden und fachlich schwierigen Situationen. Diese können besser bewältigt werden, wenn die Fachkräfte über eine ausreichende Handlungskompetenz verfügen. Fortbildungen können dazu beitragen die Handlungskompetenz zu erhöhen.

Tab. 18.9: Fortbildungsbedarf und geplante bzw. durchgeführte Fortbildungsmaßnahmen zu unmittelbarem Handlungswissen (Einrichtungen)

	Bedarf		Planung/ Durchführung	
Themen	2004	2001	2004	2001
Methoden der Sozialarbeit (z. B. Falldiagnostik, Gesprächsführung, Mediation etc.)	62 %	45 %	44 %	30 %
Elternarbeit/Familienarbeit	53 %	58 %	38 %	36 %
Gewalt in Einrichtungen	41 %	44 %	29 %	32 %
Drogenprävention	40 %	47 %	23 %	30 %
Gewalt in Familien/Missbrauch	40 %	41 %	22 %	25 %
Freizeitpädagogik/Erlebnispädagogik	30 %	31 %	23 %	23 %

Quelle: DJI-Einrichtungserhebung 2001, 2004

Ähnlich wie bei den Jugendämtern fällt auch bei Einrichtungen auf, dass der Bedarf an Fortbildungen zu Handlungswissen und Methodenkompetenzen größer ist als die dann realisierten Fortbildungen. Der mit Abstand größte Bedarf wird bei Fortbildungen zu einzelnen Methoden der Sozialarbeit gesehen. Da es sich hierbei um eine Sammelkategorie handelt, und angesichts des komplexen Alltags in Gruppen und beim betreuten Einzelwohnen ist dies nicht erstaunlich. Es gibt jedoch eine deutliche Verschiebung im Vergleich zu dem Ergebnis der Befragung im Jahr 2001. Zum Teil kann diese Differenz auf eine etwas veränderte Abfrage zurückgeführt werden: Im Jahr 2001 war Gesprächsführung nicht als ein Beispiel für Methoden der Sozialarbeit angegeben. Der Bedarf bei den anderen in Tabelle 18.9 dargestellten Themen hat sich kaum geändert. Auch bei der Durchführung bzw. Planung der Fortbildungen sind die Veränderungen mit Ausnahme des Bereichs Methoden der Sozialarbeit vernachlässigbar. Signifikante Ost-West-Unterschiede gibt es bei diesen Themen nicht.

Fortbildungen zu konzeptionellen Fragen

In diesem Abschnitt werden die Fortbildungsthemen zusammengefasst, von denen wir annehmen, dass sie eher unter einer konzeptionellen Perspektive das Interesse der Einrichtungen wecken. Es steht – so unsere Annahme – die Fragestellung im Vordergrund: Was kann man aus der Beschäftigung mit diesen Themenstellungen für die konzeptionelle Ausrichtung der Einrichtung lernen und unter welchen Aspekten ist die Arbeit in der Einrichtung weiterzuentwickeln? Natürlich kann auch bei diesen Themen der Erwerb von unmittelbarer Handlungskompetenz im Zentrum stehen, aber die großen Unterschiede in den Ergebnissen und zusätzliche Hinweise aus Gesprächen mit MitarbeiterInnen in stationären Einrichtungen machen die von uns gewählte Zuordnung plausibel. In diesen Gesprächen wurde darauf hingewiesen, dass die in Tabelle 18.10 dargestellten Themen keine Themen sind, die eine hohe Relevanz für den pädagogischen Alltag in den Gruppen haben. Am Beispiel der flexiblen Hilfen lässt sich dies gut verdeutlichen. Für stationäre Einrichtungen stehen hier eher Fragen der eigenen Profilierung, der konzeptionellen Ausrichtung als tatsächliche Veränderungen im Alltag der pädagogischen Arbeit im Vordergrund. Erheblich weniger Einrichtungen als bei den handlungsbezogenen Themen sehen bei den konzeptionellen Themen einen Fortbildungsbedarf.

Tab. 18.10: Fortbildungsbedarf und geplante bzw. durchgeführte Fortbildungsmaßnahmen zu konzeptionellen Fragen (Einrichtungen)

	Bedarf		Planung/ Durchführung	
Themen	2004	2001	2004	2001
Flexible Hilfen	28 %	25 %	10 %	14 %
Sozialraumorientierung	25 %	15 %	14 %	10 %
Hilfeplanung nach § 36 KJHG	22 %	n.a.	17 %	n.a.
Geschlechtsspezifische Arbeit/Gender Mainstreaming	21 %	26 %	12 %	19 %
Medienkompetenz	14 %	n.a.	7 %	n.a.
Interkulturelle Arbeit	13 %	12 %	8 %	5 %
Jugendschutz	12 %	n.a.	7 %	n.a.

n.a.: nicht abgefragt

Quelle: DJI-Einrichtungserhebungen 2001, 2004

Die Veränderung gegenüber dem Jahr 2001 ist in diesem Themenfeld relativ gering. Die Diskrepanz zwischen Bedarf und Durchführung ist dagegen groß. Bei diesen konzeptionellen Themen gibt es hinsichtlich des Bedarfs signifikante Unterschiede zwischen Ost und West. Einrichtungen in Westdeutschland formulieren für Fortbildungen zu Sozialraumorientierung (West 28 %, Ost 16 %), zu geschlechtsspezifischer Arbeit (24 % zu 13 %) und zu interkultureller Arbeit (16,5 % zu 4,5 %) einen höheren Bedarf. Dieser erhöhte Bedarf führt allerdings mit Ausnahme des Bereichs der interkulturellen Arbeit nicht zu einer signifikant höheren Rate bei der Realisierung der Fortbildungen.

Fortbildungen zu den Bereichen Planung/Verwaltung/Steuerung

Mit wachsendem Kostendruck und der zunehmend betriebswirtschaftlichen Betrachtungsweise der Aktivitäten frei-gemeinnütziger Träger wächst auch der Bedarf an Kompetenz im Umgang mit für die Soziale Arbeit in Deutschland nicht typischen Instrumenten der betrieblichen Steuerung. Das Thema Qualitätsentwicklung, das immer noch am dritthäufigsten von allen abgefragten Fortbildungsthemen genannt wird, hat gegenüber der Befragung 2001 erheblich an Bedeutung verloren. Qualitätsentwicklung gehört inzwischen bei allen Einrichtungen zum Standard. Es gewisse Basiskompetenz in Fragen der Qualitätsentwicklung wurde inzwischen entwickelt, und insofern war der Rückgang an Einrichtungen, die hierzu einen Fortbildungsbedarf sehen, zu erwarten.

Tab. 18.11: Bedarf an Fortbildungen und deren Durchführung im Bereich von Planung/Verwaltung/Steuerung (Einrichtungen)

	Bedarf		Planung/ Durchführung	
Themen	2004	2001	2004	2001
Qualitätsentwicklung	50 %	62 %	43 %	50 %
Teamarbeit	36 %	36 %	26 %	28 %
Verwaltung (z. B. EDV, Finanzierungswissen, rechtliche Fragen, Sozialmanagement)	28 %	25 %	15 %	19 %
Entgeltvereinbarungen nach § 78 a KJHG	18 %	n.a.	10 %	n.a.
Datenschutz	14 %	n.a.	7 %	n.a.

n.a.: nicht abgefragt

Quelle: DJI-Einrichtungserhebungen 2001, 2004

Der geringe Anteil an Einrichtungen, von denen MitarbeiterInnen an Fortbildungen zu Entgeltvereinbarungen nach § 78 a ff. KJHG teilgenommen haben, erklärt sich nicht dadurch, dass Entgeltverhandlungen häufig nicht von der Einrichtung selbst, sondern vom Träger geführt werden. Denn es gibt keine signifikanten Unterschiede zwischen den Einrichtungen, die angeben, dass ihr Träger die Entgeltverhandlungen führt, im Vergleich zu denen, die dies selbst tun.

Fortbildungen zu zwei zentralen Paradigmen der Kinder- und Jugendhilfe

Zentrale Paradigmen der Kinder- und Jugendhilfe müssten sich im Fortbildungsverhalten aller in der Kinder- und Jugendhilfe tätigen Organisationen wiederfinden, denn nur dann, wenn alle Akteure in diesem Feld sich intensiv und, wo dies möglich ist, auch gemeinsam mit diesen Themen auseinandersetzen, besteht die Möglichkeit, dass diese Grundsätze guten Arbeitens auch umgesetzt werden. Um herauszufinden, inwiefern die Themen Kooperation und Partizipation tatsächlich zu einem generellen Thema in der Kinder- und Jugendhilfe geworden sind, wurden auch die Einrichtungen der Hilfen zur Erziehung zu diesem Thema befragt.

Tab. 18.12: Bedarf an Fortbildungen und deren Durchführung zu Kooperation und Partizipation (Einrichtungen)

	Bedarf		Planung/ Durchführung	
Themen	2004	2001	2004	2001
Beteiligung von Kindern und Jugendlichen	34 %	33 %	13 %	12 %
Kooperation und Vernetzung	20 %	21 %	13 %	14 %

Quelle: DJI-Einrichtungserhebungen 2001, 2004

Im Vergleich zu den Angaben der Jugendämter ist der Fortbildungsbedarf bei Einrichtungen zu diesen Themen deutlich niedriger. Dies kann nicht daran liegen, dass in Einrichtungen der Hilfen zur Erziehung die Themen Adressatenbeteiligung und Kooperation keiner Weiterentwicklung und Verbesserung bedürfen. Wie schwer sich beispielsweise Einrichtungen tun, sowohl institutionelle Formen der Beteiligung zu etablieren und zu fördern (vgl. z.B. Pluto u.a. 2005) als auch den erzieherischen Alltag beteiligungsorientiert zu gestalten (vgl. Pluto 2006), zeigen empirische Untersuchungen. Offensichtlich mangelt es entweder an dem Bewusstsein, dass auch zentrale fachliche Paradigmen durch Fortbildungen in ihrer Umsetzung gefördert werden können, oder aber Kooperation und Partizipation sind entgegen der Aussagen des Achten Jugendberichts für die Praxis keine zentralen Paradigmen guter Kinder- und Jugendhilfe.

18.3.3 Jugendringe

Ähnlich wie bei Jugendämtern und stationären Einrichtungen lässt sich auch die den Jugendringen vorgelegte Liste an Fortbildungsthemen in mehrere thematische Blöcke bündeln. Anstelle von Methoden der Sozialen Arbeit stehen bei Jugendringen die Integration und Förderung ehrenamtlichen Engagements im Vordergrund. Entsprechend anders sind auch die Fortbildungsthemen zusammengefasst:

- Fortbildungen zur Förderung ehrenamtlichen Engagements
- Fortbildungen zu querliegenden Arbeitsansätzen
- Fortbildungen zu den Bereichen Planung/Verwaltung/Steuerung sowie
- Fortbildungen zu zwei zentralen Paradigmen der Kinder- und Jugendhilfe, nämlich Kooperation und Vernetzung sowie Adressatenbeteiligung.

Fortbildungen zur Förderung ehrenamtlichen Engagements

Für die Arbeitsfähigkeit von Jugendringen und die Erfüllung ihres Auftrags, nämlich regionale Dachorganisation der Jugendverbandsarbeit zu sein, ist eine breite ehrenamtliche Basis unerlässlich. Seit einigen Jahren beklagen Jugendverbände und Jugendringe, dass es schwerer geworden sei, ehrenamtlich aktive Jugendliche an den Verband oder den Jugendring längerfristig zu binden. Vor diesem Hintergrund erscheint es plausibel, wenn sich Jugendringe auch auf der Ebene von Fortbildungen mit der Frage auseinandersetzen, wie attraktive Bedingungen für ehrenamtliches Engagement und eine kontinuierliche Förderung des Engagements geschaffen werden können. Entsprechend hoch ist auch der Bedarf an solchen Fortbildungen. Allerdings ist die Quote der durchgeführten Fortbildungen zu diesem Thema zu beiden Erhebungszeitpunkten vergleichsweise niedrig. Dies könnte auf ein unzureichendes Angebot hindeuten.

Tab. 18.13: Bedarf an Fortbildungen und deren Durchführung im Bereich Förderung ehrenamtlichen Engagements (Jugendringe)

	Bedarf		Planung/ Durchführung	
Bereiche	2004	2001	2004	2001
Gewinnung neuer Ehrenamtlicher	52 %	58 %	13 %	8 %
Fortbildung für ehrenamtliche Funktionäre	47 %	52 %	24 %	25 %

Quelle: DJI-Jugendringerhebungen 2001, 2004

Fortbildungen zu querliegenden Arbeitsansätzen

Jugendringe haben vielfach eine Doppelfunktion zu erfüllen. Einerseits sind sie Dachverband der Jugendverbände und übernehmen in dieser Funktion auch eine wichtige Kommunikations- und Bündelungsfunktion gegenüber dem Jugendamt wahr. MitarbeiterInnen und VertreterInnen des Jugendrings müssen deshalb grundlegende Kenntnisse sowohl in verschiedenen Arbeitsansätzen der Jugendarbeit als auch hinsichtlich planerischer Fragestellungen haben. Darüber hinaus sind viele Jugendringe auch Träger eigener Einrichtungen sowie Angebote (53 %, vgl. Gragert u.a. 2006: 43) und deshalb gefordert, selbst über die notwendige Handlungskompetenz für Angebote der Jugendarbeit zu verfügen. Die in Tabelle 18.14 dargestellten querliegenden Themen beziehen sich auf beide Ebenen.

Tab. 18.14: Bedarf an Fortbildungen und deren Durchführung im Bereich von querliegenden Themen (Jugendringe)

Bereiche	Bedarf		Planung/ Durchführung	
	2004	2001	2004	2001
Öffentlichkeitsarbeit	44 %	50 %	21 %	14 %
Jugendhilfeplanung	36 %	41 %	9 %	13 %
Methoden der Sozialarbeit	24 %	23 %	8 %	12 %
Sozialraumorientierung	23 %	n.a.	6 %	n.a.
Geschlechtsspezifische Arbeit	23 %	25 %	10 %	10 %
Interkulturelle (Jugend)arbeit	21 %	26 %	6 %	6 %

n.a.: nicht abgefragt

Quelle: DJI-Jugendringerhebungen 2001, 2004

Es zeigt sich, dass es insbesondere zugunsten des Themas Öffentlichkeitsarbeit zu deutlichen Verschiebungen bei der Durchführung von Fortbildungen gekommen ist. Öffentlichkeitsarbeit ist zumindest insofern wichtiger geworden, als mehr Jugendringe eine Fortbildung hierzu durchgeführt haben oder Personal zu solchen Fortbildungen geschickt haben. Dies könnte eine Reaktion auf die inzwischen flächendeckend stattfindende Hinwendung zur Nutzung des Internets als Medium für die Öffentlichkeitsarbeit und auf die wachsende Konkurrenz mit anderen Anbietern, zum Beispiel der Schule mit ihren Nachmittagsangeboten, sowie auf den Legitimationsdruck sein, der auf den Jugendringen lastet.

Für eine Qualifikation in geschlechtsspezifischen Arbeitsansätzen oder zur geschlechtersensiblen Gestaltung des Angebots scheint es keinen großen Bedarf zu geben.

Fortbildungen zu den Bereichen Planung/Verwaltung/Steuerung

Ähnlich wie bei Jugendämtern und Einrichtungen sehen auch von den Jugendringen relativ viele (46 %) einen Bedarf an Fortbildungen zum Thema Qualitätssicherung und Qualitätsentwicklung; allerdings ist der Anteil an Jugendringen erstaunlich gering (13 %), deren Personal an solchen Fortbildungen teilnehmen kann. Da diese Diskrepanz weder bei Einrichtungen der Hilfen zur Erziehung noch bei Jugendämtern so groß ist, stellt sich die Frage, warum gerade bei Jugendringen der Bedarf an Fortbildungen zur Qualitätsentwicklung nicht umgesetzt wird. Fehlt es an einem auf die Jugendringe zugeschnittenen Angebot? Fehlt es an Ressourcen, da insbesondere bei einem solchem Thema die Bereitschaft des Personals sinkt, selbst die Kosten zu tragen? Oder spiegelt sich hier besonders deutlich die Differenz zwischen Anspruch und Wirklichkeit, zwischen Schein und Sein wider? Ist diese Differenz bedingt durch die Fluktuation bei Ehrenamtlichen, die im Rahmen der Selbstorganisation für die Qualitätsentwicklung verantwortlich wären?

Tab. 18.15: Bedarf an Fortbildungen und deren Durchführung im Bereich von Planung/Verwaltung/Steuerung (Jugendringe)

	Bedarf		Planung/ Durchführung	
Bereiche	2004	2001	2004	2001
Qualitätssicherung, Qualitätsentwicklung	46 %	46 %	13 %	13 %
Rechtliche Fragen/Jugendhilfeausschuss	44 %	46 %	16 %	17 %
EDV-/Internet-Schulung	41 %	49 %	20 %	29 %
Organisationsentwicklung/Vorstand	39 %	47 %	10 %	16 %
Förderungsfragen/Finanzierungswissen	33 %	44 %	11 %	17 %
Sozialsponsoring	32 %	49 %	6 %	6 %

Quelle: DJI-Jugendringerhebungen 2001, 2004

Der leichte Rückgang bei Fortbildungen zum Thema Organisationsentwicklung könnte ein Hinweis auf eine Normalisierung der in den letzten Jahren sehr intensiv geführten Diskussion über angemessene Organisationsformen und Verwaltungsmodernisierung sein.

Der Rückgang an Fortbildungsbedarf zum Thema Sozialsponsoring steht wohl im Zusammenhang mit den ernüchternden Erfahrungen der letzten Jahre, dass sich nämlich die Kürzungen der öffentlichen Mittel nicht dauerhaft durch Sponsorengelder ausgleichen lassen.

Fortbildungen zu zwei zentralen Paradigmen der Kinder- und Jugendhilfe – Kooperation und Vernetzung sowie Adressatenbeteiligung

Kooperation und Vernetzung sowie Adressatenbeteiligung müssten als zentrale Paradigmen der Kinder und Jugendhilfe natürlich auch bei Jugendringen eine wichtige Rolle als Fortbildungsthema spielen. Im Vergleich zwischen den beiden Erhebungsjahren zeigt sich ein Rückgang an Fortbildungsbedarf, aber keiner bei der Realisierung der Fortbildungen. Beide Anteile sind erstaunlich niedrig, wenn man bedenkt, welche größeren Kampagnen in den letzten Jahren zur Förderung der Beteiligung von Kindern und Jugendlichen durchgeführt wurden.

Tab. 18.16: Bedarf an Fortbildungen und deren Durchführung zu Kooperation und Partizipation (Jugendringe)

	Bedarf		Planung/ Durchführung	
Bereiche	2004	2001	2004	2001
Kooperation und Vernetzung	35 %	40 %	11 %	11 %
Partizipation/Beteiligung von Kindern und Jugendlichen	33 %	43 %	14 %	15 %

Quelle: DJI-Jugendringerhebungen 2001, 2004

18.3.4 Fazit zu den Fortbildungsthemen

In der Kinder- und Jugendhilfe scheint es unabhängig von dem konkreten Aufgabenfeld typischerweise eine beträchtliche Lücke zwischen Fortbildungsbedarf und realisierten Fortbildungen zu geben. In Anbetracht der Anforderung, das berufliche Wissen permanent zu überprüfen und zu erweitern, ist die Lücke zwischen Bedarf und Realisierung viel zu hoch. Die Diskrepanz ist nicht allein dadurch erklärbar, dass in Anbetracht der beschränkten Ressourcen Fortbildungen, für die ein Bedarf besteht, nicht zeitnah realisiert werden können.

Es zeigen sich für die einzelnen Handlungsfelder typische Schwerpunkte. Erstaunlich ist, dass weder grundlegende Herausforderungen wie Gender Mainstreaming/geschlechtersensible Arbeit oder Interkulturalität noch zentrale Paradigmen der Kinder- und Jugendhilfe wie Kooperation und Partizipation einen besonderen Stellenwert bei Fortbildungen innehaben. Dies ist nicht mit bereits vorhandenen Kompetenzen in diesen Bereichen zu erklären. Vielmehr scheinen einzelne

Themen bei Fort- und Weiterbildungen Konjunktur zu haben. Hierdurch werden vielleicht fachlich wichtigere Themen verdrängt.

Ähnlich wie bei den Ressourcen zeigt sich auch bei der themenbezogenen Betrachtung von Bedarf und Realisierung, dass eine geringere institutionelle und finanzielle Absicherung sich negativ auf die Möglichkeiten zur Fort- und Weiterbildung auswirken.

18.4 Erfahrungen mit Fortbildungen

Jugendämter, Einrichtungen der Hilfen zur Erziehung und Jugendringe wurden auch zu Erfahrungen mit den bisherigen Fort- und Weiterbildungen befragt. Es werden in den zur Bewertung vorgelegten Items drei unterschiedliche Bereiche angesprochen:

- allgemeine Zufriedenheit mit den bisherigen Fortbildungen,
- Beschäftigungsstatus als Auswahlkriterium,
- Fortbildungsbereitschaft bei den MitarbeiterInnen.

Es gibt bei allen befragten Organisationsformen eine große Einigkeit darüber, dass die bisherigen Fortbildungen zufriedenstellend verlaufen sind. Dieses hohe Maß an Zufriedenheit richtet sich wohl eher auf eine inhaltliche Bewertung der durchgeführten Fortbildungen und weniger auf die Rahmenbedingungen oder die Angebote insgesamt.

Tab. 18.17: Statements zu Erfahrungen mit Fortbildungen und der Anteil derer, die dem zustimmen können

	Jugend-amt	Einrich-tungen HzE	Jugendringe Fortbildungen für Haupt-amtliche	Jugendringe Fortbildungen für Ehren-amtliche
Fortbildungen sind bisher weitgehend zufriedenstellend verlaufen	86 %	97 %	92 %	88 %
Fortbildungen für zeitlich befristet Beschäftigte rechnen sich nicht	27 %	36 %	n.a.	n.a.
Die Fortbildung von Vollzeitkräften hat Vorrang vor der Fortbildung von Teilzeitkräften	14 %	23 %	n.a.	n.a.
Eine größere Bereitschaft der Beschäftigten zur Fortbildung wäre wünschenswert	12 %	30 %	33 %	31 %

n.a.: nicht abgefragt

Quelle: DJI-Jugendamtserhebung 2004, DJI- Einrichtungserhebung 2004, DJI-Jugendringerhebung 2004

Zeitlich befristet Beschäftigte haben wahrscheinlich bei einem Viertel der Jugendämter und einem Drittel der Einrichtungen der Hilfen zur Erziehung erhebliche Probleme, an Fortbildungen teilzunehmen. Zumindest vertritt dort die Leitung die Position, dass sich Fortbildungen für zeitlich befristet Beschäftigte nicht lohnen. Es ist zu vermuten, dass bezogen auf Jugendämter die Auswirkungen dieser Einschätzung nicht so groß sind, da es bei 84 % derjenigen Jugendämter, bei denen die Leitung diese Meinung vertritt, keine zeitlich befristet Beschäftigten gibt. Darüber hinaus ist der Anteil von befristet Beschäftigten in Jugendämtern in den letzten Jahren zurückgegangen (vgl. Kap. 17). Anders sieht die Situation dagegen bei den stationären Einrichtungen aus; hier ist die Anzahl der befristet Beschäftigten in den letzten Jahren auf inzwischen immerhin durchschnittlich 12 % gestiegen. Bei jeder zehnten Einrichtungen arbeiten mehr als ein Drittel der Beschäftigten mit einem zeitlich befristeten Arbeitsvertrag. Im Unterschied zu den Jugendämtern ist es bei den Einrichtungen nicht so, dass sich in erster Linie diejenigen gegen eine Fortbildung zeitlich befristet angestellten Personals aussprechen, die selbst keine zeitlich befristeten MitarbeiterInnen haben. Sollte sich die Einschätzung der Leitung tatsächlich in konkretes Handeln bei Fortbildungen niederschlagen, dann gefährdet dieses Verhalten auf Dauer die fachliche Basis in den stationären Hilfen.

Ähnlich problematisch ist die Einschätzung, dass Vollzeitkräfte bevorzugt werden sollen, denn wenn Fortbildungen ein rares Gut sind, dann haben Teilzeitkräfte geringe Chancen auf Fortbildungen. Dies ist angesichts des großen Anteils an Teilzeitkräften auf Dauer ein Risiko für die Qualität der Arbeit.

Die Bereitschaft der MitarbeiterInnen, an Fortbildungen teilzunehmen, wird von 88 % der Jugendämter und von zwei Dritteln der Einrichtungen und Jugendringe als positiv eingeschätzt. Sowohl an dem Unterschied zwischen Jugendämtern und den beiden anderen befragten Organisationstypen als auch an dem für die Jugendringe statistisch nachweisbaren Zusammenhang zwischen einer geforderten Eigenbeteiligung an den Fortbildungskosten und der Zufriedenheit mit der Fortbildungsbereitschaft wird deutlich, dass die Bereitschaft der Fachkräfte in der Kinder- und Jugendhilfe, etwas für ihre berufliche Qualifizierung zu bezahlen, durchaus vorhanden, aber nicht grenzenlos ist.

18.5 Fortbildung – ein zu wenig genutztes Instrument der Organisationsentwicklung

Fort- und Weiterbildung wird in der Kinder- und Jugendhilfe nicht vernachlässigt, obwohl hinsichtlich der Quantität, der Finanzausstattung und der Themenauswahl noch einige Verbesserungen erreicht werden könnten. Die zum Teil erheblichen Unterschiede zwischen Bedarf und realisierten Fortbildungen verweisen auf Probleme der internen Steuerung (Wie gelingt es, angemessene Antworten auf den Fortbildungsbedarf zu geben?), die hohe Arbeitsdichte (Fortbildungen werden unter Zeitaspekten zum Luxusgut) sowie auf unzureichende Ressourcen.

Setzt man die hier dargestellten Ergebnisse zu Fort- und Weiterbildungen mit anderen Themen der jeweiligen Befragung in Beziehung (z. B. Reaktionen auf als in ihren Auswirkungen für die Arbeit des Jugendamtes bzw. Jugendringes gravierend eingeschätzte Problemlagen, etwa Jugendarbeitslosigkeit, gewalttätiges Verhalten etc., oder die Frage nach Strategien der Qualitätsentwicklung), so zeigt sich, dass Fort- und Weiterbildung des Personals (noch) nicht zu dem Standardinstrumentarium der Organisationsentwicklung bei den Trägern der Kinder- und Jugendhilfe gehört. Die wichtigste Ressource in der Kinder- und Jugendhilfe ist jedoch die individuelle fachliche Kompetenz der MitarbeiterInnen, in die investiert werden muss, will die Kinder- und Jugendhilfe ihrem gesellschaftlichen und gesetzlichen Auftrag gerecht werden.

18.6 Exkurs: Supervision

Für Berufe in sozialen und pädagogischen Handlungsfeldern ist neben Fort- oder Weiterbildung auch Supervision zentral für die Sicherung der Arbeitsqualität. Hierbei handelt es sich um einen Prozess, bei dem im Unterschied zu Fortbildungen die Arbeitsbeziehungen und die konkreten Probleme im Arbeitsalltag im Vordergrund stehen. Supervision trägt damit zur Qualifizierung und Qualitätssicherung der Arbeit innerhalb der Kinder- und Jugendhilfe bei. Ihre diesbezügliche Bedeutung ist weithin unbestritten (vgl. Berker 1998: 312). Trotz dieser unumstrittenen Bedeutung der Supervision für die Kinder- und Jugendhilfe fehlt eine übergreifende Supervisionstheorie und eine allgemein anerkannte Supervisionsdefinition (Petzold u. a. 2003: 229). Stattdessen gibt es verschiedene Definitionen, die unterschiedliche Aspekte von Supervision betonen. Die deutsche Gesellschaft für Supervision (DGSv) definiert Supervision als eine Beratungsmethode, die die Qualität beruflicher Arbeit sichern und verbessern soll. Supervision bezieht sich dabei auf psychische, soziale und institutionelle Faktoren. Die Entwicklung von Konzepten und der Berufsrolle wird – so die DGSv – unterstützt, Strukturveränderungen werden begleitet (www.dgsv.de). In anderen Definitionen wird jedoch stärker der Weiterbildungscharakter von Supervision betont (vgl. z.B. Petzold u.a. 2003) oder diese explizit von Beratung abgegrenzt (z.B. Pallasch/Mutzeck/Reimers 1992: 10). Aus der Perspektive derjenigen, die Supervision in Anspruch nehmen, werden die berufliche Qualifizierung, die persönliche Unterstützung, die Bearbeitung sozial-organisatorischer Fragen, die Fallarbeit und die Bearbeitung von Kooperationsbeziehungen als Aufgaben der Supervision benannt (Petzold, Schigl, Fischer, Höfner 2003: 224). Thimm beschreibt für die Supervision in den Erziehungshilfen folgende sechs Funktionen: (1) psychohygienische Entlastung, (2) Ordnungshilfe, (3) Erhaltung von Bereitschaftsenergie, (4) Personalentwicklung und Qualifizierung, (5) Risiko- und Konfliktmoderation und (6) eine Sammlung von weiteren Funktionen (Thimm 1997: 163). Was unter Supervision zu verstehen ist und welche Erwartungen daran geknüpft werden, ist also theoretisch und konzeptionell vielfältig gefasst.

Ein weiteres Kennzeichen von Supervision ist, dass sie sich mit zwei Spannungsverhältnissen auseinandersetzen muss (vgl. Pühl 2002). Zum einen muss sich Supervision zwischen MitarbeiterInnen und ihren Vorgesetzten positionieren, denn zum Teil versuchen vorgesetzte Ebenen, Supervision als Aufsichts- und Kontrollinstrument einzusetzen. Dies entspricht zwar der wörtlichen Übersetzung aus dem Englischen (Beaufsichtigung, Kontrolle, Steuerung, Überwachung) und spiegelt die Rolle von Supervision in weiten Teilen des Wirtschaftsleben wider, aber es entspricht nicht dem Selbstverständnis und den Zielen von Supervision in der psychosozialen Arbeit. Zum Teil versuchen auch MitarbeiterInnen Supervision für ihre Wünsche bezüglich Organisationsveränderungen zu instrumentalisieren. Beides würde die eigentlichen Aufgaben der Supervision verhindern, denn die jeweils anderen würden ihre Motivation verlieren, an Supervision in einer offenen und fehlerfreundlichen Atmosphäre teilzunehmen bzw. Ressourcen in Supervision zu investieren. Zum anderen steht Supervision nach Pühl (2002) in dem Spannungsverhältnis zwischen Selbstreflexion und Fachberatung. Die Selbstreflexion bezieht sich ausschließlich auf das emotionale Geschehen sowohl bezogen auf die Klienten, auf die Klient-Helfer-Beziehung als auch auf das Geschehen im Team. Die Fachberatung dagegen sucht das Typische an Fällen, um so Bearbeitungsroutinen und Konzeptanpassungen zu ermöglichen.

In diesem Abschnitt wird dargestellt, wie verbreitet Supervision in der Kinder- und Jugendhilfe ist und unter welchen Rahmenbedingungen sie stattfindet. Damit ist es möglich, annäherungsweise etwas über die Verfügbarkeit von Supervision auszusagen sowie darüber, ob die Rahmenbedingungen geeignet erscheinen, dass die Supervision ihre Funktionen erfüllen kann. Hierzu liegen Daten aus den Befragungen bei Jugendämtern, (teil)stationären Einrichtungen der Kinder- und Jugendhilfe sowie bei Geschäftsstellen von freien und privat-gewerblichen Trägern vor.

Verbreitung

In neun von zehn Jugendämtern und genauso vielen Einrichtungen der (teil)stationären erzieherischen Hilfen haben die MitarbeiterInnen die Möglichkeit, an Supervision teilzunehmen. Von den befragten Geschäftsstellen nicht-öffentlicher Träger geben 44 % an, dass sie den MitarbeiterInnen in Einrichtungen Supervision ermöglichen. Gehören stationäre Hilfen zur Erziehung zum Angebotsspektrum der Träger, dann erhöht sich der Anteil auf 46 %[95] und ist damit signifikant höher als bei denen, die kein Angebot im Bereich der stationären Hilfen haben (35 %). An der Differenz zwischen Träger- und Einrichtungsbefragung wird deutlich, dass ungefähr die Hälfte der (teil)stationären Einrichtungen der Hilfen zur Erziehung Supervisionsstunden in Eigenregie, also nicht mit Unterstützung der Geschäftsstelle organisiert. Bei 17 % der Einrichtungen wird die Möglichkeit zur Supervision insoweit eingeschränkt, als dass sie nur »in begründeten Fällen« bewilligt wird. Wie restriktiv dies ausgelegt wird, lässt sich anhand unserer Daten nicht entscheiden.

Supervision ist also weit verbreitet und hat sich in der Kinder- und Jugendhilfe etabliert. Aber Supervision bleibt so wenig wie andere Aktivitäten in der Kinder- und Jugendhilfe von Kürzungen verschont. Dies zeigt sich daran, dass 15 % der Träger angeben, aufgrund der angespannten kommunalen Haushaltslage mit Einschränkung oder Streichung von Supervisionsangeboten reagiert zu haben. Dies ist für die Qualitätssicherung in der Kinder- und Jugendhilfe eher abträglich.

In Westdeutschland gibt es – wie bereits im Jahr 2000 – signifikant mehr Jugendämter als in Ostdeutschland, die ihren MitarbeiterInnen

[95] Die von uns befragten (teil)stationären Einrichtungen haben die Frage, ob sie von ihrem Träger durch Supervision unterstützt werden, zu 47 % bejaht.

die Möglichkeit zur Supervision bieten. Auch bei den (teil)stationären Einrichtungen ist dieser signifikante Unterschied zwischen Ost und West vorhanden. Nur bei den nicht-öffentlichen Trägern gibt es hinsichtlich der prinzipiellen Möglichkeit, an Supervision teilzunehmen, keinen Unterschied zwischen Ost und West.

Supervision als Verpflichtung

Die Beantwortung der Frage, ob Supervision für bestimmte Handlungsfelder verpflichtend vorgeschrieben sein soll, so wie dies zur Qualitätssicherung in den therapeutischen Ausbildungsgängen und zum Teil auch in der therapeutischen Praxis der Fall ist, hängt wesentlich davon ab, ob Supervision als Kontrollinstrument der Leitung oder als Beratungs- und Qualifizierungsmethode für die MitarbeiterInnen eingesetzt wird. Die wenigen vorliegenden Evaluationen zu den Wirkungen von Supervision zeigen, dass Supervision einen wesentlichen Beitrag dazu leistet, Arbeitsmotivation und Arbeitsfähigkeit gerade in belastenden Arbeitssituationen zu erhalten (vgl. z.B. Beer/Gediga 1999). Dient die Verpflichtung zur Supervision diesem Ziel, dann drückt sich darin die Fürsorge des Arbeitgebers gegenüber seinem Personal aus und ist zu befürworten. Denn eine Verpflichtung der MitarbeiterInnen zur Supervision verpflichtet auch den Arbeitgeber, Supervision sowohl zeitlich als auch finanziell zu ermöglichen. Dient die Verpflichtung zur Supervision dagegen der Kontrolle des Personals oder die Inhalte der Supervision werden zu einem Bestandteil der Beurteilung einzelner MitarbeiterInnen, dann stellt sich die Frage, ob solche Supervisionsformen sinnvoll sind.

Tab. 18.18: Handlungsfelder, in denen Supervision Pflicht ist

Bereiche	2000	2003
*Jugendamt**		
ASD	33 %	30 %
Jugendgerichtshilfe	23 %	20 %
Hilfen zur Erziehung	24 %	18 %
Beratung	26 %	14 %
Streetwork, Jugendarbeit	14 %	3 %
Kindertagesbetreuung	/	2 %
*(Teil)stationäre Einrichtungen der Hilfen zur Erziehung***	66 %	73 %

Lesebeispiel: In 30 % der Jugendamtsbezirke ist im Jahr 2003 Supervision für MitarbeiterInnen im ASD verpflichtend.
/ wurde nicht abgefragt

Quelle: *DJI-Jugendamtserhebungen 2000, 2004; **DJI-Einrichtungserhebungen 2000, 2004

Es fällt auf, dass der Anteil von Jugendämtern, die Supervision verpflichtend vorsehen, in allen abgefragten Handlungsfeldern seit dem Jahr 2000 gesunken ist. Dies könnte Ausdruck der Einsparzwänge bei den Personalkosten sein. Von einem knappen Drittel der Jugendämter wird Supervision für die MitarbeiterInnen im Allgemeinen Sozialdienst vorgeschrieben. Es gibt kein anderes Aufgabenfeld, in dem es einen größeren Anteil an Jugendämtern gibt, die Supervision verpflichtend vorschreiben (vgl. Tab. 18.18). Für die Arbeitsfelder Jugendarbeit und Kindertagesbetreuung wird nur von 2 % bzw. 3 % der Jugendämter eine Supervisionspflicht angegeben. Die Befragung von (teil)stationären Einrichtungen ergibt, dass bei ihnen der Anteil derer, bei denen Supervision für die (sozial)pädagogischen MitarbeiterInnen Pflicht ist, mit 73 % sehr viel höher ist als bei irgendeinem Handlungsfeld bei den Jugendämtern. Ein zweiter Unterschied zwischen Einrichtungen und Jugendämtern besteht darin, dass bei den (teil)stationären Einrichtungen im Unterschied zu den Jugendämtern der Anteil, bei dem Supervision verpflichtend ist, angestiegen ist.

Für diesen großen Unterschied zwischen Jugendämtern und Einrichtungen lassen sich mehrere Ursachen vermuten. Erstens könnte es daran liegen, dass in stationären Einrichtungen aufgrund ihrer Traditionen und ihrer größeren Nähe zur Psychologie Supervision stärker etabliert ist als in den Jugendämtern. Ein zweiter Grund könnte darin liegen, dass es, weil es im Vergleich zum Jugendamt in den stationären Einrichtungen weniger strukturell abgesicherte, formal vorgegebene Verfahren gibt, einfacher ist, bei schwierigen Situationen jemanden hinzuziehen. Die Verpflichtung zur Supervision soll den MitarbeiterInnen dort signalisieren, dass sie jemanden zu ihrer Unterstützung hinzuziehen können. Und drittens könnten die bisher genannten Gründe dazu führen, dass die Kosten für Supervision in den Entgelten berücksichtigt werden. Damit wiederum sind die Einrichtungen auch gezwungen, den Nachweis über Durchführung von Supervision zu erbringen, was es nahelegt, Supervision zur Pflicht zu erklären.

Umfang von Supervision

In der Erhebung wurde auch abgefragt, in welchem Umfang die MitarbeiterInnen im Jugendamt und in den Einrichtungen Supervision in Anspruch nehmen. Die genaue Anzahl von in Anspruch genommenen Supervisionsstunden zu bestimmen, ist in Institutionen nicht einfach, da die Anzahl sich selbst innerhalb eines Handlungsfeldes zwischen verschiedenen Abteilungen einer Organisation erheblich unterscheiden kann. Die erste Frage zielt deshalb darauf ab herauszufinden, ob es überhaupt Regelungen zur Anzahl der möglichen Supervisionsstunden gibt.

Tab. 18.19: Regelung zu Supervisionsstunden in unterschiedlichen Handlungsfeldern bei Jugendämtern

	Regelung vorhanden
Hilfen zur Erziehung	50 %
Beratung	49 %
ASD	48 %
Jugendgerichtshilfe	48 %
Streework, Jugendarbeit	41 %
Kindertagesbetreuung	37 %

Lesebeispiel: Bei 50 % der Jugendämter gibt es eine Regelung zur Anzahl der Supervisionsstunden, die pro MitarbeiterIn zur Verfügung stehen.

Quelle: DJI-Jugendamtserhebung 2004

Ähnlich wie bei der Frage, ob Supervision verpflichtend ist, gibt es bei den Jugendämtern je nach Handlungsfeld unterschiedliche Antworten (vgl. Tab. 18.19). In höchstens der Hälfte der Jugendämter gibt es eine Regelung zur Anzahl der Supervisionsstunden. Bei den Einrichtungen stationärer erzieherischer Hilfen sind es 43 %, bei denen der zeitliche Umfang von Supervision geregelt ist. Wenn solche Regelungen vorhanden sind, kann dies einerseits Sicherheit bieten, weil man sich auf ein bestimmtes Kontingent, das einem zusteht, berufen kann. Eine solche Regelung trägt möglicherweise dazu bei, dass die Inanspruchnahme von Supervision ein normaler Teil professionellen Handelns wird. Andererseits beschränkt sie die Möglichkeiten der MitarbeiterInnen, weil Supervision über das vorgegebene Kontingent hinaus – unabhängig vom tatsächlichen Bedarf – eher unwahrscheinlich ist.

Im Unterschied zu der Frage, ob Supervision verpflichtend ist, zeigen sich bei den Regelungen hinsichtlich der Anzahl von Supervisionsstunden kaum Differenzen zwischen den einzelnen Handlungsfeldern. Bei den Jugendämtern steht den MitarbeiterInnen in den unterschiedlichen Handlungsfeldern im Median eine Doppelstunde pro Monat zur Verfügung, sofern es eine Regelung hierzu gibt. Im Jahr 2000 waren es in allen Handlungsfeldern außer dem ASD mehr Stunden (vgl. Tab. 18.20). Es gibt also eine gewisse Parallelität mit der Abnahme des Anteils von Jugendämtern, bei denen Supervision verpflichtend vorgeschrieben ist. Die Ergebnisse legen die Vermutung nahe, dass durch die Streichung von Supervisionsstunden ein Beitrag zur Einsparung von Personalkosten geleistet werden soll. In den Einrichtungen sind, wenn es Regelungen gibt, zwei Stunden (Median) im Monat pro MitarbeiterIn für Supervision vorgesehen. Damit liegt die Anzahl der vorgesehenen Supervisionsstunden so hoch wie für die MitarbeiterInnen im ASD. Gegenüber dem Jahr 2000 hat sich bei den (teil)stationären Einrichtungen der Hilfen zur Erziehung keine Veränderung ergeben.

Tab. 18.20: Anzahl der in Regelungen vorgesehenen Supervisionsstunden pro Monat/MitarbeiterIn (Median) getrennt für unterschiedliche Handlungsfelder

	2000	2003
*Jugendamt**		
Beratung	3	1,5
Streetwork, Jugendarbeit	3	1,5
Jugendgerichtshilfe	2,3	1,6
Hilfen zur Erziehung	2	1,5
ASD	2	2
Kita	/	1,1
*(Teil)stationäre Einrichtungen der Hilfen zur Erziehung***	2	2

Lesebeispiel: 50 % der Jugendämter mit einer Regelung zur Anzahl von Supervisionsstunden im Bereich Beratung haben im Jahr 2000 bis zu 3 Stunden pro Monat/MitarbeiterIn und im Jahr 2003 bis zu 1,5 Stunden Supervision pro Monat/MitarbeiterIn vorgesehen.
/ wurde nicht abgefragt

Quelle: *DJI-Jugendamtserhebungen 2000, 2004; **DJI-Einrichtungserhebungen 2000, 2004

Extern oder intern?

Supervision in Organisationen kann sowohl von internen als auch externen SupervisorInnen durchgeführt werden. Gerade bei größeren Organisationen könnte es auf den ersten Blick verlockend sein, SupervisorInnen in einer Zentralabteilung vorzuhalten. Hieraus könnten sich Kostenvorteile ergeben, Verfügbarkeit und Qualifikation wären stärker durch die Organisation selbst steuerbar und schließlich könnten bestimmte Aufgaben im Sinne der Leitungsebene durch die SupervisorInnen der eigenen Organisation besser erfüllt werden. Genau dieser Aspekt spricht jedoch aus einer fachlichen Perspektive gegen interne SupervisorInnen. Ebenfalls bedenkenswerte Argumente dagegen sind die geringen Möglichkeiten, die supervidierende Person zu wechseln und die fehlende Distanz der Supervisorin/des Supervisors gegenüber der Organisation. Da Supervision immer auch Elemente von Organisationsentwicklung beinhaltet (Giernalczyk 2002), wirkt eine mangelnde Unbefangenheit gegenüber der Organisation eher nachteilig. Bei großen Organisationen, die eine gewisse Unabhängigkeit der SupervisorInnen von der Leitungsebene sicherstellen können, kann es aber durchaus auch Konstellationen geben, in denen die Nachteile hausinterner Supervision nicht oder nur kaum zum Tragen kommen.

Sowohl bei den meisten Jugendämtern als auch bei den meisten Einrichtungen (teil)stationärer erzieherischer Hilfen werden Supervisionen ausschließlich durch externe SupervisorInnen durchgeführt (92 % der Einrichtungen und 80 % der Jugendämter). Bei 18 % der Jugendämter werden Supervisionen sowohl von internen als auch externen SupervisorInnen durchgeführt. Lediglich 2 % der Jugendämter geben an, dass sie ausschließlich mit internen SupervisorInnen arbeiten. Damit hat sich bei den Jugendämtern gegenüber der Situation im Jahr 2000 nichts geändert. Bei den Einrichtungen ist der Anteil, der ausschließlich mit externen SupervisorInnen arbeitet, dagegen um 15 Prozentpunkte angestiegen. Dies trägt wahrscheinlich zur Verbesserung der Qualität von Supervision bei.

Einzel- oder Gruppensupervision?

Die Frage, welche Supervisionsform die geeignetere für die Kinder- und Jugendhilfe ist, lässt sich nicht abstrakt beantworten. In Abhängigkeit von der Problemstellung, der konkreten Arbeitssituation sowie auch rechtlichen Überlegungen (z.B. Datenschutz) ist zu entscheiden, welches Setting gewählt wird. Ungünstig wäre es, wenn diese Wahlmöglichkeit prinzipiell nicht gegeben ist. Team- oder Gruppensupervisionen bieten zum Beispiel den Vorteil, dass man sowohl mit den Kompetenzen der Gruppe als auch mit der sich in ihr entwickelnden Dynamik arbeiten kann und auf diesem Wege auch emotionale Verstrickungen zwischen Helfer und Klient(en) nacherlebt werden können. Aus finanzieller Perspektive erscheinen sie zudem attraktiv, weil so zu ähnlichen Kosten wie bei einer Einzelsupervision mehrere Personen die Möglichkeit zur Supervision erhalten. In einem Drittel der Jugendämter werden sowohl Gruppen- als auch Einzelsupervisionen durchgeführt. Bei diesem Drittel scheint es zumindest eine nach dem konkreten Bedarf gerichtete Entscheidung über die Supervisionsform zu geben. Bei den anderen zwei Dritteln der Jugendämter sind ausschließlich Gruppensupervisionen vorgesehen, in denen die Gruppenmitglieder ihre Erfahrungen und Probleme im beruflichen Alltag in Bezug auf

Klientel, MitarbeiterInnen und Organisation in der aus KollegInnen zusammengesetzten Supervisionsgruppe besprechen.

Fazit

Die Erhebung zeigt, dass in unterscheidlichen Arbeitsbereichen der Kinder- und Jugendhilfe strukturelle Voraussetzungen für erfolgreiche Supervision gegeben sind. In fast allen befragten Organisationen können MitarbeiterInnen an Supervision teilnehmen. Diese wird überwiegend von externen SupervisorInnen durchgeführt. Bei drei Vierteln der (teil)stationären Einrichtungen der Hilfen zur Erziehung ist Supervision für MitarbeiterInnen verpflichtend, was ein Ausdruck der besonderen Verantwortung gegenüber den Adressaten ist und dazu beiträgt, Supervision als einen selbstverständlichen Bestandteil professionellen Handelns zu etablieren. Die Ängste von ArbeitnehmerInnen, der Arbeitgeber könnte die Inanspruchnahme von Supervision als Eingeständnis mangelnder Kompetenz deuten, sind offensichtlich unbegründet, denn er erwartet ja die Teilnahme an Supervision. Teilweise besteht auch die Möglichkeit – je nach dem konkreten Bedarf – zwischen Einzel- und Gruppensupervision zu wählen. Diese Möglichkeit müsste eigentlich allen zur Verfügung stehen.

Um durch Supervision die Qualität der Arbeit in der Kinder- und Jugendhilfe positiv zu beeinflussen, sollte ein höherer zeitlicher Umfang und nicht nur – wie das bei der Hälfte der Jugendämter der Fall ist – maximal eine Doppelstunde pro Monat und MitarbeiterIn zur Verfügung gestellt werden. Die bereits deutlich erkennbaren Kürzungen von Supervisionsmöglichkeiten stellen sicherlich keinen Beitrag zur fachlichen Weiterentwicklung der Kinder- und Jugendhilfe dar.

19 Kooperationen in der Kinder- und Jugendhilfe

Kooperationen sind für die Kinder- und Jugendhilfe unverzichtbar. Sie kann ihre Aufgaben bei der Bearbeitung von Einzelfällen, bei der Bereitstellung von Infrastrukturangeboten und bei der Erfüllung ihres politischen Auftrags sonst nicht erfüllen. Sie ist auf eine entwickelte inter-institutionelle Kooperationskultur angewiesen. Hierfür lassen sich eine Vielzahl von Gründen anführen. Auf drei wird hier kursorisch eingegangen.

Erstens ist für die Bearbeitung von Einzelfällen sowohl vertieftes Spezialwissen als auch eine generalistische Perspektive notwendig. Die besondere Schwierigkeit für Organisationen in der Kinder- und Jugendhilfe besteht darin, das richtige Maß an Spezialisierung auf der einen Seite und an breiter Zuständigkeit auf der anderen Seite zu finden. Je stabiler inter-institutionelle Netzwerke sind, je routinierter Kooperationen bezogen auf konkrete Aufgabenstellungen eingesetzt werden können, desto eher gelingt es, diesen sich aus der Bearbeitung von Einzelfällen ergebenden Anforderungen gerecht zu werden.

Zweitens erfordert das Ordnungsprinzip der Subsidiarität innerhalb der Kinder- und Jugendhilfe Formen der Zusammenarbeit zwischen freien und öffentlichen Trägern. Angesichts der Autonomie der Träger können die für die Erfüllung der Aufgaben nach dem KJHG notwendigen Weichenstellungen und Aktivitäten nur kooperativ getroffen werden. Das KJHG enthält entsprechende Regelungen, die den öffentlichen Träger zu einem kooperativen Verhalten auffordern.

Drittens kann die Kinder- und Jugendhilfe ihren Auftrag, in allen Lebensbereichen für förderliche Bedingungen des Aufwachsens zu sorgen, nur erfüllen, wenn sie Schnittstellen mit vielen anderen Systemen und Akteuren aktiv gestaltet. Sie muss im Interesse ihrer Adressaten beispielsweise mit dem Schulsystem, der Sozialhilfe, der Eingliederungshilfe, den Akteuren auf dem Arbeitsmarkt, dem Gesundheitssystem oder der Justiz Netzwerkstrukturen entwickeln und für Kooperationen nutzen. Da die Aktivitäten an den Schnittstellen in der Regel weder durch Hierarchie – schließlich handelt es sich um unabhängige Partner – noch durch Marktmechanismen, weil die Bedürfnisse der Kinder und Jugendlichen, die die Zusammenarbeit erforderlich machen, nicht marktgängig sind, gesteuert werden können, bleibt als einziger erfolgversprechender Steuerungsmechanismus die inter-institutionelle Kooperation.

In diesem Kapitel werden vielfältige Kooperationsbeziehungen in der Kinder- und Jugendhilfe dargestellt und vor dem Hintergrund ihrer fachlichen Notwendigkeit eingeordnet. In Kapitel 19.1 werden die außerhalb der Kinder- und Jugendhilfe agierenden Kooperationspartner von Jugendämtern, Jugendringen und (teil)stationären Einrichtungen der erzieherischen Hilfen vorgestellt. Die vergleichende Analyse der Ergebnisse von verschiedenen Erhebungszeitpunkten gibt Aufschluss darüber, ob sich auch als Reaktion auf soziale Veränderungen die Bedeutung der einzelnen Schnittstellen verändert hat. In Kapitel 19.2 werden die Kooperationsformen und Kooperationsanlässe genauer untersucht. Dies eröffnet die Möglichkeit, etwas über die Intensität von Kooperationsbeziehungen der Jugendämter und (teil)stationären Einrichtungen aussagen zu können. Die in Kapitel 19.3 dargestellten Bewertungen bisheriger Kooperationsverfahren durch Jugendämter und (teil)stationäre Einrichtungen sind zu einem wesentlichen Teil Ausdruck der Kompetenz zur Gestaltung von Kooperationsbeziehungen. Es konnte in früheren Untersuchungen gezeigt werden, dass Kooperationen bisher häufig zu unreflektiert eingesetzt werden und wichtige förderliche Bedingungen für das Gelingen von Kooperationen (z.B. Rückmeldeschleifen, Wissen über die Kooperationspartner, Transparenz, Ernstnehmen von Ergebnissen, Vertrauensbildung, realistische Arbeitsplanung; siehe ausführlich: van Santen/Seckinger 2003) nicht beachtet werden. In Kapitel 19.4 werden die Kooperationspartner nach ihrer Wichtigkeit für den öffentlichen Jugendhilfeträger beurteilt. Arbeitsgemeinschaften nach § 78 KJHG, denen vom Gesetzgeber durch ihre explizite Benennung als ein wichtiges Instrument zur Gestaltung der Beziehungen zwischen öffentlichen und freien Trägern eine besondere Rolle zugedacht ist, werden in Kapitel 19.5 aus der Perspektive von Jugendämtern und Jugendringen genauer betrachtet. In Kapitel 19.6 werden die Kooperationsbeziehungen im Rahmen der Jugendhilfeplanung genauer dargestellt, da es sich bei der Jugendhilfeplanung um einen zentralen Steuerungsprozess für die örtliche Kinder- und Jugendhilfe handelt. Abschließend werden in Kapitel 19.7 die Einzelergebnisse mit Blick auf die fachlichen Anforderungen an Kooperationen in der Kinder- und Jugendhilfe bewertet.

19.1 Behörden und Institutionen als Kooperationspartner

Die zahlreichen Schnittstellen, an denen die Kinder- und Jugendhilfe im Interesse der Kinder, Jugendlichen und ihrer Familien mit anderen Organisationen zusammenarbeiten sollte, müssten sich in der Beschreibung von Behörden und Institutionen als Kooperationspartner widerspiegeln. Die Jugendämter, die Jugendringe und (teil)stationären Einrichtungen der erzieherischen Hilfen wurden deshalb gebeten, zu einer Liste mit potenziellen Partnern aus den Bereichen Kommunalverwaltung, Arbeitsverwaltung, Schule, Gesundheit sowie Justiz und Strafverfolgung Angaben hinsichtlich der Zusammenarbeit, der Art der Zusammenarbeit und der Qualität der Zusammenarbeit zu machen. In den nun folgenden Abschnitten (19.1.1, 19.1.2 und 19.1.3) werden diese Aspekte ausgewertet.

19.1.1 Behörden und Institutionen als Kooperationspartner von Jugendämtern

Vor dem Hintergrund fachlicher Überlegungen wurden 20 Institutionen und Behörden (vgl. Tab 19.1) ausgewählt, die potenzielle Kooperationspartner von Jugendämtern sind bzw. sein sollten. Bei der Interpretation der Ergebnisse ist zu beachten, dass in Abhängigkeit vom Geschäftsverteilungsplan und der Organisationsstruktur der örtlichen Kommunalverwaltung einzelne Behörden, die in der Liste enthalten sind, vor Ort nicht existieren. Auch Einrichtungen in Landeszuständigkeit sind nicht in jedem Kreis, in jeder kreisfreien Stadt vertreten. Es ist anzunehmen, dass diejenigen Jugendämter, die räumlich von der jeweiligen Landesbehörde weiter entfernt sind, weniger mit dieser kooperieren. Am Beispiel des Jugendstrafvollzugs zeigt sich aber, dass sich diese einfache Beziehung zwischen Entfernung und Kooperation nicht nachweisen lässt. So stehen den bundesweit über 600 Jugendämtern etwas mehr als 30 Einrichtungen des Jugendstrafvollzugs gegenüber. Es lässt sich kein statistischer Zusammenhang zwischen räumlicher Nähe (im selben Kreis oder in einem Nachbarkreis) und bestehender Kooperationsbeziehung aufzeigen. Vor dem Hintergrund der seit 2004 geplanten bundeseinheitlichen gesetzlichen Grundlage für den Jugendstrafvollzug (GJVollz) ist zudem zukünftig unabhängig von der räumlichen Entfernung eine engere Zusammenarbeit zwischen Justizvollzugsanstalten und Jugendämtern zu erwarten. In § 18 (1) des Referentenentwurfs zum GJVollz ist Folgendes vorgesehen: »Vor der Entlassung arbeiten die Jugendstrafanstalten frühzeitig, spätestens sechs Monate vor ihrem voraussichtlichen Zeitpunkt, mit außerhalb tätigen Vereinen und Institutionen zusammen, um zu erreichen, dass die Gefangenen über eine geeignete Unterbringung und eine Arbeits- oder Ausbildungsstelle verfügen. Die Personensorgeberechtigten, die Bewährungshilfe und die Jugendämter werden rechtzeitig unterrichtet.«[96] Die pure Anzahl der angegebenen Kooperationspartner der Jugendämter ist für sich genommen aufgrund der unterschiedlichen örtlichen Gegebenheiten kein Qualitätsmerkmal. Betrachtet man die in Tabelle 19.1 angegebenen Prozentwerte in den Spalten Stadt und Landkreis, dann fällt auf, dass Jugendämter in Landkreisen bei allen potenziellen Kooperationspartnern mit Ausnahme des Gesundheitsamts niedrigere Werte haben. Kreisjugendämter kooperieren also insgesamt weniger als Stadtjugendämter.

Tab. 19.1: Kooperationspartner für Jugendämter

	Ost inkl. Berlin	West	Stadt	Land-kreis	Ins-gesamt
Schulen	100 %	98 %	100 %	98 %	99 %
Schulamt	100 %	95 %	98 %	96 %	97 %
Arbeitsagentur	91 %	97 %	95 %	94 %	95 %
Gerichte	91 %	95 %	95 %	93 %	94 %
Polizei	94 %	94 %	98 %	91 %	94 %
Gesundheitsamt	94 %	92 %	91 %	94 %	93 %
Sozialamt	91 %	94 %	95 %	91 %	93 %
Jugendpsychiatrie	89 %	95 %	95 %	91 %	93 %
Frühförderung	86 %	81 %	88 %	78 %	82 %
Berufsschulen	86 %	77 %	81 %	80 %	80 %
Justizvollzugsbehörden	83 %	77 %	84 %	76 %	79 %
Ordnungsamt	74 %	71 %	81 %	65 %	72 %
Amt für Stadt/Kreisentwicklung	71 %	48 %	84 %	35 %	57 %
Kulturamt	60 %	48 %	81 %	30 %	53 %
Wohnungsamt	54 %	48 %	60 %	43 %	51 %
Erwachsenenpsychiatrie	40 %	55 %	58 %	43 %	49 %
Sportamt	51 %	45 %	77 %	24 %	47 %
Bauamt	46 %	40 %	60 %	28 %	42 %
IHK	34 %	29 %	33 %	30 %	31 %
Gewerbeaufsichtsamt	49 %	16 %	30 %	26 %	28 %

Lesebeispiel: Insgesamt geben 99 % der Jugendämter an, mit mindestens einer Schule zu kooperieren.

Quelle: DJI-Jugendamtserhebung 2004

[96] Ob und wann eine entsprechende Regelung in Kraft tritt, ist angesichts der durch die Föderalismusreform erfolgten Kompetenzumverteilung noch ungewiss. Dies ändert aber nichts daran, dass Jugendämter im Rahmen der JGH eigentlich nicht umhinkommen, die Kooperation mit den Strafvollzugsbehörden zu verbessern.

Es gibt eine Gruppe von acht Institutionen, mit denen 93 % und mehr der Jugendämter bundesweit zusammenarbeiten (vgl. Tab. 19.1). Diese acht Institutionen verkörpern die Handlungsfelder, die traditionell Schnittstellen mit der Kinder- und Jugendhilfe haben, nämlich die Bereiche Schule, Gesundheit (über den öffentlichen Gesundheitsdienst sowie die Kinder- und Jugendpsychiatrie), Justiz, Existenzsicherung (Sozialamt) und die Arbeitsverwaltung. Der Zeitvergleich mit vorhergehenden Erhebungen zeigt, dass sich der Anteil der Jugendämter, die mit diesen Institutionen und Behörden kooperieren, in den letzten Jahren nicht verändert hat. Polizei, Gerichte und Jugendpsychiatrie wurden auch im Jahr 2000 von nahezu allen Jugendämtern als Kooperationspartner genannt. In den Jahren davor wurden die Kooperationen mit diesen Organisationen von uns jedoch ausschließlich im Rahmen einer Analyse von Netzwerkkarten erhoben, weshalb eine direkte Vergleichbarkeit der Ergebnisse nicht möglich ist. In Tabelle 19.2 ist für verschiedene Ämter, insbesondere für solche, die in § 81 KJHG genannt sind, die Entwicklung der Kooperation seit 1992 dargestellt. Außerdem ist der Zeitvergleich nicht nur für die bereits genannten Ämter, sondern auch für Ordnungs- und Gewerbeaufsichtsamt, Kultur-, Sport- und Fremdenverkehrsamt sowie Bauamt abgebildet.

Tab. 19.2: Zusammenarbeit von Jugendämtern mit ausgewählten Ämtern im Zeitvergleich (1992–2004)

	1992	1996	2000	2004
Gesundheitsamt	100 %	89 %	95 %	93 %
Sozial- und Wohnungsamt	100 %	97 %	98 %	93 %
Schulamt	100 %	99 %	98 %	97 %
Arbeitsagentur	98 %	79 %	96 %	95 %
Ordnungs- und Gewerbeaufsichtsamt	94 %	76 %	95 %	75 %
Kultur-, Sport- und Fremdenverkehrsamt	/	72 %	84 %	62 %*
Bauamt	/	9 %	86 %	42 %

/ Wurde nicht abgefragt
* Ohne Fremdenverkehrsamt

Quelle: DJI-Jugendamtserhebungen 1992, 1996, 2000, 2004

Aufgrund dessen, dass die am häufigsten als Kooperationspartner genannten Institutionen von 93 % und mehr der Jugendämter angegeben werden, lassen sich auch keine Unterschiede zwischen Regionen oder Typen von Jugendämtern finden. Würde man den Kooperationsanspruch an die Kinder- und Jugendhilfe allein daran messen, dass die in unterschiedlichen Paragrafen des KJHG explizit genannten Institutionen auch tatsächlich als Kooperationspartner beschrieben werden, dann könnte man zufrieden sein. Die Aussage jedoch, dass man mit der Institution X im letzten Jahr zusammengearbeitet habe, sagt noch nichts über die Häufigkeit und Qualität der gemeinsamen Tätigkeiten aus. Auf die Bewertung der Kooperation mit den einzelnen Ämtern und Organisationen wird in Abschnitt 19.3 noch genauer eingegangen werden.

Wenn man die eher selten genannten Institutionen näher betrachtet – sechs Institutionen wurden nur von 28 % bis 49 % der Jugendämter als Kooperationspartner genannt (vgl. Tab. 19.1) –, lässt sich vermuten, dass noch so manche Aufgabe auf ihre kooperative Bearbeitung wartet. Am Beispiel der Kooperation mit der Erwachsenenpsychiatrie soll dies verdeutlicht werden. In den letzten Jahren ist sowohl in der Jugendhilfe als auch in der Psychiatrie das Bewusstsein dafür gewachsen, dass auch psychisch Erkrankte häufig Kinder haben. Aktuelle Untersuchungen zeigen, dass ca. ein Viertel der stationär behandelten psychisch erkrankten Erwachsenen Kinder haben (Lenz 2005: 46). Im Jahr 2002 haben bundesweit 591.608 Patientinnen und Patienten zwischen 20 und 55 Jahren eine stationäre psychiatrische Behandlung beendet (Statistisches Bundesamt 2004 d). Dies bedeutet, dass ungefähr 150.000 Väter und Mütter stationär behandelt wurden. Es ist also davon auszugehen, dass allein von einer stationären psychiatrischen Behandlung eines Elternteils in einem Jahr über 150.000 Kinder betroffen sind. Pretis und Dimova gehen insgesamt von 500.000 unter 18-Jährigen aus (Pretis/Dimova 2004), die mindestens einen psychisch erkrankten Elternteil haben. Ein Drittel der Kinder mit einem psychisch kranken Elternteil leidet später selbst unter einer psychischen Erkrankung (Stallard u.a. 2004). In Anbetracht des inzwischen stärker ins Bewusstsein gerückten Risikos für die Kinder psychisch kranker Eltern, selbst zu erkranken (vgl. z.B. Verein für Kommunalwissenschaften 2005 b; Themenheft Unsere Jugend 2/2005), und des Nutzens präventiver Ansätze ist eine Kooperationsquote von 49 % der Jugendämter mit Einrichtungen der Erwachsenenpsychiatrie als zu niedrig anzusehen. Auch in Anbetracht dessen, dass bei ca. 10 % der gewährten Hilfen zur Erziehung eine diagnostizierte psychische Erkrankung eines Elternteils vorliegt (Wagenblass 2005), wäre eine Zusammenarbeit mit der Erwachsenenpsychiatrie für alle Jugendämter notwendig. In den wenigen veröffentlichten deutschsprachigen Studien und Modellprojekten wird deutlich, dass gerade in einer engen Verzahnung zwischen behandelndem Arzt und den Fachkräften der Kinder- und Jugendhilfe vor Ort große Potenziale sowohl für die Behandlung des erkrankten Elternteils als auch zur Vermeidung von sozialen und gesundheitlichen Problemen auf der Seite der Kinder und Jugendlichen liegen (vgl. Lenz 2005; Wagenblass 2005; Pretis/Dimova 2004; Institut für soziale Arbeit 2001).

Sucht man nach Ursachen dafür, dass die Kooperation zwischen Psychiatrie und Jugendhilfe nicht so richtig in Gang kommt, so lässt sich eine ganze Reihe von Gründen erkennen. Die vielleicht drei wichtigsten, die einer Intensivierung bzw. Aufnahme von Kooperationsbeziehungen entgegenstehen, sind (Pluto/van Santen/Seckinger 2001):

- Die Akteure in den verschiedenen Handlungsfeldern wissen in der Regel nicht, was die anderen leisten können und wie sie arbeiten.
- Die Vorurteile gegenüber den jeweils anderen und wenig positive Kooperationserfahrungen (vgl. Tab. 19.7) belasten zusätzlich die Bereitschaft zur Zusammenarbeit.
- Das Bedürfnis der Kinder- und Jugendhilfe sich bisher wenig beachtete Aufgaben neu zu erschließen, ist trotz der langfristigen positiven Effekte (sowohl bezogen auf die Kinder als auch auf die öffentlichen Finanzen) aufgrund von Sparvorgaben in vielen Kommunen gebremst.

Für die in der Tabelle 19.2 drei letztgenannten Ämter (Ordnungs- und Gewerbeaufsichtsamt; Kultur-, Sport- und Fremdenverkehrsamt; Bauamt) ist eine im Zeitvergleich stark schwankende Bedeutung als Kooperationspartner zu beobachten. Es liegt die Vermutung nahe, dass die Anzahl der Jugendämter, die mit diesen Ämtern zusammenarbeiten, abhängig von solchen Themen ist, die in der Fachszene oder innerhalb der Kommunalverwaltung eine gewisse Prominenz erreichen. Kinderfreundlichkeitsprüfungen, bei denen beispielsweise Bauämter und Jugendämter viele Berührungspunkte haben, scheinen an Bedeutung verloren zu haben. Zumindest ist die Anzahl der Treffer, wenn man in verschiedenen Internet-Suchmaschinen nach Kinderfreundlichkeitsprüfungen sucht, für das Jahr 2004 um ungefähr ein Drittel niedriger als für das Jahr 2000, unabhängig von der verwendeten Suchmaschine. Ein weiterer Grund ist in dem Abklingen der Diskussionen um Verwaltungsmodernisierung, Ämterzusammenlegung bzw. -auflösung und Neuverteilung von Aufgaben zwischen den einzelnen Ämtern auf kommunaler Ebene zu vermuten. Die verwaltungsinternen Abstimmungsnotwendigkeiten einer so grundsätzlichen Umstrukturierung, wie sie die Verwaltungsmodernisierung darstellte, erfordern ein hohes Maß an kommunalverwaltungsinterner Kommunikation auch über die eingespielten Bahnen hinweg. Wird dann ein neuer stabiler Zustand erreicht, sinkt die Austauschrate wieder. Dies würde dafür sprechen, dass so manche Kooperation im Jahr 2000 eher in der internen Umstrukturierung der Verwaltung begründet war, als aus inhaltlichen und fachlichen Anforderungen heraus entstanden ist.

Am Beispiel der Kooperation mit dem Gewerbeaufsichtsamt und dem Ordnungsamt lässt sich darüber hinaus auch zeigen, dass nicht jede Zusammenarbeit von den Jugendämtern als Kooperation wahrgenommen wird. Neben der Zusammenarbeit müssen auch noch andere Kriterien erfüllt sein, damit von Kooperation gesprochen wird. Erfolg, zeitliche Kontinuität, eine gewisse Häufigkeit der Kontakte oder Statusgewinn sind Beispiele für solche Kriterien, die aus der Perspektive mancher Jugendämter und auch anderer Akteure erfüllt sein müssen, damit aus einer einfachen Zusammenarbeit eine Kooperation wird (ausführlich hierzu van Santen/Seckinger 2003). Im Zusammenhang mit den Aktivitäten im Rahmen des gesetzlichen Jugendschutzes (vgl. Kap. 5.4) wurde auch nach den Kooperationspartnern für diesen Aufgabenbereich gefragt. 89 % der Jugendämter, die Kontrollen im Rahmen des gesetzlichen Jugendschutzes durchführen, führen gemeinsame Kontrollen mit dem Ordnungsamt und 60 % mit dem Gewerbeaufsichtsamt durch. Interessanterweise wird von knapp der Hälfte derjenigen Jugendämter, die im Kontext des gesetzlichen Jugendschutzes mit den Gewerbeaufsichtsämtern zusammenarbeiten, die Kooperation mit den Gewerbeaufsichtsämtern bei der allgemeinen Kooperationsfrage verneint. Bei den Ordnungsämtern reduziert sich dieser Anteil auf ungefähr ein Fünftel. Die punktuelle Zusammenarbeit mit den Gewerbeaufsichtsämtern bei der Umsetzung des gesetzlichen Jugendschutzes erfüllt offensichtlich noch nicht für alle Jugendämter die Anforderungen an Kooperation. Möglicherweise ist die Anzahl von gemeinsam durchgeführten Aktionen zu gering und weitere Anlässe zur Zusammenarbeit mit dem Gewerbeaufsichtsamt bestehen nicht.

Die Differenzen in der Auswahl der Kooperationspartner zwischen Jugendämtern in Ost und West, in kreisfreien Städten oder in Landkreisen oder auch im Hinblick auf den im Rahmen des DJI-Kinderpanel entwickelten Regionalindex (Steinhübl 2005) sind gering (vgl. Tab. 19.1). Es zeigt sich, dass in kreisfreien Städten durch die Doppelfunktion, nämlich die Aufgaben sowohl einer Gemeinde als auch eines Kreises zu haben, bestimmte Kooperationsformen näherliegen als in Landkreisen, obwohl sie natürlich auch dort möglich sind. Dies gilt für das Kulturamt, das Bauamt und das Sportamt, die alle drei – wenn sie auf Kreisebene überhaupt vorhanden sind – dort eine andere Funktion erfüllen als auf Gemeindeebene. Bei einem Amt für Stadt- bzw. Kreisentwicklung verhält es sich ähnlich.

In Ostdeutschland gibt es signifikant mehr Kooperationen mit dem Amt für Stadt- bzw. Kreisentwicklung sowie den Gewerbeaufsichtsämtern. Der Unterschied bei dem Letzteren ist auf die häufigere Zusammenarbeit mit den Gewerbeaufsichtsämtern im Bereich des gesetzlichen Jugendschutzes in Ostdeutschland zurückzuführen. Die intensivere Beschäftigung mit der zukünftigen regionalen Entwicklung (Kooperation mit dem Amt für Stadt- bzw. Kreisentwicklung) ist in den massiven demografischen Veränderungen, den gewaltigen Umstrukturierungsprozessen und deren Auswirkungen auch auf die Kinder- und Jugendhilfe begründet.

19.1.2 Behörden und Institutionen als Kooperationspartner von Jugendringen

Jugendringe haben den Auftrag, die Interessen zumindest der verbandlichen Jugendarbeit und zum Teil auch der offenen Jugendarbeit zu bündeln und zu vertreten. Darüber hinaus sind sie ebenso wie das Jugendamt der Idee von Jugendpolitik als Querschnittspolitik verpflichtet. Ihre Kooperationsbeziehungen können sich deshalb nicht auf solche innerhalb des Systems der Kinder- und Jugendhilfe beschränken. Das ändert nichts daran, dass das Jugendamt, hier insbesondere die Jugendpflege, die Behörde ist, mit denen die meisten Jugendringe kooperieren. Im Vordergrund stehen hierbei die Themen Jugendhilfeplanung, Finanzfragen und die Ausarbeitung fachlicher Konzepte.

Tab. 19.3: Zusammenarbeit von Jugendringen mit Behörden und Institutionen außerhalb der Kinder- und Jugendhilfe

			Hauptamtliche Mitarbeiter		
Kooperationspartner	Ost	West	Nein	Ja	Insgesamt
Schule	78 %	46 %	34 %	66 %	52 %
Polizei	65 %	37 %	32 %	52 %	42 %
Arbeitsagentur	48 %	25 %	18 %	39 %	29 %
Stellen der beruflichen Aus- und Weiterbildung	52 %	23 %	18 %	38 %	28 %
Gesundheitsdienst	48 %	20 %	14 %	34 %	25 %
Justiz	39 %	20 %	16 %	28 %	23 %
Träger von Sozialleistungen	43 %	13 %	18 %	20 %	18 %

Alle Ost-West-Unterschiede sind signifikant.

Quelle: DJI-Jugendringerhebung 2004

Tabelle 19.3 zeigt, wie verbreitet Kooperationsbeziehungen der Jugendringe zu Behörden und Institutionen außerhalb der Kinder- und Jugendhilfe sind. Betrachtet man die Angebote und Aktivitäten der Jugendringe (vgl. Gragert u.a. 2006), so lassen sich grundsätzlich Berührungspunkte mit der Schule, berufs- und arbeitsmarktbezogenen Organisationen sowie der Polizei vermuten. Eine Auswertung der entsprechenden Fragen zeigt aber, dass der Anteil von Jugendringen, die mit entsprechenden Institutionen kooperieren, fast nie größer als die Hälfte ist (vgl. Tab. 19.3). Dies ist zumindest auf den ersten Blick erstaunlich wenig. Schule ist – wie bei den Jugendämtern – die Institution außerhalb der Kinder- und Jugendhilfe, die von den meisten Jugendringen als Kooperationspartner genannt wird. Die Polizei wird als zweithäufigste Behörde außerhalb der Kinder- und Jugendhilfe als Kooperationspartner der Jugendringe genannt. Mit dem Arbeitsamt kooperieren noch 29 % der Jugendringe. Gegenüber der Erhebung im Jahr 2000 hat sich der Anteil von Jugendringen, die mit dem Gesundheitsdienst (von 17 % auf 25 %) und mit der Justiz (von 12 % auf 23 %) kooperieren, deutlich erhöht.

Die durchschnittliche Anzahl von genannten Kooperationspartnern ist mit knapp über zwei relativ niedrig. Darüber hinaus geben 40 % der Jugendringe an, mit keiner Institution aus der Liste in Tabelle 19.3 zusammenzuarbeiten. Viele Jugendringe beschränken sich also offensichtlich auf ihren Kernbereich, nämlich die Jugendarbeit. Die Wahrnehmung ihrer Lobbyfunktion für die Interessen von Jugendlichen bleibt auf diese Weise beschränkt. Bei der Bewertung der Zusammenarbeitsquote ist jedoch zu berücksichtigen, dass es vielen Jugendringen an den notwendigen Ressourcen fehlt, um sich als verlässlicher Kooperationspartner darstellen zu können. Insofern befinden sich Jugendringe in diesem Punkt wohl in einem nicht auflösbaren Spannungsverhältnis von Anspruch und Möglichkeiten.

Alle in Tabelle 19.3 abgebildeten Ost-West-Unterschiede sind signifikant. Auch der geringere Anteil von rein ehrenamtlich organisierten Jugendringen gegenüber dem Anteil von Jugendringen mit hauptamtlichem Personal, die mit Behörden und Institutionen außerhalb der Kinder- und Jugendhilfe kooperieren, ist bis auf die Bereiche Kooperation mit der »Justiz« und mit »Trägern von Sozialleistungen« (z.B. Sozialamt, Krankenkassen) statistisch relevant. Analysiert man die Unterschiede auf Bundeslandebene, so wird deutlich, dass sich die Jugendringe in Baden-Württemberg und Bayern in der Frage nach der Zusammenarbeit mit jugendhilfefremden Institutionen ähnlich wie die ostdeutschen Jugendringe verhalten. Offenbar beeinflussen die Faktoren Selbstverständnis von Jugendringen (z.B. zentrale Stelle für Jugendarbeit zu sein – dies gilt für alle ostdeutschen Bundesländer, Baden-Württemberg und Bayern) und Verfügbarkeit von hauptamtlichen Strukturen (dies gilt ebenfalls für die genannten Regionen) das nach außen gewandte Kooperationsverhalten.

Auch in einzelnen Handlungsfeldern werden regionale Besonderheiten deutlich: So kooperieren Jugendringe in Bayern signifikant häufiger mit Schulen als in Nordrhein-Westfalen, obwohl in Bayern im Unterschied zu Nordrhein-Westfalen der Umbau der Ganztagsbetreuung erheblich zögerlicher angelaufen zu sein scheint. Andererseits ist in Bayern die Jugendarbeit auch dem Kultusministerium zugeordnet, was unter Umständen für die Kooperation zwischen Jugendarbeit und Schule förderlich ist

19.1.3 Behörden und Institutionen als Kooperationspartner von (teil)stationären Einrichtungen der erzieherischen Hilfen

Die Aufgaben der (teil)stationären Einrichtungen im Bereich der Hilfen zur Erziehung sind im Unterschied zu den Aufgaben der Jugendämter sehr viel fokussierter. Aus diesem Grund ist anzunehmen, dass die Kooperationsbeziehungen zu Institutionen und Behörden innerhalb und außerhalb der Kinder- und Jugendhilfe etwas eingeschränkter sind. Auch die Tatsache, dass die befragten Einrichtungen im Unterschied zu den Jugendringen nicht als übergeordnete Struktur fungieren, könnte dazu führen, dass sie im Spektrum ihrer Kooperationsbeziehungen weniger ausgeprägt sind. Diesen Vermutungen steht gegenüber, dass gerade durch die intensive Form der Unterstützung in (teil)stationären Einrichtungen sowie der ausgeprägt komplizierten Lebenssituation der Adressaten es zu vielfältigen Kooperationsbezügen kommt.

Wie bei den Jugendämtern und Jugendringen gehören Schulen, Polizei und Arbeitsagentur zu den Behörden und Institutionen, die von den meisten Einrichtungen als Kooperationspartner genannt werden.

Es fällt auf, dass in Ostdeutschland bei fast allen Kooperationspartnern – Ausnahmen sind die Erwachsenenpsychiatrie, die Industrie- und Handelskammer sowie die Schulen – ein höherer Anteil der befragten Einrichtungen mit den in der Tabelle 19.4 aufgelisteten Institutionen zusammenarbeitet. Allerdings sind die Unterschiede nur bei den in der Tabelle 19.4 gekennzeichneten vier Institutionen signifikant.

Tab. 19.4: Kooperation von (teil)stationären Einrichtungen mit Behörden und Institutionen außerhalb der Kinder- und Jugendhilfe

	Ost	West	Insgesamt
Schulen	95 %	97 %	97 %
Jugendpsychiatrie	88 %	85 %	86 %
Polizei	88 %	82 %	83 %
Arbeitsagentur*	88 %	74 %	78 %
Schulamt*	78 %	66 %	69 %
Gerichte	76 %	66 %	69 %
Sonstige	75 %	62 %	64 %
Gesundheitsamt	60 %	49 %	52 %
Sozialamt	49 %	47 %	48 %
Justizvollzugsbehörden	44 %	43 %	43 %
Erwachsenenpsychiatrie*	14 %	32 %	27 %
Frühförderung	22 %	21 %	22 %
Industrie- und Handelskammer*	9 %	19 %	17 %

* Signifikante Unterschiede zwischen Ost und West

Quelle: DJI-Einrichtungserhebung 2004

Betrachtet man das Kooperationsverhalten in Abhängigkeit vom Aufgabenprofil der befragten Einrichtungen, so wird deutlich, dass die rein stationären Einrichtungen im Durchschnitt mehr mit den aufgelisteten Institutionen und Behörden zusammenarbeiten als die anderen Einrichtungen. Besonders groß und damit signifikant sind die Unterschiede bei der Kooperation mit dem Gesundheitsamt, dem Schulamt, der Arbeitsagentur, den Justizvollzugsbehörden, den Gerichten und der Polizei. Von den rein ambulanten Einrichtungen dagegen werden durchgängig (Ausnahmen: Schule und Jugendpsychiatrie) weniger häufig Kooperationen mit den abgefragten Institutionen und Behörden angegeben. Die Ausnahmen Schule und Jugendpsychiatrie sind insofern zu erwarten, als Probleme und Auffälligkeiten von Kindern und Jugendlichen, die zu einer Unterstützung durch die Jugendhilfe führen, häufig mit Problemen in der Schule verbunden sind. Darüber hinaus haben beispielsweise im Zusammenhang mit Störungsbildern wie dem Aufmerksamkeitsdefizitsyndrom diagnostische Abklärungen durch die Kinder- und Jugendpsychiatrie zugenommen.

Ähnlich wie bei den Jugendämtern ist auch bei den Einrichtungen die Zusammenarbeit von Jugendhilfe und Erwachsenenpsychiatrie ausbaubedürftig. Obwohl stationäre Einrichtungen mit psychisch kranken Eltern in vielfacher Weise zusammenarbeiten müssen, nutzen sie nicht die Möglichkeiten, die sich durch eine Kooperation mit der Erwachsenenpsychiatrie ergeben könnten.

In Ostdeutschland ist das Gesundheitsamt ein wichtigerer Partner als im Westen, bei der Erwachsenenpsychiatrie hingegen ist es genau umgekehrt, und hinsichtlich der Kooperation mit Frühförderstellen und Jugendpsychiatrie gibt es keine nennenswerten Unterschiede. Der insgesamt niedrige Anteil von Einrichtungen, die mit Institutionen aus dem Gesundheitswesen kooperieren, zeigt, dass sich die in den letzten Jahren entwickelnde Fachdiskussion zur Gesundheitsförderung in der Kinder- und Jugendhilfe noch nicht in einer veränderten Praxis niederschlägt.

19.2 Kooperationsformen bzw. Kooperationsanlässe mit Behörden und Institutionen außerhalb der Kinder- und Jugendhilfe

Bisher wurde dargestellt, mit welchen Institutionen und Behörden öffentliche und freie Träger vor Ort kooperieren. Kooperationen unterscheiden sich hinsichtlich ihrer Relevanz und auch ihrer Qualität erheblich. Zu beiden kann im Rahmen einer quantitativen bundesweiten Erhebung, die sich nicht nur der Frage von Kooperation widmet, natürlich keine umfassende Antwort gegeben werden. Aber einige Hinweise auf Unterschiede sowie Einschätzungen zur Bedeutung einzelner Kooperationspartner sind dennoch möglich. Die Kooperationsanlässe sind ein Indikator für die Art der Zusammenarbeit. In der Abfrage wurde unterschieden zwischen der Zusammenarbeit im Kinder- und Jugendhilfeausschuss, in Einzelprojekten, in Arbeitsgemeinschaften nach § 78 KJHG, bezogen auf die Bearbeitung von Problemlagen einzelner Kinder oder Jugendlicher sowie als Restkategorie »sonstige Kooperationsanlässe«. Wird ausschließlich im Kontext von Problemlagen einzelner Adressaten mit einer anderen Institution zusammengearbeitet, dann kann man davon ausgehen, dass es sich hierbei nicht um besonders entwickelte institutionelle Kooperationsformen handelt. Manchmal werden sich einzelfallbezogene Kooperationen auf sequentielle Kooperationen, also einfach auf die Übergabe von Fällen beschränken.

19.2.1 Jugendämter

Auffallend an Tabelle 19.5 ist, dass keine einzige der aufgelisteten Institutionen von mehr als der Hälfte der Jugendämter als Kooperationspartner im Kinder- und Jugendhilfeausschuss beschrieben wird. Vergleicht man die hier genannten Kooperationspartner mit der Zusammensetzung der Kinder- und Jugendhilfeausschüsse (vgl. Kap. 8), so wird deutlich, dass nicht alle Mitglieder dieses Steuerungsgremiums als Kooperationspartner beschrieben werden. Dies kann unter anderem an der Aktivität der einzelnen Mitglieder, an der Tagungshäufigkeit oder an den Kriterien liegen, die erfüllt sein müssen, damit Jugendämter Zusammenarbeit in Gremien als Kooperation beschreiben (z. B. Übereinstimmung in den Zielen).

Tab. 19.5: Kooperationsanlässe für Jugendämter

	Kinder- und Jugendhilfeausschuss	Einzelprojekt	AG nach § 78 KJHG	Individuelle Problemlagen	Sonstige Anlässe
Schulen	37 %	70 %	19 %	91 %	46 %
Schulamt	51 %	53 %	14 %	66 %	47 %
Polizei	49 %	49 %	22 %	84 %	34 %
Kulturamt	2 %	41 %	1 %	2 %	16 %
Berufsschulen	7 %	41 %	6 %	61 %	34 %
Arbeitsagentur	48 %	41 %	11 %	69 %	36 %
Gesundheitsamt	39 %	38 %	14 %	74 %	33 %
Amt für Stadt/Kreisentwicklung	6 %	35 %	4 %	4 %	33 %
Sportamt	2 %	30 %	3 %	7 %	20 %
Bauamt	3 %	29 %	0 %	3 %	24 %
Sozialamt	6 %	27 %	9 %	86 %	39 %
Ordnungsamt	2 %	22 %	3 %	47 %	28 %
Gericht	42 %	20 %	8 %	84 %	32 %
Frühförderung	4 %	19 %	4 %	72 %	28 %
Jugendpsychiatrie	2 %	18 %	19 %	88 %	23 %
Justizvollzugsbehörden	5 %	13 %	2 %	71 %	16 %
IHK	2 %	11 %	3 %	9 %	15 %
Gewerbeaufsichtsamt	0 %	9 %	0 %	7 %	14 %
Wohnungsamt	0 %	8 %	1 %	45 %	9 %
Erwachsenenpsychiatrie	0 %	2 %	1 %	45 %	9 %
Sonstige	2 %	2 %	2 %	2 %	2 %

Lesebeispiel: 70 % der Jugendämter kooperieren mit mindestens einer Schule im Rahmen von Einzelprojekten.

Quelle: DJI-Jugendamtserhebung 2004

Kooperationen in Einzelprojekten sind als besonderer Indikator für Kooperationsbeziehungen herauszuheben. Gemeinsame Projekte kommen nämlich nur zustande, wenn die Zielsetzungen der Kooperationspartner ein Mindestmaß an Kompatibilität aufweisen. Zudem haben die Partner in Einzelprojekten in den meisten Fällen freiwillig und nicht aufgrund äußerer Zwänge oder Zufälle zusammengefunden. In der Spalte Einzelprojekt (Tab. 19.5) lässt sich erkennen, welche wichtige und herausragende Bedeutung inzwischen die Kooperation zwischen Schule und Jugendhilfe erlangt hat. Die Schule[97] ist mit Abstand der wichtigste Partner von Jugendämtern für Einzelprojekte. Bei diesen Einzelprojekten könnte es sich unter anderem um Angebote der Schulsozialarbeit, die inzwischen bundesweit ausgebaut wurde, um Angebote der Nachmittagsbetreuung, um den Umgang mit schwierigen Schülerinnen und Schülern und um Gewaltprävention handeln. Es lässt sich kein statistischer Zusammenhang beispielsweise zwischen Nachmittagsbetreuung an Schulen oder Schulsozialarbeit und der Kooperation bei Einzelprojekten zeigen. Lediglich hinsichtlich sonstiger Kooperationsformen gibt es einen signifikanten Unterschied zwischen den Jugendämtern, bei denen es Angebote der Schulsozialarbeit gibt, und denen, die solche Angebote nicht haben: Wenn es Schulsozialarbeit gibt, dann wird signifikant häufiger im Rahmen »sonstiger Kooperationsformen« zusammengearbeitet.

Im Vergleich zum Jahr 2000 ist der Anteil der Jugendämter gleich geblieben, die im Rahmen von Einzelprojekten mit Schulen zusammenarbeiten. Auch sind es im Großen und Ganzen diesselben Jugendämter – wie die entsprechende Panelanalyse zeigt. Es scheint also zumindest in Bezug auf Schulen eine gewisse zeitliche Stabilität der Kooperationsbeziehungen bzw. Nicht-Kooperationsbeziehungen zu geben. Es gibt hinsichtlich der Kooperationsformen/-anlässe mit Schulen nur wenige signifikante regionale Unterschiede. So wird in Westdeutschland (95 %) signifikant häufiger bezogen auf Problemlagen einzelner Kinder bzw. Jugendlicher mit der Schule zusammengearbeitet als in Ostdeutschland (85 %). Dieser Unterschied könnte bedeuten, dass es in Ostdeutschland mehr Regionen gibt, in denen für einen Teil der Schülerschaft kein angemessenes Unterstützungsangebot existiert. Möglicherweise aber beinhaltet das insgesamt hohe Niveau der Zusammenarbeit zwischen Schule und Jugendhilfe in Ostdeutschland die Bearbeitung von komplizierten Einzelfällen, und diese werden deshalb nicht explizit als Kooperationsanlass angeführt. In diesem Unterschied könnte sich auch ein anderes Verständnis des Arbeitsauftrags von Schulen ausdrücken. Die Integration und nicht die Exklusion von schwierigen Schülerinnen und Schülern wird als Aufgabe definiert. Die LehrerInnen fühlen sich verantwortlicher für die Förderung dieser Kinder und Jugendlichen.

---

[97] Dabei kann es sich um eine einzelne, um mehrere oder auch alle Schulen im Jugendamtsbezirk handeln. Angaben zur Anzahl der Schulen, mit denen Einzelprojekte durchgeführt werden, liegen uns nicht vor.

Die große Bedeutung der Kooperation zwischen Schule und Jugendhilfe wird auch an den Ergebnissen einer Befragung von 5.238 SchulleiterInnen durch das Projekt »Schule und soziale Netzwerke« deutlich. Mindestens die Hälfte aller Schulen nennt Einrichtungen der Jugendhilfe als einen der drei wichtigsten Kooperationspartner (Behr-Heintze/Lipski 2005: 16). In der Gesamtbetrachtung ihrer Studie kommen die AutorInnen zu folgendem Ergebnis: »Im Unterschied zu den Trägern der Jugendhilfe spielen alle anderen schulgesetzlich vorgesehenen Partner eine geringere Rolle [als Kooperationspartner, Anm. d. Autoren]« (Behr-Heintze/Lipski 2005: 109). Die Studie zeigt aber auch, dass es noch ein weiter Weg ist, bis Kooperationen zu Netzwerkstrukturen führen und nicht nur auf bilaterale Kontakte beschränkt bleiben oder sogar rein additiv stattfinden.

Auch bei dieser Auswertung der Kooperationsdaten zeigt sich, dass die Zusammenarbeit zwischen der Jugendpsychiatrie und der Kinder- und Jugendhilfe nicht besonders entwickelt ist, da die Kooperation bei vier Fünfteln der Jugendämter auf die Zusammenarbeit bei einzelnen Problemlagen beschränkt bleibt. Wie schwierig diese Zusammenarbeit im Einzelfall ist, wurde vielfach beschrieben (z. B. Darius/Hellwig 2004).

19.2.2 Einrichtungen der Hilfen zur Erziehung

Wie die Jugendämter wurden auch die (teil)stationären Einrichtungen der Hilfen zur Erziehung nach den Kooperationsanlässen befragt. Im Vergleich der Tabellen 19.5 und 19.6 fällt als Erstes auf, dass Einzelprojekte für Einrichtungen eine sehr viel geringere Bedeutung haben als für Jugendämter. Dies ist Ausdruck der sehr viel stärkeren Einzelfallorientierung der Einrichtungen. Insofern überrascht es auch nicht, dass die Bearbeitung individueller Problemlagen am häufigsten als Grund für Kooperationen mit Institutionen und Behörden außerhalb der Jugendhilfe angegeben wird.

Institutionen außerhalb der Kinder- und Jugendhilfe sind in der Wahrnehmung der Einrichtungen praktisch nie in den für die Steuerung und die fachliche Weiterentwicklung wichtigen Arbeitsgemeinschaften nach § 78 KJHG oder dem Jugendhilfeausschuss vertreten. Diese niedrigen Kooperationsraten im Rahmen von Arbeitsgemeinschaften nach § 78 KJHG – obwohl 76 % der Einrichtungen Mitglied in mindestens einer Arbeitsgemeinschaft sind – deuten darauf hin, dass Arbeitsgemeinschaften im Bereich der Hilfen zur Erziehung sehr stark auf die Kinder- und Jugendhilfe selbst bezogen sind.

Möglich ist auch, dass, ähnlich wie dies bei qualitativen Studien für den Kinder- und Jugendhilfeausschuss gezeigt werden konnte (vgl. van Santen/Seckinger 2003), Akteure, die Institutionen außerhalb der Kinder- und Jugendhilfe vertreten, nicht als aktive Kooperationspartner wahrgenommen werden oder sich nicht als solche einbringen. Dies erklärt wahrscheinlich auch die sehr niedrigen Prozentzahlen in der Spalte »Kinder- und Jugendhilfeausschuss«.

Tab. 19.6: Anlässe für Kooperation mit Behörden und Institutionen außerhalb der Kinder- und Jugendhilfe für (teil)stationäre Einrichtungen der Hilfen zur Erziehung

	Kinder- und Jugendhilfeausschuss	Einzelprojekt	AG nach § 78 KJHG	Individuelle Problemlagen	Sonstige Anlässe
Sonstige	4 %	24 %	8 %	52 %	12 %
Schulen	<1 %	22 %	2 %	88 %	7 %
Jugendpsychiatrie	1 %	18 %	4 %	77 %	6 %
Schulamt	1 %	18 %	1 %	59 %	4 %
Arbeitsagentur	0 %	17 %	1 %	65 %	4 %
Polizei	1 %	15 %	1 %	77 %	6 %
Gesundheitsamt	<1 %	13 %	1 %	37 %	8 %
Gerichte	<1 %	11 %	<1 %	64 %	3 %
Sozialamt	<1 %	10 %	1 %	39 %	4 %
Justizvollzugsbehörden	0 %	6 %	0 %	39 %	1 %
Erwachsenenpsychiatrie	0 %	5 %	0 %	24 %	2 %
Frühförderung	<1 %	5 %	<1 %	18 %	1 %
IHK	0 %	4 %	0 %	12 %	2 %

Lesebeispiel: 22 % der Einrichtungen kooperieren mit mindestens einer Schule im Rahmen von Einzelprojekten

Quelle: DJI-Einrichtungserhebung 2004

Gemessen an der Häufigkeit der Nennungen bei Einzelprojekten ist die Rangfolge der Bedeutung der einzelnen Institutionen und Behörden als Kooperationspartner bei (teil)stationären Einrichtungen sehr ähnlich wie bei Jugendämtern. Lediglich die Kinder- und Jugendpsychiatrie ist in der Rangreihe der Kooperationspartner bei den Einrichtungen sehr viel weiter vorne als bei den Jugendämtern. Dies hängt maßgeblich mit dem anderen Tätigkeitsspektrum der Einrichtungen zusammen.

19.3 Bewertung der Kooperation mit Institutionen und Behörden außerhalb der Kinder- und Jugendhilfe

Die Bewertung der Kooperation beeinflusst maßgeblich die zukünftige Bereitschaft zur Zusammenarbeit. Im Rahmen einer quantitativen Institutionenbefragung steht man natürlich vor dem Problem, wie kommt man zu einer Bewertung der Zusammenarbeit auf der Ebene von Institutionen und nicht auf der rein individuellen Ebene. Denn selbstverständlich ist es möglich, dass die unmittelbar kooperierenden Personen mit ihrer Zusammenarbeit zufrieden sind, diese aus der Perspektive der beteiligten Institutionen jedoch bisher unbefriedigend war. Idealerweise wäre die Bewertung der Zusammenarbeit auf institutioneller Ebene also das Ergebnis einer Synthese individueller Einzelerfahrungen vor dem Hintergrund der Ziele der Institution. Anzunehmen, die Jugendämter oder die (teil)stationären Einrichtungen hätten für jede der genannten Institutionen ein solches Verfahren betrieben, wäre naiv. Interessant sind die Bewertungen aber trotzdem, da sie von der Leitung autorisiert wurden (zumindest insofern, als kein Fragebogen zurückgeschickt wurde, ohne dass die Leitung ihn durchgesehen und gegebenenfalls verändert hat) und damit spiegelt die Bewertung die Erwartungshaltung der befragten Institution oder zumindest der für die Kooperation verantwortlichen Personen wider und insofern wirken diese Bewertungen auch auf die zukünftige Zusammenarbeit.

19.3.1 Bewertungen von Kooperationserfahrungen aus der Perspektive von Jugendämtern

Wie schwierig die Bewertung der Kooperationserfahrung mit den einzelnen Behörden und Institutionen außerhalb der Kinder- und Jugendhilfe für die Jugendämter ist, lässt sich daran erkennen, dass nur maximal etwas über zwei Drittel der Jugendämter sich überhaupt zu einer Bewertung der Zusammenarbeit durchringen konnten. Maximal 70 % der Jugendämter verteilen Noten an Kooperationspartner. Am häufigsten werden das Gesundheitsamt bzw. der öffentliche Gesundheitsdienst (70 %), Schulamt (70 %), Schulen (68 %), Sozialamt, Polizei, Arbeitsamt und Gerichte (jeweils 67 %) bewertet. Am seltensten wurde eine Bewertung zum Gewerbeaufsichtsamt (22 %), zur Industrie- und Handelskammer (25 %), zum Sportamt (26 %), zum Bauamt (30 %) und Wohnungsamt (33 %), zur Erwachsenenpsychiatrie und zum Kulturamt (jeweils 34 %) abgegeben.

Tab. 19.7: Bewertung der Kooperationserfahrungen mit Behörden und Institutionen außerhalb der Kinder- und Jugendhilfe durch das Jugendamt (anhand von Schulnoten) sowie Rangreihen für Ost-West und Stadt-Land

	Durchschnittliche Note	Rangreihen Insgesamt	Ost	West	Stadt	Landkreis
Polizei	2,1	1	1	1	1	1
Gericht	2,4	2	2	3	2	4
Sportamt	2,5	3	13	2	5	2
Sozialamt	2,5	4	3	8	3	9
Frühförderung	2,5	5	5	6	8	3
Gesundheitsamt	2,5	6	7	5	4	7
Ordnungsamt	2,6	7	4	11	7	11
Justizvollzugsbehörden	2,6	8	11	9	11	10
Amt für Stadt/Kreisentwicklung	2,7	9	16	4	9	12
Gewerbeaufsichtsamt	2,7	10	9	19	15	6
Wohnungsamt	2,7	11	8	16	17	8
Schulen	2,7	12	10	12	13	13
IHK	2,7	13	6	17	6	16
Kulturamt	2,8	14	19	7	14	14
Bauamt	2,8	15	14	13	19	5
Arbeitsagentur	2,8	16	15	14	12	18
Schulamt	2,8	17	20	10	10	19
Jugendpsychiatrie	2,9	18	12	19	16	17
Berufsschulen	2,9	19	17	15	18	15
Erwachsenenpsychiatrie	3,1	20	18	20	20	20

Es wurden nur die Noten derjenigen Jugendämter einbezogen, die tatsächlich über Kooperationserfahrung mit der jeweiligen Behörde/Institution verfügen.

Quelle:DJI-Jugendamtserhebung 2004

Wie bereits im Jahr 2000 wird die Polizei von den Jugendämtern als Kooperationspartner am besten bewertet. Ebenso fällt auf, dass die Kontakte zur Psychiatrie – wie bereits weiter oben angedeutet wurde – als negativ beschrieben werden (Durchschnittsnote 3,1 für Erwachsenenpsychiatrie und 2,9 für Kinder- und Jugendpsychiatrie). Ganz offensichtlich ist ein großer Unterschied in den Handlungslogiken der Kooperationspartner noch kein ausreichender Grund für eine negative Bewertung von Kooperationserfahrungen, denn sonst wäre der Unterschied zwischen Polizei und Psychiatrie nicht so groß. Es kann auch nicht alleine an den bekannten Problemen im Umgang zwischen ÄrztInnen und SozialpädagogInnen liegen, denn die Gesundheitsämter bzw. öffentliche Gesundheitsdienste werden erheblich besser bewertet, obwohl auch bei ihnen der Anteil von MedizinerInnen am Personal erheblich ist (vgl. Grunow/Grunow-

Lutter 2000: 66). Möglicherweise spielt für die bessere Bewertung der öffentlichen Gesundheitsdienste die Nähe zur Kommunalverwaltung eine moderierende Rolle.[98]

Die positive Bewertung der Kooperation mit der Polizei ist Ausdruck einer deutlichen Veränderung im Verhältnis zwischen der Kinder- und Jugendhilfe und der Polizei gegenüber der Situation in den 80er und 90er Jahren. Die gemeinsamen Vorteile einer Kooperation werden von beiden Seiten gesehen. Arbeiten Polizei und Jugendamt zusammen, verbessern sich die Ressourcen für Präventionsprojekte, der Austausch in Fällen von Kindeswohlgefährdung wird qualifizierter und in Krisensituationen (z.B. bei Einsätzen am Wochenende, bei denen Kinder in Obhut genommen werden müssen) wird die Polizei entlastet, weil sie durch die Kooperation mehr Handlungssicherheit erhält. Das Bedürfnis, sich zu distanzieren und zu beweisen, man würde besser sein, ist aufgrund der deutlich und klar voneinander abgegrenzten Aufgaben offensichtlich gering und Statusunterschiede scheinen keine Rolle zu spielen. Insofern sind einige wichtige Voraussetzungen für eine erfolgreiche Kooperation gegeben. Um herauszufinden, ob die positive Einschätzung der Kooperation Jugendamt/Polizei auch von der Polizei geteilt wird, wäre eine Befragung der entsprechenden Polizeistellen in den Jugendamtsbezirken interessant und notwendig.

Betrachtet man die Rangreihen der einzelnen Gruppen von Jugendämtern, also der Jugendämter in Ost- und Westdeutschland, in Kreis- und Stadtjugendämtern und in den durch den Regionalindex unterschiedenen Regionen, so werden Unterschiede in der Bewertung erkennbar. Das Sozialamt hat zum Beispiel bei ostdeutschen Jugendämtern den Rangplatz drei, das heißt die drittbeste Bewertung, bei westdeutschen hingegen den Rangplatz acht. Auch ein direkter Vergleich der Bewertungen ergibt einen signifikanten Unterschied. Möglicherweise führt die soziale und wirtschaftliche Situation zu einer verbesserten Zusammenarbeit (wobei der Anteil an Sozialhilfeempfängern 2001 in Ostdeutschland geringer war, wenn auch nicht signifikant); vielleicht zahlt sich hier aber auch der gemeinsame Aufbau einer neuen Verwaltung nach 1990 aus.

[98] In den Bundesländern Nordrhein-Westfalen, Brandenburg, Mecklenburg-Vorpommern und Saarland sind die Gesundheitsämter kommunale Ämter und in den Bundesländern Bayern, Baden-Württemberg und Rheinland-Pfalz handelt es sich um staatliche Ämter auf kommunaler Ebene.

An der kritischen Einstellung der ostdeutschen Jugendämter gegenüber dem Schulamt hat sich gegenüber der letzten Erhebung nichts geändert.

Bei einem Vergleich der Bewertungs-Rangreihen von Stadtjugendämtern und Kreisjugendämtern ist erkennbar, dass das Sozialamt und das Schulamt von Stadtjugendämtern besser, das Gewerbeaufsichtsamt, das Wohnungsamt und das Bauamt dagegen schlechter bewertet wird. Die schlechtere Bewertung der drei zuletzt genannten Ämter ist ein Größeneffekt: Je mehr Einwohner eine Gebietskörperschaft hat, desto geringer sind die Kapazitäten dieser Ämter für eine Kooperation mit dem Jugendamt. Zudem kommt hinzu, dass Bauämter in kreisfreien Städten mehr und andere Aufgaben zu erfüllen haben als Bauämter in Landkreisen.

Nimmt man den Regionalindex als Unterscheidungsmerkmal, so zeigen sich folgende Zusammenhänge: In den privilegierten Kreisen und kreisfreien Städten wird die Kooperation mit dem Amt für Stadt- bzw. Kreisentwicklung erheblich besser bewertet (Rangplatz 2) als in den anderen Regionen (Rangplatz 13 bzw. 15). Eine aktive Standortpolitik wirkt sich offensichtlich auch positiv auf innerkommunale Kooperationsbeziehungen aus.

Zwischen dem Anteil ausländischer SchülerInnen in den Jugendamtsbezirken und der Bewertung der Zusammenarbeit mit dem Ordnungsamt besteht ein Zusammenhang insofern, als die Kooperation signifikant besser eingeschätzt wird, wenn der Anteil ausländischer SchülerInnen geringer ist. Man kann lediglich darüber spekulieren, ob es einen Zusammenhang mit kontroversen Einschätzungen hinsichtlich ausländerrechtlicher Fragen gibt.

19.3.2 Bewertungen von Kooperationserfahrungen aus der Perspektive von Einrichtungen

Die Kooperationen mit Behörden und Institutionen außerhalb der Kinder- und Jugendhilfe werden von den (teil)stationären Einrichtungen durchschnittlich mit Noten zwischen zwei bis drei bewertet. Damit unterscheiden sich die Bewertungen der (teil)stationären Einrichtungen nicht grundsätzlich von denen der Jugendämter. Auch die Rangfolge ist relativ ähnlich. Die Polizei wird von den Einrichtungen ebenfalls als guter Kooperationspartner, die Erwachsenenpsychiatrie eher negativ bewertet. Ganz offensichtlich hat sich die Polizei inzwischen in weiten Teilen der Kinder- und Jugendhilfe als ein zuverlässiger Partner etabliert, mit dem man gut kooperieren kann.

Tab. 19.8: Bewertung der Kooperationsbeziehungen mit Behörden/ Institutionen außerhalb der Kinder- und Jugendhilfe durch Einrichtungen (in Schulnoten)

	Durchschnittliche Bewertung
Frühförderung	2,0
Polizei	2,1
Sonstige	2,1
Gesundheitsamt	2,2
Schulen	2,5
Gerichte	2,5
Justizvollzugsbehörden	2,5
Jugendpsychiatrie	2,7
Industrie- und Handelskammer	2,7
Schulamt	2,7
Sozialamt	2,8
Erwachsenenpsychiatrie	2,8
Arbeitsagentur	2,8

Quelle: DJI-Einrichtungserhebung 2004

Lediglich bei der Frühförderung unterscheiden sich die durchschnittlichen Beurteilungen von Jugendämtern und Einrichtungen. Die Kooperationsbeziehungen zu Frühförderstellen werden sowohl in Ost als auch West deutlich positiver beurteilt als bei der Erhebung im Jahr 2001, wobei sich die bereits damals erkennbaren Unterschiede zwischen Ost und West noch vergrößert haben. Inzwischen bewerten 93 % der Einrichtungen im Osten, die eine Bewertung durchführen, die Zusammenarbeit mit den Frühförderstellen als optimal (Note 1 oder 2), im Westen können nur 78 % eine solche Bewertung abgeben. Signifikante Unterschiede zwischen Ost und West gibt es bei der Beurteilung der Kooperationen mit den Arbeitsagenturen sowie den Justizvollzugsbehörden; mit beiden wird die Zusammenarbeit in Ostdeutschland besser beurteilt.

Insgesamt fällt auf, dass die Zufriedenheit hinsichtlich der Kooperationen mit den genannten Institutionen und Behörden außerhalb der Kinder- und Jugendhilfe gegenüber der letzten Erhebung angestiegen ist. Nur die Arbeitsämter und Schulen konnten von diesem Trend nicht profitieren. Mit Blick auf die zum Erhebungszeitpunkt bevorstehenden Arbeitsmarktreformen und deren Auswirkungen auf die Jugendberufshilfe stimmt dieser Befund nicht sehr optimistisch. Es wäre zu wünschen, dass die Zusammenarbeit mit den Arbeitsagenturen gerade auch in schwierigen Zeiten verbessert werden könnte.

19.4 Die wichtigsten Kooperationspartner für das Jugendamt

Bisher wurde untersucht und dargestellt, wie verschiedene Akteure der Kinder- und Jugendhilfe ihre Kooperationsbeziehungen zu Institutionen und Behörden außerhalb der Kinder- und Jugendhilfe beschreiben. Es zeigte sich dabei ein breites Spektrum von Kooperationskontakten, die in der Regel als gut bis akzeptabel eingeschätzt werden. Aber es lassen sich weder aus den abgefragten Kooperationsanlässen noch aus den Beurteilungen der Kooperationserfahrungen Rückschlüsse auf die Wichtigkeit der Kooperationspartner ziehen. Die Jugendämter wurden deshalb gebeten, die drei für sie wichtigsten Kooperationspartner zu nennen. Natürlich gibt es bei einer solchen Frage an eine Institution methodische Probleme oder zumindest Unschärfen. Wer ist schon in der Lage, für eine Institution mit bis zu über 1000 MitarbeiterInnen und vielfältigen Kooperationsbezügen zu entscheiden, wer die wichtigsten Partner sind? Nach welchen Kriterien wird Wichtigkeit gemessen? Geht es dabei um die Anzahl gemeinsamer Fälle, um die Geldsummen, die bewegt werden, um strategische Bündnisse? Es handelt sich bei der Nennung der drei wichtigsten Kooperationspartner um eine mehr oder minder gut überprüfte Einschätzung, die jedoch wirkungsvoll ist, da sie von der Amtsleitung geteilt wird. Wie aus der Organisationsforschung bekannt ist, haben Annahmen dieser Art einen großen Einfluss auf die Handlungen von Organisationen und können sich zu selbst erfüllenden Prophezeiungen entwickeln (Weick 1995: 221 ff.).

Welche Antworten sind auf die Frage nach den wichtigsten Kooperationspartnern eigentlich zu erwarten? Wer gehört aus einer fachlich-theoretischen Perspektive zu den wichtigsten Kooperationspartnern des Jugendamtes? Zu nennen ist als Erstes die kommunalpolitische Ebene, auf der solche politischen Entscheidungen getroffen werden, die die Handlungsmöglichkeiten des Jugendamtes maßgeblich beeinflussen. Als zweite Gruppe sind die freien Träger der Kinder- und Jugendhilfe hervorzuheben, die im Sinne der Subsidiarität unverzichtbare Partner bei der Leistungserbringung und fachlichen Weiterentwicklung des Feldes sind. Der dritte Bereich ist abhängig von der konkreten Situation vor Ort. Ist beispielsweise die Jugendarbeitslosigkeit das vordringlichste Problem, so wird die Bedeutung der Arbeitsagentur steigen, stehen Jugendkriminalität und Kindesmisshandlung im Vordergrund, wird die Polizei an Bedeutung gewinnen, und aufgrund einer besonderen Problematik hinsichtlich der Anzahl von armen Familien wird die Zusammenarbeit mit dem Sozialamt oder der Schule besondere Wichtigkeit haben.

Betrachtet man in einem ersten Schritt die Art von Institution oder Organisation, die genannt wird, zeigt sich, dass 83 % mindestens ein anderes Amt, 66 % mindestens einen freien Träger und 11 % mindestens eine sonstige Organisation als einen der drei wichtigsten Kooperationspartner nennen. Diese Zahlen bestätigen die Isomorphiethese, wonach die Ähnlichkeit der Organisationen Kooperation wahrscheinlicher macht.

Die wichtigsten Kooperationspartner sind der Tabelle 19.9 zu entnehmen. Die beiden in Tabelle 19.9 Letztgenannten (Kreistag und Kreisverwaltung) sind enthalten, weil sie in der Erhebung 2000 in Ostdeutschland von einigen wenigen Jugendämtern genannt wurden. Das Ergebnis, dass inzwischen der Kreistag für kein einziges der Jugendämter mehr zu den wichtigsten Kooperationspartnern gehört, ist bemerkenswert. In den unterschiedlichen kommunalen Konstellationen werden jeweils verschiedene Gründe zu dieser Einschätzung geführt haben. Es könnte erstens die Zusammenarbeit mit dem Kinder- und Jugendhilfeausschuss, der ein Teil des Jugendamtes und damit kein Kooperationspartner ist, so gut funktionieren, dass darüber hinaus kein Grund besteht, mit dem Kreistag intensiv direkt zusammenzuarbeiten. Zweitens könnten aus der Perspektive des Jugendamtes die Entscheidungen des Kommunalparlaments als so unbeeinflussbar interpretiert werden, dass dieses Gremium nicht als Kooperationspartner und schon gar nicht als wichtigster Kooperationspartner gesehen wird. Drittens gibt es innerhalb der Kommunalverwaltung Dienstwege, die eine direkte Kooperation zwischen Jugendamt und Kommunalparlament unwahrscheinlich werden lassen, weshalb diese sich wechselseitig nicht als wichtige Kooperationspartner wahrnehmen. Unsere These, dass das Kommunalparlament aufgrund seiner Funktion als Geldgeber und Ort der politischen Rahmensetzung als wichtiger Kooperationspartner für die Jugendämter anzusehen ist, wird von den Jugendämtern ganz offensichtlich nicht geteilt.

Die zweite von uns als sehr wichtig eingeschätzte Gruppe potenzieller Kooperationspartner sind die freien Träger. Und tatsächlich zeigt sich in Tabelle 19.9, dass sie am zweithäufigsten als wichtiger Partner genannt werden. Die Bedeutung freier Träger wird durch die Darstellung in Tabelle 19.9 insofern unterschätzt, als die Einrichtungen der Kinder- und Jugendhilfe als eigene Kategorie in der Tabelle enthalten sind. Einrichtungen wurden deshalb zu einer eigenen Kategorie zusammengefasst, weil keine Angaben zur Trägerschaft der Einrichtungen vorliegen. Geht man davon aus, dass die Einrichtungen des Jugendamtes nicht unbedingt als die wichtigsten Kooperationspartner des Jugendamtes genannt werden, weil das Jugendamt nicht die Kooperation mit sich selbst als am wichtigsten beschreibt, dann könnte man die Einrichtungen zu der Gruppe »Freie Träger« hinzuzählen. Unter dieser Annahme sind freie Träger für die meisten Jugendämter einer der drei wichtigsten Kooperationspartner.

Tab. 19.9: Die drei wichtigsten Kooperationspartner aus der Perspektive von Jugendämtern

	Ost		West		Insgesamt	
	Anteil	Rang	Anteil	Rang	Anteil	Rang
Schule	43 %	1	55 %	1	51 %	1
Freie Träger	37 %	2	55 %	2	41 %	2
Gericht und Justiz	17 %	5	25 %	3	22 %	3
Einrichtungen	17 %	5	23 %	4	21 %	4
Sozialamt	26 %	3	13 %	7	17 %	5
Kommunen	23 %	4	13 %	7	16 %	6
Polizei	9 %	11	19 %	5	15 %	7
Andere Ämter	14 %	7	11 %	10	12 %	8
Kirche	6 %	12	14 %	6	11 %	9
Arbeitsagentur	14 %	7	8 %	11	10 %	10
Sonstige	6 %	12	13 %	7	10 %	10
Jugendarbeit	3 %	16	8 %	11	6 %	12
Schulamt	14 %	7	2 %	14	6 %	12
Landesjugendamt	11 %	10	2 %	14	5 %	14
Psychiatrie	3 %	16	5 %	13	4 %	15
Gesundheitsamt	6 %	12	2 %	14	3 %	16
Universität	6 %	12	0 %	20	2 %	17
Jugendhilfeausschuss	3 %	16	2 %	14	2 %	17
Arbeitsgemeinschaften	3 %	16	0 %	20	1 %	19
Kreistag	0 %	20	0 %	20	0 %	20
Kreisverwaltung	0 %	20	0 %	20	0 %	20

Lesebeispiel: 51 % der Jugendämter sagen, dass Schule einer der drei wichtigsten Kooperationspartner für Jugendämter ist.

Quelle: DJI-Jugendamtserhebung 2004

Unsere dritte These hinsichtlich der Zuschreibung, wichtigster Kooperationspartner zu sein, lässt sich eigentlich nur vor dem Hintergrund aktueller regionaler Problemlagen und des öffentlichen Diskurses über Schwerpunktsetzungen in der jeweiligen Region beantworten. Insofern überrascht es nicht, dass die Schulen als wichtigste Partner genannt werden. Schließlich ist in den letzten Jahren aus unterschiedlichen Gründen eine engere Zusammenarbeit zwischen Schule und Jugendhilfe intensiv gefordert worden. Diese Forderungen beziehen sich sowohl auf Angebote der Nachmittagsbetreuung, auf die Schulsozialarbeit, auf die Zusammenarbeit bei der Beschulung von »schulmüden Kindern und Jugendlichen« sowie auf Kinder und Jugendliche in besonderen Problemlagen. Schulen werden am häufigsten bei den drei wichtigsten Kooperationspartnern genannt. Der Anteil von Jugendämtern, die Schule als wichtigsten Kooperationspartner nennen, hat sich gegenüber der Befragung im Jahr 2000 verdoppelt. Bei einer Kooperation von 99 % der Jugendämter mit der Schule handelt es sich also um einen Bedeutungszuwachs innerhalb bestehender Zusammenarbeit. In Ostdeutschland ist die Bedeutung der Schule als Partner des Jugendamtes in den letzten Jahren deutlich angestiegen (von Rangplatz 6 im Jahr 2000 auf Rangplatz 1 im Jahr 2004); parallel zu dieser Entwicklung ist die Bedeutung des Schulamtes von Rangplatz 2 auf Rangplatz 7 zurückgegangen. Diese Veränderungen korrespondieren mit den seit einigen Jahren in den östlichen Bundesländern vorhandenen Bestrebungen, eine größere Autonomie der einzelnen Schulen (vgl. z.B. Brandenburgisches Schulgesetz 2001; Goebel 2005) zu erreichen. So wird in verschiedenen Schulgesetzen inzwischen ausdrücklich darauf hingewiesen, dass die Schulen selbst Kooperationen mit der öffentlichen und freien Jugendhilfe vor Ort gestalten sollen. Zeitgleich kommt es mit einer Vergrößerung der Selbstständigkeit der einzelnen Schulen zu einer Veränderung der Aufgabenprofile der staatlichen Schulämter (vgl. z.B. KSD 2004). An diesem Beispiel wird deutlich, wie sehr Strukturveränderungen in anderen Handlungsfeldern auf die Kinder- und Jugendhilfe wirken. Es ist also anzunehmen, dass Veränderungen in anderen Bereichen, zum Beispiel der Arbeitsverwaltung, ebenfalls die Kooperationsbeziehungen zwischen Jugendhilfe und diesen Bereichen beeinflusst.

Die Bedeutung der Justiz (Gerichte und Staatsanwaltschaften) ist stark angestiegen. Im Vergleich zum Jahr 2000 ist der Rangplatz der Nennung als einer der drei wichtigsten Kooperationspartner von Rangplatz 10 (das entsprach 12 % der Jugendämter) auf Rangplatz 3 (das entspricht 22 % der Jugendämter) gestiegen, wobei der Bedeutungszuwachs in Westdeutschland wesentlich höher ausfällt als in Ostdeutschland. Eine ähnliche Entwicklung lässt sich in Westdeutschland auch für die Polizei nachzeichnen.

Das Arbeitsamt hat in Ostdeutschland als Kooperationspartner erheblich an Bedeutung verloren. Nannten im Jahr 2000 noch 33 % der ostdeutschen Jugendämter das Arbeitsamt als einen der drei wichtigsten Kooperationspartner, so sank dieser Anteil auf 14 % im Jahr 2004. Wahrscheinlich spielt hierbei die Kürzung der Mittel zur Arbeitsmarktförderung eine erhebliche Rolle, denn durch diese Veränderung verringerte sich die Bedeutung, die die Arbeitsagentur als Finanzquelle für die Jugendhilfe hat (vgl. Gragert u.a. 2006). Noch immer jedoch ist das Arbeitsamt für deutlich mehr Jugendämter im Osten als im Westen einer der drei wichtigsten Partner.

Hinsichtlich der Bedeutung des Sozialamtes als wichtigster Kooperationspartner von Jugendämtern gibt es in Ost und West einen Trend zu beobachten, der im Vergleich zu der Entwicklung bei der Arbeitsagentur in die entgegengesetzte Richtung verläuft. Der Anteil von Jugendämtern, die das Sozialamt als einen der drei wichtigsten Partner nennen, ist von 8 % auf 17 % gestiegen. Es scheint, als ob sich die Sensibilität im Umgang mit Familien in finanziellen Schwierigkeiten erhöht und dies auch die Bedeutung von Sozialämtern als Kooperationspartner ansteigen lässt. Zumindest weisen die Zahlen, wenn man den Anteil der Sozialhilfeempfänger berücksichtigt, in der Tendenz in diese Richtung. Die Bewertung der Kooperationserfahrung mit den Sozialämtern fällt positiv aus, sodass eine Zunahme von Konflikten zwischen Jugendamt und Sozialamt als Ursache für den Bedeutungszuwachs eher unwahrscheinlich scheint.

Die Landesjugendämter haben hinsichtlich der Kooperation in Ostdeutschland eine höhere Bedeutung für die Jugendämter als in Westdeutschland (Rangplatz 10 zu 14). Allerdings ist die Anzahl der Nennungen insgesamt zu klein, um anhand statistischer Verfahren hierfür Erklärungen finden zu können. Die Auswertung der Internetauftritte der Landesjugendämter im April 2005 gibt auch keinen Hinweis darauf, dass ostdeutsche Landesjugendämter prinzipiell aktiver seien als westdeutsche.

19.5 Arbeitsgemeinschaften nach § 78 KJHG

Kooperationen im Rahmen von Arbeitsgemeinschaften nach § 78 KJHG werden aufgrund ihrer Sonderstellung vertieft analysiert. Mit dem Instrument der Arbeitsgemeinschaften soll der Verpflichtung zur partnerschaftlichen Zusammenarbeit zwischen öffentlichen und freien Trägern Rechnung getragen werden. In Arbeitsgemeinschaften werden konzeptionelle Fragen erörtert und aktuelle Problemlagen bearbeitet. Dadurch, dass die Anzahl der Mitglieder in Arbeitsgemeinschaften, im Unterschied zum Kinder- und Jugendhilfeausschuss, nicht beschränkt ist, wird durch Arbeitsgemeinschaften eine Gelegenheit geschaffen, alle Akteure im Feld in die Fachdiskussionen und in die Aushandlungsprozesse einzubinden.

Die Möglichkeiten der Jugendämter, Arbeitsgemeinschaften einzurichten, sind allerdings insofern beschränkt, als freie Träger aufgrund ihrer Autonomie durch das Jugendamt nicht verpflichtet werden können, solche Arbeitsgemeinschaften zu organisieren oder sich an ihnen zu beteiligen. Trotzdem können durch ein entsprechend offenes und kooperatives Verhalten aller Beteiligten Arbeitsgemeinschaften wesentliche Beiträge zur Gestaltung und Entwicklung der lokalen Jugendhilfe leisten. Zum Teil ersetzen Arbeitsgemeinschaften nach § 78 KJHG auch Unterausschüsse des Kinder- und Jugendhilfeausschusses.

19.5.1 Arbeitsgemeinschaften nach § 78 KJHG aus der Perspektive der Jugendämter

In 86 % der Jugendamtsbezirke gibt es Arbeitsgemeinschaften nach § 78 KJHG. Das Instrument wird also in den allermeisten Jugendamtsbezirken genutzt. Analysiert man die Angaben der Jugendämter, die sowohl 2000 als auch 2004 zu Arbeitsgemeinschaften geantwortet haben, so zeigt sich, dass sich bei 90 % der Jugendamtsbezirke hinsichtlich der Frage der Existenz von Arbeitsgemeinschaften kaum etwas geändert hat. Bei 7 % gibt es zum Erhebungszeitpunkt 2004 keine Arbeitsgemeinschaften mehr, obwohl es solche im Jahr 2000 gab. Bei 3 % hingegen gibt es 2004 welche, obwohl im Jahr 2000 noch keine Arbeitsgemeinschaften existierten. Insofern wird die These gestützt, dass sich dieses Instrument zur partnerschaftlichen Zusammenarbeit etabliert hat. Die durchschnittliche Anzahl von Arbeitsgemeinschaften innerhalb eines Jugendamtsbezirkes hat sich gegenüber 2000 nicht geändert und liegt bei knapp über 5 (5,2). Im Panelvergleich zeigt sich, dass die Arbeitsgemeinschaften aber nicht statisch und zumindest nicht immer auf Dauer angelegt sind. Denn nur bei 26 % der Jugendamtsbezirke blieb die Anzahl der Arbeitsgemeinschaften konstant. Und selbst dies muss nicht bedeuten, dass es keine Veränderungen hinsichtlich Themen und Zusammensetzung der Arbeitskreise in diesen Regionen gegeben hat. Bei drei Vierteln der Jugendamtsbezirke gab es Neugründungen und Auflösungen von Arbeitsgemeinschaften. Diese Dynamik weist darauf hin, dass in Arbeitsgemeinschaften tatsächlich aktuelle Fachfragen beraten werden.

Die Hilfen zur Erziehung sind inzwischen das häufigste Einzelthema von Arbeitsgemeinschaften nach § 78 KJHG. Noch im Jahr 2000 gab es mehr Arbeitsgemeinschaften zum Thema Jugendarbeit. Diese Verschiebung der thematischen Ausrichtung hin zu den Hilfen zur Erziehung könnte Ausdruck des bundesweit begonnenen Umbau- und Umstrukturierungsprozesses ambulanter erzieherischer Hilfen sein. Es könnte auch Ausdruck des Bestrebens sein, die Kosten im Bereich der Hilfen zur Erziehung zu drücken. Andererseits ist es angesichts der Dominanz der verbandlichen und offenen Jugendarbeit in vielen Jugendhilfeausschüssen (vgl. Kap. 8) nicht verwunderlich, wenn andere Instrumente der Steuerung und Zusammenarbeit Jugendarbeit nicht als thematischen Schwerpunkt haben.

Tab. 19.10: Themen von Arbeitsgemeinschaften, die sich mindestens zweimal pro Jahr treffen und Protokolle anfertigen

	Ost	West	Stadt	Landkreis	Insgesamt
Hilfen zur Erziehung	57 %	39 %	59 %	33 %	45 %
Jugendarbeit, Jugendsozialarbeit und Jugendschutz	50 %	30 %	44 %	30 %	37 %
Sonstige Themen	23 %	35 %	29 %	33 %	31 %
Kindertagesbetreuung	33 %	17 %	32 %	14 %	23 %
Jugendhilfeplanung	17 %	15 %	7 %	23 %	15 %
Thematisch nicht spezifiziert	10 %	15 %	15 %	12 %	13 %
Erziehungsberatung	13 %	9 %	17 %	5 %	11 %
Psychiatriearbeitskreise	3 %	11 %	7 %	9 %	8 %
Sexueller Missbrauch	0 %	11 %	5 %	9 %	7 %
Jugendhilfe und Schule	10 %	6 %	10 %	5 %	7 %
Kriminalität(sprävention)	10 %	6 %	0 %	14 %	7 %
Sucht	13 %	4 %	2 %	12 %	7 %
Trägerarbeitskreise	3 %	7 %	7 %	5 %	6 %
Kindeswohlgefährdung	3 %	6 %	5 %	5 %	5 %
Regionale Arbeitskreise (unterhalb der Ebene des Jugendamtbezirks)	3 %	6 %	5 %	5 %	5 %
Interkulturelle Integration	0 %	6 %	5 %	2 %	4 %
Zu den §§ 78 a ff. KJHG	0 %	4 %	0 %	5 %	2 %

*Angaben in %-Anteilen der Jugendämter, die in einer Arbeitsgemeinschaft mitzuwirken.

Quelle: DJI-Jugendamtserhebung 2004

An der breiten Streuung der unterschiedlichen Themen wird erkennbar, dass das Instrument der Arbeitsgemeinschaft nicht nur für besonders teuere oder besonders herausgehobene Handlungsfelder eingesetzt wird. Die Themen beziehen sich auf Planungs- und Steuerungsfragen, auf fachliche und strukturelle Entwicklungen in einzelnen Arbeitsbereichen, auf die Schnittstellen zu anderen Systemen und Partnern außerhalb der Kinder- und Jugendhilfe sowie auf eher präventiv oder eher reaktiv zugeschnittene Bereiche. Wie immer bei offenen Abfragen, darf man die in Tabelle 19.10 abgebildete Themenliste nicht überinterpretieren, da unklar bleibt, was sich hinter den thematisch nicht spezifizierten Arbeitsgemeinschaften verbirgt und ob die Namen bzw. die angegebenen Themen alle Aspekte und Schwerpunkte der Arbeit in den AGs widerspiegeln. Diese Einschränkung nicht vergessend, deutet sich im Vergleich zur letzten Erhebung eine Verschiebung an. Zu den Themen Jugendarbeit, Kriminalitätsprävention, Schule/Jugendhilfe und Psychiatrie/

Jugendhilfe gibt es weniger Nennungen als 2000. Da Schule zu den häufigsten und auch wichtigsten Kooperationspartnern der Kinder- und Jugendhilfe gehört, kann der Rückgang von Arbeitsgemeinschaften, die sich mit dem Thema Schule/Jugendhilfe befassen, Ausdruck einer Etablierung dauerhafter Kooperationsstrukturen außerhalb von Arbeitsgemeinschaften sein.

Interessant sind auch die Unterschiede in der Themenauswahl zwischen den eher privilegierten und den belasteten Kreisen. In den belasteten Kreisen gibt es signifikant mehr Arbeitsgemeinschaften zum Thema Hilfen zur Erziehung als in den privilegierten Kreisen; sexueller Missbrauch wiederum ist in einem Viertel der privilegierten Kreise mit Arbeitsgemeinschaften nach § 78 KJHG ein Thema und in einem einzigen belasteten Kreis. Auch die gerade noch nicht signifikanten Unterschiede ($p \leq 0.06$) bei den Themen Jugendhilfeplanung und Erziehungsberatung (beides mehr bei den privilegierten Kreisen) deuten auf eine Abhängigkeit der Problemdefinitionen von der Situation in der Gebietskörperschaft.

Trotz der zum Teil erheblichen Unterschiede zwischen den Antworten aus Ost und West, wie sie in Tabelle 19.10 abgebildet sind, gibt es keine signifikanten Differenzen. Auffällig ist trotzdem, dass von den ostdeutschen Jugendämtern die Zusammenarbeit mit der Psychiatrie sowie die Bearbeitung des Themas sexueller Missbrauch gar nicht oder sehr viel seltener als von westdeutschen Jugendämtern genannt wird. Diese große Differenz spiegelt sich nicht in einem geringeren Anteil von ostdeutschen Jugendämtern wider, die mit der Kinder- und Jugend- bzw. der Erwachsenenpsychiatrie in Arbeitsgemeinschaften zusammenarbeiten. Dies weist darauf hin, dass sich in Ostdeutschland psychiatrische Einrichtungen häufiger in Kooperationszusammenhänge einbringen, die sich nicht auf psychiatrische Themen beschränken.

Zwischen Landkreisen und kreisfreien Städten bzw. kreisangehörigen Kommunen mit eigenem Jugendamt gibt es mehrere signifikante Unterschiede hinsichtlich der Themen in den Arbeitsgemeinschaften. Hilfen zur Erziehung und Kindertagesbetreuung werden in kreisfreien Städten bzw. kreisangehörigen Kommunen mit eigenem Jugendamt signifikant häufiger genannt. In beiden Handlungsfeldern gibt es in Städten eine höhere Inanspruchnahme und damit vielleicht auch einen erhöhten Koordinierungsaufwand. Die Themen Jugendhilfeplanung und Kriminalitäts(prävention) sind signifikant mehr in Landkreisen zu finden. Möglicherweise sehen die Kreisjugendämter in Arbeitsgemeinschaften zu diesen Themen eine gute Möglichkeit, kreisangehörige Gemeinden einzubinden.

Es gibt zumindest für die Bereiche Hilfen zur Erziehung, Jugendsozialarbeit und Jugendarbeit keinen Zusammenhang zwischen befürchteten finanziellen Einschränkungen und der Frage, ob es hierzu eine Arbeitsgemeinschaft gibt. Dies kann daran liegen, dass die Träger diese Befürchtung des Jugendamtes nicht teilen, aber auch daran, dass AGs doch noch andere Aufgaben wahrnehmen, als nur bereits erreichte Positionen zu verteidigen. Auch gibt es keinen Zusammenhang mit den sehr hohen Ausgabensteigerungen in diesen Themenfeldern.

19.5.2 Arbeitsgemeinschaften nach § 78 KJHG aus der Perspektive der Jugendringe

Im Unterschied zu den Jugendämtern repräsentieren Jugendringe einen spezifischen und damit auch eingeengten Ausschnitt aus dem Tätigkeitsspektrum der Kinder- und Jugendhilfe. In diesem Abschnitt wird ihre Sicht auf Arbeitsgemeinschaften nach § 78 KJHG dargestellt. Im Durchschnitt sind Jugendringe Mitglied in genau einer Arbeitsgemeinschaft. Der Median unterscheidet sich vom Durchschnittswert nicht. Mehr als die Hälfte (54 %) der Jugendringe sind in Arbeitsgemeinschaften vertreten. Wobei Jugendringe, die ausschließlich mit ehrenamtlichen Strukturen arbeiten, signifikant seltener in Arbeitsgemeinschaften vertreten sind als solche, die über hauptamtliche Strukturen verfügen. Dieser Unterschied weist darauf hin, wie schwierig es oft für rein ehrenamtliche Organisationen ist, in einem professionalisierten Feld als Kooperationspartner ernst genommen zu werden (vgl. auch van Santen/Seckinger 2003: 225–230).

Vergleicht man die Angaben der einzelnen Jugendringe für die Jahre 2001 und 2004, so zeigt sich, dass es bei 68 % der Jugendringe keine Veränderungen hinsichtlich der Frage gegeben hat, ob sie Mitglied in einer Arbeitsgemeinschaft sind. 20 % gehören inzwischen keiner Arbeitsgemeinschaft mehr an und 12 % sind in der Zwischenzeit Mitglied in einer oder mehreren Arbeitsgemeinschaften geworden. Ebenso wie aus den Angaben der Jugendämter kann auch aus den Antworten der Jugendringe geschlossen werden, dass sich die Anzahl der Arbeitsgemeinschaften in den einzelnen Regionen durchaus verändert. Dies ist ein Hinweis darauf, dass etliche Arbeitsgemeinschaften inhaltlich und nicht nur strukturell – nach dem Motto jedem seine AG – motiviert sind und manche Arbeitsgemeinschaften nach Erledigung ihres Auftrags wieder aufgelöst werden.

Jugendringe in Städten sind häufiger als Jugendringe in Landkreisen in Arbeitsgemeinschaften nach § 78 KJHG integriert. Das Gleiche gilt für ostdeutsche Jugendringe im Vergleich zu westdeutschen. Dies entspricht dem in Tabelle 19.10 dargestellten Ost-West- und Stadt-Land-Unterschied hinsichtlich der Häufigkeit, mit der sich Arbeitsgemeinschaften mit dem Thema Jugendarbeit befassen.

Angesichts der Vielfalt der Aufgaben der Jugendhilfe insgesamt ist die Jugendarbeit mit durchschnittlich einer von fünf Arbeitsgemeinschaften in einem Jugendamtsbezirk gut vertreten. Für die Verwirklichung der Intention des KJHG, eine dem Subsidiaritätsprinzip gerecht werdende Form der Steuerung zu erreichen, ist somit zumindest auf struktureller Ebene ein Teil der hierfür notwendigen Grundlagen geschaffen.

Tab. 19.11: Themen von Arbeitsgemeinschaften, die sich mindestens zweimal pro Jahr treffen und Protokolle anfertigen (offene Abfrage) (Perspektive Jugendringe)

	Insgesamt (Mehrfachnennung)	Bezogen auf die genannten AGs
Jugendhilfeplanung	19 %	24 %
Jugendarbeit	17 %	22 %
Sonstige	15 %	19 %
Gewalt-/Kriminalitätsprävention	6 %	8 %
Finanzen	4 %	5 %
Sucht	4 %	5 %
Schule und Jugendhilfe	4 %	5 %
Sozialraumbudgets	2 %	2 %
Jugendschutz	2 %	3 %
Jugendberufshilfe	2 %	3 %
Geschlechtsspezifische Arbeit	2 %	3 %
Keine Arbeitsgemeinschaft	46 %	/

Lesebeispiel: 19 % aller Jugendringe sind Mitglied in einer AG zur Jugendhilfeplanung. Bezogen auf die Jugendringe, die Mitglied in mindestens einer AG sind, beträgt der Anteil 24 %.

Quelle: DJI-Jugendringerhebung 2004

In Tabelle 19.11 sind die Themenschwerpunkte der Arbeitsgemeinschaften, so wie sie von den Jugendringen in einer offenen Abfrage angegeben wurden, dargestellt. Im Vergleich zu den Antworten der Jugendämter sind sie etwas detaillierter hinsichtlich der inhaltlichen Unterschiede zwischen den Arbeitsgemeinschaften. Dies liegt sicherlich daran, dass sich die Angaben überwiegend auf ein Handlungsfeld beziehen. Aus der offenen Abfrage ergibt es sich auch, dass die Kategorien nicht ganz trennscharf sind, sondern wahrscheinlich immer nur einen Aspekt der Arbeitsgemeinschaften in den Vordergrund rücken. Es ist durchaus vorstellbar, dass zum Beispiel bei einem Teil der Arbeitsgemeinschaften »Jugendarbeit« in erster Linie Fragen der »Jugendhilfeplanung« besprochen werden oder Inhalte der Arbeitsgemeinschaften »Gewalt/Kriminalitätsprävention« und »Schule und Jugendhilfe« sich überschneiden. Trotz dieser Einschränkungen überrascht es nicht, dass die Themen Jugendhilfeplanung und Jugendarbeit mit Abstand am häufigsten genannt werden. Einerseits würde ein Jugendring nur bedingt seinen Aufgaben nachkommen, wenn er nicht auch außerhalb des Kinder- und Jugendhilfeausschusses versuchen würde, die Interessen und Anliegen der Jugendverbände und der Jugendarbeit in die Jugendhilfeplanung einzubringen. Andererseits ist es bei so vielen unterschiedlichen Trägern vor Ort (vgl. Kap. 6) geradezu notwendig, verstetigte Formen des Austausches über die fachlichen und strukturellen Weiterentwicklungen und Herausforderungen im Feld der Jugendarbeit zu etablieren.

Erstaunlich ist die geringe Anzahl von Arbeitsgemeinschaften, die sich mit dem Thema geschlechtsspezifische Arbeit befasst, insbesondere vor dem Hintergrund der aktuellen Diskussion über Gender Mainstreaming und der langen Tradition von Mädchenarbeit in diesem Handlungsfeld.

19.6 Partner bei der Jugendhilfeplanung

Jugendhilfeplanung ist ein zentrales Steuerungselement für die kommunale Kinder- und Jugendhilfe. Ihre Aufgabe ist es, die Bedarfsgerechtigkeit des Angebots sicherzustellen. Zur Erfüllung dieser Aufgabe sind die Jugendämter aufgefordert, die anerkannten Träger der Jugendhilfe an allen Planungsphasen frühzeitig zu beteiligen (§ 80 [3] KJHG). Die Einbindung der freien Träger über den Kinder- und Jugendhilfeausschuss reicht nicht aus, da die Tagungshäufigkeit der Kinder- und Jugendhilfeausschüsse in vielen Regionen hierfür zu gering ist. So tagen in 64 % der westdeutschen Jugendamtsbezirke die Jugendhilfeausschüsse nicht häufiger als fünfmal im Jahr (vgl. Kap. 8). Die Kooperation mit freien Trägern und Organisationen außerhalb des Kinder- und Jugendhilfeausschusses ermöglicht es sowohl den inhaltlich-fachlichen als auch den rechtlichen Anforderungen an Jugendhilfeplanung gerecht zu werden. Aus diesem Grund wurden die Jugendämter gefragt, mit welchen Organisationen und Institutionen sie außerhalb des Kinder- und Jugendhilfeausschusses in der Jugendhilfeplanung zusammenarbeiten. Von allen befragten Jugendämtern kooperieren 11 % im Rahmen der Jugendhilfeplanung nicht mit anderen Organisationen. Dieses Ergebnis verstärkt den Eindruck, dass ein Teil der Jugendämter die Verpflichtung zur Jugendhilfeplanung nur formal, aber nicht inhaltlich erfüllt (vgl. Kap. 9).

Etwas über die Hälfte der Jugendämter (52 %) hat zwischen vier und sieben unterschiedliche Typen von Organisationen (z.B. Wohlfahrtsverbände, Jugendverbände, Einrichtungen der Jugendhilfe, Schulen etc.) in die Jugendhilfeplanung einbezogen. Hinter jedem dieser Typen können mehrere Organisationen stehen, die in die Jugendhilfeplanung eingebunden sind, denn je nach Handlungsfeld werden von den Jugendämtern durchschnittlich zwischen 6 und 32 unterschiedliche Organisationen finanziell gefördert (vgl. Kap. 6).

Eine aktive Unterstützung der Jugendhilfeplanung durch das Landesjugendamt (erhoben anhand der im Internet veröffentlichten Selbstdarstellung der Landesjugendämter) hat keinen Einfluss auf das Kooperationsverhalten der Jugendämter bei der Jugendhilfeplanung. In kreisfreien Städten sind signifikant mehr unterschiedliche Organisationstypen an der Jugendhilfeplanung beteiligt als in Landkreisen.

Tab. 19.12: Organisationen außerhalb des Kinder- und Jugendhilfeausschusses, die an der Jugendhilfeplanung mitwirken

	Ost	West	Stadt	Landkreis	Insgesamt
Wohlfahrtsverbände	88 %	88 %	90 %	86 %	88 %
Einzelne Einrichtungen der Kinder- und Jugendhilfe	72 %	73 %	83 %	65 %	73 %
Jugendringe	72 %	67 %	68 %	69 %	68 %
Kirchen	56 %	60 %	66 %	53 %	59 %
Jugendverbände	59 %	42 %	51 %	45 %	48 %
Schule	41 %	47 %	54 %	37 %	45 %
Jugendinitiativen oder Vereine	56 %	25 %	46 %	27 %	36 %
Parteienvertreter	25 %	38 %	41 %	27 %	34 %
Stadtteilkonferenzen	28 %	33 %	44 %	22 %	32 %
Mädchenprojekte	44 %	22 %	37 %	24 %	29 %
Andere Behörden	28 %	28 %	32 %	25 %	28 %
Andere Organisationen	38 %	17 %	27 %	22 %	24 %
Ausländerprojekte	31 %	18 %	29 %	18 %	23 %
Wissenschaftliche Institute	19 %	20 %	29 %	12 %	20 %

Quelle: DJI-Jugendamtserhebung 2004

Betrachtet man die an der Jugendhilfeplanung beteiligten Organisationstypen im Einzelnen, so wird deutlich, dass die freien Träger die bevorzugten Partner der Jugendämter sind (vgl. Tab. 19.12). Dies ist wenig überraschend und entspricht den gesetzlichen Vorgaben. In Tabelle 19.12 wirkt es so, als ob die Jugendarbeit in diesen Gremien unterrepräsentiert sei. Dieser Eindruck ist nicht ganz richtig. Kombiniert man nämlich Jugendringe und Jugendverbände, dann zeigt sich, dass in 73 % der Jugendamtsbezirke Organisationen der Jugendarbeit an der Jugendhilfeplanung mitwirken.

Der Stellenwert der Schule als wichtiger Partner der Jugendhilfe kommt einerseits dadurch zum Ausdruck, dass sie die am häufigsten genannte Organisation ist, die kein Träger der Jugendhilfe darstellt. Andererseits ist ein Einbezug von Schulen in die Jugendhilfeplanung bei etwas weniger als der Hälfte der Jugendamtsbezirke doch als gering zu bezeichnen, zumindest vor dem Hintergrund der intensiv geführten Diskussionen zur Ganztagesbetreuung auch für Schulkinder, des Ausbaus der Schulsozialarbeit und der Abschaffung der Horte in Nordrhein-Westfalen: Es gibt weder einen Zusammenhang zwischen dem Vorhandensein von Schulsozialarbeit und einer Kooperation mit Schulen im Rahmen der Jugendhilfeplanung noch eine Häufung dieser Kooperationen in Nordrhein-Westfalen. Obwohl keine andere Institution außerhalb der Kinder- und Jugendhilfe häufiger in die Jugendhilfeplanung integriert ist, verweisen die Ergebnisse auf bisher nicht genutzte Potenziale im Kontext der Jugendhilfeplanung, die Kooperation mit Schulen zu verbessern.

Im Ost-West-Vergleich bestätigt sich im Hinblick auf die Einbeziehung von Trägern in die Jugendhilfeplanung, was sich bereits in den letzten Erhebungen gezeigt hat: In ostdeutschen Jugendamtsbezirken haben die Wohlfahrtsverbände eine weniger dominante Position als in westdeutschen Jugendamtsbezirken. So zumindest lässt sich die in Ostdeutschland signifikant höhere Einbeziehung von Jugendinitiativen und Vereinen in die Jugendhilfeplanung deuten. Ein weiterer signifikanter Unterschied besteht darin, dass in Ostdeutschland Mädchenprojekte und damit Organisationen, die für einen geschlechtsspezifischen Ansatz stehen, häufiger an der Jugendhilfeplanung beteiligt werden. Dies schlägt sich jedoch nicht in einer ausgeprägteren mädchenspezifischen Planung nieder (vgl. Kap. 9).

Zwischen Jugendamtsbezirken in Städten und solchen in Landkreisen gibt es hinsichtlich der Beteiligung von Organisationen an der Jugendhilfe zwei signifikante Unterschiede, die sich jeweils aus den städtischen Besonderheiten erklären lassen. Die Beteiligung von Stadtteilkonferenzen ist in städtischen Regionen sehr viel höher, da es dort auch sehr viel mehr Stadtteilkonferenzen gibt als in Landkreisen, besonders im Vergleich zu solchen Landkreisen ohne größere Städte. Die andere signifikante Differenz bezieht sich auf den Einbezug wissenschaftlicher Institutionen. Auch dies fällt in Städten leichter, da solche Institutionen in kreisfreien Städten häufiger anzutreffen sind als in Landkreisen. Ein gerade noch nicht signifikanter Unterschied (p=0.052) zeigt sich bei der Beteiligung von Einrichtungen der Jugendhilfe. Insgesamt scheint der Austausch zwischen den verschiedenen Akteuren in den kreisfreien Städten entwickelter zu sein als in Landkreisen. Im Hinblick auf einen stärkeren Sozialraumbezug wäre es jedoch überaus wünschenswert, wenn gerade in Landkreisen, wo sich die Lebenslagen der BewohnerInnen in den einzelnen Gemeinden doch erheblich unterscheiden können, mehr Organisationen, die zum Teil auch nur auf der Ebene einzelner kreisangehöriger Gemeinden tätig sind, einbezogen werden würden.

Unterscheidet man die Jugendamtsbezirke hinsichtlich ihrer wirtschaftlichen und sozialen Entwicklung, gibt es einen signifikanten Zusammenhang: Je privilegierter ein Jugendamtsbezirk ist, desto weniger werden Jugendinitiativen oder Vereine einbezogen.

19.7 Fazit: Kooperation – ein etabliertes Verfahren in der Kinder- und Jugendhilfe

Die verschiedenen Befragungen von Institutionen und Organisationen der Kinder- und Jugendhilfe zeigen, in der Kinder- und Jugendhilfe wird kooperiert. Es gibt eine Vielzahl von gemeinsamen Aktivitäten sowohl innerhalb der Kinder- und Jugendhilfe als auch mit Partnern außerhalb. Seit Beginn der Dauerbeobachtung Jugendhilfe und sozialer Wandel gibt es an den wichtigen Schnittstellen Schule, Gesundheit (insbesondere öffentlicher Gesundheitsdienst und Kinder- und Jugendpsychiatrie), Justiz, Sozialamt und Arbeitsverwaltung von fast allen Jugendämtern sowie vielen (teil)stationären Einrichtungen und auch einigen Jugendringen Kooperationsbeziehungen. Obwohl bestimmte Handlungsfelder ausgeblendet bleiben, zum Beispiel die Erwachsenenpsychiatrie oder die Kommunalparlamente, werden von der gesamten Kinder- und Jugendhilfe Kooperationen als ein Verfahren zur Bearbeitung ihrer Aufgaben eingesetzt.

Gesetzlich verankerte Kooperationsstrukturen wie die Arbeitsgemeinschaften nach § 78 KJHG sind zweifelsohne in der Kinder- und Jugendhilfe etabliert. Sie werden themenspezifisch genutzt, das heißt, Arbeitsgemeinschaften lösen sich nach Beendigung ihres Arbeitsauftrags wieder auf. Die Hilfen zur Erziehung sind häufigstes Thema der Arbeitsgemeinschaften geworden. Das ist angesichts der großen Relevanz für die betroffenen Familien, der komplexen Anforderungen an die Fachkräfte sowie der Höhe der kommunalen Ausgaben für diesen Bereich ein zu erwartendes Ergebnis.

Subsidiarität als Ordnungsprinzip der Kinder- und Jugendhilfe wird zumindest insofern ernst genommen, als dass freie Träger zu den wichtigsten Kooperationspartnern der Jugendämter zählen, in Arbeitsgemeinschaften zahlreich integriert sind und sich Formen kooperativer Jugendhilfeplanung inzwischen vielfach etabliert haben.

Betrachtet man die Kooperationsformen, die Bewertung der Kooperationserfahrungen und die Bedeutung einzelner Kooperationspartner genauer, dann zeigen sich bemerkenswerte Differenzen zwischen den einzelnen Institutionen und Organisationen. Schule ist eindeutig der wichtigste Kooperationspartner für die Kinder- und Jugendhilfe. Dies gilt gleichermaßen für Jugendämter, (teil)stationäre Einrichtungen sowie für Jugendringe. Die Bedeutung von Schule als Kooperationspartner ist im Zeitraum von 2000 bis 2004 sogar noch angewachsen. Doch wird die Kooperation mit Schule vonseiten der Jugendhilfe nicht gut bewertet. Auch ist Schule bei zu wenigen Jugendämtern in den Prozess der Jugendhilfeplanung integriert. Dies ist angesichts der Ausweitung der Nachmittagsbetreuung an Schulen sowie der Schulsozialarbeit und angesichts der Diskussionen darüber, wie eine Reduktion der Hilfen nach § 35 a KJHG[99] erreicht werden kann, verblüffend.

Die Polizei wird von der Kinder- und Jugendhilfe als Kooperationspartner überaus positiv beurteilt. Früher vorhandene Berührungsängste zwischen den MitarbeiterInnen der Polizei und der Kinder- und Jugendhilfe sind nicht mehr vorhanden. Es wäre interessant und wichtig, die Einschätzungen der Polizei hinsichtlich der Kooperationen mit dem Jugendamt und anderen Trägern und Einrichtungen der Kinder- und Jugendhilfe zu erheben.

Noch immer werden die Kooperationserfahrungen mit der Psychiatrie deutlich negativer bewertet als mit anderen Kooperationspartnern. Dies gilt auch für den Vergleich mit anderen Kooperationspartnern aus dem medizinischen Bereich. Offensichtlich bedarf es vonseiten aller Beteiligten noch erheblicher Anstrengungen, damit die Zusammenarbeit an dieser für den Lebensverlauf der Adressaten entscheidenden Schnittstelle verbessert wird. Hier wäre ein großes präventives Potenzial zu realisieren. Eine bessere Kooperation zwischen der Kinder- und Jugendhilfe und der Kinder- und Jugendpsychiatrie könnte dazu beitragen, Jugendhilfekarrieren zu vermeiden und zu einer angemessenen Behandlung von psychischen Erkran-

---

[99] Eine Vielzahl der Hilfen nach § 35 a KJHG reagieren auf schulische Auffälligkeiten.

kungen führen. Die Verbesserung der Kooperation mit der Erwachsenenpsychiatrie ist ein dringend notwendiger Schritt, um die Lebenssituation von Kindern psychisch kranker Eltern zu verbessern. Durch eine optimale Unterstützung dieser Gruppe könnten wahrscheinlich Kindeswohl gefährdende Situationen vermieden, teilweise langfristige Jugendhilfemaßnahmen überflüssig und das Risiko der Kinder, selbst einmal psychisch zu erkranken, verringert werden. Wie zahlreiche Modellprojekte und Initiativen belegen, gibt es inzwischen bundesweit Bestrebungen, diese Kooperation zu verbessern. Es bleibt abzuwarten, wie nachhaltig und flächendeckend dies gelingt.

Die Analyse der vorliegenden Daten zeigt auch, dass Kooperationen aktiv eingesetzt werden, um aktuelle und auch veränderte Herausforderungen zu bearbeiten. So sind in Ostdeutschland die Institutionen und Organisationen der Kinder- und Jugendhilfe stärker in das Netz der Existenzförderung eingebunden. Sie kooperieren mehr mit den Sozialämtern und Arbeitsagenturen. Auch arbeiten sie häufiger mit dem Amt für Stadt- bzw. Kreisentwicklung zusammen, was meist in einem Zusammenhang mit der demografischen Entwicklung vor Ort steht.

Kooperationen werden nur sehr bedingt als ein Instrument zur Lobbyarbeit eingesetzt. Jugendämter versuchen z.B. wenig, über eine Intensivierung ihre Kontakte zum Kommunalparlament die Aufgaben der Kinder- und Jugendhilfe in den Fokus der Mitglieder dieses Gremiums zu rücken. Dies verblüfft vor dem Hintergrund des zunehmenden Legitimationsdrucks, der auf der Kinder- und Jugendhilfe lastet und der sich bereits in Mittelkürzungen niederschlägt (vgl. Kap. 16). Die (teil)stationären Einrichtungen nutzen Kooperationen ebenfalls kaum für nicht auf den Einzelfall bezogene Zwecke. Hier bleiben Chancen eindeutig ungenutzt. Jugendringe beschränken sich in ihren Kooperationsbeziehungen vielfach auf ihren engeren Aufgabenbereich. Sie sind also, obwohl sie sich als Lobby für Kinder und Jugendliche verstehen, bei vielen Themen, die für das Aufwachsen von Bedeutung sind, nicht präsent. Dies ist auch Ausdruck ihrer eigenen Ressourcen. Denn die Jugendringe, die hauptamtliches Personal haben, sind besser in kooperative Bezüge eingebunden. Diese – zumindest hinsichtlich der Gestaltung von Kooperationen – strukturelle Schwäche (des Mangels an hauptamtlichen Strukturen) von Jugendringen führt auch dazu, dass das Kooperationsprofil von (teil)stationären Einrichtungen dem der Jugendämter ähnlicher ist als das der Jugendringe.

20 Literatur

Babic, B./Legenmayer, K. (2004): Partizipation in der Heimerziehung. Abschlussbericht der explorativen Studie zu den formalen Strukturen der Beteiligung von Kindern und Jugendlichen in ausgewählten Einrichtungen der stationären Erziehungshilfe in Bayern. München

BAG JAW (2005): TeilnehmerInnen in Angeboten der Jugendsozialarbeit. Erhebung des Ausbildungsjahres 2002/03. Bonn

Baumann, Z. (1995): Moderne und Ambivalenz. Frankfurt am Main

Baumert, J./Klieme, E./Neubrand, M./Prenzel, M./Schiefele, U./Schneider, W./Stanat, P./Tillmann, K.-J. & Weiß, M. (Hrsg.) (2001): PISA 2000: Basiskompetenzen von Schülerinnen und Schülern im internationalen Vergleich. Opladen

Baur, J./Blumenberg, F.-J. & Engel, E.-M. (2004): Implementation und Evaluation Sozialer Gruppenarbeit/Sozialer Trainingskurse mit verhaltensauffälligen/delinquenten Jugendlichen. AFET-Veröffentlichung 62/2004. Hannover: Arbeitsgemeinschaft für Erziehungshilfe

Baur, D./Finkel, M./Hamberger, M. & Kühn, A. (1998): Leistungen und Grenzen von Heimerziehung. Ergebnisse einer Evaluationsstudie stationärer und teilstationärer Erziehungshilfen. Schriftenreihe des Bundesministeriums für Familie, Senioren, Frauen und Jugend. Stuttgart, Bd. 170

Beauftragte der Bundesregierung für Ausländerfragen (2002): Bericht der Beauftragten der Bundesregierung für Ausländerfragen über die Lage der Ausländer in der Bundesrepublik Deutschland. Berlin und Bonn. Verfügbar unter www.integrationsbeauftragte.de

Beauftragte der Bundesregierung für Migration, Flüchtlinge und Integration (2004): Daten – Fakten – Trends. Strukturdaten der ausländischen Bevölkerung. Verfügbar unter www.integrationsbeauftragte.de

Beelmann, G./Kieselbach, T. & Traiser, U. (2001): Jugendarbeitslosigkeit und soziale Ausgrenzung: Ergebnisse einer qualitativen Analyse in Ost-und Westdeutschland. In: Zempel, J./Bacher, J. & Moser, K. (Hrsg.): Erwerbslosigkeit. Ursachen, Auswirkungen und Interventionen. Opladen, 133– 148

Beer, T./Gediga, G. (1999): Evaluation von Supervision: Eine Untersuchung im Bereich der sozialen Arbeit. In: Holling, H./Gediga, G. (Hrsg.): Evaluationsforschung. Göttingen, 73–126.

Beher, K. (2001): Kindertageseinrichtungen im Zwiespalt. Neue Qualität jenseits der Quantität? In: Rauschenbach, Th./Schilling, M. (Hrsg.): Kinder- und Jugendhilfereport 1. Analysen, Befunde und Perspektiven. Münster, 53–72

Beher, K./Gragert, N. (2004): Aufgabenprofile und Qualifikationsanforderungen in den Arbeitsfeldern der Kinder- und Jugendhilfe. Band 1 und 2. Herausgegeben vom Forschungsverbund DJI/Uni Dortmund

Behr-Heintze, A./Lipski, J. (2005): Schulkooperationen. Stand und Perspektiven der Zusammenarbeit zwischen Schulen und ihren Partnern. Ein Forschungsbericht des DJI. Schwalbach

Behringer, L./Höfer, R. (2005): Wie Kooperation in der Frühförderung gelingt. München

Beicht, U./Krekel, E. M. & Walden, G. (2004): Weiterbildung nützt. Empirische Untersuchung des BIBB zum individuellen Nutzen beruflicher Weiterbildung. In: DIE Zeitschrift für Erwachsenenbildung. www.diezeitschrift.de/32004/beicht04_01.htm [Letzter Zugriff 14.03.2006 18:34]

Beisenherz, H. G. (2002): Kinderarmut in der Wohlfahrtsgesellschaft. Das Kainsmal der Globalisierung. Opladen

Berger, M. (1994): Von der Armenpflege zum ASD – ein historischer Abriss. In: Textor, M. R. (Hrsg.): Allgemeiner Sozialdienst. Ein Handbuch für soziale Berufe. Weinheim und Basel, 13–20

Berker, P. (1998):Innensteuerung durch Supervision. In: Merchel, J. (Hrsg.): Qualität in der Jugendhilfe. Kriterien und Bewertungsmöglichkeiten. Münster, 312–325

Beywl, W./Schepp-Winter, E. (2000): Zielgeführte Evaluation von Programmen – Ein Leitfaden. Materialien zur Qualitätssicherung in der Kinder- und Jugendhilfe, Heft 29. Berlin

BIBB (Hrsg.) (2003): Abschlussbericht zum Forschungsprojekt 2.3.005 Kosten und Nutzen beruflicher Weiterbildung für Individuen. www2.bibb.de/tools/fodb/pdf/eb_23005.pdf [Letzter Zugriff 20.03.2006 19:11]

Bien, W./Riedel, B. (2006): Wie viel ist bedarfsgerecht? Betreuungswünsche der Eltern für unter 3-jährige Kinder. In: Bien, W./Rauschenbach, T./Riedel, B. (Hrsg.): Wer betreut Deutschlands Kinder? DJI-Kinderbetreuungsstudie. Weinheim, 268–280

Bien, W./Rauschenbach, Th. & Riedel, B. (Hrsg.) (2006): Wer betreut Deutschlands Kinder? DJI-Kinderbetreuungsstudie. Weinheim

Biermann, B. (2001): Vollzeitpflege. In: Birtsch, V./Münstermann, K./Trede W.: Handbuch Erziehungshilfen. Leitfaden für Ausbildung, Praxis und Forschung. Münster, 598–631

Bissinger, S./Böllert, K./Liebig, R./Lüders, C./Marquard, P. & Rauschenbach, Th. (2002): Grundlagen der Kinder- und Jugendhilfe. Strukturanalysen zu fachlichen Eckwerten, Organisation, Finanzen und Personal. München

Blätter der Wohlfahrtspflege 3/2002, Schwerpunktheft

Blandow, J. (1997): Hilfen zur Erziehung außerhalb des Elternhauses. Stationäre Erziehungshilfen auf dem Prüfstand. In: Rauschenbach, Th./Schilling, M. (Hrsg.): Die Kinder- und Jugendhilfe und ihre Statistik. Band 2: Analysen, Befunde, Perspektiven. Neuwied, 15–86

Blandow, J. (2004): Pflegekinder und ihre Familien. Geschichte, Situation und Perspektiven des Pflegekinderwesens. Weinheim und München

Blandow, J./Walter, M. (2001): Die Renaissance der Verwandtenpflege? In: Rauschenbach Th./Schilling, M. (Hrsg.): Kinder- und Jugendhilfereport 1. Analysen, Befunde und Perspektiven. Münster, 117–139

Blank-Mathieu, M. (2005): Gender-Mainstreaming im Kindergarten In: Textor, M. R. (Hrsg.): Kindergarten – Online Handbuch.

Blüml, H./Helming, E. & Schattner, H. (1994): Sozialpädagogische Familienhilfe in Bayern. Abschlussbericht. München

Bode, I. (2004): Disorganisierter Wohlfahrtskapitalismus. Die Reorganisation des Sozialsektors in Deutschland, Frankreich und Großbritannien. Wiesbaden

Bohn, I. (2002): Zur Verknüpfung von Jugendhilfeplanung und Gender-Mainstreaming. In: Bundesministerium für Familie, Senioren, Frauen und Jugend (Hrsg.):

Geschlechterdifferenzierte Jugendhilfeplanung und Gender-Mainstreaming-Prozesse – So geht's. Stuttgart

Boos-Nunning, U./Krakasoglu, Y. (2002): Partizipation und Chancengleichheit von zugewanderten Kindern und Jugendlichen in der Jugendhilfe – Ergebnisse und Konsequenzen aus dem zehnten Kinder- und Jugendbericht. In: SPI im SOS-Kinderdorf e. V. (Hrsg.): Migrantenkinder in der Jugendhilfe. Autorenband 6 der SPI-Schriftenreihe. München, 47–66

Boos-Nunning, U./Krakasoglu, Y. (2005): Viele Welten Leben. Zur Lebenssituation von Mädchen und jungen Frauen mit Migrationshintergrund. Münster/New York/München/Berlin. Verfügbar auch unter: www.integrationsbeauftragte.de

Bos, W./Lankes, E.-M./Prenzel, M./Schwippert, K./Walter, G. & Valtin, R. (2003): Erste Ergebnisse aus IGLU. Schülerleistungen am Ende der vierten Jahrgangsstufe im internationalen Vergleich. Münster

Braun, F. (1999): Reform durch Kooperation – Träger von Modellprojekten als Akteure des sozialen Wandels. In: Weigel, N./Seckinger, M./ van Santen, E. & Markert, A. (Hrsg.): Freien Trägern auf der Spur. Analysen zu Strukturen und Handlungsfeldern der Jugendhilfe. München, 64–84

Braun, F./Lex, T. (2005): Die Rolle der Jugendsozialarbeit im Übergangssystem Schule – Beruf. DJI-Arbeitspapier

Braun, F./Lex, T. & Rademacker, H. (Hrsg.) (2001): Jugend in Arbeit. Neue Wege des Übergangs Jugendlicher in die Arbeitswelt. Opladen

Bremer, F. (2006): Du bist Deutschland und die Radikalisierung der Ausgrenzung. In: Brückenschlag. Zeitschrift für Sozialpsychiatrie, Literatur und Kunst, Bd. 22, 11–20

Brommer, S. (2002): Neue Perspektiven in der Geschlechterpolitik. In: ajs-Informationen I/2002

Bruner, C. F./Winklhofer, U. & Zinser, C. (1999): Beteiligung von Kindern und Jugendlichen in der Kommune. Ergebnisse einer bundesweiten Erhebung. Herausgegeben vom Ministerium für Familie, Senioren, Frauen und Jugend (BMFSFJ)

BT-Drucksache 12/3711: Beschlussempfehlung und Bericht des Ausschusses für Frauen und Jugend zu dem Gesetzentwurf der Bundesregierung eines Ersten Gesetzes zur Änderung des Achten Buches Sozialgesetzbuch

BT-Drucksache 15/4532: Entwurf eines Gesetzes zu Entlastung der Kommunen im sozialen Bereich (KEG)

BT-Drucksachen 15/3676, 15/3986, 15/4045 zum Entwurf eines Gesetzes zum qualitätsorientierten und bedarfsgerechten Ausbau der Tagesbetreuung und zur Weiterentwicklung der Kinder- und Jugendhilfe (TAG, KICK)

Bundesamt für Migration und Flüchtlinge (2006): Migrationsbericht 2005. Berlin. Verfügbar unter www.bamf.de

Bundesanzeiger (2006): Das neue Kinder- und Jugendhilferecht. Einführung – Texte – Materialien. Köln

Bundesjugendkuratorium (2005): Die Zukunft der Städte ist multiethnisch und interkulturell. Stellungnahme des Bundesjugendkuratoriums zu Migration, Integration und Jugendhilfe. Bonn

Bundesjugendring (Hrsg.) (2003): Gesellschaftliches Engagement und politische Interessenvertretung – Jugendverbände in der Verantwortung. 50 Jahre Deutscher Bundesjugendring. Berlin

Bundesjugendring (2004): Potentiale nutzen und ausbauen! – Jugendverbände und die Integration von Kindern und Jugendlichen mit Migrationshintergrund. Beschluss der 77. Vollversammlung des Deutschen Bundesjugendring. Berlin, 04.12.2004

Bundesministerium des Innern (BMI), Bundesministerium der Justiz (Hrsg.) (2001): Erster Periodischer Sicherheitsbericht. Berlin 2001. Verfügbar unter www.uni-konstanz.de/rtf/ki/psb-2001.htm [Letzter Zugriff 12.4.2007 13:53]

Bundesministerium für Bildung und Forschung (BMBF) (2002): Berufliche Qualifizierung Jugendlicher mit besonderem Förderbedarf. Benachteiligtenförderung. Bonn. Verfügbar unter www.bmbf.de

Bundesministerium für Gesundheit und Soziale Sicherung (BMGS) (Hrsg.) (2001): Lebenslagen in Deutschland – Der 1. Armuts- und Reichtumsbericht der Bundesregierung. Verfügbar unter www.bmas.bund.de [Letzer Zugriff 06.09.2006 16:03]

Bundesministerium für Gesundheit und Soziale Sicherung (BMGS) (2005): Lebenslagen in Deutschland. Der 2. Armuts- und Reichtumsbericht der Bundesregierung. Verfügbar unter www.bmas.bund.de [Letzer Zugriff 06.09.2006 16:03]

Bundesministerium für Familie, Senioren, Frauen und Jugend (BMFSFJ) (1998): Zehnter Kinder- und Jugendbericht. Bericht über die Lebenssituation von Kindern und die Leistungen der Kinderhilfen in Deutschland. Drucksache 13/11368

Bundesministerium für Familie, Senioren, Frauen und Jugend (BMFSFJ) (Hrsg.) (2002a): Elfter Kinder- und Jugendbericht. Bericht über die Lebenssituation junger Menschen und die Leistungen der Kinder- und Jugendhilfe in Deutschland

Bundesministerium für Familie, Senioren, Frauen und Jugend (BMFSFJ) (2002b): Vierter Altenbericht zur Lage der älteren Generation in der Bundesrepublik Deutschland: Risiken, Lebensqualität und Versorgung Hochaltriger – unter besonderer Berücksichtigung demenzieller Erkrankungen. Verfügbar unter www.bmfsfj.de/Kategorien/Publikationen/publikationsliste,did=5362.html [Letzter Zugriff 12.4.2007 14:21]

Bundesministerium für Familie, Senioren, Frauen und Jugend (BMFSFJ) (2003): Auf dem Anfang kommt es an. Perspektiven zur Weiterentwicklung des Systems der Tageseinrichtungen für Kinder in Deutschland. Weinheim und Basel

Bundesministerium für Familie, Senioren, Frauen und Jugend (BMFSFJ) (2005) www.bmfsfi.de/Politikbereiche/kinder-und-iu-genddid=3102.html. 22.07.05. [letzer Zugriff am 20.09.05 um 11.14 Uhr]

Bundesministerium für Familie, Senioren, Frauen und Jugend (BMFSFJ) (2006): Familie zwischen Flexibilität und Verlässlichkeit. Perspektiven für eine lebenslaufbezogene Familienpolitik. Sachverständigenkommission Siebter Familienbericht. Drucksache 16/1360

Bundesministerium für Gesundheit und Soziale Sicherung (BMGS) (Hrsg.) (2001): Lebenslagen in Deutschland – Der 1. Armuts- und Reichtumsbericht der Bundesregierung. Verfügbar unter www.bmas.bund.de [Letzer Zugriff 06.09.2006 um 16:03 Uhr]

Bundesministerium für Gesundheit und Soziale Sicherung (BMGS) (2005): Lebenslagen in Deutschland. Der 2. Armuts- und Reichtumsbericht der Bundesregierung. Verfügbar unter www.bmas.bund.de [Letzer Zugriff 06.09.2006 um 16:03 Uhr]

Bundesministerium für Jugend, Familie, Frauen und Gesundheit (BMJFFG) (1990). Achter Jugendbericht. Bericht über Bestrebungen und Leistungen der Jugendhilfe. Bonn

Bundesministerium für Wirtschaft und Technologie (BMWi) (Hrsg.) (2002): »Daseinsvorsorge« im europäischen Binnenmarkt. Gutachten des Wissenschaftlichen Beirats beim Bundesministerium für Wirtschaft und Technologie vom 12. Januar 2002, Nr. 503

Bürger, U. (2005 a): Ein weiter Ritt auf dünnem Eis. Auswirkungen des demografischen Wandels auf die Inanspruchnahme erzieherischer Hilfen. In: Rauschenbach, Th./Schilling, M. (Hrsg.): Kinder- und Jugendhilfereport 2. Weinheim und München, 221–238

Bürger, U. (2005 b): Bericht zur Entwicklung von Jugendhilfebedarf und sozialstrukturellem Wandel für die Stadtkreise und Landkreise in den Regierungsbezirken Stuttgart und Tübingen über den Zeitraum 1999 bis 2003. Kommunalverband für Jugend und Soziales Baden-Württemberg, Dezernat Jugend, Landesjugendamt, Stuttgart

Bürger U./Lehning, K. & Seidenstücker, B. (1994): Heimunterbringungsentwicklung in der Bundesrepublik Deutschland – Theoretischer Zugang, Datenlage, Hypothese. Institut für Sozialarbeit und Sozialpädagogik. Frankfurt am Main

Busse, J. (2005): Demografische Entwicklung in Stadt und Land. In: Bayerischer Gemeindetag 7/2005, 229–230

Christe, G. (2004): Zu den Auswirkungen der demographischen Entwicklung auf die Jugendsozialarbeit. Expertise im Auftrag der Bundesarbeitsgemeinschaft Jugendsozialarbeit (BAG JAW, Bonn). Verfügbar unter www.iaj-oldenburg.de [Letzter Zugriff 24.02.2006 12:17]

Darius, S./Hellwig, I. (2004): Zur Kooperation von Jugendhilfe und Jugendpsychiatrie. Befunde und Empfehlungen aus einem Forschungs- und Entwicklungsprojekt in Rheinland-Pfalz. In: Fegert, J. M./Schrapper, C. (Hrsg.): Handbuch Jugendhilfe – Jugendpsychiatrie. Interdisziplinäre Kooperation. Weinheim, 505–516

DeGEval: Homepage: www.degeval.de/ [Letzter Zugriff 25.10.2006]

Deutscher Bundestag (1968): Zweiter Bericht über die Lage der Jugend und die Bestrebungen auf dem Gebiet der Jugendhilfe. BT.-Dr. V/2453

Deutscher Bundestag (1990): Achter Kinder- und Jugendbericht. Bericht über Bestrebungen und Leistungen der Jugendhilfe. Bonn, BT-Drucksache 11/6576

Deutscher Bundestag (2002 a): Elfter Kinder- und Jugendbericht. Bericht über die Lebenssituation junger Menschen und die Leistungen der Kinder- und Jugendhilfe in Deutschland. Bonn, BT-Drucksache 14/8181

Deutscher Bundestag (2002 b): Schlussbericht der Enquête-Kommission »Demographischer Wandel –Herausforderungen unserer älter werdenden Gesellschaft an den Einzelnen und die Politik«, BT-Drucksache 14/8800

Deutscher Bundestag (2004 a): Gesetzentwurf des Bundesrates. Entwurf eines Gesetzes zur Entlastung der Kommunen im sozialen Bereich (KEG), BT-Drucksache 15/4532

Deutscher Bundestag (2004 b): Entwurf eines Gesetzes zum qualitätsorientierten und bedarfsgerechten Ausbau der Tagesbetreuung und zur Weiterentwicklung der Kinder- und Jugendhilfe (Tagesbetreuungsausbaugesetz – TAG), BT-Drucksache 15/3676

Deutscher Bundestag (2005 a): Lebenslagen in Deutschland – Zweiter Armuts- und Reichtumsbericht. BT-Drucksache 15/5015. Verfügbar unter www.dip.bundestag.de/btd/15/050/1505015.pdf

Deutscher Bundestag (2005 b): Zwölfter Kinder- und Jugendbericht. Bericht über die Lebenssituation junger Menschen und die Leistungen der Kinder- und Jugendhilfe in Deutschland, BT-Drucksache 15/6014

Deutscher Bundestag (2005 c): Sechster Bericht über die Lage der Ausländerinnen und Ausländer in Deutschland, BT-Drucksache 15/5826

Deutscher Kinderschutzbund (2005): Mehr Armut und Gewalt in Familien. News vom 02.05.2005.

www.dksb.de/front_content.php?bezug=21;50&idcatart=560Sddcat=50 [Letzter Zugriff 14.11.2006 12:08]

Deutscher Städtetag (2005): Nahversorgung in den Städten. Aktuelle Herausforderungen und Handlungsempfehlungen. Arbeitspapier des Deutschen Städtetages. Juni 2005

Deutscher Verein für öffentliche und private Fürsorge (1995): Strukturmerkmale für die Organisation kommunaler sozialer Dienste. In: NDV 8/1995, 307–311

Deutscher Verein (2005): SGB II und Jugendsozialarbeit. Empfehlungen des Deutschen Vereins zur Zuständigkeit und Kooperation zwischen den Trägern der Jugendhilfe und den Trägern zur Grundsicherung für Arbeitssuchende vom 28.09.2005. www.blja.bayern.de/Aktuelles/Dt.Verein_Empfehlungen_%20SGBII_Jugendsozialarbeit.pdf. [Letzter Zugriff 31.05.2006 14:05]

Deutsches Jugendinstitut (1987): Handbuch Beratung im Pflegekinderbereich. München

Deutsches Jugendinstitut (1998): Handbuch Sozialpädagogische Familienhilfe. Stuttgart

Deutsches Jugendinstitut (2004): Stellungnahme zum Entwurf eines Gesetzes zur Weiterentwicklung der Kinder- und Jugendhilfe (KICK) sowie zum Entwurf eines Gesetzes zur Entlastung der Kommunen im sozialen Bereich (KEG) im Rahmen der öffentlichen Anhörung des Ausschusses für Familie, Senioren, Frauen und Jugend des Deutschen Bundestages am 13. April 2005 in Berlin

Deutsches Jugendinstitut (Hrsg.) (2005): Zahlenspiegel 2005. Tageseinrichtungen für Kinder im Spiegel der amtlichen Statistik. München

Dickhaus, B./Dietz, K. (2004): Folgen von Privatisierung und Liberalisierung öffentlicher Dienstleistungen in Europa. Studie des Projekts »Privatisierung und öffentliche Güter im Globalisierungsprozess« in Kooperation mit weed, der Rosa-Luxemburg-Stiftung und dem wissenschaftlichen Beirat von Attac Projektkoordination

Diehm, I. (2005): Hilfen zur Erziehung in der Einwanderungsgesellschaft. In: Forum Erziehungshilfen, 11. Jg., Heft 1, 4–7

Dressel, C. (2005): Erwerbstätigkeit und Arbeitsmarktintegration von Frauen und Männern. In: Bundesministerium für Familie, Senioren, Frauen und Jugend/Cornelißen, W. (Hrsg.): 1. Datenreport zur Gleichstellung von Frauen und Männern in Deutschland. Berlin

Drogenbeauftragte der Bundesregierung (Hrsg.) (2005 a): Deutsch-französische Fachtagung zur Suchtprävention bei Jugendlichen. Verfügbar unter www.bmg.bund.de [Letzer Zugriff 06.09.2006 um 15:31]

Drogenbeauftragte der Bundesregierung (Hrsg) (2005 b): Drogen- und Suchtbericht Mai 2005. Verfügbar unter www.bmg.bund.de [Letzer Zugriff 06.09.2006 um 15:48]

Drogenbeauftragte der Bundesregierung (Hrsg.) (2006): Drogen- und Suchtbericht Mai 2006. Verfügbar unter www.bmg.bund.de [Letzer Zugriff 06.09.2006 15:17]

Drucksache 15/4158: Gesetzentwurf des Bundesrates. Entwurf eines Gesetzes zur Änderung des Achten Buches Sozialgesetzbuch

dsn Projekte–Studien–Publikationen (2004): Verfügbar unter www.dsn-projekte.de

Eickmeyer, H./Bissinger, S. (2002): Kommunales Management. Steuerung des Konzern Stadt. Lehrbuch mit Fallstudien. Stuttgart

Eisenberg, U. (1997): Jugendgerichtsgesetz. 7. Aufl. München

Engel, E.-M./Rönnau, M. & Fröhlich-Gildhoff, K. (2005). Aktuelle Entwicklungen in der Sozialpädagogischen Familienhilfe. Ergebnisse einer Fragebogenuntersuchung in Baden-Württemberg und Hessen. Zeitschrift für Sozialpädagogik 3 (2), 138-153.

Evangelischer Erziehungsverband e. V. (EREV)(1989): Verlautbarung zum Stellenwert der Fortbildung. Hannover

Fach-ARGE Jugendsozialarbeit (2006): Fehlsteuerungen bei Hartz IV beseitigen. In: betrifft: Soziales 02/2006, 13–14. Verfügbar unter www.regsam.net [Letzer Zugriff 06.09.2006 14:47]

Fendrich, S./Pothmann, J. (2004): Das Ende des Wachstums – die Jugendhilfe am Wendepunkt. In: KomDat-Jugendhilfe, Dortmund: Arbeitsstelle Kinder- und Jugendhilfestatistik, 7, Nr. 1, S. 2–3

Fendrich, S./Pothmann, J. (2006): Angebot und Inanspruchnahme öffentlich organisierter Kinderbetreuung. In: Bien, W./Rauschenbach, Th. & Riedel, B. (Hrsg.): Wer betreut Deutschlands Kinder? DJI-Kinderbetreuungsstudie. Weinheim, 26–42

Filsinger, D. (2002): Interkulturelle Öffnung sozialer Dienste. Expertise im Auftrag der Regiestelle E & C. Verfügbar unter www.eundc.de

Finkel, M. (2002): Erziehungshilfen für Mädchen und Jungen aus Migrationsfamilien. Ergebnisse der JULE Studie. In: Migration und soziale Arbeit, Heft 1, 60–64

Flösser, G./Otto, H.-U. (2001): Qualifikationen und Kompetenzen von Führungs- und Leitungskräften in sozialen Diensten. In: Jugendhilfe, 39. Jg., Heft 3, 123–130

Frauenakademie München e.V. (2005): Gender Mainstreaming in der Kinder- und Jugendhilfe. Eine Konkretisierung für die Praxis. München

Freigang, W./Schone, R. (2001): Situation und Perspektiven der Jugendhilfe in Neubrandenburg – Entwicklung und Perspektiven bis 2010. Neubrandenburg (unveröff. Gutachten für die Stadt Neubrandenburg)

Fuchs, K. (2005 a): Wer besucht eine Kindertageseinrichtung, wer nicht? In: Deutsches Jugendinstitut (Hrsg.): Zahlenspiegel 2005. München, 93–109

Fuchs, K. (2005 b): Wovon der Besuch einer Kindertageseinrichtung abhängt ...! Eine Auswertung des Mikrozensus für Kinder bis zum Schuleintritt. In: Rauschenbach, Th./Schilling, M. (Hrsg.): Kinder- und Jugendhilfereport 2. Analysen, Befunde und Perspektiven. Weinheim und München, 157–173

Fuchs, K./Peucker, C. (2006): »Und du bist raus ...«: Welche Kinder besuchen keinen Kindergarten? In: Bien, W./Rauschenbach, Th. & Riedel, B. (Hrsg.): Wer betreut Deutschlands Kinder? DJI-Kinderbetreuungsstudie. Weinheim, 62–81

Fülbier, P. (1998): Berufsfördernde und berufsbildende Maßnahmen der Jugendsozialarbeit. Stichtageserhebung 1.1.1998. In: BAG JAW (Hrsg.): Jugend Beruf Gesellschaft: Statistik. Berufsfördernde und Berufsbildende Maßnahmen der Jugendsozialarbeit. Arbeitsdruck, 1–19

Fülbier, P./Steimle, H.-E. (2001). Streetwork, Mobile Jugendarbeit und aufsuchende Jugendsozialarbeit. In: Handbuch Jugendsozialarbeit. Geschichte, Grundlagen, Konzepte, Handlungsfelder, Organisationen. Münster, Bd. 1, 589–604

Gaiser, W. (1999): »Die« Jugend von heute. In: Die Mitbestimmung, 45. Jg., Bd. 9, 36–39

Gaiser, W./de Rijke, J. (2006): Gesellschaftliche und politische Beteiligung. In: Gille, M./Sardei-Biermann, S./Gaiser, W. & de Rijke, J. : Jugendliche und junge Erwachsene in Deutschland. Lebensverhältnisse, Werte und gesellschaftliche Beteiligung. DJI-Jugendsurvey 3. Wiesbaden, 213–275

Gaiser, W./Gille, M./Krüger, W. & de Rijke, J. (2003): Annäherungen und Differenzen in den politischen Kulturen der Jugend in der neuen Bundesrepublik. In: Andresen, S./Bock, K./Brumlik, M./Otto, H.-U./ Schmidt, M. & Sturzbecher, D. (Hrsg.): Vereintes Deutschland – geteilte Jugend? Ein politisches Handbuch. Opladen, 29–39

Gaitanides, S. (1995): Interkulturelle Öffnung der sozialen Dienste. In: Hinz-Rommel, W./Barwig, K.: Interkulturelle Öffnung sozialer Dienste. Freiburg im Breisgau

Gäs-Zeh, U./Tiltmann, A. (2004): Von der Mädchenperspektive zu Genderperspektive in der Jugendhilfe. Die Chancen des qualitativen Sprungs. In: Bruhns, K. (Hrsg.): Geschlechterforschung in der Kinder- und Jugendhilfe. Praxisstand und Forschungsperspektiven. Wiesbaden

Gawlik, M./Krafft, E. & Seckinger, M. (1995): Jugendhilfe und sozialer Wandel. Die Lebenssituation Jugendlicher und die Aufbausituation der Jugendhilfe in Ostdeutschland. München

Gebert, A. (2001): Erziehungsbeistand, Betreuungshelfer. In: Birtsch, V./Münstermann, K. & Trede, W.: Handbuch Erziehungshilfen. Leitfaden für Ausbildung, Praxis und Forschung. Münster, 525–533

Geisler, E./Kreyenfeld, M. (2005): Müttererwerbstätigkeit in Ost- und Westdeutschland. Eine Analyse mit den Mikrozensen 1991–2002. MPIDR WORKING PAPER WP 2005–033. Rostock

GEW-Bundesfachgruppe »Sozialpädagogische Berufe« über Profil und Perspektiven der Schulsozialarbeit (2004). In: Hartnuß, B./Maykus, S. (Hrsg.): Handbuch Kooperation von Jugendhilfe und Schule. Ein Leitfaden für Praxisreflexion, theoretische Verortung und Forschungsfragen. Berlin, 1183–1199

GEW (2005): »Für die Kleinsten ist das Beste gut genug!« Bildungsgewerkschaft für Erzieherinnen an der Hochschule. Verfügbar unter www.gew-bw.de/PM_1405_Erzieherinnenausbildung.html [Letzter Zugriff 22.03.2005 16:15]

Giernalczyk, Th. (2002): Supervision und Organisationsberatung – Annäherung zweier Beratungsformen. In: Giernalczyk, Th. (Hrsg.): Supervision und Organisationsberatung. Institutionen bewahren durch Veränderung. Göttingen

Goebel, J. (2005): Rede des Thüringer Kultusministers Prof. Dr. Jens Goebel zum Schulleiter-Forum des ThILLM am 27. November 2004. Verfügbar unter www.thueringen.de/de/tkm/aktuell/reden/ [Letzter Zugriff 27.04.2005 13:01]

Gragert, N./Pluto, L./van Santen, E. & Seckinger, M. (2005): Entwicklung (teil)stationärer Hilfen zur Erziehung. Ergebnisse und Analysen der Einrichtungsbefragung 2004. München

Gragert, N./van Santen, E. & Seckinger, M. (2005 a): Ausbau der Kindertagespflege – Implikationen für die Qualifikationsanforderungen. In: Sozial Extra, 29. Jg., Heft 12, 33–38

Gragert, N./van Santen, E. & Seckinger, M. (2005b): Eltern – die vergessenen Kooperationspartner der stationären Hilfen? In: Archiv für Wissenschaft und Praxis der sozialen Arbeit, 36. Jg., Heft 3, 74–86

Gragert, N./Pluto, L./van Santen, E. & Seckinger, M. (2006): Jugendringe im Visier. Befragung zu Strukturen, Funktionen und Handlungsmöglichkeiten. München

Grunow, D./Grunow-Lutter, V. (2000): Der öffentliche Gesundheitsdienst im Modernisierungsprozess. Eine Untersuchung über Handlungsspielräume und Restriktionen im Rahmen kommunaler Gesundheitspolitik. Weinheim und München

Grunwald, K. (2001): Neugestaltung der freien Wohlfahrtspflege. Management organisationalen Wandels und die Ziele der Sozialen Arbeit. Weinheim und München

Gudat, U. (1990): Pflegekinder und ihre Elternbeziehungen. Ergebnisse einer Orientierungsstudie. In: Nachrichtendienst des Deutschen Vereins, Heft 2, 70. Jg., 47–51

Häberlein, B. (2001): »INZEL« – Gesellschaft für offene und mobile Jugendarbeit Stuttgart–Bad Cannstatt. In: Pleiner, G. (Hrsg.): Jugendarbeit in Großstädten. Leitlinien Schwerpunkte Praxismodelle. Opladen, 119–123

Habermehl, A. (1999): Gewalt in der Familie. In: Albrecht, G./Groenemeyer, A. & Stallberg, F. W. (Hrsg.): Handbuch Soziale Probleme. Opladen

Hahn, F./Herpertz-Dahlmann, B. (2004): Seelische Behinderung. In: online-Familienhandbuch. Verfügbar auf www.familienhandbuch.de/cmain/f_Aktuelles/a_Behinderung/s_1506.html [Letzer Zugriff 8.5.2006 11:32]

Hamburger, F. (2002): Migration und Jugendhilfe. In: Sozialpädagogisches Institut im SOS-Kinderdorf e. V. (Hrsg.): Migrantenkinder in der Jugendhilfe. Autorenband 6 der SPI-Schriftenreihe. München, 6–46

Handschuck, S./Klawe, W. (2006): Interkulturelle Verständigung in der Sozialen Arbeit. Ein Erfahrungs-, Lern- und Übungsprogramm zum Erwerb interkultureller Kompetenz. 2. Auflage. Weinheim und München

Hartwig, L. (2004): Erziehungshilfen in Zeiten des Gender Mainstreaming. In: Bruhns, K. (Hrsg.): Geschlechterforschung in der Kinder- und Jugendhilfe. Praxisstand und Forschungsperspektiven. Wiesbaden

Haubrich, K./Lüders, C. (2004): Evaluation – mehr als ein Modewort? In: Recht der Jugend und des Bildungswesens, 52. Jg, Heft 3, 316-337

Heiner, M. (2000): Innovation, Evaluation und Qualitätsmanagement in Sozialer Arbeit und Supervision. In: Müller-Kohlenberg, H./Münstermann, K. (Hrsg.): Qualität von Humandienstleistungen. Evaluation und Qualitätsmanagement von Sozialer Arbeit und Gesundheitswesen. Opladen, 207-226

Heiner, M. (2001): Evaluation, In: Otto, H.-U./Thiersch, H. (Hrsg.): Handbuch Sozialarbeit, Sozialpädagogik. Neuwied, 481-495

Heinz, W. (2004): Kriminalität von Deutschen nach Alter und Geschlecht im Spiegel von Polizeilicher Kriminalstatistik und Strafverfolgungsstatistik. Konstanz. Internet-Publikation: www.uni-konstanz.de/rtf/kik, Stand 6/2004

Heinze, R.-G./Bauerdick, J. (1999): Arbeitslosigkeit. In: Albrecht, G./Groenemeyer, A. & Stallberg, F. W. (Hrsg.): Handbuch Soziale Probleme. Opladen

Heitkötter, M. (2006): Sind die Kita-Öffnungszeiten lange und flexibel genug? In: Bien, W./Rauschenbach, Th. & Riedel, B. (Hrsg.): Wer betreut Deutschlands Kinder? DJI-Kinderbetreuungsstudie. Weinheim, 216–235

Helming, E. (1998): Hilfen für Familien in Krisensituationen. Vom »Homebuilders Model« über das »Families First Program« zu Familienaktivierungs-Konzepten in der Bundesrepublik Deutschland. In: Zeitschrift für Pädagogik, Heft 39. Beiheft Erziehung und sozialer Wandel, 153–168

Helming, E. (2001): Sozialpädagogische Familienhilfe und andere Formen familienbezogener Hilfen. In: Birtsch, V./Münstermann, K. & Trede, W. (Hrsg.): Handbuch Erziehungshilfen. Leitfaden für Ausbildung, Praxis und Forschung. Münster, 541–571

Helming, E. (2006): »Der Unterschied, der einen Unterschied macht: Geschlecht als explizites oder implizites Sujet der Kinder- und Jugendhilfe«. Einige Gedanken zu einem leidigen Thema. In: Forum Erziehungshilfen, Heft 3/2006

Helming, E./Schäfer, R. (2006): »Viel Gegacker und kein Ei? Chancen, Risiken, Nebenwirkungen beim Umsetzen von Gender Mainstreaming. In: DJI-Bulletin 75, Heft 2, 18–21

Helming, E./Schattner, H. & Blüml, H. (1998): Handbuch Sozialpädagogische Familienhilfe. Stuttgart/Berlin/Köln

Henly, J. R./Lyons, S. (2000): The Negotiation of Child Care and Employment. Demands Among Low-Income Parents. In: Journal of Social Issues, Vol. 56, No. 4, 683–706

Herzig, B. (1999): Merkmale von neugegründeten Trägern in der Erziehungshilfe am Beispiel Niedersachsens. In: Weigel, N./Seckinger, M./van Santen, E. & Markert, A. (Hrsg.): Freien Trägern auf der Spur. München, 145–158

Hessisches Sozialministerium/Hessisches Kultusministerium (Hrsg.) (2005): Bildung von Anfang an. Bildungs- und Erziehungsplan für Kinder von 0 bis 10 Jahren in Hessen (Entwurf). Verfügbar unter: www.sozialministerium.hessen.de [Letzter Zugriff 28.11.06 11:48]

Hilmar, P. (2000): Was die Hochschule nicht schafft … Der Beitrag der Fort- und Weiterbildung zur Professionalisierung der Sozialen Arbeit. In: Müller, S./ Sünker, H./Olk, Th. & Böllert, K. (Hrsg.): Soziale Arbeit. Gesellschaftliche Bedingungen und professionelle Perspektiven. Neuwied

Hinrichs, J./Schäfer, M. (2006): Entwicklung des Arbeitsmarktes seit 1962 – Eröffnungsbilanz für die Legislaturperiode 2005–2009. Konrad-Adenauer-Stiftung (Hrsg.): Arbeitspapier Nr. 152, Sankt Augustin

Hinte, W./Groppe, J. & Litges, G. (2002): Sozialräumliche Finanzierungsmodelle. Hrsg.: Institut für stadtteilbezogene soziale Arbeit und Beratung. Essen

Hoffmann, J. (2003): Neues zum Beurteilungsspielraum im KJHG – SGB VIII. In: Zentralblatt für Jugendrecht, 90. Jg., Heft 2, 2003, 41–52

Hofmann-Lun, I./Michel, A. (2004): Schulmüdigkeit und Schulverweigerung. Die Hauptschule unter Hauptverdacht. In: DISKURS, 14. Jg., Heft 1, 28–35

Homfeldt, J. (2005): »Große Lösung«, »kleine Lösung«, keine Lösung? Das Ringen um die fachliche Zuständigkeit für seelisch behinderte Kinder und Jugendliche. In: Sozial Extra 29, Nr. 5., Wiesbaden

Homfeldt, H.G./Schulze-Krüdener, J. (2001): Schulsozialarbeit: eine konstruktiv-kritische Bestandsaufnahme. In: neue praxis, 31. Jg., Heft 1, 9–28

IKK-Nachrichten (2005): Gewalt gegen Kinder: Früh erkennen – früh helfen. Heft 1–2. Verfügbar unter www.dji.de/izkk

Institut für soziale Arbeit (2001): Kinder psychisch kranker Eltern zwischen Jugendhilfe und Erwachsenenpsychiatrie. Münster

INTEGRA (2003): Abschlussbericht zum Modellprojekt »INTEGRA – Implementierung und Qualifizierung integrierter, regionalisierter Angebotsstrukturen in der Jugendhilfe am Beispiel von fünf Regionen«. Frankfurt: IGFH. CD-ROM

ISS (2005): Gesetzliche Regelungen, Verordnungen und Verwaltungsvorschriften über die Kooperation und Zusammenarbeit zwischen Kinder- und Jugendhilfe und Schule in den Schulgesetzen der einzelnen Bundesländer. Verfügbar unter: www.iss-ffm.de/downloads/tagungsberichte/koop_schul_gesetze.pdf [Letzter Zugriff 28.11.06 16:23]

Jaeckel, M./Schooß, H. & Weskamp, H. (1997): Mütter im Zentrum. Mütterzentrum. Bilanz einer Selbsthilfebewegung. München

Jager, C. (2004): Keine Zeit für qualifizierte Hilfeplanung? In: Forum Erziehungshilfen, 10. Jg., Heft 5

Jall, H. (2002): Die Sicht der Sozialarbeit in Schulen. In: Dokumentation zum Studientag: Gemeinsam geht's besser, Institut für Fort- und Weiterbildung Forschung und Entwicklung, Katholische Stiftungsfachhochschule München und Deutscher Caritasverband, Landesverband Bayern.

Jordan, E./Schone, R. (1992): Jugendhilfeplanung aber wie? Eine Arbeitshilfe für die Praxis. Münster

Jordan, E./Stork, R. (1998): Beteiligung in der Jugendhilfeplanung. In: Jordan, E./Schone, R. (Hrsg.): Handbuch Jugendhilfeplanung. Grundlagen Bausteine Planung. Münster

Jugendhilfe Report, Heft 3, 2003

Jugendhof Steinkimmen/Niedersächsiches Landesjugendamt & Niedersächisches Förderprogramm »Lebensweltbezogene Mädchenarbeit« (Hrsg.) (2003): Genderkompetenzen in der Kinder- und Jugendhilfe. Dokumentation einer Fachtagung im Jugendhof Steinkimmen

Jugendministerkonferenz am 25./26. Juni 1998 in Kassel: Weiterentwicklung der Struktur der Ausbildung von Erzieherinnen und Erziehern. www.mbjs.brandenburg.de/media/lbm1.a.1222.de/52jmk_98.pdf [Letzter Zugriff 24.11.2006 10:42)

Jugendpolitik, Heft 1, 2001

Jurczyk, K./Rauschenbach, Th./Tietze, W./Keimeleder, L./Schneider, K./Schuhmann, M./Stempinski, S./Weiß, K. & Zehnbauer, A. (Hrsg.) (2004): Von der Tagespflege zur Familientagesbetreuung. Zur Zukunft öffentlich regulierter Kinderbetreuung in Privathaushalten. Weinheim und Basel

Kamp, J.-M. (1995): Kinderrepubliken. Geschichte, Praxis und Theorie radikaler Selbstregierung in Kinder- und Jugendheimen. Opladen

Kappel, M./Straus, F. & Weiterschan, W. (2004): Expertise: Interkulturelle Aspekte bei der Durchführung des Hilfeplanverfahrens. Modellprogramm Fortentwicklung Hilfeplan. München

Kessl, F./Reutlinger, C./Maurer, S. & Frey, O. (Hrsg.) (2005): Handbuch Sozialraum. Wiesbaden

KGSt-Bericht 12/1998: Kontraktmanagement zwischen öffentlichen und freien Trägern in der Jugendhilfe

Keupp, H./Ahbe, Th./Gmür, W./Höfer, R./Kraus, W./Mitzscherlich, B. & Straus, F. (Hrsg.) (1999): Identitätskonstruktionen. Das Patchwork der Identitäten in der Spätmoderne. Reinbek bei Hamburg

Koalitionsvertrag (2005): Gemeinsam für Deutschland – mit Mut und Menschlichkeit. Koalitionsvertrag zwischen CDU, CSU, SPD vom 11.11.2005. Berlin

Koch, G./Lambach, R.(2000): Familienerhaltung als Programm. Münster

Kommunale Gemeinschaftsstelle für Verwaltungsmanagement (KGSt) (1996): Integrierte Fach- und Ressourcenplanung in der Jugendhilfe. Bericht Nr. 3, Köln

Kösters, W. (1998): Der Jugendhilfeausschuss als jugendpolitisches Leitungsgremium – aus Sicht eines Vorsitzenden des Jugendhilfeausschusses. In: Zentralblatt für Jugendrecht, 85. Jg., Heft 5, 186–193

Kraus, L./Augustin, R. (2001): Repräsentativerhebung zum Gebrauch psychoaktiver Substanzen bei Erwachsenen in Deutschland 2000. In: SUCHT, 47. Jg., Sonderheft 1, September 2001

Krieger, W. (1994): Der Allgemeine Sozialdienst: rechtliche und fachliche Grundlagen für die Praxis des ASD. Weinheim und München

Kromrey, H. (2001): Evaluation – Ein vielschichtiges Konzept. Begriff und Methodik von Evaluierung und Evaluationsforschung. Empfehlungen für die Praxis. In: Sozialwissenschaften und Berufspraxis, 24. Jg., Heft 2, 105–31

KSD (2004): Länderbericht Sachsen 2004. Verfügbar unter www.ksdev.de/sachsen.htm [Letzter Zugriff 27.04.2005 13:06]

Lenz, A. (2001): Partizipation von Kindern in Beratung und Therapie. Entwicklungen, empirische Befunde und Handlungsperspektiven. Weinheim und München

Lenz, A. (2005): Kinder psychisch kranker Eltern. Göttingen

Lex, Tilly (2001): Benachteiligte Jugendliche im Jugendhilfebetrieb: Arbeitskräfte oder Adressaten von Förderung? Forschungsbericht. München/Leipzig: Deutsches Jugendinstitut. Arbeitspapier 2/2001

Liebig, R. (2001): Strukturveränderungen des Jugendamts. Weinheim und München.

Liebig, R. (2005 a): Redundantes Beiwerk oder neue Wissensquelle? Die NRW-Strukturdatenerhebung zur Offenen Kinder- und Jugendarbeit im Vergleich zur amtlichen Kinder- und Jugendhilfestatistik. In: Rauschenbach, Th. /Schilling, M.: Kinder- und Jugendhilfereport II. Weinheim und München, 203–220

Liebig, R. (2005 b): Flexibilität und Akzeptanz bei der Produktion empirischer Daten, Konzeptionelle Pfade der Strukturdatenerhebung zur Offenen Kinder- und Jugendarbeit in Nordrhein-Westfalen. In Forum Jugendhilfe, Heft 1, 59–62

Lillig, S./Helming, E./Blüml, H. & Schattner, H. (2002): Familiäre Bereitschaftsbetreuung. Empirische Ergebnisse und praktische Erfahrungen. Stuttgart

LJA (Landesjugendamt Hessen) (1999): Jugendhilfeplanung und Beteiligung von Kindern und Jugendlichen in Hessen. Verfügbar unter hessen.junetz.de/partizipation/docs/jugendhilfeplanung.doc [Letzter Zugriff 24.11.2006 11:12]

Lüders, C. (1998): Sozialpädagogische Forschung was ist das? In: Sozialpädagogische Forschung. Gegenstand und Funktionen, Bereiche und Methoden. Weinheim und München, 113–131

Maier, K. (2005): Für eine nachhaltige kommunale Wohnungspolitik. Erfahrungen, Überlegungen und Anfragen aus der Perspektive der Sozialen Arbeit. In: Maier,

K./Meßmer, K. (Hrsg.): Soziale Kommunalpolitik für lebenswerte Wohnquartiere. Freiburg im Breisgau, 121-147

Mamier, J./Pluto, L./van Santen, E./Seckinger, M. & Zink, G. (2003): Jugendarbeit in Deutschland. Ergebnisse einer Befragung bei Jugendverbänden und -ringen zu Strukturen und Handlungsmöglichkeiten. München

Mamier, J./Seckinger, M./Pluto, L./van Santen, E. & Zink, G. (2002): Organisatorische Einbettung von Jugendhilfeaufgaben in der Kommunalverwaltung. In: Sachverständigenkommission Elfter Kinder- und Jugendbericht (Hrsg.). Strukturen der Kinder- und Jugendhilfe. Eine Bestandsaufnahme. Materialien zum Elften Kinder- und Jugendbericht, Band 1. München, 265-318

Menne, K. (1997): Institutionelle Beratung. Möglichkeiten und Grenzen ihrer quantitativen Erfassung. In: Rauschenbach, Th./Schilling, M. (Hrsg.): Die Kinder- und Jugendhilfe und ihre Statistik. Band II: Analysen, Befunde und Perspektiven. Neuwied und Berlin, 201–264

Menne, K. (2005): Die Familienverhältnisse in der Fremdunterbringung. Ist Scheidung ein Leitindikator für die Hilfen zur Erziehung? In: Zentralblatt für Jugendrecht, 92. Jg., Heft 7/8 und 9, 290–308 (Teil 1) und 350–357 (Teil 2)

Merchel, J. (1998): Jugendhilfeplanung in den einzelnen Arbeitsfelder der Jugendhilfe. In: Jordan, E./Schone, R. (Hrsg.): Handbuch Jugendhilfeplanung. Grundlagen Bausteine Planung. Münster

Merchel, J. (2003): Trägerstrukturen in der Sozialen Arbeit. Eine Einführung. Weinheim und München

Merchel, J. (2004): Evaluation im Kontext von Finanzierungsvereinbarungen? In: RdJB, 3/2004, 371–388

Merchel, J. (2005 a): Strukturveränderungen in der Kinder- und Jugendhilfe durch die Ausweitung von Ganztagesangeboten für Schulkinder. In: Sachverständigenkommission Zwölfter Kinder- und Jugendbericht (Hrsg.): Kooperationen zwischen Jugendhilfe und Schule. Materialien zum Zwölften Kinder- und Jugendbericht, Band 4. München, 169–238

Merchel, J (2005 b): Jugendhilfeplanung als Modus der Qualitätsentwicklung in der örtlichen Jugendhilfe. Konzeptionelle Überlegungen und kritische Anfragen. In: Jugendhilfe, 61–71

Merchel, J./Reismann, H. (2003): Der Jugendhilfeausschuss: besser als sein Ruf? Thesen und Hinweise aus einem Forschungsprojekt. NDV, Heft 10, 422-429

Merchel, J./Reismann, H. (2004): Der Jugendhilfeausschuss. Eine Untersuchung über seine fachliche und jugendhilfepolitische Bedeutung am Beispiel NRW. Weinheim und München

Meysen, Th. (2004): Pflichtenstellung des Jugendamts bei einem Aufwachsen von Kindern und Jugendlichen in Pflegefamilien. In: Deutsches Institut für Jugendhilfe und Familienrecht (DIJuF) (Hrsg.): Verantwortlich handeln – Schutz und Hilfe bei Kindeswohlgefährdung. Saarbrücker Memorandum, 157–182

Mies-van Engelshoven, B. (2004): 1. Statistik der Jugendmigrationsdienste (JMD) der Bundesarbeitsgemeinschaft Jugendsozialarbeit. Integration junger Menschen mit Migrationshintergrund vom 01.01.2003 bis 31.12.2003. In: Jugend Beruf Gesellschaft. Arbeitsdruck, 5–22. Verfügbar unter www.bagjaw.de.

Mies-van Engelshoven, B. (2005): 2. Statistik der Jugendmigrationsdienste (JMD) der Bundesarbeitsgemeinschaft Jugendsozialarbeit. Integration junger Menschen mit Migrationshintergrund vom 01.01.2004 bis 31.12.2004. Verfügbar unter: www.bagjaw.de

Modellprogramm zur Fortentwicklung des Hilfeplanverfahrens: Verfügbar unter www.dji.de/hpv [Letzter Zugriff 25.10.2006 10:31]

Moos, M./Müller, H. (2003): Bestandaufnahme und Handlungsbedarfe im Bereich der Eingliederungshilfe (§ 35a SGB VIII) in Rheinland-Pfalz. Expertise im Auftrag des Ministeriums für Arbeit, Soziales, Familie und Gesundheit Rheinland-Pfalz. Mainz

Mörsberger, Th./Restemeier, J. (1997): Helfen mit Risiko. Zur Pflichtenstellung des Jugendamtes bei Kindesvernachlässigung. Dokumentation eines Strafverfahrens gegen eine Sozialarbeiterin in Osnabrück. Neuwied und Berlin

Mühlenkamp, H. (2001): Rechtsform, Trägerschaft und Effizienz öffentlicher Unternehmen. In: Zeitschrift für öffentliche und gemeinwirtschaftliche Unternehmen, Band 24, Heft 2

Müller-Kohlenberg, H./Kammann, C. (2000): Die NutzerInnenperspektive in der Evaluationsforschung: Innovationsquelle oder opportunistische Falle? In: Müller-Kohlenberg, H./Münstermann, K. (Hrsg.): Qualität von Humandienstleistungen. Evaluation und Qualitätsmanagement von sozialer Arbeit und Gesundheitswesen. Opladen, 99–120

OECD (2004): Education at a Glance. Paris: OECD

Oelkers, J. (1995): Pädagogische Ratgeber. Erziehungswissen in populären Medien. Frankfurt am Main

Olk, Th. (1995): Zwischen Korporatismus und Pluralismus: Zur Zukunft der freien Wohlfahrtspflege im bundesdeutschen Sozialstaat. In: Rauschenbach, Th./Sachße, C. & Olk, Th. (Hrsg.): Von der Wertegemeinschaft zum Dienstleistungsunternehmen. Jugend- und Wohlfahrtsverbände im Umbruch. Frankfurt am Main, 98–122.

Pallasch, W./Mutzeck, W. & Reimers, H. (Hrsg.) (1992): Beratung Training Supervision. Eine Bestandsaufnahme über Konzepte zum Erwerb von Handlungskompetenz in pädagogischen Arbeitsfeldern. Weinheim und München

Pasternack, P./Schildberg, A. (2005): Die finanziellen Auswirkungen einer Anhebung der Erzieher/innen-Ausbildung. In: Sachverständigenkommission Zwölfter Kinder- und Jugendbericht (Hrsg.): Entwicklungspotenziale institutioneller Angebote im Elementarbereich. Materialien zum Zwölften Kinder- und Jugendbericht, Band 2, 9–133

Permien, H./Zink, G. (1998): Endstation Straße? Straßenkarrieren aus der Sicht von Kindern und Jugendlichen. München

Peter, H. (2000): Was die Hochschule nicht schafft … Der Beitrag der Fort- und Weiterbildung zur Professionalisierung der Sozialen Arbeit. In: Müller, S./Sünker, H./Olk, T. & Böllert, K. (Hrsg.): Soziale Arbeit. Gesellschaftliche Bedingungen und professionelle Perspektiven. Neuwied

Petzold, H./Schigl, B./Fischer, M. & Höfner, C. (2003): Supervision auf dem Prüfstand. Wirksamkeit, Forschung, Anwendungsfelder, Innovation. Opladen

Peucker, C. (2002): Kindertageseinrichtungen in Stadtteilen mit besonderem Entwicklungsbedarf. In: Deutsches Jugendinstitut (Hrsg.): Zahlenspiegel 2002. München, 203–285

Pluto, L. (2005): Verwaltungsmodernisierung bei Jugendämtern – Impulse, Entwicklungen, Bewertungen. Empirische Befunde einer Vollerhebung. In: Archiv für Wissenschaft und Praxis der sozialen Arbeit, 36. Jg., Heft 2, 20–36

Pluto, L. (2006): Partizipation in den erzieherischen Hilfen – fachliches Selbstverständnis und institutionelle Unterstützung. In: Seckinger, M. (Hrsg.): Partizipation – ein zentrales Paradigma. Analysen und Berichte aus psychosozialen und medizinischen Handlungsfeldern. Tübingen

Pluto, L./van Santen, E. (2001): Jugendamtsbezirke – zu klein für Sozialräume? In: KOMdat, 4. Jg., Heft 3, 4

Pluto, L./van Santen, E. & Seckinger, M. (2001): Kooperation – Verhängnis oder Verheißung? In: Institut für soziale Arbeit e. V. (Hrsg.): Kinder psychisch kranker Eltern zwischen Jugendhilfe und Erwachsenenpsychiatrie. Soziale Praxis, Heft 21. Münster, 31–47

Pluto, L./van Santen, E. & Seckinger, M. (2003): Der Kinder- und Jugendhilfeausschuss – Modell für eine moderne Verwaltung. In: Forum Jugendhilfe, Heft 3, 57–62

Pluto, L./Gragert, N./van Santen, E. & Seckinger, M. (2005): Partizipation in der Heimerziehung. Institutionalisierte Beteiligungsformen in Einrichtungen der stationären Erziehungshilfe in Bayern. Ergebnisse einer Vollerhebung. In: Jahresbericht 2004 des Bayerischen Landesjugendamts. München, 76–86

Pluto, L./Mamier, J./van Santen, E./Seckinger, M. & Zink, G. (2003): Partizipation im Kontext erzieherischer Hilfen – Anspruch und Wirklichkeit. Eine empirische Studie. München

Pohl, Carsten (2004): Demographischer Wandel in Mittel- und Osteuropa. Ifo-Bericht Dresden 5/2004, 29–36. Verfügbar unter: portal.ifo.de [Letzter Zugriff 22.02.2006 13:09]

Pothmann, J. (2003): Interkommunale Vergleiche. Eine Fundgrube für empirische Jugendhilfeforschung. In: Otto, H.-U./Oelerich, G. & Micheel, H.-G. (Hrsg.): Empirische Forschung und Soziale Arbeit. Ein Lehr- und Arbeitsbuch. Neuwied, 291-304

Pothmann, J./Schilling, M. (2002): Flexible und/oder integrierte Erziehungshilfen auf dem Vormarsch? In: KOMdat, 5 (2), 2–3

Pothmann, J./Thole, W. (2005): Zum Befinden eines Bildungsakteurs. In: Deutsche Jugend, 53. Jg., Heft 2, 68–75

Präsident des Hessischen Rechnungshofs – Überörtliche Prüfung kommunaler Körperschaften – (Hrsg.) (2005): Fünfzehnter Zusammenfassender Bericht 2005. Hessischer Landtag, Drucksache 16/4190

Pretis, M./Dimova, A. (2004): Frühförderung mit Kindern psychisch kranker Eltern. München

Projekt »Strategien und Konzepte externer Evaluation in der Kinder- und Jugendhilfe« – »EXE«: Homepage: www.dji.de/cgi-bin/projekte/output.php?projekt=333 [Letzter Zugriff 25.10.2006 13:04]

Puchert, R./Höyng, S. (2004): Grenzen der Ressourcenorientierung in der Jungenarbeit. In: Bruhns, K. (Hrsg.): Geschlechterforschung in der Kinder- und Jugendhilfe. Praxisstand und Forschungsperspektiven. Wiesbaden

Pühl, H. (2002): Teamsupervision ist immer spannend. In: Giernalczyk, Th. (Hrsg.): Supervision und Organisationsberatung. Institutionen bewahren durch Veränderung. Göttingen

QS-Reihe des Bundesministeriums für Familie, Senioren, Frauen und Jugend: Homepage: www.qs-kompendium.de/ [Letzter Zugriff 25.10.2006 16:46]

Reismann, H. (2002): Adressatenbeteiligung in der Jugendhilfeplanung: Von der guten Absicht zur strukturellen Absicherung. In: Textor-Becker, I./Textor, M. R. (Hrsg.): SGB VIII – Online-Handbuch: www.sgbviii.de/S53.html [Letzter Zugriff 10.05.2005 18:13]

Reißig, B./Gaupp, N. & Lex, T. (2004): Hoffnungen und Ängste – Jugendliche aus Zuwanderungsfamilien an der Schwelle zur Arbeitswelt. In: DJI-Bulletin, Heft 69, 4–7

Reuband, K.-H. (1999): Drogengebrauch und Drogenabhängigkeit. In: Albrecht, G./Groenemeyer, A. & Stallberg, F. W. (Hrsg.): Handbuch Soziale Probleme. Opladen

Rodenstock, R. (2005): Uns gehen die Kinder aus – was tut die bayerische Wirtschaft? In: Der Bayerische Bürgermeister, Heft 7+8, 273–274

Rohrmann, T. (2003): Gender Mainstreaming in Kindertagesstätten. In: Kindertageseinrichtungen aktuell, Ausgabe ND, 11. Jg., Teil 1: Heft 11, 224–227; Teil 2: Heft 12, 248–252

Römisch, K./Schorr, K.-W. (1998): Familienstabilisierungsprogramm – FSP. In: Jugendwohl. Zeitschrift für Kinder- und Jugendhilfe, 79. Jg., Heft 7/8, 322–325

Rotthaus, W. (2005): Erziehung gestern, Erziehung heute – Erziehung von gestern für heute? In: Rundbrief Gemeindepsychologie 2005, Band 11, Heft 2, 4-12

Sachße, C. (1998): Entwicklung und Perspektiven des Subsidiaritätsprinzips. In: Graf Rupert Strachwitz (Hrsg.): Dritter Sektor – Dritte Kraft. Versuch einer Standortbestimmung. Stuttgart, 369–382

Sachverständigenkommission Elfter Kinder- und Jugendbericht (Hrsg.) (2002): Strukturen der Kinder- und Jugendhilfe. Eine Bestandsaufnahme. Materialien zum Elften Kinder- und Jugendbericht, Band 1, München

Sachverständigenrat für Zuwanderung und Integration (2004): Migration und Integration – Erfahrungen nutzen – Neues wagen. Verfügbar unter www.bamf.de

Sachverständigenrat für Zuwanderung und Integration (Zuwanderungsrat) (2004): Migrationsbericht – aktualisierte Ausgabe November 2004. Verfügbar unter www.bmi.bund.de

van Santen, E. (2000): Rauf oder runter, mehr oder weniger? – Ergebnisse und methodische Anmerkungen zu regionalen und zeitlichen Vergleichen der Fremdunterbringung. In: NDV, 80, Heft 7, 201–206

van Santen, E. (2001): Interkommunale Vergleichsringe – eine Außenperspektive. In: Institut für soziale Arbeit e.V. (Hrsg.): Sozialraumorientierte Planung in Gebieten mit besonderem Entwicklungsbedarf. Münster, 68–75. Verfügbar unter www.eundc.de

van Santen, E. (2002): Regionale Disparitäten in der Kinder- und Jugendhilfe – Angebote, Inanspruchname, Konzepte. In: Forum Erziehungshilfe, 8. Jg., Heft 4, 214–222

van Santen, E. (2003): Struktureller Rahmen der Kinder- und Jugendhilfeausschüsse – rechtliche Vorgaben und Empirie. In: Forum Jugendhilfe, Heft 4, 50-55

van Santen, E. (2006 a): Wie verbreitet ist die Tagespflege. In: Bien, W./Rauschenbach, Th. & Riedel, B. (Hrsg.): Wer betreut Deutschlands Kinder? DJI-Kinderbetreuungsstudie. Weinheim, 124–139 van Santen (2006b): Tagespflege. Wer wünscht sie, wer nutzt sie und wie wird sie genutzt? In: Bien, W./Rauschenbach, Th. & Riedel, B. (Hrsg.): Wer betreut Deutschlands Kinder? DJI-Kinderbetreuungsstudie. Weinheim, 142–148

van Santen, E. (2006c): Beschwerdemanagement und Adressatenräte als institutionelle Formen der Partizipation in den erzieherischen Hilfen – das Beispiel Niederlande. In: Seckinger, M. (Hrsg.) (2006): Partizipation – ein zentrales Paradigma. Analysen und Berichte aus psychosozialen und medizinischen Handlungsfeldern. Tübingen, 173–189

van Santen, E./Seckinger, M. (1999): Freien Trägern auf der Spur – ein Fazit. In: Weigel, N./Seckinger, M./van Santen, E. & Markert, A. (Hrsg.): Freien Trägern auf der Spur. München, 177–187

van Santen, E./Seckinger, M. (2001): Neue Trägervielfalt in Ostdeutschland und ihre Folgen für das (neo)korporatistische System. In: Zeitschrift für Sozialreform, 47, Heft 1, 55–74

van Santen, E./Seckinger, M. (2003): Kooperation: Mythos und Realität einer Praxis. Eine empirische Studie zur interinstitutionellen Zusammenarbeit am Beispiel der Kinder- und Jugendhilfe. München

van Santen, E./Zink, G. (2003): Der Allgemeine Soziale Dienst zwischen Jugendamt und Eigenständigkeit – Empirische Daten zur organisatorischen Verankerung in den Kommunen. Nachrichtendienst des Deutschen Vereins für öffentliche und private Fürsorge, 83. Jg., Heft 1, 24–33

van Santen, E./Mamier, J./Pluto, L./Seckinger, M. & Zink, G. (2003): Kinder- und Jugendhilfe in Bewegung – Aktion oder Reaktion? Eine empirische Analyse. München

Schefold, W./Glinka, H.-U./Neuberger, C. & Tilemann, F. (1998): Hilfeplanverfahren und Elternbeteiligung. In: Deutscher Verein für private und öffentliche Fürsorge (Hrsg.): Arbeitsheft 50. Frankfurt am Main

Schellhorn, W. (1997): Das Bundessozialhilfegesetz: ein Kommentar für Ausbildung, Praxis und Wissenschaft. Neuwied

Schellhorn, W. (2000): SGB VIII/KJHG Sozialgesetzbuch, Achtes Buch Kinder- und Jugendhilfe. 2. Aufl., Neuwied

Scherr, A. (2002): Gender Mainstreaming als Lernprovokation – Anforderungen an die Ausbildung, Fortbildung und Personalentwicklung in den Organisationen der Kinder- und Jugendhilfe. In: Ginsheim, G. v./Meyer, D. (Hrsg.): Gender-Mainstreaming. Neue Perspektiven für die Jugendhilfe. Berlin, 81–94

Schiersmann, Ch./Thiel, H.-U./Fuchs, K. & Pfizenmaier, E. (1998): Innovationen in Einrichtungen der Familienbildung. Eine bundesweite empirische Institutionenanalyse. Opladen

Schilling, M. (2001). Das Ende der Versäulung? Umfang innovativer Formen der Erziehungshilfen. In: KOMdat, 4 (3), 1–2

Schilling, M. (2005): Kindertageseinrichtungen – Stillstand trotz vielfältiger Herausforderungen. In: Rauschenbach, T./Schilling, M. (Hrsg.): Kinder- und Jugendhilfereport 2. Analysen, Befunde und Perspektiven. Weinheim und München

Schilling; M./Rauschenbach, Th. (2001): Jugendsozialarbeit im Spiegel der Statistik. Münster, 1049–1069

Schleiffer, R. (2001): Der heimliche Wunsch nach Nähe. Bindungstheorie und Heimerziehung. Münster

Schmid, H./Wiesner, R. (2006a): Die Kinder- und Jugendhilfe und die Föderalismusreform Teil I. In: Zeitschrift für Kindschaftsrecht und Jugendhilfe, Heft 9, 392–396

Schmid, H./Wiesner, R. (2006b): Die Kinder- und Jugendhilfe und die Föderalismusreform Teil II. In. Zeitschrift für Kindschaftsrecht und Jugendhilfe, Heft 10, 449–454

Schmithals, E. (1997): Arbeiten im Iko-Netz. Kennzahlenorientierte Steuerung und interkommunale Vergleiche. In: Der Landkreis, Heft 1, 15–17

Schone, R. (2005): Entwicklungslinie und Spannungsfelder demografiebasierter Jugendhilfeplanung. In: Rauschenbach, Th./Schilling, M. (Hrsg.): Kinder- und Jugendhilfereport 2. Weinheim und München, 221–238

Schrapper, C. (2004): Teilhabe ermöglichen. Sozialpädagogische Konzepte für die Aufgaben der Jugendhilfe bei Hilfen nach § 35a KJHG. In: Fegert, J. M./Schrapper, C. (Hrsg.): Handbuch Jugendhilfe – Jugendpsychiatrie. Interdisziplinäre Kooperationen. Weinheim und München

Schrapper, C./Pies, S. (2003): Hilfeplanung als Kontraktmanagement? Erster Zwischenbericht des Forschungs- und Entwicklungsprojekts. In: Modellprogramm Fortentwicklung des Hilfeplanverfahrens (Hrsg.), München

Schrapper, C./Spies, A. (2002): Jugend auf dem Land: »Jung sein im Westerwald«. In: unsere jugend, 54. Jg., Heft 4, 163–170

Schröer, H. (2005): Interkulturelle Orientierung und Öffnung der Hilfen zur Erziehung. Forum Erziehungshilfen, 11. Jg., Heft 1, 14–19

Schuch, J. (2003): Jugendliche mit Migrationshintergrund – eine (interkulturelle) Herausforderung der Erziehungshilfe. In: Becker-Textor, I./Textor, M. R. (Hrsg.): SGB VIII – Online-Handbuch: www.sgbviii.de/S133.html. [Letzter Zugriff 2.11.2006 15:43]

Schulze-Krüdener, J./Homfeldt, H. G. (2000): Professionalisierung der Sozialen Arbeit durch Weiterbildung. In: Müller, S./Sünker, H./Olk, Th. & Böllert, K. (Hrsg.): Soziale Arbeit. Gesellschaftliche Bedingungen und professionelle Perspektiven. Neuwied

Schwabe, M. (1999): »Fremd und unverständlich« Heimkarrieren von Migrantenkindern. In: iza – Zeitschrift für Migration und soziale Arbeit, Heft 2, 43–49

Seckinger, M. (2001): Kooperation eine voraussetzungsvolle Strategie in der psychosozialen Arbeit. In: Praxis der Kinderpsychologie und Kinderpsychiatrie, 50. Jg., Heft 4, 279–292

Seckinger, M. (2003): Jugendhilfeeinrichtungen in Form kommunaler Unternehmen – ein Risiko? In: Zentralblatt für Jugendrecht, Heft 2, 56–61

Seckinger, M. (2004): Kooperation im Kinder- und Jugendhilfeausschuss. In: Forum Jugendhilfe, Heft 1, 57–64

Seckinger, M. (Hrsg.) (2006): Partizipation – ein zentrales Paradigma. Analysen und Berichte aus psychosozialen und medizinischen Handlungsfeldern. Tübingen

Seckinger, M./van Santen, E. & Pluto, L. (2000): Regionalisierte Jugendämter – Jugendämter kreisangehöriger Gemeinden. Zentralblatt für Jugendrecht, 87. Jg., Heft 3, 99–105

Seckinger, M./Weigel, N./van Santen, E. & Markert, A. (1998): Situation und Perspektiven der Jugendhilfe. Eine empirische Zwischenbilanz. München

Seidenstücker, B./Münder, J. (1990): Jugendhilfe in der DDR. Perspektiven einer Jugendhilfe in Deutschland. Münster

Sekretariat der Ständigen Konferenz der Kultusminister der Länder in der Bundesrepublik Deutschland (2005): Bericht über die allgemein bildenden Schulen in Ganztagsform in den Ländern in der Bundesrepublik Deutschland. Bonn. Verfügbar unter www.kmk.org

Senatsverwaltung Berlin für Bildung, Jugend und Sport (2004): »Im Gender- Dschungel«. Die Kinder- und Jugendhilfe auf neuen Wegen zur Gleichberechtigung. Sozialpädagogische Fortbildung Jagdschloss Glienicke. Verfügbar unter www.sfjg.de/down/Gender_Dschungel.pdf [Letzter Zugriff 10.11.2006 9:40]

Simmel-Joachim, M./Schäfer, R. (2005): Frauenstudien zur Sozialen Arbeit. Wie genderbezogenes Wissen in die berufliche Praxis Eingang finden kann. Frankfurt am Main

Sozialdienst Katholischer Frauen (2004): Katholische Zufluchtstätten für Frauen und Kinder in Not – Frauenhäuser beim Sozialdienst katholischer Frauen. Dortmund. Verfügbar unter www.skf-zentrale.de/Statistik_2003_Frauen.pdf

Sozialpädagogisches Institut im SOS-Kinderdorf e.V. (2000): Die Rückkehr des Lebens in die Öffentlichkeit. Zur Aktualität von Mütterzentren. Neuwied

Sozialpädagogischen Institut im SOS-Kinderdorf e. V. (Hrsg.) (2002): Migrantenkinder in der Jugendhilfe. Autorenband 6 der SPI-Schriftenreihe. München

Späth, K. (2001): Tagesgruppen. In: Birtsch, V./Münstermann, K. & Trede, W. (Hrsg.): Handbuch Erziehungshilfen. Leitfaden für Ausbildung, Praxis und Forschung. Münster, 572–597

Späth, K. (2004): Bericht über die Anhörung des Behindertenbeauftragten des Deutschen Bundestages zum Stand der Umsetzung des SGB IX (Rehabilitation und Teilhabe behinderter Menschen) am 13. Oktober 2003. In: Forum Jugendhilfe 1, 32–34

SPI im SOS-Kinderdorf (Hrsg.) (2001): Sozialraumorientierung auf dem Prüfstand. Rechtliche und sozialpädagogische Bewertungen zu einem Reformprojekt in der Jugendhilfe. München

Stallard, P./Norman, P./Huline-Dickens, S./Salter, E. & Cribb, J. (2004): The Effects of Parental Mental Illness Upon Children: A Descriptive Study of the Views of Parents and Children. Clinical Child Psychology and Psychiatry, Vol. 9 (1). London, 39–52

Statistisches Bundesamt (Hrsg.) (2003 a): Leben und Arbeiten in Deutschland – Ergebnisse des Mikrozensus 2002. Wiesbaden

Statistisches Bundesamt (2003 b): Ergebnisse der 10. koordinierten Bevölkerungsvorausberechnung. Wiesbaden.

Statistisches Bundesamt (2004 a): Statistiken der Kinder- und Jugendhilfe. Hilfe zur Erziehung außerhalb des Elternhauses; Heimerziehung; sonstige betreute Wohnform – Beendete Hilfen 2003. Arbeitsunterlage. Wiesbaden. Verfügbar unter www.destatis.de

Statistisches Bundesamt (2004 b): Statistiken der Kinder- und Jugendhilfe. Teil III.2 Einrichtungen und tätige Personen. 2002. Arbeitsunterlage. Wiesbaden. Verfügbar unter www.destatis.de

Statistisches Bundesamt (2004 c). Einnahmen und Ausgaben in Euro. 2003. Arbeitsunterlage Teil IV. Verfügbar unter www.destatis.de

Statistisches Bundesamt (2004d): Diagnosedaten der Krankenhauspatientinnen und -patienten. Fachserie 12, Reihe 6.2 – 2002. Wiesbaden

Statistisches Bundesamt (2004e): Einrichtungen und tätige Personen – sonstige Einrichtungen – (ohne Tageseinrichtungen für Kinder). Wiesbaden. Verfügbar unter www.destatis.de

Statistisches Bundesamt (2005): Statistiken der Kinder- und Jugendhilfe. Institutionelle Beratung 2004. Wiesbaden. Verfügbar unter www.destatis.de

Statistisches Bundesamt (2006): Rechtspflege. Strafverfolgung. Fachserie 10, Reihe 3. Wiesbaden. Verfügbar unter www.destatis.de

Steege, G./Szylowicki, A. (1996): Bereitschaftspflege – Zur historischen und fachlichen Entwicklung und zur aktuellen Situation einer besonderen Form der Vollzeitpflege. In: Gintzel, U. (Hrsg.): Erziehung in Pflegefamilien. Auf der Suche nach einer Zukunft. Münster, 180–196

Steinhübl, D. (2005): Sag mir wo du wohnst ... Risiken und Ressourcen unterschiedlicher Räum für Kinder. In: Alt, C. (Hrsg.): Kinderleben – Aufwachsen zwischen Familie, Freunden und Institutionen. Bd. 1: Aufwachsen in Familien. Wiesbaden, 239–276

Stempinski, S. (2003): Was kostet ein qualifizierter Tagespflegeplatz? Vortrag auf der Fachtagung »Auf- und Ausbau einer qualifizierten Kindertagespflege« des Deutschen Jugendinstitut, am 16.10.2003 in Frankfurt am Main. Verfügbar unter www.dji.de/kindertagespflege/Fachvortrag_3_Stempinski.pdf [Letzter Zugriff 30.08.2004 14:01]

Stempinski, S. (2004): Kosten und Finanzierung. In: Jurczyk, K./Rauschenbach, Th./Tietze, W./Keimleder, L./Schneider, K./Schumann, M./Stempinski, S./Weiß, K./Zehnbauer, A. (Hrsg.): Von der Tagespflege zur Familientagesbetreuung. Zur Zukunft öffentlich regulierter Kinderbetreuung in Privathaushalten. Weinheim und Basel, 315–342

Stötzel, A./Appel, M. (2000): »Professionelle Handlungsmuster und Wirksamkeitsanalysen in der Offenen Kinder- und Jugendarbeit – Ergebnisse des Forschungsprojektes WANJA«, In: Müller-Kohlenberg, H./Münstermann, K. (Hrsg.): Qualität von Humandienstleistungen. Evaluation und Qualitätsmanagement in Sozialer Arbeit und Gesundheitswesen, Opladen

Teuber, K. (2002): Migrationsensibles Handeln in der Kinder- und Jugendhilfe. In: SPI im SOS-Kinderdorf e.V. (Hrsg.): Migrantenkinder in der Jugendhilfe. Autorenband 6 der SPI-Schriftenreihe. München, 75–134

Thiersch, H. (1992): Lebensweltorientierte soziale Arbeit. Weinheim

Thimm, K. (1997): Supervision in den Erziehungshilfen in den neuen Ländern. Gemengelagen und ihre Folgen. In: Soziale Arbeit 5, 159–181

Tietze, W./Roßbach, H. G. & Roitsch, K. (1993): Betreuungsangebote für Kinder im vorschulischen Alter. Ergebnisse einer Befragung von Jugendämtern in den alten Bundesländern. Stuttgart/Berlin/Köln

Tietze, W./Pattloch, D./Schlecht, D. & Braukhane, K. (2003): Pädagogische Qualität in Tagespflegestellen im Land Brandenburg. Abschlussbericht. Berlin

Tully, C. J. (1998): Rot, cool und was unter der Haube – Jugendliche und ihr Verhältnis zu Auto und Umwelt. Eine Jugendstudie. München

Verein für Kommunalwissenschaften e.V. (2005a): Verändertes Kinder- und Jugendhilferecht und seine Auswirkungen auf die Praxis. Die Umsetzungen aktueller Gesetzesänderungen im SGB VIII. Berlin

Verein für Kommunalwissenschaften e.V. (2005 b): Die Verantwortung der Jugendhilfe für Kinder von Eltern mit chronischen Belastungen. Aktuelle Beiträge zur Kinder- und Jugendhilfe 49. Berlin

Vickers, J./Yarrow, G. (1991): Economic Perspectives on Privatization. Journal of Economic Perspectives, Vol 5, Number 2, 111–132

VKU kompakt (2005): www.vku.de/vku/presse/faltblatt.pdf

Voigt-Kehlenbeck, C. (2003): Gender Mainstreaming in der Kinder- und Jugendhilfe – eine Einführung. In: Jugendhof Steinkimmen/Niedersächsiches Landesjugendamt/ Niedersächisches Förderprogramm »Lebensweltbezogene Mädchenarbeit« (Hrsg.): Genderkompetenzen in der Kinder- und Jugendhilfe. Dokumentation einer Fachtagung im Jugendhof Steinkimmen, 7–22

Volkmar, S. (2004): Führung in sozialen Organisationen – strukturelle und personale Auswirkungen von Modernisierungsprozessen. Dissertation, Jena

Vossler, A. (2003). Perspektiven der Erziehungsberatung. Kompetenzförderung aus der Sicht von Jugendlichen, Eltern und Beratern. Tübingen

Wabnitz, R. (2005): Rechtsansprüche gegenüber Trägern der öffentlichen Kinder- und Jugendhilfe nach dem Achten Buch Sozialgesetzbuch (SGB VIII). Berlin

Wagenblass, S. (2005): Kinder und Eltern zwischen Psychiatrie und Jugendhilfe: Vorstellung von Forschungsergebnissen des Projektes KAFKA. In: Verein für Kommunalwissenschaften e.V.: Die Verantwortung der Jugendhilfe für Kinder von Eltern mit chronischen Belastungen. Aktuelle Beiträge zur Kinder- und Jugendhilfe 49. Berlin, 48–61

Wagenblass, S./Schone, R. (2001): Unbekannte Welten – Die Entdeckung der Kinder psychisch kranker Eltern als betroffene Angehörige. In: Institut für soziale Arbeit (Hrsg.) ISA-Jahrbuch zur Sozialen Arbeit, 128-138. Verfügbar unter /www.isa-muenster.de/pdf/Materialien/Kinder%20psychisch%20kranker%20Eltern/ISA_Jahrbuch_2001.pdf

Wahl, K./Hees, K. (Hrsg.) (2006): Helfen »Super Nanny« und Co.? Ratlose Eltern – Herausforderung für die Elternbildung. Weinheim und Basel

Walter (2005): Forschungsprojekt Verwandtenpflege der Universität Bremen. Verfügbar unter www.uni-bremen.de/~walter

Wegehaupt-Schlund, H. (2001): Methoden und individuelle Hilfesettings einer sozialräumlichen Arbeit. In: EREV (Hrsg.): Werkstattheft Sozialraumorientierung. Eine Arbeitshilfe. Hannover

Weick, K. (1995):Der Prozess des Organisierens. Frankfurt am Main

Weiß, K. (2001): Ergebnisse der Erhebungen an den Modellorten. In: Keimeleder, L./Stempinski, S./Schumann, S. & Weiß, K.: Fortbildung für TagesmÜtter. Konzepte – Inhalte – Methoden. Opladen, 25–71

Weiß, K. (2004): Bildung und Erziehung als Herausforderung. In: Jurczyk, K./Rauschenbach, Th./Tietze, W./Keimleder, L./Schneider, K./Schumann, M./Stempinski, S./Weiß, K. & Zehnbauer, A. (Hrsg.): Von der Tagespflege zur Familientagesbetreuung. Zur Zukunft öffentlich regulierter Kinderbetreuung in Privathaushalten. Weinheim und Basel, 141–164

Weiß, K./Stempinski, S./Schumann, M. & Keimeleder, L. (2002): Qualifizierung in der Kindertagespflege. Das DJI-Curriculum »Fortbildung von Tagesmüttern«. Seelze-Velber

Werner, D. (2006): Trends und Kosten der betrieblichen Weiterbildung – Ergebnisse der IW-Weiterbildungserhebung 2005. In: IW-Trends – Vierteljahresschrift zur empirischen Wirtschaftsforschung aus dem Institut der deutschen Wirtschaft Köln, 33. Jg., Heft 1

Wiesner, R./Mörsberger, Th./Oberloskamp, H. & Struck, J. (2000): SGB VIII Kinder und Jugendhilfe, 2. Aufl., München

Wiesner, R. (2004 a): Hilfen für seelisch behinderte Kinder und Jugendliche (§ 35 a SGB VIII). In: Fegert, J. M./Schrapper, C. (Hrsg.): Handbuch Jugendhilfe – Jugendpsychiatrie. Interdisziplinäre Kooperationen. Weinheim und München

Wiesner, R. (2004 b): Tagesbetreuung zwischen elterlicher Erziehungsverantwortung, Jugendhilfe und Schule. In: Zeitschrift für Sozialpädagogik, 2. Jg., Heft 1, 45–65

Wiesner, R. (2006): SGB VIII Kinder und Jugendhilfe, 3. völlig überarbeitete Aufl., München

Winkel, R. (2005): Potenzialanalyse als Grundlage zukünftiger Handlungserfordernisse (Lommatzscher Pflege). In: MORO-Informationen Nr. 1/2, 06, 20–21

Winkler, M. (1999): Kinder im Heim. Hilfen zur Erziehung, stationäre und teilstationäre Hilfen. In: Weigel, G./Winkler, M. (Hrsg.): Kinder und Jugendhilfe: Kinder in Maßnahmen – verbandliche Stellungnahmen. Materialien zum Zehnten Kinder- und Jugendbericht, Band 5, 54–168

Winkler, M. (2001): Betreuungs- und familienergänzende Angebote für Kinder und Jugendliche: Familien, Schulen und sozialpädagogische Leistungen 2000– 2040. Expertise für die Enquête-Kommission »Demographischer Wandel« beim Deutschen Bundestag. Unveröffentlichter Bericht

Wissenschaftliche Begleitung des Programms 'Entimon' (2006): Strukturdaten zum Programm »Entimon – Gemeinsam gegen Gewalt und Rechtsextremismus« für den Förderzeitraum 2002 bis 2005. Zwischenbericht der wissenschaftlichen Begleitung. Halle

Wolf, K. (2001): Ermutigung in der Sozialpädagogischen Familienhilfe. In: Jugendhilfe, 39. Jg. 2001, Heft 4, 206–211

21 Tabellenanhang

Tab. A1: Merkmale der Personen, die Beratungsleistungen in Anspruch nehmen, 2004

Merkmale	Männlich	Weiblich	Insgesamt
Staatsangehörigkeit			
Anteil Deutsch	91 %	92 %	91 %
Altersgruppen (... bis unter ...)			
Unter 3	5 %	5 %	5 %
3–6	15 %	14 %	15 %
6–9	23 %	18 %	21 %
9–12	21 %	17 %	19 %
12–15	17 %	19 %	18 %
15–18	11 %	17 %	14 %
18–21	4 %	6 %	5 %
21–24	2 %	2 %	2 %
24–27	1 %	2 %	2 %
Gesamtzahl absolut	171.833	133.139	304.972
Geschwisterzahl			
Keine Geschwister	24 %	25 %	24 %
1 Geschwister	44 %	42 %	43 %
2 Geschwister	18 %	18 %	18 %
3 und mehr Geschwister	8 %	9 %	9 %

Quelle: Statistik der Kinder- und Jugendhilfe, Teil I, 1 Institutionelle Beratung, Arbeitsunterlage; eigene Berechnungen

Tab. A2: Merkmale der Beratungssituation, 2004

Merkmale	Männlich	Weiblich	Insgesamt
Dauer			
Durchschnittliche Dauer in Monaten	7	7	7
Wohnsituation			
Eltern	51 %	45 %	48 %
Elternteil mit Stiefelternteil oder Partner	13 %	14 %	14 %
Alleinerziehender Elternteil	30 %	31 %	30 %
Großeltern/Verwandte	1 %	1 %	1 %
Pflegefamilien	1 %	2 %	1 %
Heim	1 %	1 %	1 %
Wohngemeinschaft	1 %	1 %	1 %
Eigene Wohnung	2 %	4 %	3 %
Ohne feste Unterkunft	0 %	0 %	0 %
Kontaktaufnahme durch …			
den jungen Menschen selbst	5 %	11 %	7 %
Eltern gemeinsam	7 %	6 %	6 %
Mutter	69 %	63 %	67 %
Vater	10 %	9 %	10 %
Soziale Dienste	4 %	5 %	5 %
Sonstige	5 %	6 %	5 %
Anlass der Beratung*			
Entwicklungsauffälligkeiten	29 %	23 %	26 %
Beziehungsprobleme	39 %	42 %	40 %
Schulausbildungsprobleme	30 %	20 %	25 %
Straftat des Jugendlichen/jungen Volljährigen	2 %	1 %	2 %
Suchtprobleme	3 %	2 %	2 %
Anzeichen für Kindesmisshandlung	1 %	2 %	1 %
Anzeichen für sexuellen Missbrauch	1 %	6 %	3 %
Trennung/Scheidung der Eltern	22 %	25 %	23 %
Wohnungsprobleme	1 %	1 %	1 %
Sonstige Probleme in und mit der Familie	18 %	22 %	20 %
Beendigungsgrund			
Beratung wurde einvernehmlich beendet	75 %	75 %	75 %
Der letzte Beratungskontakt liegt mehr als 6 Monate zurück	16 %	16 %	16 %
Weiterverweisung	9 %	9 %	9 %

* Anteile beziehen sich hier auf die Gesamtzahl der Nennungen und nicht der Personen.

Quelle: Statistik der Kinder- und Jugendhilfe, Teil I, 1 Institutionelle Beratung, Arbeitsunterlage; eigene Berechnungen

Tab. A3: Merkmale der Kinder und Jugendlichen bei Beginn der Hilfe in einer Tagesgruppe, 2004

	Männlich	Weiblich	Insgesamt
Inanspruchnahme			
Anteil von insgesamt	75 %	25 %	7.974
Alter von … bis unter … Jahren			
Unter 1	0 %	0 %	0 %
1–3	1 %	3 %	1 %
3–6	2 %	4 %	3 %
6–9	29 %	32 %	30 %
9–12	40 %	40 %	40 %
12–15	24 %	18 %	22 %
15–18	4 %	3 %	4 %
18–21	0 %	0 %	0 %
21 und älter	0 %	0 %	0 %
Staatsangehörigkeit			
Deutsch	90 %	92 %	90 %
Nichtdeutsch	10 %	8 %	10 %

Quelle: Statistik der Kinder- und Jugendhilfe Teil I, 4.1 Beginn der Hilfe zur Erziehung außerhalb des Elternhauses, Arbeitsunterlage; eigene Berechnungen

Tab. A4: Kennzahlen zur sozialpädagogischen Familienhilfe (SPFH), Bestand am 31.12.2005

Merkmale	Eltern	Elternteil mit Stief-elternteil/ Partner	Alleinerziehender Elternteil	Insgesamt
Inanspruchnahme SPFH				
Anteil von insgesamt	33 %	16 %	49 %	29.978
Hilfe veranlasst durch ...				
Entwicklungsauffälligkeiten	43 %	39 %	36 %	39 %
Erziehungsschwierigkeiten	71 %	74 %	71 %	71 %
Beziehungsprobleme	31 %	35 %	26 %	29 %
Vernachlässigung des Kindes/Jugendlichen	15 %	15 %	14 %	15 %
Anzeichen für Kindesmisshandlung	4 %	4 %	2 %	3 %
Anzeichen für sexuellen Missbrauch	2 %	3 %	2 %	2 %
Schul-/Ausbildungsprobleme	22 %	24 %	20 %	22 %
Straftat des Jugendlichen	1 %	1 %	1 %	1 %
Suchtprobleme	9 %	7 %	8 %	8 %
Trennung/Scheidung der Eltern	3 %	17 %	23 %	15 %
Inhaftierung eines Elternteils	1 %	1 %	1 %	1 %
Wohnungsprobleme	9 %	8 %	11 %	10 %
Überschuldung	10 %	8 %	9 %	9 %
Arbeitslosigkeit	4 %	3 %	3 %	3 %
Krankheit/Behinderung eines Elternteils	12 %	6 %	11 %	10 %
Zahl der ständig in der Familie lebenden Kinder/Jugendlichen				
1	26 %	26 %	37 %	32 %
2	32 %	34 %	34 %	33 %
3 (und mehr bei alleinerz.)	23 %	22 %	29 %	20 %
4	11 %	11 %	n. v.	9 %
5	5 %	4 %	n. v.	3 %
6 und mehr	4 %	2 %	n. v.	2 %
Staatsangehörigkeit				
Deutsch	n.v	n.v	n.v	86 %
Nichtdeutsch	n.v	n.v	n.v	11 %
Deutsch/nichtdeutsch	n.v	n.v	n.v	3 %
Hilfe wurde angeregt durch ...				
Eltern/Elternteil	30 %	32 %	30 %	30 %
Jugendamt/ASD	47 %	51 %	51 %	50 %
Andere öffentliche Stellen	14 %	11 %	11 %	12 %
Dienste freier Träger	4 %	3 %	4 %	4 %
Sonstige	5 %	4 %	4 %	4 %
Dauer in Monate				
Dauer der 2004 beendeten Hilfen	16	16	16	16

n.v = es liegen keine Dokumentationen vor

Quelle: Statistik der Kinder- und Jugendhilfe, Teil I, 3 Sozialpädagogische Familienhilfe 2005, Arbeitsunterlage; eigene Berechnungen

Tab. A5: Kennzahlen zu den Fällen mit Erziehungsbeistand, Betreuungshilfe, die 2005 beendet wurden

Merkmale	Erziehungsbeistand	Betreuungshilfe
Geschlecht		
Männlich	61 %	74 %
Weiblich	39 %	26 %
Alter		
Unter 6	2 %	/
6 bis unter 12	11 %	/
unter 12	*13 %*	*3 %*
12 bis unter 15	23 %	7 %
15 bis unter 18	42 %	36 %
18 bis unter 21	20 %	45 %
21 und älter	1 %	10 %
Anzahl insgesamt (absolut)	11.952	5.322
Aufenthaltsort		
In der Familie	79 %	66 %
Außerhalb der Familie	21 %	34 %
Staatsangehörigkeit		
Deutsch	91 %	85 %
Nichtdeutsch	9 %	15 %
Träger		
Öffentlicher Träger	40 %	38 %
Freier Träger	60 %	62 %
Dauer der Hilfe in Monaten		
Dauer	13,7	10,0

Bei der Betreuungshilfe gibt es keine Altersdifferenzierung unterhalb des 12. Lebensjahres.

Quelle: Statistik der Kinder- und Jugendhilfe, Teil I, 2 Betreuung einzelner junger Menschen 2005; eigene Berechnungen

Tab. A6: Kennzahlen zu den Fällen der sozialen Gruppenarbeit, die 2005 beendet wurden

Merkmale	Soziale Gruppenarbeit
Geschlecht	
Männlich	79 %
Weiblich	21 %
Alter	
Unter 12	17 %
12 bis unter 15	19 %
15 bis unter 18	37 %
18 bis unter 21	22 %
21 und älter	4 %
Anzahl insgesamt (absolut)	8.759
Aufenthaltsort	
In der Familie	88 %
Außerhalb der Familie	12 %
Staatsangehörigkeit	
Deutsch	80 %
Nichtdeutsch	20 %
Träger	
Öffentlicher Träger	33 %
Freier Träger	67 %
Dauer der Hilfe in Monaten	
Dauer	9,1

Quelle: Statistik der Kinder- und Jugendhilfe, Teil I, 2 Betreuung einzelner junger Menschen 2005; eigene Berechnungen

Tab. A7: Merkmale der Kinder und Jugendlichen bei Beginn der intensiven sozialpädagogische Einzelbetreuung 2004

	Männlich	Weiblich	Insgesamt
Inanspruchnahme			
Anteil an insgesamt	60 %	40 %	1.654
Alter von ... bis unter ... Jahren			
Unter 12	4 %	2 %	3 %
12–15	25 %	17 %	22 %
15–18	53 %	57 %	54 %
18–21	18 %	23 %	20 %
21 und älter	0 %	0 %	0 %
Staatsangehörigkeit			
Deutsch	88 %	90 %	89 %
Nichtdeutsch	12 %	10 %	11 %

Quelle: Statistik der Kinder- und Jugendhilfe Teil I, 4.1 Beginn der Hilfe zur Erziehung außerhalb des Elternhauses, Arbeitsunterlage; eigene Berechnungen

Tab. A8: Merkmale der Kinder und Jugendlichen bei Beginn der Hilfe in einer Pflegefamilie oder bei Großeltern/Verwandten, 2004

	Großeltern/Verwandte			Pflegefamilie		
	Männlich	Weiblich	Insgesamt	Männlich	Weiblich	Insgesamt
Inanspruchnahme						
	50 %	50 %	1.412	50 %	50 %	9.205
Alter von ... bis unter ... Jahren						
unter 1	5 %	5 %	5 %	13 %	13 %	13 %
1–3	9 %	10 %	9 %	17 %	16 %	16 %
3–6	19 %	14 %	17 %	20 %	17 %	19 %
6–9	13 %	15 %	14 %	14 %	14 %	14 %
9–12	16 %	16 %	16 %	12 %	12 %	12 %
12–15	21 %	22 %	22 %	13 %	14 %	13 %
15–18	16 %	17 %	17 %	10 %	12 %	11 %
18–21	1 %	1 %	1 %	1 %	1 %	1 %
21 und älter	0 %	0 %	0 %	0 %	0 %	0 %
Staatsangehörigkeit						
Deutsch	92 %	92 %	92 %	94 %	94 %	94 %
Nichtdeutsch	8 %	8 %	8 %	6 %	6 %	6 %

Quelle: Statistik der Kinder- und Jugendhilfe Teil I, 4.1 Beginn der Hilfe zur Erziehung außerhalb des Elternhauses, Arbeitsunterlage; eigene Berechnungen

Tab. A9: Merkmale der Kinder und Jugendlichen bei Beginn der Hilfe im Heim oder sonstigen Formen betreuten Wohnens, 2004

	Heim			Wohngemeinschaft			Eigene Wohnung		
	Männlich	Weiblich	Insgesamt	Männlich	Weiblich	Insgesamt	Männlich	Weiblich	Insgesamt
Inanspruchnahme									
	56 %	44 %	22.154	48 %	52 %	3.589	40 %	60 %	1.194
Alter von … bis unter … Jahren									
Unter 1	1 %	2 %	2 %	1 %	1 %	1 %	0 %	0 %	0 %
1–3	2 %	2 %	2 %	1 %	0 %	1 %	0 %	0 %	0 %
3–6	4 %	4 %	4 %	1 %	1 %	1 %	0 %	0 %	0 %
6–9	9 %	7 %	8 %	2 %	1 %	2 %	0 %	0 %	0 %
9–12	16 %	11 %	14 %	4 %	3 %	4 %	0 %	0 %	0 %
12–15	30 %	31 %	31 %	16 %	17 %	16 %	1 %	2 %	1 %
15–18	34 %	39 %	36 %	61 %	63 %	62 %	59 %	63 %	62 %
18–21	4 %	4 %	4 %	15 %	14 %	14 %	39 %	34 %	36 %
21 und älter	0 %	0 %	0 %	1 %	1 %	1 %	1 %	1 %	1 %
Staatsangehörigkeit									
Deutsch	90 %	90 %	90 %	91 %	91 %	91 %	90 %	90 %	90 %
Nichtdeutsch	10 %	10 %	10 %	9 %	9 %	9 %	10 %	10 %	10 %

Quelle: Statistik der Kinder- und Jugendhilfe Teil I, 4.1 Beginn der Hilfe zur Erziehung außerhalb des Elternhauses, Arbeitsunterlage; eigene Berechnungen

Tab. A10: Kennzahlen zu vorläufigen Schutzmaßnahmen, 2005

	Männlich	Weiblich	Insgesamt
Anlass			
Integrationsprobleme in Heim/Pflegefamilie	8 %	6 %	7 %
Überforderung der Eltern/des Elternteils	41 %	40 %	40 %
Schul-/Ausbildungsprobleme	6 %	6 %	6 %
Vernachlässigung	13 %	10 %	11 %
Delinquenz des Kindes/Straftat des Jugendlichen	11 %	5 %	7 %
Suchtprobleme	5 %	3 %	4 %
Anzeichen für Kindesmisshandlung	7 %	11 %	9 %
Anzeichen für sexuellen Missbrauch	1 %	4 %	3 %
Trennung oder Scheidung der Eltern	2 %	2 %	2 %
Wohnungsprobleme	3 %	2 %	2 %
Unbegleitete Einreise aus dem Ausland	3 %	2 %	2 %
Beziehungsprobleme	20 %	30 %	26 %
Sonstige Probleme	28 %	29 %	29 %
Maßnahme endete mit ...			
Rückkehr zu dem/der Personensorgeberechtigten	41 %	47 %	44 %
Rückkehr in die Pflegefamilie oder das Heim	4 %	4 %	4 %
Übernahme durch ein anderes Jugendamt	2 %	2 %	2 %
Einleitung erzieherischer Maßnahmen außerhalb des Elternhauses	28 %	26 %	27 %
sonstiger stationärer Hilfe	10 %	9 %	9 %
keiner anschließenden Hilfe	15 %	13 %	14 %
Art der Maßnahme			
auf eigenen Wunsch (§ 42, 2 KJHG)	24 %	35 %	30 %
wegen Gefährdung (§ 42, 3 KJHG)	75 %	64 %	69 %
Herausnahme (§ 43 KJHG)	1 %	1 %	1 %
Unterbringung während der Hilfe ...			
bei einer geeigneten Person	14 %	12 %	13 %
in einer Einrichtung	83 %	85 %	84 %
in einer sonstigen Form betreuten Wohnens	3 %	3 %	3 %
Hilfe angeregt durch ...			
Kind/Jugendlichen selbst	24 %	35 %	30 %
Eltern/Elternteil	14 %	10 %	12 %
Soziale Dienste/Jugendamt	26 %	23 %	24 %
Polizei/Ordnungsbehörde	26 %	23 %	24 %
Lehrer(in)/Erzieher(in)	2 %	2 %	2 %
Arzt/Ärztin	2 %	1 %	1 %
Nachbar/Verwandte	2 %	2 %	2 %
Sonstige	4 %	4 %	4 %

Quelle: Statistik der Kinder- und Jugendhilfe, Teil I, 7 Vorläufige Schutzmaßnahmen 2005, Arbeitsunterlage; eigene Berechnungen

Tab. A11: Kennzahlen zu den Adressaten der vorläufigen Schutzmaßnahmen, 2005

	Männlich	Weiblich	Insgesamt
Anzahl			
	44 %	56 %	25.664
Träger der Hilfe			
Öffentlicher Träger			67 %
Freier Träger			33 %
Alter von … bis unter …			
unter 3	9 %	6 %	7 %
3–6	7 %	4 %	5 %
6–9	6 %	4 %	5 %
9–12	9 %	6 %	7 %
12–14	13 %	15 %	14 %
14–16	29 %	38 %	34 %
16–18	28 %	27 %	27 %
Staatszugehörigkeit			
Deutsch	80 %	81 %	81 %
Nichtdeutsch	20 %	19 %	19 %

Quelle: Statistik der Kinder- und Jugendhilfe, Teil I, 7 Vorläufige Schutzmaßnahmen 2004, Arbeitsunterlage; eigene Berechnungen

22 Glossar

Bruttostichprobe: Die Gesamtzahl der Jugendämter bzw. freien Träger, die einen Fragebogen erhalten haben.

Bereinigte Bruttostichprobe: Bruttostichprobe, ohne diejenigen Träger, bei denen entweder der Fragebogen wegen fehlerhafter Adresse nicht zustellbar war oder die nicht (mehr) in der Jugendhilfe aktiv sind.

Coping: Bezeichnet die Art des Umgangs mit einem als bedeutsam und schwierig empfundenen Lebensereignis oder einer Lebensphase.

Design: Methodische Anlage der Erhebung.

Empirisch: Auf Erfahrung beruhend, aus der Beobachtung gewonnen, dem Experiment entnommen, auf einer Erhebung basierend.

Faktorenanalyse: Statistisches Verfahren, das aus einer Menge von Variablen die Variablen bündelt (Faktoren), die in einem engen Zusammenhang miteinander stehen bzw. auf einen gleichen Sachverhalt verweisen.

Feldphase: Phase einer empirischen Studie, in der die Daten oder Informationen gesammelt werden.

Grundgesamtheit: Die Menge aller Einheiten, dies können Personen, aber zum Beispiel auch Haushalte oder Organisationen sein, über die man mittels einer Untersuchung eine Aussage machen will.

Itembatterien: Inhaltlich zusammengehörende Fragen bzw. Statements mit Antwort- bzw. Bewertungsvorgaben.

Konfigurationsfrequenzanalyse (KFA): Die KFA ist ein von Krauth und Lienert entwickeltes Verfahren, um statistisch komplexe Merkmalszusammenhänge, die sich nicht durch bivariate Korrelationen beschreiben lassen, zu testen. Die KFA ermöglicht es somit, beispielsweise zu untersuchen, ob bestimmte Muster bei der Zusammensetzung von Arbeitskreisen in einem statistischen Zusammenhang mit anderen Merkmalen stehen.

Korrelieren: Statistisches Verfahren, bei dem zwei oder mehrere Variablen miteinander in Beziehung gesetzt werden.

Längsschnittsdesign: Erhebung, bei der zu verschiedenen Zeitpunkten Daten oder Informationen erhoben werden.

Median: Statistische Maßzahl, die eine Häufigkeitsverteilung in ihre Hälften teilt.

Mehrfachnennungen: Wenn bei einer Frage mehrere vorgegebene Antwortkategorien zutreffen können, spricht man von Mehrfachnennungen oder auch Mehrfachantworten.

Mittelwert: Statistische Maßzahl, berechnet sich aus der Summe aller Messwerte geteilt durch die Anzahl der Messwerte (auch Mean oder arithmetisches Mittel).

Multivariate Analyse: Statistisches Verfahren, bei dem gleichzeitig der Einfluss von verschiedenen unabhängigen Variablen auf eine abhängige Variable kontrolliert wird.

Nettostichprobe: Gesamtzahl der ausgefüllten Fragebögen.

Operationalisierung: Verfahren, um empirisch nicht beobachtbare Begriffe oder Sachverhalte mit Hilfe von empirisch beobachtbaren Indikatoren zu erfassen und damit einer Analyse zugänglich zu machen.

p: Wahrscheinlichkeit dafür, dass ein Zusammenhang nicht gegeben ist. Im Text wird mit $p < 0.01$ bzw. $p < 0.05$ angegeben, dass ein Signifikanzniveau von 1 % bzw. 5 % unterschritten wird.

Panelerhebung: Erhebung, bei der zu verschiedenen Zeitpunkten die gleiche Population befragt wird.

Periodenbezogene zusammengefasste Geburtenziffer (synonym: TFR, Total Fertility Rate oder periodenbezogene Geburtenrate): Die periodenbezogene zusammengefasste Geburtenziffer ist eine um den Größeneffekt und den Alterseffekt bereinigte Querschnittskennziffer. Im Zähler des Bruchs steht die Geburtenzahl, im Nenner eine fiktive Frauengruppe, die aus 31 Jahrgängen zwischen 15 und 45 besteht. Diese Frauengruppe erhält man, indem man die Geburtenziffern für jedes Altersjahr getrennt errechnet und die 31 altersspezifischen Geburtenraten addiert. Da diese Summe ein Querschnittsmaß ist, kann es sich nur um eine fiktive Frauengruppe handeln, die die Altersjahre 15 bis 45 quasi in einem einzelnen Jahr durchläuft.

Perzentil: Statistische Maßzahl, die den Wert an einem bestimmten Punkt einer Häufigkeitsverteilung angibt. Der Wert des 10er Perzentils zum Beispiel gibt an, dass 10 % der Fälle diesen bestimmten Wert unterschreiten und 90 % diesen Wert überschreiten. Das 50iger Perzentil wird als Median bezeichnet.

Pretest: Bezieht sich hier auf eine Überprüfung des Erhebungsinstruments (Fragebogen). Von einigen Jugendämtern und freien Trägern wurde in unserem Beisein der Fragebogen ausgefüllt und kommentiert, mit dem Ziel, eine inhaltliche und formale Optimierung zu erreichen.

Postalische Befragung: Eine Befragung, bei der die Fragebögen per Post versandt werden. Beim Ausfüllen ist keine Interviewerin/kein Interviewer anwesend.

Prozentpunkte: Die Differenz zwischen zwei Prozentzahlen. Beispiel: Der Wert A beträgt 20 %, B 50 %, dann beträgt die Differenz zwischen A und B 30 Prozentpunkte.

Quartil: Statistische Maßzahl, die eine Häufigkeitsverteilung in vier gleich große Teile teilt. Das zweite Quartil ist mit dem Median identisch.

Quote: Anteil einer bestimmten Menge einer Grundgesamtheit bezogen auf die Grundgesamtheit.

Range: Differenz zwischen dem kleinsten und dem größten Wert einer Verteilung.

Regionalindex: Der Indikator wurde gebildet aus der Arbeitslosenquote 2001, der Differenz zwischen Schulabgängerquote mit Hochschulreife und ohne Hauptschulabschluss, der Anzahl an Sozialhilfeempfänger und dem sogenannten Gestaltungsindex (kommunale Schulden geteilt durch kommunale Einnahmen). Die einzelnen Variablen im Index werden im Hinblick darauf bewertet, ob sie einen positiven oder einen negativen Einfluss auf die Region ausüben. So gilt: je mehr Absolventen mit Hochschulreife im Verhältnis zu Absolventen ohne Hauptschulabschluss, desto privilegierter wird eine Region angesehen. Je geringer die Arbeitslosenquote desto privilegierter eine Region. Je niedriger der Anteil an Sozialhilfeempfängern desto positiver für die Region. Je niedriger der Quotient von Schulden und Einnahmen ist, also je mehr die Einnahmen die Schulden übersteigen, desto besser für die Region. Aus diesen vier Werten wird ein Summenindikator gebildet. Der Regionalindex klassifiziert 30 % der Kreise und kreisfreien Städten zu »belasteten Kreisen«, 42 % zu durchschnittlichen und 28 % zu »privilegierten Kreisen«.

Reliabilität: Verlässlichkeit des verwendeten Erhebungsinstrumentes. Die Reliabilität gibt an, wie stark Messwerte durch Fehler oder Störeinflüsse belastet sind.

Rücklaufquote: Die Rücklaufquote gibt den Prozentanteil der Nettostichprobe an der bereinigten Bruttostichprobe an.

Signifikanz/signifikant: Das Ergebnis einer statistischen Auswertung ist dann signifikant, wenn eine bestimmte, akzeptierte Irrtumswahrscheinlichkeit (Signifikanzniveau) nicht überschritten wird. Die Irrtumswahrscheinlichkeit wird mit $p < 0.01$ für kleiner als 1 % und $p < 0.05$ für kleiner als 5 % angegeben.

Signifikanzniveau: Irrtumswahrscheinlichkeit eines statistischen Tests; maximal akzeptierter Wert der Wahrscheinlichkeit dafür, dass bei einem statistischen Test eine wahre Hypothese irrtümlicherweise abgelehnt wird.

Standardabweichung: Statistisches Maß zur Beschreibung der Variabilität einer Verteilung. Eine hohe Standardabweichung deutet auf eine breite Streuung der Messwerte.

Standardisieren: Vorgehen, bei dem Zahlen zu einem Sachverhalt, aus unterschiedlichen Kontexten und mit unterschiedlichen Maßeinheiten, vergleichbar gemacht werden.

Stichprobe: Teilmenge der Grundgesamtheit, die in einer Untersuchung analysiert wird.

Trendstudie: Form der Längsschnitt-Untersuchung, bei der zu verschiedenen Zeitpunkten unterschiedliche Stichproben aus derselben Population gezogen und analysiert werden.

Validität: Gültigkeit des verwendeten Erhebungsinstrumentes. Die Validität gibt an, inwieweit das verwendete Erhebungsinstrument das misst, was mit ihm gemessen werden soll.

Variable: Bezeichnung für einen gemessenen Sachverhalt oder eine gemessene Größe.

Varianz: Die Varianz ist eine Maßzahl, die angibt, wie weit die einzelnen Werte um den Mittelwert streuen. Je kleiner die Varianz ist, desto homogener sind die Werte, desto besser spiegelt der Mittelwert die einzelnen Werte wider.

Vollerhebung: Alle Mitglieder einer Population werden befragt. Beispiel: Die Kurzbefragung aller zum Erhebungszeitpunkt existierenden Jugendämter in den neuen Bundesländern 1992 durch das Projekt »Jugendhilfe und sozialer Wandel – Dauerbeobachtung von Jugendhilfe in Deutschland« (vgl. Gawlik/Krafft & Seckinger 1995).

23 Abkürzungsverzeichnis

ABM	Arbeitsbeschaffungsmaßnahme
Abs.	Absatz
AFET	Arbeitsgemeinschaft für Erziehungshilfe e.V.
AFG	Arbeitsförderungsgesetz
AFT	Sonderprogramm der Bundesregierung zum Aufbau freier Träger
AgAG	Aktionsprogramm gegen Aggression und Gewalt
AGKJHG	Ausführungsgesetz zum KJHG
AiB	Ambulante intensive Begleitung
ASD	Allgemeiner Sozialdienst
BA	Bundesagentur für Arbeit
BAFöG	Bundesausbildungsförderungsgesetz
BAG JAW	Bundesarbeitsgemeinschaft Jugendsozialarbeit
BAG LJÄ	Bundesarbeitsgemeinschaft der Landesjugendämter
BAT	Bundesangestellten Tarif
BBiG	Berufsbildungsgesetz
BBJ	Verein zur Förderung kultureller und beruflicher Bildung von Jugendlichen und jungen Erwachsenen e.V.
BMFSFJ	Bundesministerium für Familie, Senioren, Frauen und Jugend
BMI	Bundesministerium des Inneren
BMJ	Bundesministerium der Justiz
BRg	Bundesregierung
BSHG	Bundessozialhilfegesetz
BT-Dr.	Bundestagsdrucksache
DeGEval	Deutsche Gesellschaft für Evaluation
DGSv	Deutsche Gesellschaft für Supervision
DKSB	Deutscher Kinderschutzbund e.V.
DPWV	Der Paritätische Wohlfahrtsverband
DVJJ	Deutsche Vereinigung für Jugendgerichte und Jugendgerichtshilfen e.V.
eev	Evangelischer Erziehungsverband in Bayern
EREV	Evangelischer Erziehungsverband e.V.
FAM	Familienaktivierende Maßnahmen
FIM	Familie im Mittelpunkt
FH	Fachhochschule
GG	Grundgesetz der Bundesrepublik Deutschland
GJVollz	Gesetz zur Regelung des Jugendstrafvollzuges
GMBl	Gemeinsames Ministerialblatt
HZE	Hilfen zur Erziehung
ICD	International Classification of Disease
IFP	Staatsinstitut für Frühpädagogik München
IGFH	Internationale Gesellschaft für Heimerziehung
IGLU	Internationale Grundschul-Lese-Untersuchung
IKO	Interkommunaler Vergleichsring
ISE	Intensive sozialpädagogische Einzelbetreuung

ISKA	Institut für Soziale und Kulturelle Arbeit Nürnberg
JGG	Jugendgerichtsgesetz
JWG	Jugendwohlfahrtsgesetz
KGSt	Kommunale Gemeinschaftsstelle für Verwaltungsvereinfachung
KJHAG	Kinder- und Jugendhilfeausführungsgesetz
KJHG	Kinder- und Jugendhilfegesetz
KSD	Konferenz der Schulaufsicht in der Bundesrepublik Deutschland
OECD	Organisation for Economic Cooperation and Development
PISA	Programme for International Student Assessment
PDV	Polizeidienstvorschrift
PKS	Polizeiliche Kriminal-Statistik
SAM	Strukturanpassungsmaßnahmen
SGB	Sozialgesetzbuch
SPFH	Sozialpädagogische Familienhilfe
TAG	Gesetz zum qualitätsorientierten und bedarfsgerechten Ausbau der Tagesbetreuung

24 Tabellen- und Abbildungsverzeichnis

2. Forschungsansatz und Methoden

Tab. 2.1: Fläche und Bevölkerung in den Jugendamtsbezirken (Stand 31.12.2003)

Tab. 2.2: Übersicht über die der Dauerbeobachtung Jugendhilfe und sozialer Wandel zugrundeliegenden Erhebungen

Tab. 2.3: Verteilungsmerkmale bei der Jugendamtsbefragung

Tab. 2.4: Rücklauf der verschiedenen Erhebungen

Abb. 2.1: Untersuchungsdesign der Erhebungsphasen

3. Organisationsstruktur

Tab. 3.1: Aufgaben, die nicht aus dem KJHG abgeleitet sind und im Jugendamt wahrgenommen werden

Tab. 3.2: Privatisierungstendenzen

Tab. 3.3: Anteil der Allgemeinen Sozialen Dienste nach Ost-West-Differenzierung, Jugendamtstyp, Dezentralisierungsformen sowie der Größe der Jugendamtsbezirke

Tab. 3.4: Fach- und Dienstaufsicht für den ASD

Tab. 3.5: Dezentralisierung des Sozialen Dienstes im Jugendamtsbezirk vorhanden – nach Gebietskörperschaft, Einwohner, Fläche

Tab. 3.6: Formen der Dezentralisierung in den Jugendamtsbezirken

Tab. 3.7: Träger der Kinder- und Jugendhilfe nach Verbandszugehörigkeit und der Zahl der Jugendämter in ihrem Zuständigkeitsbereich

Tab. 3.8: Unterstützung der Geschäftsstellen von Trägern für ihre Einrichtungen (Mehrfachnennungen)

Tab. 3.9: Organisationsformen der Jugendringe (ohne Ortsjugendringe)

Tab. 3.10: Ortsjugendringe bei kreisangehörigen Gemeinden

Tab. 3.11: Angebotsformen der befragten Einrichtungen in Ost und West

4. Auswirkungen problematischer Lebenslagen von Kindern, Jugendlichen und ihren Familien auf die Institutionen der Kinder- und Jugendhilfe

Tab. 4.1: Anteil von Jugendämtern und Jugendringen, die die jeweiligen Problembereiche in ihren Folgen als gravierend für ihre eigene Arbeit einschätzen

Tab. 4.2: Anteil der Jugendämter und Jugendringe, die Jugendarbeitslosigkeit als soziale Problemlage mit gravierenden Auswirkungen auf ihre Arbeit bewerten

Tab. 4.3: Anteil der Jugendämter und Jugendringe, die Alkoholmissbrauch als soziale Problemlage mit gravierenden Auswirkungen auf ihre Arbeit bewerten

Tab. 4.4: Anteil der Jugendämter und Jugendringe, die Gewaltbereitschaft und Gesetzesübertretungen als soziale Problemlage mit gravierenden Auswirkungen auf ihre Arbeit bewerten

Tab. 4.5: Reaktionsformen der Jugendämter auf soziale Problemlagen

5. Angebote, Leistungen und Inanspruchnahme

Tab. 5.1.1: Struktur der Einrichtungsarten in der Kindertagesbetreuung, 2002

Tab. 5.1.2: Kennzahlen zur Kindertagesbetreuung für Kinder im Krippenalter

Tab. 5.1.3: Platz-Kind-Relationen 2002 sowie 2005/2006 für unter 3-jährige Kinder nach Regionen in Deutschland (ohne Tagespflege)

Tab. 5.1.4: Kennzahlen zur Kindertagesbetreuung für Kinder im Kindergartenalter, 2003

Tab. 5.1.5: Kennzahlen zur Kindertagesbetreuung für Kinder im Hortalter, 2003

Tab. 5.1.6: Anteil der Jugendamtsbezirke, in denen Ganztagsschulen und Betreuungsangebote neben Horten vorhanden sind

Tab. 5.1.7: Entwicklung der öffentlichen Tagesbetreuung für unter 3-jährige Kinder in Deutschland

Tab. 5.1.8: Typus der Qualifizierung für Tagespflegepersonen (Anteile der Jugendamtsbezirke, die Qualifikationen anbieten)

Tab. 5.1.9: Durchschnittliche Länge der Qualifikationen in Stunden

Tab. 5.1.10: Anteil der Jugendamtsbezirke, in denen bestimmte Formen von Tageseinrichtungen für behinderte Kinder vorhanden sind

Tab. 5.1.11: Verteilung der behinderten Kinder auf die verschiedenen Formen der Tagesbetreuung

Tab. 5.2.1: Einrichtungen der verschiedenen Formen der Jugendarbeit nach Ost- und Westdeutschland (jeweils ohne Berlin), 1998 sowie 2002

Tab. 5.2.2: Kennzahlen zur Personalsituation in Jugendzentren in öffentlicher Trägerschaft

Tab. 5.2.3: Durchschnittliche Anteile der Trägerzugehörigkeit der Jugendzentren im Jugendamtsbezirk, 2004

Tab. 5.2.4: Anteil der Jugendringe, die die Infrastruktur für Kinder und Jugendliche in der jeweiligen Region positiv bewerten

Tab. 5.3.1: Entwicklung der Trägerzugehörigkeit bei Angeboten der Jugendsozialarbeit in den Jugendamtsbezirken, 2003

Tab. 5.3.2: Einrichtungen zweier Formen der Jugendsozialarbeit nach Ost- und Westdeutschland, 1998 und 2002

Tab. 5.3.3: Plätze in Einrichtungen zweier Formen der Jugendsozialarbeit, Deutschland 1998 und 2002

Tab. 5.4.1: Anteile von im erzieherischen Jugendschutz tätigen Personen nach Einrichtungen

Tab. 5.4.2: Stellenanteile, die explizit für die Wahrnehmung von Kontrollaufgaben nach dem JuSchG zur Verfügung stehen (in %)

Tab. 5.4.3: Behörden und Stellen, mit denen das Jugendamt bei den Kontrollaufgaben gemäß JuSchG zusammenarbeitet

Tab. 5.4.4: Weitere kommunale Behörden oder Personen, die explizit mit Kontrollaufgaben nach dem JuSchG betraut sind (Mehrfachnennungen)

Tab. 5.4.5: Anzahl der Alterskontrollen in Lokalitäten durch MitarbeiterInnen des Jugendamtes im Jahr 2003 (Mehrfachnennungen)

Tab. 5.4.6: Art der Förderung der Jugendschutzbestimmungen in Gaststätten (Mehrfachnennungen)

Tab. 5.5.1: Beratungseinrichtungen nach Ost- und Westdeutschland, 2002

Tab. 5.5.2: Entwicklung des Angebots und der Trägerstruktur in verschiedenen Beratungsbereichen*

Tab. 5.5.3: Anteil der Jugendamtsbezirke mit Anbietervielfalt, wenn Angebot vorhanden, sowie Veränderung dieses Anteils von 2000 auf 2003 in Prozentpunkten

Tab. 5.6.1: Entwicklung der Trägerzugehörigkeit der Eltern- und Familienbildungsstätten in den Jugendamtsbezirken, 2003

Tab. 5.6.2: Eltern- und Familienbildungsstätten nach Ost- und Westdeutschland, 1998 und 2002

Tab. 5.6.3: Entwicklung der Trägerzugehörigkeit der Mutter-/Vater-Kind-Einrichtungen in den Jugendamtsbezirken, 2003

Tab. 5.6.4: Entwicklung der Trägerzugehörigkeit im Bereich der Familien- und Mütterzentren in den Jugendamtsbezirken, 2003

Tab. 5.7.1: Entwicklung der Trägerzugehörigkeit einzelner ambulanter oder teilstationärer Hilfen zur Erziehung in den Jugendamtsbezirken, 2003

Tab. 5.7.2: Entwicklung der Trägerpluralität einzelner ambulanter oder teilstationärer Hilfen zur Erziehung in den Jugendamtsbezirken von 2000 auf 2003

Tab. 5.7.3: Einrichtungen Tagesgruppe gemäß § 32 nach Ost- und Westdeutschland, 1998 und 2002

Tab. 5.8.1: Angebote und Einrichtungen im Rahmen von außerfamiliären Unterbringungen in den Jugendamtsbezirken, 2003

Tab. 5.8.2: Plätze bei verschiedenen Formen stationärer erzieherischer Hilfen, 2002

Tab. 5.8.3: Entwicklung der Trägerpluralität bei einzelnen außerfamiliären Hilfen zur Erziehung in den Jugendamtsbezirken, in denen die einzelne Hilfeform vorhanden ist, von 2000 auf 2003

Tab. 5.8.4: Einrichtungen verschiedener Formen stationärer erzieherischer Hilfen, nach Ost- und Westdeutschland 2002

Tab. 5.9.1: Rechtliche Grundlagen für flexible Hilfen

Tab. 5.9.2: Anteil der zustimmenden Jugendämter zu beschreibenden Aussagen über flexible Hilfen

Tab. 5.10.1: Fallzahlen für bewilligte Hilfen nach § 35a KJHG pro 10.000 Einwohner der 0- bis 27-Jährigen für Ostdeutschland und Westdeutschland

Tab. 5.11.1: Verbreitung der Angebote der Jugendgerichtshilfe in den Jugendamtsbezirken, 2003

Tab. 5.11.2: Entwicklung der Trägerzugehörigkeit bei Angeboten im Bereich der Jugendgerichtshilfe in den Jugendamtsbezirken, 2003

Tab. 5.11.3: Entwicklung der Pluralität bei Angeboten im Bereich der Jugendgerichtshilfe in den Jugendamtsbezirken, 2003

Abb. 5.1.1: Entwicklung der Teilzeit- und Ganztagsplätze im Vergleich der Situation zum Schuljahresbeginn 2004/2005 und 2005/2006

Abb. 5.1.2: Inanspruchnahmequote der Kindertagespflege nach Regionen, 2005

Abb. 5.1.3: Vermittlung von Tagespflegepersonen

Abb. 5.2.1: Median der Anzahl der 10- bis 25-Jährigen, für die in den Jugendamtsbezirken ein Jugendzentrum/Jugendraum zur Verfügung steht

Abb. 5.2.2: Anteil der Jugendringe, die die Erreichbarkeit von Angeboten der Jugendarbeit eingeschränkt sehen sowie Anteil der Betroffenen

Abb. 5.5.1: Anteil der Jugendamtsbezirke mit Internet-Beratungsangeboten

Abb. 5.5.2: Entwicklung der Nachfrage nach institutioneller Beratung

Abb. 5.7.1: Entwicklung der Neuzugänge in Tagesgruppen

Abb. 5.7.2: Anteil der durch den öffentlichen Träger im Rahmen von SPFH beratenen Familien

Abb. 5.7.3: Inanspruchnahme Sozialpädagogischer Familienhilfe (SPFH) nach Familienkonstellation

Abb. 5.7.4: Entwicklung der Nachfrage nach Betreuung einzelner junger Menschen

Abb. 5.7.5: Entwicklung der Neuzugänge in intensive sozialpädagogische Einzelbetreuung

Abb. 5.8.1: Entwicklung der Neuzugänge der Vollzeitpflege in einer anderen Familie, Bundesrepublik Deutschland

Abb. 5.8.2: Entwicklung der Neuzugänge bei verschiedenen stationären Formen der Unterbringung außerhalb der Familie, Bundesrepublik Deutschland

Abb. 5.8.3: Entwicklung des Anteils der Kinder und Jugendlichen mit ausländischer Staatsangehörigkeit in betreuten Wohngemeinschaften (begonnene Hilfen), Deutschland

Abb. 5.8.4: Durchschnittliche Dauer der Fremdunterbringung nach Altersgruppen, Deutschland 1991–2004

Abb. 5.8.5: Entwicklung altersgruppenspezifischer Quoten der Inanspruchnahme der vorläufigen Schutzmaßnahmen

Abb. 5.11.1 Anwendung ambulanter Maßnahmen der Jugendhilfe im Strafverfahren, 2000

6. Trägerpluralität

Tab. 6.1: Rückzug des öffentlichen Trägers aus einzelnen Handlungsfeldern sowie Veränderung des Anteils an Jugendamtsbezirken, in denen Angebote in dem jeweiligen Handlungsfeld vorhanden sind (1995–2003)

Tab. 6.2: Zunahme und Abnahme der Anzahl von Jugendamtsbezirken, in denen mehrere Träger eine bestimmte Hilfeform anbieten, im Vergleich der Jahre 2000 und 2004

Tab. 6.3: Durchschnittliche Anzahl der finanziell geförderten Träger pro Jugendamtsbezirk in den Jahren 1995, 2000 und 2003

Tab. 6.4: Anteil der Jugendamtsbezirke, in denen privat-gewerbliche Träger in ambulanten oder teilstationären Hilfen zur Erziehung aktiv sind, sowie die Veränderung dieses Anteils von 2000 auf 2003

Tab. 6.5: Anteil der Jugendamtsbezirke, in denen privat-gewerbliche Träger in stationären Hilfen zur Erziehung aktiv sind, sowie die Veränderung dieses Anteils von 2000 auf 2003

Tab. 6.6: Anteil der Jugendamtsbezirke, in denen privat-gewerbliche Träger in einzelnen Bereichen der Jugendgerichtshilfe aktiv sind, sowie die Veränderung dieses Anteils von 2000 auf 2003

7. Regionale und institutionelle Disparitäten

Tab. 7.1: Perzentile der Inanspruchnahmequoten für Angebote HZE, Kreise 2004 (pro 10.000 der 0- bis 18-Jährigen)

8. Der Kinder- und Jugendhilfeausschuss als modernes Steuerungsgremium?

Tab. 8.1: Durchschnittliche Anteile der einzelnen Teilgruppen freier Träger innerhalb der Gruppe der freien Träger im KJHA

Tab. 8.2: Beratende Mitglieder im Kinder- und Jugendhilfeausschuss

Tab. 8.3: Qualifizierung von Mitgliedern des Kinder- und Jugendhilfeausschusses bei Jugendämtern, 2000 und 2004

Tab. 8.4: Qualifizierung von Mitgliedern des Kinder- und Jugendhilfeausschusses bei Jugendringen

Tab. 8.5: Tagungshäufigkeit der Kinder- und Jugendhilfeausschüsse

Tab. 8.6: Berichterstattung über den KJHA

Tab. 8.7: Bedeutung des Kinder- und Jugendhilfeausschusses (KJHA), 1995, 2000 und 2004 (Zustimmung)

Tab. 8.8: Die Herstellung von Öffentlichkeit für die Belange von Kindern und Jugendlichen durch den Kinder- und Jugendhilfeausschuss (KJHA), 1996, 2000 und 2004 (Zustimmung)

Tab. 8.9: Aussagen zur Kooperation im Kinder- und Jugendhilfeausschuss (KJHA), 1996, 2000 und 2004 (Zustimmung)

Tab. 8.10: Beteiligung des Kinder- und Jugendhilfeausschusses (KJHA) an der Jugendhilfeplanung, 1996, 2000 und 2004 (Zustimmung)

Tab. 8.11: Dominanz parteipolitischer Interessen im Kinder- und Jugendhilfeausschuss (KJHA), 1996, 2000 und 2004 (Zustimmung)

9. Jugendhilfeplanung

Tab. 9.1: Themenbereiche der Jugendhilfeplanung

Tab. 9.2: Ansatzpunkte für einen Ausbau des Angebots für unter 3-jährige Kinder in Westdeutschland

Tab. 9.3: Ansatzpunkte für einen Ausbau der Tagespflege in Westdeutschland

Tab. 9.4: Bedarfsdeckung bei der Tagesbetreuung aus Sicht der Jugendämter

Tab. 9.5: Anteil der Jugendamtsbezirke mit einer kommunalpolitischen Beschlusslage, in der festgelegt ist, welche Versorgungsquote bedarfsgerecht ist

Tab. 9.6: Anteil der Jugendamtsbezirke, in denen den Betreuungsbedürfnissen der Eltern nicht in allen Regionen oder Bezirken Rechnung getragen werden kann

Tab. 9.7: Jugendhilfeplanung und migrantInnenspezifische Aussagen

Tab. 9.8: Jugendhilfeplanung im Bereich Jugendarbeit

Tab. 9.9: Art der Beteiligung der Jugendringe an der Jugendhilfeplanung

Tab. 9.10: Wie werden Kinder und Jugendliche an der Jugendhilfeplanung beteiligt?

Tab. 9.11: Wo werden Kinder/Jugendliche für Umfragen, Fragebogenerhebungen und Interviews erreicht?

Tab. 9.12: Beteiligung von Eltern an der Jugendhilfeplanung

Tab. 9.13: Direkte Beteiligungsformen für AdressatInnen geschlechtsspezifischer Angebote bzw. für MigrantInnnen

Tab. 9.14: Externe Beratung bei der Jugendhilfeplanung

Tab. 9.15: Einschätzungen zu Problemen bei der Erstellung des Jugendhilfeplans

10. Evaluation als Element der Qualitätsentwicklung in der Kinder und Jugendhilfe

Tab. 10.1: Evaluationen von Angeboten im Jugendamtsbezirk

Tab. 10.2: Anteil der Jugendamtsbezirke, in denen Evaluationen stattfinden, nach Arbeitsbereichen

Tab. 10.3: Art der Evaluation in Jugendämtern und Einrichtungen

Tab. 10.4: Vorhandensein von Regelungen zu Evaluationsformen in Qualitätsentwicklungsvereinbarungen

Tab. 10.5: Systematischer Einbezug der Adressaten in die Bewertung der Qualität der Angebote

Tab. 10.6: Art des Einbezugs der Adressaten in die Qualität des Angebotes im Bereich Hilfen zur Erziehung (bezogen auf die Jugendämter bzw. Einrichtungen, die Adressaten einbeziehen)

11. Hilfeplanung zwischen Routine und Anspruch

Tab. 11.1: Wer hat bei der Hilfeplanentscheidung in der Regel die Federführung?

Tab. 11.2: Wer ist in der Regel an der Ersterstellung eines Hilfeplanes beteiligt?

Tab. 11.3: Wer ist in der Regel an der Fortschreibung eines Hilfeplanes beteiligt (Jugendamtsbefragung)?

Tab. 11.4: Wer ist in der Regel an der Fortschreibung eines Hilfeplanes beteiligt (Einrichtungsbefragung)?

Tab. 11.5: Mit wem muss das fachliche Ergebniss eines Hilfeplanes abgeklärt werden?

Tab. 11.6: Unter welchen Bedingungen muss das fachliche Ergebnis eines Hilfeplans abgeklärt werden?

Tab. 11.7: Spezielle Informationsmaterialien für die genannten Zielgruppen

Tab. 11.8: Für welche der Zielgruppen liegen Informationsmaterialien zu den genannten Themen vor?

Tab. 11.9: Wer entscheidet, wenn sich die Fachkraft und die anspruchsberechtigte Person nicht gemeinsam für eine Hilfe entscheiden können?

Tab. 11.10: Wird die Dauer einer Hilfe festgelegt?

Tab. 11.11: Bewertung der Statements zum Hilfeplanverfahren – fachliche Bewertung des Hilfeplanverfahrens

Tab. 11.12: Bewertung der Statements zum Hilfeplanverfahren – Rolle der Adressaten

Tab. 11.13: Bewertung der Statements zum Hilfeplanverfahren – Rahmenbedingungen

12. Partizipation

Tab. 12.1: Vorhandensein von Beteiligungsmöglichkeiten für Kinder und Jugendliche und einer Interessenvertretung für Kinder und Jugendliche in der Kommune

13. Demografische Veränderung als Herausforderung

Tab. 13.1: Arbeitsbereiche, in denen Strategien, auf demografische Veränderung zu reagieren, existieren

Tab. 13.2: Reaktionen auf einen Rückgang der Nachfrage nach Betreuungsplätzen bei den 3- bis 6-Jährigen

Tab. 13.3: Reaktionen auf größere Nachfrage bei den Betreuungsplätzen für 3- bis 6-Jährige

Tab. 13.4: Reaktion auf Anstieg der Nachfrage bei 3-bis 6-Jährigen

Tab. 13.5: Von den Einrichtungen erwartete quantitative Entwicklung der Zielgruppe

Tab. 13.6: Strategien der Angebotsentwicklung bei einer quantitative Veränderung der Zielgruppe

Tab. 13.7: Strategien freier und privat-gewerblicher Träger, sich auf Folgen demografischer Veränderungen vorzubereiten

Tab. 13.8: Ausbaubedürftige Angebote aufgrund demografischer Veränderungen

Tab. 13.9: Angebote, von denen Träger erwarten, dass sie reduziert werden aufgrund demografischer Veränderungen

14. Kinder und Jugendliche mit Migrationshintergrund in der Kinder- und Jugendhilfe

Tab. 14.1: Anteil der Jugendämter, die einen Anstieg des Anteils von Adressaten mit Migrationshintergrund erwarten sowie deren Reaktion darauf

Tab.14.2: TeilnehmerInnen der Angebote der Jugendsozialarbeit mit Migrationshintergrund nach Geschlecht und Angebot, Ausbildungsjahr 2002/2003

Tab. 14.3: Anteil der Kinder und Jugendlichen ohne deutsche Staatsangehörigkeit an den HilfeempfängerInnen, 2004

Tab. 14.4: Umgang religiös orientierter Einrichtungen mit einer abweichenden religiösen Zugehörigkeit der Adressaten (Mehrfachnennungen)

Tab. 14.5: Spezielle Angebote für ausländische Kinder und Jugendliche sowie Aussiedlerkinder und -jugendliche, 2003

15. Geschlechtersensible Kinder- und Jugendhilfe?

Tab. 15.1: Geschlecht der Jugendamtsleitung

Tab. 15.2: Bedarf an Fortbildungen und deren Durchführung im Bereich von querliegenden Themen (Jugendämter)

Tab. 15.3: Inanspruchnahme der Angebote nach Geschlecht

Tab. 15.4: Jugendhilfeplanung und geschlechtsspezifische Aussagen

Abb. 15.1: Personal in der Kinder- und Jugendhilfe differenziert nach Geschlecht, 2002

16. Jugendhilfehaushalte zwischen Mangel und Überfluss?

Tab. 16.1: Prozentuale Veränderung des Durchschnitts und des Medians der Gesamthöhe der Haushalte der befragten Jugendämter

Tab. 16.2: Haushaltsentwicklung von 1994 auf 1995, von 1999 auf 2000 und von 2002 auf 2003

Tab. 16.3: Angaben zu Haushalten für ausgewählte Querschnittsaufgaben

Tab. 16.4: Qualitative Einschätzungen zur Haushaltsentwicklung

Tab. 16.5: Der Umgang mit Restmitteln innerhalb von Budgets

Tab. 16.6: Umgang mit Budgetüberschreitungen

Tab. 16.7: Einschätzung zu den Veränderungen durch §§ 78a ff. KJHG

Tab. 16.8: Teilnahme an einem Schiedsstellenverfahren nach § 78b KJHG in Abhängigkeit zur Haushaltsentwicklung

17. Personal in der Kinder- und Jugendhilfe

Tab. 17.1: Entwicklung der Anzahl der MitarbeiterInnen

Tab. 17.2: Anzahl der 0- bis 27-Jährigen pro Stelle im Jugendamt im Vergleich der Jahre 1995, 1999 und 2002

Tab. 17.3: Anzahl der 0- bis 27-Jährigen pro Stelle im Jugendamt im Vergleich der Jahre 1995, 1999 und 2002, unterschieden zwischen Ost und West und Stadt und Kreis

Tab. 17.4: Art der Stellenentwicklung bei Jugendämtern mit Veränderungen des Personals im Jahr 2002

Tab. 17.5: Gründe für Stellenzuwachs

Tab. 17.6: Anteil der Jugendämter mit befristeten Stellen in ostdeutschen und westdeutschen Jugendämtern

Tab. 17.7: Anteil der Jugendämter mit ABM-Stellen differenziert nach Ostdeutschland und Westdeutschland

Tab. 17.8: Teilzeitkräfte und unbesetzte Stellen im Jugendamt

Tab. 17.9: Personal in Einrichtungen der öffentlichen Träger 1992, 1995, 1999 und 2002

Tab. 17.10: Durchschnittliche Anteile von befristeten Beschäftigungsverhältnissen bei Einrichtungen in öffentlicher Trägerschaft einschließlich Kitas

Tab. 17.11: Durchschnittliche Anteile von befristeten Beschäftigungsverhältnissen bei Einrichtungen in öffentlicher und freier Trägerschaft in Ost- und Westdeutschland

Tab. 17.12: Durchschnittlicher Anteil der nicht hauptamtlich beschäftigten Personen in den Einrichtungen (in % bezogen auf alle hauptamtlich Beschäftigten plus die jeweilige Gruppe)

Tab. 17.13: Durchschnittliche Anteile von befristeten und unbefristeten Beschäftigungsverhältnissen der hauptamtlichen MitarbeiterInnen bei Jugendringen in Ost- und Westdeutschland

Tab. 17.14: Durchschnittliche Anteile von durch die Arbeitsverwaltung geförderten und sonstigen befristeten Beschäftigungsverhältnissen der hauptamtlichen MitarbeiterInnen bei Jugendringen in Ost- und Westdeutschland

Tab. 17.15: Durchschnittlicher Anteil der nicht hauptamtlich beschäftigten Personen bei den Jugendringen (in % bezogen auf alle hauptamtlich Beschäftigten plus die jeweilige Gruppe)

Tab. 17.16: Anteil der Jugendamtsleiterinnen

Tab. 17.17: Alter der Jugendamtsleitung

Tab. 17.18: Alter der Jugendamtsleitung (JAL) und seit wann die Person die Jugendamtsleitung innehat

Tab. 17.19: Ausbildung der JugendamtsleiterInnen im Jahr 2004

Tab. 17.20: Abschluss der JugendamtsleiterInnen, 2004

Abb. 17.1: Anteil der Jugendringe mit hauptamtlichem Personal

18. Fort- und Weiterbildung in der Kinder- und Jugendhilfe

Tab. 18.1: Durchschnittliche Quote Fortbildungsteilnehmer/Personal in Jugendämter, in stationären Einrichtungen und in Jugendringen

Tab. 18.2: Durchschnittliche Quote Fortbildungsteilnehmer/Personal im Jugendamt

Tab. 18.3: Anteil der Jugendämter, die bessere Freistellungsmöglichkeiten für die Fort- und Weiterbildung des Personals fordern

Tab. 18.4: Anteil der jeweiligen Organisation, bei dem eine Selbstbeteiligung des Personals an Fortbildungskosten gegeben ist

Tab. 18.5: Bedarf an Fortbildungen und deren Durchführung im Bereich von einzelnen Handlungsfeldern (Jugendämter)

Tab. 18.6: Bedarf an Fortbildungen und deren Durchführung im Bereich von querliegenden Themen (Jugendämter)

Tab. 18.7: Bedarf an Fortbildungen und deren Durchführung im Bereich von Planung/Verwaltung/Steuerung (Jugendämter)

Tab. 18.8: Bedarf an Fortbildungen und deren Durchführung zu Kooperation und Partizipation (Jugendämter)

Tab. 18.9: Fortbildungsbedarf und geplante bzw. durchgeführte Fortbildungsmaßnahmen zu unmittelbarem Handlungswissen (Einrichtungen)

Tab. 18.10: Fortbildungsbedarf und geplante bzw. durchgeführte Fortbildungsmaßnahmen zu konzeptionellen Fragen (Einrichtungen)

Tab. 18.11: Bedarf an Fortbildungen und deren Durchführung im Bereich von Planung/Verwaltung/Steuerung (Einrichtungen)

Tab. 18.12: Bedarf an Fortbildungen und deren Durchführung zu Kooperation und Partizipation (Einrichtungen)

Tab. 18.13: Bedarf an Fortbildungen und deren Durchführung im Bereich Förderung ehrenamtlichen Engagements (Jugendringe)

Tab. 18.14: Bedarf an Fortbildungen und deren Durchführung im Bereich von querliegenden Themen (Jugendringe)

Tab. 18.15: Bedarf an Fortbildungen und deren Durchführung im Bereich von Planung/Verwaltung/Steuerung (Jugendringe)

Tab. 18.16: Bedarf an Fortbildungen und deren Durchführung zu Kooperation und Partizipation (Jugendringe)

Tab. 18.17: Statements zu Erfahrungen mit Fortbildungen und der Anteil derer, die dem zustimmen können

Tab. 18.18: Handlungsfelder, in denen Supervision Pflicht ist

Tab. 18.19: Regelung zu Supervisionsstunden in unterschiedlichen Handlungsfeldern bei Jugendämtern

Tab. 18.20: Anzahl der in Regelungen vorgesehenen Supervisionsstunden pro Monat/MitarbeiterIn (Median) getrennt für unterschiedliche Handlungsfelder

19. Kooperationen in der Kinder- und Jugendhilfe

Tab. 19.1: Kooperationspartner für Jugendämter

Tab. 19.2: Zusammenarbeit von Jugendämtern mit ausgewählten Ämtern im Zeitvergleich (1992–2004)

Tab. 19.3: Zusammenarbeit von Jugendringen mit Behörden und Institutionen außerhalb der Kinder- und Jugendhilfe

Tab. 19.4: Kooperation von (teil)stationären Einrichtungen mit Behörden und Institutionen außerhalb der Kinder- und Jugendhilfe

Tab. 19.5: Kooperationsanlässe für Jugendämter

Tab. 19.6: Anlässe für Kooperation mit Behörden und Institutionen außerhalb der Kinder- und Jugendhilfe für (teil)stationäre Einrichtungen der Hilfen zur Erziehung

Tab. 19.7: Bewertung der Kooperationserfahrungen mit Behörden und Institutionen außerhalb der Kinder- und Jugendhilfe durch das Jugendamt (anhand von Schulnoten) sowie Rangreihen für Ost-West und Stadt-Land

Tab. 19.8: Bewertung der Kooperationsbeziehungen mit Behörden/Institutionen außerhalb der Kinder- und Jugendhilfe durch Einrichtungen (in Schulnoten)

Tab. 19.9: Die drei wichtigsten Kooperationspartner aus der Perspektive von Jugendämtern

Tab. 19.10: Themen von Arbeitgemeinschaften, die sich mindestens zweimal pro Jahr treffen und Protokolle anfertigen

Tab. 19.11: Themen von Arbeitsgemeinschaften, die sich mindestens zweimal pro Jahr treffen und Protokolle anfertigen (offene Abfrage) (Perspektive Jugendringe)

Tab. 19.12: Organisationen außerhalb des Kinder- und Jugendhilfeausschusses, die an der Jugendhilfeplanung mitwirken

Anhang

Tab. A1: Merkmale der Personen, die Beratungsleistungen in Anspruch nehmen, 2004

Tab. A2: Merkmale der Beratungssituation, 2004

Tab. A3: Merkmale der Kinder und Jugendlichen bei Beginn der Hilfe in einer Tagesgruppe, 2004

Tab. A4: Kennzahlen zur sozialpädagogischen Familienhilfe (SPFH), Bestand am 31.12.2005

Tab. A5: Kennzahlen zu den Fällen mit Erziehungsbeistand, Betreuungshilfe, die 2005 beendet wurden

Tab. A6: Kennzahlen zu den Fällen der sozialen Gruppenarbeit, die 2005 beendet wurden

Tab. A7: Merkmale der Kinder und Jugendlichen bei Beginn der intensiven sozialpädagogische Einzelbetreuung 2004

Tab. A8: Merkmale der Kinder und Jugendlichen bei Beginn der Hilfe in einer Pflegefamilie oder bei Großeltern/Verwandten, 2004

Tab. A9: Merkmale der Kinder und Jugendlichen bei Beginn der Hilfe im Heim oder sonstigen Formen betreuten Wohnens, 2004

Tab. A10: Kennzahlen zu vorläufigen Schutzmaßnahmen, 2005

Tab. A11: Kennzahlen zu den Adressaten der vorläufigen Schutzmaßnahmen, 2005